中華古籍保護計劃

ZHONG HUA GU JI BAO HU JI HUA CHENG GUO

·成果·

江蘇省蘇州圖書館古籍普查登記目録

全國古籍普查登記目録

國家圖書館出版社
National Library of China Publishing House

圖書在版編目(CIP)數據

江蘇省蘇州圖書館古籍普查登記目録/《江蘇省蘇州圖書館古籍普查登記目録》編委會編. --北京:國家圖書館出版社,2016.11
(全國古籍普查登記目録)
ISBN 978-7-5013-5923-3

Ⅰ.①江… Ⅱ.①江… Ⅲ.①公共圖書館—古籍—圖書館目録—蘇州 Ⅳ.①Z838

中國版本圖書館 CIP 數據核字(2016)第 204071 號

書　　名　江蘇省蘇州圖書館古籍普查登記目録
著　　者　《江蘇省蘇州圖書館古籍普查登記目録》編委會　編
責任編輯　趙　嫄

出　　版　國家圖書館出版社(100034　北京市西城區文津街 7 號)
(原書目文獻出版社　北京圖書館出版社)
發　　行　010-66114536　66126153　66151313　66175620
66121706(傳真)　66126156(門市部)
E-mail　nlcpress@nlc.cn(郵購)
Website　www.nlcpress.com→投稿中心
經　　銷　新華書店
印　　裝　河北三河弘翰印務有限公司
版　　次　2016 年 11 月第 1 版　2016 年 11 月第 1 次印刷

開　　本　787 毫米×1092 毫米　1/16
印　　張　47.5
字　　數　900千字

書　　號　ISBN 978-7-5013-5923-3
定　　價　420.00圓

#《全國古籍普查登記目録》

工作委員會

主　任： 周和平

副主任： 張永新　詹福瑞　劉小琴　李致忠　張志清

委　員（按姓氏筆畫排序）：

于立仁　王水喬　王　沛　王紅蕾　王筱雯
方自今　尹壽松　包菊香　任　競　全　勤
李西寧　李　彤　李忠昊　李春來　李　培
李曉秋　吳建中　宋志英　努　木　林世田
易向軍　周建文　洪　琰　倪曉建　徐欣禄
徐　蜀　高文華　郭向東　陳荔京　陳紅彦
張　勇　湯旭巖　楊　揚　賈貴榮　趙　嫄
鄭智明　劉洪輝　歷　力　鮑盛華　韓　彬
魏存慶　鍾海珍　謝冬榮　謝　林　應長興

《全國古籍普查登記目録》

序　言

全國古籍普查登記工作是"中華古籍保護計劃"的首要任務，是全面開展古籍搶救、保護和利用工作的基礎，也是有史以來第一次由政府組織、參加收藏單位最多的全國性古籍普查登記工作。

2007年國務院辦公廳發佈《關於進一步加强古籍保護工作的意見》（國辦發［2007］6號），明確了古籍保護工作的首要任務是對全國公共圖書館、博物館和教育、宗教、民族、文物等系統的古籍收藏和保護狀況進行全面普查，建立中華古籍聯合目録和古籍數字資源庫。2011年12月，文化部下發《文化部辦公廳關於加快推進全國古籍普查登記工作的通知》（文辦發［2011］518號），進一步落實了全國古籍普查登記工作。根據文化部2011年518號文件精神，國家古籍保護中心擬訂了《全國古籍普查登記工作方案》，進一步規範了古籍普查登記工作的範圍、内容、原則、步驟、辦法、成果和經費。目前進行的全國古籍普查登記工作的中心任務是通過每部古籍的身份證——"古籍普查登記編號"和相關信息，建立古籍總臺賬，全面瞭解全國古籍存藏情況，開展全國古籍保護的基礎性工作，加强各級政府對古籍的管理、保護和利用。

《全國古籍普查登記工作方案》規定了全國古籍普查登記工作的三個主要步驟：一、開展古籍普查登記工作；二、在古籍普查登記基礎上，編纂出版館藏古籍普查登記目録，形成《全國古籍普查登記目録》；三、在古籍普查登記工作基本完成的前提下，由省級古籍保護中心負責編纂出版本省古籍分類聯合目録《中華古籍總目》分省卷，由國家古籍保護中心負責編纂出版《中華古籍總目》統編卷。

在党和政府領導下，在各地區、各有關部門和全社會共同努力下，古籍普查登記工作得以扎實推進。古籍普查已在除臺、港、澳之外的全國各省級行政區域開展，普查内容除漢文古籍外，還包括各少數民族文字古籍，特别是於2010年分别啓動了新疆古籍保護和西藏古籍保護專項，因地制宜，開展古籍普查登記工作；國家古籍保護中心研製的"全國古籍普查登記平臺"已覆蓋到全國各省級古籍保護中心，並進一步研發了"中華古籍索引庫"，爲及時展現古籍普查成果提供有力支持；截至目前，已有11375部古籍進入《國家珍貴古籍名録》，浙江、江蘇、山東、河北等省公佈了省級《珍貴古籍名録》,古籍分級保護機制初步形成。

《全國古籍普查登記目録》是古籍普查工作的階段性成果,旨在摸清家底,揭示館藏,反映古籍的基本信息。原則上每申報單位獨立成冊,館藏量少不能獨立成冊者,則在本省範圍内幾個館目合併成冊。無論獨立成冊還是合併成冊,均編製獨立的書名筆畫索引附於書後。著録的必填基本項目有:古籍普查登記編號、索書號、題名卷數、著者(含著作方式)、版本、冊數及存缺卷數。其他擴展項目有:分類、批校題跋、版式、裝幀形式、叢書子目、書影、破損狀况等。有條件的收藏單位多著録的一些擴展項目,也反映在《全國古籍普查登記目録》上。目録編排按古籍普查登記編號排序,内在順序給予各古籍收藏單位較大自由度,可按分類排列古籍普查登記編號,也可按排架號、按同書名等排列古籍普查登記編號,以反映各館特色。

此次全國古籍普查登記工作,克服了古籍數量多、普查人員少、普查難度大等各種困難,也得到了全國古籍保護工作者的極大支持。在古籍普查登記過程中,國家古籍保護中心、各省古籍保護中心爲此舉辦了多期古籍普查、古籍鑒定、古籍普查目録審校等培訓班,全國共1600餘家單位參加了培訓,爲古籍普查登記工作培養了大量人才。同時在古籍普查登記工作中,也鍛煉了普查員的實踐能力,爲將來古籍保護事業發展奠定了良好的基礎。

《全國古籍普查登記目録》的出版,將摸清我國古籍家底,爲古籍保護和利用工作提供依據,也將是古籍保護長期工作的一個里程碑。

國家古籍保護中心
2013年10月

《全國古籍普查登記目録》

編纂凡例

一、收録範圍爲我國境内各收藏機構或個人所藏，産生於 1912 年以前，具有文物價值、學術價值和藝術價值的文獻典籍，包括漢文古籍和少數民族文字古籍以及甲骨、簡帛、敦煌遺書、碑帖拓本、古地圖等文獻。其中，部分文獻的收録年限適當延伸。

二、以各收藏機構爲分册依據，篇幅較小者，適當合併出版。

三、一部古籍一條款目，複本亦單獨著録。

四、著録基本要求爲客觀登記、規範描述。

五、著録款目包括古籍普查登記編號、索書號、題名卷數、著者、版本、册數、存缺卷等。古籍普查登記編號的組成方式是：省級行政區劃代碼—單位代碼—古籍普查登記順序號。

六、以古籍普查登記編號順序排序。

七、編製各館藏目録書名筆畫索引附於書後，以便檢索。

《江蘇省蘇州圖書館古籍普查登記目録》

編委會

主　　任： 金德政

主　　編： 許曉霞

副 主 編： 孫中旺

編　　委： 金德政　許曉霞　汪建滿　宋　萌　高　清　費　巍

編輯小組： 孫中旺　張　晞　沈　黎　王　璐　卿朝暉　姜雨婷

數據核對： 沈　黎　王　璐

《江蘇省蘇州圖書館古籍普查登記目録》

前　言

蘇州是一座充滿書香的城市，素有崇文重教的優良傳統。千百年來，蘇州發達的地方教育、興盛的刻書業和衆多的藏書樓爲無數文人學士的成長提供了豐富的營養，也使得這裏文風鼎盛，人才輩出，堪稱人文之淵藪。歷代蘇州先賢們的著書、刻書、藏書活動，使得蘇州至今仍有大量的圖書留存，蘇州圖書館如今能有比較豐富的古籍收藏也得益於此。

建館百餘年來，蘇州圖書館歷任館長和同仁們爲古籍的保護和搶救做出了卓越貢獻。抗日戰争時期，館長蔣吟秋先生帶領館員在敵機轟炸聲中，把精心挑選出來的館藏珍本分批轉移到太湖中的東山鑒塘小學及西山顯慶寺秘藏，並千方百計籌措保護經費。抗戰八年間，日寇屢次入山搜查，當地僧衆無一人泄漏消息，雖歷經艱辛，終使這批珍本得以免遭日寇劫掠。"文化大革命"期間的"破四舊"狂潮中，本館上下齊心協力，阻擊破壞行爲，終使得館藏古籍得以保全。同時，副館長許培基先生冒着被批鬥的危險，率領館員到處理"破四舊"圖書文物的廢品倉庫中挑選有價值的文獻資料，連續工作了兩個多月，搶救出包括元明刻本、稀見稿抄本在内的大量珍貴文獻。這些可歌可泣的護書佳話，值得我們永遠學習。

自 2007 年"中華古籍保護計劃"啓動以來，本館的古籍保護工作取得了顯著成就，先後被列入全國古籍保護試點單位、首批全國古籍重點保護單位。本館前五批入選《國家珍貴古籍名録》的古籍達 119 種，位居全國同級圖書館前茅，前三批入選《江蘇省珍貴古籍名録》的古籍達 223 部，在省内各大藏書機構中僅次於南京圖書館。與此同時，本館還完成了古籍庫房改造、普查登記及館藏善本提要撰寫出版等工作。古籍數字化工作也取得了長足進步，至今已經完成數字化地方文獻與珍貴古籍 608 部 7826 卷 475256 頁，並可以全文檢索，大大便利了讀者使用。同時，也在一定程度上緩解了困擾古籍保護工作中的"藏、用"矛盾。本館還注重古籍的宣傳普及，先後舉辦了"蘇州市十一五古籍保護成果展""中華古籍保護計劃成果展"等展覽及相關專題講座，加强了社會各界對古籍保護工作的認識和瞭解。鑒於本館在古籍保護工作中取得的一系列成績，2011 年，本館入選江蘇省"十一五"古籍保護工作先進單位，2014 年，本館又被文化部授予"全國古籍保護工作先進單位"的榮譽稱號。

通過普查摸清家底,是開展古籍保護工作的重要前提。近年來,本館嚴格按照國家標準,積極進行館藏古籍的普查工作。首先是對館藏普本逐冊核對清點,在2009年底基本摸清了家底,建立起本館古籍書目檢索系統。其次是對2200多部館藏善本嚴格按照定級、定損要求進行詳細著録,並採集書影,逐一建立起完備的電子檔案,此項工作於2010年底全部完成。《全國古籍普查登記工作方案》實施後,本館於2014年底完成全部館藏古籍的普查登記,並將資料上傳至"全國古籍普查平臺"。此次出版的《江蘇省蘇州圖書館古籍普查登記目録》就是在上述工作的基礎上經過認真整理、校核而形成的,共包括館藏古籍書目12517條,是我館目前最完備的古籍藏書目録。我們希望通過此書的出版,向社會各界展示本館的古籍普查成果,並促進館藏古籍的保護和利用。

蘇州圖書館
2016年6月

目　録

320000－1605－0000001　G2058194

文心雕龍輯註十卷　(南朝梁)劉勰撰　(清)黄叔琳輯注　清乾隆三年至六年(1738－1741)養素堂刻本　八册

320000－1605－0000002　G2056194

文選音義八卷　(清)余蕭客撰　清乾隆二十三年(1758)靜勝堂刻本　二册

320000－1605－0000003　G2057195

東萊先生古文關鍵二卷附總論一卷　(宋)呂祖謙評　(宋)蔡文子注　(清)徐樹屏考異　清徐樹屏冠山堂刻本　二册

320000－1605－0000004　G2059195

宋詩紀事一百卷　(清)厲鶚編　清乾隆十一年(1746)刻本　二十四册

320000－1605－0000005　G2060195

漁隱叢話前集六十卷後集四十卷　(宋)胡仔撰　清乾隆五年至六年(1740－1741)楊佑啓耘經樓刻本　八册

320000－1605－0000006　G0048005

春秋會解十二卷　(明)沈雲楫纂　明萬曆刻本　六册

320000－1605－0000007　G0175022

緣督廬日記不分卷　葉昌熾撰　**附録一卷**　(明)楊廉纂集　稿本　四十三册

320000－1605－0000008　G0055006

荷珠録六卷　(明)張汝霖撰　明末刻本　四册

320000－1605－0000009　G0197028

蘇州織造局志十二卷　(清)孫珮編輯　清康熙二十五年(1686)劉汝潔刻本　二册

320000－1605－0000010　G0012002

九正易因不分卷　(明)李贄撰　明刻本　二册

320000－1605－0000011　G0701086

閑止書堂集鈔二卷　(清)陳夢雷撰　清康熙三十二年(1693)楊昭刻本　一册

320000－1605－0000012　G0414050

天主聖教聖人行實七卷　(意大利)高一志述　明崇禎二年(1629)武林超性堂刻本　七册

320000－1605－0000013　G0066007

洪武正韻十六卷　(明)樂韶鳳　(明)宋濂修　明隆慶元年(1567)衡王藩府刻本　五册

320000－1605－0000014　G0061007

廣金石韻府五卷字略一卷　(清)林尚葵　(清)李根輯　清康熙刻朱墨套印本　五册

320000－1605－0000015　G0176022

休寧邑前劉氏族譜六卷附録一卷　(明)陳有守修訂　(明)劉堯錫編輯　(明)劉齊禮校訂　明嘉靖三十七年(1558)刻本　三册　存五卷(三至六、附録一卷)

320000－1605－0000016　G0288039

程氏家塾讀書分年日程三卷綱領一卷　(元)程端禮撰　明刻本　二册　存三卷(一至二、綱領一卷)

320000－1605－0000017　G0076009

藏書六十八卷　(明)李贄輯著　明天啓元年(1621)刻本　四十六册

320000－1605－0000018　G0077010

續藏書二十七卷　(明)李贄撰　明萬曆三十九年(1611)王茗屏刻本　十二册

320000－1605－0000019　G0107016

治統會要八卷　(明)沈堯中編　明萬曆刻本　八册

320000－1605－0000020　G0208029

汪東峰先生奏議四卷　(明)汪玄錫撰　(明)汪長卿輯　明隆慶、萬曆葉茂之刻本　四册

320000－1605－0000021　G0216030

考工記二卷　(明)郭正域批點　明萬曆四十四年(1616)閔齊伋刻朱墨套印三經評注本　二册

320000－1605－0000022　G0262036

晉陵問一卷　(明)常志學撰　(明)周治隆注　明萬曆十二年(1584)李備刻本　一册

320000－1605－0000023　G0270037

泊如齋重修宣和博古圖録三十卷　(宋)王黼撰　明萬曆十六年(1588)泊如齋刻本　十二册

320000－1605－0000024　G0269037
至大重修宣和博古圖録三十卷　(宋)王黼撰　元刻明重修本　二十册

320000－1605－0000025　G0292040
新刊憲臺攷正性理大全書七十卷　(明)胡廣等撰　明萬曆十四年(1586)徐元太四川刻本　三十册

320000－1605－0000026　G0301042
堂廡箴銘二卷　(明)李懋檜輯　明萬曆四十三年(1615)黄元立、何慶元刻本　六册

320000－1605－0000027　G0309043
莊子删注六卷　(明)吕繼儒注　明萬曆刻本　十二册

320000－1605－0000028　G0313043
周易參同契三卷　(元)俞琰述　明刻本　二册　存二卷(上、中)

320000－1605－0000029　G0329044
講武要畧十七卷首一卷附録一卷　(明)徐九章删訂　明萬曆四十八年(1620)張五典刻本　四册

320000－1605－0000030　G0326044
兵機纂八卷　(明)郭光復纂集　明萬曆二十七年(1599)自刻本　十六册

320000－1605－0000031　G0389048
新刊晦軒林先生類纂古今名家史綱疑辯四卷　(明)林有望輯　明萬曆元年(1573)饒仁卿刻本　十册

320000－1605－0000032　G0399048
學圃藼蘇六卷　(明)陳耀文纂　(明)張寬然重正　明萬曆五年(1577)張寬然刻本　十二冊

320000－1605－0000033　G0446060
五言律祖六卷　(明)楊慎輯　明九芝山房刻本　一册

320000－1605－0000034　G0439058
六家文選六十卷　(南朝梁)蕭統撰　(唐)李善等註　明嘉靖丁覲刻本　六十一册

320000－1605－0000035　G0449061
文章辨體三十五卷外集五卷總論一卷　(明)吴訥編集　明鍾原刻本　十八册

320000－1605－0000036　G0463063
尺牘清裁六十卷補遺一卷　(明)王世貞編　明刻本　十二册

320000－1605－0000037　G0565073
止齋先生奥論八卷　(宋)陳傅良撰　明萬曆元年(1573)書林吴桂泉刻本　八册

320000－1605－0000038　G0594075
江南草三卷　(明)張拱端撰　清初刻本　二册

320000－1605－0000039　G0612077
止菴集二十卷　(明)黄鳳翔撰　明萬曆三十九年(1611)刻本　十册

320000－1605－0000040　G0613077
泰泉集六十卷　(明)黄佐撰　明萬曆元年(1573)黄在中、黄在素等刻本　三十二册

320000－1605－0000041　G0627079
洞麓堂集三十八卷　(明)尹臺撰　明萬曆三十五年(1607)黄承玄刻本　二十册

320000－1605－0000042　G0648082
馮元成寶善編選刻二卷　(明)馮時可著　明承訓堂刻本　四册

320000－1605－0000043　G0747088
新編麟閣待傳奇二卷　題(清)簡社主人撰　清初刻本　四册

320000－1605－0000044　G0750089
吴騷二集四卷　(明)張琦　(明)王煇選輯　明萬曆刻本　四册

320000－1605－0000045　G0315043
列子冲虚真經八卷音義一卷　明萬曆閔齊伋刻朱墨套印本　四册

320000－1605－0000046　G0386048
正楊四卷　（明）陳耀文撰　明隆慶三年（1569）刻本　二冊

320000－1605－0000047　G0393048
何氏語林三十卷　（明）何良俊撰　明嘉靖二十九年（1550）何氏青森閣刻本　八冊

320000－1605－0000048　G0421054
韻府群玉二十卷　（元）陰時夫編輯　（元）陰中夫編注　明初刻本　二十冊

320000－1605－0000049　G0422054
事物考八卷　（明）王三聘輯　明嘉靖四十二年（1563）何起鳴刻本　八冊

320000－1605－0000050　G0464063
選詩補注八卷　（元）劉履補注　明嘉靖三十一年（1552）顧存仁養吾堂刻本　八冊

320000－1605－0000051　G0448061
新刊迂齋先生標注崇古文訣三十五卷　（宋）樓昉輯　（明）吳邦杰　（明）吳邦楨校正　明嘉靖、隆慶刻本　十六冊

320000－1605－0000052　G0483066
皇明文範六十八卷目録二卷　（明）張時徹輯　明隆慶刻本　四十二冊

320000－1605－0000053　G0135018
復辟録一卷　（明）楊瑄撰　明抄本　一冊

320000－1605－0000054　G0529071
孟浩然詩集二卷　（唐）孟浩然撰　（宋）劉辰翁評　（明）李夢陽參　明末凌濛初刻朱墨套印本　二冊

320000－1605－0000055　G0541072
昌黎先生集四十卷外集十卷遺文一卷　（唐）韓愈撰　（唐）李漢編　（宋）廖瑩中校正　**朱子校昌黎先生集傳一卷**　（宋）朱熹校　明嘉靖徐氏東雅堂刻本　十六冊

320000－1605－0000056　G0566073
象山先生全集三十六卷　（宋）陸九淵撰　（宋）張鹿野重輯　明嘉靖四十年（1561）何遷刻本　八冊

320000－1605－0000057　G0136018
庚申外史二卷　（明）權衡編輯　明抄本　一冊

320000－1605－0000058　G0617078
渭厓文集十卷　（明）霍韜撰　明嘉靖三十一年（1552）刻本　二十冊

320000－1605－0000059　G0626079
唐荆川先生文集十二卷　（明）唐順之撰　明嘉靖二十八年（1549）安如石刻本　十二冊

320000－1605－0000060　G1038116
新纂門目五臣音注揚子法言十卷　（漢）揚雄撰　（晉）李軌　（唐）柳宗元注　（宋）宋咸等添注　明嘉靖十二年（1533）顧春世德堂刻本　四冊

320000－1605－0000061　G1082120
東垣先生此事难知集二卷　（元）王好古撰　明嘉靖八年（1529）梅南書屋刻本　二冊

320000－1605－0000062　G1093121
太醫院校注婦人良方大全二十四卷　（宋）陳自明撰　（明）薛己注　明金陵書林唐富春刻本　十二冊

320000－1605－0000063　G1214129
顯密圓通成佛心要集二卷供佛利生儀一卷　（遼）釋道㲀撰　明嘉靖四十五年（1566）平湖德藏寺刻本　二冊

320000－1605－0000064　G1241135
初唐四傑集八卷　（唐）王勃等撰　明嘉靖六年（1527）刻本　四冊

320000－1605－0000065　G1291140
皇明文選二十卷　（明）汪宗元輯　明嘉靖三十三年（1554）汪宗元刻本　十冊　存十八卷（一至十八）

320000－1605－0000066　G1256137
古文淵鑒六十四卷　（清）徐乾學等編注　清康熙内府刻五色套印本　三十六冊

320000－1605－0000067　G1391150
岑嘉州集二卷　（唐）岑參撰　明嘉靖黄埻東

壁圖書府刻本　四冊

320000－1605－0000068　G1436154

苕石效顰集一卷讀效顰集有感一卷原跋一卷　（宋）繆鑑撰　明嘉靖六年（1527）刻本　一冊

320000－1605－0000069　G0030003

禮記集說三十卷　（元）陳澔撰　明嘉靖刻本　七冊

320000－1605－0000070　G0040004

春秋經傳集解三十卷　（晉）杜預集解　（唐）陸德明釋文　明嘉靖刻本　十五冊

320000－1605－0000071　G1118123

過雲樓書畫記不分卷　（清）顧文彬撰　稿本　三冊

320000－1605－0000072　G1226130

天中記六十卷　（明）陳耀文輯　明萬曆刻本　四十冊　存五十卷（一至四十、五十一至六十）

320000－1605－0000073　G1275139

選詩拾遺六卷　（明）楊慎輯　明刻本　一冊

320000－1605－0000074　G0143018

晏子春秋七卷　明藏修館刻本　四冊

320000－1605－0000075　G0188025

證道編摘畧不分卷　（明）唐樞撰　（明）鮑士龍　（明）湯輅摘編　明隆慶刻本　一冊

320000－1605－0000076　G0189025

唐書直筆新例四卷新例須知一卷　（宋）吕夏卿撰　清抄本　一冊

320000－1605－0000077　G0485066

皇明文選二十卷　（明）汪宗元輯　明嘉靖三十三年（1554）汪宗元刻本　二十冊

320000－1605－0000078　G0532071

杜律七言註解二卷　（唐）杜甫撰　（元）虞集註　明張相刻本　一冊

320000－1605－0000079　G0546072

增廣注釋音辯唐柳先生集四十三卷別集一卷外集一卷附録一卷　（唐）柳宗元撰　（宋）童宗說注釋　（宋）張敦頤音辯　（宋）潘緯音譯　明刻本　八冊

320000－1605－0000080　G0561073

蘇文忠公全集一百十一卷　（宋）蘇軾撰　明嘉靖十三年（1534）江西布政司刻本　三十冊　存四十六卷（後集二十卷、續集十二卷、内制集十卷、外制集三卷、樂語一卷）

320000－1605－0000081　G0607077

何大復先生集三十八卷附録一卷　（明）何景明撰　明嘉靖三十七年（1558）袁燦刻本　二十四冊

320000－1605－0000082　G0652082

徐文敏公集五卷　（明）徐縉撰　明隆慶二年（1568）刻清初重修本　四冊

320000－1605－0000083　G0797093

載詠樓重鐫硃批孟子二卷　（宋）蘇洵批　清康熙三十二年（1693）沈心友載詠樓刻朱墨套印本　一冊

320000－1605－0000084　G0002001

小學大全六卷孝經詳解一卷　（明）陶原良注　**忠經詳解一卷**　（漢）馬融撰　（漢）鄭玄注　明崇禎王壯猷刻本　二冊

320000－1605－0000085　G0008001

周易像象述六卷像象金鍼一卷　（明）吴桂森撰　明崇禎刻本　十冊

320000－1605－0000086　G0007001

易經蒙引十二卷　（明）蔡清著　明萬曆三十八年（1610）刻本　十六冊

320000－1605－0000087　G0015002

蕭山來元成先生讀易隅通二卷　（清）來集之撰　清雍正元年（1723）張文炳刻本　二冊

320000－1605－0000088　G0334044

推求師意二卷　（明）戴思恭撰　（明）江機輯　明嘉靖十三年（1534）陳桷刻本　二冊

320000－1605－0000089　G0013002

重訂易經疑問十二卷　（明）姚舜牧著　明萬

曆三十八年(1610)刻本　十冊

320000－1605－0000090　G0014002
易略四卷　(明)陸夢龍著　明崇禎元年(1628)顧懋樊刻本　五冊

320000－1605－0000091　G0011002
石鏡山房增訂周易說統二十五卷　(明)張振淵輯　(明)張懋忠增補　明天啓六年(1626)張師栻石鏡山房刻本　十六冊

320000－1605－0000092　G0020002
禹貢古今合注五卷圖一卷　(明)夏允彝撰　明崇禎刻朱墨套印本　六冊

320000－1605－0000093　G0019002
周易原意二卷　(清)張世犖注　稿本　十冊

320000－1605－0000094　G0026003
周禮緯一卷　(明)董說著　清初刻本　一冊

320000－1605－0000095　G0024003
詩經世本古義二十八卷首一卷末一卷　(明)何楷撰　明崇禎刻本　十二冊

320000－1605－0000096　G0034004
孫月峰先生批校禮記六卷　(明)孫鑛撰　明末馮元仲天益山刻本　三冊

320000－1605－0000097　G0052006
新刻七十二朝四書人物考註釋四十卷　(明)薛應旂輯　(明)朱焯註釋　明萬曆書林葉近山刻本　六冊

320000－1605－0000098　G0073008
史記摘抄六卷補抄二卷　(明)錢鍾義輯　明萬曆穆煒刻本　八冊

320000－1605－0000099　G0053006
四書直解二十七卷四書講義合參二十七卷　(明)張居正撰　(明)顧宗孟重訂　明崇禎九年(1636)顧宗孟刻本　十四冊

320000－1605－0000100　G0115016
邃古記八卷　(明)朱謀㙔撰　明萬曆三十六年(1608)刻本　一冊

320000－1605－0000101　G0106016
歷朝世次類編不分卷　題(明)蘭畹逸人著　清初抄本　一冊

320000－1605－0000102　G0137018
朝野紀聞二卷　(清)陳元模撰　清初抄本　一冊

320000－1605－0000103　G0138018
嘉定殉难録一卷　(清)朱子素著　**茸城殉義録一卷**　題(清)細林山人撰　**江陰城守紀畧一卷**　(清)許重熙撰　清初抄本　一冊

320000－1605－0000104　G0152019
潔庵選義林逐國全書五卷　(明)劉九嶷著　清康熙刻本　五冊

320000－1605－0000105　G0150019
萬柳溪邊舊話不分卷　(宋)尤玘撰　清乾隆鮑廷博知不足齋抄本　一冊

320000－1605－0000106　G0161021
革朝遺忠録二卷附録一卷　(明)郁衮編輯　明嘉靖刻本　二冊

320000－1605－0000107　G0163021
列女傳十六卷　(漢)劉向撰　(明)汪道昆增輯　(明)仇英繪圖　明萬曆刻清乾隆四十四年(1779)鮑氏知不足齋印本　十六冊

320000－1605－0000108　G0179024
嘉謀録十八卷　(明)胡喬岱輯　明萬曆二十四年(1596)自刻本　十二冊

320000－1605－0000109　G0184025
鄧太史評選三國策十二卷　(明)劉宣化述　(明)鄧以贊評　明萬曆刻本　十二冊

320000－1605－0000110　G0182025
荆川先生精選批點史記十二卷　(明)唐順之輯評　明嘉靖胡宗憲刻本　十冊

320000－1605－0000111　G0201028
西漢書疏六卷東漢書疏七卷　(明)李琯輯　明刻本　十二冊

320000－1605－0000112　G0200028
漢疏類編十八卷　(明)趙琦輯　明萬曆四十年(1612)趙琦刻本　十六冊

320000－1605－0000113　G0211030
司空奏疏不分卷　(明)王舜鼎撰　明天啓刻本　四冊

320000－1605－0000114　G0213030
南宮奏草四卷　(明)翁正春撰　明天啓自刻本　四冊

320000－1605－0000115　G0233034
[康熙]崑山縣志二十卷　(清)董正位修　(清)葉奕苞纂　稿本　二十冊

320000－1605－0000116　G0283038
鹽鐵論十二卷　(漢)桓寬撰　(漢)張子象注　明嘉靖三十二年(1553)張氏猗蘭堂刻本　六冊

320000－1605－0000117　G1155125
方氏墨譜六卷　(明)方于魯撰　首一卷　(明)汪道貫　(明)汪道會撰　明萬曆方氏美蔭堂刻本　六冊

320000－1605－0000118　G0298042
大儒學粹九卷　(明)魏時亮編讀　明萬曆十六年(1588)刻本　八冊

320000－1605－0000119　G0302042
程志十卷　(明)崔銑校編　明嘉靖刻本　四冊

320000－1605－0000120　G0305042
金丹正理大全十一種四十三卷　題(□)涵蟾子編　明萬曆刻本　三十冊

320000－1605－0000121　G0300042
和靖先生語録三卷　(宋)尹焞撰　(宋)祁寬録　明抄本　一冊

320000－1605－0000122　G0324043
袁谷子商隲武經七書十卷附録袁谷子一卷　(明)孫履恒著　明崇禎二年(1629)刻本　十冊

320000－1605－0000123　G0314043
周易參同契解箋三卷　(漢)魏伯陽撰　(明)張文龍解　(明)朱長春箋　明萬曆四十年(1612)刻朱印本　三冊

320000－1605－0000124　G0316043
爰清子至命篇二卷　(宋)王慶升撰　明抄本　一冊

320000－1605－0000125　G0332044
農書六卷　(明)施大經撰　明刻本　六冊

320000－1605－0000126　G0343045
重訂丹溪心法五卷附録一卷　(元)朱震亨撰　明刻本　十冊

320000－1605－0000127　G1225130
古今萬姓統譜一百四十卷歷代帝王姓系統譜六卷氏族博考十四卷　(明)凌迪知輯　明萬曆刻本　十五冊

320000－1605－0000128　G0350046
古今醫家經論彙編五卷　(明)徐常吉纂　明刻本　五冊

320000－1605－0000129　G0356046
亳州牡丹史四卷　(明)薛鳳翔著　明萬曆刻本　四冊

320000－1605－0000130　G0368046
金罍子四十四卷　(明)陳絳撰　(明)陳昱輯　明萬曆三十四年(1606)刻本　十二冊

320000－1605－0000131　G0394048
追維往事録二卷　(明)陸文衡撰　稿本　二冊

320000－1605－0000132　G0401049
聚善傳芳録八卷　(明)竇卿編集　明萬曆三年(1575)竇文照刻本　八冊

320000－1605－0000133　G0417051
唐宋白孔六帖一百卷目録二卷　(唐)白居易　(宋)孔傳輯　明刻本　五十冊

320000－1605－0000134　G0447060
詩冶二十六卷　(明)黃廷鵠評註　明崇禎黃泰岜刻本　十冊

320000－1605－0000135　G0494068
春雪箋八卷　(明)許以忠選　明王世烘刻本　十冊

320000－1605－0000136　G0498068
溯洄集十卷論詩一卷詩話一卷　(清)魏裔介選評　清康熙刻本　十二册

320000－1605－0000137　G0492068
國朝詩選七卷　(明)慎蒙輯　明萬曆刻本　三册

320000－1605－0000138　G0509070
太倉十子詩選十種十卷　(清)吳偉業輯　清順治刻本　四册

320000－1605－0000139　G0519070
梁昭明太子文集五卷　(南朝梁)蕭統撰　明遼國寶訓堂刻本　二册

320000－1605－0000140　G0511070
七大家文選一百三十卷　(明)朱益采訂　明崇禎八年(1635)刻本　二十册

320000－1605－0000141　特1
王狀元集百家注編年杜陵詩史三十二卷　(唐)杜甫撰　(宋)王十朋集注　(宋)魯訔編年并注　宋刻本　十四册

320000－1605－0000142　G0552072
逍遙集一卷　(宋)潘閬著　清影宋抄本　一册

320000－1605－0000143　G0465063
詩學權輿二十二卷　(明)黄溥輯　明天啓五年(1625)復禮堂刻本　十册

320000－1605－0000144　G0462062
筆媚戔十二卷　(明)楊慎選　(明)孫鑛評　(元)張榜校　明崇禎刻本　十二册

320000－1605－0000145　G0461062
古今振雅雲箋十卷新鐫通俗雲箋二卷　(明)徐渭纂輯　明刻本　六册

320000－1605－0000146　G0562073
黄山谷尺牘選四卷　(宋)黄庭堅撰　(明)譚元春　(明)鍾惺選　明末刻本　二册

320000－1605－0000147　G0579074
臨川吳文正公集四十九卷　(元)吳澄撰　明萬曆四十年(1612)刻本　二十四册

320000－1605－0000148　G0596076
彭惠安公文集十一卷　(明)彭韶撰　明萬曆彭繼美刻本　五册

320000－1605－0000149　G0595075
泊菴先生文集十六卷附録一卷　(明)梁潛撰　清初刻本　十二册

320000－1605－0000150　G0593075
坦菴先生文集八卷附録一卷　(明)梁本之撰　清初刻本　四册

320000－1605－0000151　G0606076
二盧先生集二卷　(明)盧雍　(明)盧襄著　明崇禎元年(1628)盧翰刻本　一册

320000－1605－0000152　G0611077
祐山先生文集十卷　(明)馮汝弼著　明刻本　六册

320000－1605－0000153　G0601076
荷亭文集十四卷　(明)盧格著　明崇禎十二年(1639)盧迪刻本　十册

320000－1605－0000154　G0761089
傅與礪詩法四卷　(元)傅若金撰　明刻本　二册

320000－1605－0000155　G0760089
詩源一卷　(宋)張炎撰　明抄本　一册

320000－1605－0000156　G0764090
野鴻詩的一卷　(清)黄子雲著并書　清乾隆黄子雲長吟閣刻本　六册

320000－1605－0000157　G1109111
楊忠愍公書乙瑛碑墨不分卷　(明)楊繼盛書　稿本　一册

320000－1605－0000158　G0903104
常熟沈北山先生獄中草擬奏稿不分卷　(清)沈鵬撰　稿本　一軸

320000－1605－0000159　G0619078
貞翁淨稿十二卷附録一卷　(明)周倫著　明嘉靖三十七年(1558)周鳳起刻本　八册

320000－1605－0000160　G0615077

文録十二卷　(明)王道撰　明萬曆三十七年(1609)朱廷禧刻本　十册

320000－1605－0000161　G0620078
董學士泌園集三十七卷　(明)董份著　明萬曆董嗣茂刻本　十册

320000－1605－0000162　G0625079
麗崎軒詩集四卷　(明)查應光著　明崇禎十二年(1639)刻本　四册

320000－1605－0000163　G0649082
寶善編甲集一卷乙集一卷　(明)馮時可著　明萬曆刻本　二册

320000－1605－0000164　G0665084
世篤堂稿六卷外集一卷　(明)耿如杞撰　**風雲亭稿二卷外集一卷**　(明)耿明撰　清康熙四十五年(1706)耿鶴舉木活字印本　四册

320000－1605－0000165　G0670084
考槃集六卷　(明)陸卿子撰　明萬曆刻本　二册

320000－1605－0000166　G0664084
勒凱編四卷　(明)陳一元編次　明天啓刻本　四册

320000－1605－0000167　G0789091
春秋因是三十卷　(明)梅之熉著　明崇禎刻清順治七年(1650)王承時重修本　十册

320000－1605－0000168　G0799093
朱註發明十九卷　(清)王掞訂　清康熙五十八年(1719)潮濟堂刻本　八册

320000－1605－0000169　G1041116
見羅李先生書要三十卷　(明)李材撰　明萬曆刻本　十二册

320000－1605－0000170　G1349145
吴都文粹十卷　(宋)鄭虎臣集　清木活字印本　六册

320000－1605－0000171　G1393150
韋刺史詩集十卷附録一卷　(唐)韋應物撰　明嘉靖二十七年(1548)華雲太華書院刻本　二册

320000－1605－0000172　G1208128
新著地理雪心賦註捷徑必要地圖□□卷　(明)余象斗集　明萬曆書林余氏雙峰堂刻本　一册　存三卷(一至三)

320000－1605－0000173　G1207128
地理大全一集形勢真訣三十卷　(明)李國木删訂　明崇禎刻本　二十四册

320000－1605－0000174　G1215129
仙佛奇蹤八卷　(明)洪應明撰　明萬曆刻本　一册　存二卷(七至八)

320000－1605－0000175　G1273139
古今詩删三十四卷　(明)李攀龍選　(明)徐中行訂　明刻本　十册

320000－1605－0000176　G1401151
節孝先生文集三十卷節孝集事實一卷節孝先生語一卷附載一卷　(宋)徐積撰　清康熙六十年(1721)王邦采刻本　十册

320000－1605－0000177　G1419152
友林乙藁一卷　(宋)史彌寧撰　清乾隆鮑廷博知不足齋影宋抄本　一册

320000－1605－0000178　G1726168
剪燈叢話十二卷一百三十七種　題(明)自好子編　明末刻本　二册　存一卷六種(一之嬌紅記、桃帕記、玉簫記、崔護傳、遠煙記、賈午傳)

320000－1605－0000179　G1741170
談藝録一卷　(明)徐楨卿撰　明刻顧氏明朝四十家小説本　一册

320000－1605－0000180　G1739170
冰川詩式十卷詩原一卷　(明)梁橋著　明萬曆三十七年(1609)刻本　四册

320000－1605－0000181　G1752171
百川學海一百種　(宋)左圭編　明弘治十四年(1501)華珵刻本　七册　存十三種二十三卷(選詩句圖一卷、石林詩話三卷、司馬溫公詩話一卷、庚溪詩話二卷、竹坡老人詩話三卷、淳熙玉堂雜記三卷、揮麈録二卷、丁晉公

談録一卷、王文正公筆録一卷、開天傳信録一卷、宋景文公筆記三卷、鼠璞一卷、善誘文一卷)

320000－1605－0000182　G1848181
陶淵明集十卷　(晉)陶潛撰　**附録二卷**　明嘉靖二十四年(1545)龔雷刻劍泉山人印本　二册

320000－1605－0000183　G1844181
杜詩攟不分卷　(明)唐元竑撰　明末刻本　二册

320000－1605－0000184　G1456155
海樵先生全集二十一卷　(明)陳鶴撰　明隆慶元年(1567)陳經國刻本　二册　存六卷(一至六)

320000－1605－0000185　G1469156
陸師道詩不分卷　(明)陸師道撰　稿本　四十七葉

320000－1605－0000186　G1465156
雪栢堂稿十二卷　(明)姜士昌著　明天啓三年(1623)姜志濂刻本　六册　存十卷(詩四卷,序一、四,論策一,奏疏一,祭文一,箴一)

320000－1605－0000187　G1766175
昌黎先生集四十卷外集十卷遺文一卷　(唐)韓愈撰　(唐)李漢編　(宋)廖瑩中校正　**朱子校昌黎先生集傳一卷**　(宋)朱熹校　明嘉靖徐氏東雅堂刻本　二十四册

320000－1605－0000188　G1796178
琅嬛記三卷　(元)伊世珍輯　明末毛氏汲古閣抄本　三册

320000－1605－0000189　G1875182
岳武穆盡忠報國傳七卷　(明)于華玉撰　明末刻本　四册

320000－1605－0000190　G1879182
研硃集五經總類八卷　(明)張瑄定　明末刻本　四册

320000－1605－0000191　G1893183
廣輿記二十四卷　(明)陸應陽輯　明末刻本　十册

320000－1605－0000192　G0605076
未軒公文集十二卷補遺二卷　(明)黄仲昭撰　(明)劉節校　**附録一卷**　(明)楊廉纂集　明嘉靖三十四年(1555)黄希白刻清雍正十三年(1735)黄邁琮增修本　八册

320000－1605－0000193　G0117016
戰國策纂四卷　(明)張榜纂　(明)朱士泰訂　明萬曆三十九年(1611)刻本　四册

320000－1605－0000194　G0126017
啓禎兩朝常熟實録補編一卷　(清)薛維巖纂　稿本　一册

320000－1605－0000195　G0372047－1
耳新四卷偶記四卷清言二卷　(明)鄭仲夔撰　明崇禎刻本　三册

320000－1605－0000196　G0118016
晉五胡指掌編一卷藩鎮指掌編一卷　(明)陳繼儒輯　明末刻本　四册

320000－1605－0000197　G1959189
皇朝名臣言行續録八卷四朝名臣言行録别集二十六卷皇朝道學名臣言行外録十七卷　(宋)李幼武纂集　明刻本　九册　存三十五卷(續録八卷,别集上六至十三、下一至十三,外録六至十一)

320000－1605－0000198　G2015192
李太白文集三十卷　(唐)李白撰　清康熙五十六年(1717)繆曰芑影宋刻本　四册

320000－1605－0000199　G0496061
詩觀初集十二卷　(清)鄧漢儀評選　清康熙金閶王允明刻本　十二册

320000－1605－0000200　G1321143
皇明詩選十三卷　(明)陳子龍　(明)李雯　(明)宋徵輿撰　明崇禎刻本　四册

320000－1605－0000201　G0715087
秋農詩草一卷　(清)姚文田撰　稿本　一册

320000－1605－0000202　G0591075
畦樂先生詩集一卷附録一卷　(明)梁蘭撰

清初刻本　二冊

320000－1605－0000203　G2061195
麟溪集二十二卷　(明)鄭太和輯　(明)鄭璽續輯　**麟溪集別篇一卷**　(清)鄭宗敬輯　清初鄭氏書種堂刻本　六冊

320000－1605－0000204　G2063195
山曉閣選古文全集三十二卷　(清)孫琮手評　清康熙二十年(1681)金閶養正堂、裕滋堂刻本　十六冊

320000－1605－0000205　G2062195
古文淵鑒六十四卷　(清)徐乾學等編注　清康熙内府刻四色套印本　二十四冊

320000－1605－0000206　G2065196
沈南疑先生檇李詩繫四十二卷　(清)沈季友輯　清康熙四十九年(1710)敦素堂刻本　十六冊

320000－1605－0000207　G2064195
事類賦三十卷　(宋)吳淑撰註　**廣事類賦四十卷**　(清)華希閔撰　清乾隆二十九年(1764)華氏劍光閣刻本　十冊

320000－1605－0000208　G2066196
松皋文集十四卷　(清)毛際可撰　(清)毛士儀　(清)毛士儲校　(清)李霨　(清)史立庵選　(清)張希良　(清)毛先舒評　清康熙刻本　四冊

320000－1605－0000209　G2067196
歷朝名媛詩詞十二卷　(清)陸昶評選　(清)程琰　(清)宋思敬閲定　清乾隆三十八年(1773)陸氏紅樹樓刻本　八冊

320000－1605－0000210　G2068196
甬上耆舊詩三十卷　(清)胡文學輯選　(清)李鄴嗣敘傳　(清)胡世法等重訂　清康熙十九年(1680)胡氏敬義堂刻胡世法、胡銘嶧重修本　十二冊

320000－1605－0000211　G2071196
醫學階梯二卷脩事指南一卷　(清)張叡著　清雍正刻本　五冊　缺一卷(醫學階梯一)

320000－1605－0000212　G2070196
後八家文鈔二十八卷　(清)雷浚輯　稿本　十二冊

320000－1605－0000213　G2073196
瘟疫明辨四卷瘟疫方一卷　(清)鄭奠一撰　清乾隆十六年(1751)吳坤刻本　一冊

320000－1605－0000214　G2076196
新鐫窮鄉便方一卷　(明)張賓宇輯　明毓秀齋張賓宇刻本　一冊

320000－1605－0000215　G2072196
傷寒五法五卷　(明)陳長卿撰　(清)石楷重訂　(清)陳維坤校　清康熙六年(1667)陳維坤刻頤志堂印本　三冊

320000－1605－0000216　G2075196
古方八陣八卷　(明)張介賓著　(明)張錫琨彙輯　(清)孫弘均校　(清)汪志翰編次　清康熙四十二年(1703)汪志翰衡素堂刻本　三冊

320000－1605－0000217　G2074196
金匱心典三卷　(漢)張仲景撰　(清)尤怡集注　清雍正刻本　三冊

320000－1605－0000218　G2077196
痧脹玉衡書三卷後卷一卷　(清)郭志邃著　清康熙揚州有義堂刻本　六冊

320000－1605－0000219　G2078196
經絡全書前編分野一卷　(明)沈子録原編　(明)徐師曾刪定　(清)顧偉增補　(清)吳陛徵校閲　(清)尤乘重輯　**經絡全書後編樞要一卷**　(明)徐師曾續述　(清)尤乘重輯　清康熙二十七年(1688)尤乘刻本　四冊

320000－1605－0000220　G2079196
丹溪朱氏脈因證治二卷　(元)朱震亨撰　(清)湯望久校輯　清乾隆四十年(1775)湯望久頤生堂刻本　二冊

320000－1605－0000221　G2081196
祕傳證治要訣十二卷　(明)戴元禮述　(明)余時雨校　明新安吳勉學刻本　四冊

320000－1605－0000222　G2080196
傷寒論條辨八卷附本草鈔一卷或問一卷痙書一卷　(明)方有執撰　清康熙浩然樓刻本　四冊

320000－1605－0000223　G2084197
印機草一卷　(清)馬俶著　清康熙觀成堂刻寶翰樓印本　三冊

320000－1605－0000224　G2089198
沈朗仲先生病機彙論十八卷　(清)沈頲撰　(清)馬俶校定　**印機草一卷**　(清)馬俶著　清康熙刻成裕堂印本　二十冊

320000－1605－0000225　G2085197
傷寒論三註十六卷　(清)周揚俊輯註　清乾隆四十五年(1780)松心堂刻本　十二冊

320000－1605－0000226　G2083197
新刊仁齋直指方論二十六卷醫脉真經二卷傷寒類書活人總括七卷　(宋)楊士瀛撰　(明)朱崇正附遺　清抄本　十八冊

320000－1605－0000227　G2082197
左氏條貫十八卷　(清)曹基編次　(清)張典　(清)張兼參訂　清康熙刻本　十二冊

320000－1605－0000228　G2086197
立齋外科發揮八卷　(明)薛己著　(明)吳玄有校　明刻本　四冊

320000－1605－0000229　G2088198
萬氏家抄濟世良方六卷　(明)萬表輯　(明)萬邦孚增訂　明萬曆萬邦孚刻本　六冊

320000－1605－0000230　G2087197
證治準繩六種四十四卷　(明)王肯堂輯　明萬曆三十年至三十六年(1602－1608)刻本　二十八冊　存三種二十二卷(證治準繩八卷、雜病證治類方八卷、瘍醫準繩六卷)

320000－1605－0000231　G2091198
西方答問二卷　(意大利)艾儒畧撰　(明)蔣德璟閱　明崇禎十五年(1642)武林超性堂刻本　二冊

320000－1605－0000232　G2092198
新製諸器圖説一卷　(明)王徵撰　**遠西奇器圖説録最二卷**　(瑞士)鄧玉函口授　(明)王徵譯繪　清道光張鵬翂刻本　一冊

320000－1605－0000233　G2093198
方氏墨譜六卷　(明)方于魯撰　**首一卷**　(明)汪道貫　(明)汪道會撰　明萬曆方氏美蔭堂刻本　七冊　存五卷(一、三至六)

320000－1605－0000234　G2094198
齊名紀數八卷補遺一卷　(清)王承烈輯　稿本　八冊

320000－1605－0000235　G2099198
嬾雲主人口頭禪不分卷　鄒福保輯　稿本　一冊

320000－1605－0000236　G2097198
重編義勇武安王集八卷　(清)錢謙益定訂　(清)顧湄參較　**附録二卷補遺一卷**　(清)顧湄纂輯　**補遺一卷**　(清)顧湄輯　(清)李葉訂　清康熙八年至九年(1669－1670)顧湄織簾居刻十年(1671)顧氏增補本　一冊

320000－1605－0000237　G2095198
病機部二卷　(明)張三錫纂　(明)王肯堂校　明萬曆刻本　四冊

320000－1605－0000238　G2096198
水邊林下五十九種五十九卷　題(□)湖南漫士輯　明末刻本　四冊　存三十種三十卷(林水録一卷、賞心樂事一卷、廬山草堂記一卷、樂善録一卷、金石契一卷、林下盟一卷、讀書十六觀一卷、花曆一卷、山齋志一卷、種蘭訣一卷、藝菊一卷、畫禪一卷、二六課一卷、十六湯品一卷、硯譜一卷、畫梅譜一卷、洛中耆英會一卷、洛中九老會一卷、金魚品一卷、盆玩品一卷、清閑供一卷、畫舫記一卷、香箋一卷、放生辨惑一卷、探春歷記一卷、花小名一卷、孟浩然傳一卷、服氣法一卷、記事珠一卷、拈屏語一卷)

320000－1605－0000239　G2104199
稽古日鈔八卷　(清)彭芝庭鑒定　(清)郁文　(清)張方湛　(清)王逸虬輯　清乾隆二十

九年(1764)秋曉山房刻本　四册

320000－1605－0000240　G2105199
蘇米志林三卷　(明)毛晉輯　明天啓五年(1625)毛氏緑君亭刻清文粹堂重印本　二册

320000－1605－0000241　G2101199
通占大象曆星經二卷　題(漢)甘公　題(漢)石申撰　(明)程榮校　明萬曆二十年(1592)程榮刻本　二册

320000－1605－0000242　G2103199
朱子家禮八卷首一卷　(明)丘濬輯　(明)汪佑訂　**四禮初稿四卷**　(明)宋纁輯　**四禮約言四卷**　(明)吕維祺著　清康熙四十年(1701)宋犖蘇州刻本　六册

320000－1605－0000243　G2102199
藝林彙考棟宇篇十卷服飾篇十卷飲食篇七卷稱號篇十二卷植物篇一卷　(清)沈自南輯　清康熙刻乾隆十六年(1751)陳鑑重修本　六册

320000－1605－0000244　G2100198
欽定明鑑二十四卷首一卷　(清)胡敬　(清)陳用光總纂　清嘉慶二十三年(1818)兩淮鹽運使司刻本　十二册

320000－1605－0000245　G2108199
東溪吟草一卷　(清)殷增撰　稿本　一册

320000－1605－0000246　G2107199
蒙養三約三卷　(清)于斯年著　(清)于依仁編次　清康熙四十年(1701)樹滋堂刻本　一册

320000－1605－0000247　G2109199
洞庭席萬春命案書册不分卷　(清)□□撰　稿本　二册

320000－1605－0000248　G2110199
晉書一百三十卷　(唐)房玄齡等撰　明鍾人傑刻本(載記卷二十六至三十配抄本)　三十三册

320000－1605－0000249　G2111199
八劉唐人詩集八卷　(清)劉雲份輯　清康熙野香堂刻寶翰樓印本　四册

320000－1605－0000250　G2112199
陶靖節集十卷　(晉)陶潛撰　明嘉靖四十一年(1562)建寧城衢泉黄店刻本　一册　存二卷(三至四)

320000－1605－0000251　G2113199
文翰類選大成一百六十三卷　(明)李伯璵編輯　(明)馮厚校正　明成化淮府刻弘治十四年(1501)增刻本　二册　存一卷(五十五)

320000－1605－0000252　G2114199
東萊先生三國志詳節二十卷首一卷　(宋)吕祖謙輯　明嘉靖四十五年至隆慶四年(1566－1570)陝西布政司刻本　一册　存五卷(一至四、首一卷)

320000－1605－0000253　G2115200
新刊合併官板音義評注淵海子平五卷　(宋)徐昇編　(明)楊淙增校　明崇禎福建余氏刻本　三册

320000－1605－0000254　G2116200
西崑發微三卷　(清)吳喬撰　**桂門批彈叩集一卷**　(清)桂門批　清雍正十二年(1734)盛天福抄本　一册

320000－1605－0000255　G2117200
亭林遺書十種二十七卷　(清)顧炎武撰　清康熙潘氏遂初堂刻本　六册

320000－1605－0000256　G2118200
通鑑釋文辯誤十二卷　(元)胡三省撰　明天啓五年(1625)陳仁錫刻本　二册　存六卷(一至六)

320000－1605－0000257　G2119200
先秦鴻文五卷　(明)顧錫疇評選　明崇禎刻本　一册　存三卷(三至五)

320000－1605－0000258　G2122200
唐賢三昧集三卷　(清)王士禛輯　清雍正蘿篴齋刻本　一册

320000－1605－0000259　G2121200
唐人萬首絶句選七卷　(宋)洪邁原輯　(清)

王士禛選　清康熙宋廣業刻清松花屋印本　二册

320000－1605－0000260　G2123200
江月松風集十二卷補遺一卷　(元)錢惟善著　(清)吳允嘉　(清)吳焯補遺　清抄本　一册

320000－1605－0000261　G2120200
稗海前集四十八種續二十二種　(明)商濬編　明萬曆商濬刻清康熙振鷺堂補刻印本　五十二册

320000－1605－0000262　G2124201
唐詩二十六家五十卷　(明)黄貫曾編　明嘉靖三十三年(1554)黄氏浮玉山房刻本　二册　存五種七卷(耿湋集二卷、秦隱君集一卷、郎士元集二卷、包何集一卷、包佶集一卷)

320000－1605－0000263　G2126201
重刻天元奇門遁甲句解煙波釣叟歌不分卷　(宋)趙普撰　(明)羅通遁法　(明)池紀解編　明刻本　二册

320000－1605－0000264　G2125201
弦雪居重訂遵生八牋十九卷總目一卷　(明)高濂撰　(明)鍾惺較閲　明刻思嚴居印本　十册

320000－1605－0000265　G2128201
富土傳信録不分卷　(清)□□輯　稿本　四册

320000－1605－0000266　G2127201
清光緒嘉定縣知縣程其珏與各省縣來往信札稿不分卷　(清)程其珏撰　稿本　一册

320000－1605－0000267　G2130201
秘錦廣集一卷　(明)周之璵纂　清道光二十五年(1845)葉慎恭抄本　一册

320000－1605－0000268　G2131201
陳鍾麟詩草不分卷　(清)陳鍾麟撰　稿本　二册

320000－1605－0000269　G2136202
唐詩紀事八十一卷　(宋)計有功輯　明嘉靖刻本　五册　存二十七卷(十七至二十、三十七至四十一、五十二至六十一、七十四至八十一)

320000－1605－0000270　G2135201
篆文春秋不分卷　(□)□□撰　明刻本　一册　存四十八葉(四十八至九十五成公至哀公)

320000－1605－0000271　G2134201－1
三才圖會一百六卷　(明)王圻纂集　(明)王思義校正　明萬曆三十七年(1609)刻本　九册　存十二卷(地理一至六、十一至十六)

320000－1605－0000272　G2134201－2
三才圖會一百六卷　(明)王圻編輯　(明)黄晟重校　明刻本　一册　存一卷(人物八)

320000－1605－0000273　G2137202
三蘇文集七十一卷首一卷　(宋)蘇洵　(宋)蘇軾　(宋)蘇轍撰　明刻本　一册　存七卷(四十四至五十)

320000－1605－0000274　G2138202
寶顔堂秘笈八十一卷　(明)陳繼儒編　明萬曆刻本　二十二册　存十八種四十五卷(天目遊記一卷、寶顔堂訂正燕閒録一卷、亦政堂訂正意見一卷、寶顔堂訂正集異志二卷、寶顔堂訂正老子解四卷、寶顔堂訂正真珠船八卷、寶顔堂訂正羅湖野録四卷、觴政一卷、寶顔堂訂正吳社編一卷、寶顔堂訂正傳疑録一卷、陳眉公太平清話四卷、陳眉公珍珠船四卷、游唤一卷、娑羅館逸稿一卷、續娑羅館清言二卷、冥寥子遊二卷、妮古録四卷、陳眉公訂正世範三卷)

320000－1605－0000275　G2139202
春秋説五卷　(清)惠士奇撰　稿本　六册　存三卷(三至五)

320000－1605－0000276　G2140202
秦漢瓦當文字一卷　(清)孫星衍輯　稿本　一册

320000－1605－0000277　G2142202
晉史乘一卷楚史檮杌一卷　明吳琯刻本

一册

320000－1605－0000278　G2145202

太上感應篇句解八卷首一卷　(明)陳嘉猷纂　明萬曆刻本　四册　存三卷(一至二、首一卷)

320000－1605－0000279　G2141202

先賢像贊□□卷　(明)□□撰　明刻本　一册

320000－1605－0000280　G2144202

大明一統名勝志二百八卷　(明)曹學佺撰　明崇禎三年(1630)自刻本　二册　存一卷(九)

320000－1605－0000281　G2143202

龍飛紀略八卷　(明)吴樸撰　明嘉靖二十三年(1544)吴天禄等刻本　一册　存一卷(七)

320000－1605－0000282　G2150202

寒碧山莊劉氏自鈐印譜一卷　(清)劉蓉峰篆　清鈐印本　一册

320000－1605－0000283　G2147202

求古録不分卷　(清)顧炎武撰　清乾隆抄本　二册

320000－1605－0000284　G2148202

傷寒補天石不分卷　(明)戈維城撰　(清)朱陶性校　清抄本　二册

320000－1605－0000285　G2146202

莊子因六卷　(清)林雲銘撰　清康熙刻本　六册

320000－1605－0000286　G2149202

陸寶忠信札不分卷　(清)陸寶忠撰　稿本　一册

320000－1605－0000287　G2160202

彤管新編八卷　(明)張之象輯　明嘉靖三十三年(1554)魏留耘刻本　一册　存二卷(二至三)

320000－1605－0000288　G2159202

古今説海一百三十五種　(明)陸楫等輯　明嘉靖二十三年(1544)陸楫儼山書院刻本　一册　存三種五卷(江南别録一卷、三楚新録三卷、溪蠻叢笑一卷)

320000－1605－0000289　G2158202

集千家註分類杜工部詩二十五卷文集二卷　(唐)杜甫撰　(宋)徐居仁編次　(宋)黄鶴補注　**年譜一卷**　(宋)黄鶴撰　明正德十四年(1519)汪諒金臺書院刻嘉靖元年(1522)重修本　二册　存二卷(十三至十四)

320000－1605－0000290　G2155202

醫學綱目四十卷　(明)樓英撰　明嘉靖四十四年(1565)曹灼刻本　二册　存二卷(九、二十九)

320000－1605－0000291　G2156202

朱鴻往來信札稿不分卷　(清)朱鴻撰　稿本　一册

320000－1605－0000292　G2157202

陽山顧氏文房小説四十種五十八卷　(明)顧元慶編　明正德、嘉靖顧元慶夷白齋刻本　一册　存二種二卷(洛陽名園記一卷、趙飛燕外傳一卷)

320000－1605－0000293　G2152202

修史條議一卷　(清)徐乾學撰　清抄本　一册

320000－1605－0000294　G2154202

文章析一卷　(清)楊修齡輯　稿本　一册

320000－1605－0000295　G2153202

泗涇古銀杏圖題詞一卷　(清)吴亦輯　稿本　一册

320000－1605－0000296　G2151202

桐園漫興録一卷雞牕雜録一卷石芝山房名蹟録一卷　(清)金鳳清撰　稿本　三册

320000－1605－0000297　G2164203

黄易自存印譜一卷　(清)黄易篆　清鈐印本　一册

320000－1605－0000298　G2161203

有竹居隨筆一卷　(清)□□撰　稿本　一册

320000－1605－0000299　G2163203

說文解字十五卷 (漢)許慎撰 (宋)徐鉉校定 清刻本 一册 存二卷(十二至十三)

320000－1605－0000300 G2162203
吳中瑣事不分卷 姚方羊輯 稿本 四册

320000－1605－0000301 G2166203
祁壺山先生墨戲一卷 (清)祁季聞繪 稿本 一册

320000－1605－0000302 G2167203
陸稚松臨查王畫册一卷 (清)陸沅臨 清摹繪本 一册

320000－1605－0000303 G2169203
孤唫感舊集一卷 張炳翔撰 稿本 一册

320000－1605－0000304 G2172203
孫麟趾詩草一卷 (清)孫麟趾撰 稿本 一册

320000－1605－0000305 G2171203
梁昭明太子集一卷 (南朝梁)蕭統撰 明婁東張氏刻本 一册

320000－1605－0000306 G2170203
孤山夢冷圖一卷 張炳翔撰 稿本 一册

320000－1605－0000307 G2176203
宣南話舊圖題詞一卷 (清)陸繼輅輯 稿本 一册

320000－1605－0000308 G2174203
百行之源一卷 (清)王學古編 稿本 一册

320000－1605－0000309 G2185203
吳大澂墨蹟一卷 (清)吳大澂書 稿本 一册

320000－1605－0000310 G2183203
吳大澂字册一卷 (清)吳大澂書 稿本 一册

320000－1605－0000311 G2184204
寄軒放鶴圖及題詠一卷 (清)張鵬繪 (清)宋有元撰 稿本 一册

320000－1605－0000312 G2180203
養濟老人七十壽詩唱和册不分卷 張炳翔輯 稿本 五十四葉

320000－1605－0000313 G2181203
文采風流一卷 (清)陸恢等繪 稿本 一册

320000－1605－0000314 G2182203
稼圃花鳥畫册一卷 (清)胡均繪 稿本 一册

320000－1605－0000315 G2186204
林則徐等致文海信札不分卷 (清)文海輯 稿本 三十五葉

320000－1605－0000316 G2187204
恭親王等致潘霨信札一卷 (清)潘霨輯 稿本 一册

320000－1605－0000317 G2190204
謝逢源等致吳敬宣書一卷 (清)吳敬宣輯 稿本 一册

320000－1605－0000318 G2196204
域外叢書九種九卷 (清)王蘊香輯 清道光二十二年(1842)靜觀齋刻本 二册

320000－1605－0000319 G2189204
汪家鼎等致潘誦詣信札一卷 (清)潘誦詣輯 稿本 一册

320000－1605－0000320 G2192204
清末吳中名醫方不分卷 (清)□□撰 稿本 一册

320000－1605－0000321 G2195204
東山襍記初編不分卷 (清)秦長熢撰 稿本 一册

320000－1605－0000322 G2193204
歷代通鑑纂要九十二卷 (明)李東陽等撰 明正德刻本 一册 存二卷(四至五)

320000－1605－0000323 G2204205
唐詩別裁集十卷 (清)沈德潛 (清)陳培脈選 清康熙五十六年(1717)碧梧書屋刻本 五册

320000－1605－0000324 G2203205
國朝詩別裁集三十六卷 (清)沈德潛纂評

(清)翁照等輯　清乾隆二十四年(1759)刻本　十二册

320000－1605－0000325　G2201204

太湖逃難圖及題詠不分卷　(清)孔光淵撰　稿本　一册

320000－1605－0000326　G2199204

蔣鳳藻信札不分卷　(清)蔣鳳藻撰　稿本　四百九十六葉

320000－1605－0000327　G2200204

善財童子五十三參圖并贊不分卷附韋馱天王像一幅　(清)蔡正邦書　(清)王其炳　(清)王夔繪　清繪本　一册

320000－1605－0000328　G2202204

芥子園畫傳三集四卷　(清)王概等輯　清康熙刻五色套印本　四册

320000－1605－0000329　G1138124

篆刻隨録不分卷　(清)汪克塤輯　稿本　一册

320000－1605－0000330　W－01

集古印譜六卷　(明)王常編　(明)顧從德校　明萬曆三年(1575)顧氏芸閣刻朱印本　六册

320000－1605－0000331　W－02

集古印譜五卷　(明)甘暘編　(明)張沛校　明萬曆二十四年(1596)甘氏鈐印本　五册

320000－1605－0000332　W－06

印史五卷　(明)何通著　明天啓鈐印本　一册　存一卷(五)

320000－1605－0000333　W－05

姓苑印章二卷　(明)江萬全輯　明崇禎二年(1629)鈐印本　一册　存一卷(下)

320000－1605－0000334　W－04

秦漢印範五卷　(明)潘雲杰　(明)陸鑨編輯　(明)楊當時　(明)蘇爾宣摹鐫　明萬曆三十五年(1607)鈐印本　五册

320000－1605－0000335　W－03

宣和集古印史八卷　(明)來行學摹　明萬曆二十四年(1596)來氏寶印齋刻鈐印本　八册

320000－1605－0000336　W－08

胡氏篆艸一卷二集一卷　(清)胡正言篆　明末蒂古堂十竹齋鈐印本　二册

320000－1605－0000337　W－09

印譜一卷印章論不分卷　(明)金光先輯　明萬曆四十年(1612)刻鈐印本　一册

320000－1605－0000338　W－11

蘇氏印略四卷　(明)蘇宣篆　明萬曆四十五年(1617)鈐印本　三册　存三卷(一至三)

320000－1605－0000339　W－12

虛白齋印瘕不分卷　(明)王應麒集篆　明萬曆三十六年(1608)鈐印本　二册

320000－1605－0000340　W－10

皇明印史四卷　(明)邵潛篆　(明)趙宧光校　明天啓鈐印本　三册　存三卷(二至四)

320000－1605－0000341　W－13

印範一卷　(明)程正辰摹　(明)程應祥集　明崇禎七年(1634)程應祥鈐印本　一册

320000－1605－0000342　W－14

印雋二卷　(明)梁袠篆　明鈐印本　二册

320000－1605－0000343　W－16

博古印譜□□卷　(明)資旭暘編　明鈐印本　一册　存二卷(二、五)

320000－1605－0000344　W－15

印選□□卷　(明)方用光輯　明刻朱印本　一册　存一卷(五)

320000－1605－0000345　W－17

承清館印譜初集一卷續集一卷　(明)張灝輯　明鈐印本　二册

320000－1605－0000346　W－18

承清館印譜元集一卷續集一卷　(明)張灝輯　明鈐印本　二册

320000－1605－0000347　W－19

承清館印譜一卷續集一卷　(明)張灝輯　明鈐印本　一册　存一卷(續集一卷)

320000－1605－0000348　W－25

紙馬不分卷　(□)□□撰　清刻本　三十九幅

320000－1605－0000349　W－21

學山堂印譜□□卷　(明)張灝鑒藏　明崇禎鈐印本　四册　存三卷(一至三)

320000－1605－0000350　W－20

學山堂印譜□□卷　(明)張灝鑒藏　(明)葛鼎參攷　明鈐印本　一册　存一卷(三)

320000－1605－0000351　W－22

集古印譜六卷　(明)王常編　(明)顧從德校　明萬曆三年(1575)顧氏芸閣刻本　三册　存三卷(二至四)

320000－1605－0000352　W－30

溯運摭畧一卷　(清)顧澐撰　稿本　一册

320000－1605－0000353　W－32

吳平齋家信一卷　(清)吳雲撰　稿本　三十八葉

320000－1605－0000354　H－02

集古官印攷十七卷集古虎符魚符考一卷　(清)瞿中溶編輯　清同治十三年(1874)瞿樹鎬、瞿樹本、瞿樹寶鈐印本　六册

320000－1605－0000355　H－01

詞綜三十六卷　(清)朱彝尊編　(清)汪森增定　(清)柯崇樸編次　(清)周篔辨偽　清康熙十七年(1678)汪森裘抒樓刻三十年(1691)增刻乾隆九年(1744)汪孟鋗重修本　六册

320000－1605－0000356　H－05

養正圖解不分卷　(明)焦竑撰　(明)丁雲鵬繪圖　(明)吳繼序書解　明萬曆二十二年(1594)吳懷讓刻本　一册

320000－1605－0000357　H－08

雷浚稿本八種十五卷　(清)雷浚撰　稿本　十二册

320000－1605－0000358　H－04

漢魏六朝二十一名家集一百二十三卷　(明)汪士賢輯　明萬曆、天啓新安汪氏刻本　一册　存五種十四卷(董仲舒集一卷、司馬長卿集一卷、東方先生集一卷、揚子雲集三卷、蔡中郎集八卷)

320000－1605－0000359　H－06

三家詩述八卷詩經異議一卷詩經異文一卷　(清)徐堂輯　稿本　一册

320000－1605－0000360　H－09

香譜一卷　(宋)洪芻撰　清順治刻本　一册

320000－1605－0000361　H－12

顧文彬等致劉履芬信札一卷　(清)顧文彬等撰　稿本　一册

320000－1605－0000362　H－03

□□叢書□□卷　(□)□□輯　明末刻本　二册　存九種十四卷(酒譜一卷、荔枝譜一卷、橘録三卷、南方草木狀三卷、竹譜一卷、筍譜二卷、菌譜一卷、蔬食譜一卷、酒經一卷)

320000－1605－0000363　H－10

費延厘鄒福保陸文彬等致吳雲吳承潞信札不分卷　(清)費延厘等撰　稿本　一册

320000－1605－0000364　H－11

陳鍾英呂德釗等致蔣彬蔚蔣迪甫信札不分卷　(清)陳鍾英等撰　稿本　四册

320000－1605－0000365　H－13

戴宗騫宋志賢等致子仁信札不分卷　(清)戴宗騫等撰　稿本　一册

320000－1605－0000366　G0006001

周易傳義大全二十四卷　(明)胡廣輯　明嘉靖十五年(1536)安正堂刻本　二十四册

320000－1605－0000367　G0004001

周易十卷　(宋)程頤傳　(宋)朱熹本義　**易圖一卷**　(宋)朱熹集録　**易説綱領一卷**　(宋)程頤撰　明正統十二年(1447)司禮監刻本　六册　存六卷(一至四、易圖一卷、易説綱領一卷)

320000－1605－0000368　G0005001

周易義海撮要十二卷　(宋)李衡撰　清康熙納蘭性德通志堂刻本　十冊

320000－1605－0000369　G0001001
重刊明心寶鑑二卷　(明)范立本輯　明嘉靖三十二年(1553)内府曹玄刻本　二冊

320000－1605－0000370　G0003001
易傳十卷　(唐)李鼎祚撰　(明)沈士龍　(明)胡震亨校　明萬曆刻秘冊匯函本　一冊　存三卷(一至三)

320000－1605－0000371　G0009002
周易象旨决録七卷讀周易象旨私識一卷　(明)熊過撰　(明)熊迥重校　明嘉靖四十一年(1562)熊迥刻本　六冊

320000－1605－0000372　G0010002
淮海易談四卷　(明)孫應鰲撰　明隆慶刻本　四冊

320000－1605－0000373　G0021002
新刻胡氏詩識三卷　(明)胡纘宗撰　(明)胡文焕類編　明萬曆胡氏文會堂刻本　一冊

320000－1605－0000374　G0022002
重訂詩經疑問十二卷　(明)姚舜牧撰　明萬曆三十九年(1611)刻本　六冊　存十卷(一至二、五至十二)

320000－1605－0000375　G0018002
周易粹義五卷　(清)沈德潛定　(清)薛雪集　(清)薛觀光訂　清末抄本　三冊

320000－1605－0000376　G0017002
觀宇篇天極前篇六卷後篇六卷續篇六卷别篇六卷　(□)□□撰　清影宋抄本　十七冊　存十九卷(前篇二至六,後篇一至三、五至六,續篇三至六,别篇一至五)

320000－1605－0000377　G0016002
周易不分卷　(□)□□撰　明刻本　二冊

320000－1605－0000378　G0025003
詩記不分卷　(清)張次仲撰　清康熙十三年至十六年(1674－1677)刻本　八冊

320000－1605－0000379　G0027003
說裸一卷圖一卷　(清)龔景瀚撰　稿本　一冊

320000－1605－0000380　G0037004
儀禮今文古文疏證三卷　(清)潘道根輯　稿本　一冊

320000－1605－0000381　G0029003
讀儀禮一卷儀禮節解十七卷　(明)郝敬著　明萬曆四十五年(1617)郝千秋、郝千石刻本　十冊

320000－1605－0000382　G0031003
禮記日録三十卷　(明)黄乾行撰　**圖解一卷**　(宋)楊復撰　明嘉靖三十四年(1555)鍾一元刻本　八冊

320000－1605－0000383　G0033004
重訂禮記疑問十二卷　(明)姚舜牧著　明萬曆刻本　六冊

320000－1605－0000384　G0035004
檀弓通二卷　(明)徐昭慶輯註　(明)梅鼎祚校閲　明萬曆刻本　二冊

320000－1605－0000385　G0072003
曲禮全經附傳十二卷外集三卷　(明)柯尚遷撰　明萬曆林應訓刻本　十冊　存十四卷(全經附傳十二卷、外集一至二)

320000－1605－0000386　G0036004
三禮考註十卷序録一卷　(元)吴澄撰　(明)焦竑校正　明萬曆三十八年(1610)董應舉刻本　十冊

320000－1605－0000387　G0023003
六家詩名物疏五十五卷　(明)馮復京撰　明萬曆刻本　二十四冊

320000－1605－0000388　G0028003
儀禮經傳續二十九卷　(宋)黄幹撰　明刻本　十冊

320000－1605－0000389　G0049006
春秋集傳十三卷　(清)張士俊輯　清嘉慶十二年(1807)葛祚增抄本　六冊

320000－1605－0000390　G0051006

四書人物考訂補四十卷　(明)薛應旂輯　(明)朱焯註釋　(明)許胥臣訂補　明天啓七年(1627)刻本　六冊

320000－1605－0000391　G0047006
春秋綸十二卷　(清)龐佑清輯　稿本　四冊

320000－1605－0000392　G0042005
春秋左傳屬事二十卷春秋左傳註解辨誤二卷音釋一卷辨誤補遺一卷古器圖一卷　(明)傅遜纂　明萬曆十三年(1585)日殖齋刻二十六年(1598)重修本　二十四冊

320000－1605－0000393　G0041005
唐荆川先生編纂左氏始末十二卷　(明)唐順之纂　(明)唐正之　(明)金九皋編次　明嘉靖四十一年(1562)唐正之刻本　六冊

320000－1605－0000394　G0045005
春秋疑問十二卷　(明)姚舜牧撰　明萬曆刻本　四冊

320000－1605－0000395　G0043005
春秋左傳註評測義七十卷世系譜一卷名號異称便覽一卷地名配古籍一卷總評一卷春秋列國東坡圖說一卷　(明)凌稚隆輯著　明萬曆十六年(1588)刻本　十冊

320000－1605－0000396　G0046005
春秋經傳集解攷正三十卷外傳攷正二十一卷　(清)陳樹華撰　清道光魏錫曾績語堂抄本　八冊

320000－1605－0000397　G0039004
文公家禮儀節八卷　(明)丘濬輯　(明)楊廷筠訂　明萬曆三十六年(1608)錢時刻本　八冊

320000－1605－0000398　G0044005
春秋屬辭十五卷春秋左氏傳補注十卷春秋師說三卷附録二卷　(明)趙汸學　元至正二十年至二十四年(1360－1364)休寧商山義塾刻明弘治六年(1493)高忠重修本　十二冊

320000－1605－0000399　G0038004
禮書一百五十卷　(宋)陳祥道撰　(明)張溥閲　(明)盛順參　明末張溥刻本　二十四冊

320000－1605－0000400　G0060007
爾雅翼三十二卷　(宋)羅願撰　(元)洪焱祖釋　明崇禎六年(1633)羅介㘰坎文獻祠刻本　十二冊

320000－1605－0000401　G0064007
說文統釋自序一卷　(清)錢大昭撰并注　**音同義異辨一卷**　(清)畢沅撰　清光緒八年(1882)郭傳璞刻本　一冊

320000－1605－0000402　G0065007
新集古文四聲韻五卷　(宋)夏竦撰　清影宋抄本　二冊

320000－1605－0000403　G0056006
薛方山先生四書說義不分卷　(清)曹鉉　(清)徐如玉纂　清乾隆二年(1737)謙齋抄本　六冊

320000－1605－0000404　G0059006
新刻埤雅二十卷　(宋)陸佃撰　明萬曆胡氏文會堂刻格致叢書本　十冊

320000－1605－0000405　G0057006
四書辨釋備考一卷補遺一卷　(清)葉廷琯撰　稿本　二冊

320000－1605－0000406　G0058006
新刻廣雅十卷　(三國魏)張揖撰　(唐)曹憲音解　明萬曆胡氏文會堂刻格致叢書本　一冊

320000－1605－0000407　G0063007
說文解字段注攷正十五卷　(清)馮桂芬撰　稿本　八冊

320000－1605－0000408　G0054006
四書備考二十八卷四書考異一卷　(明)陳仁錫增定　明崇禎七年(1634)刻本　十八冊

320000－1605－0000409　G0067007
古今韻會舉要小補三十卷　(明)方日升撰　(明)李維禎補　明萬曆周士顯刻本　二十四冊

320000－1605－0000410　G0062007

重刊許氏說文解字五音韻譜十二卷 (宋)李燾撰 明刻本 十二册

320000－1605－0000411 G0075009

增定史記纂不分卷 (明)凌稚隆校閲 明萬曆七年(1579)凌稚隆刻本 八册

320000－1605－0000412 G0074009

史記評林一百三十卷圖一卷讀史總評一卷補史記一卷 (明)凌稚隆輯校 **史記正義論例一卷史記正義謚法解一卷史記正義列國分野一卷** (唐)張守節撰 明萬曆二年至四年(1574－1576)凌稚隆刻本 三十册

320000－1605－0000413 G0068008

詩韻輯略五卷 (明)潘恩撰 明隆慶三年(1569)潘恩刻本 五册

320000－1605－0000414 G0069008

正韻纂二卷 (明)沈延銓撰 明天啓二年(1622)沈延銓刻本 四册

320000－1605－0000415 G0072008

史記八書八卷 (漢)司馬遷撰 (唐)張守節 (唐)司馬貞 (南朝宋)裴駰註 (明)章斐然校 明刻本 三册

320000－1605－0000416 G0070008

諸史夷語音義四卷 題(明)環中迂叟著 明萬曆十八年(1590)刻本 四册

320000－1605－0000417 G0071008

史記一百三十卷 (漢)司馬遷撰 (南朝宋)裴駰集解 (唐)司馬貞索隱 (唐)張守節正義 (明)余有丁 (明)周子義校 **史記正義論例謚法解一卷** (唐)張守節撰 **三皇本紀一卷** (唐)司馬貞撰 **史記例意一卷** (明)歸有光撰 明萬曆二年至三年(1574－1575)國子監刻本(史記卷十三至十四、史記例意一卷配抄本) 二十四册

320000－1605－0000418 G0078010

南史八十卷 (唐)李延壽撰 (明)趙用賢 (明)張一桂校正 明萬曆十六年至十九年(1588－1591)刻崇禎十一年(1638)、清順治十五年至十六年(1658－1659)、康熙三十九年(1700)遞修本 二十册

320000－1605－0000419 G0082010

東漢史刪三十三卷 (南朝宋)范曄撰 (明)茅國縉刪 明萬曆三十一年(1603)刻本 十六册

320000－1605－0000420 G0086011

十六國春秋一百卷 題(北魏)崔鴻撰 明萬曆三十七年(1609)屠喬孫、項琳之蘭暉堂刻本 二十册

320000－1605－0000421 G0080010

荆川先生批點精選漢書二卷 (明)唐順之撰 明嘉靖胡宗憲刻本 八册

320000－1605－0000422 G0079010

五代史七十四卷 (宋)歐陽修撰 (宋)徐無黨注 (明)楊慎評 (明)鍾名臣訂 明末刻本 七册

320000－1605－0000423 G0085011

季漢書六十卷正論一卷答問一卷 (明)謝陛撰 (明)臧懋循訂 明萬曆刻本 十二册

320000－1605－0000424 G0084011

三國志六十五卷 (晉)陳壽撰 (南朝宋)裴松之註 明崇禎十七年(1644)毛氏汲古閣刻本 八册

320000－1605－0000425 G0081010

漢書評林一百卷 (明)凌稚隆輯校 明萬曆九年(1581)凌稚隆刻明補修本 二十册

320000－1605－0000426 G0083010

後漢書九十卷 (南朝宋)范曄撰 (唐)李賢注 **志三十卷** (晉)司馬彪撰 (南朝梁)劉昭補注 明崇禎十六年(1643)毛氏汲古閣刻本 十六册

320000－1605－0000427 G0087012

宋書一百卷 (南朝梁)沈約撰 明萬曆二十六年(1598)北京國子監刻本 三十二册

320000－1605－0000428 G0089013

陳書三十六卷 (唐)姚思廉撰 明萬曆十六年(1588)南京國子監刻本 六册

320000－1605－0000429 G0091013

金史一百三十五卷目録二卷　(元)脱脱修　明初刻明遞修本　二十冊

320000－1605－0000430　G0088012
宋書一百卷　(南朝梁)沈約撰　(明)陸可教　(明)馮夢禎　(明)季道統校閲　明萬曆二十二年(1594)南京國子監刻清順治十六年(1659)重修本　四十八冊

320000－1605－0000431　G0098014
憲章録四十六卷　(明)薛應旂編述　明萬曆二年(1574)陸光宅刻本　十六冊

320000－1605－0000432　G0094014
宋元通鑑一百五十七卷　(明)薛應旂編輯　(明)陳仁錫評閲　明天啓六年(1626)刻本　二十六冊

320000－1605－0000433　G0092013
重刻翰林校正資治通鑑大全二十卷　(明)唐順之删定　(明)張謙釐正　明劉永茂刻本　八冊

320000－1605－0000434　G0095014
昭代典則二十八卷　(明)黄光昇撰　明萬曆二十八年(1600)周曰校萬卷樓刻本　二十八冊

320000－1605－0000435　G0093013
通鑑直解二十五卷　(明)張居正撰　明崇禎四年(1631)高兆麟刻本　十二冊

320000－1605－0000436　G0096014
甲子會紀五卷　(明)薛應旂編集　(明)陳仁錫評閲　明末陳仁錫刻本　四冊

320000－1605－0000437　G0099014
國史紀聞十二卷　(明)張銓輯　(明)張道濬訂　明天啓刻本　二十四冊

320000－1605－0000438　G0097014
紀元彙考四卷　(清)趙駿烈編　清康熙六年(1667)刻四十二年(1703)補刻本　四冊

320000－1605－0000439　G0090013
隋書八十五卷　(唐)魏徵等撰　(明)季道統校閲　明萬曆二十二年至二十三年(1594－1595)南京國子監刻本　三十六冊

320000－1605－0000440　G0112016
古史六十卷　(宋)蘇轍撰　(明)孫如游校　明萬曆三十九年(1611)南京國子監刻本　八冊

320000－1605－0000441　G0104015
明季甲乙兩年事略三卷　題(明)東郵八十一老人撰　清抄本　一冊

320000－1605－0000442　G0114016
周書王會一卷　(宋)王應麟輯　元刻明萬曆重修本　一冊

320000－1605－0000443　G0113016
廣禹貢楚絕書二卷　(明)陳士元撰　明萬曆十一年至十七年(1583－1589)刻本　二冊

320000－1605－0000444　G0111016
元史紀事本末六卷　(明)陳邦瞻編　(明)臧懋循補　明萬曆三十四年(1606)刻本　四冊

320000－1605－0000445　G0109016
宋史紀事本末十卷　(明)馮琦撰　(明)陳邦瞻補　明萬曆三十三年(1605)劉曰梧、徐申刻本　十冊

320000－1605－0000446　G0105016
大明宣宗憲天崇道英明神聖欽文昭武寬仁純孝章皇帝實録一百十五卷　(明)楊士奇等修　明抄本　一冊　存三卷(五至七)

320000－1605－0000447　G0100015
皇明從信録四十卷　(明)陳建輯　(明)沈國元校訂　明末刻本　三十二冊

320000－1605－0000448　G0110016
宋史紀事本末一百九卷　(明)馮琦撰　(明)陳邦瞻補　(明)張溥論正　明末張溥刻本　十六冊

320000－1605－0000449　G0102015
皇明通紀法傳全録二十八卷　(明)陳建著　(明)高汝栻訂　(明)吳楨增删　明崇禎九年(1636)翠紅軒、翠玉軒刻本　二十四冊

320000－1605－0000450　G0103015

皇明二祖十四宗增補標題詳斷通紀二十七卷　(明)陳建纂輯　(明)丘濬鑒定　明末吳門五車樓刻本　二十八册

320000－1605－0000451　G0101015
皇明資治通紀十四卷　(明)陳建輯著　**皇明續紀三卷**　(明)卜大有纂述　(明)卜六典校正　**皇明通紀述遺十二卷**　(明)卜世昌校訂　明萬曆刻本　二十四册

320000－1605－0000452　G0130017
先撥志始二卷　(清)文秉撰　清雍正刻本　二册

320000－1605－0000453　G0129017
先撥志始三卷　(清)文秉撰　清初抄本　一册

320000－1605－0000454　G0127017
崇禎遺録一卷附殉難忠臣録一卷　(明)王世德著　清抄本　二册

320000－1605－0000455　G0128017
汴圍濕襟録三卷　(明)白愚述　清抄本　一册

320000－1605－0000456　G0144018
歷代臣鑑三十七卷　(明)宣宗朱瞻基撰　明宣德元年(1426)内府刻本　十二册

320000－1605－0000457　G0125017
啓禎兩朝剝復録十卷　(明)吳應箕纂　清抄本　六册

320000－1605－0000458　G0119017
宋史新編二百卷　(明)柯維騏撰　明嘉靖四十三年(1564)刻本　六十册

320000－1605－0000459　特2
容齋隨筆十六卷續筆十六卷　(宋)洪邁撰　宋嘉定五年(1212)贛州郡齋刻本　十二册

320000－1605－0000460　G0117017
戰國策十二卷　(明)陳仁錫　(明)鍾惺評　明末刻本　十册

320000－1605－0000461　G0121017
建炎復辟録一卷　(宋)□□撰　清抄本　一册

320000－1605－0000462　G0123017
南燼紀聞一卷附阿計替本末一卷　(宋)□□撰　清乾隆六年(1741)戴泳抄本　二册

320000－1605－0000463　G0124017
竊憤録一卷竊憤續録一卷阿計替傳一卷南渡録大略一卷南燼紀聞録一卷　(宋)辛棄疾撰　清周琦抄本　二册

320000－1605－0000464　G0122017
北狩見聞録一卷　(宋)曹勛　**北狩行録一卷**　(宋)蔡鞗撰　**竊憤録一卷**　(宋)□□撰　**續竊憤録一卷**　(宋)□□撰　**南燼紀聞一卷**　(宋)□□著　**南遷録一卷**　(宋)張師顔録　清虹亭抄本　二册

320000－1605－0000465　G0120017
靖康蒙塵録一卷　(宋)□□撰　**建炎復辟録一卷**　(宋)□□撰　清抄本　二册

320000－1605－0000466　G0108016
通鑑紀事本末二百三十九卷　(宋)袁樞撰　(明)張溥論正　明末正雅堂刻本　六十册

320000－1605－0000467　G0132018
海甸野史四卷　(明)康范生等撰　清乾隆抄本　八册

320000－1605－0000468　G0139018
劫餘雜録二卷　(清)陸錡撰　清末竹素齋抄本　一册

320000－1605－0000469　G0140018
陶晚聞未刻稿不分卷　(清)陶正靖撰　清抄本　一册

320000－1605－0000470　G0131018
甲申傳信録十卷訂録一卷　(明)錢䡲撰　清抄本　六册

320000－1605－0000471　G0141018
憤生野叟文集一卷筆談一卷　(清)陸嵩撰　稿本　二册

320000－1605－0000472　G0133016
平藩始末一卷　(明)許進撰　明嘉靖九年

(1530)繼美堂刻本　一册

320000－1605－0000473　G0134018
江上孤忠録一卷附後人題詠一卷　(清)黄明曦撰　**杭城再陷紀實一卷**　(清)華明烈撰　清光緒華子誠抄本　一册

320000－1605－0000474　G0142018
經史經濟録不分卷　(清)□□撰　清康熙抄本　二十册

320000－1605－0000475　G0154020
兩浙名賢録五十四卷外録八卷　(明)徐象梅撰　明天啓徐氏光碧堂刻本　六十册

320000－1605－0000476　G0158021
虞邑先民傳略十六卷　(清)陶貞一編　清雍正抄本　一册

320000－1605－0000477　G0156021
吴郡甫里人物考十五卷　(清)徐達源撰　稿本　三册　存十一卷(五至十五)

320000－1605－0000478　G0155021
啓禎野乘一集十六卷　(清)鄒漪纂　明崇禎十七年(1644)柳圃草堂刻清康熙五年(1666)重修本　十六册

320000－1605－0000479　G0153020
弇州史料後集七十卷　(明)王世貞撰　(明)董復表彙次　明萬曆四十二年(1614)刻本　十六册

320000－1605－0000480　G0149019
宋遺民廣録一卷　(□)□□撰　清抄本　一册

320000－1605－0000481　G0147019
垂世芳型十三卷　(清)金維寧著　清康熙五十三年(1714)賀勍堂刻本　四册

320000－1605－0000482　G0146019
新刻蒐集羣書紀載大千生鑑六卷　(明)劉維詔輯　明萬曆三十一年(1603)王世茂車書樓、周時泰博古堂刻本　五册

320000－1605－0000483　G0151019
宰相守令合宙二十四卷　(明)吴伯與纂輯　明末刻本　二十四册

320000－1605－0000484　G0145019
歷代君鑑五十卷　(明)代宗朱祁鈺撰　明景泰四年(1453)内府刻本　十二册

320000－1605－0000485　G0148019
五朝宋名臣言行録前集十卷後集十四卷　(宋)朱熹輯　**續集八卷别集二十六卷外集十七卷**　(宋)李幼武輯　明萬曆三十五年(1607)黄吉士等刻本　二十册

320000－1605－0000486　G0157021
同里先哲志一卷　(明)吴驤撰　**續同里先哲志二卷閨德志一卷**　(清)章夢易撰　清抄本　一册

320000－1605－0000487　G0166021－2
米襄陽志林十三卷米襄陽遺集一卷海嶽名言一卷寶章待訪録一卷研史一卷　(明)范明泰輯　明萬曆三十二年(1604)范氏清宛堂刻本　四册

320000－1605－0000488　G0169022
高忠憲公[攀龍]年譜二卷　(清)高世寧編　清康熙五年(1666)刻本　三册

320000－1605－0000489　G0168021
皇清賜謚忠裕明兵科給事中大樽陳公自述年譜一卷　(明)陳子龍撰　**陳忠裕公[子龍]年譜續一卷**　(清)王澐續編　清末潘鍾瑞抄本　一册

320000－1605－0000490　G0171022
從西紀略一卷　(清)范昭逵紀撰　清嘉慶十六年(1811)楊坦抄本　一册

320000－1605－0000491　G0167021
魏忠節公自撰年譜一卷魏忠節遺訓并自撰集序一卷　(明)魏大中撰　清末潘鍾瑞抄本　一册

320000－1605－0000492　G0162021
趙東潛逸史三傳不分卷　(清)趙士喆撰　清穆止侯抄本　一册

320000－1605－0000493　G0166021－1
米襄陽志林十三卷米襄陽遺集一卷海嶽名言

一卷寶章待訪録一卷研史一卷　(明)范明泰輯　明萬曆三十二年(1604)范氏清宛堂刻本　八冊

320000－1605－0000494　G0165021
烏臺詩案一卷　(宋)□□輯　清康熙刻本　一冊

320000－1605－0000495　G0160021
伊洛淵源續録六卷　(明)謝鐸撰　明嘉靖八年(1529)高賁亨刻本　二冊

320000－1605－0000496　G0164021
奇女子傳四卷　(明)吳震元論次　明刻本　四冊

320000－1605－0000497　G0172022
雪煩山房日記不分卷　(清)徐立方撰　稿本　四冊

320000－1605－0000498　G0170022
歷年紀略不分卷　(清)彭啓豐撰　清食舊齋抄本　二冊

320000－1605－0000499　G0159021
疑年彙編十六卷　(清)潘觀保編輯　稿本　九冊

320000－1605－0000500　G0174022
顧肇熙日記不分卷　(清)顧肇熙撰　稿本　十七冊

320000－1605－0000501　G0173022
餐芍花館日記四種四卷　(清)周騰虎撰　稿本　十四冊

320000－1605－0000502　G0177023
二十一史論贊輯要三十六卷　(明)彭以明輯　(明)歐陽照評　明萬曆歐陽照刻本　十冊

320000－1605－0000503　G0178023
歷代史纂左編一百四十二卷　(明)唐順之編輯　明嘉靖四十年(1561)胡宗憲刻公文紙印本　一百二十冊

320000－1605－0000504　G0186025
歷代史論一編四卷　(明)張溥著　明崇禎刻本　四冊

320000－1605－0000505　G0181024
史觽十七卷　(明)謝肇淛撰　明崇禎三年(1630)建安黄氏景晉齋刻本　十冊

320000－1605－0000506　G0180024
讀史四集四卷　(明)楊以任輯　(明)薛寀　(明)龔銘定　(明)龔舜紹較　明崇禎刻本　八冊

320000－1605－0000507　G0187025
留餘堂史取十二卷　(明)賀詳纂著　(清)賀久邵述　明刻本　二十冊

320000－1605－0000508　G0183025
漢書雋不分卷　(明)陳許廷選評　明崇禎刻本　二十四冊

320000－1605－0000509　G0185022
南北纂二十四卷　(明)錢岱纂　明萬曆刻本　二十四冊

320000－1605－0000510　G0196028
豫章祀記四卷　(清)宋犖撰　清康熙刻本　二冊

320000－1605－0000511　G0191026
讀鑑瑣言二卷　(清)葉廷琯撰　清咸豐九年(1859)抄本　一冊

320000－1605－0000512　G0195028
文獻通考參補二十六卷　(清)葉濬發撰　清孫星衍抄本　八冊　存三卷(十八、二十二下、二十五)

320000－1605－0000513　G0190026
讀史漫録十四卷　(明)于慎行著　(明)郭應寵編次　明萬曆四十二年(1614)于緯刻本　十冊

320000－1605－0000514　G0194027
皇明世法録九十二卷　(明)陳仁錫撰　明崇禎刻本　四十八冊

320000－1605－0000515　G0193026
大明會典二百二十八卷　(明)申時行　(明)趙用賢纂修　明天啓元年(1621)刻本　十二冊

320000－1605－0000516　G0192026
通典二百卷　(唐)杜佑撰　明刻本　四十册

320000－1605－0000517　G0198028
金差案件焚餘存稿不分卷　(清)□□撰　稿本　二册

320000－1605－0000518　G0199028
蘇省善後總局造報湘淮軍度支册不分卷　(清)蘇省善後總局編　稿本　一册

320000－1605－0000519　G0212030
周忠毅公奏議四卷　(明)周宗建撰　明崇禎熊開元刻本　四册

320000－1605－0000520　G0207029
沈御史存奏一卷　(明)沈灼撰　清抄本　一册

320000－1605－0000521　G0205029
宋丞相李忠定公奏議六十九卷附録九卷　(宋)李綱撰　(明)朱欽彙校　明正德十一年(1516)胡文靜、蕭泮刻天啓二年(1622)重修本　六册　存三十二卷(一至三十二)

320000－1605－0000522　G0204029
皇明留臺奏議二十卷　(明)朱吾弼　(明)蕭如松　(明)孫居相　(明)李雲鵠輯　(明)吳伯與編　明萬曆三十三年(1605)周文明刻本　十六册

320000－1605－0000523　G0203029
皇明奏疏類鈔六十一卷　(明)汪少泉輯　(明)孫維城等重輯　明萬曆十三年(1585)刻十六年(1588)增補本　三十册

320000－1605－0000524　G0206029
新刻書簾緒論一卷　(宋)胡太初撰　明萬曆胡文焕刻本　一册

320000－1605－0000525　G0210030
綸扉奏草四卷　(明)申時行撰　明萬曆申時行刻本　八册

320000－1605－0000526　G0209030－1
荆川先生右編四十卷　(明)唐順之編纂　(明)劉曰寧補遺　明萬曆三十三年(1605)南京國子監刻本　二十册

320000－1605－0000527　G0209030－2
荆川先生右編補十卷　(明)姚文蔚編　明萬曆三十九年(1611)刻本　十册

320000－1605－0000528　G0202028
歷代名臣奏議三百十九卷　(明)黄淮　(明)楊士奇修　(明)陳明卿删正　明崇禎八年(1635)刻本　八十册

320000－1605－0000529　G0219030
元和郡縣圖志四十卷逸文一卷　(唐)李吉甫撰　(清)孫星衍校　清嘉慶二年(1797)孫氏刻本　二十册

320000－1605－0000530　G0218030
考工記輯注不分卷　(明)宋大啓輯　明崇禎十五年(1642)李嵩淑刻本　二册

320000－1605－0000531　G0215030
月令廣義二十四卷首一卷附録一卷　(明)馮應京纂輯　(明)戴任增釋　(明)李登參訂　明萬曆陳邦泰刻本　八册

320000－1605－0000532　G0217030
檀弓輯注二卷考工記輯注二卷　(明)陳與郊輯　明萬曆三十二年(1604)刻本　四册

320000－1605－0000533　G0214030
光緒紹興府義橋釐局稟稿不分卷　(清)義橋釐局撰　稿本　一册

320000－1605－0000534　G0221032
大明一統志九十卷　(明)李賢等總裁　(明)萬安等纂修　明天順五年(1461)内府刻本　三十二册　存六十七卷(一至二十一、二十四至三十七、四十九至七十八、八十一至八十二)

320000－1605－0000535　G0220031
大明一統志九十卷　(明)李賢等總裁　(明)萬安等纂修　明萬壽堂刻本　四十册

320000－1605－0000536　G0229033
吴門表隱二十四卷　(清)顧震濤撰　清抄本　四册

320000－1605－0000537　G0230034
[正德]姑蘇志六十卷　(明)林世遠修　(明)王鏊等纂　明正德元年(1506)刻嘉靖二十一年(1542)增刻本　三十四册

320000－1605－0000538　G0228033
吳門補乘十卷首一卷　(清)錢思元撰　清道光二年(1822)錢士琦刻本　八册

320000－1605－0000539　G0226033
循化廳志稿八卷　(清)龔景瀚編　稿本　四册　存四卷(三、五至七)

320000－1605－0000540　G0231034
[乾隆]長洲縣志三十四卷首一卷　(清)許治等提調　(清)顧詒禄等編纂　清乾隆三十年(1765)刻本　十四册

320000－1605－0000541　G0232034
[乾隆]元和縣志三十二卷圖一卷　(清)江之煒等纂修　(清)沈德潛等總裁　清乾隆五年(1740)刻本　八册

320000－1605－0000542　G0225033
松厓文鈔六卷　(清)管幹珍撰　清乾隆五十九年(1794)刻本　一册

320000－1605－0000543　G0223033
廣輿記二十四卷　(明)陸應陽輯　明萬曆刻本　六册

320000－1605－0000544　G0222033
廣輿記二十四卷　(明)陸應陽輯　明萬曆二十八年(1600)刻本　八册

320000－1605－0000545　G0224033
今古輿地圖三卷　(明)沈定之　(明)吳國輔撰　明崇禎十六年(1643)刻朱墨套印本　一册　存一卷(下)

320000－1605－0000546　G0227033
[同治]蘇州府志一百五十卷首三卷附録一卷　(清)李銘皖等修　(清)馮桂芬纂　稿本　五十五册　存一百二十三卷(一至一百十二、一百三十四至一百四十,首三卷,附録一卷)

320000－1605－0000547　G0244035
靈巖紀略外篇二卷　(清)釋弘儲述意　(明)釋殊致輯　清雍正刻本　二册

320000－1605－0000548　G0242035
東山志十九卷　(明)謝敏行纂　明萬曆刻本　三册　存七卷(十三至十九)

320000－1605－0000549　G0246035
武夷山紀要不分卷　(清)藍陳略撰　清康熙文雅堂刻本　四册

320000－1605－0000550　G0234034
[道光]川沙撫民廳志十二卷首一卷附録一卷　(清)何士祁修　(清)姚椿等纂　清光緒督辦松屬各廳縣志書局增補抄本　八册

320000－1605－0000551　G0240035
[雍正]梅里志四卷首一卷　(清)吳存禮修　清雍正二年(1724)蔡名烜刻本　四册

320000－1605－0000552　G0241035
[乾隆]邳州志十卷首一卷　(清)鄔承顯纂修　(清)吳從信　(清)鄒西川編輯　清乾隆十五年(1750)刻本　二册

320000－1605－0000553　G0235034
貞豐擬乘二卷　(清)章騰龍撰　(清)陳勰增輯　清嘉慶十五年(1810)聚星堂刻二十二年(1817)重修本　二册

320000－1605－0000554　G0243035
[康熙]虎丘山志十卷首一卷　(清)顧湄撰　清康熙吳門懷嵩堂刻雍正重印本　四册

320000－1605－0000555　G0236034
[道光]滸墅關志十八卷　(清)凌壽祺纂修　清道光七年(1827)刻本　六册

320000－1605－0000556　G0239035
穿山小識二卷　(清)邵廷烈輯　**補遺一卷**　(清)周煜輯　清光緒懺庵抄本　一册

320000－1605－0000557　G0237035
[道光]元和唯亭志二十卷首一卷末一卷　(清)沈藻采撰　清道光二十八年(1848)刻本　六册

320000－1605－0000558　G0238035

震澤編八卷　(明)王鏊修　(明)蔡昇纂　明萬曆四十五年(1617)鶴來堂刻本　四冊

320000－1605－0000559　G0249035
行水金鑑一百七十五卷首一卷　(清)傅澤洪撰　清雍正三年(1725)傅澤洪刻本　二十四冊

320000－1605－0000560　G0252035
西湖遊覽志餘二十六卷　(明)田汝成撰　明萬曆二十五年(1597)季東魯刻本　六冊

320000－1605－0000561　G0250035
河防一覽十四卷　(明)潘季馴著　明萬曆十九年(1591)刻本　八冊

320000－1605－0000562　G0253035
西湖志摘粹補遺奚囊便覽十二卷　(明)高應科撰　明萬曆二十九年(1601)刻本　六冊

320000－1605－0000563　G0256036
黃山翠微寺誌二卷　(清)釋超綱輯　清康熙三十年(1691)翠微寺禪堂刻本　三冊

320000－1605－0000564　G0257036
五岳游草十二卷　(明)王士性撰　明刻本　一冊　存二卷(一至二)

320000－1605－0000565　G0255031
石柱記五卷　(唐)顏真卿撰　(清)鄭元慶箋釋　清康熙四十一年(1702)刻本　二冊

320000－1605－0000566　G0258036
游汴日記一卷游楚日記一卷歸舟日記一卷游都日記一卷游閩日記一卷　(清)錢泳撰　清乾隆抄本　一冊

320000－1605－0000567　G0248035
林屋民風十二卷附見聞録一卷　(清)王維德編　清康熙五十二年(1713)王氏鳳梧樓刻本　四冊　存十二卷(林屋民風十二卷)

320000－1605－0000568　G0247035
百城煙水九卷　(清)徐崧　(清)張大純輯　清康熙二十九年(1690)張大純刻本　四冊

320000－1605－0000569　G0254036
海塘紀略四卷　(清)宋楚望編輯　清乾隆十九年(1754)婁東書院刻本　四冊

320000－1605－0000570　G0251035
吴江水考五卷圖一卷附傳贊一卷　(明)沈啓撰　清雍正沈守義刻本　六冊

320000－1605－0000571　G0259036
會稽三賦四卷　(宋)王十朋撰　(明)南逢吉　(明)尹壇補注　(明)胡大臣訂正　明致遠堂丁氏刻本　四冊

320000－1605－0000572　G0260036
會稽三賦四卷　(宋)王十朋撰　(明)南逢吉　(明)尹壇補注　(明)胡大臣訂正　明刻本　二冊

320000－1605－0000573　G0268036
求古精舍金石圖初集四卷　(清)陳經撰　清嘉慶二十三年(1818)陳氏説劍樓刻本　六冊

320000－1605－0000574　G0261036
帝京景物略八卷　(明)方逢年定　(明)劉侗　(明)于奕正修　明崇禎刻本　八冊

320000－1605－0000575　G0266036
中山傳信録六卷　(清)徐葆光纂　清康熙六十年(1721)二友齋刻本　四冊

320000－1605－0000576　G0264036
海國聞見録二卷　(清)陳倫炯撰　清乾隆九年(1744)刻本　二冊

320000－1605－0000577　G0265036
新刻溪蠻叢笑一卷　(宋)朱輔撰　**新刻宜齋野乘一卷**　(宋)吳枋撰　明萬曆胡文煥刻本　一冊

320000－1605－0000578　G0263036
廣東新語二十八卷　(清)屈大均撰　清康熙水天閣刻本　十冊

320000－1605－0000579　G0267036
蘇州府學金石志不分卷　(□)□□撰　清同治、光緒抄本　八冊

320000－1605－0000580　G0285038
家範十卷　(宋)司馬光撰　明天啓六年(1626)司馬露刻本　四冊

320000－1605－0000581　G0280038
上善堂宋元板精鈔舊鈔書目不分卷　(清)孫從添撰　清抄本　一册

320000－1605－0000582　G0281038
書鈔閣題跋不分卷　(清)周星詒撰　稿本　一册

320000－1605－0000583　G0284038
新序十卷　(漢)劉向撰　明萬曆程氏刻本　四册

320000－1605－0000584　G0286038
大學衍義四十三卷　(宋)真德秀撰　明崇禎十一年(1638)浦城楊鶚刻本　八册

320000－1605－0000585　G0278038
研林鐵書不分卷　(清)丁敬篆刻　(清)魏稼生集　清乾隆魏稼生鈐印拓本　一册

320000－1605－0000586　G0272037
粤西得碑記不分卷　(清)楊瀚撰　清光緒二年(1876)浯上息園刻本　一册

320000－1605－0000587　G0271037
石鼓文正誤四卷　(明)陶滋輯　明嘉靖十二年(1533)刻本　二册

320000－1605－0000588　G0274037
晝餘盦古泉譜四卷　(清)顧承鑒藏　稿本　四册

320000－1605－0000589　G0273037
兩罍軒泉譜不分卷　(清)吳雲輯　稿本　五册

320000－1605－0000590　G0276038
西京職官印録二卷印箋説七則一卷　(清)徐堅輯　清乾隆十九年(1754)徐氏裒新館刻鈐印本　四册

320000－1605－0000591　G0275037
古泉略釋六卷　(清)顧承鑒藏　(清)金嘉采略釋　稿本　六册

320000－1605－0000592　G0279038
四庫後出書序跋四十四卷未收書序跋一卷　(清)曾文玉輯　稿本　十三册

320000－1605－0000593　G0277038
諸子彙函二十六卷談藪一卷　(明)歸有光蒐輯　(明)文震孟參訂　明天啓五年(1625)刻本　二十四册　存二十五卷(一至十一、十四至二十六，談藪一卷)

320000－1605－0000594　G0282038
諸子彙函二十六卷談藪一卷　(明)歸有光蒐輯　(明)文震孟參訂　明天啓五年(1625)刻本　四十八册

320000－1605－0000595　G0291040
新刊憲臺釐正性理大全七十卷太極圖説一卷　(明)胡廣等編　明嘉靖三十一年(1552)余氏自新齋刻本　三十二册

320000－1605－0000596　G0289039
新刊性理會要十卷　(明)游遜編　明嘉靖三十四年(1555)余氏自新齋刻本　四册

320000－1605－0000597　G0287039
慈溪黄氏日抄分類八十八卷　(宋)黄震撰　清乾隆、嘉慶木活字印本　一百册

320000－1605－0000598　G0290040
性理大全書七十卷　(明)胡廣撰　明萬曆刻本　二十册

320000－1605－0000599　G0293041
新刊性理集要八卷　(明)詹淮輯　(明)李廷鰲校閲　明嘉靖四十年(1561)李廷海刻本　十六册

320000－1605－0000600　特3
孝經今文音義一卷論語音義一卷　(唐)陸德明撰　**孟子音義二卷**　(宋)孫奭撰　**孟子篇敘一卷**　(漢)趙岐撰　清初毛氏汲古閣影宋抄本　一册

320000－1605－0000601　G0296042
薛文清公讀書全録類編二十卷　(明)薛瑄撰　(明)侯鶴齡編類　明萬曆二十四年(1596)薛應麟、薛應第等刻本　五册

320000－1605－0000602　G0297042
山中讀書印三卷補一卷　(明)張鼐撰　明萬

曆四十五年(1617)刻本　四冊

320000－1605－0000603　G0299042

黽記四卷　(明)錢一本撰　明刻本　四冊

320000－1605－0000604　G0294041

性理標題綜要二十二卷　(明)詹淮纂輯　(明)陳仁錫訂正　明崇禎刻本　十六冊

320000－1605－0000605　G0295042

大儒心學語録二十七卷　(明)王蕡輯　明嘉靖二十八年(1549)撫州儒學刻本　十八冊

320000－1605－0000606　G0312043

文始經釋辭九卷附字義音釋一卷　(明)王一清釋　明萬曆二十五年(1597)刻本　四冊

320000－1605－0000607　G0310043

古蒙莊子四卷　(明)吳宗儀校釋　(明)王繼賢訂正　明萬曆三十九年(1611)刻本　八冊

320000－1605－0000608　G0307042

南華真經旁註五卷　(明)方虛名輯註　明萬曆刻本　五冊

320000－1605－0000609　G0304042

老子翼三卷　(明)焦竑輯　(明)王元貞校　明萬曆十六年(1588)王元貞刻本　三冊

320000－1605－0000610　G0303042

校邠廬抗議二卷　(清)馮桂芬撰　清抄本　一冊

320000－1605－0000611　G0306042

南華真經評註十卷　(晉)郭象輯註　(明)歸有光批閱　(明)文震孟訂正　明天啓四年(1624)刻本　十冊

320000－1605－0000612　G0308042

南華真經副墨八卷　(明)陸西星述　(明)孫大綬重校　明萬曆刻本　八冊

320000－1605－0000613　G0311043

莊子因六卷　(清)林雲銘評述　(明)楊攀美重訂　清嘉慶二年(1797)敦化堂刻本　六冊

320000－1605－0000614　G0327044

左氏兵畧三十二卷　(明)陳禹謨輯　明萬曆吳用先、彭端吾刻本　十冊　存十六卷(一至十六)

320000－1605－0000615　G0323043

韓子二十卷附録一卷　(明)趙如源　(明)王道焜校　明天啓五年(1625)趙如源刻本　八冊

320000－1605－0000616　G0322043

韓非子纂二卷　(明)張榜纂　(明)朱士泰訂　明末刻本　二冊

320000－1605－0000617　G0321043

韓非子二十卷　明萬曆十年(1582)趙用賢刻本　四冊

320000－1605－0000618　G0317043

群仙要語纂集不分卷　(元)董漢醇輯　明弘治十七年(1504)鄭常清刻本　一冊

320000－1605－0000619　G0318043

漢天師世家不分卷　(明)張國祥編　(明)張鉞校　明萬曆刻本　三冊

320000－1605－0000620　G0319043

管子治畧窾言八卷　(唐)房玄齡註　(明)劉績補註　(明)凌登嘉輯評　明萬曆刻本　二冊

320000－1605－0000621　G0320043

管子権二十四卷　(唐)房玄齡註　(明)朱長春権　明萬曆四十年(1612)張維樞刻本　十六冊

320000－1605－0000622　G0325043

登壇必究四十卷　(明)王鳴鶴編輯　(明)袁世忠校正　明萬曆二十七年(1599)刻本　三十二冊

320000－1605－0000623　G0336044

黄帝素問靈樞經十二卷　(宋)史崧音釋　明刻本　六冊

320000－1605－0000624　G0337044

新增素問運氣圖括定局立成一卷　(明)熊宗立纂集　明熊氏種德堂刻本　一冊

320000－1605－0000625　G0335044

黄帝内經素問二十四卷 （明）吳崐註 （明）江子振參閲 明萬曆三十七年(1609)刻本 十二册

320000－1605－0000626 G0330044
洴澼百金方十四卷 （清）袁宫桂撰 清嘉慶抄本 八册

320000－1605－0000627 G0328044
金湯借箸十二籌十二卷 （明）李槃撰 清康熙抄本 十二册

320000－1605－0000628 G0331044
農政全書六十卷 （明）徐光啓纂輯 明崇禎十二年(1639)平露堂刻本 二十册

320000－1605－0000629 G0333044
編註醫學入門七卷首一卷 （明）李梴編註 明萬曆古吳郁郁堂刻本 二十册

320000－1605－0000630 G0340045
神農本草經疏三十卷 （明）繆希雍著 明天啓五年(1625)毛氏緑君亭刻本 二十册

320000－1605－0000631 G0338044
訂補明醫指掌十卷 （明）皇甫中撰註 （明）王肯堂訂補 （明）邵從皋參校 **附刻診家樞要一卷** （元）滑壽編纂 （明）邵從皋校訂 明天啓二年(1622)刻本 十册

320000－1605－0000632 G0339045
類經三十二卷附翼四卷圖翼十一卷 （明）張介賓註 明天啓四年(1624)刻本 二十册

320000－1605－0000633 G0346045
醫宗粹言十四卷 （明）羅周彦輯 明萬曆四十年(1612)何敬塘刻本 十二册

320000－1605－0000634 G0355046
灌園史四卷補遺一卷 （明）陳詩教編 明刻本 四册

320000－1605－0000635 G0353046
楚游寓目編二卷附一卷 （清）顧承之輯 清抄本 一册

320000－1605－0000636 G0341045
家傳太素脉秘訣二卷 （明）張太素述 （明）劉伯祥註 明致和堂周文煒刻本 二册

320000－1605－0000637 G0354046
香乘二十八卷 （清）周嘉胄輯 明崇禎十四年(1641)刻本 十二册

320000－1605－0000638 G0351046
溫熱朗照八卷 （清）繆遵義纂述 清繆淞抄本 四册

320000－1605－0000639 G0342045
脈經十卷 （晉）王叔和撰 （明）袁表校 （明）沈際飛重訂 明末沈際飛刻本 四册

320000－1605－0000640 G0347046
醫貫六卷 題（清）醫無閭子著 題（清）呂醫山人評 清康熙刻本 四册

320000－1605－0000641 G0345045
脈藥聯珠不分卷 （清）龍柏編 清末抄本 一册

320000－1605－0000642 G0348046
痰火顓門四卷 （明）梁學孟撰 明萬曆余泗泉刻本 四册

320000－1605－0000643 G0349046
陶節菴傷寒全生集四卷 （明）陶華撰 （明）朱映璧訂正 （明）何爌重校 （明）戈如璧同參 明刻本 八册

320000－1605－0000644 G0344045
赤水玄珠三十卷醫案五卷醫旨緒餘二卷 （明）孫一奎著輯 明萬曆孫泰來、孫朋來刻清康熙重印本 二十六册 存三十卷（赤水玄珠三十卷）

320000－1605－0000645 G0352046
辛丑銷夏記五卷 （清）吳榮光撰 **西畇寓目編四卷** 題（清）陳墫輯 清顧承、顧廷熙抄本 一册

320000－1605－0000646 G0362046
新刻風俗通義十卷 （漢）應劭撰 明萬曆胡文煥刻本 三册

320000－1605－0000647 G0361046
論衡三十卷 （漢）王充著 明錢震瀧刻本

六册

320000－1605－0000648　G0367046
筆籌一卷　(□)□□撰　明抄本　一册

320000－1605－0000649　G0366046
經鉏襍誌八卷　(宋)倪思著　(明)金有華校　明萬曆三十八年(1610)金有華刻本　四册

320000－1605－0000650　G0364046－1
巖下放言三卷拾遺一卷　(宋)葉夢得著　(清)葉廷琯輯録　清道光二十六年(1846)葉鐘安刻本　一册

320000－1605－0000651　G0364046－2
巖下放言三卷拾遺一卷　(宋)葉夢得著　(清)葉廷琯輯録　清道光二十六年(1846)葉鐘安刻本　一册

320000－1605－0000652　G0363046
新刻顔氏家訓二卷　(北齊)顔之推撰　(明)胡文焕校　**新刻吕氏官箴一卷**　(宋)吕本中撰　(明)胡文焕校　明胡文焕刻本　二册

320000－1605－0000653　G0359046
淮南子二十八卷　(漢)劉安撰　明吴仲刻本　十二册

320000－1605－0000654　G0357046
淮南鴻烈解二十一卷　(漢)劉安著　(漢)高誘注　(明)茅坤等評　明張烒如刻本　四册

320000－1605－0000655　G0360046
淮南鴻烈解輯略二卷　(明)張榜等輯　明刻本　二册

320000－1605－0000656　G0358046
淮南鴻烈解二十一卷　(漢)劉安著　(漢)高誘注　(明)張象賢等訂　明萬曆十九年(1591)汪一鸞刻本　八册

320000－1605－0000657　G0375047
醉古堂劍掃十二卷　(明)陸紹珩選　明天啓四年(1624)陸紹珩刻三色套印本　四册

320000－1605－0000658　G0374047
春氣録二卷　(明)丁明登輯　明崇禎刻本　二册

320000－1605－0000659　G0372047－2
玉塵新譚三十四卷　(明)鄭仲夔撰　明崇禎刻本　三册　存十一卷(耳新一至四、偶記五至八、清言八至十)

320000－1605－0000660　G0378047
南郭蘽談二卷　(明)史叔成著　清末抄本　二册

320000－1605－0000661　G0370047
少室山房筆叢三十二卷續集十六卷　(明)胡應麟著　(明)江湛然輯　明崇禎五年(1632)吴國琦刻本　十册

320000－1605－0000662　G0371047
少室山房筆叢三十二卷續集十六卷甲乙剩言一卷　(明)胡應麟撰　(明)江湛然輯　明崇禎五年(1632)吴國琦刻本　八册

320000－1605－0000663　G0369047
穀山筆麈十八卷　(明)于慎行著　(明)郭應寵編次　明天啓五年(1625)于緯刻本　八册

320000－1605－0000664　G0377047
湧幢小品三十二卷　(明)朱國禎輯　明天啓二年(1622)刻本　十六册

320000－1605－0000665　G0373047
李君實先生雜著十四種□□卷　(明)李日華撰　明天啓、崇禎刻本　十一册　存九種二十二卷(六研齋筆記四卷二筆四卷三筆四卷、紫桃軒雜綴三卷又綴三卷、墨君題語一卷、禮白岳紀一卷、墨召録一卷、薊旋録一卷)

320000－1605－0000666　G0380047
新刻孔氏雜説一卷　(宋)孔平仲撰　**新刻聽雨紀談一卷**　(明)都穆撰　明萬曆胡文焕刻本　二册

320000－1605－0000667　G0385047
丹鉛續録十二卷　(明)楊慎著　(明)周復俊校　明嘉靖刻本　六册

320000－1605－0000668　G0382047
新刻李氏刊誤二卷　(唐)李涪撰　(明)胡文焕校　明萬曆胡文焕刻本　一册

320000－1605－0000669　G0383047
新刻戴氏鼠璞二卷　(宋)戴埴著　明萬曆胡文煥刻本　一冊

320000－1605－0000670　G0381047
新刻古今注三卷　題(晉)崔豹撰　明萬曆胡文煥刻本　一冊

320000－1605－0000671　G0384047
丹鉛總録二十七卷　(明)楊慎著　明嘉靖三十三年(1554)梁佐刻明嘉靖章應奎補刻本　十冊

320000－1605－0000672　G0392048
世說新語補四卷　(明)何良俊撰　(明)王世貞刪定　(明)張文柱校註　(明)凌濛初攷訂　明凌濛初刻本　五冊

320000－1605－0000673　G0391048
世說新語三卷　(南朝宋)劉義慶撰　(南朝梁)劉孝標註　(宋)劉辰翁評　明末刻本　六冊

320000－1605－0000674　G0388048
一齋日紀四卷　(明)方瑜撰　明嘉靖四十二年(1563)刻本　四冊

320000－1605－0000675　G0390048
日知録三十二卷　(清)顧炎武撰　清乾隆刻本　十冊

320000－1605－0000676　G0387048
古今論畧十卷　(明)張珍編次　明嘉靖十九年(1540)楊上林刻本　十冊

320000－1605－0000677　G0395048
秣筥璅記一卷　(清)周騰虎撰　稿本　一冊

320000－1605－0000678　G0402049
百氏統要四卷　(明)張烈文彙編　明嘉靖刻本　七冊

320000－1605－0000679　G0405049
停雲詩詞雜録不分卷　(明)□□撰　明抄本　一冊

320000－1605－0000680　G0409049
景德傳燈録三十卷　(宋)釋道源纂　明萬曆三十三年至三十四年(1605－1606)刻本　十四冊

320000－1605－0000681　G0410049
新譯大方廣佛華嚴經音義二卷　(唐)釋慧苑述　清道光八年至十八年(1828－1838)陳宗彝獨抱廬刻本　二冊

320000－1605－0000682　G0408049
淮南萬畢術一卷　(漢)劉安撰　清咸豐抄本　一冊

320000－1605－0000683　G0407049
史異編十七卷　(明)余文龍編輯　明萬曆四十七年(1619)余文龍刻本　八冊

320000－1605－0000684　G0396048
新增格古要論十三卷　(明)曹昭撰　(明)舒敏編校　(明)王佐增校　(明)黄正位重校　明黄正位刻本　八冊

320000－1605－0000685　G0406049
二百蘭亭齋雜記一卷　(清)吳雲撰　稿本　一冊

320000－1605－0000686　G0398048
初潭集三十卷　(明)李贄撰　明萬曆刻本　六冊

320000－1605－0000687　G0400048
焦氏類林八卷　(明)焦竑輯　明萬曆十五年(1587)王元貞刻本　十冊

320000－1605－0000688　G0403049
昨非庵日纂二十卷二集二十卷　(明)鄭瑄輯　明崇禎刻本　十六冊

320000－1605－0000689　G0404049
智囊二十八卷　(明)馮夢龍述　明末刻本　十二冊

320000－1605－0000690　G0397048
雅尚齋遵生八牋十九卷　(明)高濂編次　明萬曆十九年(1591)高濂刻本　十冊

320000－1605－0000691　G0415050
藝文類聚一百卷　(唐)歐陽詢撰　(明)王元貞校　明萬曆十五年(1587)王元貞刻本　六

十四册

320000－1605－0000692　G0411049
一切經音義二十五卷　(唐)釋玄應撰　(清)莊炘　(清)錢坫　(清)孫星衍校正　清道光十一年(1831)古稀堂刻本　八册

320000－1605－0000693　G0412049
佛藏經四卷　(後秦)釋鳩摩羅什譯　明崇禎七年(1634)顧杲刻本　一册

320000－1605－0000694　G0413049
諸經品節二十卷　(明)楊起元註評　明萬曆周宗孔刻本　二十四册

320000－1605－0000695　G0419052
小字録一卷　(宋)陳思緝　(明)沈弘正校
小字録補六卷　(明)沈弘正緝　明萬曆四十七年(1619)沈弘正暢閣刻本　四册

320000－1605－0000696　G0416051
初學記三十卷　(唐)徐堅等撰　(明)陳大科校　明萬曆二十五年(1597)陳大科刻本　三十册

320000－1605－0000697　G0420053
古今合璧事類備要前集六十九卷續集五十六卷後集八十一卷　(宋)謝維新編　**別集九十四卷外集六十六卷**　(宋)虞載編　明嘉靖三十一年至三十二年(1552－1553)刻萬曆三十七年(1609)秦烋重修本　八十册

320000－1605－0000698　G0425055
卓氏藻林八卷　(明)卓明卿編輯　(明)王世懋校正　明萬曆九年(1581)玅香室刻本　十四册

320000－1605－0000699　G0423054
新刊唐荆川先生稗編一百二十卷目録三卷　(明)唐順之輯　(明)左烝考校　明萬曆九年(1581)茅一相文霞閣刻本　三十二册

320000－1605－0000700　G0424055
經濟類編一百卷　(明)馮琦纂　(明)周家棟　(明)馮瑗　(明)吴光義校　明萬曆三十二年(1604)浙江虎林郡南屏山刻本　六十册

320000－1605－0000701　G0431056
群書備考六卷　(明)袁黄撰　(明)袁儼註釋
續二三場群書備考三卷　(明)袁儼著　明刻本　四册

320000－1605－0000702　G0427055
古雋考略六卷　(明)顧充輯　明萬曆二十七年(1599)李禎、蕭大亨刻本　六册

320000－1605－0000703　G0428055
新刻何氏類鎔三十五卷　(明)何三畏撰　明萬曆四十七年(1619)刻本　十二册

320000－1605－0000704　G0432056
劉氏類山十卷　(明)劉胤昌編纂　清順治刻本　十六册

320000－1605－0000705　G0430056
唐類函二百卷目録二卷　(明)俞安期輯　明萬曆三十一年(1603)刻四十六年(1618)重修本(卷一百九十六至二百配抄本)　四十册

320000－1605－0000706　G0426055
古今圖書編一百三十四卷　(明)章潢編　明抄本　五十四册　存九十卷(一至三十三、三十六至三十八、六十七至一百二十)

320000－1605－0000707　G0437057
麗句集六卷　(明)許之吉選　(明)廖孔悦定　(明)謝于教閲　明天啓刻本　六册

320000－1605－0000708　G0436057
古今好議論十卷　(明)吕一經編纂　明崇禎刻吕雲翹印本　十册

320000－1605－0000709　G0433056
新刻古今玄屑八卷　(明)王家佐選評　明萬曆二十三年(1595)金陵書坊周氏嘉賓堂刻本　六册

320000－1605－0000710　G0434056
博物典彙二十卷　(明)黄道周撰　明崇禎八年(1635)刻本　十四册

320000－1605－0000711　G0435056
五車韻瑞一百六十卷　(明)凌稚隆編輯　明文茂堂刻本　十六册

320000－1605－0000712　G0438057

十二家唐詩類選十二卷　(明)何東序撰　明隆慶四年(1570)刻本　六冊

320000－1605－0000713　G0442059

選詩八卷　(明)馮惟訥約注　(明)沈思孝校正　明萬曆九年(1581)沈思孝刻本　八冊

320000－1605－0000714　G0441059

文選刪十二卷　(明)張溥刪閱　明末段君定刻本　十冊

320000－1605－0000715　G0440059

文選章句二十八卷　(明)陳與郊撰　明萬曆世廮堂刻本　十二冊

320000－1605－0000716　G0445060

五言律祖前集四卷後集六卷　(明)楊慎輯　(明)焦竑批點　(明)許自昌校　明萬曆曼山館刻古詩選本　二冊

320000－1605－0000717　G0444060

玉臺新詠十卷　(南朝陳)徐陵撰　明崇禎六年(1633)趙均小宛堂刻本　二冊

320000－1605－0000718　G0443060

文苑英華一千卷　(宋)李昉等輯　明隆慶元年(1567)胡維新、戚繼光刻六年(1572)、萬曆六年(1578)、三十六年(1608)遞修本　一百一冊

320000－1605－0000719　G0453061

三家詩八卷　(清)卓爾堪等輯　清康熙張潮刻本　四冊

320000－1605－0000720　G0451061

詩體明辨二十六卷　(明)徐師曾纂　(明)沈芬　(明)沈騏箋　明崇禎十三年(1640)沈氏十經樓刻本　四冊

320000－1605－0000721　G0452061

新鐫焦太史彙選中原文獻經集六卷史集六卷子集七卷文集四卷通考一卷　(明)焦竑輯　明刻本　四冊

320000－1605－0000722　G0450061

文體明辯四十八卷　(明)徐師曾輯　(明)沈芬　(明)沈騏箋　明崇禎十三年(1640)沈氏十經樓刻本　四十八冊

320000－1605－0000723　G0456062

文府滑稽十二卷　(明)鄒迪光輯　明萬曆三十七年(1609)鄭同光刻本　六冊

320000－1605－0000724　G0455062

陶石簣先生批選唐宋六家表啓八卷　(明)陶望齡輯　明天啓二年(1622)茅兆海刻本　八冊

320000－1605－0000725　G0457062

古文奇賞二十二卷續三十四卷　(明)陳仁錫選評　明萬曆四十六年(1618)至天啓刻本　四十冊

320000－1605－0000726　G0458062

名世文宗三十卷談藪一卷　(明)胡時化選輯　(明)陳仁錫訂正　明崇禎元年(1628)刻本　十六冊

320000－1605－0000727　G0454061

新鍥焦太史彙選百家評林名文珠璣十三卷　(明)焦竑輯　(明)李廷機　(明)陶望齡閱　(明)劉應秋　(明)董其昌校　明刻本　十四冊

320000－1605－0000728　G0467063

翰海十二卷　(明)沈佳胤輯　明崇禎刻本　四冊

320000－1605－0000729　G0459062

玉臺文菀八卷　(明)汪元禧編輯　(明)汪元機較正　**續玉臺文菀四卷**　(明)汪元祚編輯　(明)汪長訂政　明崇禎五年(1632)刻本　五冊

320000－1605－0000730　G0466063

古樂苑五十二卷前卷一卷目録二卷衍録四卷　(明)梅鼎祚補正　(明)呂胤昌校閱　明萬曆呂胤昌刻本　三十二冊

320000－1605－0000731　G0460062

文章正論十五卷緒論五卷　(明)劉祜輯　明萬曆十九年(1591)徐圖刻本　二十四冊

320000－1605－0000732　G0476065
唐音十卷　(元)楊士弘編次　明刻本　六冊　存六卷(一至六)

320000－1605－0000733　G0468063
精刻古今女史十二卷詩集八卷姓氏字里詳節一卷　(明)趙世杰選輯　明崇禎刻本　十六冊

320000－1605－0000734　G0469063
名媛詩歸三十六卷　(明)鍾惺點次　明末刻本　十六冊

320000－1605－0000735　G0470064
西漢文苑十卷　(明)申用嘉輯　明萬曆二十八年(1600)寶綸堂刻本　十冊

320000－1605－0000736　G0472064
三國文二十卷　(明)張采輯　清初金閶五雲居刻本　十冊

320000－1605－0000737　G0473064
晉文紀二十卷　(明)梅鼎祚纂輯　明崇禎刻本　二十冊

320000－1605－0000738　G0471064
兩漢文四十卷　(明)張采輯　清初五雲居刻本　二十冊

320000－1605－0000739　G0477065
唐詩記一百七十卷目録三十四卷　(明)黄德水輯　(明)吳琯等續輯　(明)方一元彙編　(明)方天眷重訂　明萬曆十三年(1585)吳琯刻方天眷重印本　二十四冊

320000－1605－0000740　G0481065
唐詩英華二十二卷　(清)顧有孝編　清初顧氏寧遠堂刻本　六冊

320000－1605－0000741　G0480065
彙編唐詩十集四十一卷目録七卷　(明)唐汝詢選注　(清)王士禛重訂　明天啓刻本　十六冊

320000－1605－0000742　G0484066
今文選七卷續今文選五卷　(明)孫鑛選　(明)余寅　(明)唐鶴徵訂　明萬曆三十一年(1603)刻本　十四冊

320000－1605－0000743　G0478065
唐詩選七卷附録一卷　(明)李攀龍輯　(明)蔣一葵箋釋　(明)陳繼儒重校　明刻本　八冊

320000－1605－0000744　G0479065
刪補唐詩選脈箋釋會通評林六十卷　(明)周敬原編　(明)周珽集註　(明)陳繼儒批點　明崇禎八年(1635)讀易草堂刻本　十六冊

320000－1605－0000745　G0475065
唐文粹一百卷　(宋)姚鉉輯　明崇禎三年(1630)徐仁中等刻本　二十冊

320000－1605－0000746　G0482066
大宋文鑑一百五十卷總目一卷目録三卷　(宋)吕祖謙詮次　明正德十三年(1518)慎獨齋刻本　十六冊

320000－1605－0000747　G0490068
國朝名公詩選十二卷　(明)陳繼儒纂輯　(明)陳之素箋釋　明天啓元年(1621)刻本　十二冊

320000－1605－0000748　G0488068
舉業正式六卷　明萬曆刻本　四冊

320000－1605－0000749　G0493068
同人集十二卷　(清)冒襄輯　清咸豐九年(1859)冒溶水繪庵木活字印本　十二冊

320000－1605－0000750　G0491068
明詩選十二卷　(明)華淑選輯　明金閶簧玉堂刻本　四冊

320000－1605－0000751　G0489068
翠娛閣評選皇明八大家十六卷　(明)鍾惺選　(明)陳雲龍　(明)何偉然訂　明崇禎六年(1633)刻本　十六冊

320000－1605－0000752　G0486067
皇明文徵七十四卷　(明)何喬遠選　明崇禎四年(1631)何喬遠刻本　六十四冊

320000－1605－0000753　G0487067
皇明經濟文録四十一卷　(明)萬表輯　明嘉

靖三十三年(1554)刻本　六十册

320000－1605－0000754　G0495068
懷舊集二卷　(清)馮舒集　清初抄本　二册

320000－1605－0000755　G0502068
包山集四卷　(明)蔡雲程集　(明)徐培重校　明萬曆三十九年(1611)刻本　四册

320000－1605－0000756　G0497069
賴古堂尺牘新鈔三選結鄰集十六卷　(清)周在浚　(清)周在梁　(清)周在廷鈔　清康熙九年(1670)周氏賴古堂刻本　四册

320000－1605－0000757　G0505069
甫里逸詩二卷　(清)周秉鑒輯　清乾隆五十八年(1793)周氏易安書屋木活字印本　二册

320000－1605－0000758　G0501069
國朝駢體正宗續編八卷　(清)張鳴珂輯　稿本　八册

320000－1605－0000759　G0506069
吴郡甫里詩編十二卷國朝甫里詩編八卷　(清)徐達源輯　稿本　六册

320000－1605－0000760　G0504069
續松陵詩五卷　(清)□□輯　稿本　一册

320000－1605－0000761　G0503069
七十二峰足徵集八十八卷文集十六卷　(清)吴定璋蒐録　清乾隆十年(1745)吴氏依緑園刻本　二十四册

320000－1605－0000762　G0499069
十家詩十種十卷　(清)潘鍾瑞抄　清潘鍾瑞抄本　一册

320000－1605－0000763　G0500069
劫餘所見詩録前編九卷後編一卷　(清)葉廷琯輯　稿本　三十册

320000－1605－0000764　G0517070
離騷辯不分卷　(清)朱冀撰　清康熙緑筠堂刻本　二册

320000－1605－0000765　G0516070
楚辭十卷　(漢)王逸章句　(宋)朱熹註　(明)張鳳藻纂　明末刻本　四册

320000－1605－0000766　G0510070
三子新詩合稿九卷　(明)陳子龍　(明)李雯　(明)宋徵輿撰　(明)夏完淳編録　明末刻本　八册

320000－1605－0000767　G0515070
徽郡詩畧二十一卷　(明)李敏選訂　明嘉靖三十九年(1560)刻本　八册

320000－1605－0000768　G0514070
金華詩粹十二卷姓氏傳畧一卷　(明)阮元聲評選　(明)戴應鰲編次　(明)楊德周參訂　明崇禎刻本　十二册

320000－1605－0000769　G0513063
武林耆舊集不分卷　(清)吴允嘉輯　稿本　四册

320000－1605－0000770　G0512070
韓江雅集十二卷　(清)全祖望編　清乾隆刻本　六册

320000－1605－0000771　G0508070
南陽葉氏詩存二卷　(明)葉盛等撰　(清)潘道根輯　清咸豐五年(1855)潘道根抄本　二册

320000－1605－0000772　G0507070
崑山詩徵稿前集二卷後集二卷續集一卷附集一卷　(清)潘道根輯　稿本　六册

320000－1605－0000773　G0521070
陶淵明全集四卷　(晉)陶潛撰　明白鹿齋刻陶李合刻本　一册

320000－1605－0000774　G0528071
類箋唐王右丞詩集十卷文集四卷外編一卷　(唐)王維撰　(宋)劉辰翁評　(明)顧起經注　**年譜一卷唐諸家同詠集一卷唐諸家贈題集一卷歷朝諸家評王右丞詩畫鈔一卷**　(明)顧起經編輯　明嘉靖三十五年(1556)顧起經奇字齋刻本　四册

320000－1605－0000775　G0527071
唐沈佺期詩集七卷　(唐)沈佺期撰　明正德

十三年(1518)王廷相刻本　一冊

320000－1605－0000776　G0522070
陶淵明全集四卷　(晉)陶潛撰　明白鹿齋刻陶李合刻本　一冊

320000－1605－0000777　G0526071
靈隱子六卷　(唐)駱賓王撰　(明)陳魁士註　明萬曆二十四年(1596)陳大科刻本　六冊

320000－1605－0000778　G0524070
陶靖節集十卷　(晉)陶潛撰　**總論一卷**　明萬曆十五年(1587)休陽程氏刻明重修本　二冊　存十卷(陶靖節集十卷)

320000－1605－0000779　G0525070
陶靖節先生集十卷　(晉)陶潛撰　(宋)湯漢等箋注　**附錄一卷**　明萬曆四十二年(1614)刻本　四冊

320000－1605－0000780　G0518070
楚辭八卷辯證二卷後語八卷　(宋)朱熹集註　(清)蔣之翹評校　**附覽二卷**　(清)蔣之翹輯　明天啓六年(1626)蔣之翹刻本　四冊

320000－1605－0000781　G0530071
孟東野詩集十卷　(唐)孟郊著　明嘉靖三十五年(1556)秦禾刻本　四冊

320000－1605－0000782　G0533071
杜詩通四十卷　(明)胡震亨撰　清順治七年(1650)朱茂時刻本　五冊

320000－1605－0000783　G0531071
李詩通二十一卷　(明)胡震亨撰　清順治七年(1650)朱茂時刻本　三冊

320000－1605－0000784　G0520070
曹子建集十卷　(三國魏)曹植撰　明萬曆十一年(1583)南城翁少麓刻本　四冊

320000－1605－0000785　G0523070
陶靖節集八卷附録五卷　(晉)陶潛撰　明萬曆四十七年(1619)楊時偉刻本　四冊

320000－1605－0000786　G0535071
集千家註杜工部詩集二十卷文集二卷　(唐)杜甫撰　(宋)黃鶴注　明萬曆三十年(1602)許自昌刻本　二十冊

320000－1605－0000787　G0548072
元氏長慶集六十卷補遺六卷附録一卷　(唐)元稹著　(明)馬元調校　明萬曆三十二年(1604)馬元調魚樂軒刻本　四冊

320000－1605－0000788　G0542071
韓昌黎先生全集四十卷補集一卷集傳一卷外集十卷　(唐)韓愈撰　明崇禎七年(1634)陳仁錫刻本　十二冊

320000－1605－0000789　G0543071
昌谷集四卷　(唐)李賀撰　(明)曾益釋　明末刻本　二冊

320000－1605－0000790　G0547072
李文公集十八卷　(唐)李翺撰　(明)毛晉訂　明末毛氏汲古閣刻本　四冊

320000－1605－0000791　G0544072
白氏長慶集七十一卷目録二卷附録一卷　(唐)白居易著　明萬曆三十四年(1606)馬元調魚樂軒刻本　十二冊

320000－1605－0000792　G0537071
杜詩偶評四卷　(唐)杜甫撰　(清)沈德潛評　清乾隆十二年(1747)潘承松賦閒草堂刻本　二冊

320000－1605－0000793　G0545072
白香山詩長慶集二十卷後集十七卷別集一卷補遺二卷　(唐)白居易撰　(清)汪立名編訂　**白香山[居易]年譜一卷**　(清)汪立名撰　**白香山[居易]年譜舊本一卷**　(宋)陳振孫撰　清康熙四十一年至四十二年(1702－1703)汪立名一隅草堂刻本　十冊

320000－1605－0000794　G0539071
韋蘇州集十卷　(唐)韋應物撰　明末余懷刻本　二冊

320000－1605－0000795　G0538071
李詩鈔述註十六卷　(唐)李白撰　(明)李兆珂纂述　明萬曆二十七年(1599)刻本　八冊

320000－1605－0000796　G0549072

唐劉蜕集一卷 (唐)劉蜕撰 清康熙隨安老人抄本 一冊

320000－1605－0000797 G0551072
唐皮日休倡酬詩八卷 (唐)皮日休著 (明)許自昌校 明萬曆四十五年(1617)許自昌刻本 一冊

320000－1605－0000798 G0550072
唐皮日休文藪十卷 (唐)皮日休撰 明萬曆許自昌刻合刻陸魯望、皮襲美二先生集本 二冊

320000－1605－0000799 G0536071
杜子美七言律一卷 (唐)杜甫撰 (明)郭正域評點 明閔齊伋刻藍朱墨三色套印本 一冊

320000－1605－0000800 G0554072
蔡忠惠詩集全編二卷 (宋)蔡襄著 (明)宋鈺編輯 明天啓二年(1622)顏繼祖刻本 四冊

320000－1605－0000801 G0553072
林和靖詩集三卷 (宋)林逋撰 (清)陳梓輯 清抄本 一冊

320000－1605－0000802 G0540071
韓文公文抄十六卷 (唐)韓愈撰 (明)茅坤評 明刻朱墨套印本 八冊

320000－1605－0000803 G0557072
王荆公詩箋注五十卷補遺一卷 (宋)王安石撰 (宋)李壁箋注 清乾隆五年至六年(1740－1741)張宗松清綺齋刻本 六冊

320000－1605－0000804 G0555072
陳眉公先生訂正丹淵集四十卷拾遺二卷 (宋)文同著 (明)陳繼儒訂正 **附録諸公署翰詩文一卷** (明)李應魁纂 (明)吳一標校 **石室先生[文同]年譜一卷** (宋)家誠之撰 **宋故尚書司封員外郎充秘閣校理新知湖州文公墓誌銘一卷** (宋)范百祿撰 明萬曆三十八年(1610)文一標刻本 十二冊

320000－1605－0000805 G0563073
淮海集四十卷後集六卷長短句三卷詩餘一卷 (宋)秦觀著 (明)徐渭評 明萬曆四十六年(1618)李之藻刻本 五冊

320000－1605－0000806 G0560073
坡仙集十六卷 (宋)蘇軾撰 明萬曆二十八年(1600)焦竑刻本 六冊

320000－1605－0000807 G0558073
蘇長公尺牘選二卷表選一卷啓選二卷 (明)鍾惺 (明)譚元春選 明末刻本 六冊

320000－1605－0000808 G0559073
蘇長公小品四卷 (宋)蘇軾撰 (明)王聖俞評選 明末凌啓康刻朱墨套印本 五冊

320000－1605－0000809 G0556072
新刻臨川王介甫先生文集一百卷目錄二卷 (宋)王安石撰 明萬曆四十年(1612)王鳳翔光啓堂刻本 三十二冊

320000－1605－0000810 G0564073
參寥子詩集十二卷 (宋)道潛著 (明)汪汝謙校 **東坡稱賞道潛之詩一卷** (明)汪汝謙校 **秦少游集摘一卷** (明)陳繼儒校閱 明崇禎十五年(1642)刻本 二冊

320000－1605－0000811 G0571074
竹齋先生詩集四卷 (宋)裘萬頃撰 清康熙四十八年(1709)裘奏刻本 二冊

320000－1605－0000812 G0578074
松雪齋集二卷 (元)趙孟頫撰 明萬曆四十二年(1614)刻本 四冊

320000－1605－0000813 G0574074
白石道人詩一卷集外詩一卷詩說一卷 (宋)姜夔撰 **諸賢酬贈詩一卷** (□)□□輯 清同治三年(1864)劉履芬抄本 一冊

320000－1605－0000814 G0576074
宋魯齋王文憲公遺集十二卷 (宋)王柏撰 (宋)王案 (宋)王凾輯 明崇禎五年(1632)阮元聲婺州刻本 八冊

320000－1605－0000815 G0575074
雪岩詩集三卷 (宋)宋伯仁著 明萬曆四十

三年(1615)刻本　一册

320000－1605－0000816　G0570074
江湖長翁文集四十卷　(宋)陳造撰　明萬曆四十六年(1618)李之藻刻本　十六册

320000－1605－0000817　G0572074
信天巢遺稿一卷　(宋)高翥撰　**林湖遺稿一卷**　(宋)高鵬飛撰　**江邨遺稿一卷**　(宋)高選等撰　(清)高士奇輯　**疏寮小集一卷**　(宋)高似孫撰　清康熙二十六年(1687)高士奇刻本　一册

320000－1605－0000818　G0577074
熊勿軒先生文集八卷附録一卷　(宋)熊禾撰　清乾隆抄本　六册

320000－1605－0000819　G0567073
朱文公詩賦全集二卷　(宋)朱熹撰　清王炳燮抄本　一册

320000－1605－0000820　G0573074
西山先生真文忠公文集五十五卷目録二卷　(宋)真德秀撰　明萬曆二十六年(1598)金學曾刻崇禎十一年(1638)楊鶚重修本　二十二册

320000－1605－0000821　G0569073
楊誠齋集一百三十三卷别集二卷附録補一卷　(宋)楊萬里撰　清乾隆抄本　二十四册

320000－1605－0000822　G0568073
石湖居士詩集三十四卷　(宋)范成大撰　(清)顧嗣立等重訂　清康熙二十七年(1688)顧氏依園刻本　三册

320000－1605－0000823　G0587075
高季迪先生大全集十八卷　(明)高啟撰　清康熙竹素園刻本　四册

320000－1605－0000824　G0582075
揭曼碩詩集三卷　(元)揭傒斯撰　清抄本　三册

320000－1605－0000825　G0588075
高季迪先生大全集十八卷　(明)高啟撰　清康熙竹素園刻本　四册

320000－1605－0000826　G0583075
僑吴遺集一卷　(元)鄭元祐著　(明)鄭定遠重輯　清康熙三十一年(1692)鄭起泓、鄭定遠刻本　二册

320000－1605－0000827　G0580074
程洺水先生集三十卷附録一卷　(宋)程珌著　明崇禎元年(1628)程至遠刻本　六册

320000－1605－0000828　G0592075
解學士全集十卷年譜二卷　(明)解縉著　明萬曆晏良棨刻本　二十四册

320000－1605－0000829　G0584075
張光弼詩集不分卷　(元)張昱撰　清初抄本　一册

320000－1605－0000830　G1757174
欽定古今圖書集成一萬卷目録四十卷　(清)陳夢雷　(清)蔣廷錫編　**欽定古今圖書集成考證二十四卷**　(清)龍繼棟撰　清光緒十六年至二十年(1890－1894)上海同文書局石印本　五千四十四册

320000－1605－0000831　G0590075
春草齋集十一卷　(明)烏斯道著　明崇禎二年(1629)蕭基刻本　六册

320000－1605－0000832　G0589075
石溪周先生文集八卷　(明)周敘撰　(明)周蒙編輯　明萬曆二十三年(1595)刻本　八册

320000－1605－0000833　G0581074
楚國文憲公雪樓程先生文集三十卷附録一卷　(元)程鉅夫撰　**楚國文憲公雪樓程先生[鉅夫]年譜一卷**　(元)程世京撰　清乾隆抄本　十六册

320000－1605－0000834　G0585075
太師誠意伯劉文成公集二十卷　(明)劉基撰　(明)何鏜編校　明隆慶六年(1572)謝廷傑、陳烈刻本　二十册

320000－1605－0000835　G0586075
清江貝先生詩集十卷文集三十卷　(明)貝瓊撰　(清)金檀編輯　清康熙五十八年(1719)

金檀燕翼堂刻本　十六册

320000－1605－0000836　G0598076
石田先生集十二卷　(明)沈周撰　明萬曆四十三年(1615)刻本　八册

320000－1605－0000837　G0602076
西村集八卷首一卷　(明)史鑑撰　清乾隆十二年(1747)史開基刻本　四册

320000－1605－0000838　G0603078
袁中郎先生批評唐伯虎彙集四卷外集一卷紀事一卷　(明)唐寅著　(明)袁宏道評　明刻本　四册

320000－1605－0000839　G0604076
王文成公文選六卷　(明)王守仁撰　(明)王畿選定　(明)鍾惺評點　**年譜二卷**　(明)王畿編述　(明)李贄刪訂　(明)鍾惺評點　明崇禎六年(1633)陶珽刻本　四册

320000－1605－0000840　G0610077
驪山集十四卷　(明)趙統撰　(明)楊光訓選　明萬曆三十一年(1603)楊光訓刻本　十册

320000－1605－0000841　G0599076
王文恪公集三十六卷　(明)王鏊撰　(明)朱國禎訂　(明)董其昌閱　**鶡音一卷白社詩草一卷**　(明)王禹聲撰　**名公筆記一卷**　明萬曆王氏三槐堂刻本　十六册

320000－1605－0000842　G0608077
楊氏南宫集一卷楊夢羽南宫小集一卷七檜山人詞一卷　(明)楊儀撰　清康熙孫潛抄本　二册

320000－1605－0000843　G0614077
小山類稿選二十卷　(明)張岳撰　**張襄惠公輯略一卷**　(明)□□輯　明萬曆刻遞修本　八册

320000－1605－0000844　G0609077
周恭肅公集十六卷　(明)周用撰　明嘉靖二十八年(1549)周國南川上草堂刻本　六册

320000－1605－0000845　G0616078
豐山集四十卷　(明)孫存撰　明嘉靖三十四年(1555)孫孟訓刻本　八册

320000－1605－0000846　G0618078
梓溪文鈔内集八卷外集十卷　(明)舒芬著　(明)舒琛　(明)舒璨輯　明萬曆四十八年(1620)舒璨等刻本　十二册

320000－1605－0000847　G0630070
王氏存笥稿二十卷　(明)王維楨撰　明刻本　六册　存十七卷(一至二、五至十三、十五至二十)

320000－1605－0000848　G0629079
方山先生文録二十二卷　(明)薛應旂撰　明嘉靖三十三年至三十四年(1554－1555)東吳書林刻本　十二册

320000－1605－0000849　G0622078
許文穆公集六卷　(明)許國撰　(明)葉向高纂輯　(明)焦竑校閲　明萬曆許立言、許立禮刻本　六册

320000－1605－0000850　G0623078
世經堂集二十六卷　(明)徐階撰　明萬曆刻本　二十册

320000－1605－0000851　G0624078
潘笠江先生集十二卷附集一卷　(明)潘恩撰　明嘉靖刻萬歷遞修本　十册

320000－1605－0000852　G0621078
自知堂集二十四卷　(明)蔡汝南著　(明)朱炳如校　明嘉靖四十三年(1564)朱炳如刻本　十六册

320000－1605－0000853　G0628079
龍溪王先生全集二十二卷　(明)王畿撰　(明)丁賓編　明萬曆四十三年(1615)刻本　二十四册

320000－1605－0000854　G0631079
槐野先生存笥稿三十八卷　(明)王維楨著　明萬曆三十三年(1605)黄陞、王九敘刻本　二册　存五卷(一至五)

320000－1605－0000855　G0639081
王奉常集詩部十五卷目録三卷文部五十四卷

目録二卷　(明)王世懋撰　明萬曆刻本　三十六冊

320000－1605－0000856　G0640081
虞德園先生文集二十五卷詩集八卷　(明)虞淳熙撰　明天啓三年(1623)壜務山館刻本　十八冊

320000－1605－0000857　G0635080
楊椒山先生集四卷自著年譜一卷　(明)楊繼盛撰　清同治五年(1866)張景賢刻本　二冊

320000－1605－0000858　G0637080
弇州山人四部稿一百七十四卷目録十二卷　(明)王世貞著　明萬曆五年(1577)王氏世經堂刻本　六十二冊

320000－1605－0000859　G0633080
茅鹿門先生文集三十六卷　(明)茅坤撰　明萬曆刻本　十冊

320000－1605－0000860　G0638081
太函集一百二十卷目録六卷　(明)汪道昆撰　明萬曆十九年(1591)刻本　三十冊

320000－1605－0000861　G0634080
楊忠愍公全集四卷　(明)楊繼盛撰　(清)毛大可鑒定　章鈺重訂　清康熙三十七年(1698)章鈺敬一齋刻本　四冊

320000－1605－0000862　G0636080
王元美先生文選二十六卷　(明)王世貞撰　(明)喬時敏輯　明萬曆四十三年(1615)吳德聚刻本　十二冊

320000－1605－0000863　G0632080
白華樓藏稿十一卷續稿十五卷吟稿十卷　(明)茅坤著　(明)姚翼編　明萬曆刻本　二十八冊

320000－1605－0000864　G0654082
石語齋集二十六卷　(明)鄒迪光撰　明刻本　一冊　存七卷(十三至十五、十九至二十、二十三至二十四)

320000－1605－0000865　G0653082
復宿山房集四十卷　(明)王家屏撰　明萬曆魏養蒙刻本　二十一冊

320000－1605－0000866　G0645082
謀野集十卷　(明)王穉登撰　明萬曆江陰郁氏玉樹堂刻本　十冊

320000－1605－0000867　G0647082
潛學稿十九卷　(明)鄧元錫著　明崇禎十二年(1639)刻清乾隆八年(1743)重修本　十六冊

320000－1605－0000868　G0642082
朱楓林集十卷　(明)朱升撰　明萬曆四十四年(1616)朱自新刻本　六冊

320000－1605－0000869　G0643082
夢山存家詩稿八卷　(明)楊巍著　明萬曆三十年(1602)楊岑刻本　四冊

320000－1605－0000870　G0641082
西樓全集十八卷詩選二卷　(明)鄧原岳著　明崇禎元年(1628)鄭慶宷刻本　八冊

320000－1605－0000871　G0650082
徐文長文集三十卷補遺一卷　(明)徐渭撰　(明)袁宏道評點　明萬曆四十二年(1614)鍾人傑刻本　十二冊

320000－1605－0000872　G0651082
徐文長文集三十卷　(明)徐渭撰　(明)袁宏道評點　明萬曆四十二年(1614)鍾人傑刻本　四冊

320000－1605－0000873　G0646082
王文肅公文草十四卷牘草十八卷　(明)王錫爵撰　明萬曆四十三年(1615)王時敏刻本　十冊　存十六卷(文草十四卷、牘草十五至十六)

320000－1605－0000874　G0644082
晉陵集二卷　(明)王穉登撰　明萬曆四十七年(1619)葉應祖刻本　一冊

320000－1605－0000875　G0658083
孫宗伯集十卷　(明)孫繼臯撰　清康熙抄本　八冊　存九卷(一至九)

320000－1605－0000876　G0659083

白榆詩集八卷文集二十卷 （明）屠隆撰　明萬曆二十八年(1600)龔堯惠刻本　十二册

320000－1605－0000877　G0657083
瀟碧堂集二十卷 （明）袁宏道撰　明萬曆三十六年(1608)袁叔度書種堂刻本　八册

320000－1605－0000878　G0661083
涇皋藏稿二十二卷 （明）顧憲成著　明萬曆刻本　十六册

320000－1605－0000879　G0655086
鄧定宇先生文集四卷 （明）鄧以讃撰　明周文光刻本　六册

320000－1605－0000880　G0656083
袁中郎全集四十卷 （明）袁宏道撰　（明）鍾惺定　明崇禎二年(1629)陸之選佩蘭居刻本　八册

320000－1605－0000881　G0662083
謝耳伯先生初集十六卷全集八卷 （明）謝兆申撰　明崇禎十三年(1640)刻本　十册

320000－1605－0000882　G0663084
無夢園初集三十五卷 （明）陳仁錫撰　明崇禎六年(1633)張一鳴刻本　二十四册

320000－1605－0000883　G0660083
由拳集二十三卷 （明）屠隆撰　明萬曆八年(1580)馮夢楨刻本　十六册

320000－1605－0000884　G0678085
景玄堂詩集十卷 （明）高道素著　明末刻本　二册

320000－1605－0000885　G0677085
四憶堂詩集六卷遺稿一卷 （清）侯方域撰　（清）賈開宗等選注　清初四憶堂刻本　二册

320000－1605－0000886　G0675085
嗁噬棄存六卷 （明）傅汝舟撰　明抄本　一册　存四卷(三至六)

320000－1605－0000887　G0676085
石臼集前集九卷後集七卷 （清）邢昉撰　清康熙刻本　六册

320000－1605－0000888　G0672084
吳忠節公遺集四卷 （明）吳麟徵撰　**年譜一卷** （明）蔣英書　（明）吳蕃昌述　明弘光刻清康熙重修本　八册

320000－1605－0000889　G0673085
句注山房集二十卷 （明）張鳳翼著　明孫傳庭刻本　八册

320000－1605－0000890　G0671084
劉文烈公全集十二卷 （明）劉理順撰　清順治刻康熙覺于軒重修本　十二册

320000－1605－0000891　G0668084
南雷文定五集四卷 （清）黄宗羲撰　清抄本　一册

320000－1605－0000892　G0667084
蘭雪堂集八卷 （明）王心一撰　清乾隆十三年(1748)刻本　六册

320000－1605－0000893　G0666084
趙忠毅公集二十四卷 （明）趙南星著　明崇禎十一年(1638)姜大受刻本　十六册

320000－1605－0000894　G0669084
太史升菴文集八十一卷 （明）楊慎撰　（明）楊有仁編輯　明萬曆十年(1582)蔡汝賢刻本　四十册

320000－1605－0000895　G0674085
菊花百詠一卷 （明）劉常泰輯　**菊花集句一卷** 題(明)寄傲居士集　明刻本　一册

320000－1605－0000896　G0686085
賴古堂集二十四卷附録一卷 （清）周亮工撰　清康熙十六年(1677)周在浚刻本　十二册

320000－1605－0000897　G0688085
花聚菴詩集二卷 （清）李可汧著　清康熙李氏花聚菴刻本　二册

320000－1605－0000898　G0685085
梅村集二十卷 （清）吳偉業著　（清）戴兆薇批註　稿本　六册

320000－1605－0000899　G0687085
歲寒堂存稿十二卷 （清）林璐撰　清康熙二

十五年(1686)林氏崇道堂刻本　四册

320000－1605－0000900　G0681085
投筆集一卷　(清)錢謙益撰　清末宗舜年刻本　一册

320000－1605－0000901　G0682085
清照堂打包剩語二卷夢覺集一卷除豪集一卷　(清)陳恂撰　清康熙六十年(1721)刻本　四册

320000－1605－0000902　G0691086
在陸草堂文集六卷　(清)儲欣撰　清雍正元年(1723)儲掌文淑慎堂刻本　六册

320000－1605－0000903　G0683085
石園全集三十卷　(清)李元鼎撰　清康熙四十二年(1703)李振裕等刻雍正印本　六册

320000－1605－0000904　G0692086
寒松堂全集十二卷　(清)魏象樞撰　清康熙刻本　十二册

320000－1605－0000905　G0684085
卧龍山人集十四卷　(清)葛芝著　清康熙九年(1670)葛芝從吾館刻本　四册

320000－1605－0000906　G0690086
憺園文集三十六卷　(清)徐乾學撰　清康熙三十六年(1697)冠山堂刻本　二十册

320000－1605－0000907　G0679085
牧齋初學集一百十卷目録二卷　(清)錢謙益撰　明崇禎十六年至十七年(1643－1644)瞿式耜刻本　十四册

320000－1605－0000908　G0693086
臨野堂文集十卷詩集十三卷詩餘二卷尺牘四卷　(明)鈕琇撰　清康熙三十八年(1699)刻本　六册

320000－1605－0000909　G0694086
庚辰匝歲雜感詩四卷　(清)趙吉士撰　清康熙刻本　四册

320000－1605－0000910　G0695086
張石里文稿不分卷　(清)張尚瑗撰　清抄本　六册

320000－1605－0000911　G0707086
木田詩鈔八卷　(清)張丕揚撰　清雍正刻本　八册

320000－1605－0000912　G0706086
銀臺社詩存一卷　(清)王本著　稿本　一册

320000－1605－0000913　G0705086
果堂集十二卷　(清)沈彤撰　清乾隆刻本　二册

320000－1605－0000914　G0703086
望溪集一卷望溪先生文一卷　(清)方苞撰　(清)王兆符　(清)程崟輯　清同治十三年(1874)張鳴珂抄本　一册

320000－1605－0000915　G0702086
方貞觀詩集六卷　(清)方世泰撰　清乾隆刻本　二册

320000－1605－0000916　G0697086
阮亭詩選十七卷　(清)王士禛撰　清康熙元年(1662)自刻本　八册

320000－1605－0000917　G0704086
訒菴詩存四種四卷　(清)汪啓淑著　清乾隆刻本　四册

320000－1605－0000918　G0698086
含星别集崇禎宫詞二卷　(清)王譽昌撰　清康熙刻本　一册

320000－1605－0000919　G0699086
朱柏廬先生愧訥集未刻稿不分卷　(清)朱用純撰　清抄本　一册

320000－1605－0000920　G0696086
漁洋山人詩合集十八卷　(清)王士禛撰　清康熙刻本　八册

320000－1605－0000921　G0700086
樸村詩集十三卷文集二十四卷　(清)張雲章撰　清康熙刻本　十四册

320000－1605－0000922　G0714087
鷗亭詩草四卷　(清)周溱撰　**海上篇一卷**　(清)周情著　清道光抄本　一册

320000－1605－0000923　G0728087
秀竹山房吟稿不分卷　(清)周邦慶撰　稿本　一册

320000－1605－0000924　G0713087
養恬書屋偶存稿二卷　(清)黄時著　清嘉慶黄丕烈刻本　一册

320000－1605－0000925　G0727087
瘦竹幽花之館詩存十卷　(清)石同福撰　稿本　六册

320000－1605－0000926　G0712087
曼陀羅館詩集八卷　(清)金寶樹撰　稿本　八册

320000－1605－0000927　G0716087
妙香閣文槀三卷詩槀一卷　(清)孫雲桂著　清咸豐二年(1852)吴鍾駿銅活字印本　二册

320000－1605－0000928　G0710087
竹葉庵文集三十三卷　(清)張塤撰　清乾隆五十一年(1786)張塤刻本　四册

320000－1605－0000929　G0708087
幼學堂詩稿十卷文稿四卷　(清)沈欽韓撰　清嘉慶十八年(1813)屠孟昭刻本　六册

320000－1605－0000930　G0711087
芳草園文甲集不分卷乙集不分卷　(清)金寶樹撰　稿本　八册

320000－1605－0000931　G0709087
大滌山房詩録八卷試帖一卷　(清)張吉安撰　清道光十四年(1834)蘇州青霞齋吴學圃刻本　四册

320000－1605－0000932　G0726087
徐邨老農文近稿不分卷　(清)潘道根著　稿本　二册

320000－1605－0000933　G0725087
集詞楹帖一卷　(清)顧文彬集　稿本　一册

320000－1605－0000934　G0723087
香禪精舍集一卷　(清)潘鍾瑞撰　稿本　一册

320000－1605－0000935　G0722087
石室秘藏詩一卷神明鏡詩一卷　(清)徐康撰　清同治、光緒抄本　二册

320000－1605－0000936　G0721087
思屺堂文存一卷　(清)方德驥撰　清同治、光緒抄本　一册

320000－1605－0000937　G0720087
歸真返璞齋詩一卷　(清)吴鐘慶著　稿本　一册

320000－1605－0000938　G0717087
夫椒山館詩□□卷惟恪齋詩四卷　(清)周儀暐撰　稿本　十四册　存二十二卷(夫椒山館詩一至二、五至十四、十六、十八至二十二,惟恪齋詩四卷)

320000－1605－0000939　G0729087
陳讓泉先生雜著十種十卷　(清)陳灝撰　稿本　二十二册

320000－1605－0000940　G0719087
宿花奔詩草一卷映閣詩草一卷　(清)熊湄撰　清道光七年(1827)徐鼎抄本　二册

320000－1605－0000941　G0724087
過雲樓詩七卷　(清)顧文彬撰　稿本　五册

320000－1605－0000942　G0748088
雙瑞記二卷　(清)范希哲撰　清初刻本　六册

320000－1605－0000943　G0743088
百衲琴言七卷　(清)顧文彬撰　稿本　七册

320000－1605－0000944　G0742088
拙政園詩餘三卷附録一卷　(清)徐燦撰　清乾隆耕煙館刻本　一册

320000－1605－0000945　G0738088
類選箋釋草堂詩餘六卷　(明)顧從敬類選　(明)陳繼儒重校　(明)陳仁錫參訂　**類編箋釋續選草堂詩餘二卷國朝詩餘五卷**　(明)錢允治箋釋　明萬曆四十二年(1614)刻本　八册

320000－1605－0000946　G0745088

花箍賺二卷　(明)范文若撰　明崇禎范氏博山堂刻清初芥子園印本　二冊

320000－1605－0000947　G0746088
畫中人傳奇二卷　題(明)粲花主人編　清初粲花齋刻本　二冊

320000－1605－0000948　G0731088
采蘭齋詩二卷　(清)周瑛撰　稿本　一冊

320000－1605－0000949　G0730088
餐芍花館詩十卷　(清)周騰虎撰　稿本　二冊

320000－1605－0000950　G0732088
二百蘭亭齋未定稿不分卷　(清)吳雲撰　稿本　二冊

320000－1605－0000951　G0735088
圃鋳詩稿簡存十三卷　(清)夏曦撰　稿本　二冊

320000－1605－0000952　G0734088
桃塢百絕二卷　(清)石方洛撰　(清)謝家福輯　稿本　一冊

320000－1605－0000953　G0733088
兩罍軒尺牘不分卷　(清)吳雲撰　稿本　十三冊

320000－1605－0000954　G0739088
雙溪詞一卷　(宋)翁延平撰　**撫掌詞一卷**　(宋)歐良撰　**袁宣卿詞一卷**　(宋)袁去華撰　清初抄本　三冊

320000－1605－0000955　G0736088
百名家詞鈔一百卷　(清)聶先　(清)曾王孫編　清康熙金閶綠蔭堂刻本　十二冊

320000－1605－0000956　G0759089
精選古今名賢叢話詩林廣記後集十卷　(宋)蔡正孫輯　明刻本　一冊　存二卷(四、八)

320000－1605－0000957　G0758089
詩人玉屑三十卷　(宋)魏慶之輯　明嘉靖六年(1527)洪都灊仙刻本　四冊

320000－1605－0000958　G0757089
楊升庵先生批點文心雕龍十卷　(南朝梁)劉勰著　(明)梅慶生音註　明萬曆三十七年(1609)刻天啓二年(1622)重修本　八冊

320000－1605－0000959　G0753089
一笠菴北詞廣正譜十八卷附南戲北詞正謬一卷　(清)徐慶卿撰　(清)李玉更定　清康熙青蓮書屋刻本　六冊

320000－1605－0000960　G0751089
新鐫古今大雅南宮詞紀六卷北宮詞紀六卷　(明)陳所聞粹選　(明)陳邦泰輯次　明萬曆三十二年至三十三年(1604－1605)陳氏繼志齋刻本　十六冊

320000－1605－0000961　G0749089
白雪齋選訂樂府吳騷合編四卷衡曲麈譚一卷魏良輔曲律一卷　題(明)騷隱居士選輯　題(明)半嶺道人刪訂　明崇禎十年(1637)張師齡刻本　八冊

320000－1605－0000962　G0756089
客座贅語十卷　(明)顧起元輯　明萬曆四十六年(1618)顧起元刻本　十冊

320000－1605－0000963　G0755089
小窗清紀四卷附一卷　(明)吳從先輯　明萬曆刻本　四冊

320000－1605－0000964　G0754089
小窗自紀四卷豔紀十四卷　(明)吳從先輯　明萬曆刻本　三十二冊　存十四卷(自紀四卷、豔紀一至十)

320000－1605－0000965　G0762089
詩法源流三卷　(明)王用章輯　明嘉靖刻本　二冊

320000－1605－0000966　G0763089
詩藪内編六卷外編六卷雜編六卷續編二卷　(明)胡應麟著　明萬曆刻本　十冊

320000－1605－0000967　G0766090
研溪先生詩集十一卷目錄二卷　(清)惠周惕撰　清康熙惠氏紅豆齋刻本　二冊　存七卷(北征集一卷、崢嶸集二卷、東中集一卷、紅豆

集一卷、囈語集一卷、謫居集一卷）

320000－1605－0000968　G0765090
閑情小品二十一種二十二卷　（明）華淑輯　明萬曆四十五年（1617）刻本　四册

320000－1605－0000969　G0769090
詩契齋十種三十八卷　（清）許玉瑑撰　稿本　十六册

320000－1605－0000970　G0770090
經史節抄八種八卷　（清）□□輯　清末抄本　四册

320000－1605－0000971　G0772090
周易兼義九卷　（三國魏）王弼註　（唐）孔穎達正義　明崇禎四年（1631）毛氏汲古閣刻本　四册

320000－1605－0000972　G0773090
易傳十卷　（唐）李鼎祚撰　（明）胡震亨（明）沈士龍校　**易解附録一卷**　（漢）鄭玄注（明）胡震亨輯補　明萬曆刻秘册匯函本　十册　存十卷（易傳二至十、易解附録一卷）

320000－1605－0000973　G0767090
袁中郎十集十六卷　（明）袁宏道撰　明周應麐刻本　二册

320000－1605－0000974　G0771090
璜川吴氏經學叢書十五種八十八卷　（清）吴志忠輯　清道光十年（1830）璜川吴氏賨仁堂刻本　十六册　存十四種八十卷（惠半農先生春秋説十五卷、詩説三卷附録一卷、大學説一卷、左傳杜解補正三卷、禮説十四卷、易説六卷、三正考二卷、群經補義五卷、疑辨録三卷、章水經流考一卷、相臺書塾刊正九經三傳沿革例一卷、春秋疑義二卷、道德真經集註釋義一卷、有竹石軒經句説二十二卷）

320000－1605－0000975　G0768090
思古堂十四種書　（清）毛先舒撰　清康熙毛氏思古堂刻本　二十四册　存十二種三十五卷（思古堂集四卷首一卷、小匡文鈔四卷、螺峰説録二卷附稚黄子文洴一卷、東苑詩鈔一卷、蕊雲集一卷、晚唱一卷、詩辯坻四卷、韻學通指一卷、韻白一卷附鸞情集選一卷、匡林二卷首一卷、潠書八卷、東苑文鈔二卷）

320000－1605－0000976　G0776091
周易象解六卷首一卷　（清）楊應俊註　清乾隆抄本　六册

320000－1605－0000977　G0788091
麟經鉤玄不分卷　（清）陸漻撰　清露香閣抄本　一册

320000－1605－0000978　G0785091
壇廟祀典三卷　（清）方觀承撰　清乾隆二十三年（1758）刻本　三册

320000－1605－0000979　G0784091
儀禮彙説十七卷　（清）焦以恕撰　清乾隆三十七年（1772）研雨齋刻本　八册

320000－1605－0000980　G0787091
春秋經傳集解疑參三十卷　（清）錢炳著　清雍正二年（1724）静觀巢刻本　八册

320000－1605－0000981　G0786091
春秋左傳屬事二十卷　（明）傅遜撰　明萬曆十三年（1585）日殖齋刻本　九册　存十八卷（三至二十）

320000－1605－0000982　G0783091
周官禄田考三卷　（清）沈彤著　清乾隆刻本　二册

320000－1605－0000983　G0781091
［**篆文**］**周禮六卷**　明刻本　二册

320000－1605－0000984　G0780091
太平經國之書十一卷首一卷　（宋）鄭伯謙撰　清康熙十九年（1680）納蘭成德通志堂刻本　二册

320000－1605－0000985　G0778091
毛詩草木鳥獸蟲魚疏廣要二卷　（三國吴）陸璣撰　（明）毛晉參　清初抄本　四册

320000－1605－0000986　G0779091
毛詩異義四卷　（清）汪龍撰　稿本　四册

320000－1605－0000987　G0775091

喬氏易俟十八卷圖一卷　（清）喬萊撰　清康熙竹深荷淨之堂刻乾隆印本　八册

320000－1605－0000988　G0774091
御製周易折中二十二卷　（清）李光地等撰　清康熙五十四年（1715）内府刻本　十册

320000－1605－0000989　G0795092
春秋三傳纂附國語不分卷　（□）□□撰　清抄本　三册

320000－1605－0000990　G0802093
五經經説不分卷　（□）□□抄　清嘉慶抄本　六册

320000－1605－0000991　G0801093
國朝漢學師承續記八卷附國朝經師經義目録續一卷　（清）曾文玉撰　稿本　四册

320000－1605－0000992　G0803093
説文字原集註十六卷附表一卷表説一卷　（清）蔣和撰　清乾隆五十三年（1788）刻本　四册

320000－1605－0000993　G0800093
爲學綱目三卷首一卷　（清）錢保撰　清乾隆三十九年（1774）刻本　二册

320000－1605－0000994　G0793092
此木軒春秋闕如編八卷　（清）焦袁熹撰　清嘉慶十二年（1807）世春室刻本　四册

320000－1605－0000995　G0794092
春秋平義十二卷　（清）俞汝言撰　清乾隆抄本　四册

320000－1605－0000996　G0798093
四書彙解四十卷　（清）史以徵輯　清康熙十年（1671）美延堂刻本　十六册

320000－1605－0000997　G0790092
春秋紀傳五十一卷　（清）李鳳雛纂輯　清康熙四十四年（1705）刻本　十四册

320000－1605－0000998　G0796093
孝經衍義一百卷首二卷　（清）韓菼等纂　清康熙三十年（1691）浙江布政使司刻本　三十册

320000－1605－0000999　G0791092
欽定春秋傳説彙纂三十八卷首二卷　（清）王掞總裁　清康熙六十年（1721）内府刻本　二十四册

320000－1605－0001000　G0792092
春秋大事表五十卷輿圖一卷附録一卷　（清）顧棟高纂輯　清乾隆十三年至十四年（1748－1749）萬卷樓刻本　二十册

320000－1605－0001001　G0814095
史記一百三十卷　（漢）司馬遷撰　（南朝宋）裴駰集解　明崇禎十四年（1641）毛氏汲古閣刻清順治十四年（1657）重修本　十二册

320000－1605－0001002　G0806094
説文解字註三十卷　（漢）許慎撰　（清）段玉裁注　**六書音韻表二卷**　（清）段玉裁撰　清同治十一年（1872）吴宗麟刻本　十六册

320000－1605－0001003　G0810094
毛詩古音攷五卷　（明）陳第編輯　清乾隆二十七年（1762）徐時作崇本山堂刻本　五册

320000－1605－0001004　G0812094
韻學要旨十一卷　（清）毛奇齡撰　清抄本　四册

320000－1605－0001005　G0807094
傳記不載説文餘字三卷　（清）莊有可撰　清抄本　二册

320000－1605－0001006　G0809094
沈氏韻經五卷　題（南朝梁）沈約撰類　（宋）夏竦集古　（宋）吴棫補叶　（明）楊慎轉註　清初張純修刻本　一册

320000－1605－0001007　G0811094
音學五書五種三十八卷　（清）顧炎武撰　清康熙張弨符山堂刻本　十六册

320000－1605－0001008　G0808094
説文集釋不分卷　（清）陶惟坻輯　稿本　一册

320000－1605－0001009　G0804093
説文解字十五卷　（漢）許慎撰　清初毛氏汲

古閣刻本　八册

320000－1605－0001010　G0805093
說文解字十二卷　（漢）許慎撰　明萬曆二十六年（1598）陳大科刻清初毛氏汲古閣重印本　十二册

320000－1605－0001011　G0813094
四朝别史五種三百七卷　（清）席世臣編　清乾隆、嘉慶席世臣掃葉山房刻本　五十册

320000－1605－0001012　G0819096
藏書六十八卷　（明）李贄輯著　明萬曆二十七年（1599）焦竑刻本　十四册　存四十三卷（世紀一至八，列傳一至六、二十至二十五、三十五至五十七）

320000－1605－0001013　G0818096
五代史七十四卷　（宋）歐陽修撰　（宋）徐無黨注　清古吳書業趙氏刻本　八册

320000－1605－0001014　G0816096
列代建元表十卷附建元類聚考二卷　（清）錢東垣撰　清道光七年至九年（1827－1829）嘉定錢氏刻本　八册

320000－1605－0001015　G0821097
漢書評林一百卷　（明）凌稚隆輯校　明雲林積秀堂刻本　二十四册

320000－1605－0001016　G0820097
漢書評林一百卷　（明）凌稚隆輯校　明萬曆九年（1581）凌稚隆刻本（卷一、二十配抄本）　五十册

320000－1605－0001017　G0822098
三國志六十五卷　（晉）陳壽撰　（南朝宋）裴松之註　（明）陳仁錫評閲　明末刻本　三十六册

320000－1605－0001018　G0817096
北史一百卷　（唐）李延壽撰　明萬曆二十一年（1593）南京國子監刻本（卷六十至一百配抄本）　三十二册

320000－1605－0001019　G0832099
增訂吳越備史六卷　（宋）范坰　（宋）林禹撰　（清）錢時鈺增訂　清乾隆刻本　二册　存三卷（一至三）

320000－1605－0001020　G0827098
國史紀聞十二卷　（明）張銓輯　（明）張道濬訂　明天啓刻本　四册　存三卷（一至二、十）

320000－1605－0001021　G0829099
爝火録三十二卷論畧一卷歷代紀元續表一卷　（清）李天根撰　清藕香簃抄本　一册　存二卷（論畧一卷、歷代紀元續表一卷）

320000－1605－0001022　G0828099
重鎸朱青巖先生擬編明紀輯畧十六卷　（清）朱璘撰　清康熙聚錦堂刻本　八册

320000－1605－0001023　G0830099
通鑑紀事本末八十卷　（清）谷應泰撰　清順治十五年（1658）刻本　十六册

320000－1605－0001024　G0826098
東華録三十二卷（天命朝至雍正朝）　（清）蔣良騏撰　清抄本　十六册　存十六卷（一至十六）

320000－1605－0001025　G0824098
舊唐書二百卷　（五代）劉昫等撰　明嘉靖聞人詮刻本　一册　存二卷（列傳五十一至五十二）

320000－1605－0001026　G0823098
晉書一百三十卷　（唐）房玄齡等撰　元司禮監刻明正德、嘉靖、萬曆國子監遞修本　十九册　存一百卷（一至一百）

320000－1605－0001027　G0825098
舊唐書二百卷　（五代）劉昫等撰　清道光岑建功懼盈齋刻本　十九册

320000－1605－0001028　G0847100
山陽録一卷　（清）陳貞慧著　清乾隆抄本　一册

320000－1605－0001029　G0838100
名山藏一百九卷　（明）何喬遠撰　明崇禎曾樱刻本　六册　存十卷（六十二至六十三、六

十八至七十一、七十四至七十七）

320000－1605－0001030　G0840100
明徵録十一種十一卷　（□）□□輯　清康熙抄本　二冊

320000－1605－0001031　G0833100
華陽國志十二卷　（晉）常璩撰　（明）吳琯校　明吳琯刻本　六冊

320000－1605－0001032　G0834100
華陽國志十二卷附録一卷　（晉）常璩撰　清嘉慶十九年（1814）題襟館刻本　六冊

320000－1605－0001033　G0836100
路史四十七卷　（宋）羅泌著　（宋）羅苹註　明萬曆三十九年（1611）喬可傳刻本　四冊　存十卷（餘論一至十）

320000－1605－0001034　G0846100
硯雲甲乙編十六種五十卷　（清）金忠淳編　清乾隆四十年（1775）甌山硯雲書屋刻本　十四冊

320000－1605－0001035　G0845100
二申野録八卷　（清）孫之騄輯　清康熙刻本　四冊

320000－1605－0001036　G0844100
明語林十四卷　（清）吳肅公纂　清末抄本　八冊

320000－1605－0001037　G0842100
同姓初王表二卷附異姓三王傳一卷　（明）鄭曉輯　明萬曆二十七年（1599）鄭心材刻本　一冊

320000－1605－0001038　G0843100
罪惟録九十卷　（清）查繼佐撰　清末繆氏藕香簃抄本　一冊　存一卷（志五）

320000－1605－0001039　G0841100
郢事紀略一卷　（明）王禹聲編　明萬曆刻本　一冊

320000－1605－0001040　G0848100
古列女傳七卷續一卷　（漢）劉向撰　（明）張溥閱　明末張溥刻本　二冊　存四卷（一至四）

320000－1605－0001041　G0839100
吾學編六十九卷　（明）鄭曉撰　明萬曆三十七年（1609）鄭心材刻本　十五冊　存四十三卷（一至二十一、二十八至四十一、五十二至五十九）

320000－1605－0001042　G0849100
續高士傳十卷　（明）皇甫涍撰　清抄本　一冊

320000－1605－0001043　G0855101
國朝歷科題名碑録初集不分卷附不分卷　（清）李周望　（清）德沛輯　清乾隆刻本　十冊

320000－1605－0001044　G0850100
蘇米志林三卷　（明）毛晉輯　明天啓五年（1625）毛氏綠君亭刻清文粹堂重印本　六冊

320000－1605－0001045　G0890104
元和縣儒學發給義莊田畝清冊不分卷　（清）元和縣儒學編　稿本　一冊

320000－1605－0001046　G0852100
四朝成仁録不分卷　（清）屈大均撰　清抄本　一冊

320000－1605－0001047　G0853100
明狀元圖考二卷　（明）顧鼎臣編　清道光刻本　四冊

320000－1605－0001048　G0854100
蘇州府長元吳三邑諸生譜九卷首一卷　（清）錢國祥輯　稿本　四冊

320000－1605－0001049　G0856101
東林列傳二十四卷末二卷　（清）陳鼎輯　清康熙售山山壽堂刻本（卷十一至十三配清抄本）　十二冊

320000－1605－0001050　G0864101
蘇州府學明倫堂扁額志不分卷　（清）潘世湉輯　清同治八年（1869）刻本　二冊

320000－1605－0001051　G0865101
吳郡甫里人物考二十二卷　（清）徐達源撰

清末海粟樓抄本　五册　存十八卷(五至二十二)

320000－1605－0001052　G0858101
流翰仰瞻一卷　(清)陳奐輯　稿本　一册

320000－1605－0001053　G0859101
吳縣貞孝節烈婦女清册不分卷　(清)□□輯　清咸豐抄本　一册

320000－1605－0001054　G0862101
蘇州府學鄉賢名宦神位録一卷　(清)□□輯　清抄本　一册

320000－1605－0001055　G0861101
碧血録再補不分卷　(清)王炳輯　稿本　一册

320000－1605－0001056　G0878101
東萊先生音註唐鑑二十四卷　(宋)范祖禹撰　(宋)吕祖謙註　明刻本　十册

320000－1605－0001057　G0860101
疇人傳四十六卷續補六卷　(清)阮元撰　清嘉慶四年(1799)阮氏琅環仙館刻本　十二册

320000－1605－0001058　G0875101
四時逸事一卷　(明)高濂撰　明刻本　一册

320000－1605－0001059　G0866101
儒林宗派十六卷　(清)萬斯同撰　清乾隆抄本　四册

320000－1605－0001060　G0877101
舊聞證誤四卷　(宋)李心傳撰　清抄本　二册

320000－1605－0001061　G0876101
二十一史表志列傳表一卷　(清)□□撰　清初抄本　一册

320000－1605－0001062　G0871101
蘇文忠公[軾]年譜一卷　(宋)王宗稷編　附**蘇文忠公本傳一卷**　(元)脱脱等撰　**外紀二卷**　(明)王世貞編　明刻本　二册

320000－1605－0001063　G0873101
漢官譜不分卷　(清)董祐誠撰　清咸豐四年(1854)蔣彬蔚抄本　二册

320000－1605－0001064　G0868101
褒忠録一卷附文集一卷　(明)徐如珂撰　清康熙二十九年(1690)徐嗣旦刻本　二册

320000－1605－0001065　G0879101
史通通釋二十卷附録一卷　(清)浦起龍釋　**史通通釋舉例一卷**　(清)蔡焯學　清乾隆十七年(1752)浦氏求放心齋刻本　四册

320000－1605－0001066　G0869101
純德彙編八卷首一卷續刻一卷　(清)董華鈞重訂　清嘉慶二十三年(1818)董氏春暉堂刻本　四册

320000－1605－0001067　G0867101
米襄陽志林十三卷　(明)范明泰輯　明萬曆三十二年(1604)范氏清宛堂刻本　四册　存十卷(一至十)

320000－1605－0001068　G0872101
[安徽歙縣]歙北岑陽江氏宗譜二卷　(清)江明誠纂修　清康熙十七年(1678)江萬象刻本　一册　存一卷(二)

320000－1605－0001069　G0883102
皇明經世實用編二十八卷　(明)馮應京輯　(明)戴任校　明萬曆三十二年(1604)刻本(卷二十三至二十四、二十七至二十八配抄本)　三十册

320000－1605－0001070　G0880102
評鑑闡要十二卷　(清)劉統勳撰　清乾隆三十六年(1771)内府刻本　一册　存六卷(七至十二)

320000－1605－0001071　G0882102
元豐官志不分卷　(宋)□□撰　清抄本　四册

320000－1605－0001072　G0887104
蘇松田賦考三卷　(清)邵廣憲編　**蘇松財賦圖一卷**　(清)周夢顔撰　清道光十四年(1834)彭蘊璨耕硯田齋刻本　三册

320000－1605－0001073　G0884102

皇朝禮器圖式十八卷　(清)允祿修撰　清乾隆三十一年(1766)武英殿刻本　三十二册

320000－1605－0001074　G0894104
蘇藩政要二卷　(清)華琳撰　清抄本　二册

320000－1605－0001075　G0893104
蘇藩政要二卷　(清)華琳撰　清抄本　二册

320000－1605－0001076　G0892104
長邑版底不分卷　(清)□□撰　清松蔭氏抄本　二册

320000－1605－0001077　G0885102
皇朝禮器圖式十八卷　(清)允祿修撰　清乾隆三十一年(1766)武英殿刻本　十六册

320000－1605－0001078　G0889104
清光緒二十九年七月十五日至三十一年五月十二日廬陵縣正襍錢糧以及例應交待各款清册不分卷　(清)潘敦先撰　稿本　一册

320000－1605－0001079　G0886103
南巡盛典一百二十卷　(清)高晉等撰　清乾隆三十六年(1771)刻本　四十八册

320000－1605－0001080　G0901104
毅菴奏議二卷　(明)孫懋撰　清抄本　二册

320000－1605－0001081　G0902104
大元詔令不分卷　董康輯　稿本　一册

320000－1605－0001082　G0904104
奏疏録一卷　(□)□□輯　**擊築餘音一卷**　(明)熊開元撰　清華子誠志閑書屋抄本　一册

320000－1605－0001083　G0897104
宣南隨筆不分卷吉林録存不分卷時務不分卷　(清)顧肇熙輯　稿本　五册

320000－1605－0001084　G0896104
李文襄公奏議二卷奏疏十卷别録六卷　(清)李之芳撰　(清)李鐘麟編次　**年譜一卷**　(清)程光裋編纂　清康熙四十一年(1702)刻本　十册

320000－1605－0001085　G0895104
蘇藩政要二卷　(清)華琳撰　清抄本　六册

320000－1605－0001086　G0907105
江蘇省蘇州府長洲縣光緒拾貳年徵收地漕等項民欠徵信册不分卷　(清)長洲縣署編　清光緒十二年(1886)木活字印本　一册

320000－1605－0001087　G0909105
元和縣中十九都十九圖笑字圩魚鱗信册不分卷　(清)□□撰　稿本　一册

320000－1605－0001088　G0906105
長洲縣康熙拾伍年奉旨丈量銷圩魚鱗信册不分卷　(清)□□撰　稿本　一册

320000－1605－0001089　G0908105
戶部則例□□卷　(清)載齡等纂　清抄本　一册

320000－1605－0001090　G0900104
雍正上諭不分卷　(清)允祿　(清)弘晝編　清乾隆六年(1741)刻本　三十四册

320000－1605－0001091　G0911105
輿地紀勝二百卷　(宋)王象之編　**校勘記五十二卷**　(清)劉文淇撰　**補闕十卷**　(清)岑建功輯　清道光二十九年(1849)岑氏懼盈齋刻本　四十册

320000－1605－0001092　G0935109
錫金志外五卷　(清)華湛恩纂修　清末抄本　四册

320000－1605－0001093　G0914106
讀史方輿紀要圖不分卷　(清)顧祖禹撰　清乾隆抄本　四册

320000－1605－0001094　G0921107
[同治]蘇州府志初稿不分卷　(清)李銘皖等修　(清)馮桂芬纂　稿本　四册

320000－1605－0001095　G0913106
廣輿記二十四卷圖一卷　(明)陸應陽輯　(清)蔡方炳增輯　清乾隆九年(1744)四美堂刻本　十六册

320000－1605－0001096　G0912106
地圖綜要三卷　(明)吳學儼等編輯　明末刻

本　二册　存一卷(外卷)

320000-1605-0001097　G0920107
[紹定]吳郡志五十卷　(宋)范成大撰　明末毛氏汲古閣刻本　六册　存三十九卷(一至二十一、三十三至五十)

320000-1605-0001098　G0917107
[乾隆]臨榆縣志十四卷圖一卷　(清)鍾和梅纂　清乾隆二十一年(1756)刻本　十册

320000-1605-0001099　G0918107
齊乘六卷　(元)于欽纂　**釋音一卷**　(元)于潛述　清乾隆四十六年(1781)周慶承刻本　二册

320000-1605-0001100　G0925108
吳縣啚圖不分卷　(清)金德鴻繪　清同治十三年(1874)刻本　六册

320000-1605-0001101　G0916107
[乾隆]江南通志二百卷首四卷　(清)黄之雋等纂修　(清)尹繼善等總裁　清乾隆刻本　八十四册

320000-1605-0001102　G0923108
[乾隆]吳縣志一百十二卷首一卷　(清)姜順蛟修　(清)施謙纂　稿本　一册　存二卷(一、首一卷)

320000-1605-0001103　G0744088
紫藤花館詞一卷　(清)徐達源輯　稿本　一册

320000-1605-0001104　G0689086
柳塘詩集十二卷　(清)吳祖修撰　清康熙三十八年(1699)陳莀、吳晉濤刻本　二册

320000-1605-0001105　G0915106
新校刻李氏歷代輿地沿革圖不分卷　(清)李兆洛繪　清光緒十四年(1888)毗陵惲氏家塾刻朱墨套印本　二十五册

320000-1605-0001106　G0922108
[崇禎]吳縣志五十四卷首一卷　(明)牛若麟修　(明)王煥如纂　清抄本　二十四册

320000-1605-0001107　G0924108
[乾隆]吳縣志一百十二卷首一卷　(清)姜順蛟修　(清)施謙纂　清乾隆十年(1745)刻本　二十八册

320000-1605-0001108　G0937109
楊舍堡城志稿十四卷　(清)葉長齡等撰　清光緒九年(1883)江陰葉氏木活字印本　四册　存十二卷(一至八、十一至十四)

320000-1605-0001109　G0939109
[嘉慶]增修贛榆縣志四卷首一卷　(清)王城修　(清)周萃元纂　清嘉慶元年(1796)刻本　四册

320000-1605-0001110　G0934109
澎湖紀略十二卷　(清)胡建偉撰　清乾隆三十六年(1771)刻本　四册

320000-1605-0001111　G0933109
黄溪志十二卷首一卷　(清)錢墀撰　清道光十一年(1831)刻十四年(1834)印本　四册存七卷(一至六、首一卷)

320000-1605-0001112　G0932108
支溪小志六卷　(清)周昻增訂　(清)顧鎮編輯　(清)姚齊宋校　清末抄本　四册

320000-1605-0001113　G0931109
[至正]昆山郡志六卷　(元)楊譓纂　清抄本　二册

320000-1605-0001114　G0930108
横溪録八卷附録一卷　(明)徐鳴時編　清抄本　六册

320000-1605-0001115　G0928108
[乾隆]吳郡甫里志二十四卷首一卷　(清)彭方周等修　清乾隆三十年(1765)刻本　六册

320000-1605-0001116　G0927108
[道光]光福志十二卷首一卷　(清)徐傅編　清光緒抄本　六册

320000-1605-0001117　G0926108
[康熙]具區志十六卷　(清)翁澍撰　清康熙二十八年(1689)受采堂刻本　八册

320000-1605-0001118　G0938109

崇川咫聞録十二卷　(清)徐縉　(清)楊廷輯　清道光十年(1830)徐氏芸暉閣刻本　二十冊

320000－1605－0001119　G0940109
[乾隆]如皋縣志三十二卷附録一卷　(清)鄭見龍主修　(清)周植纂修　清乾隆十五年(1750)刻本　十六冊

320000－1605－0001120　G0936109
[嘉慶]無錫金匱縣志四十卷　(清)秦瀛纂　清嘉慶十八年(1813)刻本　二十九冊

320000－1605－0001121　G0953110
元妙觀志十二卷首一卷　(清)顧沅輯　清道光十二年(1832)彌羅寶閣刻本　四冊

320000－1605－0001122　G0950110
樂圃遺蹟不分卷　(清)朱暄輯　清乾隆敦倫堂刻本　一冊

320000－1605－0001123　G0947110
洛陽伽藍記五卷　(北魏)楊衒之撰　**洛陽伽藍記集證一卷**　(清)吴若準撰　清道光十四年(1834)錢塘吴氏刻本　二冊

320000－1605－0001124　G0945110
[乾隆]萍鄉縣志十二卷首一卷　(清)胥繩武主修　(清)歐陽鶴鳴總纂　清乾隆四十九年(1784)刻本　十二冊

320000－1605－0001125　G0944109
[雍正]特開玉環志四卷　(清)張坦熊纂修　清雍正十年(1732)刻本　四冊

320000－1605－0001126　G0942108
[乾隆]烏青鎮志十二卷　(清)董世寧纂修　清抄本　六冊

320000－1605－0001127　G0941108
[道光]海昌備志五十二卷　(清)錢泰吉等纂　**董方立遺文一卷**　(清)董祐誠撰　**濟南金石志一卷**　(清)□□輯　清魏氏績語堂抄本　一冊　存四卷(海昌備志九至十、董方立遺文一卷、濟南金石志一卷)

320000－1605－0001128　G0951110
青原志略十三卷末一卷　(清)釋笑峰大然編　(清)施閏章補輯　清康熙八年(1669)刻本　八冊

320000－1605－0001129　G0949110
宋東京考二十卷　(清)周城緝　清乾隆三年(1738)六有堂刻本　四冊

320000－1605－0001130　G0946110
[道光]彰化縣志十二卷首圖一卷　(清)李廷璧修　(清)周璽纂　清道光十六年(1836)刻本　十四冊

320000－1605－0001131　G0943109
[康熙]天台縣志十五卷首一卷　(清)李德燿　(清)黄執中纂修　清康熙二十三年(1684)刻本　十六冊

320000－1605－0001132　G0948110
蘇祠小志十卷首一卷　(清)李彦章輯　清道光十七年(1837)顧沅刻本　二冊

320000－1605－0001133　G0965110
湖隱外史一卷　(明)葉紹袁纂　清宣統元年(1909)葉振宗抄本　一冊

320000－1605－0001134　G0961110
東京夢華録十卷　(宋)孟元老撰　**益部方物略記一卷**　(宋)宋祁撰　明崇禎毛氏汲古閣刻本　二冊

320000－1605－0001135　G0960110
中吴紀聞六卷　(宋)龔明之紀　(明)毛晉訂　明末毛氏汲古閣刻清毛扆重修本　二冊

320000－1605－0001136　G0956110
滄浪亭小志六卷首一卷　(清)梁章鉅撰　清道光藏書閣刻本　一冊

320000－1605－0001137　G0955110
兩浙防護陵寢祠墓録不分卷　(清)阮元輯　清嘉慶七年(1802)刻本　四冊

320000－1605－0001138　G0954110
光福全真道院小志一卷　(清)馬良玉編録　(清)顧震濤等參輯　清道光二十年(1840)刻本　一冊

320000－1605－0001139　G0958110

風土記一卷　(晉)周處著　(清)周之冕彙輯　(清)周之誥編次　(清)周湛霖校訂　清木活字印本　一册

320000－1605－0001140　G0959110

北戶録三卷　(唐)段公路撰　清抄本　一册　存一卷(物産)

320000－1605－0001141　G0966110

欽定日下舊聞考一百六十卷附譯語總目一卷　(清)于敏中等總裁　(清)潘曾起等編修　清乾隆内府刻本　八十册

320000－1605－0001142　G0957110

鄭大鶴學宫移植園修治計畫圖稿一幅　鄭文焯繪　稿本　一軸

320000－1605－0001143　G0981112

天台山方外志要十卷　(明)釋無盡撰　(清)齊召南删訂　清乾隆三十二年(1767)刻本　四册

320000－1605－0001144　G0972112

乘槎筆記一卷　(清)斌椿纂　清同治八年(1869)抄本　一册

320000－1605－0001145　G0984112

石湖志略一卷文略一卷　(明)盧襄撰　清抄本　二册

320000－1605－0001146　G0967111

泛槎圖不分卷續泛槎圖不分卷續泛槎圖三集不分卷艤槎圖四集不分卷灉江泛槎圖五集不分卷續泛槎圖六集不分卷　(清)張寶撰　清嘉慶二十四年至道光十一年(1819－1831)尚古齋張太占刻本　十二册

320000－1605－0001147　G0983112

重修南海普陀山志二十卷首一卷　(清)許琰編輯　清乾隆刻本　四册

320000－1605－0001148　G0979112

[康熙]黄山志定本七卷首一卷　(清)閔麟嗣撰　清康熙刻本　八册

320000－1605－0001149　G0978112

泰山小史一卷　(明)蕭協中撰　清乾隆五十四年(1789)宋思仁刻本　一册

320000－1605－0001150　G0976112

靈巖志略一卷　(清)王鎬編輯　(清)袁縉重輯　清乾隆刻本　一册

320000－1605－0001151　G0986112

西湖志纂十二卷首一卷後一卷　(清)沈德潛撰　(清)傅王露輯　(清)梁詩正合纂　清乾隆二十年(1755)刻二十三年(1758)補刻本　十二册

320000－1605－0001152　G0982112

武夷山志二十四卷首一卷　(清)童天工撰　清道光二十七年(1847)羅氏五夫尺木軒刻本　八册

320000－1605－0001153　G0975112

[乾隆]虎阜志十卷首一卷　(清)陸肇域　(清)任兆麟纂　清乾隆五十六年(1791)刻本　八册

320000－1605－0001154　G0970111

鴻雪因緣圖記二卷二集二卷三集二卷　(清)麟慶撰　清道光二十九年(1849)揚州刻本　二十四册

320000－1605－0001155　G0974112

[乾隆]虎邱山志二十四卷　(清)顧詒禄纂　清乾隆三十二年(1767)虎丘千頃雲刻本　六册

320000－1605－0001156　G0973112

南嶽志八卷　(清)曠敏本編　(清)高自位重輯　清乾隆十八年(1753)開雲樓刻本　四册

320000－1605－0001157　G0985112

西湖志十卷志餘十八卷　(明)田汝成撰　(清)姚靖增删　清康熙二十八年(1689)刻本　十二册

320000－1605－0001158　G0971112

四明助談四十六卷首一卷　(清)徐兆昺撰　清道光八年(1828)木活字印本　二十四册

320000－1605－0001159　G0977112

香山小志稿一卷　徐翥先撰　稿本　一册

320000－1605－0001160　G0990113

兩漢金石記二十二卷　（清）翁方綱撰　清乾隆五十四年（1789）刻本　六冊

320000－1605－0001161　G0998113

鐘鼎款識一卷　（宋）王厚之輯　清嘉慶七年（1802）阮元積古齋刻本　一冊

320000－1605－0001162　G0987113

大運河圖不分卷　（清）韋佩之繪　稿本　一冊

320000－1605－0001163　G0999113

筠清館金石文字五卷　（清）吳榮光撰　清道光二十二年（1842）南海吳氏筠清館刻本　五冊

320000－1605－0001164　G1002113

淳化秘閣法帖考正十二卷　（清）王澍詳定　（清）汪玉球參正　清雍正詩鼎齋刻本　十冊

320000－1605－0001165　G0988113

使琉球記六卷　（清）李鼎元撰　清嘉慶師竹齋刻本　四冊

320000－1605－0001166　G1000113

積古齋鐘鼎彝器款識十卷　（清）阮元編　清光緒八年（1882）常熟抱芳閣刻本　六冊

320000－1605－0001167　G0993113

金石例十卷　（元）潘昂霄撰　清乾隆二十年（1755）刻本　四冊

320000－1605－0001168　G0994113

金石莂不分卷　（清）馮承輝輯　清嘉慶二十三年（1818）刻本　二冊

320000－1605－0001169　G0997113

補正粵東金石畧九卷　（清）范公詒輯　清末抄本　四冊

320000－1605－0001170　G0995113

金石存十五卷　（清）吳玉搢編　清嘉慶抄本　十冊

320000－1605－0001171　G1001113

陶齋彝器圖釋一卷　（清）王大炘學　清抄本　一冊

320000－1605－0001172　G0992113

西清古鑑四十卷錢録十六卷　（清）梁詩正編纂　清光緒十四年（1888）邁宋書館銅板影印本　二十四冊

320000－1605－0001173　G0986113

金石索十二卷首一卷　（清）馮雲鵬　（清）馮雲鵷輯　清道光雙桐書屋刻本　二十四冊

320000－1605－0001174　G1009114

石鼓文考證集存□□種□□卷　（□）□□輯　清借軒抄本　五冊　存九種十二卷（日下舊聞石鼓考三卷、因宜堂法帖二卷、都穆金薤琳琅一卷、潘愜山石鼓文音訓一卷、儀徵阮氏重橅天一閣北宋石鼓文本一卷、錢大昕潛研室金石文跋尾一卷、洪頤煊平津讀碑記一卷、鮑固叔手搨石鼓存字一卷、松麓先生親攜太學較本一卷）

320000－1605－0001175　G1010114

瘞鶴銘考一卷　（清）汪士鋐編　清抄本　一冊

320000－1605－0001176　G1007114

敬吾心室讀碑隨筆不分卷　（清）朱善旂輯　稿本　一冊

320000－1605－0001177　G1008114

碑版文廣例十卷　（清）王芑孫輯　清道光二十一年（1841）刻本　五冊

320000－1605－0001178　G1015114

秦漢瓦當文字二卷　（清）程敦撰　清乾隆五十二年（1787）刻本　二冊

320000－1605－0001179　G1014114

至聖林廟碑目六卷　（清）孔昭薰　（清）孔憲庚編　清抄本　一冊

320000－1605－0001180　G1021115

漢玉鉤室印存不分卷　（清）顧麟士輯　（清）王大炘篆　清光緒二十六年（1900）鈐印本　七冊

320000－1605－0001181　G1022115

二百蘭亭齋古銅印存不分卷　（清）吳雲輯

清光緒二年(1876)鈐印本　六冊

320000－1605－0001182　G1023115
鐵琴銅劍樓集古印譜不分卷　(清)瞿鏞輯　清咸豐八年(1858)瞿鏞刻鈐印本　八冊

320000－1605－0001183　G1030115
欽定四庫全書簡明目録二十卷　(清)紀昀等編　清嘉慶刻本　十八冊

320000－1605－0001184　G1027115
癸申郵傳印存不分卷　鄒福保輯　清光緒二十一年(1895)鈐印本　一冊

320000－1605－0001185　G1026115
秋蘋印草二卷　(清)華文彬篆　(清)華廷燦釋文　**般若波羅密多心經一卷**　(清)華文彬撰　(清)華文模釋文　清嘉慶二十一年(1816)借雲館鈐印本　二冊

320000－1605－0001186　G1025115
十六金符齋印存不分卷　(清)吳大澂輯　清宣統元年(1909)鈐印本　五冊

320000－1605－0001187　G1024115
集古印譜六卷　(明)王常輯　明萬曆顧氏芸閣刻朱墨套印本　二冊　存二卷(一至二)

320000－1605－0001188　G1042116
呻吟語六卷　(明)呂坤撰　明萬曆刻本　六冊

320000－1605－0001189　G1037116
賈誼新書三卷　(漢)賈誼撰　明刻本　三冊

320000－1605－0001190　G1034116
大鶴山房藏書目畧一卷附募修寒山寺啓一卷　鄭文焯編　稿本　一冊

320000－1605－0001191　G1033116
經史序録二卷　(清)吳承灊輯　(清)江詒孫　(清)吳楷校　**甲子會紀一卷歷代國都一卷**　(明)薛應旂編集　(清)江詒孫校　清康熙三十一年(1692)刻本　四冊

320000－1605－0001192　G1032116
元史藝文志四卷　(清)錢大昕補　清嘉慶五年(1800)黄丕烈刻本　二冊

320000－1605－0001193　G1031116
績語堂印目不分卷　(清)魏錫曾編　稿本　一冊

320000－1605－0001194　G1040116
大學衍義補一百六十卷首一卷　(明)丘濬撰　(明)陳仁錫評閲　明末刻本(卷一百五十九至一百六十配抄本)　二十五冊

320000－1605－0001195　G1039116
二程全書七種六十七卷　(宋)程顥　(宋)程頤撰　清康熙寶誥堂刻本　十二冊

320000－1605－0001196　G1050117
三魚堂賸言十二卷附清獻公傳略一卷　(清)陸隴其撰　(清)陳濟編校　清乾隆三蕉書屋刻本　四冊

320000－1605－0001197　G1049117
逸語十卷　(清)曹庭棟輯并註　清乾隆十二年(1747)刻本　三冊

320000－1605－0001198　G1048117
學蔀通辨前編三卷後編三卷續編三卷終編三卷　(明)陳建著　(清)陳璋等重輯　清雍正六年(1728)刻本　二冊

320000－1605－0001199　G1047117
馮子節要十四卷　(明)馮從吾撰　(清)洪琮編次　(清)施璜訂正　清康熙二十年(1681)世綸堂刻本　一冊

320000－1605－0001200　G1045117
閑闢録十卷　(明)程曈輯　清康熙張伯行正誼堂刻本　二冊

320000－1605－0001201　G1044117
閑闢録十卷　(明)程曈輯　明嘉靖四十三年(1564)刻本　四冊

320000－1605－0001202　G1058117
劉伯溫先生百戰奇略十卷　(明)劉基撰　清道光抄本　二冊

320000－1605－0001203　G1057117
武備秘書二種五卷　(明)施永圖撰　清康熙卧雲居刻本　六冊

320000－1605－0001204　G1056117
握機經緯四種十九卷　(□)□□輯　明天啓唐琳快閣刻本　八冊

320000－1605－0001205　G1055117
吳子二卷附吳子傳一卷　(明)劉寅注　明天啓六年(1626)王克安刻本　一冊

320000－1605－0001206　G1053117
陰騭文圖證不分卷　(清)許光清集證　(清)費丹旭繪圖　清道光二十四年(1844)海昌蔣氏別下齋刻本　四冊

320000－1605－0001207　G1052117
文子纘義十二卷　(元)杜道堅撰　清乾隆武英殿木活字印本　二冊

320000－1605－0001208　G1059117
區田五種輯五卷　(清)潘功甫輯　清末抄本　二冊

320000－1605－0001209　G1051117
萬世玉衡録四卷　(清)蔣伊輯　清乾隆刻本　八冊

320000－1605－0001210　G1054117
古本周易參同契集註二卷　題(清)知幾子集補　清抄本　二冊

320000－1605－0001211　G1060118
六科證治準繩六種四十四卷六醴齋醫書十種五十五卷金鏡内臺方議十二卷　(明)王肯堂輯　(清)程永培補輯　清乾隆刻本　七十六冊　缺六醴齋醫書三種十卷(褚氏遺書一卷、葛仙翁肘後備急方八卷、加減靈祕十八方一卷)

320000－1605－0001212　G1064118
素問入式運氣論奥三卷　(宋)劉溫舒撰　**黄帝内經素問遺篇一卷**　(□)□□撰　**新增素問運氣圖括定局立成一卷**　(明)熊宗立撰　清乾隆抄本　二冊

320000－1605－0001213　G1068119
脈貫五卷　(清)王賢輯　清抄本　二冊

320000－1605－0001214　G1070119
丹溪心法附餘二十四卷首一卷　(明)方廣類集　明嘉靖十五年(1536)姚文清、陳講刻本　二冊　存三卷(十四至十六)

320000－1605－0001215　G1067118
丹溪朱氏脈因證治二卷　(元)朱震亨撰　(清)湯望久校輯　清乾隆四十年(1775)合志堂刻本　四冊

320000－1605－0001216　G1066118
張仲景金匱要略二十四卷　(清)沈明宗編注　清道光二十二年(1842)掃葉山房刻本　六冊

320000－1605－0001217　G1062118
重廣補註黄帝内經素問二十四卷　(唐)王冰註　(宋)林億等校正　明萬曆二十九年(1601)吳勉學刻本　六冊

320000－1605－0001218　G1065118
類經三十二卷附翼四卷圖翼十一卷　(明)張介賓註　明天啓四年(1624)刻本　十九冊

320000－1605－0001219　G1061118
馮氏錦囊秘録三種五十卷　(清)馮兆張撰　清康熙四十一年(1702)啓後堂刻本　二十冊

320000－1605－0001220　G1081120
此事難知四卷　(金)李杲撰　(明)陶華校　明書林楊懋卿刻本　一冊

320000－1605－0001221　G1083120
儒門事親十五卷　(金)張子和撰　明萬曆二十九年(1601)吳勉學刻本　十冊

320000－1605－0001222　G1080120
撫州易大艮思蘭醫案一卷　(明)易大艮撰　**芷遠臆草存案一卷**　(明)盧復著　**新安孫一奎文垣醫案一卷**　(明)孫一奎撰　清咸豐七年(1857)陸嵩抄本　一冊

320000－1605－0001223　G1077120
里中醫案一卷　(明)李中梓撰　清初傅以漸抄傅升菴續抄本　一冊

320000－1605－0001224　G1079120
醫案六卷　(明)程崙著　清抄本　六冊

320000－1605－0001225　G1078120
裴子言醫四卷河間原病式一卷　(清)裴一中撰　清康熙五十二年(1713)刻本　五册

320000－1605－0001226　G1076120
醫説十卷　(宋)張杲著　(明)王肯堂續輯　明萬曆吳勉學刻本　五册　存五卷(一、五、七至九)

320000－1605－0001227　G1075120
玉峰鄭氏家藏八十二秘方選抄一卷　(清)□□撰　**理虚元鑑二卷**　(明)綺石著　**汪纘功虚勞論一卷**　(清)汪纘功撰　清嘉慶抄本　二册

320000－1605－0001228　G1085120
陶節菴傷寒全生集四卷　(明)陶華撰　明刻本　十册

320000－1605－0001229　G1072120
絳雪園古方選註十五卷　(清)王子接註　清乾隆二年(1737)介景樓刻本　八册

320000－1605－0001230　G1074120
病機策一卷藥品制度説一卷藥品採造真僞宜辨説一卷　(清)席紉齋著　清抄本　一册

320000－1605－0001231　G1073120
醫林玉尺四卷　(清)尤在涇集　清末抄本　八册

320000－1605－0001232　G1084120
儒門事親十五卷　(金)張子和著　(明)吳勉學校　清抄本　十册

320000－1605－0001233　G1094121
痘治理辨一卷附方一卷　(明)汪機編輯刊　明嘉靖十年(1531)刻明重修本　四册

320000－1605－0001234　G1092121
麻瘋秘訣症不分卷　(□)□□撰　清末抄本　一册

320000－1605－0001235　G1095121
痘疹折衷二卷　(明)秦昌遇編輯　清初抄本　二册

320000－1605－0001236　G1091121
沙證九種八卷　(清)郭志邃撰　(清)平照神增訂　清抄本　四册

320000－1605－0001237　G1090121
傷寒論三註十六卷　(清)周揚俊輯註　清乾隆四十五年(1780)松心堂刻本　十四册

320000－1605－0001238　G1089121
傷寒括義必讀三卷一百十三方歌訣一卷　(清)劉古汝撰　清康熙十七年(1678)修吉堂刻本　三册

320000－1605－0001239　G1086120
溫疫論二卷　(清)吳有性撰　清康熙四十八年(1709)劉敞葆真堂刻本　二册

320000－1605－0001240　G1087120
傷寒大白四卷總論一卷　(清)秦之楨撰　清康熙五十三年(1714)其順堂陳懋寬刻本　四册

320000－1605－0001241　G1088120
傷寒意珠篇二卷　(清)韓藉琬論著　清康熙書錦堂刻本　一册

320000－1605－0001242　G1098121
鍼灸會要八卷　(□)□□撰　清末抄本　八册

320000－1605－0001243　G1097121
鍼灸大成十卷　(明)楊繼洲撰　明萬曆二十九年(1601)刻本　十册

320000－1605－0001244　G1096121
鍼灸甲乙經十二卷　(晉)皇甫謐撰　明萬曆二十九年(1601)吳勉學刻本　六册

320000－1605－0001245　G1103121
幾何原本六卷　(意大利)利瑪竇口譯　(明)徐光啓筆受　明崇禎刻本　八册

320000－1605－0001246　G1104121
天學初函器編十種三十卷　(明)李之藻輯　明崇禎王嗣虞、葉一元、汪汝淳刻本　九册　存六種十九卷(簡平儀説一卷、勾股義一卷、圜容較義一卷、同文算指前編二卷、同文算指通編八卷、幾何原本六卷)

320000－1605－0001247　G1101121
星辰考要不分卷　（清）□□撰　清抄本　一册

320000－1605－0001248　G1102121
欽定授時通考七十八卷　（清）蔣溥纂修　清乾隆七年（1742）江西書局刻本　二十四册

320000－1605－0001249　G1111122
新刻名公筆法草書心鏡八卷附印一卷　（明）陳繼儒撰　清康熙二十六年（1687）陳康侯天慶堂刻本　二册　存四卷（一至四）

320000－1605－0001250　G1112122
草聖彙辨三卷　（清）蕭起元點定　（清）白芬彙編　（清）張能鱗選定　（清）朱宗文摹辯　**草法百款一卷**　（清）朱好古撰　清順治九年（1652）嘉禾問業堂刻本　二册

320000－1605－0001251　G1108122
臨黄道周題分石書院記吴縝陸游詩文不分卷　（清）□□臨　清抄本　一册

320000－1605－0001252　G1105122
新編遵依司天台經緯曆書六卷首一卷　（明）陸位校　明萬曆刻本　二册　存一卷（首一卷）

320000－1605－0001253　G1110122
汪氏珊瑚網法書題跋二十四卷　（明）汪砢玉輯　清康熙抄本　二十册

320000－1605－0001254　G1106122
御製曆象考成上編十六卷下編十卷表十六卷　（清）允祿纂修　（清）何國宗編　清雍正刻本　四十四册

320000－1605－0001255　G1125123
崇敞鈐墨蹟詩草一卷　（清）崇恩撰並書　稿本　一册

320000－1605－0001256　G1123123
畫林新詠三卷補遺一卷　題（清）頤道居士撰　題（清）碧螺山人編　清道光七年（1827）西湖翠涤園刻本　一册

320000－1605－0001257　G1124123
冬心先生畫品題記一卷　（清）金農撰　清末抄本　一册

320000－1605－0001258　G1122123
壺天老人字册不分卷　（清）潘霨書　稿本　一册

320000－1605－0001259　G1121123
鄉賢馮先生真蹟一卷　（清）馮桂芬撰　鄒福保輯定　稿本　一册

320000－1605－0001260　G1120123
陳鵬年沈德潛等七人墨跡不分卷　（清）陳鵬年等書　稿本　一册

320000－1605－0001261　G1119123
顧氏家集十一種十一卷　（清）顧文彬等撰　稿本　十五册

320000－1605－0001262　G1116123
沈逸清先生千字文真跡一卷　（清）沈春書　清乾隆二十一年（1756）抄本　一册

320000－1605－0001263　G1117123
庚子銷夏記八卷閒者軒帖考一卷　（清）孫承澤撰　清乾隆二十六年（1761）鮑廷博刻本　六册

320000－1605－0001264　G1114123
無聲詩史七卷　（清）姜紹書輯　清康熙五十九年（1720）李光暎刻本　六册

320000－1605－0001265　G1113123
佩文齋書畫譜一百卷　（清）孫岳頒等輯　清康熙四十七年（1708）刻本　六十四册

320000－1605－0001266　G1134124
馮秉忠手書千字文一卷　（清）馮秉忠書　清乾隆馮秉忠抄本　一册

320000－1605－0001267　G1131124
樊增祥秦樹銛書畫團扇扇面不分卷　樊增祥書　（清）秦樹銛繪　稿本　二張

320000－1605－0001268　G1140124
新刊正文對音捷要琴譜真傳六卷　（明）楊表正撰　明萬曆三衢書林舒世曉刻本　一册　存三卷（一至三）

320000－1605－0001269　G1133124
王惕甫先生夫婦合璧字卷不分卷　(清)王芑孫　(清)曹貞秀書　稿本　一軸

320000－1605－0001270　G1127124
梅壑畫冊一卷　(清)查士標繪　稿本　一冊

320000－1605－0001271　G1128124
楓江墓祭圖摹本一卷　(清)吳雲繪　稿本　一冊

320000－1605－0001272　G1129124
廞翁真跡八幅　(清)徐康書　稿本　一冊

320000－1605－0001273　G1126124
黄琴香先生臨懷仁集聖教序不分卷　(清)黄文瀾書　稿本　一冊

320000－1605－0001274　G1135124
晚清名人手札不分卷　(清)吳大澂等書　稿本　八十五葉

320000－1605－0001275　G1137124
篆刻草二卷　(清)何爾塾撰　清乾隆五十七年(1792)何氏刻本　二冊

320000－1605－0001276　G1139124
樂律全書二十五種四十八卷　(明)朱載堉撰　明萬曆三十一年(1603)刻本　十冊　存七種十七卷(律呂精義外篇一至十、旋宫合樂譜一卷、鄉飲詩樂譜一至二、六代小舞譜一卷、樂學新說一卷附樂經古文一卷、算學新說一卷)

320000－1605－0001277　G1141124
樂經元義八卷　(明)劉濂著　清乾隆抄本　四冊

320000－1605－0001278　G1143124
見聞録四卷　(清)徐岳著　清雍正寶翰樓刻本　四冊

320000－1605－0001279　G1142124
易筋經一卷　(□)□□撰　清康熙四十年(1701)傅氏抄本　一冊

320000－1605－0001280　G1145124
雲溪友議十二卷　(唐)范攄撰　清沈景賢抄本　一冊

320000－1605－0001281　G1146124
陳眉公太平清話四卷　(明)陳繼儒撰　明萬曆寶顔堂刻本　四冊

320000－1605－0001282　G1147124
吳社編一卷　(明)王穉登撰　清末抄本　一冊

320000－1605－0001283　G1148124
觚賸八卷續編四卷　(清)鈕琇輯　清康熙臨野堂刻本　三冊

320000－1605－0001284　G1144124
吳地記一卷　(唐)陸廣微撰　**漢中士女志一卷梓橦士女志一卷**　(晉)常璩撰　**洞天福地一卷**　(五代)杜光庭撰　**南越志一卷**　(晉)沈懷遠撰　**廣州志一卷**　(晉)顧微撰　清康熙抄本　一冊

320000－1605－0001285　G1156125
程氏墨苑十四卷　(明)程大約撰　明萬曆滋蘭堂刻本　一冊　存一卷(十一)

320000－1605－0001286　G1157125
曹氏墨林二卷　(清)曹素功輯　清乾隆刻本　四冊

320000－1605－0001287　G1154125
方氏墨譜六卷　(明)方于魯撰　**首一卷**　(明)汪道貫　(明)汪道會撰　明萬曆方氏美蔭堂刻本　六冊

320000－1605－0001288　G1153125
觴政一卷　(明)袁宏道撰　清抄本　一冊

320000－1605－0001289　G1152125
原本茶經三卷　(唐)陸羽撰　**續茶經三卷附録一卷**　(清)陸廷燦輯　清雍正十三年(1735)壽椿堂刻本　八冊

320000－1605－0001290　G1150125
臺灣外紀三十卷　(清)江日昇撰　清道光十年(1830)求無不獲齋木活字印本　三冊　存十卷(一至三、十四至十七、二十五至二十七)

320000－1605－0001291　G1149125

奩史一百卷拾遺一卷　(清)王初桐纂述　清嘉慶二年(1797)古香堂刻本　二十册

320000－1605－0001292　G1170125
未刊談往一卷　(清)□□撰　清嘉慶抄本　一册

320000－1605－0001293　G1169125
慮得集四卷附録二卷　(明)華悰韡撰　明萬曆四十二年(1614)華繼祥刻本　二册

320000－1605－0001294　G1168125
雪履齋筆記一卷　(元)郭翼著　清康熙抄本　一册

320000－1605－0001295　G1167125
鶴林玉露十六卷補遺一卷　(宋)羅大經撰　明刻本　五册

320000－1605－0001296　G1166125
西溪叢語二卷　(宋)姚寬撰　清宣統二年(1910)沈韻齋抄本　一册

320000－1605－0001297　G1165125
容齋隨筆三筆十六卷四筆十六卷五筆十卷　(宋)洪邁撰　明崇禎三年(1630)馬元調刻本　十六册

320000－1605－0001298　G1164125
猗覺寮雜記一卷　(宋)朱翌撰　清乾隆四十一年(1776)鮑廷博知不足齋抄本　一册

320000－1605－0001299　G1163125
白虎通德論二卷　(漢)班固撰　(明)俞元符校　明萬曆俞元符刻本　二册

320000－1605－0001300　G1162125
四生譜四種四卷　(清)金小厂撰　清光緒三十一年(1905)南蘭陵逸書廔主人志青抄本　二册

320000－1605－0001301　G1161125
藝菊志八卷　(清)陸廷燦輯　清康熙五十七年(1718)棣華書屋刻本　四册

320000－1605－0001302　G1160125
花塵一卷名花雜誌三卷　題(明)百花主人輯　明萬曆刻本　一册

320000－1605－0001303　G1159125
致富全書十卷　(明)周文華撰　明末刻本　十册

320000－1605－0001304　G1173126
劄記不分卷　(清)□□撰　稿本　一册

320000－1605－0001305　G1176126
菰中隨筆二卷　(清)顧炎武述　清末抄本　二册

320000－1605－0001306　G1178126
梵麓山房筆記一卷　(清)王汝玉撰　稿本　一册

320000－1605－0001307　G1179126
别號録九卷　(清)葛萬里撰　清抄本　六册

320000－1605－0001308　G1171126
瀛舟筆談十二卷首一卷　(清)阮亨記　清嘉慶二十五年(1820)阮氏刻本　十册

320000－1605－0001309　G1174126
日知録三十二卷　(清)顧炎武撰　清康熙三十四年(1695)潘耒遂初堂刻本　八册

320000－1605－0001310　G1177126
通雅五十二卷首三卷　(清)方以智撰　清康熙五年(1666)姚文燮浮山此藏軒刻本　十二册

320000－1605－0001311　G1172126
艾庵密箴一卷　(明)蔡清撰　**王惺所先生愛堂要言一卷散言一卷**　(明)王以悟撰　**高景逸先生復七規一卷**　(明)高攀龍撰　**官瑜卿語録一卷**　(明)官獻瑶撰　**閩汀雷翠庭先生自耻録一卷**　(清)雷鋐撰　**陸地仙經一卷**　(清)馬齊撰　清乾隆抄本　二册

320000－1605－0001312　G1187127
筆記摘録不分卷　(清)□□編　清乾隆抄本　三册

320000－1605－0001313　G1188127
會計墨餘録一卷　(清)華子誠録　稿本　一册

320000－1605－0001314　G1186127

松陵見聞録十卷首一卷 （清）王鯤撰　清道光九年(1829)話雨樓刻本　八册

320000－1605－0001315　G1185127
芝庵雜記四卷 （清）陸雲錦撰　清嘉慶八年(1803)刻本　四册

320000－1605－0001316　G1183126
受經堂劄記一卷 （清）楊紹文撰　稿本　一册

320000－1605－0001317　G1182126
世説新語補二十卷 （南朝宋）劉義慶撰（南朝梁）劉孝標註（宋）劉辰翁批　明萬曆十三年(1585)張文柱刻本　十册

320000－1605－0001318　G1184126
續世説十卷 （宋）孔平仲撰　清抄本　六册

320000－1605－0001319　G1180126
世説新語三卷 （南朝宋）劉義慶撰（南朝梁）劉孝標註　明萬曆三十七年(1609)周氏博古堂刻本　六册

320000－1605－0001320　G1201127
文逸五種不分卷 （清）戴熙輯　稿本　一册

320000－1605－0001321　G1197127
虞初傳不分卷 （清）龔自珍選　清末抄本　二册

320000－1605－0001322　G1196127
洞書二卷 （清）張鑑撰　清末抄本　一册

320000－1605－0001323　G1195127
雲岑雜著一卷附載一卷 （清）文含編　清乾隆二十三年(1758)刻本　一册

320000－1605－0001324　G1192127
千一疏二十二卷 （明）程涓著　明萬曆三十七年(1609)范槲、黄如松刻本　六册

320000－1605－0001325　G1191127
意林五卷 （唐）馬總撰　清乾隆抄本　五册

320000－1605－0001326　G1194127
楊升菴外集纂要二卷 （明）楊慎撰（明）汪日燦纂　清抄本　二册

320000－1605－0001327　G1193127
經史典奥六十七卷 （明）來斯行輯　明崇禎五年(1632)來斯行刻本　十二册　存五十卷(一至五十)

320000－1605－0001328　G1206128
重刊人子須知資孝地理心學統宗三十九卷 （明）徐善繼（明）徐善述撰　明萬曆十一年(1583)曾璠刻本　十六册

320000－1605－0001329　G1204128
史異編十七卷 （明）余文龍編輯　清康熙抄本(卷十至十二配抄本)　八册

320000－1605－0001330　G1203128
天元玉曆賦七卷 （明）欽天監傳　清抄本　一册

320000－1605－0001331　G1202128
大唐開元占經十六卷 （唐）瞿曇悉達撰　清乾隆抄本　八册

320000－1605－0001332　G1205128
管窺輯要八十卷 （清）黄鼎纂定　清抄本　二十四册

320000－1605－0001333　G1216129
楞嚴經二卷 （唐）釋般剌密帝譯（唐）釋彌伽釋迦譯語　清嘉慶元年(1796)余煜抄本　二册

320000－1605－0001334　G1218129
三壇補遺不分卷 （明）釋寂光撰（清）釋讀體註　清乾隆二十年(1755)蘇州秋善律院抄本　二册

320000－1605－0001335　G1210128
大方廣佛華嚴經四十卷 （唐）釋般若譯　清道光十四年(1834)宜園刻本　六册

320000－1605－0001336　G1219129
成唯識論隨註十卷 （明）釋明善（清）釋慧善撰　清嘉慶十五年(1810)吳同璐刻道光四年(1824)龔自珍補版印本　五册

320000－1605－0001337　G1213129
晁文元公法藏碎金要法二卷 （宋）晁迥撰　清末抄本　二册

320000－1605－0001338　G1217129
成唯識論顯詮二卷　(清)陳定祥撰　稿本　二冊

320000－1605－0001339　G1220129
太極靈寶祭煉玄科一卷　(清)施道淵校定　清康熙嗣教施道淵刻本　一冊

320000－1605－0001340　G1228132
山堂肆考二百二十八卷　(明)彭大翼輯　**補遺十二卷**　(明)張幼學補遺　明萬曆二十三年(1595)刻四十七年(1619)張幼學梅墅石渠閣重修本　五十六冊

320000－1605－0001341　G1227130
圖書編一百二十七卷　(明)章潢編　明萬曆四十一年(1613)涂鏡源等刻天啓三年(1623)岳元聲印本(卷三、五十七、一百二十六配清抄本)　一百六十冊

320000－1605－0001342　G1221129
新鐫音釋註解書言故事出像大全十二卷　(宋)胡繼宗輯　(明)陳玩直注　明萬曆刻本　五冊　存五卷(一至五)

320000－1605－0001343　G1224130
古今萬姓統譜一百四十卷歷代帝王姓系統譜六卷氏族博考十四卷　(明)凌迪知輯　明萬曆刻本　十五冊

320000－1605－0001344　G1223130
修辭指南二十卷　(明)浦南金編次　明嘉靖三十六年(1557)浦氏五樂堂刻本　十二冊

320000－1605－0001345　G1222129
藝文類聚一百卷　(唐)歐陽詢撰　明萬曆十五年(1587)王元貞刻本　二十冊　存九十五卷(一至九十五)

320000－1605－0001346　G1229133
駢語雕龍四卷　(明)游日章輯　(明)林世勤註　明萬曆陳繼儒寶顏堂刻本　二冊

320000－1605－0001347　G1232133
新刻註釋故事白眉十卷　(明)許以忠輯　清康熙八年(1669)寶翰樓刻二十五年(1686)葉繼照印本　四冊

320000－1605－0001348　G1234133
十科策略箋釋十卷　(明)劉定之撰　(明)劉作樑註釋　**呆齋公[劉定之]年譜一卷**　(明)劉作樑述　清雍正四年(1726)劉廷琨刻本　六冊

320000－1605－0001349　G1233133
彙苑詳註三十六卷　(明)王世貞輯　(明)鄒道元註　明萬曆刻本　三十冊

320000－1605－0001350　G1231133
詩雋類函一百五十卷　(明)俞安期彙纂　(明)梅鼎祚增定　明萬曆三十七年(1609)刻本(卷十六至三十配清抄本)　五十四冊

320000－1605－0001351　G1235133
博物典彙二十卷　(明)黃道周撰　明崇禎八年(1635)刻本　六冊

320000－1605－0001352　G1230133
詞林海錯十六卷　(明)夏樹芳輯　明萬曆四十六年(1618)刻本　十一冊　存十二卷(一至十二)

320000－1605－0001353　G1240134
分類字錦六十四卷　(清)何焯　(清)陳鵬年纂　清雍正刻本　六十四冊

320000－1605－0001354　G1242135
唐四家詩四種八卷　(清)汪立名輯　清康熙三十四年(1695)汪立名刻本　三冊

320000－1605－0001355　G1238134
古今類傳四卷　(清)董穀士　(清)董炳文輯　清康熙三十一年(1692)未學齋刻本　四冊

320000－1605－0001356　G1237134
名句文身表異録二十卷　(明)王志堅輯　明崇禎十三年(1640)王志慶刻本　四冊

320000－1605－0001357　G1239134
韻府拾遺一百六卷　(清)汪灝等纂修　清雍正刻本　二十冊

320000－1605－0001358　G1236134
劉氏鴻書一百八卷　(明)劉仲達纂輯　(明)

湯賓尹刪正　明萬曆陳長卿刻本　四十冊

320000－1605－0001359　G1249136
文選紀聞三十卷　(清)余蕭客撰　清乾隆抄本　四冊

320000－1605－0001360　G1248136
文選瀹註三十卷　(明)閔齊華瀹注　(明)孫鑛評閲　明崇禎閔氏刻清康熙二十年(1681)柯維楨重修本　二十四冊

320000－1605－0001361　G1250136
唐宋八大家文選二十四卷　(明)鍾惺選評　(明)陶珽參較　明崇禎刻本　十冊　存六種二十卷(昌黎文選二卷、柳宗元文選四卷、歐陽文選四卷、老泉文選二卷、東坡文選六卷、南豐文選二卷)

320000－1605－0001362　G1243135
中唐二劉詩三卷　(唐)劉禹錫　(唐)劉長卿撰　(清)龔賢　(清)劉雲份編　清野香堂刻本　三冊

320000－1605－0001363　G1246136
梁昭明文選十二卷　(南朝梁)蕭統輯　(明)張鳳翼纂註　明萬曆刻本　十二冊

320000－1605－0001364　G1245135
文選六十卷　(南朝梁)蕭統輯　(唐)李善注　明末毛氏汲古閣刻清康熙二十五年(1686)錢士謐重修本　六冊

320000－1605－0001365　G1244135
文選十二卷　(南朝梁)蕭統輯　(明)張鳳翼纂注　明萬曆刻本　二十冊

320000－1605－0001366　G1252136
新刊名世文宗三十卷　(明)胡時化輯　明萬曆四年(1576)刻本　六冊　存十八卷(五至六、十五至三十)

320000－1605－0001367　G1251136
刪補古今文致十卷　(明)劉士鏻輯　(明)王宇增刪　明天啓三年(1623)刻本　四冊　存四卷(一至四)

320000－1605－0001368　G1255137
晚邨先生八家古文精選不分卷　(清)呂留良輯　清康熙四十三年(1704)呂氏家塾刻本　八冊

320000－1605－0001369　G1254137
古文品外録二十四卷　(明)陳繼儒選評　明崇禎朱蔚然刻本　六冊

320000－1605－0001370　G1257136
新刊陳眉公先生精選古論大觀四十卷　(明)陳繼儒輯　(明)吳震元編註　明刻本　四十冊

320000－1605－0001371　G1257137
古文披金二十四卷　(清)納蘭常安選　(清)周振采　(清)程鍾參訂　清乾隆刻本　二十冊

320000－1605－0001372　G1258137
南北朝文鈔二卷　(清)彭兆蓀採輯　清光緒八年(1882)紫雲室刻本　四冊

320000－1605－0001373　G1259137
文章尚論集二十八卷　(清)夏一理集解　清康熙四十三年(1704)澄觀草堂刻本　二十冊

320000－1605－0001374　G1265138
近光集二十八卷　(清)汪士鋐編纂　(清)徐修仁參注　清康熙五十八年(1719)刻本　八冊

320000－1605－0001375　G1262138
古文擷華六卷　(清)□□輯　清嘉慶抄本　六冊

320000－1605－0001376　G1263138
新鐫焦太史彙選中原文獻經集六卷史集六卷子集七卷文集四卷通考一卷　(明)焦竑輯　(明)陶望齡評　(明)朱之蕃注　明萬曆二十四年(1596)汪元湛等刻本　六冊　存六卷(史集六卷)

320000－1605－0001377　G1261138
古文賞音十二卷　(清)謝有煇纂　清康熙四十六年(1707)師儉閣刻本　六冊

320000－1605－0001378　G1260138

古今合鈔十六卷　(清)魯超編輯　清康熙二十三年(1684)燕喜堂刻本　十册

320000－1605－0001379　G1264138
山林經濟□□卷　(明)屠隆輯　清抄本　二册　存十七種十七卷(巖棲幽事一卷、清言一卷、山家清事一卷、琴箋一卷、饌客約一卷、山齋志一卷、脯鮓品一卷、野蔌品一卷、製蔬品一卷、韋弦佩一卷、輞川集一卷、遊具箋一卷、粥糜品一卷、茶蔬一卷、煮泉小品一卷、文房器具一卷、清閒供一卷)

320000－1605－0001380　G1271138
樂府詩集一百卷目録二卷　(宋)郭茂倩輯　清初毛氏汲古閣刻本　二十册

320000－1605－0001381　G1269138
青蓮詩鈔一卷　(唐)李白撰　**雜鈔一卷**　(漢)賈誼等撰　清乾隆葉南抄本　一册

320000－1605－0001382　G1274139
詩鏡三十六卷總論一卷　(明)陸時雍選評　明刻本　四册　存六卷(二十五至二十九、總論一卷)

320000－1605－0001383　G1272139
詩紀一百五十六卷目録二十四卷　(明)馮惟訥輯　明萬曆吳琯、謝陛等錦聚堂刻本　三十册

320000－1605－0001384　G1266138
回文類聚四卷　(宋)桑世昌纂次　**織錦回文圖一卷回文類聚續編十卷**　(清)朱象賢集　清嘉慶裕文堂刻本　四册

320000－1605－0001385　G1267138
乾坤正氣集二十卷　(清)顧沅輯　清道光二十三年(1843)長洲顧氏藝海樓刻本　十册

320000－1605－0001386　G1268138
玉臺新詠十卷　(南朝陳)徐陵撰　清康熙五十三年(1714)馮鰲硯豐齋刻本　二册

320000－1605－0001387　G1280139
古詩選不分卷　(清)□□輯　清抄本　一册

320000－1605－0001388　G1270138
瀛奎律髓四十九卷　(元)方回選　清康熙五十二年(1713)黄葉邨莊刻本　二十四册

320000－1605－0001389　G1279139
古詩源十四卷　(清)沈德潛編　清康熙竹嘯軒刻本　二册

320000－1605－0001390　G1282139
古體詩選四種四卷附黄白山説詩句法一卷　題(清)巢父巢録　稿本　四册

320000－1605－0001391　G1278139
八代詩揆五卷補遺一卷　(清)陸奎勳選　清康熙刻本　一册

320000－1605－0001392　G1281139
詩選不分卷　(清)□□輯　清康熙抄本　一册

320000－1605－0001393　G1283139
宫閨百詠四卷目録一卷　(清)陳其泰編次　清道光二十五年(1845)海鹽陳氏桐花鳳閣刻本　二册

320000－1605－0001394　G1277139
歷朝名媛詩詞十二卷　(清)陸昶評選　(清)程琰　(清)宋思敬閲定　清乾隆三十八年(1773)陸氏紅樹樓刻本　六册

320000－1605－0001395　G1276139
精刻古今女史十二卷詩集八卷　(明)趙如源等選輯　(明)王道焜等參訂　明崇禎刻本　三册　存十六卷(古今女史十二卷、詩集一至四)

320000－1605－0001396　G1284139
古今振雅雲箋十卷　(明)徐渭纂輯　明崇禎天禄閣刻本　四册　存四卷(一至四)

320000－1605－0001397　G1285139
繡梓尺牘雙魚十一卷補選捷用尺牘雙魚四卷　(明)陳繼儒箋釋　明金閶書林葉啓元玉夏齋刻本　八册　存九卷(繡梓一至五、補選四卷)

320000－1605－0001398　G1286139
西漢文二十卷　(明)張采輯　明崇禎六年

(1633)刻本　二十四冊

320000－1605－0001399　G1292140
唐三體詩六卷　(宋)周弼輯　(清)高士奇補注　清康熙朗潤堂刻本　一冊

320000－1605－0001400　G1290140
遵巖文集一卷　(明)王慎中撰　(明)陸弘祚批選　明刻本　一冊

320000－1605－0001401　G1289140
嘉樂齋三蘇文範十八卷　(明)楊慎選　明天啓二年(1622)刻本　四冊

320000－1605－0001402　G1288140
宋文歸二十卷　(明)鍾惺選評　明崇禎集賢堂刻本　六冊

320000－1605－0001403　G1287140
國秀集三卷　(唐)芮挺章集　明萬曆張世才刻本　二冊

320000－1605－0001404　G1294140
唐詩鼓吹十卷　(元)元好問輯　(元)郝天挺注　清順治十六年(1659)敬儀堂刻本　十冊

320000－1605－0001405　G1296140
唐詩品彙九十卷拾遺十卷詩人爵里詳節一卷　(明)高棅輯　(明)張恂重訂　明刻本　二十冊

320000－1605－0001406　G1293140
唐詩含弘三卷　(元)戴表元輯　清初抄本　十八冊

320000－1605－0001407　G1298140
唐詩選四卷附録一卷　(明)李攀龍輯　(明)蔣一葵箋釋　明萬曆二十一年(1593)太末舒氏石泉集賢書舍刻本　四冊

320000－1605－0001408　G1305141
十種唐詩選十七卷唐賢三昧集三卷　(清)王士禛撰　清康熙南芝堂刻本　十冊

320000－1605－0001409　G1301141
中晚唐詩叩彈集十二卷續集三卷　(清)杜詔　(清)杜庭珠集　清康熙采山亭刻本　六冊

320000－1605－0001410　G1299140
唐詩解五十卷詩人爵里一卷　(明)唐汝詢選釋　(清)毛先舒　(清)沈人鳳參校　清順治十六年(1659)萬笈堂刻本　十二冊

320000－1605－0001411　G1297140
唐詩選不分卷　(清)□□輯　清乾隆抄本　三冊

320000－1605－0001412　G1302141
中晚唐詩叩彈集十二卷續集三卷　(清)杜詔　(清)杜庭珠集　清刻本　六冊

320000－1605－0001413　G1312141
宋詩選二十卷　(清)吴曹直　(清)儲右文輯　清康熙周子肇刻本　十冊

320000－1605－0001414　G1310141
唐詩觀瀾集二十四卷　(清)李因培選評　(清)凌應曾注　**唐人小傳一卷**　(清)□□撰　清乾隆二十四年(1759)江蘇學署刻本　八冊

320000－1605－0001415　G1315142
中州集十卷首一卷中州樂府二卷　(元)元好問集　明末毛氏汲古閣刻清吴門寒松堂印本　十冊

320000－1605－0001416　G1314142
中州集十卷首一卷中州樂府二卷　(元)元好問集　清萃古齋刻本　二十一冊

320000－1605－0001417　G1311141
宋詩百一鈔八卷　(清)張景星輯　清乾隆刻本　四冊

320000－1605－0001418　G1313142
中州集十卷首一卷中州樂府二卷　(元)元好問集　明汲古閣刻本　十冊　存十一卷(中州集十卷、首一卷)

320000－1605－0001419　G1309141
網師園唐詩箋十八卷　(清)宋宗元輯　清乾隆三十二年(1767)尚絅堂刻本　六冊

320000－1605－0001420　G1307141
唐詩别裁集十卷　(清)沈德潛　(清)陳培脈

選　清康熙五十六年(1717)碧梧書屋刻本　二册　存五卷(一至二、五至七)

320000－1605－0001421　G1308141
唐四家詩四種八卷　(清)汪立名輯　清康熙三十四年(1695)汪立名刻本　三册　存二種四卷(王右丞詩集二卷、孟襄陽詩集二卷)

320000－1605－0001422　G1306141
唐詩貫珠六十卷　(清)胡以梅輯並箋釋　清康熙五十四年(1715)素心堂刻本　十二册

320000－1605－0001423　G1318142
元詩選初集十卷首一卷二集八卷三集八卷　(清)顧嗣立輯　清康熙三十三年至五十九年(1694－1720)顧氏秀野草堂刻本　四十册

320000－1605－0001424　G1320142
國雅二十卷續四卷雜附一卷國雅品一卷　(明)顧起綸撰　明萬曆元年(1573)顧氏奇字齋刻本　十二册

320000－1605－0001425　G1319142
明詩綜選不分卷　(清)□□輯　清抄本　四册

320000－1605－0001426　G1322143
梁園風雅二十七卷　(明)趙彦復選　清康熙四十三年(1704)陸氏刻本　十册

320000－1605－0001427　G1323143
婁山范氏垂棘編不分卷補録一卷　(明)范弘嗣輯　(清)范鄗鼎續輯　清司昌齡抄本　六册

320000－1605－0001428　G1326143
皇朝貞孝節烈文編六卷　(清)汪正録　(清)王汝玉校　清道光刻本　十六册

320000－1605－0001429　G1316142
金詩善鳴集一卷　(清)陸次雲選　清康熙蓉江裒古堂刻本　二册

320000－1605－0001430　G1324143
國朝三家文鈔三十二卷　(清)宋犖　(清)許汝霖選　清康熙三十三年(1694)刻本　十册

320000－1605－0001431　G1332144
篋衍集十二卷　(清)陳維崧輯　清康熙三十六年(1697)蔣國祥刻本　四册

320000－1605－0001432　G1331144
國朝詩鈔不分卷　(清)□□編　清乾隆抄本　五册

320000－1605－0001433　G1338144
數卷書屋合存詩鈔二種四卷　(清)韓煦　(清)顧慧撰　**數卷書屋偶筆一卷**　(清)韓煦撰　清嘉慶十八年(1813)婁門韓氏刻本　一册　存二種四卷(樂㢈唫藁二卷、涵蟾唫藁二卷)

320000－1605－0001434　G1329144
欽定國朝詩别裁集三十二卷　(清)沈德潛纂評　清乾隆刻本　十册

320000－1605－0001435　G1328144
同音集五十五卷　(清)王昶　(清)許寶善選　(清)石嘉吉輯　清乾隆六十年(1795)刻嘉慶三年(1798)增刻本　四册

320000－1605－0001436　G1327144
國朝文徵四十卷　(清)吳翌鳳輯　清咸豐元年(1851)沈楙悳世美堂刻本　四十册

320000－1605－0001437　G1337144
宛鄰書屋古詩録十二卷　(清)張琦輯　清嘉慶二十年(1815)張琦宛鄰書屋刻本　四册

320000－1605－0001438　G1336144
朋舊遺詩合鈔二十二卷續鈔一卷　(清)曾燠輯　清嘉慶十年至十二年(1805－1807)賞雨茆屋刻本　十二册

320000－1605－0001439　G1335144
所知集初編十二卷二編八卷三編十二卷　(清)陳毅輯　清乾隆三十二年(1767)、三十八年(1773)、五十六年(1791)眠雲閣刻本　三册　存六卷(初編一至六)

320000－1605－0001440　G1334144
南邦黎獻集十六卷　(清)鄂爾泰輯　清雍正刻本　八册

320000－1605－0001441　G1333144

群雅集四卷　(清)李醒齋輯　清康熙二十四年至二十六年(1685－1687)五車樓刻本　八冊　存三卷(一至三)

320000－1605－0001442　G1330144
國朝詩別裁集節鈔三十二卷補遺一卷　(清)沈德潛輯　清抄本　十六冊

320000－1605－0001443　G1344145
明練音續集十卷末一卷　(清)王輔銘輯　清雍正爾雅堂刻本　六冊

320000－1605－0001444　G1343145
明人尺牘選四卷　(清)王元勳　(清)程化騄輯　清康熙四十四年(1705)刻本　四冊

320000－1605－0001445　G1342145
懷舊集十二卷續集六卷又續集一卷附女士詩録一卷　(清)吳翌鳳輯　清嘉慶十八年(1813)刻本　十冊

320000－1605－0001446　G1341144
紀事詩録不分卷　(清)華子誠輯録　清華子誠抄本　一冊

320000－1605－0001447　G1339145
蛻翁所見詩録前編感逝集十卷　(清)葉廷琯輯　清刻本　十冊

320000－1605－0001448　G1345146
姚文田唐仲冕等信札不分卷　(清)姚文田等撰　稿本　二冊

320000－1605－0001449　G1346146
蔣炳章費念慈顧文彬李鴻裔等信札不分卷　(清)蔣炳章等書　稿本　一冊

320000－1605－0001450　G1347146
名人信札不分卷　(清)費念慈等撰　稿本　一冊

320000－1605－0001451　G1351146
吳中兩布衣集二種二十卷　(清)蔣光煦輯　清道光十八年(1838)蔣氏别下齋刻本　八冊

320000－1605－0001452　G1350146
吳都文粹續集五十六卷補遺二卷　(明)錢穀編集　清末錢崇固抄本　六十二冊

320000－1605－0001453　G1352147
江蘇存古學堂課本不分卷　(清)□□編　稿本　二十四冊

320000－1605－0001454　G1363148
國朝松陵詩徵二十卷　(清)袁景輅編次　清乾隆三十二年(1767)愛唫齋刻本　八冊

320000－1605－0001455　G1353147
吳中寺觀詩不分卷　(清)□□輯　清初抄本　一冊

320000－1605－0001456　G1390150
唐風集三卷　(唐)杜荀鶴撰　清乾隆洪振珂因樹樓刻本　一冊

320000－1605－0001457　G1384150
趙子常選杜律五言註三卷　(唐)杜甫撰　(明)趙汸註　(清)查弘道補　**虞伯生選杜律七言註三卷**　(唐)杜甫撰　(元)虞集註　(清)查弘道補　清康熙查錫玉、查錫藩敦本堂刻本　六冊

320000－1605－0001458　G1355132
浩梅偶録一卷　(清)申浩梅輯　稿本　一冊

320000－1605－0001459　G1362148
松陵集十卷　(唐)陸龜蒙　(唐)皮日休撰　清初毛氏汲古閣刻本　六冊

320000－1605－0001460　G1354147
吳風二卷　(清)宋犖選評　清康熙刻本　二冊

320000－1605－0001461　G1361147
松陵集十卷　(唐)陸龜蒙　(唐)皮日休撰　清初毛氏汲古閣刻本　四冊

320000－1605－0001462　G1357147
太湖竹枝詞二卷　(清)葉承桂撰　**五湖漁莊圖題詞四卷**　(清)葉承桂輯　清咸豐三年(1853)葉鑄刻本　三冊

320000－1605－0001463　G1359147
吳江沈氏詩録十二卷　(清)沈祖禹輯　(清)沈彤校　清乾隆刻本　六冊

320000－1605－0001464　G1356137

吳縣周氏詩鈔十六種十七卷 （清）周寶生等撰　清嘉慶、道光周孝壎刻本　四冊

320000－1605－0001465　G1389150
羅昭諫集八卷 （唐）羅隱著　（清）張瓚訂録　清康熙九年（1670）張瓚刻道光四年（1824）吳墉修補本　四冊

320000－1605－0001466　G1388150
唐劉蛻集六卷 （唐）劉蛻撰　**莊列十論一卷** （宋）李元卓著　清子璞抄本　一冊

320000－1605－0001467　G1365148
青浦詩傳三十四卷 （清）王昶輯　清乾隆五十九年（1794）經訓堂刻本　六冊

320000－1605－0001468　G1364148
粵西叢載三十卷 （清）汪森編輯　清康熙刻本　十六冊

320000－1605－0001469　G1368148
新安文獻志一百卷先賢事畧二卷目録二卷 （明）程敏政輯　明萬曆四十二年（1614）新安郡署刻本　三十二冊

320000－1605－0001470　G1367148
金華詩録六十卷外集四卷別集四卷書後一卷 （清）朱琰輯　清乾隆三十八年（1773）金華府學刻本　二十冊

320000－1605－0001471　G1369149
國朝詩不分卷 （清）郭鳳輯　清嘉慶郭鳳抄本　四冊

320000－1605－0001472　G1366148
續甬上耆舊詩七十九卷 （清）全祖望原選　清末抄本　二十三冊

320000－1605－0001473　G1373149
漢丞相諸葛忠武侯集二十一卷 （三國蜀）諸葛亮撰　（明）諸葛羲基輯　清嘉慶刻道藏輯要本　十二冊

320000－1605－0001474　G1374149
陶詩本義四卷 （晉）陶潛撰　（清）馬璞輯注　（清）邵晉涵　（清）吳肇元校訂　清乾隆三十五年（1770）吳肇元與善堂刻本　二冊

320000－1605－0001475　G1372149
蔡中郎集十二卷附録一卷 （漢）蔡邕著　（明）張燮纂　明天啓刻本　六冊

320000－1605－0001476　G1371149
楚辭八卷 （宋）朱熹集註　（清）蔣之翹評校　**辨證二卷後語八卷** （宋）朱熹撰輯　明天啓六年（1626）刻本　四冊

320000－1605－0001477　G1377149
鼎鐫施會元釋評注唐駱賓王狐白三卷 （唐）駱賓王撰　（明）施鳳來評註　明萬曆元年（1573）余泰垣自新齋刻本　三冊

320000－1605－0001478　G1375149
陶詩集注四卷 （晉）陶潛撰　（清）詹夔錫纂輯　**東坡和陶詩一卷** （宋）蘇軾撰　清康熙詹氏寶墨堂刻宛委堂印本　四冊

320000－1605－0001479　G1376149
庾子山集十六卷年譜一卷總釋一卷 （北周）庾信撰　（清）倪璠註釋　清康熙二十六年（1687）崇岫堂刻本　八冊

320000－1605－0001480　G1378150
朱文公校昌黎先生文集四十卷外集十卷遺文一卷傳一卷 （唐）韓愈撰　（宋）朱熹考異　明萬曆三十三年（1605）朱吾弼、朱崇沐刻本　八冊　存二十六卷（文集一至二十六）

320000－1605－0001481　G1379150
朱文公校昌黎先生文集四十卷外集十卷遺文一卷傳一卷 （唐）韓愈撰　（宋）朱熹考異　（明）朱吾弼重編　明萬曆三十三年（1605）朱吾弼、朱崇沐刻本　八冊

320000－1605－0001482　G1370149
國朝山左詩鈔六十卷 （清）盧見曾撰　清乾隆十三年（1748）雅雨堂刻本　四十八冊

320000－1605－0001483　G1387150
王右丞集二十八卷首一卷末一卷 （唐）王維撰　（清）趙殿成箋注　清乾隆二年（1737）刻本　十冊

320000－1605－0001484　G1381150

昌黎詩鈔八卷　(唐)韓愈撰　清雍正姚培謙遂安堂刻本　四册

320000－1605－0001485　G1386150
唐王右丞詩集六卷　(唐)王維撰　(明)顧可久注　明萬曆十八年(1590)吴氏漱玉齋刻本　一册　存三卷(四至六)

320000－1605－0001486　G1383150
杜詩提要十四卷　(唐)杜甫撰　(清)吴瞻泰評選　清乾隆羅挺刻本　十二册

320000－1605－0001487　G1385150
邵二泉先生分類集註杜詩二十三卷　(明)邵寶集註　(明)過棟箋　(清)王元弼重訂　清康熙沈廷植慎餘齋刻本　十册

320000－1605－0001488　G1382150
知本堂讀杜詩二十四卷　(唐)杜甫撰　(清)汪灝讀　清康熙四十三年(1704)汪氏知本堂刻本　十六册

320000－1605－0001489　G1380150
韓子萃言不分卷　(唐)韓愈撰　(清)李光地選　清康熙刻本　四册

320000－1605－0001490　G1392150
韋蘇州集十卷　(唐)韋應物撰　清康熙項氏玉淵堂刻本　二册

320000－1605－0001491　G1396150
唐英歌詩三卷　(唐)吴融撰　清乾隆洪振珂刻本　一册

320000－1605－0001492　G1397150
薛濤詩一卷田洙遇薛濤聯句一卷　(唐)薛濤撰　清抄本　一册

320000－1605－0001493　G1395150
歌詩編四卷集外詩一卷　(唐)李賀撰　清刻本　二册

320000－1605－0001494　G1394150
昌谷集四卷　(唐)李賀撰　(明)曾益釋　明末刻本　二册

320000－1605－0001495　G1399150
宋大家曾文定公文抄十卷　(宋)曾鞏撰　(明)茅坤批評　明茅一桂刻本　二册

320000－1605－0001496　G1400150
鉅鹿東觀集十卷附録一卷補遺一卷　(宋)魏野撰　清宣統三年(1911)趙詒琛刻本　一册

320000－1605－0001497　G1398150
鐔津文集十九卷　(宋)釋契嵩撰　**首一卷**　(宋)陳舜俞撰　明萬曆三十四年至三十五年(1606－1607)刻本　四册

320000－1605－0001498　G1406151
莊簡集十六卷　(宋)李光撰　清抄本　四册

320000－1605－0001499　G1407151
韋齋集十二卷　(宋)朱松撰　(清)程塏訂
玉瀾集一卷　(宋)朱槔撰　(清)程塏訂　清康熙四十七年(1708)程塏刻本　四册

320000－1605－0001500　G1408151
吴郡樂圃朱先生餘藳十卷樂圃餘藳附編一卷補遺一卷　(宋)朱長文撰　(宋)朱思輯　清康熙五十一年(1712)朱岳壽刻本　一册

320000－1605－0001501　G1405151
宋李忠定公奏議選十五卷文集選二十九卷首四卷　(宋)李綱撰　(明)左光斗等輯　明崇禎刻清康熙重修本　十二册

320000－1605－0001502　G1403151
石門文字禪三十卷　(宋)釋德洪撰　(宋)釋覺慈編録　明萬曆二十五年(1597)刻本　六册

320000－1605－0001503　G1402151
宋大家王文公文抄十六卷　(宋)王安石撰　(明)茅坤批評　明崇禎四年(1631)茅著刻本　四册

320000－1605－0001504　G1404151
雲溪居士集三十卷附録一卷　(宋)華鎮撰　清抄本　十册

320000－1605－0001505　G1409151
宋孫仲益内簡尺牘十卷首一卷　(宋)孫覿撰　(宋)李祖堯編注　(清)蔡焯　(清)蔡龍孫增訂　清乾隆蔡焯等刻本　八册

320000－1605－0001506　G1411151
朱子古文讀本六卷　（宋）朱熹撰　（清）周大璋編次　清康熙五十六年（1717）刻本　八册

320000－1605－0001507　G1410151
晦庵先生朱文公集一百卷續五卷別集七卷　（宋）朱熹撰　（清）蔡方炳　（清）臧眉錫訂　清康熙二十七年（1688）刻本　四十册

320000－1605－0001508　G1414152
宋儒文肅公黄勉齋先生文集四十卷　（宋）黄幹撰　清康熙四十三年（1704）黄鉞刻本　二十册

320000－1605－0001509　G1415152
蒙齋集二十卷　（宋）袁甫撰　清福建刻本　八册

320000－1605－0001510　G1412152
渭南文集五十卷劍南詩稿八十五卷放翁逸稿二卷南唐書十八卷南唐書音釋一卷家世舊聞一卷齋居紀事一卷　（宋）陸游撰　明末汲古閣刻本　四十八册

320000－1605－0001511　G1413152
燭湖集二十卷附編二卷　（宋）孫應時撰　清嘉慶八年（1803）刻本　十二册

320000－1605－0001512　G1424153
蘇東坡先生詩集注三十二卷　（宋）蘇軾撰　題（宋）王十朋纂輯　（清）朱從延重校　**東坡先生［蘇軾］年譜一卷**　（宋）王宗稷撰　清康熙三十七年（1698）朱從延刻本　十四册

320000－1605－0001513　G1422153
林和靖先生詩集四卷省心録一卷林集詩話一卷　（宋）林逋撰　清康熙四十七年（1708）吳調元刻本　二册

320000－1605－0001514　G1420153
剪綃集二卷　（宋）李龏集　明毛氏汲古閣刻本　一册

320000－1605－0001515　G1421153
仁山金先生文集三卷　（宋）金履祥著　清抄本　三册

320000－1605－0001516　G1423153
山谷詩内集詩註二十卷　（宋）黄庭堅撰　（宋）任淵註　**山谷外集詩註十七卷**　（宋）黄庭堅撰　（宋）史容註　**山谷詩別集註二卷**　（宋）黄庭堅撰　（宋）史季溫註　**山谷詩外集補四卷別集補一卷**　（宋）黄庭堅撰　**重刻山谷先生［黄庭堅］年譜十四卷**　（宋）黄罃撰　清乾隆五十四年（1789）謝氏樹經堂刻本　二十册

320000－1605－0001517　G1418152
翠微南征録十一卷　（宋）華岳撰　清康熙抄本　四册　存十卷（二至十一）

320000－1605－0001518　G1416152
蛟峰集七卷蛟峰外集三卷　（宋）方逢辰撰　**附山房先生遺文一卷外集一卷**　（宋）方逢振撰　清抄本　四册

320000－1605－0001519　G1417152
晞髮集十卷遺集二卷補一卷　（宋）謝翺撰　**天地間集一卷**　（宋）謝翺輯　**登西臺慟哭記註一卷冬青樹引註一卷**　（宋）謝翺撰　（元）張丁注　清康熙四十一年至四十二年（1702－1703）陸大業刻本　八册

320000－1605－0001520　G1425153
施註蘇詩四十二卷總目二卷蘇詩續補遺二卷續補遺總目一卷　（宋）蘇軾撰　（宋）施元之　（宋）顧禧註　（清）邵長蘅　（清）顧嗣立　（清）宋至删補　**東坡先生墓誌銘一卷**　（宋）蘇轍撰　**東坡先生［蘇軾］年譜一卷**　（宋）王宗稷撰　清康熙三十八年（1699）宋氏刻本　二十册

320000－1605－0001521　G1427153
范石湖詩集二十卷　（宋）范成大撰　（清）黄昌衢參訂　（清）袁啓旭校閲　清康熙二十七年（1688）黄昌衢刻本　八册

320000－1605－0001522　G1429153
范石湖詩集注三卷　（宋）范成大撰　（清）沈欽韓注　清光緒潘氏刻本　四册

320000－1605－0001523　G1428153
石湖居士詩集三十四卷　（宋）范成大撰

（清）顧嗣立等重訂　清康熙二十七年（1688）顧氏依園刻本　八冊

320000－1605－0001524　G1430153
陸放翁劍南詩選六卷　（宋）陸游撰　（清）朱陵選定　清康熙二十五年（1686）刻本　六冊

320000－1605－0001525　G1432153
後邨居士詩二十卷　（宋）劉克莊撰　（清）姚培謙校訂　清康熙五十九年（1720）姚氏遂安堂刻本　八冊

320000－1605－0001526　G1431153
白石道人詩集二卷集外詩一卷附録諸賢酬贈詩一卷詩説一卷白石道人歌曲四卷别集一卷　（宋）姜夔撰　清抄本　二冊

320000－1605－0001527　G1433154
梅花字字香前集一卷後集一卷　（元）郭豫亨撰　清抄本　一冊

320000－1605－0001528　G1435154
清閟閣全集十二卷　（元）倪瓚著　（清）曹培廉校　清康熙五十二年（1713）曹培廉城書室刻本　四冊

320000－1605－0001529　G1432154
遺山先生詩集二十卷　（元）元好問撰　明末毛氏汲古閣刻本　六冊

320000－1605－0001530　G1434154
清閟閣全集十二卷　（元）倪瓚著　（清）曹培廉校　清刻本　八冊

320000－1605－0001531　G1426153
潁濱先生詩集傳十九卷　（宋）蘇轍撰　明萬曆二十五年（1597）金陵畢氏刻兩蘇經解本　八冊

320000－1605－0001532　G1444154
歸田稿八卷年譜一卷　（明）謝遷撰　（清）謝鍾和輯　清康熙二十六年（1687）謝鍾和刻本　八冊

320000－1605－0001533　G1445154
方簡肅公文集十卷附録一卷　（明）方良永撰　（明）鄭茂校編　明萬曆八年（1580）方攸績刻本　二冊　存四卷（一至四）

320000－1605－0001534　G1442154
陳定宇先生文集十六卷别集一卷　（元）陳櫟撰　清康熙三十五年（1696）陳嘉基刻本　十四冊

320000－1605－0001535　G1441154
霞外詩集十卷　（元）馬臻撰　明末毛氏汲古閣刻元人集本　二冊

320000－1605－0001536　G1440154
趙文敏公松雪齋全集十卷外集一卷續集一卷　（元）趙孟頫撰　（清）曹培廉校　清康熙五十二年（1713）曹培廉城書室刻本　四冊

320000－1605－0001537　G1439154
野趣有聲畫二卷　（元）楊公遠撰　清抄本　一冊

320000－1605－0001538　G1438154
郝文忠公陵川文集三十九卷附録一卷　（元）郝經撰　（清）王鏐編訂　清乾隆三年（1738）刻嘉慶三年（1798）張大紱印本　十冊

320000－1605－0001539　G1453155
蒼谷全集十二卷附録一卷　（明）王尚絅撰　清乾隆二十三年（1758）王純刻本　六冊

320000－1605－0001540　G1437154
鐵崖先生古樂府十卷　（元）楊維楨撰　（元）吴復類編　明末毛氏汲古閣刻本　六冊

320000－1605－0001541　G1452155
王遵巖集十卷　（明）王慎中撰　（清）張汝瑚選　清康熙二十一年（1682）刻本　六冊

320000－1605－0001542　G1450155
青霞沈公遺集十六卷　（明）沈錬著　清康熙沈澄刻本　八冊

320000－1605－0001543　G1451155
甫田集三十六卷　（明）文徵明撰　明刻清文然重修本　八冊

320000－1605－0001544　G1448154
康對山先生文集十卷附録一卷　（明）康海撰　（清）孫景烈選次　清乾隆二十六年（1761）

武功縣刻本　五冊

320000－1605－0001545　G1447154
柴墟尺牘三卷　(明)儲巏著　(清)夏荃輯　清末抄本　二冊

320000－1605－0001546　G1449154
張龍湖先生文集十五卷　(明)張治撰　清雍正四年(1726)彭思眷刻本　八冊

320000－1605－0001547　G1446154
空同先生集六十三卷　(明)李夢陽撰　明萬曆七年(1579)徐應瑞思山堂刻本　十冊　存三十四卷(一至三十四)

320000－1605－0001548　G1454155
蠛蠓集五卷　(明)盧柟著　(明)孟華平校　明萬曆三十年(1602)張其忠刻清乾隆十年(1745)、同治四年(1865)遞修本　六冊

320000－1605－0001549　G1458155
重刊荆川先生文集十七卷外集三卷附録一卷　(明)唐順之撰　明萬曆元年(1573)刻本　六冊

320000－1605－0001550　G1461156
明聶雙江先生文集十四卷　(明)聶豹撰　(明)徐階輯　清康熙四十年(1701)刻本　二十六冊

320000－1605－0001551　G1460155
快雪堂集六十四卷　(明)馮夢楨撰　明萬曆四十四年(1616)黄汝亨、朱之蕃等刻本　八冊　存二十七卷(三十二至五十八)

320000－1605－0001552　G1457155
讀書後八卷　(明)王世貞撰　(清)顧朝泰校　清乾隆二十七年(1762)天隨堂刻本　四冊

320000－1605－0001553　G1455155
海石先生文集二十九卷附録一卷目録二卷　(明)錢薇撰　(明)嚴從簡纂集　(明)許聞造校正　明萬曆四十一年至四十二年(1613－1614)錢端映刻清錢燔、錢焞增刻本　二十冊

320000－1605－0001554　G1459155
睡庵稿二十五卷　(明)湯賓尹撰　明萬曆刻本　十冊

320000－1605－0001555　G1467156
鬱儀樓集五十四卷　(明)鄒迪光撰　明萬曆刻本　六冊　存二十五卷(一至二十五)

320000－1605－0001556　G1468156
陶庵遺稿三卷劄記二卷續稿一卷　(明)歸子慕撰　(明)顧紹芾選校　清宣統歸曾祁壽與讀書室抄本　一冊

320000－1605－0001557　G1462156
高季迪姑蘇禖詠二卷　(明)高啟撰　(明)衛拱宸輯　明刻本　一冊

320000－1605－0001558　G1470156
梅花什一卷　(明)陸承憲　(明)王穉登撰　清末抄本　一冊

320000－1605－0001559　G1466156
來禽館集二十九卷　(明)邢侗撰　明萬曆四十六年(1618)刻清康熙十九年(1680)鄭雍重修本　十二冊

320000－1605－0001560　G1463156
青邱高季迪先生詩集十八卷遺詩一卷扣舷集一卷鳧藻集五卷附録一卷年譜一卷　(明)高啟撰　(清)金檀輯註　清雍正六年(1728)金檀文瑞樓刻本　九冊　存二十卷(詩集八至十八、遺詩一卷、扣舷集一卷、鳧藻集五卷、附録一卷、年譜一卷)

320000－1605－0001561　G1464156
鯤溟先生詩集四卷奏議一卷　(明)郭諫臣著　清康熙五十二年(1713)郭鸞刻本　四冊

320000－1605－0001562　G1471156
賜閒堂集四十卷　(明)申時行撰　(明)申用嘉　(明)申用懋校　明萬曆刻本　二十冊　存二十卷(一至二十)

320000－1605－0001563　G1482157
翠娛閣評選陳明卿先生小品二卷　(明)陳仁錫撰　(明)陸雲龍選　(明)陳嘉兆評　明崇禎六年(1633)陸雲龍刻本　二冊

320000－1605－0001564　G1476157

史道鄰先生遺稿三卷 (明)史可法撰 (清)張純修輯 清康熙刻本 二册

320000－1605－0001565 G1477157
鄺海雪集箋十二卷 (明)鄺露撰 (清)鄺廷瑤箋 清咸豐元年(1851)鄺廷瑤刻本 四册

320000－1605－0001566 G1478157
景行録一卷 (明)王象晉撰 清康熙抄本 一册

320000－1605－0001567 G1480157
返生香一卷疏香閣附集一卷 (明)葉小鸞撰 **竊聞一卷續竊聞一卷** (明)葉紹袁撰 清光緒二十二年(1896)葉氏刻本 二册

320000－1605－0001568 G1479157
梅花草堂集二種十一卷 (清)張大復撰 (清)汪仲鵬補訂 明崇禎刻清雍正二年(1724)汪氏補修本 十册

320000－1605－0001569 G1485157
壯悔堂文集十卷遺稿一卷四憶堂詩集六卷遺稿一卷 (清)侯方域撰 (清)賈開宗等選註 **年譜一卷** (清)侯洵輯 清光緒六年(1880)抄本 三册

320000－1605－0001570 G1473156
玉茗堂集三十卷 (明)湯顯祖著 (明)沈際飛選 明崇禎刻本 六册 存七卷(文集一至七)

320000－1605－0001571 G1474156
臨川湯若士先生玉茗堂尺牘六卷 (明)湯顯祖撰 (明)沈何山點正 明萬曆四十六年(1618)湯開遠刻本 三册 存三卷(一至三)

320000－1605－0001572 G1481157
未學庵詩集四種十卷集外詩一卷附録一卷 (明)錢謙貞撰 (明)錢龍惕輯 清抄本 五册

320000－1605－0001573 G1486157
牧齋初學集詩註二十卷 (清)錢謙益撰 (清)錢曾註 清康熙抄本 四册

320000－1605－0001574 G1491157
澄江集七卷 (清)陸次雲著 (清)宋實穎 (清)蔡方炳選 清康熙刻本 二册

320000－1605－0001575 G1490157
舟車集二十卷 (清)陶季撰 清康熙刻本 四册 存九卷(一至九)

320000－1605－0001576 G1492157
雲錦齋詩鈔八卷 (清)沈謙著 (清)金永昌校 清乾隆三十年(1765)金永昌刻本 四册

320000－1605－0001577 G1487157
張湘琴詩稿二卷 (清)張蘭著 清乾隆三十三年(1768)吳俊刻本 一册

320000－1605－0001578 G1489157
微泉閣文集十六卷 (清)董文驥著 (清)董元愷訂 (清)董元起較 清康熙二十六年(1687)董元起刻本 十六册

320000－1605－0001579 G1488157
獨善堂文集八卷 (清)王大經著 (清)周右編 清嘉慶二十二年(1817)春暉堂刻本 八册

320000－1605－0001580 G1493157
馮氏小集三卷遊仙詩二卷鈍吟集三卷鈍吟别集一卷鈍吟餘集一卷鈍吟老人集外詩一卷鈍吟老人文稿一卷 (清)馮班撰 清初汲古閣刻康熙陸貽典增補本 四册

320000－1605－0001581 G1497158
石樵詩稿十二卷 (清)嚴允肇撰 清康熙刻本 一册

320000－1605－0001582 G1496158
尺五堂詩删初刻六卷近刻四卷 (清)嚴我斯著 清康熙刻本 二册

320000－1605－0001583 G1495158
抱犢山房集六卷敘畧一卷 (清)嵇永仁著 清雍正刻本 八册

320000－1605－0001584 G1494158
改亭文集十六卷詩集六卷 (清)計東著 清乾隆計瓆刻本 十册

320000－1605－0001585 G1501158

葉忠節公遺藁十三卷　(清)葉映榴撰　(清)葉芳等編輯　清康熙刻本　八冊

320000－1605－0001586　G1499158
大觀堂文集二十二卷首一卷　(清)余縉著　清康熙刻本　六冊

320000－1605－0001587　G1500158
堯峰文鈔四十卷詩十卷　(清)汪琬撰　(清)林佶編　清康熙三十二年(1693)林佶刻本　十六冊

320000－1605－0001588　G1498158
堅瓠七集二卷　(清)褚人穫纂輯　清乾隆抄本　二冊

320000－1605－0001589　G1503158
清吟堂集九卷神功聖德詩一卷隨輦集十卷苑西集十二卷扈從東巡日録二卷皇帝平漠北頌一卷　(清)高士奇撰　清康熙朗潤堂刻本　六冊

320000－1605－0001590　G1502158
蓮洋集二十卷附録一卷　(清)吳雯撰　(清)張體乾校　**年譜一卷**　(清)翁方綱編　清乾隆三十九年(1774)刻本　八冊

320000－1605－0001591　G1508158
騰笑集八卷　(清)朱彝尊撰　清康熙二十五年(1686)朱彝尊曝書亭刻本　四冊

320000－1605－0001592　G1504158
正誼堂文集不分卷詩集二十卷蓉渡詞三卷　(清)董以寧撰　(清)宋犖　(清)湯斌　(清)王士禛選　清康熙刻本　八冊

320000－1605－0001593　G1506158
新又堂詩不分卷　(清)趙吉士撰　(清)朱彝尊　(清)徐嘉炎閱　清康熙刻本　六冊

320000－1605－0001594　G1512159
復園詩鈔八卷　(清)龔士薦撰　(清)趙侗斅編　清康熙五十六年(1717)趙侗斅刻本　二冊

320000－1605－0001595　G1505158
城北集八卷隨輦集十卷隨輦續集一卷歸田集十四卷獨旦集八卷竹窗詞一卷蔬香詞一卷扈從東巡日録二卷附録一卷扈從西巡日録一卷　(清)高士奇撰　清康熙刻本　九冊

320000－1605－0001596　G1507158
南車草一卷薇堂和章一卷　(清)朱彝尊撰　清嘉慶二十三年(1818)刻本　一冊

320000－1605－0001597　G1511159
午亭文編五十卷　(清)陳廷敬撰　(清)林佶輯　清康熙四十七年(1708)刻乾隆四十三年(1778)印本　十六冊

320000－1605－0001598　G1510159
潛虛先生文集十四卷災異記一卷　(清)戴名世撰　**年譜一卷**　(□)□□撰　清末抄本　十冊

320000－1605－0001599　G1522160
匠門書屋文集三十卷　(清)張大受撰　清雍正八年(1730)顧詒祿刻本　六冊

320000－1605－0001600　G1517159
賜硯齋詩存四卷首一卷　(清)沈涵撰　清乾隆二十二年(1757)沈柱臣刻本　六冊

320000－1605－0001601　G1516159
綿津山人詩集三十一卷楓香詞一卷漫堂説詩一卷筠廊偶筆二卷怪石贊一卷　(清)宋犖撰　**雪堂墨品一卷**　(清)張仁熙撰　**緯蕭草堂詩三卷**　(清)宋至撰　清康熙刻本　六冊

320000－1605－0001602　G1514159
漁洋山人精華録十卷　(清)王士禛撰　(清)林佶編　清康熙三十九年(1700)林佶刻本　六冊

320000－1605－0001603　G1513159
漁洋山人精華録箋注十二卷補一卷年譜一卷　(清)王士禛撰　(清)金榮箋注　(清)徐淮纂輯　清乾隆鳳翽堂刻本　六冊

320000－1605－0001604　G1518159
玉屏山樵吟四卷東遊草一卷補遺一卷　(清)陸師著　**陸雲巢先生驗封礦洞紀略一卷行狀一卷附録一卷**　(清)孫自務編次　清乾隆八

年(1743)馬長淑等刻本　四冊

320000－1605－0001605　G1515159
宋氏綿津詩鈔八卷　(清)宋犖撰　清康熙三十四年(1695)刻本　四冊

320000－1605－0001606　G1521159
匠門書屋文集三十卷　(清)張大受撰　清雍正八年(1730)顧詒祿刻本　八冊

320000－1605－0001607　G1520159
笠亭詩鈔不分卷　(清)□□撰　稿本　二冊

320000－1605－0001608　G1519159－1
秋錦山房集十卷　(清)李良年撰　(清)李潮偕編　清康熙三十五年(1696)李潮偕刻本　六冊

320000－1605－0001609　G1519159－2
秋錦山房外集三卷　(清)李良年撰　(清)李旦華編錄　清乾隆李菊房刻本　一冊

320000－1605－0001610　G1532160
奉使琉球詩三卷附詞一卷附文一卷　(清)徐葆光撰　清雍正刻本　三冊

320000－1605－0001611　G1531160
詠物詩四卷　(清)趙丕烈撰　清乾隆刻本　二冊

320000－1605－0001612　G1530160
崇雅堂藁八卷　(清)王植撰　清乾隆二十四年(1759)刻本　八冊

320000－1605－0001613　G1533160
乙未亭詩六卷　(清)徐昂發撰　清康熙刻本　一冊　存三卷(一至三)

320000－1605－0001614　G1529160
橘巢小藁四卷　(清)王世琛撰　清乾隆二十三年(1758)刻本　一冊

320000－1605－0001615　G1528160
蘭陔詩集□□卷　(清)鄭王臣著　清乾隆刻本　一冊　存二卷(燕中懷古詩一卷、香艸草一卷)

320000－1605－0001616　G1527160
退畊堂藁一卷　(清)釋佛海撰　清乾隆刻本　一冊

320000－1605－0001617　G1526160
竹窻雜咏四卷　(清)魏德求著　清乾隆六年(1741)魏茂穎刻本　二冊

320000－1605－0001618　G1523160
青滋山房詩選不分卷附莊論七篇不分卷　(清)劉震撰　清雍正抄本　三冊

320000－1605－0001619　G1524160
陽山草堂詩集十卷　(清)陳炳撰　清雍正九年(1731)陳進刻本　四冊　存九卷(一至九)

320000－1605－0001620　G1525160
綠筠書屋遺詩一卷　(清)金衡撰　清乾隆元年(1736)刻本　一冊

320000－1605－0001621　G1535160
滄洲近詩十卷　(清)陳鵬年著　清乾隆陳樹芝刻本　十冊

320000－1605－0001622　G1536160
此木軒詩鈔八卷　(清)焦袁熹著　清乾隆刻本　四冊

320000－1605－0001623　G1534160
長吟閣詩集十卷　(清)黄子雲撰　清乾隆十二年(1747)刻本　五冊

320000－1605－0001624　G1537160
敬業堂詩集四十八卷　(清)查慎行撰　清康熙五十八年(1719)刻本　十冊

320000－1605－0001625　G1540160
查浦詩鈔十二卷　(清)查嗣瑮撰　清乾隆刻本　六冊

320000－1605－0001626　G1538160
觀樹堂集八種十六卷　(清)朱樟撰　清乾隆刻本　二十冊

320000－1605－0001627　G1539160
查浦輯聞二卷　(清)查嗣瑮輯　清雍正刻本　四冊

320000－1605－0001628　G1551161

蔗塘外集八卷 （清）查為仁撰　清乾隆刻本　二冊

320000－1605－0001629　G1550161

香屑集十八卷首一卷末一卷 （清）黄之雋撰　（清）陳邦直校注　清雍正十二年（1734）陳邦直刻本　八冊

320000－1605－0001630　G1545161

鐵甕集文集二卷詩集五卷毛詩纂詠一卷馬肝集一卷 （清）李應熙撰　（清）盛樂等編次　清乾隆京都董園刻本　四冊

320000－1605－0001631　G1544161

廣輿吟稿六卷附編一卷 （清）宋思仁撰　清乾隆四十一年（1776）刻增補本　四冊

320000－1605－0001632　G1543161

秋水齋詩十五卷 （清）張映斗撰　清乾隆十八年（1753）張守約、張守愚刻本　二冊

320000－1605－0001633　G1542161

蔗尾詩集十三卷 （清）鄭方坤撰　清乾隆刻本　四冊

320000－1605－0001634　G1546161

洗桐軒文集九卷 （清）顧陳垿著　清乾隆刻本　八冊

320000－1605－0001635　G1547161

横山初集十六卷胡二齋先生評選横山初集一卷 （清）裘璉著　清康熙刻本　四冊

320000－1605－0001636　G1549161

道腴堂詩編二十卷 （清）鮑鉁撰　清雍正、乾隆刻本　八冊

320000－1605－0001637　G1548161

唐堂集五十卷續集八卷補遺二卷附刻冬録一卷 （清）黄之雋撰　清乾隆刻本　十二冊

320000－1605－0001638　G1552161

北墅緒言五卷 （清）陸次雲撰　（清）高士奇　（清）汪霦評　清康熙二十五年（1686）刻本　五冊

320000－1605－0001639　G1559161

竹嘯軒詩鈔十八卷 （清）沈德潛撰　清雍正刻本　二冊

320000－1605－0001640　G1560161

歸愚文鈔十二卷文續十二卷自訂年譜一卷 （清）沈德潛撰　**八秩壽詩一卷九秩壽詩一卷** （清）史貽直等撰　清乾隆刻本　九冊

320000－1605－0001641　G1556161

丁辛老屋集二十卷 （清）王又曾撰　清乾隆四十一年（1776）曹自鋆刻本　六冊

320000－1605－0001642　G1553161

硯谿先生詩集六種七卷 （清）惠周惕撰　清末蒲香簃抄本　四冊

320000－1605－0001643　G1554161

宋荔裳詩鈔不分卷 （清）宋琬撰　清乾隆抄本　一冊

320000－1605－0001644　G1555161

五家詩鈔五種五卷 （清）徐永宣等撰　清抄本　一冊

320000－1605－0001645　G1557161

一樓集二十卷續刻十卷再續刻二卷 （清）黄達撰　清乾隆刻乾隆增修本　十四冊

320000－1605－0001646　G1558161

歸愚文續十二卷 （清）沈德潛撰　（清）厲鶚評點　清乾隆刻本　十冊

320000－1605－0001647　G1570162

西原草堂文集四卷 （清）將恭棐撰　清乾隆刻本　四冊

320000－1605－0001648　G1569162

在亭叢稾十二卷 （清）李果撰　清乾隆十年（1745）刻本　十冊

320000－1605－0001649　G1568162

詠歸亭詩鈔八卷 （清）李果撰　清乾隆十八年（1753）刻本　四冊

320000－1605－0001650　G1566162

青嶁遺稿二卷 （清）盛錦著　（清）沈德潛評　清乾隆二十四年（1759）章日照刻本　二冊

320000－1605－0001651　G1567162

青嶁詩鈔二集四卷 （清）盛錦著 （清）沈德潛選 清抄本 二冊

320000－1605－0001652 G1565162
青嶁續集二卷 （清）盛錦著 **題詞一卷題詞補遺一卷** （清）沈德潛等撰 清嘉慶二十一年（1816）周孝壎刻本 二冊

320000－1605－0001653 G1564162
重輯梅友先生詩集七卷 （清）葉松著 （清）沈德潛選 清乾隆五年（1740）葉仁鑑琴德堂刻本 四冊

320000－1605－0001654 G1563162
畏壘山人詩十卷 （清）徐昂發撰 清道光十年（1830）木活字印本 四冊

320000－1605－0001655 G1561162
西陂類稿五十卷 （清）宋犖撰 （清）周龍藻 （清）宋之犖輯 清康熙毛扆、宋懷金、高岑刻本 二十四冊

320000－1605－0001656 G1562162
綿津山人詩集二十六卷楓香詞一卷筠廊偶筆二卷怪石贊一卷漫堂墨品一卷 （清）宋犖撰 **雪堂墨品一卷** （清）張仁熙撰 **緯蕭草堂詩三卷** （清）宋至撰 清康熙刻本 十二冊

320000－1605－0001657 G1574162
香葉草堂詩存一卷 （清）羅聘撰 清希任齋抄本 一冊

320000－1605－0001658 G1577162
焚餘詩草二卷附賦一卷 （清）顧林著 （清）張允升閱 清乾隆三十六年（1771）刻本 一冊

320000－1605－0001659 G1573162
竹素園詩鈔八卷 （清）許廷鑅撰 清乾隆二十七年（1762）甫里錫玉堂刻本 四冊

320000－1605－0001660 G1571162
六峰閣詩稾四卷 （清）朱稻孫撰 清康熙刻本 一冊

320000－1605－0001661 G1572162
既耕堂詩集二卷 （清）秦嘉銓著 清乾隆二十六年（1761）秦直方、秦義方刻本 二冊

320000－1605－0001662 G1575162
海門初集九卷首一卷 （清）鮑皋撰 （清）尹嘉銓選 清乾隆健餘堂刻本 四冊

320000－1605－0001663 G1578162
紫竹山房詩集十二卷文集二十卷 （清）陳兆崙著 **年譜一卷** （清）陳玉繩編次 清嘉慶陳桂生刻本 十冊

320000－1605－0001664 G1576162
四知堂文集三十六卷 （清）楊錫紱撰 清嘉慶十年（1805）刻本 十六冊

320000－1605－0001665 G1590163
自怡詩鈔不分卷 （清）張祖泰撰 清乾隆五十四年（1789）刻本 一冊

320000－1605－0001666 G1589163
後甲集二卷 （清）章大來撰 清康熙五十六年（1717）刻本 二冊

320000－1605－0001667 G1585163
舒溪吟草一卷香圃吟一卷 （清）朱澄撰 清乾隆刻本 一冊

320000－1605－0001668 G1586163
青湄遺稿三卷 （清）顧瑩撰 清乾隆刻本 一冊

320000－1605－0001669 G1587163
沈清瑞集三卷 （清）沈清瑞撰 清抄本 三冊

320000－1605－0001670 G1584163
迂齋學古編四卷 （清）法坤宏撰 清乾隆三十九年（1774）刻本 四冊

320000－1605－0001671 G1583163
寓意集二卷吟秋集四卷吟後集四卷濠梁集一卷 （清）夏一理撰 清乾隆抄本 二冊

320000－1605－0001672 G1582163
戴東原集十二卷 （清）戴震撰 **覆校劄記一卷** （清）段玉裁撰 清乾隆五十七年（1792）臧鏞堂、顧明刻本 三冊

320000－1605－0001673　G1581163

息舫合刻不分卷　(清)金輅等撰　(清)王鳴盛鑒定　(清)徐柱等選　清乾隆三十九年(1774)徐桂榮刻本　二册

320000－1605－0001674　G1580163

吴門遊草二卷　(清)秦儀撰　(清)程琰選　清乾隆三十八年(1773)刻本　二册

320000－1605－0001675　G1579163

道古堂外集二十六卷　(清)杭世駿撰　清乾隆五十三年(1788)刻本　十二册

320000－1605－0001676　G1588163

銅鼓書堂遺稿三十二卷　(清)查禮撰　清乾隆五十三年(1788)查淳刻本　四册

320000－1605－0001677　G1596163

長青閣詩鈔不分卷　(清)周寶生撰　清乾隆六十年(1795)刻本　一册

320000－1605－0001678　G1592163

吹萬閣文鈔六卷　(清)顧詒禄撰　清乾隆刻本　四册

320000－1605－0001679　G1595163

補瓢存稿六卷　(清)韓騏撰　清乾隆二十三年(1758)韓鍵、韓是升刻本　二册

320000－1605－0001680　G1600163

悦亭詩稿初集二卷　(清)李豫撰　清乾隆二十年(1755)自刻本　四册

320000－1605－0001681　G1591163

借園吟稿四卷　(清)劉錫五撰　清乾隆五十八年(1793)自刻本　二册

320000－1605－0001682　G1593163

凌雪軒詩六卷　(清)徐夔撰　清乾隆九年(1744)家刻本　二册

320000－1605－0001683　G1599163

敬業堂詩集五十卷　(清)查慎行撰　清康熙五十八年(1719)刻雍正增刻本　十册

320000－1605－0001684　G1612164

理堂文集十卷外集一卷附一卷詩集四卷日記八卷　(清)韓夢周撰　清道光三年至四年(1823－1824)刻本　九册

320000－1605－0001685　G1601163

歸愚詩鈔二十卷詩鈔餘集十卷詩餘一卷文鈔二十卷文鈔餘集八卷矢音集四卷説詩晬語二卷浙江通省志圖説一卷自訂年譜一卷　(清)沈德潛撰　清乾隆教忠堂刻本(詩鈔卷十二至十五、矢音集四卷配清陳煜抄本)　二十四册

320000－1605－0001686　G1598163

洽園詩稿十二卷　(清)范來宗撰　清嘉慶六年(1801)刻本　四册

320000－1605－0001687　G1597163

妙吉祥室詩鈔六卷　(清)蔣知讓撰　清嘉慶十四年(1809)刻本　四册

320000－1605－0001688　G1594163

芋香山房文稿一卷詩稿二卷詩續稿四卷詩賸稿二卷吴簫詞一卷　(清)徐筠撰　清末抄本　五册

320000－1605－0001689　G1610164

浣青詩草八卷續草一卷　(清)錢孟鈿撰　清乾隆刻本　四册

320000－1605－0001690　G1609164

百一山房詩集十二卷　(清)孫士毅撰　清嘉慶二十一年(1816)孫均刻本　六册

320000－1605－0001691　G1608164

木鳶集五卷木鳶賦稿一卷　(清)朱受新撰　清乾隆刻本　二册

320000－1605－0001692　G1607164

國朝十二家詩覺□□卷　(清)張澹初選　清抄本　二册　存一種一卷(張瘦銅詩覺一卷)

320000－1605－0001693　G1606164

經學齋詩集五卷　(清)蔣徵蔚撰　清嘉慶刻本　二册

320000－1605－0001694　G1605164

補梧詩鈔八卷　(清)張邦弼撰　清乾隆刻本　四册

320000－1605－0001695　G1604164

多歲堂詩集四卷載賡集二卷附試律詩一卷賦集一卷 （清）成書撰　清道光刻本　四册

320000－1605－0001696　G1602164
道古堂詩集二十六卷 （清）杭世駿撰　清乾隆刻本　四册

320000－1605－0001697　G1603164
西莊始存稿三十卷附一卷 （清）王鳴盛撰　清乾隆三十年（1765）自刻三十一年（1766）重修本　十六册

320000－1605－0001698　G1614164
數帆樓焚餘詩鈔四卷 （清）朱丕成撰　（清）朱鶴書　（清）朱龍彩校　清嘉慶八年（1803）刻本　四册

320000－1605－0001699　G1621165
玉碧居詩鈔八卷 （清）程芝[illegible]撰　清道光刻本　四册

320000－1605－0001700　G1617164
歸帆圖一卷探梅圖一卷 （清）潘奕雋等題　（清）蕭九成　（清）翟大坤繪　清刻本　一册

320000－1605－0001701　G1616164
花嶼讀書堂詩鈔八卷文鈔二卷詞鈔二卷 （清）李福撰　清道光二十六年至二十七年（1846－1847）李宗成刻本　十册

320000－1605－0001702　G1619165
聽鐘樓詩稿十卷補遺一卷 （清）韓是升撰　清嘉慶刻本　八册

320000－1605－0001703　G1618164
綠天書舍存草六卷 （清）錢楷撰　清嘉慶二十三年（1818）阮元刻本　四册

320000－1605－0001704　G1611164
響泉集二十八卷 （清）顧光旭撰　清乾隆刻本　八册

320000－1605－0001705　G1615164
雙節堂贈言集録二十八卷首一卷末一卷附録一卷 （清）汪輝祖編次　清乾隆四十三年（1778）汪輝祖刻本　十四册

320000－1605－0001706　G1620165
雕菰集二十四卷 （清）焦循撰　清道光四年（1824）揚州阮氏刻本　十二册　存十八卷（一至十八）

320000－1605－0001707　G1613164
芬若山館詩五卷 （清）董士錫撰　稿本　一册

320000－1605－0001708　G1633165
詒晉齋詩集五卷 （清）永瑆撰　清末抄本　一册

320000－1605－0001709　G1630165
少弇山人詩二録□□卷 （清）畢華珍撰　清木活字印本　一册　存一卷（一）

320000－1605－0001710　G1629165
知退居士近草二卷 （清）錢履清撰　清嘉慶二十三年（1818）刻本　二册

320000－1605－0001711　G1632165
小安樂窩文集不分卷 （清）張海珊撰　清抄本　二册

320000－1605－0001712　G1627165
惜分陰齋詩鈔十六卷 （清）李槩撰　清嘉慶刻本　四册

320000－1605－0001713　G1625165
清素堂詩集九卷詞鈔一卷 （清）石鈞撰　清乾隆六十年（1795）刻本　五册

320000－1605－0001714　G1624165
小雲谷文集八卷 （清）朱照廉撰　清嘉慶十六年（1811）木活字印本　六册

320000－1605－0001715　G1626165
尊古齋詩鈔四卷 （清）馮珍撰　清嘉慶刻本　二册

320000－1605－0001716　G1622165
話雨山房吟草三卷 （清）張紹松撰　稿本　一册

320000－1605－0001717　G1623165
辟疆園遺集十卷 （清）楊芳燦輯　清光緒十八年（1892）木活字印本　十册

320000－1605－0001718　G1628165

白湖文藁八卷詩藁八卷　(清)葉燕撰　**白湖葉君[燕]墓誌銘一卷**　(清)秦瀛撰　清嘉慶二十三年(1818)刻本　八册

320000－1605－0001719　G1631165

小峴山人詩集二十八卷文集六卷　(清)秦瀛撰　清嘉慶二十二年(1817)刻道光增刻本　十六册

320000－1605－0001720　G1638165

蒼雪山房詩集二卷　(清)張琦撰　清乾隆五十三年(1788)刻本　二册

320000－1605－0001721　G1640165

濾月軒詩集二卷詩餘一卷　(清)趙棻撰　清刻本　一册

320000－1605－0001722　G1642165

引山堂雜詩存鈔九卷　(清)□□撰　清道光刻本　二册

320000－1605－0001723　G1641165

綠雨山房吟稿五卷　(清)金慰祖撰　清道光十八年(1838)刻本　一册

320000－1605－0001724　G1637165

芷衫詩鈔二卷少作録存一卷　(清)俞銈撰　清道光刻本　二册

320000－1605－0001725　G1636165

易簡齋詩鈔四卷　(清)和瑛撰　清道光三年(1823)刻本　二册

320000－1605－0001726　G1634165

陶山詩録十二卷　(清)唐仲冕撰　清嘉慶十七年(1812)自刻本　六册

320000－1605－0001727　G1635165

六君子齋稿不分卷　(清)許兆熊撰　清杏林書屋抄本　一册

320000－1605－0001728　G1643165

聞妙香室詩集十二卷詞一卷文集十九卷經進集五卷黔記四卷　(清)李宗昉撰　清道光刻本　十册

320000－1605－0001729　G1639165

咫進齋詩文稿不分卷　(清)姚覲元撰　清抄本　一册

320000－1605－0001730　G1655166

桂留山房詩集十二卷詞集一卷　(清)沈學淵撰　清道光二十四年(1844)沈燕孫刻本　六册

320000－1605－0001731　G1646166

食古齋文存一卷青棠花館詩存一卷　(清)張宗昱撰　清末抄本　三册

320000－1605－0001732　G1648166

都梁香室吟稿八卷　(清)孫蒙撰　稿本　二册

320000－1605－0001733　G1650166

自鏡齋文鈔一卷　(清)潘曾瑋撰　清末抄本　一册

320000－1605－0001734　G1651166

竹素齋詩集十卷　(清)褚逢椿撰　清光緒元年(1875)吳嘉椿抄本　四册

320000－1605－0001735　G1657166

焦東閣詩詞百一鈔不分卷　(清)周伯義撰　稿本　一册

320000－1605－0001736　G1654166

�花龕遺文不分卷　(清)葉廷琯撰　稿本　一册

320000－1605－0001737　G1656166

小睡足寮詩存七卷　(清)秦敏樹撰　稿本　二册

320000－1605－0001738　G1645166

借秋亭詩草五卷補遺一卷附吳歈百絕一卷　(清)蔡雲撰　清末抄本　二册

320000－1605－0001739　G1649166

嫗解小草不分卷　(清)朱聲蜚撰　稿本　一册

320000－1605－0001740　G1647166

聞妙軒詩存十卷　(清)王汝玉撰　清末抄本　六册

320000－1605－0001741　G1653166

餐芍花館詩集八卷蕉雨詞一卷　(清)周騰虎撰　清光緒十九年(1893)木活字印本　四冊　存七卷(詩集一至二、五至八,蕉雨詞一卷)

320000－1605－0001742　G1652166
餐芍花館詩集八卷蕉雨詞一卷文集不分卷先德小識一卷　(清)周騰虎撰　清末抄本　三冊

320000－1605－0001743　G1660166
詩庸六卷　(清)謝芳連撰　清顧巏刻本　一冊

320000－1605－0001744　G1661166
靈巖山館詩稿二卷詞稿二卷　(清)陳灝撰　清陳星昭抄本　二冊

320000－1605－0001745　G1662166
萬宜樓詩一卷書劄一卷聯語一卷續聯語一卷文集目録一卷詩集目録一卷　(清)汪鳴鑾撰　稿本　四冊

320000－1605－0001746　G1658166
清人信札不分卷　(清)□□撰　稿本　五冊

320000－1605－0001747　G1663166
葉廷琯雷浚書劄墨蹟不分卷　(清)葉廷琯　(清)雷浚輯　稿本　一冊

320000－1605－0001748　G1664166
鳧舟詩稿二卷　(清)許兆熊撰　清抄本　一冊

320000－1605－0001749　G1676166
旃林書屋詩草二卷　(清)龔焯撰　稿本　二冊

320000－1605－0001750　G1677166
靜觀齋詩稿不分卷　(清)錢彝銘撰　稿本　一冊

320000－1605－0001751　G1680166
槲葉山房詩稿不分卷　(清)吳承烜撰　稿本　一冊

320000－1605－0001752　G1679166
吳船吟一卷爐餘集一卷東江集一卷紀遊詩草一卷蘋草集一卷　(清)陸安期撰　稿本　一冊

320000－1605－0001753　G1669166
適園叢稿不分卷　(清)袁學瀾撰　稿本　二冊

320000－1605－0001754　G1667166
顯志堂稿十二卷　(清)馮桂芬撰　清抄本　一冊　存二卷(十至十一)

320000－1605－0001755　G1674166
擁書樓詩鈔五卷　(清)李文通撰　長洲施君山先生稿一卷　(清)施澐撰　清光緒錢國祥抄本　一冊

320000－1605－0001756　G1670166
靈蘭館詩稿不分卷　(清)許兆熊撰　稿本　一冊

320000－1605－0001757　G1666166
塔影園集五卷附南都死難紀略一卷　顧苓撰　清末抄本　四冊

320000－1605－0001758　G1673166
隣雲館詩鈔六卷心太平庵顛翁餘唱一卷　(清)張鍔撰　稿本　二冊

320000－1605－0001759　G1675166
七十二峰散人詩草四卷　(清)金銳撰　清抄本　一冊

320000－1605－0001760　G1689167
蓉湖集三卷　(清)沈夔撰　清乾隆三十年(1765)沈天逵刻本　二冊

320000－1605－0001761　G1687167
吟秋館詩存四卷　(清)江澄撰　清光緒刻本　一冊

320000－1605－0001762　G1690167
鄭文焯信札九通　鄭文焯撰　稿本　一冊

320000－1605－0001763　G1688167
致王弢信札十二通　(清)魏錫曾　(清)吳鴻謨　(清)秦林策撰　稿本　一冊

320000－1605－0001764　G1686167
範家集畧六卷　(清)秦坊輯　(清)秦源寬

（清）秦源功校　清初刻本　十二冊

320000－1605－0001765　G1685167
心亭亭居詩存五卷　（清）林召棠撰　清光緒抄本　六冊

320000－1605－0001766　G1681166
春翠山房詩稿二卷延峰閣初稿一卷負耒集一卷　（清）邵曉撰　清乾隆抄本　四冊

320000－1605－0001767　G1684166
雪香亭就正集二卷　題（清）湖村居士撰　清乾隆抄本　一冊

320000－1605－0001768　G1683166
霜逢集不分卷　（清）車景錞撰　清抄本　一冊

320000－1605－0001769　G1672166
績語堂詩録一卷碑録一卷　（清）魏錫曾撰　稿本　一冊

320000－1605－0001770　G1682166
賞雨茆屋詩草二卷　（清）周夢嘉撰　稿本　一冊

320000－1605－0001771　G1671166
松陵雜事詩三卷　（清）嚴興傑撰　稿本　三冊

320000－1605－0001772　G1702167
昭代詞選三十八卷　（清）蔣重光輯　（清）沈光裕　（清）張王穀參定　清乾隆三十二年（1767）刻本　十六冊

320000－1605－0001773　G1701167
類編箋釋國朝詩餘五卷　（明）錢允治編　（明）陳仁錫釋　**類編箋釋續選草堂詩餘二卷**　（明）錢允治箋釋　明萬曆四十二年（1614）刻本　二冊

320000－1605－0001774　G1700167
花菴絶妙詞選十卷又十卷　（宋）黄昇編　明末毛氏汲古閣刻本　十二冊

320000－1605－0001775　G1699167
三家宫詞三卷二家宫詞二卷　（明）毛晉輯　明末毛晉緑君亭刻本　一冊　存四卷（三家宫詞三卷、二家宫詞一）

320000－1605－0001776　G1698167
唐十六家詞不分卷　（清）張鳴珂輯　清張鳴珂抄本　一冊

320000－1605－0001777　G1696167
唐宋八家詞鈔九卷　（□）□□輯　清末、民國沈韻齋抄本　一冊　存七種八卷（金奩集一卷補一卷、逍遙詞一卷、石湖詞一卷、和石湖詞一卷、龜峰詞一卷、樂齋詞一卷、綺川詞一卷）

320000－1605－0001778　G1697167
御選歷代詩餘一百二十卷　（清）王奕清等編　清康熙四十六年（1707）刻本　四十冊

320000－1605－0001779　G1694167
課餘草不分卷　（清）□□撰　稿本　一冊

320000－1605－0001780　G1692167
翕順堂小集一卷翕順堂拙語一卷玄圃碎玉一卷　（清）朱德滋撰　清抄本　一冊

320000－1605－0001781　G1703167
十國宫詞一卷　（清）莊師洛等撰　（清）何其偉註　清嘉慶八年（1803）何其偉刻本　二冊

320000－1605－0001782　G1704167
絶妙近詞六卷　（清）孫麟趾選　清末抄本　二冊

320000－1605－0001783　G1705167
詞選二卷附清人詞選一卷　（清）張惠言輯　**續詞選二卷**　（清）董毅續輯　清道光抄本　二冊

320000－1605－0001784　G1713168
貫華堂第六才子書西廂記八卷附録二卷　（清）金人瑞批　清抄本　八冊

320000－1605－0001785　G1714168
山水隣新鐫出像四大癡傳奇四卷　（明）李逢時撰　清初抄本　四冊

320000－1605－0001786　G1710168
菊壽盦詞稿四卷　（清）姚輝第撰　清咸豐二年（1852）木活字印本　三冊

320000－1605－0001787　G1712168
秋痕春影詞一卷　(清)劉思黻撰　稿本　一冊

320000－1605－0001788　G1709168
菊莊詞不分卷　(清)徐釚撰　清□彦威抄本　一冊

320000－1605－0001789　G1708168
菊莊詞甲集不分卷　(清)徐釚撰　清康熙刻本　一冊

320000－1605－0001790　G1707168
南澗詞選二卷　(清)何采撰　清康熙五十四年(1715)何持國刻本　二冊

320000－1605－0001791　G1715168
水月緣傳奇不分卷　題(清)夢仙逸史撰　稿本　四冊

320000－1605－0001792　G1706168
姑蘇詞徵不分卷　(清)王士一輯　清王氏抄本　六冊

320000－1605－0001793　G1711168
眉綠樓詞不分卷　(清)顧文彬撰　稿本　二十三冊

320000－1605－0001794　G1723168
一笠菴北詞廣正譜十八卷附南戲北詞正謬一卷　(清)徐慶卿撰　(清)李玉更定　清康熙青蓮書屋刻清文靖書院印本　四冊

320000－1605－0001795　G1731169
新鐫全像武穆精忠傳八卷　(明)熊大木撰　清初刻本　八冊

320000－1605－0001796　G1724168
九宫譜定十二卷總論一卷　題(清)東山釣史　題(清)鴛湖逸者輯　清初綠蔭堂刻本　十冊

320000－1605－0001797　G1721168
紅樓夢散套十六卷　題(清)荆石山民填詞　清光緒八年(1882)蟾波閣刻本　四冊

320000－1605－0001798　G1719168
新編雙玉盃全傳三十六卷　題(清)醉墨齋主人撰　清道光八年(1828)醉墨軒刻本　八冊

320000－1605－0001799　G1717168
石榴記傳奇四卷　(清)黄振撰　清乾隆三十七年(1772)黄氏柴灣村舍刻本　四冊

320000－1605－0001800　G1730169
評論出像水滸傳二十卷七十回　(元)施耐庵撰　(清)金人瑞評　清初刻本　二十冊

320000－1605－0001801　G1716168
忠孝福傳奇二卷　(清)黄兆森撰　清康熙五十七年(1718)刻本　四冊

320000－1605－0001802　G1720168
紅樓夢傳奇八卷　(清)陳鍾麟撰　清末抄本　四冊

320000－1605－0001803　G1722168
紅樓夢套曲十四卷　(清)王慶瀾撰　稿本　二冊

320000－1605－0001804　G1729168
西湖二集三十四卷　(明)周楫撰　明末刻本　二冊　存一卷(一)

320000－1605－0001805　G1820179
天原發微五卷　(宋)鮑雲龍撰　(明)鮑寧辨正　明嘉靖二十九年(1550)秦藩刻本　二冊　存二卷(二至三)

320000－1605－0001806　G1727168
水月緣不分卷　(清)方文喻撰　清抄本　一冊

320000－1605－0001807　G1728168
聊齋志異十六卷　(清)蒲松齡撰　(清)王士禛評　清錢慶榮抄本　十六冊

320000－1605－0001808　G1732169
西遊真詮一百回　(清)陳士斌詮解　(清)金人瑞批　清康熙三十五年(1696)同志堂刻本　二十冊

320000－1605－0001809　G1733169
皋鶴堂批評第一奇書金瓶梅一百回　題(明)蘭陵笑笑生撰　清康熙三十四年(1695)刻本　四十八冊

320000－1605－0001810　G1734169
東周列國志二十卷一百八回　(清)蔡界評點　清乾隆十七年(1752)刻本　二十四冊

320000－1605－0001811　G1743170
原詩四卷　(清)葉燮撰　清康熙二十五年(1686)葉氏刻本　一冊

320000－1605－0001812　G1742170
詩家直說二卷　(明)謝榛撰　清乾隆抄本　二冊

320000－1605－0001813　G0857101
歷代壽考名臣録十四卷附一卷　(清)洪梧輯　清嘉慶抄本　四冊

320000－1605－0001814　G1740170
詩源撮要一卷　(明)張懋賢撰　明刻本　一冊

320000－1605－0001815　G1948188
十種唐詩選十七卷　(清)王士禛撰　清康熙蘿簃齋刻本　五冊

320000－1605－0001816　G1736170
朱文公遊藝至論二卷　(宋)朱熹撰　(明)余祐輯　清康熙刻本　二冊

320000－1605－0001817　G1737170
詩人玉屑二十卷　(宋)魏慶之輯　清道光刻本　八冊

320000－1605－0001818　G1738170
南濠文跋四卷　(明)都穆撰　清乾隆抄本　二冊

320000－1605－0001819　G1735170
新刻逸田叟女仙外史大奇書一百回　(清)呂熊撰　清康熙刻本　二十冊

320000－1605－0001820　G1749171
聲調前譜一卷後譜一卷續譜一卷談龍録一卷　(清)趙執信撰　清乾隆刻本　二冊

320000－1605－0001821　G1750171
鳧亭詩話二卷　(清)陶元藻撰　清抄本　一冊

320000－1605－0001822　G1747170
一瓢齋詩話一卷　(清)薛雪撰　清乾隆刻本　一冊

320000－1605－0001823　G1745170
漁洋山人詩問二卷　(清)王士禛撰　清乾隆三十三年(1768)王祖肅刻本　一冊

320000－1605－0001824　G1744170
錦樹堂詩鑑十二卷　(清)錢嶽輯　清康熙二十八年(1689)刻本　四冊

320000－1605－0001825　G1746170
初白菴詩評三卷　(清)張載華輯　清乾隆四十二年(1777)蕭嘉植刻本　六冊

320000－1605－0001826　G1751171
古今詩話選雋二卷　(清)盧衍仁輯　清嘉慶二十四年(1819)雪樵抄本　一冊

320000－1605－0001827　G1748171
歷代詩話二十七種五十七卷考索一卷　(清)何文煥編　清乾隆三十五年(1770)刻本　三十冊

320000－1605－0001828　G1753171
說郛續四十六卷　(明)陶珽編　清順治三年(1646)李際期宛委山堂刻本　四十八冊

320000－1605－0001829　G1951188
感逝集十卷　(清)葉廷琯輯　稿本　八冊　存四卷(一至四)

320000－1605－0001830　G1755172
津逮秘書十五集一百四十一種七百四十八卷　(明)毛晉編　明崇禎毛氏汲古閣刻本(西山題跋卷一、墨經十一至十三葉、黄帝授三子玄女經一至四葉配抄本)　一百六十四冊

320000－1605－0001831　G1756174
秘書二十一種九十四卷　(清)汪士漢編　清康熙七年(1668)汪士漢刻本　二十四冊

320000－1605－0001832　G1754171
廣漢魏叢書八十種四百五十卷　(明)何允中編　明萬曆二十年(1592)刻本　四十八冊　存二十四種一百五十卷(天禄閣外史八卷、人

物志三卷、搜神記八卷、神異經一卷、海内十洲記一卷、洞冥記四卷、述異記二卷、拾遺記十卷、風俗通義十卷、中論二卷、申鑒五卷、獨斷一卷、穆天子傳六卷、吳越春秋六卷、論衡三十卷、博物志十卷、西京雜記六卷、續齊諧記一卷、忠經一卷、孝傳一卷、詩品三卷、書品一卷、文心雕龍十卷、說苑二十卷)

320000－1605－0001833　G1759174
詞學全書四種十三卷附詞韻二卷　(清)查培繼輯　清乾隆十一年(1746)刻本　八册

320000－1605－0001834　G1762174
渠亭山人半部藁初刻不分卷　(清)張貞撰　清康熙刻本　六册

320000－1605－0001835　G1760174
袁中郎十集十六卷　(明)袁宏道撰　明周應麐刻本　二册　存三種六卷(破研齋集三卷、廣莊一卷、敝篋集二卷)

320000－1605－0001836　G1761174
文道十書四種十二卷　(清)陳景雲撰　清乾隆十九年(1754)陳黄中刻本　六册

320000－1605－0001837　G1758174
賜硯堂叢書新編四集四十種　(清)顧沅輯　清道光十年(1830)顧氏刻本　二十册

320000－1605－0001838　G1763174
渠亭山人半部藁初刻不分卷二刻不分卷三刻不分卷四刻不分卷　(清)張貞撰　清嘉慶刻本　四册

320000－1605－0001839　G1772175
虞東學詩十二卷詩說一卷　(清)顧鎮撰　清乾隆三十三年(1768)刻本　八册

320000－1605－0001840　G1771175
尚書釋天六卷　(清)盛百二撰　清乾隆三十九年(1774)刻本　四册

320000－1605－0001841　G1767175
空同子集六十六卷目録三卷　(明)李夢陽撰　明萬曆三十年(1602)鄧雲霄刻本　十册　存六十四卷(一至六十一、目録三卷)

320000－1605－0001842　G1768175
易經揆一十四卷易學啓蒙補二卷　(清)梁錫璵集傳　清乾隆刻本　十册

320000－1605－0001843　G1770175
讀詩質疑三十一卷首十五卷末一卷　(清)嚴虞惇撰　清乾隆嚴有禧刻本　二十册

320000－1605－0001844　G1764174
史記一百三十卷　(漢)司馬遷撰　(明)陳仁錫評　明崇禎刻本　十八册

320000－1605－0001845　G1765175
東坡先生全集七十五卷　(宋)蘇軾撰　明末文會堂刻本　二十四册

320000－1605－0001846　G1773175
毛詩正變指南圖一卷　(明)吳仕繼考校　明萬曆刻本　一册

320000－1605－0001847　G1769175
周易集傳八卷考證一卷補遺一卷　(元)龍仁夫撰　清同治七年(1868)刻本　三册　存六卷(一至四、七至八)

320000－1605－0001848　G1774176
周禮軍賦說四卷　(清)王鳴盛撰　清乾隆刻本　四册

320000－1605－0001849　G1775176
周禮節訓六卷　(清)黄叔琳輯　清雍正十年(1732)古音堂刻本　三册

320000－1605－0001850　G1776176
儀禮節略二十卷　(清)朱軾撰　清康熙五十八年(1719)朱氏刻本　十六册

320000－1605－0001851　G1777176
春秋指掌三十卷卷前二卷附録二卷　(清)儲欣　(清)蔣景祁輯　清康熙二十七年(1688)天藜閣刻本　八册

320000－1605－0001852　G1785176
六書通十卷　(明)閔齊伋撰　(清)畢弘述篆訂　清康熙五十九年(1720)刻本　六册

320000－1605－0001853　G1784176
爾雅正義二十卷　(清)邵晉涵撰　**爾雅釋文**

三卷 (唐)陸德明撰 清乾隆五十三年(1788)餘姚邵氏家塾刻本 八冊

320000－1605－0001854 G1781176
春秋地名考略十四卷 (清)高士奇撰 清康熙錢塘高氏刻本 四冊

320000－1605－0001855 G1780176
半農先生春秋說十五卷 (清)惠士奇撰 **附墓誌銘一卷** (清)楊超曾撰 清乾隆十四年(1749)刻本 八冊

320000－1605－0001856 G1778176
郝氏春秋二種十四卷 (清)郝懿行撰 清道光七年(1827)趙銘彝等刻本 四冊

320000－1605－0001857 G1779176
春秋究遺十六卷 (清)葉酉撰 清乾隆刻本 六冊

320000－1605－0001858 G1783176
說文凝錦録一卷 (清)萬光泰撰 清嘉慶二年(1797)刻本 一冊

320000－1605－0001859 G1782176
讀左補義五十卷首一卷 (清)姜炳璋撰 清乾隆三十七年(1772)刻本 十六冊

320000－1605－0001860 G1786176
拾雅二十卷 (清)夏味堂撰 清嘉慶二十四年(1819)刻本 十二冊

320000－1605－0001861 G1718168
句注山房集七卷 (明)張鳳翼著 明刻本 四冊

320000－1605－0001862 G1788176
文獻通考詳節二十四卷 (元)馬端臨撰 (清)嚴虞惇輯 清乾隆二十九年(1764)嚴有禧刻本 八冊

320000－1605－0001863 G1787176
古今韻略五卷 (清)邵長蘅撰 清康熙三十五年(1696)刻本 五冊

320000－1605－0001864 G1789176
蘇松賦役考略不分卷 (清)□□撰 清乾隆刻本 一冊

320000－1605－0001865 G1791176
浙海鈔關徵收税銀則例不分卷 (清)□□撰 清刻本 一冊

320000－1605－0001866 G1792176
全吴籌患預防録四卷 (明)陳仁錫撰 清道光二十年(1840)刻本 一冊

320000－1605－0001867 G1794176
海關衙門須知事宜冊一卷 (清)□□撰 清末抄本 一冊

320000－1605－0001868 G1790176
長洲元和太湖吴縣新舊科則一卷 (清)□□撰 清光緒三十年(1904)抄本 一冊

320000－1605－0001869 G1795178
史記評林一百三十卷首一卷 (明)凌稚隆輯 (明)李光縉增補 明熊體忠、劉朝箴刻本 二十冊

320000－1605－0001870 G1793177
文獻通考三百四十八卷 (元)馬端臨撰 明末刻本 八十冊

320000－1605－0001871 G1809179
律吕新書註二卷 (清)周模註 清雍正刻本 二冊

320000－1605－0001872 G1808179
明音四卷 (明)王覺撰 明萬曆四十六年(1618)吕純如刻本 一冊 存一卷(一)

320000－1605－0001873 G1806179
春秋經傳集解三十卷 (晉)杜預集解 (唐)陸德明釋文 明刻本 一冊 存二卷(十三至十四)

320000－1605－0001874 G1805179
音學臆說六卷 (清)李汝珍撰 清抄本 六冊

320000－1605－0001875 G1807179
書經講義輯要□□卷 (清)謝文昌輯 清康熙五十七年(1718)刻本 一冊 存一卷(一)

320000－1605－0001876 G1804179
說文解字十二卷 (漢)許慎撰 明萬曆二十

六年(1598)陳大科刻清初毛氏汲古閣重印本　十二册

320000－1605－0001877　G1889183
草堂詩餘續集二卷　題(明)長湖外史類輯　題(明)天羽居士評箋　明末刻本　一册

320000－1605－0001878　G1810179
合諸家真評先秦十五種附一種　(明)黄汝亨編　明刻本　八册　存一種十二卷(公羊傳十二卷)

320000－1605－0001879　G1803179
尚書古文疏證八卷　(清)閻若璩撰　**朱子古文書疑一卷**　(清)閻詠輯　清乾隆十年(1745)朱續晫刻本　九册

320000－1605－0001880　G1797178
而菴説唐詩二十二卷首一卷　(清)徐增撰　清康熙九年(1670)刻本　八册

320000－1605－0001881　G1799178
緑筠書屋詩鈔十八卷　(清)葉觀國撰　清乾隆五十七年(1792)刻本　四册

320000－1605－0001882　G1801178
説文解字十五卷　(漢)許慎撰　清嘉慶十二年(1807)額勒布刻本　四册

320000－1605－0001883　G1798178
芝庭詩稿十六卷文稿八卷　(清)彭啓豐撰　清乾隆刻增修本　十二册

320000－1605－0001884　G1891183
攝生衆妙方十一卷　(明)張時徹撰　明刻本　二册　存五卷(七至十一)

320000－1605－0001885　G1822179
文山先生全集二十卷　(宋)文天祥撰　明嘉靖三十九年(1560)張元諭刻本　八册　存十卷(五至十四)

320000－1605－0001886　G1818179
元詩選六卷補遺一卷　(清)顧奎光選輯　清乾隆十六年(1751)刻本　四册

320000－1605－0001887　G1823179
本草述鉤元三十二卷　(清)楊時泰輯　清道光二十二年(1842)刻本　十册

320000－1605－0001888　G1817179
鶴栖堂藁詩五卷文五卷　(清)尤侗撰　清康熙刻本　二册

320000－1605－0001889　G1821179
御纂周易折中二十二卷首一卷　(清)李光地等撰　清康熙刻本　二册　存四卷(十一、十六至十八)

320000－1605－0001890　G1814179
東書堂重修宣和博古圖録三十卷　(宋)王黼等撰　明萬曆三十一年(1603)吴公弘刻清乾隆十七年(1752)黄晟改印本　四册　存四卷(一至四)

320000－1605－0001891　G1890183
林和靖詩集不分卷　(宋)林逋撰　(清)陳梓輯　清乾隆十年(1745)刻本　一册

320000－1605－0001892　G1813179
黔書二卷　(清)田雯撰　清康熙刻本　一册　存一卷(上)

320000－1605－0001893　G1812179
新箋古今源流至論别集十卷　(宋)黄履翁撰　明刻本　一册　存四卷(一至四)

320000－1605－0001894　G1811179
李義山詩集三卷　(唐)李商隱撰　(清)朱鶴齡箋注　清刻本　六册

320000－1605－0001895　G1815179
爨龕覆瓿不分卷　(清)張茂墉撰　稿本　一册

320000－1605－0001896　G1816179
六如居士全集七卷補遺一卷外集六卷花塢聯詠四卷補一卷六如居士制義一卷　(明)唐寅撰　(清)唐仲冕編　**墨亭新賦一卷**　清嘉慶六年(1801)唐仲冕刻本　十二册　缺一卷(花塢聯詠三)

320000－1605－0001897　G1825180
讀書紀數略五十四卷　(清)宫夢仁撰　清康熙刻本　十四册

320000－1605－0001898　G1836180

古今女史詩集八卷　（明）洪吉臣等選輯　明崇禎刻本　二册　存五卷（一至五）

320000－1605－0001899　G1837180

董氏詩萃二十卷　（清）董熜輯　清乾隆十年（1745）刻本　四册

320000－1605－0001900　G1832180

增補地理直指原真大全三卷首一卷　（清）釋如玉撰　清康熙刻本　一册　存一卷（首一卷）

320000－1605－0001901　G1828180

玉蘭山房詩鈔四卷　（清）朱臨撰　清光緒三年（1877）刻本　二册

320000－1605－0001902　G1827180

學仕遺規四卷　（清）陳宏謀撰　清乾隆刻本　八册

320000－1605－0001903　G1829180

快雪堂集六十四卷　（明）馮夢楨撰　明萬曆四十四年（1616）刻本　二册　存三卷（二十三至二十五）

320000－1605－0001904　G1835180

尺牘清裁不分卷　（明）楊慎輯　（明）吴勉學補遺　清道光抄本　四册

320000－1605－0001905　G1830180

妙法蓮華經七卷　（後秦）釋鳩摩羅什譯　明萬曆二十九年（1601）王廣嵝等刻本　一册　存一卷（六）

320000－1605－0001906　G1831180

慈悲道場懺法十卷　（南朝梁）□□集撰　明萬曆四十六年（1618）汪九民、程氏刻本　一册　存一卷（九）

320000－1605－0001907　G1824180

繡像倭袍傳一百回　（清）□□撰　清抄本　二十三册　存九十六回（五至一百）

320000－1605－0001908　G1826180

壹齋集三十九卷　（清）黄鉞撰　清道光十年（1830）刻本　十二册

320000－1605－0001909　G1834180

文選十二卷　（南朝梁）蕭統輯　**音注十二卷**　明萬曆二十三年（1595）刻本　十二册　存二十二卷（文選一至二、五至十二，音注十二卷）

320000－1605－0001910　G1842181

簪雲樓集不分卷　（清）陳尚古撰　清康熙刻本　二册

320000－1605－0001911　G1841181

稽神録六卷拾遺一卷　（宋）徐鉉撰　明崇禎毛氏汲古閣刻本　四册

320000－1605－0001912　G1840181

范忠宣公集二十卷奏議二卷遺文一卷附録一卷補遺一卷　（宋）范純仁撰　清康熙四十六年（1707）范氏歲寒堂刻本　六册

320000－1605－0001913　G1839181

新刊簡明醫彀八卷要言一卷　（明）孫志宏撰　明崇禎刻本　一册　存二卷（醫彀一、要言一卷）

320000－1605－0001914　G1838181

韓非子二十卷　明刻本　二册　存九卷（一至五、十六至十九）

320000－1605－0001915　G1846181

唐詩品彙九十卷拾遺十卷　（明）高棅輯　（明）張恂重訂　明末張恂刻本　二册　存十一卷（七十一至八十一）

320000－1605－0001916　G1845181

唐詩品彙九十卷拾遺十卷詩人爵里詳節一卷　（明）高棅輯　（明）費懋質校　明萬曆屠隆刻本　五册　存二十五卷（五十六至六十一、六十七至八十五）

320000－1605－0001917　G1850181

鶴夢廬尺一幸草□□卷　（清）暴式昭撰　清光緒刻本　一册　存一卷（一）

320000－1605－0001918　G1849181

百缾齋日記不分卷　（清）□□撰　稿本　一册

320000－1605－0001919　G1847181

新編曆法便覽時用通書大全□□卷前集□□卷　(明)□□編　明萬曆刻本　二册　存八卷(新編曆法便覽時用通書大全十九、二十八至三十三,前集三)

320000－1605－0001920　G1843181

吴詩集覽二十卷補注二十卷談藪二卷拾遺一卷　(清)吴偉業撰　(清)靳榮藩輯　清乾隆四十年(1775)刻本　十册　存二十一卷(吴詩集覽二十卷、談藪上)

320000－1605－0001921　G1851181

公義典當行帳册不分卷　(清)□□撰　稿本　二册

320000－1605－0001922　G1856181

羅峰家訓一卷訓蒙正則一卷　(清)姚德教撰　清康熙六十年(1721)蘇州府學刻雍正元年(1723)姚德教增補本　一册

320000－1605－0001923　G1896183

八代詩乘四十五卷吴詩一卷總録二卷補遺一卷　(明)梅鼎祚編校　明萬曆十一年(1583)劉文顯、徐家慶等刻本　二册　存十一卷(漢魏詩乘十二至二十、吴詩一卷、補遺一卷)

320000－1605－0001924　G1858181

覞園詩鈔八卷續編一卷補遺一卷詩餘一卷　(清)徐堅撰　清乾隆五十九年(1794)刻本　四册

320000－1605－0001925　G1862181

劉文成公全集十二卷　(明)劉基撰　(明)鍾惺輯評　明末刻本　三册　存六卷(三至四、七至十)

320000－1605－0001926　G1853181

史記評林一百三十卷　(明)凌稚隆輯　明萬曆二年至四年(1574－1576)凌稚隆刻本　四册　存十卷(七至八、十五至十七、四十四至四十六、一百二十九至一百三十)

320000－1605－0001927　G1861181

中晚唐詩叩彈集十二卷續集三卷　(清)杜詔　(清)杜庭珠集　清康熙四十三年(1704)刻本　六册　存十一卷(一至六、十一至十二,續集三卷)

320000－1605－0001928　G1854181

六經圖六卷　(清)王皜校録　清乾隆刻本　六册

320000－1605－0001929　G1859181

嘉樂齋三蘇文範十八卷　(明)楊慎選　明天啓二年(1622)刻本　八册　存十五卷(一至十五)

320000－1605－0001930　G1857181

李太白文集三十六卷　(唐)李白撰　(清)王琦輯注　清乾隆刻本　十二册

320000－1605－0001931　G1852181

編註醫學入門七卷首一卷　(明)李梴編註　明萬曆古吴郁郁堂刻本　七册　缺二卷(二、七)

320000－1605－0001932　G1860181

外科集腋八卷　(清)張景顔撰　清末抄本　七册　存七卷(一至六、八)

320000－1605－0001933　G1855181

增訂本草備要四卷　(清)汪昂撰　清康熙三十三年(1694)刻本　四册

320000－1605－0001934　G1868182

詩材類對纂要四卷　(清)申贊皇　(清)任德裕箋註　清乾隆二十四年(1759)刻本　四册

320000－1605－0001935　G1865181

隱秀軒詩三十三卷　(明)鍾惺撰　明天啓二年(1622)刻本　一册　存三卷(天、地、玄)

320000－1605－0001936　G1866181

三命通會十二卷　(明)萬民英撰　清刻本　一册　存一卷(一)

320000－1605－0001937　G1867181

迦陵集四卷　(明)姚希孟撰　明崇禎張一鳴刻本　一册　存二卷(一至二)

320000－1605－0001938　G1863181

藝林彙考四十卷　(清)沈自南撰　清康熙刻本　七册　存十九卷(服飾篇一至三、七至

十,稱號篇一至十二)

320000 - 1605 - 0001939　G1864181
說文逸字二卷附録一卷　(清)鄭珍撰　清光緒福山王氏刻本　一册　存二卷(下、附録一卷)

320000 - 1605 - 0001940　G1873182
晉文紀二十卷　(明)梅鼎祚纂輯　明崇禎刻本　一册　存三卷(十二至十四)

320000 - 1605 - 0001941　G1872182
包山鄭氏族譜不分卷　(清)鄭昇等修　清康熙七年(1668)刻本　一册

320000 - 1605 - 0001942　G1870182
握奇古今陣法不分卷　(清)汪紱撰　清挹素唫館抄本　一册

320000 - 1605 - 0001943　G1874182
重編張仲景傷寒論證治發明溯源集十卷　(清)錢潢撰　清乾隆四十二年(1777)抄本　六册

320000 - 1605 - 0001944　G1883183
史學要義五卷　(明)卜大有輯　明萬曆刻本　一册　存一卷(二)

320000 - 1605 - 0001945　G1876182
臨川先生文集一百卷目録二卷　(宋)王安石撰　明嘉靖刻本　二册　存九卷(六十五至七十三)

320000 - 1605 - 0001946　G1880182
洪陽張先生警心類編四卷　(明)張位撰　(明)張宏校　明刻本　三册　存三卷(一至三)

320000 - 1605 - 0001947　G1877182
錦繡萬花谷前集四十卷後集四十卷續集四十卷　(宋)□□輯　明刻本　一册　存七卷(後集十四至二十)

320000 - 1605 - 0001948　G1882182
東瀛詩鈔選稿不分卷　(日本)菅晉師等撰　(清)□□輯　稿本　一册

320000 - 1605 - 0001949　G1884182
瑯邪代醉編四十卷　(明)張鼎思輯　(明)陳性學校　明萬曆二十五年(1597)陳性學刻本　一册　存一卷(二十二)

320000 - 1605 - 0001950　G1885183
春秋左傳詳節句解三十五卷　(宋)朱申註釋　明萬曆十年(1582)顧梧芳刻本　四册　存二十卷(一至十三、二十九至三十五)

320000 - 1605 - 0001951　G1878182
清光緒年間兩浙都轉鹽運使司批扎不分卷　(清)□□編　清光緒抄本　一册

320000 - 1605 - 0001952　G1895183
詩紀一百五十六卷目録三十六卷　(明)馮惟訥輯　(明)方天眷重訂　明萬曆吳琯等刻方天眷印本　二册　存十卷(一百八至一百十七)

320000 - 1605 - 0001953　G1953188
杜工部集二十卷首一卷唱酬題詠附録一卷諸家詩話一卷　(唐)杜甫撰　(清)鄭澐訂　清乾隆五十年(1785)刻本　十册

320000 - 1605 - 0001954　G1894183
杜詩分類全集五卷　(唐)杜甫撰　(明)傅振商輯　(清)谷應泰　(清)張縉彦輯定　清順治十六年(1659)還讀齋刻本　五册

320000 - 1605 - 0001955　G1886183
說文摘讀十四卷　(清)□□摘　清抄本　二册

320000 - 1605 - 0001956　G1888183
洗桐書屋隨筆不分卷　(清)蔡明淵輯　稿本　一册

320000 - 1605 - 0001957　G1892183
詩傳名物集覽十二卷　(清)陳大章撰　清康熙刻本　八册

320000 - 1605 - 0001958　G1897183
先撥志始二卷　(清)文秉撰　清抄本　一册　存一卷(下)

320000 - 1605 - 0001959　G1908184
古周易訂詁十六卷附一卷　(明)何楷撰　清

乾隆十七年(1752)郭文燚刻朱墨套印本　八册

320000－1605－0001960　G1906184
易憲四卷圖說一卷卦歌一卷　(明)沈泓疏　清乾隆刻本　三册

320000－1605－0001961　G1907184
易翼述信十二卷　(清)王又樸撰　清乾隆十六年(1751)刻本　八册

320000－1605－0001962　G1909184
五經類編二十八卷　(清)周世樟輯　清康熙刻本　十册

320000－1605－0001963　G1904184
御纂周易折中二十二卷首一卷　(清)李光地等編　清康熙五十四年(1715)刻本　二十册

320000－1605－0001964　G1905184
通雅五十二卷首三卷　(清)方以智撰　清康熙五年(1666)姚文燮浮山此藏軒刻乾隆印本　二十册

320000－1605－0001965　G1949188
江左十五子詩選十五卷　(清)宋犖選　(清)邵長蘅訂　(清)宋至校　清康熙四十二年(1703)宋氏刻本　十二册

320000－1605－0001966　G1899183
四書地理攷十五卷　(清)王瑬撰　清道光刻本　二册

320000－1605－0001967　G1900183
湘中草六卷　(清)湯傳楹撰　清康熙刻本　二册

320000－1605－0001968　G1902183
四書名物考二十四卷　(明)陳禹謨輯　(明)錢受益　(明)牛斗星補　明末牛斗星刻本　六册

320000－1605－0001969　G1901183
槎菴小乘四十一卷　(明)來斯行撰　明崇禎四年(1631)刻本　三册　存九卷(三十三至四十一)

320000－1605－0001970　G1898183
晉書一百三十卷　(唐)房玄齡等撰　明正德刻本　七册　存十三卷(一至十三)

320000－1605－0001971　G1903183
南濠陸氏宗譜五卷附録一卷　(清)□□編　清咸豐刻本　六册

320000－1605－0001972　G1921185
六書分類十二卷首一卷　(清)傅世垚輯篆　清乾隆五十四年(1789)傅氏聽松閣刻嘉慶元年(1796)重修本　十三册

320000－1605－0001973　G1950188
讀書堂杜工部詩集註解二十卷文集註解二卷杜工部編年詩史譜目一卷　(唐)杜甫撰　(清)張溍評註　清康熙三十六年(1697)張榕端刻本　十二册

320000－1605－0001974　G1918185
群經補義五卷周禮疑義舉要七卷　(清)江永撰　清乾隆五十七年(1792)江錞、江錦波刻本　二册

320000－1605－0001975　G1920185
春秋左傳類對賦不分卷　(宋)徐晉卿撰　(清)高士奇補注　清康熙刻本　二册

320000－1605－0001976　G1922185
春秋繁露十七卷附録一卷　(漢)董仲舒撰　(清)董天工箋注　清乾隆二十六年(1761)刻本　四册

320000－1605－0001977　G1915185
鐫彙附百名公帷中綮論書經講義會編十二卷　(明)申時行撰　明萬曆刻本　二册　存二卷(五至六)

320000－1605－0001978　G1914185
三禮考註十卷序録一卷綱領一卷　(元)吳澄撰　(明)焦竑校正　明萬曆三十八年(1610)董應舉刻本　四册　存五卷(三至七)

320000－1605－0001979　G1912185
說文偏旁考二卷　(清)吳照輯　清乾隆五十一年(1786)吳照刻本　四册

320000－1605－0001980　G1913185

說文字原考略六卷 (清)吳照輯 清乾隆五十七年(1792)吳照刻本 四册

320000－1605－0001981 G1911185

說文字原集註十六卷附表一卷表說一卷 (清)蔣和撰 清乾隆五十三年(1788)刻本 四册

320000－1605－0001982 G1910185

四書講義困勉録三十七卷 (清)陸隴其撰 清康熙三十八年(1699)刻本 八册

320000－1605－0001983 G1919185

周易來注十五卷 (明)來知德撰 (明)史應選輯 (明)沈際飛訂 明末抄本 八册 存十一卷(五至十五)

320000－1605－0001984 G1917185

六書通十卷 (明)閔齊伋撰 (清)畢弘述訂 清光緒繡谷留耕堂刻本 五册

320000－1605－0001985 G1916185

六書通十卷 (明)閔齊伋撰 (清)畢弘述訂 清乾隆刻本 五册

320000－1605－0001986 G1927185

四書釋地一卷續一卷又續一卷三續一卷附孟子生卒年月考一卷 (清)閻若璩撰 清乾隆五十三年(1788)吳照刻本 四册

320000－1605－0001987 G1928185

四書解義七卷 (清)李光地撰 清康熙刻本 四册

320000－1605－0001988 G1923185

鄉黨圖考十卷 (清)江永撰 清乾隆五十八年(1793)刻本 四册

320000－1605－0001989 G1929185

夏小正戴氏傳訓解四卷考異一卷通論一卷 (清)王寶仁撰 清同治十三年(1874)王維驎刻本 一册

320000－1605－0001990 G1924185

左氏節萃十卷 (清)凌璿玉撰 清乾隆二十六年(1761)凌應曾刻本 十册

320000－1605－0001991 G1935186

字學正本五卷 (清)李京撰 清康熙九年(1670)刻本 二册

320000－1605－0001992 G1932185

萬充宗先生經學五書十九卷 (清)萬斯大撰 清乾隆二十四年(1759)萬福刻本 四册

320000－1605－0001993 G1933185

增訂金壺字考十九卷二集二十一卷補録一卷補注一卷 (宋)釋適之撰 (清)田朝恒增訂 清乾隆刻本 四册

320000－1605－0001994 G1926185

尚書後案三十卷附尚書後辨一卷 (清)王鳴盛撰 清乾隆四十三年(1778)刻本 八册

320000－1605－0001995 G1931185

春秋攷十六卷 (宋)葉夢得撰 清抄本 二册

320000－1605－0001996 G1925185

說文辨疑一卷附條記一卷 (清)顧廣圻撰 清抄本 一册

320000－1605－0001997 G1930185

四書大全說約合參正解十一卷增刪四書大全正解定本七卷 (清)吳荃輯 清康熙十八年(1679)刻本 十四册

320000－1605－0001998 G1934186

東坡先生編年詩五十卷年表一卷 (宋)蘇軾撰 (清)查慎行補注 清乾隆二十六年(1761)查開刻本 十二册

320000－1605－0001999 G1946188

列朝詩集乾集二卷甲集前編十一卷甲集二十二卷乙集八卷丙集十六卷丁集十六卷閏集六卷 (清)錢謙益輯 清順治九年(1652)毛晉刻本 三十四册

320000－1605－0002000 G1939186

朱子儀禮經傳通解六十九卷 (清)梁萬方考訂 清乾隆十八年(1753)刻本 四十册

320000－1605－0002001 G1937186

田間易學九卷 (清)錢澄之撰 清康熙刻本 四册

320000－1605－0002002　G1940186
毛詩名物圖說九卷　(清)徐鼎輯　清乾隆三十六年(1771)刻本　四册

320000－1605－0002003　G1938186
詩經叶音辨譌八卷首一卷　(清)劉維謙編次　清乾隆三年(1738)刻本　二册

320000－1605－0002004　G1936186
禮記集註三十卷　(明)徐師曾註　明萬曆三年(1575)宋儀望刻本　八册　存二十一卷(二至十、十三至十五、十九至二十一、二十五至三十)

320000－1605－0002005　G1945187
葛莊分類詩鈔十三卷補遺一卷　(清)劉廷璣撰　清康熙刻本　四册

320000－1605－0002006　G1942187
潛確居士類書一百二十卷　(明)陳仁錫輯　明崇禎刻本　八十册

320000－1605－0002007　G1944187
新增韻府羣玉二十卷　(元)陰時夫輯　(元)陰中夫注　清康熙五十五年(1716)文盛堂、天德堂刻本　十六册

320000－1605－0002008　G1943187
白香山詩長慶集二十卷後集十七卷補遺二卷　(唐)白居易撰　**年譜一卷**　(清)汪立名編　**年譜舊本一卷**　(宋)陳振孫編　清康熙四十一年至四十二年(1702－1703)汪立名刻本　十册

320000－1605－0002009　G1941187
唐書二百二十五卷　(宋)歐陽修　(宋)宋祁撰　**釋音二十五卷**　(宋)董衝撰　元大德九年(1305)建康路儒學刻明弘治、嘉靖遞修本　五册　存十九卷(三至六、二十五至二十八、三十一至四十、七十一)

320000－1605－0002010　G1964189
澗上草堂紀略一卷附録一卷　(清)徐達源輯　清嘉慶十四年(1809)徐氏孚遠堂刻本　一册

320000－1605－0002011　G1957189
聖廟祀典圖考五卷附録二卷崇聖祠考一卷　(清)顧沅輯　清道光六年(1826)顧氏刻本　六册

320000－1605－0002012　G1960189
續表忠記八卷　(清)趙吉士纂編　(清)盧宜輯　清康熙三十七年(1698)趙氏寄園刻本　四册

320000－1605－0002013　G1961189
國朝歷科館選録不分卷　(清)沈廷芳輯　(清)陸費墀　(清)沈世煒重訂　清乾隆六十年(1795)刻本　三册

320000－1605－0002014　G1955189
滿洲紀略三卷　(清)秦輅卿撰　稿本　六册

320000－1605－0002015　G1963189
吴大司寇行年紀事不分卷　(清)吴一蜚撰　稿本　二册

320000－1605－0002016　G1954189
行朝録□□卷　(清)黄宗羲撰　清乾隆抄本　一册　存一卷(三)

320000－1605－0002017　G1958189
新刊古列女傳七卷　(漢)劉向撰　(晉)顧愷之圖畫　**續列女傳一卷**　(□)□□撰　清道光五年(1825)阮福刻本　八册

320000－1605－0002018　G1962189
吴郡名賢圖傳贊二十卷　(清)顧沅輯　清道光九年(1829)顧氏刻本　八册

320000－1605－0002019　G1966189
學幕日記不分卷　(清)□□輯　稿本　十八册

320000－1605－0002020　G1965189
緣督廬日記鈔十六卷　葉昌熾撰　王季烈輯鈔　清王季烈抄本　十六册

320000－1605－0002021　G1968190
洞庭東蔡宗譜六集　(清)蔡焯等纂修　清乾隆五十八年(1793)刻蔡明懷增補本　十二册

320000－1605－0002022　G1970190

[江蘇蘇州]吳中貝氏家譜五卷 (清)貝孟埙等修 清道光抄咸豐校補本 五册

320000－1605－0002023 G1967190
施氏世譜前編不分卷後編不分卷附録不分卷 (清)施受賜等纂修 清康熙九年(1670)刻雍正九年(1731)補刻本 十二册

320000－1605－0002024 G1977190
清嘉録十二卷 (清)顧禄撰 清道光十年(1830)刻本 四册

320000－1605－0002025 G1969190
洞庭東山葉氏太湖頭宗譜不分卷 (清)葉仁鑑纂修 清乾隆填寫本 二册

320000－1605－0002026 G1980190
[乾隆]震澤縣志三十八卷首一卷 (清)陳和志修 清乾隆十一年(1746)刻十二年(1747)增補本 八册

320000－1605－0002027 G1974190
應殿試卷一卷 曹元弼撰 稿本 一册

320000－1605－0002028 G1979190
長洲縣備録縣誌不分卷 (清)□□輯 清末抄本 一册

320000－1605－0002029 G1981190
洞庭紀實不分卷 (明)鄭傑撰 清嚴家榮抄本 一册

320000－1605－0002030 G1978190
歷代輿地險要圖六十九副 楊守敬 饒敦秩撰 清光緒五年(1879)刻朱墨套印本 一册

320000－1605－0002031 G1976190
歐陽文忠公五代史抄二十卷 (明)茅坤選 (明)茅闇叔重訂 明末刻本 四册

320000－1605－0002032 G1975190
史抄六種六卷 (清)□□輯 清末抄本 二册

320000－1605－0002033 G1973190
休寧芳溪板橋楊氏宗支譜不分卷 (清)楊士傑等纂修 清順治十四年(1657)刻本 二册

320000－1605－0002034 G1972190
上海曹氏族譜二卷首一卷末一卷 (清)曹樹珊修 清同治三年(1864)抄本 八册

320000－1605－0002035 G1971190
[江蘇常熟]南張世譜不分卷 (清)張敦培等遞修 清乾隆六十年至嘉慶元年(1795－1796)張敦培、張海鵬刻本 五册

320000－1605－0002036 G1988191
白鹿書院志二十九卷首一卷 (清)毛德琦重訂 清康熙五十九年(1720)刻本 八册

320000－1605－0002037 G1985191
續震澤編□□卷 (清)□□輯 清初抄本 二册 存二册(寺觀庵廟、第宅、坊表、橘、蓴菜、祥異、著述、送贈雜詠、洞庭靈姻傳)

320000－1605－0002038 G1983191
相城記一卷續相城記一卷 (明)姚士衡纂 (清)翁習知注 清抄本 一册

320000－1605－0002039 G1989191
長邑都圖字圩册不分卷無閏額徵條銀科則一卷有閏額徵條銀科則一卷無閏額徵漕米科則一卷有閏額徵漕米科則一卷同治七至八年有無閏各則每畝應徵漕米數一卷長邑條銀每畝應徵數一卷 (清)□□撰 稿本 三册

320000－1605－0002040 G1986191
七襄公所記一卷 (清)楊文蓀撰 (清)程荃書 清拓本 一册

320000－1605－0002041 G1990191
長洲縣下十七都二圖眠夕字圩魚鱗册不分卷 (清)華永思造 稿本 三册

320000－1605－0002042 G1992191
長洲縣下十七都廿四圖舉字圩魚鱗信册不分卷 (清)□□造 稿本 二册

320000－1605－0002043 G1991191
長洲縣下十七都東十六圖祭紡且豫續字圩魚鱗信册不分卷 (清)□□造 稿本 六册

320000－1605－0002044 G1993191
元邑花戶都圖不分卷 (清)□□造 稿本

二册

320000－1605－0002045　G1994191

萬曆玖年丈量歙縣十七都四圖拱字魚鱗清册不分卷　(明)□□造　稿本　二册

320000－1605－0002046　G1995191

徽州府歙縣三十五都四圖競字魚鱗清册不分卷　(清)□□造　稿本　三册

320000－1605－0002047　G1996191

荒政瑣言一卷　(清)萬維翰撰　清乾隆十七年(1752)刻本　一册

320000－1605－0002048　G1997191

三松堂書目不分卷　(清)潘奕雋撰　稿本　二册

320000－1605－0002049　G2000191

金石續目録一卷　(清)陸耀遹撰　**二百蘭亭齋收藏金石記目録一卷**　(清)吴雲撰　清光緒二年(1876)凌霞抄本　一册

320000－1605－0002050　G2001191

金石契不分卷附録一卷續録一卷　(清)張燕昌撰　清乾隆刻嘉慶八年(1803)重修本　四册

320000－1605－0002051　G2017192

韓昌黎詩集編年箋注十二卷　(唐)韓愈撰　(清)方世舉考訂　清乾隆二十三年(1758)盧見曾刻本　六册

320000－1605－0002052　G2003191

漢印偶存不分卷　(清)姚覲元輯　清光緒十一年(1885)姚覲元刻本　一册

320000－1605－0002053　G2004191

古銅印選不分卷　(清)郭承勳輯　清道光十年(1830)郭氏寒香書屋鈐印本　三册

320000－1605－0002054　G2002191

鞠鄰手拓金石不分卷　清胡钁拓本　一册

320000－1605－0002055　G2007192

漢書評林一百卷　(明)凌稚隆輯校　明刻本　三十二册

320000－1605－0002056　G2010192

詩林韶濩二十卷　(清)顧嗣立類選　清康熙四十四年(1705)顧氏刻本　十册

320000－1605－0002057　G2009192

季漢書六十卷正論一卷答問一卷　(明)謝陛撰　(明)鍾人傑教　明末鍾人傑刻本　三册　存十五卷(外傳一至十五)

320000－1605－0002058　G2005192

皇明表忠記十卷　(明)錢士升撰　明末刻本　六册

320000－1605－0002059　G2008192

漢書纂不分卷　(明)凌稚隆撰　明萬曆十一年(1583)自刻本　六册　存五十一篇(一至五十一)

320000－1605－0002060　G2013192

溫飛卿詩集七卷别集一卷附録諸家詩評一卷　(唐)溫庭筠撰　(明)曾益注　(清)顧予咸補注　**集外詩一卷**　(清)顧嗣立續注重校　清康熙三十六年(1697)顧氏刻本　二册

320000－1605－0002061　G2014192

李太白詩集二十二卷　(唐)李白撰　(宋)嚴羽評點　明崇禎二年(1629)聞啓祥刻本　四册

320000－1605－0002062　G2024193

蔣退菴遺稿詩一卷詞一卷　(清)蔣進撰　(清)王昉校　清康熙三十四年(1695)刻本　一册

320000－1605－0002063　G2016192

李太白文集三十二卷　(唐)李白撰　(清)王琦輯註　清乾隆二十三年(1758)刻本　十二册

320000－1605－0002064　G2018193

明文奇賞四十卷　(明)陳仁錫輯　明天啓三年(1623)沈國元刻本　二十一册

320000－1605－0002065　G2020193

寄園寄所寄十二卷　(清)趙吉士輯　清康熙三十五年(1696)刻本　十四册

320000－1605－0002066　G2019193
徐孝穆全集六卷　(南朝陳)徐陵撰　(清)吳兆宜箋注　**備考一卷**　(清)徐文炳補輯　清康熙刻本　六冊

320000－1605－0002067　G2029193
五言詩十七卷七言詩歌行鈔十五卷　(清)王士禛選　(清)聞人倓箋　清乾隆三十一年(1766)聞人氏芷蘭堂刻松江文萃堂印本　十四冊

320000－1605－0002068　G2022193
家事集三卷　(清)楊磊撰　清乾隆十四年(1749)刻本　二冊

320000－1605－0002069　G2030193
法因集四卷　(明)王穉登撰　(明)史兆斗校　明萬曆四十七年(1619)葉應祖刻本　二冊

320000－1605－0002070　G2031193
奉使集一卷　(清)黄永年撰　清乾隆刻本　一冊

320000－1605－0002071　G2021193
自娱集十卷詩餘一卷附雜著一卷　(明)俞琬綸撰　清康熙三十八年(1699)俞蓀、俞蕙刻本　四冊

320000－1605－0002072　G2026193
碧梧軒詩鈔四卷　(清)汪洋撰　清乾隆十一年(1746)刻本　一冊

320000－1605－0002073　G2028193
中興間氣集二卷　(唐)高仲武輯　**補遺二卷**　(清)毛晉補　明崇禎元年(1628)毛氏汲古閣刻本　二冊

320000－1605－0002074　G2027193
御覽詩一卷　(唐)令狐楚輯　明崇禎元年(1628)毛氏汲古閣刻本　二冊

320000－1605－0002075　G2025193
秋水菴花影集五卷　(明)施紹莘撰　明末刻本　四冊　存三卷(三至五)

320000－1605－0002076　G2023193
宋介三文鈔不分卷　(清)宋和撰　清乾隆十八年(1753)周槼刻本　四冊

320000－1605－0002077　G2032193
尺五樓詩集九卷　(清)杜登春撰　清康熙刻本　十冊

320000－1605－0002078　G2033193
吴江沈氏詩集十二卷　(清)沈祖禹輯　清乾隆五年(1740)刻本　二冊

320000－1605－0002079　G2034193
小桐廬詩草十卷　(清)袁景輅撰　清乾隆三十二年(1767)刻本　四冊

320000－1605－0002080　G2035193
憂患窩集不分卷　(清)金文榜撰　稿本　二冊

320000－1605－0002081　G2040194
西塘倡酬集二卷　(清)沈德潛等撰　清乾隆十八年(1753)王廷魁刻本　一冊

320000－1605－0002082　G2041194
盤溪倡酬集二卷　(清)王廷魁等撰　清乾隆二十一年(1756)王廷魁刻本　一冊

320000－1605－0002083　G2042194
停雲吟草一卷　(清)王廷魁撰　清乾隆二十五年(1760)王廷魁刻本　一冊

320000－1605－0002084　G2043194
小停雲詩集五卷　(清)王廷魁撰　清乾隆三十一年(1766)王廷魁刻本　二冊

320000－1605－0002085　G2038194
牛奇章集一卷　(隋)牛弘撰　(明)張溥閲　明婁東張氏刻本　一冊

320000－1605－0002086　G2039194
西亭詩不分卷　(清)吳屯侯撰　(清)李振裕鑒定　清康熙二十六年(1687)吳莊刻本　二冊

320000－1605－0002087　G2037194
山帶閣集三十三卷　(明)朱曰藩撰　明萬曆刻明重修本　八冊

320000－1605－0002088　G2044194

已畦詩舊存二卷 （清）葉燮撰 **語溪倡和一卷禾中倡和一卷** （清）葉燮等撰 清康熙葉氏二棄艸堂刻本 一册

320000－1605－0002089 G2036194
山曉閣選明文全集二十四卷 （清）孫琮輯 清康熙十六年(1677)金閶文雅堂刻本(卷二十三至二十四配複印本) 二十四册

320000－1605－0002090 G2045194
已畦詩近刻三卷 （清）葉燮撰 清康熙葉氏二棄艸堂刻本 一册

320000－1605－0002091 G2047194
秀野山房詩草一卷 （清）張世煒撰 清康熙二十三年(1684)刻本 一册

320000－1605－0002092 G2048194
板橋詞鈔一卷板橋題畫一卷道情十首一卷與舍弟書十六通一卷 （清）鄭燮撰 清乾隆八年至十四年(1743－1749)刻本 一册

320000－1605－0002093 G2049194
最樂堂文集六卷 （清）喬光烈撰 （清）牛運震評 清乾隆刻本 八册

320000－1605－0002094 G2050194
唐陸宣公集二十四卷 （唐）陸贄撰 （明）陳仁錫評閲 明末刻本 六册 存十二卷(一至十二)

320000－1605－0002095 G2051194
潭影軒詩鈔二卷 （清）王恭撰 清乾隆王氏南園刻本 二册

320000－1605－0002096 G2052194
黄山紀遊草一卷西山紀遊草一卷 （清）宋定業撰 清康熙刻本 一册

320000－1605－0002097 G2054194
隴首集一卷附録一卷 （明）王與胤撰 清雍正刻本 一册

320000－1605－0002098 G2055194
選詩句圖一卷 （宋）高似孫撰 明弘治十四年(1501)華珵刻本 一册

320000－1605－0002099 G2053194
偶存草不分卷 （清）高翔麟撰 清末抄本 二册

320000－1605－0002100 G2046194
紫石山房詩稿一卷紫石山房初記甲集一卷松吟草堂賸稿一卷紫石山房詞稿一卷雜作畧存一卷 （清）顧震撰 清光緒二十七年(1901)顧肇熙抄本 六册

320000－1605－0002101 003.1/428－1
康熙字典十二集 （清）張玉書等編 清宣統元年(1909)鉛印本 二册

320000－1605－0002102 003.1/428－2
康熙字典十二集 （清）張玉書等編 清光緒十六年(1890)影印本 一册 存一集(亥)

320000－1605－0002103 003.1/428－3
康熙字典十二集 （清）張玉書等編 清石印本 二册 存三集(巳、午、亥)

320000－1605－0002104 003.1/428－4
增訂康熙字典十二集 （清）張玉書等撰 (日本)山田清風增訂 清光緒十二年(1886)刻本 六册

320000－1605－0002105 003.1/972－1
康熙字典十二集 （清）張玉書等編 清康熙刻本 四十册

320000－1605－0002106 003.1/972－2
康熙字典十二集 （清）張玉書等編 清光緒元年(1875)刻本 四十册

320000－1605－0002107 003.1/972－3
康熙字典十二集 （清）張玉書等編 清光緒九年(1883)石印本 七册

320000－1605－0002108 018.3/428－1
勸學篇二卷 （清）張之洞撰 清光緒二十四年(1898)刻本 二册

320000－1605－0002109 018.3/428－2
勸學篇二卷 （清）張之洞撰 清光緒二十四年(1898)刻本 二册

320000－1605－0002110 018.3/535
程氏讀書分年日程三卷 （元）程端禮撰 清

同治八年(1869)刻本　一册

320000－1605－0002111　018.3/575
讀書鐙一卷　鄒福保撰　清宣統元年(1909)刻本　一册

320000－1605－0002112　018.9/103
賦鈔札記六卷　(清)朱錦綬撰　清光緒刻本　一册

320000－1605－0002113　018.9/445－1
韓集點勘四卷　(清)陳景雲撰　清同治九年(1870)江蘇書局刻本　一册

320000－1605－0002114　018.9/445－2
韓集點勘四卷　(清)陳景雲撰　清同治九年(1870)江蘇書局刻本　一册

320000－1605－0002115　019/376
藏書紀要一卷　(清)孫從添著　清刻本　一册

320000－1605－0002116　023.37/22
王念曾鈔存書目二種二卷　(清)王念曾輯　清抄本　二册

320000－1605－0002117　020/562
藏書紀事詩六卷　葉昌熾撰　清光緒二十三年(1897)刻本　十二册

320000－1605－0002118　021.1/562
觀古堂書目叢刊□□種　葉德輝編　清末、民國刻本　十七册　存十五種五十卷(祕書省續編到四庫闕書目二卷、百川書志二十卷、萬卷堂書目四卷、絳雲樓書目補遺一卷、靜惕堂書目宋人集一卷元人文集一卷、徵刻唐宋祕本書目一卷附考證一卷徵刻書啟五先生事略一卷、孝慈堂書目一卷、佳趣堂書目一卷、竹崦盦傳鈔書目一卷、結一廬書目四卷附錄一卷、别本結一廬書目一卷、朱氏結一廬書目二卷附錄一卷、求古居宋本書目一卷附考證一卷、潛采堂宋人集目錄一卷元人集目錄一卷、明南雍經籍考二卷)

320000－1605－0002119　021.1/791
彙刻書目十集　(清)顧修編　清刻本　十册

320000－1605－0002120　021.8/645
書衣雜識一卷　鄧邦述撰　清宣統三年(1911)刻本　一册

320000－1605－0002121　022.2/2－1
補晉書藝文志四卷附録一卷　(清)丁國鈞撰　清光緒二十年(1894)鉛印本　二册

320000－1605－0002122　022.2/2－2
補晉書藝文志四卷附録一卷　(清)丁國鈞撰　清光緒二十年(1894)鉛印本　二册

320000－1605－0002123　022.4/316
海虞藝文志六卷　(清)姚福均撰　清光緒二十三年(1897)刻本　二册

320000－1605－0002124　022/406
隋經籍志考證四卷　(清)章宗源撰　清光緒三年(1877)刻本　一册

320000－1605－0002125　023.2/320－1
欽定四庫全書簡明目録二十卷　(清)紀昀等編　清末刻本　十二册

320000－1605－0002126　023.2/320－2
四庫全書總目提要二百卷　(清)紀昀等撰
四庫未收書目提要五卷　(清)阮元撰　清光緒石印本　八册　存七十八卷(總目提要一百二十八至二百、未收書目提要五卷)

320000－1605－0002127　023.2/320－3
四庫全書總目提要二百卷　(清)紀昀等撰　清同治七年(1868)刻本　九十七册　缺五卷(四十至四十一、九十六至九十七、一百八十九)

320000－1605－0002128　023.2/320－4
四庫全書總目提要二百卷　(清)紀昀等撰　清同治七年(1868)刻本　一百二十册

320000－1605－0002129　023.2/320－5
四庫全書總目提要二百卷　(清)紀昀等撰　清刻本　九十七册　缺二十六卷(一至十四、一百四十至一百四十一、一百六十六至一百七十四、一百八十)

320000－1605－0002130　023.2/428

四庫書目不分卷　張炳翔輯　清末張炳翔抄本　十六冊

320000－1605－0002131　023.2/765
武英殿聚珍版書目録不分卷　(清)譚鍾麟編　清光緒刻本　一冊

320000－1605－0002132　023.2/79
萬卷樓書目不分卷　(清)白鍾元　(清)范右文編　(清)黄彭年審訂　清光緒八年(1882)刻本　一冊

320000－1605－0002133　023.2/811－1
四庫全書簡明目録二十卷　(清)紀昀等編　清光緒八年(1882)刻本　四冊

320000－1605－0002134　023.2/811－2
四庫全書簡明目録二十卷　(清)紀昀等編　清光緒十四年(1888)石印本　四冊

320000－1605－0002135　023.2/999
學古堂捐藏書目一卷學古堂藏書目六卷　(清)□□撰　清光緒刻本　一冊

320000－1605－0002136　023.27/9
欽定天禄琳瑯書目十卷後編二十卷　(清)于敏中等撰　清光緒十年(1884)鉛印本　十冊

320000－1605－0002137　023.3/2－1
善本書室藏書志四十卷　(清)丁丙撰　清光緒二十七年(1901)刻本　十六冊

320000－1605－0002138　023.3/2－2
善本書室藏書志四十卷　(清)丁丙撰　清光緒二十七年(1901)刻本　十二冊

320000－1605－0002139　023.3/25
崇文總目五卷　(宋)王堯臣編　清光緒八年(1882)刻本　五冊

320000－1605－0002140　023.3/375
平津館鑒藏記三卷補遺一卷續編一卷　(清)孫星衍撰　清刻本　一冊

320000－1605－0002141　023.3/393
傳是樓宋元版書目一卷　(清)徐乾學編　清光緒十一年(1885)刻本　一冊

320000－1605－0002142　023.3/444
稽瑞樓書目不分卷　(清)陳揆編　清光緒刻本　一冊

320000－1605－0002143　023.3/496
千頃堂書目三十二卷　(明)黄虞稷撰　清光緒石印本　十六冊

320000－1605－0002144　023.3/562
菉竹堂書目六卷　(明)葉盛撰　清刻本　一冊

320000－1605－0002145　023.3/650
秦漢十印齋書目四卷　(清)蔣鳳藻撰　清抄本　四冊

320000－1605－0002146　023.3/731
天一閣見存書目六卷　(清)薛福成編　清光緒十五年(1889)刻本　四冊

320000－1605－0002147　023.3/756－1
鐵琴銅劍樓藏書目録二十四卷　(清)瞿鏞編　清刻本　十冊

320000－1605－0002148　023.3/756－2
鐵琴銅劍樓藏書目録二十四卷　(清)瞿鏞編　清刻本　十冊

320000－1605－0002149　023.3/756－3
鐵琴銅劍樓藏書目録二十四卷　(清)瞿鏞編　清刻本　八冊

320000－1605－0002150　023.3/84－1
江刻書目三種　(清)江標輯　清光緒刻本　三冊

320000－1605－0002151　023.3/84－2
丁氏持靜齋書目一卷　(清)江標撰　清光緒二十一年(1895)刻本　一冊

320000－1605－0002152　023.3/985
古越藏書樓書目二十卷首一卷　徐樹蘭編　清光緒三十年(1904)崇實書局石印本　一冊　存二卷(十至十一)

320000－1605－0002153　023.37/254
季滄葦藏書目不分卷　(清)季振宜撰　清嘉慶二十二年(1817)刻本　一冊

320000－1605－0002154　023.37/428
愛日精廬藏書志三十六卷　(清)張金吾輯　清嘉慶刻本　八册

320000－1605－0002155　023.37/434
皕宋樓藏書志一百二十卷　(清)陸心源編　清光緒刻本(卷二十二至二十四配抄本)　四十册

320000－1605－0002156　023.37/52
汲古閣珍藏秘本書目不分卷　(清)毛扆撰　清嘉慶刻本　一册

320000－1605－0002157　023.37/556－1
海源閣藏書目不分卷　(清)江標編　清光緒十四年(1888)刻本　一册

320000－1605－0002158　023.37/556－2
海源閣藏書目不分卷　(清)江標編　清光緒十四年(1888)刻本　一册

320000－1605－0002159　023.37/556－3
海源閣藏書目不分卷　(清)江標編　清光緒十四年(1888)刻本　一册

320000－1605－0002160　023.37/556－4
海源閣藏書目不分卷　(清)江標編　清光緒十四年(1888)刻本　一册

320000－1605－0002161　024.7/556
日本訪書志十七卷　楊守敬撰　清光緒三十年(1904)刻本　七册　存十五卷(一至八、十一至十七)

320000－1605－0002162　024/12.1
浙江採集遺書目録不分卷　(清)沈初等編　清乾隆三十九年(1774)刻本　十册

320000－1605－0002163　024/99
行素堂目睹書録十集　(清)朱記榮編　清光緒十年(1884)刻本　十册

320000－1605－0002164　024/271
金華文萃書目提要八卷　(清)胡鳳丹撰　清同治刻本　三册

320000－1605－0002165　024/393
增版東西學書録四卷　(清)徐維則輯　清光緒二十八年(1902)石印本　六册

320000－1605－0002166　024/428－1
書目答問五卷　(清)張之洞撰　清光緒二十四年(1898)石印本　二册

320000－1605－0002167　024/428－2
書目答問五卷　(清)張之洞撰　清光緒十四年(1888)石印本　一册

320000－1605－0002168　024/428－3
輶軒語不分卷附書目答問四卷　(清)張之洞撰　清光緒三年(1877)刻本　五册

320000－1605－0002169　024/451－1
宋元舊本書經眼録三卷附録二卷　(清)莫友芝撰　清同治刻本　一册

320000－1605－0002170　024/451－2
宋元舊本書經眼録三卷附録二卷　(清)莫友芝撰　清同治刻本　一册

320000－1605－0002171　024/451－3
宋元舊本書經眼録三卷附録二卷　(清)莫友芝撰　清同治刻本　一册

320000－1605－0002172　024/451－4
宋元舊本書經眼録三卷附録二卷　(清)莫友芝撰　清同治刻本　二册

320000－1605－0002173　024/650
全上古三代秦漢三國晋南北朝文編目一百三卷　(清)蔣壑編　清光緒刻本　十六册

320000－1605－0002174　024/811－1
全燬抽燬書目七百八十九種　(清)英廉等編　清乾隆四十七年(1782)刻本　一册

320000－1605－0002175　024/811－2
全燬抽燬書目七百八十九種　(清)英廉等編　清光緒九年(1883)刻民國蘇州振新書社印咫進齋叢書本　一册

320000－1605－0002176　024/999
皇明文衡目錄二卷皇明文選目錄一卷吳兔牀竹下文存目錄一卷　(□)□□抄　清末抄本　一册

320000－1605－0002177　025.1/225
四庫簡明目録標注二十卷　(清)邵懿辰撰　清宣統刻本　六冊

320000－1605－0002178　025.1/443－1
直齋書録解題二十二卷　(宋)陳振孫撰　清刻本　十二冊

320000－1605－0002179　025.1/443－2
直齋書録解題二十二卷　(宋)陳振孫撰　清光緒九年(1883)刻本　六冊

320000－1605－0002180　025.1/443－3
直齋書録解題二十二卷　(宋)陳振孫撰　清光緒九年(1883)刻本　六冊

320000－1605－0002181　025.1/705
曝書雜記三卷　(清)錢泰吉撰　清同治七年(1868)刻本　二冊

320000－1605－0002182　025.1/940
皕宋樓藏書源流考不分卷　(日本)島田翰撰　清光緒刻本　一冊

320000－1605－0002183　025.2/2
武林藏書録三卷　(清)丁申撰　清光緒二十六年(1900)刻本　二冊

320000－1605－0002184　025.3/21
漁洋書跋二卷　(清)王士禛撰　清刻本　二冊

320000－1605－0002185　025.3/491－1
士禮居藏書題跋記六卷續録一卷　(清)黄丕烈撰　清光緒十年(1884)刻本　六冊

320000－1605－0002186　025.3/491－2
士禮居藏書題跋記六卷續録一卷　(清)黄丕烈撰　清光緒十年(1884)刻本　四冊

320000－1605－0002187　025.3/491－3
蕘圃藏書題識十卷　(清)黄丕烈撰　清光緒刻本　十冊

320000－1605－0002188　025.3/556－1
楹書隅録五卷續録四卷　(清)楊紹和撰　清同治刻本　八冊

320000－1605－0002189　025.3/556－2
楹書隅録五卷續録四卷　(清)楊紹和撰　清同治刻本　六冊　存七卷(隅録一至三、續録四卷)

320000－1605－0002190　025.3/705
錢氏家刻書目十卷　(清)錢培蓀撰　清光緒四年(1878)刻本　六冊

320000－1605－0002191　025.5/255
九經三傳沿革例一卷　(宋)岳珂撰　清光緒三年(1877)刻本　一冊

320000－1605－0002192　025.5/671
刻古逸叢書敘目不分卷　(清)黎庶昌編　清光緒十年(1884)刻本　二冊

320000－1605－0002193　025.5/84－1
宋元本行格表二卷　(清)江標撰　清光緒二十三年(1897)刻本　二冊

320000－1605－0002194　025.5/84－2
海源閣藏書目不分卷　(清)江標編　清光緒十四年(1888)刻本　一冊

320000－1605－0002195　025/316－1
古今僞書考一卷　(清)姚際恒撰　清光緒木活字印本　一冊

320000－1605－0002196　025/352
玉函山房輯佚書目不分卷　(清)馬國翰撰　清末抄本　一冊

320000－1605－0002197　025/775
禁書總目一卷　(清)浙江布政使司編　清光緒刻咫進齋叢書本　一冊

320000－1605－0002198　026.2/562
葉氏存古叢書四種　葉銘輯　清宣統二年(1910)鉛印本　二冊

320000－1605－0002199　026.4/312
春在堂全書録要一卷附自述詩一卷　(清)俞樾撰　清光緒刻本　二冊

320000－1605－0002200　026.9/248
栞書存目六卷别録二卷　周慶雲撰　清刻本　四冊

320000－1605－0002201　026/402
西學書目表三卷附一卷　梁啟超撰　清光緒二十二年(1896)刻本　一册

320000－1605－0002202　027/248
古今刻書二卷　(明)周弘祖編　清光緒三十二年(1906)刻本　二册

320000－1605－0002203　027/376
上善堂書目不分卷　(清)孫從添撰　清光緒三十一年(1905)刻本　一册

320000－1605－0002204　027/808
金陵刻經處流通經典目録不分卷　金陵刻經處撰　清末刻本　一册

320000－1605－0002205　027/843
湖北官書處書目不分卷　(清)湖北官書處編　清刻本　一册

320000－1605－0002206　027/972
申報館書目提要不分卷　(□)□□編　清末石印本　一册

320000－1605－0002207　028/260－1
讀書叢録二十四卷　(清)洪頤煊撰　清光緒刻本　六册

320000－1605－0002208　028/260－2
讀書叢録二十四卷　(清)洪頤煊撰　清光緒刻本　八册

320000－1605－0002209　030/15
通雅五十三卷首三卷　(清)方以智撰　清光緒六年(1880)刻本　十五册

320000－1605－0002210　030/235
江湖切要二卷　(□)□□輯　清光緒刻本　二册

320000－1605－0002211　030/328
讀書紀數略五十四卷　(清)宫夢仁撰　清光緒刻本　十二册

320000－1605－0002212　030/337
六如居士外集六卷　(清)唐仲冕　(清)魏標校編　清刻本　一册

320000－1605－0002213　030/390
詩句題解韻編總彙不分卷　(清)倪承瓚編　清光緒石印本　一册　存一册(上平十灰至十四寒)

320000－1605－0002214　030/441
格致鏡原一百卷　(清)陳元龍撰　清康熙五十六年(1717)陳元龍刻雍正十三年(1735)印本　二十三册　缺四卷(七十五至七十八)

320000－1605－0002215　030/567
古今類傳四卷　(清)董穀士　(清)董炳文輯　清康熙三十一年(1692)耒學齋刻本　二册　存二卷(一、三)

320000－1605－0002216　030/863
群玉閣彙刊類書十二種　(清)小嫏嬛山館增訂　清同治六年(1867)刻本　一册　存一種二卷(經腴類纂二卷)

320000－1605－0002217　031/122
巾經纂二十卷　(清)宋宗元撰　清光緒十六年(1890)刻本　四册

320000－1605－0002218　031/129
唐詩金粉十卷　(清)沈炳震撰　清光緒十四年(1888)石印本　二册

320000－1605－0002219　031/135
穀玉類編五十卷　(清)汪兆舒撰　清乾隆刻本　二十册

320000－1605－0002220　031/152－1
太平廣記五百卷　(宋)李昉等編　清道光刻本　六十册

320000－1605－0002221　031/152－2
太平御覽一千卷目録十五卷　(宋)李昉等撰　清嘉慶十七年(1812)刻本　一百二册

320000－1605－0002222　031/152－3
太平御覽一千卷目録十五卷　(宋)李昉等撰　清嘉慶十七年(1812)刻本　九十六册

320000－1605－0002223　031/165
賦彙録要箋略二十八卷　(清)吳光昭撰　清刻本　十册

320000－1605－0002224　031/166
策學備纂三百八十八卷目録三十二卷　(清)吴熲炎輯　清光緒十九年(1893)石印本　四十八册

320000－1605－0002225　031/167－1
子史精華一百六十卷　(清)吳襄等編　清光緒二十年(1894)石印本　八册

320000－1605－0002226　031/167－2
子史精華一百六十卷　(清)吳襄等編　清雍正刻本　四十册

320000－1605－0002227　031/22－1
表異録二十卷　(明)王志堅撰　清光緒二年(1876)刻本　二册

320000－1605－0002228　031/22－2
表異録二十卷　(明)王志堅撰　清光緒二年(1876)刻本　二册

320000－1605－0002229　031/22－3
重刊增廣分門類林雜説十五卷　(清)王朋壽編　清宣統元年(1909)嘉業堂刻本　二册

320000－1605－0002230　031/22－4
重刊增廣分門類林雜説十五卷　(清)王朋壽編　清宣統元年(1909)嘉業堂刻本　二册

320000－1605－0002231　031/25
册府元龜一千卷目録八卷　(宋)王欽若等編　清康熙十一年(1672)刻本　二百四十册

320000－1605－0002232　031/250
類書纂要三十六卷　(清)周魯輯　清康熙刻本　二十册

320000－1605－0002233　031/27－1
喻林一葉二十四卷　(清)王蘇撰　清咸豐二年(1852)刻本　二十册

320000－1605－0002234　031/27－2
喻林一葉二十四卷　(清)王蘇撰　清咸豐二年(1852)刻本　六册

320000－1605－0002235　031/393
初學記三十卷　(唐)徐堅等撰　清刻本　十六册

320000－1605－0002236　031/428
記事珠十卷　(清)張以謙撰　清嘉慶二十一年(1816)刻本　十二册

320000－1605－0002237　031/429－1
淵鑑類函四百五十卷目録四卷　(清)張英等撰　清光緒十三年(1887)石印本　四十八册

320000－1605－0002238　031/429－2
淵鑑類函四百五十卷目録四卷　(清)張英等撰　清同治九年(1870)刻本　一百六十册

320000－1605－0002239　031/438
小知録十二卷　(清)陸鳳藻撰　清同治十二年(1873)刻本　四册

320000－1605－0002240　031/441－1
格致鏡原一百卷　(清)陳元龍撰　清康熙五十六年(1717)陳元龍刻雍正十三年(1735)印本　三十二册

320000－1605－0002241　031/441－2
格致鏡原一百卷　(清)陳元龍撰　清康熙五十六年(1717)陳元龍刻雍正十三年(1735)印本　十七册　存七十四卷(二十三至四十六、五十一至一百)

320000－1605－0002242　031/449－1
清異録二卷　(宋)陶穀撰　清光緒元年(1875)刻本　二册

320000－1605－0002243　031/449－2
清異録二卷　(宋)陶穀撰　清光緒元年(1875)刻本　二册

320000－1605－0002244　031/492
二十四史九通政典類要合編三百二十卷　(清)黄書霖撰　清光緒二十八年(1902)石印本　六十册

320000－1605－0002245　031/535
清河偶鈔四卷　(清)程際盛撰　清嘉慶刻本　二册

320000－1605－0002246　031/570
北堂書鈔一百六十卷　(唐)虞世南編　清光緒十四年(1888)刻本　二十册

320000－1605－0002247　031/598
五洲事類匯表四十八卷　(清)趙士元　(清)孔昭紱撰　清光緒二十九年(1903)石印本　二十册

320000－1605－0002248　031/622
宋稗類鈔三十六卷　(清)潘永因撰　清宣統三年(1911)石印本　十二册

320000－1605－0002249　031/644
事物異名録四十卷　(清)厲荃輯　(清)關槐增纂　清乾隆刻本　八册

320000－1605－0002250　031/650
古今圖書集成一萬卷目録三十二卷　(清)陳夢雷　(清)蔣廷錫編　清光緒十年(1884)鉛印本　一千六百二十八册

320000－1605－0002251　031/654－1
廣治平略四十四卷　(清)蔡方炳撰　清康熙刻本　十二册

320000－1605－0002252　031/654－2
廣治平略三十六卷　(清)蔡方炳撰　清小琅嬛館刻本　四册　存十三卷(一至十三)

320000－1605－0002253　031/654－3
廣治平略正集三十六卷續集八卷　(清)蔡方炳撰　清光緒八年(1882)刻本　十册

320000－1605－0002254　031/654－4
廣治平畧三十六卷補編八卷　(清)蔡方炳撰　清光緒十三年(1887)石印本　六册

320000－1605－0002255　031/674
策府統宗六十五卷目録二卷　(清)劉昌齡輯　清光緒十五年(1889)石印本　二十四册

320000－1605－0002256　031/761
壹是紀始二十二卷補遺一卷　(清)魏崧撰　清道光二十二年(1842)刻本　十二册

320000－1605－0002257　031/791
策學匯源二十四卷　(清)顧其義等撰　清光緒二十三年(1897)石印本　四十八册

320000－1605－0002258　032/165－1
兩漢韻珠十卷　(清)吴章澧撰　清光緒十八年(1892)刻本　十册

320000－1605－0002259　032/165－2
兩漢韻珠十卷　(清)吴章澧撰　清光緒十八年(1892)刻本　十册

320000－1605－0002260　032/654－1
佩文韻府一百六卷拾遺一百六卷　(清)張玉書　(清)蔡升元等輯　清刻本　一百十五册

320000－1605－0002261　032/654－2
佩文韻府一百六卷拾遺一百六卷　(清)張玉書　(清)蔡升元等輯　清刻本　九十五册

320000－1605－0002262　032/654－3
佩文韻府一百六卷　(清)張玉書等輯　清光緒八年(1882)石印本　十册

320000－1605－0002263　032/654－4
佩文韻府一百六卷　(清)張玉書等輯　清光緒十二年(1886)石印本　六十册

320000－1605－0002264　032/654－5
佩文韻府一百六卷拾遺一百六卷　(清)張玉書　(清)蔡升元等輯　清光緒十三年(1887)石印本　六十册

320000－1605－0002265　032/811
駢字類編二百四十卷　(清)吴士玉等編　清光緒十三年(1887)石印本　四十八册

320000－1605－0002266　032/971
詩韻全璧五卷附汪立名論古韻通轉一卷　題(清)惜陰主人編　清光緒十七年(1891)石印本　六册

320000－1605－0002267　033/347－1
月令粹編二十四卷　(清)秦嘉謨撰　清嘉慶十七年(1812)刻本　六册

320000－1605－0002268　033/347－2
月令粹編二十四卷　(清)秦嘉謨撰　清嘉慶十七年(1812)刻本　六册

320000－1605－0002269　033/347－3
干支集錦二十四卷　(清)秦嘉謨撰　清光緒刻本　四册

320000－1605－0002270　033/477
月令廣義二十四卷　(明)馮應京撰　清末抄本　二十册

320000－1605－0002271　033/598
角山樓增補類腋六十七卷　(清)趙克宜撰　清光緒十二年(1886)影印本　一册

320000－1605－0002272　033/727
月日紀古十二卷　(清)蕭智漢撰　清道光刻本　三十二册

320000－1605－0002273　035/434
埤雅二十卷　(宋)陸佃撰　清康熙刻本　四册

320000－1605－0002274　035/441
端石擬三卷附藜閣十硯銘一卷　(清)陳齡撰　清同治十二年(1873)刻本　一册

320000－1605－0002275　037/248
南北史捃華八卷　(清)周嘉猷撰　清光緒刻本　四册

320000－1605－0002276　037/27
衛濟餘編十八卷　(清)王纕堂輯　清嘉慶刻本　一册　存二卷(十至十一)

320000－1605－0002277　037/312
茶香室續鈔二十五卷目録一卷　(清)俞樾撰　清光緒二十五年(1899)刻本　三册　存八卷(一至八)

320000－1605－0002278　037/429
忍盦苔岑雜鈔不分卷　張炳翔輯　稿本　四册

320000－1605－0002279　037/527
縹緗新記十六卷　(清)曾興仁輯　清道光二十二年(1842)刻本　八册

320000－1605－0002280　037/535
讀書分年日程三卷　(元)程端禮撰　清同治八年(1869)刻本　一册

320000－1605－0002281　037/568
古今類傳四卷　(清)董穀士　(清)董炳文輯　清康熙三十一年(1692)未學齋刻本　四册

320000－1605－0002282　037/705－1
讀書敏求記四卷　(清)錢曾撰　清乾隆十年(1745)刻本　四册

320000－1605－0002283　037/705－2
讀書敏求記四卷　(清)錢曾撰　清乾隆十年(1745)刻本　四册

320000－1605－0002284　037/968
雜鈔不分卷　迪甫抄録　清末抄本　一册

320000－1605－0002285　037/977
讀書雜録不分卷　(□)□□撰輯　稿本　一册

320000－1605－0002286　038/102
開有益齋讀書志六卷附金石文字記一卷　(清)朱緒曾撰　清光緒六年(1880)刻本　六册

320000－1605－0002287　038/122
過庭録十六卷　(清)宋翔鳳撰　清光緒七年(1881)刻本　四册

320000－1605－0002288　038/15
漢學商兑三卷　(清)方東樹撰　清光緒八年(1882)刻本　四册

320000－1605－0002289　038/166
易堂問目四卷　(清)吴鼎撰　清乾隆三十七年(1772)刻本　二册

320000－1605－0002290　038/178
何義門讀書記五十八卷　(清)何焯撰　清乾隆二十九年(1764)刻本　十六册

320000－1605－0002291　038/22
讀書雜志十種八十二卷　(清)王念孫撰　清同治九年(1870)刻本　二十四册

320000－1605－0002292　038/232－1
匏瓜録十卷　(清)芮長恤撰　清光緒十三年(1887)刻本　六册

320000－1605－0002293　038/232－2
匏瓜録十卷　(清)芮長恤撰　清光緒十三年(1887)刻本　六册

320000－1605－0002294　038/25－1
蛾術編八十二卷　(清)王鳴盛撰　清道光二十一年(1841)刻本　十六册

320000－1605－0002295　038/25－2
蛾術編八十二卷　(清)王鳴盛撰　清道光二十一年(1841)刻本　十三册　存六十八卷(八至十八、二十六至八十二)

320000－1605－0002296　038/260
曉讀書齋雜録八卷　(清)洪亮吉撰　清刻本　二册

320000－1605－0002297　038/268
湛園札記四卷　(清)姜宸英撰　清刻本　二册

320000－1605－0002298　038/271
賔存四卷　(清)胡式鈺撰　清道光二十一年(1841)刻本　二册

320000－1605－0002299　038/27－1
困學紀聞二十卷　(宋)王應麟撰　清同治九年(1870)刻本　六册

320000－1605－0002300　038/27－2
困學紀聞二十卷　(宋)王應麟撰　清同治九年(1870)刻本　六册

320000－1605－0002301　038/27－3
困學紀聞注二十卷　(清)翁元圻注　清道光五年(1825)刻本　十四册

320000－1605－0002302　038/27－4
困學紀聞集證合註二十卷　(清)萬希槐輯　清嘉慶十八年(1813)刻本　八册

320000－1605－0002303　038/316－1
援鶉堂筆記五十卷筆記刊誤一卷　(清)姚範撰　清嘉慶十五年(1810)刻本　十二册

320000－1605－0002304　038/316－2
援鶉堂筆記五十卷　(清)姚範撰　清末抄本　二册　存五卷(漢書三至七)

320000－1605－0002305　038/316－3
惜抱軒筆記八卷　(清)姚鼐撰　清嘉慶十五年(1810)刻本　二册

320000－1605－0002306　038/377
札迻十二卷　(清)孫詒讓撰　清光緒二十年(1894)刻本　四册

320000－1605－0002307　038/390
二初齋讀書記十卷　(清)倪思寬撰　清嘉慶八年(1803)刻本　二册

320000－1605－0002308　038/393
管城碩記三十卷　(清)徐文靖撰　清乾隆九年(1744)刻本　八册

320000－1605－0002309　038/447
劍閒齋師門答問一卷　(清)陳瀚撰　清宣統二年(1910)刻本　一册

320000－1605－0002310　038/494
蓮池書院日記三集二十九卷　(清)黄彭年輯　清光緒五年(1879)刻本　十二册

320000－1605－0002311　038/525
此木軒雜著八卷　(清)焦袁熹撰　清嘉慶九年(1804)刻本　八册

320000－1605－0002312　038/527
求闕齋讀書録十卷　(清)曾國藩撰　清光緒二年(1876)刻本　六册

320000－1605－0002313　038/539
南菁札記十四種二十二卷　(清)溥良撰　清光緒二年(1876)刻本　六册

320000－1605－0002314　038/562
習學記言五十卷　(宋)葉適撰　清光緒九年(1883)刻本　十二册

320000－1605－0002315　038/565
群書疑辨十二卷　(清)萬斯同撰　清嘉慶二十一年(1816)刻本　四册

320000－1605－0002316　038/636
點勘記二卷附省堂筆記一卷　(清)歐陽泉撰　清光緒四年(1878)刻本　二册

320000－1605－0002317　038/645－1
雙研齋筆記六卷　(清)鄧廷楨撰　清光緒二十二年(1896)刻本　三册

320000－1605－0002318　038/645－2
雙研齋筆記六卷　(清)鄧廷楨撰　清光緒二十二年(1896)刻本　三册

320000－1605－0002319　038/650
東湖叢記六卷　(清)蔣光煦撰　清光緒九年(1883)刻本　三册

320000－1605－0002320　038/698
潛邱劄記六卷　(清)閻若璩撰　清乾隆九年(1744)刻本　十二册

320000－1605－0002321　038/705
經史提綱十七卷附九經補韻一卷　(清)錢邦寅撰　清乾隆五年(1740)刻本　二册

320000－1605－0002322　038/85－1
有不為齋隨筆十卷　(清)光聰諧撰　清光緒十四年(1888)刻本　二册

320000－1605－0002323　038/85－2
有不為齋隨筆十卷　(清)光聰諧撰　清光緒十四年(1888)刻本　二册

320000－1605－0002324　038/85－3
有不為齋隨筆十卷　(清)光聰諧撰　清光緒十四年(1888)刻本　二册

320000－1605－0002325　038/967
滬門摘録不分卷　(清)□□撰　清光緒元年(1875)抄本　一册

320000－1605－0002326　038/98－1
群書札記十六卷　(清)朱亦棟撰　清光緒四年(1878)刻本　十册

320000－1605－0002327　038/98－2
無邪堂答問五卷　(清)朱一新撰　清光緒二十一年(1895)刻本　五册

320000－1605－0002328　039/129
夢溪筆談二十六卷　(宋)沈括撰　明崇禎刻本　六册

320000－1605－0002329　039/135
韓門綴學五卷附孝經約義一卷談書録一卷　(清)汪師韓撰　清刻本　四册

320000－1605－0002330　039/271
訂譌雜録十卷　(清)胡鳴玉撰　清乾隆四年(1739)刻本　四册

320000－1605－0002331　039/312－1
癸巳類稿十五卷　(清)俞正燮撰　清道光刻本　十二册

320000－1605－0002332　039/312－2
癸巳類稿十五卷　(清)俞正燮撰　清光緒五年(1879)刻本　六册

320000－1605－0002333　039/312－3
癸巳存稿十五卷　(清)俞正燮撰　清光緒十年(1884)刻本　八册

320000－1605－0002334　039/342
七修類稿五十一卷附續稿七卷　(明)郎瑛撰　清乾隆四十年(1775)刻本　十六册

320000－1605－0002335　039/364－1
札樸十卷　(清)桂馥撰　清光緒九年(1883)刻本　六册

320000－1605－0002336　039/364－2
札樸十卷　(清)桂馥撰　清光緒九年(1883)刻本　六册

320000－1605－0002337　039/364－3
札樸十卷　(清)桂馥撰　清光緒九年(1883)刻本　十册

320000－1605－0002338　039/393
讀書雜釋十四卷　(清)徐鼒撰　清咸豐十一年(1861)刻本　四册

320000－1605－0002339　039/420
音匏隨筆一卷　(清)曹楙堅撰　清道光二十三年(1843)刻本　一册

320000－1605－0002340　039/488
鐵網珊瑚二十卷　(明)都穆撰　清刻本　四册

320000－1605－0002341　039/556
秇林伐山二十卷　(明)楊慎撰　明刻本　一册　存七卷(一至七)

320000－1605－0002342　039/674
稽瑞不分卷　(唐)劉賡撰　清抄本　一册

320000－1605－0002343　039/705
鈍硯巵言不分卷　(清)錢綺撰　清光緒刻本　一册

320000－1605－0002344　039/791－1
日知録三十二卷　(清)顧炎武撰　清康熙刻本　六册

320000－1605－0002345　039/791－2
日知録三十二卷　(清)顧炎武撰　清康熙三十四年(1695)經義齋刻本　十六册

320000－1605－0002346　039/791－3
日知録三十二卷　(清)顧炎武撰　清道光十二年(1832)錦江書院刻本　十八册

320000－1605－0002347　039/791－4
日知録之餘四卷　(清)顧炎武撰　清宣統二年(1910)刻本　二册

320000－1605－0002348　039/791－5
日知録集釋三十二卷　(清)顧炎武撰　(清)黄汝成集釋　清光緒元年(1875)刻本　十六册

320000－1605－0002349　039/963
三才紀要不分卷　(□)□□撰　清光緒刻本　一册

320000－1605－0002350　039/965
古今原始不分卷　(明)趙鉞輯　**文章緣起一卷**　(南朝梁)任昉撰　清抄本　一册

320000－1605－0002351　040.2/975
古今秘苑三十二卷　題(清)墨磨主人編　清刻本　四册

320000－1605－0002352　062.1/874
滬北仁濟堂徵信録一卷　(清)滬北仁濟堂編　清光緒鉛印本　一册

320000－1605－0002353　062.18/164
長元吴豐備義倉全案續編六卷首一卷末一卷圖一卷　(清)吴大根撰　清光緒二十四年(1898)刻本　八册

320000－1605－0002354　062.18/622
長元吴豐備義倉全案三續編十二卷首一卷末一卷　(清)潘祖謙撰　清宣統三年(1911)刻本　八册

320000－1605－0002355　062.8/157
豫賑徵信録八卷　(清)李麟策等編　清光緒五年(1879)刻本　四册

320000－1605－0002356　072.1/812
湘報文編三卷　(清)湘報編　清光緒二十八年(1902)鉛印本　二册　缺一卷(中)

320000－1605－0002357　080.1/106
粤雅堂叢書二十集一百三十種續集五十種　(清)伍崇曜輯　清咸豐三年(1853)刻本　三百二十册

320000－1605－0002358　080.1/123
懺花盦叢書二十種　(清)宋澤元輯　清光緒刻本　六十四册

320000－1605－0002359　080.1/128
尚白齋祕笈二十帙　(明)陳繼儒校訂　(明)沈德先校輯　明萬曆三十四年(1606)刻本(原缺第十四帙)　十册

320000－1605－0002360　080.1/129－1
晨風閣叢書二十三種　沈宗畸輯　清宣統元年(1909)刻本　十六册

320000－1605－0002361　080.1/129－2
晨風閣叢書二十三種　沈宗畸輯　清宣統元年(1909)刻本　十六册

320000－1605－0002362　080.1/129－3
枕碧樓叢書十二種　沈家本輯　清宣統三年(1911)刻本　十八册

320000－1605－0002363　080.1/152
守約篇叢書三十八種　(清)李光廷輯　清同治十三年(1874)刻本　四十八册

320000－1605－0002364　080.1/154
木犀軒叢書四十種　(清)李盛鐸輯　清光緒刻本　四十册

320000－1605－0002365　080.1/156－1

函海一百六十四種 （清）李調元輯 清嘉慶十四年（1809）刻本 一百六十冊

320000－1605－0002366 080.1/156－2
函海一百六十四種 （清）李調元輯 清嘉慶十四年（1809）刻本 二百九冊 缺二十七種一百六卷（龍洲集十卷、龍龕手鑑四卷、雪履齋筆記一卷、日聞録一卷、吳中舊事一卷、鳴鶴餘音一卷、古文韻語一卷、石鼓文音釋三卷、風雅逸篇十卷、古今風謠一卷、古今諺一卷、俗言一卷、麗情集一卷阪麗情集一卷、埤戶録一卷、雲南山川志一卷、滇載記一卷、丹鉛雜錄十卷、玉名詁一卷、異魚圖贊四卷、升庵先生年譜一卷、異魚圖贊補三卷、南越筆記十六、小倉選集八卷、夢樓選集四卷、甌北選集五卷、童山選集十二卷、醒園録二卷）

320000－1605－0002367 080.1/165－1
藝海珠塵一百六十三種 （清）吳省蘭輯 清嘉慶刻本 八十冊

320000－1605－0002368 080.1/165－2
藝海珠塵一百六十三種 （清）吳省蘭輯 清嘉慶刻本 六十四冊

320000－1605－0002369 080.1/167－1
說鈴五十三種 （清）吳震方編 清刻本 八冊

320000－1605－0002370 080.1/167－2
說鈴五十三種 （清）吳震方編 清嘉慶四年（1799）刻本 三十二冊

320000－1605－0002371 080.1/167－3
說鈴前集三十七種 （清）吳震方編 清同治七年（1868）刻本 二十二冊

320000－1605－0002372 080.1/167－4
重校拜經樓叢書十種 （清）吳騫等撰 清光緒二十年（1894）刻本 十冊

320000－1605－0002373 080.1/194
明辨齋叢書二十三種 （清）余肇鈞輯 清咸豐、同治刻本 八冊

320000－1605－0002374 080.1/2
月河精舍叢鈔十一種 （清）丁寶書輯 清光緒刻本 二十冊

320000－1605－0002375 080.1/22－1
南菁書院叢書五十三種 王先謙 繆荃孫輯 清光緒十四年（1888）刻本 三十二冊

320000－1605－0002376 080.1/22－2
王益吾所刻書十一種 王先謙輯 清光緒九年（1883）刻本 四冊

320000－1605－0002377 080.1/25
檀几叢書五十卷二集五十卷餘集二卷 （清）王晫 （清）張潮輯 清康熙三十四年（1695）刻本 十二冊

320000－1605－0002378 080.1/27
增訂漢魏叢書八十七種 （清）王謨輯 清乾隆五十六年（1791）刻本 七十六冊 缺八種二十一卷（白虎通德論一至三、西京雜記六卷、漢武帝內傳一卷、飛燕外傳一卷、雜事秘辛一卷、中論二卷、風俗通義七至十、人物志三卷）

320000－1605－0002379 080.1/27－1
天壤閣叢書二十種 （清）王懿榮輯 清同治、光緒刻本 二十冊 存十八種五十六卷（夏小正正義一卷、爾雅直音二卷、弟子職正音一卷、弟子職一卷、急就篇直音一卷、急就篇四卷、說文逸字二卷、說文聲讀表七卷、古今韻攷四卷、切韻一卷、疑年録四卷、續疑年録四卷、麟角集一卷附録一卷、黃御史集二卷別録一卷、聲調三譜十一卷、內功圖說一卷、求雨篇一卷、明刑弼教録六卷）

320000－1605－0002380 080.1/27－2
天壤閣叢書二十種 （清）王懿榮輯 清同治、光緒刻本 十六冊 存十六種五十四卷（夏小正正義一卷、爾雅直音二卷、弟子職正音一卷、弟子職一卷、急就篇直音一卷、急就篇四卷、說文逸字二卷、說文聲讀表七卷、古今韻攷四卷、切韻一卷、疑年録四卷、續疑年録四卷、麟角集一卷附録一卷、黃御史集二卷別録一卷、聲調三譜十一卷、明刑弼教録六卷）

320000－1605－0002381　080.1/242
粟香室叢書五十七種　金武祥輯　清光緒、民國刻本　五十八册　缺四種五卷(經書言學指要一卷、笏巖詩鈔一卷、沈子磻遺文正編一卷外編一卷、教孝編一卷)

320000－1605－0002382　080.1/271－1
刻鵠齋叢書□□種　(清)胡念修輯　清光緒刻本　二十八册　存十四種五十七卷(璇璣遺述六卷末一卷、尚書通義殘稿二卷、潘瀾筆記二卷、懺摩録一卷、紀慎齋求雨全書二卷、崇雅堂駢體文鈔四卷、汪容甫先生詩集六卷附録一卷、易義來源四卷、四家纂文叙録彙編四卷附録一卷、問湘樓駢文初稿四卷、息園舊德録一卷、靈芝僊館詩鈔十一卷、捲秋亭詞鈔二卷、復堂文續五卷)

320000－1605－0002383　080.1/271－2
琳琅祕室叢書四集　(清)胡珽輯　清光緒十四年(1888)木活字印本　二十四册

320000－1605－0002384　080.1/285
宜稼堂叢書七種　(清)郁松年輯　清道光刻本　六十四册

320000－1605－0002385　080.1/316－1
咫進齋叢書三集三十七種　(清)姚覲元輯　清同治、光緒刻本　二十四册

320000－1605－0002386　080.1/316－2
咫進齋叢書三集三十七種　(清)姚覲元輯　清光緒九年(1883)刻本　二十四册

320000－1605－0002387　080.1/352
龍威祕書十集　(清)馬俊良輯　清嘉慶元年(1796)刻本　八十册

320000－1605－0002388　080.1/37
微波榭叢書三十六種　(清)孔繼涵輯　清乾隆刻本　三十二册　缺六種十九卷(勾股割圜記三卷、雜體文稿七卷、同度記一卷、長行經一卷、紅櫚書屋詩集四卷、斲冰詞三卷)

320000－1605－0002389　080.1/375
平津館叢書三十八種　(清)孫星衍輯　清光緒十一年(1885)刻本　四十八册

320000－1605－0002390　080.1/393－1
隨盦徐氏叢書二十一種　徐乃昌輯　清光緒、民國刻本　二十四册

320000－1605－0002391　080.1/393－2
積學齋叢書二十種　徐乃昌輯　清光緒刻本　二十册

320000－1605－0002392　080.1/393－3
懷豳雜俎叢書十二種　徐乃昌輯　清宣統二年(1910)刻本　十册

320000－1605－0002393　080.1/393－4
會稽徐氏述史樓叢書五種　(清)徐維則輯　清光緒刻本　八册

320000－1605－0002394　080.1/393－5
隨盦徐氏叢書續編十種　徐乃昌輯　清光緒、民國刻本　十二册

320000－1605－0002395　080.1/393－6
隨盦徐氏叢書續編十種　徐乃昌輯　清光緒、民國刻本　二十四册

320000－1605－0002396　080.1/393－7
邵武徐氏叢書初刻十三種二集八種　(清)徐幹輯　清光緒刻本　四十册

320000－1605－0002397　080.1/393－8
邵武徐氏叢書二集八種　(清)徐幹輯　清光緒刻本　十五册　缺二種十七卷(本事詩前集六卷後集六卷、花間集六至十)

320000－1605－0002398　080.1/393－9
春暉堂叢書十二種　(清)徐渭仁輯　清道光、同治刻本　十六册

320000－1605－0002399　080.1/393－10
春暉堂叢書十二種　(清)徐渭仁輯　清道光、同治刻本　十二册

320000－1605－0002400　080.1/393－11
春暉堂叢書十二種　(清)徐渭仁輯　清末刻本　一册　存三種四卷(儀鄭堂殘稿一至二、賜硯齋題畫偶録一卷、居易堂殘稿一卷)

320000－1605－0002401　080.1/393－12
鄦齋叢書二十種　徐乃昌輯　清光緒二十六

年(1900)刻本　十五册　缺二種四卷(續方言又補二卷、後漢儒林傳補逸一卷附續增一卷)

320000－1605－0002402　080.1/406－1
式訓堂叢書初集十五種二集十三種　(清)章壽康輯　清光緒刻本　三十二册　缺一種一卷(初集漢書西域傳補註下)

320000－1605－0002403　080.1/406－2
式訓堂叢書初集十五種　(清)章壽康輯　清光緒刻本　十一册　缺五種十一卷(右易音訓二卷、弟子職集解一卷、呂子校補二卷、竹汀日記鈔三卷、曝書襍記三卷)

320000－1605－0002404　080.1/407－1
娱園叢刻十一種　(清)許增輯　清光緒十五年(1889)刻本　八册

320000－1605－0002405　080.1/407－2
娱園叢刻十一種　(清)許增輯　清光緒十五年(1889)刻本　一册　存五種六卷(頻羅庵論書一卷、金粟箋說一卷、尚延素心録一卷、書畫說鈴一卷、陽羨名陶録二卷)

320000－1605－0002406　080.1/407－3
敏果齋七種　(清)許乃釗輯　清道光刻本　十六册

320000－1605－0002407　080.1/412
望三益齋叢書十一種　(清)郭傳璞輯　清光緒刻本　十二册

320000－1605－0002408　080.1/428－1
榕園叢書三集續刻一集　(清)張丙炎輯　(清)張允顗重輯　清同治刻本　六十册

320000－1605－0002409　080.1/428－2
正誼堂全書六十三種續刻五種　(清)張伯行輯　(清)楊浚重輯　清同治、光緒刻本　一百五十六册　缺一種十三卷(周濂溪先生全集一至十三)

320000－1605－0002410　080.1/428－3
正誼堂全書六十三種　(清)張伯行輯　(清)楊浚重輯　清同治、光緒刻本　一百七十七册　缺十五種九十八卷(周濂溪先生全集一至六、十至十一,張南軒先生文集五至七,諸葛武侯文集四卷,司馬溫公文集十一至十四,文山先生文集上,伊洛淵源録一至七,程氏家塾讀書分年日程三卷,朱子學的二卷,薛文清公讀書録八卷,高東溪先生遺集二卷,道統録附録一卷,二程語録三至十八,濂洛關閩書十九卷,正誼堂文集十二卷,正誼堂續集八卷)

320000－1605－0002411　080.1/430－1
花雨樓叢鈔十四種續鈔十四種　(清)張壽榮輯　清光緒刻本　四十八册

320000－1605－0002412　080.1/430－2
昭代叢書甲集五十一種乙集四十種　(清)張潮輯　清康熙三十六年(1697)刻本　十六册

320000－1605－0002413　080.1/430－3
昭代叢書十集四百九十九種　(清)張潮　(清)張漸輯　(清)楊復吉　(清)沈楙悳續輯　清道光十三年(1833)刻本　一百六十册

320000－1605－0002414　080.1/431
暢園叢書甲函六種　(清)張邁輯　清光緒二十年(1894)刻本　五册

320000－1605－0002415　080.1/434
十萬卷樓叢書初編十六種二編二十種　(清)陸心源輯　清光緒刻本　六十七册

320000－1605－0002416　080.1/443－1
房山山房叢書十一種　陳洙輯　清宣統二年(1910)影印本　三册

320000－1605－0002417　080.1/443－2
湖海樓叢書十二種　(清)陳春輯　清嘉慶刻本　三十二册

320000－1605－0002418　080.1/447
學海堂叢刻十三種　(清)陳璞輯　清光緒刻本　八册

320000－1605－0002419　080.1/449－1
說郛一百二十卷　(明)陶宗儀輯　清順治三年(1646)刻本　十二册　存十二卷(十八、六十至六十二、六十五至六十九、七十三、八十

八、九十)

320000－1605－0002420　080.1/449－2
說郛一百二十卷　(明)陶宗儀輯　清順治三年(1646)刻本　二十册

320000－1605－0002421　080.1/449－3
續説郛四十六卷　(明)陶珽輯　清順治三年(1646)刻本　十七册

320000－1605－0002422　080.1/454
長恩書室叢書十九種　(清)莊肇麟輯　清咸豐四年(1854)刻本　十五册　存十六種五十九卷(州縣提綱四卷、陣紀四卷、六韜六卷逸文一卷、救荒活民書三卷拾遺一卷、全生指迷方四卷、魏武帝註孫子三卷、守城録四卷、神機制敵太白陰經十卷、傷寒微旨論二卷、捕蝗考一卷、何博士備論一卷、農桑衣食撮要二卷、吴子二卷、歷代兵制八卷、旅舍備要方一卷、靈棋經二卷)

320000－1605－0002423　080.1/460－1
經訓堂叢書二十一種　(清)畢沅輯　清光緒十三年(1887)影印本　二十册

320000－1605－0002424　080.1/460－2
經訓堂叢書二十一種　(清)畢沅輯　清光緒十三年(1887)影印本　二十册

320000－1605－0002425　080.1/477－1
廣百川學海一百三十二種　(明)馮可賓輯　明刻本　四册　存八種八卷(清暑筆談一卷、木几冗談一卷、病榻寤言一卷、空同子一卷、谿山餘話一卷、巖棲幽事一卷、歸有園塵談一卷、偶譚一卷)

320000－1605－0002426　080.1/477－2
翠琅玕館叢書四集五十五種　(清)馮兆年輯　清光緒刻本　四十册

320000－1605－0002427　080.1/491－1
士禮居黄氏叢書十九種　(清)黄丕烈輯　清光緒十三年(1887)石印本　三十册

320000－1605－0002428　080.1/491－2
士禮居黄氏叢書十九種　(清)黄丕烈輯　清光緒十三年(1887)石印本　三十二册

320000－1605－0002429　080.1/491－3
士禮居黄氏叢書十九種　(清)黄丕烈輯　清光緒十三年(1887)石印本　二十四册

320000－1605－0002430　080.1/491－4
三長物齋叢書十七種　(清)黄本驥輯　清道光刻本　五十册　缺六種五十四卷(聖域述聞二十八卷、皇朝經籍志六卷、歷代統系録六卷、歷代紀元表一卷年號分韻録一卷、郡縣分韻考十卷、詩韻檢字一卷韻字辨似一卷)

320000－1605－0002431　080.1/495－1
清頌堂叢書九種　(清)黄奭輯　清道光刻本　十八册　存九種四十一卷(消暑隨筆四卷、宜今集四卷、端綺集一至十、太乙舟文集八卷、涇西書屋詩集四卷文集二卷、胥屏山館詩集二卷文集一卷、存悔齋集杜註録三卷、集陶詩一卷註一卷、青霞仙館詩録一卷)

320000－1605－0002432　080.1/495－2
清頌堂叢書七種　(清)黄奭輯　清道光刻本　二十册

320000－1605－0002433　080.1/550－1
學古堂日記四十種　(清)雷浚　(清)汪之昌輯　清光緒十六年至二十二年(1890－1896)學古堂刻本　二十六册

320000－1605－0002434　080.1/550－2
學古堂日記四十種　(清)雷浚　(清)汪之昌輯　清光緒十六年至二十二年(1890－1896)學古堂刻本　二十六册

320000－1605－0002435　080.1/556－1
大亭山館叢書十八種附編八種　(清)楊葆彝輯　清光緒刻本　十册　存十七種三十九卷(六書例解一卷、劉海峯文鈔一卷、玉餘外編文鈔一卷、吴瑟甫歌詩一卷、夢萱室遺詩一卷、青囊天玉通義五卷、毗陵楊氏詩五卷附編三卷、握奇經定本一卷正義一卷圖一卷、蓉湖草堂稿一卷、夏蟲自語一卷、曼先生語録一卷、柏堂賸稿三卷、區田圖説一卷、東南紀略一卷、栖玟經一卷、六書叚借經徵四卷、形聲

類篇五卷）

320000－1605－0002436　080.1/556－2

說文解字義證五十卷　（清）桂馥撰　清同治九年(1870)刻本　三十二册

320000－1605－0002437　080.1/556－3

連筠簃叢書十二種　（清）楊尚文輯　清道光二十八年(1848)靈石楊氏刻本　三十六册

320000－1605－0002438　080.1/562－1

觀古堂彙刻書十七種　葉德輝輯　清光緒刻本　十六册

320000－1605－0002439　080.1/562－2

觀古堂彙刻書十七種　葉德輝輯　清光緒刻本　十四册

320000－1605－0002440　080.1/598

仰視千七百二十九鶴齋叢書六集　（清）趙之謙輯　清光緒會稽趙氏刻本　二十四册

320000－1605－0002441　080.1/600－1

峭帆樓叢書十八種　趙詒琛輯　清宣統、民國刻本　二十册

320000－1605－0002442　080.1/600－2

峭帆樓叢書十八種　趙詒琛輯　清宣統、民國刻本　二十册

320000－1605－0002443　080.1/622－1

滂喜齋叢書五十四種　（清）潘祖蔭輯　清同治、光緒刻本　三十二册

320000－1605－0002444　080.1/622－2

滂喜齋叢書五十四種　（清）潘祖蔭輯　清同治、光緒刻本　十七册　存三十一種六十一卷（虞氏易消息圖説初藁一卷、大誓荅問一卷、求古録禮説補遺一卷續一卷、公羊逸禮攷徵一卷、喪禮經傳約一卷、京畿金石考二卷、炳燭編三至四、位西先生遺稿一卷、張文節公遺集二卷、亢藝堂集三卷、陳比部遺集三卷、卦本圖攷一卷、尚書序録一卷、春秋左氏古義六卷、素問校箋一卷、藝芸書舍宋元本書目二卷、玉井山館筆記一卷舊游日記一卷、癸酉消夏詩一卷、南苑唱和詩一卷、别雅訂五卷、許印林遺著一卷、天馬山房詩别録一卷、沈四山人詩録六卷附録一卷、吴郡金石目一卷、稽瑞樓書目四卷、愛吾廬文鈔一卷、劉貴陽説經殘稿一卷、劉氏遺著一卷、楙花盦詩卷下附録一卷外集一卷、聽雨樓詩一卷、葵青居詩録一卷附夢蝀草一卷）

320000－1605－0002445　080.1/622－3

海山仙館叢書五十五種　（清）潘仕成輯　清道光刻本　一百二十八册

320000－1605－0002446　080.1/622－4

功順堂叢書十八種七十四卷　（清）潘祖蔭輯　清道光刻本　二十四册

320000－1605－0002447　080.1/622－5

功順堂叢書十八種七十四卷　（清）潘祖蔭輯　清光緒刻本　八册　存三種二十八卷（左傳補註十二卷、左傳地名補註十二卷、周人經説四卷）

320000－1605－0002448　080.1/622－6

百塼考一卷簠齋傳古别録一卷陳簠齋丈筆記一卷鮑臆園丈手劄一卷幽夢續影一卷　（清）吕佺孫等撰　清刻本　一册

320000－1605－0002449　080.1/645

國粹叢書第一集十一種第二集十八種附九種第三集二十種附一種　國學保存會輯　清光緒鉛印本（第二集晞髮集十卷遺集二卷補一卷配石印本）　四十四册　缺十一種附二種二百十卷（第一集：吕用晦文集八卷續集四卷附録一卷、廣陽雜記五卷、李氏焚書六卷、李恕谷先生年譜五卷，第二集：張蒼水全集十二卷補遺一卷附録四卷題詠二卷冰槎集題中人物攷略一卷傳略補一卷、戴褐夫集一卷補遺一卷續補遺一卷紀行一卷紀略一卷年譜一卷戴刻戴褐夫集目録一卷、吴長興伯集五卷附唱酬餘響一卷袍澤遺音一卷、禁書目録四卷，第三集：湖隱外史一卷、金陵癸甲摭談一卷、續甬上耆舊詩集一百四十卷）

320000－1605－0002450　080.1/650－1

鐵華館叢書六種　（清）蔣鳳藻輯　清光緒九年至十年(1883－1884)刻本　六册

320000－1605－0002451　080.1/650－2
鐵華館叢書六種　(清)蔣鳳藻輯　清光緒九年至十年(1883－1884)刻本　六册

320000－1605－0002452　080.1/650－3
别下齋叢書二十七種　(清)蔣光煦輯　清道光刻本　八册　存九種十五卷(石門碑醳一卷、榮祭酒遺文一卷、西洋朝貢典録三卷、漢魏六朝墓銘纂例四卷、得全居士詞一卷、澹菴長短句一卷、峽石山水志一卷、茗齋詩餘二卷、箕田攷一卷)

320000－1605－0002453　080.1/650－4
求實齋叢書十五種　蔣德鈞輯　清光緒刻本　十册

320000－1605－0002454　080.1/674－1
述古叢鈔四集二十九種　(清)劉晚榮輯　清同治翠瑯玕館刻本　四十册

320000－1605－0002455　080.1/674－2
述古叢鈔四集二十九種　(清)劉晚榮輯　清同治、光緒劉氏藏脩書屋刻本　四十册

320000－1605－0002456　080.1/674－3
聚學軒叢書五集六十種　劉世珩輯　清光緒刻本　一百册

320000－1605－0002457　080.1/674－4
檵盦叢刻九種　劉世珩輯　清光緒二十三年(1897)刻朱印本　十册

320000－1605－0002458　080.1/683
知服齋叢書五集二十五種　(清)龍鳳鑣輯　清光緒刻本　四十八册

320000－1605－0002459　080.1/700
雅雨堂叢書八種　(清)盧見曾輯　清乾隆二十一年(1756)刻本　三十二册

320000－1605－0002460　080.1/705－1
小萬卷樓叢書十八種　(清)錢培名輯　清光緒四年(1878)刻本　十六册

320000－1605－0002461　080.1/705－2
守山閣叢書四集一百十二種　(清)錢熙祚輯　清光緒十五年(1889)影印本　九十九册

320000－1605－0002462　080.1/710－1
知不足齋叢書三十集　(清)鮑廷博輯　清乾隆、道光刻本　二百四十册

320000－1605－0002463　080.1/710－2
後知不足齋叢書初編二十五種　(清)鮑廷爵編　清光緒刻本　三十二册

320000－1605－0002464　080.1/735
唐宋叢書□□□種　(明)鍾人傑　(明)張遂辰編　明刻本　三十二册　存一百二十三種一百六十卷(關氏易傳一卷、潛虚一卷、詩小序一卷、物類相感志一卷、肉攫部一卷、相鶴經一卷、相牛經一卷、洛陽名園記一卷、岳陽風土記一卷、真臘風土記一卷、聞雁齋筆談一卷、雞肋一卷、袪疑說一卷、善誘文一卷、畫竹譜一卷、雲林石譜一卷、蟹譜二卷、袁中郎文鈔一卷、鍾伯敬文鈔一卷、聖門事業圖一卷、漁樵對問一卷、大學石經一卷、劉攽貢父詩話一卷、後山居士詩話一卷、鄭氏家範一卷、葉正則文抄一卷、石林詩話三卷、畫墁録一卷、畫簾緒論一卷、唐子西文抄一卷、劉彦沖文抄一卷、椒宫舊草一卷、宋景文公筆記一卷、權書一卷、論語筆解一卷、李氏刊誤一卷、九經補韻一卷、明道雜誌一卷、雲仙雜記十卷、碧雞漫志一卷、玉照新志四卷、東觀奏記三卷、井觀瑣言一卷、集異記一卷、博異志一卷、甘澤謠一卷、冥通記一卷、文録一卷、本事詩一卷、揮麈録一卷、因話録一卷、清異録四卷、搜神後記一卷、翰林志一卷、畫史一卷、益州名畫録一卷、風后握奇經一卷、學古編一卷、洞天清録一卷、世範三卷、東谷所見一卷、異林一卷、還冤記一卷、隋遺録一卷、捫虱新話一卷、前定録一卷、林下偶譚一卷、後山談叢一卷、演繁露一卷、迂書一卷、研北雜誌一卷、巖下放言一卷、玉澗襍書一卷、石林燕語一卷、避暑録話一卷、桂海虞衡志一卷、王氏談録一卷、算經一卷、文則一卷、詩式一卷、墨經一卷、佩觿三卷、籟記一卷、尤射一卷、禽經一卷、茶經一卷、酒譜一卷、筍譜二卷、香譜一卷、桐譜一卷、畫論一卷、畫鑒一卷、大唐創業起居注三卷、唐國史補一卷、歲華紀麗四卷、東京夢華録一卷、大業雜記一卷、東林蓮社十

八高賢傳一卷、聞見近録一卷、春明退朝録一卷、燕翼貽謀録五卷、洞天福地記一卷、西疇常言一卷、欒城先生遺言一卷、鼠璞二卷、佛國記一卷、吳地記一卷、芥隱筆記一卷、宜齋野乘一卷、南唐近事一卷、玉堂雜記一卷、六一詩話一卷、新書一卷、鹿門隱書一卷、山書一卷、兩同書一卷、新唐書糾謬一卷、因論一卷、孔氏雜説一卷、青箱雜記一卷、湘素雜記一卷、官箴一卷、珊瑚鉤詩話三卷)

320000－1605－0002465　080.1/740－1
藕香零拾三十九種　繆荃孫輯　清光緒刻本　三十二册

320000－1605－0002466　080.1/740－2
雲自在龕叢書五集三十五種　繆荃孫輯　清光緒刻本　二十六册

320000－1605－0002467　080.1/765
半厂叢書初編十種　(清)譚獻輯　清光緒刻本　二十册

320000－1605－0002468　080.1/775－1
國學叢刊四十三種　羅振玉撰　清宣統三年(1911)石印本　六册

320000－1605－0002469　080.1/775－2
國學叢刊四十三種　羅振玉撰　清宣統三年(1911)石印本　二册　存十種十三卷(周易王弼注唐寫本校字記一卷,殷墟書契前編一至二、後編一,折衝府考補一卷,隋唐兵符圖錄一卷,藝風堂題跋一卷,古劇腳色考一卷,隸古定尚書孔氏傳校字記一卷,清真先生遺事一卷,蒿里遺文目錄上,佚籍叢殘三、十五)

320000－1605－0002470　080.1/791－1
讀畫齋叢書八集四十六種　(清)顧修輯　清嘉慶四年(1799)刻本　七十三册

320000－1605－0002471　080.1/791－2
賜硯堂叢書新編四集四十種　(清)顧沅輯　清道光十年(1830)顧氏刻本　八册

320000－1605－0002472　080.1/791－3
藝苑捃華四十八種　(清)顧之逵輯　清同治七年(1868)刻本　二十四册

320000－1605－0002473　080.1/791－4
小石山房叢書三十八種　(清)顧湘輯　清同治十三年(1874)刻本　二十册

320000－1605－0002474　080.1/811
武英殿聚珍版書一百三十五種　(清)傅恒等撰　清同治七年(1868)刻本　八百十三册　缺六卷(詩總聞一至六)

320000－1605－0002475　080.1/84－1
靈鶼閣叢書六集五十六種　(清)江標輯　清光緒刻本　四十八册

320000－1605－0002476　080.1/842
崇文書局彙刻書三十三種　(清)崇文書局輯　清光緒元年(1875)刻本　八十册

320000－1605－0002477　080.1/84－2
靈鶼閣叢書未流行稿□□種　(清)江標編　清光緒刻本　一册　存六種八卷(絳雲樓書目一卷、靜惕堂書目二卷、汪胡尺牘二卷、定盦餘集一卷、箬盦詞一卷、□□一卷)

320000－1605－0002478　080.1/845
廣雅書局叢書一百六十種　(清)廣雅書局輯　清光緒刻本　一百四十册　存四十九種七百八十四卷(易釋四卷、易緯略義三卷、易林釋文二卷、輪輿私箋二卷附圖一卷、說文引經證例二十四卷、漢碑徵經一卷、學詁齋文集二卷、無邪堂答問五卷、親屬記二卷、史記志疑三十六卷附録三卷、後漢書補注二十四卷、晉書校勘記五卷、魏書校勘記一卷、楚漢諸侯疆域志三卷、補三國疆域志二卷、歷代職官表七十二卷、歷代地理沿革表四十七卷、西魏書二十四卷附録一卷、建炎以來繫年要録二百卷、黑龍江外記八卷、禮書綱目八十五卷首三卷、儀禮古今文異同疏證五卷、儀禮私箋八卷、大戴禮記解詁十三卷、劉氏遺書八卷、史記毛本正誤一卷、漢書注校補五十六卷、漢志水道疏證四卷、人表攷九卷補一卷附録一卷、後漢書注補正八卷、三國志攷證八卷、三國志補注續一卷、晉書校勘記三卷、晉宋書故一卷、後漢三公年表一卷、補三國藝文志四卷、三國紀年表一卷、東晉疆域志四卷、十六國疆域志十六卷、補梁疆域志四卷、補宋刑法志一卷、補宋食貨志一卷、南北史世系表五卷、南北史帝王世系表一卷、五代紀年表一卷、中興小記四十卷、讀史舉正八卷、三史拾遺五卷、諸史拾遺五卷）

320000－1605－0002479　080.1/965
正覺樓叢刻三十四種　（清）崇文書局輯　清光緒刻本　三十六册

320000－1605－0002480　080.1/98
抱秀山房叢書十二種　（清）朱克敬輯　清光緒刻本　二十册

320000－1605－0002481　080.1/99－1
槐廬叢書五編四十六種　（清）朱記榮輯　清光緒十三年（1887）刻本　八十册

320000－1605－0002482　080.1/99－2
校經山房叢書二十七種　（清）朱記榮輯　清光緒三十年（1904）刻本　三十二册

320000－1605－0002483　080.2/23
春融堂雜記八種　（清）王昶撰　清嘉慶十三年（1808）刻本　六册

320000－1605－0002484　080.3/1
望炊樓叢書八種　（清）謝家福輯　清光緒刻本　八册

320000－1605－0002485　080.3/122
台州叢書九種　（清）宋世犖輯　清嘉慶二十一年至道光元年（1816－1821）刻本　二十册　存七種八十卷（赤城志四十卷、廣志繹五卷、石屏詩集十卷、滇考二卷、赤城集十八卷、文則二卷附校語一卷、見聞隨筆二卷）

320000－1605－0002486　080.3/2－1
武林往哲遺箸五十六種　（清）丁丙輯　清光緒刻本　六十四册

320000－1605－0002487　080.3/2－2
武林往哲遺箸後編十種　丁立中輯　清光緒刻本　三十二册

320000－1605－0002488　080.3/2－3
武林掌故叢編二十六集　（清）丁丙輯　清光緒刻本　二百八册

320000－1605－0002489　080.3/225－1
婁東雜著八集五十六種　（清）邵廷烈輯　清道光十三年（1833）刻本　八册

320000－1605－0002490　080.3/225－2
婁東雜著八集五十六種　（清）邵廷烈輯　清道光十三年（1833）刻本　六册　缺十三種十四卷（病逸漫記一卷、補闕疑一卷、救荒定議一卷、淮雲問答一卷、分野說一卷、敬學録一卷、課士條言一卷、立學先基條說一卷、恒星餘論二卷、忍齋雜識一卷、侍疾要語一卷、讀左剩語一卷、望益編一卷）

320000－1605－0002491　080.3/242
江陰叢書三十三種　金武祥輯　清光緒刻本　二十册

320000－1605－0002492　080.3/271
金華叢書四集六十九種　（清）胡鳳丹輯　清同治、光緒刻本　二百七十三册

320000－1605－0002493　080.3/375－1
檇李遺書二十種　（清）孫福清輯　清光緒刻本　二十册

320000－1605－0002494　080.3/375－2
永嘉叢書十三種　（宋）葉適撰　清光緒刻本　六十册

320000－1605－0002495　080.3/393
紹興先正遺書四集十五種　（清）徐友蘭輯　清光緒刻本　四十八册

320000－1605－0002496　080.3/434
湖州叢書十二種　（清）陸心源輯　清光緒刻本　二十三册　缺二卷（周官故書考三至四）

320000－1605－0002497　080.3/530
常州先哲遺書第一集四十三種　盛宣懷輯　清光緒刻本　六十三册　缺一種一卷（景仰撮書一卷）

320000－1605－0002498　080.3/598
湖北叢書三十種　（清）趙尚輔輯　清光緒十七年（1891）刻本　一百册

320000－1605－0002499　080.3/674－1

貴池先哲遺書三十一種　劉世珩輯　清光緒、民國刻本　六十四册

320000－1605－0002500　080.3/674－2

秋浦雙忠録四十卷　劉世珩輯　清光緒二十八年(1902)刻本　十二册

320000－1605－0002501　080.3/967

酌古準今十五種　(清)□□輯　清同治、光緒刻本　一册　存二種二卷(踵息廬稿四、謝氏源流一卷)

320000－1605－0002502　080.4/128

沈氏三代家言五種　(清)沈申祐輯　清光緒十二年(1886)刻本　八册

320000－1605－0002503　080.4/135

叢睦汪氏遺書三十七種　(清)汪篪輯　清光緒十二年(1886)刻本　三十二册

320000－1605－0002504　080.4/2

項城袁氏家集十六種　(清)丁振鐸輯　清宣統三年(1911)鉛印本　五十六册

320000－1605－0002505　080.4/260

洪氏晦木齋叢書二十一種　(清)洪汝奎撰　清同治刻本　四十五册　存十二種一百八十三卷(四洪年譜四卷、鄱陽集四卷拾遺一卷、隸釋二十七卷、隸續二十一卷、汪本隸釋刊誤一卷、泉志十五卷、譜雙五卷、洪氏集驗方五卷、容齋隨筆十六卷續筆十六卷、春秋說三十卷、平齋文集三十二卷拾遺一卷附校記一卷、易說醒四卷)

320000－1605－0002506　080.4/271

胡氏三種三卷　(清)胡元常編　清光緒八年(1882)刻本　一册

320000－1605－0002507　080.4/352

馬氏叢刻十六種　(清)馬先登輯　清同治刻本　二十九册　存九種四十二卷(譚誤四卷、四六雕蟲十卷、小坡識小録四卷、爐餘志過録二卷、卷石齋語録二卷、再送越南貢使日記一卷、馬文莊公文集選十五卷附敘述一卷、山對齋文詩稿二卷、護送越南貢使日記一卷)

320000－1605－0002508　080.4/402

梁氏叢書四種　(清)梁學昌輯　清嘉慶十二年(1807)刻本　三十册

320000－1605－0002509　080.4/434

陸氏傳家集十六種　(清)陸乃普輯　清同治十一年(1872)刻本　五册

320000－1605－0002510　080.4/445－1

左海全集十種續集九種　(清)陳壽祺撰　清嘉慶、道光刻本　七十二册

320000－1605－0002511　080.4/445－2

左海全集十種　(清)陳壽祺撰　清嘉慶、道光刻本　四十册

320000－1605－0002512　080.4/486

長洲彭氏家集十八種　(清)彭祖賢輯　清同治、光緒刻本　五十册

320000－1605－0002513　080.4/494

楓林黄氏家乘五種　(清)黄彭年輯　清同治三年(1864)刻本　五册

320000－1605－0002514　080.4/535

河南程氏全書六種　(宋)朱熹輯　清刻本　十六册

320000－1605－0002515　080.5/305

十種古逸書十種　(清)茆泮林輯　清道光十四年(1834)刻本　八册

320000－1605－0002516　080.5/352－1

玉函山房輯佚書五百九十四種　(清)馬國翰輯　清同治十三年(1874)濟南皇華館書局刻本　八十册

320000－1605－0002517　080.5/352－2

玉函山房輯佚書五百九十四種補遺二十種　(清)馬國翰輯　清光緒十年(1884)楚南湘遠堂刻本　七十八册

320000－1605－0002518　080.5/430－1

二酉堂叢書二十一種　(清)張澍輯　清道光元年(1821)刻本　八册

320000－1605－0002519　080.5/430－2

二酉堂叢書二十一種　(清)張澍輯　清道光

元年(1821)刻本　八册

320000－1605－0002520　080.5/495
漢學堂叢書二百十五種　(清)黄奭輯　清光緒十九年(1893)刻本　六十四册　缺一種十一卷(高密遺書十一卷)

320000－1605－0002521　080.5/523－1
饕喜廬叢書四種　(清)傅雲龍輯　清光緒十五年(1889)刻本　七册

320000－1605－0002522　080.5/523－2
饕喜廬叢書四種　(清)傅雲龍輯　清光緒十五年(1889)刻本　七册

320000－1605－0002523　080.5/645
風雨樓秘笈留眞十種　鄧實輯　清宣統元年(1909)影印本　十一册

320000－1605－0002524　080.5/650
斠補隅録二十五種　(清)蔣光煦輯　清光緒九年(1883)刻本　六册

320000－1605－0002525　080.5/775
敦煌石室遺書十三種　羅振玉等輯　清宣統元年(1909)鉛印本　四册

320000－1605－0002526　080.5/934
佚存叢書十七種　(日本)林衡輯　清光緒八年(1882)木活字印本　三十二册

320000－1605－0002527　080.7/101
朱文端公藏書十三種　(清)朱軾輯　清康熙、乾隆刻本　八十册

320000－1605－0002528　080.7/103－1
朱氏羣書六種　(清)朱駿聲撰　清光緒八年(1882)刻本　四册

320000－1605－0002529　080.7/103－2
朱氏羣書六種　(清)朱駿聲撰　清光緒八年(1882)刻本　六册

320000－1605－0002530　080.7/115
燕禧堂五種　(清)任大椿撰　清乾隆刻本　六册

320000－1605－0002531　080.7/117
鮚埼亭集三十八卷經史問答十卷鮚埼亭集外編五十卷　(清)全祖望撰　清嘉慶九年(1804)刻本　二十四册

320000－1605－0002532　080.7/131
話山草堂遺集七種　(清)沈道寬撰　清光緒三年(1877)刻本　十册

320000－1605－0002533　080.7/133
蛾術堂集十五種　(清)沈豫撰　清道光十八年(1838)刻本　十册

320000－1605－0002534　080.7/135－1
鈍翁類稾三種六十三卷續稾三種五十六卷　(清)汪琬撰　清康熙刻本　十六册

320000－1605－0002535　080.7/135－2
古愚老人消夏録十六種　(清)汪汲撰　清乾隆、嘉慶刻本　十四册　存十四種六十四卷(韻府紀字一卷、宋樂類編二卷、漱經齋座右銘類編一卷續編一卷、壘字編一卷、樂府標源二卷、字典紀字一卷、南北詞名宮調彙録二卷、院本名目一卷、十三經紀字一卷、琴曲萃覽一卷、樂府遺聲一卷、雜劇待考一卷、事物原會四十卷、詞名集解六卷續編二卷)

320000－1605－0002536　080.7/135－3
振綺堂遺書七種　(清)汪遠孫撰　清道光刻本　十二册

320000－1605－0002537　080.7/135－4
龍莊遺書四種　(清)汪輝祖撰　清光緒刻本　六册

320000－1605－0002538　080.7/135－5
龍莊遺書四種　(清)汪輝祖撰　清光緒刻本　六册

320000－1605－0002539　080.7/142
海嶽軒叢刻十種　杜俞撰　清光緒二十六年(1900)鉛印本　十册

320000－1605－0002540　080.7/15－1
柏堂遺書二十三種　(清)方宗誠撰　清光緒刻本　三十三册　存十五種一百十一卷(春秋集義十二卷、讀史雜記一卷、讀論孟筆記三

卷補記二卷、禮記集說補義一卷、讀學庸筆記二卷、讀文雜記一卷、柏堂集前編十四卷次編十三卷續編二十二卷後編二十二卷外編十二卷、論文章本原三卷、讀易筆記二卷、讀諸子諸儒書雜記一卷）

320000－1605－0002541　080.7/15－2
抗希堂十六種　（清）方苞撰　清康熙、嘉慶刻本　六十册

320000－1605－0002542　080.7/152－1
榕村全書四十二種　（清）李光地輯　清道光刻本　一百二十册

320000－1605－0002543　080.7/152－2
榕村全書四十二種　（清）李光地輯　清道光刻本　三十册　存二十一種四十卷（詩所五至八、尚書七篇解義二卷、洪範說一卷、春秋燬餘四卷、孝經全註一卷、古樂經傳五卷、曆象本要一卷、握奇經註一卷、陰符經註一卷、離騷經註一卷九歌註一卷、參同契註一卷、韓子粹言一卷、正蒙註一、經書源流歌訣一卷、三禮儀制歌訣一卷、歷代姓系歌訣一卷、文貞公年譜二卷、儀禮纂録二卷、洲畯存愚二卷、榕樹譜録合考二卷、律詩四辨四卷）

320000－1605－0002544　080.7/153－1
榕園全集五種　（清）李彥章撰　清道光二十七年（1847）刻本　二十册

320000－1605－0002545　080.7/153－2
李文恭公遺集三種　（清）李星沅撰　清同治四年（1865）刻本　三十册

320000－1605－0002546　080.7/153－3
寶韋齋類稿八種　（清）李桓撰　清光緒六年（1880）刻本　三十八册

320000－1605－0002547　080.7/155
西漚全集十卷　（清）李惺撰　清同治六年（1867）刻本　十六册

320000－1605－0002548　080.7/156－1
笠翁一家言全集十六卷　（清）李漁撰　清雍正八年（1730）刻本　十六册

320000－1605－0002549　080.7/156－2
代耕堂全集六種附三種　（清）李嘉績撰　清光緒刻本　十二册

320000－1605－0002550　080.7/157－1
二曲集二十六卷首一卷　（清）李顒撰　（清）王心敬等輯　清咸豐元年（1851）刻本　八册

320000－1605－0002551　080.7/157－2
二曲全集二十六卷附歷年紀略一卷　（清）李顒撰　清光緒三年（1877）刻本　八册

320000－1605－0002552　080.7/157－3
李二曲先生全集二十六卷　（清）李顒撰　**惲遜庵先生遺集**　（清）惲珠輯　清道光八年（1828）刻本　九册

320000－1605－0002553　080.7/168
樓山堂遺書五種附二種　（明）吳應箕撰　清同治刻本　八册

320000－1605－0002554　080.7/170－1
呂新吾全集二十一種　（明）呂坤撰　明萬曆刻本　三十八册

320000－1605－0002555　080.7/170－2
觀象廬叢書二十八種　（清）呂調陽撰　清光緒十四年（1888）刻本　五十九册　存二十六種一百十卷（易一貫六卷、六書十二聲傳十二卷解字贅言一卷、大學節訓一卷、中庸節訓一卷、洪範原數一卷、釋天一卷、重訂談天正議一卷、三代紀年考一卷、周官司徒類攷一卷、考工記考一卷圖一卷、羣經釋地六卷、古史釋地三卷、諸子釋地一卷、詩序議四卷、史表號名通釋三卷、古律呂考一卷、曰若編七卷、五藏山經傳五卷海内經附傳一卷、漢地理志詳釋四卷、穆天子傳釋一卷、逸經釋一卷、齊民要術十卷、論孟疑義一卷、商周彝器釋銘六卷、重訂越南圖說六卷、輿地古今圖考二十二卷）

320000－1605－0002556　080.7/176
呂新吾全集二十一種　（明）呂坤撰　清刻本　二十二册

320000－1605－0002557　080.7/178

何宮贊遺書四種　(清)何若瑤撰　清光緒八年(1882)刻本　四冊

320000－1605－0002558　080.7/201
蕙風叢書十二種　況周頤輯　清光緒刻本　十二冊

320000－1605－0002559　080.7/207－1
授堂遺書八種　(清)武億　(清)武穆淳撰　清嘉慶元年至道光二十三年(1796－1843)刻本　十六冊

320000－1605－0002560　080.7/207－2
授堂遺書八種　(清)武億　(清)武穆淳撰　清嘉慶元年至道光二十三年(1796－1843)刻本　十六冊

320000－1605－0002561　080.7/2－1
頤志齋叢書二十一種　(清)丁晏撰　清道光、咸豐刻本　二十冊

320000－1605－0002562　080.7/2－2
頤志齋叢書二十一種　(清)丁晏撰　清道光、咸豐刻本　二十冊

320000－1605－0002563　080.7/21
船山遺書五十六種　(清)王夫之撰　清同治四年(1865)刻本　一百冊

320000－1605－0002564　080.7/23
春融堂集六十八卷　(清)王昶撰　清光緒十八年(1892)刻本　二十冊

320000－1605－0002565　080.7/25－1
鄂宰四種　(清)王筠撰　清咸豐二年(1852)刻本　二冊

320000－1605－0002566　080.7/25－2
鄂宰四種　(清)王筠撰　清咸豐二年(1852)刻本　二冊

320000－1605－0002567　080.7/25－3
問青園集十三卷　(清)王晉之撰　清光緒二十二年(1896)刻本　四冊

320000－1605－0002568　080.7/25－4
義停山館集七種　(清)王景賢撰　清同治十三年(1874)刻本　十冊

320000－1605－0002569　080.7/210－1
杭大宗七種叢書十八卷　(清)杭世駿撰　清乾隆刻本　五冊

320000－1605－0002570　080.7/210－2
杭大宗七種叢書十八卷　(清)杭世駿撰　清乾隆刻本　四冊　存四種十一卷(文選四卷、續方言二卷、漢書蒙拾三卷、後漢書蒙拾二卷)

320000－1605－0002571　080.7/210－3
杭大宗七種叢書十八卷　(清)杭世駿撰　清咸豐元年(1851)刻本　六冊

320000－1605－0002572　080.7/211－1
竹柏山房十五種　(清)林春溥撰　清咸豐五年(1855)刻本　三十二冊

320000－1605－0002573　080.7/211－2
竹柏山房十五種　(清)林春溥撰　清咸豐五年(1855)刻本　三十二冊

320000－1605－0002574　080.7/211－3
脩本堂叢書十種　(清)林伯桐撰　清道光刻本　十二冊

320000－1605－0002575　080.7/236
持雅堂文集五卷詩集四卷史記辯證十卷　(清)尚鎔撰　清道光十二年(1832)刻本　十冊

320000－1605－0002576　080.7/248
周孟侯先生全書五種　(明)周拱辰撰　清道光二十七年(1847)刻本　十四冊

320000－1605－0002577　080.7/252
求志堂存稿彙編八種　(清)周濟等撰　清光緒刻本　三冊　存五種七卷(審軒詞二卷、儒素樓詞一卷、味雋齋史義二卷、折肱録一卷、柳下詞一卷)

320000－1605－0002578　080.7/260
授經堂重刊遺集(洪北江全集)二十三種　(清)洪亮吉撰　清光緒三年至五年(1877－1879)刻本　六十二冊　缺四種七卷(傳經表二卷通經表二卷、弟子職箋釋一卷、史目表二

卷）

320000－1605－0002579　080.7/262－1
一隅草堂藁三十種　(清)計楠撰　清嘉慶刻本　十六册

320000－1605－0002580　080.7/262－2
曬書堂文集十二卷外集二卷别集一卷詩鈔二卷筆記二卷筆錄六卷詩文一卷試帖一卷詩餘一卷和鳴集一卷　(清)郝懿行撰　清光緒十年(1884)刻本　十六册

320000－1605－0002581　080.7/265－1
施愚山先生全集八種　(清)施閏章撰　清康熙、乾隆刻本　二十一册

320000－1605－0002582　080.7/265－2
施愚山先生全集八種　(清)施閏章撰　清康熙、乾隆刻本　十四册

320000－1605－0002583　080.7/27－1
玉海二百卷附刻十四種　(宋)王應麟撰　清嘉慶十一年(1806)刻本　一百二十册

320000－1605－0002584　080.7/27－2
陶廬叢刻十九種　王樹枏撰　清光緒、民國刻本　七十五册

320000－1605－0002585　080.7/271－1
求是堂叢書六種　(清)胡承珙撰　清道光刻本　三十二册

320000－1605－0002586　080.7/271－2
胡文忠公遺集三種　(清)胡林翼撰　(清)鄭敦謹　(清)曾國荃輯　清同治六年(1867)刻本　三十二册

320000－1605－0002587　080.7/271－3
玉津閣叢書甲集十二種　(清)胡薇元撰　清光緒、民國刻本　十二册

320000－1605－0002588　080.7/281
養餘齋全集六種　(清)沈錫爵撰　清嘉慶、道光刻本　十七册

320000－1605－0002589　080.7/312－1
第一樓叢書九種　(清)俞樾撰　清同治十年(1871)刻本　八册

320000－1605－0002590　080.7/312－2
春在堂全書三十五種　(清)俞樾撰　清光緒二十五年(1899)刻本　一百五十七册

320000－1605－0002591　080.7/312－3
春在堂全書三十五種　(清)俞樾撰　清光緒二十五年(1899)刻本　一百六十册

320000－1605－0002592　080.7/316－1
惜抱軒全集十種　(清)姚鼐撰　清同治五年(1866)刻本　十六册

320000－1605－0002593　080.7/316－2
中復堂全集九種　(清)姚瑩撰　清同治六年(1867)刻本　二十六册

320000－1605－0002594　080.7/316－3
邃雅堂集十卷續編一卷　(清)姚文田撰　清道光元年(1821)刻本　十八册

320000－1605－0002595　080.7/322
經韻樓叢書八種　(清)段玉裁撰　清刻本　二十四册

320000－1605－0002596　080.7/328
春雨草堂集七種　(清)宮偉鏐撰　清康熙四十年(1701)刻本　十二册

320000－1605－0002597　080.7/332
湧翠山房集三種　(清)高延第撰　清光緒十四年(1888)刻本　三册　存三種六卷(詩集一至二、文集三至四、老子證義二卷)

320000－1605－0002598　080.7/348
真西山全集七種　(宋)真德秀撰　清同治真氏西山祠堂刻本　一百一册

320000－1605－0002599　080.7/352
列仙傳校正本二卷讚一卷　(清)王照圓撰　清刻本　二册

320000－1605－0002600　080.7/359
適園叢稿十二卷　(清)袁學瀾撰　清同治十一年(1872)刻本　二十三册

320000－1605－0002601　080.7/362－1
郝氏遺書三十四種　(清)郝懿行撰　清同治、光緒刻本　五十五册

320000－1605－0002602　080.7/362－2
證俗文十九卷　(清)郝懿行撰　清光緒十年(1884)刻本　六冊

320000－1605－0002603　080.7/37
顨軒孔氏所著書七種　(清)孔廣森撰　清嘉慶二十二年(1817)刻本　二十冊

320000－1605－0002604　080.7/370
景紫堂全書十一種　(清)夏炘撰　清咸豐刻本　二十二冊

320000－1605－0002605　080.7/375－1
孫文定公集五種　(清)孫廷銓撰　清康熙十七年(1678)刻本　九冊

320000－1605－0002606　080.7/375－2
孫文恭公遺書七種　(明)孫應鰲撰　清光緒六年(1880)刻本　六冊　存六種二十卷(淮海易譚四卷、教秦緒言一卷、補輯雜文一卷附録一卷、幽心瑤草一卷、四書近語六卷、學孔精舍詩鈔六卷)

320000－1605－0002607　080.7/390
讀易樓合刻九種　(清)倪元坦撰　清嘉慶、道光刻本　十二冊

320000－1605－0002608　080.7/393－1
徐位山六種　(清)徐文靖撰　清雍正、乾隆刻本　二十四冊

320000－1605－0002609　080.7/393－2
敦艮齋遺書九種　(清)徐潤第撰　清道光二十八年(1848)刻本　五冊

320000－1605－0002610　080.7/393－3
雅歌堂全集文集二十二卷外集二十卷　(清)徐經輯　清光緒二年(1876)刻本　十六冊

320000－1605－0002611　080.7/393－4
敝帚齋遺書十五種　(清)徐鼒撰　清光緒三年(1877)刻本　二十一冊

320000－1605－0002612　080.7/393－5
志學齋集七種　(清)徐壽基撰　清光緒十二年(1886)刻本　十四冊

320000－1605－0002613　080.7/393－6
蜕學翁遺集三種　(清)徐元潤撰　清光緒二十四年(1898)刻本　四冊

320000－1605－0002614　080.7/402－1
頻羅庵遺集七種　(清)梁同書撰　清嘉慶二十二年(1817)刻本　十二冊

320000－1605－0002615　080.7/402－2
清白士集六種二十八卷附一種四卷　(清)梁玉繩撰　清嘉慶刻本　六冊

320000－1605－0002616　080.7/402－3
藤花亭十種　(清)梁庭枏撰　清道光十年(1830)刻本　二十冊

320000－1605－0002617　080.7/402－4
二思堂叢書八種　(清)梁章鉅撰　清同治十二年至光緒元年(1873－1875)刻本　十六冊

320000－1605－0002618　080.7/407
許松濱先生全集七種　(清)許錫祺撰　清光緒十九年(1893)刻本　八冊

320000－1605－0002619　080.7/41－1
空山堂全集八種　(清)牛運震撰　清乾隆五十六年至嘉慶六年(1791－1801)刻本　三十六冊

320000－1605－0002620　080.7/41－2
空山堂全集八種　(清)牛運震撰　清嘉慶二十年(1815)刻本　四十一冊

320000－1605－0002621　080.7/420
石屋書五種　(清)曹金籀撰　清同治刻本　八冊

320000－1605－0002622　080.7/428－1
舒蓺室四種　(清)張文虎撰　清同治十三年(1874)刻本　八冊

320000－1605－0002623　080.7/428－2
覆瓿集十七種　(清)張文虎撰　清光緒刻本　十七冊

320000－1605－0002624　080.7/430－1
重訂楊園先生全集五十四種　(清)張履祥撰　清同治十年(1871)刻本　二十冊

320000－1605－0002625　080.7/430－2
寒松閣集二十卷　(清)張鳴珂撰　清光緒刻本　六冊

320000－1605－0002626　080.7/430－3
薆園叢書七種　(清)張慎儀撰　清末、民國刻本　十五冊

320000－1605－0002627　080.7/431
噉蔗全集六卷　(清)張義年撰　清光緒十九年(1893)鉛印本　六冊

320000－1605－0002628　080.7/433－1
求益齋全集五種　(清)強汝詢撰　清光緒二十四年(1898)刻本　八冊

320000－1605－0002629　080.7/433－2
求益齋全集五種　(清)強汝詢撰　清光緒二十四年(1898)刻本　八冊

320000－1605－0002630　080.7/434－3
潛園總集十七種　(清)陸心源輯　清同治、光緒刻本　一百六十五冊　存十三種五百九十卷(宋史翼四十卷、元祐黨人傳十卷、皕宋樓藏書志一百二十卷、吳興金石記十六卷、金石學録補四卷、三續疑年録十卷、補疑年録四卷、唐文拾遺七十二卷目録八卷續拾十六卷、儀顧堂集十六卷、羣書校補九十八卷、千甓亭古塼圖釋二十卷、穰梨館過眼録四十卷續十六卷、宋詩紀事補遺一百卷)

320000－1605－0002631　080.7/434－1
陸桴亭先生遺書二十二種　(清)陸世儀撰　清光緒二十五年(1899)刻本　二十冊

320000－1605－0002632　080.7/434－2
陸桴亭先生遺書二十二種　(清)陸世儀撰　清光緒二十五年(1899)刻本　二十冊

320000－1605－0002633　080.7/442
白石山房四種　(清)陳沅輯　清抄本　八冊

320000－1605－0002634　080.7/443－1
陳司業集四種　(清)陳祖範撰　清乾隆二十九年(1764)刻本　四冊

320000－1605－0002635　080.7/443－2
耐安類稿五種　(清)陳偉撰　清光緒二十二年(1896)刻本　六冊

320000－1605－0002636　080.7/446
涉需堂集五種　(清)陳祖範撰　清光緒二十四年(1898)刻本　七冊

320000－1605－0002637　080.7/447－1
欖香小品三種　(清)陳鍾英撰　清道光六年(1826)刻本　一冊

320000－1605－0002638　080.7/447－2
番禺陳氏東塾叢書六種　(清)陳澧撰　清咸豐、同治刻本　十一冊

320000－1605－0002639　080.7/447－3
橘蔭軒全集七種　(清)陳錦撰　清光緒刻本　二十冊　存四種十三卷(東溟校伍録二卷、大篦吟草六卷、學廬自鏡語一卷、緑雲山房詩草二卷首一卷終一卷)

320000－1605－0002640　080.7/451
影山草堂六種　(清)莫與儔撰　清咸豐、光緒刻本　六冊

320000－1605－0002641　080.7/454
莊中白全集三種　(清)莊棫撰　清光緒刻本　六冊

320000－1605－0002642　080.7/471
湯文正公全集三十九卷　(清)湯斌撰　清同治九年(1870)刻本　三十二冊

320000－1605－0002643　080.7/491－2
陶樓雜著四種　(清)黄彭年撰　清光緒十五年(1889)刻本　二冊

320000－1605－0002644　080.7/491－1
袖海樓雜箸四種十二卷　(清)黄汝成撰　清道光十八年(1838)刻本　四冊

320000－1605－0002645　080.7/506
水田居全集七種　(清)賀貽孫撰　清刻本　二十四冊

320000－1605－0002646　080.7/52
西河合集二集一百十七種　(清)毛奇齡撰　清康熙刻乾隆三十五年(1770)重修嘉慶元年

(1796)印本　一百册

320000－1605－0002647　080.7/525
焦氏遺書十種　(清)焦循撰　清光緒二年(1876)刻本　三十九册　缺一種三卷(禮記補疏三卷)

320000－1605－0002648　080.7/527－1
曾文正公全集十五種一百六十四卷　(清)曾國藩撰　清同治、光緒刻本　一百二十八册　缺二種十二卷(家書十卷、家訓二卷)

320000－1605－0002649　080.7/527－2
曾惠敏公遺集十七卷　(清)曾紀澤撰　清光緒十九年(1893)刻本　八册

320000－1605－0002650　080.7/527－3
曾忠襄公全集四種附刻二種　(清)曾國荃撰　清光緒二十九年(1903)刻本　六十四册

320000－1605－0002651　080.7/535
有恒心齋集四十二卷　(清)程鴻詔撰　清同治刻本　十册

320000－1605－0002652　080.7/556－1
坦園全集十三種　(清)楊恩壽撰　清光緒刻本　三十六册

320000－1605－0002653　080.7/556－2
楊氏全書八種　(清)楊名時撰　清宣統元年(1909)刻本　十册

320000－1605－0002654　080.7/562
觀古堂所著書二集十五種　葉德輝撰　清光緒刻本　十册　存八種二十五卷(游藝卮言二卷、天文本單經論語校勘記一卷、孟子劉熙注一卷、輯蔡氏月令章句四卷、古今夏時表一卷附易通卦驗節候校文、古泉雜詠四卷、釋人疏證二卷、六書古微十卷)

320000－1605－0002655　080.7/575－1
新化鄒氏敦藝齋遺書五種　(清)鄒漢勛撰　清光緒四年(1878)刻本　四册

320000－1605－0002656　080.7/575－2
鄒叔子遺書七種　(清)鄒漢勛撰　清光緒九年(1883)刻本　十四册

320000－1605－0002657　080.7/590
六譯館叢書十三集　廖平撰　清光緒、民國刻本　五十九册

320000－1605－0002658　080.7/601
甌北全集七種　(清)趙翼撰　清光緒三年(1877)刻本　四十八册

320000－1605－0002659　080.7/61
左文襄公全集一百八卷　(清)左宗棠　(清)張亮基撰　清光緒刻本　一百四册

320000－1605－0002660　080.7/62－1
獨學廬全稿二十一種古香林叢書十八種　(清)石韞玉撰　清乾隆、道光刻本　十九册　缺古香林叢書七種□□卷(吳地名賢像贊一卷、國朝大臣諡法録二卷、歷代紀元分韻編三卷、文選編珠一卷、全史一斑一卷、紅樓夢□□卷、花間九奏□□卷)

320000－1605－0002661　080.7/62－2
獨學廬初稿八種二稿八種三稿二種　(清)石韞玉撰　清乾隆、嘉慶刻本　十一册　缺三稿四卷(晚香樓集三至六)

320000－1605－0002662　080.7/622－1
香禪精舍集十二種　(清)潘鍾瑞撰　清光緒刻本　十六册

320000－1605－0002663　080.7/622－2
香禪精舍集十二種　(清)潘鍾瑞撰　清光緒刻本　十册　缺五種十二卷(金石文字跋尾二、紀游草四卷、香禪詞四卷、貞烈編一卷、四家詩詞合刻三至四)

320000－1605－0002664　080.7/636
歐陽文忠公全集一百五十三卷附録五卷　(宋)歐陽修撰　清乾隆刻本　二十八册

320000－1605－0002665　080.7/650－1
蔣侑石遺書十六卷　(清)蔣曰豫輯　清光緒三年(1877)刻本　五册

320000－1605－0002666　080.7/650－2
蔣侑石遺書十六卷　(清)蔣曰豫輯　清光緒三年(1877)刻本　五册

320000－1605－0002667　080.7/661
大鶴山房全書十種附一種　鄭文焯撰　清光緒、民國刻本　七册

320000－1605－0002668　080.7/674－1
劉端臨先生遺書八種　（清）劉台拱撰　清道光十四年(1834)刻本　四册

320000－1605－0002669　080.7/674－2
屺雲樓集四種三十七卷　（清）劉存仁撰　清刻本　六册　存三種十八卷(勸學芻言四卷、詩經口義二卷、屺雲樓詩選初集四卷二集八卷)

320000－1605－0002670　080.7/700
羣書拾補三十九卷　（清）盧文弨撰　清光緒十三年(1887)石印本　八册

320000－1605－0002671　080.7/705
嘉定錢氏潛研堂全書二十四種　（清）錢大昕撰　清光緒十年(1884)刻本　六十四册

320000－1605－0002672　080.7/719
會稽山齋全集二十七卷　（清）謝應芝撰　清光緒十四年(1888)刻本　六册

320000－1605－0002673　080.7/731－1
庸庵全集七種　（清）薛福成撰　清光緒二十四年(1898)傳經樓刻本　二十五册

320000－1605－0002674　080.7/731－2
庸庵全集十種　（清）薛福成撰　清光緒刻本　四十四册

320000－1605－0002675　080.7/753－1
鹿洲全集八種　（清）藍鼎元撰　清光緒五年(1879)刻本　二十四册

320000－1605－0002676　080.7/753－2
鹿洲全集八種　（清）藍鼎元撰　清光緒五年(1879)刻本　二十二册

320000－1605－0002677　080.7/761
魏稼孫先生全集四種　（清）魏錫曾撰　清光緒九年(1883)刻本　十二册

320000－1605－0002678　080.7/77
安吴四種三十六卷　（清）包世臣撰　清同治十一年(1872)刻本　十六册

320000－1605－0002679　080.7/775－1
羅忠節公遺集八種　（清）羅澤南撰　清咸豐刻本　八册

320000－1605－0002680　080.7/775－2
羅忠節公遺集八種　（清）羅澤南撰　清咸豐刻本　十册

320000－1605－0002681　080.7/791－3
訥盦叢稿八種　顧鳴鳳撰　清宣統三年(1911)刻本　六册

320000－1605－0002682　080.7/791－1
顧端文公遺書十四種　（明）顧憲成撰　清光緒三年(1877)刻本　十三册　存十種五十二卷(小心齋劄記十八卷、東林會約一卷、當下繹一卷、顧端文公年譜四卷、還經録一卷、自反録一卷、東林商語二卷、志矩堂商語一卷、涇臯藏稿二十二卷、經正堂商語一卷)

320000－1605－0002683　080.7/791－2
顧端文公遺書十四種　（明）顧憲成撰　清光緒三年(1877)刻本　十二册　存十一種五十五卷(小心齋劄記十八卷、東林會約一卷、當下繹一卷、顧端文公年譜四卷、虞山商語三卷、仁文商語一卷、南岳商語一卷、東林商語二卷、志矩堂商語一卷、涇臯藏稿二十二卷、經正堂商語一卷)

320000－1605－0002684　080.7/795
澹靜齋全集六種　（清）龔景瀚撰　清道光六年(1826)刻本　十册　存四種十九卷(澹靜齋說裸二卷圖一卷、離騷箋二卷、澹靜齋文鈔六卷文鈔外篇二卷、澹静齋詩鈔六卷)

320000－1605－0002685　080.7/84
介亭全集十一種　（清）江濬源撰　清同治十三年(1874)刻本　四册

320000－1605－0002686　080.7/98
拙盦叢稿二十卷　（清）朱一新撰　清光緒二十二年(1896)刻本　十六册

320000－1605－0002687　080.8/200－1

宗輯四種 (清)宗廷輔輯 清光緒十五年(1889)刻本 一册

320000－1605－0002688 080.8/200－2
宗月鋤先生遺著八種 (清)宗廷輔輯 清光緒刻本 四册

320000－1605－0002689 080.8/21
王漁洋遺書四十一種 (清)王士禛撰 清刻本 八十二册 存二十種二百一卷(粤行三志三卷、居易録三十四卷、香祖筆記十二卷、分甘餘話四卷、長白山録一卷補遺一卷、皇華紀聞四卷、隴蜀餘聞一卷、古懽録八卷、蕭亭詩選六卷、考功集選四卷、抱山集選一卷、唐人萬首絶句選七卷、漁洋山人文略十四卷、載書圖詩一卷、隴首集一卷、唐賢三昧集三卷、古鉢集選四卷、漁洋集五十二卷、蠶尾集三十八卷、南海集二卷)

320000－1605－0002690 080.8/24
還讀齋稿□種 (清)王堃撰輯 稿本 二十六册 存四種二十六册(文稿一册、詩稿二册、稟信稿四册、聞見録十九册)

320000－1605－0002691 080.8/550－1
雷刻八種 (清)雷浚撰 清光緒八年(1882)刻本 十册

320000－1605－0002692 080.8/550－2
雷刻八種 (清)雷浚撰 清光緒八年(1882)刻本 十一册 缺一種二卷(睡餘偶筆二卷)

320000－1605－0002693 080.8/550－3
雷刻八種 (清)雷浚撰 清光緒八年(1882)刻本 六册 存七種二十一卷(説文外編一至四、九至十六,道福堂詩集四卷,乃有廬雜著一卷,劉氏碎金一卷,顧氏説文辨疑一卷,豫章語録一卷,琴韻居詩存一卷)

320000－1605－0002694 080.8/550－4
雷刻四種 (清)雷浚輯 清光緒十年(1884)刻本 六册

320000－1605－0002695 080.8/607
五經歲徧齋校書三種 (清)翟云升輯 清道光十二年(1832)刻本 十册

320000－1605－0002696 080.9/821
新學大叢書一百二十卷 (清)積山喬記書局編 清光緒二十九年(1903)石印本 三十二册

320000－1605－0002697 082.1/33
評選靜香樓醫案二卷 (清)尤怡撰 (清)柳寶詒選評 清光緒二十六年(1900)石印本 一册

320000－1605－0002698 082.1/393
春暉堂叢書十二種 (清)徐渭仁輯 清咸豐元年(1851)刻本 一册 存四種四卷(雙樹生詩草一卷、紀半樵詩一卷、仲瞿詩録一卷、秋紅丈室遺室一卷)

320000－1605－0002699 082.1/430
二酉堂叢書二十一種 (清)張澍輯 清道光元年(1821)刻本 九册 缺一種一卷(李益詩集一卷)

320000－1605－0002700 082.1/476
彊恕齋三種 (清)惲祖翼撰 清光緒二十六年(1900)刻本 三册

320000－1605－0002701 082.1/622
功順堂叢書十八種 (清)潘祖蔭輯 清光緒刻本 二十四册 存十五種四十九卷(王氏經説六卷音略一卷音略考證一卷、論語孔注辨僞二卷、爾雅補注殘本一卷、急就章一卷考證一卷、説文古籀疏證六卷、國史考異六卷、平定羅刹方略四卷、西清筆記二卷、涇林續記一卷、廣陽雜記五卷、無事為福齋隨筆二卷、范石湖詩集注三卷、半氈齋題跋二卷、南潤文集二卷、冬青館古宮詞三卷)

320000－1605－0002702 082.1/842
鄭氏周易注三卷 (漢)鄭玄撰 **陸氏周易述一卷** (三國吳)陸績撰 **補遺一卷** (宋)王應麟輯 清同治十二年(1873)刻本 一册

320000－1605－0002703 082.1/9
心簡齋集録六卷 (清)于光華編 清乾隆三十五年(1770)刻本 五册

320000－1605－0002704 082.2/320

紀慎齋全集十四種 (清)紀大奎撰 清嘉慶十三年(1808)刻本 三十六册

320000-1605-0002705 082.23/21
唐代叢書六集一百六十四種 (清)陳世熙輯 清嘉慶十一年(1806)刻本 二十四册

320000-1605-0002706 082.3/271
禹貢集解二卷 (宋)傅寅撰 清同治八年(1869)刻本 二册

320000-1605-0002707 082.3/530
景仰撮書一卷宜齋野乘一卷梁溪漫志十卷萬柳溪邊舊話一卷陽羡茗壺系一卷 盛宣懷輯 清光緒二十三年(1897)刻常州先哲遺書本 一册

320000-1605-0002708 082.4/550-3
豫章語録不分卷 (清)雷翀撰 (清)杜喬林輯 **琴韻居詩存不分卷** (清)雷大開撰 (清)杜喬林輯 清光緒刻本 一册

320000-1605-0002709 082.5/791
顧亭林先生遺書十種二十七卷 (清)顧炎武撰 清初刻本 八册

320000-1605-0002710 082.7/312-1
賓萌集六卷 (清)俞樾撰 清光緒二十五年(1899)刻本 一册 存三卷(四至六)

320000-1605-0002711 082.7/312-2
曲園墨戲一卷曲園三要一卷瓊英小録一卷慧福樓幸草一卷曲園自述詩一卷續一卷 (清)俞樾撰 清光緒二十七年(1901)刻本 一册

320000-1605-0002712 082.7/622
卦本圖考一卷 (清)胡秉虔撰 **尚書序録一卷玉井山館筆記一卷** (清)許宗衡撰 清刻本 二册

320000-1605-0002713 082.77/377
六如居士制義一卷畫譜三卷 (明)唐寅撰 清嘉慶六年(1801)刻本 一册

320000-1605-0002714 082.78/434
陸桴亭先生遺書二十二種 (清)陸世儀撰 **年譜一卷行實一卷** (清)淩錫祺編輯 清光緒二十六年(1900)刻本 一册 存二卷(年譜一卷、行實一卷)

320000-1605-0002715 090.3/15-1
玉海摘要二十一卷 (清)方維翰輯 清同治十年(1871)刻本 八册

320000-1605-0002716 090.3/15-2
玉海摘要二十一卷 (清)方維翰輯 清刻本 八册 存十一卷(三、七至十六)

320000-1605-0002717 090.3/430
分類賦學雞跖集三十卷附録一卷 (清)張維城編 清道光十一年(1831)刻本 一册 存一卷(附録一卷)

320000-1605-0002718 091.13/999
詩經讀本四卷 (宋)朱熹集傳 清光緒二十二年(1896)刻本 二册 存二卷(一至二)

320000-1605-0002719 091.2/535
晚書訂疑三卷 (清)程廷祚撰 清乾隆刻本 一册 存二卷(上、中)

320000-1605-0002720 091.8/434
經典釋文三十卷 (唐)陸德明撰 清光緒刻本 六册 存二十卷(五至二十、二十五至二十八)

320000-1605-0002721 091.8/969
説文舊音補注三卷附一卷 (清)胡玉縉撰 **爾雅詁二卷** (清)徐孚吉撰 清光緒十四年(1888)刻本 一册

320000-1605-0002722 092.3/356
史書纂略二百二十卷 (明)馬維銘撰 明刻本 一册 存三卷(蜀漢紀一、蜀漢列傳一至二)

320000-1605-0002723 094.1/442
塵海妙品十四卷 (清)陳琰編輯 清宣統三年(1911)石印本 四册

320000-1605-0002724 094.2/165-1
缶廬詩八卷 吴昌碩撰 清刻本 二册

320000-1605-0002725 094.2/165-2
缶廬詩四卷别存三卷 吴昌碩撰 清光緒十

九年(1893)刻本　一冊

320000－1605－0002726　094.8/471
國朝遺事紀聞不分卷　湯殿三撰　清宣統二年(1910)鉛印本　一冊　存一冊(劉村讀書記第五種)

320000－1605－0002727　094.8/622
麟生閒筆不分卷　(清)潘鍾瑞撰　稿本　一冊

320000－1605－0002728　101.3/135－1
十三經註疏校勘記識語四卷　(清)汪文臺撰　清光緒三年(1877)刻本　二冊

320000－1605－0002729　101.3/135－2
十三經註疏校勘記識語四卷　(清)汪文臺撰　清光緒三年(1877)刻本　二冊

320000－1605－0002730　101.3/151
十三經西學通義十四卷　(清)李元音撰　清光緒三十二年(1906)刻本　六冊

320000－1605－0002731　101.3/163－1
十三經註疏附校勘記十三種　(清)阮元校　清道光六年(1826)刻本　一百五十二冊

320000－1605－0002732　101.3/163－2
重刊宋本十三經注疏十三種　(清)阮元編　清同治十二年(1873)江西書局刻本　一百七十九冊

320000－1605－0002733　101.3/166
十三經古註十三種　(明)金蟠輯　明崇禎刻本　四十八冊

320000－1605－0002734　101.3/794
袖珍十三經注十五種　(清)饒玉成輯　清同治十二年(1873)刻本　一百二十冊

320000－1605－0002735　101.3/821－1
十三經註十三種　(宋)朱熹等注　清同治、光緒刻本　三十八冊

320000－1605－0002736　101.3/821－2
十三經註疏十三種　(□)□□編　清同治、光緒刻本　五十四冊

320000－1605－0002737　101.3/98
十三經札記十二種　(清)朱亦棟撰　清光緒四年(1878)刻本　十冊

320000－1605－0002738　101.5/255－1
仿宋相臺岳氏本五經五種　(宋)岳珂編　清刻本　三十二冊

320000－1605－0002739　101.5/255－2
仿宋相臺岳氏本五經五種　(宋)岳珂編　清刻本　三十二冊

320000－1605－0002740　101.5/429
五經文字三卷　(唐)張參撰　**九經字樣一卷**　(唐)唐玄度撰　**五經文字疑一卷九經字樣疑一卷**　(清)孔繼涵撰　清乾隆三十三年(1768)刻本　三冊

320000－1605－0002741　101.5/446
五經讀五卷　(明)陳際泰撰　清刻本　五冊

320000－1605－0002742　101.5/454
五經小學述二卷　(清)莊述祖撰　清光緒九年(1883)刻本　一冊

320000－1605－0002743　101.5/575
五經備旨四十五卷　(清)鄒聖脈輯　清光緒十五年(1889)石印本　十二冊

320000－1605－0002744　101.5/787
五經體注五種　題(清)嚴氏家塾輯　清光緒十五年(1889)石印本　十六冊

320000－1605－0002745　101.5/791
五經同異三卷　(清)顧炎武撰　清乾隆刻本　三冊

320000－1605－0002746　101.5/967
皇朝五經匯解二百七十卷目録一卷　題(清)抉經心室主人輯　清光緒十九年(1893)石印本　十一冊　存一百三卷(一至四十、一百六十至二百二十一,目録一卷)

320000－1605－0002747　101.6/525
六經補疏二十卷　(清)焦循撰　清道光六年(1826)刻本　八冊

320000－1605－0002748　101.7/806

欽定七經綱領二卷　(清)學部圖書館輯　清宣統元年(1909)鉛印本　二冊

320000－1605－0002749　101.9/347
九經九種　(清)□□編　清刻本　八冊

320000－1605－0002750　101.9/489－1
九經古義十六卷　(清)惠棟撰　清乾隆刻本　四冊

320000－1605－0002751　101.9/489－2
九經古義十六卷　(清)惠棟撰　清光緒十一年(1885)刻本　四冊

320000－1605－0002752　101.9/674
九經恒解一百十七卷　(清)劉沅撰　清刻本　六十冊

320000－1605－0002753　101/154－1
群經識小八卷　(清)李惇撰　清道光五年(1825)刻本　四冊

320000－1605－0002754　101/154－2
群經識小八卷　(清)李惇撰　清道光五年(1825)刻本　二冊

320000－1605－0002755　101/164
經詞衍釋十卷補遺一卷　(清)吳昌瑩撰　清光緒三年(1877)刻本　二冊

320000－1605－0002756　101/165
經句說二十二卷附老子音釋一卷　(清)吳英撰　清嘉慶刻本　十冊

320000－1605－0002757　101/21－1
經義述聞三十二卷　(清)王引之撰　清光緒七年(1881)刻本　十二冊

320000－1605－0002758　101/21－2
經義述聞三十二卷　(清)王引之撰　清道光七年(1827)刻本　十六冊

320000－1605－0002759　101/21－3
經義述聞三十二卷　(清)王引之撰　清道光七年(1827)刻本　十六冊

320000－1605－0002760　101/312
群經平議三十五卷　(清)俞樾撰　清同治刻本　十六冊

320000－1605－0002761　101/525
論語拾遺一卷孟子解一卷道經二卷　(宋)蘇轍撰　清刻本　一冊

320000－1605－0002762　101/622
經序提要合編二卷　(清)潘清蔭撰　清光緒鉛印本　二冊

320000－1605－0002763　101/661
鄭志三卷　(三國魏)鄭小同撰　清刻本　一冊

320000－1605－0002764　101/705
經餘必讀八卷　(清)錢樹棠等輯　清嘉慶八年(1803)刻本　四冊

320000－1605－0002765　101/787
娛親雅言六卷　(清)嚴元照撰　清光緒十年(1884)刻本　四冊

320000－1605－0002766　101/967
經說一卷　(清)□□撰　清抄本　一冊

320000－1605－0002767　103/163
經籍籑詁一百十六卷附補遺一卷　(清)阮元撰　清光緒六年(1880)刻本　四十八冊

320000－1605－0002768　103/164
經詞衍釋十卷補遺一卷　(清)吳昌瑩撰　清光緒三年(1877)刻本　二冊

320000－1605－0002769　103/21－1
經傳釋詞十卷　(清)王引之撰　清道光二十七年(1847)刻本　二冊

320000－1605－0002770　103/21－2
經傳釋詞十卷　(清)王引之撰　清同治七年(1868)刻本　四冊

320000－1605－0002771　103/412
爾雅三卷　(晉)郭璞注　清嘉慶十一年(1806)刻本　三冊

320000－1605－0002772　103/429
五經文字三卷　(唐)張參撰　**唐元度九經字樣一卷**　(唐)唐玄度撰　清乾隆五年(1740)

刻本　四册

320000－1605－0002773　103/430
經字異同四十八卷　(清)張維屏撰　清道光二十年(1840)刻本　四册

320000－1605－0002774　103/438－1
經典釋文三十卷　(唐)陸德明撰　**考證三十卷**　(清)盧文弨撰　清乾隆五十六年(1791)刻本　十册　存五十四卷(經典釋文一至六、九至二十四、二十九至三十,考證三十卷)

320000－1605－0002775　103/438－3
經典釋文三十卷　(唐)陸德明撰　**考證三十卷**　(清)盧文弨撰　清同治八年(1869)刻本　十二册

320000－1605－0002776　103/491
詩傳蒙求分韻不分卷　(清)黄中撰　清咸豐九年(1859)刻本　二册

320000－1605－0002777　103/551
群經音辨七卷　(宋)賈昌朝撰　清康熙二十三年(1684)刻本　二册

320000－1605－0002778　103/622
説文蠡箋十四卷　(清)潘奕雋撰　清同治十三年(1874)刻本　一册

320000－1605－0002779　104/477
石經彙函二十種　(清)馮登府編　清光緒十六年(1890)刻本　十二册

320000－1605－0002780　104/787
唐石經校文十卷　(清)嚴可均撰　清刻本　二册　存六卷(一至六)

320000－1605－0002781　105/100－1
經傳攷證八卷　(清)朱彬撰　清道光二年(1822)刻本　二册

320000－1605－0002782　105/100－2
經傳攷證八卷　(清)朱彬撰　清道光二年(1822)刻本　四册

320000－1605－0002783　105/155
羣經綱紀攷十六卷　(清)李滋然撰　清宣統鉛印本　六册

320000－1605－0002784　105/21
經義述聞三十二卷　(清)王引之撰　清光緒七年(1881)鉛印本　一册　存二卷(一至二)

320000－1605－0002785　105/233
經學不厭精八卷　(德國)花之安撰　清光緒二十二年(1896)鉛印本　七册

320000－1605－0002786　105/248
韋庵經説一卷　(清)周象明撰　清刻本　一册

320000－1605－0002787　105/316
惜抱軒經説十七卷　(清)姚鼐撰　清嘉慶十五年(1810)刻本　三册

320000－1605－0002788　105/446
左海經辨二卷　(清)陳壽祺撰　清道光三年(1823)刻本　四册

320000－1605－0002789　105/590
古學攷一卷　廖平撰　清光緒二十三年(1897)刻本　一册

320000－1605－0002790　105/661
鄭志三卷附録一卷　(漢)鄭玄撰　(三國魏)鄭小同編　清刻本　一册

320000－1605－0002791　105/705
溉亭述古録二卷　(清)錢塘撰　清刻本　一册

320000－1605－0002792　105/749
戴段合刻二十四卷　(清)戴震　(清)段玉裁撰　清光緒十年(1884)刻本　十四册

320000－1605－0002793　105/8
香草校書六十卷　(清)于鬯撰　清刻本　十六册　存四十八卷(一至四十二、五十五至六十)

320000－1605－0002794　106/122
鶴巢經箋二十卷　(清)宋清壽輯　清刻本　六册

320000－1605－0002795　106/135
述學内篇三卷外篇一卷補遺一卷别録一卷　(清)汪中撰　清同治八年(1869)刻本　二册

320000－1605－0002796　106/312
茶香室經説十六卷　(清)俞樾撰　清光緒刻本　五册

320000－1605－0002797　106/377
札迻十二卷　(清)孫詒讓撰　清光緒十九年(1893)刻本　四册

320000－1605－0002798　106/407－1
經誼褋識一卷　(清)許克勤撰　清光緒二十一年(1895)刻本　一册

320000－1605－0002799　106/407－2
經誼褋識一卷　(清)許克勤撰　清光緒二十一年(1895)刻本　一册

320000－1605－0002800　106/429
忍盦經萩偶存二卷　張炳翔撰　稿本　二册

320000－1605－0002801　106/434
冷廬雜識八卷續編一卷　(清)陸以湉撰　清咸豐六年(1856)刻本　四册

320000－1605－0002802　106/443－1
黖經筆記一卷　(清)陳倬撰　清刻本　一册

320000－1605－0002803　106/443－2
黖經筆記一卷　(清)陳倬撰　清刻本　一册

320000－1605－0002804　106/443－3
黖經筆記一卷　(清)陳倬撰　清刻本　一册

320000－1605－0002805　106/495
縮本精選經藝淵海不分卷　(清)黄逢甲　(清)倪維高校訂　清光緒十二年(1886)石印本　十册

320000－1605－0002806　106/535
晚書訂疑三卷　(清)程廷祚撰　清乾隆刻本　一册

320000－1605－0002807　106/590
知聖篇二卷　廖平撰　清宣統三年(1911)鉛印本　一册

320000－1605－0002808　106/756
越輶采風録不分卷　(清)瞿鴻禨輯　清光緒十七年(1891)石印本　二册

320000－1605－0002809　106/791
東林商語二卷附東林會約一卷　(明)顧憲成撰　清刻本　一册

320000－1605－0002810　107/961
讀書筆記不分卷　(清)□□撰　清抄本　六册

320000－1605－0002811　108/130
沈氏經學六種　(清)沈淑撰　清乾隆二十七年(1762)刻本　六册

320000－1605－0002812　108/163－1
皇清經解續編二百九卷　王先謙編　清光緒十五年(1889)石印本　四十册

320000－1605－0002813　108/163－2
皇清經解續編一千四百三十卷　王先謙編　清光緒刻本　三百四十册

320000－1605－0002814　108/163－3
皇清經解續編一千四百三十卷　王先謙編　清光緒刻本　三百四十册

320000－1605－0002815　108/163－4
皇清經解一千四百八卷　(清)阮元編　清刻本　三百六十册

320000－1605－0002816　108/166
經學輯要二十四卷　(清)陳遹聲等輯　清光緒十九年(1893)石印本　三十二册

320000－1605－0002817　108/343
蜚雲閣凌氏叢書六種　(清)凌曙撰　清嘉慶十三年(1808)刻本　二十四册

320000－1605－0002818　108/393
通志堂經解一百三十八種　(清)徐乾學等編　清同治刻本　四百七十九册

320000－1605－0002819　108/420
經學文鈔十五卷首三卷　曹元弼　梁鼎芬編　清光緒木活字印本　三十册

320000－1605－0002820　108/431
篤志齋經解二卷　(清)張應譽撰　清同治十年(1871)刻本　二册

320000－1605－0002821　108/454－1
味經齋遺書十五種　(清)莊存與撰　清光緒八年(1882)刻本　十四册

320000－1605－0002822　108/454－2
味經齋遺書十五種　(清)莊存與撰　清光緒八年(1882)刻本　十册　存十一種二十八卷(彖傳論一卷、彖象論一卷、繫辭傳論二卷、八卦觀象解二卷、卦氣論一卷、尚書既見三卷、尚書説一卷、毛詩説四卷、春秋正辭十一卷、春秋舉例一卷、春秋要指一卷)

320000－1605－0002823　108/454－3
味經齋遺書七種　(清)莊存與撰　清光緒八年(1882)刻本　四册　存五種七卷(彖傳論一卷、彖象論一卷、繫辭傳論二卷、八卦觀象解二卷、卦氣論一卷)

320000－1605－0002824　108/494
黄石齋九種　(明)黄道周撰　清康熙刻本　三十六册

320000－1605－0002825　108/495
逸書攷七十九卷　(清)黄奭編　清刻本　十九册

320000－1605－0002826　108/535
通藝録二十二種　(清)程瑤田撰　清嘉慶刻本　十九册　存十種三十三卷(論學小記三卷、儀禮喪服文足徵記十卷、考工創物小記八卷、溝洫疆理小記一卷、禹貢三江考三卷、九穀考四卷、釋蟲小記一卷、修辭餘鈔一卷、讓堂亦政録一卷、嘉定贈别詩文一卷)

320000－1605－0002827　108/590
四益館經學叢書五種　廖平等撰　清光緒十二年(1886)刻本　四册　存四種六卷(今古學攷上、何氏公羊解詁三十論三卷、分撰兩戴記章句凡例一卷、六書舊義一卷)

320000－1605－0002828　108/622
希鄭堂叢書七種　潘任撰　清光緒二十年(1894)木活字印本　二册

320000－1605－0002829　108/650－1
省吾堂五種　(清)蔣光弼輯　清刻本　十二册

320000－1605－0002830　108/650－2
周易本義辯證五卷　(清)惠棟撰　清刻本　二册

320000－1605－0002831　108/661
鄭氏遺書五種　(清)王復輯　清嘉慶二年(1797)刻本　二册

320000－1605－0002832　108/661－2
鄭氏佚書二十三種　(清)袁鈞輯　清光緒刻本　十册

320000－1605－0002833　108/705－1
經苑二十五種　(清)錢儀吉輯　清同治刻本　六十四册

320000－1605－0002834　108/705－2
經苑二十五種　(清)錢儀吉輯　清同治刻本　六十四册

320000－1605－0002835　108/735
古經解小學彙函三十種　(清)馮端本編　清同治十二年(1873)刻本　六十六册

320000－1605－0002836　108/78
皮氏經學叢書十三種　(清)皮錫瑞撰　清光緒三十三年(1907)刻本　十四册

320000－1605－0002837　109/740
漢書引經異文録證六卷　(清)繆祐撰　清光緒十一年(1885)刻本　二册

320000－1605－0002838　110/103－1
周易本義四卷　(宋)朱熹撰　清光緒七年(1881)江蘇書局刻本　二册

320000－1605－0002839　110/103－2
周易本義四卷　(宋)朱熹撰　清光緒七年(1881)江蘇書局刻本　二册

320000－1605－0002840　110/103－3
周易本義十二卷　(宋)朱熹撰　清光緒十三年(1887)淮南書局刻本　二册

320000－1605－0002841　110/103－4
易經本義附音訓十二卷　(宋)朱熹撰　清光

緒十九年(1893)江南書局刻本　二册

320000－1605－0002842　110/115
周易洗心十卷　(清)任啓運撰　清光緒八年(1882)刻本　六册

320000－1605－0002843　110/129
周易孔義集説二十卷　(清)沈起元撰　清光緒八年(1882)刻本　八册

320000－1605－0002844　110/131
易小傳四卷　(清)沈該撰　清刻本　二册

320000－1605－0002845　110/135－1
易經詮義十四卷首一卷　(清)汪紱撰　清同治十二年(1873)曲水書局木活字印本　十五册

320000－1605－0002846　110/135－2
周易詮義十四卷首一卷　(清)汪紱撰　清同治十二年(1873)敷文書局刻本　十四册

320000－1605－0002847　110/148
周易注畧三卷首一卷附一卷　(清)杜竹谿撰　清同治三年(1864)刻本　六册

320000－1605－0002848　110/15
方氏易學五書　(清)方申撰　清道光刻本　二册

320000－1605－0002849　110/155－1
易傳集解十七卷周易音義一卷　(唐)李鼎祚輯　清乾隆二十一年(1756)刻本　三册　存十卷(集解一至六、十三至十六)

320000－1605－0002850　110/155－2
周易引經通釋十卷　(清)李鈞簡輯注　清嘉慶十六年(1811)刻本　十册

320000－1605－0002851　110/155－3
周易集解十七卷　(唐)李鼎祚撰　清嘉慶二十三年(1818)刻本　二册

320000－1605－0002852　110/155－4
周易集解校異二卷　(清)李富孫撰　清道光刻本　一册

320000－1605－0002853　110/155－5
李氏易解賸義三卷　(清)李富孫撰　清光緒十三年(1887)刻本　二册

320000－1605－0002854　110/155－6
周易集解十七卷　(唐)李鼎祚撰　清刻本　五册

320000－1605－0002855　110/155－7
周易集解十七卷　(唐)李鼎祚撰　清抄本　四册

320000－1605－0002856　110/163－1
周易注疏校勘記九卷周易略例校勘記一卷周易釋文校勘記一卷　(清)阮元撰　清光緒二十四年(1898)刻本　二册

320000－1605－0002857　110/163－2
周易注疏校勘記九卷周易略例校勘記一卷周易釋文校勘記一卷　(清)阮元撰　清光緒二十四年(1898)刻本　二册

320000－1605－0002858　110/168
易纂言十卷　(元)吳澄撰　清刻本　四册

320000－1605－0002859　110/204
京氏易傳二卷　(漢)京房撰　(三國吳)陸績注　清末抄本　一册

320000－1605－0002860　110/25－1
周易注疏九卷　(三國魏)王弼注　(唐)孔穎達疏　明汲古閣刻本　四册

320000－1605－0002861　110/25－2
周易注疏九卷音義一卷附校勘記一卷　(三國魏)王弼注　(唐)孔穎達正義　清道光六年(1826)刻本　八册

320000－1605－0002862　110/25－3
周易注疏九卷　(三國魏)王弼注　(唐)孔穎達疏　清同治十三年(1874)刻本　七册

320000－1605－0002863　110/25－4
周易注疏九卷　(三國魏)王弼注　(唐)孔穎達疏　清光緒十八年(1892)湖南務本書局刻本　四册

320000－1605－0002864　110/25－5
周易注疏九卷　(三國魏)王弼注　(唐)孔穎

達疏　清光緒十八年(1892)湖南務本書局刻本　四册

320000－1605－0002865　110/253
讀易匯參十五卷首一卷　(清)和瑛撰　清道光二十三年(1843)刻本　十六册

320000－1605－0002866　110/283
湘薌漫録四卷易經集説一卷　(清)查彬撰　清道光刻本　五册

320000－1605－0002867　110/311
周易簡金三卷　(清)侯廷銓撰　清嘉慶刻本　一册

320000－1605－0002868　110/316
周易姚氏學十六卷　(清)姚配中撰　清光緒三年(1877)刻本　六册

320000－1605－0002869　110/376－1
易經集解十卷　(清)孫星衍撰　清刻本　二册

320000－1605－0002870　110/376－2
漢魏二十一家易注二十一種　(清)孫堂輯　清刻本　八册

320000－1605－0002871　110/390
周易索詁十二卷首一卷　(清)倪象占撰　清嘉慶六年(1801)刻本　六册

320000－1605－0002872　110/407
易確二十卷　(清)許桂林撰　清道光十二年(1832)刻本　十册

320000－1605－0002873　110/429－1
吴園周易解九卷　(宋)張根撰　清刻本　四册

320000－1605－0002874　110/429－2
易經衷論二卷　(清)張英撰　清刻本　二册

320000－1605－0002875　110/430－1
周易義傳合訂十五卷　(清)張道緒音釋　清嘉慶十六年(1811)刻本　八册

320000－1605－0002876　110/430－2
虞氏易候一卷易言二卷　(清)張惠言撰　清道光元年(1821)刻本　一册

320000－1605－0002877　110/430－3
虞氏易禮二卷　(清)張惠言撰　清道光元年(1821)刻本　一册

320000－1605－0002878　110/437
易經語解一卷　(清)陸鳳藻撰　清抄本　一册

320000－1605－0002879　110/438
易釋文三種　(漢)鄭玄　(唐)陸德明　(宋)王應麟撰　清乾隆二十一年(1756)刻本　一册

320000－1605－0002880　110/489－1
周易述十九卷易微言二卷　(清)惠棟撰　清乾隆二十三年(1758)刻本　六册

320000－1605－0002881　110/489－2
易漢學八卷　(清)惠棟撰　清刻本　二册

320000－1605－0002882　110/491－1
易釋四卷　(清)黄式三撰　清光緒十四年(1888)刻本　二册

320000－1605－0002883　110/491－2
易學象數論六卷　(清)黄宗羲撰　清刻本　二册

320000－1605－0002884　110/525－1
易章句十二卷　(清)焦循撰　清嘉慶二十四年(1819)刻本　二册

320000－1605－0002885　110/525－2
易圖畧八卷　(清)焦循撰　清嘉慶二十四年(1819)刻本　十册

320000－1605－0002886　110/525－3
易林十六卷　(清)焦贛撰　清道光二十七年(1847)刻本　二册

320000－1605－0002887　110/525－4
焦氏易林十六卷　(清)焦贛撰　清刻本　四册

320000－1605－0002888　110/535－1
易經釋義四卷　(宋)程頤撰　清刻本　三册

320000－1605－0002889　110/535－2
周易傳義音訓八卷　(宋)程頤　(宋)朱熹傳　(宋)吕祖謙音訓　清光緒十五年(1889)刻本　八册

320000－1605－0002890　110/538
喬氏易俟二十卷　(清)喬萊撰　清道光二十一年(1841)刻本　四册

320000－1605－0002891　110/556
誠齋易傳二十卷　(宋)楊萬里撰　清道光十一年(1831)刻本　六册

320000－1605－0002892　110/570
周易虞氏義九卷附虞氏消息二卷　(三國吳)虞翻撰　(清)張惠言注　清刻本　四册

320000－1605－0002893　110/586－1
周易指三十八卷易圖五卷易斷辭一卷　(清)端木國瑚撰　清同治刻本　二十册

320000－1605－0002894　110/586－2
周易指三十八卷易圖五卷易斷辭一卷　(清)端木國瑚撰　清同治刻本　二十册

320000－1605－0002895　110/600－1
周易述四卷易漢學擬旨一卷　(清)趙新撰　清光緒八年(1882)刻本　五册

320000－1605－0002896　110/600－2
周易程傳八卷　(宋)程頤撰　清光緒九年(1883)刻本　三册

320000－1605－0002897　110/618
周易本義集成十二卷　(元)熊良輔輯　清刻本　四册

320000－1605－0002898　110/660
周易遵述不分卷附周易賸義一卷　(清)蔣本撰　清道光十年(1830)秀水王氏信芳閣木活字印本　六册

320000－1605－0002899　110/661
周易鄭注十二卷　(漢)鄭玄撰　清刻本　二册

320000－1605－0002900　110/7
子夏易傳十卷　(清)納蘭成德編集　清康熙刻本　二册

320000－1605－0002901　110/700
周易經義七卷首一卷　(清)盧淅撰　清嘉慶十七年(1812)刻本　八册

320000－1605－0002902　110/73
周易口訣義六卷　(唐)史徵撰　清刻本　二册

320000－1605－0002903　110/759
易聞十二卷首一卷　(明)歸起先撰　清乾隆六十年(1795)刻本　四册

320000－1605－0002904　110/761－1
周易要義十卷　(宋)魏了翁撰　清光緒十二年(1886)刻本　四册

320000－1605－0002905　110/761－2
清風易註四卷遺集一卷　(清)魏闕撰　清光緒十八年(1892)刻本　七册

320000－1605－0002906　110/811－1
周易折中二十二卷　(清)李光地等編　清刻本　十册

320000－1605－0002907　110/811－2
周易折中二十二卷　(清)李光地等編　清同治六年(1867)刻本　十册

320000－1605－0002908　110/811－3
周易折中二十二卷　(清)李光地等編　清同治六年(1867)刻本　十册

320000－1605－0002909　120/103
尚書埤傳補二卷　(清)朱鶴齡撰　清刻本　一册

320000－1605－0002910　120/115
尚書約註四卷末一卷　(清)任啓運撰　清光緒十二年(1886)刻本　二册

320000－1605－0002911　120/135
書經詮義十二卷　(清)汪烜撰　清刻本　十二册

320000－1605－0002912　120/163－1
尚書註疏校勘記二十卷附釋文校勘記二卷

(清)阮元撰　清光緒二十四年(1898)刻本　四冊

320000－1605－0002913　120/163－2
尚書註疏校勘記二十卷附釋文校勘記二卷　(清)阮元撰　清光緒二十四年(1898)刻本　四冊

320000－1605－0002914　120/194
讀尚書日記一卷　(清)余宏淦撰　清光緒二十二年(1896)刻本　一冊

320000－1605－0002915　120/2
尚書餘論一卷　(清)丁晏撰　清咸豐七年(1857)刻本　二冊

320000－1605－0002916　120/21－1
尚書引義六卷　(清)王夫之撰　清同治四年(1865)刻本　三冊

320000－1605－0002917　120/21－2
書經稗疏四卷　(清)王夫之撰　清同治四年(1865)刻本　三冊

320000－1605－0002918　120/22－1
欽定書經傳說彙纂二十一卷首二卷書序一卷　(清)王頊齡等輯　清同治七年(1868)刻本　十二冊

320000－1605－0002919　120/22－2
尚書孔傳參正三十六卷　王先謙撰　清光緒三十年(1904)刻本　六冊

320000－1605－0002920　120/225
尚書通義二卷　(清)邵懿辰撰　清光緒二十三年(1897)刻本　二冊

320000－1605－0002921　120/23
書疑八卷　(宋)王柏撰　清康熙刻本　一冊

320000－1605－0002922　120/242
尚書註十二卷　(宋)金履祥撰　清光緒刻本　六冊

320000－1605－0002923　120/25－1
欽定書經傳說彙纂二十一卷首二卷書序一卷　(清)王頊齡等輯　清刻本　一冊　存一卷(十九)

320000－1605－0002924　120/25－2
書序答問不分卷　(清)王詠霓撰　清刻本　一冊

320000－1605－0002925　120/332
書經體註□□卷　(清)高朝瓔撰　清末刻本　一冊　存二卷(五至六)

320000－1605－0002926　120/337
尚書古文證疑四卷　(清)孫喬年撰　清嘉慶十五年(1810)刻本　二冊

320000－1605－0002927　120/37－1
尚書註疏二十卷附校勘記一卷　(漢)孔安國傳　(唐)孔穎達正義　清光緒十八年(1892)湖南務本書局刻本　六冊

320000－1605－0002928　120/37－2
尚書註疏二十卷附校勘記一卷　(漢)孔安國傳　(唐)孔穎達正義　清光緒十八年(1892)湖南務本書局刻本　六冊

320000－1605－0002929　120/37－3
尚書註疏二十卷　(漢)孔安國傳　(唐)孔穎達正義　明崇禎汲古閣刻本　八冊

320000－1605－0002930　120/375－1
尚書今古文註三十卷　(清)孫星衍撰　清嘉慶十二年(1807)刻本　六冊

320000－1605－0002931　120/375－2
尚書今古文註三十卷　(清)孫星衍撰　清光緒五年(1879)刻本　四冊

320000－1605－0002932　120/375－3
尚書今古文註三十卷　(清)孫星衍撰　清光緒十一年(1885)刻本　八冊

320000－1605－0002933　120/375－4
尚書今古文註三十卷　(清)孫星衍撰　清光緒十一年(1885)刻本　八冊

320000－1605－0002934　120/375－5
書經近指六卷　(清)孫奇逢撰　清刻本　四冊

320000－1605－0002935　120/377
周書斠補四卷　(清)孫詒讓撰　清光緒二十

六年(1900)刻本　二冊

320000－1605－0002936　120/383

增修東萊書說三十五卷　(宋)時瀾撰　清刻本　八冊

320000－1605－0002937　120/407

書經述六卷　(清)許祖京撰　清同治十三年(1874)刻本　二冊

320000－1605－0002938　120/423－1

尚書考異六卷　(明)梅鷟撰　清刻本　六冊

320000－1605－0002939　120/423－2

尚書考異六卷　(明)梅鷟撰　清道光五年(1825)刻本　四冊

320000－1605－0002940　120/434

尚書彙纂十三卷　(清)陸士楷撰　清光緒十二年(1886)刻本　四冊

320000－1605－0002941　120/441

書集傳或問二卷　(宋)陳大猷撰　清康熙刻本　一冊

320000－1605－0002942　120/446

尚書大傳五卷　(清)陳壽祺撰　清道光十年(1830)刻本　二冊

320000－1605－0002943　120/556

書繹六卷首一卷　(明)楊文彩撰　清光緒二年(1876)刻本　十冊

320000－1605－0002944　120/568

書傳輯録纂註六卷　(元)董鼎撰　清康熙刻本　四冊

320000－1605－0002945　120/654－1

尚書蔡傳六卷首一卷末一卷　(宋)蔡沈集傳　清光緒七年(1881)刻本　四冊

320000－1605－0002946　120/654－2

書經集傳六卷首一卷末一卷　(宋)蔡沈撰　清刻本　四冊

320000－1605－0002947　120/749－1

書傳補商十七卷　(清)戴鈞衡撰　清道光刻本　六冊

320000－1605－0002948　120/749－2

尚書沿革表不分卷　(清)戴熙撰　清同治九年(1870)刻本　一冊

320000－1605－0002949　120/761－1

尚書要義二十卷　(宋)魏了翁撰　清光緒十年(1884)刻本　六冊

320000－1605－0002950　120/761－2

尚書要義二十卷　(宋)魏了翁撰　清光緒十年(1884)刻本　六冊

320000－1605－0002951　120/761－3

書古微十二卷　(清)魏源撰　清光緒四年(1878)刻本　四冊

320000－1605－0002952　120/761－4

書古微十二卷　(清)魏源撰　清光緒四年(1878)刻本　四冊

320000－1605－0002953　120/761－5

書古微十二卷　(清)魏源撰　清光緒四年(1878)刻本　四冊

320000－1605－0002954　120/810

欽定書經傳說彙纂二十四卷　(清)王頊齡等撰　清刻本　二十冊

320000－1605－0002955　120/813－1

欽定書經傳說彙纂二十一卷首二卷書序一卷　(清)王頊齡等撰　清同治七年(1868)刻本　十二冊

320000－1605－0002956　120/813－2

欽定書經傳說彙纂二十一卷首二卷書序一卷　(清)王頊齡等撰　清同治七年(1868)刻本　十二冊

320000－1605－0002957　120/971

書經二卷附胎息經一卷　清抄本　二冊

320000－1605－0002958　121/135

禹貢錐指節要一卷　(清)汪獻玗撰　清咸豐三年(1853)刻本　一冊

320000－1605－0002959　121/26

禹貢譜二卷　(清)王澍撰　清康熙四十六年(1707)刻本　一冊

320000－1605－0002960　121/271
禹貢錐指二十卷　(清)胡渭撰　清咸豐十年(1860)刻本　十册

320000－1605－0002961　121/311
禹貢古今注通解六卷　(清)侯楨撰　清光緒六年(1880)木活字印本　二册

320000－1605－0002962　121/316
禹貢正詮四卷　(清)姚彦渠撰　清同治九年(1870)刻本　一册

320000－1605－0002963　121/393
禹貢會箋十二卷　(清)徐文靖撰　清同治十三年(1874)刻本　四册

320000－1605－0002964　121/525
禹貢鄭注釋二卷　(清)焦循撰　清道光八年(1828)刻本　一册

320000－1605－0002965　121/661－1
禹貢圖説一卷　(明)鄭曉撰　清道光元年(1821)刻本　一册

320000－1605－0002966　121/661－2
禹貢圖注彙纂不分卷　(清)鄭言紹撰　清光緒二十一年(1895)刻本　一册

320000－1605－0002967　122/522
洪範圖説四卷　(清)嚴承夏撰　清乾隆刻本　四册

320000　1605　0002968　130.3/223
詩經韻譜一卷　(清)屈彊撰　稿本　二册

320000－1605－0002969　130/103－1
詩經八卷　(宋)朱熹集傳　**詩序辨説一卷**　(宋)朱熹撰　清光緒二十二年(1896)刻本　四册

320000－1605－0002970　130/103－2
詩經旁訓□□卷　(□)□□撰　清光緒三十一年(1905)刻本　二册　存三卷(一、三至四)

320000－1605－0002971　130/103－3
詩經旁註四卷　(□)□□撰　清光緒刻本　四册

320000－1605－0002972　130/15－1
朱子詩義補正八卷　(清)方苞撰　清光緒三年(1877)刻本　二册

320000－1605－0002973　130/15－2
朱子詩義補正八卷　(清)方苞撰　清光緒三年(1877)刻本　二册

320000－1605－0002974　130/178
詩經世本古義二十八卷　(明)何楷撰　清光緒石印本　十六册

320000－1605－0002975　130/268
詩序廣義二十四卷　(清)姜炳璋撰　清乾隆刻本　八册

320000－1605－0002976　130/27
欽定詩經傳説匯纂二十一卷附詩序二卷　(清)王鴻緒等撰　清末石印本　一册　存十卷(十二至二十一)

320000－1605－0002977　130/332
詩經體註大全合參八卷　(清)高朝瓔撰　(清)沈世楷輯　清刻本　一册　存一卷(三)

320000－1605－0002978　130/393
詩故攷異三十二卷　(清)徐華嶽輯　清同治刻本　八册

320000－1605－0002979　130/446
詩經四家異文攷五卷　(清)陳喬樅撰　清道光二十三年(1843)刻本　五册

320000－1605－0002980　130/556
詩述□□卷　(清)楊夔述　清抄本　六册　存四卷(三至六)

320000－1605－0002981　130/661
鄭氏詩譜一卷　(漢)鄭玄撰　清末抄本　一册

320000－1605－0002982　130/674－1
詩經恒解六卷　(清)劉沅輯註　清嘉慶十年(1805)刻本　六册

320000－1605－0002983　130/674－2
嚴氏詩緝補義八卷　(清)劉燦撰　清嘉慶十六年(1811)刻本　四册

320000－1605－0002984　130/71
詩說一卷　題（漢）申培撰　**詩考一卷**　（宋）王應麟撰　明崇禎刻本　一冊

320000－1605－0002985　130/761－1
詩古微十六卷　（清）魏源撰　清光緒十三年（1887）刻本　十冊

320000－1605－0002986　130/761－2
詩古微十六卷　（清）魏源撰　清光緒十三年（1887）刻本　八冊

320000－1605－0002987　130/775
詩集傳音釋二十卷附詩序一卷札記一卷　（元）羅復輯　（元）許謙音釋　清咸豐五年（1855）刻本　四冊

320000－1605－0002988　130/784
潁濱先生詩集傳十九卷　（宋）蘇轍撰　明萬曆三十九年（1611）顧氏刻兩蘇經解本　八冊

320000－1605－0002989　130/787－1
嚴氏詩輯三十六卷　（宋）嚴粲撰　清嘉慶十五年（1810）刻本　十二冊

320000－1605－0002990　130/787－2
嚴氏詩輯三十六卷　（宋）嚴粲撰　清光緒三年（1877）刻本　十二冊

320000－1605－0002991　130/791－1
學詩詳說三十卷正詁五卷　（清）顧廣譽撰　清光緒三年（1877）刻本　九冊

320000－1605－0002992　130/791－2
學詩詳說三十卷正詁五卷　（清）顧廣譽撰　清光緒三年（1877）刻本　九冊

320000－1605－0002993　130/791－3
學詩正詁五卷　（清）顧廣譽撰　清光緒三年（1877）刻本　一冊

320000－1605－0002994　130/811－1
詩經傳說彙纂二十一卷首二卷詩序二卷　（清）王鴻緒等撰　清同治七年（1868）刻本　十六冊

320000－1605－0002995　130/811－2
御纂詩義折中二十卷　（清）傅恒等撰　清光緒十二年（1886）刻本　十二冊

320000－1605－0002996　130/98－1
詩經集註八卷　（宋）朱熹撰　清刻本　六冊

320000－1605－0002997　130/98－2
詩經集註八卷　（宋）朱熹撰　清刻本　六冊

320000－1605－0002998　131/103－1
毛詩補禮六卷　（清）朱濂撰　清光緒三年（1877）刻本　二冊

320000－1605－0002999　131/103－2
詩經八卷　（宋）朱熹集傳　清刻本　四冊

320000－1605－0003000　131/163－1
毛詩註疏校勘記七卷　（清）阮元撰　清光緒二十四年（1898）刻本　八冊

320000－1605－0003001　131/163－2
毛詩註疏校勘記七卷　（清）阮元撰　清光緒二十四年（1898）刻本　八冊

320000－1605－0003002　131/167
毛詩復古録十二卷　（清）吳懋清撰　清光緒二十年（1894）刻本　六冊

320000－1605－0003003　131/25
毛詩重言一卷附毛詩雙聲疊韻說一卷　（清）王筠撰　清道光三十年（1850）刻本　一冊

320000－1605－0003004　131/271
毛詩後箋三十卷　（清）胡承珙撰　清光緒七年（1881）刻本　二十冊

320000－1605－0003005　131/427
毛詩證讀五卷　（清）戚學標撰　清光緒十年（1884）刻本　四冊

320000－1605－0003006　131/439
毛詩草木鳥獸蟲魚疏二卷　（三國吴）陸璣撰　清光緒十二年（1886）刻本　二冊

320000－1605－0003007　131/442
釋毛詩音四卷毛詩說一卷毛詩傳疏三十卷　（清）陳奐撰　清道光、咸豐刻本　三冊　缺二十八卷（毛詩傳疏一至二十三、二十六至三十）

320000－1605－0003008　131/443－1
詩毛氏傳疏三十卷　(清)陳奐撰　清乾隆、嘉慶刻本　二冊　存三卷(二十八至三十)

320000－1605－0003009　131/443－2
毛詩傳疏三十卷附毛詩音四卷毛詩說一卷傳義類一卷鄭氏箋攷徵一卷　(清)陳奐撰　清道光二十七年(1847)刻本　十二冊

320000－1605－0003010　131/52－1
毛詩陸疏廣要二卷　(明)毛晉撰　明崇禎十二年(1639)刻本　六冊

320000－1605－0003011　131/52－2
毛詩註疏三十卷首一卷　(漢)毛亨傳　(漢)鄭玄箋　清光緒四年(1878)刻本　二十冊

320000－1605－0003012　131/52－3
毛詩註疏附校勘記二十四卷　(漢)毛亨傳(漢)鄭玄箋　清光緒十八年(1892)刻本　十六冊

320000－1605－0003013　131/616
毛詩馬王微四卷　(清)臧庸撰　清嘉慶刻本　一冊

320000－1605－0003014　131/654
毛詩名物解二十卷　(宋)蔡卞集解　明刻本　四冊

320000－1605－0003015　131/661
毛詩故訓傳鄭箋三十卷　(漢)鄭玄箋　清同治十一年(1872)刻本　六冊

320000－1605－0003016　131/761
毛詩要義二十卷　(宋)魏了翁撰　清光緒十二年(1886)刻本　十二冊

320000－1605－0003017　131/77
毛詩禮徵十卷　(清)包世榮撰　清道光八年(1828)刻本　六冊

320000－1605－0003018　131/791－1
毛詩訂詁八卷附録二卷　(清)顧棟高撰　清光緒二十二年(1896)刻本　四冊

320000－1605－0003019　131/791－2
毛詩訂詁八卷附録二卷　(清)顧棟高撰　清光緒二十二年(1896)刻本　四冊

320000－1605－0003020　131/940－1
毛詩品物圖攷七卷　(日本)岡元鳳撰　清光緒十二年(1886)石印本　二冊

320000－1605－0003021　131/940－2
毛詩品物圖攷七卷　(日本)岡元鳳撰　清宣統二年(1910)石印本　二冊

320000－1605－0003022　131/99
毛詩名物略四卷　(清)朱桓撰　清嘉慶七年(1802)刻本　四冊

320000－1605－0003023　132/489
詩說三卷附録一卷　(清)惠周惕撰　清嘉慶十七年(1812)刻本　一冊

320000－1605－0003024　132/665
詩說一卷　題(漢)申培撰　明崇禎汲古閣刻津逮秘書叢書本　一冊

320000－1605－0003025　132/71
新刻詩說一卷　題(漢)申培撰　明擁萬堂刻古名儒毛詩解十六種叢書本　一冊

320000－1605－0003026　134/616
韓詩遺說二卷訂譌一卷　(清)臧庸述　(清)陶方琦校　清光緒二十一年(1895)刻本　一冊

320000－1605－0003027　134/722－1
韓詩外傳十卷　(漢)韓嬰撰　清光緒元年(1875)刻本　四冊

320000－1605－0003028　134/722－2
韓詩外傳十卷　(漢)韓嬰撰　清刻本　六冊

320000－1605－0003029　140/115
儀禮大要二卷夏小正四卷　(清)任兆麟撰　清乾隆刻本　一冊

320000－1605－0003030　140/122
四禮初稿四卷附古今藥石一卷　(明)宋纁撰　清康熙四十六年(1707)刻本　二冊

320000－1605－0003031　140/135
六禮或問十二卷餘論一卷　(清)汪紱撰　清

光緒二十二年(1896)刻本　四冊

320000－1605－0003032　140/163－1
禮記注疏校勘記六十三卷附釋文校勘記四卷　(清)阮元撰　清光緒二十四年(1898)刻本　十冊

320000－1605－0003033　140/163－2
禮記注疏校勘記六十三卷附釋文校勘記四卷　(清)阮元撰　清光緒二十四年(1898)刻本　十冊

320000－1605－0003034　140/170
四禮翼四卷　(明)呂坤撰　清同治二年(1863)刻本　一冊

320000－1605－0003035　140/178－1
王會篇箋釋三卷　(清)何秋濤撰　清光緒十七年(1891)刻本　三冊

320000－1605－0003036　140/178－2
王會篇箋釋三卷　(清)何秋濤撰　清光緒十七年(1891)刻本　三冊

320000－1605－0003037　140/210
續禮記集説一百卷　(清)杭世駿撰　清光緒二十一年(1895)刻本　四十冊

320000－1605－0003038　140/211
三禮陳數求義三十卷　(清)林喬蔭撰　清乾隆刻本　十六冊

320000－1605－0003039　140/242－1
求古録禮説補遺一卷　(清)金鶚撰　清同治刻本　一冊

320000－1605－0003040　140/242－2
求古録禮説十七卷　(清)金鶚撰　清刻本　十冊

320000－1605－0003041　140/347－1
五禮通考二百六十二卷　(清)秦蕙田撰　清乾隆刻本　九十冊

320000－1605－0003042　140/347－2
五禮通考二百六十二卷　(清)秦蕙田撰　清乾隆刻本　一百二十冊

320000－1605－0003043　140/347－3
五禮通考二百六十二卷　(清)秦蕙田撰　清乾隆刻本　七十二冊

320000－1605－0003044　140/347－4
五禮通考二百六十二卷首四卷　(清)秦蕙田撰　清光緒六年(1880)刻本　一百冊

320000－1605－0003045　140/347－5
五禮通考二百六十二卷首四卷　(清)秦蕙田撰　清光緒六年(1880)刻本　一百冊

320000－1605－0003046　140/37
禮記注疏六十三卷　(漢)鄭玄注　(唐)孔穎達疏　**校勘記六十三卷**　(清)阮元撰　清光緒十八年(1892)刻本　二十八冊

320000－1605－0003047　140/393－1
讀禮通考一百二十卷　(清)徐乾學撰　清光緒七年(1881)刻本　三十二冊

320000－1605－0003048　140/393－2
讀禮通考一百二十卷　(清)徐乾學撰　清光緒七年(1881)刻本　三十二冊

320000－1605－0003049　140/393－3
讀禮通考一百二十卷　(清)徐乾學撰　清光緒七年(1881)刻本　三十二冊

320000－1605－0003050　140/393－4
讀禮通考一百二十卷　(清)徐乾學撰　清光緒七年(1881)刻本　四十冊

320000－1605－0003051　140/393－5
讀禮通考一百二十卷　(清)徐乾學撰　清光緒七年(1881)刻本　二十八冊

320000－1605－0003052　140/420
復禮堂述學詩十五卷　曹元弼撰　清刻本　十冊

320000－1605－0003053　140/443－1
公羊逸禮考徵一卷　(清)陳奂撰　清刻本　一冊

320000－1605－0003054　140/443－2
禮書一百五十卷　(宋)陳祥道撰　清嘉慶九年(1804)刻本　二十四冊

320000－1605－0003055　140/447
禮書附録十二卷　(清)陳寶泉輯　清嘉慶刻本　六册

320000－1605－0003056　140/462
四禘通釋三卷　崔適撰　清光緒二十年(1894)刻本　一册

320000－1605－0003057　140/489
惠半農先生禮説十四卷　(清)惠士奇撰　清道光十六年(1836)刻本　六册

320000－1605－0003058　140/491－1
禮書通故一百六卷　崔適撰　清光緒十九年(1893)刻本　三十二册

320000－1605－0003059　140/491－2
禮書通故一百六卷　崔適撰　清光緒十九年(1893)刻本　二十二册

320000－1605－0003060　140/84
禮書初編一卷　(清)江永撰　清刻本　一册

320000－1605－0003061　141/15－1
周官集注十二卷　(清)方苞撰　清刻本　八册

320000－1605－0003062　141/15－2
周官析疑三十六卷　(清)方苞撰　清刻本　八册

320000－1605－0003063　141/163－1
周禮注疏校勘記十二卷附釋文校勘記二卷　(清)阮元撰　清光緒二十四年(1898)刻本　五册

320000－1605－0003064　141/163－2
周禮注疏校勘記十二卷附釋文校勘記二卷　(清)阮元撰　清光緒二十四年(1898)刻本　五册

320000－1605－0003065　141/168
考工記車制圖解二卷　(清)阮元撰　清乾隆刻本　一册

320000－1605－0003066　141/25
周禮訂義八十卷　(宋)王與之撰　清刻本　二十册

320000－1605－0003067　141/27－1
周官參證二卷　(清)王寶仁撰　清同治十三年(1874)刻本　一册

320000－1605－0003068　141/27－2
周官參證二卷　(清)王寶仁撰　清同治十三年(1874)刻本　一册

320000－1605－0003069　141/27－3
周官箋六卷　王闓運撰　清光緒二十二年(1896)刻本　六册

320000－1605－0003070　141/375
周禮正義八十六卷　(清)孫詒讓撰　清光緒三十年(1904)鉛印本　十二册

320000－1605－0003071　141/377
周禮政要二卷　(清)孫詒讓撰　清光緒二十八年(1902)刻本　二册

320000－1605－0003072　141/426
周官精義十二卷　(清)連斗山撰　清同治十年(1871)刻本　六册

320000－1605－0003073　141/447
周禮精華六卷　(清)陳龍標撰　清同治刻本　六册

320000－1605－0003074　141/454
周官指掌五卷　(清)莊有可撰　清道光刻本　四册

320000－1605－0003075　141/493
繪圖周禮便蒙課本六卷　(清)黄崑圃撰　清光緒三十二年(1906)南洋官書局石印本　二册

320000－1605－0003076　141/562
禮經會元四卷　(宋)葉時撰　清嘉慶五年(1800)刻本　四册

320000－1605－0003077　141/650
周官心解二十八卷　(清)蔣載康撰　清嘉慶十一年(1806)刻本　八册

320000－1605－0003078　141/661－1
周禮注疏四十五卷　(唐)賈公彦撰　明崇禎元年(1628)刻本　十二册

320000－1605－0003079　141/661－2
周禮注疏四十五卷　(唐)賈公彦撰　明崇禎元年(1628)刻本　二十册

320000－1605－0003080　141/661－3
周禮十二卷　(漢)鄭玄注　清刻本　六册

320000－1605－0003081　141/661－4
周禮六卷　(漢)鄭玄注　(唐)陸德明音義　清光緒二十年(1894)刻本　六册

320000－1605－0003082　141/661－5
周禮十二卷　(漢)鄭玄注　清宣統三年(1911)影印本　六册

320000－1605－0003083　141/691
軍禮司馬法攷徵二卷　(清)黄以周撰　清光緒十八年(1892)刻本　一册

320000－1605－0003084　141/761
周禮折衷四卷　(宋)魏了翁撰　清刻本　二册

320000－1605－0003085　141/767
周禮讀本六卷　(清)龐佑清撰　清道光二十八年(1848)刻本　四册

320000－1605－0003086　141/811－1
周官義疏四十八卷首一卷　(清)鄂爾泰等撰　清同治七年(1868)刻本　二十四册

320000－1605－0003087　141/811－2
周官義疏四十八卷首一卷　(清)鄂爾泰等撰　清同治七年(1868)刻本　二十四册

320000－1605－0003088　141/934
欽定周官義疏四十八卷　(清)允祿等修　清刻本　一册　存二卷(二十八至二十九)

320000－1605－0003089　142/115
宫室考一卷　(清)任啓運撰　清光緒刻本　一册

320000－1605－0003090　142/162
儀禮注疏校勘記十七卷附釋文校勘記一卷　(清)阮元撰　清光緒二十四年(1898)刻本　六册

320000－1605－0003091　142/163－1
儀禮石經校勘記四卷　(清)阮元撰　清乾隆刻本　一册

320000－1605－0003092　142/163－2
儀禮石經校勘記四卷　(清)阮元撰　清乾隆刻本　一册

320000－1605－0003093　142/164－1
儀禮章句十七卷　(清)吴廷華撰　清乾隆二十二年(1757)刻本　四册

320000－1605－0003094　142/164－2
儀禮章句十七卷　(清)吴廷華撰　清光緒二十三年(1897)刻本　四册

320000－1605－0003095　142/170
儀禮先易六卷　(清)吕仁述撰　清道光二十六年(1846)刻本　三册

320000－1605－0003096　142/271－1
儀禮古今文疏議十六卷　(清)胡承珙撰　清道光五年(1825)刻本　二册

320000－1605－0003097　142/271－2
儀禮釋官九卷首一卷　(清)胡匡衷撰　清同治八年(1869)刻本　四册

320000－1605－0003098　142/271－3
儀禮釋官九卷首一卷　(清)胡匡衷撰　清同治八年(1869)刻本　四册

320000－1605－0003099　142/337
儀禮蒙求一卷　(清)唐仲冕撰　清嘉慶六年(1801)刻本　一册

320000－1605－0003100　142/343
禮經釋例十三卷首一卷　(清)凌廷堪撰　清嘉慶十四年(1809)刻本　六册

320000－1605－0003101　142/398
儀禮十七卷　(清)納蘭成德校　清刻本　二册

320000－1605－0003102　142/430
儀禮圖六卷　(清)張惠言撰　清同治九年(1870)刻本　三册

320000－1605－0003103　142/525
儀禮彙説十七卷　（清）焦以恕撰　清道光二十五年（1845）刻本　六冊

320000－1605－0003104　142/551－1
儀禮注疏五十卷　（唐）賈公彦等疏　清光緒十八年（1892）刻本　十二冊

320000－1605－0003105　142/551－2
儀禮注疏五十卷　（唐）賈公彦等疏　清光緒十八年（1892）刻本　十二冊

320000－1605－0003106　142/565
儀禮商二卷　（清）萬斯大撰　清刻本　一冊

320000－1605－0003107　142/661－1
儀禮注疏五十卷　（漢）鄭玄注　（唐）賈公彦等疏　明崇禎九年（1636）刻本　十冊

320000－1605－0003108　142/661－2
儀禮鄭注句讀十七卷　（漢）鄭玄注　（清）張爾岐句讀　清同治七年（1868）刻本　四冊

320000－1605－0003109　142/661－3
儀禮經注十七卷附校録一卷　（漢）鄭玄注　清同治九年（1870）刻本　二冊

320000－1605－0003110　142/761－1
儀禮要義五十卷　（宋）魏了翁撰　清光緒十年（1884）刻本　十二冊

320000－1605－0003111　142/761－2
儀禮要義五十卷　（宋）魏了翁撰　清光緒十年（1884）刻本　十二冊

320000－1605－0003112　142/811－1
欽定儀禮義疏四十八卷首二卷　（清）周學健（清）李清植等編　清刻本　三十四冊

320000－1605－0003113　142/811－2
欽定儀禮義疏四十八卷首二卷　（清）周學健（清）李清植等編　清同治七年（1868）刻本　二十八冊

320000－1605－0003114　142/811－3
欽定儀禮義疏四十八卷首二卷　（清）周學健（清）李清植等編　清同治七年（1868）刻本　二十八冊

320000－1605－0003115　142/967
喪服總圖一卷　（□）□□輯　清道光刻本　一冊

320000－1605－0003116　143.1/27
夏小正訓解四卷攷異一卷通論一卷　（清）王寶仁撰　清同治十三年（1874）刻本　一冊

320000－1605－0003117　143.1/446－1
禮記補疏三卷　（清）焦循撰　清道光六年（1826）刻本　一冊

320000－1605－0003118　143.1/446－2
禮記三十卷　（元）陳澔集註　清刻本　一冊

320000－1605－0003119　143.1/454
夏小正經傳攷釋十卷　（清）莊述祖撰　清光緒九年（1883）刻本　四冊

320000－1605－0003120　143.1/616
蔡氏月令章句二卷　（漢）蔡邕章句　（清）臧庸述　清光緒十年（1884）刻本　一冊

320000－1605－0003121　143.1/654
月令章句五卷　（清）蔡雲撰　清道光四年（1824）刻本　二冊

320000－1605－0003122　143.1/661
夏時考訓蒙一卷　（清）鄭曉如撰　清刻本　一冊

320000－1605－0003123　143.1/749
夏小正一卷　（漢）戴德傳　清刻本　一冊

320000－1605－0003124　143.1/83
夏時攷六卷　（清）安吉撰　清嘉慶十一年（1806）刻本　六冊

320000－1605－0003125　143/100
禮記訓纂四十九卷　（清）朱彬撰　清咸豐元年（1851）刻本　八冊

320000－1605－0003126　143/115－1
天子肆獻祼饋食禮纂三卷　（清）任啓運撰　清光緒十四年（1888）刻本　二冊

320000－1605－0003127　143/115－2
天子肆獻祼饋食禮纂三卷　（清）任啓運撰

清光緒十四年(1888)刻本　二冊

320000－1605－0003128　143/115－3
禮記章句十卷　(宋)朱熹章句　(清)任啟運附註　清光緒二十一年(1895)薖薌堂刻本　十冊

320000－1605－0003129　143/135
禮記章句十卷　(清)汪紱章句　清光緒二十一年(1895)刻本　十冊

320000－1605－0003130　143/15
禮記析疑四十八卷　(清)方苞撰　清刻本　八冊

320000－1605－0003131　143/21
校正孔氏大戴禮記補注十三卷　王樹枏撰　清刻本　二冊

320000－1605－0003132　143/23
禮記經注校證二卷　(清)王祖畬撰　清刻本　一冊

320000－1605－0003133　143/37
大戴禮記補注十三卷　(北周)盧辯注　(清)孔廣森補　清光緒九年(1883)刻本　二冊

320000－1605－0003134　143/375
禮記集解六十一卷附一卷　(清)孫希旦撰　清同治三年(1864)刻本　二十四冊

320000－1605－0003135　143/415
禮運注一卷　康有為撰　清鉛印本　一冊

320000－1605－0003136　143/428
蘭江三家禮解說三種　(宋)應鏞　(宋)邵淵　(宋)范鍾撰　清刻本　三冊

320000－1605－0003137　143/446－1
禮記不分卷　清抄本　四冊

320000－1605－0003138　143/446－2
禮記十卷　(元)陳澔集說　清光緒八年(1882)刻本　十冊

320000－1605－0003139　143/446－3
禮記十卷　(元)陳澔集說　清光緒八年(1882)刻本　十冊

320000－1605－0003140　143/446－4
禮記陳氏集說十卷　(元)陳澔集說　清光緒十九年(1893)刻本　十冊

320000－1605－0003141　143/489
惠氏禮說十四卷附大學說一卷　(清)惠士奇撰　清嘉慶二年(1797)刻本　六冊

320000－1605－0003142　143/494
儒行集傳二卷　(明)黄道周撰　清道光四年(1824)刻本　六冊

320000－1605－0003143　143/556－1
律服考古録二卷　(清)楊峒撰　清光緒三十四年(1908)刻本　一冊

320000－1605－0003144　143/556－2
律服考古録二卷　(清)楊峒撰　清光緒三十四年(1908)刻本　一冊

320000－1605－0003145　143/661－1
禮記讀本二十卷　(漢)鄭玄注　清刻本　六冊

320000－1605－0003146　143/661－2
禮記注疏附校勘記六十卷　(漢)鄭玄注　(唐)孔穎達疏　清嘉慶二十年(1815)刻本　二十四冊

320000－1605－0003147　143/712
禮記集說三十四卷　(宋)衛湜編　清康熙刻本　七冊　存二十二卷(一至二、八至十五、十九至二十三、二十八至三十四)

320000－1605－0003148　143/749
大戴禮記十三卷　(漢)戴德撰　清刻本　二冊

320000－1605－0003149　143/761－1
禮記要義三十三卷　(宋)魏了翁撰　清光緒十二年(1886)刻本　八冊

320000－1605－0003150　143/761－2
禮記要義三十三卷　(宋)魏了翁撰　清光緒十二年(1886)刻本　八冊

320000－1605－0003151　143/811－1
禮記義疏七十七卷圖五卷　(清)鄂爾泰等撰

清乾隆十三年(1748)刻本　四十八册

320000－1605－0003152　143/811－2
禮記義疏八十二卷　(清)鄂爾泰等撰　清刻本　三十二册

320000－1605－0003153　143/811－3
禮記義疏八十二卷　(清)鄂爾泰等撰　清刻本　三十二册

320000－1605－0003154　144/84
禮書綱目八十五卷　(清)江永撰　清嘉慶十五年(1810)刻本　二十八册

320000－1605－0003155　145/103
朱子家禮九卷　(宋)朱熹撰　清同治四年(1865)刻本　二册

320000－1605－0003156　145/377
九旗古誼述一卷　(清)孫詒讓撰　清光緒二十八年(1902)刻本　一册

320000－1605－0003157　146/135
樂經律吕通解五卷　(清)汪雙池撰　清光緒九年(1883)刻本　五册

320000－1605－0003158　146/320
古律經傳附考五卷　(清)紀大奎撰　清刻本　二册

320000－1605－0003159　146/393
樂律考二卷　(清)徐灝撰　清光緒十三年(1887)石印本　一册

320000－1605－0003160　146/428
樂器編五卷　(清)張江輯　稿本　一册

320000－1605－0003161　146/566
泰律十二卷外篇三卷　(明)葛中選撰　清光緒二十八年(1902)刻本　八册

320000－1605－0003162　146/722－1
苑洛志樂十三卷　(明)韓邦奇撰　清乾隆刻本　四册　存七卷(一至七)

320000－1605－0003163　146/722－2
韓恭簡公志樂十七卷　(明)韓邦奇撰　清嘉慶十一年(1806)刻本　十二册

320000－1605－0003164　146/740
庚癸原音二種　(清)繆闐撰　清同治五年(1866)刻本　一册

320000－1605－0003165　150/148－1
春秋會義二十六卷　(宋)杜諤撰　清光緒十八年(1892)刻本　十二册

320000－1605－0003166　150/148－2
春秋釋例十五卷　(晉)杜預撰　清光緒刻本　六册

320000－1605－0003167　150/194
春秋求故四卷　(清)余煌撰　清道光刻本　二册

320000－1605－0003168　150/21
春秋例表不分卷　(清)王代豐撰　清光緒刻本　一册

320000－1605－0003169　150/211
春秋經傳比事二十二卷　(清)林春溥撰　清咸豐元年(1851)刻本　十册

320000－1605－0003170　150/311
春秋氏族略一卷　(清)侯廷銓編　清嘉慶刻本　一册

320000－1605－0003171　150/316
春秋會要四卷　(清)姚彦渠撰　清刻本　二册

320000－1605－0003172　150/343
春秋繁露注十七卷　(清)凌曙注　清嘉慶刻本　四册

320000－1605－0003173　150/364
春秋比事參義十六卷　(清)桂含章撰　清光緒八年(1882)刻本　十六册

320000－1605－0003174　150/378－1
春秋經解十五卷　(宋)孫覺撰　清刻本　六册

320000－1605－0003175　150/378－2
春秋經解十五卷　(宋)孫覺撰　清刻本　六册

320000－1605－0003176　150/393
春秋四傳私攷二卷　(明)徐浦撰　清嘉慶十六年(1811)刻本　二冊

320000－1605－0003177　150/395
春秋或問六卷集古傳注二十六卷　(清)郜坦撰　清光緒二年(1876)刻本　八冊

320000－1605－0003178　150/406
春秋内外傳筮辭考證三卷　(清)章耒撰　清光緒九年(1883)刻本　一冊

320000－1605－0003179　150/429
春秋三傳分類集説不分卷　張炳翔輯　稿本　一冊

320000－1605－0003180　150/430
聰課清本不分卷　張景范撰　稿本　一冊

320000－1605－0003181　150/431－1
春秋屬辭辨例六十卷首二卷　(清)張應昌撰　清同治十二年(1873)刻本　三十二冊

320000－1605－0003182　150/431－2
春秋屬辭辨例六十卷首二卷　(清)張應昌撰　清同治十二年(1873)刻本　三十二冊

320000－1605－0003183　150/437
春秋集傳辨疑十卷　(唐)陸淳撰　清同治十二年(1873)刻本　二冊

320000－1605－0003184　150/443
春秋提綱十卷　(元)陳則通撰　清刻本　二冊

320000－1605－0003185　150/473
春秋測義三十五卷　(清)強汝詢撰　清光緒十五年(1889)鉛印本　六冊

320000－1605－0003186　150/562
石林先生春秋傳二十卷　(宋)葉夢得撰　清抄本　四冊

320000－1605－0003187　150/565
學春秋隨筆十卷　(清)萬斯大撰　清康熙五十六年(1717)刻本　二冊

320000－1605－0003188　150/568－1
春秋繁露十七卷　(漢)董仲舒撰　清光緒八年(1882)刻本　二冊

320000－1605－0003189　150/568－2
春秋繁露十七卷　(漢)董仲舒撰　清光緒八年(1882)刻本　二冊

320000－1605－0003190　150/61
春秋三傳十七卷　(唐)陸德明音義　清嘉慶十年(1805)刻本　十六冊

320000－1605－0003191　150/727
春秋辨疑四卷　(宋)蕭楚撰　清光緒十八年(1892)刻本　二冊

320000－1605－0003192　150/791－1
春秋大事表五十卷輿圖一卷　(清)顧棟高撰　清光緒十四年(1888)刻本　十六冊

320000－1605－0003193　150/791－2
春秋大事表摘要四卷　(清)顧棟高輯　清光緒二十九年(1903)刻本　一冊　存一卷(三)

320000－1605－0003194　150/791－3
春秋列國卿大夫世系表二卷　(清)顧棟高撰　清刻本　一冊

320000－1605－0003195　150/811－1
春秋三傳十六卷附釋文音義十六卷　(唐)陸德明音義　清同治三年(1864)刻本　十四冊

320000－1605－0003196　150/811－2
春秋傳説彙纂三十八卷首二卷　(清)王掞等編　清同治九年(1870)刻本　二十冊

320000－1605－0003197　150/811－3
春秋傳説彙纂三十八卷首二卷　(清)王掞等編　清同治九年(1870)刻本　二十冊

320000－1605－0003198　150/811－4
春秋傳説彙纂三十八卷首二卷　(清)王掞等編　清同治九年(1870)刻本　二十冊

320000－1605－0003199　150/980
重譯不分卷　題(清)聽松聲處訂　稿本　一冊

320000－1605－0003200　151/148－1

春秋左傳注疏六十卷　（晉）杜預注　（唐）孔穎達疏　明崇禎十一年（1638）毛氏汲古閣刻十三經注疏本　二十册

320000－1605－0003201　151/148－2
春秋左傳杜林合註五十卷　（晉）杜預　（宋）林堯叟註釋　清同治五年（1866）刻本　二册　存十九卷（十五至二十六、十九至二十五）

320000－1605－0003202　151/148－3
春秋左傳注疏六十卷　（晉）杜預注　（唐）孔穎達疏　**校勘記六十卷**　（清）阮元撰　清同治十三年（1874）湖南書局刻本　三十四册

320000－1605－0003203　151/148－4
春秋左傳杜注補輯三十卷　（晉）杜預撰　（清）姚培謙注　清光緒九年（1883）刻本　十册

320000－1605－0003204　151/148－5
春秋左傳杜注補輯三十卷　（晉）杜預撰　（清）姚培謙注　清光緒九年（1883）刻本　八册

320000－1605－0003205　151/148－6
春秋左傳注疏六十卷　（晉）杜預注　（唐）孔穎達疏　**校勘記六十卷**　（清）阮元撰　清光緒十八年（1892）湖南務本書局刻本　二十四册

320000－1605－0003206　151/148－7
春秋左傳注疏六十卷　（晉）杜預注　（唐）孔穎達疏　**校勘記六十卷**　（清）阮元撰　清光緒十八年（1892）湖南務本書局刻本　二十四册

320000－1605－0003207　151/148－8
春秋左傳□□卷　（晉）杜預　（宋）林堯叟註釋　（明）鍾惺等評點　清光緒三十四年（1908）石印本　二册　存七卷（一至二、十四至十八）

320000－1605－0003208　151/154
左傳通釋十二卷　（清）李惇撰　清道光九年（1829）刻本　二册　存五卷（一至四、十一）

320000－1605－0003209　151/155－1
春秋左傳賈服注輯述二十卷　（清）李貽德撰　清光緒八年（1882）刻本　六册

320000－1605－0003210　151/155－2
春秋左傳賈服注輯述二十卷　（清）李貽德撰　清光緒八年（1882）刻本　六册

320000－1605－0003211　151/163－1
春秋左傳注疏校勘記三十六卷釋文校勘記六卷　（清）阮元撰　清光緒二十四年（1898）刻本　八册

320000－1605－0003212　151/163－2
春秋左傳注疏校勘記三十六卷釋文校勘記六卷　（清）阮元撰　清光緒二十四年（1898）刻本　八册

320000－1605－0003213　151/170－1
東萊博議四卷　（宋）呂祖謙撰　清光緒十五年（1889）石印本　一册　存二卷（一至二）

320000－1605－0003214　151/170－2
東萊先生左氏博議二十五卷　（宋）呂祖謙撰　清抄本　六册

320000－1605－0003215　151/22
左傳義法舉要二卷　（清）王兆符述　清光緒十九年（1893）刻本　三册

320000－1605－0003216　151/332
左傳紀事本末五十三卷　（清）高士奇撰　清光緒二十四年（1898）刻本　十二册

320000－1605－0003217　151/352
左傳事緯十二卷　（清）馬驌撰　清乾隆刻本　十册

320000－1605－0003218　151/402
左通補釋三十二卷　（清）梁履繩撰　清光緒元年（1875）刻本　十六册

320000－1605－0003219　151/406
春秋左傳事類始末五卷附録一卷　（宋）章衝撰　清康熙刻本　六册

320000－1605－0003220　151/445
左傳課本八卷　（清）陳開驥編　清光緒三十

一年(1905)影印本　八冊

320000－1605－0003221　151/535－1
欽定春秋左傳讀本三十卷　(清)程恩澤等撰　清同治八年(1869)刻本　十冊

320000－1605－0003222　151/535－2
欽定春秋左傳讀本三十卷　(清)程恩澤等撰　清同治八年(1869)刻本　十冊

320000－1605－0003223　151/674
左傳舊疏攷證八卷　(清)劉文淇撰　清道光十八年(1838)刻本　六冊

320000－1605－0003224　151/722－1
春秋左傳綱目句解六卷　(清)韓菼重訂　清光緒刻本　六冊

320000－1605－0003225　151/722－2
評點春秋綱目左傳句解匯雋六卷　(清)韓菼撰　清末石印本　一冊　存二卷(二至三)

320000－1605－0003226　152/162
春秋公羊傳注疏校勘記十一卷釋文校勘記一卷　(清)阮元撰　清光緒二十四年(1898)刻本　二冊

320000－1605－0003227　152/178－1
春秋公羊經傳解詁十二卷　(漢)何休解詁　清道光四年(1824)刻本　二冊

320000－1605－0003228　152/178－2
春秋公羊經傳解詁十二卷　(漢)何休解詁　清同治刻本　一冊　存四卷(四至七)

320000－1605－0003229　152/178－3
春秋公羊傳注疏附校勘記二十八卷　(漢)何休解詁　(唐)徐彦疏　清光緒十八年(1892)刻本　十冊

320000－1605－0003230　152/178－4
春秋公羊傳注疏附校勘記二十八卷　(漢)何休解詁　(唐)徐彦疏　清光緒十八年(1892)刻本　八冊

320000－1605－0003231　152/178－5
春秋公羊傳十一卷　(漢)何休解詁　清光緒二十二年(1896)三味堂刻本　四冊

320000－1605－0003232　152/178－6
春秋公羊傳注疏二十八卷　(漢)何休解詁　(唐)徐彦疏　明崇禎七年(1634)汲古閣刻本　六冊

320000－1605－0003233　152/343－1
公羊禮説一卷　(清)凌曙撰　清嘉慶二十四年(1819)刻本　一冊

320000－1605－0003234　152/343－2
公羊問答二卷　(清)凌曙撰　清刻本　一冊

320000－1605－0003235　152/343－3
公羊禮記疏十一卷　(清)凌曙撰　清刻本　二冊

320000－1605－0003236　152/43
春秋公羊傳注疏校勘記十一卷釋文校勘記一卷　(清)阮元撰　清光緒二十四年(1898)刻本　二冊

320000－1605－0003237　152/99
公穀合編十二卷　(清)朱泰禎編　清刻本　六冊

320000－1605－0003238　153/163
穀梁傳釋文校勘記十二卷　(清)阮元撰　清光緒二十四年(1898)刻本　二冊

320000－1605－0003239　153/300－1
春秋穀梁傳十二卷　(晉)范寧集解　清同治七年(1868)刻本　二冊

320000－1605－0003240　153/300－2
春秋穀梁傳注疏校勘記二十卷　(清)阮元撰　清同治十三年(1874)刻本　七冊

320000－1605－0003241　153/300－3
春秋穀梁傳注疏二十卷　(晉)范寧集解　(唐)楊士勛疏　清光緒十八年(1892)刻本　四冊

320000－1605－0003242　153/300－4
春秋穀梁傳十二卷　(晉)范寧集解　清光緒二十一年(1895)刻本　二冊

320000－1605－0003243　153/300－5
春秋穀梁傳十二卷　(晉)范寧集解　清光緒二十二年(1896)刻本　二冊

320000－1605－0003244　153/300－6
春秋穀梁傳注疏二十卷　(晉)范寧集解　(唐)楊士勛疏　清四友堂刻本　六冊

320000－1605－0003245　153/735－1
春秋穀梁經傳補注二十四卷首一卷末一卷　(清)鍾文烝撰　清光緒二年(1876)刻本　八冊

320000－1605－0003246　153/735－2
春秋穀梁經傳補注二十四卷首一卷末一卷　(清)鍾文烝撰　清光緒二年(1876)刻本　八冊

320000－1605－0003247　160/103－1
四書章句集注二十六卷　(宋)朱熹集注　清康熙刻本　六冊

320000－1605－0003248　160/103－2
四書集注二十九卷　(宋)朱熹撰　清嘉慶十年(1805)刻本　六冊

320000－1605－0003249　160/103－3
四書合講十九卷　(清)翁復編　清嘉慶刻本　三冊　存七卷(孟子一至七)

320000－1605－0003250　160/103－4
袖珍四書四種　(宋)朱熹集注　清刻本　一冊　存二種二卷(大學一卷、中庸一卷)

320000－1605－0003251　160/103－5
四書或問三十九卷　(宋)朱熹撰　清同治十二年(1873)刻本　六冊

320000－1605－0003252　160/103－6
四書合講十九卷　(清)翁復編　清同治刻本　一冊　存二卷(孟子六至七)

320000－1605－0003253　160/103－7
四書章句集注二十六卷　(宋)朱熹集注　**孜一卷**　(清)吴志忠輯　**定本辨一卷家塾讀本句讀一卷**　(清)吴英撰　清光緒七年(1881)刻本　七冊

320000－1605－0003254　160/103－8
四書讀本四種附四書附考四卷　(宋)朱熹集注　清光緒十六年(1890)刻本　十六冊

320000－1605－0003255　160/103－9
四書集注二十九卷　(宋)朱熹撰　清刻本　十三冊

320000－1605－0003256　160/115
四書約旨十九卷　(清)任啓運撰　清刻本　十二冊

320000－1605－0003257　160/122
四書纂言四十卷　(清)宋翔鳳撰　清光緒八年(1882)刻本　十二冊

320000－1605－0003258　160/135
增補四書典林人物聚考二十二卷　(清)汪武曹撰　清乾隆五十三年(1788)刻本　一冊　存一卷(大學)

320000－1605－0003259　160/155
四書朱子集注古義箋四卷　(清)李滋然撰　清宣統元年(1909)鉛印本　三冊

320000－1605－0003260　160/164－1
四書經注集證十九卷　(清)吴昌宗撰　清嘉慶三年(1798)刻本　十六冊

320000－1605－0003261　160/164－2
四書經注集證十九卷　(清)吴昌宗撰　清嘉慶三年(1798)刻本　十四冊

320000－1605－0003262　160/21－1
讀四書大全說十卷　(清)王夫之撰　清同治四年(1865)刻本　十冊

320000－1605－0003263　160/21－2
四書稗疏一卷四書孜異一卷　(清)王夫之撰　清同治四年(1865)刻本　一冊

320000－1605－0003264　160/22
四書本義匯參四十六卷　(清)王步青撰　清刻本　三十二冊

320000－1605－0003265　160/248
四書典故辨正二十卷附録一卷　(清)周柄中撰　清光緒三十年(1904)刻本　六冊

320000－1605－0003266　160/359
袁太史稿不分卷　(清)袁枚著　清道光十三年(1833)刻本　二冊

320000－1605－0003267　160/378
四書説苑十一卷首一卷補遺一卷　(清)孫應科撰　清道光五年(1825)刻本　四册

320000－1605－0003268　160/393
四書質疑十九卷　(清)徐紹楨撰　清光緒九年(1883)刻本　二册

320000－1605－0003269　160/396
四書合講十九卷　(清)翁復編　清光緒十四年(1888)刻本　六册

320000－1605－0003270　160/420
四書摭餘説七卷　(清)曹之升撰　清嘉慶三年(1798)刻本　六册

320000－1605－0003271　160/427
四書偶談二卷續談四卷　(清)戚學標撰　清乾隆五十四年(1789)刻本　四册

320000－1605－0003272　160/428－2
四書集解四種　(清)張於海撰　清抄本　八册

320000－1605－0003273　160/428－1
四書訓解參證十二卷附補遺八卷　(清)張定鋆撰　清咸豐二年(1852)刻本　四册

320000－1605－0003274　160/429
忍龕牕課不分卷　張炳翔撰　稿本　六册

320000－1605－0003275　160/430
論孟書法二卷附讀四書一卷　(清)張瑛撰　清光緒十年(1884)刻本　一册

320000－1605－0003276　160/442
較正華英四書四種　(清)陳豸校　清光緒二十四年(1898)鉛印本　六册

320000－1605－0003277　160/525
此木軒四書説九卷　(清)焦袁熹撰　清乾隆刻本　二册

320000－1605－0003278　160/562
四書辨釋備攷一卷　(清)葉廷琯撰　清末抄本　一册

320000－1605－0003279　160/607
四書攷異七十二卷　(清)翟灝撰　清乾隆刻本　十二册

320000－1605－0003280　160/661
四書翼注論文十二卷　(清)鄭獻甫撰　清光緒五年(1879)刻本　十二册

320000－1605－0003281　160/791
四書義論文匯述十卷　(清)顧有樑編　清光緒十五年(1889)刻本　二册

320000－1605－0003282　160/838
唐大宗師精選四書義□□卷　(清)杭州官書局編　清光緒三十年(1904)石印本　一册　存二卷(一至二)

320000－1605－0003283　160/961
宋十一家四書義初集不分卷　(清)□□輯　清末刻本　二册

320000－1605－0003284　160/967
製藝萃珍七卷　題(清)懷芳居士撰　清同治元年(1862)刻本　一册　存一卷(一)

320000－1605－0003285　160/98
大中講義三卷　(清)朱用純撰　清光緒二年(1876)刻本　三册

320000－1605－0003286　160/999
鄉會墨標新不分卷　(清)□□輯　清刻本　一册　存七十八葉(八十三至一百六十)

320000－1605－0003287　161/152
大學古本説一卷　(清)李光地撰　清刻本　一册

320000－1605－0003288　161/232－1
大學講義一卷　(清)芮城撰　清光緒七年(1881)刻本　一册

320000－1605－0003289　161/232－2
大學講義一卷　(清)芮城撰　清光緒七年(1881)刻本　一册

320000－1605－0003290　161/348
大學衍義四十三卷　(宋)真德秀撰　清同治十三年(1874)刻本　八册

320000－1605－0003291　161/393
古本大學說義一卷　(清)徐天璋說義　清宣統二年(1910)鉛印本　一冊

320000－1605－0003292　161/420
大學通義一卷　曹元弼撰　清宣統鉛印本　一冊

320000－1605－0003293　162/103
中庸講義二卷　(明)朱柏廬撰　清刻本　二冊

320000－1605－0003294　162/232
中庸順講一卷　(清)芮城撰　清光緒七年(1881)刻本　一冊

320000－1605－0003295　162/352
中庸時習録二卷　(清)馬鑾宇撰　清光緒二十年(1894)刻本　二冊

320000－1605－0003296　162/370
中庸衍義十七卷　(明)夏良勝撰　清同治十年(1871)刻本　八冊

320000－1605－0003297　162/420
中庸通義二卷　曹元弼撰　清宣統刻本　二冊

320000－1605－0003298　163/103－1
論語十卷　(宋)朱熹集註　清刻本　一冊　存二卷(七至八)

320000－1605－0003299　163/103－2
論語十卷　(宋)朱熹集註　清刻本　二冊

320000－1605－0003300　163/103－3
論語十卷　(宋)朱熹集註　清刻本　二冊

320000－1605－0003301　163/178－1
論語註疏二十卷　(三國魏)何晏註　明崇禎十年(1637)刻本　四冊

320000－1605－0003302　163/178－2
論語註疏二十卷　(三國魏)何晏註　明崇禎十年(1637)刻本　四冊

320000－1605－0003303　163/178－3
論語註疏附校勘記二十卷　(三國魏)何晏集解　(宋)邢昺疏　清光緒十八年(1892)刻本　五冊

320000－1605－0003304　163/178－4
論語註疏校勘記十卷附釋文校勘記一卷　(清)阮元撰　清光緒二十四年(1898)刻本　二冊

320000－1605－0003305　163/178－5
論語註疏校勘記十卷附釋文校勘記一卷　(清)阮元撰　清光緒二十四年(1898)刻本　二冊

320000－1605－0003306　163/178－6
論語註疏解經十卷　(三國魏)何晏註　(宋)邢昺疏　清光緒三十年(1904)刻本　二冊

320000－1605－0003307　163/27
論語訓二卷　王闓運撰　清光緒十七年(1891)刻本　四冊

320000－1605－0003308　163/316
論語衍義十卷　(清)姚紹崇撰　清同治十一年(1872)刻本　八冊

320000－1605－0003309　163/415
論語註二十卷　康有為撰　清刻本　五冊

320000－1605－0003310　163/441
論語類攷二十卷　(明)陳士元撰　清刻本　四冊

320000－1605－0003311　163/491－1
論語後案二十卷　(清)黄式三撰　清光緒九年(1883)刻本　十冊

320000－1605－0003312　163/491－2
論語後案二十卷　(清)黄式三撰　清光緒九年(1883)刻本　十冊

320000－1605－0003313　163/568
鄉黨攷便讀一卷　(清)董惠芝撰　清光緒二年(1876)刻本　一冊

320000－1605－0003314　163/622－1
論語古註集箋十卷攷一卷　(清)潘維城撰　清光緒七年(1881)刻本　六冊

320000－1605－0003315　163/622－2
論語古註集箋十卷攷一卷　(清)潘維城撰　清光緒七年(1881)刻本　六册

320000－1605－0003316　163/622－3
朱子論語集注訓詁攷二卷　(清)潘衍桐撰　清光緒十七年(1891)刻本　一册

320000－1605－0003317　163/722
論語筆解二卷　(唐)韓愈撰　清刻本　一册

320000－1605－0003318　164/103－1
孟子七卷　(宋)朱熹集註　清刻本　三册

320000－1605－0003319　164/103－2
孟子要略五卷　(宋)朱熹撰　(清)劉傳瑩輯　清道光二十九年(1849)刻本　一册

320000－1605－0003320　164/103－3
孟子要略五卷　(宋)朱熹撰　(清)劉傳瑩輯　清同治十三年(1874)刻本　一册

320000－1605－0003321　164/163－1
孟子註疏校勘記十四卷附孟子音義校勘記二卷　(清)阮元撰　清光緒二十四年(1898)刻本　二册

320000－1605－0003322　164/163－2
孟子註疏校勘記十四卷附孟子音義校勘記二卷　(清)阮元撰　清光緒二十四年(1898)刻本　二册

320000－1605－0003323　164/228
孟子七卷　(宋)朱熹集註　清刻本　七册

320000－1605－0003324　164/337
孟子大義十四卷　(清)唐文治撰　清刻本　七册

320000－1605－0003325　164/375－1
孟子要略五卷　(宋)朱熹撰　(清)孫光庭集註　清光緒二十九年(1903)刻本　四册

320000－1605－0003326　164/375－2
孟子註疏十四卷　(漢)趙岐註　(宋)孫奭疏　明崇禎汲古閣刻本　六册

320000－1605－0003327　164/375－3
孟子註疏十四卷　(漢)趙岐註　(宋)孫奭疏　清光緒湖南務本書局刻本　四册

320000－1605－0003328　164/491
孟子師説七卷　(清)黄宗羲撰　清光緒八年(1882)鉛印本　二册

320000－1605－0003329　164/525
孟子正義三十卷　(清)焦循撰　清咸豐十年(1860)刻皇清經解本　十册

320000－1605－0003330　164/598
孟子註疏附校勘記十四卷　(漢)趙岐註　(宋)孫奭疏　清光緒十八年(1892)刻本　七册

320000－1605－0003331　164/784
蘇批孟子二卷　(宋)蘇洵批　清嘉慶刻本　二册

320000－1605－0003332　170/163－1
孝經注疏校勘記三卷　(清)阮元撰　清光緒二十四年(1898)刻本　一册

320000－1605－0003333　170/163－2
孝經注疏校勘記三卷　(清)阮元撰　清光緒二十四年(1898)刻本　一册

320000－1605－0003334　170/252
忠經孝經集注二卷　(漢)馬融撰　清刻本　一册

320000－1605－0003335　170/316
孝經疑問一卷　(明)姚舜牧撰　清光緒刻本　一册

320000－1605－0003336　170/337－1
孝經注疏九卷　(宋)邢昺疏　明崇禎二年(1629)汲古閣刻本　二册

320000－1605－0003337　170/337－2
孝經注疏九卷　(宋)邢昺疏　清翻刻汲古閣本　一册

320000－1605－0003338　170/337－3
孝經一卷　(唐)玄宗李隆基注　清同治九年(1870)刻本　一册

320000－1605－0003339　170/337－4
孝經注疏八卷　(宋)邢昺疏　清光緒十八年(1892)刻本　二册

320000－1605－0003340　170/420－1
孝經學七卷　曹元弼撰　稿本　一册

320000－1605－0003341　170/420－2
孝經學七卷　曹元弼撰　清光緒三十四年(1908)存古學堂木活字印本　一册

320000－1605－0003342　170/420－3
孝經學七卷　曹元弼撰　清光緒三十四年(1908)存古學堂木活字印本　一册

320000－1605－0003343　170/420－4
孝經學七卷　曹元弼撰　清光緒三十四年(1908)存古學堂木活字印本　一册

320000－1605－0003344　170/420－5
孝經鄭氏注箋釋不分卷　曹元弼撰　稿本　一册

320000－1605－0003345　170/616
孝經鄭氏解一卷　(漢)鄭玄撰　清光緒二十年(1894)刻本　一册

320000－1605－0003346　170/661－1
孝經鄭氏注一卷　(漢)鄭玄撰　清宣統元年(1909)刻本　一册

320000－1605－0003347　170/661－2
孝經鄭氏注一卷　(漢)鄭玄撰　清宣統元年(1909)刻朱印本　一册

320000－1605－0003348　170/970
石臺孝經一卷　(唐)玄宗李隆基注　清刻本　一册

320000－1605－0003349　180.8/407－1
許學叢刻二集九種　(清)許頌鼎　(清)許溎祥輯　清光緒十三年(1887)刻本　四册

320000－1605－0003350　180.8/407－2
許學叢刻二集九種　(清)許頌鼎　(清)許溎祥輯　清光緒十三年(1887)刻本　四册

320000－1605－0003351　180.8/429
許學叢書三集十四種　張炳翔輯　清光緒九年(1883)刻本　二十四册

320000－1605－0003352　180/153
小學類編七種　(清)李祖望輯　清咸豐刻本　十册

320000－1605－0003353　180/165
吴氏遺著五卷　(清)吴夌雲撰　清道光刻本　四册

320000－1605－0003354　180/430
廣雅十卷　(三國魏)張揖撰　明刻本　一册　存三卷(四至六)

320000－1605－0003355　180/717
小學攷五十卷　(清)謝啓昆撰　清嘉慶二十一年(1816)刻本　十六册

320000－1605－0003356　180/73
急就篇四卷　(漢)史游撰　(唐)顔師古注　清光緒六年(1880)刻本　二册

320000－1605－0003357　181/103－1
駢雅訓纂十六卷序目一卷　(明)朱謀㙔撰　(清)魏茂林訓纂　清光緒七年(1881)刻本　八册

320000－1605－0003358　181/103－2
駢雅訓纂十六卷　(明)朱謀㙔撰　(清)魏茂林訓纂　清光緒二十年(1894)石印本　八册

320000－1605－0003359　181/115
小學鉤沉十八卷　(清)任大椿撰　清光緒十年(1884)刻本　二册

320000－1605－0003360　181/144－1
北宋本爾雅疏十卷　(宋)邢昺疏　清光緒四年(1878)刻本　三册

320000－1605－0003361　181/144－2
爾雅注疏十卷　(宋)邢昺　(晉)郭璞注疏　明崇禎汲古閣刻本　四册

320000－1605－0003362　181/163
爾雅注疏校勘記二卷附釋文　(清)阮元撰　清光緒二十四年(1898)蘇州官書坊刻本　四册

320000－1605－0003363　181/22
廣雅疏證十卷　(清)王念孫撰　清光緒五年(1879)刻本　八冊

320000－1605－0003364　181/322－1
四書字詁七十八卷　(清)段諤廷撰　清道光刻本　十六冊

320000－1605－0003365　181/322－2
群經字詁七十二卷　(清)段諤廷撰　清刻本　十六冊

320000－1605－0003366　181/362－1
爾雅義疏二十卷　(清)郝懿行撰　清光緒十三年(1887)刻本　八冊

320000－1605－0003367　181/362－2
爾雅義疏二十卷　(清)郝懿行撰　清光緒十三年(1887)刻本　八冊

320000－1605－0003368　181/370
拾雅二十卷　(清)夏味堂撰　清嘉慶二十四年(1819)刻本　八冊

320000－1605－0003369　181/376－1
蒼頡篇輯三卷　(清)任大椿輯續　(清)陶方琦輯補　清光緒十六年(1890)刻本　二冊

320000－1605－0003370　181/376－2
爾雅直音二卷　(清)孫偘撰　清抄本　一冊

320000－1605－0003371　181/407
淮南鴻烈間詁二卷　(漢)許慎紀　清光緒二十一年(1895)刻本　一冊

320000－1605－0003372　181/412－1
爾雅二卷　(晉)郭璞注　(唐)陸德明音義　清刻本　一冊　存一卷(下)

320000－1605－0003373　181/412－2
爾雅郭註三卷　(晉)郭璞註　清嘉慶十年(1805)刻本　三冊

320000－1605－0003374　181/412－3
爾雅郭註三卷　(晉)郭璞註　清嘉慶十年(1805)刻本　三冊

320000－1605－0003375　181/412－4
爾雅三卷　(晉)郭璞注　清光緒三年(1877)刻本　三冊

320000－1605－0003376　181/412－5
爾雅注疏附校勘記十卷　(晉)郭璞注　(宋)邢昺疏　清光緒十八年(1892)刻本　五冊

320000－1605－0003377　181/412－6
爾雅注疏附校勘記十卷　(晉)郭璞注　(宋)邢昺疏　清光緒十八年(1892)刻本　五冊

320000－1605－0003378　181/412－7
爾雅三卷　(晉)郭璞註　(唐)陸德明音義　清光緒二十一年(1895)金陵書局刻本　三冊

320000－1605－0003379　181/412－8
爾雅郭注三卷　(晉)郭璞注　清影宋刻本　一冊　存一卷二十四葉(中之一至二十四)

320000－1605－0003380　181/439
學古堂日記不分卷　(清)雷浚　(清)汪之昌輯　清光緒十六年至二十二年(1890－1896)學古堂刻本　二冊　存(讀爾雅日記不分卷)

320000－1605－0003381　181/491
增注字詁義府合按四卷　(明)黄生撰　清光緒三年(1877)刻本　四冊

320000－1605－0003382　181/535
引申義舉例二卷　程先甲撰　清光緒二十二年(1896)刻本　一冊

320000－1605－0003383　181/566
小爾雅疏證五卷　(清)葛其仁撰　清刻本　二冊

320000－1605－0003384　181/607
爾雅補郭二卷　(清)翟灝撰　清刻本　一冊

320000－1605－0003385　181/616
爾雅漢注三卷　(清)臧鏞堂撰　清嘉慶七年(1802)刻本　三冊

320000－1605－0003386　181/674－1
釋名疏證八卷　(漢)劉熙撰　(清)畢沅疏證　清乾隆五十五年(1790)刻本　二冊

320000－1605－0003387　181/674－2

釋名疏證八卷 (漢)劉熙撰 (清)畢沅疏證 清光緒九年(1883)刻本 二冊

320000－1605－0003388 181/749
爾雅郭注補正九卷 (清)戴鎣撰 清光緒十一年(1885)刻本 六冊

320000－1605－0003389 181/761
駢雅訓纂七卷 (明)朱謀㙔撰 清刻本 六冊

320000－1605－0003390 181/775
爾雅翼三十二卷 (宋)羅願撰 明刻本 四冊 存十七卷(一至四、二十至三十二)

320000－1605－0003391 181/787
爾雅匡名二十卷 (清)嚴元照撰 清光緒十一年(1885)刻本 四冊

320000－1605－0003392 182.1/164－1
說文古籀補十四卷 (清)吳大澂撰 清光緒七年(1881)刻本 二冊

320000－1605－0003393 182.1/164－2
說文古籀補十四卷 (清)吳大澂撰 清光緒七年(1881)刻本 二冊

320000－1605－0003394 182.1/164－3
說文古籀補十四卷 (清)吳大澂撰 清光緒七年(1881)刻本 二冊

320000－1605－0003395 182.1/164－4
說文古籀補十四卷 (清)吳大澂撰 清光緒十二年(1886)點石齋石印本 二冊

320000－1605－0003396 182.1/164－5
說文古籀補十四卷 (清)吳大澂撰 清光緒十二年(1886)點石齋石印本 二冊

320000－1605－0003397 182.1/164－6
說文古籀補十四卷 (清)吳大澂撰 清光緒二十四年(1898)刻本 一冊 存九卷(一至九)

320000－1605－0003398 182.1/165
說文古籀補十四卷 (清)吳大澂撰 清光緒七年(1881)刻本 一冊

320000－1605－0003399 182/103－1
說文通訓定聲十八卷柬韻一卷附說雅十九篇古今韻準一卷 (清)朱駿聲輯 清同治九年(1870)刻本 二十二冊

320000－1605－0003400 182/103－2
說文通訓定聲十八卷柬韻一卷附說雅十九篇古今韻準一卷 (清)朱駿聲輯 清同治九年(1870)刻本 二十四冊

320000－1605－0003401 182/133－1
說文古本攷十四卷 (清)沈濤撰 清光緒十年(1884)刻本 八冊

320000－1605－0003402 182/133－2
說文古本攷十四卷 (清)沈濤撰 清光緒十年(1884)刻本 八冊

320000－1605－0003403 182/133－3
說文古本攷十四卷 (清)沈濤撰 清光緒十年(1884)刻本 八冊

320000－1605－0003404 182/155
說文辨字正俗八卷 (清)李富孫撰 清嘉慶二十一年(1816)刻本 四冊

320000－1605－0003405 182/21
說文拈字七卷 (清)王玉樹撰 清光緒十九年(1893)石印本 四冊

320000－1605－0003406 182/211
千字文說文解字一卷 (清)林荃撰 清光緒十年(1884)刻本 一冊

320000－1605－0003407 182/229
說文解字繫傳校勘記三卷 (清)承培元撰 清道光十九年(1839)刻本 一冊

320000－1605－0003408 182/248
說文字原一卷 (元)周伯琦撰 清刻本 一冊

320000－1605－0003409 182/25－1
說文繫傳校録三十卷 (清)王筠撰 清咸豐七年(1857)刻本 四冊

320000－1605－0003410 182/25－2
說文繫傳校録三十卷 (清)王筠撰 清咸豐

七年(1857)刻本　四册

320000－1605－0003411　182/25－3
説文句讀三十卷補正一卷　(清)王筠撰　清同治四年(1865)刻本　十六册

320000－1605－0003412　182/25－4
説文釋例二十卷補正一卷　(清)王筠撰　清同治四年(1865)刻本　十一册

320000－1605－0003413　182/25－5
説文句讀三十卷　(清)王筠撰　清光緒八年(1882)刻本　十六册

320000－1605－0003414　182/25－7
説文韻譜校五卷　(清)王筠撰　清光緒十六年(1890)刻本　二册

320000－1605－0003415　182/271－1
説文字原韻表二卷　(清)胡重撰　清嘉慶十六年(1811)刻本　一册

320000－1605－0003416　182/271－2
説文管見三卷　(清)胡秉虔撰　清光緒七年(1881)刻本　一册

320000－1605－0003417　182/281－1
説文引經攷異十六卷　(清)柳榮宗撰　清咸豐二年(1852)刻本　四册

320000－1605－0003418　182/281－2
説文引經攷異十六卷　(清)柳榮宗撰　清末、民國抄本　十四册

320000－1605－0003419　182/306
苗氏説文四種　(清)苗夔撰　清道光二十一年(1841)刻本　六册

320000－1605－0003420　182/316－1
説文聲系十四卷　(清)姚文田撰　清嘉慶九年(1804)刻本　二册

320000－1605－0003421　182/316－2
説文校議三十卷　(清)姚文田　(清)嚴可均撰　清同治十三年(1874)刻本　四册

320000－1605－0003422　182/316－3
説文校議三十卷　(清)姚文田　(清)嚴可均撰　清同治十三年(1874)刻本　五册

320000－1605－0003423　182/322－1
説文解字註三十二卷附六書音韻表二卷　(清)段玉裁撰　清同治六年(1867)刻本　十六册

320000－1605－0003424　182/322－2
説文解字註三十二卷附六書音韻表二卷　(清)段玉裁撰　清同治六年(1867)刻本　十六册

320000－1605－0003425　182/322－3
説文解字註三十二卷附六書音韻表二卷　(清)段玉裁撰　清同治六年(1867)刻本　十五册

320000－1605－0003426　182/322－4
説文解字段氏註三十卷　(清)段玉裁撰　清同治十一年(1872)刻本　十八册

320000－1605－0003427　182/322－5
説文解字段氏註三十卷　(清)段玉裁撰　清同治十一年(1872)刻本　十八册

320000－1605－0003428　182/322－6
説文解字註三十二卷　(漢)許慎撰　(清)段玉裁注　清刻本　十六册

320000－1605－0003429　182/332
説文經典異字釋一卷　(清)高翔麟撰　清光緒九年(1883)刻本　一册

320000－1605－0003430　182/364
説文解字義證五十卷　(清)桂馥撰　清同治九年(1870)刻本　三十二册

320000－1605－0003431　182/37
説文疑疑二卷　(清)孔廣居撰　清嘉慶七年(1802)刻本　四册

320000－1605－0003432　182/375
名原二卷　(清)孫詒讓撰　清刻本　一册

320000－1605－0003433　182/393－1
説文篆韻譜五卷　(宋)徐鉉撰　清乾隆四十六年(1781)刻本　二册

320000－1605－0003434　182/393－2
說文解字通釋四十卷　(五代)徐鍇撰　清道光十九年(1839)刻本　六冊

320000－1605－0003435　182/393－3
說文解字通釋四十卷　(五代)徐鍇撰　清道光十九年(1839)刻本　八冊

320000－1605－0003436　182/393－4
說文解字韻譜十卷　(宋)徐鉉撰　清同治三年(1864)馮桂芬刻本　一冊

320000－1605－0003437　182/393－5
說文解字通釋四十卷　(五代)徐鍇撰　清光緒九年(1883)刻本　八冊

320000－1605－0003438　182/393－6
說文解字繫傳四十卷附録一卷　(五代)徐鍇撰　清刻本　九冊　存二十五卷(一至二十四、附録一卷)

320000－1605－0003439　182/393－7
說文解字繫傳四十卷　(五代)徐鍇撰　清道光刻本　五冊

320000－1605－0003440　182/393－8
說文解字十五卷　(漢)許慎撰　清刻本　七冊　存十一卷(一至八、十至十二)

320000－1605－0003441　182/393－9
說文解字注匡謬八卷　(清)徐承慶撰　清刻本　四冊

320000－1605－0003442　182/393－10
說文解字注匡謬八卷　(清)徐承慶撰　清刻本　四冊

320000－1605－0003443　182/393－11
說文解字韻譜五卷　(宋)徐鉉撰　清石印本　五冊

320000－1605－0003444　182/407－1
說文解字十五卷　(漢)許慎撰　清影宋刻本　六冊

320000－1605－0003445　182/407－2
說文解字十五卷　(漢)許慎撰　清影宋刻本　五冊

320000－1605－0003446　182/407－3
說文解字十五卷　(漢)許慎撰　清影宋刻本　十二冊

320000－1605－0003447　182/407－4
說文解字十五卷　(漢)許慎撰　清嘉慶刻本　四冊

320000－1605－0003448　182/407－5
說文解字十五卷　(漢)許慎撰　清嘉慶九年(1804)刻本　二冊

320000－1605－0003449　182/407－6
說文解字十五卷　(漢)許慎撰　清同治十三年(1874)刻本　四冊

320000－1605－0003450　182/407－7
說文分韻易知録五卷說文重文五卷　(清)許巽行撰　清光緒五年(1879)刻本　八冊

320000－1605－0003451　182/407－8
說文分韻易知録五卷說文重文五卷　(清)許巽行撰　清光緒五年(1879)刻本　十冊

320000－1605－0003452　182/407－9
說文解字不分卷　(漢)許慎撰　清末抄本　二冊

320000－1605－0003453　182/427
漢學諧聲二十四卷說文補攷二卷　(清)戚學標撰　清嘉慶九年(1804)刻本　八冊

320000－1605－0003454　182/428－1
說文發疑六卷　(清)張行孚撰　清光緒九年(1883)刻本　二冊

320000－1605－0003455　182/428－2
說文統檢二易稿十四卷首一卷　張炳翔輯　稿本　五冊

320000－1605－0003456　182/428－3
說文答問疏證目録六卷　張炳翔輯　清末張炳翔抄本　一冊

320000－1605－0003457　182/428－4
說文段注檢字四卷　張炳翔輯　稿本　二冊

320000－1605－0003458　182/429－1

許學考十二卷　張炳翔輯　稿本　十二册

320000－1605－0003459　182/429－2
說文續篆彙十二卷　張炳翔輯　稿本　十二册

320000－1605－0003460　182/429－3
說文段桂荃六卷　張炳翔輯　稿本　六册

320000－1605－0003461　182/430
說文佚字攷四卷　（清）張鳴珂撰　清光緒十三年（1887）刻本　一册

320000－1605－0003462　182/443
說文提要一卷　（清）陳建侯撰　清同治刻本　一册

320000－1605－0003463　182/446
說文引經考證八卷　（清）陳瑑撰　清同治十三年（1874）刻本　二册

320000－1605－0003464　182/449
淮南許註異同詁四卷　（清）陶方琦撰　清光緒七年（1881）刻本　二册

320000－1605－0003465　182/451
仿唐寫本說文解字木部箋異一卷　（清）莫友芝撰　清同治二年（1863）刻本　一册

320000－1605－0003466　182/454－1
說文古籀疏證六卷　（清）莊述祖撰　清刻本　三册

320000－1605－0003467　182/454－2
說文古籀疏證六卷原目一卷　（清）莊述祖撰　清光緒二十年（1894）刻本　四册

320000－1605－0003468　182/477
說文解字段注攷正十五卷　（清）馮桂芬撰　清末抄本　二册　存四卷（三至六）

320000－1605－0003469　182/518－1
段氏說文注訂八卷　（清）鈕樹玉撰　清同治五年（1866）刻本　二册

320000－1605－0003470　182/518－2
段氏說文注訂八卷　（清）鈕樹玉撰　清同治十三年（1874）刻本　二册

320000－1605－0003471　182/518－3
說文新附考六卷續考一卷　（清）鈕樹玉撰　清同治七年（1868）刻本　二册

320000－1605－0003472　182/518－4
說文新附考六卷　（清）鈕樹玉撰　清同治七年（1868）刻本　二册　存四卷（一至四）

320000－1605－0003473　182/518－5
說文解字校録三十卷　（清）鈕樹玉撰　清光緒十一年（1885）刻本　十四册

320000－1605－0003474　182/518－6
說文解字校録三十卷　（清）鈕樹玉撰　清光緒十一年（1885）刻本　十四册

320000－1605－0003475　182/518－7
說文解字校録三十卷　（清）鈕樹玉撰　清光緒十一年（1885）刻本　十四册

320000－1605－0003476　182/550－1
說文外編十六卷　（清）雷浚撰　清光緒二年（1876）刻本　四册

320000－1605－0003477　182/550－2
說文引經例辨三卷　（清）雷浚撰　清光緒八年（1882）刻本　一册

320000－1605－0003478　182/550－3
說文引經例辨三卷　（清）雷浚撰　清光緒八年（1882）刻本　一册

320000－1605－0003479　182/556－1
臨文便覽不分卷　（清）張啟泰輯　清同治十三年（1874）刻本　二册

320000－1605－0003480　182/556－2
說文經斠十三卷補遺一卷正俗一卷　（清）楊廷瑞撰　清光緒十七年（1891）刻本　二册

320000－1605－0003481　182/622
說文蠡箋十四卷　（清）潘奕雋撰　清同治十三年（1874）刻本　二册

320000－1605－0003482　182/661－1
說文逸字二卷附録一卷　（清）鄭珍撰　清咸豐八年（1858）刻本　二册

320000－1605－0003483　182/661－2
說文新附攷六卷　(清)鄭珍撰　清光緒七年(1881)刻本　四册

320000－1605－0003484　182/661－3
說文逸字辨證二卷　(清)鄭珍撰　清末抄本　一册　存一卷(上)

320000－1605－0003485　182/671－1
說文通檢十四卷首一卷末一卷　(清)黎永椿編　清光緒二年(1876)刻本　二册

320000－1605－0003486　182/671－2
說文通檢十四卷首一卷末一卷　(清)黎永椿編　清光緒二年(1876)刻本　二册

320000－1605－0003487　182/705－1
說文答問疏證六卷　(清)錢大昕答問　(清)薛傳均疏證　清光緒八年(1882)刻本　二册

320000－1605－0003488　182/705－2
說文答問疏證六卷　(清)錢大昕答問　(清)薛傳均疏證　清光緒八年(1882)紫薇山館刻本　二册

320000－1605－0003489　182/705－3
說文解字斠詮十四卷　(清)錢坫撰　清光緒九年(1883)刻本　六册

320000－1605－0003490　182/705－4
說文解字斠詮十四卷　(清)錢坫撰　清光緒九年(1883)刻本　六册

320000－1605－0003491　182/705－5
說文統釋序一卷　(清)錢大昭撰并注　**音同義異辨一卷**　(清)畢沅撰　清光緒八年(1882)郭傳璞刻本　一册

320000－1605－0003492　182/72－1
說文二徐箋異十四卷　田吳炤撰　清宣統元年(1909)石印本　二册

320000－1605－0003493　182/72－2
說文二徐箋異十四卷　田吳炤撰　清宣統元年(1909)石印本　二册

320000－1605－0003494　182/73
說文易檢不分卷　(清)史恩綿輯　清光緒石印本　十册

320000－1605－0003495　182/732
說文問答疏證六卷說文經字考一卷　(清)薛傳均撰　清光緒十年(1884)刻本　一册

320000－1605－0003496　182/787－1
說文聲類二卷　(清)嚴可均撰　清嘉慶七年(1802)刻本　二册

320000－1605－0003497　182/787－2
說文校議議三十卷　(清)嚴章福撰　清刻本　四册

320000－1605－0003498　182/791－1
說文辨疑一卷　(清)顧廣圻撰　清光緒三年(1877)刻本　一册

320000－1605－0003499　182/791－2
玉篇三卷　(南朝梁)顧野王撰　清刻本　四册

320000－1605－0003500　182/84
說文解字音韻表十七卷　(清)江沅編　清抄本　十册

320000－1605－0003501　183/105
字音正謬一卷　(清)伍澤榮撰　清乾隆刻本　二册

320000－1605－0003502　183/115－1
字林攷逸八卷　(清)任大椿撰　清乾隆刻本　四册

320000－1605－0003503　183/115－2
字林攷逸八卷　(清)任大椿撰　清光緒九年(1883)抄本　二册

320000－1605－0003504　183/115－3
字林攷逸八卷　(清)任大椿撰　清光緒十六年(1890)刻本　四册

320000－1605－0003505　183/115－4
字林攷逸八卷　(清)任大椿撰　清光緒十六年(1890)刻本　四册

320000－1605－0003506　183/135－1
同文千字文二卷　(清)汪以成撰　清刻本

二冊

320000－1605－0003507　183/135－2
鐘鼎字源五卷附録一卷　（清）汪立名撰　清光緒二年(1876)刻本　一冊

320000－1605－0003508　183/164
字說一卷　（清）吳大澂撰　清光緒刻本　一冊

320000－1605－0003509　183/170
古今文字通釋十四卷　（清）呂世宜撰　清光緒五年(1879)刻本　七冊

320000－1605－0003510　183/2
重文二卷　（清）丁午輯　清光緒刻本　一冊

320000－1605－0003511　183/237
字辨證篆十七卷附伸顧一卷　（清）易本烺撰　清同治八年(1869)刻本　七冊

320000－1605－0003512　183/25－1
文字蒙求四卷　（清）王筠撰　清道光二十六年(1846)刻本　一冊

320000－1605－0003513　183/25－2
正字略一卷　（清）王筠撰　清同治九年(1870)石印本　一冊

320000－1605－0003514　183/364
繆篆分韻五卷補五卷　（清）桂馥撰　清光緒刻本　四冊

320000－1605－0003515　183/376
倉頡篇三卷補本二卷字林攷逸八卷附録二卷補本一卷補附録一卷　（清）孫星衍　（清）任大椿撰輯　（清）陶方琦　（清）諸可寶輯補　清光緒刻本　六冊

320000－1605－0003516　183/412－1
字學三正四卷　（明）郭學甫輯　明萬曆刻本　二冊　存二卷(一至二)

320000－1605－0003517　183/412－2
佩觿三卷　（宋）郭忠恕撰　清刻本　一冊

320000－1605－0003518　183/420
續復古編四卷　（元）曹本撰　清光緒十二年(1886)刻本　四冊

320000－1605－0003519　183/423
增補文成字彙十二卷首一卷末一卷　（清）梅膺祚音釋　清同治七年(1868)刻本　十四冊

320000－1605－0003520　183/428－1
虛字注釋一卷　（清）張文炳點定　清同治五年(1866)抄本　一冊

320000－1605－0003521　183/428－2
復古編二卷　（宋）張有撰　清光緒十三年(1887)石印本　二冊

320000－1605－0003522　183/428－3
康熙字典十二卷　（清）張玉書等編　清光緒十三年(1887)石印本　五冊　缺二卷(巳至午)

320000－1605－0003523　183/428－4
文選古字通疏證初稿十八卷　（清）張叔鵬撰　清抄本　五冊

320000－1605－0003524　183/441
急就篇不分卷　（清）陳本禮撰　清嘉慶刻本　二冊

320000－1605－0003525　183/471
字林古今正俗異同通攷四卷　（清）湯容煜撰　清嘉慶刻本　一冊

320000－1605－0003526　183/486
十三經集字摹本四卷　（清）彭玉雯撰　清道光刻本　十冊

320000－1605－0003527　183/500
隸法彙纂十卷　（清）項懷述撰　清刻本　四冊

320000－1605－0003528　183/523
字學三種　（唐）顏元孫等撰　清同治十三年(1874)刻本　三冊

320000－1605－0003529　183/562
字孿二卷　（□）□□撰　清刻本　二冊

320000－1605－0003530　183/65
類篇四十五卷　（宋）司馬光等編　清光緒二

年(1876)刻本　十四册

320000－1605－0003531　183/661
親屬記二卷　(清)鄭珍撰　清光緒十八年(1892)刻本　一册

320000－1605－0003532　183/678－1
助字辨略五卷　(清)劉琪撰　清咸豐刻本　五册

320000－1605－0003533　183/678－2
助字辨略五卷　(清)劉琪撰　清咸豐刻本　五册

320000－1605－0003534　183/683－1
字學舉隅二卷　(清)龍光甸撰　清光緒七年(1881)刻本　一册

320000－1605－0003535　183/683－2
字學舉隅二卷　(清)龍光甸撰　清光緒十二年(1886)石印本　一册

320000－1605－0003536　183/73
急就章一卷　(漢)史游撰　清抄本　一册

320000－1605－0003537　183/741－1
匡謬正俗八卷　(唐)顔師古撰　清乾隆二十一年(1756)刻本　一册

320000－1605－0003538　183/741－2
匡謬正俗八卷　(唐)顔師古撰　清乾隆二十一年(1756)刻本　二册

320000－1605－0003539　183/81
經字辨體八卷首一卷　(清)邱家煒撰　清光緒七年(1881)刻本　四册

320000－1605－0003540　183/964
六書略講一卷　(□)□□撰　清末石印本　一册

320000－1605－0003541　183/966
龍龕手鑑四卷　(遼)釋行均撰　清刻本　四册

320000－1605－0003542　183/968
纂集玉篇偏旁形似釋疑文字一卷增補形似釋疑一卷　(□)□□撰　清末抄本　二册

320000－1605－0003543　183/975
增訂金壺字考十九卷　(宋)釋適之撰　(清)田朝恒增言　清乾隆二十七年(1762)刻本　二册

320000－1605－0003544　183/999
經書字樣音義□□卷　(清)鄭珍撰　清刻本　八册

320000－1605－0003545　184/122
諧聲補逸十四卷　(清)宋保撰　清刻本　四册

320000－1605－0003546　184/128－1
韻辨附文五卷　(清)沈兆霖撰　清道光二十三年(1843)刻本　四册

320000－1605－0003547　184/128－2
韻辨附文五卷　(清)沈兆霖撰　清光緒三年(1877)刻本　二册

320000－1605－0003548　184/129
韻學驪珠二卷　(清)沈乘麐輯　清光緒十八年(1892)刻本　二册

320000－1605－0003549　184/130
韻學驪珠二卷　(清)沈乘麐輯　清光緒十八年(1892)刻本　二册

320000－1605－0003550　184/15
韻詁五卷補遺五卷　(清)方濬頤撰　清光緒四年(1878)刻本　六册

320000－1605－0003551　184/151－1
古今韻通四種不分卷　(清)李因篤撰　清康熙三十七年(1698)刻本　一册

320000－1605－0003552　184/151－2
聲韻譜十卷　(清)李元撰　清嘉慶七年(1802)刻本　五册

320000－1605－0003553　184/152－1
音韻闡微十八卷首韻譜一卷　(清)李光地等撰　清光緒七年(1881)刻本　五册

320000－1605－0003554　184/152－2
六書繫韻二十六卷檢字二卷　(清)李貞撰　清光緒十六年(1890)刻本　十一册

320000－1605－0003555　184/194
詩韻珠璣五卷　(清)余照輯　清道光十一年(1831)刻本　八册

320000－1605－0003556　184/2
集韻十卷釋文互注禮部韻畧五卷　(宋)丁度等編　清光緒二年(1876)刻本　十五册

320000－1605－0003557　184/22
切音韻略一卷　(清)王亦曾撰　清光緒九年(1883)刻本　一册

320000－1605－0003558　184/237－1
韻補五卷　(宋)吳棫撰　(清)顧炎武補正　清光緒九年(1883)刻本　二册

320000－1605－0003559　184/237－2
伸顧一卷　(清)易本烺撰　清光緒十七年(1891)刻本　一册

320000－1605－0003560　184/246－1
佩文詩韻釋要五卷　(清)周兆基輯　清光緒三年(1877)刻本　一册

320000－1605－0003561　184/246－2
佩文詩韻釋要五卷　(清)周兆基輯　**陳培之辨正一卷**　(清)陳倬撰　清光緒八年(1882)刻本　二册

320000－1605－0003562　184/25
說文韻譜校五卷　(清)王筠撰　清道光刻本　一册

320000－1605－0003563　184/250－1
佩文詩韻釋要五卷　(清)周兆基輯　**辨正一卷**　(清)陳倬撰　清光緒三年(1877)刻本　二册

320000－1605－0003564　184/250－2
佩文詩韻釋要五卷　(清)周兆基輯　**辨正一卷**　(清)陳倬撰　清光緒三年(1877)刻本　二册

320000－1605－0003565　184/260－1
漢魏音四卷　(清)洪亮吉撰　清乾隆五十年(1785)刻本　一册

320000－1605－0003566　184/260－2
漢魏音四卷　(清)洪亮吉撰　清乾隆五十年(1785)刻本　一册

320000－1605－0003567　184/27
中州音韻輯要二十一卷中州音韻輯要入聲分隸表一卷　(清)王鵕撰　清抄本　四册

320000－1605－0003568　184/277
初學檢韻十二卷佩文韻府一卷　(清)姚文登輯　清末刻本　二册

320000－1605－0003569　184/316－1
初學檢韻十二卷　(清)姚文登編　清嘉慶七年(1802)刻本　二册　存十卷(子至酉)

320000－1605－0003570　184/316－2
初學檢韻十二卷　(清)姚文登編　清光緒刻本　四册

320000－1605－0003571　184/316－3
增廣詩韻全璧五卷　題(清)惜陰主人輯　清光緒上洋鴻寶齋石印本　六册

320000－1605－0003572　184/316－4
增廣詩韻全璧五卷　題(清)惜陰主人輯　清光緒上海錦章圖書局鉛印本　六册

320000－1605－0003573　184/316－6
四聲易知録四卷　(清)姚文田撰　清光緒八年(1882)刻本　二册

320000－1605－0003574　184/316－7
古音諧八卷　(清)姚文田撰　清道光刻本　四册

320000－1605－0003575　184/322
六書音韻表不分卷　(清)段玉裁撰　清乾隆刻本　一册

320000－1605－0003576　184/362
增訂金壺字攷一卷古體假借字一卷　(清)郝在田集　清同治十二年(1873)刻本　一册

320000－1605－0003577　184/376
爾雅直音二卷　(清)孫偘撰　清同治十一年(1872)刻本　二册

320000－1605－0003578　184/383

聽古廬聲均十書四卷　(清)時庸勱撰　清光緒十八年(1892)刻本　四冊

320000－1605－0003579　184/386
古韻通八卷附切韻復古編一卷　(清)柴紹炳撰　清康熙七年(1668)刻本　八冊

320000－1605－0003580　184/393
宋本説文解字韻譜十卷　(宋)徐鉉撰　清同治六年(1867)刻本　二冊

320000－1605－0003581　184/423－1
韻法直圖一卷　(清)梅膺祚撰　清刻本　一冊

320000－1605－0003582　184/423－2
韻學直圖一卷　(清)梅文鼎撰　清同治抄本　一冊

320000－1605－0003583　184/428－1
説文經典異字通義十二卷　張炳翔輯　稿本　十四冊

320000－1605－0003584　184/428－2
説文統系圖識不分卷　張炳翔輯　稿本　一冊

320000－1605－0003585　184/428－3
説文易檢不分卷　(清)史恩綿輯　清末、民國張炳翔抄本　一冊

320000－1605－0003586　184/428－4
説文篆彙十二卷　張炳翔輯　稿本　七冊　存十卷(三至十二)

320000－1605－0003587　184/429
佩文韻篆六卷　(清)張家慶輯　清嘉慶二年(1797)刻本　二冊

320000－1605－0003588　184/431
韻鏡一卷　(宋)張麟之撰　清光緒刻本　一冊

320000－1605－0003589　184/444
屈宋古音義三卷　(明)陳第撰　清乾隆刻本　三冊

320000－1605－0003590　184/453－1
切韻攷六卷外篇三卷　(清)陳澧撰　清咸豐刻本　四冊

320000－1605－0003591　184/453－2
聲律通考十卷　(清)陳澧撰　清咸豐十年(1860)刻本　二冊

320000－1605－0003592　184/481
等韻一得三卷　勞乃宣撰　清光緒二十四年(1898)刻本　二冊

320000－1605－0003593　184/509－1
字類標韻六卷　(清)華綱輯　(清)王庭楨重訂　清光緒八年(1882)刻本　一冊　存三卷(四至六)

320000－1605－0003594　184/509－2
增註字類標韻六卷　(清)華綱鑒定　(清)范多玨重訂　清光緒十六年(1890)鉛印本　二冊

320000－1605－0003595　184/523
古音類表九卷首一卷　(清)傅壽彤撰　清光緒二年(1876)刻本　四冊

320000－1605－0003596　184/618－1
古今韻會舉要三十卷　(元)熊忠撰　清光緒九年(1883)刻本　十冊

320000－1605－0003597　184/618－2
古今韻會舉要三十卷　(元)熊忠撰　清光緒九年(1883)刻本　十冊

320000－1605－0003598　184/622－1
重訂虛字韻藪六卷　(清)潘維城輯　清末、民國抄本　二冊

320000－1605－0003599　184/622－2
重訂虛字韻藪六卷　(清)潘維城輯　清末、民國抄本　二冊

320000－1605－0003600　184/674－1
詩韻指歧五卷　(清)劉光南輯　清乾隆三十七年(1772)刻本　二冊

320000－1605－0003601　184/674－2
詩韻含英十八卷　(清)劉文蔚輯　清嘉慶十九年(1814)刻本　四冊

320000－1605－0003602　184/683
古韻通說二十卷　(清)龍啟瑞撰　清光緒刻本　一冊　存九卷(一至九)

320000－1605－0003603　184/705
韻目表一卷　(清)錢學嘉撰　清光緒七年(1881)刻本　一冊

320000－1605－0003604　184/72
漢隸分韻七卷　(明)田汝耔撰　清乾隆三十七年(1772)刻本　六冊

320000－1605－0003605　184/767－1
等韻輯畧三卷　(清)龐大堃撰　清末石印本　二冊

320000－1605－0003606　184/767－2
古音輯畧三卷　(清)龐大堃撰　清末影印本　一冊

320000－1605－0003607　184/791－1
音學五書五種三十八卷　(清)顧炎武撰　清康熙刻本　十三冊　存五種三十一卷(音論三卷、詩本音十卷、易音三卷、唐韻正八至二十、古音表二卷)

320000－1605－0003608　184/791－2
音學五書五種三十八卷　(清)顧炎武撰　清光緒十一年(1885)刻本　十六冊

320000－1605－0003609　184/791－3
音學五書五種三十八卷　(清)顧炎武撰　清光緒十一年(1885)刻本　十六冊

320000－1605－0003610　184/791－4
八矢註字圖說一卷附鍾律陳數一卷　(清)顧陳垿撰　清刻本　一冊

320000－1605－0003611　184/83
六書韻徵十六卷　(清)安吉撰　清道光十七年(1837)刻本　五冊

320000－1605－0003612　184/964－1
切韻指南□□卷門法指圖□□卷　(清)□□撰　清抄本　二冊　存二卷(切韻指南一、門法指圖四)

320000－1605－0003613　184/964－2
五大部直音二卷　(□)□□撰　清刻本　一冊

320000－1605－0003614　184/964－3
韻海大全五卷　題(清)仁壽室主人等編　清光緒十三年(1887)石印本　六冊

320000－1605－0003615　184/967
江氏說文解字音韻表目一卷　(清)□□編　清抄本　一冊

320000－1605－0003616　185/210－1
續方言二卷　(清)杭世駿輯集　清刻本　一冊

320000－1605－0003617　185/210－2
續方言二卷　(清)杭世駿輯集　清刻本　一冊

320000－1605－0003618　185/393
續方言又補二卷附後漢儒林傳補逸不分卷　徐乃昌撰　清光緒刻鄦齋叢書本　一冊

320000－1605－0003619　185/402
稱謂録三十二卷　(清)梁章鉅撰　清同治刻本　八冊

320000－1605－0003620　185/674
釋名疏證補八卷附續補一卷　王先謙撰　清光緒二十二年(1896)刻本　四冊

320000－1605－0003621　185/705
方言箋疏十三卷　(清)錢繹撰　清光緒十六年(1890)刻本　六冊

320000－1605－0003622　185/749－1
方言疏證十三卷　(清)戴震撰　清光緒八年(1882)刻本　四冊

320000－1605－0003623　185/749－2
方言十三卷續二卷續補一卷　(清)戴震考證　(清)盧文弨校正　清光緒十七年(1891)刻本　三冊

320000－1605－0003624　190/375－1
古微書三十六卷　(明)孫穀輯　清刻本　六冊

320000－1605－0003625　190/375－2
古微書三十六卷　(明)孫穀輯　清光緒二十一年(1895)石印本　四册

320000－1605－0003626　208/152
李氏五種　(清)李兆洛撰　清道光刻本　十二册

320000－1605－0003627　208/645－1
政藝叢書三篇十九種附一種　鄧實主編　清光緒二十八年(1902)石印本　二十册

320000－1605－0003628　208/645－2
政藝叢書三篇十九種附一種　鄧實主編　清光緒二十八年(1902)石印本　十二册

320000－1605－0003629　210.1/420
萬國通史三編附表十卷　(英國)李思倫白譯　(清)曹曾涵纂述　清光緒三十一年(1905)鉛印本　十册

320000－1605－0003630　210.1/938
萬國史記二十卷　(日本)岡本監輔撰　清光緒刻本　十册

320000－1605－0003631　210.2/211
四裔編年表四卷　(美國)林樂知　(清)嚴良勛譯　(清)李鳳苞彙編　清同治江南製造總局刻本　四册

320000－1605－0003632　210.2/933
西洋史要四卷　(日本)小川銀次郎撰　樊炳清等譯　清光緒二十九年(1903)石印本　二册

320000－1605－0003633　212.9/676
天方至聖實録二十卷　(清)劉智撰　清同治十三年(1874)刻本　一册　存二卷(十五至十六)

320000－1605－0003634　213.5/940
泰西新史攬要四卷　(英國)馬懇西撰　(英國)李提摩太譯　清光緒石印本　七册

320000－1605－0003635　213.62/645
東方時局論畧不分卷　(清)鄧鏗撰　清光緒十五年(1889)鉛印本　一册

320000－1605－0003636　213/323
列國歲計政要十二卷　(清)同文館編　白作霖　傅運森譯　清光緒二十七年(1901)鉛印本　十二册

320000－1605－0003637　214/129
泰西民族文明史不分卷　(法國)賽奴巴撰　(清)沈是中等譯　清光緒二十九年(1903)鉛印本　一册

320000－1605－0003638　214/27
普法戰紀十四卷　(清)張宗良口譯　(清)王韜輯　清同治十二年(1873)鉛印本　八册

320000－1605－0003639　214/787
埏紘外乘二十五卷補遺一卷　嚴良勳等譯　清光緒二十七年(1901)刻本　八册

320000－1605－0003640　215/495
日本國志四十卷首一卷　(清)黄遵憲編　清光緒二十七年(1901)上海書局石印本　一册　存三卷(一至二、首一卷)

320000－1605－0003641　215/971
增補東洋史要□□卷　(日本)桑原隲藏撰　樊炳清譯　清光緒石印本　一册　存一卷(三)

320000－1605－0003642　217/155
西美戰史二卷　(法國)勃利德撰　(清)李景鎬譯　清鉛印本　二册

320000－1605－0003643　217/945
大美國史略八卷　(美國)蔚利高撰譯　清光緒鉛印本　二册

320000－1605－0003644　219.3/165
最新漢譯英國歷史四卷　(清)吳清徽等編　(清)李佳白譯　清光緒三十三年(1907)鉛印本　一册

320000－1605－0003645　219.3/844
英吉利史三卷　(日本)須永金三郎　(清)廣智書局撰　清光緒二十九年(1903)鉛印本　二册

320000－1605－0003646　219.3/945

大英國志八卷 （清）墨海書院譯書 清咸豐六年(1856)刻本 二冊

320000－1605－0003647 219.4/622
法國新志四卷 （清）潘松等譯 清光緒二十四年(1898)刻本 二冊

320000－1605－0003648 219.4/942
新譯法史攬要三編 （法國）費克度撰 （清）劉翹翰 （清）王文耿譯 清光緒二十八年(1902)鉛印本 三冊

320000－1605－0003649 219.5/428
普法戰紀輯要四卷 （清）張宗良譯 （清）王韜詮撰 **德國合盟紀事本末一卷德國議院章程一卷** （清）徐建寅譯 清光緒石印本 一冊

320000－1605－0003650 219.5/841
日耳曼史二十章 （英國）沙安撰 清光緒二十九年(1903)上海商務印書館鉛印本 一冊

320000－1605－0003651 219.6/428
日本歷史二卷 （日本）青木武助編 （清）張柵譯 清光緒三十二年(1906)鉛印本 二冊

320000－1605－0003652 219.6/500
東洋古今全史紀傳六十五卷首一卷 （清）項思勳輯撰 清光緒石印本 十二冊

320000－1605－0003653 219.6/941－2
日本變法全史二十二卷 （日本）寓谷款夫撰 清光緒二十八年(1902)鉛印本 十六冊

320000－1605－0003654 219.6/941－3
日本維新政治彙編十二卷 （清）劉慶汾編 清光緒二十八年(1902)刻本 六冊

320000－1605－0003655 219.7/622
俄國新志八卷 （清）潘松等譯 清光緒二十四年(1898)刻本 三冊

320000－1605－0003656 219.7/932
俄羅斯史十六卷 （日本）八代六郎譯 清光緒鉛印本 一冊

320000－1605－0003657 219.7/937
俄國蠶食亞洲史略二篇 （日本）左藤弘撰 題（清）養浩齋主人譯 清光緒二十八年(1902)鉛印本 一冊

320000－1605－0003658 219.7/938
俄羅斯十八篇三卷 （清）林毅陸譯 （日本）中島端重譯 清光緒三十年(1904)鉛印本 三冊

320000－1605－0003659 219.9/347
希臘獨立史不分卷四章 （清）秦嗣宗譯 清光緒二十八年(1902)鉛印本 一冊

320000－1605－0003660 219.9/428－1
意大利獨立史六卷 （清）張仁普譯 清光緒二十九年(1903)鉛印本 一冊

320000－1605－0003661 219.9/428－2
意大利獨立史六卷 （清）張仁普譯 清光緒二十九年(1903)鉛印本 一冊

320000－1605－0003662 219.9/443
羅馬史十一編 （日本）占部百太郎撰 （清）陳時夏等譯 清鉛印本 二冊

320000－1605－0003663 219.9/674
越事備攷十三卷首一卷 （清）劉名譽編 清光緒二十一年(1895)刻本 四冊

320000－1605－0003664 219.9/942
尼羅海戰史十七章溫聖脫海戰史九章哥品杭海戰史第一編十三章第二編四章 （美國）耶特瓦德斯邊撰 （日本）越山平三郎譯 清光緒二十九年(1903)鉛印本 一冊

320000－1605－0003665 219.94/939
希臘獨立史不分卷四章 （清）秦嗣宗譯 清光緒二十八年(1902)鉛印本 一冊

320000－1605－0003666 219.95/935－1
亞細里亞巴比倫史九章 （日本）北村三郎撰 趙必振譯 清光緒二十八年(1902)鉛印本 一冊

320000－1605－0003667 219.95/935－2
猶太史十七章 （日本）北村三郎撰 趙必振譯 清光緒二十九年(1903)鉛印本 一冊

320000－1605－0003668 219.95/935－3

猶太史十七章　(日本)北村三郎撰　趙必振譯　清光緒二十九年(1903)鉛印本　一册

320000－1605－0003669　219.96/941
埃及近世史一卷　(日本)柴四郎撰　(清)麥鼎華譯　清光緒二十八年(1902)鉛印本　一册

320000－1605－0003670　219/248
節本泰西新史攬要八卷　(英國)馬懇西撰　(英國)李提摩太譯　周慶雲節錄　清光緒二十七年(1901)刻本　二册

320000－1605－0003671　219/939
大日本維新史不分卷　(日本)重野安繹撰　清光緒二十六年(1900)鉛印本　二册

320000－1605－0003672　243/251
[湖南湘潭]中湘沙塘周氏五修族譜五卷首一卷末一卷　(清)周顯烜總纂　清光緒二十年(1894)刻本　三十五册

320000－1605－0003673　220.1/359
通鑑紀事本末二百十六卷　(宋)袁樞撰　(明)張溥論正　清末石印本　二册　存五十卷(一百六十七至二百十六)

320000－1605－0003674　220.1/65－1
資治通鑑目録三十卷　(宋)司馬光撰　明崇禎二年(1629)刻本　二册　存二册(目録、凡例、序)

320000－1605－0003675　220.1/65－2
資治通鑑二百九十四卷　(宋)司馬光編　清同治十年(1871)刻本　一百册

320000－1605－0003676　220.1/934
支那文明史論不分卷　(日本)中西牛郎撰　清光緒二十七年(1901)鉛印本　一册

320000－1605－0003677　220.1/960－1
八史經籍志三十卷　(清)張壽榮撰　清光緒刻本　八册

320000－1605－0003678　220.1/960－2
八史經籍志三十卷　(清)張壽榮撰　清光緒刻本　十七册

320000－1605－0003679　220.1/967
通鑑拾雋不分卷　(□)□□撰　清末抄本　一册

320000－1605－0003680　220.1/976
歷代史略六卷　(□)□□編　清刻本　八册

320000－1605－0003681　220.2/131
前漢匈奴表三卷　(清)沈惟賢撰　清光緒十九年(1893)刻本　一册

320000－1605－0003682　220.2/14
紀元總裁三卷　(清)六承如輯　清刻本　二册

320000－1605－0003683　220.2/165
三國郡縣表八卷　(清)吴增僅撰　清光緒二十一年(1895)鉛印本　四册

320000－1605－0003684　220.2/166
二十二史紀事提要八卷　(清)吴綏撰　清乾隆刻本　八册

320000－1605－0003685　220.2/170－1
歷代年號記畧不分卷附歷代國號歌一卷　(清)呂調陽撰　清末鉛印本　一册

320000－1605－0003686　220.2/170－2
歷代年號記畧不分卷附歷代國號歌一卷　(清)呂調陽撰　清末鉛印本　一册

320000－1605－0003687　220.2/260－1
史目表二卷　(清)洪飴孫撰　清光緒四年(1878)刻本　一册

320000－1605－0003688　220.2/260－2
史目表二卷　(清)洪飴孫撰　清光緒四年(1878)刻本　一册

320000－1605－0003689　220.2/271－1
全史一斑不分卷　(清)胡鶴輯　清道光刻本　一册

320000－1605－0003690　220.2/271－2
歷代政要表二卷　(清)胡子清撰　清光緒二十九年(1903)刻本　二册

320000－1605－0003691　220.2/370
校漢書八表八卷　(清)夏燮撰　清光緒十六

年(1890)刻本　六册

320000－1605－0003692　220.2/393
甲子紀年表不分卷　(清)徐壽基編　清光緒刻本　一册

320000－1605－0003693　220.2/428
二十四史紀傳目十二種　張炳翔輯　清末、民國張炳翔抄本　二册

320000－1605－0003694　220.2/437
帝王廟謚年諱譜一卷　(清)陸費墀編　清刻本　一册

320000－1605－0003695　220.2/441
漢志武成日月表一卷　(清)陳以綱撰　清光緒刻本　一册

320000－1605－0003696　220.2/491
歷代職官表六卷　(清)黄本驥撰　清光緒六年(1880)刻本　三册

320000－1605－0003697　220.2/493
國朝貢舉年表三卷　(清)黄崇蘭撰　清光緒刻本　二册

320000－1605－0003698　220.2/523
金陵歷代建置表不分卷　(清)傅春官撰　清光緒二十三年(1897)刻本　一册

320000－1605－0003699　220.2/556
歷代輿地沿革險要圖一卷　楊守敬等撰　清光緒五年(1879)刻本　一册

320000－1605－0003700　220.2/565－1
歷代史表五十九卷　(清)萬斯同撰　清康熙刻本　八册

320000－1605－0003701　220.2/565－2
歷代帝王年表不分卷　(清)萬健庵編　清同治十年(1871)刻本　一册

320000－1605－0003702　220.2/565－3
歷代紀元彙攷一卷　(清)萬斯同撰　(清)姚元之增删　清同治十二年(1873)刻本　一册

320000－1605－0003703　220.2/568
歷代甲子紀元表一卷　(清)董醇撰　清光緒十年(1884)刻本　一册

320000－1605－0003704　220.2/588－1
歷代帝王年表三卷　(清)齊召南撰　清道光四年(1824)刻本　四册

320000－1605－0003705　220.2/588－2
歷代帝王年表三卷　(清)齊召南撰　清道光四年(1824)刻本　四册

320000－1605－0003706　220.2/588－3
歷代帝王年表三卷　(清)齊召南撰　清道光四年(1824)刻本　三册

320000－1605－0003707　220.2/588－4
歷代帝王年表三卷　(清)齊召南撰　清光緒十二年(1886)刻本　三册

320000－1605－0003708　220.2/588－5
歷代帝王年表三卷　(清)齊召南撰　清光緒十二年(1886)刻本　三册

320000－1605－0003709　220.2/683
歷代輿地沿革表二十卷　(清)龍學泰撰　清光緒三十三年(1907)石印本　二十册

320000－1605－0003710　220.2/727
史鑑年表彙編十四卷　(清)蕭承笏編　清光緒十年(1884)刻本　八册

320000－1605－0003711　220.2/735
歷代建元攷不分卷　(清)鍾廣漢撰　清抄本　二册

320000－1605－0003712　220.2/787－1
四裔編年表四卷　(美國)林樂知　(清)嚴良勛譯　(清)李鳳苞彙編　清同治江南製造總局刻本　四册

320000－1605－0003713　220.2/787－2
四裔編年表四卷　(美國)林樂知　(清)嚴良勛譯　(清)李鳳苞彙編　清光緒二十三年(1897)石印本　四册

320000－1605－0003714　220.2/961
皇朝内府輿地圖縮摹本不分卷　清光緒十年(1884)刻本　一册

320000－1605－0003715　220.2/967
清末職官表一卷　(□)□□輯　稿本　一冊

320000－1605－0003716　220.2/976－1
歷代紀元部表二卷　(□)□□編　清乾隆二十年(1755)刻本　一冊

320000－1605－0003717　220.2/976－2
京外升階見録不分卷　題(清)澹盦氏手輯　清光緒十年(1884)抄本　一冊

320000－1605－0003718　220.3/370
讀史提要録十二卷　(清)夏之蓉撰　清乾隆刻本　四冊

320000－1605－0003719　220.3/430
改元攷同一卷　(清)張潮輯　清末、民國張炳翔抄本　一冊

320000－1605－0003720　220.3/431
讀史舉正八卷　(清)張熷撰　清光緒十七年(1891)刻本　二冊

320000－1605－0003721　220.3/456
班馬字類五卷　(宋)婁機撰　清刻本　四冊

320000－1605－0003722　220.3/601
廿二史劄記三十六卷　(清)趙翼撰　清刻本　十二冊

320000－1605－0003723　220.3/705
夷夏用兵鑑古録四十卷　(清)錢鸞杲撰　清光緒二十年(1894)木活字印本　十六冊

320000－1605－0003724　220.4/115
史論一卷　(清)任見龍撰　清刻本　一冊

320000－1605－0003725　220.4/148
讀史論略二卷　(清)杜詔撰　清光緒刻本　一冊

320000－1605－0003726　220.4/166
史案二十卷　(清)吳裕垂撰　清光緒六年(1880)刻本　六冊

320000－1605－0003727　220.4/21－1
讀通鑑論十卷　(清)王夫之撰　清光緒二十六年(1900)石印本　六冊

320000－1605－0003728　220.4/21－2
讀通鑑論十六卷　(清)王夫之撰　清光緒二十四年(1898)石印本　八冊

320000－1605－0003729　220.4/21－3
宋論五卷　(清)王夫之撰　清光緒石印本　二冊

320000－1605－0003730　220.4/237
通鑑觸緒二卷　(清)易佩紳撰　清末抄本　二冊

320000－1605－0003731　220.4/300
東萊先生音註唐鑑二十四卷　(宋)范祖禹撰　(宋)呂祖謙注　清同治十三年(1874)刻本　四冊

320000－1605－0003732　220.4/329
史通通釋二十卷　(清)浦起龍撰　清光緒石印本　八冊

320000－1605－0003733　220.4/406－1
文史通義八卷校讎通義三卷　(清)章學誠撰　清道光十二年(1832)刻本　五冊

320000－1605－0003734　220.4/406－2
文史通義補編一卷附西遊録注一卷　(清)章學誠撰　清刻本　一冊

320000－1605－0003735　220.4/431
歷代史論十二卷宋史論三卷元史論一卷明史論四卷　(明)張溥撰　**明史論四卷**　(清)谷應泰撰　清光緒十三年(1887)文盛堂刻朱墨套印本　六冊　缺三卷(歷代史論七至九)

320000－1605－0003736　220.4/492
史咰一卷續一卷　(清)黄釗撰　清道光刻本　二冊

320000－1605－0003737　220.4/622－1
讀史鏡古編三十二卷　(清)潘世恩撰　清同治十三年(1874)刻本　六冊

320000－1605－0003738　220.4/622－2
讀史鏡古編三十二卷　(清)潘世恩撰　清同治十三年(1874)刻本　六冊

320000－1605－0003739　220.4/651

史記菁華録六卷　(清)姚祖恩編　清末石印本　一册　存一卷(二)

320000－1605－0003740　220.4/73
四史剿說十六卷　(清)史匯東撰　清刻本　十六册

320000－1605－0003741　220.4/811
遼金元三史語解三種四十六卷　清光緒四年(1878)刻本　十册

320000－1605－0003742　220.4/814
明鑑二十四卷　(清)托津等撰　清同治九年(1870)刻本　十册

320000－1605－0003743　220.4/967
策論叢鈔一卷　(□)□□輯　清末抄本　一册

320000－1605－0003744　220.4/999
歷朝總論不分卷　(清)□□輯　稿本　一册

320000－1605－0003745　220.5/562
橋西雜記不分卷附蕙西先生遺稿一卷　(清)葉名澧撰　清同治十年(1871)刻本　一册

320000－1605－0003746　220.7/22
史記榷参三卷漢書榷参三卷　(清)王治皡撰　清刻本　六册

320000－1605－0003747　220.7/26
十七史商榷一百卷　(清)王鳴盛撰　清乾隆五十二年(1787)刻本　二十册

320000－1605－0003748　220.7/260
四史發伏十卷　(清)洪亮吉撰　清光緒八年(1882)刻本　四册

320000－1605－0003749　220.7/332
史略六卷　(宋)高似孫撰　清光緒九年(1883)刻本　二册

320000－1605－0003750　220.7/428－1
史微内篇八卷　張采田撰　清宣統三年(1911)刻本　二册

320000－1605－0003751　220.7/428－2
史微内篇八卷　張采田撰　清宣統三年(1911)刻本　二册

320000－1605－0003752　220.7/446
中國歷史六卷　(清)陳慶年撰　清光緒刻本　六册

320000－1605－0003753　220.7/462
補上古考信録一卷附洙泗考信録四卷　(清)崔述撰　清乾隆刻本　六册

320000－1605－0003754　220.7/705－1
二十二史考異一百卷　(清)錢大昕撰　清光緒八年(1882)刻本　三十二册

320000－1605－0003755　220.7/705－2
錢氏史學六種二十一卷　(清)錢大昕撰　清刻本　四册

320000－1605－0003756　220.7/710－1
史鑑節要便讀六卷　(清)鮑東里撰　清同治刻本　二册

320000－1605－0003757　220.7/710－2
史鑑節要便讀六卷　(清)鮑東里撰　清同治刻本　二册

320000－1605－0003758　220.7/791－1
讀史方輿紀要一百三十卷附輿圖要覽四卷　(清)顧祖禹撰　清嘉慶刻本　五十册　缺二十三卷(一至二十三)

320000－1605－0003759　220.7/791－2
讀史方輿紀要一百三十卷　(清)顧祖禹撰　清光緒五年(1879)刻本　四十六册

320000－1605－0003760　220.7/791－3
讀史方輿紀要一百三十卷　(清)顧祖禹撰　清光緒二十七年(1901)鉛印本　三十二册

320000－1605－0003761　220.8/491
述窠雜纂八種　(清)黄任恒輯　清光緒三十年(1904)鉛印本　十册

320000－1605－0003762　220.8/98－1
邊事彙鈔十二卷附續鈔八卷　(清)朱克敬撰　清光緒六年(1880)刻本　十册

320000－1605－0003763　220.8/98－2

史略八十七卷 (清)朱坤輯 清光緒二十四年(1898)石印本 六冊

320000－1605－0003764 220.9/178
帝輿合覽二卷 (清)何炳撰 清嘉慶二十二年(1817)刻本 三冊

320000－1605－0003765 220.9/390－1
滇雲歷年傳十二卷 (清)倪蛻撰 清道光二十六年(1846)刻本 十冊

320000－1605－0003766 220.9/390－2
宋明二朝覆滅稗史六種 (清)□□編 清末抄本 二冊

320000－1605－0003767 220.9/460
續資治通鑑二百二十卷目録一卷 (清)畢沅編 清同治八年(1869)刻本 六十冊

320000－1605－0003768 220.9/556
增訂南詔野史二卷 (明)楊慎編 清光緒六年(1880)刻本 二冊

320000－1605－0003769 220.9/683
見聞隨筆二卷 (清)馮甦撰 清嘉慶二十一年(1816)刻本 四冊

320000－1605－0003770 220.9/705
三史拾遺五卷 (清)錢大昕撰 清嘉慶十二年(1807)刻本 二冊

320000－1605－0003771 220.9/970－1
紀載彙編十種 (明)馮夢龍等撰 清光緒刻本 四冊

320000－1605－0003772 220.9/970－2
紀載彙編十種 (明)馮夢龍等撰 清光緒刻本 二冊

320000－1605－0003773 220.9/98
歷朝紀事本末九種 (清)高士奇等輯 清光緒二十八年(1902)石印本 五十冊 存九種六百十五卷(左傳紀事本末五十三卷、通鑑紀事本末四十三至二百三十九、宋史紀事本末一百九卷、遼史紀事本末四十卷、金史紀事本末五十二卷、西夏紀事本末三十六卷、元史紀事本末二十七卷、明史紀事本末七十九卷、三藩紀事本末二十二卷)

320000－1605－0003774 220/103－1
通鑑綱目正編五十九卷補編一卷凡例一卷 (宋)朱熹撰 清嘉慶九年(1804)刻本 一百十冊

320000－1605－0003775 220/103－2
通鑑綱目五十九卷末一卷 (宋)朱熹撰 清嘉慶十三年(1808)刻本 六十八冊 缺一卷(十五)

320000－1605－0003776 220/153
讀綱目條記二十卷 (清)李述來撰 清嘉慶七年(1802)刻本 六冊

320000－1605－0003777 220/157
續資治通鑑長編五百二十卷 (宋)李燾編 清光緒七年(1881)刻本 一百三十六冊

320000－1605－0003778 220/166－1
通鑑地理今釋十六卷 (清)吳熙載撰 清光緒八年(1882)刻本 三冊

320000－1605－0003779 220/166－2
尺木堂綱鑑易知録九十二卷明鑑易知録十五卷 (清)吳乘權 (清)周之炯 (清)周之燦輯 清光緒二十七年(1901)上海文瑞樓鉛印本 十六冊

320000－1605－0003780 220/166－3
綱鑑易知録九十二卷 (清)吳乘權等編 清康熙五十年(1711)刻本 四十冊

320000－1605－0003781 220/21－1
重訂王鳳洲先生綱鑑會纂四十六卷綱鑑續宋元二十三卷 (明)王世貞撰 明末刻本 三十四冊

320000－1605－0003782 220/21－2
鳳洲綱鑑會纂六十九卷 (明)王世貞撰 **通鑑綱目三編二十卷** (清)張廷玉等撰 清刻本 四十八冊

320000－1605－0003783 220/242
通鑑綱目前編二十五卷 (明)南軒撰 (明)陳仁錫評 清嘉慶九年(1804)刻本 十冊

320000－1605－0003784　220/271
通鑑辯誤十二卷　(元)胡三省撰　清刻本　三冊

320000－1605－0003785　220/347
世本輯補十卷　(清)秦嘉謨撰　清嘉慶二十三年(1818)刻本　六冊

320000－1605－0003786　220/35
綱目發明五十九卷　(宋)尹起莘撰　清同治補刻本　四冊

320000－1605－0003787　220/359－1
通鑑紀事本末二百三十九卷　(宋)袁樞編　清同治十二年(1873)刻本　八十冊

320000－1605－0003788　220/359－2
袁王綱鑑合編三十九卷　(宋)袁樞等撰　清光緒三十年(1904)鉛印本　十六冊

320000－1605－0003789　220/403
續資治通鑑綱目二十七卷　(明)商輅等撰　(明)陳仁錫評　清刻本　四十冊

320000－1605－0003790　220/430－1
嚴永思通鑑補正畧三卷　(清)張敦仁撰　清光緒刻本　三冊

320000－1605－0003791　220/430－2
資治通鑑刊本識誤三卷　(清)張敦仁撰　清光緒十二年(1886)刻本　三冊

320000－1605－0003792　220/460
續資治通鑑二百二十卷　(清)畢沅編　清光緒十六年(1890)石印本　二十二冊

320000－1605－0003793　220/560
綱鑑會編九十九卷附歷代統系表畧三卷　(清)葉澐撰　清康熙三十八年(1699)刻本　四十冊

320000－1605－0003794　220/65－1
資治通鑑二百九十四卷附釋文辨誤十二卷　(宋)司馬光撰　清同治八年(1869)刻本　一百冊

320000－1605－0003795　220/65－2
資治通鑑目録三十卷　(宋)司馬光撰　清同治八年(1869)刻本　十冊

320000－1605－0003796　220/65－3
資治通鑑目録三十卷　(宋)司馬光撰　清同治八年(1869)刻本　十冊

320000－1605－0003797　220/65－4
資治通鑑目録三十卷　(宋)司馬光撰　清同治八年(1869)刻本　十冊

320000－1605－0003798　220/65－5
通鑑目録三十卷　(宋)司馬光撰　清光緒十三年(1887)刻本　十五冊

320000－1605－0003799　220/65－6
資治通鑑宋本校勘記五卷附元本校勘記二卷　(清)張瑛撰　清光緒八年(1882)刻本　二冊

320000－1605－0003800　220/65－7
續資治通鑑二百二十卷　(清)畢沅編　清同治八年(1869)刻本　六十冊

320000－1605－0003801　220/65－8
資治通鑑二百九十九卷　(宋)司馬光撰　清光緒十三年(1887)刻本　九十八冊

320000－1605－0003802　220/65－9
稽古録二十卷　(宋)司馬光撰　清光緒五年(1879)刻本　四冊

320000－1605－0003803　220/661
二十一史約編八卷　(清)鄭元慶等撰　清光緒刻本　七冊

320000－1605－0003804　220/674－1
資治通鑑外紀十卷　(宋)劉恕撰　清嘉慶刻本　六冊

320000－1605－0003805　220/674－2
資治通鑑外紀十卷附目録五卷　(宋)劉恕撰　(清)胡克家注補　清同治十年(1871)江蘇書局刻本　十冊

320000－1605－0003806　220/674－3
資治通鑑外紀十卷附目録五卷　(宋)劉恕撰　(清)胡克家注補　清同治十年(1871)江蘇書局刻本　十冊

320000－1605－0003807　220/674－4
資治通鑑外紀十卷　(宋)劉恕撰　(清)胡克家注補　清同治十年(1871)江蘇書局刻本　六冊

320000－1605－0003808　220/705
陟園考訂通鑑綱目五十九卷續編二十七卷　(清)錢選撰　清光緒八年(1882)刻本　八十四冊

320000－1605－0003809　220/787
資治通鑑補二百九十四卷　(明)嚴衍撰　清光緒二年(1876)刻本　八十冊

320000－1605－0003810　220/791
綱鑑正史約三十六卷　(清)陳宏謀輯　清同治八年(1869)刻本　二十冊

320000－1605－0003811　220/811－1
歷代通鑑輯覽一百二十卷　(清)傅恒等撰　清同治十年(1871)刻本　四十六冊　存一百十四卷(一至二十、二十四至四十四、四十八至一百二十)

320000－1605－0003812　220/811－2
歷代通鑑輯覽一百二十卷附帝王年表圖歌二卷讀史論畧一卷綱鑑總評一卷　(清)傅恒等撰　清同治十年(1871)刻本　一百十冊

320000－1605－0003813　220/811－3
歷代通鑑輯覽一百二十卷　(清)傅恒等撰　清光緒二十五年(1899)刻本　六十冊

320000－1605－0003814　220/811－4
歷代通鑑輯覽一百二十卷　(清)傅恒等撰　清光緒二十八年(1902)石印本　二十冊

320000－1605－0003815　220/811－5
通鑑綱目三編四十卷　(清)朱珪等撰　清同治十一年(1872)刻本　十二冊

320000－1605－0003816　220/811－6
御批歷代通鑑輯覽一百二十卷　(清)傅恒等編　清光緒二十七年(1901)石印本　十六冊

320000－1605－0003817　220/811－7
御批歷代通鑑輯覽一百二十卷　(清)傅恒等編　清光緒石印本　十八冊　存一百九卷(七至五十二、五十八至一百二十)

320000－1605－0003818　220/811－8
御批資治通鑑綱目前編十八卷外紀一卷舉要三卷御批資治通鑑綱目五十九卷首一卷御批續資治通鑑綱目二十七卷　(清)聖祖玄燁批　清光緒刻本　六十四冊

320000－1605－0003819　220/811－9
通鑑綱目三編二十卷　(清)張廷玉等撰　清刻本　四冊

320000－1605－0003820　220/811－10
通鑑綱目正編五十九卷　(宋)朱熹撰　**前編十八卷**　(明)南軒撰　**續編二十七卷**　(明)商輅等撰　清石印本　二十四冊

320000－1605－0003821　220/820
二十四史三千二百十三卷　(漢)司馬遷等撰　清光緒四年(1878)刻本　四百九十二冊

320000－1605－0003822　220/941
東洋史要四卷　(日本)小川銀次郎撰　清光緒二十八年(1902)鉛印本　一冊

320000－1605－0003823　221.1/15
史記註補正一卷　(清)方苞撰　清乾隆刻本　一冊

320000－1605－0003824　221.1/157
尚史七十卷　(清)李鍇撰　清乾隆十三年(1748)刻本　三十二冊

320000－1605－0003825　221.1/164
史記論文一百三十卷　(清)吳見思撰　清康熙二十六年(1687)刻本　二十冊

320000－1605－0003826　221.1/301－1
史記菁華録六卷　(清)姚祖恩編　清光緒十一年(1885)刻本　六冊

320000－1605－0003827　221.1/301－2
史記菁華録六卷　(清)姚祖恩編　清末抄本　六冊

320000－1605－0003828　221.1/343
史記評林一百三十卷　(明)凌稚隆輯　明刻本　十一冊　存八十九卷(一至十四、二十至二十四、六十一至一百三十)

320000－1605－0003829　221.1/352－1
繹史一百六十卷　(清)馬驌撰　清光緒十四年(1888)刻本　四十八册

320000－1605－0003830　221.1/352－2
繹史一百六十卷世系圖一卷年表一卷　(清)馬驌撰　清光緒十五年(1889)刻本　三十二册

320000－1605－0003831　221.1/362
竹書紀年校正十四卷　(清)郝懿行撰　清光緒五年(1879)刻本　二册

320000－1605－0003832　221.1/393
竹書紀年統箋十二卷　(清)徐文靖撰　清光緒刻本　三册　缺三卷(八至十)

320000－1605－0003833　221.1/431
史記雋六卷　(明)張鼐撰　清初刻本　六册

320000－1605－0003834　221.1/65－1
史記一百三十卷　(漢)司馬遷撰　清光緒四年(1878)刻本　十六册

320000－1605－0003835　221.1/65－2
史記一百三十卷　(漢)司馬遷撰　清光緒二十三年(1897)石印本　四册

320000－1605－0003836　221.1/65－3
史記一百三十卷　(漢)司馬遷撰　清光緒二十四年(1898)石印本　六册

320000－1605－0003837　221.1/65－4
史記一百三十卷　(漢)司馬遷撰　清光緒十年(1884)石印本　三十二册

320000－1605－0003838　221.1/65－5
史記集解索隱正義合刻本一百三十卷　(漢)司馬遷撰　清同治九年(1870)刻本　二十二册

320000－1605－0003839　221.1/65－6
史記集解索隱正義合刻本一百三十卷　(漢)司馬遷撰　清同治九年(1870)刻本　二十二册

320000－1605－0003840　221.1/65－7
史記集解索隱正義一百三十卷　(漢)司馬遷等撰　清同治九年(1870)刻本　二十四册

320000－1605－0003841　221.1/65－8
史記集解索隱正義一百三十卷　(漢)司馬遷等撰　清同治十一年(1872)刻本　二十册

320000－1605－0003842　221.1/775－1
路史四十七卷　(宋)羅泌撰　清刻本　十六册

320000－1605－0003843　221.1/775－2
路史四十七卷　(宋)羅泌撰　清光緒二年(1876)刻本　十六册

320000－1605－0003844　221.1/784
古史六十卷　(宋)蘇轍撰　清嘉慶元年(1796)刻本　十二册

320000－1605－0003845　221.1/965
史緯三百三十卷首一卷　(清)陳允錫撰　清刻本　五十一册　存一百三十八卷(一百九十三至三百三十)

320000－1605－0003846　221.3/135－1
國語校注本三種三十九卷　(清)汪遠孫撰　清道光二十六年(1846)刻本　六册

320000－1605－0003847　221.3/135－2
國語校注本三種三十九卷　(清)汪遠孫撰　清道光二十六年(1846)刻本　六册

320000－1605－0003848　221.3/287－1
國語二十一卷國語明道本攷異四卷　(三國吴)韋昭解　清嘉慶五年(1800)刻本　四册

320000－1605－0003849　221.3/287－2
天聖明道本國語二十一卷附校刊明道本國語札記剡川姚氏本戰國策三十三卷附札記三卷　(三國吴)韋昭注　**剡川姚氏本戰國策三十三卷附札記三卷**　(漢)高誘注　清光緒二十二年(1896)石印本　八册

320000－1605－0003850　221.3/287－3
國語二十一卷　(三國吴)韋昭解　清刻本　二册

320000－1605－0003851　221.3/287－4
國語二十一卷　(三國吴)韋昭解　清刻本

五册

320000－1605－0003852　221.3/300
吴越備史四卷　題(宋)范坰　(宋)林禹撰　清刻本　四册

320000－1605－0003853　221.3/332－1
戰國策三十六卷　(漢)高誘注　清乾隆二十一年(1756)刻本　四册

320000－1605－0003854　221.3/332－2
戰國策三十三卷　(漢)高誘注　**重刻剡川姚氏本戰國策札記三卷**　(清)黄丕烈撰　清乾隆二十一年(1756)刻本　四册

320000－1605－0003855　221.3/332－3
戰國策三十三卷　(漢)高誘注　**重刻剡川姚氏本戰國策札記三卷**　(清)黄丕烈撰　清嘉慶八年(1803)刻本　四册

320000－1605－0003856　221.3/332－4
左傳紀事本末五十三卷　(清)高士奇撰　清同治二年(1863)刻本　十二册

320000－1605－0003857　221.3/434
戰國策去毒二卷　(清)陸隴其評定　清康熙三十三年(1694)刻本　二册

320000－1605－0003858　221.3/439
戰國策去毒二卷　(清)陸隴其評選　清同治九年(1870)刻本　二册

320000－1605－0003859　221.3/491
周季編畧九卷　(清)黄式三撰　清同治十二年(1873)刻本　四册

320000－1605－0003860　221.4/103
漢唐事箋前後集二十卷　(元)朱禮撰　清道光二年(1822)刻本　四册

320000－1605－0003861　221.4/164
兩漢刊誤補遺十卷　(宋)吳仁傑撰　清同治刻本　二册

320000－1605－0003862　221.4/305
楚漢春秋一卷考證一卷　(清)茆泮林撰　清光緒十二年(1886)刻本　一册

320000－1605－0003863　221.4/350
漢書一百二十卷　(漢)班固等撰　**後漢書一百卷**　(南朝宋)范曄撰　**續漢書三十卷**　清光緒二十四年(1898)石印本　十四册

320000－1605－0003864　221.4/384－1
漢記三十卷　(漢)荀悦撰　**後漢記三十卷**　(晉)袁宏撰　清康熙三十五年(1696)刻本　十二册

320000－1605－0003865　221.4/384－2
漢記三十卷　(漢)荀悦撰　**後漢記三十卷**　(晉)袁宏撰　清光緒二年(1876)刻本　十六册

320000－1605－0003866　221.4/449
兩漢策要十二卷　(宋)陶叔獻撰　清光緒十三年(1887)上海同文書局石印本　八册

320000－1605－0003867　221.41/23
西漢年紀三十卷　(宋)王益之撰　清乾隆刻本　八册

320000－1605－0003868　221.41/248
漢書注校補五十六卷　(清)周壽昌撰　清光緒刻本　十册

320000－1605－0003869　221.41/260
漢志水道疏證四卷　(清)洪頤煊撰　清光緒十三年(1887)刻本　二册

320000－1605－0003870　221.41/350－1
前漢書一百卷　(漢)班固撰　(唐)顔師古註　明崇禎十五年(1642)刻本　十三册　存七十卷(三十一至一百)

320000－1605－0003871　221.41/350－2
前漢書一百二十卷　(漢)班固撰　清同治八年(1869)刻本　十六册

320000－1605－0003872　221.41/350－3
前漢書一百二十卷　(漢)班固撰　清同治八年(1869)刻本　十六册

320000－1605－0003873　221.41/350－4
前漢書一百二十卷　(漢)班固撰　清同治八年(1869)刻本　十四册

320000－1605－0003874　221.41/350－5
前漢書一百二十卷　（漢）班固撰　清光緒十年（1884）石印本　四十册

320000－1605－0003875　221.41/350－6
前漢書一百二十卷　（漢）班固撰　清光緒二十三年（1897）石印本　六册

320000－1605－0003876　221.41/350－7
漢書一百卷　（漢）班固撰　**後漢書一百卷**　（南朝宋）范曄撰　清同治十二年（1873）刻本　三十二册

320000－1605－0003877　221.41/350－8
漢書補注一百卷　（漢）班固撰　（唐）顔師古註　清光緒二十六年（1900）刻本　三十二册

320000－1605－0003878　221.41/393－1
漢書西域傳補注二卷　（清）徐松撰　清道光九年（1829）刻本　一册

320000－1605－0003879　221.41/393－2
西漢會要七十卷　（宋）徐天麟撰　清光緒十年（1884）刻本　十册

320000－1605－0003880　221.41/393－3
西漢會要七十卷　（宋）徐天麟撰　清光緒十年（1884）刻本　十册

320000－1605－0003881　221.41/393－4
西漢會要七十卷　（宋）徐天麟撰　清光緒十年（1884）刻本　十册

320000－1605－0003882　221.42/132
後漢書注又補一卷　（清）沈銘彝撰　清道光刻本　一册

320000－1605－0003883　221.42/135
後漢書二十一卷　（清）汪文臺輯　清光緒八年（1882）刻本　六册

320000－1605－0003884　221.42/248
後漢書注補正八卷　（清）周壽昌撰　清光緒八年（1882）刻本　一册

320000－1605－0003885　221.42/300－1
後漢書一百三十卷　（南朝宋）范曄撰　（唐）李賢注　明末刻本　十二册　存五十三卷（一至五十三）

320000－1605－0003886　221.42/300－2
後漢書一百卷　（南朝宋）范曄撰　清同治八年（1869）刻本　十六册

320000－1605－0003887　221.42/300－3
後漢書一百卷　（南朝宋）范曄撰　清同治八年（1869）刻本　十六册

320000－1605－0003888　221.42/300－4
後漢書一百三十卷　（南朝宋）范曄撰　（唐）李賢注　清同治十年（1871）刻本　十八册

320000－1605－0003889　221.42/300－5
後漢書一百二十卷　（南朝宋）范曄撰　清光緒十年（1884）石印本　三十二册

320000－1605－0003890　221.42/300－6
後漢書一百二十卷　（南朝宋）范曄撰　清光緒二十三年（1897）石印本　四册

320000－1605－0003891　221.42/393－1
東漢會要四十卷　（宋）徐天麟撰　清光緒十年（1884）刻本　八册

320000－1605－0003892　221.42/393－2
東漢會要四十卷　（宋）徐天麟撰　清光緒十年（1884）刻本　八册

320000－1605－0003893　221.42/393－3
東漢會要四十卷　（宋）徐天麟撰　清光緒十年（1884）刻本　八册

320000－1605－0003894　221.42/489
後漢書補注二十四卷　（清）惠棟撰　清刻本　四册

320000－1605－0003895　221.42/705
後漢書補表八卷　（清）錢大昭撰　清光緒八年（1882）刻本　四册

320000－1605－0003896　221.42/727
續後漢書四十二卷附義例一卷音義四卷續後漢書札記一卷　（清）蕭常撰　清道光二十一年（1841）刻本　六册

320000－1605－0003897　221.5/211

讀三國志裴注述二卷　(清)林國贊撰　清刻本　一冊

320000－1605－0003898　221.5/248
三國志註證遺四卷　(清)周壽昌撰　清光緒八年(1882)刻本　一冊

320000－1605－0003899　221.5/260
三國疆域志補註二十卷　(清)洪亮吉撰　(清)謝鍾英補註　清光緒十五年(1889)刻本　八冊

320000－1605－0003900　221.5/415
三國志補義十三卷　(清)康發祥撰　清咸豐十一年(1861)刻本　四冊

320000－1605－0003901　221.5/446－1
三國志六十五卷　(晉)陳壽撰　(南朝宋)裴松之註　清同治十年(1871)刻本　六冊　存三十七卷(魏志一至四、二十五至三十,吳志九至十五,蜀志一至二十)

320000－1605－0003902　221.5/446－2
三國志六十五卷　(晉)陳壽撰　清光緒十一年(1885)石印本　十六冊

320000－1605－0003903　221.5/446－3
三國志六十五卷　(晉)陳壽撰　清光緒十三年(1887)刻本　八冊

320000－1605－0003904　221.5/446－4
三國志六十五卷　(晉)陳壽撰　清光緒十三年(1887)刻本　七冊　缺六卷(十二至十七)

320000－1605－0003905　221.5/446－5
三國志六十五卷　(晉)陳壽撰　清光緒十四年(1888)石印本　八冊

320000－1605－0003906　221.5/446－6
三國志六十五卷　(晉)陳壽撰　清光緒二十三年(1897)石印本　二冊

320000－1605－0003907　221.5/556
三國會要二十二卷首一卷　(清)楊晨撰　清光緒二十六年(1900)刻本　六冊

320000－1605－0003908　221.5/705－1
三國志辨疑三卷　(清)錢大昕撰　清刻本　一冊

320000－1605－0003909　221.5/705－2
三國志證聞三卷　(清)錢儀吉撰　清光緒十一年(1885)刻本　二冊

320000－1605－0003910　221.5/705－3
三國志證聞三卷　(清)錢儀吉撰　清光緒十一年(1885)刻本　二冊

320000－1605－0003911　221.5/705－4
三國志證聞三卷　(清)錢儀吉撰　清光緒十一年(1885)刻本　二冊

320000－1605－0003912　221.6/2
晉書校文五卷　(清)丁國鈞撰　清光緒二十年(1894)鉛印本　二冊

320000－1605－0003913　221.6/248－1
晉略六十六卷　(清)周濟撰　清光緒二年(1876)刻本　十冊

320000－1605－0003914　221.6/248－2
晉書校勘記四卷　(清)周雲撰　清刻本　一冊

320000－1605－0003915　221.6/257－1
晉書一百三十卷　(唐)房玄齡等撰　**晉書音義三卷**　(唐)何超音義　清同治十年(1871)刻本　二十冊

320000－1605－0003916　221.6/257－2
晉書一百三十卷　(唐)房玄齡等撰　**晉書音義三卷**　(唐)何超音義　清同治十年(1871)刻本　二十冊

320000－1605－0003917　221.6/260－1
東晉疆域志四卷　(清)洪亮吉撰　清嘉慶元年(1796)刻本　二冊

320000－1605－0003918　221.6/260－2
東晉疆域志四卷　(清)洪亮吉撰　清嘉慶元年(1796)刻本　二冊

320000－1605－0003919　221.6/404
華陽國志十二卷　(晉)常璩撰　清光緒四年(1878)刻本　四冊

320000－1605－0003920　221.6/462
十六國春秋一百卷　題(北魏)崔鴻撰　清乾

隆四十六年(1781)刻本　二十册

320000－1605－0003921　222.1/128
南北史識小録二十八卷　(清)沈名蓀　(清)朱昆田輯　清同治十年(1871)刻本　十册

320000－1605－0003922　222.1/135－1
南北史補志十四卷贊一卷　(清)汪士鐸撰　清光緒四年(1878)刻本　六册

320000－1605－0003923　222.1/135－2
南北史補志十四卷贊一卷　(清)汪士鐸撰　清光緒四年(1878)刻本　六册

320000－1605－0003924　222.1/135－3
南北史補志十四卷贊一卷　(清)汪士鐸撰　清光緒四年(1878)刻本　六册

320000－1605－0003925　222.2/151
南史八十卷　(唐)李延壽撰　明萬曆十九年(1591)刻本　二十册

320000－1605－0003926　222.2/152－1
南史八十卷　(唐)李延壽撰　清同治十一年(1872)刻本　十二册

320000－1605－0003927　222.2/152－2
南史八十卷　(唐)李延壽撰　清同治十一年(1872)刻本　十二册

320000－1605－0003928　222.21/129－1
宋書一百卷　(南朝梁)沈約撰　清同治十一年(1872)刻本　十六册

320000－1605－0003929　222.21/129－2
宋書一百卷　(南朝梁)沈約撰　清同治十一年(1872)刻本　十四册　缺九卷(三十二至四十)

320000－1605－0003930　222.22/727－1
南齊書五十九卷　(南朝梁)蕭子顯撰　明末刻本　二册　存九卷(一至九)

320000－1605－0003931　222.22/727－2
南齊書五十九卷　(南朝梁)蕭子顯撰　清同治十三年(1874)刻本　六册

320000－1605－0003932　222.22/727－3
南齊書五十九卷　(南朝梁)蕭子顯撰　清同治十三年(1874)刻本　六册

320000－1605－0003933　222.23/316－1
梁書五十六卷　(唐)姚思廉撰　清同治十年(1871)刻本　六册

320000－1605－0003934　222.23/316－2
梁書五十六卷　(唐)姚思廉撰　清光緒二十八年(1902)石印本　二册

320000－1605－0003935　222.23/316－3
陳書三十六卷　(唐)姚思廉撰　明崇禎四年(1631)刻本　四册

320000－1605－0003936　222.23/316－4
陳書三十六卷　(唐)姚思廉撰　清同治十一年(1872)刻本　四册

320000－1605－0003937　222.23/316－5
陳書三十六卷　(唐)姚思廉撰　清同治十一年(1872)刻本　四册

320000－1605－0003938　222.23/316－6
陳書三十六卷　(唐)姚思廉撰　清光緒二十八年(1902)石印本　一册

320000－1605－0003939　222.3/152－1
北史一百卷　(唐)李延壽撰　清同治十一年(1872)刻本　二十册

320000－1605－0003940　222.3/152－2
北史一百卷　(唐)李延壽撰　明末汲古閣刻本　四十册

320000－1605－0003941　222.31/761－1
魏書一百十四卷　(北齊)魏收撰　明崇禎九年(1636)刻本　二册　存二卷(一百四至一百五)

320000－1605－0003942　222.31/761－2
魏書一百十四卷　(北齊)魏收撰　清同治十一年(1872)刻本　二十册

320000－1605－0003943　222.31/761－3
魏書一百十四卷　(北齊)魏收撰　清同治十一年(1872)刻本　十三册

320000－1605－0003944　222.34/152－1
北齊書五十卷　(唐)李百藥撰　清康熙三十七年(1698)刻本　三册　存十七卷(十四至二十三、三十二至三十八)

320000－1605－0003945　222.34/152－2
北齊書五十卷　(唐)李百藥撰　清同治十三年(1874)刻本　四册

320000－1605－0003946　222.34/152－3
北齊書五十卷　(唐)李百藥撰　清同治十三年(1874)刻本　四册

320000－1605－0003947　222.35/76－1
周書五十卷　(唐)令狐德棻等撰　清同治十三年(1874)刻本　四册

320000－1605－0003948　222.35/76－2
周書五十卷　(唐)令狐德棻等撰　清光緒二十八年(1902)石印本　二册

320000－1605－0003949　222.4/556
隋書地理志考證九卷　楊守敬撰　清光緒二十七年(1901)刻本　六册

320000－1605－0003950　222.4/761－1
隋書八十五卷　(唐)魏徵等撰　明崇禎八年(1635)刻本　十册

320000－1605－0003951　222.4/761－2
隋書八十五卷　(唐)魏徵等撰　清同治十年(1871)刻本　十二册

320000－1605－0003952　222.4/761－3
隋書八十五卷　(唐)魏徵等撰　清同治十年(1871)刻本　十四册

320000－1605－0003953　222.4/761－4
隋書八十五卷　(唐)魏徵等撰　清同治十年(1871)刻本　十六册

320000－1605－0003954　222/430
六朝事蹟類編十四卷　(宋)張敦頤編　清光緒十三年(1887)刻本　一册

320000－1605－0003955　223.5/165
十國春秋一百十六卷　(清)吳任臣撰　清乾隆刻本　十六册

320000－1605－0003956　223.5/25－1
五代會要三十卷　(宋)王溥撰　清光緒十二年(1886)刻本　六册

320000－1605－0003957　223.5/25－2
五代會要三十卷　(宋)王溥撰　清光緒十二年(1886)刻本　六册

320000－1605－0003958　223.5/25－3
五代會要三十卷　(宋)王溥撰　清光緒十二年(1886)刻本　六册

320000－1605－0003959　223.5/634
新五代史七十四卷　(宋)歐陽修撰　清光緒二十八年(1902)石印本　一册　存三十一卷(四十四至七十四)

320000－1605－0003960　223.5/636－1
新五代史七十四卷　(宋)歐陽修撰　(宋)徐無黨注　清同治十一年(1872)刻本　八册

320000－1605－0003961　223.5/636－2
新五代史七十四卷　(宋)歐陽修撰　(宋)徐無黨注　清同治十一年(1872)刻本　八册

320000－1605－0003962　223.5/731－1
舊五代史一百五十卷　(宋)薛居正等撰　清同治十一年(1872)刻本　十六册

320000－1605－0003963　223.5/731－2
舊五代史一百五十卷　(宋)薛居正等撰　清光緒二十八年(1902)石印本　五册　存一百二十六卷(一至七十四、九十九至一百五十)

320000－1605－0003964　223.54/402
南漢書十八卷　(清)梁庭柟撰　清道光九年(1829)刻本　四册

320000－1605－0003965　223.6/352
南唐書三十卷　(宋)馬令撰　**攷異一卷**　(清)趙泰撰　清嘉慶十八年(1813)刻本　四册

320000－1605－0003966　223.6/661
南唐近事三卷　(宋)鄭文寶撰　明刻本　一册

320000－1605－0003967　223/129

新舊唐書合鈔二百六十卷附宰相世系表訂譌十二卷 (清)沈炳震編　清刻本　八十冊

320000－1605－0003968　223/174
舊唐書逸文十二卷 (清)岑建功撰　清同治刻本　三冊

320000－1605－0003969　223/25－1
唐會要一百卷 (宋)王溥撰　清光緒十年(1884)刻本　二十四冊

320000－1605－0003970　223/25－2
唐會要一百卷 (宋)王溥撰　清光緒十年(1884)刻本　十九冊

320000－1605－0003971　223/636－1
新唐書二百二十五卷 (宋)歐陽修等撰　清同治十二年(1873)刻本　四十冊

320000－1605－0003972　223/636－2
新唐書二百二十五卷 (宋)歐陽修等撰　清同治十二年(1873)刻本　四十冊

320000－1605－0003973　223/636－3
新唐書二百二十五卷 (宋)歐陽修等撰　清同治十二年(1873)刻本　三十八冊　缺十六卷(一百三十一至一百三十八、一百七十至一百七十七)

320000－1605－0003974　223/636－4
唐書二百二十五卷 (宋)歐陽修　(宋)宋祁撰　**釋音二十五卷** (宋)董衝撰　清光緒二十八年(1902)石印本　十六冊

320000－1605－0003975　223/674－1
舊唐書二百卷 (五代)劉昫等撰　清同治十一年(1872)刻本　三十七冊

320000－1605－0003976　223/674－2
舊唐書二百卷 (五代)劉昫等撰　清同治十一年(1872)刻本　四十冊

320000－1605－0003977　223/674－3
舊唐書二百卷 (五代)劉昫等撰　清同治十一年(1872)刻本　三十九冊　缺四卷(三十至三十三)

320000－1605－0003978　223/674－4
舊唐書校勘記六十六卷 (清)劉文淇撰　清同治刻本　二十九冊

320000－1605－0003979　223/675
舊唐書二百卷 (五代)劉昫等撰　清光緒二十八年(1902)石印本　十六冊

320000－1605－0003980　224.2/705
南宋書六十八卷 (清)錢士升撰　清嘉慶二年(1797)刻本　十六冊

320000－1605－0003981　224.29/23
新刊大宋宣和遺事四卷 (元)□□撰　清光緒五年(1879)刻本　二冊　存二卷(二、四)

320000－1605－0003982　224.4/152
遼史紀事本末四十卷金史紀事本末五十二卷 (清)李有棠編　清光緒十九年(1893)石印本　十冊

320000－1605－0003983　224.4/556－1
遼史拾遺補五卷 (清)楊復吉撰　清光緒三年(1877)刻本　二冊

320000－1605－0003984　224.4/556－2
遼史拾遺補五卷 (清)楊復吉撰　清光緒三年(1877)刻本　二冊

320000－1605－0003985　224.4/644－1
遼史拾遺二十四卷附紀年表一卷 (清)厲鶚撰　清光緒元年(1875)刻本　八冊

320000－1605－0003986　224.4/644－2
遼史拾遺二十四卷附紀年表一卷 (清)厲鶚撰　清光緒元年(1875)刻本　八冊

320000－1605－0003987　224.4/644－3
遼史拾遺二十四卷附紀年表一卷 (清)厲鶚撰　清光緒元年(1875)刻本　八冊

320000－1605－0003988　224.4/644－4
遼史拾遺二十四卷附紀年表一卷 (清)厲鶚撰　清光緒元年(1875)刻本　十冊

320000－1605－0003989　224.4/89.1－1
遼史一百十五卷 (元)脱脱等撰　清同治十二年(1873)刻本　十二冊

320000－1605－0003990　224.4/89.1－2
遼史一百十五卷　（元）脱脱等撰　清同治十二年(1873)刻本　十二册

320000－1605－0003991　224.41/562－1
契丹國志二十七卷　（宋）葉隆禮撰　清乾隆五十八年(1793)刻本　四册

320000－1605－0003992　224.41/562－2
契丹國志二十七卷　（宋）葉隆禮撰　清嘉慶二年(1797)刻本　二册

320000－1605－0003993　224.5/431－1
西夏紀事本末三十六卷首一卷　（清）張鑑撰　清光緒十年(1884)刻本　四册

320000－1605－0003994　224.5/431－2
西夏紀事本末三十六卷首一卷　（清）張鑑撰　清光緒十年(1884)刻本　四册

320000－1605－0003995　224.5/431－3
西夏紀事本末三十六卷首一卷　（清）張鑑撰　清光緒十年(1884)刻本　二册　存十九卷(一至十八、首一卷)

320000－1605－0003996　224.6/255－1
桯史十五卷　（宋）岳珂撰　明刻稗海本　四册　存十一卷(一至十一)

320000－1605－0003997　224.6/255－2
桯史十五卷　（宋）岳珂撰　明末刻稗海本　四册　存十二卷(四至十五)

320000－1605－0003998　224.6/265－1
金源劄記二卷　（清）施國祁撰　清嘉慶刻本　二册

320000－1605－0003999　224.6/265－2
金史詳校十卷附史論五答一卷　（清）施國祁撰　清光緒六年(1880)刻本　十册

320000－1605－0004000　224.6/393
黑韃事略注不分卷　（宋）徐霆輯　（清）沈曾植注　清末抄本　一册

320000－1605－0004001　224.6/465
金史一百三十五卷　（元）脱脱撰　清同治十三年(1874)刻本　二十册

320000－1605－0004002　224.6/82
大金國志四十卷　（金）宇文懋昭撰　清刻本　六册

320000－1605－0004003　224.6/961
金史語解十二卷　（□）□□撰　清光緒四年(1878)刻本　二册

320000－1605－0004004　224.9/156－1
靖康傳信録三卷附建炎進退志四卷時政記三卷　（宋）李綱撰　清光緒十年(1884)刻本　二册

320000－1605－0004005　224.9/156－2
李忠定公三種十卷　（宋）李綱撰　清刻本　三册

320000－1605－0004006　224.9/24－1
東都事略一百三十卷　（宋）王偁撰　清乾隆六十年(1795)刻本　八册

320000－1605－0004007　224.9/24－2
東都事略一百三十卷　（宋）王偁撰　清乾隆六十年(1795)刻本　十四册

320000－1605－0004008　224.9/26
默記一卷　（宋）王銍撰　清乾隆刻本　一册

320000－1605－0004009　224.9/431
眉山詩案廣證六卷　（清）張鑑撰　清光緒十年(1884)刻本　二册

320000－1605－0004010　224.9/527－1
隆平集二十卷　（宋）曾鞏撰　清康熙四十年(1701)刻本　六册

320000－1605－0004011　224.9/527－2
隆平集二十卷　（宋）曾鞏撰　清康熙四十年(1701)刻本　六册

320000－1605－0004012　224.9/598
朝野類要五卷　（宋）趙升撰　清光緒刻本　一册

320000－1605－0004013　224.9/622
宋稗類鈔八卷　（清）潘永因撰　清康熙刻本　八册

320000－1605－0004014　224.9/73
釣磯立談一卷　（五代）史虚白撰　清宣統三年（1911）鉛印本　一册

320000－1605－0004015　224/225－1
宏簡録二百五十四卷　（明）邵經邦撰　清康熙二十八年（1689）刻本　六十四册

320000－1605－0004016　224/225－2
宏簡録二百五十四卷　（明）邵經邦撰　清康熙二十八年（1689）刻本　三十八册　存二百八卷（四十七至二百五十四）

320000－1605－0004017　224/24
宋史記凡例一卷　（明）王惟儉撰　清咸豐四年（1854）刻本　一册

320000－1605－0004018　224/393
三朝北盟會編二百五十卷　（宋）徐夢莘撰　清光緒四年（1878）刻本　四十册

320000－1605－0004019　224/465－1
宋史四百九十六卷　（元）脱脱等撰　明初刻本　十六册　存三十卷（一百九至一百三十八）

320000－1605－0004020　224/465－2
宋史四百九十六卷　（元）脱脱等撰　清康熙三十九年（1700）刻本　十三册　存六十卷（本紀一至六、二十九至三十四，志一百三十九至一百六十二，表一至四，列傳四十一至六十）

320000－1605－0004021　224/465－3
宋史四百九十六卷　（元）脱脱等撰　清光緒二十八年（1902）石印本　二十八册　存四百三十一卷（一至二百五十七、二百七十三至三百八十一、四百三十二至四百九十六）

320000－1605－0004022　224/477
宋史紀事本末一百九卷　（明）馮琦撰　（明）陳邦瞻補　清同治十三年（1874）刻本　二十册

320000－1605－0004023　224/89.1－1
宋史四百九十六卷目録三卷　（元）脱脱等撰　明成化七年至十六年（1471－1480）刻明嘉靖至清康熙遞修本　一百册

320000－1605－0004024　224/89.1－2
宋史四百九十六卷目録三卷　（元）脱脱等撰　清光緒元年（1875）刻本　一百册

320000－1605－0004025　224/89.1－3
宋史四百九十六卷目録三卷　（元）脱脱等撰　清光緒元年（1875）刻本　一百册

320000－1605－0004026　224/89.1－4
宋史四百九十六卷目録三卷　（元）脱脱等撰　清光緒元年（1875）刻本　四十六册　存二百三十五卷（十五至三十三、四十四至五十五、九十七至一百十八、一百三十二至一百三十六、一百五十至一百六十、一百六十九至一百七十二、一百八十二至二百二十、二百二十五至二百二十六、二百二十八至二百三十三、二百五十至二百六十一、三百八至三百四十二、三百六十一至三百六十五、三百八十二至三百八十七、四百十二至四百二十八、四百四十至四百五十七、四百六十五至四百七十一、四百八十四至四百九十六）

320000－1605－0004027　225.4/797
庚申外史不分卷　（明）權衡撰　清抄本　一册

320000－1605－0004028　225.9/272－1
西遊録注一卷　（元）耶律楚材撰　（清）李文田注　**和林詩一卷**　（清）李文田撰　清光緒二十三年（1897）刻本　一册

320000－1605－0004029　225.9/272－2
西遊録注一卷　（元）耶律楚材撰　（清）李文田注　**和林詩一卷**　（清）李文田撰　清光緒二十三年（1897）刻本　一册

320000－1605－0004030　225/122－1
元史二百十卷附目録二卷考證一卷　（明）宋濂等撰　清同治十三年（1874）刻本　四十册

320000－1605－0004031　225/122－2
元史二百十卷附目録二卷考證一卷　（明）宋濂等撰　清同治十三年（1874）刻本　四十册

320000－1605－0004032　225/122－3
元史二百十卷　(明)宋濂撰　清同治十三年(1874)刻本　七册　存三十一卷(一至十九、六十八至七十九)

320000－1605－0004033　225/225－1
續宏簡録元史類編四十二卷　(清)邵遠平撰　清乾隆六十年(1795)刻本　十二册

320000－1605－0004034　225/225－2
續宏簡録元史類編四十二卷　(清)邵遠平撰　清刻本　十六册

320000－1605－0004035　225/225－3
續宏簡録元史類編四十二卷　(清)邵遠平撰　清刻本　十六册

320000－1605－0004036　225/225－4
續宏簡録元史類編四十二卷　(清)邵遠平撰　清刻本　十册

320000－1605－0004037　225/225－5
元史類編四十二卷　(清)邵遠平撰　清刻本　十九册　缺二卷(二十三至二十四)

320000－1605－0004038　225/228－1
蒙韃備録不分卷　(宋)孟珙撰　(清)曹元忠校註　清光緒二十七年(1901)刻本　一册

320000－1605－0004039　225/228－2
蒙韃備録不分卷　(宋)孟珙撰　(清)曹元忠校註　清光緒二十七年(1901)刻本　一册

320000－1605－0004040　225/260－1
元史譯文證補三十卷　(清)洪鈞撰　清光緒二十三年(1897)刻本　四册

320000－1605－0004041　225/260－2
元史譯文證補三十卷　(清)洪鈞撰　清光緒二十三年(1897)刻本　四册

320000－1605－0004042　225/265
元秘史山川地名攷十二卷　(清)施世傑撰　清光緒二十三年(1897)刻本　二册

320000－1605－0004043　225/442
元史紀事本末二十七卷　(明)陳邦瞻撰　清同治十三年(1874)刻本　四册

320000－1605－0004044　225/636
蒙古史二卷　(日本)河野元三撰　歐陽瑞驊譯　清宣統三年(1911)江南圖書館鉛印本　二册

320000－1605－0004045　225/705－1
元史氏族表三卷　(清)錢大昕撰　清嘉慶刻本　二册

320000－1605－0004046　225/705－2
元史氏族表三卷　(清)錢大昕撰　清嘉慶刻本　二册

320000－1605－0004047　225/705－3
補元史藝文志四卷　(清)錢大昕撰　清刻本　一册

320000－1605－0004048　225/705－4
補元史藝文志四卷　(清)錢大昕撰　清刻本　一册

320000－1605－0004049　226.4/968
明仁宗聖政記二卷　(□)□□撰　清末刻本　二册

320000－1605－0004050　226.7/155
三朝野記七卷　(清)李遜之撰　清道光四年(1824)刻本　六册

320000－1605－0004051　226.7/791
聖安皇帝本紀二卷　(清)顧炎武撰　清刻本　一册

320000－1605－0004052　226.8/749
孑遺録一卷　(清)戴名世撰　**劫灰録一卷**　題(明)珠江寓舫撰　清抄本　一册

320000－1605－0004053　226.9/132－1
野获编三十卷補遺四卷　(明)沈德符撰　清道光七年(1827)扶荔山房刻本　二十册

320000－1605－0004054　226.9/132－2
野获编三十卷補遺四卷　(明)沈德符撰　(清)錢枋輯　清道光七年(1827)扶荔山房刻本　三册　存三卷(補遺一至三)

320000－1605－0004055　226.9/135－1
明季續聞一卷　(清)汪光復撰　清宣統三年

(1911)鉛印本　一冊

320000－1605－0004056　226.9/135－2
明季續聞一卷　(清)汪光復撰　清宣統三年(1911)鉛印本　一冊

320000－1605－0004057　226.9/135－3
明季續聞一卷　(清)汪光復撰　清宣統三年(1911)鉛印本　一冊

320000－1605－0004058　226.9/18
烈皇小識八卷　(清)文秉撰　清刻本　八冊

320000－1605－0004059　226.9/223
安龍逸史二卷　(清)屈大均撰　清刻本　一冊

320000－1605－0004060　226.9/262－1
明季北略二十四卷　(清)計六奇撰　清都城琉璃廠木活字印本　十二冊

320000－1605－0004061　226.9/262－2
明季南略十六卷　(清)計六奇撰　清都城琉璃廠木活字印本　八冊

320000－1605－0004062　226.9/316
金山衛佚史不分卷　(清)姚光撰　清宣統三年(1911)鉛印本　一冊

320000－1605－0004063　226.9/346－1
野記四卷　(明)祝允明撰　清同治十三年(1874)刻本　二冊

320000－1605－0004064　226.9/346－2
野記四卷　(明)祝允明撰　清同治十三年(1874)刻本　二冊

320000－1605－0004065　226.9/346－3
九朝野記四卷　(明)祝允明撰　清宣統三年(1911)鉛印本　二冊

320000－1605－0004066　226.9/375－1
二申野録八卷　(清)孫之騄輯　清刻本　二冊

320000－1605－0004067　226.9/375－2
春明夢餘七十卷　(清)孫承澤撰　清光緒元年(1875)刻本　二十四冊

320000－1605－0004068　226.9/393－1
小腆紀年附考二十卷　(清)徐鼒撰　清光緒十二年(1886)鉛印本　十二冊

320000－1605－0004069　226.9/393－2
小腆紀年附考二十卷　(清)徐鼒撰　清光緒十二年(1886)鉛印本　十八冊

320000－1605－0004070　226.9/454
滇事總録二卷　(清)莊士敏撰　清光緒十六年(1890)刻本　一冊

320000－1605－0004071　226.9/486
蜀碧四卷　(清)彭遵泗撰　清乾隆四十二年(1777)刻本　二冊

320000－1605－0004072　226.9/540
南疆繹史五十六卷　(清)溫睿臨等撰　清道光十年(1830)琉璃廠半松居士刻本　二十四冊

320000－1605－0004073　226.9/556
明季稗史正編十六種二十七卷　題(清)留雲居士編　清光緒二十九年(1903)鉛印本　六冊

320000－1605－0004074　226.9/565
周端孝血疏題跋三卷　(清)萬福康撰　清光緒二十四年(1898)刻本　一冊

320000－1605－0004075　226.9/674－1
江陰城守紀二卷　(清)韓菼撰　**江陰守城記一卷**　(清)許重熙撰　清木活字印本　一冊

320000－1605－0004076　226.9/674－2
明宮史八卷　(明)劉若愚撰　清宣統二年(1910)鉛印本　四冊

320000－1605－0004077　226.9/675
酌中志餘二卷　(明)劉若愚撰　清光緒七年(1881)刻本　二冊

320000－1605－0004078　226.9/791
明季實録一卷　(清)顧炎武撰　清光緒十四年(1888)刻本　一冊

320000－1605－0004079　226.9/81

平定交南録一卷　(明)丘濬撰　清道光二十五年(1845)刻本　一册

320000－1605－0004080　226.9/971
海東逸史十八卷　題(清)翁洲老民撰　清刻本　一册

320000－1605－0004081　226.9/973－1
明季稗史彙編十六種二十七卷　題(清)留雲居士編　清木活字印本　十四册

320000－1605－0004082　226.9/973－2
明季稗史彙編十六種二十七卷　題(清)留雲居士編　清光緒二十二年(1896)鉛印本　六册

320000－1605－0004083　226/165
綏寇紀略十二卷補遺三卷　(清)吳偉業撰　清嘉慶九年(1804)刻本　八册

320000－1605－0004084　226/177
明史紀事本末八十卷　(清)谷應泰撰　清同治十三年(1874)刻本　二十册

320000－1605－0004085　226/25
明史考證擴逸四十二卷改譯人地名一卷附録一卷　(清)王頌蔚撰　清光緒刻本　十册

320000－1605－0004086　226/316
明史擘要八卷　(清)姚培謙　(清)張景星撰　清乾隆二十四年(1759)刻本　一册　存二卷(一至二)

320000－1605－0004087　226/33
明史擬稿六卷　(清)尤侗撰　清康熙刻本　一册

320000－1605－0004088　226/428－1
明史三百三十二卷目録四卷　(清)張廷玉等撰　清光緒三年(1877)湖北崇文書局刻本　十九册　存三十八卷(二百四十四至二百五十一、二百五十六至二百七十二、三百十六至三百二十、三百二十二至三百二十九)

320000－1605－0004089　226/428－2
明史三百三十二卷目録四卷　(清)張廷玉等撰　清光緒三年(1877)湖北崇文書局刻本　八十册

320000－1605－0004090　226/428－3
明史三百三十二卷目録四卷　(清)張廷玉等撰　清光緒三年(1877)湖北崇文書局刻本　八十册

320000－1605－0004091　226/428－4
明史三百三十二卷目録四卷　(清)張廷玉等撰　清光緒三年(1877)湖北崇文書局刻本　二十三册　存八十三卷(四十六至五十、八十二至九十九、二百七十三至三百三十二)

320000－1605－0004092　226/428－5
明史三百三十二卷目録四卷　(清)張廷玉等撰　清光緒二十八年(1902)石印本　二十二册　存三百四卷(一至二百四十四、二百七十三至三百三十二)

320000－1605－0004093　226/441
皇明世法録九十二卷　(明)陳仁錫撰　明崇禎刻本　二十二册　存四十卷(二十八至四十一、四十五至五十七、六十七至七十九)

320000－1605－0004094　226/442
明紀會通十五卷　(清)陳志襄撰　清刻本　六册

320000－1605－0004095　226/447－1
明紀六十卷　(清)陳鶴等撰　清同治十年(1871)刻本　二十册

320000－1605－0004096　226/447－2
明紀六十卷　(清)陳鶴等撰　清同治十年(1871)刻本　二十册

320000－1605－0004097　226/447－3
明紀六十卷　(清)陳鶴等撰　清同治十年(1871)刻本　二十册

320000－1605－0004098　227.23/556
三藩紀事本末四卷　(清)楊陸榮撰　清康熙五十六年(1717)刻本　二册

320000－1605－0004099　227.5/622
道光起居注奏摺不分卷　(清)潘希甫撰　清抄本　一册

320000－1605－0004100　227.5/966
平桂紀略四卷　(□)□□撰　清光緒刻本　一册

320000－1605－0004101　227.6/347
平浙紀略十六卷　(清)秦緗業等撰　清同治刻本　四册

320000－1605－0004102　227.6/749－1
東牟守城紀畧一卷　(清)戴燮元撰　清同治八年(1869)刻本　一册

320000－1605－0004103　227.6/749－2
東牟守城紀畧一卷　(清)戴燮元撰　清同治八年(1869)刻本　一册

320000－1605－0004104　227.61/148－1
平定粵匪紀略十八卷附記四卷　(清)杜文瀾撰　清同治十年(1871)刻本　八册

320000－1605－0004105　227.61/148－2
平定粵匪紀略十八卷附記四卷　(清)杜文瀾撰　清同治十年(1871)刻本　十册

320000－1605－0004106　227.61/148－3
平定粵匪紀略十八卷附記四卷　(清)杜文瀾撰　清同治十年(1871)刻本　六册

320000－1605－0004107　227.61/862
浙江忠義録十卷　(清)□□編　清同治六年(1867)刻本　四册

320000－1605－0004108　227.61/976
抄報隨聞録十卷　題(清)樗園退叟編　清刻本　二册

320000－1605－0004109　227.7/130－1
逆黨禍蜀記不分卷　(清)汪堃輯　清同治五年(1866)刻本　一册

320000－1605－0004110　227.7/130－2
逆黨禍蜀記不分卷　(清)汪堃輯　清同治五年(1866)刻本　一册

320000－1605－0004111　227.7/442
霆軍紀畧十六卷　(清)陳昌編　清光緒八年(1882)刻本　六册

320000－1605－0004112　227.8/102
東華續録二百二十卷(光緒朝)　朱壽朋編　清宣統元年(1909)鉛印本　六十四册

320000－1605－0004113　227.8/175
英軺日記十二卷　載振撰　清光緒二十九年(1903)鉛印本　四册

320000－1605－0004114　227.9/152
皇朝文典七十六卷　(清)李兆洛撰　清嘉慶刻本　二十四册

320000－1605－0004115　227.9/166
翰詹源流編年四卷　(清)吳鼎雯撰　清乾隆刻本　四册

320000－1605－0004116　227.9/21
國朝柔遠記二十卷　(清)王之春撰　清光緒十七年(1891)刻本　六册

320000－1605－0004117　227.9/225
西南紀事十二卷東南紀事十二卷　(清)邵廷采撰　清光緒刻本　二册

320000－1605－0004118　227.9/248－1
奥簃朝鮮三種　(清)周家禄等撰　清光緒刻本　一册

320000－1605－0004119　227.9/248－2
奥簃朝鮮三種　(清)周家禄等撰　清光緒刻本　一册

320000－1605－0004120　227.9/303
恩福堂筆記二卷　(清)英和撰　清道光十七年(1837)刻本　一册

320000－1605－0004121　227.9/308.4
嘯亭褋録十卷續録三卷　(清)昭槤撰　清宣統元年(1909)鉛印本　四册

320000－1605－0004122　227.9/316－1
軍機故事二卷補遺一卷　姚文棟撰　清光緒七年(1881)刻本　一册

320000－1605－0004123　227.9/316－2
竹葉亭雜記八卷　(清)姚元之撰　清光緒十九年(1893)刻本　二册

320000－1605－0004124　227.9/316－3
鑄鼎餘聞四卷　(清)姚福均撰　清光緒二十五年(1899)刻本　四册

320000－1605－0004125　227.9/393
丹泉海島録四卷　(清)徐景福撰　清光緒四年(1878)刻本　二册

320000－1605－0004126　227.9/402
樞垣記畧十六卷　(清)梁章鉅撰　清道光三年(1823)刻本　四册

320000－1605－0004127　227.9/415
公車上書記一卷　(清)康祖詒等撰　清光緒二十一年(1895)石印本　一册

320000－1605－0004128　227.9/431
山東軍興紀略二十二卷　(清)張曜撰　清光緒十一年(1885)刻本　十册

320000－1605－0004129　227.9/637
天咫偶聞十卷　震鈞撰　清光緒三十三年(1907)刻本　八册

320000－1605－0004130　227.9/749
藤陰雜記十二卷　(清)戴璐撰　清光緒三年(1877)刻本　二册

320000－1605－0004131　227.9/806
(光緒丁未冬季)爵秩全覽不分卷　(清)内務府編　清光緒三十三年(1907)刻本　六册

320000－1605－0004132　227.9/966－1
中西紀事二十四卷　題(清)江上蹇叟撰　清光緒刻本　六册

320000－1605－0004133　227.9/966－2
中西紀事二十四卷　題(清)江上蹇叟撰　清光緒刻本　八册

320000－1605－0004134　227.9/972
庚癸紀畧不分卷　題(清)倦圃野老撰　稿本　一册

320000－1605－0004135　227.9/974
增補樞垣記畧二十八卷　(清)奕訢撰　清光緒元年(1875)鉛印本　六册

320000－1605－0004136　227.9/980
蘇城紀變一卷　(清)□□撰　清光緒三十二年(1906)鉛印本　一册

320000－1605－0004137　227.9/99
皇朝詞林典故六十四卷　(清)朱珪等編　清嘉慶十年(1805)刻本　三十四册

320000－1605－0004138　227/21
東華續録一百卷(同治朝)　王先謙編　清光緒刻本　六十八册

320000－1605－0004139　227/22－1
東華續録一百七十卷(乾隆朝至嘉慶朝)　王先謙編　清光緒十三年(1887)刻本　六十三册　缺十二卷(嘉慶朝一至十二)

320000－1605－0004140　227/22－2
九朝東華録四百二十五卷(天命朝至道光朝)　王先謙編　清光緒十三年(1887)刻本　一百六十四册

320000－1605－0004141　227/22－3
十一朝東華録六百二十四卷(天命朝至同治朝)　王先謙編　清光緒二十年(1894)石印本　八十八册

320000－1605－0004142　227/22－4
十一朝東華録六百二十四卷(天命朝至同治朝)　王先謙編　清光緒二十年(1894)石印本　八十八册

320000－1605－0004143　227/22－5
十一朝東華録六百二十四卷(天命朝至同治朝)　王先謙編　清光緒二十年(1894)石印本　九十三册

320000－1605－0004144　227/237
平定關隴紀略十四卷　(清)易孔昭等撰　清光緒十三年(1887)刻本　十二册

320000－1605－0004145　227/248－1
淮軍平撚記十卷附紀軍制軍餉一卷軍儲一卷　(清)周世澄撰　清刻本　四册

320000－1605－0004146　227/248－2
淮軍平撚記十卷附紀軍制軍餉一卷軍儲一卷

（清）周世澄撰　清刻本　四冊

320000－1605－0004147　227/27
湘軍志十六卷　王闓運撰　清刻本　四冊

320000－1605－0004148　227/622
東華續録六十九卷（咸豐朝）　（清）潘頤福撰　清光緒石印本　十三冊　存五十三卷（一至五十三）

320000－1605－0004149　227/650
東華録三十二卷（天命朝至雍正朝）　（清）蔣良騏撰　清乾隆刻本　八冊

320000－1605－0004150　227/705－1
吳中平寇記八卷　（清）錢勖撰　清刻本　二冊

320000－1605－0004151　227/705－2
吳中平寇記八卷　（清）錢勖撰　清刻本　四冊

320000－1605－0004152　227/761
聖武記十四卷　（清）魏源撰　清道光二十六年（1846）刻本　十二冊

320000－1605－0004153　227/808
本朝史講義三卷　（清）京師譯學館編　清末鉛印本　三冊

320000－1605－0004154　227/811
平苗紀略五十二卷　（清）鄂輝等撰　清刻本　二十四冊　存五十卷（一至五十）

320000－1605－0004155　227/945
清史攬要六卷　（日本）增田貢撰　清鉛印本　二冊

320000－1605－0004156　227/980
靖逆記六卷　題（清）蘭簃外史撰　清嘉慶刻本　二冊

320000－1605－0004157　229.5/47
藏印邊務録二卷　（清）升泰撰　清光緒石印本　二冊

320000－1605－0004158　229.7/242
四朝佚聞二卷　（清）金梁撰　清光緒二年（1876）鉛印本　一冊

320000－1605－0004159　229.9/100
東三省蒙務公牘彙編五卷　（清）朱啟鈐編　清宣統元年（1909）鉛印本　一冊　存二卷（一至二）

320000－1605－0004160　229/128
萬物炊累室類稿甲編二種五卷乙編一種三卷外編一種十卷　（清）沈同芳輯　清宣統三年（1911）鉛印本　五冊

320000－1605－0004161　229/166
綏寇紀畧十二卷補遺三卷　（清）吳偉業撰　清嘉慶九年（1804）刻本　四冊

320000－1605－0004162　229/23
皇朝四裔藩屬攷一卷　（清）王師汾撰　清光緒二十八年（1902）刻本　一冊

320000－1605－0004163　229/248
史腴二卷　（清）周金壇輯　清末刻本　一冊　存一卷（下）

320000－1605－0004164　229/370
紀事約言二卷　（清）夏勤墉撰　清光緒七年（1881）刻本　一冊

320000－1605－0004165　229/375
乙丙紀事一卷孝友堂家規一卷　（清）孫奇逢撰　清初刻本　一冊

320000－1605－0004166　229/442
水流雲在圖記二卷　（清）陳夔龍撰　清宣統三年（1911）刻本　一冊　存一卷（上）

320000－1605－0004167　229/471
危言四卷　（清）湯震輯　清光緒石印本　二冊

320000－1605－0004168　229/477
見聞隨筆二卷　（清）馮甦撰　清刻本　二冊

320000－1605－0004169　229/60
滿洲源流攷二十卷　（清）平恕等撰　清光緒十九年（1893）石印本　四冊

320000－1605－0004170　229/622

讀史鏡古編三十二卷 （清）潘世恩輯　清道光刻本　八册

320000－1605－0004171　230/22
曹文正公大事記四卷 （清）王定安撰　清光緒刻本　一册　存二卷（三至四）

320000－1605－0004172　230/27
張中承事實集録三卷首一卷 （清）王德茂編　清光緒九年（1883）刻本　四册

320000－1605－0004173　231.1/393
泰西名人傳六卷 （清）徐心鏡撰　清光緒二十九年（1903）石印本　四册

320000－1605－0004174　231.1/705
校正尚友録統編二十四卷 題（清）錢湖釣徒輯　清光緒二十九年（1903）石印本　十六册

320000－1605－0004175　231.16/935
日本維新三杰傳三卷 （日本）北村紫山撰（清）馬汝賢譯　清光緒二十七年（1901）鉛印本　一册

320000－1605－0004176　231.2/101－1
歷代名儒傳七卷 （清）朱軾編　清同治三年（1864）刻本　四册

320000－1605－0004177　231.2/101－2
歷代循吏傳八卷 （清）朱軾編　清同治三年（1864）刻本　四册

320000－1605－0004178　231.2/135－1
百將圖傳二卷 （清）丁日昌撰　清同治八年（1869）刻本　二册

320000－1605－0004179　231.2/135－2
百將圖傳二卷 （清）丁日昌撰　清同治八年（1869）刻本　二册

320000－1605－0004180　231.2/135－3
列女傳二卷 （明）汪氏輯　清光緒十二年（1886）石印本　四册

320000－1605－0004181　231.2/811
欽定勝朝殉節諸臣録十二卷 （清）舒赫德等撰　清乾隆四十一年（1776）刻本　六册

320000－1605－0004182　231.21/370
漢名臣言行録十二卷 （清）夏之芳輯　清乾隆十七年（1752）刻本　十册

320000－1605－0004183　231.23/143－1
唐才子傳十卷 （元）辛文房撰　清刻本　三册

320000－1605－0004184　231.23/143－2
唐才子傳十卷 （元）辛文房撰　清木活字印本　二册

320000－1605－0004185　231.23/661
籜石齋十國詞一百首 （清）鄭璜注　清抄本　一册

320000－1605－0004186　231.24/157
宋名臣言行録十卷 （宋）朱熹等編纂　清刻本　十二册

320000－1605－0004187　231.25/784
元朝名臣事略十五卷 （元）蘇天爵撰　清乾隆三十九年（1774）鉛印本　四册

320000－1605－0004188　231.26/135－1
史外八卷 （清）汪有典撰　清同治三年（1864）刻本　八册

320000－1605－0004189　231.26/135－2
史外八卷 （清）汪有典撰　清同治三年（1864）刻本　八册

320000－1605－0004190　231.26/18－1
姑蘇名賢小紀二卷 （明）文震孟撰　清光緒九年（1883）刻本　一册

320000－1605－0004191　231.26/18－2
姑蘇名賢小紀二卷 （明）文震孟撰　清光緒九年（1883）刻本　一册

320000－1605－0004192　231.26/332
自靖録考略八卷附外編一卷 （明）高承埏撰　清咸豐八年（1858）刻本　二十册

320000－1605－0004193　231.26/500
今獻備遺四十二卷 （明）項篤壽輯　明萬曆四十一年（1613）刻本　一册　存二卷（一至二）

320000－1605－0004194　231.26/740
東林同難録一卷　(□)□□撰　清光緒刻本　一册

320000－1605－0004195　231.26/811
欽定勝朝殉節諸臣録十二卷　(清)舒赫德等撰　清嘉慶二年(1797)刻本　六册

320000－1605－0004196　231.26/964
國史文苑傳二卷　(清)阮元撰　清刻本　二册

320000－1605－0004197　231.27/151－1
先正事略六十卷　(清)李元度撰　清同治八年(1869)刻本　二十四册

320000－1605－0004198　231.27/151－2
國朝先正事略六十卷　(清)李元度撰　清同治刻本　二十四册

320000－1605－0004199　231.27/151－3
國朝先正事略六十卷　(清)李元度撰　清光緒二十五年(1899)石印本　八册

320000－1605－0004200　231.27/153－1
國朝耆獻類徵初編四百八十四卷首二百四卷總目二十卷通檢十卷述意一卷滿漢同姓名録一卷國朝賢媛類徵初編十二卷　(清)李桓編　清光緒十年至十六年(1884－1890)刻十七年(1891)補刻本　二百九十七册　缺五卷(耆獻一百三十九、一百九十九至二百,賢媛五至六)

320000－1605－0004201　231.27/153－2
國朝耆獻類徵初編四百八十四卷首二百四卷總目二十卷通檢十卷述意一卷滿漢同姓名録一卷　(清)李桓編　清光緒十年至十六年(1884－1890)刻本　二百五十五册　存六百三十九卷(一至十八、二十七至七十八、八十五至一百十八、一百二十一至一百五十、一百五十五至一百八十、一百八十三至二百四、二百七至二百十二、二百十五至二百七十六、二百九十七至三百四十六、三百四十九至三百五十四、三百五十九至三百六十六、三百六十九至三百七十、三百七十三至四百二十八、四百三十一至四百六十六、四百六十九至四百八十四,首三至一百三十九、一百五十二至一百七十七、一百八十四至二百四,述意一卷,總目二十卷,通檢一至九,滿漢同姓名録一卷)

320000－1605－0004202　231.27/164
三祠傳輯十卷附闡幽録三卷　(清)吴大本編次　清嘉慶二十五年(1820)刻本　十二册

320000－1605－0004203　231.27/165－1
昭代名人尺牘小傳二十四卷　(清)吴修撰　清道光六年(1826)刻本　二册

320000－1605－0004204　231.27/165－2
昭代名人尺牘小傳二十四卷　(清)吴修撰　清道光六年(1826)刻本　二册

320000－1605－0004205　231.27/23
湖海詩傳小傳六卷　(清)王昶撰　清光緒刻本　二册

320000－1605－0004206　231.27/26
柏舟彙載二卷　(清)王維德　(清)蔡綸音輯　清乾隆刻本　二册

320000－1605－0004207　231.27/27
於越先賢像傳贊二卷　(清)任熊繪　清咸豐六年(1856)刻同治九年(1870)印本　二册

320000－1605－0004208　231.27/332
上元江寧忠烈備考十卷　(清)高德泰撰　清同治刻本　一册

320000－1605－0004209　231.27/434
政學録初稿八卷　(清)陸言撰　清道光十三年(1833)刻本　八册

320000－1605－0004210　231.27/441
敏求軒述記十六卷　(清)陳世箴輯　清道光二十八年(1848)刻本　八册

320000－1605－0004211　231.27/447
忠義紀聞録三十卷　(清)陸繼聰撰　清光緒八年(1882)刻本　八册

320000－1605－0004212　231.27/486
二林居名臣事狀二卷　(清)彭紹升撰　清光

緒六年(1880)刻本　二冊

320000－1605－0004213　231.27/491
思舊録一卷　(清)黄宗羲撰　清刻本　一冊

320000－1605－0004214　231.27/600
兩江採訪忠義傳録五十六卷　(清)趙詒書等編　清光緒十三年(1887)刻本　五十六冊

320000－1605－0004215　231.27/674
三立祠傳二卷　(清)劉梅撰　清嘉慶石印本　六冊

320000－1605－0004216　231.27/705－1
碑傳集一百六十卷首二卷末二卷　(清)錢儀吉撰　清光緒十九年(1893)刻本　六十冊

320000－1605－0004217　231.27/705－2
文獻徵存録十卷　(清)錢林輯　(清)王藻編　清咸豐八年(1858)刻本　八冊

320000－1605－0004218　231.27/705－3
文獻徵存録十卷　(清)錢林輯　(清)王藻編　清咸豐八年(1858)刻本　十二冊

320000－1605－0004219　231.27/705－4
文獻徵存録十卷　(清)錢林輯　(清)王藻編　清咸豐八年(1858)刻本　十冊

320000－1605－0004220　231.27/740
續碑傳集八十六卷首一卷末一卷　繆荃孫撰　清宣統二年(1910)刻本　二十四冊

320000－1605－0004221　231.27/806－1
昭忠録傳三十三卷　(清)江蘇忠義局編　清同治四年(1865)刻本　五十冊

320000－1605－0004222　231.27/806－2
昭忠録九十卷附五十一卷　(清)江蘇忠義局編　清同治四年(1865)刻本　六十七冊

320000－1605－0004223　231.27/811－1
貳臣傳逆臣傳十六卷　(清)國史館編　清刻本　八冊

320000－1605－0004224　231.27/811－2
滿漢名臣傳八十卷　(清)國史館編　清刻本　八十冊

320000－1605－0004225　231.27/967－1
清初名人傳不分卷　(清)□□撰　清抄本　三冊

320000－1605－0004226　231.27/967－2
清代人物傳不分卷　(清)□□撰　清抄本　一冊

320000－1605－0004227　231.27/975
國史文苑傳二卷　(清)阮元撰　清抄本　二冊

320000－1605－0004228　231.27/976
國史儒林傳二卷　(清)□□撰　清刻本　二冊

320000－1605－0004229　231.27/977
國史儒林傳一卷　(清)□□撰　清抄本　二冊

320000－1605－0004230　231.27/98－1
咸豐以來功臣别傳三十卷　朱孔彰撰　清光緒二十四年(1898)石印本　三冊　存十卷(一至十)

320000－1605－0004231　231.27/98－2
續先正事略八卷　朱孔彰撰　清光緒二十五年(1899)鉛印本　四冊

320000－1605－0004232　231.3/25
海岱史略一百四十卷　(清)王馭超輯　清嘉慶二十三年(1818)刻本　二十四冊

320000－1605－0004233　231.3/27
於越先賢像傳贊二卷　(清)任熊繪　清咸豐六年(1856)刻同治九年(1870)印本　二冊

320000－1605－0004234　231.3/312
虞陽旌表姓氏録五卷續録十卷三録三卷　(清)俞蓮士撰　清同治七年(1868)刻本　八冊

320000－1605－0004235　231.3/352
桐城耆舊傳十一卷附列女一卷　馬其昶撰　清宣統三年(1911)刻本　六冊

320000－1605－0004236　231.3/535
練川名人畫像四卷　(清)程祖慶編　清道光

刻本　二册

320000－1605－0004237　231.3/575

常州府忠義祠録五卷　(清)鄒淑　(清)莊夢蘭輯　清道光十四年(1834)刻本　一册

320000－1605－0004238　231.3/600

江震人物續志十卷　(清)趙蘭佩輯録　清道光二十年(1840)刻本　一册　存三卷(八至十)

320000－1605－0004239　231.3/654－1

西洞庭芳徽集二卷　(清)蔡九齡等撰　清道光二年(1822)刻本　二册

320000－1605－0004240　231.3/654－2

西洞庭芳徽集二卷　(清)蔡九齡等撰　清道光二年(1822)刻本　二册

320000－1605－0004241　231.3/654－3

西洞庭節孝貞烈志畧三卷　(清)蔡九齡等撰　清道光二年(1822)刻本　二册

320000－1605－0004242　231.3/654－4

西洞庭節孝貞烈志畧三卷　(清)蔡九齡等撰　清道光二年(1822)刻本　二册

320000－1605－0004243　231.3/661

東山孝貞節烈編八卷　(清)吴從本編　清同治二年(1863)刻本　一册　存二卷(一至二)

320000－1605－0004244　231.3/674－1

桑梓潛德録十四卷　(清)劉芳等撰　清嘉慶五年(1800)刻本　六册

320000－1605－0004245　231.3/674－2

四明忠孝節義傳圖不分卷　(清)劉慈孚撰　(清)傅虞琴圖　清光緒十二年(1886)刻本　四册

320000－1605－0004246　231.3/686

晉陵先賢傳一卷　(清)歐陽東鳳撰　清木活字印本　二册

320000－1605－0004247　231.3/791－1

吴郡名賢圖傳贊二十卷　(清)顧沅撰　清刻本　十二册

320000－1605－0004248　231.3/791－2

吴郡名賢圖傳贊二十卷　(清)顧沅撰　清刻本　八册

320000－1605－0004249　231.3/791－3

吴郡名賢圖傳贊二十卷　(清)顧沅撰　清刻本　八册

320000－1605－0004250　231.3/791－4

吴郡名賢圖傳贊二十卷　(清)顧沅撰　清刻本　八册

320000－1605－0004251　231.37/135－1

長元節孝祠志九卷附卷首一卷　(清)汪縉編　清乾隆刻本　四册

320000－1605－0004252　231.37/135－2

越女表微録六卷　(清)汪輝祖撰　清乾隆刻本　二册

320000－1605－0004253　231.37/22

中興蘇浙表忠録三十六卷續八卷　(清)王希曾撰　清光緒刻本　八册

320000－1605－0004254　231.37/316

前徽録一卷　(清)姚世錫撰　清刻本　一册

320000－1605－0004255　231.37/375

杭女表微録十七卷　(清)孫樹禮撰　清光緒三十二年(1906)刻本　八册

320000－1605－0004256　231.37/613

吴門三相傳略一卷　(清)管晏撰　清刻本　一册

320000－1605－0004257　231.4/129

吴江沈氏家傳一卷　(清)沈桂芬輯　清同治六年(1867)刻本　一册

320000－1605－0004258　231.4/23

正定王氏家傳六卷　(清)王耕心撰　清光緒十九年(1893)刻本　一册

320000－1605－0004259　231.4/443

旌忠録五卷　(明)陳良謨撰　清光緒五年(1879)刻本　二册

320000－1605－0004260　231.4/650

蔣氏敦復堂家署三卷外録一卷 (清)蔣壽祺撰 清光緒三十二年(1906)刻本 一册

320000－1605－0004261 231.4/720
應氏先型録六卷 (清)應恆齋撰 清同治五年(1866)刻本 二册

320000－1605－0004262 231.47/103
上元朱氏忠貞録二卷 (清)朱慶元編 清光緒二十七年(1901)刻本 一册

320000－1605－0004263 231.47/27
會稽王氏銀管録一卷 (清)王繼穀撰 清刻本 一册

320000－1605－0004264 231.47/622
貞烈編一卷 (清)潘祖蔭撰 清光緒十年(1884)刻本 一册

320000－1605－0004265 231.5/741
百美新詠一卷圖傳一卷集詠一卷 (清)顏希源輯 清嘉慶刻本 四册

320000－1605－0004266 231.5/967
月旦堂仙佛奇蹤合刻八卷 (明)洪應明輯 明萬曆刻本 一册 存一卷(□)

320000－1605－0004267 231.5/970
海東逸史十八卷 題(清)翁洲老民撰 清光緒十年(1884)刻本 二册

320000－1605－0004268 231.6/968
典故列女傳四卷 (□)□□撰 清光緒八年(1882)刻本 一册

320000－1605－0004269 231.9/128
曹江孝女廟志四卷首一卷 (清)沈志禮撰 清康熙三十七年(1698)刻本 一册 存二卷(一、首一卷)

320000－1605－0004270 231.9/135
人鏡陽秋二十二卷 (明)汪廷訥撰 明萬曆刻本 一册 存一册(序)

320000－1605－0004271 231.9/151
堊室録感一卷 (清)李顒撰 清同治八年(1869)刻本 一册

320000－1605－0004272 231.9/21－1
墓銘舉例四卷 (明)王行撰 **金石要例一卷** (清)黄宗羲撰 清光緒三十年(1904)刻朱墨套印本 一册

320000－1605－0004273 231.9/21－2
墓銘舉例四卷 (明)王行撰 **金石要例一卷** (清)黄宗羲撰 清光緒三十年(1904)刻朱墨套印本 一册

320000－1605－0004274 231.9/281
河東家乘一卷 (清)柳樹芳輯 清刻本 一册

320000－1605－0004275 231.9/322
劍俠傳四卷續劍俠傳四卷首一卷 鄭官應校輯 清光緒五年(1879)刻本 三册

320000－1605－0004276 231.9/402
聖諭像解二十卷 (清)梁延年編輯 清光緒二十九年(1903)石印本 六册 存九卷(一至七、十七至十八)

320000－1605－0004277 231.9/423
繪圖青泥蓮花記十三卷 (清)梅禹金輯 清宣統二年(1910)石印本 四册

320000－1605－0004278 231.9/481
測海集六卷 (清)彭紹升撰 清嘉慶刻本 二册

320000－1605－0004279 231.9/556
千齡會圖傳一卷附詩録一卷 (清)楊葆光編 清光緒石印本 一册

320000－1605－0004280 231.9/598
三輔决録二卷 (漢)趙岐撰 清道光十四年(1834)刻本 一册

320000－1605－0004281 231.9/720
增廣尚友録統編二十二卷 應祖錫輯 清光緒二十八年(1902)石印本 十二册

320000－1605－0004282 231.9/791
表貞録一卷 (清)顧廣譽撰 清光緒十五年(1889)刻本 一册

320000－1605－0004283 231.9/99－1

歷代名臣言行録二十四卷 （清）朱桓撰　清嘉慶刻本　三十三册　缺二卷（三上、十九）

320000－1605－0004284　231.9/99－2
歷代名臣言行録二十四卷 （清）朱桓撰　清光緒元年（1875）刻本　三十二册

320000－1605－0004285　231/101－1
高安三傳合編五十六卷 （清）朱軾等編　清刻本　二十四册

320000－1605－0004286　231/101－2
高安三傳合編五十六卷 （清）朱軾等編　清刻本　二十四册

320000－1605－0004287　231/12.2－1
明太祖功臣圖一卷 （清）上官周撰並繪　清刻本　一册

320000－1605－0004288　231/12.2－2
晚笑堂畫傳一卷 （清）上官周撰　清刻本　二册

320000－1605－0004289　231/12.2－3
晚笑堂畫傳一卷 （清）上官周撰　清刻本　一册

320000－1605－0004290　231/162
疇人傳四十六卷 （清）阮元撰　清光緒刻本　十二册

320000－1605－0004291　231/166
續疑年録四卷 （清）吴修撰　清末抄本　一册

320000－1605－0004292　231/2
昭信編□□卷 （清）丁士涵輯　清抄本　一册　存一卷（二）

320000－1605－0004293　231/21
古懽録八卷 （清）王士禛撰　清康熙十九年（1680）刻本　二册

320000－1605－0004294　231/237
歷代名賢齒譜九卷名媛齒譜三卷 （清）易宗涒撰　清乾隆六十年（1795）刻本　二十册

320000－1605－0004295　231/25
列女傳補註八卷 （清）王照圓撰　清嘉慶十七年（1812）刻本　四册

320000－1605－0004296　231/260
澤宮序次舉要二卷附録一卷 （清）洪恩波撰　清光緒二十三年（1897）刻本　二册

320000－1605－0004297　231/37
闕里文獻考一百卷 （清）孔繼汾撰　清乾隆刻本　八册

320000－1605－0004298　231/402
列女傳校註七卷附續傳一卷 （清）梁端撰　清道光十一年（1831）刻本　二册

320000－1605－0004299　231/435
吴門七孝子像傳讚題辭一卷 （清）張蟾（清）萬承紫輯繪　清道光十二年（1832）刻本　一册

320000－1605－0004300　231/445
婦人集注一卷補注一卷 （清）陳維崧撰（清）冒褒譽注　清刻本　一册

320000－1605－0004301　231/454
碧血録五卷 （清）莊仲方撰　清光緒八年（1882）石印本　五册

320000－1605－0004302　231/486
居士傳二十卷 （清）彭紹升撰　清刻本　一册

320000－1605－0004303　231/538
歷代循良能吏傳匯鈔二十卷 （清）喬用遷撰　清道光二十四年（1844）刻本　八册

320000－1605－0004304　231/575
道齊正軌前後編二十卷 （清）鄒鳴鶴撰　清刻本　八册

320000－1605－0004305　231/590
尚友録二十二卷 （清）廖用賢撰　清刻本　十二册

320000－1605－0004306　231/64
史記列傳六十四卷 （漢）司馬遷撰　（南朝宋）裴駰註　清刻本　十八册

320000－1605－0004307　231/661

闕里述聞十四卷附補八卷　(清)鄭曉如撰　清同治七年(1868)刻本　八册

320000－1605－0004308　231/674－1

劉向古列女傳八卷　(漢)劉向撰　明萬曆三十四年(1606)刻本　一册　存二卷(七至八)

320000－1605－0004309　231/674－2

廣列女傳二十卷附存一卷　(清)劉開撰　清光緒十年(1884)刻本　六册

320000－1605－0004310　231/749－1

西湖三祠名賢考略三卷　(清)戴啟文輯　清光緒刻本　二册

320000－1605－0004311　231/749－2

西湖三祠名賢考略三卷　(清)戴啟文輯　清光緒刻本　二册

320000－1605－0004312　231/791－1

聖廟祀典圖考六卷　(清)顧沅撰　清道光刻本　五册

320000－1605－0004313　231/791－2

五百名賢像不分卷　(清)顧沅輯　清拓本　十册

320000－1605－0004314　231/967

古代名人像傳□□卷　(清)□□撰　清抄本　二册　存二卷(十一、十三)

320000－1605－0004315　231/969

聖賢像贊三卷　(明)冠洋子撰　清光緒四年(1878)刻本　四册

320000－1605－0004316　231/970

三續尚友録二十四卷　題(清)退思主人輯　清光緒二十八年(1902)石印本　二册　存十一卷(一至四、十一至十七)

320000－1605－0004317　232.27/166

清山東巡撫吳俊行述一卷　(清)吳慈鶴撰　清刻本　一册

320000－1605－0004318　232.27/316

皇清勅授文林郎翰林院編修誥封中憲大夫勅贈承德郎顯考聽巖府君行述一卷　(清)姚培衷等撰　清乾隆刻本　一册

320000－1605－0004319　232.27/332

饔芳録一卷　(清)高德泰輯　清同治十三年(1874)刻本　一册

320000－1605－0004320　232.27/337

棠蔭録四卷　(清)唐模編　清道光二十七年(1847)刻本　二册

320000－1605－0004321　232.27/393

勁節樓圖記四卷　(清)徐惪原撰　清光緒十年(1884)刻本　一册

320000－1605－0004322　232.27/431

清河節孝徵詩録一卷　(清)張鑫輯　清同治刻本　一册

320000－1605－0004323　232.27/436－1

疑年賡録二卷　(清)張鳴珂編　清光緒二十四年(1898)刻本　一册

320000－1605－0004324　232.27/436－2

疑年賡録二卷　(清)張鳴珂編　清光緒二十四年(1898)刻本　一册

320000－1605－0004325　232.27/441

皇清敕封承德郎兵科掌印給事中待贈通議大夫河南按察使司按察使原任溫州府學教授顯考宋齋府君行實一卷　(清)陳世僑撰　清抄本　一册

320000－1605－0004326　232.27/442

庸間老人自敘一卷　(清)陳其元撰　清光緒刻本　一册

320000－1605－0004327　232.27/471

懷忠録六卷首一卷末一卷　(清)湯成烈撰　清咸豐刻本　四册

320000－1605－0004328　232.27/579

趨庭記述二卷　(清)經元善撰　清光緒刻本　二册

320000－1605－0004329　232.27/598

陽谷殉難事實一卷　(清)趙文龍撰　清光緒三十四年(1908)刻本　一册

320000－1605－0004330　232.27/622
潘星齋行述一卷　(清)潘祖同　(清)潘祖喜述　清末刻本　一册

320000－1605－0004331　232.27/811
李觀察國史館忠義傳一卷　(清)國史館撰　清光緒刻本　一册

320000－1605－0004332　233.1/37－1
仰止編三卷　(清)高驤雲撰　清道光二十七年(1847)刻本　三册

320000－1605－0004333　233.1/37－2
先聖生卒年月日考二卷　(清)孔廣牧撰　清光緒刻本　一册

320000－1605－0004334　233.1/37－3
東家雜記二卷首一卷　(宋)孔傳撰　清陽湖楊春南刻本　四册

320000－1605－0004335　233.1/568
董孝子純德彙編八卷　(清)董華鈞輯　清嘉慶十三年(1808)刻本　八册

320000－1605－0004336　233.6/22
王文成傳本二卷　(清)毛奇齡撰　清刻本　一册

320000－1605－0004337　233.7/393
徐孝子傳一卷　(清)沈欽韓撰　清嘉慶刻本　一册

320000－1605－0004338　234.7/2
宜堂類編二十五卷　丁立中撰　清光緒二十六年(1900)刻本　八册

320000－1605－0004339　234.7/502
東軒吟社畫像一卷記一卷小傳一卷題詞一卷跋語一卷　(清)費丹旭　(清)諸可寶撰　清光緒二年(1876)刻本　一册

320000－1605－0004340　235/967
孔子圖傳一卷　(□)□□繪　清末刻本　一册

320000－1605－0004341　236.1/248
周孝侯忠義集八卷　(清)周之冕撰　清嘉慶二十年(1815)刻本　八册

320000－1605－0004342　236.1/771
關帝勝跡圖志五卷首一卷　(清)盧湛編　清同治十三年(1874)刻本　六册

320000－1605－0004343　236.3/429
唐張中丞事實集録三卷首一卷　(清)王德茂撰　清光緒九年(1883)刻本　二册

320000－1605－0004344　236.3/761
唐魏鄭公諫録五卷附新舊唐書列傳合注一卷續録二卷故事拾遺三卷年譜一卷　(清)王方慶編　(清)翟思忠續編　清光緒九年(1883)刻本　六册

320000－1605－0004345　236.4/255
金佗粹編二十八卷附續編三十卷　(宋)岳珂編　清光緒九年(1883)刻本　十二册

320000－1605－0004346　236.4/300
范文正公鄱陽遺事録一卷　(宋)陳貽範撰　清刻本　二册

320000－1605－0004347　236.4/598
宋忠定趙周王别録八卷附奏疏四卷　葉德輝輯　清光緒刻本　六册

320000－1605－0004348　236.4/675
宋和州防禦使劉公表忠録一卷　金武祥撰　清光緒二十八年(1902)刻本　一册

320000－1605－0004349　236.6/255
周忠介公遺事不分卷　(清)彭定求撰　清乾隆四年(1739)刻本　二册

320000－1605－0004350　236.6/265
明御史元度公傳一卷　(清)施樸堂輯　稿本　一册

320000－1605－0004351　236.6/359
明袁崇焕傳一卷　(清)華繼祖等編　清刻本　一册

320000－1605－0004352　236.7/115－1
任學士功績録一卷　(清)方策彙録　清光緒二十一年(1895)刻本　二册

320000－1605－0004353　236.7/115－2
任學士功績録一卷　(清)方策彙録　清光緒

二十一年(1895)刻本　二册

320000－1605－0004354　236.7/128
沈北山哀思録一卷　(清)王夢蘭撰　清宣統元年(1909)鉛印本　一册

320000－1605－0004355　236.7/153
皇清誥授通奉大夫署理江西布政使本生顯考黼堂府君事畧一卷　(清)李相論撰　清刻本　一册

320000－1605－0004356　236.7/157
李鴻章十二章　梁啓超撰　清光緒二十七年(1901)鉛印本　一册

320000－1605－0004357　236.7/242
金寶樹行述一卷　(清)金肇元撰　清咸豐刻本　一册

320000－1605－0004358　236.7/316
姚布政傳一卷　(清)嚴允肇撰　清刻本　一册

320000－1605－0004359　236.7/527
曾文正公事畧四卷　(清)王定安撰　清光緒元年(1875)刻本　二册

320000－1605－0004360　236.7/61
左文襄[宗棠]年譜十卷　(清)羅正鈞撰　清光緒二十三年(1897)刻本　十册

320000－1605－0004361　236.7/676－1
劉襄勤史傳稿一卷　(清)何維樸撰　清宣統二年(1910)石印本　一册

320000－1605－0004362　236.7/676－2
劉襄勤史傳稿一卷　(清)何維樸撰　清宣統二年(1910)石印本　一册

320000－1605－0004363　236.7/99
從戎紀畧不分卷　(清)朱洪章撰　清刻本　一册

320000－1605－0004364　239/471
玉臺畫史五卷　(清)湯漱玉輯　清道光十一年(1831)刻本　一册

320000－1605－0004365　239/477
印識二卷近編一卷　(清)馮承輝撰　清道光十七年(1837)刻本　一册

320000－1605－0004366　239/496
東臯印人傳二卷　(清)黄學圯輯　清抄本　一册

320000－1605－0004367　240/129
二十一史四譜五十四卷　(清)沈炳震撰　清同治十年(1871)刻本　十六册

320000－1605－0004368　240/337
文房肆考圖說八卷　(清)唐秉鈞撰　清乾隆四十一年(1776)刻本　四册

320000－1605－0004369　240/460－1
傳經表一卷通經表一卷　(清)畢沅撰　清光緒五年(1879)刻本　二册

320000－1605－0004370　240/460－2
傳經表一卷通經表一卷　(清)畢沅撰　清光緒五年(1879)刻本　二册

320000－1605－0004371　241.1/271－1
孔子編年五卷　(宋)胡仔編　清同治九年(1870)刻本　二册

320000－1605－0004372　241.1/271－2
孔子編年四卷　(清)狄子奇撰　清光緒十三年(1887)刻本　二册

320000－1605－0004373　241.1/277
關帝年譜一卷　(清)柯汝霖撰　清宣統二年(1910)鉛印本　一册

320000－1605－0004374　241.1/37
孔子年譜一卷　(清)江永撰　清道光刻本　一册

320000－1605－0004375　241.1/420
孟子年譜二卷　(清)曹之升撰　清嘉慶十八年(1813)刻本　一册

320000－1605－0004376　241.1/556－1
漢晉二徵士年譜二卷　(清)楊希閔撰　清光緒四年(1878)刻本　一册

320000－1605－0004377　241.1/556－2

漢晉二徵士年譜二卷　(清)楊希閔撰　清光緒四年(1878)刻本　一册

320000－1605－0004378　241.1/740
孔北海[融]年譜一卷　繆荃孫編　清刻本　一册

320000－1605－0004379　241.3/352
韓文類譜七卷附柳先生[宗元]年譜一卷　(宋)呂大防撰　清雍正七年(1729)刻本　一册

320000－1605－0004380　241.4/27
朱子[熹]年譜四卷　(清)王懋竑撰　清同治九年(1870)刻本　四册

320000－1605－0004381　241.4/445－1
王深寧[應麟]年譜一卷　(清)陳僅輯　(清)張恕編次　清道光二十五年(1845)刻本　一册

320000－1605－0004382　241.4/445－2
王深寧[應麟]年譜一卷　(清)陳僅輯　(清)張恕編次　清道光二十五年(1845)刻本　一册

320000－1605－0004383　241.4/52
延平四先生年譜四種　(清)毛念恃等撰　清康熙刻本　四册

320000－1605－0004384　241.4/556－1
黄文節公[庭堅]年譜一卷　(清)楊希閔編　清光緒四年(1878)刻本　一册

320000－1605－0004385　241.4/556－2
李忠定公[綱]年譜一卷　(清)楊希閔撰　清刻本　一册

320000－1605－0004386　241.4/556－3
王文公[安石]年譜考略節要四卷附存二卷　(清)楊希閔編　清光緒四年(1878)刻本　二册　存三卷(考略節要一至三)

320000－1605－0004387　241.4/556－4
曾文定公[鞏]年譜一卷　(清)楊希閔編　清光緒四年(1878)刻本　一册

320000－1605－0004388　241.6/198
明李文正公[東陽]年譜五卷　(清)法式善輯　(清)唐仲冕增補　清嘉慶八年(1803)刻本　五册

320000－1605－0004389　241.6/22
陽明先生[王守仁]年譜集一卷　(□)□□編　清刻本　一册

320000－1605－0004390　241.6/25
瑯琊鳳麟兩公年譜合編一卷　(清)王瑞國撰　清光緒二十八年(1902)刻本　一册

320000－1605－0004391　241.6/27－1
王文肅公[錫爵]年譜一卷　(明)王衡編　(清)王時敏續編　清光緒二十五年(1899)刻本　二册

320000－1605－0004392　241.6/27－2
王文肅公[錫爵]年譜一卷　(明)王衡編　(清)王時敏續編　清光緒刻本　一册

320000－1605－0004393　241.6/332
高忠憲公[攀龍]年譜二卷　(清)高世寧編　清刻本　一册

320000－1605－0004394　241.6/375
歸顧朱三先生年譜合刻三種　(清)孫岱撰　清光緒六年(1880)嘉興金吳瀾刻本　一册　存一種一卷(歸震川先生年譜一卷)

320000－1605－0004395　241.6/393－1
徐巡按揭帖一卷　(明)徐吉撰　**辛丑紀聞一卷**　(清)□□撰　**龔安節先生[賢]年譜一卷**　(明)龔紱撰　**校正萬古愁一卷**　(清)歸莊撰　清刻本　一册

320000－1605－0004396　241.6/393－2
徐巡按揭帖一卷　(明)徐吉撰　**辛丑紀聞一卷**　(清)□□撰　**龔安節先生[賢]年譜一卷**　(明)龔紱撰　**校正萬古愁一卷**　(清)歸莊撰　清刻本　一册

320000－1605－0004397　241.6/431
閻潛丘先生[若璩]年譜不分卷　(清)張穆撰　清道光二十七年(1847)刻本　一册

320000－1605－0004398　241.6/473

張忠烈公[煌言]年譜一卷 (清)童賡年撰 清光緒二十二年(1896)刻本 一冊

320000－1605－0004399 241.6/492
黄忠端公[尊素]年譜二卷 (清)黄炳垕撰 清光緒二十二年(1896)刻本 二冊

320000－1605－0004400 241.6/509
節愍華公[允誠]年譜二卷首一卷末一卷 (清)華辰黄述 清光緒木活字印本 一冊

320000－1605－0004401 241.6/535
金正希先生[聲]年譜一卷 (清)金承鈺輯 清光緒二十三年(1897)木活字印本 一冊

320000－1605－0004402 241.6/556－1
椒山先生自著年譜一卷 (明)楊繼盛撰 明隆慶二年(1568)刻本 一冊

320000－1605－0004403 241.6/556－2
明王文成公[守仁]年譜節鈔二卷 (明)錢德洪原本 (清)楊希閔節鈔 清光緒四年(1878)刻本 一冊 存一卷(一)

320000－1605－0004404 241.6/791
顧端文公[憲成]年譜四卷 (清)顧與沐撰 清刻本 一冊

320000－1605－0004405 241.7/129
沈文節公[炳垣]事實一卷 (清)沈守廉編 清光緒刻本 一冊

320000－1605－0004406 241.7/163
雷塘庵主弟子記八卷 (清)張鑒等撰 清刻本 四冊

320000－1605－0004407 241.7/164－1
陸稼書先生[隴其]年譜定本二卷 (清)吳光酉編 清刻本 一冊

320000－1605－0004408 241.7/164－2
陸清獻公[隴其]年譜二卷附録一卷 (清)吳光酉輯 清同治刻本 一冊

320000－1605－0004409 241.7/165－1
尊小學齋家訓一卷 (清)余治撰 **余孝惠先生[治]年譜一卷** (清)吳師澄編 清光緒刻本 一冊

320000－1605－0004410 241.7/165－2
尊小學齋家訓一卷 (清)余治撰 **余孝惠先生[治]年譜一卷** (清)吳師澄編 清光緒刻本 一冊

320000－1605－0004411 241.7/166－1
吳文節[文鎔]公年譜一卷 (清)吳養原輯 清刻本 一冊

320000－1605－0004412 241.7/166－2
余孝惠先生[治]年譜一卷 (清)吳師澄編 清光緒元年(1875)刻本 一冊

320000－1605－0004413 241.7/166－3
余孝惠先生[治]年譜一卷 (清)吳師澄編 清光緒元年(1875)刻本 一冊

320000－1605－0004414 241.7/170－1
洪北江先生[亮吉]年譜不分卷 (清)吕培等編 清光緒三年(1877)刻本 一冊

320000－1605－0004415 241.7/170－2
洪北江先生[亮吉]年譜不分卷 (清)吕培等編 清光緒三年(1877)刻本 二冊

320000－1605－0004416 241.7/194
汪雙池先生[紱]年譜四卷 (清)余龍光編 清同治五年(1866)刻本 二冊

320000－1605－0004417 221.3/674－1
戰國策三十三卷 (漢)高誘注 **札記三卷** (清)黄丕烈撰 清同治八年(1869)湖北崇文書局刻本 五冊

320000－1605－0004418 241.7/242
是仲明先生[鏡]年譜不分卷 (清)張敬立編 清光緒十三年(1887)刻本 一冊

320000－1605－0004419 241.7/254
丹魁堂自訂年譜一卷 (清)季芝昌撰 清咸豐十一年(1861)刻本 一冊

320000－1605－0004420 241.7/271
梅溪先生[錢泳]年譜一卷 (清)胡源等訂 清刻本 一冊

320000－1605－0004421 241.7/37
知非録一卷 (明)孔昭傑撰 清咸豐刻本 一冊

320000－1605－0004422　241.7/393
敝帚齋主人［徐鼒］年譜一卷補一卷　（清）徐鼒撰　清同治十三年（1874）刻本　一册

320000－1605－0004423　241.7/396
翁鐵庵自訂年譜一卷　（清）翁叔元撰　清康熙刻本　一册

320000－1605－0004424　241.7/399－1
殷譜經侍郎自訂年譜二卷　（清）殷兆鏞自編　清宣統鉛印本　一册

320000－1605－0004425　241.7/399－2
殷譜經侍郎自訂年譜二卷　（清）殷兆鏞自編　清宣統鉛印本　一册

320000－1605－0004426　241.7/428
澄懷主人自訂年譜六卷　（清）張廷玉撰　清光緒六年（1880）刻本　二册

320000－1605－0004427　241.7/429－1
一西自記年譜一卷附述一卷　（清）張師誠撰　清同治八年（1869）刻本　一册

320000－1605－0004428　241.7/429－2
一西自記年譜一卷附述一卷　（清）張師誠撰　清同治八年（1869）刻本　一册

320000－1605－0004429　241.7/430－1
是仲明先生［鏡］年譜一卷附薦舉各疏一卷　（清）張敬立編　清光緒十二年（1886）木活字印本　二册

320000－1605－0004430　241.7/430－2
是仲明先生［鏡］年譜一卷附薦舉各疏一卷　（清）張敬立編　清光緒十二年（1886）木活字印本　二册

320000－1605－0004431　241.7/431－1
顧亭林先生［炎武］年譜一卷　（清）張穆撰　清道光二十四年（1844）刻本　一册

320000－1605－0004432　241.7/431－2
閻潛丘先生［若璩］年譜不分卷　（清）張穆撰　清道光二十七年（1847）刻本　一册

320000－1605－0004433　241.7/431－3
閻潛丘先生［若璩］年譜不分卷　（清）張穆撰　清道光二十七年（1847）刻本　一册

320000－1605－0004434　241.7/431－4
雷塘庵主弟子記八卷　（清）張鑒等撰　清刻本　四册

320000－1605－0004435　241.7/445－1
安道公［陳瑚］年譜二卷　（清）陳溥編　**陳安道先生世系一卷**　（清）繆朝荃纂　清光緒十八年（1892）刻本　二册

320000－1605－0004436　241.7/445－2
安道公［陳瑚］年譜二卷　（清）陳溥編　**陳安道先生世系一卷**　（清）繆朝荃纂　清光緒十八年（1892）刻本　一册

320000－1605－0004437　241.7/449
許君［慎］年表攷一卷　（清）陶方琦撰　清光緒十三年（1887）刻本　一册

320000－1605－0004438　241.7/556－1
蘋安［楊峴］年譜一卷　楊峴自訂　清末刻本　一册

320000－1605－0004439　241.7/556－2
楊中議自訂年譜八卷附吹蘆小草一卷　（清）楊炳堃撰　清光緒十一年（1885）刻本　八册

320000－1605－0004440　241.7/556－3
楊忠武公［遇春］年譜一卷　（清）楊國佐（清）楊國楨輯　清刻本　一册

320000－1605－0004441　241.7/568
還讀我書室老人［董恂］年譜二卷　（清）董恂撰　清刻本　二册

320000－1605－0004442　241.7/622－1
潘文恭公自編年譜不分卷　（清）潘世恩撰　清同治二年（1863）刻本　一册

320000－1605－0004443　241.7/622－2
潘曾綬自訂年譜一卷　（清）潘曾綬撰　清刻本　一册

320000－1605－0004444　241.7/622－3
潘祖蔭年譜一卷　（清）潘祖年述　清刻本　一册

320000－1605－0004445　241.7/622－4
思補老人自訂年譜一卷　（清）潘世恩撰　清刻本　一册

320000－1605－0004446　241.7/622－5
小浮山人[潘曾沂]年譜一卷　（清）潘曾沂撰　清刻本　一册

320000－1605－0004447　241.7/622－6
小浮山人[潘曾沂]年譜一卷　（清）潘曾沂撰　清湯晉苑局刻本　一册

320000－1605－0004448　241.7/645
鄧尚書[廷楨]年譜一卷補遺一卷　（清）鄧邦康撰　清宣統元年(1909)刻本　一册

320000－1605－0004449　241.7/650
李申耆先生[兆洛]年譜三卷小德録一卷　（清）蔣彤撰　清光緒十三年(1887)鉛印本　二册

320000－1605－0004450　241.7/654
蔡霱軒行述一卷蔡鑾登年譜一卷附蔡氏家譜一卷　（清）蔡鑾登撰　稿本　二册

320000－1605－0004451　241.7/661
姚惜抱先生[鼐]年譜一卷附録一卷　（清）鄭福照輯　清同治七年(1868)刻本　一册

320000－1605－0004452　241.7/676
王船山先生[夫之]年譜二卷　（清）劉毓崧編　清光緒十二年(1886)刻本　二册

320000－1605－0004453　241.7/705－1
文端公[錢陳群]年譜三卷　（清）錢儀吉初編　（清）錢志澄增訂　清光緒二十年(1894)刻本　三册

320000－1605－0004454　241.7/705－2
錢太常[薇]年譜一卷　（清）錢泰吉撰　清光緒三十年(1904)刻本　一册

320000－1605－0004455　241.7/705－3
頤壽老人[錢寶琛]年譜二卷　（清）錢寶琛撰　清刻本　一册

320000－1605－0004456　241.7/722
韓崶自訂年譜一卷　（清）韓崶撰　清道光十四年(1834)刻本　一册

320000－1605－0004457　241.7/73－1
弇山畢公[沅]年譜一卷　（清）史善長撰　清刻本　一册

320000－1605－0004458　241.7/73－2
弇山畢公[沅]年譜一卷　（清）史善長撰　清刻本　一册

320000－1605－0004459　241.7/791
顧千里先生[廣圻]年譜二卷　趙詒琛撰　清同治十年(1871)刻本　一册

320000－1605－0004460　241.7/84－1
黄蕘圃[丕烈]年譜二卷　（清）江標撰　清光緒二十三年(1897)刻本　二册

320000－1605－0004461　241.7/84－2
黄蕘圃[丕烈]年譜二卷　（清）江標撰　清刻本　一册　存一卷(上)

320000－1605－0004462　241/165
續疑年録四卷　（清）吴修撰　清光緒刻本　一册

320000－1605－0004463　241/166－1
歷代名人年譜十卷附存疑及生卒年月一卷　（清）吴榮光撰　清光緒元年(1875)刻本　二十册

320000－1605－0004464　241/166－2
陸清獻公[隴其]年譜二卷附録一卷　（清）吴光酉輯　清光緒八年(1882)刻本　二册

320000－1605－0004465　241/194
汪雙池先生[紱]年譜四卷　（清）余龍光編　清同治五年(1866)刻本　二册

320000－1605－0004466　221.3/674－2
戰國策三十三卷　（漢）高誘注　**札記三卷**　（清）黄丕烈撰　清同治八年(1869)湖北崇文書局刻本　五册

320000－1605－0004467　241/37－1
闕里文獻考一百卷首一卷　（清）孔繼汾撰　清乾隆二十七年(1762)刻本　八册

320000－1605－0004468　241/37－2

闕里文獻考一百卷首一卷 (清)孔繼汾撰 清乾隆二十七年(1762)刻本 八册

320000－1605－0004469 241/375
歸震川先生[有光]年譜不分卷 (清)孫岱撰 清光緒五年(1879)刻本 一册

320000－1605－0004470 241/430
疑年賡録二卷 (清)張鳴珂編 清光緒二十四年(1898)刻本 一册

320000－1605－0004471 241/487
韓忠獻公[琦]年譜一卷 (清)楊希閔撰 清光緒四年(1878)刻本 一册

320000－1605－0004472 241/535
人壽金鑑二十二卷 (清)程得齡輯 清嘉慶二十五年(1820)刻本 六册

320000－1605－0004473 241/556－1
李忠定公[綱]年譜不分卷 (清)楊希閔撰 清光緒三年(1877)刻本 一册

320000－1605－0004474 241/556－2
李鄴侯[泌]年譜一卷 (清)楊希閔編 清光緒四年(1878)刻本 一册

320000－1605－0004475 241/556－3
陸宣公[贄]年譜一卷 (清)楊希閔編 清光緒四年(1878)刻本 一册

320000－1605－0004476 241/622
潘文恭公自編年譜不分卷 (清)潘世恩撰 清同治二年(1863)刻本 一册

320000－1605－0004477 241/650
武進李申耆先生[兆洛]年譜三卷小德録一卷 (清)蔣彤編 清道光刻本 二册

320000－1605－0004478 241/705－1
孱守齋所編年譜五種 (清)錢大昕編 清嘉慶刻本 一册

320000－1605－0004479 241/705－2
補疑年録四卷 (清)錢椒編 清道光十八年(1838)刻本 一册

320000－1605－0004480 241/705－3
補疑年録四卷 (清)錢椒編 **三續疑年録十卷** (清)陸心源編 清光緒刻本 三册

320000－1605－0004481 241/705－4
文端公[錢陳群]年譜三卷 (清)錢儀吉初編 (清)錢志澄增訂 清光緒二十年(1894)刻本 三册

320000－1605－0004482 241/705－5
疑年録四卷 (清)錢大昕撰 清光緒刻本 一册

320000－1605－0004483 241/73－1
弇山畢公[沅]年譜一卷 (清)史善長撰 清同治十一年(1872)刻本 一册

320000－1605－0004484 241/73－2
弇山畢公[沅]年譜一卷 (清)史善長撰 清同治十一年(1872)刻本 一册

320000－1605－0004485 241/73－3
弇山畢公[沅]年譜一卷 (清)史善長撰 清同治十一年(1872)刻本 一册

320000－1605－0004486 242/117
甬上族望表二卷 (清)全祖望撰 清刻本 一册

320000－1605－0004487 242/135－1
九史同姓略七十二卷 (清)汪輝祖撰 清乾隆二十六年(1761)刻本 十册

320000－1605－0004488 242/135－2
史姓韻編六十四卷 (清)汪輝祖撰 清光緒十年(1884)鉛印本 十六册

320000－1605－0004489 242/135－3
二十四史姓氏韻編六十四卷 (清)汪輝祖撰 清光緒十年(1884)石印本 四册

320000－1605－0004490 242/151
姓氏譜纂七卷 (明)李日華輯 清刻本 二册

320000－1605－0004491 242/211－1
元和姓纂十卷 (唐)林寶撰 清光緒六年(1880)刻本 四册

320000－1605－0004492　242/211－2
元和姓纂十卷　(唐)林寶撰　清光緒六年(1880)刻本　四册

320000－1605－0004493　242/22－1
齊名紀數十二卷　(清)王承烈輯　清嘉慶十八年(1813)刻本　四册

320000－1605－0004494　242/22－2
齊名紀數十二卷　(清)王承烈輯　清嘉慶十八年(1813)刻本　四册

320000－1605－0004495　242/23
百家姓考略一卷　(清)王相纂　(清)徐士業校　清咸豐元年(1851)大魁堂刻本　一册

320000－1605－0004496　242/393
百家姓考略一卷　(清)王相纂　(清)徐士業校　清刻本　一册

320000－1605－0004497　242/430
姓氏辨誤三十卷　(清)張澍撰　清刻本　六册

320000－1605－0004498　242/674－1
歷代同姓名録二十二卷　(清)劉長華撰　清光緒五年(1879)刻本　八册

320000－1605－0004499　242/674－2
歷代同姓名録二十二卷　(清)劉長華撰　清光緒五年(1879)刻本　八册

320000－1605－0004500　242/722
姓氏新編二卷　(清)韓天驥撰　清嘉慶十五年(1810)刻本　一册

320000－1605－0004501　242/727－1
歷代名賢列女氏姓譜一百五十七卷　(清)蕭智漢纂輯　清嘉慶刻本　一百六十册

320000－1605－0004502　242/727－2
歷代名賢列女氏姓譜一百五十七卷　(清)蕭智漢纂輯　清嘉慶刻本　一百册

320000－1605－0004503　243/943
清室宗譜不分卷　(清)□□編　清末抄本　一册

320000－1605－0004504　244/100－1
[安徽涇縣]張香都朱氏續修支譜三十六卷　(清)朱彝撰　清光緒三十三年(1907)刻本　八册　存二十八卷(一至七、十五至三十五)

320000－1605－0004505　244/100－2
[安徽涇縣]張香都朱氏續修支譜三十六卷　(清)朱彝撰　清光緒三十三年(1907)刻本　二册　存二卷(三十一、三十六)

320000－1605－0004506　244/122
[江蘇長洲]宋氏族譜□□卷　(清)宋氏修　清末刻本　六册　存三卷(三、七、九)

320000－1605－0004507　244/135
[浙江平陽]汪氏支譜不分卷　(清)□□撰　稿本　五册

320000－1605－0004508　244/152－2
[江蘇蘇州]李氏宗譜不分卷　(清)李兆勳修纂　清抄本　三册

320000－1605－0004509　244/152－1
[江蘇蘇州]李氏宗譜不分卷　(清)李兆勳修纂　清道光十三年(1833)刻本　一册

320000－1605－0004510　244/165－1
[江蘇蘇州]吴氏家乘十卷　(清)吴大根　(清)吴大渥等纂修　清光緒六年(1880)刻本　九册　存九卷(二至十)

320000－1605－0004511　244/165－2
[江蘇吴縣]吴氏支譜十二卷首一卷　吴毓滋等纂修　清光緒八年(1882)刻本　六册

320000－1605－0004512　244/165－3
[江蘇常熟]海虞城東吴氏支譜一卷　(□)□□編　清末抄本　一册

320000－1605－0004513　244/167－1
[江蘇蘇州]皐廡吴氏家乘六卷　(清)吴士俊等編　清刻本　四册　存三卷(四至六)

320000－1605－0004514　244/167－2
[江蘇蘇州]吴氏家乘三卷　(清)吴潮　(清)吴文塏修　清抄本　二册

320000－1605－0004515　244/178

[安徽廬江]何氏宗譜三卷首一卷末一卷 (清)何大海修 清光緒二十八年(1902)木活字印本 五冊

320000－1605－0004516 244/2
[江蘇蘇州]丁氏宗譜二十四卷 (清)丁有銘纂 清光緒刻本 七冊 存二十三卷(一至十五、十七至二十四)

320000－1605－0004517 244/242
[江蘇蘇州]楓江金氏譜略二卷系表一卷宗譜三卷文集一卷詩集一卷 (清)金承烈録 清光緒三十一年(1905)抄本 十冊

320000－1605－0004518 244/250
[江蘇無錫]錫山周氏世譜二卷 (清)周鼎元等纂 清同治十年(1871)木活字印本 一冊

320000－1605－0004519 244/300
[江蘇吴縣]范氏家乘左編二十五卷首一卷右編十六卷首一卷 (清)范端信 (清)范用霖等修 清光緒二十五年(1899)木活字印本 四十八冊

320000－1605－0004520 244/370
[浙江建德]續修夏氏敦倫堂宗譜十卷 (清)夏正望等纂修 清乾隆十三年(1748)木活字印本 四冊 存三卷(一至二、五)

320000－1605－0004521 244/390
[浙江當湖]倪氏宗譜六卷首一卷 (清)倪寶璜纂修 清同治抄本 六冊

320000－1605－0004522 244/428
[江蘇常熟]南張世譜八卷 (清)張廷桂纂 清光緒八年(1882)刻本 一冊

320000－1605－0004523 244/434
[江蘇蘇州]吴郡陸氏族譜十六卷首一卷 (清)陸嵩纂修 清咸豐抄本 三冊 存四卷(一至三、七)

320000－1605－0004524 244/443
[江蘇吴縣]東林陳氏支譜不分卷 (清)陳濬纂 清光緒二十年(1894)刻本 一冊

320000－1605－0004525 244/449
[江蘇吴縣]陶氏家譜六卷 (清)陶惟爚修 (清)陶詒元纂 清光緒刻本 一冊 存一卷(五)

320000－1605－0004526 244/477－1
[浙江桐鄉]馮氏家乘不分卷 (清)馮浩等纂修 稿本 一冊

320000－1605－0004527 244/477－2
[浙江桐鄉]馮氏重修支譜六卷 (清)馮浩等纂 稿本 三冊 存四卷(一至三、六)

320000－1605－0004528 244/491
[廣東]南海學正黄氏家譜節本二卷 (清)黄任恒修 清宣統三年(1911)刻本 二冊

320000－1605－0004529 244/509
[江蘇無錫]鵞湖華氏通四興二支宗譜三十卷 (清)華國材等纂修 清光緒二十五年(1899)聽彝堂木活字印本 十三冊 缺三卷(十七至十九)

320000－1605－0004530 244/527
[江蘇常熟]海虞曾氏家譜不分卷 (清)曾達文纂修 清光緒七年(1881)木活字印本 一冊

320000－1605－0004531 244/535－1
[江蘇蘇州]程氏支譜不分卷 (清)程植義纂修 清咸豐元年(1851)刻本 二冊

320000－1605－0004532 244/535－2
[江蘇蘇州]程氏支譜四卷 (清)程為烜 (清)程曨等纂修 清光緒三十年(1904)木活字印本 五冊

320000－1605－0004533 244/550－1
[江蘇蘇州]雷氏支譜一卷 (清)雷氏纂修 清刻本 一冊

320000－1605－0004534 244/550－2
[江蘇蘇州]雷氏支譜一卷 (清)雷氏纂修 清刻本 一冊

320000－1605－0004535 244/550－3
[江蘇蘇州]雷氏支譜一卷 (清)雷氏纂修 清刻本 一冊

320000－1605－0004536　244/550－4
[江蘇蘇州]**雷氏支譜一卷**　(清)雷氏纂修　清刻本　一册

320000－1605－0004537　244/550－5
[江蘇蘇州]**雷氏支譜一卷**　(清)雷氏纂修　清刻本　一册

320000－1605－0004538　244/550－6
[江蘇蘇州]**雷氏支譜一卷**　(清)雷氏纂修　清刻本　一册

320000－1605－0004539　244/550－7
[江蘇蘇州]**雷氏支譜一卷**　(清)雷氏纂修　清刻本　一册

320000－1605－0004540　244/550－8
[江蘇蘇州]**雷氏支譜一卷**　(清)雷氏纂修　清刻本　一册

320000－1605－0004541　244/550－9
[江蘇蘇州]**雷氏支譜一卷**　(清)雷氏纂修　清刻本　一册

320000－1605－0004542　244/550－10
[江蘇蘇州]**雷氏支譜一卷**　(清)雷氏纂修　清刻本　一册

320000－1605－0004543　244/556
[江蘇吴縣]**重修湖田楊氏族譜不分卷**　(清)楊同人纂修　稿本　一册

320000－1605－0004544　244/562－1
[江蘇蘇州]**吴中葉氏族譜十卷**　(明)葉初春等纂修　(清)葉長馥等重修　明萬曆刻清康熙增刻本　一册　存一卷(甲集)

320000－1605－0004545　244/562－2
[江蘇蘇州]**吴中葉氏族譜六十六卷末一卷**　葉德輝　葉慶元纂修　清宣統三年(1911)木活字印本　五十二册

320000－1605－0004546　244/562－3
[江蘇蘇州]**吴中葉氏族譜六十六卷末一卷**　葉德輝　葉慶元纂修　清宣統三年(1911)木活字印本　五十二册

320000－1605－0004547　244/562－4
[江蘇吴江]**松陵葉氏支譜不分卷**　(清)葉奎元修訂　稿本　一册

320000－1605－0004548　244/599
[江蘇無錫]**梅巷趙氏重修宗譜十二卷**　(清)趙時芬修　清光緒七年(1881)惇敘堂木活字印本　十四册

320000－1605－0004549　244/600
[江蘇無錫]**趙氏甘露支世譜四卷**　(清)趙士奎纂修　清光緒三十二年(1906)木活字印本　四册

320000－1605－0004550　244/622－1
[江蘇蘇州]**大阜潘氏支譜二十四卷**　(清)潘遵祁等纂修　清同治八年(1869)刻本　十二册　存十九卷(三至五、八至二十一、二十三至二十四)

320000－1605－0004551　244/622－2
[江蘇蘇州]**大阜潘氏支譜二十四卷**　(清)潘遵祁等纂修　清同治八年(1869)刻本　九册　存十五卷(八至十七、二十至二十四)

320000－1605－0004552　244/622－3
[江蘇蘇州]**大阜潘氏支譜二十四卷首一卷**　(清)潘承謀等纂修　清光緒三十四年(1908)石印本　十册　存十八卷(一至十七、首一卷)

320000－1605－0004553　244/661
[江蘇吴縣]**包山鄭氏族譜十二卷**　(清)鄭謀琨等纂　清光緒二十四年(1898)刻本　十一册　存十一卷(一至四、六至十二)

320000－1605－0004554　244/675
[江蘇南京]**南窰劉氏家譜二十卷**　(清)劉文培等纂修　清光緒三十年至三十二年(1904－1906)木活字印本　二十册

320000－1605－0004555　244/705
吴越錢氏宗譜不分卷　(清)錢文元　(清)錢廷梅修　清同治抄本　二册

320000－1605－0004556　244/71－1
[江蘇蘇州]**申氏續修世譜八卷首一卷**　(清)

申祖璠續修　清道光二十一年(1841)刻本　六冊

320000－1605－0004557　244/71－2
[江蘇蘇州]申氏譜系不分卷　(清)申范縉　(清)申濬纂修　清同治十年(1871)抄本　一冊

320000－1605－0004558　244/759
[江蘇常熟]歸氏世譜二十卷　(清)歸令瑜　(清)歸令望纂修　清光緒十四年(1888)刻本　十二冊

320000－1605－0004559　244/784－1
[江蘇江陰]澄江蘇氏族譜二十二卷首一卷　(清)蘇宗振輯修　清光緒二十六年(1900)木活字印本　八冊

320000－1605－0004560　244/784－2
[安徽休寧]新安蘇氏族譜四卷　(清)蘇鈺纂修　清光緒木活字印本　八冊

320000－1605－0004561　244/791－1
[江蘇蘇州]武陵埭川支宗譜不分卷　(清)顧步青　(清)顧震濤修　清嘉慶抄本　五冊

320000－1605－0004562　244/791－2
[江蘇蘇州]婁江顧氏世譜六卷　(清)顧世琦等輯修　清刻本　一冊

320000－1605－0004563　244/791－3
[江蘇蘇州]婁江顧氏世譜六卷　(清)顧遵澧輯　清抄本　九冊

320000－1605－0004564　244/791－4
[江蘇蘇州]婁江顧氏世譜六卷　(清)顧遵澧輯　清抄本　四冊

320000－1605－0004565　247/167－1
端溪硯史三卷　(清)吳蘭修編　清光緒十五年(1889)刻娛園叢刻本　一冊

320000－1605－0004566　247/167－2
端溪硯史三卷　(清)吳蘭修編　清道光三十年(1850)刻本　一冊

320000－1605－0004567　247/2
菊邊吟一卷　(清)丁丙撰　清光緒二十四年(1898)刻本　一冊

320000－1605－0004568　247/342
勝飲編十八卷　(清)郎廷極輯　清刻本　一冊　存八卷(一至八)

320000－1605－0004569　247/441
名疑四卷　(明)陳士元撰　清道光刻本　四冊

320000－1605－0004570　247/644－1
事物異名錄四十卷　(清)厲荃輯　(清)關槐增纂　清乾隆刻本　六冊　存三十一卷(一至三十一)

320000－1605－0004571　247/644－2
湖船錄一卷　(清)厲鶚撰　清同治九年(1870)刻本　一冊

320000－1605－0004572　247/677
海天旭日硯記一卷　(清)劉瀚撰　清光緒十六年(1890)刻本　一冊

320000－1605－0004573　248.8/446
春明鄉會選正編一卷二編一卷　(清)陳榮紹評選　清刻本　四冊　存二卷(正編葉一百九至二百四十八、二編一卷)

320000－1605－0004574　248/128
國朝歷科館選錄不分卷　(清)沈廷芳輯　清咸豐三年(1853)刻本　二冊

320000－1605－0004575　248/152
鼎甲考不分卷　(□)□□撰　清抄本　一冊

320000－1605－0004576　248/155－1
鶴徵錄八卷　(清)李集輯　清嘉慶刻本　四冊

320000－1605－0004577　248/155－2
鶴徵錄八卷　(清)李集輯　清嘉慶刻本　六冊

320000－1605－0004578　248/155－3
鶴徵後錄十二卷　(清)李富孫輯　清嘉慶刻本　六冊

320000－1605－0004579　248/170－1

國朝科場異聞録九卷前明科場異聞録五卷唐宋科場異聞録三卷直省科場異聞録四卷附録一卷　(清)呂相燮輯　清光緒二十四年(1898)石印本　四册

320000－1605－0004580　248/170－2
科場異聞録二十二卷附科名佳話一卷梓里紀聞一卷教學微言一卷　(清)呂相燮輯　清光緒二十四年(1898)石印本　四册

320000－1605－0004581　248/194
國朝崑新青衿録九卷　(清)余鴻鈞等編　清光緒二十六年(1900)刻本　二册

320000－1605－0004582　248/198－1
清秘述聞十六卷　(清)法式善撰　清嘉慶刻本　二册

320000－1605－0004583　248/198－2
清秘述聞十六卷　(清)法式善撰　**續十六卷**　(清)王家相撰　**補一卷**　(清)錢維福撰　清光緒刻本　八册

320000－1605－0004584　248/21－1
國朝虞陽科名録四卷　(清)王元鍾編　清道光刻本　四册

320000－1605－0004585　248/21－2
虞陽科名録四卷　(清)王元鍾編　清道光三十年(1850)刻本　四册

320000－1605－0004586　248/210
詞科掌録十七卷餘話七卷　(清)杭世駿撰　清刻本　八册

320000－1605－0004587　248/347
康熙己未詞科録十二卷首一卷　(清)秦瀛編　清光緒十四年(1888)刻本　六册

320000－1605－0004588　248/37
内閣漢票簽中書舍人題名一卷　(清)孔憲彝　(清)鮑康輯　清咸豐十一年(1861)刻本　一册

320000－1605－0004589　248/393
嶺南實事記二十卷　徐琪撰　清光緒刻本　十二册

320000－1605－0004590　248/407
江蘇同官録不分卷　(清)許星臺編　清光緒刻本　六册

320000－1605－0004591　248/439－1
國朝蘇州府長元吴三邑科第譜四卷　(清)陸懋輯　陸潤庠補修　清光緒四年(1878)刻本　二册

320000－1605－0004592　248/439－2
國朝蘇州府長元吴三邑科第譜四卷　(清)陸懋輯　陸潤庠補修　清光緒四年(1878)刻本　二册

320000－1605－0004593　248/439－3
蘇州長元吴三邑科第譜四卷　(清)陸懋輯　陸潤庠補修　清光緒四年(1878)刻本　二册

320000－1605－0004594　248/491
國朝兩浙科名録不分卷　(清)黄安綬編　清咸豐七年(1857)刻本　二册

320000－1605－0004595　248/493－1
鼎甲録八種十二卷　(清)黄崇蘭撰　清光緒二年(1876)刻本　八册

320000－1605－0004596　248/493－2
貢舉考畧六卷　(清)黄崇蘭撰　清光緒五年(1879)刻本　六册

320000－1605－0004597　248/562
取士議略一卷　(明)葉廷秀撰　(清)雷應貞輯　清刻本　一册

320000－1605－0004598　248/600
毘陵科第考八卷　(清)趙熙鴻　(清)錢人麟等編　清同治七年(1868)刻本　四册

320000－1605－0004599　248/622
熙朝宰輔録不分卷　(清)潘世恩輯　清刻本　一册

320000－1605－0004600　248/705－1
蘇州府長元吴三邑諸生譜九卷　(清)錢國祥等輯　清光緒三十二年(1906)刻本　二册

320000－1605－0004601　248/705－2
蘇州府長元吴三邑諸生譜九卷　(清)錢國祥

等輯　清光緒三十二年(1906)刻本　二册

320000－1605－0004602　248/705－3

蘇州府長元吴三邑諸生譜九卷　(清)錢國祥等輯　清光緒三十二年(1906)刻本　二册

320000－1605－0004603　248/717

教諭語四卷　(清)謝金鑾撰　清嘉慶刻本　一册

320000－1605－0004604　248/731

内閣漢票簽中書舍人題名續編不分卷　(清)鮑康等輯　清刻本　一册

320000－1605－0004605　248/749

吴興科第表不分卷　(清)戴璐等編　清同治十一年(1872)刻本　二册

320000－1605－0004606　248/791

明狀元圖考三卷附清三元題詠二卷　(明)顧鼎臣　(清)顧祖訓編　清咸豐六年(1856)刻本　四册

320000－1605－0004607　248/794

奏摺譜不分卷　(清)饒旬宣撰　清光緒十三年(1887)刻本　一册

320000－1605－0004608　248/811

光緒十六年庚寅會試同年録一卷　(清)禮部編　清光緒十六年(1890)刻本　一册

320000－1605－0004609　248/964－1

光緒壬午科十八省鄉試同年録不分卷　(清)徐桐等編　清光緒八年(1882)鉛印本　一册

320000－1605－0004610　248/964－2

光緒壬午科十八省鄉試同年録不分卷　(清)徐桐等編　清光緒八年(1882)鉛印本　一册

320000－1605－0004611　248/966

光緒己卯科直省同年録不分卷　(□)□□編　清刻本　六册

320000－1605－0004612　249/21

歷仕録一卷　(明)王之垣撰　清康熙四十一年(1702)刻本(清後期補刻王氏世譜一葉)　一册

320000－1605－0004613　249/431

雷塘庵主弟子記八卷　(清)張鑒等撰　清刻本　四册

320000－1605－0004614　249/476

雲峰書院勵學語不分卷　(清)惲毓鼎撰　清光緒二十四年(1898)刻本　一册

320000－1605－0004615　249/492

湖北節義録十二卷　(清)黄昌輔編　**補遺一卷**　(清)陳瑞珍編　清同治九年(1870)刻本　十三册

320000－1605－0004616　249/791

吴門公祠崇祀先賢姓氏録不分卷　(清)顧元愷等輯　清道光刻本　一册

320000－1605－0004617　249/811

新增直省候補同官録不分卷　(清)吏部編　清光緒三十四年(1908)刻本　一册

320000－1605－0004618　249/999

歷代帝王世系圖一卷　(□)□□撰　清宣統二年(1910)石印本　一册

320000－1605－0004619　250.02/965

平圓地球圖一卷　(□)□□撰　清末刻本　八册

320000－1605－0004620　250.2/2

五洲地球政要通考三十六卷　(清)丁日昌編譯　清光緒石印本　十二册

320000－1605－0004621　250.2/761

海國圖志一百卷　(清)魏源撰　清光緒二年(1876)刻本　二十四册

320000－1605－0004622　250.2/938

列國歲計政要十二卷　(英國)麥丁富得力編纂　(美國)林樂知口譯　(清)鄭昌棪筆述　清光緒元年(1875)刻本　六册

320000－1605－0004623　250.8/27

小方壺齋輿地叢鈔十二帙　(清)王錫祺編　清光緒三年(1877)鉛印本　八十四册

320000－1605－0004624　250/148

西史地理通釋三卷　(清)杜宗玉撰　清光緒

三十二年(1906)刻本　四册

320000－1605－0004625　250/152
環游地球新録四卷　(清)李圭撰　清光緒三年(1877)刻本　二册

320000－1605－0004626　250/211
國地異名録不分卷　(清)林謙撰　清同治十年(1871)刻本　二册

320000－1605－0004627　250/22
地理問答二卷　(清)王亨統編　清光緒刻本　二册

320000－1605－0004628　250/248
萬國地理志一卷　(清)周起鳳譯　清光緒二十八年(1902)鉛印本　一册

320000－1605－0004629　250/316
輿地學課程不分卷　(清)姚炳奎撰　清光緒二十七年(1901)刻本　八册

320000－1605－0004630　250/393－1
瀛環志畧十卷　(清)徐繼畬纂　清同治五年(1866)刻本　六册

320000－1605－0004631　250/393－2
瀛環志畧十卷　(清)徐繼畬纂　清刻本　五册

320000－1605－0004632　250/393－3
續瀛環志畧初編不分卷　(清)世增譯　陳星庚述　清光緒二十八年(1902)石印本　四册

320000－1605－0004633　250/428
地球韻言四卷　(清)張士瀛撰　清光緒二十八年(1902)刻本　四册

320000－1605－0004634　250/431
東西洋考十二卷　(明)張燮撰　清光緒二十二年(1896)刻本　六册

320000－1605－0004635　250/443
瀛海形勢圖一卷　(清)陳倫炯撰　清光緒十二年(1886)刻本　一册

320000－1605－0004636　251/37
五洲各國志畧四卷　(清)孔慶成撰　清光緒二十八年(1902)刻本　四册

320000－1605－0004637　251/971
摘録五洲圖考一卷　(清)龔柴原本　題(清)容齋摘録　清抄本　一册

320000－1605－0004638　254/967－1
希臘志畧七卷　(□)□□撰　清光緒二十二年(1896)石印本　一册

320000－1605－0004639　254/967－2
希臘志畧七卷　(□)□□撰　清光緒二十四年(1898)石印本　一册

320000－1605－0004640　255/157
新嘉坡風土記不分卷　李鍾珏撰　清光緒二十一年(1895)刻本　一册

320000－1605－0004641　255/211
啟東録六卷　(清)林壽圖撰　清光緒五年(1879)刻本　二册

320000－1605－0004642　255/250
琉球國志略十六卷首一卷　(清)周煌輯　清乾隆二十四年(1759)刻本　二册　存十一卷(一至十、首一卷)

320000－1605－0004643　255/393
高麗圖經四十卷　(宋)徐兢撰　清刻本　三册

320000－1605－0004644　255/731
東南海島圖經三卷澳大利亞洲志擬稿一卷檀香山羣島志擬稿一卷　(清)薛福成鑒定　清光緒二十三年(1897)鉛印本　一册

320000－1605－0004645　255/804
東亞各港口岸志一卷　(日本)參謀本部編　清光緒二十八年(1902)鉛印本　一册

320000－1605－0004646　259.1/791
美國地理兵要四卷　(清)顧厚焜撰　清光緒十五年(1889)石印本　二册

320000－1605－0004647　259.6/24
日本地理志一卷　(日本)中村五六撰　(日本)頓野廣太郎補　王國維譯　清光緒二十七年(1901)鉛印本　一册

320000－1605－0004648　259.6/316
日本地理兵要十卷　姚文棟撰　清光緒二十年(1894)石印本　六冊

320000－1605－0004649　259.6/496－1
日本國志四十卷首一卷　(清)黄遵憲編　清光緒二十四年(1898)匯文書局刻本　十二冊

320000－1605－0004650　259.6/496－2
日本國志四十卷首一卷　(清)黄遵憲編　清光緒二十四年(1898)浙江書局刻本　十冊

320000－1605－0004651　259.6/496－3
日本國志四十卷首一卷　(清)黄遵憲編　清光緒二十七年(1901)上海書局石印本　四冊

320000－1605－0004652　259.64/693
帝都雅景一覽不分卷　(清)賴子成輯　清同治十三年(1874)刻本　一冊

320000－1605－0004653　259.7/321
俄國疆界風俗志二種　(清)林則徐等輯　清光緒十年(1884)刻本　一冊

320000－1605－0004654　259/674
中學地理外國志二卷　劉邦驥譯　清光緒二十九年(1903)刻本　二冊

320000－1605－0004655　260.02/1040
滇西兵要界務圖注三卷　李根源撰　清宣統元年(1909)石印本　一冊

320000－1605－0004656　260.02/225
七省沿海全圖不分卷　(清)周北堂繪編　清同治刻本　一冊

320000－1605－0004657　260.02/248
歷代沿革輿圖不分卷　(清)周士錦輯　清同治九年(1870)刻本　一冊

320000－1605－0004658　260.02/2622－1
吴縣啚圖不分卷　(清)金德鴻繪　清同治十三年(1874)刻本　六冊

320000－1605－0004659　260.02/2622－2
吴縣啚圖不分卷　(清)金德鴻繪　清同治十三年(1874)刻本　六冊

320000－1605－0004660　260.02/2622－3
吴縣啚圖不分卷　(清)金德鴻繪　清同治十三年(1874)刻本　六冊

320000－1605－0004661　260.02/3144－1
蘇省輿地圖説一卷附蘇松常鎮太五里半方輿圖一卷　(清)丁日昌等纂　清同治七年(1868)刻本　二十一冊

320000－1605－0004662　260.02/3144－2
江蘇全省輿圖不分卷　(清)諸可寶撰　清光緒二十一年(1895)刻本　三冊

320000－1605－0004663　260.02/3144－3
江蘇全省輿圖不分卷　(清)諸可寶撰　清光緒二十一年(1895)刻本　三冊

320000－1605－0004664　260.02/3144－4
江蘇全省輿圖不分卷　(清)諸可寶撰　清光緒二十一年(1895)刻本　三冊

320000－1605－0004665　260.02/3144－5
江蘇全省輿圖不分卷　(清)諸可寶撰　清光緒二十一年(1895)刻本　三冊

320000－1605－0004666　260.02/3144－6
蘇松常鎮太二里半方輿圖一卷　(□)□□撰　清刻本　十四冊

320000－1605－0004667　260.02/3144－7
蘇松常鎮太二里半方輿圖一卷　(□)□□撰　清刻本　十四冊

320000－1605－0004668　260.02/3144－8
蘇松常鎮太五里方輿全圖一卷　(□)□□撰　清刻本　一冊

320000－1605－0004669　260.02/3231
浙江全省輿圖並水陸道里記不分卷　(清)宗源瀚撰　清光緒二十年(1894)石印本　二十冊

320000－1605－0004670　260.02/352
歷代地理沿革圖不分卷　(清)馬徵麟撰　清同治刻本　一冊

320000－1605－0004671　260.02/356
歷代地理沿革圖不分卷　(清)馬徵麟撰　清

同治十一年(1872)刻本　一册

320000－1605－0004672　260.02/50
廣東總圖二十三卷　(□)□□編　清同治五年(1866)刻本　三册

320000－1605－0004673　260.02/556－1
歷代輿地沿革險要圖一卷　楊守敬繪　清光緒五年(1879)刻本　一册

320000－1605－0004674　260.02/556－2
歷代輿地沿革險要圖一卷　楊守敬繪　清光緒二十四年(1898)石印本　一册

320000－1605－0004675　260.02/556－3
廣西輿地全圖不分卷　(清)楊潔灃重繪　清光緒三十三年(1907)石印本　二册

320000－1605－0004676　260.02/787
皇朝中外一統輿圖三十二卷　(清)嚴樹森等撰　清同治二年(1863)刻本　三十二册

320000－1605－0004677　260.02/8086
金匱縣輿地全圖不分卷　(清)華湛恩撰　清光緒三十四年(1908)刻本　四册

320000－1605－0004678　260.02/838
皇朝一統輿地全圖不分卷　(清)鴻寶齋編　清光緒二十年(1894)石印本　二册

320000－1605－0004679　260.02/961
五省水道圖一卷附河工三省交界圖一卷　(清)□□撰　清末刻本　一册

320000－1605－0004680　260.02/969
皇朝直省地輿全圖一卷　(□)□□編　清光緒石印本　一册

320000－1605－0004681　260.02/982
皇朝直省輿地圖志一卷　題(清)欸乃軒主撰　清光緒二十八年(1902)石印本　一册

320000－1605－0004682　260.02/999
皇明一統輿地全圖不分卷　(清)□□撰　清光緒石印本　一册

320000－1605－0004683　260.03/705－1
中俄界約斠注七卷　(清)錢恂撰　清光緒二十年(1894)刻本　二册

320000－1605－0004684　260.03/705－2
中俄界約斠注七卷　(清)錢恂撰　清光緒二十年(1894)刻本　二册

320000－1605－0004685　260.03/787－1
三省邊防備覽十八卷　(清)嚴如熤撰　清道光十年(1830)刻本　十册

320000－1605－0004686　260.03/787－2
三省邊防備覽十四卷　(清)嚴如熤撰　清道光二年(1822)刻本　六册

320000－1605－0004687　260.03/787－3
洋防輯要二十四卷　(清)嚴如熤撰　清道光刻本　二十四册

320000－1605－0004688　260.04/22
蘇松太山川攷不分卷　(清)王廷瑚撰　清乾隆刻本　一册

320000－1605－0004689　260.05/130－1
吴江水攷五卷　(明)沈啓撰　清乾隆十六年(1751)刻本　六册

320000－1605－0004690　260.05/130－2
吴江水攷增輯五卷附編一卷　(明)沈啓撰　(清)黄象曦輯　清光緒二十年(1894)刻本　四册

320000－1605－0004691　260.05/132－1
江蘇省溝洫圖説一卷　(清)沈夢蘭撰　清光緒六年(1880)刻本　一册

320000－1605－0004692　260.05/132－2
五省溝洫圖説一卷　(清)沈夢蘭撰　清光緒六年(1880)刻本　一册

320000－1605－0004693　260.05/132－3
五省溝洫圖説一卷　(清)沈夢蘭撰　清光緒六年(1880)刻本　一册

320000－1605－0004694　260.05/135－1
水經注圖一卷附録一卷　(清)汪士鐸撰　清咸豐刻本　一册

320000－1605－0004695　260.05/135－2

水經注圖一卷附録一卷　(清)汪士鐸撰　清咸豐刻本　一册

320000－1605－0004696　260.05/135－3
水經注圖一卷附録一卷　(清)汪士鐸撰　清咸豐刻本　二册

320000－1605－0004697　260.05/156－1
江蘇海塘新志八卷　(清)李慶雲撰　清光緒十年(1884)刻本　四册

320000－1605－0004698　260.05/156－2
江蘇海塘新志八卷　(清)李慶雲撰　清光緒十年(1884)刻本　四册

320000－1605－0004699　260.05/156－3
江蘇海塘新志八卷　(清)李慶雲撰　清光緒十年(1884)刻本　四册

320000－1605－0004700　260.05/156－4
江蘇海塘新志八卷　(清)李慶雲撰　清光緒十年(1884)刻本　四册

320000－1605－0004701　260.05/156－5
續纂江蘇水利全案四十卷附編十二卷　(清)李慶雲等撰　清光緒十五年(1889)木活字印本　二十二册

320000－1605－0004702　260.05/156－6
續纂江蘇水利全案四十卷附編十二卷　(清)李慶雲等撰　清光緒十五年(1889)木活字印本　十四册　存三十六卷(十七至四十、附編十二卷)

320000－1605－0004703　260.05/194
沿海險要圖説十六卷　(清)余宏淦撰　清光緒二十八年(1902)石印本　三册

320000－1605－0004704　260.05/26－1
海道圖説十五卷附長江圖説一卷　(英國)傅蘭雅口述　(英國)金約翰輯　(清)王德均譯述　清刻本　十册

320000－1605－0004705　260.05/26－2
海道圖説十五卷附長江圖説一卷　(英國)傅蘭雅口述　(英國)金約翰輯　(清)王德均譯述　清刻本　十册

320000－1605－0004706　260.05/26－3
浙西水利備攷不分卷　(清)王鳳生撰　清光緒四年(1878)刻本　四册

320000－1605－0004707　260.05/271－1
荆楚修疏指要修防事宜二卷附水道參攷三卷　(清)胡祖翮撰　清同治十一年(1872)刻本　二册

320000－1605－0004708　260.05/271－2
皇朝輿地水道源流五卷　(清)胡宣慶編　清光緒十七年(1891)刻本　一册

320000－1605－0004709　260.05/300
三省入藏程站紀不分卷　(清)范壽金編　清光緒三十三年(1907)石印本　一册

320000－1605－0004710　260.05/312
楚北水利隄防紀要二卷　(清)俞昌烈撰　清道光刻本　一册

320000－1605－0004711　260.05/343
東南水利畧六卷　(清)凌介禧撰　清道光十三年(1833)刻本　六册

320000－1605－0004712　260.05/352
長江圖説五卷　(清)馬徵麟撰　清同治十年(1871)刻本　五册

320000－1605－0004713　260.05/375
孫耕遠築圩圖説一卷　(清)孫峻撰　清刻本　一册

320000－1605－0004714　260.05/380－1
水經四十卷　(漢)桑欽撰　清乾隆刻本　三册　存十二卷(二十五至二十八、三十三至四十)

320000－1605－0004715　260.05/380－2
水經四十卷　(漢)桑欽撰　清刻本　一册　存四卷(七至十)

320000－1605－0004716　260.05/390
荆州萬城堤志十卷首一卷末一卷　(清)倪文蔚撰　清光緒十一年(1885)刻本　六册

320000－1605－0004717　260.05/393－1
西域水道記五卷附新疆賦一卷　(清)徐松撰

清道光三年(1823)刻本　六册

320000－1605－0004718　260.05/393－2
西域水道記五卷附新疆賦一卷　(清)徐松撰　清光緒十九年(1893)石印本　六册

320000－1605－0004719　260.05/393－3
西域水道記五卷附漢書西域傳補注二卷新疆賦一卷　(清)徐松撰　清石印本　五册

320000－1605－0004720　260.05/393－4
歷代河防類要六卷　(清)徐璥撰　清道光刻本　二册　存四卷(一至二、五至六)

320000－1605－0004721　260.05/393－5
黑龍江述略六卷　(清)徐宗亮撰　清光緒十七年(1891)刻本　二册

320000－1605－0004722　260.05/442
南湖考一卷　(明)陳幼學撰　清光緒刻本　一册

320000－1605－0004723　260.05/492
今水經表不分卷　(清)黄宗羲撰　清光緒三年(1877)刻本　一册

320000－1605－0004724　260.05/553－1
治河方略十卷首一卷　(清)靳輔撰　清乾隆三十二年(1767)刻本　一册　存一卷(首一卷)

320000－1605－0004725　260.05/553－2
治河方略十卷首一卷　(清)靳輔撰　清嘉慶四年(1799)刻本　十一册

320000－1605－0004726　260.05/588
水道提綱二十八卷　(清)齊召南撰　清乾隆刻本　八册

320000－1605－0004727　260.05/674
揚州水道記四卷　(清)劉文淇撰　清同治刻本　二册

320000－1605－0004728　260.05/759
三吴水利録四卷續録一卷附録一卷　(明)歸有光撰　清刻本　二册

320000－1605－0004729　260.05/796－1
水經注一百二十四卷　(清)戴震注　清乾隆刻本　十四册

320000－1605－0004730　260.05/796－2
重校水經注四十卷　(漢)桑欽撰　(北魏)酈道元注　清乾隆十八年(1753)刻本　十二册

320000－1605－0004731　260.05/796－3
水經注匯校四十卷首一卷附録二卷　(北魏)酈道元撰　清光緒刻本　十二册

320000－1605－0004732　260.05/796－4
水經注釋四十卷首一卷附録二卷水經注箋刊誤十二卷　(清)趙一清撰　清光緒刻本　二十四册

320000－1605－0004733　260.05/796－5
水經注釋四十卷首一卷附録二卷水經注箋刊誤十二卷　(清)趙一清撰　清光緒刻本　二十四册

320000－1605－0004734　260.05/796－6
水經注釋四十卷首一卷附録二卷水經注箋刊誤十二卷　(清)趙一清撰　清光緒刻本　二十册

320000－1605－0004735　260.05/796－7
水經注釋四十卷首一卷附録二卷水經注箋刊誤十二卷　(清)趙一清撰　清光緒刻本　二十册

320000－1605－0004736　260.05/938－1
揚子江流域現勢論八卷　(日本)林繁撰　汪國屏譯　清光緒二十七年(1901)鉛印本　一册

320000－1605－0004737　260.05/938－2
揚子江流域現勢論八卷　(日本)林繁撰　汪國屏譯　清光緒二十七年(1901)鉛印本　一册

320000－1605－0004738　260.05/941
最近揚子江之大勢一卷　(日本)國府犀東撰　趙必振譯　清光緒二十八年(1902)石印本　一册

320000－1605－0004739　260.05/966－1

江蘇水利全書圖說十五種　(□)□□撰　清刻本　十二册　存九種三十二卷(江蘇水利全圖一卷、太湖全圖一卷、吳淞江全圖一卷、重濬吳淞江工段圖一卷全案五卷歷治吳淞江敘録一卷、重濬劉河圖一卷全案三卷歷治劉河敘録一卷、重濬七浦河圖一卷全案一卷、重濬白茆河圖一卷全案三卷歷治白茆敘録一卷、重濬孟瀆德勝澡港三河圖一卷全案五卷、重濬徒陽運河圖一卷全案三卷)

320000－1605－0004740　260.05/966－2
江蘇水利圖說不分卷　(清)李慶雲輯　清刻宣統二年(1910)印本　二册

320000－1605－0004741　260.05/967
西北水利議一卷　(□)□□撰　清光緒二十年(1894)抄本　一册

320000－1605－0004742　260.05/971－1
海塘新志六卷　(清)琅玕等撰　清刻本　四册

320000－1605－0004743　260.05/971－2
續海塘新志四卷　(清)浙江塘工局撰　清刻本　四册

320000－1605－0004744　260.10/740
京師通各省會城道里記不分卷　(清)繆九疇校　清光緒刻本　一册

320000－1605－0004745　260.12/300－1
吳疆域圖說二卷　(清)范本禮撰　清刻本　一册

320000－1605－0004746　260.12/300－2
吳疆域圖說二卷　(清)范本禮撰　清刻本　一册

320000－1605－0004747　260.12/332
東林書院志二十二卷　(清)許獻等編纂　清光緒七年(1881)刻本　八册

320000－1605－0004748　260.12/438
吳地記一卷後集一卷　(唐)陸廣微撰　清同治十二年(1873)刻本　一册

320000－1605－0004749　260.12/441
秣陵集六卷　(清)陳文述撰　清光緒十年(1884)刻本　一册　存二卷(一至二)

320000－1605－0004750　260.12/4432－1
[乾隆]蘇州府志八十卷首一卷　(清)習寯等修　清乾隆十三年(1748)刻本　二十七册　存六十四卷(一至二、十五至五十、五十三至五十八、六十二至八十,首一卷)

320000－1605－0004751　260.12/4432－2
吳郡地理誌要一卷　(清)陸雨龕編　清末刻本　一册

320000－1605－0004752　260.12/4432－3
吳郡地理誌要一卷　(清)陸雨龕編　清末刻本　一册

320000－1605－0004753　260.15/347
吉林輿地圖說一卷　(清)秦世銓撰　清光緒二十四年(1898)石印本　一册

320000－1605－0004754　260.16/4201
東三省地理志一卷　(清)曹廷傑撰　清光緒二十八年(1902)鉛印本　一册

320000－1605－0004755　260.16/93.2
黑龍江外記八卷　(清)西清撰　清光緒二十六年(1900)刻本　二册

320000－1605－0004756　260.17/562
山東郡縣圖考一卷　(清)葉圭綬撰　清光緒八年(1882)刻本　一册

320000－1605－0004757　260.18/420
淇縣輿地圖說二卷　(清)曹廣權撰　清光緒二十七年(1901)刻本　一册

320000－1605－0004758　260.19/3832
[乾隆]汾州府志三十四卷　(清)孫和相等撰　清乾隆三十六年(1771)刻本　十六册

320000－1605－0004759　260.2/442
歷代地理沿革表四十七卷　(清)陳方績編　清道光十三年(1833)刻本　二十四册

320000－1605－0004760　260.23/35
谿上遺聞集録十卷別録二卷　(清)尹元煒撰　清刻本　一册　存二卷(別録二卷)

320000－1605－0004761　260.28/152－1
漢西域圖考七卷首一卷　(清)李光廷撰　清同治九年(1870)刻本　四册

320000－1605－0004762　260.28/152－2
漢西域圖考七卷首一卷　(清)李光廷撰　清光緒十九年(1893)刻本　七册

320000－1605－0004763　260.3/156
遼史地理志考五卷　(清)李慎儒撰　清光緒二十八年(1902)刻本　二册

320000－1605－0004764　260.3/447
廣東圖志九十二卷　(清)瑞麟等纂修　清同治三年(1864)刻本　二十一册

320000－1605－0004765　260.3/720
新刻風俗通義十卷　(漢)應劭撰　明萬曆刻本　一册　存六卷(五至十)

320000－1605－0004766　260.30/178
朔方備乘八十卷　(清)何秋濤撰　清光緒刻本　二十四册

320000－1605－0004767　260.30/206－1
藩部要畧二十二卷　(清)祁韻士撰　清光緒十年(1884)刻本　八册

320000－1605－0004768　260.30/206－2
藩部要畧二十二卷　(清)祁韻士撰　清光緒十年(1884)刻本　八册

320000－1605－0004769　260.30/21
南來志一卷北歸志一卷　(清)王士禛撰　清刻本　一册

320000－1605－0004770　260.31/300
桂海虞衡志一卷　(宋)范成大撰　明刻本　一册

320000－1605－0004771　260.32/312－1
雲南勘界籌邊記二卷　姚文棟撰　清刻本　一册

320000－1605－0004772　260.32/312－2
雲南勘界籌邊記二卷　姚文棟撰　清刻本　一册

320000－1605－0004773　260.32/312－3
雲南勘界籌邊記二卷　姚文棟撰　清刻本　一册

320000－1605－0004774　260.32/316
集思廣益編二卷　姚文棟輯　清光緒鉛印本　一册

320000－1605－0004775　260.32/477
滇考二卷　(清)馮甦撰　清道光刻本　二册

320000－1605－0004776　260.36/492
臺灣生熟番紀事一卷　(清)黄逢昶撰　清光緒刻本　一册

320000－1605－0004777　260.38/151
朔方備乘札記一卷　(清)李文田撰　清光緒二十三年(1897)刻本　一册

320000－1605－0004778　260.38/431－1
蒙古遊牧記十六卷　(清)張穆撰　清同治六年(1867)刻本　四册

320000－1605－0004779　260.38/431－2
蒙古遊牧記十六卷　(清)張穆撰　**長春真人西遊記二卷**　(元)李志常撰　**元朝秘史十五卷**　(元)脱察安撰　清光緒二十年(1894)石印本　十册

320000－1605－0004780　260.4/132
西湖志纂十五卷首一卷　(清)沈德潛撰　(清)傅王露輯　清乾隆二十年(1755)刻本　四册

320000－1605－0004781　260.4/153
江南臥游册題詞一卷　(清)李流芳撰　(清)顧承手録　清末抄本　一册

320000－1605－0004782　260.4/4512
棲霞小志一卷　(明)盛時泰　(清)程鴻詔撰　清光緒二十三年(1897)刻本　一册

320000－1605－0004783　260.4/606
天童寺志十卷首一卷　(清)聞性道等撰　清乾隆、嘉慶刻本　四册

320000－1605－0004784　260.4/971
名山勝概記四十八卷　(明)何鏜輯　明崇禎

刻本　十六册　存十卷(九至十、十三至十七、三十八至三十九、四十六)

320000－1605－0004785　260.40/600
藏防要地議一篇　(清)趙寬撰　**中法新約一篇**　(清)□□撰　**增補虚字注釋總目一卷**　(清)馮泰松點定　清末抄本　一册

320000－1605－0004786　260.41/316
東槎紀略五卷　(清)姚瑩撰　清抄本　一册　存二卷(一至二)

320000－1605－0004787　260.41/999
水沙連鈔案不分卷　(清)潘霨輯　清潘霨抄本　二册

320000－1605－0004788　260.5/132
五省溝洫圖説一卷　(清)沈夢蘭撰　清光緒六年(1880)刻本　一册

320000－1605－0004789　260.5/164
畿輔水利叢書九種　(清)吴邦慶編　清刻本　十册

320000－1605－0004790　260.5/167－1
[同治]焦山志二十六卷　(清)吴雲輯　**[光緒]續志八卷**　(清)陳任暘撰　清光緒三十年(1904)刻本　十册

320000－1605－0004791　260.5/167－2
[同治]焦山志二十六卷　(清)吴雲輯　**[光緒]續志八卷**　(清)陳任暘撰　清光緒三十年(1904)刻本　五册　存十七卷(二至四、十八至二十六,續志一至五)

320000－1605－0004792　260.5/255
陽山志三卷　(明)岳岱撰　清咸豐五年(1855)刻本　一册

320000－1605－0004793　260.5/3422
蓮峰志五卷　(清)王夫之撰　清同治四年(1865)曾氏刻本　一册

320000－1605－0004794　260.5/364
禹貢川澤考二卷　(清)桂文燦撰　清光緒十二年(1886)鉛印本　一册

320000－1605－0004795　260.5/412－1
甌江小記一卷　(清)郭鍾岳撰　清光緒四年(1878)刻本　一册

320000－1605－0004796　260.5/412－2
山海經箋疏十八卷圖讚一卷　(晉)郭璞註　(清)郝懿行箋疏　清光緒十九年(1893)石印本　二册　存三卷(一至二、圖讚一卷)

320000－1605－0004797　260.5/967
督辦江蘇運河工程局第四屆計劃議案一卷　(清)□□撰　清末石印本　一册

320000－1605－0004798　260.8/271
問影樓輿地叢書第一集十五種　(宋)彭大雅等撰　清光緒三十四年(1908)石印本　十册

320000－1605－0004799　260.8/329
皇朝藩屬輿地叢書六集二十八種　題(清)文瑞樓主人輯　清光緒二十九年(1903)石印本　四十八册

320000－1605－0004800　260/166
通鑑地理今釋十六卷　(清)吴熙載撰　清光緒八年(1882)刻本　三册

320000－1605－0004801　260/21
今古地理述十八卷首三卷末一卷　(清)王子音　(清)王瑞芝等撰　清嘉慶刻本　十六册

320000－1605－0004802　260/25
中學地理中國志四卷　(清)王達輯　清光緒三十一年(1905)刻本　四册

320000－1605－0004803　260/791－1
天下郡國利病書一百二十卷　(清)顧炎武撰　清嘉慶十六年(1811)刻本　五十册

320000－1605－0004804　260/791－2
天下郡國利病書一百二十卷　(清)顧炎武撰　清嘉慶十六年(1811)刻本　五十册

320000－1605－0004805　260/791－3
天下郡國利病書一百二十卷　(清)顧炎武撰　清光緒二十七年(1901)石印本　二十八册

320000－1605－0004806　261/135－1
漢書地理志校本二卷　(清)汪遠孫撰　清道光二十八年(1848)刻本　二册

320000－1605－0004807　261/135－2
漢書地理志校本二卷　(清)汪遠孫撰　清道光二十八年(1848)刻本　二册

320000－1605－0004808　261/135－3
漢書地理志校本二卷　(清)汪遠孫撰　清道光二十八年(1848)刻本　二册

320000－1605－0004809　261/135－4
山海經存九卷　(清)汪紱撰　清光緒二十一年(1895)石印本　四册

320000－1605－0004810　261/164
山海經廣註十八卷山海經圖五卷　(清)吳任臣撰　清乾隆五十一年(1786)刻本　六册

320000－1605－0004811　261/362－1
山海經箋疏十八卷圖讚一卷　(清)郝懿行撰　清光緒十二年(1886)刻本　四册

320000－1605－0004812　261/362－2
全圖山海經十八卷　(清)郝懿行箋疏　清光緒十八年(1892)刻本　六册

320000－1605－0004813　261/412－1
圖繪全像山海經廣註十八卷　(晉)郭璞傳　清初刻本　二册　存三卷(一至二、五)

320000－1605－0004814　261/412－2
山海經十八卷　(晉)郭璞註　清刻本　二册

320000－1605－0004815　261/412－3
山海經十八卷　(晉)郭璞註　清刻本　二册

320000－1605－0004816　261/460
山海經新校正十八卷　(清)畢沅撰　清乾隆四十八年(1783)刻本　六册

320000－1605－0004817　261/674－1
楚漢諸侯疆域志三卷　(清)劉文淇撰　清光緒二年(1876)刻本　二册

320000－1605－0004818　261/674－2
楚漢諸侯疆域志三卷　(清)劉文淇撰　清光緒十三年(1887)刻本　一册

320000－1605－0004819　261/705
新斠注地理志集釋十六卷　(清)錢坫撰　(清)徐松集釋　清刻本　十册

320000－1605－0004820　263/152－1
元和郡縣志四十卷　(唐)李吉甫撰　清光緒六年(1880)刻本　八册

320000－1605－0004821　263/152－2
元和郡縣圖志闕卷逸文三卷　(唐)李吉甫撰　繆荃孫輯　清光緒七年(1881)刻本　一册

320000－1605－0004822　263/152－3
元和郡縣志四十卷　(唐)李吉甫撰　清光緒八年(1882)刻本　十册

320000－1605－0004823　263/152－4
元和郡縣志四十卷　(唐)李吉甫撰　清光緒八年(1882)刻本　十册

320000－1605－0004824　263/164
唐賈耽記邊州入四夷道里考實五卷　(清)吳承志撰　清刻本　五册

320000－1605－0004825　264/22－1
元豐九域志十卷　(宋)王存等編　清乾隆四十九年(1784)刻本　五册

320000－1605－0004826　264/22－2
元豐九域志十卷　(宋)王存等編　清光緒八年(1882)刻本　四册

320000－1605－0004827　264/22－3
元豐九域志十卷　(宋)王存等編　清光緒八年(1882)刻本　四册

320000－1605－0004828　264/636
輿地廣記三十八卷附黄丕烈札記二卷　(清)歐陽忞撰　清光緒六年(1880)刻本　四册

320000－1605－0004829　264/668－1
太平寰宇記二百卷目録二卷　(宋)樂史撰　清光緒八年(1882)刻本(原缺卷四、一百十三至一百十九)　三十六册

320000－1605－0004830　265/265
元秘史山川地名攷十二卷　(清)施世傑撰　清光緒二十三年(1897)刻本　一册

320000－1605－0004831　266/157

大明一統志九十卷 (明)李賢等總裁 (明)萬安等纂修 明天順五年(1461)刻本(卷四十五配清光緒元年張鏡抄本) 十二册 存四十九卷(一至七、二十五至二十七、三十至三十三、四十四至四十八、五十三至七十八、八十七至九十)

320000－1605－0004832 266/393
一統志案説十二卷 (清)徐乾學撰 清道光七年(1827)木活字印本 六册

320000－1605－0004833 267/16－1
皇朝輿地略不分卷 (清)六承如撰 清同治二年(1863)刻本 二册

320000－1605－0004834 267/16－2
皇朝輿地略不分卷 (清)六承如撰 清道光十一年(1831)刻本 一册

320000－1605－0004835 267/260－1
乾隆府廳州縣圖誌五十卷 (清)洪亮吉撰 清光緒五年(1879)刻本 十三册

320000－1605－0004836 267/260－2
乾隆府廳州縣圖誌五十卷 (清)洪亮吉撰 清光緒五年(1879)刻本 十二册

320000－1605－0004837 267/393－1
大清一統志表不分卷 (清)徐午録 清乾隆刻本 八册

320000－1605－0004838 267/393－2
大清一統志表不分卷 (清)徐午録 清乾隆刻本 六册

320000－1605－0004839 267/787
大清一統輿圖三十一卷 (清)嚴樹森撰 清同治刻本 十三册

320000－1605－0004840 267/811
大清一統志三百五十六卷 (清)蔣廷錫等撰 清道光二十九年(1849)木活字印本 一百二十册

320000－1605－0004841 270.01/0047
六朝事蹟類編十四卷 (宋)張敦頤編 清光緒十三年(1887)刻本 二册

320000－1605－0004842 270.01/4432
紅蘭逸乘四卷 (清)張霞房輯 清抄本 一册

320000－1605－0004843 270.03/0037
文瀾閣志三卷 (清)孫樹禮 (清)孫峻輯 清光緒二十四年(1898)刻本 三册

320000－1605－0004844 270.03/1031
三遷志十二卷 (明)史鶚撰 清康熙六十年(1721)刻本 四册

320000－1605－0004845 270.03/1230
孔宅志八卷 (清)孫鋐撰 清康熙五十六年(1717)刻本 四册

320000－1605－0004846 270.03/3030－1
淮安府藝文志十卷 (清)吳昆田輯 清刻本 八册

320000－1605－0004847 270.03/3030－2
淮安府藝文志十卷 (清)吳昆田輯 清刻本 八册

320000－1605－0004848 270.03/4432－1
燼餘録二卷 (元)徐大焯撰 清刻本 一册

320000－1605－0004849 270.03/4432－2
燼餘録二卷 (元)徐大焯撰 清刻本 一册

320000－1605－0004850 270.03/4432－3
平江記事一卷 (元)高德基撰 **吳中舊事一卷** (元)陸友仁撰 清刻本 一册

320000－1605－0004851 270.03/4432－4
平江記事一卷 (元)高德基撰 **吳中舊事一卷** (元)陸友仁撰 清刻本 一册

320000－1605－0004852 270.03/4432－5
平江記事一卷 (元)高德基撰 **吳中舊事一卷** (元)陸友仁撰 清刻本 一册

320000－1605－0004853 270.03/4432－6
平江記事一卷 (元)高德基撰 **吳中舊事一卷** (元)陸友仁撰 清刻本 一册

320000－1605－0004854 270.03/4432－7
平江記事一卷 (元)高德基撰 **吳中舊事一**

卷 (元)陸友仁撰 清刻本 一册

320000-1605-0004855 270.03/4432-8
吴中舊事一卷 (元)陸友仁撰 **爐餘録一卷** (元)徐大焯撰 清刻本 一册

320000-1605-0004856 270.03/5044
東林書院志二十二卷 (清)許獻等編纂 清光緒七年(1881)刻本 八册

320000-1605-0004857 270.03/7760
闕里廣志二十卷 (清)宋際編 (清)宋慶長重編 清同治九年(1870)刻本 十二册

320000-1605-0004858 270.03/9032
常州府八邑藝文志十卷 (清)盧文弨撰 清咸豐刻本 十六册

320000-1605-0004859 270.04/0031
廣福廟志不分卷 (清)丁申撰 清光緒三年(1877)刻本 一册

320000-1605-0004860 270.04/0121
龍虎山志十六卷 (清)婁近垣輯 清乾隆刻本 七册 缺二卷(十至十一)

320000-1605-0004861 270.04/0177
恒城龍母廟志二卷 (清)李如芝撰 清咸豐刻本 二册

320000-1605-0004862 270.04/1007-1
五畝園小志題詠合刻五十四卷 (清)謝家福輯 清光緒十六年(1890)刻本 一册

320000-1605-0004863 270.04/1007-2
五畝園小志題詠合刻五十四卷 (清)謝家福輯 清光緒十六年(1890)刻本 一册

320000-1605-0004864 270.04/1022-1
平山攬勝志十卷 (清)汪應庚撰 清乾隆七年(1742)刻本 四册

320000-1605-0004865 270.04/1022-2
虞山三峯清涼禪寺志二卷 (清)趙允懷等輯 清道光刻本 二册

320000-1605-0004866 270.04/1022-3
平山堂圖志十卷 (清)趙之壁撰 清刻本 三册

320000-1605-0004867 270.04/1024
至德志十卷 (清)吴鼎科編 (清)吴朝鼎訂 清光緒二年(1876)刻本 五册

320000-1605-0004868 270.04/1744
忍草庵志四卷 (清)劉繼曾撰 清光緒刻本 一册

320000-1605-0004869 270.04/2022-1
焦山續志八卷 (清)陳任暘輯 清光緒刻本 二册

320000-1605-0004870 270.04/2022-2
焦山志二十卷 (清)王豫等撰 清道光刻本 六册

320000-1605-0004871 270.04/2622
吴山伍公廟志六卷 (清)金文淳等輯 清光緒二年(1876)刻本 二册

320000-1605-0004872 270.04/3000
鳳凰山永慶寺志二卷 (清)釋宗智編 清光緒抄本 一册

320000-1605-0004873 270.04/3022-1
新建安徽會館記一卷 (□)□□撰 清光緒刻本 一册

320000-1605-0004874 270.04/3022-2
寒山寺志三卷 葉昌熾編 清宣統三年(1911)刻本 一册

320000-1605-0004875 270.04/3022-3
寒山寺志三卷 葉昌熾編 清宣統三年(1911)刻本 一册

320000-1605-0004876 270.04/3110
汪王廟志畧一卷 (清)汪文炳輯 清光緒刻本 一册

320000-1605-0004877 270.04/3776-1
洛陽名園記一卷 (宋)李廌撰 明刻本 一册

320000-1605-0004878 270.04/3833-1
滄浪小志二卷 (清)宋犖撰 清光緒十年

(1884)刻本　一冊

320000－1605－0004879　270.04/3833－2
滄浪小志二卷　(清)宋犖撰　清光緒十年(1884)刻本　一冊

320000－1605－0004880　270.04/3833－3
滄浪小志二卷　(清)宋犖撰　清光緒十年(1884)刻本　一冊

320000－1605－0004881　270.04/3833－4
滄浪小志二卷　(清)宋犖撰　清光緒十年(1884)刻本　一冊

320000－1605－0004882　270.04/3833－5
滄浪小志二卷　(清)宋犖撰　清光緒十年(1884)刻本　一冊

320000－1605－0004883　270.04/3833－6
滄浪小志二卷　(清)宋犖撰　清光緒十年(1884)刻本　一冊

320000－1605－0004884　270.04/4429－1
莫愁湖志六卷　(清)馬士圖撰　清光緒八年(1882)刻本　二冊

320000－1605－0004885　270.04/4429－2
莫愁湖志六卷　(清)馬士圖撰　清光緒八年(1882)刻本　二冊

320000－1605－0004886　270.04/4429－3
莫愁湖志六卷　(清)馬士圖撰　清光緒八年(1882)刻本　二冊

320000－1605－0004887　270.04/4429－4
莫愁湖志六卷　(清)馬士圖撰　清光緒八年(1882)刻本　二冊

320000－1605－0004888　270.04/4429－5
添修莫愁湖志二卷　題(清)三山二水吟客撰　清光緒十四年(1888)刻本　二冊

320000－1605－0004889　270.04/5531－1
曹江孝女廟志八卷　(清)金廷棟撰　清光緒八年(1882)刻本　二冊

320000－1605－0004890　270.04/5531－2
曹江孝女廟志八卷　(清)金廷棟撰　清光緒八年(1882)刻本　二冊

320000－1605－0004891　270.04/5531－3
曹江孝女廟志八卷　(清)金廷棟撰　清光緒八年(1882)刻本　二冊

320000－1605－0004892　270.04/6022
蜀中名勝記三十卷　(明)曹學佺撰　清刻本　十冊

320000－1605－0004893　270.04/606
天童寺志十卷首一卷　(清)聞性道等撰　清嘉慶刻本　四冊

320000－1605－0004894　270.04/6717
鸚鵡洲小志四卷　(清)胡鳳丹撰　清同治十三年(1874)刻本　二冊

320000－1605－0004895　270.04/6867
御製圓明園圖詠二卷　(清)高宗弘曆撰　清光緒石印本　二冊

320000－1605－0004896　270.04/7200－1
岳廟志略十卷首一卷　(清)馮培輯　清嘉慶刻本　四冊

320000－1605－0004897　270.04/7200－2
岳廟志略十卷首一卷　(清)馮培輯　清嘉慶刻本　四冊

320000－1605－0004898　270.04/7200－3
岳廟志略十卷首一卷　(清)馮培輯　清嘉慶刻本　六冊

320000－1605－0004899　270.04/8235
劍津名勝一卷　(清)唐贊衮編　清光緒刻本　一冊

320000－1605－0004900　270.04/8890－1
竹堂正覺禪寺小志一卷附陽山景福庵紀畧一卷　(清)釋真鑒編　徐融泉補述　清宣統元年(1909)鉛印本　二冊

320000－1605－0004901　270.04/8890－2
竹堂正覺禪寺小志一卷附陽山景福庵紀畧一卷　(清)釋真鑒編　徐融泉補述　清宣統元年(1909)鉛印本　二冊

320000－1605－0004902　270.04/8890－3
竹堂正覺禪寺小志一卷附陽山景福庵紀畧一卷　(清)釋真鑒編　徐融泉補述　清宣統元年(1909)鉛印本　二册

320000－1605－0004903　270.05/0022－1
廬山志十五卷　(清)毛德琦等撰　清康熙五十九年(1720)刻本　二十四册

320000－1605－0004904　270.05/0022－2
廬山志十五卷　(清)毛德琦等撰　清康熙五十九年(1720)刻本　十册

320000－1605－0004905　270.05/0022－3
廬山志十五卷　(清)毛德琦等撰　清康熙五十九年(1720)刻本　十四册

320000－1605－0004906　270.05/0022－4
廬山小志二十四卷　(清)蔡瀛撰　清道光四年(1824)刻本　六册

320000－1605－0004907　270.05/0044
麻姑山志十二卷　(清)黄家駒校訂　清同治刻本　六册

320000－1605－0004908　270.05/1023－1
天台山全志十八卷　(清)張聯元輯　清雍正刻本　六册

320000－1605－0004909　270.05/1023－2
重訂天台山方外志要十二卷　(清)齊召南輯　(清)阮元重訂　清嘉慶八年(1803)刻本　四册

320000－1605－0004910　270.05/1023－3
重訂天台山方外志要十二卷　(清)齊召南輯　(清)阮元重訂　清嘉慶八年(1803)刻本　四册

320000－1605－0004911　270.05/1023－4
天台山方外志三十卷　(明)釋傳燈撰　清光緒二十年(1894)刻本　八册

320000－1605－0004912　270.05/1023－5
天台山方外志三十卷　(明)釋傳燈撰　清光緒二十年(1894)刻本　八册

320000－1605－0004913　270.05/1037－1
西湖志八卷志餘十八卷　(明)田汝成撰　清康熙刻本　八册

320000－1605－0004914　270.05/1037－2
西湖志四十八卷　(清)傅王露等撰　清雍正刻本　二十册

320000－1605－0004915　270.05/1037－3
西湖志四十八卷　(清)傅王露等撰　清光緒四年(1878)刻本　二十册

320000－1605－0004916　270.05/1040
雲臺新志十八卷附敘録一卷　(清)許喬林撰　清道光刻本　六册

320000－1605－0004917　270.05/1080
石鐘山志十六卷　(清)李成謀撰　清光緒九年(1883)刻本　八册

320000－1605－0004918　270.05/1088－1
天竺山志十二卷　(清)管庭芬輯　清光緒刻本　六册

320000－1605－0004919　270.05/1088－2
天竺山志十二卷　(清)管庭芬輯　清光緒刻本　六册

320000－1605－0004920　270.05/1137
揚州北湖小志六卷　(清)焦循撰　清嘉慶刻本　二册

320000－1605－0004921　270.05/1350－1
武夷九曲志十六卷　(清)王復禮撰　清康熙刻本　六册

320000－1605－0004922　270.05/1350－2
武夷山志二十四卷　(清)董天工撰　清道光二十七年(1847)刻本　八册

320000－1605－0004923　270.05/1350－3
武夷山志二十四卷　(清)董天工撰　清道光二十七年(1847)刻本　八册

320000－1605－0004924　270.05/1350－4
武夷山志二十四卷　(清)董天工撰　清道光二十七年(1847)刻本　八册

320000－1605－0004925　270.05/1350－5

武夷志畧四卷　(明)徐表然輯　明萬曆刻本　二冊

320000－1605－0004926　270.05/2022－1
焦山志二十卷　(清)王豫等撰　清道光刻本　六冊

320000－1605－0004927　270.05/2022－2
[同治]焦山志二十六卷　(清)吳雲撰　清同治四年(1865)刻本　八冊

320000－1605－0004928　270.05/2022－3
[同治]焦山志二十六卷　(清)吳雲撰　清同治四年(1865)刻本　八冊

320000－1605－0004929　270.05/2060
雞足山志十卷　(清)范承勳輯　清康熙刻本　七冊

320000－1605－0004930　270.05/2177－1
[乾隆]虎阜志十卷　(清)陸肇域　(清)任兆麟編　清乾隆刻本　八冊　缺一卷(一)

320000－1605－0004931　270.05/2177－2
[□□]虎邱山志十卷　(清)顧湄撰　清刻本　一冊　存五卷(六至十)

320000－1605－0004932　270.05/2177－3
[宣統]重修虎邱山志十卷　(清)顧湄撰　清宣統三年(1911)鉛印本　一冊

320000－1605－0004933　270.05/2177－4
[宣統]重修虎邱山志十卷　(清)顧湄撰　清宣統三年(1911)鉛印本　一冊

320000－1605－0004934　270.05/2631
吴江水考五卷圖一卷附傳贊一卷　(明)沈啓撰　明嘉靖刻本　一冊　存一卷(圖一卷)

320000－1605－0004935　270.05/2722
磐山志十卷補遺一卷　(清)釋智樸撰　清康熙刻本　十冊

320000－1605－0004936　270.05/3030－1
永定河志三十二卷　(清)李逢亨等撰　清嘉慶刻本　十六冊

320000－1605－0004937　270.05/3030－2
永定河續志十六卷附諭旨一卷　(清)朱其詔等撰　清光緒八年(1882)刻本　十二冊

320000－1605－0004938　270.05/3030－3
穹窿山志六卷　(清)李標撰　(清)吳偉業編　清抄本　四冊

320000－1605－0004939　270.05/3044－1
寶華山志十五卷　(清)劉名芳撰　清乾隆刻本　八冊

320000－1605－0004940　270.05/3044－2
寶華山志十五卷　(清)劉名芳撰　清乾隆刻本　八冊

320000－1605－0004941　270.05/3530－1
清凉山志十卷　(明)釋鎮澄撰　清乾隆刻本　四冊

320000－1605－0004942　270.05/3530－2
清凉山志十卷　(明)釋鎮澄撰　清乾隆刻本　四冊

320000－1605－0004943　270.05/3710
洞霄圖志六卷　(清)鄧牧撰　清乾隆四十八年(1783)刻本　三冊

320000－1605－0004944　270.05/4022－1
南嶽志八卷　(清)曠敏本編　(清)高自位重輯　清乾隆十八年(1753)開雲樓刻本　六冊

320000－1605－0004945　270.05/4022－2
南嶽總勝集三卷　(宋)陳田夫撰　清光緒刻本　三冊

320000－1605－0004946　270.05/4022－3
南嶽總勝集三卷　(宋)陳田夫撰　清光緒刻本　三冊

320000－1605－0004947　270.05/4022－4
堯峯山志六卷　(明)陳仁錫輯　清抄本　一冊

320000－1605－0004948　270.05/4027
九嶷山志四卷　(清)樊在廷撰　清嘉慶元年(1796)刻本　二冊

320000－1605－0004949　270.05/4037－1

林屋民風十二卷附見聞録一卷　(清)王維德編　清康熙刻本　四冊

320000－1605－0004950　270.05/4037－2
太湖備攷十六卷　(清)金友理撰　清乾隆十五年(1750)刻本　八冊

320000－1605－0004951　270.05/4037－3
太湖備攷十六卷　(清)金友理撰　清乾隆十五年(1750)刻本　八冊

320000－1605－0004952　270.05/4037－4
太湖備攷十六卷　(清)金友理撰　清乾隆十五年(1750)刻本　八冊

320000－1605－0004953　270.05/4037－5
太湖備攷十六卷　(清)金友理撰　清乾隆十五年(1750)刻本　八冊

320000－1605－0004954　270.05/4037－6
太湖備攷十六卷　(清)金友理撰　清乾隆十五年(1750)刻本　八冊

320000－1605－0004955　270.05/4037－7
太湖備攷十六卷　(清)金友理撰　清乾隆十五年(1750)刻本　十二冊

320000－1605－0004956　270.05/4037－8
太湖備攷十六卷　(清)金友理撰　清抄本　八冊

320000－1605－0004957　270.05/4037－9
太湖備攷續編四卷　(清)鄭言紹輯　清光緒刻本　四冊

320000－1605－0004958　270.05/4037－10
太湖備攷續編四卷　(清)鄭言紹輯　清光緒刻本　四冊

320000－1605－0004959　270.05/4037－11
太湖備攷續編四卷　(清)鄭言紹輯　清光緒刻本　四冊

320000－1605－0004960　270.05/4037－12
南湖考一卷　(明)陳幼學撰　清光緒刻本　一冊

320000－1605－0004961　270.05/4222
鼓山志十四卷　(清)黄任輯　清光緒二年(1876)刻本　六冊

320000－1605－0004962　270.05/4244
桃花源志畧十三卷　(清)唐開韶撰　清道光二十四年(1844)刻本　四冊

320000－1605－0004963　270.05/4322
盋山志八卷　(清)顧雲撰　清光緒刻本　三冊

320000－1605－0004964　270.05/4422－1
黄山志七卷　(清)閔麟嗣撰　清康熙刻本　七冊

320000－1605－0004965　270.05/4422－2
華嶽志八卷　(清)李榕撰　清光緒九年(1883)刻本　四冊

320000－1605－0004966　270.05/4422－3
華嶽全集十三卷　(明)張維新編　明萬曆刻本　十二冊

320000－1605－0004967　270.05/4422－4
横山志六卷　(清)顧嘉譽輯　清抄本　二冊

320000－1605－0004968　270.05/4427
黄鵠山志十二卷　(清)胡鳳丹編　清同治十三年(1874)刻本　六冊

320000－1605－0004969　270.05/5022－1
泰山志二十卷　(清)金棨撰　清嘉慶十三年(1808)刻本　十冊

320000－1605－0004970　270.05/5022－2
岱覽全輯四十三卷　(清)唐仲冕輯　清刻本　十二冊

320000－1605－0004971　270.05/5022－3
泰山道里記不分卷　(清)聶鈫撰　清光緒四年(1878)刻本　一冊

320000－1605－0004972　270.05/5022－4
泰山道里記不分卷　(清)聶鈫撰　清光緒四年(1878)刻本　一冊

320000－1605－0004973　270.05/5044
東林山志二十四卷　(清)吳玉樹輯　清同治

元年(1862)鉛印本　四册

320000－1605－0004974　270.05/5122－1
攝山志八卷　(清)陳毅撰　清乾隆刻本　四册

320000－1605－0004975　270.05/5122－2
慧山記四卷　(明)邵寶撰　**續編四卷**　(清)邵涵初撰　清同治七年(1868)刻本　四册

320000－1605－0004976　270.05/5528
曹谿通志八卷　(清)馬元重修　清道光刻本　四册　存四卷(一、四、六至七)

320000－1605－0004977　270.05/6021－1
蜀水攷四卷　(清)陳登龍撰　清道光刻本　二册

320000－1605－0004978　270.05/6021－2
蜀水攷四卷　(清)陳登龍撰　清光緒二十二年(1896)刻本　四册

320000－1605－0004979　270.05/6032－1
羅浮山志會編二十二卷　(清)宋廣業編　清康熙刻本　十册

320000－1605－0004980　270.05/6032－2
羅浮山志會編二十二卷　(清)宋廣業編　清康熙刻本　十册

320000－1605－0004981　270.05/6032－3
浮山志五卷附荔莊詩存一卷　(清)陳銘珪撰　清光緒七年(1881)刻本　三册

320000－1605－0004982　270.05/6037
鼎湖山志八卷　(清)釋成鷲撰　清康熙四十九年(1710)刻本　四册

320000－1605－0004983　270.05/7144
廣雁蕩山志二十八卷　(清)曾近堂輯　清乾隆刻本　八册

320000－1605－0004984　270.05/8022
金山志十卷續二卷　(清)盧見曾　(清)釋秋崖撰　清乾隆刻本　六册

320000－1605－0004985　270.05/8073－1
普陀山志二十卷　(清)秦耀曾撰　清道光刻本　四册

320000－1605－0004986　270.05/8073－2
重修南海普陀山志二十卷　(清)許琰編　清乾隆四年(1739)刻本　四册

320000－1605－0004987　270.09/271
青冢志十二卷　(清)胡鳳丹撰　清光緒刻本　三册

320000－1605－0004988　270.09/4032
杭州八旗駐防營志畧二十五卷　(清)張大昌撰　清光緒刻本　六册

320000－1605－0004989　270.09/4432
蘇郡育嬰堂志一卷　(清)程肇清撰　清光緒刻本　一册

320000－1605－0004990　270.09/791
韓忠武王祠墓志六卷　(清)顧沅輯　清道光刻本　二册

320000－1605－0004991　270.09/971
忠武祠墓志九卷　題(清)虚白道人輯　清刻本　四册

320000－1605－0004992　270.1/152－1
元和郡縣圖志四十卷　(唐)李吉甫撰　清嘉慶二年(1797)刻本　十二册

320000－1605－0004993　270.1/152－2
元和郡縣圖志四十卷　(唐)李吉甫撰　清嘉慶二年(1797)刻本　十册

320000－1605－0004994　270.1/152－3
元和郡縣圖志四十卷　(唐)李吉甫撰　清光緒六年(1880)刻本　十九册

320000－1605－0004995　270.1/152－4
元和郡縣圖志四十卷　(唐)李吉甫撰　清光緒六年(1880)刻本　八册

320000－1605－0004996　270.10/2110
[光緒]順天府志一百三十卷圖一卷附錄一卷　(清)萬青藜等修　繆荃孫等纂　清光緒刻本　三十二册　存五十九卷(十三至十四、二十七至三十、三十四至四十八、五十二至七十一、一百二至一百十七、一百二十五至一百二

十六）

320000－1605－0004997　270.10/3041
宸垣識畧十六卷　（清）吳長元撰　清乾隆刻本　八冊

320000－1605－0004998　270.11/2138－1
[同治]上海縣志三十二卷補遺一卷敘録一卷　（清）應寶時修　（清）俞樾等纂　清同治十一年(1872)刻本　七冊　存二十五卷(一至五、十五至三十二,補遺一卷,敘録一卷)

320000－1605－0004999　270.11/2138－2
[同治]上海縣志三十二卷補遺一卷敘録一卷　（清）應寶時修　（清）俞樾等纂　清同治十一年(1872)刻本　十六冊

320000－1605－0005000　270.11/2138－3
[同治]上海縣志三十二卷補遺一卷敘録一卷　（清）應寶時修　（清）俞樾等纂　清同治十一年(1872)刻本　十六冊

320000－1605－0005001　270.11/2138－4
[同治]上海縣志札記六卷　（清）秦榮光撰　清光緒二十八年(1902)鉛印本　六冊

320000－1605－0005002　270.11/2239
[光緒]川沙廳志十四卷首一卷末一卷　（清）陳方瀛修　（清）俞樾等纂　清光緒五年(1879)刻本　六冊

320000－1605－0005003　270.11/2267－1
[乾隆]崇明縣志二十卷首一卷　（清）韓彦雪等撰　清乾隆二十五年(1760)刻本　十一冊　存十七卷(二至八、十一至十九,首一卷)

320000－1605－0005004　270.11/2267－2
[光緒]崇明縣志十八卷　（清）曹文焕等修　（清）李聯琇等纂　清光緒七年(1881)刻本　十二冊

320000－1605－0005005　270.11/3022－1
[乾隆]寶山縣志十卷首一卷　（清）章鑰等撰　清乾隆十年(1745)刻本　十冊

320000－1605－0005006　270.11/3022－2
[光緒]寶山縣志十四卷首一卷　（清）梁蒲貴等修　（清）朱延射等纂　清光緒八年(1882)刻本　八冊

320000－1605－0005007　270.11/4030
[光緒]嘉定縣志三十二卷首一卷　（清）程其珏等修　（清）楊震福等纂　清光緒七年(1881)刻本　十六冊

320000－1605－0005008　270.11/4031－1
[光緒]南匯縣志二十二卷首一卷末一卷　（清）顧思賢等修　（清）張文虎纂　清光緒五年(1879)刻本　十二冊

320000－1605－0005009　270.11/4031－2
[光緒]南匯縣志二十二卷首一卷末一卷　（清）顧思賢等修　（清）張文虎纂　清光緒五年(1879)刻本　十二冊

320000－1605－0005010　270.11/4831－1
[嘉慶]松江府志八十四卷首二卷圖一卷　（清）宋如林修　（清）孫星衍　（清）莫晉纂　清嘉慶二十二年(1817)刻本　四十冊

320000－1605－0005011　270.11/4831－2
[嘉慶]松江府志八十四卷首二卷圖一卷　（清）宋如林修　（清）孫星衍　（清）莫晉纂　清嘉慶二十二年(1817)刻本　四十冊

320000－1605－0005012　270.11/4831－3
[嘉慶]松江府志八十四卷首二卷圖一卷　（清）宋如林修　（清）孫星衍　（清）莫晉纂　清嘉慶二十二年(1817)刻本　四十八冊

320000－1605－0005013　270.11/4831－4
[嘉慶]松江府志八十四卷首二卷圖一卷　（清）宋如林修　（清）孫星衍　（清）莫晉纂　清嘉慶二十二年(1817)刻本　三十冊　存六十六卷(一至四十三、六十二至八十四)

320000－1605－0005014　270.11/4831－5
[光緒]松江府續志四十卷首一卷圖一卷　（清）博潤修　（清）姚光發等纂　清光緒十年(1884)刻本　二十四冊

320000－1605－0005015　270.11/4831－6
[光緒]松江府續志四十卷首一卷圖一卷

（清）博潤修　（清）姚光發等纂　清光緒十年（1884）刻本　二十四册

320000－1605－0005016　270.11/4831－7
［光緒］華亭縣志二十四卷首一卷末一卷（清）楊開第修　（清）姚光發等纂　清光緒五年（1879）刻本　十四册

320000－1605－0005017　270.11/4831－8
［光緒］華亭縣志二十四卷首一卷末一卷（清）楊開第修　（清）姚光發等纂　清光緒五年（1879）刻本　十册

320000－1605－0005018　270.11/4831－9
［光緒］華亭縣志二十四卷首一卷末一卷（清）楊開第修　（清）姚光發等纂　清光緒五年（1879）刻本　十册

320000－1605－0005019　270.11/5033
［光緒］青浦縣志三十卷首二卷末一卷　（清）汪祖綬修　（清）熊其英纂　清光緒五年（1879）刻本　十二册

320000－1605－0005020　270.11/5033－4－1
蒸里志畧十二卷　（清）葉世熊撰　清宣統二年（1910）鉛印本　二册

320000－1605－0005021　270.11/5033－4－2
蒸里志畧十二卷　（清）葉世熊撰　清宣統二年（1910）鉛印本　二册

320000－1605－0005022　270.11/5077
［光緒］重修奉賢縣志二十卷首一卷末一卷（清）韓佩金修　（清）張文虎等纂　清光緒四年（1878）刻本　六册

320000－1605－0005023　270.11/8022
［光緒］金山縣志三十卷首一卷　（清）崔廷鏞等修　（清）黄厚本等纂　清光緒四年（1878）刻本　八册

320000－1605－0005024　270.11/8022－1
干巷志六卷　（清）朱棟撰　清嘉慶刻本　二册

320000－1605－0005025　270.12/0027－1
［嘉慶］高郵州志十二卷首一卷　（清）楊宜崙修　（清）夏之蓉等纂　（清）馮馨增纂修　清道光二十五年（1845）刻本　十七册　缺二卷（三、十二）

320000－1605－0005026　270.12/0027－2
［嘉慶］高郵州志十二卷首一卷　（清）楊宜崙修　（清）夏之蓉等纂　（清）馮馨增纂修　清道光二十五年（1845）刻本　十六册

320000－1605－0005027　270.12/0027－3
［道光］續增高郵州志六卷　（清）左輝春修（清）宋茂初等纂　清道光二十三年（1843）刻本　十册

320000－1605－0005028　270.12/0027－4
［道光］續增高郵州志六卷　（清）左輝春修（清）宋茂初等纂　清道光二十三年（1843）刻本　六册

320000－1605－0005029　270.12/0027－5
［道光］續增高郵州志六卷　（清）左輝春修（清）宋茂初等纂　清道光二十三年（1843）刻本　五册

320000－1605－0005030　270.12/0027－6
［光緒］再續高郵州志八卷首一卷　（清）龔定瀛修　（清）夏子錫纂　清光緒九年（1883）刻本　六册

320000－1605－0005031　270.12/0080
［光緒］六合縣志八卷圖説一卷附錄一卷（清）謝延庚等修　（清）賀廷壽等纂　清光緒九年（1883）刻本　十册

320000－1605－0005032　270.12/0531
［光緒］靖江縣志十六卷首一卷　（清）葉滋森修　（清）褚翔纂　清光緒五年（1879）刻本　八册

320000－1605－0005033　270.12/0748
［光緒］贛榆縣志十八卷　（清）王豫熙等修（清）張謇等纂　清光緒十四年（1888）刻本　四册

320000－1605－0005034　270.12/1036－1
［乾隆］震澤縣志三十八卷首一卷　（清）陳和

志修　清光緒十九年(1893)刻本　九册　存二十三卷(十至二十四、三十一至三十八)

320000－1605－0005035　270.12/1036－2
[乾隆]震澤縣志三十八卷首一卷　(清)陳和志修　清光緒十九年(1893)刻本　八册

320000－1605－0005036　270.12/1330－1
[光緒]武進陽湖縣志三十卷首一卷　(清)王其淦等修　(清)湯成烈纂　清光緒五年(1879)刻本　十九册

320000－1605－0005037　270.12/1330－2
[光緒]武陽志餘十二卷首一卷　(清)莊毓鋐等撰　清光緒十四年(1888)木活字印本　十六册

320000－1605－0005038　270.12/1330－3
[光緒]武陽志餘十二卷首一卷　(清)莊毓鋐等撰　清光緒十四年(1888)木活字印本　十六册

320000－1605－0005039　270.12/1622
[乾隆]碭山縣志十四卷　(清)劉王瑗等纂修　清乾隆三十二年(1767)刻本　二册　存三卷(十至十二)

320000－1605－0005040　270.12/1722－1
[咸豐]邳州志二十卷首一卷　(清)董用威修　(清)魯一同纂　清咸豐元年(1851)刻本　四册

320000－1605－0005041　270.12/1722－2
[咸豐]邳州志二十卷首一卷　(清)董用威修　(清)魯一同纂　清光緒二十一年(1895)刻本　四册

320000－1605－0005042　270.12/1722－3
[咸豐]邳州志二十卷首一卷　(清)董用威修　(清)魯一同纂　清光緒二十一年(1895)刻本　四册

320000－1605－0005043　270.12/1722－4
[咸豐]邳州志二十卷首一卷　(清)董用威修　(清)魯一同纂　清光緒二十一年(1895)刻本　四册

320000－1605－0005044　270.12/2200
[光緒]豐縣志十六卷首一卷　(清)姚鴻杰等纂修　清光緒二十年(1894)刻本　三册　存三卷(八至十)

320000－1605－0005045　270.12/2222－1
[至正]昆山郡志六卷　(元)楊譓纂　清光緒刻本　一册

320000－1605－0005046　270.12/2222－2
信義志二卷　(清)陳至言撰　(清)于炳炎重訂　清于炳炎抄本　二册

320000－1605－0005047　270.12/2222－3
[光緒]崑新兩縣續修合志五十二卷首一卷末一卷　(清)金吴瀾等修　(清)汪堃等纂　清光緒六年(1880)刻本　二十四册

320000－1605－0005048　270.12/2222－4
[光緒]崑新兩縣續修合志五十二卷首一卷末一卷　(清)金吴瀾等修　(清)汪堃等纂　清光緒六年(1880)刻本　二十四册

320000－1605－0005049　270.12/2222－5
[光緒]崑新兩縣續修合志五十二卷首一卷末一卷　(清)金吴瀾等修　(清)汪堃等纂　清光緒六年(1880)刻本　二十四册

320000－1605－0005050　270.12/25
[康熙]江南通志七十六卷　(清)王新命　(清)張九徵撰　清康熙二十三年(1684)刻本　二册　存二卷(四十五、五十一)

320000－1605－0005051　270.12/254
[光緒]通州直隸州志十六卷首一卷末一卷　(清)莫祥芝等修　(清)季念詒等纂　清光緒二年(1876)刻本　十六册

320000－1605－0005052　270.12/2622－1
[崇禎]吴縣志五十四卷圖一卷　(明)牛若麟修　(明)王焕如纂　明崇禎刻本　三册　存三卷(一至二、圖一卷)

320000－1605－0005053　270.12/2622－2
洞書二卷　(清)張鑑撰　清末抄本　一册　存一卷(下)

320000－1605－0005054　270.12/2631－1
[光緒]平望續志十二卷首一卷　(清)黄兆檉撰　清光緒十三年(1887)刻本　四册

320000－1605－0005055　270.12/2631－2－1
[嘉慶]黎里志十六卷　(清)徐達源撰　清嘉慶十年(1805)刻本　四册

320000－1605－0005056　270.12/2631－2－3
[光緒]黎里續志十六卷首一卷　(清)蔡丙圻撰　清光緒二十五年(1899)刻本　六册

320000－1605－0005057　270.12/2631－2－4
[光緒]黎里續志十六卷首一卷　(清)蔡丙圻撰　清光緒二十五年(1899)刻本　六册

320000－1605－0005058　270.12/2631－2－5
[光緒]黎里續志十六卷首一卷　(清)蔡丙圻撰　清光緒二十五年(1899)刻本　六册

320000－1605－0005059　270.12/2631－3
分湖小識六卷　(清)柳樹芳撰　清道光刻本　二册

320000－1605－0005060　270.12/2631－4
[乾隆]吴江縣志五十八卷首一卷　(清)沈彤等撰　清乾隆刻本　十二册

320000－1605－0005061　270.12/2631－5
[乾隆]盛湖志二卷　(清)仲沈洙撰　清乾隆三十五年(1770)刻本　二册

320000－1605－0005062　270.12/2631－6－1
[光緒]吴江縣續志四十卷首一卷　(清)金吴瀾等修　(清)熊其英等纂　清光緒五年(1879)刻本　八册

320000－1605－0005063　270.12/2631－6－2
[光緒]吴江縣續志四十卷首一卷　(清)金吴瀾等修　(清)熊其英等纂　清光緒五年(1879)刻本　八册

320000－1605－0005064　270.12/2631－7－1
貞豐擬乘二卷　(清)章騰龍撰　(清)陳勰增輯　清嘉慶十五年(1810)聚星堂刻本　一册　存一卷(上)

320000－1605－0005065　270.12/2631－7－2
[嘉慶]同里志二十四卷首一卷　(清)閻登雲修　(清)周之楨纂　清嘉慶十六年(1811)刻本　四册

320000－1605－0005066　270.12/2631－7－3
[光緒]周莊鎮志六卷　(清)陶煦輯　清光緒八年(1882)刻本　六册

320000－1605－0005067　270.12/2631－7－4
[光緒]周莊鎮志六卷　(清)陶煦輯　清光緒八年(1882)刻本　六册

320000－1605－0005068　270.12/2631－7－5
[光緒]周莊鎮志六卷　(清)陶煦輯　清光緒八年(1882)刻本　六册

320000－1605－0005069　270.12/2631－7－6
[光緒]周莊鎮志六卷　(清)陶煦輯　清光緒八年(1882)刻本　六册

320000－1605－0005070　270.12/2631－7－7
[光緒]周莊鎮志六卷　(清)陶煦輯　清光緒八年(1882)刻本　六册

320000－1605－0005071　270.12/2631－7－8
[光緒]周莊鎮志六卷　(清)陶煦輯　清光緒八年(1882)刻本　六册

320000－1605－0005072　270.12/2631－8
[乾隆]吴郡甫里志二十四卷首一卷　(清)彭方周等修　清乾隆三十年(1765)刻本　一册　存八卷(一至七、首一卷)

320000－1605－0005073　270.12/2631－9
同川藝文志稿不分卷　題(清)湘湄徵君編　清袁清賀抄本　一册

320000－1605－0005074　270.12/2730
[光緒]續纂句容縣志二十卷首一卷雜組一卷　(清)張紹棠修　(清)蕭穆等纂　清光緒三十年(1904)刻本　十六册

320000－1605－0005075　270.12/2832－1
[乾隆]徐州府志三十卷　(清)王峻等撰　清乾隆七年(1742)刻本　二十四册

320000－1605－0005076　270.12/2832－2
[同治]徐州府志二十五卷　(清)朱忻修

（清）劉庠等纂　清同治十三年（1874）刻本　十六册

320000－1605－0005077　270.12/2832－3
［同治］徐州府志二十五卷　（清）朱忻修　（清）劉庠等纂　清同治十三年（1874）刻本　二十册

320000－1605－0005078　270.12/3000－1
［道光］寶應縣志二十八卷　（清）孟毓蘭修　（清）喬載繇等纂　清道光二十一年（1841）刻本　十册

320000－1605－0005079　270.12/3000－2
［道光］寶應縣志二十八卷　（清）孟毓蘭修　（清）喬載繇等纂　清道光二十一年（1841）刻本　十册

320000－1605－0005080　270.12/3030－1
［同治］山陽縣志二十一卷　（清）孫雲修　（清）丁晏等纂　清同治十二年（1873）刻本　八册

320000－1605－0005081　270.12/3030－2
［同治］山陽縣志二十一卷　（清）孫雲修　（清）丁晏等纂　清同治十二年（1873）刻本　八册

320000－1605－0005082　270.12/3030－3
［光緒］淮安府志四十卷首一卷　（清）孫雲錦修　（清）吴昆田等纂　清光緒十年（1884）刻本　十六册

320000－1605－0005083　270.12/3030－4
［光緒］淮安府志四十卷首一卷　（清）孫雲錦修　（清）吴昆田等纂　清光緒十年（1884）刻本　十六册

320000－1605－0005084　270.12/3030－5
［光緒］淮安府志四十卷首一卷　（清）孫雲錦修　（清）吴昆田等纂　清光緒十年（1884）刻本　十九册　缺二卷（三至四）

320000－1605－0005085　270.12/3030－6
［光緒］淮安府志四十卷首一卷　（清）孫雲錦修　（清）吴昆田等纂　清光緒十年（1884）刻本　十五册　缺二卷（二十二至二十三）

320000－1605－0005086　270.12/3031
［同治］宿遷縣志十九卷　（清）李德溥修　（清）方駿謨等纂　清同治十三年（1874）刻本　十二册

320000－1605－0005087　270.12/3077－1
［嘉慶］新修荆溪縣志四卷首一卷　（清）唐仲冕修　（清）甯楷纂　清嘉慶二年（1797）刻本　二册

320000－1605－0005088　270.12/3077－2
［嘉慶］新修宜興縣志四卷　（清）阮升基修　（清）甯楷纂　清嘉慶二年（1797）刻本　二册

320000－1605－0005089　270.12/3077－3
［道光］續纂宜興荆溪縣志十卷首一卷　（清）龔潤森等修　（清）吴德旋纂　清同治八年（1869）刻本　四册

320000－1605－0005090　270.12/3077－4
宜興荆溪縣新舊合志十一卷　（清）阮升基等撰　清同治八年（1869）刻本　十册

320000－1605－0005091　270.12/3077－5
［同治］增修宜興荆溪縣志八卷　（清）阮升基等修纂　清同治八年（1869）刻本　四册

320000－1605－0005092　270.12/3077－6
［道光］重刊續纂宜荆縣志十卷首一卷　（清）顧名等修　（清）吴德旋纂　清光緒刻本　四册

320000－1605－0005093　270.12/3077－7
［光緒］宜興荆溪縣新志十卷首一卷末一卷　（清）施惠等修　（清）吳景牆等纂　清光緒八年（1882）刻本　八册

320000－1605－0005094　270.12/3077－8
重刊宜興縣舊志十卷　（清）阮升基等撰　清光緒八年（1882）刻本　十册

320000－1605－0005095　270.12/3078
［光緒］清河縣志二十六卷　（清）胡裕燕等修　（清）吴昆田等纂　清光緒五年（1879）刻本　六册

320000－1605－0005096　270.12/3112
[光緒]溧水縣志二十二卷首一卷　(清)傅觀光等修　(清)丁維誠纂　清光緒九年(1883)刻十五年(1889)印本　十二册

320000－1605－0005097　270.12/3130－1
[同治]上江兩縣志二十八卷首一卷敘録一卷　(清)甘紹盤等修　(清)汪士鐸等纂　清同治十三年(1874)刻本　二十四册

320000－1605－0005098　270.12/3130－2
[同治]上江兩縣志二十八卷首一卷敘録一卷　(清)甘紹盤等修　(清)汪士鐸等纂　清同治十三年(1874)刻本　十二册

320000－1605－0005099　270.12/3130－3
上元江寧鄉土合志六卷　陳作霖撰　清宣統二年(1910)刻本　二册

320000－1605－0005100　270.12/3133
江浦埤乘四十卷　(清)侯宗海　(清)夏錫寶撰　清光緒十七年(1891)刻本　十四册

320000－1605－0005101　270.12/3147－1
[乾隆]江都縣志三十二卷　(清)黄湘等輯　清乾隆八年(1743)刻本　十册

320000－1605－0005102　270.12/3147－2
[嘉慶]江都縣續志十二卷首一卷　(清)王逢源修　(清)李保泰纂　清光緒七年(1881)刻本　四册

320000－1605－0005103　270.12/3147－3
[光緒]江都縣續志三十卷首一卷圖一卷　(清)謝延庚修　(清)劉壽曾等纂　清光緒十年(1884)刻本　八册

320000－1605－0005104　270.12/3147－4
[光緒]增修甘泉縣志二十四卷首一卷　(清)徐成敟等修　(清)陳浩恩等纂　(清)桂正華等增修　(清)范用賓增纂　清光緒十一年(1885)刻本　二十册

320000－1605－0005105　270.12/316
廣陵事略七卷　(清)姚文田輯　清嘉慶十五年(1810)刻本　四册

320000－1605－0005106　270.12/3176－1
[光緒]溧陽縣續志十六卷補遺一卷　(清)朱峻等修　(清)馮煦纂　清光緒二十五年(1899)木活字印溧陽合志本　八册

320000－1605－0005107　270.12/3176－2
[光緒]溧陽縣續志十六卷補遺一卷　(清)朱峻等修　(清)馮煦纂　清光緒二十五年(1899)木活字印溧陽合志本　八册

320000－1605－0005108　270.12/3176－3
[嘉慶]溧陽縣志十六卷　(清)陳鴻壽等修　(清)史炳等纂　清光緒二十年(1894)木活字印本　十册

320000－1605－0005109　270.12/3176－4
[嘉慶]溧陽縣志十六卷　(清)陳鴻壽等修　(清)史炳等纂　清光緒二十年(1894)木活字印本　七册　存十一卷(一至九、十三至十四)

320000－1605－0005110　270.12/3178－1
[光緒]江陰縣志三十卷首一卷　(清)盧思誠等修　(清)季念詒等纂　清光緒六年(1880)刻本　二十册

320000－1605－0005111　270.12/3178－2
[光緒]江陰縣志三十卷首一卷　(清)盧思誠等修　(清)季念詒等纂　清光緒六年(1880)刻本　二十册

320000－1605－0005112　270.12/3178－3
[光緒]江陰縣志三十卷首一卷　(清)盧思誠等修　(清)季念詒等纂　清光緒六年(1880)刻本　十五册　存二十四卷(七至三十)

320000－1605－0005113　270.12/320
[道光]震澤縣志十四卷首一卷末一卷　(清)紀磊　(清)沈眉壽撰　清道光二十四年(1844)刻本　四册

320000－1605－0005114　270.12/35
[乾隆]江南通志二百卷首四卷　(清)黄之雋等纂修　(清)尹繼善等總裁　清乾隆刻本　十一册　存四十卷(一百四十一至一百四十三、一百五十一至一百五十四、一百五十八至

一百八十、一百八十四至一百九十、一百九十五至一百九十七)

320000－1605－0005115　270.12/3512－1
[同治]安東縣志十五卷　(清)金元烺修　(清)吴昆田等纂　清光緒元年(1875)刻本　六册

320000－1605－0005116　270.12/3512－2
[光緒]安東縣志十五卷　(清)金元烺修　(清)吴昆田等纂　清光緒元年(1875)刻本　一册　存三卷(十三至十五)

320000－1605－0005117　270.12/3877－1
[光緒]海門廳圖志二十卷首一卷　(清)劉文徽修　(清)周家禄撰　清光緒二十六年(1900)刻本　四册

320000－1605－0005118　270.12/3877－2
[光緒]海門廳圖志二十卷首一卷　(清)劉文徽修　(清)周家禄撰　清光緒二十六年(1900)刻本　四册

320000－1605－0005119　270.12/4000－1
金陵待徵録十卷　(清)金鰲輯　清光緒二年(1876)刻本　一册

320000－1605－0005120　270.12/4000－2
金陵瑣志五種　陳作霖編　清光緒十一年(1885)刻本　五册

320000－1605－0005121　270.12/4000－3
[嘉慶]新修江寧府志五十六卷　(清)吕燕昭修　(清)姚鼐纂　**[光緒]續纂江寧府志十五卷首一卷**　(清)趙佑宸等修　(清)汪士鐸纂　清光緒七年(1881)刻本　二十四册

320000－1605－0005122　270.12/4000－4
[嘉慶]新修江寧府志五十六卷　(清)吕燕昭修　(清)姚鼐纂　清嘉慶十六年(1811)刻本　十二册

320000－1605－0005123　270.12/4000－5
[光緒]續纂江寧府志十五卷首一卷　(清)趙佑宸等修　(清)汪士鐸纂　清光緒七年(1881)刻本　十二册

320000－1605－0005124　270.12/4031
[光緒]南匯縣志二十二卷首一卷末一卷　(清)顧思賢等修　(清)張文虎纂　清光緒五年(1879)刻本　十二册

320000－1605－0005125　270.12/4037
[光緒]通州直隸州志十六卷首一卷末一卷　(清)莫祥芝等修　(清)季念詒等纂　清光緒二年(1876)刻本　十六册

320000－1605－0005126　270.12/4080－1
[嘉慶]直隸太倉州志六十五卷　(清)汪廷昉等修　(清)王昶等纂　清嘉慶七年(1802)刻本　二册　存四卷(一至二、二十三至二十四)

320000－1605－0005127　270.12/4080－2
彙刻太倉舊志五種　(清)繆朝荃編　清宣統元年(1909)繆朝荃刻本　八册

320000－1605－0005128　270.12/4080－3
彙刻太倉舊志五種　(清)繆朝荃編　清宣統元年(1909)繆朝荃刻本　八册

320000－1605－0005129　270.12/4080－4
壬癸志稿二十八卷　(清)錢寶琛撰　清光緒六年(1880)刻本　四册

320000－1605－0005130　270.12/441
[康熙]常州府志三十八卷首一卷　(清)于琨修　(清)陳玉璂纂　清光緒十二年(1886)木活字印本　二十一册

320000－1605－0005131　270.12/4422－1
吴門表隱不分卷　(清)顧震濤輯　清光緒二十三年(1897)抄本　一册

320000－1605－0005132　270.12/4422－2
[同治]續蕭縣志十八卷首一卷　(清)顧景濂修　(清)段廣瀛等纂　清光緒元年(1875)刻本　六册

320000－1605－0005133　270.12/4422－3
[嘉慶]蕭縣志十八卷首一卷　(清)潘鎔撰修　(清)沈學淵等纂　清嘉慶二十年(1815)刻本　二册　存五卷(十至十四)

320000－1605－0005134　270.12/4430－1
蘇州府學明倫堂扁額志不分卷　（清）潘世湉輯　清同治刻本　一册

320000－1605－0005135　270.12/4430－2
吴門補乘十卷首一卷　（清）錢思元撰　清道光二年（1822）刻本　二册　存三卷（五至七）

320000－1605－0005136　270.12/4432－1
［乾隆］蘇州府志八十卷首一卷　（清）習寯等修　清乾隆十三年（1748）刻本　六十六册

320000－1605－0005137　270.12/4432－2
［道光］蘇州府志一百五十卷　（清）宋如林修　（清）石韞玉纂　清道光四年（1824）刻本　四十八册

320000－1605－0005138　270.12/4432－3
［道光］蘇州府志一百五十卷　（清）宋如林修　（清）石韞玉纂　清道光四年（1824）刻本　六十四册

320000－1605－0005139　270.12/4432－4
［同治］蘇州府志一百五十卷首三卷　（清）李銘皖等修　（清）馮桂芬纂　清光緒七年（1881）刻本　八十册

320000－1605－0005140　270.12/4432－5
［同治］蘇州府志一百五十卷首三卷　（清）李銘皖等修　（清）馮桂芬纂　清光緒七年（1881）刻本　八十册

320000－1605－0005141　270.12/4432－6
［同治］蘇州府志一百五十卷首三卷　（清）李銘皖等修　（清）馮桂芬纂　清光緒七年（1881）刻本　八十册

320000－1605－0005142　270.12/4432－7
百城煙水九卷　（清）徐崧　（清）張大純輯　清康熙二十九年（1690）刻本　二册　存一卷（一）

320000－1605－0005143　270.12/4432－8
［紹定］吴郡志五十卷　（宋）范成大撰　**校勘記一卷**　（清）錢熙祚撰　清刻守山閣叢書本　五册

320000－1605－0005144　270.12/4432－9
吴地記一卷後集一卷　（唐）陸廣微撰　清同治十二年（1873）刻本　一册

320000－1605－0005145　270.12/4432－10
吴地記一卷後集一卷　（唐）陸廣微撰　清同治十二年（1873）刻本　一册

320000－1605－0005146　270.12/4432－11
吴地記一卷後集一卷　（唐）陸廣微撰　清同治十二年（1873）刻本　一册

320000－1605－0005147　270.12/4432－12
吴地記一卷後集一卷　（唐）陸廣微撰　清同治十二年（1873）刻本　一册

320000－1605－0005148　270.12/4432－13
吴郡圖經續記三卷　（宋）朱長文撰　清同治十二年（1873）刻本　一册

320000－1605－0005149　270.12/4432－14
吴郡圖經續記三卷　（宋）朱長文撰　清同治十二年（1873）刻本　一册

320000－1605－0005150　270.12/4432－15
吴郡圖經續記三卷　（宋）朱長文撰　清同治十二年（1873）刻本　一册

320000－1605－0005151　270.12/4432－16
吴郡圖經續記三卷　（宋）朱長文撰　清同治十二年（1873）刻本　一册

320000－1605－0005152　270.12/4432－17
吴郡圖經續記三卷　（宋）朱長文撰　清同治十二年（1873）刻本　一册

320000－1605－0005153　270.12/4626
［嘉慶］如皋縣志二十四卷　（清）楊受廷等修　（清）馬汝舟等纂　清嘉慶十三年（1808）刻本　十册

320000－1605－0005154　270.12/4831－5－1
［光緒］婁縣續志二十卷　（清）汪坤厚等修　（清）張雲望纂　清光緒五年（1879）刻本　六册

320000－1605－0005155　270.12/4831－5－2
［光緒］婁縣續志二十卷　（清）汪坤厚等修

(清)張雲望纂　清光緒五年(1879)刻本　六册

320000－1605－0005156　270.12/4831－5－3
[乾隆]婁縣志三十卷　(清)陸錫熊等撰　清乾隆五十三年(1788)刻本　六册

320000－1605－0005157　270.12/4831－5－4
[乾隆]婁縣志三十卷　(清)陸錫熊等撰　清乾隆五十三年(1788)刻本　六册

320000－1605－0005158　270.12/492－1
[光緒]金山縣志三十卷首一卷　(清)崔廷鏞等修　(清)黄厚本等纂　清光緒四年(1878)刻本　八册

320000－1605－0005159　270.12/492－2
[光緒]金山縣志三十卷首一卷　(清)崔廷鏞等修　(清)黄厚本等纂　清光緒四年(1878)刻本　八册

320000－1605－0005160　270.12/5032－1
[道光]泰州志三十六卷　(清)王有慶等修　(清)陳世鎔等纂　清道光七年(1827)刻光緒三十四年(1908)遞修本　十二册

320000－1605－0005161　270.12/5032－2
[道光]泰州志三十六卷　(清)王有慶等修　(清)陳世鎔等纂　清道光七年(1827)刻光緒三十四年(1908)遞修本　十册

320000－1605－0005162　270.12/5038
[嘉慶]海洲直隸州志三十二卷首一卷　(清)唐仲冕等修　(清)汪梅鼎等纂　清嘉慶十年(1805)刻十六年(1811)重修本　十册

320000－1605－0005163　270.12/5040－2
[嘉慶]東臺縣志四十卷　(清)周右修　(清)蔡復午纂　清嘉慶二十二年(1817)刻道光增修本　十册

320000－1605－0005164　270.12/5040－1
[嘉慶]東臺縣志四十卷　(清)周右修　(清)蔡復午纂　清嘉慶二十二年(1817)刻道光增修本　十册

320000－1605－0005165　270.12/5077－1
[光緒]泰興縣志二十六卷首一卷末一卷　(清)楊激雲修　(清)顧曾烜纂　清光緒十二年(1886)刻本　十册

320000－1605－0005166　270.12/5077－2
[光緒]泰興縣志二十六卷首一卷末一卷　(清)楊激雲修　(清)顧曾烜纂　清光緒十二年(1886)刻本　十册

320000－1605－0005167　270.12/5632－1
[雍正]揚州府志四十卷　(清)尹會一修　(清)程夢星等纂　清雍正刻本　十二册

320000－1605－0005168　270.12/5632－2
[嘉慶]重修揚州府志七十二卷首一卷　(清)阿克當阿等修　(清)姚文田等纂　清嘉慶十五年(1810)刻本　六十四册

320000－1605－0005169　270.12/5632－3
廣陵事略七卷　(清)姚文田輯　清嘉慶十五年(1810)刻本　六册

320000－1605－0005170　270.12/5632－4
廣陵通典十卷　(清)汪中撰　清同治刻本　二册

320000－1605－0005171　270.12/5632－5
[同治]續纂揚州府志二十四卷　(清)方濬頤修　(清)晏端書等纂　清同治十三年(1874)刻本　八册

320000－1605－0005172　270.12/5632－6
[同治]續纂揚州府志二十四卷　(清)方濬頤修　(清)晏端書等纂　清同治十三年(1874)刻本　八册

320000－1605－0005173　270.12/5632－7
[嘉慶]江都縣續志十二卷首一卷　(清)王逢源修　(清)李保泰纂　清光緒七年(1881)刻本　四册

320000－1605－0005174　270.12/6030
[光緒]睢寧縣志稾十八卷　(清)侯紹瀛修　(清)丁顯纂　清光緒十三年(1887)刻本　六册

320000－1605－0005175　270.12/7724－1

[咸豐]重修興化縣志十卷　(清)梁園棣等修　(清)鄭之僑等纂　清咸豐刻本　八册

320000－1605－0005176　270.12/7724－2
[光緒]丹徒縣志六十卷首四卷圖一卷　(清)何紹章等修　(清)吕耀斗纂　清光緒五年(1879)刻本　三十二册

320000－1605－0005177　270.12/7776－1
[光緒]丹陽縣志三十六卷　(清)劉誥等修　(清)徐錫麟纂　清光緒十一年(1885)刻本　十六册

320000－1605－0005178　270.12/7776－2
[光緒]丹陽縣志三十六卷　(清)劉誥等修　(清)徐錫麟纂　清光緒十一年(1885)刻本　十五册　缺一卷(三十四)

320000－1605－0005179　270.12/7843－1
[光緒]鹽城縣志十七卷首一卷　(清)劉崇照修　(清)陳玉樹纂　清光緒二十一年(1895)刻本　六册　存十五卷(一至十四、首一卷)

320000－1605－0005180　270.12/7843－2
[光緒]鹽城縣志十七卷首一卷　(清)劉崇照修　(清)陳玉樹纂　清光緒二十一年(1895)刻本　八册

320000－1605－0005181　270.12/8040
金壇見聞記二卷　(清)強汝詢撰　清光緒刻本　一册

320000－1605－0005182　270.12/8064－4
[光緒]泰伯梅里志八卷　(清)吴熙等纂修　清光緒二十三年(1897)許巨楫刻本　二册　存四卷(三至六)

320000－1605－0005183　270.12/8086－1
[道光]無錫金匱續志十卷首一卷　(清)李彭齡修　(清)楊熙之等纂　清道光二十年(1840)刻本　四册

320000－1605－0005184　270.12/8086－2
錫金志外五卷　(清)華湛恩纂修　清道光刻本　四册

320000－1605－0005185　270.12/8086－3
錫山景物畧十卷　(清)王永積撰　清光緒刻本　十二册

320000－1605－0005186　270.12/8086－4
[同治]泰伯梅里志四卷首一卷　(清)吴存禮修　清同治八年(1869)刻本　四册

320000－1605－0005187　270.12/8086－5
[光緒]無錫金匱縣志四十卷附編六卷首一卷　(清)裴大中等修　(清)秦緗業纂　清光緒七年(1881)刻本　二十册

320000－1605－0005188　270.12/8086－6
[光緒]無錫金匱縣志四十卷附編六卷首一卷　(清)裴大中等修　(清)秦緗業纂　清光緒七年(1881)刻本　二十册

320000－1605－0005189　270.12/8086－7
[光緒]無錫金匱縣志四十卷附編六卷首一卷　(清)裴大中等修　(清)秦緗業纂　清光緒七年(1881)刻本　二十册

320000－1605－0005190　270.12/8086－8
[光緒]無錫金匱縣志四十卷附編六卷首一卷　(清)裴大中等修　(清)秦緗業纂　清光緒七年(1881)刻本　十八册

320000－1605－0005191　270.12/8086－9
錫金識小録十二卷　(清)黄印撰　清光緒二十二年(1896)木活字印本　六册

320000－1605－0005192　270.12/8086－10
錫金識小録十二卷　(清)黄印撰　清光緒二十二年(1896)木活字印本　六册

320000－1605－0005193　270.12/8382
續金山誌二卷　(清)釋秋崖撰　清光緒刻本　二册

320000－1605－0005194　270.12/8722－1
[道光]銅山縣志二十四卷　(清)崔志元修　(清)金左泉纂　清道光十一年(1831)刻本　十六册

320000－1605－0005195　270.12/8722－2
徐州府銅山縣鄉土志一卷　(清)張紹棠修　(清)蕭穆等纂　清光緒三十年(1904)刻本

一冊

320000－1605－0005196　270.12/9004－1
琴川三志補記十卷　(清)黄廷鑑撰　清道光十一年(1831)木活字印本　三冊

320000－1605－0005197　270.12/9004－2
[光緒]常昭合志稿四十八卷首一卷末一卷　(清)鄭鍾祥等修　(清)龐鴻文等纂　清光緒三十年(1904)木活字印本　十七冊

320000－1605－0005198　270.12/9004－3
[光緒]常昭合志稿四十八卷首一卷末一卷　(清)鄭鍾祥等修　(清)龐鴻文等纂　清光緒三十年(1904)木活字印本　二十冊

320000－1605－0005199　270.12/9004－4
[乾隆]常昭合志十二卷　(清)王錦等撰　清光緒二十四年(1898)木活字印本　十五冊

320000－1605－0005200　270.12/9005－1
皇明常熟文獻志十八卷　(明)管一德撰　清抄本　十冊

320000－1605－0005201　270.12/9005－2
虞鄉志畧十二卷　(清)鄧琳輯　清道光抄本　十冊

320000－1605－0005202　270.13/0010
[光緒]重修廣平府志六十三卷首一卷　(清)吴中彦修　(清)胡景桂纂　清光緒二十年(1894)刻本　二十四冊

320000－1605－0005203　270.13/103
日下舊聞四十二卷　(清)朱彝尊撰　清乾隆刻本　二十四冊

320000－1605－0005204　270.13/1035
津門雜記三卷　(清)張燾撰　清光緒十年(1884)刻本　三冊

320000－1605－0005205　270.13/1040－1
[康熙]靈壽縣志十卷附録一卷　(清)陸隴其撰　清康熙刻本　六冊

320000－1605－0005206　270.13/1040－2
[康熙]靈壽縣志十卷附録一卷　(清)陸隴其撰　清康熙刻本　四冊

320000－1605－0005207　270.13/2253
[同治]畿輔通志三百卷　(清)黄彭年等撰　清光緒十年(1884)刻本　二百四十冊

320000－1605－0005208　270.13/2322
[乾隆]獻縣志二十卷續志四卷　(清)戈濤　(清)李昌祺撰　清乾隆二十六年(1761)刻本　十四冊

320000－1605－0005209　270.13/3022
[道光]直隸定州志二十二卷首一卷　(清)寶琳等纂修　清道光三十年(1850)刻本　十二冊

320000－1605－0005210　270.13/3032
[嘉慶]灤州志八卷首一卷末一卷　(清)吳士鴻修　(清)孫學恒纂　清嘉慶刻本　八冊

320000－1605－0005211　270.13/3177
[乾隆]河間府志二十卷　(清)胡天游等撰　清乾隆二十四年(1759)刻本　十冊

320000－1605－0005212　270.13/3722
深州風土記二十二卷　(清)吳汝綸撰　清光緒二十六年(1900)刻本　五冊

320000－1605－0005213　270.13/4400
[光緒]獲鹿縣志十四卷首一卷末一卷　(清)俞錫綱等修　(清)曹鑅纂　清光緒七年(1881)刻本　十冊

320000－1605－0005214　270.13/5016－1
[光緒]棗強縣志補正五卷補遺一卷　(清)方宗誠纂修　清光緒二年(1876)刻本　二冊

320000－1605－0005215　270.13/5016－2
[光緒]棗強縣志補正五卷補遺一卷　(清)方宗誠纂修　清光緒二年(1876)刻本　二冊

320000－1605－0005216　270.13/5030
[乾隆]肅寧縣志十卷　(清)談有典撰　清乾隆十九年(1754)刻本　五冊

320000－1605－0005217　270.13/8476
[乾隆]饒陽縣志二卷首一卷末一卷　(清)單作哲撰　清乾隆十四年(1749)刻本　四冊

320000－1605－0005218　270.14/3376－1

[乾隆]盛京通志四十八卷　(□)□□撰　清乾隆二十年(1755)刻本　四十册

320000－1605－0005219　270.14/3376－2
盛京典制備攷八卷　(清)崇厚輯　清光緒刻本　六册

320000－1605－0005220　270.16/393
黑龍江述略六卷　(清)徐宗亮撰　清光緒十五年(1889)刻本　一册

320000－1605－0005221　270.17/0077
[道光]章邱縣志十六卷　(清)吴璋修　(清)曹楙堅纂　清道光十五年(1835)刻本　二册　存二卷(十五至十六)

320000－1605－0005222　270.17/1743
[嘉慶]東昌府志五十卷　(清)嵩山修　(清)謝香開等纂　清嘉慶十三年(1808)刻本　二十四册

320000－1605－0005223　270.17/2722
[康熙]鄒縣志十二卷　(清)婁一均等撰　清光緒十八年(1892)刻本　八册

320000－1605－0005224　270.17/2740
[光緒]魚臺縣志四卷首一卷末一卷　(清)趙英祚纂修　清光緒十五年(1889)刻本　四册

320000－1605－0005225　270.17/3021－1
[萬曆]汶上縣志八卷　(明)栗可仕修　(明)王命新纂　明萬曆刻本　一册　存三卷(二至四)

320000－1605－0005226　270.17/3021－2
[萬曆]汶上縣志八卷　(明)栗可仕修　(明)王命新纂　清康熙刻本　二册

320000－1605－0005227　270.17/3076
[光緒]寧陽縣志二十四卷　(清)高陞榮修　(清)黄恩彤纂　(清)陳文顯增修　(清)黄師誾增纂　清光緒十三年(1887)刻本　十二册

320000－1605－0005228　270.17/3077
[乾隆]定陶縣志十卷首一卷　(清)雷宏宇修　(清)劉珠等纂　清乾隆十九年(1754)刻光緒二年(1876)重修本　四册

320000－1605－0005229　270.17/3332
[宣統]濮州志八卷首一卷　(清)高士英等撰　清宣統元年(1909)刻本　八册

320000－1605－0005230　270.17/3612
[光緒]泗水縣志十五卷首一卷　(清)趙英祚修　(清)黄承艧纂　清光緒十八年(1892)刻本　八册

320000－1605－0005231　270.17/5010
[光緒]東平州志二十七卷圖一卷首四卷　(清)恩奎等修　(清)盧崟等纂　清光緒七年(1881)刻本　二十册

320000－1605－0005232　270.17/5030
[道光]泰安縣志十二卷首一卷末一卷　(清)徐宗幹修　(清)蔣大慶等纂　(清)楊寶賢增修纂　清同治六年(1867)刻本　十四册

320000－1605－0005233　270.17/5032
[咸豐]青州府志六十四卷　(清)毛永柏等修　(清)李圖等纂　清咸豐九年(1859)刻本　二十四册

320000－1605－0005234　270.17/5522
[光緒]曹縣志十八卷首一卷　(清)陳嗣良修　(清)孟廣來等纂　清光緒十年(1884)居敬書院刻本　六册　存十四卷(一至十三、首一卷)

320000－1605－0005235　270.17/7131
長河志籍攷十卷　(清)田雯編　清康熙三十七年(1698)刻本　一册

320000－1605－0005236　270.17/7135
[道光]長清縣志十六卷　(清)舒化民等修　(清)徐德城纂　清道光十五年(1835)刻本　六册

320000－1605－0005237　270.17/7732
[道光]重修膠州志四十卷　(清)張同聲修　(清)李圖纂　清道光二十六年(1846)刻本　八册

320000－1605－0005238　270.17/8047－1

[康熙]益都縣志十四卷首一卷　(明)鍾譔等撰　清康熙刻本　六册

320000－1605－0005239　270.17/8047－2
[光緒]益都縣圖志五十四卷首一卷　(清)張承燮等修　(清)法偉堂纂　清光緒三十三年(1907)刻本　十六册

320000－1605－0005240　270.18/0060
[光緒]鹿邑縣志十六卷首一卷　(清)于滄瀾等修　(清)蔣師轍等纂　清光緒二十二年(1896)刻本　六册

320000－1605－0005241　270.18/4000
[道光]太康縣志八卷　(清)戴鳳翔修　(清)高崧　(清)江練等撰　清道光八年(1828)刻本　八册

320000－1605－0005242　270.18/4143
[光緒]柘城縣志十卷首一卷　(清)元淮等纂修　清光緒二十二年(1896)刻本　十册

320000－1605－0005243　270.18/4477
[順治]封邱縣志九卷首一卷　(清)余縉修　清刻本　三册　存三卷(五至七)

320000－1605－0005244　270.18/4722
[乾隆]杞縣志二十四卷首一卷　(清)周璣等撰　清乾隆五十三年(1788)刻本　十二册

320000－1605－0005245　270.18/6022
[光緒]續修睢州志十二卷　(清)王枚修　(清)徐紹康纂　清光緒十八年(1892)刻本　八册

320000－1605－0005246　270.18/72
[光緒]河南通志八十卷　(清)田文鏡等編纂　**續志八十卷**　(清)阿思哈監修　清光緒十八年(1892)刻本　六十四册

320000－1605－0005247　270.18/7472
[道光]尉氏縣志二十卷首一卷　(清)沈溎等修　(清)王觀潮纂　清道光十一年(1831)刻本　八册

320000－1605－0005248　270.19/23
[光緒]山西通志一百八十四卷首一卷　(清)曾國荃等修　(清)王軒纂　清光緒十八年(1892)刻本　九十六册

320000－1605－0005249　270.19/7160
武城紀事二卷補遺一卷　沈錫榮編　清宣統二年(1910)石印本　一册

320000－1605－0005250　270.20/0024
[光緒]廣德州志六十卷首一卷末一卷　(清)胡有誠修　(清)丁寶書纂　清光緒七年(1881)刻本　二十册

320000－1605－0005251　270.20/0032－1
[光緒]亳州志二十卷首一卷　(清)宗能徵等纂修　清光緒二十一年(1895)木活字印本　十四册

320000－1605－0005252　270.20/0032－2
[光緒]續修廬州府志一百卷首一卷末一卷　(清)黄雲修　(清)汪宗沂等纂　清光緒十一年(1885)刻本　四十八册

320000－1605－0005253　270.20/0230－1
[淳熙]新安志十卷　(宋)趙不悔修　(宋)羅願纂　清光緒十四年(1888)刻本　四册

320000－1605－0005254　270.20/0230－2
[淳熙]新安志十卷　(宋)趙不悔修　(宋)羅願纂　清光緒十四年(1888)刻本　四册

320000－1605－0005255　270.20/157
皖志便覽六卷　(清)李應珏撰　清光緒二十八年(1902)刻本　二册

320000－1605－0005256　270.20/178－1
[同治]安徽通志三百五十卷附補遺十卷　(清)何紹基等撰　清光緒三年(1877)刻本　九十三册　存二百六十九卷(一至二百一、二百七十二至三百二十九,補遺十卷)

320000－1605－0005257　270.20/178－2
[同治]安徽通志三百五十卷附補遺十卷　(清)何紹基等撰　清光緒三年(1877)刻本　一百二十册

320000－1605－0005258　270.20/2832－1
[康熙]徽州府志十八卷　(清)丁廷楗等修

(清)趙吉士等纂　清康熙三十四年(1695)刻本　十册

320000－1605－0005259　270.20/2832－2
[道光]徽州府志十六卷　(清)馬步蟾等纂修　清道光七年(1827)刻本　二十三册　存十二卷(三、五至十、十二至十六)

320000－1605－0005260　270.20/3622
[光緒]泗虹合志十九卷　(清)方瑞蘭修　(清)江殿颺等纂　清光緒十四年(1888)刻本　八册

320000－1605－0005261　270.20/3777
[同治]祁門縣志三十六卷　(清)周溶修　(清)汪韻珊纂　清同治十二年(1873)刻本　十二册

320000－1605－0005262　270.20/3822
[光緒]滁州志十卷首一卷末一卷　(清)熊祖詒纂修　清宣統元年(1909)木活字印本　十册

320000－1605－0005263　270.20/6163
[光緒]盱眙縣志稿十七卷首一卷　(清)王錫元等修　(清)高延第等纂　清光緒十七年(1891)刻本　八册

320000－1605－0005264　270.20/6722－1
[嘉慶]黟縣志十六卷附一卷　(清)吴甸華修　(清)程汝翼等纂　清嘉慶十七年(1812)刻本　十三册　存十三卷(四至十六)

320000－1605－0005265　270.20/6722－2
[道光]黟縣續志十六卷　(清)吕子珏修　(清)詹錫齡纂　清道光五年(1825)刻本　一册　存一卷(人物之列女)

320000－1605－0005266　270.20/7176
歷陽典録三十四卷補編六卷　(清)陳廷桂等纂　清同治六年(1867)刻本　八册

320000－1605－0005267　270.20/7776－1
[乾隆]鳳陽縣志十六卷首一卷　(清)于萬培等纂　清光緒二年(1876)刻本　十册

320000－1605－0005268　270.20/7776－2
[光緒]鳳陽府志二十一卷　(清)馮煦修　魏家驊等纂　清光緒三十四年(1908)木活字印本　二十四册

320000－1605－0005269　270.20/7776－3
[光緒]鳳陽府志二十一卷　(清)馮煦修　魏家驊等纂　清光緒三十四年(1908)木活字印本　二十四册

320000－1605－0005270　270.21/1047
[同治]雩都縣志十六卷首一卷　(清)王穎等修　(清)何戴仁等纂　清同治十二年(1873)刻本　十二册

320000－1605－0005271　270.21/1260
讀瑞昌縣志摘抄不分卷　(清)□□辑　清抄本　二册

320000－1605－0005272　270.21/1821－1
婺源鄉土志不分卷七章　(清)董鍾琪　(清)汪廷璋撰　清光緒三十四年(1908)木活字印本　一册

320000－1605－0005273　270.21/1831
[光緒]婺源縣志六十四卷首一卷　(清)吴鶚等修　(清)汪正元等纂　清光緒九年(1883)刻本　二十四册

320000－1605－0005274　270.21/2184
[同治]上饒縣志二十六卷首一卷　(清)王恩溥等修　(清)李樹藩等纂　清同治九年(1870)刻本　二十册

320000－1605－0005275　270.21/674－1
[光緒]重修江西通志一百八十卷首五卷　(清)劉坤一等修　(清)劉繹等纂　清光緒六年(1880)刻本　一百二十册

320000－1605－0005276　270.21/674－2
[光緒]重修江西通志一百八十卷首五卷　(清)劉坤一等修　(清)劉繹等纂　清光緒六年(1880)刻本　一百十九册　缺二卷(一百二十一至一百二十二)

320000－1605－0005277　270.22/166
[道光]重纂福建通志二百七十八卷首七卷

(清)孫爾準等修　(清)陳壽琪等纂　(清)吴棠等增纂修　清同治七年(1868)刻本　一百四十册

320000－1605－0005278　270.22/21
閩部疏一卷　(明)王世懋撰　明萬曆刻本　一册

320000－1605－0005279　270.22/2238
[同治]僊游縣志五十三卷首一卷　(清)王椿等修　(清)葉和侃纂　清同治十二年(1873)刻本　二十册

320000－1605－0005280　270.22/2632
[乾隆]泉州府志七十六卷首一卷　(清)懷蔭布修　(清)黄任等纂　清乾隆二十八年(1763)刻光緒八年(1882)刻本　四十八册

320000－1605－0005281　270.22/3024－1
[康熙]寧化縣志七卷　(清)李世熊纂　清同治八年(1869)刻本　八册

320000－1605－0005282　270.22/3024－2
[康熙]寧化縣志七卷　(清)李世熊纂　清同治八年(1869)刻本　八册

320000－1605－0005283　270.22/3031
[乾隆]永福縣志十卷　(清)陳焱等纂　清抄本　二册　存七卷(一至七)

320000－1605－0005284　270.22/4010－1
[嘉慶]南平縣志三十八卷首三卷末一卷　(清)楊桂森修　(清)應丹詔纂　(清)潘文鳳　(清)徐敘模重校　清嘉慶十五年(1810)刻同治八年(1869)補刻十一年(1872)重校補刻本　二十二册　缺二卷(人部二十七、首一)

320000－1605－0005285　270.20/7776－4
[乾隆]鳳陽縣志十六卷首一卷　(清)于萬培等纂　清光緒二年(1876)刻本　六册　缺七卷(四至五、十二至十六)

320000－1605－0005286　270.22/7131
[光緒]長汀縣志三十三卷首一卷末一卷　(清)王壘原本　(清)謝昌霖再續修　(清)劉國光再續纂　清光緒五年(1879)刻本　十四册

320000－1605－0005287　270.22/7177
[道光]廈門志十六卷　(清)周凱等纂修　清道光十九年(1839)刻本　十二册

320000－1605－0005288　270.23/0471
[光緒]諸暨縣志六十一卷首一卷　(清)陳遹聲修　(清)蔣鴻藻纂　清宣統二年(1910)刻本　十八册

320000－1605－0005289　270.23/1016－1
[光緒]玉環廳志十四卷　(清)杜冠英等修　(清)吕鴻燾纂　清光緒六年(1880)刻本　八册

320000－1605－0005290　270.23/1016－2
[光緒]玉環廳志十四卷　(清)杜冠英等修　(清)吕鴻燾纂　清光緒六年(1880)刻本　八册

320000－1605－0005291　270.23/1037－9
當湖外志八卷　(清)馬承昭纂　清光緒元年(1875)刻本　四册

320000－1605－0005292　270.23/1076
[乾隆]平陽縣志二十卷首一卷　(清)徐恕修　(清)孫謙　(清)張南英纂　清抄本　八册

320000－1605－0005293　270.23/157－1
[光緒]浙志便覽十卷　(清)李應珏纂　清光緒二十二年(1896)刻本　四册

320000－1605－0005294　270.23/157－2
[光緒]浙志便覽十卷　(清)李應珏纂　清光緒二十二年(1896)刻本　六册

320000－1605－0005295　270.23/2110
[道光]縉雲縣志十八卷首一卷　(清)湯成烈纂修　清道光二十八年(1848)刻本　十册

320000－1605－0005296　270.23/2121－1
[光緒]上虞縣志四十八卷首一卷末一卷　(清)唐煦春修　(清)朱士黻纂　清光緒十七年(1891)刻本　二十册

320000－1605－0005297　270.23/2121－2

[光緒]上虞縣志四十八卷首一卷末一卷　(清)唐煦春修　(清)朱士黻纂　清光緒十七年(1891)刻本　二十册

320000－1605－0005298　270.23/2132－1
[光緒]處州府志三十卷首一卷末一卷　(清)潘紹詒修　(清)周榮椿等纂　清光緒三年(1877)刻本　三十二册

320000－1605－0005299　270.23/2132－2
[光緒]處州府志三十卷首一卷末一卷　(清)潘紹詒修　(清)周榮椿等纂　清光緒三年(1877)刻本　二十八册

320000－1605－0005300　270.23/2677－1
[同治]湖州府志九十四卷　(清)周學濬　(清)陸心源等輯　清同治十三年(1874)刻本　四十八册

320000－1605－0005301　270.23/2677－2
[光緒]歸安縣志五十二卷首一卷　(清)李昱修　(清)陸心源等纂　清光緒八年(1882)刻本　十二册

320000－1605－0005302　270.23/2677－3
[光緒]歸安縣志五十二卷首一卷　(清)李昱修　(清)陸心源等纂　清光緒八年(1882)刻本　十二册

320000－1605－0005303　270.23/2677－4－1
[光緒]菱湖鎮志四十四卷首一卷　(清)孫志熊撰　清光緒十九年(1893)歸安孫氏刻本　六册

320000－1605－0005304　270.23/2677－4－2
[咸豐]南潯鎮志四十卷首一卷　(清)汪曰楨撰　清咸豐九年至同治二年(1859－1863)刻本　十六册

320000－1605－0005305　270.23/2677－4－3
[咸豐]南潯鎮志四十卷首一卷　(清)汪曰楨撰　清咸豐九年至同治二年(1859－1863)刻本　十册

320000－1605－0005306　270.23/2677－4－4
[咸豐]南潯鎮志四十卷首一卷　(清)汪曰楨撰　清咸豐九年至同治二年(1859－1863)刻本　十册

320000－1605－0005307　270.23/2677－5
[光緒]烏程縣志三十六卷圖一卷　(清)潘玉璿等修　(清)汪曰楨纂　清光緒七年(1881)刻本　十二册

320000－1605－0005308　270.23/2777
[乾隆]紹興府志八十卷　(清)李享特輯　清乾隆五十七年(1792)刻本　四十六册

320000－1605－0005309　270.23/3030
[光緒]淳安縣志十六卷首一卷　(清)劉世寧原本　(清)李詩續修　(清)陳中元　(清)竺士彥續纂　清光緒十年(1884)刻本　八册

320000－1605－0005310　270.23/3034－1
[道光]寧波府志三十六卷　(清)曹秉仁等修　(清)萬經等纂　清道光二十六年(1846)刻本　十六册

320000－1605－0005311　270.23/3034－2
[乾隆]鄞縣志三十卷首一卷　(清)錢大昕　(清)錢維喬纂　清乾隆五十二年(1787)刻本　十二册

320000－1605－0005312　270.23/3034－3
[同治]鄞縣志七十五卷　(清)戴枚修　(清)董沛等纂　清光緒三年(1877)刻本　二十五册　存五十五卷(十二至六十六)

320000－1605－0005313　270.23/3034－4
[同治]鄞縣志七十五卷　(清)戴枚等修　(清)董沛等纂　清光緒三年(1877)刻本　三十四册

320000－1605－0005314　270.23/3038－1
[光緒]定海廳志三十卷首一卷　(清)史致馴等修　(清)陳重威等纂　清光緒十一年(1885)刻本　十册

320000－1605－0005315　270.23/3038－2
[光緒]定海廳志三十卷首一卷　(清)史致馴等修　(清)陳重威等纂　清光緒十一年(1885)刻二十八年(1902)重修本　九册　存

二十五卷(六至三十)

320000－1605－0005316　270.23/3040－1
[光緒]永嘉縣志三十八卷首一卷　(清)張寶琳修　(清)王棻等纂　清光緒八年(1882)刻本　十六册

320000－1605－0005317　270.23/3040－2
[光緒]永嘉縣志三十八卷首一卷　(清)張寶琳修　(清)王棻等纂　清光緒八年(1882)刻本　二十四册

320000－1605－0005318　270.23/3040－3
[光緒]永嘉縣志三十八卷首一卷　(清)張寶琳修　(清)王棻等纂　清光緒八年(1882)刻本　三十二册

320000－1605－0005319　270.23/3076
[光緒]富陽縣志二十四卷首一卷　(清)汪文炳等修　(清)何鎔等纂　清光緒三十二年(1906)刻本　十六册

320000－1605－0005320　270.23/3122
[同治]江山縣志十二卷首一卷末一卷　(清)王彬等纂　清同治十二年(1873)刻本　八册

320000－1605－0005321　270.23/3632－1
[乾隆]溫州府志三十卷首一卷　(清)李琬等修　清乾隆二十七年(1762)刻同治四年(1865)補刻本　十六册

320000－1605－0005322　270.23/3632－2
甌江小記一卷　(清)郭鍾岳撰　清光緒四年(1878)刻本　一册

320000－1605－0005323　270.23/3878
[光緒]海鹽縣志二十二卷首一卷末一卷　(清)王彬修　(清)徐用儀纂　清光緒三年(1877)刻本　十二册

320000－1605－0005324　270.23/4032－1
[咸淳]臨安志一百卷　(元)潛說友撰　**札記三卷**　(清)汪遠孫撰　清道光十年(1830)刻本　十四册　存六十七卷(一至十三、三十五至八十八)

320000－1605－0005325　270.23/4032－2
[咸淳]臨安志一百卷　(元)潛說友撰　**札記三卷**　(清)汪遠孫撰　清道光十年(1830)刻本　十二册　存四十九卷(五十二至九十七、札記三卷)

320000－1605－0005326　270.23/4032－3
定鄉小識十六卷　(清)張道撰　清光緒八年(1882)刻本　四册

320000－1605－0005327　270.23/4032－4
[萬曆]錢塘縣志十卷　(清)聶心湯纂修　清光緒十九年(1893)刻本　六册

320000－1605－0005328　270.23/4032－5
[嘉靖]仁和縣志十四卷　(明)沈朝宣等撰　清光緒十九年(1893)刻本　六册

320000－1605－0005329　270.23/4077－1
[嘉慶]嘉興府志八十卷首三卷　(清)伊湯安修　(清)馮應榴等纂　清嘉慶五年(1800)刻本　三十六册　存七十七卷(一至六十一、六十三至六十四、六十七至七十三、七十五至七十八,首三卷)

320000－1605－0005330　270.23/4077－2
[□□]嘉興府志□□卷　(清)□□撰　稿本　一册　存一册(古蹟)

320000－1605－0005331　270.23/4077－3
[光緒]嘉興府志八十八卷首二卷　(清)許瑤光修　(清)吳仰賢纂　清光緒四年(1878)刻本　四十八册

320000－1605－0005332　270.23/4077－4
[光緒]重修梅里志十八卷　(清)楊謙撰　(清)李富孫增補　清光緒三年(1877)刻本　六册

320000－1605－0005333　270.23/4080
[光緒]重修嘉善縣志三十六卷首一卷　(清)江峯青等纂　清光緒十八年(1892)刻本　十六册

320000－1605－0005334　270.23/4080－4
續修楓涇小志十卷首一卷　(清)程兼善等纂　清宣統三年(1911)鉛印本　四册

320000－1605－0005335　270.23/420
[雍正]寧波府志三十六卷首一卷　(清)曹秉仁修　(清)萬經等纂　清道光二十六年(1846)刻本　十六册

320000－1605－0005336　270.23/4422－1
[同治]黄巖縣志四十卷首一卷　(清)王棻　(清)王詠霓纂　清光緒三年(1877)刻本　十六册

320000－1605－0005337　270.23/4422－2
[同治]黄巖縣志四十卷首一卷　(清)王棻　(清)王詠霓纂　清光緒三年(1877)刻本　十六册

320000－1605－0005338　270.23/4432
[光緒]蘭谿縣志八卷首一卷補遺一卷　(清)邵秉經等修　(清)唐壬森纂　清光緒十五年(1889)刻本　十二册

320000－1605－0005339　270.23/4727－1
[光緒]桐鄉縣志二十四卷首四卷　(清)嚴辰等纂　清光緒十三年(1887)刻本　二十四册

320000－1605－0005340　270.23/4727－2
[光緒]桐鄉縣志二十四卷首四卷　(清)嚴辰等纂　清光緒十三年(1887)刻本　二十四册

320000－1605－0005341　270.23/4831
婁地全圖一卷　(清)邵子顯撰　清咸豐十年(1860)刻本　一册

320000－1605－0005342　270.23/5024－1
[光緒]奉化縣志四十卷首一卷　(清)李前泮等修　(清)張美翊纂　清光緒三十四年(1908)刻本　十二册

320000－1605－0005343　270.23/5024－2
[光緒]奉化縣志四十卷首一卷　(清)李前泮等修　(清)張美翊纂　清光緒三十四年(1908)刻本　十二册

320000－1605－0005344　270.23/5060
[光緒]青田縣志十八卷首一卷　(清)雷銑修　(清)王棻纂　清光緒二年(1876)刻本　十一册　缺一卷(十)

320000－1605－0005345　270.23/533－1
[雍正]浙江通志二百八十卷首三卷　(清)嵇曾筠等修　(清)沈翼機等纂　清乾隆元年(1736)刻本　一百册

320000－1605－0005346　270.23/533－2
[雍正]浙江通志二百八十卷首三卷　(清)嵇曾筠等修　(清)沈翼機等纂　清乾隆元年(1736)刻本　一百十一册　缺十二卷(二十一至二十二、二百六至二百七、二百五十九至二百六十、二百六十六至二百六十九、二百七十九至二百八十)

320000－1605－0005347　270.23/6067
宋元四明六志八種　(清)徐時棟編　清咸豐四年(1854)徐時棟煙嶼樓刻本　四十册

320000－1605－0005348　270.23/7177－1
[同治]長興縣志三十二卷　(清)周學濬等纂　清光緒刻本　十六册

320000－1605－0005349　270.23/7177－2
[同治]長興縣志三十二卷　(清)周學濬等纂　清光緒刻本　十六册

320000－1605－0005350　270.23/7830
[乾道]臨安志十五卷　(宋)周淙撰　清光緒二十年(1894)刻本　一册

320000－1605－0005351　270.23/8028
[光緒]慈谿縣志五十六卷末一卷　(清)忠滿等修　(清)楊泰亨　(清)馮可鏞纂　清光緒二十五年(1899)德潤書院刻本　二十四册

320000－1605－0005352　270.23/8040－4
[光緒]唐棲志二十卷　(清)王同纂　清光緒十六年(1890)刻本　十六册

320000－1605－0005353　270.23/8044
[康熙]金華府志三十卷圖一卷　(清)張藎修　(清)沈麟趾等纂　清宣統元年(1909)石印本　八册　存二十一卷(一至三、十三至二十九,圖一卷)

320000－1605－0005354　270.23/8044－8
[光緒]分水縣志十卷首一卷末一卷　(清)陳

常鏵修　(清)臧承宣等纂　清光緒三十三年(1907)刻本　六冊

320000－1605－0005355　270.23/8842
［光緒］餘姚縣志二十七卷首一卷末一卷　(清)周炳麟修　(清)孫德祖等纂　清光緒二十五年(1899)刻本　十六冊

320000－1605－0005356　270.24/0022
［同治］應山縣志三十六卷　(清)劉宗元等修　(清)吳天錫等纂　清同治十年(1871)刻本　十六冊

320000－1605－0005357　270.24/0043
［光緒］應城志十四卷首一卷　(清)羅緗等修　(清)王承禧纂　清光緒八年(1882)刻本　八冊

320000－1605－0005358　270.24/0076
［光緒］襄陽府志二十六卷志餘一卷　(清)吉爾哈春等修　(清)王萬芳纂　清光緒十三年(1887)刻本　十六冊

320000－1605－0005359　270.24/3043
湖北宜城縣鄉土志七卷　(清)楊文勳等纂　清光緒三十二年(1906)鉛印本　四冊

320000－1605－0005360　270.24/3174
［光緒］荆州府志八十卷首一卷　(清)倪文蔚修　(清)顧嘉蘅等纂　清光緒六年(1880)刻本　三十二冊

320000－1605－0005361　270.24/3176
［光緒］沔陽州志十二卷首一卷　(清)葛振元修　(清)楊鉅纂　清光緒二十年(1894)刻本　十五冊

320000－1605－0005362　270.24/4450
［咸豐］蘄州志二十六卷　(清)潘克溥等纂修　清咸豐二年(1852)刻本　十四冊　存九卷(十七、十九至二十六)

320000－1605－0005363　270.24/4477
［光緒］黄岡縣志二十四卷首一卷　(清)戴昌言修　(清)劉恭冕纂　清光緒八年(1882)刻本　二十四冊

320000－1605－0005364　270.24/8238
［同治］鍾祥縣志二十卷首一卷末一卷　(清)孫福海等纂修　清同治刻本　十四冊　缺二卷(十一至十二)

320000－1605－0005365　270.25/0522
靖州鄉土志四卷　金蓉鏡撰　清光緒三十四年(1908)刻本　二冊

320000－1605－0005366　270.25/3627
［同治］湘鄉縣志二十三卷首一卷末一卷　(清)齊德五修　(清)黄楷盛等纂　清同治十三年(1874)刻本　二十四冊

320000－1605－0005367　270.25/3631
［乾隆］湘潭縣志二十五卷首一卷　(清)呂正音撰　清乾隆二十一年(1756)刻本　四冊　存五卷(八至九、十九至二十、二十四)

320000－1605－0005368　270.25/7139
［嘉慶］善化縣志三十卷首一卷末一卷　(清)王餘英等纂修　清嘉慶二十三年(1818)刻本　十冊

320000－1605－0005369　270.25/8076
［嘉慶］益陽縣志三十五卷首一卷末一卷　(清)方爲霖修　(清)符瀚纂　清嘉慶二十五年(1820)刻本　七冊　缺五卷(四至八)

320000－1605－0005370　270.25/9024
［同治］武陵縣志三十二卷首一卷　(清)歐陽烈等修　(清)楊丕復等纂　清同治七年(1868)刻本　六冊

320000－1605－0005371　270.26/128
［雍正］陝西通志一百卷　(清)劉於義等修　(清)沈青厓等纂　清雍正十三年(1735)刻本　九十冊　缺九卷(八十六至八十七、八十九至九十四、九十六)

320000－1605－0005372　270.26/1314－1
［正德］新刊康對山先生武功縣志三卷　(明)康海撰　清乾隆二十六年(1761)刻本　一冊

320000－1605－0005373　270.26/1314－2
［正德］武功縣志三卷首一卷　(明)康海撰

清同治十二年(1873)刻本　一册

320000－1605－0005374　270.26/1314－3
[正德]武功縣志三卷首一卷　(明)康海撰　清同治十二年(1873)刻本　一册

320000－1605－0005375　270.26/1314－4
[正德]武功縣志三卷首一卷　(明)康海撰　清同治十二年(1873)刻本　一册

320000－1605－0005376　270.26/1314－5
[正德]武功縣志四卷首一卷　(明)康海撰　清光緒二十年(1894)刻本　四册

320000－1605－0005377　270.26/1314－6
[正德]武功縣志四卷首一卷　(明)康海撰　清光緒二十年(1894)刻本　一册

320000－1605－0005378　270.26/4760
[正德]朝邑縣志二卷　(明)王道修　(明)韓邦靖纂　清康熙五十一年(1712)刻本　一册

320000－1605－0005379　270.26/5376
[乾隆]咸陽縣志二十二卷首一卷末一卷　(清)臧應桐編　清道光十六年(1836)刻本　四册

320000－1605－0005380　270.26/7130－1
長安圖志三卷　(元)李好文撰　清乾隆四十九年(1784)刻本　一册

320000－1605－0005381　270.26/7130－2
[熙寧]長安志二十卷圖三卷　(宋)宋敏求纂修　清乾隆四十九年(1784)刻本　三册

320000－1605－0005382　270.26/7130－3
三輔黄圖六卷附補遺一卷　(漢)□□撰　(清)畢沅校　清乾隆四十九年(1784)刻本　二册

320000－1605－0005383　270.26/7130－4
三輔黄圖六卷附補遺一卷　(漢)□□撰　(清)畢沅校　清乾隆四十九年(1784)刻本　三册

320000－1605－0005384　270.26/7710－7
馬嵬志十六卷首一卷　(清)胡鳳丹撰　清光緒三年(1877)刻本　六册

320000－1605－0005385　270.28/206
新疆要略四卷　(清)祁韻士輯　清光緒二十一年(1895)石印本　二册

320000－1605－0005386　270.28/219－1
欽定新疆識略十二卷首一卷　(清)松筠等纂　清刻本　十册

320000－1605－0005387　270.28/219－2
欽定新疆識略十二卷首一卷　(清)松筠等纂　清光緒二十年(1894)石印本　十六册

320000－1605－0005388　270.28/973
新疆輿圖風土攷五卷　(清)七十一(椿園)撰　清光緒八年(1882)石印本　一册

320000－1605－0005389　270.29/1060
[光緒]西昌縣志四卷　(清)胡薇元修　(清)鄭宗瑞纂　清光緒二十二年(1896)刻本　一册　存一卷(一)

320000－1605－0005390　270.29/1122
[道光]石泉縣志四卷　(清)舒鈞撰　清道光二十九年(1849)刻本　二册

320000－1605－0005391　270.29/2476
[道光]德陽縣新志十二卷首一卷末一卷　(清)裴顯忠修　(清)劉碩輔纂　(清)裴顯忠增纂修　清道光十六年(1836)刻十七年(1837)增修本　一册　存三卷(一至二、首一卷)

320000－1605－0005392　270.29/4222
[光緒]重修彭縣志十三卷首一卷末一卷補遺一卷　(清)張龍甲修　(清)吕調陽纂　清光緒六年(1880)刻本　八册

320000－1605－0005393　270.29/556
[嘉慶]四川通志二百四卷首二十二卷　(清)常明修　(清)楊芳燦等纂　清嘉慶二十一年(1816)刻本　一百四十九册

320000－1605－0005394　270.29/8277
[同治]劍州志十卷首一卷　(清)李榕撰　清同治十二年(1873)刻本　四册

320000－1605－0005395　270.29/9080

章谷屯志略一卷　（清）吳德煦輯　清同治十三年（1874）刻本　一册

320000－1605－0005396　270.30/0032
羊城古鈔八卷　（清）仇池石輯　清嘉慶刻本　五册

320000－1605－0005397　270.30/0732
［同治］韶州府志四十卷　（清）額哲克等修　（清）單興詩纂　清同治刻本　二十四册

320000－1605－0005398　270.30/2124
［同治］仁化縣志八卷首一卷　（清）陳鴻修　（清）劉鳳輝纂　清光緒九年（1883）刻本　八册

320000－1605－0005399　270.30/248
廣東攷古輯要四十六卷　（清）周廣　（清）陳業崇輯　清光緒十九年（1893）刻本　十册

320000－1605－0005400　270.30/3277
澳門記略二卷　（清）印光任　（清）張汝霖撰　清嘉慶五年（1800）刻本　二册

320000－1605－0005401　270.30/3800
［道光］肇慶府志二十二卷　（清）胡森　（清）江藩等撰　清光緒二年（1876）刻本　二十二册

320000－1605－0005402　270.31/242
灕江雜記一卷附灕江游草一卷　金武祥撰　清光緒二十三年（1897）刻本　一册

320000－1605－0005403　270.31/4444
［乾隆］鬱林州志十卷　（清）邱桂山總修　清乾隆五十七年（1792）刻本　四册

320000－1605－0005404　270.31/717
［嘉慶］廣西通志二百八十卷　（清）謝啓崑修　（清）胡虔纂　清嘉慶五年（1800）刻本　八十册

320000－1605－0005405　270.32/391
滇繫四十卷首圖表一卷　（清）師範撰　清光緒六年（1880）刻本　四十册

320000－1605－0005406　270.32/513
［道光］雲南通志稿二百十六卷首三卷　（清）阮元等修　（清）王崧等纂　清道光十五年（1835）刻本　二十二册　存三十二卷（一百十七至一百四十六、一百五十九至一百六十）

320000－1605－0005407　270.32/724
［嘉庆］滇海虞衡志十三卷　（清）檀萃輯　清嘉慶六年（1801）刻本　四册

320000－1605－0005408　270.32/749
［道光］昆明縣志十卷　（清）戴絅孫纂　清光緒刻本　六册

320000－1605－0005409　270.32/761－1
［光緒］續雲南通志稿一百九十四卷首六卷　（清）王文韶　（清）唐炯等纂修　清光緒二十七年（1901）刻本　一百一册

320000－1605－0005410　270.32/761－2
［光緒］續雲南通志稿一百九十四卷首六卷　（清）王文韶　（清）唐炯等纂修　清光緒二十七年（1901）刻本　二十八册　存五十一卷（一至三十、八十五至九十九，首六卷）

320000－1605－0005411　270.32/7700
［光緒］續修順寧府志稿三十八卷　（清）黨蒙修　（清）周宗洛纂　清光緒三十一年（1905）刻本　十二册

320000－1605－0005412　270.33/72－1
黔書二卷　（清）田雯編　清嘉慶十三年（1808）刻本　二册

320000－1605－0005413　270.33/72－2
黔書二卷　（清）田雯編　清嘉慶十三年（1808）刻本　二册

320000－1605－0005414　270.36/1014
琉球小志一卷附補遺一卷　姚文棟撰　清光緒九年（1883）刻本　一册

320000－1605－0005415　270.36/194
［同治］續修臺灣府志二十六卷首一卷　（清）余文儀修　（清）黄佾纂　清同治十一年（1872）刻本　十二册

320000－1605－0005416　270.36/972
臺灣小志一卷　（清）龔柴撰　清光緒十年

(1884)刻本　一册

320000－1605－0005417　270.39/556
[乾隆]西寧府新志四十卷　(清)楊應琚編　清乾隆刻本　四册　存六卷(十八至二十一、三十至三十一)

320000－1605－0005418　270.40/1044
西藏圖攷八卷　(清)黄沛翹撰　清刻本　四册

320000－1605－0005419　270.5/248
北固山志十四卷首一卷　(清)周伯義　(清)陳任暘編　清光緒三十年(1904)刻本　六册

320000－1605－0005420　270.6/412
海錯百一録五卷　(清)郭柏蒼撰　清光緒十二年(1886)影印本　二册

320000－1605－0005421　280.2/133
浙東紀游草一卷　(清)沈錫爵撰　清道光二年(1822)刻本　一册

320000－1605－0005422　280.2/167
丙午扶桑遊記三卷　吴蔭培撰　清光緒三十二年(1906)刻本　一册

320000－1605－0005423　280.2/787
四裔編年表四卷　(美國)林樂知　(清)嚴良勛譯　(清)李鳳苞彙編　清光緒二十三年(1897)石印本　四册

320000－1605－0005424　280.2/977
宜昌遊記一卷　(□)□□撰　清抄本　一册

320000－1605－0005425　281/122
泰西各國采風記五卷　(清)宋育仁撰　清光緒二十三年(1897)鉛印本　一册

320000－1605－0005426　281/2
東埔寨以北探路記十五卷　(法國)晃西士加尼撰　(清)□□譯　清光緒鉛印本　十五册

320000－1605－0005427　281/406
四國遊記不分卷　(清)章淩撰　清光緒二十八年(1902)石印本　四册

320000－1605－0005428　281/430
三洲日記八卷　(清)張蔭桓撰　清光緒二十二年(1896)刻本　八册

320000－1605－0005429　281/552
英軺日記十二卷　載振撰　清光緒二十九年(1903)鉛印本　四册

320000－1605－0005430　281/575
西征紀程四卷　(清)鄒代鈞撰　清光緒十七年(1891)鉛印本　二册

320000－1605－0005431　281/650
西遊日記一卷東遊日記一卷　(清)蔣煦撰　清光緒三十一年(1905)鉛印本　一册

320000－1605－0005432　281/705
歐遊隨筆二卷　(清)錢德培撰　清光緒鉛印本　二册

320000－1605－0005433　281/717
海録二卷　(清)謝清高撰　清同治九年(1870)刻本　二册

320000－1605－0005434　281/731－1
出使英法意比四國日記六卷　(清)薛福成撰　清光緒十八年(1892)石印本　三册

320000－1605－0005435　281/731－2
出使英法意比四國日記六卷　(清)薛福成撰　清光緒十八年(1892)石印本　三册

320000－1605－0005436　281/942
乘槎筆記一卷　(清)斌椿纂　清刻本　一册

320000－1605－0005437　281/971
傅相遊歷各國日記二卷　題(清)桃谿漁隱　題(清)惺新庵主輯　清光緒二十二年(1896)石印本　四册

320000－1605－0005438　282.14/622－1
東陵日記一卷　(清)潘祖蔭撰　清刻本　一册

320000－1605－0005439　282.14/622－2
瀋陽紀程一卷　(清)潘祖蔭撰　清刻本　一册

320000－1605－0005440　282.14/622－3

瀋陽紀程一卷　(清)潘祖蔭撰　清刻本　一冊

320000－1605－0005441　282.17/242
泰山遊記一卷　(清)金銷英撰　清刻本　一冊

320000－1605－0005442　282.19/157
晉遊日記三卷　(清)李燧撰　清道光十三年(1833)刻本　一冊

320000－1605－0005443　282.19/588
三晉見聞録一卷　(清)齊翀撰　清光緒六年(1880)刻本　一冊

320000－1605－0005444　282.23/26
客越志略二卷　(明)王穉登撰　清刻本　一冊

320000－1605－0005445　282.26/622－1
秦輶日記一卷(咸豐庚午六月二十二日至十月十七日)　(清)潘祖蔭撰　清刻本　一冊

320000－1605－0005446　282.26/622－2
秦輶日記一卷(咸豐庚午六月二十二日至十月十七日)　(清)潘祖蔭撰　清刻本　一冊

320000－1605－0005447　282.26/7130
遊城南記一卷　(宋)張禮撰　清刻本　一冊

320000－1605－0005448　282.27/568
度隴記四卷　(清)董醇撰　清咸豐刻本　四冊

320000－1605－0005449　282.29/21－1
秦蜀驛程後記二卷　(清)王士禛撰　清康熙刻本　一冊

320000－1605－0005450　282.29/21－2
蜀道驛程記二卷　(清)王士禛撰　清康熙三十年(1691)刻本　一冊

320000－1605－0005451　282.29/449
蜀輶日記四卷　(清)陶澍撰　清刻本　四冊

320000－1605－0005452　282.30/240－1
赤谿雜誌二卷　金武祥撰　清光緒十七年(1891)刻本　一冊

320000－1605－0005453　282.30/240－2
赤谿雜誌二卷　金武祥撰　清光緒十七年(1891)刻本　一冊

320000－1605－0005454　282.30/240－3
赤谿雜誌二卷　金武祥撰　清光緒十七年(1891)刻本　一冊

320000－1605－0005455　282.33/406
黔遊日記二卷　(清)章詒燕撰　清道光刻本　一冊

320000－1605－0005456　282/157
西征録一卷　(清)李燧撰　清道光十三年(1833)刻本　一冊

320000－1605－0005457　282/378
南遊紀程一卷　(清)孫蟠石撰　清嘉慶刻本　一冊

320000－1605－0005458　282/393－1
徐霞客遊記十二卷　(明)徐宏祖撰　清嘉慶十三年(1808)刻本　十冊

320000－1605－0005459　282/393－2
徐霞客遊記十二卷　(明)徐宏祖撰　清光緒七年(1881)刻本　十冊

320000－1605－0005460　282/393－3
徐霞客遊記十二卷　(明)徐宏祖撰　清光緒七年(1881)刻本　十冊

320000－1605－0005461　282/393－4
徐霞客遊記十二卷　(明)徐宏祖撰　清光緒七年(1881)刻本　十冊

320000－1605－0005462　282/441
萍蓬類稿三種　(清)陳克劬撰　清光緒十九年(1893)刻本　一冊

320000－1605－0005463　282/449
辛卯侍行記六卷　(清)陶保廉撰　清光緒二十三年(1897)刻本　六冊

320000－1605－0005464　282/671
丁亥入都紀程二卷　(清)黎庶昌撰　清光緒十四年(1888)鉛印本　一冊

320000－1605－0005465　282/674
東陲紀行一卷　(清)劉文鳳撰　清光緒刻本　一冊

320000－1605－0005466　282/799－1
鴻雪因緣圖記二卷二集二卷三集二卷　(清)麟慶撰　清光緒五年(1879)石印本　四冊

320000－1605－0005467　282/799－2
鴻雪因緣圖記二卷二集二卷三集二卷　(清)麟慶撰　清光緒六年(1880)石印本　六冊

320000－1605－0005468　282/799－3
鴻雪因緣圖記二卷二集二卷三集二卷　(清)麟慶撰　清光緒十二年(1886)石印本　二冊

320000－1605－0005469　286/159
日遊瑣識一卷　李寶洤撰　清光緒三十二年(1906)鉛印本　一冊

320000－1605－0005470　286/166
丙午扶桑遊記三卷　吴蔭培撰　清光緒三十二年(1906)刻本　一冊

320000－1605－0005471　286/21
談瀛録三卷　(清)王之春撰　清光緒六年(1880)刻本　一冊

320000－1605－0005472　286/26
東游日記不分卷　(清)黄慶澄撰　清光緒二十年(1894)刻本　二冊

320000－1605－0005473　286/343
籥盦東遊日記一卷　(清)凌文淵撰　清光緒三十年(1904)鉛印本　一冊

320000－1605－0005474　286/431
癸卯東遊日記一卷　(清)張謇撰　清光緒二十九年(1903)鉛印本　一冊

320000－1605－0005475　286/535
丙午日本遊記附録一卷　(清)程淯撰　清光緒三十二年(1906)鉛印本　一冊

320000－1605－0005476　286/775
扶桑兩月記一卷　羅振玉撰　清光緒二十八年(1902)石印本　一冊

320000－1605－0005477　287/451
中亞洲俄屬遊記二卷　(清)莫鎮藩譯　清光緒二十年(1894)石印本　二冊

320000－1605－0005478　287/740
俄遊彙編十二卷　(清)繆祐孫撰　清光緒十五年(1889)石印本　四冊

320000－1605－0005479　289/2
遠印度遊探記不分卷　(清)丁日昌撰　清光緒二十五年(1899)鉛印本　四冊

320000－1605－0005480　289/523
遊歷加納大圖經八卷　(清)傅雲龍撰　清光緒二十八年(1902)石印本　二冊

320000－1605－0005481　289/73－1
黑蠻風土記一卷　(英國)立溫斯敦撰　史錦鏞譯　清光緒鉛印本　一冊

320000－1605－0005482　289/73－2
黑蠻風土記一卷　(英國)立溫斯敦撰　史錦鏞譯　清光緒鉛印本　一冊

320000－1605－0005483　290.2/343
癖好堂金石書目一卷　(清)凌瑕編　清刻本　一冊

320000－1605－0005484　290.2/375－1
寰宇訪碑録十二卷　(清)孫星衍　(清)邢澍撰　清光緒九年(1883)刻本　四冊

320000－1605－0005485　290.2/375－2
寰宇訪碑録十二卷　(清)孫星衍　(清)邢澍撰　清光緒九年(1883)刻本　四冊

320000－1605－0005486　290.2/396
兩漢金石記二十二卷　(清)翁方綱撰　清乾隆五十四年(1789)刻本　一冊　存三卷(一至三)

320000－1605－0005487　290.2/598
寒山堂金石林時地考不分卷寒山金石林部目不分卷　(明)趙均撰　清抄本　二冊

320000－1605－0005488　290.2/740
藝風堂金石文字目十八卷　繆荃孫撰　清光緒三十二年(1906)刻本　六冊

320000－1605－0005489　290.2/761
績語堂碑録一卷題跋一卷　（清）魏錫曾撰　清光緒九年（1883）刻本　四册

320000－1605－0005490　290.2/98
宜禄堂收藏金石記六卷　（清）朱士端撰　清刻本　二册

320000－1605－0005491　290.3/135－1
鐘鼎字源五卷　（清）汪立名撰　清光緒二年（1876）刻本　二册

320000－1605－0005492　290.3/135－2
鐘鼎字源五卷　（清）汪立名撰　清光緒二年（1876）刻本　二册

320000－1605－0005493　290.3/359
漢印分韻正續編四卷　（清）袁日省　（清）謝景卿編　清嘉慶二年（1797）刻本　四册

320000－1605－0005494　290.3/375－1
古籀拾遺三卷　（清）孫詒讓撰　清光緒十四年（1888）刻本　一册

320000－1605－0005495　290.3/375－2
古籀餘論三卷　（清）孫詒讓撰　清光緒刻本　二册

320000－1605－0005496　290.3/412
汗簡七卷　（宋）郭忠恕撰　清光緒九年（1883）石印本　四册

320000－1605－0005497　290.3/434
千甓亭古塼圖釋二十卷　（清）陸心源輯　清光緒十七年（1891）石印本　四册

320000－1605－0005498　290.3/456
漢隸字源六卷　（宋）婁機撰　清光緒三年（1877）刻本　六册

320000－1605－0005499　290.3/598
石鼓文纂釋一卷　（清）趙烈文撰　清光緒刻本　一册

320000－1605－0005500　290.3/607－1
隸篇十五卷續十五卷再續十五卷　（清）翟云升撰　清道光十八年（1838）刻本　十册

320000－1605－0005501　290.3/607－2
隸篇十五卷續十五卷再續十五卷　（清）翟云升撰　清道光十八年（1838）刻本　十册

320000－1605－0005502　290.3/607－3
隸篇十五卷續十五卷再續十五卷　（清）翟云升撰　清道光十八年（1838）刻本　十册

320000－1605－0005503　290.3/622
楷法溯源十四卷　（清）潘存　楊守敬輯　清光緒三年（1877）刻本　十四册

320000－1605－0005504　290.3/674－1
隸韻十卷附碑目一卷考證一卷　（清）劉球編　清嘉慶十五年（1810）刻本　六册

320000－1605－0005505　290.3/674－2
隸韻十卷附碑目一卷考證一卷　（清）劉球編　清嘉慶十五年（1810）刻本　六册

320000－1605－0005506　290.3/717
選集漢印分韻三卷續集漢印分韻二卷　（清）謝蘭生　（清）謝景卿摹　清嘉慶二年（1797）刻本　二册

320000－1605－0005507　290.3/791－1
隸辨八卷　（清）顧藹吉撰　清乾隆八年（1743）刻本　十册

320000－1605－0005508　290.3/791－2
隸辨八卷　（清）顧藹吉撰　清乾隆八年（1743）刻本　十三册

320000－1605－0005509　290.3/791－3
隸辨八卷　（清）顧藹吉撰　清乾隆八年（1743）刻本　八册

320000－1605－0005510　290.3/791－4
隸辨八卷　（清）顧藹吉撰　清乾隆八年（1743）刻本　八册

320000－1605－0005511　290.3/791－5
隸辨八卷　（清）顧藹吉撰　清乾隆八年（1743）刻本　八册

320000－1605－0005512　290.3/791－6
隸辨八卷　（清）顧藹吉撰　清同治十二年（1873）刻本　八册

320000－1605－0005513　290.3/99－1
廣金石韻府五卷　（清）林尚葵　（清）李根輯　清咸豐七年(1857)刻本　六冊

320000－1605－0005514　290.3/99－2
廣金石韻府五卷　（清）林尚葵　（清）李根輯　清咸豐七年(1857)刻本　六冊

320000－1605－0005515　290.4/210
石經考異二卷　（清）杭世駿撰　清乾隆元年(1736)刻本　一冊

320000－1605－0005516　290.4/412
金石史二卷　（明）郭宗昌輯　清光緒八年(1882)刻本　一冊

320000－1605－0005517　290.4/568
骨董十三說一卷　（明）董其昌撰　清光緒二十三年(1897)刻本　一冊

320000－1605－0005518　290.8/710－1
大錢圖録一卷續泉說一卷續叢稿一卷　（清）鮑康撰　清光緒二年(1876)刻本　二冊

320000－1605－0005519　290.8/710－2
觀古閣泉說一卷叢稿一卷續泉說一卷續叢稿一卷　（清）鮑康撰　清同治十三年(1874)刻本　四冊

320000－1605－0005520　290.8/99
行素草堂金石叢書二十一種　（清）朱記榮輯　清光緒十四年(1888)刻本　四十冊

320000－1605－0005521　291.2/22
碑版文廣例十卷　（清）王芑孫編　清道光二十一年(1841)刻本　六冊

320000－1605－0005522　291/393
金石三例續編十卷　（清）徐士鎧輯　清光緒十二年(1886)鉛印本　四冊

320000－1605－0005523　291/710
金石訂例四卷　（清）鮑振方撰　清光緒十年(1884)刻本　二冊

320000－1605－0005524　291/980
金石三例十卷　（清）盧見曾輯　清光緒四年(1878)刻本　四冊

320000－1605－0005525　292.1/101－1
敬吾心室彝器款識不分卷　（清）朱善旂撰　清宣統石印本　四冊

320000－1605－0005526　292.1/101－2
敬吾心室彝器款識不分卷　（清）朱善旂撰　清宣統石印本　二冊

320000－1605－0005527　292.1/123
吉金所見録十六卷首一卷末一卷　（清）初尚齡撰　清道光七年(1827)刻本　四冊

320000－1605－0005528　292.1/163－1
積古齋鐘鼎彝器款識十卷　（清）阮元編　清光緒刻本　四冊

320000－1605－0005529　292.1/163－2
積古齋鐘鼎彝器款識十卷　（清）阮元編　清刻本　四冊

320000－1605－0005530　292.1/163－3
積古齋鐘鼎彝器款識十卷　（清）阮元編　清光緒八年(1882)刻本　四冊

320000－1605－0005531　292.1/163－4
積古齋鐘鼎彝器款識十卷　（清）阮元編　清光緒九年(1883)刻本　四冊

320000－1605－0005532　292.1/164－1
恒軒吉金録不分卷　（清）吳大澂撰　清光緒十一年(1885)刻本　二冊

320000－1605－0005533　292.1/164－2
恒軒吉金録不分卷　（清）吳大澂撰　清光緒十一年(1885)刻本　二冊

320000－1605－0005534　292.1/164－3
恒軒吉金録不分卷　（清）吳大澂撰　清光緒十一年(1885)刻本　二冊

320000－1605－0005535　292.1/164－4
攈古録金文三卷　（清）吳式芬撰　清光緒二十一年(1895)刻本　九冊

320000－1605－0005536　292.1/166－1
筠清館金石文字五卷　（清）吳榮光撰　清道光刻本　五冊

320000－1605－0005537　292.1/166－2
兩罍軒彝器圖釋十二卷　(清)吴雲撰　清同治十一年(1872)刻本　四册

320000－1605－0005538　292.1/166－3
兩罍軒彝器圖釋十二卷　(清)吴雲撰　清同治十一年(1872)刻本　四册

320000－1605－0005539　292.1/23－1
嘯堂集古録二卷　(宋)王俅撰　清光緒刻本　二册

320000－1605－0005540　292.1/393－1
從古堂款識一卷　(清)徐同柏撰　題(清)蕉雨軒主人摘抄　清末抄本　一册

320000－1605－0005541　292.1/393－2
從古堂款識學十六卷　(清)徐同柏釋文　清光緒三十二年(1906)蒙學報館石印本　八册

320000－1605－0005542　292.1/431
金石聚十六卷　(清)張德容撰　清同治刻本　十六册

320000－1605－0005543　292.1/535
求古精舍金石圖四卷　(清)陳經撰　清嘉慶二十一年(1816)刻本　三册　存三卷(一至三)

320000－1605－0005544　292.1/586
陶齋吉金續録二卷　(清)端方撰　清宣統元年(1909)影印本　二册

320000－1605－0005545　292.1/622－1
攀古廔彝器款識二卷　(清)潘祖蔭等輯　清同治十一年(1872)刻本　二册

320000－1605－0005546　292.1/622－2
攀古廔彝器款識二卷　(清)潘祖蔭等輯　清同治十一年(1872)刻本　二册

320000－1605－0005547　292.1/622－3
攀古廔彝器款識二卷　(清)潘祖蔭等輯　清同治十一年(1872)刻本　二册

320000－1605－0005548　292.1/622－4
攀古廔彝器款識二卷　(清)潘祖蔭等輯　清同治十一年(1872)刻本　二册

320000－1605－0005549　292.1/674－1
古文審八卷　(清)劉心源撰　清光緒十七年(1891)刻本　四册

320000－1605－0005550　292.1/674－2
奇觚室吉金文述二十卷　(清)劉心源撰　清光緒石印本　十册

320000－1605－0005551　292.1/674－3
奇觚室吉金文述二十卷　(清)劉心源撰　清光緒石印本　九册　缺二卷(十一至十二)

320000－1605－0005552　292.1/731－1
薛氏鐘鼎彝器欵識二十卷　(宋)薛尚功撰　清嘉慶二年(1797)刻本　四册

320000－1605－0005553　292.1/731－2
歷代鐘鼎彝器款識法帖二十卷　(宋)薛尚功撰　清光緒八年(1882)石印本　三册　存十五卷(一至十五)

320000－1605－0005554　292.1/811－1
西清續鑑二十卷　(清)王傑等編　清宣統三年(1911)影印本　四十二册

320000－1605－0005555　292.1/811－2
西清續鑑二十卷　(清)王傑等編　清宣統三年(1911)影印本　四十二册

320000－1605－0005556　292.1/811－3
西清續鑑二十卷　(清)王傑等編　清宣統三年(1911)影印本　四十二册

320000－1605－0005557　292.1/976
續考古圖五卷釋文一卷　(宋)吕大臨撰　清光緒十三年(1887)刻本　二册

320000－1605－0005558　292.1/99
積古齋鐘鼎款識稿本四卷附録一卷　(清)朱為弼撰　清光緒三十二年(1906)朱之榛影印本　三册

320000－1605－0005559　292.2/402
金石稱例四卷續金石稱例一卷　(清)梁廷枏纂　清光緒十三年(1887)刻本　一册

320000－1605－0005560　292.2/428
沙南侯獲刻石釋文不分卷　(清)張之洞　(清)吴大澂　(清)王懿榮釋　清同治十二年

(1873)刻本　一册

320000－1605－0005561　292.2/431
石鼓文釋存一卷補註一卷　(清)張燕昌撰　清光緒二十八年(1902)刻本　一册

320000－1605－0005562　292.2/492
金石要例一卷　(清)黄宗羲撰　清光緒四年(1878)刻本　一册

320000－1605－0005563　292.2/556
寰宇貞石圖不分卷　楊守敬撰　清宣統元年(1909)石印本　六册

320000－1605－0005564　292.2/820
歷届禁山碑文不分卷　(清)□□輯　清光緒刻本　一册

320000－1605－0005565　292.2/967
淳化閣帖釋文十卷　(清)徐朝弼集釋　清末刻本　一册

320000－1605－0005566　292.2/98
漢碑徵經一卷　(清)朱百度撰　清光緒十五年(1889)刻本　一册

320000－1605－0005567　292.3/101－1
古金待問録四卷補遺一卷　(清)朱楓輯　清乾隆刻本　一册

320000－1605－0005568　292.3/101－2
古金待問録四卷補遺一卷　(清)朱楓輯　清乾隆刻本　一册

320000－1605－0005569　292.3/152－1
吉金志存四卷　(清)李光廷撰　清咸豐九年(1859)刻本　四册

320000－1605－0005570　292.3/152－2
古泉匯六十四卷　(清)李佐賢輯　清同治三年(1864)刻本　二十四册

320000－1605－0005571　292.3/152－3
古泉匯六十四卷　(清)李佐賢輯　清同治三年(1864)刻本　十六册

320000－1605－0005572　292.3/152－4
古泉匯六十四卷　(清)李佐賢輯　清同治三年(1864)刻本　十六册

320000－1605－0005573　292.3/152－5
古泉匯六十四卷　(清)李佐賢輯　清同治三年(1864)刻本　十六册

320000－1605－0005574　292.3/152－6
續泉匯十六卷補遺一卷　(清)李佐賢　(清)鮑康輯　清光緒元年(1875)刻本　八册

320000－1605－0005575　292.3/152－7
續泉匯十六卷補遺一卷　(清)李佐賢　(清)鮑康輯　清光緒元年(1875)刻本　四册

320000－1605－0005576　292.3/260
泉志十五卷　(宋)洪遵撰　清抄本　一册

320000－1605－0005577　292.3/332
癖泉臆説六卷　(清)高焕文撰　清光緒石印本　一册

320000－1605－0005578　292.3/390
古今錢略三十二卷首一卷末一卷　(清)倪模撰　清刻本　十八册

320000－1605－0005579　292.3/402
欽定錢録十六卷　(清)梁詩正等撰　清光緒二十年(1894)石印本　二册

320000－1605－0005580　292.3/654
癖談六卷　(清)蔡雲撰　清光緒十一年(1885)刻本　一册

320000－1605－0005581　292.3/674
嘉蔭簃論泉絶句二卷　(清)劉喜海撰　清道光十八年(1838)刻本　一册

320000－1605－0005582　292.3/749－1
古泉叢話三卷　(清)戴熙撰　清同治十一年(1872)刻本　一册

320000－1605－0005583　292.3/749－2
古泉叢話三卷　(清)戴熙撰　清同治十一年(1872)刻本　一册

320000－1605－0005584　292.4/535
秦漢瓦當文字二卷　(清)程敦撰　清道光刻本　二册

320000－1605－0005585　292.6/674－1
鐵雲藏龜一卷藏陶一卷　(清)劉鶚輯　清光緒三十年(1904)石印本　十冊

320000－1605－0005586　292.6/674－2
鐵雲藏龜一卷藏陶一卷　(清)劉鶚輯　清光緒三十年(1904)石印本　八冊

320000－1605－0005587　292.8/128
聽雪書屋印存不分卷　(清)沈汝梅篆　清鈐印本　六冊

320000－1605－0005588　292.8/133
昌羊室印存不分卷　(清)沈鏡臣輯　清末鈐印本　一冊

320000－1605－0005589　292.8/135
續印人傳八卷　(清)汪啓淑撰　(清)葉銘編　清宣統二年(1910)鉛印本　五冊

320000－1605－0005590　292.8/144
耕雲書屋印存不分卷　(清)邢德厚刻　清鈐印本　二冊

320000－1605－0005591　292.8/152－1
具茨山房印稾四卷　(清)李有兆篆　清道光刻本　二冊

320000－1605－0005592　292.8/152－2
吟香館印譜不分卷　(清)李仲都撰　清光緒二十六年(1900)鈐印本　一冊

320000－1605－0005593　292.8/164
封泥考畧十卷　(清)吳式芬　(清)陳壽祺輯　清光緒三十年(1904)石印本　十冊

320000－1605－0005594　292.8/165－1
斯翼堂印譜不分卷　(清)吳青震篆　清咸豐刻本　二冊

320000－1605－0005595　292.8/165－2
十六金符齋印存不分卷　(清)吳大澂輯　清鈐印本　四冊

320000－1605－0005596　292.8/165－3
十六金符齋印存不分卷　(清)吳大澂輯　清鈐印本　一冊

320000－1605－0005597　292.8/165－4
缶廬印集不分卷　吳昌碩刻　清末刻鈐印本　四冊

320000－1605－0005598　292.8/165－5
雙罍軒漢印譜一卷　(清)吳大澂篆　清鈐印本　一冊

320000－1605－0005599　292.8/166
兩罍軒印攷漫存九卷　(清)吳雲撰　清光緒七年(1881)刻鈐印本　四冊

320000－1605－0005600　292.8/167－1
二百蘭亭齋古印攷藏六卷　(清)吳雲藏　清同治三年(1864)刻本　二冊

320000－1605－0005601　292.8/167－2
二百蘭亭齋古印攷藏六卷　(清)吳雲藏　清同治三年(1864)刻本　一冊

320000－1605－0005602　292.8/167－3
二百蘭亭齋古銅印存十二卷　(清)吳雲藏　清鈐印本　一冊

320000－1605－0005603　292.8/167－4
二百蘭亭齋古銅印存十二卷　(清)吳雲藏　清鈐印本　一冊

320000－1605－0005604　292.8/167－5
兩罍軒稿本印譜不分卷　(清)吳雲輯　清鈐印本　二冊

320000－1605－0005605　292.8/167－6
兩罍軒印攷漫存九卷　(清)吳雲撰　清光緒七年(1881)刻鈐印本　四冊

320000－1605－0005606　292.8/167－7
春暉堂印始□□卷　(清)吳蒼雷刻　清鈐印本　四冊　存四卷(二至五)

320000－1605－0005607　292.8/168－1
觀自得齋印集不分卷　(清)吳謙之篆刻　清光緒二十二年(1896)鈐印本　八冊

320000－1605－0005608　292.8/168－2
吳讓之印存不分卷　(清)吳讓之篆　清末鈐印本　七冊

320000－1605－0005609　292.8/177
味秋吟館紅書一卷　（清）谷清篆　清咸豐石印本　一册

320000－1605－0005610　292.8/2－1
龍泓山人印譜一卷　（清）丁敬刻　清光緒刻鈐印本　一册

320000－1605－0005611　292.8/2－2
龍泓山人印譜不分卷　（清）丁敬刻　清末鈐印本　八册

320000－1605－0005612　292.8/2－3
莊譚不分卷　（清）丁桂芬纂　清末刻本　一册

320000－1605－0005613　292.8/22－1
杏耕樓印譜一卷　（清）王所寶篆輯　清嘉慶十七年（1812）刻鈐印本　三册

320000－1605－0005614　292.8/22－2
古鉩精華不分卷　（清）王孝禹藏　清宣統三年（1911）影印本　六册

320000－1605－0005615　292.8/25
守如印存不分卷　（清）王琛纂刻　清光緒刻鈐印本　二册

320000－1605－0005616　292.8/27－1
吉祥草堂印譜不分卷　（清）王壽平刻　清光緒二十五年（1899）石印本　六册

320000－1605－0005617　292.8/27－2
吉祥草堂印譜不分卷　（清）王壽平刻　清光緒二十五年（1899）石印本　六册

320000－1605－0005618　292.8/300
篔園模印存稿四卷　（清）范文成刻　清鈐印本　二册

320000－1605－0005619　292.8/393
觀自得齋印存不分卷　徐□藏　清末鈐印本　二册

320000－1605－0005620　292.8/396
詩呂印譜四集　（清）翁壽虞篆刻　清宣統元年（1909）刻鈐印本　一册　存一集（亨）

320000－1605－0005621　292.8/397
蒙泉外史印譜一卷　（清）奚岡篆刻　清光緒鈐印本　二册

320000－1605－0005622　292.8/442－1
篆刻鍼度八卷　（清）陳克恕撰　清乾隆五十一年（1786）刻本　四册

320000－1605－0005623　292.8/442－2
篆刻鍼度八卷　（清）陳克恕撰　清光緒三年（1877）刻本　二册

320000－1605－0005624　292.8/446
陳曼生印譜不分卷　（清）陳曼生刻　清光緒鈐印本　三册

320000－1605－0005625　292.8/447－1
紺雪齋集印譜不分卷　（清）陳楙淦輯　清嘉慶二十三年（1818）鈐印本　二册

320000－1605－0005626　292.8/447－2
秋堂印譜不分卷　（清）陳豫鍾等篆刻　清光緒刻鈐印本　七册

320000－1605－0005627　292.8/491
秋景盦印譜不分卷　（清）黄易篆刻　清光緒石印鈐印本　一册

320000－1605－0005628　292.8/500
三星贊印譜不分卷　（清）項秀巖刻　清乾隆刻鈐印本　一册

320000－1605－0005629　292.8/556
實齋印存不分卷　（清）楊秉信篆刻　清光緒三十年（1904）刻鈐印本　一册

320000－1605－0005630　292.8/598
補羅迦室印譜不分卷　（清）趙之琛篆刻　清光緒二十五年（1899）鈐印本　一册

320000－1605－0005631　292.8/600
趙熙文印譜不分卷　（清）趙熙文刻　清鈐印本　一册

320000－1605－0005632　292.8/650
吉羅居士印譜一卷　（清）蔣仁刻　清光緒刻本　一册

320000－1605－0005633　292.8/705－1
未虛室印賞不分卷　(清)錢松篆　(清)高邕輯　清光緒三年(1877)石印本　一册

320000－1605－0005634　292.8/705－2
錢叔蓋先生印譜不分卷　(清)錢叔蓋篆刻　(清)高邕輯　清光緒七年(1881)鈐印本　一册

320000－1605－0005635　292.8/705－3
錢叔蓋丁敬印譜不分卷　(清)錢松　(清)丁敬篆刻　清鈐印本　二册

320000－1605－0005636　292.8/740
廉泉草堂印存不分卷　(清)繆守圭篆刻　清鈐印本　二册

320000－1605－0005637　292.8/761
績語堂名人印輯不分卷　(清)魏錫曾輯　清鈐印本　四册

320000－1605－0005638　292.8/77
問經堂印譜初集四卷二集四卷　(清)包桂生藏　清鉛印本　八册

320000－1605－0005639　292.8/791－1
小石山房印譜四卷别集一卷附集一卷　(清)顧湘　(清)顧浩輯　清道光刻鈐印本　六册

320000－1605－0005640　292.8/791－2
學山堂印存四卷　(清)顧湘編　清刻本　二册

320000－1605－0005641　292.8/84
師許室印存不分卷　(清)江標刻　清鈐印本　六册

320000－1605－0005642　292.8/946
結金石緣印譜不分卷　(日本)濱村裕刻　清光緒二十八年(1902)鈐印本　二册

320000－1605－0005643　292.8/961
印譜不分卷　(□)□□輯　清末鈐印剪貼本　十一册

320000－1605－0005644　292.8/969
墨花禪印稿五卷　(清)釋續行篆刻　清乾隆鈐印本　四册

320000－1605－0005645　292.8/999－1
印譜不分卷　(□)□□輯　清末、民國鈐印本　一册

320000－1605－0005646　292.8/999－2
印譜不分卷　(□)□□輯　清末、民國鈐印本　一册

320000－1605－0005647　292.8/999－3
印譜不分卷　(□)□□輯　清末鈐印本　一册

320000－1605－0005648　292.8/999－4
印譜不分卷　(□)□□輯　清末、民國鈐印本　六册

320000－1605－0005649　292.8/999－5
印譜不分卷　(□)□□輯　清末、民國鈐印本　四册

320000－1605－0005650　292.8/999－6
水雲凹印譜不分卷　(□)□□輯　清刻本　一册

320000－1605－0005651　292.8/999－7
小五柳堂集印不分卷　(□)□□輯　清末、民國鈐印本　一册

320000－1605－0005652　292.9/164－1
古玉圖考四卷　(清)吳大澂撰　清光緒十五年(1889)石印本　二册

320000－1605－0005653　292.9/164－2
古玉圖考四卷　(清)吳大澂撰　清光緒十五年(1889)石印本　二册

320000－1605－0005654　292.9/164－3
古玉圖考四卷　(清)吳大澂撰　清光緒十五年(1889)石印本　二册

320000－1605－0005655　292.9/966
寶鼎香濃不分卷　(清)丁澐撰　清末澹盦抄本　一册

320000－1605－0005656　292/170
續考古圖五卷釋文一卷　(宋)呂大臨撰　清光緒十三年(1887)刻本　四册

320000－1605－0005657　292/393
隨軒金石文字九種　（清）徐渭仁撰　清刻本　四册

320000－1605－0005658　292/41－1
金石圖説四卷　（清）牛運震集説　清光緒二十一年（1895）刻本　四册

320000－1605－0005659　292/41－2
金石圖説四卷　（清）牛運震集説　清光緒二十一年（1895）刻本　四册

320000－1605－0005660　292/41－3
金石圖説四卷　（清）牛運震集説　清光緒二十一年（1895）刻本　四册

320000－1605－0005661　292/430－1
金石聚十六卷　（清）張德容撰　清刻本　十六册

320000－1605－0005662　292/430－2
金石聚十六卷　（清）張德容撰　清刻本　十六册

320000－1605－0005663　292/492
小蓬萊閣金石文字不分卷　（清）黄易撰　清道光十四年（1834）刻本　六册

320000－1605－0005664　292/674
金石苑六卷　（清）劉喜海撰　清道光二十六年（1846）石印本　六册

320000－1605－0005665　292/710
金石屑四卷　（清）鮑昌熙撰　清光緒刻本　四册

320000－1605－0005666　292/969
金石摘不分卷　（□）□□撰　清同治十二年（1873）刻本　十一册

320000－1605－0005667　294.2/133
漢石經室金石跋尾一卷　（清）沈樹鏞撰　清抄本　一册

320000－1605－0005668　294.2/650
秦篆殘石題跋一卷　（清）蔣因培撰　清嘉慶二十二年（1817）刻本　一册

320000－1605－0005669　294/15
枕經堂金石書畫題跋三卷　（清）方朔撰　清刻本　一册

320000－1605－0005670　294/151
和林金石詩一卷金石録一卷　（清）李文田撰　清刻本　一册

320000－1605－0005671　294/164
九鐘精舍金石跋尾二卷　（清）吳士鑑撰　清宣統二年（1910）刻本　二册

320000－1605－0005672　294/428－1
清儀閣題跋不分卷　（清）張廷濟撰　清光緒十七年（1891）刻本　四册

320000－1605－0005673　294/428－2
清儀閣題跋不分卷　（清）張廷濟撰　清光緒十九年（1893）刻本　二册

320000－1605－0005674　294/787
鐵橋金石跋四卷　（清）嚴可均撰　清光緒三十一年（1905）刻本　一册

320000－1605－0005675　294/961
績語堂題跋一卷　（清）魏錫曾撰　清光緒九年（1883）刻本　一册

320000－1605－0005676　296.1/166
虢季子白盤銘考一卷　（清）吳雲清撰　清同治五年（1866）刻本　一册

320000－1605－0005677　296.2/211
石塔碑刻記一卷　（清）林喬蔭撰　**附考一卷**　（清）龔景瀚撰　清乾隆刻本　一册

320000－1605－0005678　296.2/260
平津讀碑記八卷續記一卷　（清）洪頤煊撰　清光緒刻本　四册

320000－1605－0005679　296.2/364
歷代石經略二卷　（清）桂馥撰　清光緒九年（1883）刻本　二册

320000－1605－0005680　296.2/396－1
舊館壇碑攷一卷　（清）翁大年撰　清光緒刻本　一册

320000－1605－0005681　296.2/396－2
舊館壇碑攷一卷　(清)翁大年撰　清光緒刻本　一册

320000－1605－0005682　296.2/396－3
廟堂碑翁覃溪攷訂題記一卷　(清)翁方綱題　(清)胡偉録　清抄本　一册

320000－1605－0005683　296.2/486
石經攷文提要十三卷　(清)彭元瑞撰　清嘉慶四年(1799)刻本　二册

320000－1605－0005684　296.2/556
景教碑文紀事考證三卷　(清)楊榮鋕撰　清光緒刻本　三册

320000－1605－0005685　296.2/562－1
語石十卷　葉昌熾撰　清宣統元年(1909)刻本　四册

320000－1605－0005686　296.2/562－2
語石十卷　葉昌熾撰　清宣統元年(1909)刻本　四册

320000－1605－0005687　296.2/565
石經攷一卷　(清)萬斯同撰　清乾隆刻本　一册

320000－1605－0005688　296.2/586
陶齋藏石記四十四卷藏甎記二卷　(清)端方撰　清宣統元年(1909)刻本　十二册

320000－1605－0005689　296.2/599
石鼓文纂釋一卷　(清)趙烈文撰　清光緒刻本　一册

320000－1605－0005690　296.2/775－1
碑别字五卷　(清)羅振鋆輯　清光緒刻本　二册

320000－1605－0005691　296.2/775－2
碑别字五卷　(清)羅振鋆輯　清光緒刻本　二册

320000－1605－0005692　296.2/965
石鼓文定本十五卷　(清)沈梧撰　清光緒十六年(1890)刻本　八册

320000－1605－0005693　296/167
金石録刊誤三十卷　(□)□□撰　清抄本　二册

320000－1605－0005694　296/364
歷代石經略二卷　(清)桂馥撰　清光緒九年(1883)刻本　一册

320000－1605－0005695　296/377
古籀拾遺三卷首一卷　(清)孫詒讓撰　清刻本　二册

320000－1605－0005696　296/420
格古要論三卷　(明)曹昭撰　清抄本　一册

320000－1605－0005697　296/429
墨妙亭碑目攷四卷附攷一卷　(清)張鑑撰　清光緒十年(1884)刻本　二册

320000－1605－0005698　296/556
函青閣金石記四卷　(清)楊鐸撰　清光緒刻本　二册

320000－1605－0005699　296/598
金石録三十卷　(宋)趙明誠撰　清光緒三十年(1904)刻本　六册

320000－1605－0005700　296/599
金石録三十卷　(宋)趙明誠撰　清抄本　二册　存十四卷(十七至三十)

320000－1605－0005701　296/968
攷古雜録一卷　(□)□□撰　清抄本　一册

320000－1605－0005702　297.2/454
石鼓然疑一卷　(清)莊述祖撰　清光緒八年(1882)刻本　一册

320000－1605－0005703　298/165
金石存十五卷　(清)吴玉搢編　清嘉慶二十四年(1819)刻本　四册

320000－1605－0005704　298/23－1
金石萃編一百六十卷　(清)王昶編　清同治十年(1871)刻本　六十四册

320000－1605－0005705　298/23－2
金石萃編一百六十卷　(清)王昶編　清同治

十年(1871)刻本　六十四册

320000－1605－0005706　298/23－3
金石萃編一百六十卷　(清)王昶編　清同治十年(1871)刻本　六十四册

320000－1605－0005707　298/23－4
金石萃編一百六十卷　(清)王昶編　清同治十年(1871)刻本　六十四册

320000－1605－0005708　298/439－1
金石續編二十一卷　(清)陸耀遹編　清同治十三年(1874)刻本　十册

320000－1605－0005709　298/439－2
金石續編二十一卷　(清)陸耀遹編　清同治十三年(1874)刻本　十六册

320000－1605－0005710　298/439－3
金石續編二十一卷　(清)陸耀遹編　清光緒十九年(1893)石印本　六册

320000－1605－0005711　298/599
金石文鈔八卷　(清)趙紹祖編　清嘉慶刻本　八册

320000－1605－0005712　298/650
沙州文録一卷　蔣斧輯　清宣統元年(1909)鉛印本　一册

320000－1605－0005713　299.2/25
輿地碑記目四卷　(宋)王象之撰　清同治九年(1870)刻本　二册

320000－1605－0005714　299.2/322
山左碑目四卷　(清)段松苓輯　清光緒三十四年(1908)刻本　二册

320000－1605－0005715　299.2/370
山右金石録三卷　(清)夏寶晉撰　清光緒刻本　一册

320000－1605－0005716　299.2/375
寰宇訪碑録十二卷　(清)孫星衍　(清)邢澍撰　清光緒九年(1883)刻本　四册

320000－1605－0005717　299.2/535－1
吴郡金石目不分卷　(清)程祖慶編　清光緒元年(1875)刻本　二册

320000－1605－0005718　299.2/535－2
吴郡金石目不分卷　(清)程祖慶編　清光緒三年(1877)刻本　一册

320000－1605－0005719　299.2/556
粤西得碑記一卷　(清)楊翰撰　清光緒石印本　一册

320000－1605－0005720　299.3/151－1
錢神志七卷　(清)李世熊撰　清同治十年(1871)木活字印本　七册

320000－1605－0005721　299.3/151－2
錢神志七卷　(清)李世熊撰　清同治十年(1871)木活字印本　七册

320000－1605－0005722　299/155
括蒼金石志十二卷續志四卷　(清)李遇孫撰　清同治十三年(1874)刻本　六册

320000－1605－0005723　299/163
兩浙金石志十八卷　(清)阮元撰　清道光四年(1824)刻本　十二册

320000－1605－0005724　299/207
安陽金石録十二卷　(清)武億撰　清嘉慶刻本　四册

320000－1605－0005725　299/316
中州金石目四卷補遺一卷　(清)姚晏撰　清光緒姚氏刻民國蘇州振新書社印咫進齋叢書本　二册

320000－1605－0005726　299/322
益都金石記四卷　(清)段松苓撰　清光緒九年(1883)刻本　四册

320000－1605－0005727　299/376－1
京畿金石考二卷　(清)孫星衍撰　清刻本　一册

320000－1605－0005728　299/376－2
京畿金石考二卷　(清)孫星衍撰　清光緒十二年(1886)刻本　一册

320000－1605－0005729　299/393

濟寧州金石志八卷　(清)徐宗幹　(清)馮雲鵷輯　清道光刻本　十册

320000－1605－0005730　299/396
粤東金石畧九卷附二卷　(清)翁方綱撰　清光緒刻本　二册

320000－1605－0005731　299/460－1
關中金石記八卷　(清)畢沅撰　清乾隆四十六年(1781)刻本　一册　存二卷(四至五)

320000－1605－0005732　299/460－2
山左金石志二十四卷　(清)畢沅　(清)阮元撰　清嘉慶刻本　九册　存十九卷(一至二、七至十九、二十一至二十四)

320000－1605－0005733　299/460－3
中州金石記五卷　(清)畢沅撰　清刻本　二册

320000－1605－0005734　299/477
濟南金石志四卷　(清)王鎮　(清)馮雲鵷撰　清道光刻本　四册

320000－1605－0005735　299/525
日本圖經三十卷　(清)傅雲龍撰　清光緒石印本　三册　存三卷(二十四至二十六)

320000－1605－0005736　299/622
吴郡金石目不分卷　(清)程祖慶編　清光緒三年(1877)刻本　一册

320000－1605－0005737　299/674－1
長安獲古篇三卷　(清)劉喜海撰　清刻本　一册

320000－1605－0005738　299/674－2
海東金石苑四卷　(清)劉喜海撰　清光緒刻本　四册

320000－1605－0005739　299/717
粤西金石畧十五卷　(清)謝啓昆撰　清嘉慶六年(1801)刻本　四册

320000－1605－0005740　299/740
湖北金石志十四卷　繆荃孫撰　清刻本　十四册

320000－1605－0005741　299/749
東甌金石志十二卷　(清)戴咸弼撰　清光緒二十五年(1899)石印本　四册

320000－1605－0005742　299/787－1
江寧金石記八卷　(清)嚴觀輯　清嘉慶九年(1804)刻本　五册

320000－1605－0005743　299/787－2
江寧金石記八卷　(清)嚴觀輯　清宣統二年(1910)刻本　二册

320000－1605－0005744　299/787－3
江寧金石記八卷　(清)嚴觀輯　清宣統二年(1910)刻本　二册

320000－1605－0005745　299/787－4
江寧金石待訪目二卷　(清)嚴觀撰　清刻本　一册

320000－1605－0005746　299/791－1
金石文字記六卷　(清)顧炎武撰　清刻本　二册

320000－1605－0005747　299/791－2
山東考古録一卷　(清)顧炎武撰　清光緒刻本　一册

320000－1605－0005748　299/791－3
續山東攷古録三十二卷　(清)葉圭綬撰　清光緒刻本　六册

320000－1605－0005749　299/975
福建金石志三十卷　(□)□□撰　清刻本　六册

320000－1605－0005750　304/937
畸人十篇　(意大利)利瑪竇撰　清光緒十五年(1889)刻本　二册

320000－1605－0005751　310.2/21
擬彙周秦諸子校註輯補善本敘録一卷　王仁俊撰　清光緒三十四年(1908)鉛印本　一册

320000－1605－0005752　310.2/491－1
集説詮真不分卷　(清)黄伯祿輯　清光緒五年(1879)刻本　四册

320000－1605－0005753　310.2/491－2
集說詮真提要一卷　（清）黄伯禄輯　清光緒五年（1879）刻本　一册

320000－1605－0005754　310.2/491－3
集說詮真提要一卷　（清）黄伯禄輯　清光緒五年（1879）刻本　一册

320000－1605－0005755　310.2/491－4
集說詮真續編一卷　（清）黄伯禄輯　清光緒六年（1880）刻本　一册

320000－1605－0005756　310.2/491－5
集說詮真續編一卷　（清）黄伯禄輯　清光緒六年（1880）刻本　一册

320000－1605－0005757　310.8/359
諸子詹詹録二卷　（清）袁樹輯　清光緒九年（1883）刻本　二册

320000－1605－0005758　310.8/622
不遠復齋遺書六種　（清）潘世璜輯　清光緒六年（1880）刻本　六册

320000－1605－0005759　310.9/117－1
宋元學案一百卷首一卷　（清）黄宗羲撰　（清）全祖望修定　清光緒五年（1879）刻本　四十册

320000－1605－0005760　310.9/117－2
宋元學案一百卷首一卷　（清）黄宗羲撰　（清）全祖望修定　清光緒五年（1879）刻本　四十册

320000－1605－0005761　310.9/337
國朝學案小識十五卷　（清）唐鑑撰　清光緒十年（1884）刻本　十二册

320000－1605－0005762　311.1/115
先賢任子遺書一卷　（清）任不齊撰　清光緒二十二年（1896）刻本　一册

320000－1605－0005763　311.1/22－1
曾子家語六卷　（清）王定安輯　清光緒十四年（1888）刻本　二册

320000－1605－0005764　311.1/22－2
荀子集解二十卷首一卷　王先謙撰　清光緒十七年（1891）刻本　六册

320000－1605－0005765　311.1/228
閑道集四卷　（清）孟經國輯　清刻本　二册

320000－1605－0005766　311.1/24
中說十卷　（隋）王通撰　（隋）阮逸注　清光緒十六年（1890）刻本　一册

320000－1605－0005767　311.1/25－1
孔子家語十卷　（漢）王肅撰　清光緒二十四年（1898）刻本　四册

320000－1605－0005768　311.1/25－2
孔子家語憲四卷　（明）陳際泰釋　清刻本　二册

320000－1605－0005769　311.1/366－1
鹽鐵論十二卷　（漢）桓寬撰　（漢）張子象注　明刻本　四册

320000－1605－0005770　311.1/366－2
鹽鐵論十卷　（漢）桓寬撰　清光緒十七年（1891）刻本　二册

320000－1605－0005771　311.1/375－1
家語疏證六卷　（清）孫志祖撰　清道光刻本　四册

320000－1605－0005772　311.1/375－2
孔子集語七卷　（清）孫星衍撰　清光緒三年（1877）刻本　四册

320000－1605－0005773　311.1/384－1
荀子二十卷　（唐）楊倞注　清乾隆五十一年（1786）刻本　四册

320000－1605－0005774　311.1/384－2
荀子二十卷　（唐）楊倞注　清乾隆五十一年（1786）刻本　四册

320000－1605－0005775　311.1/384－3
荀子二十卷　（唐）楊倞注　清光緒二十三年（1897）刻本　六册

320000－1605－0005776　311.1/412
莊子十卷　（晉）郭象注　（唐）陸德明音義　清刻本　二册　存四卷（七至十）

320000－1605－0005777　311.1/430
為政忠告四卷　(元)張養浩撰　清道光十一年(1831)刻本　一册　存二卷(牧民忠告上、下)

320000－1605－0005778　311.1/434
新語二卷　(漢)陸賈撰　**忠經一卷**　(漢)馬融撰　清光緒元年(1875)刻本　一册

320000－1605－0005779　311.1/523
傅子二卷本傳一卷附録一卷物理論一卷　(晉)傅元撰　**物理論一卷**　(晉)楊泉撰　清光緒七年(1881)刻本　一册

320000－1605－0005780　311.1/527
宗聖志二十卷　(清)曾國荃重修　(清)王定安輯　清光緒十六年(1890)刻本　六册

320000－1605－0005781　311.1/551－1
新書十卷　(漢)賈誼撰　明刻本　四册

320000－1605－0005782　311.1/551－2
新書十卷　(漢)賈誼撰　清光緒元年(1875)刻本　二册

320000－1605－0005783　311.1/551－3
新書十卷　(漢)賈誼撰　**春秋繁露十七卷**　(漢)董仲舒撰　清光緒十九年(1893)石印本　一册

320000－1605－0005784　311.2/15
南華真經旁註五卷　(明)方虛名輯註　明萬曆二十二年(1594)刻本　一册　存一卷(五)

320000－1605－0005785　311.2/21
莊子解三十三卷　(清)王夫之撰　清同治四年(1865)刻本　一册　存五卷(二十四至二十八)

320000－1605－0005786　311.2/25
老子道德經二篇　清刻本　一册

320000－1605－0005787　311.2/316－1
老子章義二卷　(清)姚鼐章義　清同治九年(1870)刻本　一册

320000－1605－0005788　311.2/316－2
惜抱軒遺書三種　(清)姚鼐編　清光緒五年(1879)刻本　二册　存一種五卷(莊子章義五卷)

320000－1605－0005789　311.2/337
老子注二卷　(清)唐琯注　清雍正五年(1727)刻本　一册

320000－1605－0005790　311.2/412－1
莊子十卷　(晉)郭象注　(唐)陸德明音義　清光緒二年(1876)刻本　四册

320000－1605－0005791　311.2/412－2
莊子集釋十卷　(清)郭慶藩著　清光緒刻本　八册

320000－1605－0005792　311.2/412－3
莊子十卷　(晉)郭象注　(唐)陸德明音義　清光緒刻本　一册　存二卷(九至十)

320000－1605－0005793　311.2/446
南華真經正義内篇七卷外篇十五卷雜篇十一卷　(清)陳壽昌撰　清光緒十九年(1893)刻本　六册

320000－1605－0005794　311.2/449
鬼谷子三卷篇目考一卷附録一卷　(南朝梁)陶弘景注　清嘉慶十年(1805)刻本　二册

320000－1605－0005795　311.2/454－1
莊子南華真經四卷　明刻本　二册　存二卷(二至三)

320000－1605－0005796　311.2/454－2
南華經十六卷　(晉)郭象注　清刻本　三册　存五卷(四至六、十五至十六)

320000－1605－0005797　311.2/454－3
莊子十卷　(晉)郭象注　清光緒二十三年(1897)鉛印本　四册

320000－1605－0005798　311.2/566
抱朴子内篇二十卷外篇五十卷　(晉)葛洪撰　清光緒十一年(1885)刻本　二册　存二十卷(内篇二十卷)

320000－1605－0005799　311.2/567
道德真經一卷關尹子文始真經一卷　(明)董逢元編　明萬曆二十三年(1595)刻本　一册

320000－1605－0005800　311.2/645
老子道德經輯注二卷首一卷　(清)鄧晅輯　清嘉慶刻本　一册

320000－1605－0005801　311.2/674－1
淮南子二十一卷　(漢)劉安撰　明刻本　十六册

320000－1605－0005802　311.2/674－2
列子冲虛真經二卷　(宋)劉辰翁點評　清刻本　四册

320000－1605－0005803　311.2/784
道德經注二卷　(宋)蘇轍注　清抄本　一册

320000－1605－0005804　311.2/79
道德寶章一卷　(宋)葛長庚撰　清道光十八年(1838)刻本　一册

320000－1605－0005805　311.2/93.1－1
衝虛至德真經二卷　明萬曆刻本　一册

320000－1605－0005806　311.2/93.1－2
列子八卷　(唐)盧重元註　清嘉慶八年(1803)刻本　四册

320000－1605－0005807　311.2/93.1－3
列子八卷　(唐)盧重元註　清嘉慶八年(1803)刻本　二册

320000－1605－0005808　311.2/975
老子道德經解二卷首一卷觀老莊影響論一卷　(明)釋德清撰　清光緒十二年(1886)刻本　二册

320000－1605－0005809　311.2/995
莊子内篇注四卷　(明)釋德清撰　清光緒刻本　二册

320000－1605－0005810　311.4/22
韓非子集解二十卷　(清)王先慎撰　清光緒二十二年(1896)刻本　六册

320000－1605－0005811　311.4/24
管子地員篇注四卷　(清)王紹蘭撰　清光緒十七年(1891)刻本　四册

320000－1605－0005812　311.4/257
管子二十四卷　(唐)房玄齡注　清光緒刻本　一册　存三卷(二十二至二十四)

320000－1605－0005813　311.4/403
商子五卷　明刻本　二册

320000－1605－0005814　311.4/613－1
管子二十四卷　(唐)房玄齡注　明刻本　六册　存十四卷(二至四、十一至十二、十五至二十一、二十三至二十四)

320000－1605－0005815　311.4/613－2
宋本管子二十四卷　(唐)房玄齡注　清光緒五年(1879)影宋刻本　四册

320000－1605－0005816　311.4/613－3
宋本管子二十四卷　(唐)房玄齡注　清光緒五年(1879)影宋刻本　四册

320000－1605－0005817　311.4/722
韓非子評注二十卷　清光緒元年(1875)刻本　五册

320000－1605－0005818　311.4/749－1
管子校正二十四卷　(清)戴望撰　清石印本　五册

320000－1605－0005819　311.4/749－2
管子校正二十四卷　(清)戴望撰　清鉛印本　二册

320000－1605－0005820　311.5/645
鄧析子二卷尸子二卷　清光緒元年(1875)刻本　一册

320000－1605－0005821　311.6/377
墨子閒詁十五卷目録一卷附録一卷後語一卷　(清)孫詒讓撰　清光緒二十年(1894)木活字印本　八册

320000－1605－0005822　311.6/388－1
晏子春秋七卷　清刻本　二册

320000－1605－0005823　311.6/388－2
晏子春秋七卷　清光緒十八年(1892)刻本　二册

320000－1605－0005824　311.6/388－3

晏子春秋音義二卷 （清）孫星衍注音　清刻本　一冊

320000－1605－0005825　311.6/388－4
晏子春秋七卷音義二卷校勘二卷 （清）孫星衍注音　清光緒元年（1875）刻本　四冊

320000－1605－0005826　311.6/388－5
晏子春秋七卷音義二卷校勘二卷 （清）孫星衍注音　清光緒元年（1875）刻本　四冊

320000－1605－0005827　311.6/430
墨子經説解二卷 （清）張惠言撰　清宣統元年（1909）石印本　一冊

320000－1605－0005828　311.7/449
鬼谷子三卷篇目考一卷附録一卷 （南朝梁）陶弘景注　清嘉慶十年（1805）刻本　一冊

320000－1605－0005829　311.9/135
淮南子校勘記二十一卷 （清）汪文臺撰　清光緒十一年（1885）刻本　一冊

320000－1605－0005830　311.9/170－1
呂氏春秋二十六卷 （漢）高誘註　清光緒元年（1875）崇文書局刻本　四冊

320000－1605－0005831　311.9/170－2
呂氏春秋二十六卷 （漢）高誘註　清光緒元年（1875）浙江書局刻本　四冊　存十七卷（一至十七）

320000－1605－0005832　311.9/21
白虎通義引書表一卷 王仁俊撰　清光緒三十四年（1908）鉛印本　一冊

320000－1605－0005833　311.9/350
白虎通德論四卷 （漢）班固撰　明天啓六年（1626）刻本　二冊

320000－1605－0005834　311.9/441
白虎通疏證十二卷 （清）陳立撰　清光緒元年（1875）刻本　四冊

320000－1605－0005835　311.9/454－1
白虎通義考一卷目録一卷闕文一卷 （清）莊述祖撰　清乾隆四十九年（1784）刻本　一冊

320000－1605－0005836　311.9/454－2
白虎通義考一卷目録一卷闕文一卷 （清）莊述祖撰　清乾隆四十九年（1784）刻本　一冊

320000－1605－0005837　311.9/535
子華子十卷 清雍正刻本　二冊

320000－1605－0005838　311.9/654－1
獨斷二卷 （漢）蔡邕撰　清嘉慶七年（1802）刻本　二冊

320000－1605－0005839　311.9/654－2
獨斷二卷 （漢）蔡邕撰　清刻本　一冊

320000－1605－0005840　311.9/674
淮南子二十一卷 （漢）劉安撰　清光緒元年（1875）刻本　四冊

320000－1605－0005841　311.9/967
白虎通校字一卷 （□）□□輯　清末抄本　一冊

320000－1605－0005842　311/21
十子全書十種 （清）王子興輯　清嘉慶九年（1804）刻本　二十三冊　缺一種十卷（莊子十卷）

320000－1605－0005843　311/375－1
逸子書七種 （漢）許慎等撰　清嘉慶七年（1802）刻本　一冊

320000－1605－0005844　311/375－2
桓子新論一卷 （漢）桓譚撰　清光緒刻本　一冊

320000－1605－0005845　311/487
法言十卷 （漢）揚雄撰　明刻本　二冊

320000－1605－0005846　311/551
廿二子彙函二十二種 （漢）賈誼等撰　清光緒十九年（1893）石印本　十五冊

320000－1605－0005847　311/840
二十二子二十二種 （清）浙江書局輯　清光緒三年（1877）刻本　八十三冊

320000－1605－0005848　311/842－1
子書百家一百一種 （三國魏）王肅等撰　清

光緒元年(1875)刻本　一百六冊

320000－1605－0005849　311/842－2
子書二十三種　清光緒二十三年(1897)石印本　三十二冊　存十六種二百四十三卷(管子二十四卷、荀子二十卷、文中子十卷、孫子十家註十三卷敘録一卷遺說一卷、孔子集語十七卷、晏子春秋七卷音義二卷校勘記二卷、呂氏春秋二十六卷、賈子新書一至七、竹書紀年統箋十二卷、尸子二卷、商君書五卷、山海經十八卷、春秋繁露十七卷、莊子十卷、文子纘義十二卷、黄帝内經素問二十四卷素問遺篇一卷靈樞十二卷)

320000－1605－0005850　312/24
中說二卷　(隋)王通撰　明刻本　二冊

320000－1605－0005851　312/462
古今注三卷　(晉)崔豹撰　明刻本　一冊

320000－1605－0005852　312/486
文子二卷　(明)彭好古輯　明刻本　二冊

320000－1605－0005853　312/674
新論十卷　(北齊)劉晝撰　明刻本　二冊

320000－1605－0005854　313/741
匡謬正俗八卷　(唐)顔師古撰　清乾隆二十一年(1756)刻本　二冊

320000－1605－0005855　314/103－1
小學六卷　(宋)朱熹撰　清道光十四年(1834)刻本　二冊

320000－1605－0005856　314/103－2
近思録集注十四卷　(宋)朱熹撰　(清)江永注　清同治八年(1869)刻本　四冊

320000－1605－0005857　314/103－3
近思録集注十四卷　(宋)朱熹撰　(清)江永注　清同治八年(1869)刻本　四冊

320000－1605－0005858　314/103－4
近思録集注十四卷　(宋)朱熹撰　(清)江永注　清同治八年(1869)刻本　四冊

320000－1605－0005859　314/103－5
近思録集解十四卷　(宋)朱熹撰　(宋)葉采注　清刻本　八冊

320000－1605－0005860　314/103－6
近思録集解十四卷　(宋)朱熹撰　(宋)葉采注　清光緒十年(1884)刻本　二冊

320000－1605－0005861　314/103－7
近思録十四卷　(宋)朱熹撰　清末、民國鉛印本　二冊

320000－1605－0005862　314/103－8
延平答問二卷附楊羅李朱四先生年譜四卷　(宋)朱熹撰　清光緒二年(1876)刻本　四冊

320000－1605－0005863　314/103－9
御纂朱子全書六十六卷　(宋)朱熹撰　(清)李光地重編　清光緒刻本　四十冊

320000－1605－0005864　314/104
小學六卷　(宋)朱熹撰　清刻本　一冊

320000－1605－0005865　314/147
小學集注六卷　(清)張伯行撰　清同治六年(1867)刻本　二冊

320000－1605－0005866　314/165－1
小學集解六卷　(宋)朱熹撰　(明)吳訥集解　清同治八年(1869)刻本　二冊

320000－1605－0005867　314/165－2
小學集解六卷　(宋)朱熹撰　(明)吳訥集解　清同治八年(1869)刻本　二冊

320000－1605－0005868　314/170
師友雜誌一卷紫微雜說一卷　(宋)呂本中撰　清刻本　一冊

320000－1605－0005869　314/249
濂溪一滴不分卷　(宋)周敦頤撰　清宣統三年(1911)抄本　二冊

320000－1605－0005870　314/332－1
小學纂注六卷附朱子年譜一卷　(宋)朱熹撰　(清)高愈纂注　清同治八年(1869)刻本　二冊

320000－1605－0005871　314/332－2
小學纂注六卷附朱子年譜一卷　(宋)朱熹撰

（清）高愈纂注　清同治八年（1869）刻本　二冊

320000－1605－0005872　314/348－1
心政經合編二卷　（宋）真德秀撰　清光緒刻本　一冊

320000－1605－0005873　314/348－2
心政經合編二卷　（宋）真德秀撰　清光緒刻本　一冊

320000－1605－0005874　314/430
正蒙二卷　（宋）張載撰　清刻本　四冊

320000－1605－0005875　314/495
黄氏日抄九十七卷　（宋）黄震撰　清刻本　十二冊

320000－1605－0005876　314/535－1
二程文集十二卷　（宋）程顥　（宋）程頤撰　清刻本　四冊

320000－1605－0005877　314/535－2
性理字訓一卷　（清）程端蒙撰　（清）程若庸補輯　清同治八年（1869）刻本　一冊

320000－1605－0005878　314/556
先聖大訓六卷　（宋）楊簡撰　清嘉慶九年（1804）刻本　六冊

320000－1605－0005879　314/683
朱子講學輯要編十卷　（清）龍炳垣輯　清同治六年（1867）刻本　六冊

320000－1605－0005880　314/73
史子樸語十卷　（宋）史彌大撰　清光緒二十四年（1898）刻本　一冊

320000－1605－0005881　314/976
持志編一卷　題（清）澄源居士編　清宣統元年（1909）抄本　一冊

320000－1605－0005882　316/135
古今彝語六卷　（明）汪應蛟撰　清康熙三十七年（1698）刻本　六冊

320000－1605－0005883　316/153
龍溪密諦一卷　（明）王畿撰　（清）李衷燦輯　清光緒三年（1877）刻本　一冊

320000－1605－0005884　316/25－1
俟後編六卷　（清）王敬臣撰　清同治八年（1869）刻本　四冊

320000－1605－0005885　316/25－2
俟後編六卷末一卷　（清）王敬臣撰　清光緒元年（1875）刻本　一冊

320000－1605－0005886　316/26
傳習録一卷　（明）王陽明撰　清光緒石印本　一冊

320000－1605－0005887　316/434
思辨録輯要二十二卷後集十三卷　（清）陸世儀撰　清光緒三年（1877）刻本　八冊

320000－1605－0005888　316/443
學蔀通辨九卷　（明）陳建撰　清康熙十七年（1678）刻本　四冊

320000－1605－0005889　316/445
聖學入門書一卷附桴亭雜著一卷　（清）陳瑚撰　清同治十二年（1873）刻本　一冊

320000－1605－0005890　316/449
羅近溪先生語要一卷　（明）陶望齡輯　清光緒二十年（1894）刻本　一冊

320000－1605－0005891　316/491－1
明儒學案六十二卷　（清）黄宗羲撰　清光緒八年（1882）刻本　二十冊

320000－1605－0005892　316/491－2
明儒學案六十二卷　（清）黄宗羲撰　清光緒十四年（1888）刻本　三十二冊

320000－1605－0005893　316/654
洨濱遺書文集十卷語録二十卷　（明）蔡靉撰　清光緒四年（1878）刻本　四冊

320000－1605－0005894　316/674－1
人譜一卷人譜類記六卷　（明）劉宗周撰　（清）傅彩增訂　清康熙刻本　二冊

320000－1605－0005895　316/674－2
人譜一卷附日記法一卷家塾規一卷　（明）劉

宗周撰　清嘉慶二年(1797)刻本　一册

320000－1605－0005896　316/741
迪吉録八卷　(清)顔茂猷撰　清光緒八年(1882)刻本　八册

320000－1605－0005897　316/756－1
媿林漫録十卷　(明)瞿式耜撰　清光緒十六年(1890)刻本　二册

320000－1605－0005898　316/756－2
媿林漫録十卷　(明)瞿式耜撰　清光緒十六年(1890)刻本　二册

320000－1605－0005899　316/791
小心齋劄記十八卷　(明)顧憲成撰　清光緒三年(1877)刻本　四册

320000－1605－0005900　316/9
于氏中説二卷契元公論草一卷　(明)于契元撰　清咸豐刻本　二册

320000－1605－0005901　316/94
希聖録一卷教家録一卷　(明)艾自新撰　清光緒三十二年(1906)刻本　一册

320000－1605－0005902　317.1/370
強學録類編四卷　(清)夏錫疇撰　清道光十四年(1834)刻本　四册

320000－1605－0005903　317.1/972
囈言一卷　題(清)呰窳道人撰　清刻本　一册

320000－1605－0005904　317/128
濼源問答十二卷　(清)沈可培撰　清嘉慶二十年(1815)刻本　六册

320000－1605－0005905　317/129－1
沈余遺書三種　(清)趙舒翹輯　清光緒二十二年(1896)刻本　四册

320000－1605－0005906　317/129－2
沈余遺書三種　(清)趙舒翹輯　清光緒二十二年(1896)刻本　四册

320000－1605－0005907　317/129－3
沈余遺書三種　(清)趙舒翹輯　清光緒二十二年(1896)刻本　四册

320000－1605－0005908　317/135－1
國朝儒林正論四卷　(清)汪正編　清道光十八年(1838)刻本　二册

320000－1605－0005909　317/135－2
國朝儒林正論四卷　(清)汪正編　清道光十八年(1838)刻本　一册

320000－1605－0005910　317/151
弟子規一卷　題(清)李子潛撰　清刻本　一册

320000－1605－0005911　317/152
榕村講授三卷　(清)李光地輯　清刻本　六册

320000－1605－0005912　317/157
筦測二卷　(清)李學璜撰　清刻本　一册

320000－1605－0005913　317/248
則古編四卷　(清)周璘撰　清乾隆十五年(1750)刻本　三册

320000－1605－0005914　317/271
繹志十九卷　(清)胡承諾撰　清同治十一年(1872)刻本　八册

320000－1605－0005915　317/335
畜德録二十卷　(清)席啟圖撰　清康熙二十三年(1684)刻本　十册

320000－1605－0005916　317/337－1
潛書四卷　(明)唐甄撰　清光緒九年(1883)刻本　四册

320000－1605－0005917　317/337－2
潛書四卷　(明)唐甄撰　清光緒九年(1883)刻本　四册

320000－1605－0005918　317/337－3
人生必讀書十二卷　(清)唐彪輯　清道光十六年(1836)刻本　十册

320000－1605－0005919　317/370
悔言六卷悔言辨正六卷　(清)夏震武撰　清光緒刻本　三册

320000－1605－0005920　317/376－1
理學宗傳二十六卷　(清)孫奇逢撰　清康熙六年(1667)刻本　十二册

320000－1605－0005921　317/376－2
理學宗傳二十六卷　(清)孫奇逢撰　清光緒六年(1880)刻本　十二册

320000－1605－0005922　317/376－3
理學宗傳二十六卷　(清)孫奇逢撰　清光緒六年(1880)刻本　十二册

320000－1605－0005923　317/376－4
明新一是三卷首一卷末一卷　(清)孫奇逢撰　清光緒三十一年(1905)刻本　四册

320000－1605－0005924　317/380
餘山先生遺書十卷　(清)勞史撰　(清)桑調元　(清)沈廷芳編　清乾隆二十九年(1764)刻本　六册

320000－1605－0005925　317/402
聖諭象解二十卷　(清)梁延年編輯　清光緒二十九年(1903)石印本　十册

320000－1605－0005926　317/420
居學録二卷　(清)曹本榮撰　清光緒十一年(1885)刻本　一册

320000－1605－0005927　317/442－1
學仕遺規四卷　(清)陳宏謀撰　清光緒五年(1879)刻本　五册

320000－1605－0005928　317/442－2
學仕遺規四卷　(清)陳宏謀撰　清光緒五年(1879)刻本　五册

320000－1605－0005929　317/442－3
學仕遺規四卷　(清)陳宏謀撰　清光緒五年(1879)刻本　五册

320000－1605－0005930　317/443
掌録二卷　(清)陳祖範著　清乾隆二十九年(1764)刻本　二册

320000－1605－0005931　317/471
志學會約一卷附國學録一卷　(清)湯斌撰　清光緒四年(1878)刻本　一册

320000－1605－0005932　317/473
過庭筆記一卷　(清)童槐撰　清咸豐六年(1856)刻本　一册

320000－1605－0005933　317/481
萬世太平書二卷　(清)勞大與撰　清康熙十年(1671)刻本　二册

320000－1605－0005934　317/522－1
六藝綱目二卷附録一卷札記一卷　(元)舒天民述　清光緒七年(1881)刻本　二册

320000－1605－0005935　317/522－2
六藝綱目二卷附録一卷札記一卷　(元)舒天民述　清光緒七年(1881)刻本　二册

320000－1605－0005936　317/522－3
六藝綱目二卷附録一卷札記一卷　(元)舒天民述　清光緒七年(1881)刻本　二册

320000－1605－0005937　317/530
成仁譜二十六卷　(清)盛敬撰　清道光二十五年(1845)木活字印本　八册

320000－1605－0005938　317/535
愜心集十卷附一卷　(清)程烈撰　清乾隆五十五年(1790)刻本　六册

320000－1605－0005939　317/556
金荚颾言四卷　(清)楊浚撰　清同治二年(1863)刻本　三册

320000－1605－0005940　317/565
童蒙須知韻語一卷　(清)萬斛泉撰　清同治五年(1866)刻本　一册

320000－1605－0005941　317/618
學統五十六卷　(清)熊賜履撰　清刻本　十六册

320000－1605－0005942　317/622－1
養一齋劄記九卷　(清)潘彦輔撰　清同治刻本　三册

320000－1605－0005943　317/622－2
正學編八卷　(清)潘世恩撰　(清)潘曾瑋疏解　清同治五年(1866)刻本　四册

320000－1605－0005944　317/674
理學宗傳辨正十六卷　(清)劉廷詔撰　清同治十一年(1872)刻本　六册

320000－1605－0005945　317/748－1
誡子書一卷　(清)聶繼模撰　清光緒二十三年(1897)刻本　一册

320000－1605－0005946　317/748－2
誡子書一卷　(清)聶繼模撰　清光緒二十三年(1897)刻本　一册

320000－1605－0005947　317/753
棉陽學準五卷　(清)藍鼎元撰　清雍正七年(1729)刻本　三册

320000－1605－0005948　317/775－1
小學韻語一卷　(清)羅澤南撰　清光緒五年(1879)刻本　一册

320000－1605－0005949　317/775－2
小學韻語一卷　(清)羅澤南撰　清光緒五年(1879)刻本　一册

320000－1605－0005950　317/787
蕙櫋雜記一卷　(清)嚴元照撰　清光緒刻本　一册

320000－1605－0005951　317/811
日知薈説四卷　(清)高宗弘曆撰　清乾隆元年(1736)刻本　二册　存二卷(一至二)

320000－1605－0005952　317/84
漢學師承記八卷經師經義一卷宋學淵源記二卷附記一卷　(清)江標撰　清咸豐刻本　六册

320000－1605－0005953　317/9
齊治録三卷附正修録一卷　(清)于準撰　清刻本　四册

320000－1605－0005954　317/973
聖諭廣訓一卷　(清)世宗胤禛撰　清刻本　二册

320000－1605－0005955　317/98－1
朱柏廬先生編年毋欺録三卷補遺一卷　(清)朱用純撰　清同治八年(1869)刻本　二册

320000－1605－0005956　317/98－2
無欺録二卷　(清)朱用純撰　清光緒二十六年(1900)刻本　二册

320000－1605－0005957　319/128
自彊芻議一卷　(清)沈林一撰　清光緒二十七年(1901)刻本　二册

320000－1605－0005958　319/133
交翠軒筆記四卷　(清)沈濤撰　清光緒十六年(1890)刻本　二册

320000－1605－0005959　319/207
瀚海披沙十卷　(清)武文斌撰　清道光二十一年(1841)刻本　十册

320000－1605－0005960　319/25
俟後編六卷末一卷　(清)王敬臣撰　清光緒元年(1875)刻本　二册

320000－1605－0005961　319/332－1
雅尚齋遵生八牋十九卷　(明)高濂撰　明萬曆刻本　九册　存八卷(十、十三中至十九)

320000－1605－0005962　319/332－2
遵生八牋十九卷　(明)高濂撰　(明)鍾惺增訂　清刻本　十八册

320000－1605－0005963　319/393－1
玉芝堂談薈三十六卷　(明)徐應秋撰　清康熙四十二年(1703)刻本　三十册

320000－1605－0005964　319/393－2
擴論一卷　(清)徐壽基撰　清光緒十二年(1886)刻本　一册

320000－1605－0005965　319/441
[illegible]囮集十二卷　(清)陳介撰　清康熙十三年(1674)刻本　六册

320000－1605－0005966　319/477
頤養詮要四卷　(清)馮曦纂輯　清光緒二十四年(1898)刻本　二册

320000－1605－0005967　319/486－1
證學編一卷　(清)彭希洛撰　清嘉慶十年(1805)刻本　一册

320000－1605－0005968　319/486－2
證學編一卷　(清)彭希洛撰　清光緒八年(1882)刻本　一册

320000－1605－0005969　319/486－3
閑處光陰二卷　(清)彭邦鼎撰　清光緒二十四年(1898)鉛印本　二册

320000－1605－0005970　319/489－1
九曜齋筆記三卷　(清)惠棟撰　清光緒刻本　二册

320000－1605－0005971　319/489－2
松崖筆記三卷　(清)惠棟撰　清光緒刻本　一册

320000－1605－0005972　319/530
人範須知六卷　(清)盛隆撰　清同治二年(1863)刻本　六册

320000－1605－0005973　319/562
草木子四卷　(清)葉子奇撰　清光緒元年(1875)刻本　二册

320000－1605－0005974　319/601
陔餘叢考四十三卷　(清)趙翼撰　清乾隆五十五年(1790)刻本　十二册

320000－1605－0005975　319/607
通俗編三十八卷　(清)翟灝撰　清乾隆刻本　十二册

320000－1605－0005976　319/717
十家語録摘要二卷附詠梅軒札記一卷　(清)謝蘭生輯　清同治六年(1867)刻本　二册

320000－1605－0005977　319/748
誡子書不分卷　(清)聶繼儒撰　清光緒二十三年(1897)刻本　一册

320000－1605－0005978　319/791
菰中隨筆二卷　(清)顧炎武述　清宣統三年(1911)石印本　二册

320000－1605－0005979　319/967
兩論大題集成不分卷　(□)□□輯　清末刻本　二册

320000－1605－0005980　349/248
地學揭要二卷首一卷末一卷　(清)周安仁撰　清光緒刻本　二册

320000－1605－0005981　350.6/439
治嘉格言一卷　(清)陸隴其撰　**莅嘉遺蹟三卷**　(清)黄維玉編　清同治七年(1868)刻本　二册

320000－1605－0005982　350/151
心影集四卷　(清)李士麟輯　清光緒十八年(1892)刻本　一册

320000－1605－0005983　350/332
小學纂注六卷附朱子年譜一卷　(宋)朱熹撰　(清)高愈纂注　清乾隆、嘉慶刻本　二册

320000－1605－0005984　350/434
思辨録輯要二十二卷後集十三卷　(清)陸世儀撰　清光緒三年(1877)刻本　八册

320000－1605－0005985　350/486－1
儒門法語輯要一卷　(清)彭定求編　(清)湯金釗輯要　清光緒十六年(1890)刻本　一册

320000－1605－0005986　350/486－2
儒門法語一卷　(清)彭定求編　清光緒二十三年(1897)刻本　一册

320000－1605－0005987　350/967
制藝瑯嬛補編不分卷　(□)□□輯　清末刻本　二册

320000－1605－0005988　351/237
仁書二卷　(清)易佩紳著　清光緒十年(1884)刻本　一册

320000－1605－0005989　351/447
原人四卷附晦堂書録一卷　陳澹然撰　清光緒鉛印本　一册　存三卷(原人下編、後編,晦堂書録一卷)

320000－1605－0005990　352/155
孝弟圖説二卷　(清)李復齋撰　清同治十三年(1874)刻本　一册

320000－1605－0005991　352/200
孝童録一卷靜怡齋偶然吟草一卷　(清)宗廷銘撰　清光緒刻本　一册

320000－1605－0005992　352/23
忠孝録一卷　(清)王庭楨等輯　清同治七年(1868)刻本　一册

320000－1605－0005993　352/347
範家集畧六卷　(清)秦坊撰　清刻本　四册
存二卷(言範、文範)

320000－1605－0005994　352/428
課子隨筆節鈔六卷續編一卷　(清)張又渠輯　清光緒十四年(1888)刻本　四册

320000－1605－0005995　352/434
家庭講話三卷　(清)陸一亭撰　清光緒三年(1877)刻本　一册

320000－1605－0005996　352/441
訓俗遺規四卷　(清)陳宏謀輯　清刻本　四册

320000－1605－0005997　352/442
教女遺規三卷　(清)陳宏謀輯　清刻本　一册

320000－1605－0005998　352/446－1
江夏陳氏義莊條規一卷　(清)陳鑾撰　清光緒十四年(1888)刻本　一册

320000－1605－0005999　352/446－2
教女遺規三卷　(清)陳宏謀輯　清末抄本　一册

320000－1605－0006000　352/458
慈杏堂母訓一卷　(清)希太夫人口述　(清)崇恩撰　清咸豐四年(1854)刻本　一册

320000－1605－0006001　352/499
養蒙圖説一卷　(清)塗時相撰　清光緒元年(1875)刻本　一册

320000－1605－0006002　352/509
慮得集一卷　(明)華悰韡撰　清同治刻本　一册

320000－1605－0006003　352/65－1
書儀十卷　(宋)司馬光撰　清同治七年(1868)刻本　一册

320000－1605－0006004　352/65－2
書儀十卷　(宋)司馬光撰　清同治七年(1868)刻本　一册

320000－1605－0006005　352/674
罔極圖説不分卷　(清)劉象春撰　清刻本　一册

320000－1605－0006006　352/717－1
教諭語一卷　(清)謝金鑾撰　清光緒二十二年(1896)刻本　一册

320000－1605－0006007　352/741－1
顔氏家訓二卷　(北齊)顔之推撰　明刻本　二册

320000－1605－0006008　352/741－2
顔氏家訓七卷　(北齊)顔之推撰　清刻本　二册

320000－1605－0006009　352/741－3
顔氏家訓七卷附考證一卷　(北齊)顔之推撰　清刻本　二册

320000－1605－0006010　352/748
誡子書一卷　(清)聶繼模撰　清光緒二十三年(1897)刻本　一册

320000－1605－0006011　352/787
閨門孝經不分卷　(清)嚴衡平撰　清光緒十二年(1886)刻本　一册

320000－1605－0006012　352/960
廿四孝圖説一卷　(□)□□編　清刻本　一册

320000－1605－0006013　352/961
孝友圖十四幅　(清)□□繪　清同治十年(1871)刻朱墨套印本　一册

320000－1605－0006014　352/963
女兒經一卷　(□)□□撰　清刻本　一册

320000－1605－0006015　352/971
新刻女日記故事二十四孝圖説一卷　題(清)寄雲山人編　清同治十年(1871)刻本　一册

320000－1605－0006016　353/119

庸行篇八卷 （清）牟允中輯 清初刻本 三冊 存六卷（三至八）

320000－1605－0006017 353/130
校正晨鐘録一卷 （清）沈惇復重校 清道光刻本 一冊

320000－1605－0006018 353/23
遺愛録三卷 （清）王勉修等撰 清光緒二十六年（1900）刻本 一冊

320000－1605－0006019 353/442
訓俗遺規四卷補編二卷從政遺規四卷 （清）陳宏謀輯 清道光培遠堂刻本 三冊 存六卷（訓俗遺規一至二、補編二卷、從政遺規三至四）

320000－1605－0006020 353/575
酬世錦囊四集 （清）鄒景揚輯 （清）謝梅林定 清末石印本 一冊 存三卷（二集五至七）

320000－1605－0006021 353/62
遏淫敦孝篇二卷 （清）石璿撰 清同治刻本 二冊

320000－1605－0006022 355/167
攢花讀本初集不分卷 （清）吳畹清等編 清同治六年（1867）刻本 二冊

320000－1605－0006023 355/430
風憲忠告一卷 （元）張養浩撰 清刻本 一冊

320000－1605－0006024 358.1/112
倫風十六卷 （清）向廷賡著 清咸豐刻本 一冊 存八卷（一至八）

320000－1605－0006025 358.1/170－1
少儀外傳二卷 （宋）吕祖謙撰 清刻本 一冊

320000－1605－0006026 358.1/170－2
呻吟語六卷 （明）吕坤撰 清刻本 三冊 存三卷（二、五至六）

320000－1605－0006027 358.1/332
最樂編六卷 （明）高采菽撰 清同治刻本 一冊

320000－1605－0006028 358.1/348
心政經合編二卷 （宋）真德秀撰 清光緒刻本 一冊

320000－1605－0006029 358.1/428
澄懷園語四卷 （清）張廷玉撰 清光緒六年（1880）刻本 一冊

320000－1605－0006030 358.1/429
聰訓齋語二卷 （清）張英撰 **示兒長語一卷** （清）潘四農撰 清光緒十八年（1892）刻本 二冊

320000－1605－0006031 358.1/442－1
在官法戒録四卷 （清）陳宏謀撰 清光緒石印本 一冊 存二卷（三至四）

320000－1605－0006032 358.1/442－2
五種遺規五種 （清）陳宏謀輯 清光緒二十一年（1895）刻本 十冊

320000－1605－0006033 358.1/454－1
弟子職集解一卷句讀一卷考證一卷補音一卷 （清）莊述祖集解 清光緒十四年（1888）刻蘇州振新書社印本 一冊

320000－1605－0006034 358.1/454－2
弟子職集解一卷句讀一卷考證一卷補音一卷 （清）莊述祖集解 清光緒十四年（1888）刻蘇州振新書社印本 一冊

320000－1605－0006035 358.1/459－1
篤素堂文集四卷 （清）張英撰 清光緒刻本 一冊

320000－1605－0006036 358.1/459－2
評註聰訓齋語四卷 （清）張英撰 清光緒石印本 二冊

320000－1605－0006037 358.1/477
修省集約二十二卷 （清）馮識度輯 清乾隆三十二年（1767）刻本 四冊

320000－1605－0006038 358.1/486
儒門法語一卷 （清）彭定求編 （清）湯金釗輯要 清光緒十八年（1892）刻本 一冊

320000－1605－0006039　358.1/491
太上寶筏圖説八卷　(清)黄正元撰　清光緒十七年(1891)刻本　八册

320000－1605－0006040　358.1/578
四語彙編四種　(清)詹坦輯　清光緒十八年(1892)刻本　四册

320000－1605－0006041　358.1/662
正學編四卷　(清)潘世恩撰　清同治六年(1867)刻本　一册

320000－1605－0006042　358.1/753
女學六卷　(清)藍鼎元撰　清康熙三十七年(1698)刻本　四册

320000－1605－0006043　358.1/975
救生船四卷　題(清)凝固子撰　清光緒二年(1876)刻本　四册

320000－1605－0006044　358.3/152－1
冰言十卷　(清)李惺編　清光緒三十三年(1907)刻本　二册

320000－1605－0006045　358.3/152－2
藥言四卷藥言賸稿四卷　(清)李西漚撰　清光緒三十三年(1907)刻本　二册

320000－1605－0006046　358.3/242
格言聯璧不分卷　(清)金纓輯　清同治九年(1870)刻本　一册

320000－1605－0006047　358.3/25
修齊要語六卷　(清)王嗣邵撰　清光緒刻本　四册

320000－1605－0006048　358.3/271
弟子箴言十六卷　(清)胡達源撰　清道光十五年(1835)刻本　四册

320000－1605－0006049　358.3/277
鐸語一卷　(清)柯汝霖撰　清光緒二十八年(1902)鉛印本　一册

320000－1605－0006050　358.3/412
嘐嘐言六卷　(清)郭柏蔭撰　清光緒刻本　一册

320000－1605－0006051　358.3/439－1
先正切要格言二卷　(清)陸錫璞撰　清咸豐刻本　二册

320000－1605－0006052　358.3/439－2
陸清獻公治嘉格言不分卷　(清)陸隴其撰　清同治十年(1871)刻本　一册

320000－1605－0006053　358.3/439－3
陸清獻公治嘉格言不分卷　(清)陸隴其撰　清同治十年(1871)刻本　一册

320000－1605－0006054　358.3/439－4
陸清獻公治嘉格言不分卷　(清)陸隴其撰　清同治十年(1871)刻本　一册

320000－1605－0006055　358.3/442
見聞紀訓一卷　(明)陳良謨撰　明刻本　一册

320000－1605－0006056　358.3/443
傳家格言十一卷　(清)陳研樓撰　清光緒九年(1883)鉛印本　一册

320000－1605－0006057　358.3/445
文莫書屋詹詹言二卷　(清)陳僅撰　清道光二十五年(1845)刻本　二册

320000－1605－0006058　358.3/535
目擊道存一卷　(清)程其謨撰並輯　清道光五年(1825)抄本　一册

320000－1605－0006059　358.3/622
不遠復齋雜鈔二卷　(清)潘世璜撰　清同治七年(1868)刻本　一册

320000－1605－0006060　358.3/650
正誼堂語録一卷　(清)蔣原敬撰　清抄本　一册

320000－1605－0006061　358.3/661
慎餘録二卷　(清)鄭言紹撰　清光緒刻本　一册

320000－1605－0006062　358.3/749－1
治家格言繹義一卷　(清)戴翊清撰　清光緒二十四年(1898)刻本　一册

320000－1605－0006063　358.3/749－2
治家格言繹義一卷　(清)戴翊清撰　清光緒二十四年(1898)刻本　一冊

320000－1605－0006064　358.3/749－3
治家格言繹義一卷　(清)戴翊清撰　清宣統元年(1909)石印本　一冊

320000－1605－0006065　358.3/812－1
勸善要言一卷　(清)世祖福臨撰　清順治十二年(1655)刻本　一冊

320000－1605－0006066　358.3/812－2
庭訓格言一卷　(清)世宗胤禛輯　清刻本　一冊

320000－1605－0006067　358.3/969
屋漏銘一卷　(□)□□撰　清咸豐八年(1858)刻本　一冊

320000－1605－0006068　358/152－1
冰言十卷　(清)李惺編　清光緒三十三年(1907)刻本　一冊

320000－1605－0006069　358/152－2
冰言補録十卷　(清)李惺編　清光緒三十三年(1907)刻本　一冊

320000－1605－0006070　358/152－3
藥言四卷　(清)李西漚編　清光緒三十三年(1907)刻本　一冊

320000－1605－0006071　358/152－4
藥言賸稿四卷　(清)李西漚編　清光緒三十三年(1907)刻本　一冊

320000－1605－0006072　358/194
庸言四卷　(清)余元遴撰　清光緒刻本　二冊

320000－1605－0006073　358/223
習是編二十六卷　(清)屈成霖輯　清乾隆刻本　四冊

320000－1605－0006074　358/332
高忠憲公家訓一卷　(明)高攀龍撰　清抄本　一冊

320000－1605－0006075　358/393
振新集要三卷　徐國楨　蔡廷梅編　清光緒三十三年(1907)鉛印本　一冊

320000－1605－0006076　358/683
讀書做人譜一卷　(清)龍炳垣撰　清光緒二十七年(1901)刻本　一冊

320000－1605－0006077　358/977
小學千家詩二卷　(□)□□編　清同治十一年(1872)刻本　一冊

320000－1605－0006078　359/178
何文貞公千字文一卷　(清)何桂珍書　清光緒二十八年(1902)刻本　一冊

320000－1605－0006079　359/347
八行録八卷　(清)汪元曾等輯　清乾隆刻本　五冊

320000－1605－0006080　359/370
人道大義録不分卷　(清)夏震武撰　清光緒二十六年(1900)刻本　一冊

320000－1605－0006081　359/420
崇慶集二卷　(清)曹世綸撰　清嘉慶四年(1799)刻本　二冊

320000－1605－0006082　359/622－1
居易金箴二卷　(清)潘弈雋撰　清同治七年(1868)刻本　一冊

320000－1605－0006083　359/622－2
一得録四卷　(清)潘世璜撰　清同治七年(1868)刻本　一冊

320000－1605－0006084　359/650－1
臣鑒録二十卷　(清)蔣伊撰　清同治九年(1870)刻本　十冊

320000－1605－0006085　359/650－2
人範六卷　(清)蔣元輯　(清)顧廣譽增輯　清光緒二十六年(1900)刻本　二冊

320000－1605－0006086　359/791
洗心齋昌言集二卷　(清)顧存仁撰　清乾隆五十八年(1793)刻本　二冊

320000－1605－0006087　360.2/72
論理學綱要四卷　（日本）十時彌著　田吳炤譯　清光緒三十二年（1906）鉛印本　一册

320000－1605－0006088　360/787
穆勒名學甲部八篇　（英國）穆勒撰　嚴復譯　清光緒二十八年（1902）金粟齋鉛印本　二册

320000－1605－0006089　368/441
訓俗遺規四卷養正遺規三卷補編一卷　（清）陳宏謀撰　清嘉慶十四年（1809）刻本　四册

320000－1605－0006090　368/973
御製勸善要言一卷　（清）世祖福臨撰　清刻本　一册

320000－1605－0006091　370.2/978
大清重刻龍藏彙記一卷　（□）□□撰　清同治九年（1870）刻本　一册

320000－1605－0006092　370.3/248
佛爾雅八卷　（清）周春編　清光緒八年（1882）刻本　一册

320000－1605－0006093　370.3/968
翻譯名義二十卷　（宋）釋法雲撰　清光緒四年（1878）刻本　六册

320000－1605－0006094　370.3/973－1
法苑珠林一百卷　（唐）釋道世編　清道光七年（1827）刻光緒三年（1877）釋照廛補刻本　三十二册

320000－1605－0006095　370/970
大佛頂經文句十卷　（唐）釋般剌密諦譯　清同治十三年（1874）刻本　九册

320000－1605－0006096　371.2/938
釋摩訶衍論十卷　（南朝梁）釋波羅末陀譯　清光緒刻本　四册

320000－1605－0006097　371.2/965
解深密經五卷　（唐）釋玄奘譯　清刻本　一册

320000－1605－0006098　371.2/966－1
勝鬘經寶窟十五卷　（唐）釋吉藏撰　清光緒刻本　四册

320000－1605－0006099　371.2/966－2
圓覺經略疏之鈔二十五卷　（唐）釋宗密撰　清宣統刻本　五册

320000－1605－0006100　371.2/968－1
大方廣圓覺經大疏十六卷　（唐）釋宗密撰　清宣統元年（1909）刻本　四册

320000－1605－0006101　371.2/968－2
圓覺經略疏之鈔二十五卷　（唐）釋宗密撰　清宣統三年（1911）刻本　五册

320000－1605－0006102　371.2/975
觀楞伽記八卷　（明）釋德清撰　清道光八年（1828）刻本　四册

320000－1605－0006103　371.3/27
金剛經句解二卷　（後秦）釋鳩摩羅什譯　（清）王澤生註解　清光緒四年（1878）刻本　一册

320000－1605－0006104　371.3/964
金剛頂瑜伽中發菩提心論一卷　（唐）釋不空撰　清宣統刻本　一册

320000－1605－0006105　371.3/969
金剛經讀二卷印證一卷　（□）□□撰　明刻本　二册

320000－1605－0006106　371.3/973
金剛經心印二卷　（清）釋溥畹撰　清光緒刻本　一册

320000－1605－0006107　371.3/975
般若燈論十五卷　（唐）釋慧頤述　清光緒刻本　三册

320000－1605－0006108　371.3/976
金光明經四卷　（北涼）釋曇無讖譯　清同治刻本　一册

320000－1605－0006109　371.4/973
妙法蓮華經四卷　（後秦）釋鳩摩羅什譯　清同治十年（1871）刻本　一册　存二卷（三至四）

320000－1605－0006110　371.4/979

法華經會義十六卷　題(明)藕益道人述　清光緒刻本　八册

320000－1605－0006111　371.5/23

重刊瑞應集録一卷　(宋)王珪撰　清末、民國刻本　一册

320000－1605－0006112　371.5/966

佛涅槃六經六種　(清)釋興慈輯　清光緒二年(1876)刻本　一册

320000－1605－0006113　371.5/975

大般涅槃經三十六卷　(南朝宋)釋慧嚴等編　清末石印本　十册

320000－1605－0006114　371/165

大佛頂如來密因修證了義諸菩薩萬行首楞嚴經十卷　吴芝瑛書　清宣統元年(1909)石印本　二册

320000－1605－0006115　371/943

佛説觀無量壽佛經附圖頌不分卷　(南朝宋)釋畺良耶舍譯　清同治七年(1868)刻本　一册

320000－1605－0006116　371/98

消災陀羅尼經開啓一卷　(明)朱常洵印選　明萬曆三十八年(1610)刻本　一册

320000－1605－0006117　373/999

薩婆多毘尼毘婆沙五卷　(□)□□譯　清康熙十九年(1680)刻本　一册

320000－1605－0006118　375/364

大乘起信論科注一卷　(清)桂念祖編　清光緒三十年(1904)刻本　一册

320000－1605－0006119　375/517

大佛頂如來密因修證了義諸菩薩萬行首楞嚴經玄義二卷　(清)釋智旭撰述　清刻本　一册

320000－1605－0006120　375/962

折疑論二卷　(元)釋了成撰　清光緒三十四年(1908)刻本　二册

320000－1605－0006121　375/970－1

大乘起信論一卷　(印度)馬鳴撰　(南朝梁)釋真諦譯　清刻本　一册

320000－1605－0006122　375/970－2

大乘起信論一卷　(印度)馬鳴撰　(南朝梁)釋真諦譯　清抄本　一册

320000－1605－0006123　375/970－3

大乘起信論纂注二卷　(明)釋真界撰　清光緒刻本　一册

320000－1605－0006124　375/973

中論六卷　(印度)龍樹撰　(後秦)釋鳩摩羅什譯　清光緒三十年(1904)刻本　二册

320000－1605－0006125　377/705

大佛頂首楞嚴經疏解蒙鈔十卷首一卷　(清)錢謙益撰　清光緒刻本　二十册

320000－1605－0006126　377/969

首楞嚴經義海三十卷　(宋)釋咸輝撰　清刻本　六册

320000－1605－0006127　377/971

楞嚴經十卷　(唐)釋般剌密帝譯　清光緒刻本　三册

320000－1605－0006128　378.1/968

大方廣佛華嚴經著述集要二十九種　(唐)釋法藏等編　清光緒刻本　十三册

320000－1605－0006129　378.1/976

華嚴經八十卷　清刻本　八册

320000－1605－0006130　378.2/131

報恩論四卷　(清)沈善登撰　清光緒刻本　三册

320000－1605－0006131　378.2/21－1

龍舒淨土文十卷首一卷末一卷　(宋)王日休撰　清咸豐十一年(1861)刻本　一册

320000－1605－0006132　378.2/21－2

龍舒淨土文十卷首一卷末一卷　(宋)王日休撰　清刻本　四册

320000－1605－0006133　378.2/963

西方公據不分卷　(清)彭際清輯　清光緒刻

本　一册

320000－1605－0006134　378.2/967
淨土生無生論親聞記二卷　（清）法孫撰　清光緒二十七年(1901)刻本　一册

320000－1605－0006135　378.2/975
五燈會元二十卷　（宋）釋慧明撰　清光緒刻本　十二册

320000－1605－0006136　378.3/813
揀魔辨異録八卷　（清）世宗胤禛撰　清刻本　四册

320000－1605－0006137　378.4/404
刪定止觀三卷　（唐）梁肅撰　清宣統三年(1911)鉛印本　一册

320000－1605－0006138　378.4/62
和天台三聖詩集一卷　（明）釋通隱撰　清光緒十一年(1885)常熟刻經處刻本　一册

320000－1605－0006139　378.4/964
天台四教儀不分卷　（□）□□撰　清宣統元年(1909)刻本　一册

320000－1605－0006140　378.6/705
宗範八卷　（清）錢伊庵撰　清光緒刻本　三册

320000－1605－0006141　378.6/968
相宗八要解八卷　（明）釋明昱撰　清光緒二十八年(1902)刻本　三册

320000－1605－0006142　378.6/972－1
唯識開蒙二卷　（明）釋雲峰集　清刻本　二册

320000－1605－0006143　378.6/972－2
唯識心要十卷　（清）釋智旭撰　清光緒二十六年(1900)刻本　十册

320000－1605－0006144　378.61/976
因明入正理論疏八卷　（唐）釋窺基撰　清光緒刻本　二册

320000－1605－0006145　378/971
五教儀開蒙增注五卷　（清）釋通理撰　清宣統刻本　五册

320000－1605－0006146　378/972－1
註心賦四卷　（宋）釋延壽撰　清光緒三年(1877)金陵刻經處刻本　四册

320000－1605－0006147　378/972－2
宗鏡録一百卷　（宋）釋智覺集　清光緒刻本　二十册

320000－1605－0006148　378/976
八宗綱要二卷　（日本）釋凝然撰　清宣統三年(1911)刻本　一册

320000－1605－0006149　379.1/674
儒釋道平心論二卷　（清）劉謐撰　清同治二年(1863)刻本　一册

320000－1605－0006150　379.1/84
入佛問答一卷　（清）江沅撰　清光緒鉛印本　一册

320000－1605－0006151　379.1/97
唯心五種　（高麗）釋知訥等撰　清刻本　一册

320000－1605－0006152　379.1/980
釋氏稽古略四卷續集三卷　（元）釋覺岸撰　清光緒十二年(1886)刻本　五册

320000－1605－0006153　379.2/287
寒山寺漢銅佛像題詠彙編四卷　（清）韋光黻輯　清道光刻本　一册

320000－1605－0006154　379.2/943
佛説觀無量壽佛經附圖頌不分卷　（南朝宋）釋畺良耶舍譯　清同治七年(1868)刻本　一册

320000－1605－0006155　379.2/970
梁皇寶卷全集一卷　（□）□□編　清光緒二年(1876)刻本　一册

320000－1605－0006156　379.2/999
寶號不分卷　（□）□□輯　清末、民國抄本　一册

320000－1605－0006157　379.4/486－1

一行居集八卷附集一卷　(清)彭紹升撰　清道光五年(1825)刻本　四册

320000－1605－0006158　379.4/486－2
一行居集八卷附集一卷　(清)彭紹升撰　清道光五年(1825)刻本　四册

320000－1605－0006159　379.4/486－3
一行居集八卷附集一卷　(清)彭紹升撰　清道光五年(1825)刻本　四册

320000－1605－0006160　379.4/946
省庵法師語録二卷西方發願文註一卷東海若解一卷　(清)釋實賢撰　清光緒二十六年(1900)刻本　一册　存一卷(省庵法師語録下)

320000－1605－0006161　379.4/972
天台三聖詩一卷　(唐)釋寒山等撰　**和天台三聖詩集二卷**　(明)釋通隱　(明)釋梵琦撰　清刻本　三册

320000－1605－0006162　379.4/973
夢東禪師遺集二卷　(清)釋際醒撰　清嘉慶刻本　四册

320000－1605－0006163　379.4/974－1
夢東禪師遺集二卷　(清)釋際醒撰　清嘉慶十五年(1810)刻本　一册

320000－1605－0006164　379.4/974－2
穿珠集二卷　(清)釋瑤石撰　清宣統元年(1909)鉛印本　一册

320000－1605－0006165　379.4/975－1
憨山老人夢遊集五十五卷　(明)釋德清撰　清光緒五年(1879)江北刻經處刻本　四十册

320000－1605－0006166　379.4/975－2
憨山老人夢遊集五十五卷　(明)釋德清撰　清光緒五年(1879)江北刻經處刻本　十二册

320000－1605－0006167　379.6/674
南朝寺考六卷　劉世珩撰　清光緒三十三年(1907)刻本　二册

320000－1605－0006168　379.6/975
圓津禪院小志六卷　(清)釋慧照撰　清刻本　二册

320000－1605－0006169　379.7/248
西歸直指四卷　(清)周夢顔撰　清光緒刻本　一册

320000－1605－0006170　379.7/587
省庵法師語録二卷　(清)釋實賢撰　(清)彭際清重訂　清乾隆刻本　一册

320000－1605－0006171　379.7/813
御選語録十九卷　(清)世宗胤禛選　清雍正刻本　三十册

320000－1605－0006172　379.7/935
林間録二卷　(宋)釋惠洪撰　清刻本　二册

320000－1605－0006173　379.7/968－1
萬善同歸集三卷　(宋)釋延壽撰　清同治刻本　三册

320000－1605－0006174　379.7/968－2
重梓歸元直指集三卷　(明)釋宗本編　題(清)樸堂居士重編　清同治十年(1871)刻本　三册

320000－1605－0006175　379.7/970
南無阿彌陀佛一卷　題(清)煙霞子白雲註　清刻本　一册

320000－1605－0006176　379.7/971－1
高峯妙禪師語録一卷　(明)釋袾宏撰　清光緒刻本　一册

320000－1605－0006177　379.7/971－2
竹窗隨筆一卷二筆一卷三筆一卷　(明)釋袾宏撰　清光緒二十四年(1898)刻本　三册

320000－1605－0006178　379.7/973
雪厂禪師瀛洲録二卷　(清)釋普益記録　清刻本　一册

320000－1605－0006179　379.7/975
羅湖野録四卷　(宋)釋曉瑩撰　清刻本　一册

320000－1605－0006180　379.8/748
續指月録二十卷　(清)聶先撰　清光緒刻本　六册

320000－1605－0006181　379.8/756
指月録三十二卷　（明）瞿汝稷撰　清同治刻本　十册

320000－1605－0006182　379.8/965
冬谿内集二卷　（明）釋方澤撰　清刻本　二册

320000－1605－0006183　379.8/968
樂邦文類一卷　（宋）釋宗曉撰　清刻本　一册

320000－1605－0006184　379.8/974
經律異相二卷　（南朝梁）釋寶唱等撰　清刻本　一册

320000－1605－0006185　379.9/486－1
居士傳五十六卷附二林居倡和詩一卷體仁要術一卷　（清）彭紹升撰　清乾隆刻本　六册

320000－1605－0006186　379.9/486－2
居士傳五十六卷附二林居倡和詩一卷體仁要術一卷　（清）彭紹升撰　清乾隆刻本　四册

320000－1605－0006187　379.9/486－3
唯心集一卷二林唱和集一卷觀河集節鈔一卷測海集節鈔一卷瓊樓吟稿節鈔一卷影響集一卷　（清）釋定慧等撰　清末刻本　一册

320000－1605－0006188　379.9/581
佛説彌勒下生經一卷　（後秦）釋鳩摩羅什譯　清末刻本　一册

320000－1605－0006189　379.9/964
揞黑豆集八卷首一卷　題（清）心圓居士選　題（清）火蓮居士粹集　清末刻本　四册

320000－1605－0006190　379.9/969
宗統編年三十二卷　（清）釋紀蔭編　清木活字印本　十册

320000－1605－0006191　379.9/972
禪林僧寶傳三十卷　（宋）釋惠洪撰　清光緒刻本　三册

320000－1605－0006192　379.9/975
大慈恩寺三藏法師傳十卷　（唐）釋慧立撰　清刻本　三册

320000－1605－0006193　379.4/975－3
憨山老人夢遊集五十五卷　（明）釋德清撰　清光緒五年（1879）江北刻經處刻本　四十册

320000－1605－0006194　379/249
佛爾雅八卷　（清）周春編　清宣統二年（1910）鉛印本　二册

320000－1605－0006195　381.1/170－1
先天虚無太乙金華宗旨一卷　題（唐）呂洞賓撰　（清）張坎真傳　清道光抄本　一册

320000－1605－0006196　381.1/170－2
高上玉皇本行集經三卷　題（唐）呂洞賓撰　清光緒刻本　一册

320000－1605－0006197　381.1/170－3
高上玉皇本行集經三卷　題（唐）呂洞賓撰　清光緒刻本　一册

320000－1605－0006198　381.1/312
周易參同契發揮三卷附釋疑一卷　（元）俞琰撰　清同治十年（1871）刻本　三册

320000－1605－0006199　381.2/765
譚子化書六卷　（五代）譚峭撰　清光緒六年（1880）刻本　一册

320000－1605－0006200　381.2/967
慈容現五十三幅　（□）□□撰　清刻本　一册

320000－1605－0006201　381.4/170
指玄篇秘注一卷　題（唐）呂洞賓撰　題（清）本誠子秘注　清乾隆五十八年（1793）刻本　一册

320000－1605－0006202　381.4/980
十戒功過格一卷　題（清）驊園居士編　清光緒刻本　一册

320000－1605－0006203　381.4/999
因果寶卷不分卷　（清）□□撰　清末刻本　一册

320000－1605－0006204　381.5/148
玉局心懺一卷　（唐）杜長春著　清刻本　一册

320000－1605－0006205　381.7/106
天仙正理直論增註一卷　(明)伍守陽著　清光緒刻本　一册

320000－1605－0006206　381.7/300
漁莊録二卷　(宋)范純仁　(明)李善莾述　清抄本　二册

320000－1605－0006207　381.7/35
性命圭旨四卷　題(元)尹真人授　清康熙刻本　四册

320000－1605－0006208　381.7/393
悟真篇三注三卷　(□)□□撰　清抄本　二册

320000－1605－0006209　381.7/428
無根樹解一卷　(元)張君實撰　(清)劉一明注　清光緒六年(1880)刻本　一册

320000－1605－0006210　381.7/523
證道秘書二卷　(清)傅金銓輯　清刻本　二册

320000－1605－0006211　381.7/598
脈望遵生寶訣□□卷　(明)趙臺鼎撰　清抄本　一册　存一卷(下)

320000－1605－0006212　381.7/674
周易闡真五卷　(清)劉一明述　清嘉慶二十四年(1819)刻本　五册

320000－1605－0006213　381.7/971
覓玄煉丹録一卷　題(明)覓玄子撰　清抄本　一册

320000－1605－0006214　381.8/650
天元五歌闡義五卷　(清)蔣大鴻撰　清道光三年(1823)刻本　二册

320000－1605－0006215　381.8/972
覺源語録初編二卷續編一卷　(清)釋惠覺編　清刻本　三册

320000－1605－0006216　381.9/431
神仙列傳三卷續集三卷補遺一卷　(清)張鶴輯　清刻本　九册

320000－1605－0006217　381.9/509
泰伯廟道院宗譜傳芳録一卷　(清)華乾　(清)沈坤編　清刻本　一册

320000－1605－0006218　381.9/674
劉子威玄應録□□卷　(明)劉鳳撰　明刻本　一册　存一卷(十二)

320000－1605－0006219　381/281
周易參同契一卷　(漢)魏伯陽撰　**柳華陽禪師金仙證論一卷最上一乘慧命經三卷**　(清)柳華陽撰　清刻本　一册

320000－1605－0006220　381/999
玄妙自然傳不分卷　(清)□□撰　清同治七年(1868)刻本　一册

320000－1605－0006221　382.1/942
聖經直解十四卷　(葡萄牙)陽瑪諾譯　清乾隆刻本　一册　存二卷(十三至十四)

320000－1605－0006222　382.3/463
至美之德一卷　(英國)德門原著　(清)富善譯　清光緒鉛印本　一册

320000－1605－0006223　382/153－1
教務紀略四卷首一卷末一卷　(清)李剛己撰　清光緒三十一年(1905)南洋官報局刻本　五册

320000－1605－0006224　382/153－2
教務紀略四卷首一卷　(清)李剛己撰　清光緒三十年(1904)山東書局鉛印本　五册

320000－1605－0006225　387.3/678
天方三字幼義一卷　(清)劉智撰　清刻本　一册

320000－1605－0006226　387.5/961－1
擇要註解雜學一卷　(清)馬有林校正　清光緒十四年(1888)刻本　一册

320000－1605－0006227　389/122
公門果報録一卷　(清)宋楚望撰　清光緒十八年(1892)刻本　二册

320000－1605－0006228　389/249
萬善先資集四卷　(清)周安士述　清同治五

年(1866)刻本　一册

320000－1605－0006229　389/312－1
太上感應纘義二卷　(清)俞樾撰　清光緒刻本　一册

320000－1605－0006230　389/312－2
太上感應纘義二卷　(清)俞樾撰　清光緒刻本　一册

320000－1605－0006231　389/393
桂杏聯芳譜六卷附録一卷　(清)徐謙輯　清同治十三年(1874)刻本　四册

320000－1605－0006232　389/491－1
慾海慈航一卷　(清)黄正元撰　清乾隆二年(1737)刻本　一册

320000－1605－0006233　389/491－2
太上寶筏圖說不分卷　(清)黄正元撰　清石印本　三册

320000－1605－0006234　389/523
色戒録一卷　(清)傅伯辰撰　清同治十年(1871)刻本　一册

320000－1605－0006235　389/622
仙佛真傳二卷　(清)潘露撰　清同治九年(1870)刻本　二册

320000－1605－0006236　389/674
太上感應篇一卷文帝陰騭文一卷武帝覺世經一卷　(清)劉叔濤輯　清同治刻本　一册

320000－1605－0006237　389/961－1
惺心編一卷　(□)□□編　清刻本　一册

320000－1605－0006238　389/961－2
感應篇直講一卷　(□)□□編　清光緒十一年(1885)刻本　一册

320000－1605－0006239　389/964
一心普度合編四卷　(□)□□撰　清同治十年(1871)刻本　二册

320000－1605－0006240　389/966
楊升庵勸孝說不分卷　題(清)自新子編訂　清光緒十五年(1889)刻本　一册

320000－1605－0006241　389/967
關聖帝君覺世經文一卷　(□)□□撰　清光緒刻本　一册

320000－1605－0006242　389/971
敬灶全書不分卷　題(清)惕心道人撰　清同治十一年(1872)刻本　一册

320000－1605－0006243　389/973
感應篇彙編二卷　(□)□□編　清道光十九年(1839)刻本　二册

320000－1605－0006244　389/976
感應篇訓證□□卷　(清)趙熊詔訓證　清雍正刻本　一册　存二卷(一至二)

320000－1605－0006245　389/977
關聖帝君全書十卷　題(清)霞谷道人輯　清光緒三十四年(1908)刻本　十册

320000－1605－0006246　389/99
文昌帝君大洞真經三卷　(□)□□撰　清刻本　一册

320000－1605－0006247　390/359－1
袁李二師推背圖一卷　(唐)袁天罡　(唐)李淳風撰　清末抄繪本　一册

320000－1605－0006248　390/359－2
貞觀秘書一卷　題(唐)袁天罡　(唐)李淳風撰　清光緒抄本　一册

320000－1605－0006249　390/428
參兩正義四卷　(清)張受祺撰　清乾隆刻本　二册

320000－1605－0006250　390/556
太玄經集注十卷　(漢)揚雄撰　(宋)司馬光集注　清光緒刻本　二册

320000－1605－0006251　391.3/973
金剛經一卷　(清)顧文彬書　清刻本　一册

320000－1605－0006252　391/135
新刻元龜會解斷易神書二卷　(清)汪之顯撰　清刻本　二册

320000－1605－0006253　391/26

卜筮正宗十四卷 （清）王維德撰　清咸豐七年（1857）刻本　六册

320000－1605－0006254　391/27
增補斷易天機大全三卷　清道光十六年（1836）刻本　四册

320000－1605－0006255　391/271
卜法詳考四卷 （清）胡煦輯　清刻本　四册

320000－1605－0006256　391/352
漢易臨文捷徑不分卷 （清）馬庚吉輯　清末刻本　一册

320000－1605－0006257　391/420
易隱八卷 （清）曹九錫輯　清刻本　四册

320000－1605－0006258　391/52
六壬經緯六卷 （清）毛志道撰　清雍正刻本　二册　存四卷（一至四）

320000－1605－0006259　391/556
六壬神課金口訣三卷 （清）周儆玄重訂　清刻本　三册

320000－1605－0006260　391/568－1
董氏諏吉新書一卷續編一卷 （明）董潛撰　清光緒二十四年（1898）刻本　二册

320000－1605－0006261　391/568－2
董氏諏吉新書一卷續編一卷 （明）董潛撰　清光緒二十四年（1898）刻本　二册

320000－1605－0006262　391/968
新增牙牌神數一卷 （清）何汝樫撰　清石印本　一册

320000－1605－0006263　391/972
火珠林一卷　題（宋）麻衣道者著　清道光四年（1824）刻本　一册

320000－1605－0006264　391/979
鐵板神數十二卷 （□）□□撰　清刻本　十二册

320000－1605－0006265　391/980
鐵冠圖記二卷　題（明）鐵冠道人繪圖　清末抄本　一册

320000－1605－0006266　392.1/300
水鏡神相全編二卷 （清）范騋撰　清刻本　二册

320000－1605－0006267　392/359－1
袁柳先生神相全編三卷 （明）袁忠徹撰　清咸豐九年（1859）刻本　一册

320000－1605－0006268　392/359－2
柳莊相法全編三卷 （明）袁忠徹撰　清刻本　二册

320000－1605－0006269　392/359－3
神相全編十二卷 （宋）陳摶撰　（明）袁忠徹訂正　清道光元年（1821）刻本　六册

320000－1605－0006270　392/359－4
袁柳莊神相全編三卷 （明）袁忠徹撰　清道光二十一年（1841）刻本　一册

320000－1605－0006271　392/428
人倫大統賦二卷 （金）張行簡著　（元）薛延年註　清光緒三年（1877）刻本　一册

320000－1605－0006272　392/443
相理衡真十卷 （清）陳釗著　清道光刻本　六册

320000－1605－0006273　392/590
形神相法四卷 （清）廖春山撰　清同治三年（1864）刻本　二册

320000－1605－0006274　392/971
繪圖麻衣神相全編六卷　題（宋）麻衣道者著　清光緒二十二年（1896）石印本　二册

320000－1605－0006275　393/154
地理大全三十卷 （清）李喬伯鑒定　清刻本　二十册

320000－1605－0006276　393/170
生生數不分卷　題（唐）呂洞賓撰　清末抄本　一册

320000－1605－0006277　393/40
星平會海十卷　題（清）水中龍編　（清）汪淇重訂　清道光八年（1828）刻本　六册

320000－1605－0006278　393/430－1
神峯通考命理正宗六卷　(明)張楠撰　清刻本　六册

320000－1605－0006279　393/430－2
神峯通考闢謬命理正宗大全六卷　(明)張楠撰　清光緒二十二年(1896)石印本　六册

320000－1605－0006280　393/434
張果星宗命格大全十卷　(明)陸位輯　清乾隆五十二年(1787)刻本　五册

320000－1605－0006281　393/447
紫微斗數全書六卷　(宋)陳摶撰　清咸豐九年(1859)刻本　二册

320000－1605－0006282　393/449
命度盤說二卷外補度數表一卷　(清)陶淑宇撰　清刻本　三册

320000－1605－0006283　393/486
五星捷要便覽一卷　(清)彭蘊琳撰　清抄本　一册

320000－1605－0006284　393/509
璇璣抉微三卷　(清)華善繼撰　清刻本　五册

320000－1605－0006285　393/550
子平管見集解二卷　(清)雷鳴夏撰　清光緒二十三年(1897)石印本　一册

320000－1605－0006286　393/590－1
天官五星四卷　(清)廖瀛海纂　清嘉慶十九年(1814)刻本　四册

320000－1605－0006287　393/590－2
天官五星四卷　(清)廖瀛海纂　清光緒九年(1883)刻本　四册

320000－1605－0006288　393/590－3
天官五星四卷　(清)廖瀛海纂　清光緒九年(1883)刻本　四册

320000－1605－0006289　393/675
星命須知一卷　(明)劉基撰　清刻本　一册

320000－1605－0006290　393/999
星命萬年書不分卷　(清)□□輯　清光緒刻本　一册

320000－1605－0006291　394/15
地理金丹二卷　(清)方行慎輯　清雍正九年(1731)刻本　一册

320000－1605－0006292　394/178
靈城精義二卷　題(五代)何溥撰　清刻本　一册

320000－1605－0006293　394/194
地經圖說二卷　(清)余九皋撰　清光緒十一年(1885)石印本　二册

320000－1605－0006294　394/22－1
地理青囊天王經解合刻六卷　(清)王宗臣注　清康熙三十六年(1697)刻本　四册

320000－1605－0006295　394/22－2
透山肺腑口訣一卷　王志義述　清刻本　一册

320000－1605－0006296　394/228
雪心賦辨訛正解四卷　(清)孟浩撰　清刻本　四册

320000－1605－0006297　394/242
金光斗臨經不分卷　(清)金文鎔註解　清道光十三年(1833)刻本　一册

320000－1605－0006298　394/25
新訂王氏羅經透解二卷　(清)王道亨輯　清道光四年(1824)刻本　四册

320000－1605－0006299　394/251
地理指迷不分卷　(明)周錦一撰　清抄本　一册

320000－1605－0006300　394/271
羅經解定七卷問答一卷　(清)胡國楨撰　清刻本　三册

320000－1605－0006301　394/300
乾坤法竅三卷　(清)范宜賓評註　清嘉慶五年(1800)刻本　三册

320000－1605－0006302　394/316

陰陽指正四卷 (清)姚承輿撰 (清)吴廷溥箋注 清咸豐二年(1852)刻本 六册

320000－1605－0006303 394/337

一貫堪輿八卷 (明)唐世友輯 清咸豐三年(1853)刻本 八册

320000－1605－0006304 394/393－1

人子須知資孝書三十九卷 (明)徐善繼 (明)徐善述撰 清刻本 十六册

320000－1605－0006305 394/393－2

天機會元三十五卷 (明)顧乃德集 (明)徐之鏌重編 清刻本 十二册

320000－1605－0006306 394/406

天元五歌闡義五卷 (清)蔣大鴻撰 清道光元年(1821)刻本 一册

320000－1605－0006307 394/409－1

菊逸山房地理正書二種 (唐)楊益撰 清刻本 四册

320000－1605－0006308 394/409－2

菊逸山房地理正書二種 (唐)楊益撰 清刻本 四册

320000－1605－0006309 394/428－1

地理辨正疏六卷 (清)張心言撰 清道光九年(1829)刻本 四册

320000－1605－0006310 394/428－2

地理三會集三卷 (明)張亘撰 清道光十四年(1834)刻本 三册

320000－1605－0006311 394/428－3

地理正義二十四種 (清)蔣大鴻輯著 清嘉慶四年(1799)刻本 六册

320000－1605－0006312 394/428－4

千里眼二卷 (明)張廷弼撰 清宣統三年(1911)抄本 一册

320000－1605－0006313 394/428－5

玉鏡正經一卷 (明)張廷弼撰 清宣統三年(1911)抄本 一册

320000－1605－0006314 394/430

地理鉛彈子四卷 (清)張鳳藻撰 清康熙二十年(1681)刻本 四册

320000－1605－0006315 394/449

堪輿理氣清天白日三卷 (清)陶瀛芝撰 清乾隆刻本 一册

320000－1605－0006316 394/477

消遣集二卷 (清)馮虬撰 清康熙刻本 二册

320000－1605－0006317 394/494

重鐫三元選擇集要四卷 (明)黄一鳳輯 清刻本 一册

320000－1605－0006318 394/509

天心正運四卷 (清)華湛恩撰 清道光十五年(1835)刻本 四册

320000－1605－0006319 394/522－1

地理度金鍼集六卷 (清)舒鳳儀 (清)段喆解輯 清光緒刻本 六册

320000－1605－0006320 394/522－2

地理孝思集十卷附秘要真宗二卷 (清)舒鳳儀撰 清刻本 八册

320000－1605－0006321 394/535

地理三字經三卷 (清)程思樂撰 清同治八年(1869)刻本 四册

320000－1605－0006322 394/556－1

八宅明鏡二卷 (清)楊益撰 清乾隆刻本 一册

320000－1605－0006323 394/556－2

秘藏疑龍經大全三卷 (唐)楊益撰 清道光刻本 二册

320000－1605－0006324 394/556－3

平洋元法圖説四卷 (清)楊恒福撰 稿本 二册

320000－1605－0006325 394/565

入地眼全書十卷 題(宋)釋靜道撰 (清)萬樹華編 清光緒十三年(1887)刻本 六册

320000－1605－0006326 394/587

地理元文四種　（唐）楊益撰　清刻本　四冊

320000－1605－0006327　394/590

金精廖公秘授地學心法正傳畫筴扒砂經四卷直訓補遺一卷　（宋）廖禹著　（宋）彭大雄集　（明）江之棟輯　清嘉慶二十五年（1820）刻本　八冊

320000－1605－0006328　394/598－1

地理五訣八卷　（清）趙廷棟著　清刻本　四冊

320000－1605－0006329　394/598－2

地理五訣八卷　（清）趙廷棟著　清刻本　四冊

320000－1605－0006330　394/598－3

陽宅三要四卷　（清）趙廷棟撰　清刻本　二冊

320000－1605－0006331　394/598－4

陽宅三要四卷　（清）趙廷棟撰　清光緒七年（1881）刻本　二冊

320000－1605－0006332　394/636

風水一書七卷風水二書四卷　（清）歐陽純撰　清光緒十九年（1893）刻本　八冊

320000－1605－0006333　394/645－1

地理知本金鎖秘二卷　（清）鄧恭撰　清嘉慶二十一年（1816）刻本　四冊

320000－1605－0006334　394/645－2

地理陰陽合纂二卷　（清）鄧士松撰　清道光三十年（1850）刻本　二冊

320000－1605－0006335　394/650－1

地理辨正參解六卷附録一卷　（清）蔣平階撰　清道光十年（1830）刻本　五冊

320000－1605－0006336　394/650－2

水龍經五卷　（清）蔣平階撰　清咸豐六年（1856）刻本　四冊

320000－1605－0006337　394/650－3

地理合璧辨正八卷　（清）蔣平階等撰　清光緒二十二年（1896）鉛印本　八冊

320000－1605－0006338　394/661

地理正宗八卷　（清）鄭朝宗撰　清康熙刻本　六冊　缺二卷（六至七）

320000－1605－0006339　394/678－1

司馬頭陀地理鐵案五卷　（宋）劉鉗撰　清光緒十五年（1889）刻本　二冊

320000－1605－0006340　394/678－2

司馬頭陀地理鐵案五卷　（宋）劉鉗撰　清光緒十五年（1889）刻本　二冊

320000－1605－0006341　394/678－3

司馬頭陀地理鐵案五卷　（宋）劉鉗撰　清光緒十五年（1889）刻本　二冊

320000－1605－0006342　394/727

山水忠肝集摘要一卷　（明）蕭克撰　清刻本　一冊

320000－1605－0006343　394/84

佐元直指圖解九卷首一卷　（明）劉基撰　清刻本　一冊

320000－1605－0006344　394/966

陽宅大全十卷　題（明）西陵一壑居士集　清末石印本　四冊

320000－1605－0006345　394/972

心眼指要四卷　（清）章甫撰　清道光十六年（1836）刻本　二冊

320000－1605－0006346　394/975

增補地理直指原真大全三卷首一卷　（清）釋如玉撰　清康熙三十五年（1696）刻本　八冊

320000－1605－0006347　394/999

金光斗臨經不分卷　（清）金文鎔註解　清道光十三年（1833）刻本　一冊

320000－1605－0006348　395/102

增廣玉匣記通書六卷　（清）朱說霖撰　清咸豐五年（1855）刻本　二冊

320000－1605－0006349　395/155

望江南詞一卷　（唐）李靖撰　清抄本　一冊

320000－1605－0006350　395/491

黄子發相雨書一卷 (唐)黄子發撰 清刻本 一册

320000－1605－0006351 395/756－1
開元占經一百二十卷 (唐)釋瞿曇悉達撰 清刻本 二十四册

320000－1605－0006352 395/756－2
陽宅都天發用全書等二種 (清)瞿天賚校 清刻本 一册

320000－1605－0006353 395/831
增廣玉匣記通書六卷末一卷 (清)常熟夏氏漱芳齋輯校 清光緒十年(1884)刻本 一册 存二卷(一至二)

320000－1605－0006354 395/961－1
觀象玩占不分卷 (□)□□撰 清抄本 一册

320000－1605－0006355 395/961－2
觀象玩占摘抄一卷 (□)□□撰 清抄本 一册

320000－1605－0006356 396/429
銀河棹歌一卷 (明)張松源撰 清嘉慶抄本 一册

320000－1605－0006357 396/675－2
金函奇門遁甲秘笈全書三十卷 題(明)劉基撰 清光緒二十二年(1896)石印本 五册

320000－1605－0006358 396/675－1
奇門遁甲秘笈大全三十卷 (明)劉基撰 清刻本 八册

320000－1605－0006359 396/676
稽瑞不分卷 (唐)劉賡撰 清光緒刻本 一册

320000－1605－0006360 396/87
奇門五總龜通書大全五卷 (明)池紀解註 清末刻本 四册

320000－1605－0006361 396/966
新刻劉伯溫金鎮百中經二卷 題(明)劉基撰 清刻本 二册

320000－1605－0006362 396/976
奇門遁甲元靈經二十四卷 題(清)隱溪居士撰 (清)朱海門輯 清光緒九年(1883)石印本 二册

320000－1605－0006363 399.1/535
測字秘牒一卷 (清)程省撰 清道光四年(1824)刻本 一册

320000－1605－0006364 399.2/129
選擇通德類情十三卷 (清)沈重華輯 清乾隆刻本 八册

320000－1605－0006365 399.2/260
趨避通書一卷 (清)洪潮和撰 清道光七年(1827)刻本 一册

320000－1605－0006366 399.2/312－1
日用便覽不分卷 (清)俞竟成輯 清同治七年(1868)刻本 一册

320000－1605－0006367 399.2/312－2
日用便覽不分卷 (清)俞竟成輯 清同治七年(1868)刻本 一册

320000－1605－0006368 399.2/48－1
欽定協紀辨方書三十六卷 (清)允祿等纂 清光緒二十五年(1899)石印本 八册

320000－1605－0006369 399.2/48－2
欽定協紀辨方書三十六卷 (清)允祿等纂 清光緒二十五年(1899)石印本 八册

320000－1605－0006370 399.2/502
諏吉便覽不分卷 (清)費淳撰 清嘉慶二年(1797)刻本 一册

320000－1605－0006371 399.2/562－1
董公選要覽一卷 (明)董潛撰 清光緒二十三年(1897)彊恕齋刻本 一册

320000－1605－0006372 399.2/562－2
董公選要覽一卷 (明)董潛撰 清光緒二十四年(1898)浙江官書局刻本 一册

320000－1605－0006373 399.2/568－1
長歷鈎元一卷 (明)董銀峰撰 清同治十一年(1872)刻本 一册

320000－1605－0006374　399.2/568－2
董公選吉一卷　(明)董潛撰　清光緒刻本　一册

320000－1605－0006375　399.2/568－3
董氏諏吉新書一卷續編一卷　(明)董潛撰　清光緒二十四年(1898)刻本　二册

320000－1605－0006376　399.2/761
象吉備要通書二十九卷　(清)魏鑑編　清光緒二十五年(1899)刻本　十二册

320000－1605－0006377　399/242
御製大雲輪請雨經不分卷　(清)金簡校訂　清咸豐十一年(1861)刻本　一册

320000－1605－0006378　399/429
祝由科六卷　(宋)張虚靖撰　清抄本　十二册

320000－1605－0006379　401/393
樂府傳聲二卷　(清)徐大椿撰　清光緒七年(1881)刻本　一册

320000－1605－0006380　401/674
藝概六卷　(清)劉熙載撰　清同治刻本　二册

320000－1605－0006381　402/429
國朝古文彙鈔編目不分卷　張炳翔輯　清末、民國張炳翔抄本　二册

320000－1605－0006382　403.3/166
重訂事類賦三十卷　(宋)吳淑　(清)華希閔撰　清乾隆二十九年(1764)刻本　十二册

320000－1605－0006383　403/15
瀛奎律髓刊誤四十九卷　(元)方回選　(清)紀昀批點　清光緒六年(1880)刻本　十六册

320000－1605－0006384　403/170
文選古字通補訓四卷拾遺一卷　(清)呂錦文撰　清光緒刻本　三册

320000－1605－0006385　403/194
文選音義八卷　(清)余蕭客撰　清乾隆刻本　六册

320000－1605－0006386　403/225
中國文學指南二卷　(清)邵伯棠輯　清宣統二年(1910)石印本　二册

320000－1605－0006387　403/23
御選歷代詩餘一百二十卷　(清)王奕清等編　清末鉛印本　一册　存七卷(一百十一至一百十七)

320000－1605－0006388　403/731
文選古字通疏證六卷　(清)薛傳均撰　清光緒十二年(1886)刻本　二册

320000－1605－0006389　404.2/271
苕溪漁隱叢話前集六十卷後集四十卷　(宋)胡仔撰　清刻本　八册

320000－1605－0006390　404.2/300
對床夜語五卷　(宋)范晞文撰　清乾隆刻本　一册

320000－1605－0006391　404.2/501
南濠詩話一卷　(明)都穆撰　清乾隆刻本　一册

320000－1605－0006392　404.2/756
歸田詩話三卷　(明)瞿佑撰　清乾隆刻本　一册

320000－1605－0006393　404.7/9
柳隱叢譚四卷　(清)于源撰　清道光三十年(1850)刻本　一册

320000－1605－0006394　404/101
古詩十九首説一卷　(清)朱筠口授　徐昆筆述　清光緒四年(1878)刻本　一册

320000－1605－0006395　404/103－1
静志居詩話二十四卷　(清)朱彝尊撰　清刻本　八册

320000－1605－0006396　404/103－2
静志居詩話二十四卷　(清)朱彝尊撰　清刻本　八册

320000－1605－0006397　404/135
詩學纂聞一卷　(清)汪師韓撰　清鉛印本　一册

320000－1605－0006398　404/15－1
瀛奎律髓刊誤四十九卷　（元）方回選　（清）紀昀批點　清嘉慶刻本　十册

320000－1605－0006399　404/15－2
律髓輯要六卷　（元）方回選　（清）許印芳摘録　清刻本　六册

320000－1605－0006400　404/151
小學弦歌八卷　（清）李元度評選　清光緒三十年（1904）刻本　四册

320000－1605－0006401　404/156
述舊三卷　（清）李福祚輯　清咸豐刻本　六册

320000－1605－0006402　404/165
小匏庵詩話十卷　（清）吳仰賢輯　清光緒刻本　二册

320000－1605－0006403　404/166
歷代詩話十集八十卷　（清）吳景旭編　清刻本　十六册

320000－1605－0006404　404/167
聲調譜說二卷　（清）吳紹澯撰　清乾隆刻本　一册

320000－1605－0006405　404/170－1
古文關鍵二卷　（宋）呂祖謙輯　清刻本　二册

320000－1605－0006406　404/170－2
古文關鍵二卷　（宋）呂祖謙輯　（宋）蔡文子注　（清）徐樹屏考異　清光緒二十四年（1898）刻本　二册

320000－1605－0006407　404/170－3
箋注輯評東萊博議四卷　（宋）呂祖謙撰　（清）劉紫山輯註　清光緒三十一年（1905）鉛印本　四册

320000－1605－0006408　404/178
何博士備論二卷　（宋）何去非撰　清光緒元年（1875）刻本　一册

320000－1605－0006409　404/211
射鷹樓詩話二十四卷　（清）林昌彝撰　清咸豐元年（1851）刻本　三册　存三卷（一至三）

320000－1605－0006410　404/228
本事詩一卷　（唐）孟啟撰　明刻本　一册

320000－1605－0006411　404/248
竹坡詩話一卷　（宋）周紫芝撰　明刻本　一册

320000－1605－0006412　404/25
文章練要左傳評十卷　（清）王源訂　清刻本　十册

320000－1605－0006413　404/251
騷壇秘語二卷　（明）周履靖編　明刻本　一册

320000－1605－0006414　404/260
北江詩話六卷　（清）洪亮吉撰　清光緒刻本　一册

320000－1605－0006415　404/270－1
漁隱叢話前集六十卷　（宋）胡仔撰　清乾隆十八年（1753）刻本　十册

320000－1605－0006416　404/270－2
漁隱叢話前集六十卷　（宋）胡仔撰　清乾隆十八年（1753）刻本　十册

320000－1605－0006417　404/270－3
漁隱叢話前集六十卷後集四十卷　（宋）胡仔撰　清道光二十六年（1846）刻本　十册

320000－1605－0006418　404/271
詩藪内編六卷外編四卷雜編六卷　（明）胡應麟撰　清末刻本　四册

320000－1605－0006419　404/316
樗寮詩話三卷　（清）姚椿撰　清刻本　三册

320000－1605－0006420　404/332
褀詩辨體二卷　（清）段永源輯　清道光二十八年（1848）刻本　二册

320000－1605－0006421　404/375
四六叢話三十三卷選詩叢話又一卷　（清）孫梅輯　清光緒七年（1881）刻本　十二册

320000－1605－0006422　404/376－1

典論一卷　(清)孫馮翼輯　清刻本　一冊

320000－1605－0006423　404/376－2
淮海先生詩詞叢話一卷補遺一卷　(清)孫國璋輯　清刻本　一冊

320000－1605－0006424　404/393－1
而庵説唐詩二十二卷首一卷補遺一卷　(清)徐增撰　清康熙元年(1662)刻本　四冊　存十一卷(一至十、首一卷)

320000－1605－0006425　404/393－2
芙蓉港詩詞話不分卷　(清)徐涵輯　清道光二十年(1840)刻藍墨印本　一冊

320000－1605－0006426　404/393－3
漁洋秘柳詩詮一卷　(清)徐壽基撰　清光緒十二年(1886)刻本　一冊

320000－1605－0006427　404/393－4
星湄詩話二卷　(清)徐傳詩撰　清宣統三年(1911)刻本　一冊

320000－1605－0006428　404/393－5
星湄詩話二卷　(清)徐傳詩撰　清宣統三年(1911)刻本　一冊

320000－1605－0006429　404/393－6
星湄詩話二卷　(清)徐傳詩撰　清宣統三年(1911)刻本　一冊

320000－1605－0006430　404/396
石洲詩話八卷　(清)翁方綱撰　清嘉慶二十年(1815)刻本　二冊

320000－1605－0006431　404/402－1
閩川閨秀詩話四卷　(清)梁章鉅撰　清道光刻本　一冊

320000－1605－0006432　404/402－2
閩川閨秀詩話四卷　(清)梁章鉅撰　清道光刻本　一冊

320000－1605－0006433　404/402－3
雁蕩詩話二卷　(清)梁章鉅撰　清光緒刻本　二冊

320000－1605－0006434　404/402－4
制義叢話二十四卷　(清)梁章鉅撰　清刻本　八冊

320000－1605－0006435　404/428
帶經堂詩話彙纂三十一卷　(清)張宗枬撰　清同治十二年(1873)刻本　十冊

320000－1605－0006436　404/429－1
重訂主客圖二卷　(唐)張為撰　清刻本　二冊

320000－1605－0006437　404/429－2
江西詩社宗派圖録一卷　(清)張泰來編述　(宋)劉克莊　(宋)尤紀撰　清乾隆刻本　一冊

320000－1605－0006438　404/429－3
論文楷則叢稿不分卷　張炳翔輯　稿本　一冊

320000－1605－0006439　404/430
國朝詩人徵略初編六十卷　(清)張維屏輯　清道光十年(1830)刻本　十冊

320000－1605－0006440　404/431
小滄浪詩話四卷　(清)張爕承纂　清咸豐九年(1859)刻本　四冊

320000－1605－0006441　404/442
壽松堂詩話四卷　(清)陳來泰撰　清咸豐四年(1854)刻本　二冊

320000－1605－0006442　404/491
消夏録一卷　(清)黄任撰　清乾隆刻本　四冊

320000－1605－0006443　404/52
全唐詩話六卷　(宋)尤袤撰　(明)毛晉訂　清宣統三年(1911)石印本　六冊

320000－1605－0006444　404/527
鳴原堂論文二卷　(清)曾國藩撰　清同治十二年(1873)刻本　一冊

320000－1605－0006445　404/562
煮藥漫鈔二卷　(清)葉煒撰　清光緒十七年(1891)刻本　一冊

320000－1605－0006446　404/575－1
文鑰二卷　鄒福保輯　清光緒三十四年(1908)鉛印本　二冊

320000－1605－0006447　404/575－2
文鑰二卷　鄒福保輯　清光緒三十四年(1908)鉛印本　二冊

320000－1605－0006448　404/601
甌北詩話十卷　(清)趙翼撰　清嘉慶七年(1802)刻本　二冊

320000－1605－0006449　404/644
宋詩紀事一百卷　(清)厲鶚編　清乾隆十一年(1746)刻本　四十冊

320000－1605－0006450　404/674－1
文心雕龍十卷　(南朝梁)劉勰撰　清乾隆六年(1741)刻本　四冊

320000－1605－0006451　404/674－2
文心雕龍十卷　(南朝梁)劉勰撰　清光緒二十二年(1896)刻本　四冊

320000－1605－0006452　404/674－3
文心雕龍十卷　(南朝梁)劉勰撰　清光緒三年(1877)刻本　二冊

320000－1605－0006453　404/674－4
文心雕龍十卷　(南朝梁)劉勰撰　清道光十三年(1833)刻本　四冊

320000－1605－0006454　404/674－5
文心雕龍十卷　(南朝梁)劉勰撰　清道光十三年(1833)刻本　四冊

320000－1605－0006455　404/674－6
文心雕龍十卷　(南朝梁)劉勰撰　清道光十三年(1833)刻本　四冊

320000－1605－0006456　404/674－7
隱居通議三十一卷　(元)劉壎撰　清嘉慶十六年(1811)刻本　四冊

320000－1605－0006457　404/674－8
論文偶記一卷附惜抱軒語一卷　(清)劉大櫆撰　清光緒十八年(1892)刻本　一冊

320000－1605－0006458　404/674－9
杜工部詩話一卷　(清)劉鳳誥輯　清宣統三年(1911)石印本　一冊

320000－1605－0006459　404/705
讀杜小箋三卷　(清)錢謙益撰　清宣統三年(1911)石印本　一冊

320000－1605－0006460　404/735－1
詩品三卷　(南朝梁)鍾嶸撰　**詩品二十四則一卷**　(唐)司空圖撰　**風騷旨格一卷**　(唐)釋齊己撰　明刻本　一冊

320000－1605－0006461　404/735－2
詩品三卷　(南朝梁)鍾嶸撰　**書品一卷**　(南朝梁)庾肩吾撰　明刻本　一冊

320000－1605－0006462　404/759
古文舉例六十六卷附震川先生評點史記例意一卷　(明)歸有光編　清光緒三十一年(1905)刻本　六冊

320000－1605－0006463　404/761
詩人玉屑二十卷　(宋)魏慶之輯　清康熙刻本　六冊

320000－1605－0006464　404/779
杜律啓蒙十二卷首年譜一卷　(清)邊連寶編　清乾隆四十二年(1777)刻本　六冊

320000－1605－0006465　404/787－1
滄浪嚴先生詩談一卷　(宋)嚴羽撰　**陳眉公訂正遊城南記一卷**　(宋)張禮撰　明刻本　一冊

320000－1605－0006466　404/787－2
滄浪詩話一卷　(宋)嚴羽撰　清刻本　一冊

320000－1605－0006467　404/787－3
滄浪詩話注五卷　(宋)嚴羽撰　(清)胡鑑注　清光緒刻本　二冊

320000－1605－0006468　404/9
鐙窗瑣話四卷　(清)于源撰　清道光二十七年(1847)刻本　一冊

320000－1605－0006469　404/961
勸禁鴉片煙論不分卷　題(清)長憂老人輯

清同治十三年(1874)刻本　一冊

320000－1605－0006470　404/971
花熏閣詩述十卷　題(清)雪北山樵纂　清嘉慶二十二年(1817)刻本　六冊

320000－1605－0006471　405/427
溪山講授二卷　(清)戚學標撰　清道光二年(1822)刻本　一冊

320000－1605－0006472　407/407
詩法萃編十五卷　(清)許印芳編　清光緒二十一年(1895)刻本　十冊

320000－1605－0006473　407/436
初級古文選本四編　(清)陸基編　清宣統元年(1909)鉛印本　八冊

320000－1605－0006474　407/759
文章指南五卷　(明)歸有光選　清光緒刻本　六冊

320000－1605－0006475　408/428
清人詩鈔一卷　(清)張文光　(清)吳偉業等撰　清抄本　一冊

320000－1605－0006476　408/556
宋元明詩鈔一卷　(清)□□輯　清抄本　一冊

320000－1605－0006477　410.1/15
古文約選不分卷　(清)方苞選訂　清同治八年(1869)刻本　十二冊

320000－1605－0006478　410.1/156
古文選讀初編二卷　李維清編　清鉛印本　二冊

320000－1605－0006479　410.1/157
文章正宗讀本不分卷　(清)李翰熙編　清刻本　十八冊

320000－1605－0006480　410.1/168
古文觀止十二卷　(清)吳乘權　(清)吳大職選　清同治九年(1870)刻本　六冊

320000－1605－0006481　410.1/211
古文析義六卷　(清)林雲銘撰　清刻本　六冊

320000－1605－0006482　410.1/22－1
續古文辭類纂三十四卷　王先謙編　清光緒八年(1882)刻本　八冊

320000－1605－0006483　410.1/22－2
續古文辭類纂三十四卷　王先謙編　清光緒八年(1882)刻本　八冊

320000－1605－0006484　410.1/22－3
續古文辭類纂三十四卷　王先謙編　清光緒十年(1884)刻本　八冊

320000－1605－0006485　410.1/225
海虞文徵三十卷目録二卷　邵松年編　清光緒三十一年(1905)石印本　十六冊

320000－1605－0006486　410.1/28
當湖文繫二十八卷　(清)朱壬林輯　清光緒十五年(1889)刻本　十二冊

320000－1605－0006487　410.1/316－1
古文辭類纂七十五卷　(清)姚鼐撰　清同治八年(1869)刻本　十六冊

320000－1605－0006488　410.1/316－2
古文辭類纂七十五卷　(清)姚鼐撰　清同治八年(1869)刻本　十二冊

320000－1605－0006489　410.1/316－3
古文辭類纂七十五卷　(清)姚鼐撰　清同治八年(1869)刻本　十二冊

320000－1605－0006490　410.1/316－4
古文辭類纂七十五卷　(清)姚鼐撰　清光緒二十六年(1900)三味書室刻本　十二冊

320000－1605－0006491　410.1/316－5
古文辭類纂七十五卷　(清)姚鼐撰　清刻本　十六冊

320000－1605－0006492　410.1/329
古文眉詮七十九卷　(清)浦起龍輯　清光緒二十四年(1898)刻本　三十二冊

320000－1605－0006493　410.1/375－1
續古文苑二十卷　(清)孫星衍編　清光緒九

年(1883)刻本　六册

320000－1605－0006494　410.1/375－2
續古文苑二十卷　(清)孫星衍編　清光緒九年(1883)刻本　六册

320000－1605－0006495　410.1/375－3
續古文苑二十卷　(清)孫星衍編　清嘉慶十七年(1812)刻本　十册

320000－1605－0006496　410.1/375－4
影宋古文苑九卷　(宋)孫巨源撰　清嘉慶十四年(1809)影印本　二册

320000－1605－0006497　410.1/393
古文淵鑒六十四卷　(清)徐乾學等編注　清宣統二年(1910)刻本　二十四册

320000－1605－0006498　410.1/406－1
古文苑二十一卷　(宋)章樵注　清光緒十二年(1886)刻本　四册

320000－1605－0006499　410.1/406－2
古文苑二十一卷　(宋)章樵注　清光緒十二年(1886)刻本　四册

320000－1605－0006500　410.1/406－3
古文苑二十一卷　(宋)章樵注　清光緒十二年(1886)刻本　四册

320000－1605－0006501　410.1/423
古文詞略二十四卷　(清)梅曾亮撰　清同治六年(1867)刻本　六册

320000－1605－0006502　410.1/441－1
評點唐宋八家文讀本九卷　(清)陳兆崙選　清光緒二十八年(1902)石印本　六册

320000－1605－0006503　410.1/441－2
唐宋八大家文鈔一百四十四卷　(明)茅坤編　清康熙刻本　四十册

320000－1605－0006504　410.1/525
新鐫焦太史彙選百家評林名文珠璣二十四卷譚藪一卷考實一卷　(明)焦竑輯　明刻本　四册　存五卷(國策一卷、唐文一卷、宋文一卷,譚藪一卷,考實一卷)

320000－1605－0006505　410.1/722
古文苑九卷　(宋)韓元吉編　清光緒五年(1879)刻本　二册

320000－1605－0006506　410.1/775
湖南文徵一百九十卷目録六卷姓氏傳四卷　(清)羅汝懷編　清同治十年(1871)刻本　一百册

320000－1605－0006507　410.1/811
唐宋文醇五十八卷　(清)高宗弘曆輯　清光緒三年(1877)刻本　二十册

320000－1605－0006508　410.1/966
古文經訓不分卷　題(清)江皋居士輯　清道光刻本　四册

320000－1605－0006509　410.1/967－1
歷代賦鈔不分卷　(□)□□輯　清抄本　二册

320000－1605－0006510　410.1/967－2
熟讀推摩一卷　(□)□□輯　清抄本　一册

320000－1605－0006511　410.1/967－3
武陵文徵二卷　(□)□□輯　清刻本　二册

320000－1605－0006512　410.1/967－4
古文選本一卷　(□)□□編　清抄本　一册

320000－1605－0006513　410.1/979
羅溪文徵不分卷　(清)潘履祥撰　清末鉛印本　一册

320000－1605－0006514　410.2/100
宋元明詩約鈔二卷　(清)朱梓　(清)冷昌言編　(清)華黼臣注　清咸豐五年(1855)刻本　二册

320000－1605－0006515　410.2/132－1
古詩源十四卷　(清)沈德潛編　清康熙刻本　四册

320000－1605－0006516　410.2/132－2
古詩源十四卷　(清)沈德潛編　清康熙刻本　四册

320000－1605－0006517　410.2/132－3

古詩源十四卷　(清)沈德潛編　清康熙刻本　四册

320000－1605－0006518　410.2/132－4
古詩源十四卷　(清)沈德潛編　清康熙刻本　六册

320000－1605－0006519　410.2/132－5
古詩源十四卷　(清)沈德潛編　清光緒十七年(1891)刻本　四册

320000－1605－0006520　410.2/132－6
五朝詩别裁八十一卷　(清)沈德潛等選　清刻本　四十册

320000－1605－0006521　410.2/152
竹里詩萃十六卷　李遒悠輯　清光緒二十一年(1895)刻本　四册

320000－1605－0006522　410.2/21
古詩選三十二卷　(清)王士禛選　清同治五年(1866)刻本　八册

320000－1605－0006523　410.2/27
八代詩選二十卷　王闓運編　清光緒十六年(1890)刻本　八册

320000－1605－0006524　410.2/28
明詩綜一百卷　(清)朱彝尊編　清刻本　三十二册

320000－1605－0006525　410.2/300
詩苑天聲十四卷首一卷　(清)范與良編　清順治十六年(1659)刻本　十四册

320000－1605－0006526　410.2/312－1
歷朝詠物詩選八卷　(清)俞琰選　清雍正刻本　二册

320000－1605－0006527　410.2/312－2
詠物詩選注釋八卷　(清)俞琰輯　清末刻本　七册　存七卷(一至二、四至八)

320000－1605－0006528　410.2/316－1
五七言今體詩鈔十八卷　(清)姚鼐輯　清嘉慶十三年(1808)刻本　八册

320000－1605－0006529　410.2/316－2
今體詩選十八卷　(清)姚鼐選　清同治五年(1866)刻本　二册

320000－1605－0006530　410.2/322
益都先正詩叢鈔八卷附補編一卷　(清)段松苓編　清光緒十年(1884)刻本　九册

320000－1605－0006531　410.2/35
谿上詩輯十四卷　(清)尹元煒　(清)馮本懷輯　清道光刻本　六册

320000－1605－0006532　410.2/393－1
本事詩十二卷　(清)徐釚輯　清乾隆二十二年(1757)刻本　六册

320000－1605－0006533　410.2/393－2
本事詩十二卷　(清)徐釚輯　清乾隆二十二年(1757)刻本　六册

320000－1605－0006534　410.2/393－3
禊湖詩拾八卷　(清)徐達源輯　清嘉慶刻本　二册

320000－1605－0006535　410.2/393－4
禊湖詩拾八卷　(清)徐達源輯　清嘉慶刻本　二册

320000－1605－0006536　410.2/407
梅里詩輯二十八卷　(清)許燦輯　續梅里詩輯十二卷　(清)沈愛蓮輯　清道光三十年(1850)刻本　十册

320000－1605－0006537　410.2/412
樂府詩集一百卷　(宋)郭茂倩編　明刻本　八册　缺十五卷(六十二至七十六)

320000－1605－0006538　410.2/428－1
古詩賞析二十二卷　(清)張玉穀選輯　清乾隆三十七年(1772)刻本　六册

320000－1605－0006539　410.2/428－2
古詩賞析二十二卷　(清)張玉穀選輯　清乾隆三十七年(1772)刻本　六册

320000－1605－0006540　410.2/442
詩比興箋四卷　(清)陳沆撰　清刻本　二册

320000－1605－0006541　410.2/494

古詩存□□卷　(清)黄葆年輯　清末抄本　十三册　存十六卷(一至十六)

320000－1605－0006542　410.2/556
青雲集分韻試帖詳註四卷　(清)楊逢春 (清)蕭應櫆輯　清咸豐六年(1856)刻本　四册

320000－1605－0006543　410.2/562
葉氏三十家詩選四卷　(清)葉潤生輯選　清光緒六年(1880)刻本　三册　缺一卷(三)

320000－1605－0006544　410.2/567
董氏詩萃二十卷　(清)董熜輯　清乾隆十年(1745)刻本　四册

320000－1605－0006545　410.2/654
詩林廣記四卷　(宋)蔡正孫編　清刻本　二册

320000－1605－0006546　410.2/661
閩詩録三十八卷　(清)鄭傑輯　陳衍補訂　清刻本　十册

320000－1605－0006547　410.2/674
曲阿詩綜三十二卷詞綜四卷　(清)劉會恩編　清道光五年(1825)刻本　十六册

320000－1605－0006548　410.2/705－1
列朝詩集乾集二卷甲集前編十一卷甲集二十二卷乙集八卷丙集十六卷丁集十六卷閏集六卷　(清)錢謙益編　清刻本　三十二册

320000－1605－0006549　410.2/705－2
列朝詩集乾集二卷甲集前編十一卷甲集二十二卷乙集八卷丙集十六卷丁集十六卷閏集六卷　(清)錢謙益編　清刻本　五十册

320000－1605－0006550　410.2/791－1
梁溪詩鈔五十八卷　(清)顧光旭撰　清嘉慶元年(1796)刻本　二十八册

320000－1605－0006551　410.2/791－2
梁溪詩鈔五十八卷　(清)顧光旭撰　清嘉慶元年(1796)雙橋草堂刻本　二十八册

320000－1605－0006552　410.2/791－3
武陵歷代詩選一卷　(清)顧錫周等選　**古稀雅集一卷武陵詩選二集一卷更生佳話一卷武陵葭莩集一卷**　(清)武陵同人選　清嘉慶十九年(1814)刻本　二册

320000－1605－0006553　410.2/967
傳神題一卷　(□)□□撰　清抄本　一册

320000－1605－0006554　410.2/976
選詩選一卷　(□)□□編　清抄本　一册

320000－1605－0006555　410.2/977－1
巴縣文徵一卷　(□)□□編　清刻本　一册

320000－1605－0006556　410.2/977－2
選詩分編四卷　(□)□□編　清抄本　四册

320000－1605－0006557　410.3/152－1
駢體文鈔三十一卷　(清)李兆洛輯　清同治六年(1867)刻本　八册

320000－1605－0006558　410.3/152－2
駢體文鈔三十一卷　(清)李兆洛輯　清光緒八年(1882)刻本　八册

320000－1605－0006559　410.3/22－1
四六法海十二卷　(明)王志堅編　明天啓七年(1627)刻本　十二册

320000－1605－0006560　410.3/22－2
古賦識小録八卷　(清)王芑孫編　清嘉慶二十二年(1817)刻本　二册

320000－1605－0006561　410.3/22－3
古賦識小録八卷　(清)王芑孫編　清嘉慶二十二年(1817)刻本　二册

320000－1605－0006562　410.3/22－4
忠雅堂評選四六法海八卷　(清)蔣士銓評選　清同治刻本　八册

320000－1605－0006563　410.3/22－5
評選四六法海八卷　(明)王志堅編　(清)蔣士銓評選　清光緒十年(1884)刻本　八册

320000－1605－0006564　410.3/415－1
七十家賦鈔六卷　(清)張惠言輯　清道光元年(1821)刻本　四册

320000－1605－0006565　410.3/415－2

七十家賦鈔六卷 (清)張惠言輯 清道光元年(1821)刻本 四册

320000－1605－0006566 410.3/430
賦鈔六卷 (清)張惠言編 **札記六卷** (清)朱錦綬記 清光緒二十三年(1897)江蘇書局刻本 五册

320000－1605－0006567 410.4/312
經義塾鈔一卷 (清)俞樾編撰 清光緒刻本 一册

320000－1605－0006568 410.8/102
金陵朱氏家集二十八種 (清)朱廷佐等撰 清道光二十年(1840)刻本 十二册

320000－1605－0006569 410.8/132
唐宋八家古文讀本三十卷 (清)沈德潛評點 清光緒十四年(1888)刻本 十二册

320000－1605－0006570 410.8/166
乾坤正氣集選鈔九十卷 (清)吴焕采輯 清光緒十三年(1887)刻本 三十二册

320000－1605－0006571 410.8/228
聞湖詩鈔六卷 (元)郁遵等撰 清刻本 六册

320000－1605－0006572 410.8/235
三家詩八卷 (清)卓爾堪等輯 清刻本 一册

320000－1605－0006573 410.8/26
黄巖集三十二卷首一卷 (清)王蜺編 清光緒三年(1877)刻本 十六册

320000－1605－0006574 410.8/271
臨川文獻二十五卷 (清)胡亦堂輯 清刻本 八册

320000－1605－0006575 410.8/379
遵化詩存十卷補遺一卷 (清)孫贇元編 清光緒刻本 四册

320000－1605－0006576 410.8/423
宛雅初編八卷 (明)梅鼎祚輯 **二編八卷** (清)施念曾 (清)張汝霖輯 **三編二十四卷** (清)施閏章 (清)蔡蓁春輯 清光緒刻本 十二册

320000－1605－0006577 410.8/430－1
宛鄰書屋古詩録十二卷 (清)張琦輯 清嘉慶二十年(1815)張琦宛鄰書屋刻本 四册

320000－1605－0006578 410.8/430－2
宛鄰書屋古詩録十二卷 (清)張琦輯 清嘉慶二十年(1815)張琦宛鄰書屋刻本 四册

320000－1605－0006579 410.8/430－3
宛鄰書屋古詩録十二卷 (清)張琦輯 清嘉慶二十年(1815)張琦宛鄰書屋刻本 二册

320000－1605－0006580 410.8/430－4
宛鄰書屋古詩録十二卷 (清)張琦輯 清同治八年(1869)刻本 四册

320000－1605－0006581 410.8/430－5
詞選二卷 (清)張惠言選 清同治六年(1867)刻本 一册

320000－1605－0006582 410.8/491
姚江逸詩十五卷續姚江逸詩十二卷 (清)黄宗羲選輯 (清)倪繼宗重訂並續選 清康熙十五年(1676)刻本 二册

320000－1605－0006583 410.8/530
林雪集二卷 (宋)林逋 (明)釋圓信撰 **續林雪集二卷** (明)釋智舷 (明)徐弘澤撰 清刻本 一册

320000－1605－0006584 410.8/556
建安七子集七種 (漢)孔融等撰 清刻本 七册

320000－1605－0006585 410.8/566
留耕堂集二卷復庵小稿十卷容膝居雜録六卷 (明)潘錫璠等撰 清宣統元年(1909)鉛印本 四册

320000－1605－0006586 410.8/575
歷朝二十五家詩録三十七卷 (三國魏)曹植等撰 清光緒元年(1875)刻本 三十册

320000－1605－0006587 410.8/598－1
浚儀世集六卷 (清)趙希文編 清光緒二十四年(1898)刻本 三册

320000－1605－0006588　410.8/598－2
浚儀世集六卷　(清)趙希文編　清光緒二十四年(1898)刻本　三册

320000－1605－0006589　410.8/674
容城三賢文集十二卷　(清)張斐然　(清)楊萓輯　清刻本　六册

320000－1605－0006590　410.8/749
戴鹿牀手寫宋元四家詩四種　(宋)林君復等撰　清光緒石印本　二册

320000－1605－0006591　410.8/791
江上詩鈔一百七十卷　(清)顧季慈輯　清同治十年(1871)刻本　三十五册　缺十六卷(一至二、三十一至三十九、九十至九十四)

320000－1605－0006592　410.8/801－1
唐宋詩醇四十七卷目録二卷　(清)高宗弘曆輯　清光緒七年(1881)刻本　二十册

320000－1605－0006593　410.8/801－2
唐宋詩醇四十七卷目録二卷　(清)高宗弘曆輯　清光緒七年(1881)刻本　二十册

320000－1605－0006594　410.8/837
海昌六先生集六種　(清)羊復禮輯　清光緒十三年(1887)刻本　二册　存四種九卷(容庵遺文鈔一卷存稿鈔一卷、止谿文鈔一卷詩集鈔一卷、乾初先生文鈔二卷遺詩鈔一卷、補庵遺稿一卷詩鈔一卷)

320000－1605－0006595　410.8/967
古文雜記不分卷　(清)□□輯　清抄本　一册

320000－1605－0006596　410/110
重編留青新集四卷　(清)陳枚編　清光緒十六年(1890)石印本　二册

320000－1605－0006597　410/166－1
古文觀止十二卷　(清)吳乘權　(清)吳大職選　清光緒十九年(1893)刻本　五册　存十卷(三至十二)

320000－1605－0006598　410/166－2
古文觀止十二卷　(清)吳乘權　(清)吳大職選　清光緒刻本　一册　存二卷(七至八)

320000－1605－0006599　410/166－3
增批古文觀止十二卷　(清)吳乘權評注　清末、民國石印本　一册　存三卷(四至六)

320000－1605－0006600　410/194－1
文選音義八卷　(清)余蕭客撰　清乾隆刻本　二册

320000－1605－0006601　410/194－2
文選音義八卷　(清)余蕭客撰　清乾隆刻本　二册

320000－1605－0006602　410/194－3
文選紀聞三十卷　(清)余蕭客撰　清抄本　四册

320000－1605－0006603　410/210
文選課虚四卷　(清)杭世駿編　清光緒二十一年(1895)石印本　一册

320000－1605－0006604　410/22
文選鍼度十七卷　(清)王伯鹿編　清光緒二十一年(1895)石印本　二册

320000－1605－0006605　410/27
崇川歷朝詩選彙存一百二十一卷附目録小傳一卷　(清)王藻編輯　清咸豐七年(1857)刻本　二十四册

320000－1605－0006606　410/271
文選考異十卷　(清)胡克家撰　清同治八年(1869)刻本　四册

320000－1605－0006607　410/328－1
文苑英華一千卷　(宋)李昉等輯　明隆慶元年(1567)胡維新、戚繼光刻六年(1572)、萬曆六年(1578)、三十六年(1608)遞修本(卷一至十三、二十至二十三配抄本)　三十四册　存二百七十四卷(一至一百十、四百九至四百五十四、五百九十四至六百四十一、八百二十一至八百九十)

320000－1605－0006608　410/328－2
文苑英華選六十卷　(清)宮夢仁輯　清康熙四十一年(1702)刻本　二十四册

320000－1605－0006609　410/343

漢魏六朝文緉正續鈔五卷　（清）凌德編　清光緒八年（1882）刻本　二册

320000－1605－0006610　410/35

斯文精粹十三種　（清）尹繼善輯　清同治刻本　十册

320000－1605－0006611　410/375

續古文苑二十卷　（清）孫星衍編　清嘉慶十七年（1812）刻本　十册

320000－1605－0006612　410/389

文選集腋二卷　（清）胥斌輯　清光緒十三年（1887）刻本　二册

320000－1605－0006613　410/398

二十四史文鈔二十四種　（清）納蘭常安編　清光緒石印本　十六册

320000－1605－0006614　410/402－1

文選旁證四十六卷　（清）梁章鉅撰　清光緒八年（1882）刻本　十二册

320000－1605－0006615　410/402－2

文選旁證四十六卷　（清）梁章鉅撰　清光緒八年（1882）刻本　十二册

320000－1605－0006616　410/402－3

文選旁證四十六卷　（清）梁章鉅撰　清光緒八年（1882）刻本　十二册

320000－1605－0006617　410/407－1

六朝文絜四卷　（清）許槤選　清光緒三年（1877）刻本　二册

320000－1605－0006618　410/407－2

遙集集前編六卷　（清）許貞幹編　清光緒二十八年（1902）刻本　六册

320000－1605－0006619　410/431－1

當湖詩文選二十二卷　（清）張憲和編　清光緒二十年（1894）刻本　八册

320000－1605－0006620　410/431－2

當湖詩文選二十二卷　（清）張憲和編　清光緒二十年（1894）刻本　八册

320000－1605－0006621　410/431－3

漢魏六朝一百三家集一百十八卷　（明）張溥編　清光緒五年（1879）刻本　九十六册　缺三種三卷（吳朝請集一卷、陳後主集一卷、徐僕射集一卷）

320000－1605－0006622　410/494

天籟集一卷　（清）黄葆年輯　清末抄本　一册

320000－1605－0006623　410/527－1

經史百家雜鈔二十六卷　（清）曾國藩編　清光緒二年（1876）刻本　二十六册

320000－1605－0006624　410/527－2

經史百家雜鈔二十六卷　（清）曾國藩編　清光緒三十二年（1906）鉛印本　十二册

320000－1605－0006625　410/527－3

經史百家雜鈔二十六卷　（清）曾國藩編　清光緒三十二年（1906）鉛印本　十二册

320000－1605－0006626　410/527－4

經史百家雜鈔二十六卷　（清）曾國藩編　清光緒三十二年（1906）鉛印本　十二册

320000－1605－0006627　410/527－5

經史百家雜鈔二十六卷　（清）曾國藩編　清光緒三十二年（1906）鉛印本　十二册

320000－1605－0006628　410/527－6

經史百家雜鈔二十六卷　（清）曾國藩編　清光緒三十二年（1906）鉛印本　十六册

320000－1605－0006629　410/540

陶蘇合箋不分卷　（清）溫汝能輯　清光緒十八年（1892）石印本　四册

320000－1605－0006630　410/550

詠物詩摘存一卷　（清）雷蓮伯手録　清抄本　一册

320000－1605－0006631　410/622

淮郡文獻志二十六卷補遺一卷　（明）潘塤輯　明嘉靖三十四年（1555）刻本　一册　存一卷（十六）

320000－1605－0006632　410/654

古文雅正十四卷 （清）蔡世遠輯　清雍正三年（1725）刻本　六册

320000－1605－0006633　410/717

古文賞音十二卷 （清）謝有煇纂　清嘉慶三年（1798）刻本　六册

320000－1605－0006634　410/727－1

鼎雕增補單篇評釋昭明文選八卷 （南朝梁）蕭統輯　（明）李光縉　（明）鄭維嶽評釋　明萬曆刻本　二册　存一卷（八）

320000－1605－0006635　410/727－2

文選六十卷 （南朝梁）蕭統輯　（唐）李善注　明刻本　十二册

320000－1605－0006636　410/727－3

文選六十卷 （南朝梁）蕭統輯　（唐）李善注　清同治八年（1869）刻本　十册

320000－1605－0006637　410/727－4

文選六十卷 （南朝梁）蕭統輯　（唐）李善注　清乾隆二十五年（1760）刻本　十册

320000－1605－0006638　410/727－5

六臣註文選六十卷 （南朝梁）蕭統編　（唐）李善等註　明刻本　十八册　缺二十一卷（一、四至五、十七至三十二、五十七至五十八）

320000－1605－0006639　410/727－6

六臣註文選六十卷 （南朝梁）蕭統編　（唐）李善等註　明嘉靖二十八年（1549）刻本　一册　存一卷（四）

320000－1605－0006640　410/727－7

文選李善注六十卷 （南朝梁）蕭統輯　（唐）李善注　清乾隆三十七年（1772）刻本　六册

320000－1605－0006641　410/727－8

文選李善注六十卷 （南朝梁）蕭統輯　（唐）李善注　清嘉慶刻本　十六册

320000－1605－0006642　410/727－9

文選李善注六十卷 （南朝梁）蕭統輯　（唐）李善注　（清）何焯批　清光緒二十四年（1898）石印本　六册

320000－1605－0006643　410/727－10

重訂昭明文選集評十五卷 （清）于悝介編　清乾隆刻本　十六册

320000－1605－0006644　410/727－11

文選注六十卷 （南朝梁）蕭統輯　（唐）李善注　**考異十卷** （清）胡克家撰　清同治八年（1869）刻本　二十四册

320000－1605－0006645　410/727－12

重訂文選集評十五卷 （清）于光華編次　清同治十一年（1872）刻本　十六册

320000－1605－0006646　410/727－13

文選六十卷 （南朝梁）蕭統編　（唐）李善注　**考異十卷** （清）胡克家撰　清光緒十六年（1890）石印本　六册

320000－1605－0006647　410/727－14

文選六十卷 （南朝梁）蕭統編　（唐）李善注　**考異十卷** （清）胡克家撰　清光緒十六年（1890）石印本　六册

320000－1605－0006648　410/727－15

文選六十卷 （南朝梁）蕭統編　（唐）李善注　**考異十卷** （清）胡克家撰　清宣統三年（1911）石印本　十六册

320000－1605－0006649　410/760

唐宋十大家全集録十種 （清）儲欣編　清光緒八年（1882）刻本　三十二册

320000－1605－0006650　410/787－1

全上古三代秦漢三國六朝文七百四十六卷 （清）嚴可均編　清光緒二十年（1894）刻本　一百册

320000－1605－0006651　410/787－2

全上古三代秦漢三國六朝文七百四十六卷 （清）嚴可均編　清光緒二十年（1894）刻本　九十七册　缺十六卷（全晉文一百四十七至一百五十三、全宋文四十一至四十九）

320000－1605－0006652　410/791

梁溪詩鈔五十八卷 （清）顧光旭撰　清宣統三年（1911）木活字印本　二十四册

320000－1605－0006653　410/795
文選鈔節本不分卷　(清)龔子韋等撰　(清)許賡颺抄録　清抄本　一册

320000－1605－0006654　410/9
重訂文選集評十五卷首一卷末一卷　(清)于光華編　清同治十一年(1872)刻本　十六册

320000－1605－0006655　410/99
文選集釋二十四卷　(清)朱珔編　清道光刻本　十二册

320000－1605－0006656　411.1/423
西晉文紀二十卷　(明)梅鼎祚輯　明刻本　二册　存三卷(十五至十七)

320000－1605－0006657　411.1/722
古文苑九卷　(宋)韓元吉編　清光緒刻本　三册

320000－1605－0006658　411.2/100
古詩十九首説一卷紅樓二百詠二卷　(清)朱筠口授　清末刻本　一册

320000－1605－0006659　411.3/103－1
楚辭集註八卷　(宋)朱熹集註　清光緒三年(1877)刻本　三册

320000－1605－0006660　411.3/103－2
楚辭集註八卷　(宋)朱熹集註　(清)蔣之翹評校　清光緒八年(1882)刻本　四册

320000－1605－0006661　411.3/103－3
楚辭集註八卷　(宋)朱熹集註　(清)蔣之翹評校　清光緒八年(1882)刻本　四册

320000－1605－0006662　411.3/211
楚辭燈四卷　(清)林西仲撰　清康熙刻本　四册

320000－1605－0006663　411.3/25－1
楚辭十七卷　(漢)王逸注　清同治十一年(1872)刻本　四册

320000－1605－0006664　411.3/25－2
楚辭十七卷　(漢)王逸注　清同治十一年(1872)刻本　四册

320000－1605－0006665　411.3/25－3
楚辭十七卷　(漢)王逸注　(宋)洪興祖補注　清刻本　四册

320000－1605－0006666　411.3/25－4
楚辭章句十七卷　(漢)王逸注　(宋)洪興祖補注　清光緒九年(1883)刻本　四册

320000－1605－0006667　411.3/25－5
楚辭釋十七卷　(漢)王逸章句　王闓運注　清光緒十二年(1886)刻本　二册

320000－1605－0006668　411.3/352
屈賦徵二卷　馬其昶撰　清光緒三十二年(1906)刻本　一册

320000－1605－0006669　411.3/506
離騷箋釋不分卷　(清)賀寬撰　清刻本　一册

320000－1605－0006670　411.3/749
屈原賦通釋二卷音義三卷　(清)戴震撰　清刻本　一册

320000－1605－0006671　411.3/795－1
離騷箋二卷　(清)龔景瀚撰　清刻本　一册

320000－1605－0006672　411.3/795－2
離騷箋二卷　(清)龔景瀚撰　清光緒三年(1877)刻本　一册

320000－1605－0006673　411/211
楚辭燈四卷附楚懷二王在位事跡考一卷　(清)林雲銘　(清)林沅校論述　清刻本　二册　存四卷(楚辭燈四卷)

320000－1605－0006674　411/22
漢鐃歌釋文箋正不分卷　王先謙撰　清同治十一年(1872)刻本　一册

320000－1605－0006675　411/566
漢魏諸名家集二十一種一百二十四卷附一種八卷　(明)汪士賢校　明萬曆南城翁少麓刻本　八册　存十種四十七卷(董仲舒集一卷、東方先生集一卷、司馬長卿集一卷、阮嗣宗集二卷、嵇中散集十卷、陸士龍集十卷、庾開府集十二卷、謝宣城集五卷、謝惠連集一卷、謝

康樂集四卷）

320000－1605－0006676　412.1/407
六朝文絜箋註十二卷　（清）許槤評選　（清）黎經誥箋註　清末石印本　一册　存一卷（七）

320000－1605－0006677　412.1/758
八代文粹二百二十卷　（清）簡槃　（清）陳崇哲編　清光緒十一年（1885）刻本　六十四册

320000－1605－0006678　412.2/157
金陵名勝詩鈔四卷　（清）李鰲輯　清道光八年（1828）刻本　二册

320000－1605－0006679　412.2/393－1
玉臺新詠十卷　（南朝陳）徐陵編　清乾隆刻本　四册

320000－1605－0006680　412.2/393－2
玉臺新詠十卷　（南朝陳）徐陵編　清乾隆三十九年（1774）刻本　十册

320000－1605－0006681　412.2/412
樂府詩集一百卷　（宋）郭茂倩編　明末清初刻本　三十二册

320000－1605－0006682　412.3/350
文選賦鈔不分卷　（清）□□輯　清抄本　六册

320000－1605－0006683　413.1/155
文選六十卷　（南朝梁）蕭統輯　（唐）李善注　清乾隆三十七年（1772）刻朱墨套印本　十二册

320000－1605－0006684　413.1/170
唐文品選二種　（唐）杜牧等撰　清刻本　二册

320000－1605－0006685　413.1/316－1
唐文粹一百卷　（宋）姚鉉輯　**補遺二十六卷**　（清）郭麐輯　清光緒刻本　二十册

320000－1605－0006686　413.1/316－2
唐文粹一百卷　（宋）姚鉉輯　**補遺二十六卷**　（清）郭麐輯　清光緒刻本　十六册

320000－1605－0006687　413.1/412
唐文粹補遺二十六卷　（清）郭麐輯　清光緒十一年（1885）刻本　四册

320000－1605－0006688　413.1/434－1
唐文續拾十六卷　（清）陸心源輯　清刻本　六册

320000－1605－0006689　413.1/434－2
唐文續拾十六卷　（清）陸心源輯　清刻本　四册

320000－1605－0006690　413.1/434－3
唐文續拾十六卷　（清）陸心源輯　清刻本　四册

320000－1605－0006691　413.1/434－4
唐文拾遺七十二卷續十六卷　（清）陸心源輯　清光緒刻本　二十册

320000－1605－0006692　413.1/434－5
唐文拾遺七十二卷續十六卷　（清）陸心源輯　清光緒刻本　二十册

320000－1605－0006693　413.1/722
韓集點勘四卷　（清）陳景雲撰　清同治九年（1870）江蘇書局刻本　一册

320000－1605－0006694　413.1/814－1
全唐文一千卷總目三卷　（清）董誥等纂修　清光緒二十七年（1901）刻本　二百册

320000－1605－0006695　413.1/814－2
全唐文一千卷總目三卷　（清）董誥等纂修　清光緒二十七年（1901）刻本　一百五十册

320000－1605－0006696　413.2/122
才調集補注十卷　（五代）韋縠編　（清）宋邦綏補注　清光緒二十年（1894）刻本　四册

320000－1605－0006697　413.2/123
網師園唐詩箋十八卷　（清）宋宗元輯　清乾隆刻本　六册

320000－1605－0006698　413.2/132－1
重訂唐詩別裁集二十卷　（清）沈德潛選　清乾隆二十八年（1763）刻本　五册　存十三卷（一至五、十一至十八）

320000－1605－0006699　413.2/132－2
唐詩別裁二十卷　(清)沈德潛選　清道光五年(1825)刻本　六冊

320000－1605－0006700　413.2/148
中晚唐詩叩彈集十二卷續集三卷　(清)杜詔(清)杜庭珠集　清康熙四十三年(1704)刻本　五冊

320000－1605－0006701　413.2/157－1
唐詩選七卷附録一卷　(明)李攀龍輯　明刻本　二冊　存五卷(一至四、附録一卷)

320000－1605－0006702　413.2/157－2
唐詩箋注七卷　(明)李攀龍選注　(清)錢謙益箋　清康熙刻本　四冊　存四卷(一至四)

320000－1605－0006703　413.2/166
唐詩選六卷　(清)吳翌鳳輯　清刻本　三冊

320000－1605－0006704　413.2/21
唐賢三昧集箋注三卷　(清)王士禛輯　清乾隆刻本　三冊

320000－1605－0006705　413.2/22－1
唐詩合解箋注十二卷古詩四卷　(清)王堯衢注　清雍正十年(1732)刻本　三冊　存十二卷(一至三、八至十二,古詩四卷)

320000－1605－0006706　413.2/22－2
古唐詩合解十六卷　(清)王堯衢注　清光緒刻本　一冊

320000－1605－0006707　413.2/228
孟襄陽集三卷　(唐)孟浩然撰　明刻本　一冊

320000－1605－0006708　413.2/23
初唐四傑文集二十一卷　(唐)王勃等撰　清光緒五年(1879)刻本　三冊

320000－1605－0006709　413.2/232
國秀集三卷　(唐)芮挺章集　明刻本　三冊

320000－1605－0006710　413.2/233
唐五言六韻詩豫四卷　題(清)花豫樓主人輯　清刻本　四冊

320000－1605－0006711　413.2/25－1
古唐詩合解十二卷　(清)王堯衢注　清雍正刻本　四冊

320000－1605－0006712　413.2/25－2
古唐詩合解十二卷　(清)王堯衢注　清刻本　五冊

320000－1605－0006713　413.2/25－3
唐詩合解箋注十二卷古詩四卷　(清)王堯衢注　清雍正刻本　四冊

320000－1605－0006714　413.2/25－4
古唐詩合解十二卷　(清)王堯衢注　清宣統元年(1909)石印本　八冊

320000－1605－0006715　413.2/26－1
唐四家詩四種二十卷　(唐)王維等撰　清光緒十三年(1887)刻本　三冊　存三種十卷(王維四卷、孟浩然二卷、柳宗元四卷)

320000－1605－0006716　413.2/26－2
唐四家詩八卷　(唐)王維等撰　清刻本　四冊

320000－1605－0006717　413.2/28－1
唐四家詩四種八卷　(清)汪立名輯　清康熙三十四年(1695)汪立名刻本　三冊　存三種六卷(王維二卷、韋應物二卷、孟浩然二卷)

320000－1605－0006718　413.2/28－2
唐四家詩集二十卷附歷朝詩話一卷　(清)胡鳳丹輯　清刻本　六冊

320000－1605－0006719　413.2/287－1
玉堂才調集三十卷　(五代)韋縠輯　清光緒二年(1876)刻本　十二冊

320000－1605－0006720　413.2/287－2
才調集補注十卷　(五代)韋縠編　(清)宋邦綏補注　清光緒二十年(1894)刻本　四冊

320000－1605－0006721　413.2/332－1
唐詩掞藻八卷附姓氏一卷　(清)高士奇輯　清康熙三十二年(1693)刻本　八冊

320000－1605－0006722　413.2/332－2
唐中興間氣集二卷　(唐)高仲武輯　清刻本

二册

320000－1605－0006723　413.2/335－1
唐詩百名家全集四百二卷　(清)席啓寓輯　清康熙四十一年(1702)刻本　一册　存三種三卷(會昌詩一卷、鄭嵎詩一卷、段成式詩一卷)

320000－1605－0006724　413.2/335－2
唐詩百名家全集四百二卷　(清)席啓寓輯　清光緒八年(1882)刻本　六十四册

320000－1605－0006725　413.2/337
彙編唐詩十集四十一卷目録七卷　(明)唐汝詢選注　(清)王士禛重訂　明天啓刻本　二册　存六卷(壬集十八至十九、目録四至七)

320000－1605－0006726　413.2/375－1
唐詩三百首不分卷　(清)孫洙輯　清道光刻本　二册

320000－1605－0006727　413.2/375－2
唐詩三百首注疏六卷　(清)孫洙輯　(清)章燮注　清同治十年(1871)刻本　八册

320000－1605－0006728　413.2/393－1
全唐詩録一百卷　(清)徐倬編　清康熙刻本　二十四册

320000－1605－0006729　413.2/393－2
唐人五言長律清麗集六卷　(清)徐曰璉　(清)沈士駿輯　清乾隆二十二年(1757)刻本　四册

320000－1605－0006730　413.2/393－3
唐人五言長律清麗集六卷　(清)徐曰璉　(清)沈士駿輯　清乾隆二十二年(1757)刻本　二册

320000－1605－0006731　413.2/399－1
河嶽英靈集二卷　(唐)殷璠選　明刻本　二册

320000－1605－0006732　413.2/399－2
河嶽英靈集二卷　(唐)殷璠選　清刻本　一册

320000－1605－0006733　413.2/399－3
河嶽英靈集二卷　(唐)殷璠選　清光緒刻本　二册

320000－1605－0006734　413.2/429
中晚唐近體詩鈔不分卷　(唐)張祜等撰　清末抄本　一册

320000－1605－0006735　413.2/442
詩比興箋四卷　(清)陳沆撰　清咸豐刻本　二册

320000－1605－0006736　413.2/52－1
唐體膚詮四卷　(清)毛張健編次　清康熙刻本　一册　存二卷(一至二)

320000－1605－0006737　413.2/52－2
唐體餘編四卷　(清)毛張健編次　清康熙刻本　一册　存二卷(三至四)

320000－1605－0006738　413.2/598
山滿樓箋註唐詩七言律六卷　(清)趙臣瑗箋註　清刻本　六册

320000－1605－0006739　413.2/616
應試唐詩類釋十九卷　(清)臧岳編　清乾隆刻本　六册

320000－1605－0006740　413.2/62
飣餖吟集唐十二卷　(清)石贊清集　(清)黄丙森注釋　清咸豐十年(1860)刻本　四册

320000－1605－0006741　413.2/674－1
中晚唐詩五十一卷　(清)劉雲份等編　清康熙刻本　五册　存二十七種二十七卷(徐寅一卷、鮑溶一卷、馬戴一卷、周樸一卷、竇庠一卷、周匡物一卷、許稷一卷、張夫人一卷、陳詡一卷、潘存實一卷、陳去疾一卷、吉中孚一卷、邵楚萇一卷、竇羣一卷、竇牟一卷、竇常一卷、竇叔向一卷、翁承贊一卷、歐陽詹一卷、歐陽玭一卷、歐陽澥一卷、江為一卷、竇鞏一卷、歐陽袞一卷、鄭谷一卷、黄滔一卷、陳陶一卷)

320000－1605－0006742　413.2/674－2
八劉唐人詩集八卷　(清)劉雲份輯　清刻本　三册

320000－1605－0006743　413.2/676

唐宮閨詩二卷附唐女校書詩一卷唐女冠詩一卷 (清)劉雲份輯 清初刻本 二冊

320000－1605－0006744 413.2/705－1
吳越錢氏傳芳集一卷 (清)錢泳輯 清嘉慶十五年(1810)刻本 一冊

320000－1605－0006745 413.2/705－2
吳越錢氏傳芳集一卷 (清)錢泳輯 清嘉慶十五年(1810)刻本 一冊

320000－1605－0006746 413.2/749
唐詩類苑選三十四卷 (清)戴明說選 (清)汪爌重校 清康熙刻本 三十四冊

320000－1605－0006747 413.2/795
中晚唐詩紀六十二卷 (清)龔賢編 清康熙刻本 三冊 存八種八卷(楊衡一卷、方干一卷、李咸用一卷、王貞白一卷、項斯一卷、于鄴一卷、于濆一卷、于鵠一卷)

320000－1605－0006748 413.2/811－1
全唐詩九百卷目録十二卷 (清)彭定求等編 清光緒元年(1875)刻本 一百二十冊

320000－1605－0006749 413.2/811－2
全唐詩三十二卷 (清)彭定求等編 清光緒石印本 三十二冊

320000－1605－0006750 413.2/84
唐人五十家小集七十二卷 (清)江標輯 清刻本 十冊

320000－1605－0006751 413.2/9
唐詩三百首續選不分卷 (清)于慶元等輯 清同治六年(1867)刻本 二冊

320000－1605－0006752 413.2/967
三體唐詩三卷 (清)□□輯 清末抄本 一冊

320000－1605－0006753 413.2/968
唐詩便讀四卷 (清)采香書屋輯 清刻本 一冊

320000－1605－0006754 413.2/970
唐詩不分卷 (唐)陳子昂等撰 清抄本 一冊

320000－1605－0006755 413.2/971－1
唐詩鈔讀不分卷 (□)□□編 清抄本 一冊

320000－1605－0006756 413.2/971－2
唐詩和鳴集四卷補遺一卷 (□)□□編 清抄本 一冊

320000－1605－0006757 413.2/972－1
搜玉小集一卷 (□)□□撰 清初刻本 一冊

320000－1605－0006758 413.2/972－2
御選妙覺普度和聖寒山大士詩一卷 (唐)釋寒山撰 **御選圓覺慈度合聖拾得大士詩一卷** (唐)釋拾得撰 **豐干詩一卷** (唐)釋豐干撰 清刻本 一冊

320000－1605－0006759 413.2/972－3
御選妙覺普度和聖寒山大士詩一卷 (唐)釋寒山撰 **御選圓覺慈度合聖拾得大士詩一卷** (唐)釋拾得撰 **御選大慈圓通禪僊紫陽真人張平叔語録一卷** (宋)張伯端撰 **楠堂山居詩一卷** (明)楠堂禪師撰 清光緒十一年(1885)刻本 一冊

320000－1605－0006760 413.2/978
唐代名媛詩選不分卷 (清)嬾虎抄選 清末抄本 一冊

320000－1605－0006761 413.2/981
唐詩三百首注疏六卷 (清)孫洙輯 (清)章燮注 清末刻本 五冊 存五卷(二至六)

320000－1605－0006762 413.3/375
華國編唐賦二卷 (清)孫濩孫編 清雍正刻本 一冊

320000－1605－0006763 413.3/442
唐駢體文鈔十七卷 (清)陳均編 清刻本 六冊

320000－1605－0006764 413/674
貴池唐人集九卷 劉世珩輯 清光緒刻本 四冊

320000－1605－0006765 413/84

唐人五十家小集七十二卷 （清）江標輯 清光緒二十一年(1895)刻本 二十四冊

320000－1605－0006766 414.1/170－1
宋文鑑一百五十卷目録三卷 （宋）吕祖謙編 清光緒十二年(1886)刻本 二十四冊

320000－1605－0006767 414.1/170－2
宋文鑑一百五十卷目録三卷 （宋）吕祖謙編 清光緒十二年(1886)刻本 二十四冊

320000－1605－0006768 414.1/211
赤城集十八卷 （宋）林逢吉輯 清嘉慶二十三年(1818)刻本 三冊

320000－1605－0006769 414.1/377
山曉閣選唐宋八大家文二十卷 （清）孫琮評選 清康熙刻本 十四冊 存四種八卷(歐陽廬陵全集四卷、曾南豐全集一卷、蘇穎濱全集二卷、王臨川全集一卷)

320000－1605－0006770 414.1/428
金文最六十卷 （清）張金吾輯 清光緒二十一年(1895)刻本 十六冊

320000－1605－0006771 414.1/454－1
南宋文範七十卷外編四卷作者考二卷 （清）莊仲方編 清光緒十四年(1888)刻本 十六冊

320000－1605－0006772 414.1/454－2
金文雅十六卷 （清）莊仲方編 清光緒十七年(1891)刻本 四冊

320000－1605－0006773 414.1/454－3
金文雅十六卷 （清）莊仲方編 清光緒十七年(1891)刻本 四冊

320000－1605－0006774 414.1/454－4
金文雅十六卷 （清）莊仲方編 清光緒十七年(1891)刻本 四冊

320000－1605－0006775 414.1/568－1
南宋文録録二十四卷 （清）董兆熊輯 清光緒十七年(1891)刻本 六冊

320000－1605－0006776 414.1/568－2
南宋文録録二十四卷 （清）董兆熊輯 清光緒十七年(1891)刻本 六冊

320000－1605－0006777 414.1/784
合諸名家評註三蘇文選全集十八卷 （明）楊慎選 清乾隆二年(1737)刻本 十冊

320000－1605－0006778 414.1/968
宋文習是編不分卷 （□）□□編 清抄本 二冊

320000－1605－0006779 414.2/122
宋四名家詩四種八卷 （清）周之鱗 （清）柴升輯 清嘉慶二十二年(1817)刻本 七冊

320000－1605－0006780 414.2/137－1
宋詩畧十八卷 （清）汪景龍 （清）姚壎編 清乾隆刻本 四冊

320000－1605－0006781 414.2/137－2
宋詩畧十八卷 （清）汪景龍 （清）姚壎編 清乾隆刻本 四冊

320000－1605－0006782 414.2/165
宋金元詩選六卷 （清）吴翌鳳輯 清乾隆刻本 六冊

320000－1605－0006783 414.2/167－1
宋金元詩永二十卷補遺二卷 （清）吴綺輯 清康熙十七年(1678)刻本 六冊 存十卷(一至十)

320000－1605－0006784 414.2/167－2
許國公奏議四卷 （宋）吴潛撰 清刻本 二冊

320000－1605－0006785 414.2/181
西江詩派韓饒二集 （宋）韓駒 （宋）饒節撰 沈曾植輯 清宣統二年(1910)刻本 二冊

320000－1605－0006786 414.2/21
宋詩類選二十四卷 （清）王文鑑編 清康熙五十一年(1712)刻本 十六冊

320000－1605－0006787 414.2/248
宋四名家詩四種八卷 （清）周之鱗 （清）柴升輯 清刻本 六冊

320000－1605－0006788 414.2/332

菊磵集一卷南仲集一卷江邨遺稿一卷踈寮小集一卷 （宋）高翥等撰　清抄本　一册

320000－1605－0006789　414.2/412
御訂全金詩七十二卷首二卷 （清）郭元釪輯　清康熙刻本　四十八册

320000－1605－0006790　414.2/556
西崑酬唱集二卷 （宋）楊億等撰　清光緒刻本　一册

320000－1605－0006791　414.2/568
嚴陵集九卷 （宋）董棻編　清光緒二十三年(1897)刻本　二册

320000－1605－0006792　414.2/651
宋十五家詩選十六卷 （清）陳訏輯　清康熙三十二年(1693)刻本　二十册

320000－1605－0006793　414.2/967
宋人絶句選□□卷 （□）□□編　清末抄本　二册　存二卷(一至二)

320000－1605－0006794　414/131－1
沈氏三先生文集六十二卷 （宋）沈遘　（宋）沈括　（宋）沈遼撰　清光緒二十二年(1896)刻本　十册

320000－1605－0006795　414/131－2
沈氏三先生文集六十二卷 （宋）沈遘　（宋）沈括　（宋）沈遼撰　清光緒二十二年(1896)刻本　十册

320000－1605－0006796　414/151
宋二十家集二十種 李端輯　清光緒五年(1879)刻本　十六册

320000－1605－0006797　413.2/132－3
重訂唐詩别裁集二十卷 （清）沈德潛選　清乾隆二十八年(1763)刻本　四册　存九卷(三至十一)

320000－1605－0006798　414/784－1
東坡先生全集七十五卷 （宋）蘇軾撰　（明）陳仁錫訂正　明末刻本　九册　存二十八卷(五至十四、四十至五十七)

320000－1605－0006799　414/784－2
三蘇全集四種 （清）弓翊清編　清道光十二年(1832)刻本　六十四册

320000－1605－0006800　415.1/784－1
元文類七十卷目録三卷 （元）蘇天爵編　清光緒十五年(1889)刻本　十册

320000－1605－0006801　415.1/784－2
元文類七十卷目録三卷 （元）蘇天爵編　清光緒十五年(1889)刻本　十册

320000－1605－0006802　415.2/347
唐人三家集二十八卷 （清）秦恩復輯　清宣統三年(1911)影印本　八册

320000－1605－0006803　415.2/740
舊德集十四卷 繆荃孫編　清光緒二十二年(1896)刻本　四册

320000－1605－0006804　415.2/746
石門集七卷 （明）高濲撰　**傅木虛集十五卷** （明）傅汝舟撰　清刻本　四册

320000－1605－0006805　415.2/791－1
元詩選六卷補遺一卷 （清）顧奎光選輯　清乾隆十六年(1751)刻本　一册　存三卷(一至三)

320000－1605－0006806　415.2/791－2
元詩選癸集十卷 （清）顧嗣立輯　清刻本　八册　存八卷(乙至戊、庚至辛、壬至癸)

320000－1605－0006807　415/674
中州名賢文表内集三十卷 （明）劉昌撰　清初刻本　七册

320000－1605－0006808　416.1/22
明文初學指要不分卷 （清）王步青輯評　稿本　四册

320000－1605－0006809　416.1/62
明八家文選八種 （清）石韞玉選　清道光八年(1828)刻本　十二册

320000－1605－0006810　416.1/731－1
明文在一百卷 （清）薛熙編　清光緒十五年(1889)刻本　十册

320000－1605－0006811　416.1/731－2
明文在一百卷　(清)薛熙編　清光緒十五年(1889)刻本　十册

320000－1605－0006812　416.2/103
明詩綜一百卷　(清)朱彝尊編　清康熙四十二年(1703)刻本　二十二册　缺八卷(十九至二十六)

320000－1605－0006813　416.2/132－1
明詩別裁集十二卷　(清)沈德潛編　清乾隆刻本　六册

320000－1605－0006814　416.2/132－2
明詩別裁集十二卷　(清)沈德潛編　清乾隆四十年(1775)刻本　四册

320000－1605－0006815　416.2/132－3
明詩別裁集十二卷　(清)沈德潛編　清乾隆四十年(1775)刻本　四册

320000－1605－0006816　416.2/132－4
明詩別裁集十二卷　(清)沈德潛編　清乾隆四十年(1775)刻本　四册

320000－1605－0006817　416.2/135－1
明三十家詩選初集八卷二集八卷　(清)汪端輯　清道光二年(1822)刻本　十六册

320000－1605－0006818　416.2/135－2
明三十家詩選初集八卷二集八卷　(清)汪端輯　清同治十二年(1873)刻本　八册

320000－1605－0006819　416.2/135－3
明三十家詩選初集八卷二集八卷　(清)汪端輯　清同治十二年(1873)刻本　八册

320000－1605－0006820　416.2/135－4
明三十家詩選初集八卷二集八卷　(清)汪端輯　清同治十二年(1873)刻本　八册

320000－1605－0006821　416.2/359－1
滇南詩畧續十卷　(清)袁文典　(清)袁文揆撰　清光緒二十六年(1900)刻本　五册

320000－1605－0006822　416.2/359－2
明滇南詩略十卷首一卷　(清)袁文典撰　清光緒二十六年(1900)刻本　五册

320000－1605－0006823　416.2/364
徐州詩徵八卷　(清)桂中行編　清光緒十七年(1891)刻本　四册

320000－1605－0006824　416.2/393
本事詩十二卷　(清)徐釚輯　清初刻本　十二册

320000－1605－0006825　416.2/412
全閩明詩傳五十五卷　(清)郭柏蒼編　清光緒十五年(1889)刻本　二十八册

320000－1605－0006826　416.2/423
津門詩鈔三十卷　(清)梅成棟編　清道光二年(1822)刻本　十册

320000－1605－0006827　416.2/429
弘正四傑詩集七十一卷　(清)張祖同輯　清光緒二十一年(1895)刻本　十六册

320000－1605－0006828　416.2/441－1
明詩紀事二百七卷　陳田輯　清光緒刻本　三十八册

320000－1605－0006829　416.2/441－2
明詩紀事乙籤二十二卷　陳田輯　清光緒三十年(1904)刻本　四册

320000－1605－0006830　416.2/446
滇詩拾遺六卷　(清)陳榮昌輯　清宣統元年(1909)刻本　六册

320000－1605－0006831　416.2/671－1
黔詩紀略三十三卷　(清)黎兆勳輯　(清)莫友芝傳證　清同治刻本　八册

320000－1605－0006832　416.2/671－2
黔詩紀略三十三卷　(清)黎兆勳輯　(清)莫友芝傳證　清同治刻本　七册　缺四卷(十二至十五)

320000－1605－0006833　416/562
愁言不分卷　(明)葉紈紈撰　**返生香一卷**　(明)葉小鸞撰　明崇禎刻本　一册

320000－1605－0006834　416/81
邱海二公合集十六卷　(明)邱濬　(明)海瑞撰　清刻本　十册

320000－1605－0006835　417.1/135－1
廣陵思古編二十九卷　(清)汪廷儒編　清道光二十九年(1849)刻本　四册　存十二卷(十八至二十九)

320000－1605－0006836　417.1/135－2
蓮漪文鈔八卷　(清)汪曰楨輯　清咸豐刻本　二册

320000－1605－0006837　417.1/154－1
國朝文録初編四十種　(清)姚椿輯　清刻本　十五册　存二十種四十卷(熊學士文集録一卷、亭林文録二卷、石莊先生文録三卷、南雷文録三卷、壯悔堂文録二卷、恥躬堂文録二卷、四照堂文録二卷、湘帆堂文録一卷、水田居文録二卷、潛庵先生遺稾文録二卷、愚山先生文録二卷、午亭文録三卷、張文貞公文録二卷、帶經堂集文録二卷、鄭靜菴先生文録一卷、榕村全集文選二卷、西陂類稾文録一卷、湛園未定藁文録三卷、居業齋文録一卷、邵青門文録三卷)

320000－1605－0006838　417.1/154－2
國朝文録續編四十六種六十三卷　(清)姚文田等撰　清刻本　三十册

320000－1605－0006839　417.1/162－1
學海堂初集十六卷二集二十二卷三集二十四卷　(清)阮元等選　清道光五年(1825)刻本　二十四册

320000－1605－0006840　417.1/162－2
學海堂初集十六卷二集二十二卷三集二十四卷四集二十八卷　(清)阮元等選　清道光五年(1825)刻本　五十册

320000－1605－0006841　417.1/162－3
詁經精舍文集十四卷　(清)阮元等編　清道光二十二年(1842)刻本　八册

320000－1605－0006842　417.1/162－4
詁經精舍文續八卷　(清)顧廣譽等撰　清道光二十二年(1842)刻本　四册

320000－1605－0006843　417.1/162－5
詁經精舍文續八卷　(清)顧廣譽等撰　清道光二十二年(1842)刻本　四册

320000－1605－0006844　417.1/162－6
詁經精舍文續八卷　(清)顧廣譽等撰　清道光二十二年(1842)刻本　四册

320000－1605－0006845　417.1/162－7
詁經精舍四集十六卷　(清)俞樾編　清光緒五年(1879)刻本　八册

320000－1605－0006846　417.1/2
南菁文鈔三集十六卷　(清)丁立鈞選　清光緒二十七年(1901)刻本　八册

320000－1605－0006847　417.1/23－1
湖海文傳七十五卷　(清)王昶編　清道光十七年(1837)刻本　十六册

320000－1605－0006848　417.1/23－2
湖海文傳七十五卷　(清)王昶編　清道光十七年(1837)刻本　十六册

320000－1605－0006849　417.1/316－1
國朝文録八十二卷　(清)姚椿輯　清咸豐元年(1851)刻本　三十册

320000－1605－0006850　417.1/316－2
國朝文録八十二卷　(清)姚椿輯　清咸豐元年(1851)刻本　二十九册　缺四卷(三十四至三十五、四十一至四十二)

320000－1605－0006851　417.1/343－1
松陵文録二十四卷　(清)凌淦編　清同治十三年(1874)刻本　八册

320000－1605－0006852　417.1/343－2
松陵文録二十四卷　(清)凌淦編　清同治十三年(1874)刻本　十册

320000－1605－0006853　417.1/359
滇南文略四十七卷　(清)袁文揆　(清)張登瀛編　清光緒二十六年(1900)刻本　二十四册

320000－1605－0006854　417.1/393
今文偶見四十八卷　(清)徐斐然輯　清嘉慶四年(1799)刻本　八册

320000－1605－0006855　417.1/407
滇秀集初編五卷　（清）許印芳編　清光緒二十三年（1897）刻本　二册

320000－1605－0006856　417.1/428
八旗文經五十六卷作者考三卷續録一卷　（清）張之洞編　清光緒刻本　十二册

320000－1605－0006857　417.1/439－1
七家文鈔七卷　（清）陸繼輅輯　清道光刻本　六册

320000－1605－0006858　417.1/439－2
切問齋文鈔三十卷　（清）陸燿輯　清同治三年（1864）刻本　十二册

320000－1605－0006859　417.1/442
國朝嶺南文鈔十八卷　（清）陳在源評輯　清刻本　六册

320000－1605－0006860　417.1/449
海虞三陶先生集合刻二十二卷　（清）陶元淳等撰　清光緒七年（1881）刻本　六册

320000－1605－0006861　417.1/491－1
南菁講舍文集六卷　（清）黄以周選　清光緒十五年（1889）刻本　四册

320000－1605－0006862　417.1/491－2
南菁文鈔二集六卷　（清）黄以周編　清光緒二十年（1894）刻本　四册

320000　1605　0006863　417.1/494－1
蓮池書院課藝二十卷　（清）黄彭年選　清光緒五年（1879）刻本　十二册

320000－1605－0006864　417.1/494－2
國朝中州名賢集三卷　（清）黄舒昺編　清光緒刻本　十六册

320000－1605－0006865　417.1/505
常州駢體文録三十一卷　屠寄編　清光緒十六年（1890）刻本　六册

320000－1605－0006866　310.2/491－6
集説詮真不分卷　（清）黄伯禄輯　清光緒五年（1879）刻本　二册　存一百九十一葉（一百七十六至三百六十六）

320000－1605－0006867　417.1/506－2
經世文編摘録一卷　（清）賀長齡編　清抄本　一册

320000－1605－0006868　417.1/556
國朝古文正的七卷　（清）楊彝珍輯　清光緒七年（1881）刻本　六册

320000－1605－0006869　417.1/749
瑞芝山房文鈔八卷　（清）戴燮元編　清光緒三年（1877）刻本　六册

320000－1605－0006870　417.1/765
蜀秀集九卷　（清）譚宗浚編　清光緒五年（1879）刻本　八册

320000－1605－0006871　417.1/784
國朝中州文徵五十四卷　（清）蘇源生編　清道光二十五年（1845）刻本　二十八册

320000－1605－0006872　417.1/9
皇朝蓄艾文編八十卷　（清）于寶軒輯　清光緒二十九年（1903）鉛印本　四十册

320000－1605－0006873　417.1/99
國朝古文彙鈔初集一百七十六卷二集一百卷　（清）朱琦編　清道光二十七年（1847）刻本　一百十八册

320000－1605－0006874　417.2/100－1
白田風雅二十四卷　（清）朱彬撰　清道光刻本　四册

320000－1605－0006875　417.2/100－2
國朝金陵續詩徵六卷　陳作霖　朱紹亭輯　清光緒二十年（1894）刻本　六册

320000－1605－0006876　417.2/102－1
金陵詩徵四十八卷　（清）朱緒曾編　清光緒十一年（1885）刻本　十六册

320000－1605－0006877　417.2/102－2
金陵詩徵四十八卷　（清）朱緒曾編　清光緒十一年（1885）刻本　十六册

320000－1605－0006878　417.2/104
鴛央湖櫂歌五卷　（清）朱彝尊等撰　清乾隆刻本　二册

320000－1605－0006879　417.2/114
留爪集一卷　（清）仲湘選　清道光刻本　一册

320000－1605－0006880　417.2/115－1
吴中女士詩鈔十種十卷題詞一卷雅集一卷簫譜一卷　（清）張滋蘭　（清）任兆麟輯　清乾隆五十四年(1789)刻本　二册

320000－1605－0006881　417.2/115－2
吴中女士詩鈔十種十卷題詞一卷雅集一卷簫譜一卷　（清）張滋蘭　（清）任兆麟輯　清乾隆五十四年(1789)刻本　二册

320000－1605－0006882　417.2/128
鸞簫集二卷補編一卷　（清）沈同芳編　清光緒刻本　一册

320000－1605－0006883　417.2/129
吴江沈氏詩録十五卷　（清）沈祖禹　（清）沈彤輯　（清）沈桂芬增補　清同治六年(1867)刻本　二册

320000－1605－0006884　417.2/132－1
國朝詩别裁集三十六卷　（清）沈德潛纂評（清）翁照等輯　清乾隆二十四年(1759)刻本　十二册

320000－1605－0006885　417.2/132－2
國朝詩别裁二卷　（清）沈德潛輯　清抄本　二册

320000－1605－0006886　417.2/133
國朝詩别裁集三十六卷　（清）沈德潛纂評（清）翁照等輯　清乾隆二十四年(1759)刻本　十八册

320000－1605－0006887　417.2/135－1
春星堂詩集十卷　（明）汪汝謙等撰　（清）汪師韓輯　清乾隆三十八年(1773)刻本　四册

320000－1605－0006888　417.2/135－2
吴中三山人詩略一卷　（清）朱堉等撰　清咸豐七年(1857)刻本　一册

320000－1605－0006889　417.2/152－1
柳堂師友詩録不分卷　（清）李長榮輯　清同治十二年(1873)刻本　三十册

320000－1605－0006890　417.2/152－2
柳堂師友詩録不分卷　（清）李長榮輯　清同治十二年(1873)刻本　二十册

320000－1605－0006891　417.2/155
上元李氏家集四種　（清）李景福等撰　清光緒二十二年(1896)刻本　六册

320000－1605－0006892　417.2/157－1
金陵名勝詩鈔四卷　（清）李鰲輯　清道光八年(1828)刻本　一册

320000－1605－0006893　417.2/157－2
李氏倡隨集四卷　（清）李嶽生撰　清光緒三十一年(1905)石印本　四册

320000－1605－0006894　417.2/165－1
七十二峰足徵集八十八卷　（清）吴定璋輯録　清乾隆十八年(1753)刻本　六册　存二十七卷(三十一至三十四、四十至四十四、五十三至六十一、七十九至八十三、八十五至八十八)

320000－1605－0006895　417.2/165－2
國朝詩外編補編十七卷　（清）吴翌鳳選　清嘉慶元年(1796)刻本　八册

320000－1605－0006896　417.2/165－3
兩浙輶軒録四十卷附補遺十卷　（清）阮元訂　清嘉慶六年(1801)刻本　二十四册

320000－1605－0006897　417.2/165－4
印須集八卷續集十二卷　（清）吴翌鳳編　清嘉慶刻本　十二册

320000－1605－0006898　417.2/166－1
國朝杭郡詩續輯四十六卷　（清）吴振棫編　清道光刻本　二十四册

320000－1605－0006899　417.2/166－2
吹篪詩略二卷　（清）吴湛光等撰　清道光十年(1830)刻本　二册

320000－1605－0006900　417.2/166－3
國朝杭郡詩續輯四十六卷　（清）吴振棫編　清光緒二年(1876)刻本　十六册

320000－1605－0006901　417.2/166－4
香痕奩影集四卷外題詞一卷　(清)吳仲編　清宣統元年(1909)鉛印本　五册

320000－1605－0006902　417.2/167－1
七子詩選十四卷　(清)王鳴盛等撰　(清)沈德潛編　清乾隆十八年(1753)刻本　六册

320000－1605－0006903　417.2/167－2
浙西六家詩鈔六卷　(清)□□輯　清刻本　六册

320000－1605－0006904　417.2/167－3
竹洲淚點圖一卷　(清)吳瑞芬輯　清鉛印本　一册

320000－1605－0006905　417.2/168－1
國朝杭郡詩三輯一百卷　(清)丁申　(清)丁丙輯　清刻本　四十八册　存六十八卷(三十三至一百)

320000－1605－0006906　417.2/168－2
國朝杭郡詩輯初集三十二卷　(清)吳顥編　(清)吳振棫重編　清嘉慶刻本　十六册

320000－1605－0006907　417.2/235
明末四百家遺民詩十六卷　(清)卓爾堪輯
近青堂詩一卷　(清)卓爾堪撰　清宣統二年(1910)有正書局影印本　八册

320000－1605－0006908　417.2/2－2
西泠五布衣遺著十二種　(清)丁敬等撰　(清)丁丙輯　清同治刻本　八册

320000－1605－0006909　417.2/2－3
西泠五布衣遺著十二種　(清)丁敬等撰　(清)丁丙輯　清同治刻本　八册

320000－1605－0006910　417.2/21－1
感舊集十六卷　(清)王士禛撰　清乾隆三十一年(1766)刻本　八册

320000－1605－0006911　417.2/21－2
繪水集三卷　(清)王之佐等撰　清道光十六年(1836)刻本　一册

320000－1605－0006912　417.2/23－1
友聲集四十二卷　(清)王相輯　清咸豐八年(1858)刻本　二册

320000－1605－0006913　417.2/23－2
湖海詩傳四十六卷　(清)王昶選　清同治四年(1865)刻本　十六册

320000－1605－0006914　417.2/23－3
湖海詩傳四十六卷　(清)王昶選　清同治四年(1865)刻本　十二册

320000－1605－0006915　417.2/23－4
嶺南三大家詩選二十四卷　(清)王隼選　清同治七年(1868)刻本　五册

320000－1605－0006916　417.2/24
國朝滄州詩鈔十九卷　(清)王國均　(清)葉圭書編　清咸豐刻本　八册

320000－1605－0006917　417.2/242－1
八角磨盤吟一卷　(清)汪濟等撰　清刻本　一册

320000－1605－0006918　417.2/242－2
務滋堂集四十四卷　(清)金文城撰　清嘉慶二十二年(1817)刻本　四册

320000－1605－0006919　417.2/242－3
三布衣詩存三卷　(清)金蘭輯　清同治十一年(1872)刻本　一册

320000－1605－0006920　417.2/248
吳縣周氏三生詩稿六種　(清)周寶生撰　清刻本　六册

320000－1605－0006921　417.2/25
吳會聯吟集一卷　(清)王賡言等撰　清道光四年(1824)刻本　一册

320000－1605－0006922　417.2/26
江浙十二家詩選二十四卷　(清)王鳴盛撰　清刻本　六册

320000－1605－0006923　417.2/27－1
海虞詩苑十八卷　(清)王應奎輯　清乾隆二十四年(1759)刻本　六册

320000－1605－0006924　417.2/27－2
江蘇詩徵一百八十三卷　(清)王豫輯　清道

光元年(1821)刻本　四十册

320000－1605－0006925　417.2/27－3
江蘇詩徵一百八十三卷　(清)王豫輯　清道光元年(1821)刻本　四十册

320000－1605－0006926　417.2/271－1
續檇李詩繫四十卷　(清)胡昌基輯　清宣統三年(1911)刻本　二十册

320000－1605－0006927　417.2/271－2
續檇李詩繫四十卷　(清)胡昌基輯　清宣統三年(1911)刻本　二十册

320000－1605－0006928　417.2/305
師山詩存十卷　(清)茅炳文輯　清刻本　二册

320000－1605－0006929　417.2/312
吴中唱和集一卷續集一卷　(清)俞樾等輯　清同治十年(1871)刻本　二册

320000－1605－0006930　417.2/316
金山姚氏二先生集二種　(清)姚前樞　(清)姚前機撰　清刻本　一册

320000－1605－0006931　417.2/332－1
書畫舫詩課十一卷　(清)高鳳臺輯　清道光刻本　八册

320000－1605－0006932　417.2/332－2
紫雲仙館二集四卷　(清)高敏輯　清道光四年(1824)刻本　一册

320000－1605－0006933　417.2/343
嶺海詩鈔二十四卷　(清)凌楊藻評輯　清嘉慶刻本　二十四册

320000－1605－0006934　417.2/347－1
西泠消寒集二卷　(清)秦緗業輯　清同治十三年(1874)刻本　二册

320000－1605－0006935　417.2/347－2
西泠酬倡集十五卷　(清)秦緗業等撰　清光緒四年(1878)刻本　六册

320000－1605－0006936　417.2/352
小峨嵋山館五種　(清)馬緒　(清)馬用俊　(清)馬國偉撰　清刻本　八册

320000－1605－0006937　417.2/359－1
國朝松陵詩徵二十卷　(清)袁景輅編次　清乾隆三十二年(1767)刻本　十一册

320000－1605－0006938　417.2/359－2
秋水池塘詩集五卷詞集一卷附四種六卷　(清)袁棠　(清)袁陶甡等撰　清刻本　二册

320000－1605－0006939　417.2/359－3
袁家三妹合稿三種　(清)袁棠等撰　清光緒十八年(1892)鉛印本　一册

320000－1605－0006940　417.2/359－4
國朝滇南詩畧二十二卷滇南流寓詩畧二卷　(清)袁文揆撰　清光緒二十六年(1900)刻本　十二册

320000－1605－0006941　417.2/364
青山詩選六卷　(清)劉芝田輯　(清)桂超萬訂正　清光緒元年(1875)刻本　二册

320000－1605－0006942　417.2/370
廣濟耆舊詩集十二卷　(清)夏槐輯　清光緒十三年(1887)刻本　六册

320000－1605－0006943　417.2/377
道咸同光四朝詩史一斑録四編補遺一卷　(清)孫雄編　清光緒三十四年(1908)影印本　六册

320000－1605－0006944　417.2/390－1
雪鴻偶鈔詩四卷詞一卷　(清)倪世珍輯　清光緒四年(1878)刻本　二册

320000－1605－0006945　417.2/390－2
雪鴻偶鈔詩四卷詞一卷　(清)倪世珍輯　清光緒四年(1878)刻本　二册

320000－1605－0006946　417.2/393－1
遂園禊飲集三卷　(清)徐乾學輯　清康熙三十三年(1694)刻本　一册

320000－1605－0006947　417.2/393－2
吴中吟課集一卷附別集一卷　(清)徐華輯　清刻本　一册

320000－1605－0006948　417.2/393－3
遂園耆年禊飲圖記一卷　(清)徐乾學輯　清同治九年(1870)抄本　一冊

320000－1605－0006949　417.2/393－4
湖陰詩徵三卷　(清)徐有珂輯　清光緒七年(1881)刻本　二冊

320000－1605－0006950　417.2/407－1
碧聲吟館倡酬録不分卷　(清)許善長纂　清光緒四年(1878)刻本　一冊

320000－1605－0006951　417.2/407－2
清華唱和集一卷　(清)許應鑅撰　清光緒九年(1883)刻本　一冊

320000－1605－0006952　417.2/407－3
滇詩重光集十八卷　(清)許印芳輯　清光緒十八年(1892)刻本　六冊

320000－1605－0006953　417.2/428－1
梅花四十詠一卷　(清)張洄等撰　清嘉慶刻本　一冊

320000－1605－0006954　417.2/428－2
清儀閣雜詠一卷竹田樂府一卷竹里耆者詩一卷竹里耆舊詩一卷感逝詩一卷　(清)張廷濟撰　清道光九年(1829)刻本　一冊

320000－1605－0006955　417.2/428－3
講筵四世詩鈔十卷　(清)張英等撰　清光緒十八年(1892)刻本　四冊

320000－1605－0006956　417.2/429
寄夢廬雜鈔一卷　張炳翔抄輯　清末、民國張炳翔抄本　一冊

320000－1605－0006957　417.2/431－1
京江耆舊集十三卷　(清)張學仁　(清)王豫輯　清嘉慶二十三年(1818)刻本　八冊

320000－1605－0006958　417.2/431－2
國朝詩鐸二十六卷　(清)張應昌輯　清同治八年(1869)刻本　八冊

320000－1605－0006959　417.2/441
鄧林唱和詩詞合刻不分卷　(清)鄧廷楨　(清)林則徐撰　清宣統元年(1909)刻本　一冊

320000－1605－0006960　417.2/445
國朝湖州詩録續録補編五十二卷　(清)陳焯編　(清)鄭佶續録　清道光刻本　三十一冊

320000－1605－0006961　417.2/449－1
國朝畿輔詩傳六十卷　(清)陶樑輯　清道光十九年(1839)刻本　十六冊

320000－1605－0006962　417.2/449－2
國朝畿輔詩傳六十卷　(清)陶樑輯　清道光十九年(1839)刻本　十六冊

320000－1605－0006963　417.2/449－3
貞豐詩萃五卷　(清)陶煦輯　清同治三年(1864)刻本　二冊

320000－1605－0006964　417.2/449－4
貞豐詩萃五卷　(清)陶煦輯　清同治三年(1864)刻本　二冊

320000－1605－0006965　417.2/449－5
貞豐詩萃五卷　(清)陶煦輯　清同治三年(1864)刻本　二冊

320000－1605－0006966　417.2/449－6
貞豐詩萃五卷　(清)陶煦輯　清同治三年(1864)刻本　二冊

320000－1605－0006967　417.2/449－7
貞豐詩萃五卷　(清)陶煦輯　清同治三年(1864)刻本　二冊

320000－1605－0006968　417.2/449－8
陶氏五宴詩集二卷　(清)陶煦等撰　清光緒二十一年(1895)木活字印本　一冊

320000－1605－0006969　417.2/451
黔詩紀略後編三十卷紀略補三卷　(清)莫庭芝　(清)黎汝謙採詩　清宣統三年(1911)刻本　八冊

320000－1605－0006970　417.2/460－1
吴會英才集二十卷　(清)方正澍等撰　清刻本　四冊

320000－1605－0006971　417.2/460－2

吴會英才集二十卷　(清)方正澍等撰　清刻本　六册

320000－1605－0006972　417.2/471
湯氏家刻四種　(清)湯寶榮等撰　清光緒十六年(1890)刻本　五册

320000－1605－0006973　417.2/476
國朝閨秀正始集二十卷　(清)惲珠編　清道光刻本　十二册

320000－1605－0006974　417.2/494
滇詩嗣音集二十卷　(清)黄琮輯　清光緒三十四年(1908)刻本　八册

320000－1605－0006975　417.2/522
臯橋今雨集□□卷　(清)舒鐵雲　(清)王仲瞿撰　(清)宋思仁選　清嘉慶八年(1803)刻本　一册　存二卷(一至二)

320000－1605－0006976　417.2/527－1
江西詩徵九十四卷　(清)曾燠編　清嘉慶九年(1804)刻本　六十四册

320000－1605－0006977　417.2/527－2
曾太僕左夫人詩稿合刻五種　(清)曾詠　(清)左錫嘉撰　清光緒十七年(1891)刻本　六册

320000－1605－0006978　417.2/556－1
百甓齋彙刊一卷　(清)薛雪等撰　清刻本　一册

320000－1605－0006979　417.2/556－2
國朝中州詩鈔三十二卷　(清)楊淮輯　清道光二十三年(1843)刻本　二十册

320000－1605－0006980　417.2/556－3
國朝中州詩鈔三十二卷　(清)楊淮輯　清道光二十三年(1843)刻本　十二册

320000－1605－0006981　417.2/562－1
午夢堂詩鈔一卷附已畦詩集殘餘一卷　(清)葉燮輯　清刻本　一册

320000－1605－0006982　417.2/562－2
鄉邦贈言録一卷京國贈言録一卷　(清)葉芳編　清刻本　一册

320000－1605－0006983　417.2/562－3
秦淮八艷圖詠一卷　(清)張景祁撰　(清)葉衍蘭摹　清光緒十八年(1892)刻本　一册

320000－1605－0006984　417.2/562－4
感逝集十卷　(清)葉廷琯撰　清光緒六年(1880)刻本　四册

320000－1605－0006985　417.2/565
陽羨唱和集□□卷　(清)萬立鈞　(清)蔣専輯　清光緒二十七年(1901)刻本　一册　存一卷(一)

320000－1605－0006986　417.2/598
同岑詩鈔五種　(清)趙函等撰　清道光九年(1829)刻本　五册

320000－1605－0006987　417.2/599－1
南宋雜事詩七卷　(清)沈嘉轍等撰　清同治十一年(1872)刻本　二册

320000－1605－0006988　417.2/599－2
南宋雜事詩七卷　(清)沈嘉轍等撰　清同治十一年(1872)刻本　四册

320000－1605－0006989　417.2/600
菊社吟草二卷　(清)趙鈺編　清嘉慶抄本　一册

320000－1605－0006990　417.2/61－1
慈雲閣詩鈔不分卷　(清)王氏等撰　清同治十二年(1873)刻本　三册

320000－1605－0006991　417.2/61－2
曾太僕左夫人詩稿合刻五種　(清)曾詠　(清)左錫嘉撰　清光緒十七年(1891)刻本　八册

320000－1605－0006992　417.2/622－1
丙子元旦唱和詩一卷　(清)潘曾瑋輯　清光緒刻本　一册

320000－1605－0006993　417.2/622－2
兩浙輶軒續録五十四卷附補遺六卷　(清)潘衍桐輯　清光緒十七年(1891)刻本　四十册

320000－1605－0006994　417.2/624
同人詩録初編十卷　(清)劉繹撰　清同治十

一年(1872)刻本　六册

320000－1605－0006995　417.2/650－1
愛吾廬稿三種　(清)蔣萼撰　清光緒十二年(1886)刻本　六册

320000－1605－0006996　417.2/650－2
苔岑集初刊七種　(清)蔣棨渭編　清道光三十年(1850)刻本　六册

320000－1605－0006997　417.2/650－3
吴淞風雅十卷　(清)蔣一元　(清)許炳輯　清刻本　一册　存五卷(六至十)

320000－1605－0006998　417.2/669
一家詩詞鈔五種　(清)滕元鑑撰　清光緒刻本　一册

320000－1605－0006999　417.2/674－1
國朝六家詩鈔八卷　(清)劉執玉選　清乾隆三十二年(1767)刻本　八册

320000－1605－0007000　417.2/674－2
國朝六家詩鈔八卷　(清)劉執玉選　清乾隆三十二年(1767)刻本　六册

320000－1605－0007001　417.2/674－3
青山詩選六卷　(清)劉芝田輯　(清)桂超萬訂正　清同治十三年(1874)刻本　二册

320000－1605－0007002　417.2/675－1
篤舊集十八卷　(清)劉存仁編　清咸豐九年(1859)刻本　八册

320000－1605－0007003　417.2/675－2
國朝六家詩鈔八卷　(清)劉執玉選　清宣統二年(1910)石印本　六册

320000－1605－0007004　417.2/676
歸硯山房遺詩一卷　(清)劉澂輯　**投贈集一卷**　(清)劉傳福輯　清光緒三年(1877)鉛印本　一册

320000－1605－0007005　417.2/677
峯泖去思集一卷　(清)劉有光撰　清光緒二十六年(1900)刻本　一册

320000－1605－0007006　417.2/705－1
共賞集初編一卷續一卷　(清)錢辰輯　清咸豐刻本　一册

320000－1605－0007007　417.2/705－2
粧樓摘艷十卷　(清)錢三錫輯　清光緒三十三年(1907)刻本　一册　存三卷(三至五)

320000－1605－0007008　417.2/705－3
共賞集初編一卷二編一卷附一卷　(清)錢辰輯　清光緒三十三年(1907)刻本　二册

320000－1605－0007009　417.2/705－4
共賞集初編一卷二編一卷附一卷　(清)錢辰輯　清光緒三十三年(1907)刻本　二册

320000－1605－0007010　417.2/749
瑞芝山房詩鈔八卷　(清)戴夑元編　清光緒元年(1875)刻本　四册

320000－1605－0007011　417.2/756
瞿氏詩草二種　(清)瞿紹堅　(清)瞿鏞撰　清光緒三十三年(1907)鉛印本　一册

320000－1605－0007012　417.2/765
香山欖溪菊會詩集一卷　(清)譚叔裕評定　清刻本　一册

320000－1605－0007013　417.2/781
心壺雅集菁華録二卷　(清)周炳琦輯　清光緒十七年(1891)刻本　一册

320000－1605－0007014　417.2/787
滇海雪鴻集一卷　(清)林則徐等撰　(清)嚴錫康編　清同治刻本　一册

320000－1605－0007015　417.2/791
停雲集十卷　(清)顧宗泰選　清乾隆三十四年(1769)刻本　十册

320000－1605－0007016　417.2/793
熙朝雅頌集一百六卷首集二十六卷餘集二卷　(清)鐵保等輯　清嘉慶九年(1804)刻本　二十四册

320000－1605－0007017　417.2/824
豫章閨秀詩二十六種　(清)朱中楣等撰　清同治十三年(1874)刻本　二册

320000－1605－0007018　417.2/961
婁水三家詩三種　(清)徐元潤　(清)楊政源　(清)錢寶琛撰　清刻本　二册

320000－1605－0007019　417.2/962
焦山六上人詩十九卷　(清)釋清恆等撰　(清)陳任暘輯　清光緒三十二年(1906)刻本　六册

320000－1605－0007020　417.2/966
詩緣正編十卷前編四卷　(清)顧也樵輯　清光緒十六年(1890)刻本　四册

320000－1605－0007021　417.2/967
近體詩選不分卷　題(清)玉景山民　(清)蔣敦復　(清)劉茂才等撰　清光緒二年(1876)抄本　一册

320000－1605－0007022　417.2/969
武林詩徵二卷　(清)龍膺等撰　清刻本　二册

320000－1605－0007023　417.2/98
新安先集二十卷附傳一卷崇祀録一卷　(清)朱之榛編　清同治十三年(1874)刻本　七册

320000－1605－0007024　417.2/980
越中贈别集二卷　(清)覺羅百善輯　清嘉慶十六年(1811)刻本　一册

320000－1605－0007025　417.2/982
京邸偶吟二卷　(清)尤珍撰　清康熙刻本　一册

320000－1605－0007026　417.2/99
紫陽家塾詩鈔二十四卷　(清)朱琦編　清光緒十八年(1892)刻本　六册

320000－1605－0007027　417.22/431
國朝詩鐸目録不分卷　(清)張應昌輯　稿本　一册

320000－1605－0007028　417.3/316
皇朝駢文類苑十四卷　(清)姚燮輯　清光緒刻本　二十册

320000－1605－0007029　417.3/430
國朝駢體正宗續編八卷　(清)張鳴珂輯　清光緒十四年(1888)刻本　四册

320000－1605－0007030　417.3/505
國朝常州駢文録三十一卷　屠寄編　清光緒十六年(1890)石印本　六册

320000－1605－0007031　417.3/527－1
國朝駢體正宗十二卷　(清)曾燠輯　清嘉慶十一年(1806)刻本　六册

320000－1605－0007032　417.3/527－2
國朝駢體正宗十二卷　(清)曾燠輯　清光緒二十三年(1897)石印本　六册

320000－1605－0007033　417.4/114
經義五美一卷　(清)仲孫樊等撰　清末刻本　一册

320000－1605－0007034　417.4/133
本朝應制和聲集六卷首三卷補編一卷　(清)沈德潛　(清)王居正輯　清乾隆十五年(1750)刻本　十册

320000－1605－0007035　417.4/166
正誼書院會課不分卷　(明)吳訥等撰　稿本　三册

320000－1605－0007036　417.4/200
辨志文會課藝初集六卷　(清)宗源翰編　清光緒刻本　五册　缺一卷(詞章之學題)

320000－1605－0007037　417.4/496
江左校士録六卷　(清)黄體芳輯　清光緒十一年(1885)刻本　六册

320000－1605－0007038　417.4/525
四書論義九卷　(清)焦袁熹撰　清光緒二十四年(1898)石印本　六册

320000－1605－0007039　417.4/550
硃卷四種　(清)雷瑨等撰　清刻本　一册

320000－1605－0007040　417.4/650－1
正誼書院課選二集　(清)蔣德馨撰　清刻本　五册

320000－1605－0007041　417.4/650－2
正誼書院課選二集　(清)蔣德馨撰　清刻本

五册

320000－1605－0007042　417.4/963
上海求是書院課藝五種　（清）俞樾　（清）鍾子勤等閱評　清刻本　十册

320000－1605－0007043　417/100
浙江嘉興府秀水縣朱氏四代手稿□□卷（清）朱乾　（清）朱卉農　（清）朱應元撰　稿本　二十九册

320000－1605－0007044　417/135
廣陵思古編二十九卷　（清）汪廷儒編　清道光二十九年（1849）刻本　六册　存十七卷（一至十七）

320000－1605－0007045　417/166－1
復園紅板橋詩一卷　（清）吴修輯　清光緒刻本　一册

320000－1605－0007046　417/166－2
復園紅板橋詩一卷　（清）吴修輯　**蘭因集二卷**　題（清）頤道居士輯　清光緒刻本　一册

320000－1605－0007047　417/242
學海堂四集二十八卷　（清）金錫齡編　清光緒二年（1876）刻本　十二册

320000－1605－0007048　417/25
王丹麓五種　（清）王晫輯　清刻本　十六册

320000－1605－0007049　417/27
海虞詩苑十八卷　（清）王應奎輯　清乾隆二十四年（1759）刻道光補修本　六册

320000－1605－0007050　417/271
碧腴齋詩存八卷南園詩選二卷綠秋草堂詞一卷玉山堂詞一卷崇睦山房詞一卷過雲精舍詞二卷碧梧山館詞二卷　（清）胡德琳等撰　清光緒十八年（1892）鉛印本　四册

320000－1605－0007051　417/33
鈞天樂二卷　（清）尤侗撰　**湘中草六卷**（清）湯傳楹撰　清康熙刻本　一册　存二卷（鈞天樂下、湘中草一）

320000－1605－0007052　417/359
霜哺遺音七卷　（清）袁廷檮撰　清刻本　四册

320000－1605－0007053　417/393
香海盦叢書九種　（清）徐琪輯　清刻本　四册

320000－1605－0007054　417/428－1
桂馨堂集六種　（清）張廷濟撰　清道光刻本　六册

320000－1605－0007055　417/428－2
桂馨堂集六種　（清）張廷濟撰　清道光刻本　四册

320000－1605－0007056　417/430
學海堂三集二十四卷　（清）張維屏輯　清咸豐九年（1859）刻本　八册

320000－1605－0007057　417/491
館律鸞音集初選四卷　（清）黄茂輯　清道光五年（1825）刻本　二册

320000－1605－0007058　417/499
江左校士録六卷　（清）黄體芳輯　清光緒十二年（1886）石印本　四册

320000－1605－0007059　417/506
皇朝經世文編一百二十卷　（清）賀長齡輯　清光緒十六年（1890）鉛印本　十五册

320000－1605－0007060　417/52
西河誦芬集不分卷　（清）毛慶善撰　清道光二十五年（1845）刻本　一册

320000－1605－0007061　417/530
皇朝經世文續編一百二十卷　（清）盛康編　清光緒刻本　七十六册　缺五卷（八至九、五十四至五十五、一百）

320000－1605－0007062　417/562－1
陸陳二先生詩文鈔二十八卷　（清）葉裕仁輯　清光緒刻本　八册

320000－1605－0007063　417/562－2
陸陳二先生詩文鈔二十八卷　（清）葉裕仁輯　清光緒刻本　四册

320000－1605－0007064　417/565－1

徐州二遺民集十卷 (清)桂中行編 清光緒十九年(1893)刻本 五册

320000－1605－0007065 417/565－2
徐州二遺民集十卷 (清)桂中行編 清光緒十九年(1893)刻本 五册

320000－1605－0007066 417/565－3
徐州二遺民集十卷 (清)桂中行編 清光緒十九年(1893)刻本 五册

320000－1605－0007067 417/61
經心書院集四卷 (清)陳培庚等撰 清刻本 四册

320000－1605－0007068 417/622
四家詩詞合刻四種 (清)王叔釗等撰 清光緒十九年(1893)刻本 二册

320000－1605－0007069 417/654
蜀中叢稿一卷 (清)蔡學海撰 清道光刻本 一册

320000－1605－0007070 417/703
吾炙集一卷 (清)錢謙益輯 清光緒三十三年(1907)鉛印本 一册

320000－1605－0007071 417/761－1
寧都三魏全集八十三卷 (清)魏際瑞等撰 清刻本 五十册

320000－1605－0007072 417/761－2
寧都三魏全集八十三卷 (清)魏際瑞等撰 清刻本 五十册

320000－1605－0007073 417/967
時文精選一卷 (□)□□輯 清光緒二十七年(1901)抄本 一册

320000－1605－0007074 418.2/967
南沙贈言一卷 (清)□□撰 清刻本 一册

320000－1605－0007075 419.19/968
東古文存一卷 (朝鮮)金喜正輯 清光緒六年(1880)刻本 一册

320000－1605－0007076 420.8/52
唐宋文讀本五卷 (清)毛慶藩撰 清宣統三年(1911)抄本 五册

320000－1605－0007077 420.8/966
慧日永明智覺壽禪師山居詩一卷 (宋)釋延壽撰 清光緒十一年(1885)刻本 一册

320000－1605－0007078 421.2/449－1
陶詩集註四卷 (晉)陶潛撰 清康熙刻本 二册

320000－1605－0007079 421.2/449－2
陶詩集註四卷 (晉)陶潛撰 清康熙刻本 二册

320000－1605－0007080 421.2/449－3
陶詩彙註四卷附二卷 (晉)陶潛撰 清光緒二十二年(1896)刻本 二册

320000－1605－0007081 421.2/449－4
陶淵明集十卷 (晉)陶潛撰 清咸豐刻本 二册

320000－1605－0007082 421.2/449－5
陶淵明詩一卷 (晉)陶潛撰 清光緒元年(1875)影宋刻本 一册

320000－1605－0007083 421.3/223
屈辭精義六卷 (清)陳本禮撰 清嘉慶十七年(1812)刻本 二册 存三卷(一至三)

320000－1605－0007084 421.4/567
董仲舒集一卷附司馬長卿集一卷 (漢)董仲舒撰 明刻本 一册

320000－1605－0007085 421.5/420
陳思王集二卷 (三國魏)曹植撰 (清)張溥評閱 明刻本 二册

320000－1605－0007086 421.5/482
諸葛武侯文集四卷 (三國蜀)諸葛亮撰 清同治刻本 二册

320000－1605－0007087 421.5/599
花間集十卷 (五代)趙崇祚編 清光緒十九年(1893)刻本 一册

320000－1605－0007088 421.5/688－1
諸葛武侯文集四卷 (三國蜀)諸葛亮撰

（清）張伯行訂　清同治五年（1866）刻本　二册

320000－1605－0007089　421.5/688－2
武侯全書二十卷首一卷　題（三國蜀）諸葛亮撰　（清）趙承恩輯　清光緒十年（1884）刻本　一册　存一卷（二）

320000－1605－0007090　421.6/30
支遁集二卷　（晉）釋支遁撰　清嘉慶刻本　一册

320000－1605－0007091　421.6/428
晉張景陽集一卷　（晉）張協撰　明刻本　一册

320000－1605－0007092　421.6/430
晉張孟陽集一卷　（晉）張載撰　明刻本　一册

320000－1605－0007093　421.6/449－1
陶靖節集八卷　（晉）陶潛撰　明刻本　一册

320000－1605－0007094　421.6/449－2
陶淵明集十卷　（晉）陶潛撰　（北齊）楊休之編　清光緒元年（1875）刻本　二册

320000－1605－0007095　421.6/449－3
陶淵明詩一卷　（晉）陶潛撰　清光緒元年（1875）影宋刻本　一册

320000－1605－0007096　421.6/449－4
陶淵明詩一卷　（晉）陶潛撰　清光緒元年（1875）影宋刻本　一册

320000－1605－0007097　421.6/449－5
陶淵明詩一卷　（晉）陶潛撰　清光緒元年（1875）影宋刻本　一册

320000－1605－0007098　421.6/449－6
陶淵明集十卷　（晉）陶潛撰　清光緒五年（1879）刻本　二册

320000－1605－0007099　421.6/622
潘黄門集六卷　（晉）潘岳撰　明刻本　一册　存三卷（一至三）

320000－1605－0007100　421/103
諸葛丞相集四卷　（三國蜀）諸葛亮撰　清刻本　八册

320000－1605－0007101　421/420－1
曹子建集十卷　（三國魏）曹植撰　明刻本　二册

320000－1605－0007102　421/420－2
曹集銓評十卷逸文一卷　（三國魏）曹植撰　（清）丁晏詮評　清同治十一年（1872）刻本　二册

320000－1605－0007103　421/449－1
靖節先生集注十卷首一卷附三卷　（清）陶澍集注　清光緒九年（1883）刻本　四册

320000－1605－0007104　421/449－2
靖節先生集注十卷首一卷附三卷　（清）陶澍集注　清光緒九年（1883）刻本　四册

320000－1605－0007105　421/523
傅鶉觚集五卷　（晉）傅元撰　清光緒二年（1876）刻本　五册

320000－1605－0007106　422.08/272
六朝四家集十八卷　（清）胡鳳丹輯　清同治刻本　六册

320000－1605－0007107　422.2/449
陶靖節先生詩集四卷　（晉）陶潛撰　清嘉慶元年（1796）刻本　一册

320000－1605－0007108　422.27/131
悦庵詩賸二卷　（清）沈敬學撰　清光緒三十二年（1906）刻本　一册

320000－1605－0007109　422/115
任彦升集六卷　（南朝梁）任昉撰　明刻本　二册

320000－1605－0007110　422/144
邢特進集一卷　（北齊）邢邵撰　明刻本　一册

320000－1605－0007111　422/393－1
徐孝穆集箋注六卷　（南朝陳）徐陵撰　（清）吴兆宜注　清乾隆十九年（1754）刻本　六册

320000－1605－0007112　422/393－2
徐孝穆集箋注六卷　（南朝陳）徐陵撰　（清）吴兆宜注　清乾隆十九年(1754)刻本　二册

320000－1605－0007113　422/449
陶彭澤集六卷　（晉）陶潛撰　清刻本　一册

320000－1605－0007114　422/475－1
庾子山集十六卷　（北周）庾信撰　清康熙二十六年(1687)刻本　二十册

320000－1605－0007115　422/475－2
庾子山集十六卷年譜一卷總釋一卷　（北周）庾信撰　（清）倪璠注　清道光十九年(1839)刻本　十二册

320000－1605－0007116　422/475－3
庾開府全集十八卷　（北周）庾信撰　（清）倪璠註釋　清同治八年(1869)刻本　十二册

320000－1605－0007117　422/475－4
庾子山全集箋注十卷　（北周）庾信撰　（清）吴兆宜箋注　清刻本　四册

320000－1605－0007118　422/475－5
庾子山全集箋注十卷　（北周）庾信撰　（清）吴兆宜箋注　清刻本　四册

320000－1605－0007119　422/475－6
庾子山全集箋注十卷　（北周）庾信撰　（清）吴兆宜箋注　清刻本　十册

320000－1605－0007120　422/540
溫侍讀集一卷　（北魏）溫子昇撰　明刻本　一册

320000－1605－0007121　422/556
隋煬帝集一卷　（隋）煬帝楊廣撰　明刻本　四册

320000－1605－0007122　422/717
謝康樂全集四卷　（南朝宋）謝靈運撰　清同治六年(1867)刻本　二册

320000－1605－0007123　422/731
薛司隸集一卷　（隋）薛道衡撰　明刻本　一册

320000－1605－0007124　422/761
魏特進集一卷　（北齊）魏收撰　明刻本　一册

320000－1605－0007125　423.1/148
樊川文集二十卷外集一卷　（唐）杜牧撰　清光緒二十二年(1896)影印本　四册

320000－1605－0007126　423.1/151
李翰林别集十卷　（唐）李白撰　清光緒二十五年(1899)刻本　一册

320000－1605－0007127　423.1/154－1
樊南文集補編十二卷首一卷附録一卷　（唐）李商隱撰　（清）錢振倫箋　清同治五年(1866)望三益齋刻本　三册　存十卷(一至九、首一卷)

320000－1605－0007128　423.1/154－2
樊南文集詳註八卷　（唐）李商隱撰　（清）馮浩注　清同治七年(1868)德聚堂刻本　四册

320000－1605－0007129　423.1/154－3
李義山文集箋注十卷　（唐）李商隱撰　（清）徐炯箋注　清康熙四十七年(1708)刻本　六册

320000－1605－0007130　423.1/154－4
李義山文集箋注十卷　（唐）李商隱撰　（清）徐炯箋注　清康熙四十七年(1708)刻本　四册

320000－1605－0007131　423.1/154－5
李義山文集箋注十卷　（唐）李商隱撰　（清）徐炯箋注　清康熙四十七年(1708)刻本　四册

320000－1605－0007132　423.1/154－6
李義山文集箋注十卷　（唐）李商隱撰　（清）徐炯箋注　清康熙四十七年(1708)刻本　二册

320000－1605－0007133　423.1/156
李文饒文集二十卷　（唐）李德裕撰　明刻本　一册　存八卷(一至八)

320000－1605－0007134　423.1/157－1

李文公集十八卷　(唐)李翱撰　明刻本　一册

320000－1605－0007135　423.1/157－2
李文公集十八卷　(唐)李翱撰　清光緒元年(1875)刻本　四册

320000－1605－0007136　423.1/281－1
柳宗元文□□卷　(唐)柳宗元撰　明刻本　二册　存六卷(六至十一)

320000－1605－0007137　423.1/281－2
柳河東文集六卷　(唐)柳宗元撰　清宣統二年(1910)石印本　六册

320000－1605－0007138　423.1/314－1
皇甫持正集六卷　(唐)皇甫湜撰　清光緒刻本　一册

320000－1605－0007139　423.1/375
孫可之集十卷　(唐)孫樵撰　清光緒刻本　一册

320000－1605－0007140　423.1/66
司空表聖文集十卷　(唐)司空圖撰　清抄本　三册　存七卷(一至七)

320000－1605－0007141　423.1/674
劉賓客文集三十卷補遺一卷　(唐)劉禹錫撰　清光緒刻本　四册

320000－1605－0007142　423.1/722－1
韓文考異十卷　(宋)朱熹輯　清光緒十一年(1885)刻本　四册

320000－1605－0007143　423.1/722－2
韓文百篇編年三卷　(唐)韓愈撰　(清)劉成忠選評　清光緒二十六年(1900)石印本　三册

320000－1605－0007144　423.1/741
文忠集拾遺四卷　(唐)顔真卿撰　(清)孫星華編輯　清光緒二十年(1894)刻本　二册

320000－1605－0007145　423.1/78
唐皮日休文藪十卷　(唐)皮日休撰　清光緒二十一年(1895)刻本　二册

320000－1605－0007146　423.2/102
朱慶餘詩集一卷　(唐)朱慶餘撰　清刻本　一册

320000－1605－0007147　423.2/148－1
杜詩闡三十三卷　(唐)杜甫撰　(清)盧元昌述　清康熙二十一年(1682)刻本　二十册

320000－1605－0007148　423.2/148－2
杜少陵全集箋註二十五卷　(唐)杜甫撰　(清)仇兆鰲輯注　清康熙四十二年(1703)刻本　十四册

320000－1605－0007149　423.2/148－3
杜少陵全集箋註二十五卷附編二卷　(唐)杜甫撰　(清)仇兆鰲輯注　清康熙四十二年(1703)刻五十二年(1713)增刻本　二十八册

320000－1605－0007150　423.2/148－4
杜少陵全集箋註二十五卷附編二卷　(唐)杜甫撰　(清)仇兆鰲輯注　清康熙四十二年(1703)刻五十二年(1713)增刻本　十四册

320000－1605－0007151　423.2/148－5
杜少陵全集箋註二十五卷　(唐)杜甫撰　(清)仇兆鰲輯注　清刻本　十四册

320000－1605－0007152　423.2/148－6
讀杜心解六卷首一卷　(清)浦起龍撰　清雍正元年(1723)刻本　十二册

320000－1605－0007153　423.2/148－7
杜樊川詩集六卷　(唐)杜牧撰　清雍正刻本　二册

320000－1605－0007154　423.2/148－8
杜樊川詩集六卷　(唐)杜牧撰　清雍正刻本　二册

320000－1605－0007155　423.2/148－9
杜樊川詩集六卷　(唐)杜牧撰　清雍正刻本　一册

320000－1605－0007156　423.2/148－10
杜詩本義二卷　(清)齊翀撰　清乾隆四十七年(1782)刻本　二册

320000－1605－0007157　423.2/148－11

杜詩偶評四卷　(唐)杜甫撰　(清)沈德潛評　清乾隆刻本　四册

320000－1605－0007158　423.2/148－12
杜詩偶評四卷　(唐)杜甫撰　(清)沈德潛評　清乾隆刻本　二册

320000－1605－0007159　423.2/148－13
杜工部集二十卷　(唐)杜甫撰　清道光十四年(1834)刻本　二册　存三卷(一至三)

320000－1605－0007160　423.2/148－14
杜詩鏡銓二十卷　(唐)杜甫撰　(清)楊倫編　清同治十一年(1872)刻本　十册

320000－1605－0007161　423.2/148－15
五家合評杜工部集二十卷　(唐)杜甫撰　清光緒二年(1876)刻本　十册

320000－1605－0007162　423.2/148－16
唐風集三卷　(唐)杜荀鶴撰　清光緒三十一年(1905)刻本　一册

320000－1605－0007163　423.2/148－17
錢牧齋箋註杜詩二十卷　(唐)杜甫撰　(清)錢謙益箋　清宣統三年(1911)石印本　八册

320000－1605－0007164　423.2/148－18
錢牧齋箋註杜詩二十卷　(唐)杜甫撰　(清)錢謙益箋　清宣統三年(1911)石印本　八册

320000－1605－0007165　423.2/148－19
編年杜陵詩史集注三十二卷　(宋)王十朋集注　清宣統三年(1911)影宋刻本　十二册

320000－1605－0007166　423.2/148－20
趙虞選注杜律六卷　(唐)杜甫撰　(元)虞集　(明)趙汸選注　清刻本　二册

320000－1605－0007167　423.2/148－23
杜詩鈔不分卷　(唐)杜甫撰　清抄本　三册

320000－1605－0007168　423.2/148－24
杜詩鈔三卷　(唐)杜甫撰　清末抄本　一册

320000－1605－0007169　423.2/151－1
唐李白詩五卷　(唐)李白撰　明刻本　二册

320000－1605－0007170　423.2/151－2
李太白文集三十卷　(唐)李白撰　清光緒十四年(1888)刻本　四册

320000－1605－0007171　423.2/151－3
李太白文集三十卷　(唐)李白撰　清光緒十四年(1888)刻本　四册

320000－1605－0007172　423.2/151－4
李太白文集三十卷　(唐)李白撰　清光緒十四年(1888)刻本　四册

320000－1605－0007173　423.2/154－1
玉溪生詩意八卷　(唐)李商隱撰　清乾隆四年(1739)刻本　四册

320000－1605－0007174　423.2/154－2
玉溪生詩箋註四卷　(唐)李商隱撰　(清)馮浩注　清乾隆二十八年(1763)刻本　四册

320000－1605－0007175　423.2/154－3
李義山詩集輯評三卷　(唐)李商隱撰　(清)錢振倫箋　清同治九年(1870)刻本　三册

320000－1605－0007176　423.2/154－4
李義山詩集輯評三卷　(唐)李商隱撰　(清)錢振倫箋　清同治九年(1870)刻本　四册

320000－1605－0007177　423.2/154－5
重訂李義山詩集箋注三卷　(唐)李商隱撰　(清)錢振倫箋　清刻本　四册

320000－1605－0007178　423.2/155－1
李長吉昌谷集句解定本四卷　(唐)李賀撰　(清)姚佺箋注　清順治刻本　二册

320000－1605－0007179　423.2/155－2
協律鉤元箋注四卷　(唐)李賀撰　(清)陳本禮箋注　清嘉慶十五年(1810)刻本　四册

320000－1605－0007180　423.2/155－3
李長吉詩刪註二卷　(唐)李賀撰　(清)劉翩奇編　清刻本　二册

320000－1605－0007181　423.2/155－4
李長吉集三卷　(唐)李賀撰　(清)黄陶庵評　清光緒十八年(1892)石印本　一册

320000－1605－0007182　423.2/228

孟東野詩集十卷附四卷　(唐)孟郊撰　清宣統二年(1910)石印本　四册

320000－1605－0007183　423.2/281
柳河東詩集二卷　(唐)柳宗元撰　清宣統二年(1910)石印本　四册

320000－1605－0007184　423.2/287－1
韋蘇州詩集二卷　(唐)韋應物撰　清刻本　二册

320000－1605－0007185　423.2/287－2
韋蘇州集十卷　(唐)韋應物撰　清宣統三年(1911)石印本　六册

320000－1605－0007186　423.2/287－3
韋蘇州集十卷　(唐)韋應物撰　清宣統三年(1911)石印本　六册

320000－1605－0007187　423.2/431
唐張司業詩集六卷　(唐)張籍撰　明刻本　二册

320000－1605－0007188　423.2/540－1
溫飛卿詩集七卷　(唐)溫庭筠撰　(明)曾益注　(清)顧予咸補注　清康熙三十六年(1697)顧氏刻本　四册

320000－1605－0007189　423.2/540－2
溫飛卿詩集七卷　(唐)溫庭筠撰　(明)曾益注　(清)顧予咸補注　清康熙三十六年(1697)顧氏刻本　二册

320000－1605－0007190　423.2/717
疊山註解選唐詩五卷　(元)謝枋得撰　清同治二年(1863)刻本　一册

320000－1605－0007191　423.2/722－1
韓詩增註證訛十一卷　(唐)韓愈撰　清咸豐七年(1857)刻本　四册

320000－1605－0007192　423.2/722－2
韓詩增註證訛十一卷　(唐)韓愈撰　清咸豐七年(1857)刻本　四册

320000－1605－0007193　423.2/722－3
昌黎詩集注十一卷　(唐)韓愈撰　(清)何焯評　清道光二十五年(1845)刻朱墨套印本　二册

320000－1605－0007194　423.2/722－4
昌黎詩集注十一卷　(唐)韓愈撰　清道光刻本　四册

320000－1605－0007195　423.2/731
洪度集一卷　(唐)薛濤撰　清光緒三十二年(1906)刻本　一册

320000－1605－0007196　423.2/79－1
白氏諷諫一卷　(唐)白居易撰　清光緒十九年(1893)刻本　一册

320000－1605－0007197　423.2/79－2
白氏諷諫一卷　(唐)白居易撰　清光緒十九年(1893)刻本　一册

320000－1605－0007198　423.2/972
寒山詩集不分卷　(唐)釋寒山　(唐)釋拾得撰　清宣統二年(1910)刻本　一册

320000－1605－0007199　423/148
杜工部集二十卷　(唐)杜甫撰　(清)鄭澐選編　清同治十一年(1872)刻本　十册

320000－1605－0007200　423/154
玉谿生詩詳註三卷首一卷樊南文集詳註八卷首一卷　(唐)李商隱撰　(清)馮浩編訂　清乾隆四十五年(1780)德聚堂刻本　八册

320000－1605－0007201　423/156
李衛公會昌一品集二十卷　(唐)李德裕撰　清光緒五年(1879)刻本　四册

320000－1605－0007202　423/174
岑嘉州集四卷　(唐)岑參撰　清刻本　一册

320000－1605－0007203　423/23
王子安集注二十二卷　(唐)王勃撰　(清)蔣清翊注　清光緒九年(1883)刻本　六册

320000－1605－0007204　423/404
唐制詔集二十卷　(唐)常袞撰　清光緒刻本　四册

320000－1605－0007205　423/428
曲江集十八卷　(唐)張九齡撰　清雍正十三

年(1735)刻本　六冊

320000－1605－0007206　423/439－1
陸宣公集二十二卷　(唐)陸贄撰　清咸豐元年(1851)刻本　六冊

320000－1605－0007207　423/439－2
陸宣公集二十二卷　(唐)陸贄撰　清光緒二年(1876)刻本　六冊

320000－1605－0007208　423/439－3
重刊校正笠澤叢書四卷補遺詩一卷　(唐)陸龜蒙撰　清刻本　一冊

320000－1605－0007209　423/441
陳伯玉詩文集五卷　(唐)陳子昂撰　清道光刻本　四冊

320000－1605－0007210　423/600
王右丞集二十八卷首一卷末一卷　(唐)王維撰　(清)趙殿成箋注　清乾隆刻本　十六冊

320000－1605－0007211　423/690
駱侍御全集四卷　(唐)駱賓王撰　清道光三十年(1850)刻本　二冊

320000－1605－0007212　423/722－1
韓昌黎集四十卷附外集十卷遺文一卷　(唐)韓愈撰　**點勘四卷**　(清)陳景雲點勘　清同治八年(1869)刻本　十一冊

320000－1605－0007213　423/722－2
韓昌黎全集四十卷外集十卷遺文一卷　(唐)韓愈撰　清宣統三年(1911)石印本　十二冊

320000－1605－0007214　423/722－3
韓昌黎全集四十卷外集十卷遺文一卷　(唐)韓愈撰　清宣統三年(1911)石印本　十二冊

320000－1605－0007215　423/741
顔魯公文集三十卷　(唐)顔真卿撰　清道光二十五年(1845)刻本　十二冊

320000－1605－0007216　423/784
蘇許公文集十四卷　(唐)蘇瓌撰　**壠上記一卷**　(唐)蘇頲撰　清道光二十三年(1843)同安蘇氏刻本　十二冊

320000－1605－0007217　423/797
權載之文集五十卷　(唐)權德輿撰　清嘉慶十一年(1806)刻本　十六冊

320000－1605－0007218　424.08/248
山谷先生詩鈔一卷石湖先生詩鈔一卷　(清)周之鱗　(清)柴升選　清刻本　一冊

320000－1605－0007219　424.08/347
淮海集二卷附秦淮海年譜節要一卷　(宋)秦觀撰　清道光十七年(1837)刻本　一冊

320000－1605－0007220　424.08/423
梅宛陵集六十卷　(宋)梅堯臣撰　清宣統二年(1910)刻本　十冊

320000－1605－0007221　424.1/200
宗忠簡公集七卷　(宋)宗澤撰　清同治四年(1865)刻本　二冊

320000－1605－0007222　424.1/21
龍舒淨土文十卷首一卷末一卷　(宋)王日休撰　清光緒九年(1883)刻本　一冊

320000－1605－0007223　424.1/255
岳忠武王文集八卷首一卷末一卷　(宋)岳飛撰　清乾隆三十五年(1770)刻本　二冊

320000－1605－0007224　424.1/27
四明文獻集八卷　(宋)王應麟撰　清刻本　七冊　缺一卷(八)

320000－1605－0007225　424.1/429
浩然齋雅談三卷　(宋)周密撰　清乾隆刻本　二冊

320000－1605－0007226　424.1/443
龍川文集三十卷補遺一卷附録二卷　(宋)陳亮撰　**札記一卷**　(清)宗廷輔撰　清同治八年(1869)刻本　十冊

320000－1605－0007227　424.1/522
舒文靖集類稿二卷附録三卷　(宋)舒璘撰　清光緒二十二年(1896)刻本　四冊

320000－1605－0007228　424.1/562－1
水心文鈔十卷　(宋)葉適撰　(清)方棨如選　清乾隆刻本　十冊

320000－1605－0007229　424.1/562－2
水心文鈔十卷　(宋)葉適撰　(清)方粲如選　清乾隆刻本　五冊

320000－1605－0007230　424.1/636
廬陵全集録五卷外集二卷　(宋)歐陽修撰　清光緒八年(1882)刻本　五冊

320000－1605－0007231　424.2/100
新注朱淑真斷腸詩集十卷後集七卷　(宋)朱淑真　(宋)鄭元佐注　(清)方粲如選　清光緒三十二年(1906)刻本　二冊

320000－1605－0007232　424.2/152－1
影北宋本二李唱和集一卷　(宋)李昉　(宋)李至撰　清光緒十五年(1889)刻本　一冊

320000－1605－0007233　424.2/152－2
影北宋本二李唱和集一卷　(宋)李昉　(宋)李至撰　清光緒十五年(1889)刻本　一冊

320000－1605－0007234　424.2/165
夢窗稿四卷補一卷附札記一卷　(宋)吳文英撰　清光緒刻本　一冊

320000－1605－0007235　424.2/211－1
林和靖先生詩集四卷　(宋)林逋撰　清康熙刻本　二冊

320000－1605－0007236　424.2/211－2
林和靖詩集四卷拾遺一卷　(宋)林逋撰　清同治十二年(1873)刻本　二冊　存三卷(三至四、拾遺一卷)

320000－1605－0007237　424.2/211－3
林和靖詩集四卷拾遺一卷　(宋)林逋撰　清同治十二年(1873)刻本　一冊

320000－1605－0007238　424.2/211－4
林和靖詩集四卷拾遺一卷　(宋)林逋撰　清光緒抄本　一冊

320000－1605－0007239　424.2/211－5
林和靖詩集四卷　(宋)林逋撰　清宣統二年(1910)石印本　二冊

320000－1605－0007240　424.2/211－6
林和靖詩集四卷　(宋)林逋撰　清宣統二年(1910)石印本　二冊

320000－1605－0007241　424.2/22
王荊公詩箋注五十卷　(宋)王安石撰　(宋)李壁箋注　清乾隆六年(1741)刻本　七冊　存四十一卷(一至三十五、四十五至五十)

320000－1605－0007242　424.2/225
擊壤集十卷　(宋)邵雍撰　清康熙刻本　六冊

320000－1605－0007243　424.2/248－1
方泉先生詩集三卷　(宋)周文璞撰　清宣統元年(1909)影印本　三冊

320000－1605－0007244　424.2/268－1
白石詩詞一卷　(宋)姜夔撰　清雍正五年(1727)刻本　一冊

320000－1605－0007245　424.2/268－2
白石道人詩集二卷集外詩一卷附録一卷白石道人歌曲四卷別集一卷　(宋)姜夔撰　清刻本　一冊

320000－1605－0007246　424.2/268－3
白石道人詩集二卷　(宋)姜夔撰　清刻本　二冊

320000－1605－0007247　424.2/268－4
白石道人詩集二卷歌曲集四卷　(宋)姜夔撰　清刻本　四冊

320000－1605－0007248　424.2/268－5
白石道人詩集二卷歌曲集四卷　(宋)姜夔撰　清刻本　二冊

320000－1605－0007249　424.2/300－1
范石湖詩集二十卷　(宋)范成大撰　清康熙刻本　二冊

320000－1605－0007250　424.2/300－2
石湖居士集十二卷　(宋)范成大撰　清抄本　二冊

320000－1605－0007251　424.2/423
宛陵集六十卷　(宋)梅堯臣撰　清宣統二年(1910)石印本　十冊

320000－1605－0007252　424.2/428
蘭雪集二卷附一卷　（宋）張玉孃撰　清道光二十六年(1846)刻本　一册

320000－1605－0007253　424.2/437－1
劍南詩稿八十五卷　（宋）陸游撰　明刻本　八册　存二十九卷(三十八至六十六)

320000－1605－0007254　424.2/437－2
陸放翁劍南詩選六卷　（宋）陸游撰　清康熙刻本　二册

320000－1605－0007255　424.2/437－3
劍南詩鈔六卷　（宋）陸游撰　（清）楊大鶴選　清光緒八年(1882)刻本　八册

320000－1605－0007256　424.2/437－4
劍南詩鈔六卷　（宋）陸游撰　（清）楊大鶴選　清光緒刻本　十二册

320000－1605－0007257　424.2/437－5
劍南詩鈔六卷　（宋）陸游撰　（清）楊大鶴選　清光緒刻本　八册

320000－1605－0007258　424.2/447
瀛奎律髓所選陳簡齋詩一卷　（宋）陳與義撰　清抄本　一册

320000－1605－0007259　424.2/492－1
山谷内集詩註二十卷外集詩註十七卷别集詩註二卷　（宋）黄庭堅撰　（宋）任淵　（宋）史容　（宋）史季温註　清乾隆四十二年(1777)福建刻道光十年(1830)遞修本　十四册

320000－1605－0007260　424.2/492－2
山谷詩集註内集二十卷外集十七卷别集二卷　（宋）黄庭堅撰　清光緒二十一年(1895)刻本　二十册

320000－1605－0007261　424.2/492－3
山谷詩集註内集二十卷外集十七卷别集二卷　（宋）黄庭堅撰　清光緒二十一年(1895)刻本　十册

320000－1605－0007262　424.2/556－1
誠齋詩集十六卷　（宋）楊萬里撰　清嘉慶刻本　五册

320000－1605－0007263　424.2/556－2
楊太后宫詞一卷　（宋）潛夫輯　清石印本　一册

320000－1605－0007264　424.2/601
章泉稿五卷　（宋）趙蕃撰　清刻本　二册

320000－1605－0007265　424.2/749
石屏集十卷　（宋）戴復古撰　清嘉慶二十二年(1817)刻本　三册

320000－1605－0007266　424.2/761－1
鉅鹿東觀集十卷　（宋）魏野撰　清宣統二年(1910)刻本　一册

320000－1605－0007267　424.2/761－2
鉅鹿東觀集十卷　（宋）魏野撰　清宣統二年(1910)刻本　一册

320000－1605－0007268　424.2/784－1
施註蘇詩四十二卷總目二卷　（宋）蘇軾撰　（宋）施元之等注　（清）顧嗣立等删補　**續補遺二卷**　（宋）蘇軾撰　（清）馮景補注　**年譜一卷**　（宋）王宗稷撰　**王註正譌一卷**　（清）邵長蘅撰　清康熙三十九年(1700)刻本　十二册

320000－1605－0007269　424.2/784－2
施註蘇詩四十二卷總目二卷　（宋）蘇軾撰　（宋）施元之等注　（清）顧嗣立等删補　**續補遺二卷**　（宋）蘇軾撰　（清）馮景補注　**年譜一卷**　（宋）王宗稷撰　**王註正譌一卷**　（清）邵長蘅撰　清康熙三十九年(1700)刻本　十册

320000－1605－0007270　424.2/784－3
施註蘇詩四十二卷總目二卷　（宋）蘇軾撰　（宋）施元之等注　（清）顧嗣立等删補　**續補遺二卷**　（宋）蘇軾撰　（清）馮景補注　**年譜一卷**　（宋）王宗稷撰　**王註正譌一卷**　（清）邵長蘅撰　清康熙三十九年(1700)刻本　十一册

320000－1605－0007271　424.2/784－4

施註蘇詩四十二卷總目二卷　(宋)蘇軾撰　(宋)施元之等注　(清)顧嗣立等删補　**續補遺二卷**　(宋)蘇軾撰　(清)馮景補注　**年譜一卷**　(宋)王宗稷撰　**王註正譌一卷**　(清)邵長蘅撰　清康熙三十九年(1700)刻本　十二册

320000－1605－0007272　424.2/784－5
施註蘇詩四十二卷　(宋)蘇軾撰　(宋)施元之註　清刻本　十六册

320000－1605－0007273　424.2/784－6
蘇詩補註五十卷首一卷　(宋)蘇軾撰　(清)查慎行補注　清乾隆二十六年(1761)刻本　二十四册

320000－1605－0007274　424.2/784－7
蘇文忠公詩合註五十卷首一卷　(宋)蘇軾撰　(宋)王十朋　(宋)施元之　(清)查慎行註　清乾隆五十八年(1793)刻本　十九册

320000－1605－0007275　424.2/784－8
蘇文忠公詩集五十卷　(宋)蘇軾撰　(清)紀昀評註　清道光十四年(1834)刻本　十二册

320000－1605－0007276　424.2/784－9
蘇文忠公詩集五十卷　(宋)蘇軾撰　(清)紀昀評註　清道光十四年(1834)刻本　十二册

320000－1605－0007277　424.2/784－10
東坡詩抄二卷　(宋)蘇軾撰　清刻本　二册

320000－1605－0007278　424.2/784－11
東坡詩目韻編一卷　(清)潘蔚抄　清末抄本　一册

320000－1605－0007279　424.2/791
志道集一卷　(宋)顧禧撰　清光緒三十三年(1907)刻本　一册

320000－1605－0007280　424/103
朱子大全集一百卷續集五卷别集七卷　(宋)朱熹撰　清康熙刻本　六十二册

320000－1605－0007281　424/151
姑溪居士集五十卷後集二十卷校勘記一卷　(宋)李之儀撰　清宣統三年(1911)刻本　八册

320000－1605－0007282　424/156
宋李忠定公奏議選十五卷文集選二十九卷　(宋)李綱撰　(明)左光斗等輯　明刻本　十二册

320000－1605－0007283　424/157
盱江先生全集三十七卷外集三卷年譜一卷　(宋)李覯撰　清雍正十一年(1733)刻本　五册

320000－1605－0007284　424/170
淨德集三十八卷　(宋)吕陶撰　清刻本　十五册

320000－1605－0007285　424/21
王忠文公全集五十卷目録四卷年譜一卷　(宋)王十朋撰　清光緒二年(1876)刻本　十六册

320000－1605－0007286　424/22
臨川集二十四卷　(宋)王安石撰　清宣統三年(1911)石印本　十二册

320000－1605－0007287　424/248
周文忠公集一百七十一卷　(宋)周必大撰　清道光二十八年(1848)刻本　四十册

320000－1605－0007288　424/255－1
岳忠武王文集八卷首一卷末一卷　(宋)岳飛撰　(清)黄邦寧纂修　清嘉慶刻本　四册

320000－1605－0007289　424/255－2
岳忠武王文集八卷首一卷末一卷　(宋)岳飛撰　(清)黄邦寧纂修　清嘉慶刻本　四册

320000－1605－0007290　424/255－3
岳忠武王文集八卷首一卷末一卷　(宋)岳飛撰　(清)黄邦寧纂修　清嘉慶刻本　四册

320000－1605－0007291　424/260－1
盤州集八十卷首一卷末一卷　(宋)洪适撰　清嘉慶十八年(1813)刻本　十六册

320000－1605－0007292　424/260－2

鄱陽集五卷 (宋)洪皓撰 清同治九年(1870)刻本 一冊

320000－1605－0007293 424/271
文恭集四十卷 (宋)胡宿撰 清刻本 八冊

320000－1605－0007294 424/300－1
范文正公集四十八卷 (宋)范仲淹撰 清宣統二年(1910)刻本 十冊

320000－1605－0007295 424/300－2
范文正公集四十八卷 (宋)范仲淹撰 清宣統二年(1910)刻本 十冊

320000－1605－0007296 424/300－3
范文正公集四十八卷 (宋)范仲淹撰 清宣統二年(1910)刻本 十六冊

320000－1605－0007297 424/300－4
范忠宣公文集二十五卷 (宋)范純仁撰 清宣統二年(1910)刻本 六冊

320000－1605－0007298 424/300－5
范忠宣公文集二十五卷 (宋)范純仁撰 清宣統二年(1910)刻本 六冊

320000－1605－0007299 424/359
絜齋集二十四卷附從祀録六卷 (宋)袁燮撰 清同治十一年(1872)刻本 八冊

320000－1605－0007300 424/393－1
徐騎省集三十卷札記一卷補遺一卷 (宋)徐鉉撰 清光緒十七年(1891)刻本 六冊

320000－1605－0007301 424/393－2
徐騎省集三十卷札記一卷補遺一卷 (宋)徐鉉撰 清光緒十七年(1891)刻本 六冊

320000－1605－0007302 424/428
周濂溪集十三卷 (宋)周敦頤撰 (清)張伯行輯 清同治五年(1866)刻本 四冊

320000－1605－0007303 424/429
張宣公詩文集論孟解六十卷 (宋)張栻撰 清咸豐四年(1854)刻本 二十冊

320000－1605－0007304 424/434
陸象山先生全集三十六卷 (宋)陸九淵撰 清道光三年(1823)刻本 十冊

320000－1605－0007305 424/437
陸放翁全集一百五十七卷 (宋)陸游撰 清光緒五年(1879)刻本 四十六冊

320000－1605－0007306 424/442
少陽集十卷 (宋)陳東撰 清光緒十八年(1892)刻本 二冊

320000－1605－0007307 424/443
後山先生集二十四卷 (宋)陳師道撰 清光緒十一年(1885)刻本 六冊

320000－1605－0007308 424/444
後山先生集二十四卷 (宋)陳師道撰 清光緒十一年(1885)刻本 四冊

320000－1605－0007309 424/445
止齋文集二十六卷 (宋)陳傅良撰 清光緒十四年(1888)刻本 八冊

320000－1605－0007310 424/527－1
曾文定公集三十卷首一卷末一卷 (宋)曾鞏撰 (清)彭期編訂 清康熙三十一年(1692)刻本 十四冊

320000－1605－0007311 424/527－2
曾南豐全集五十三卷 (宋)曾鞏撰 清康熙五十六年(1717)刻本 十二冊

320000－1605－0007312 424/527－3
元豐類稿五十卷 (宋)曾鞏撰 清乾隆二十八年(1763)刻本 十二冊

320000－1605－0007313 424/527－4
曾南豐全集録二卷 (宋)曾鞏撰 清光緒八年(1882)刻本 一冊

320000－1605－0007314 424/527－5
曲阜集四卷 (宋)曾肇撰 清刻本 二冊

320000－1605－0007315 424/556
楊龜山先生全集四十二卷 (宋)楊時撰 清康熙刻本 八冊

320000－1605－0007316 424/562
石林居士建康集八卷附録二卷 (宋)葉夢得

撰　清道光二十四年(1844)刻本　一册

320000－1605－0007317　424/575－1
道鄉先生文集四十卷補遺一卷附録一卷　(宋)鄒浩撰　清同治九年(1870)刻本　十册

320000－1605－0007318　424/575－2
道鄉先生文集四十卷補遺一卷附録一卷　(宋)鄒浩撰　清同治九年(1870)刻本　八册

320000－1605－0007319　424/575－3
道鄉集四十卷補遺一卷　(宋)鄒浩撰　清光緒二十五年(1899)刻本　六册

320000－1605－0007320　424/598－1
趙清獻公文集十卷　(宋)趙抃撰　清刻本　四册

320000－1605－0007321　424/598－2
趙清獻公詩集四卷　(宋)趙抃撰　清刻本　一册

320000－1605－0007322　424/600－1
南陽集六卷　(宋)趙湘撰　清乾隆四十二年(1777)刻本　二册

320000－1605－0007323　424/600－2
忠正德文集十卷　(宋)趙鼎撰　清道光刻本　二册

320000－1605－0007324　424/634
歐陽文忠公全集一百五十三卷首一卷附録五卷　(宋)歐陽修撰　清嘉慶二十四年(1819)歐陽衡刻本　三册　存二十三卷(集古録跋尾三至十、書簡十卷,附録五卷)

320000－1605－0007325　424/636－1
歐陽文忠公全集一百五十三卷附録五卷　(宋)歐陽修撰　清刻本　三十六册

320000－1605－0007326　424/636－2
歐陽文忠公文鈔二十三卷　(宋)歐陽修撰　清刻本　九册

320000－1605－0007327　424/636－3
歐陽六一居士全集録五卷外集録二卷　(宋)歐陽修撰　清光緒八年(1882)刻本　五册

320000－1605－0007328　424/65－1
司馬文正公傳家集八十卷附録一卷　(宋)司馬光撰　(清)陳宏謀輯　清乾隆七年(1742)刻本　二十四册

320000－1605－0007329　424/65－2
司馬文正公集八十二卷　(宋)司馬光撰　清乾隆九年(1744)刻本　十六册

320000－1605－0007330　424/654
宋端明殿學士蔡忠惠公文集三十六卷首一卷　(宋)蔡襄撰　清光緒刻本　八册

320000－1605－0007331　424/674
屏山全集二十卷　(宋)劉子翬撰　清刻本　十册　存十七卷(一至十七)

320000－1605－0007332　424/675
苕溪集五十五卷　(宋)劉一止撰　清宣統二年(1910)刻本　四册

320000－1605－0007333　424/717
謝疊山先生集九卷詩傳注疏三卷檀弓解一卷　(元)謝枋得撰　清道光二十九年(1849)刻本　四册

320000－1605－0007334　424/722
安陽集五十卷别録三卷遺事一卷家傳一卷　(宋)韓琦撰　清乾隆四年(1739)刻本　十册

320000－1605－0007335　424/731
浪語集三十五卷　(宋)薛季宣撰　清同治十一年(1872)刻本　六册

320000－1605－0007336　424/775－1
羅豫章先生集十四卷　(宋)羅從彦撰　清光緒十二年(1886)刻本　四册

320000－1605－0007337　424/775－2
羅鄂州小集六卷　(宋)羅願撰　**羅郢州遺文一卷**　(宋)羅頌撰　清光緒十九年(1893)刻本　二册

320000－1605－0007338　424/784－1
東坡集四卷　(宋)蘇軾撰　清刻本　四册

320000－1605－0007339　424/784－2
東坡集續集五十二卷　(宋)蘇軾撰　清光緒

刻本　二十六册

320000－1605－0007340　424/784－3
東坡全集八十四卷　(宋)蘇軾撰　清道光十二年(1832)刻本　四十四册　缺二卷(六十至六十一)

320000－1605－0007341　424/784－4
欒城第三集十卷　(宋)蘇轍撰　清道光十二年(1832)刻本　二册

320000－1605－0007342　424/784－5
欒城集四十八卷　(宋)蘇轍撰　清道光十二年(1832)刻本　十六册

320000－1605－0007343　424/784－6
欒城應詔集十二卷　(宋)蘇轍撰　清道光十二年(1832)刻本　三册

320000－1605－0007344　424/784－7
嘉祐集二十卷　(宋)蘇洵撰　清道光刻本　四册

320000－1605－0007345　424/784－8
斜川集六卷　(宋)蘇過撰　清道光七年(1827)刻本　四册

320000－1605－0007346　424/784－9
斜川集六卷　(宋)蘇過撰　清道光七年(1827)刻本　二册

320000－1605－0007347　424/784－10
蘇魏公文集七十二卷首一卷　(宋)蘇頌撰　清道光二十二年(1842)刻本　二十册

320000－1605－0007348　424/784－11
蘇學士文集十六卷　(宋)蘇舜欽撰　清宣統石印本　六册

320000－1605－0007349　424/784－12
欒城後集二十四卷　(宋)蘇轍撰　清道光十二年(1832)刻本　五册

320000－1605－0007350　424/98
韋齋集十二卷行狀一卷　(宋)朱松撰　清康熙四十九年(1710)刻本　六册

320000－1605－0007351　425.1/26
木訥齋文集五卷附一卷　(元)王毅撰　清乾隆刻本　三册

320000－1605－0007352　425.1/359
昌雩文集二卷　(元)袁君賢撰　清光緒二年(1876)木活字印本　二册

320000－1605－0007353　425.1/749
剡源文鈔不分卷　(元)戴表元撰　清道光刻本　四册

320000－1605－0007354　425.2/147
竹素山房集三卷補二卷　(元)吾衍撰　清光緒二十一年(1895)刻本　一册

320000－1605－0007355　425.2/193
青陽山房集五卷附録一卷　(元)余闕撰　清道光刻本　二册

320000－1605－0007356　425.2/29
元遺山詩集箋注十四卷年譜一卷　(元)元好問撰　(清)施國祁箋　清道光二年(1822)刻本　五册

320000－1605－0007357　425.2/407
北郭集六卷補遺一卷續補遺一卷　(元)許恕撰　清光緒十六年(1890)刻本　一册

320000－1605－0007358　425.2/556
鐵厓樂府註十卷鐵厓逸編註八卷鐵厓詠史註八卷　(元)楊維楨撰　清宣統二年(1910)石印本　三册

320000－1605－0007359　425.2/766
雁門集十四卷詩餘一卷唱和别録一卷　(元)薩都剌撰　清嘉慶刻本　八册

320000－1605－0007360　425/194－1
余忠宣公青陽集五卷　(元)余闕撰　清道光元年(1821)刻本　一册

320000－1605－0007361　425/194－2
余忠宣公青陽集六卷　(元)余闕撰　清道光四年(1824)刻本　二册

320000－1605－0007362　425/194－3
青陽集四卷　(元)余闕撰　清光緒四年(1878)刻本　二册

320000－1605－0007363　425/272
湛然居士集十四卷　(元)耶律楚材撰　清光緒元年(1875)刻本　四册

320000－1605－0007364　425/316
牧庵文集三十六卷附年譜一卷　(元)姚燧撰　清末刻本　十册

320000－1605－0007365　425/362
郝文忠公陵川文集三十九卷附録一卷　(元)郝經撰　(清)王鏐編訂　清乾隆三年(1738)刻嘉慶三年(1798)張大紱印本　十册

320000－1605－0007366　425/443
所安遺集二卷　(元)陳泰撰　清光緒六年(1880)刻本　二册

320000－1605－0007367　425/570
道園學古録五十卷　(元)虞集撰　清乾隆四十一年(1776)刻嘉慶二十年(1815)修葺補本　二十四册

320000－1605－0007368　425/674－1
靜修文集十二卷　(元)劉因撰　清嘉慶、道光刻本　十二册

320000－1605－0007369　425/674－2
水雲邨吟稿十四卷　(元)劉壎撰　清道光刻本　四册

320000－1605－0007370　425/749
剡源佚文二卷佚詩六卷　(元)戴表元撰　清光緒二十一年(1895)刻本　一册

320000－1605－0007371　426.08/550
明雷石庵尚書胡二峯侍郎遺集合刻不分卷　(明)雷一清　(明)胡璋撰　清宣統二年(1910)刻本　一册

320000－1605－0007372　426.08/784
皇明五先生文雋二百四卷　(明)蘇文韓編　明天啓四年(1624)刻本　一册　存三卷(一百六十七至一百六十九)

320000－1605－0007373　426.1/128
沈君烈先生遺集一卷　(明)沈承撰　清抄本　一册

320000－1605－0007374　426.1/133
亦玉堂稿十卷　(明)沈鯉撰　清嘉慶十二年(1807)刻本　四册

320000－1605－0007375　426.1/152
懷麓堂文稿二十二卷　(明)李東陽撰　清刻本　四册

320000－1605－0007376　426.1/156
李本寧先生小品二卷　(明)李維禎　(明)陸雲龍選撰　清刻本　二册

320000－1605－0007377　426.1/157
李溫陵集二十卷　(明)李贄撰　明刻本　一册　存五卷(一至五)

320000－1605－0007378　426.1/242－1
金忠節公文集四卷　(明)金聲撰　清嘉慶五年(1800)刻本　四册

320000－1605－0007379　426.1/242－2
金忠節公文集八卷　(明)金聲撰　清光緒十四年(1888)刻本　六册

320000－1605－0007380　426.1/248－1
周忠介公文集五卷　(明)周順昌撰　清光緒刻本　二册

320000－1605－0007381　426.1/248－2
周忠介公文集五卷　(明)周順昌撰　清光緒刻本　二册

320000－1605－0007382　426.1/330
海忠介公集六卷　(明)海瑞撰　清刻本　三册

320000－1605－0007383　426.1/332
鳧藻集五卷　(明)高啟撰　清刻本　三册

320000－1605－0007384　426.1/377
石臺先生遺集九卷附崇祀録一卷　(明)孫楊撰　清道光四年(1824)刻本　四册

320000－1605－0007385　426.1/415
康對山先生文集十卷　(明)康海撰　清乾隆二十六年(1761)刻本　六册

320000－1605－0007386　426.1/427

月鹿堂文集八卷 (明)張師繹撰　清道光六年(1826)刻本　四冊

320000－1605－0007387　426.1/434
思辨録輯要二十二卷後集十三卷 (清)陸世儀撰　清光緒三年(1877)刻本　七冊　存二十八卷(輯要一至七、十一至二十二,後集一至六、十一至十三)

320000－1605－0007388　426.1/441
安雅堂稿十五卷 (明)陳子龍撰　清宣統鉛印本　六冊

320000－1605－0007389　426.1/493
黄陶庵文集七卷附録四卷 (明)黄淳耀撰　清刻本　四冊

320000－1605－0007390　426.1/506
賀文忠公遺集四卷末一卷 (明)賀逢聖撰　清同治八年(1869)刻本　四冊

320000－1605－0007391　426.1/567
容臺别集四卷 (明)董其昌撰　清抄本　一冊　存一卷(一)

320000－1605－0007392　426.1/759
歸震川大全集三十卷 (明)歸有光撰　清宣統二年(1910)石印本　十二冊

320000－1605－0007393　426.1/968
明文摘鈔一卷 (□)□□撰　清抄本　一冊

320000－1605－0007394　426.2/144－1
石臼集前集九卷後集七卷附考證一卷 (清)邢昉撰　清光緒十八年(1892)刻本　六冊

320000－1605－0007395　426.2/144－2
石臼集前集九卷後集七卷附考證一卷 (清)邢昉撰　清光緒十八年(1892)刻本　六冊

320000－1605－0007396　426.2/27
文肅詩存一卷 (清)王文貞撰　清抄本　一冊

320000－1605－0007397　426.2/320
花王閣賸稿一卷 (明)紀坤撰　清嘉慶刻本　一冊

320000－1605－0007398　426.2/332－1
高季迪先生大全集十八卷 (明)高啟撰　清康熙竹素園刻本　六冊

320000－1605－0007399　426.2/332－2
高青邱詩集輯註十八卷遺詩一卷扣舷集一卷 (明)高啟撰　清雍正刻本　八冊

320000－1605－0007400　426.2/332－3
高青邱詩集輯註十八卷遺詩一卷扣舷集一卷 (明)高啟撰　清雍正刻本　八冊

320000－1605－0007401　426.2/332－4
高青邱詩集輯註十八卷遺詩一卷扣舷集一卷 (明)高啟撰　清雍正刻本　九冊

320000－1605－0007402　426.2/332－5
高忠憲公詩集八卷 (明)高攀龍撰　清同治十二年(1873)刻本　二冊

320000－1605－0007403　426.2/375
太白山人漫稿八卷附録一卷 (明)孫一元撰　清嘉慶十九年(1814)刻本　二冊

320000－1605－0007404　426.2/376
白谷山人詩鈔七卷補鈔一卷 (明)孫傳庭撰　清康熙刻本　一冊

320000－1605－0007405　426.2/407－1
南峯雜詠一卷 (明)許察撰　清嘉慶元年(1796)刻本　一冊

320000－1605－0007406　426.2/407－2
南峯雜詠一卷 (明)許察撰　清嘉慶元年(1796)刻本　一冊

320000－1605－0007407　426.2/412
郭鯤溟詩集四卷奏疏一卷 (明)郭諫臣撰　清康熙刻本　六冊

320000－1605－0007408　426.2/428
張忠烈公遺集一卷附浩氣吟一卷 (明)張同敞撰　清光緒刻本　一冊

320000－1605－0007409　426.2/444
天啟宫詞一卷 (明)陳悰次撰　清末抄本　一冊

320000－1605－0007410　426.2/556
鐵崖樂府十卷詠史八卷逸篇八卷　(明)楊維楨撰　清乾隆刻本　十二册

320000－1605－0007411　426.2/722
韓五泉先生詩集四卷韓安人遺詩一卷附録二卷　(明)韓邦靖撰　清刻本　二册

320000－1605－0007412　426.2/791
飛將軍賦一卷　(明)顧大武撰　清抄本　一册

320000－1605－0007413　426.2/795－1
野古集五卷　(明)龔詡撰　清乾隆刻本　二册

320000－1605－0007414　426.2/795－2
野古集三卷附録一卷　(明)龔詡撰　清光緒二十八年(1902)刻本　一册

320000－1605－0007415　426.2/971
和天台三聖詩一卷　(明)釋梵琦撰　清光緒十年(1884)刻十四年(1888)補本　一册

320000－1605－0007416　426.2/99
雲松巢詩集五卷　(明)朱希晦撰　清同治十三年(1874)刻本　二册

320000－1605－0007417　426/103
淩谿集十七卷附録一卷　(明)朱應登撰　清道光十五年(1835)刻本　六册

320000－1605－0007418　426/122
宋文憲全集五十六卷　(明)宋濂撰　清嘉慶十五年(1810)刻本　二十册

320000－1605－0007419　426/123
宋學士全集三十二卷　(明)宋濂撰　清刻本　四十册

320000－1605－0007420　426/128
即山詩文鈔三卷　(明)沈承撰　清末木活字印本　一册

320000－1605－0007421　426/135
檗庵集二卷　(明)汪禔撰　清康熙刻本　二册

320000－1605－0007422　426/148
東原遺集二卷　(明)杜瓊撰　清道光二十九年(1849)刻本　二册

320000－1605－0007423　426/15－1
方孩未先生全集十五卷附一卷　(明)方震孺撰　(清)李兆洛編　清同治七年(1868)刻本　六册

320000－1605－0007424　426/15－2
方孩未先生全集十五卷附一卷　(明)方震孺撰　(清)李兆洛編　清同治七年(1868)刻本　六册

320000－1605－0007425　426/15－3
方正學先生遜志齋集二十四卷補遺一卷外紀一卷　(明)方孝孺撰　清同治十二年(1873)刻本　十六册

320000－1605－0007426　426/156
資治新書十四卷首一卷　(清)李漁輯　清光緒二十年(1894)鉛印本　十二册

320000－1605－0007427　426/157－1
滄溟先生集三十卷附録一卷　(明)李攀龍撰　清道光二十七年(1847)刻本　八册

320000－1605－0007428　426/157－2
滄溟先生集三十卷附録一卷　(明)李攀龍撰　清道光二十七年(1847)刻本　八册

320000－1605－0007429　426/157－3
李文莊全集十卷　(明)李騰芳撰　清光緒二年(1876)刻本　十册

320000－1605－0007430　426/157－4
落落齋遺集十卷　(明)李應昇撰　清光緒二十二年(1896)刻本　六册

320000－1605－0007431　426/166－1
甔甀洞藁五十四卷　(明)吴國倫撰　明刻本　一册　存一卷(詩集五)

320000－1605－0007432　426/166－2
吴疎山先生遺集十二卷　(明)吴悌撰　清同治九年(1870)刻本　四册

320000－1605－0007433　426/175

貝清江全集四十卷 (明)貝瓊撰 清康熙刻本 六冊

320000－1605－0007434 426/178－1
何大復集三十八卷 (明)何景明撰 清乾隆十五年(1750)刻本 八冊

320000－1605－0007435 426/178－2
汲古堂集二十八卷 (明)何白撰 清道光十六年(1836)刻本 十二冊

320000－1605－0007436 426/178－3
汲古堂集二十八卷 (明)何白撰 清道光十六年(1836)刻本 十二冊

320000－1605－0007437 426/186－1
甫田集三十五卷 (明)文徵明撰 清宣統三年(1911)石印本 十二冊

320000－1605－0007438 426/186－2
甫田集三十五卷 (明)文徵明撰 清宣統三年(1911)石印本 十二冊

320000－1605－0007439 426/194
晚聞堂集十六卷 (明)余紹祉撰 清刻本 八冊

320000－1605－0007440 426/201
況太守集十六卷補遺一卷 (明)況鍾撰 清光緒十年(1884)刻本 四冊

320000－1605－0007441 426/21
凝翠集五卷 (明)王元翰撰 清嘉慶五年(1800)刻本 六冊

320000－1605－0007442 426/211－1
南川冰蘗全集十卷 (明)林光撰 清康熙四十七年(1708)刻本 十冊

320000－1605－0007443 426/211－2
林次崖先生文集十八卷 (明)林希元撰 清乾隆十七年(1752)刻本 十二冊

320000－1605－0007444 426/211－3
東甫先生全集六卷 (明)林大欽撰 清光緒二十五年(1899)刻本 五冊

320000－1605－0007445 426/212
來瞿唐先生日録内篇六卷外篇七卷 (明)來知德撰 清道光十一年(1831)刻本 十四冊

320000－1605－0007446 426/22－1
王陽明文鈔二十卷 (明)王守仁撰 清康熙刻本 二十冊

320000－1605－0007447 426/22－2
王陽明文集十六卷 (明)王守仁撰 清道光五年(1825)刻本 十四冊

320000－1605－0007448 426/249
周九煙集六卷 (明)周星撰 (清)唐昭儉編訂 清道光二十九年(1849)刻本 六冊

320000－1605－0007449 426/27－1
王文恪公集三十六卷 (明)王鏊撰 明萬曆王氏三槐堂刻清重修本 一冊 存一卷(一)

320000－1605－0007450 426/27－2
震澤先生別集二卷 (明)王鏊撰 清咸豐十一年(1861)刻本 一冊

320000－1605－0007451 426/312
祝枝山全集三十卷 (明)祝允明撰 清宣統二年(1910)石印本 八冊

320000－1605－0007452 426/316
姚文敏公集十卷 (明)姚夔撰 清光緒刻本 二冊

320000－1605－0007453 426/332
高子遺書十二卷附録一卷 (明)高攀龍撰 (明)陳龍正編 清光緒二年(1876)刻本 十冊

320000－1605－0007454 426/336－1
六如居士集七卷 (明)唐寅撰 清光緒十一年(1885)刻本 四冊

320000－1605－0007455 426/336－2
六如居士集七卷 (明)唐寅撰 清光緒十一年(1885)刻本 一冊

320000－1605－0007456 426/337－1
荊川文集十八卷 (明)唐順之撰 清康熙五十一年(1712)刻本 八冊

320000－1605－0007457　426/337－2
荆川先生文集十二卷　(明)唐順之撰　清刻本　十册

320000－1605－0007458　426/343
練溪集四卷　(明)凌震撰　清嘉慶二十年(1815)刻本　二册

320000－1605－0007459　426/346－1
枝山文集四卷　(明)祝允明撰　清同治十三年(1874)刻本　二册

320000－1605－0007460　426/346－2
枝山文集四卷　(明)祝允明撰　清同治十三年(1874)刻本　二册

320000－1605－0007461　426/346－3
枝山文集四卷　(明)祝允明撰　清同治十三年(1874)刻本　二册

320000－1605－0007462　426/346－4
枝山文集四卷　(明)祝允明撰　清同治十三年(1874)刻本　二册

320000－1605－0007463　426/346－5
枝山文集四卷　(明)祝允明撰　清同治十三年(1874)刻本　二册

320000－1605－0007464　426/352
馬文莊公集選十五卷　(明)馬自強撰　清同治九年(1870)刻本　四册

320000－1605－0007465　426/359－1
解脱集四卷　(明)袁宏道撰　(明)江盈科校　明萬曆三十八年(1610)刻本　一册　存三卷(一至三)

320000－1605－0007466　426/359－2
瓶花齋集十卷　(明)袁宏道撰　清宣統三年(1911)石印本　二册　存三卷(一、九至十)

320000－1605－0007467　426/370
夏節愍全集十卷　(明)夏完淳撰　(清)莊師洛輯　清嘉慶十二年(1807)刻本　二册

320000－1605－0007468　426/375－1
容城鍾元孫先生文集四卷　(清)孫奇逢撰　清康熙十七年(1678)刻三賢文集本　四册

320000－1605－0007469　426/375－2
孫忠靖公遺集八卷首一卷末一卷　(明)孫傳庭撰　清咸豐六年(1856)刻本　七册　存七卷(一至六、首一卷)

320000－1605－0007470　426/378
月峯先生集十二卷　(明)孫鑛撰　清嘉慶十九年(1814)刻本　十二册

320000－1605－0007471　426/390－1
倪文僖公集三十二卷　(明)倪謙撰　清光緒刻本　十四册

320000－1605－0007472　426/390－2
青谿漫稿二十四卷　(明)倪岳撰　清光緒刻本　六册

320000－1605－0007473　426/390－3
青谿漫稿二十四卷　(明)倪岳撰　清光緒刻本　十二册

320000－1605－0007474　426/412
郭大司馬遺書三十五卷首一卷附十一卷　(明)郭子章撰　清光緒八年(1882)刻本　十六册

320000－1605－0007475　426/428
張太岳先生全集四十八卷附浩氣吟一卷　(明)張居正撰　清道光八年(1828)刻本　十六册

320000－1605－0007476　426/429－1
張忠敏公遺集十卷首一卷附録六卷　(明)張國維撰　清光緒五年(1879)刻本　六册

320000－1605－0007477　426/429－2
張忠敏公遺集十卷首一卷附録六卷　(明)張國維撰　清光緒五年(1879)刻本　六册

320000－1605－0007478　426/431
奚囊蠹餘二十卷附録二卷補遺一卷　(明)張瀚撰　清刻本　四册　缺一卷(補遺一卷)

320000－1605－0007479　426/436
陸文裕公行遠集二十四卷　(明)陸深撰　清康熙六十年(1721)刻本　六册

320000－1605－0007480　426/438

象山先生全集三十六卷 (宋)陸九淵撰 明刻本 一冊 存八卷(十九至二十六)

320000－1605－0007481 426/441－1
陳文忠公遺集十一卷 (明)陳子壯撰 清刻本 二冊

320000－1605－0007482 426/441－2
陳忠裕公全集三十卷首一卷末一卷年譜三卷 (明)陳子龍撰 (清)王昶輯 清嘉慶八年(1803)刻本 十冊

320000－1605－0007483 426/441－3
陳忠裕公全集三十卷首一卷末一卷年譜三卷 (明)陳子龍撰 (清)王昶輯 清嘉慶八年(1803)刻本 十冊

320000－1605－0007484 426/442
陳忠裕公全集三十卷首一卷末一卷年譜三卷 (明)陳子龍撰 (清)王昶輯 清嘉慶八年(1803)刻本 七冊

320000－1605－0007485 426/443
寶綸堂集十二卷 (明)陳洪綬撰 清光緒十四年(1888)刻本 六冊

320000－1605－0007486 426/471
玉茗堂全集四十六卷 (明)湯顯祖撰 明刻本 二十四冊 存三十五卷(文集一至五、詩集十八卷、賦集六卷、尺牘六卷)

320000－1605－0007487 426/482－1
堵文忠公全集十卷年譜一卷 (明)堵允錫撰 清道光二十八年(1848)刻本 五冊

320000－1605－0007488 426/482－2
堵文忠公全集十卷年譜一卷 (明)堵允錫撰 清光緒十三年(1887)刻本 六冊

320000－1605－0007489 426/493
黄陶庵集十六卷 (明)黄淳耀撰 清康熙十五年(1676)刻本 三冊

320000－1605－0007490 426/494－1
漳浦黄忠端公全集五十四卷 (明)黄道周撰 清道光八年(1828)刻本 二十四冊

320000－1605－0007491 426/494－2
漳浦黄忠端公全集五十四卷 (明)黄道周撰 清道光八年(1828)刻本 二十四冊

320000－1605－0007492 426/535
篁墩程先生文集九十三卷 (明)程敏政撰 明正德二年(1507)刻本 二冊 存八卷(八十三至九十)

320000－1605－0007493 426/556－1
升庵全集八十一卷外集一百卷 (明)楊慎撰 清乾隆六十年(1795)刻本 四十八冊

320000－1605－0007494 426/556－2
楊忠愍公全集四卷 (明)楊繼盛撰 清初刻本 三冊

320000－1605－0007495 426/556－3
楊忠烈公文集十卷末一卷 (明)楊漣撰 清刻本 九冊

320000－1605－0007496 426/556－4
楊忠愍公集四卷 (明)楊繼盛撰 清光緒十一年(1885)刻本 一冊

320000－1605－0007497 426/556－5
東里文集二十五卷 (明)楊士奇撰 清光緒二年(1876)刻本 八冊

320000－1605－0007498 426/562－1
春暉堂詩文集二卷 (明)葉樹人撰 清道光二十四年(1844)刻本 一冊

320000－1605－0007499 426/562－2
返生香一卷疏香閣附集一卷 (明)葉小鸞撰 **窈聞一卷續窈聞一卷** (明)葉紹袁撰 清光緒二十二年(1896)葉氏刻本 四冊

320000－1605－0007500 426/572
路文貞公集不分卷 (明)路振飛撰 清道光刻本 二冊

320000－1605－0007501 426/576
解文毅公集十六卷附録一卷 (明)解縉撰 清乾隆三十一年(1766)刻本 六冊

320000－1605－0007502 426/608
碩薖園全集十卷 (明)蒲秉權撰 清光緒元年(1875)刻本 四冊

320000－1605－0007503　426/61
左忠貞集十二卷　(明)左懋第撰　清道光二十七年(1847)刻本　四册

320000－1605－0007504　426/654
蔡文莊公集八卷艾庵密箋一卷太極圖說一卷河洛私見一卷　(明)蔡清撰　清乾隆刻本　八册

320000－1605－0007505　426/674－1
劉忠宣公遺集十一卷　(明)劉大夏撰　清刻本　六册

320000－1605－0007506　426/674－2
嶧桐集二十卷　(明)劉城撰　清光緒十九年(1893)刻本　八册

320000－1605－0007507　426/687
鈐山堂集四十卷　(明)嚴嵩撰　清嘉慶十一年(1806)刻本　十册

320000－1605－0007508　426/7
綠曉齋全集四卷　(明)卜舜年撰　清道光十年(1830)刻本　二册

320000－1605－0007509　426/700
盧忠肅公集十二卷首一卷年譜一卷附雙印記一卷　(明)盧象昇撰　清光緒三十四年(1908)刻本　十册

320000－1605－0007510　426/705
藏山閣集二十卷田間尺牘四卷　(明)錢秉鐙撰　清光緒三十四年(1908)鉛印本　四册

320000－1605－0007511　426/717
歸田稿四卷　(明)謝遷撰　清道光刻本　三册

320000－1605－0007512　426/72
田叔禾小集十二卷　(明)田汝成撰　清光緒二十三年(1897)刻本　四册

320000－1605－0007513　426/722
韓苑洛全集二十三卷　(明)韓邦奇撰　清道光八年(1828)刻本　十册

320000－1605－0007514　426/73－1
史忠正公集四卷附録一卷　(明)史可法撰　清咸豐六年(1856)刻本　二册

320000－1605－0007515　426/73－2
史忠正公集四卷　(明)史可法撰　清刻本　一册　存二卷(三至四)

320000－1605－0007516　426/740－1
從野堂存稿八卷　(明)繆昌期撰　明崇禎十年(1637)刻本　二册　存二卷(尺牘二卷)

320000－1605－0007517　426/740－2
從野堂存稿八卷補遺一卷年譜一卷附録一卷　(明)繆昌期撰　清光緒二十一年(1895)刻本　四册

320000－1605－0007518　426/756－1
學古齋集四卷　(明)瞿俊撰　清嘉慶七年(1802)刻本　一册

320000－1605－0007519　426/756－2
瞿忠宣公集十卷　(明)瞿式耜撰　清光緒十三年(1887)刻本　四册

320000－1605－0007520　426/756－3
瞿忠宣公集十卷　(明)瞿式耜撰　清光緒十三年(1887)刻本　四册

320000－1605－0007521　426/759
震川先生全集三十卷别集十卷　(明)歸有光撰　清光緒六年(1880)刻本　十六册

320000－1605－0007522　426/775
念庵羅先生文集八卷　(明)羅洪先撰　明隆慶元年(1567)刻本　二册　存一卷(三)

320000－1605－0007523　426/791－1
涇臯藏稿二十二卷　(明)顧憲成著　清光緒刻本　六册

320000－1605－0007524　426/791－2
小辨齋偶存八卷　(明)顧允成撰　清光緒十二年(1886)刻本　二册

320000－1605－0007525　426/81
邱文莊公集十卷　(明)邱濬撰　清康熙四十七年(1708)刻本　五册

320000－1605－0007526　426/83

天全堂集四卷 (明)安希范撰 清乾隆刻本 二册

320000－1605－0007527 426/9
于肅愍公集八卷拾遺一卷附録一卷 (明)于謙撰 清光緒二十五年(1899)刻本 一册 存四卷(五至八)

320000－1605－0007528 426/94－1
天傭子集十卷首一卷末一卷 (明)艾南英撰 清康熙三十八年(1699)刻本 十册

320000－1605－0007529 426/94－2
天傭子集十卷 (明)艾南英撰 清刻本 十册

320000－1605－0007530 426/975
紫柏老人集三十卷首一卷 (明)釋真可撰 清光緒刻本 八册 缺三卷(十五至十七)

320000－1605－0007531 426/98－1
山帶閣集三十三卷 (明)朱曰藩撰 清道光十五年(1835)刻本 十册

320000－1605－0007532 426/98－2
山帶閣集三十三卷 (明)朱曰藩撰 清道光十五年(1835)刻本 四册

320000－1605－0007533 427/100－1
介石山房遺集三卷 (清)朱培源撰 清宣統二年(1910)刻本 二册

320000－1605－0007534 427/100－2
介石山房遺集三卷 (清)朱培源撰 清宣統二年(1910)刻本 二册

320000－1605－0007535 427/101－1
歸硯齋詩文存四卷 (清)朱瑋撰 清道光刻本 二册

320000－1605－0007536 427/101－2
怡志堂詩初編八卷文初編六卷 (清)朱琦撰 清咸豐七年(1857)刻本 四册

320000－1605－0007537 427/102
虚白山房詩集四卷駢體文二卷附一簾花影樓試律詩一卷 (清)朱鳳毛撰 清光緒十五年(1889)刻本 三册

320000－1605－0007538 427/103－1
曝書亭集箋註二十三卷 (清)朱彝尊撰 (清)孫銀槎箋 清嘉慶五年(1800)刻本 八册

320000－1605－0007539 427/103－2
曝書亭集外稿八卷 (清)朱彝尊撰 清嘉慶二十二年(1817)刻本 四册

320000－1605－0007540 427/103－3
曝書亭集八十卷附録一卷 (清)朱彝尊撰 清光緒十五年(1889)刻本 十六册

320000－1605－0007541 427/103－4
曝書亭集八十卷附録一卷 (清)朱彝尊撰 清光緒十五年(1889)刻本 十六册

320000－1605－0007542 427/103－5
曝書亭集八十卷附録一卷 (清)朱彝尊撰 清光緒十五年(1889)刻本 十六册

320000－1605－0007543 427/103－6
曝書亭集八十卷附録一卷 (清)朱彝尊撰 清光緒十五年(1889)刻本 十六册

320000－1605－0007544 427/115－1
鳴鶴堂文集十卷詩集十一卷 (清)任源祥撰 清光緒十六年(1890)刻本 六册

320000－1605－0007545 427/115－2
鳴鶴堂文集十卷詩集十一卷 (清)任源祥撰 清光緒十六年(1890)刻本 六册

320000－1605－0007546 427/122－1
安雅堂集九卷 (清)宋琬撰 清康熙三十八年(1699)刻本 六册

320000－1605－0007547 427/122－2
安雅堂詩文集十七卷 (清)宋琬撰 清乾隆刻本 十二册

320000－1605－0007548 427/122－3
問琴閣文録二卷詩録一卷詞一卷三唐詩品二卷 (清)宋育仁撰 清光緒刻本 一册

320000－1605－0007549 427/128－1
秋坪賸藁一卷秋坪文稿一卷 (清)沈元龍撰 清刻本 二册

320000－1605－0007550　427/128－2
沈文忠公集十一卷　(清)沈兆霖撰　清同治八年(1869)刻本　四册

320000－1605－0007551　427/128－3
頤綵堂詩集三十卷　(清)沈叔埏撰　清光緒九年(1883)刻本　十册

320000－1605－0007552　427/128－4
受恒受漸齋集十二卷　(清)沈曰富撰　清光緒十三年(1887)刻本　四册

320000－1605－0007553　427/128－5
受恒受漸齋集十二卷　(清)沈曰富撰　清光緒十三年(1887)刻本　四册

320000－1605－0007554　427/130－1
沈氏群峰集五卷外集一卷　(清)沈清瑞撰　清嘉慶元年(1796)刻本　二册

320000－1605－0007555　427/130－2
沈氏群峰集五卷外集一卷　(清)沈清瑞撰　清嘉慶元年(1796)刻本　二册

320000－1605－0007556　427/130－3
沈氏群峰集五卷外集一卷韓詩故二卷　(清)沈清瑞撰　清光緒五年(1879)刻本　三册

320000－1605－0007557　427/132－1
歸愚文鈔餘集七卷　(清)沈德潛撰　清乾隆刻本　二册　存五卷(一至五)

320000－1605－0007558　427/132－2
沈歸愚詩文全集七十五卷　(清)沈德潛撰　清刻本　十六册

320000－1605－0007559　427/132－3
補讀書齋遺稿十卷　(清)沈維鐈撰　清光緒六年(1880)刻本　四册

320000－1605－0007560　427/135－1
堯峰文鈔四十卷詩十卷　(清)汪琬撰　清康熙刻本　十册

320000－1605－0007561　427/135－2
松泉文集六卷　(清)汪由敦撰　清乾隆二十三年(1758)刻本　四册

320000－1605－0007562　427/135－3
實事求是齋遺藁四卷　(清)汪廷珍撰　清道光刻本　四册

320000－1605－0007563　427/135－4
述學内篇三卷外篇一卷補遺一卷别録一卷　(清)汪中撰　清同治八年(1869)刻本　二册

320000－1605－0007564　427/135－5
述學内篇三卷外篇一卷補遺一卷别録一卷　(清)汪中撰　清上海同文圖書館石印本　二册

320000－1605－0007565　427/135－6
汪子遺集詩文録十九卷　(清)汪縉撰　清光緒八年(1882)刻本　四册

320000－1605－0007566　427/148
變雅堂集十四卷附二卷　(清)杜濬撰　清同治九年(1870)刻本　八册

320000－1605－0007567　427/15－1
健松齋集二十四卷　(清)方象瑛撰　清康熙刻本　六册

320000－1605－0007568　427/15－2
虚白室文鈔四卷詩鈔十四卷　(清)方昌翰撰　清同治刻本　六册

320000－1605－0007569　427/15－3
退一步齋詩集十六卷文集四卷蕉軒續録二卷　(清)方濬師撰　清光緒十八年(1892)鉛印本　十二册

320000－1605－0007570　427/15－4
十萬琳琅閣文賦詩詞删存十一卷　(清)方燕昭撰　清刻本　六册

320000－1605－0007571　427/15－5
望溪先生文集十八卷集外文十卷集外文補遺二卷年譜二卷　(清)方苞撰　清咸豐元年(1851)刻本　十四册

320000－1605－0007572　427/15－6
望溪先生文集十八卷集外文十卷集外文補遺二卷年譜二卷　(清)方苞撰　清咸豐元年(1851)刻本　二十册

320000－1605－0007573　427/151－1

寒支集十四卷　(清)李世熊撰　清同治十三年(1874)刻本　十四册

320000－1605－0007574　427/151－2
喜聞過齋全集十二卷　(清)李文耕撰　清光緒二十年(1894)刻本　四册

320000－1605－0007575　427/152－1
秋錦山房集二十二卷　(清)李良年撰　清康熙刻本　六册

320000－1605－0007576　427/152－2
秋錦山房集二十二卷　(清)李良年撰　清康熙刻本　五册

320000－1605－0007577　427/152－3
蓮龕集十六卷首一卷　(清)李來泰撰　清雍正刻本　十四册

320000－1605－0007578　427/152－4
聞妙香室詩集十二卷詞一卷文集十九卷經進集五卷黔記四卷　(清)李宗昉撰　清道光十五年(1835)刻本　十册

320000－1605－0007579　427/152－5
石泉書屋類稿八卷詩鈔六卷律賦二卷　(清)李佐賢撰　清同治刻本　六册

320000－1605－0007580　427/152－6
劫餘廔存三卷　(清)李承霖撰　清光緒十年(1884)刻本　一册

320000－1605－0007581　427/152－7
龍泉園集十二卷　(清)李江撰　清光緒刻本　二册　存八卷(詩草一卷、文草一卷、尺牘一卷、題跋一卷、蘭陽養疴雜記一卷、見聞録一卷、鄉塾正誤二卷)

320000－1605－0007582　427/153－1
古愚堂詩稿一卷尺牘一卷文稿一卷雜志一卷　(清)李炯撰　清嘉慶二十三年(1818)刻本　二册

320000－1605－0007583　427/153－2
李文恭詩集八卷文集十六卷附傳一卷　(清)李星沅撰　清刻本　九册

320000－1605－0007584　427/154－1
李穆堂詩文全集初稿五十卷别稿五十卷　(清)李紱撰　清道光十一年(1831)刻本　三十八册

320000－1605－0007585　427/154－2
二水樓集二十卷　(清)李茹旻撰　清光緒刻本　十册

320000－1605－0007586　427/155－1
棣懷堂隨筆十一卷雙圃賦鈔一卷　(清)李象鵾撰　清刻本　八册

320000－1605－0007587　427/155－2
校經廎文稿十八卷　(清)李富孫撰　清道光刻本　六册

320000－1605－0007588　427/155－3
植庵集十卷　(清)李慎傳撰　清光緒刻本　五册

320000－1605－0007589　427/155－4
植庵集十卷　(清)李慎傳撰　清光緒刻本　五册

320000－1605－0007590　427/156－1
稻香吟館詩文集七卷　(清)李賡芸撰　清道光刻本　二册

320000－1605－0007591　427/156－2
華嶼讀書堂詩詞鈔十卷　(清)李福撰　清道光刻本　十册

320000－1605－0007592　427/156－3
慎言齋文鈔一卷灌亭詩鈔一卷　(清)李毓林撰　清光緒二十五年(1899)刻本　二册

320000－1605－0007593　427/157－1
好雲樓集四十五卷　(清)李聯琇撰　清咸豐十一年(1861)刻本　十二册

320000－1605－0007594　427/157－2
匏齋遺稾五卷　(清)李齡壽撰　清光緒二十二年(1896)刻本　二册

320000－1605－0007595　427/162
揅經室集六十二卷　(清)阮元撰　清道光三年(1823)刻本　二十四册

320000－1605－0007596　427/164－1
䨴湖草堂集二種文集六卷近集一卷　(清)吳世傑撰　清嘉慶十七年(1812)刻本　四册

320000－1605－0007597　427/164－2
吳文節公遺集八十卷　(清)吳文鎔撰　清咸豐七年(1857)刻本　十六册

320000－1605－0007598　427/164－3
小西腴山館詩文鈔二十卷　(清)吳大廷撰　清同治三年(1864)刻本　八册

320000－1605－0007599　427/164－4
榴實山莊文稿一卷詩鈔六卷詞鈔一卷　(清)吳存義撰　清同治刻本　四册

320000－1605－0007600　427/164－5
拙修集續編四卷　(清)吳廷棟撰　清光緒九年(1883)刻本　二册

320000－1605－0007601　427/164－6
澤古齋詩文鈔三卷補遺一卷詩鈔一卷　(清)吳晉望撰　清光緒十九年(1893)刻本　二册

320000－1605－0007602　427/165－1
吳學士文集四卷詩集五卷　(清)吳鼒撰　清光緒八年(1882)刻本　六册

320000－1605－0007603　427/165－2
吳學士文集四卷詩集五卷　(清)吳鼒撰　清光緒八年(1882)刻本　六册

320000－1605－0007604　427/165－3
北山樓集三卷　(清)吳保初撰　清光緒末鉛印本　三册

320000－1605－0007605　427/165－4
漱六山房全集十一卷　(清)吳昆田撰　清光緒刻本　六册

320000－1605－0007606　427/165－5
漱六山房全集十一卷　(清)吳昆田撰　清光緒刻本　六册

320000－1605－0007607　427/165－6
白華前稿六十卷後稿四十卷　(清)吳省欽撰　清刻本　十六册

320000－1605－0007608　427/165－7
秋笳集八卷　(清)吳兆騫撰　清刻本　四册

320000－1605－0007609　427/166－1
吳侍讀全集二十三卷　(清)吳慈鶴撰　清嘉慶十五年(1810)刻本　八册

320000－1605－0007610　427/166－2
吳侍讀全集二十三卷　(清)吳慈鶴撰　清嘉慶十五年(1810)刻本　八册

320000－1605－0007611　427/166－3
儀宋堂集詩集十卷詩外集一卷詞集二卷文集十卷文二集十卷文外集三卷　(清)吳嘉淦撰　清道光刻本　八册

320000－1605－0007612　427/166－4
望三益齋詩文鈔十卷　(清)吳棠撰　清同治十三年(1874)刻本　四册

320000－1605－0007613　427/166－5
望三益齋詩文鈔十卷　(清)吳棠撰　清同治十三年(1874)刻本　四册

320000－1605－0007614　427/166－6
徑山游草一卷　(清)吳焯撰　清光緒三年(1877)刻本　一册

320000－1605－0007615　427/166－7
養壽廬遺集十卷　(清)吳恩熙撰　清光緒二十六年(1900)刻本　二册

320000－1605－0007616　427/166－8
漱六山房全集十一卷　(清)吳昆田撰　清光緒三十年(1904)刻本　一册　存一卷(一)

320000－1605－0007617　427/166－9
桐城吳先生全書七種　(清)吳敏樹撰　清光緒三十年(1904)刻本　五册　存二卷(文集四、詩集一)

320000－1605－0007618　427/166－10
抑抑堂集十五卷　(清)吳涑溫撰　清刻本　八册

320000－1605－0007619　427/167－1
有正味齋詩集十六卷詞集八卷駢體文集二十四卷外集五卷　(清)吳錫麒撰　清嘉慶十三

年(1808)刻本　十四册　缺二卷(外集四至五)

320000－1605－0007620　427/167－2
有正味齋詩集十六卷詞集八卷駢體文集二十四卷外集五卷　(清)吳錫麒撰　清刻本　十八册

320000－1605－0007621　427/167－3
初月廔文鈔十卷詩鈔四卷　(清)吳德旋撰　清光緒十年(1884)刻本　四册

320000－1605－0007622　427/167－4
荃石居類鈔九卷　(清)吳頡鴻撰　清光緒刻本　二册

320000－1605－0007623　427/167－5
荃石居類鈔九卷　(清)吳頡鴻撰　清光緒刻本　二册

320000－1605－0007624　427/167－6
待堂詩文一卷池上題襟集一卷　(清)吳懷珍撰　清刻本　一册

320000－1605－0007625　427/167－7
梅村家藏稿五十八卷　(清)吳梅村撰　清宣統三年(1911)刻本　八册

320000－1605－0007626　427/178－1
悔餘庵文稿九卷樂府四卷　(清)何栻撰　清同治四年(1865)刻本　五册

320000－1605－0007627　427/178－2
悔餘庵集三十一卷　(清)何栻撰　清同治四年(1865)刻本　十册　存四卷(餘辛集一至三、納蘇集上)

320000－1605－0007628　427/178－3
何義門集十六卷　(清)何焯撰　清宣統元年(1909)刻本　六册

320000－1605－0007629　427/178－4
寄漚遺集八卷　(清)何延慶撰　清宣統二年(1910)刻本　四册

320000－1605－0007630　427/194
尊小學齋集八卷年譜一卷　(清)余治撰　清光緒九年(1883)刻本　四册

320000－1605－0007631　427/20
市隱書屋文稿十一卷詩稿七卷隨安廬文集六卷詩集六卷補遺一卷詩集二卷　(清)亢樹滋撰　清咸豐刻本　八册

320000－1605－0007632　427/21－1
帶經堂全集七編　(清)王士禛撰　清乾隆十二年(1747)刻本　十四册

320000－1605－0007633　427/21－2
漁洋山人精華録箋注十二卷　(清)王士禛撰　(清)金榮箋注　清刻本　十二册

320000－1605－0007634　427/21－3
漁洋山人精華録箋注十二卷　(清)王士禛撰　(清)金榮箋注　清鳳翽堂刻本　六册

320000－1605－0007635　427/21－4
漁洋山人精華録箋注十二卷補一卷　(清)王士禛撰　(清)惠棟訓纂　清刻本　八册　存八卷(一至二、四至五、八至十一)

320000－1605－0007636　427/21－5
祇平居士集三十卷　(清)王元啟撰　清光緒八年(1882)影印本　六册

320000－1605－0007637　427/21－6
哀生閣初稿四卷續稿三卷　(清)王大經撰　清光緒十一年(1885)刻本　六册

320000－1605－0007638　427/21－7
雙佩齋詩文集十三卷　(清)王友亮撰　清刻本　八册

320000－1605－0007639　427/211－1
平園雜著内編十四卷　(清)林有席撰　清道光六年(1826)刻本　六册

320000－1605－0007640　427/211－2
樸學齋藁一卷詩藁十卷　(清)林佶撰　清道光刻本　五册

320000－1605－0007641　427/22－1
淵雅堂編年詩藁十七卷　(清)王芑孫撰　清嘉慶八年(1803)刻本　十二册

320000－1605－0007642　427/22－2
晚聞居士遺集九卷　(清)王宗炎撰　清道光

十一年(1831)刻本　四册

320000－1605－0007643　427/22－3
伊蒿室文集六卷詩集二卷詩餘一卷　(清)王效成撰　清咸豐刻本　三册

320000－1605－0007644　427/22－4
王文直公遺集六卷　(清)王東槐撰　清光緒七年(1881)刻本　六册

320000－1605－0007645　427/22－5
紫薇花館詩文稿四卷　(清)王廷鼎撰　清光緒刻本　一册

320000－1605－0007646　427/225－1
大小雅堂詩鈔十卷文鈔二卷　(清)邵堂撰　清道光刻本　四册

320000－1605－0007647　427/225－2
艾廬遺稿六卷　(清)邵曾鑑撰　清光緒二十二年(1896)刻本　二册

320000－1605－0007648　427/225－3
艾廬遺稿六卷　(清)邵曾鑑撰　清光緒二十二年(1896)刻本　二册

320000－1605－0007649　427/225－4
艾廬遺稿六卷　(清)邵曾鑑撰　清光緒二十二年(1896)刻本　二册

320000－1605－0007650　427/225－5
邵子湘全集三十卷　(清)邵長蘅撰　清光緒二十二年(1896)刻本　十二册

320000－1605－0007651　427/225－6
邵子湘全集三十卷　(清)邵長蘅撰　清光緒二十二年(1896)刻本　十二册

320000－1605－0007652　427/225－7
邵子湘全集三十卷　(清)邵長蘅撰　清光緒二十二年(1896)刻本　十一册　缺三卷(賸稿六至八)

320000－1605－0007653　427/225－8
半巖廬遺集文一卷詩一卷　(清)邵懿辰撰　清光緒三十四年(1908)刻本　二册

320000－1605－0007654　427/225－9
半巖廬遺集文一卷詩一卷　(清)邵懿辰撰　清光緒三十四年(1908)刻本　二册

320000－1605－0007655　427/225－10
玉芝堂文集六卷詩集三卷　(清)邵齊燾撰　清光緒五年(1879)刻本　三册

320000－1605－0007656　427/225－11
玉芝堂文集六卷詩集三卷　(清)邵齊燾撰　清光緒五年(1879)刻本　三册

320000－1605－0007657　427/225－12
西樵詩鈔五卷文鈔一卷　(清)邵玘撰　清刻本　四册

320000－1605－0007658　427/23－1
綠雪堂遺集二十卷　(清)王衍梅撰　清道光十九年(1839)刻本　十册

320000－1605－0007659　427/23－2
綠雪堂遺集二十卷　(清)王衍梅撰　清道光十九年(1839)刻本　六册

320000－1605－0007660　427/242－1
清惠堂集文二卷詩六卷詞二卷　(清)金望欣撰　清道光二十年(1840)刻本　四册

320000－1605－0007661　427/242－2
思貽堂詩文稿十五卷　(清)金衍宗撰　清同治五年(1866)刻本　六册

320000－1605－0007662　427/248－1
柯亭子集詩初集八卷二集五卷三集三卷文集八卷　(清)周沐潤撰　清道光二十八年(1848)刻本　六册

320000－1605－0007663　427/248－2
丹陽周氏家集四種　(清)周玉瓚撰　清光緒五年(1879)刻本　四册

320000－1605－0007664　427/248－3
漚堂集六卷　(清)周星譽撰　清光緒十二年(1886)刻本　一册

320000－1605－0007665　427/248－4
期不負齋全集十四卷　(清)周家楣撰　清光緒二十一年(1895)刻本　八册

320000－1605－0007666　427/248－5
范湖草堂遺稿五卷　(清)周閑撰　清光緒刻本　二册

320000－1605－0007667　427/25
函雅堂集四十卷　(清)王詠霓撰　清光緒十五年(1889)刻本　十册

320000－1605－0007668　427/250－1
草亭先生文集二卷詩集四卷補遺一卷　(清)周篆撰　清嘉慶刻本　二册

320000－1605－0007669　427/250－2
思益堂集二十卷　(清)周壽昌撰　清光緒十四年(1888)刻本　三册　缺二卷(日札十、駢文一)

320000－1605－0007670　427/254
丹魁堂詩集七卷自訂年譜一卷感遇録一卷外集四卷　(清)季芝昌撰　清咸豐十一年(1861)刻本　六册

320000－1605－0007671　427/26－1
養真室詩存三卷詩後集一卷文存一卷文存乙編一卷蟄庵詞一卷　(清)王嘉詵撰　清同治三年(1864)刻本　四册

320000－1605－0007672　427/26－2
養真室詩存三卷詩後集一卷文存一卷文存乙編一卷蟄庵詞一卷　(清)王嘉詵撰　清同治三年(1864)刻本　四册

320000－1605－0007673　427/260
更生齋集文甲集四卷乙集四卷詩集八卷詩續集十卷　(清)洪亮吉撰　清光緒四年(1878)刻本　六册

320000－1605－0007674　427/262
改亭集文集十六卷詩集六卷　(清)計東撰　清刻本　六册

320000－1605－0007675　427/268
姜先生全集三十三卷首一卷　(清)姜宸英撰　清刻本　十六册

320000－1605－0007676　427/27－1
嘯竹堂集九種　(清)王錫撰　清初刻本　六册

320000－1605－0007677　427/27－2
白田草堂存稿二十四卷　(清)王懋竑撰　清乾隆刻本　八册

320000－1605－0007678　427/27－3
柳南文鈔六卷詩鈔十卷　(清)王應奎撰　清乾隆刻本　八册

320000－1605－0007679　427/27－4
波餘遺稿一卷　(清)王翼孫撰　清嘉慶九年(1804)刻本　二册

320000－1605－0007680　427/27－5
煙霞萬古樓文集六卷詩選二卷附秋紅丈室遺詩一卷　(清)王曇撰　清嘉慶刻本　三册

320000－1605－0007681　427/27－6
弇山詩鈔二十一卷附文鈔一卷末二卷　(清)王霖撰　清道光刻本　八册

320000－1605－0007682　427/27－7
曉庵先生遺集五卷　(清)王錫闡撰　清光緒九年(1883)刻本　三册

320000－1605－0007683　427/27－8
曉庵先生遺集五卷　(清)王錫闡撰　清光緒九年(1883)刻本　三册

320000－1605－0007684　427/27－9
湘綺樓全集三十卷　王闓運撰　清光緒三十三年(1907)刻本　十六册

320000－1605－0007685　427/27－10
王壬秋全集三十卷　王闓運撰　清宣統二年(1910)石印本　十二册

320000－1605－0007686　427/271－1
緑蘿山莊文集二十四卷詩集三十二卷　(清)胡浚撰　清乾隆二十一年(1756)刻本　十八册

320000－1605－0007687　427/271－2
石笥山房集二十三卷　(清)胡天游撰　清道光二十六年(1846)刻本　十册

320000－1605－0007688　427/271－3

石笥山房集二十三卷　（清）胡天游撰　清道光二十六年（1846）刻本　十册

320000－1605－0007689　427/271－4
柳渠文集六卷詩集六卷　（清）胡豹變撰　清同治七年（1868）刻本　十二册

320000－1605－0007690　427/271－5
退補齋詩文存二十八卷　（清）胡鳳丹撰　清同治十二年（1873）刻本　八册

320000－1605－0007691　427/271－6
玉津閣集十二種　（清）胡薇元撰　清光緒刻本　十二册

320000－1605－0007692　427/279
灃西草堂集八卷附録一卷　（清）柏景偉撰　清同治三年（1864）刻本　五册

320000－1605－0007693　427/283
菽原堂初集十卷　（清）查初揆撰　清嘉慶八年（1803）刻本　四册

320000－1605－0007694　427/300－1
退思文存一卷詩存四卷　（清）范志熙撰　清光緒十四年（1888）刻本　十册

320000－1605－0007695　427/300－2
范忠貞公全集五卷　（清）范承謨撰　清光緒二十一年（1895）刻本　四册

320000－1605－0007696　427/300－3
蠡園全集詩存一卷文存一卷詩話一卷對聯大備一卷　（清）范啟璋撰　清光緒三十三年（1907）刻本　四册

320000－1605－0007697　427/302
寒碧孤吟一卷集美人名詩一卷蘭言一卷岕茶匯鈔一卷　（清）冒襄撰　清宣統元年（1909）刻本　一册

320000－1605－0007698　427/311－1
孝思堂全集十卷　（清）侯七乘撰　清光緒刻本　十册

320000－1605－0007699　427/311－2
壯悔堂文集十九卷　（清）侯方域撰　清光緒四年（1878）刻本　六册

320000－1605－0007700　427/312
笠東草堂遺稿二卷　（清）俞岳撰　清光緒十七年（1891）刻本　二册

320000－1605－0007701　427/316－1
姚端恪公集四十八卷末一卷　（清）姚文然撰　清康熙二十三年（1684）刻本　二十四册

320000－1605－0007702　427/316－2
邃雅堂集十卷續編一卷　（清）姚文田撰　清道光刻本　十二册

320000－1605－0007703　427/316－3
邃雅堂集十卷續編一卷　（清）姚文田撰　清道光刻本　五册

320000－1605－0007704　427/316－4
伯山詩文集十八卷附日記一卷　（清）姚柬之撰　清道光二十八年（1848）刻本　十册

320000－1605－0007705　427/316－5
中復堂全集十種　（清）姚瑩撰　清同治六年（1867）刻本　二十四册

320000－1605－0007706　427/316－6
中復堂全集十種　（清）姚瑩撰　清同治六年（1867）刻本　十二册　存三種二十五卷（東溟奏稿一至四、康輶紀行一至十六、東槎紀略一至五）

320000－1605－0007707　427/316－7
瓶山草堂集六卷　（清）姚光晉撰　清同治十年（1871）刻本　二册

320000－1605－0007708　427/316－8
景詹閣遺文一卷　（清）姚諶撰　清光緒刻本　一册

320000－1605－0007709　427/316－9
大梅山館集三種疏影樓詞四種　（清）姚燮撰　清刻本　十六册

320000－1605－0007710　427/316－10
大梅山館集三種疏影樓詞四種　（清）姚燮撰　清刻本　十册

320000－1605－0007711　427/320－1
紀文達公遺集文十六卷詩十六卷　（清）紀昀

撰　清嘉慶刻本　十八册

320000－1605－0007712　427/320－2
紀文達公遺集文十六卷詩十六卷　(清)紀昀撰　清嘉慶刻本　十二册

320000－1605－0007713　427/328
思無邪齋詩存八卷文存六卷　(清)宮爾鐸撰　清光緒十四年(1888)刻本　四册

320000－1605－0007714　427/33－1
西堂全集十五種　(清)尤侗撰　清康熙四十四年(1705)刻本　二十三册　缺三卷(論語詩一卷、右北平集一卷、看雲草堂集一卷)

320000－1605－0007715　427/33－2
西堂全集十五種　(清)尤侗撰　清刻本　二十四册

320000－1605－0007716　427/332－1
續東軒遺集四卷　(清)高均儒撰　清光緒七年(1881)刻本　四册

320000－1605－0007717　427/332－2
高陶堂遺集四種　(清)高心夔撰　清光緒刻本　四册

320000－1605－0007718　427/332－3
高陶堂遺集四種　(清)高心夔撰　清光緒刻本　四册

320000－1605－0007719　427/332－4
高陶堂遺集四種　(清)高心夔撰　清光緒刻本　四册

320000－1605－0007720　427/332－5
高陶堂遺集四種　(清)高心夔撰　清光緒刻本　四册

320000－1605－0007721　427/337
唐確慎公集十卷　(清)唐鑑撰　清光緒元年(1875)刻本　六册

320000－1605－0007722　427/341
唐確慎公集十卷　(清)唐鑑撰　清光緒刻本　十册

320000－1605－0007723　427/347
小峴山人詩集十卷文集六卷　(清)秦瀛撰　清嘉慶五年(1800)刻本　八册

320000－1605－0007724　427/35
心白日齋集六卷　(清)尹耕雲撰　清光緒刻本　四册

320000－1605－0007725　427/351
樂道堂集十種　(清)奕訢撰　清同治刻本　十册

320000－1605－0007726　427/352－1
匡庵文集不分卷詩前集十六卷詩集六卷　(清)馬世俊撰　清光緒木活字印本　八册

320000－1605－0007727　427/352－2
翊翊齋遺書四卷　(清)馬翮飛撰　清刻本　一册

320000－1605－0007728　427/357－1
邃懷堂全集三十八卷　(清)袁翼撰　清光緒十三年(1887)刻本　二十二册

320000－1605－0007729　427/357－2
邃懷堂全集三十八卷　(清)袁翼撰　清光緒十三年(1887)刻本　二十二册

320000－1605－0007730　427/359－1
小潛樓詩集四卷文集四卷　(清)袁梓貴撰　清光緒元年(1875)刻本　四册

320000－1605－0007731　427/359－2
漸西邨人初集十三卷安般簃集十卷春闈雜詠一卷附録一卷于湖小集六卷金陵雜事詩一卷于湖題襟集十卷桐溪耆隱集一卷補一卷　(清)袁昶撰　**榆園雜興詩一卷**　(清)袁振業撰　清光緒刻本　十五册

320000－1605－0007732　427/359－3
隨園三十八種　(清)袁枚撰　清光緒鉛印本　十二册

320000－1605－0007733　427/359－4
小倉山房集□□卷　(清)袁枚撰　清光緒十八年(1892)鉛印本　九册　存三十七卷(詩集三十六、詩集補遺二、文集五至二十四、續文集二十五至三十五、外集一至四)

320000－1605－0007734　427/359－5
銅井山房類稿二卷　（清）袁蘭升撰　清光緒二十一年（1895）刻本　一册

320000－1605－0007735　427/359－6
適園雜俎四卷　（清）袁學瀾撰　清刻本　一册

320000－1605－0007736　427/375－1
夏峯先生集十四卷補遺二卷　（清）孫奇逢撰　清道光二十五年（1845）刻本　十六册

320000－1605－0007737　427/375－2
遜學齋詩文鈔二十二卷　（清）孫衣言撰　清同治十二年（1873）刻本　六册

320000－1605－0007738　427/375－3
愛日堂全集文集八卷詩集二卷外集一卷附録一卷　（清）孫宗彝撰　清同治補刻本　六册

320000－1605－0007739　427/376－1
天真閣集五十四卷外集六卷　（清）孫原湘撰　**長真閣集八卷**　（清）席佩蘭撰　清嘉慶五年（1800）刻本　十六册

320000－1605－0007740　427/376－2
天真閣集五十四卷外集六卷　（清）孫原湘撰　清嘉慶五年（1800）刻本　九册

320000－1605－0007741　427/376－3
天真閣集五十四卷外集六卷　（清）孫原湘撰　**長真閣詩集七卷**　（清）席佩蘭撰　清光緒十七年（1891）刻本　十二册

320000－1605－0007742　427/390
畬香草存四卷　（清）倪元坦撰　清嘉慶刻本　二册

320000－1605－0007743　427/393－1
山滿樓集七卷補遺一卷詞鈔三卷　（清）徐金鏡撰　**筠窗詩録一卷**　（清）徐德源撰　清道光二十九年（1849）刻本　六册

320000－1605－0007744　427/393－2
憺園全集三十六卷　（清）徐乾學撰　清光緒九年（1883）刻本　十六册

320000－1605－0007745　427/393－3
敦艮吉齋集六卷附劫餘小録一卷　（清）徐子苓撰　清光緒十二年（1886）刻本　六册

320000－1605－0007746　427/393－4
日損齋文稿一卷詩稿一卷　（清）徐敦仁撰　清光緒十五年（1889）刻本　一册

320000－1605－0007747　427/393－5
日損齋文稿一卷詩稿一卷　（清）徐敦仁撰　清光緒十五年（1889）刻本　一册

320000－1605－0007748　427/393－6
日損齋文稿一卷詩稿一卷　（清）徐敦仁撰　清光緒十五年（1889）刻本　一册

320000－1605－0007749　427/393－7
南州草堂集三十卷　（清）徐釚撰　清康熙三十四年（1695）刻本　八册

320000－1605－0007750　427/393－8
善思齋文鈔九卷詩鈔七卷　（清）徐宗亮撰　清刻本　四册

320000－1605－0007751　427/393－9
小不其山房集經二卷文二卷駢文二卷賦六卷　（清）徐有珂撰　清刻本　八册

320000－1605－0007752　427/393－10
一規八棱硯齋集詩鈔六卷詞鈔一卷文鈔一卷詩文鈔一卷　（清）徐廷華撰　清刻本　四册

320000－1605－0007753　427/396－1
樗園消夏録三卷　（清）郭麐撰　清刻本　一册

320000－1605－0007754　427/396－2
宫閨小名録五卷　（清）尤侗撰　清刻本　一册

320000－1605－0007755　427/399
齊莊中正堂詩鈔十七卷首一卷　（清）殷兆鏞撰　清光緒五年（1879）刻本　四册

320000－1605－0007756　427/402－1
頻羅庵遺集七種　（清）梁同書撰　清刻本　六册

320000－1605－0007757　427/402－2

頻羅庵遺集七種 (清)梁同書撰　清刻本　五冊

320000－1605－0007758　427/402－3
頻羅庵遺集十六卷 (清)梁同書撰　清抄本　一冊　存二卷(四至五)

320000－1605－0007759　427/407－1
古春軒詩鈔二卷 (清)梁德繩撰　**鑑止水齋集二十卷** (清)許宗彥撰　清咸豐二年至八年(1852－1858)刻本　八冊

320000－1605－0007760　427/407－2
古春軒詩鈔二卷 (清)梁德繩撰　**鑑止水齋集二十卷** (清)許宗彥撰　清咸豐二年至八年(1852－1858)刻本　八冊

320000－1605－0007761　427/407－3
玉井山館文略五卷文續二卷詩十五卷詩餘一卷 (清)許宗衡撰　清同治九年(1870)刻本　五冊

320000－1605－0007762　427/407－4
許玉峯先生集三卷附録一卷 (清)許鼎撰　清同治五年(1866)刻本　二冊

320000－1605－0007763　427/41
空山堂文集十二卷詩六卷 (清)牛運震撰　清嘉慶刻本　八冊

320000－1605－0007764　427/412－1
靈芬館集五種 (清)郭麐撰　清嘉慶十二年(1807)刻本　六冊　缺一種二卷(懺餘綺語二卷)

320000－1605－0007765　427/412－2
郭大理遺稿八卷 (清)郭蘭石撰　清道光四年(1824)刻本　四冊

320000－1605－0007766　427/412－3
天開圖畫樓文稿四卷擊鉢吟存稿四卷石泉集四卷變雅斷章衍義一卷嘐嘐言六卷天開圖畫樓試帖四卷 (清)郭柏蔭撰　清同治刻本　四冊

320000－1605－0007767　427/412－4
天開圖畫樓文稿四卷試帖四卷 (清)郭柏蔭撰　清同治刻本　四冊

320000－1605－0007768　427/412－5
養知書屋文集二十八卷詩集十五卷 (清)郭嵩燾撰　清光緒刻本　十四冊　存三十五卷(文集二十八卷,詩集一至四、十三至十五)

320000－1605－0007769　427/417
柏鳳山人全集二種 (清)敖冊賢撰　清光緒十三年(1887)刻本　四冊

320000－1605－0007770　427/420－1
四焉齋文集八卷詩集六卷 (清)曹一士撰　清乾隆十五年(1750)刻本　五冊

320000－1605－0007771　427/420－2
東巡八賦一卷 (清)曹秀先撰　清乾隆刻本　一冊

320000－1605－0007772　427/420－3
復盦詩文集三種類稿八卷公牘四卷鬻字齋詩略四卷 曹允源撰　清光緒二十八年(1902)刻本　四冊

320000－1605－0007773　427/423－1
柏梘山房集三十一卷 (清)梅曾亮撰　清咸豐六年(1856)刻本　十冊

320000－1605－0007774　427/423－2
柏梘山房集三十一卷 (清)梅曾亮撰　清咸豐六年(1856)刻本　六冊

320000－1605－0007775　427/428－1
陶園文集八卷詩集二十二卷詩餘二卷 (清)張九鉞撰　清道光七年(1827)刻本　八冊

320000－1605－0007776　427/428－2
嘉樹山房集二十卷 (清)張士元撰　清光緒刻本　六冊

320000－1605－0007777　427/428－3
秀野山房二集二集雜著一卷詩草一卷 (清)張世煒撰　清刻本　六冊

320000－1605－0007778　427/429－1
小安樂窩文集四卷詩存一卷 (清)張海珊撰　清道光十一年(1831)刻本　二冊

320000－1605－0007779　427/429－2
小安樂窩文集四卷詩存一卷　(清)張海珊撰　清道光十一年(1831)刻本　二册

320000－1605－0007780　427/429－3
介軒文鈔八卷詩鈔十卷　(清)張振夔撰　清同治刻本　八册

320000－1605－0007781　427/429－4
忍盦未定稿十二卷　張炳翔撰　稿本　十二册

320000－1605－0007782　427/429－5
三省樓賸稿一卷　(清)張婉撰　清光緒鉛印本　一册

320000－1605－0007783　427/429－6
小重山房初稿二卷詩續十二卷　(清)張祥河撰　清刻本　五册

320000－1605－0007784　427/430－1
積石齋詩存文稿二十二卷附録二卷　(清)張履撰　清光緒二十年(1894)刻本　八册

320000－1605－0007785　427/430－2
清河伯子雲若氏文存不分卷　(清)張雲若撰　稿本　七册

320000－1605－0007786　427/430－3
萬松雲海堂文録六卷詩録七卷　(清)張肇辰撰　清刻本　二册　存十一卷(文録二至六、詩録二至七)

320000－1605－0007787　427/431－1
溆里集詩三卷文二卷　(清)張衢撰　清刻本　一册

320000－1605－0007788　427/431－2
思誠堂集八卷　(清)張鏞撰　清光緒十三年(1887)刻本　四册

320000－1605－0007789　427/434－1
桴亭先生詩鈔八卷文鈔六卷　(清)陸世儀撰　(清)葉裕仁編　清同治九年(1870)刻本　四册

320000－1605－0007790　427/434－2
懷白軒初稿十四卷　(清)陸初望撰　清同治刻本　二册

320000－1605－0007791　427/439－1
善卷堂四六十卷　(清)陸繁弨撰　(清)吳自高註　清乾隆三十五年(1770)刻本　八册

320000－1605－0007792　427/439－2
崇百藥齋文集二十卷續集四卷三集十二卷　(清)陸繼輅撰　清嘉慶二十五年至道光八年(1820－1828)刻本　六册　缺八卷(三集五至十二)

320000－1605－0007793　427/439－3
三魚堂全集三十卷　(清)陸隴其撰　清同治七年(1868)刻本　六册

320000－1605－0007794　427/439－4
崇百藥齋文集二十卷續集四卷三集十二卷合肥學舍札記十二卷　(清)陸繼輅撰　**五真閣吟藁一卷**　(清)錢惠尊撰　清光緒四年(1878)刻本　十六册

320000－1605－0007795　427/439－5
崇百藥齋文集二十卷續集四卷三集十二卷合肥學舍札記十二卷　(清)陸繼輅撰　**五真閣吟藁一卷**　(清)錢惠尊撰　清光緒四年(1878)刻本　十六册

320000－1605－0007796　427/439－6
切問齋集十二卷　(清)陸燿撰　清光緒十八年(1892)刻本　四册

320000－1605－0007797　427/439－7
切問齋集十二卷　(清)陸燿撰　清光緒十八年(1892)刻本　四册

320000－1605－0007798　427/439－8
嶺上白雲集十二卷廊翁文鈔四卷　(清)陸懋修撰　清光緒二十三年(1897)刻本　四册

320000－1605－0007799　427/439－9
笠澤叢書四卷補遺一卷　(唐)陸龜蒙撰　清刻本　四册

320000－1605－0007800　427/442－1
午亭文編五十卷　(清)陳廷敬撰　(清)林佶輯　清康熙四十七年(1708)刻本　十六册

320000－1605－0007801　427/442－2
謙受堂全集三十卷　(清)陳廷慶撰　清道光十二年(1832)刻本　八册

320000－1605－0007802　427/442－3
微塵集五卷　(清)陳沂震撰　清咸豐元年(1851)抄本　一册

320000－1605－0007803　427/442－4
簡學齋詩存四卷館課賦續鈔一卷館課賦存一卷律存一卷　(清)陳沆撰　清咸豐刻本　三册

320000－1605－0007804　427/442－5
紫竹山房詩文集二種　(清)陳兆崙撰　清刻本　十二册

320000－1605－0007805　427/445－1
凝齋先生遺集八卷末一卷　(清)陳道撰　清乾隆二十七年(1762)刻本　四册

320000－1605－0007806　427/445－2
白雲詩文集七卷　(清)陳斌撰　清嘉慶十二年(1807)刻本　六册

320000－1605－0007807　427/445－3
湘煙小録二種　(清)陳裴之編　清光緒十二年(1886)刻本　二册

320000－1605－0007808　427/446－1
陳迦陵文集六卷儷體文集十卷詞全集三十卷　(清)陳維崧撰　清康熙刻本　十二册

320000－1605－0007809　427/446－2
陳迦陵文集六卷儷體文集十卷詞全集三十卷　(清)陳維崧撰　清康熙刻本　二十二册

320000－1605－0007810　427/446－3
陳學士文集十八卷　(清)陳儀撰　清乾隆十八年(1753)刻本　八册

320000－1605－0007811　427/446－4
東觀存稿一卷　(清)陳壽祺撰　清嘉慶、道光刻本　二册

320000－1605－0007812　427/446－5
籀經堂集十四卷補遺二卷　(清)陳慶鏞撰　清同治十三年(1874)刻本　四册

320000－1605－0007813　427/446－6
柏堂賸稿三種　(清)陳爾幹　(清)楊德榮撰　清光緒八年(1882)刻本　一册

320000－1605－0007814　427/446－7
湖海樓全集四種　(清)陳維崧撰　清光緒十七年(1891)刻本　十六册

320000－1605－0007815　427/446－8
湖海樓全集四種　(清)陳維崧撰　清光緒十七年(1891)刻本　二十八册

320000－1605－0007816　427/446－9
運甓齋文稿六卷文稿續編六卷贈言録四卷　(清)陳勱撰　清光緒刻本　十册

320000－1605－0007817　427/446－10
陳檢討集十二卷詩鈔十卷詞十二卷　(清)陳維崧撰　清刻本　六册

320000－1605－0007818　427/447
簡莊文鈔六卷續編二卷河莊詩鈔一卷　(清)陳鱣撰　清光緒十四年(1888)刻本　二册

320000－1605－0007819　427/449－1
陶文毅公集六十四卷首一卷末一卷　(清)陶澍撰　清道光刻本　二十四册

320000－1605－0007820　427/449－2
泊鷗山房集三十八卷　(清)陶元藻撰　清乾隆衡河草堂刻本　十六册

320000－1605－0007821　427/449－3
泊鷗山房集三十八卷　(清)陶元藻撰　清乾隆衡河草堂刻本　十册

320000－1605－0007822　427/449－4
紅豆樹館詩詞集二十二卷　(清)陶樑撰　清刻本　四册

320000－1605－0007823　427/454－1
虛一齋集五卷　(清)莊培因撰　清光緒九年(1883)刻本　二册

320000－1605－0007824　427/454－2
虛一齋集五卷　(清)莊培因撰　清光緒九年(1883)刻本　二册

320000－1605－0007825　427/471－1
湯子遺書十卷附録一卷　(清)湯斌撰　清康熙刻本　六册

320000－1605－0007826　427/471－2
湯子遺書節要八卷　(清)湯斌撰　(清)彭定求輯　清道光七年(1827)刻本　二册

320000－1605－0007827　427/471－3
寸心知室詩文集六卷隨筆一卷　(清)湯金釗撰　清咸豐刻本　四册

320000－1605－0007828　427/471－4
寸心知室詩文集六卷隨筆一卷自訂年譜一卷　(清)湯金釗撰　清咸豐刻本　四册

320000－1605－0007829　427/471－5
聽雲僊館集十卷　(清)湯成彦撰　清同治九年(1870)刻本　五册

320000－1605－0007830　427/471－6
潛庵先生全集五卷　(清)湯斌撰　清同治十二年(1873)刻本　六册

320000－1605－0007831　427/473－1
今白華堂集四種　(清)童槐撰　清刻本　八册

320000－1605－0007832　427/473－2
睫巢鏡影不分卷　(清)童葉庚撰　清光緒十六年(1890)刻本　一册　存四篇(静觀自得録、説快又續筆、雕玉雙聯、醉目隱語)

320000－1605－0007833　427/475－1
泰雲堂全集十八卷　(清)孫爾準撰　清刻本　四册

320000－1605－0007834　427/475－2
泰雲堂全集十八卷　(清)孫爾準撰　清刻本　四册

320000－1605－0007835　427/476
甌香館集十二卷補遺一卷　(清)惲格撰　清刻本　四册

320000－1605－0007836　427/477－1
孟亭居士文稿五卷詩稿四卷　(清)馮浩撰　清嘉慶刻本　十册

320000－1605－0007837　427/477－2
顯志堂稿十二卷　(清)馮桂芬撰　清光緒二年(1876)刻本　六册

320000－1605－0007838　427/486－1
恩餘堂集四十九卷　(清)彭元瑞撰　清乾隆刻本　十八册

320000－1605－0007839　427/486－2
恩餘堂輯稿四卷　(清)彭元瑞撰　清道光七年(1827)刻本　二册

320000－1605－0007840　427/486－3
小謨觴館詩集八卷詩餘一卷文集四卷附懺摩録一卷　(清)彭兆蓀撰　清嘉慶十一年(1806)刻本　四册

320000－1605－0007841　427/486－4
小謨觴館集十七卷　(清)彭兆蓀撰　清同治十三年(1874)刻本　六册

320000－1605－0007842　427/486－5
歸樸龕叢稿十二卷續編四卷　(清)彭藴章撰　清道光二十八年(1848)刻本　四册

320000－1605－0007843　427/486－6
松風閣詩鈔二十六卷　(清)彭藴章撰　清同治七年(1868)刻本　一册　存三卷(十九至二十一)

320000－1605－0007844　427/486－7
南畇先生詩録二卷文録二卷　(清)彭定求撰　(清)彭紹升編訂　清同治十二年(1873)刻本　二册

320000－1605－0007845　427/486－8
秋士先生遺集五卷　(清)彭績撰　清光緒七年(1881)刻本　二册

320000－1605－0007846　427/486－9
酌雅齋文集一卷　(清)彭希鄭撰　清光緒刻本　一册

320000－1605－0007847　427/486－10
酌雅齋文集一卷　(清)彭希鄭撰　清光緒刻本　一册

320000－1605－0007848　427/486－11

賜硯堂四種　(清)彭浚撰　清刻本　六册

320000－1605－0007849　427/486－12

彭羨門全集十三卷　(清)彭孫遹撰　清石印本　十二册

320000－1605－0007850　427/486－13

璞齋集詩四卷詞一卷　(清)諸可寶撰　清光緒十四年(1888)木活字印本　五册

320000－1605－0007851　427/486－14

璞齋集詩六卷詞一卷　(清)諸可寶撰　**清足居集一卷蕉窗詞一卷**　(清)鄧瑜撰　清光緒二十二年(1896)刻本　四册

320000－1605－0007852　427/491－1

南雷文定前集十一卷後集四卷三集三卷詩曆四卷　(清)黄宗羲撰　清康熙二十七年(1688)刻本　六册

320000－1605－0007853　427/491－2

唐堂集五十卷　(清)黄之雋撰　清乾隆六年(1741)刻本　十二册

320000－1605－0007854　427/491－3

唐堂集五十卷　(清)黄之雋撰　清乾隆刻本　二十四册

320000－1605－0007855　427/491－4

唐堂集補集二卷　(清)黄之雋撰　清刻本　一册

320000－1605－0007856　427/491－5

秋禽遺稿一卷　(清)黄易撰　清宣統二年(1910)石印本　一册

320000－1605－0007857　427/494－1

兩當軒集二十卷考異二卷附録六卷　(清)黄景仁撰　清同治十二年(1873)木活字印本　六册

320000－1605－0007858　427/494－2

兩當軒集二十二卷考異二卷附録四卷　(清)黄景仁撰　清光緒二年(1876)刻本　六册

320000－1605－0007859　427/502

依舊草堂遺稿一卷　(清)費丹旭撰　清同治八年(1869)鉛印本　一册

320000－1605－0007860　427/506－1

寒香館集十二卷　(清)賀熙齡撰　清道光刻本　六册

320000－1605－0007861　427/506－2

耐庵文存六卷詩存三卷　(清)賀長齡撰　清咸豐十一年(1861)刻本　四册

320000－1605－0007862　427/506－3

耐庵文存六卷詩存三卷　(清)賀長齡撰　清咸豐十一年(1861)刻本　五册

320000－1605－0007863　427/514

愢諟齋初稿十卷　(清)喻長霖撰　清宣統三年(1911)鉛印本　六册

320000－1605－0007864　427/520

吉堂詩文稿二十卷　(清)欽善撰　清嘉慶二十五年(1820)刻本　六册

320000－1605－0007865　427/522

秋心集一卷　(清)舒夢蘭撰　清嘉慶十九年(1814)刻本　一册

320000－1605－0007866　427/523－1

梧生詩鈔十卷文鈔十卷　(清)傅桐撰　清同治三年(1864)刻本　八册

320000－1605－0007867　427/523－2

霜紅龕集四十四卷　(清)傅山撰　清宣統刻本　十二册

320000－1605－0007868　427/525

雕菰集二十四卷　(清)焦循撰　清道光四年(1824)刻本　七册

320000－1605－0007869　427/527

樂山堂詩文鈔十二卷　(清)曾興仁撰　清道光十四年(1834)刻本　四册

320000－1605－0007870　427/533

抱犢山房集六卷　(清)嵇永仁撰　清同治元年(1862)刻本　二册

320000－1605－0007871　427/535－1

勉行堂詩集二十四卷文集六卷首一卷　(清)程晉芳撰　清嘉慶二十三年至二十五年(1818－1820)刻本　四册

320000－1605－0007872　427/535－2
勉行堂詩集二十四卷文集六卷首一卷　（清）程晉芳撰　清嘉慶二十三年至二十五年(1818－1820)刻本　二册

320000－1605－0007873　427/535－3
程侍郎遺集十卷　（清）程恩澤撰　清道光二十六年(1846)刻本　二册

320000－1605－0007874　427/535－4
嶺南集七卷　（清）程含章撰　清道光刻本　八册

320000－1605－0007875　427/535－5
楚望閣詩集十卷美人長壽盦詞集六卷　程頌萬撰　清光緒二十六年至二十七年(1900－1901)刻本　二册

320000－1605－0007876　427/556－1
芙蓉山館文鈔不分卷詩鈔不分卷　（清）楊芳燦撰　清乾隆刻本　四册

320000－1605－0007877　427/556－2
移芝室集十六卷　（清）楊彝珍撰　清同治七年(1868)刻本　五册

320000－1605－0007878　427/556－3
汀鷺文鈔三卷詩鈔一卷詩餘一卷　（清）楊傳第撰　清同治十一年(1872)刻本　二册

320000－1605－0007879　427/556－4
汀鷺文鈔三卷詩鈔一卷詩餘一卷　（清）楊傳第撰　清同治十一年(1872)刻本　二册

320000－1605－0007880　427/556－5
蘇盦集詩録八卷詞録一卷文録二卷駢文録五卷　（清）楊葆光撰　清光緒九年(1883)刻本　五册

320000－1605－0007881　427/556－6
蘇盦集詩録八卷詞録一卷文録二卷駢文録五卷　（清）楊葆光撰　清光緒九年(1883)刻本　五册

320000－1605－0007882　427/556－7
遲鴻軒文棄二卷　（清）楊峴撰　清光緒十一年(1885)刻本　一册

320000－1605－0007883　427/556－8
遲鴻軒詩棄四卷文棄二卷詩文續二卷　（清）楊峴撰　清光緒十一年(1885)刻本　三册

320000－1605－0007884　427/556－9
遲鴻軒詩棄四卷　（清）楊峴撰　清光緒十二年(1886)刻本　一册

320000－1605－0007885　427/556－10
芙蓉山館文鈔八卷　（清）楊芳燦撰　清光緒十七年(1891)刻本　八册

320000－1605－0007886　427/556－11
遲鴻軒詩文續二卷　（清）楊峴撰　清光緒刻本　一册

320000－1605－0007887　427/556－12
秋室集十卷　（清）楊鳳苞撰　清光緒刻本　二册

320000－1605－0007888　427/556－13
裒遺草堂詩鈔十卷　（清）楊翰撰　清刻本　十册

320000－1605－0007889　427/562－1
葉忠節公遺稿十二卷　（清）葉映榴撰　清雍正刻本　四册

320000－1605－0007890　427/562－2
葉忠節公遺稿十二卷　（清）葉映榴撰　清雍正刻本　四册

320000　1605　0007891　427/568
味無味齋詩鈔七卷駢文二卷雜文一卷　（清）董兆熊撰　清同治十三年至光緒元年(1874－1875)刻本　二册

320000－1605－0007892　427/598－1
巢寄遺稿八卷　（清）趙同翩撰　清道光十五年(1835)刻本　六册

320000－1605－0007893　427/598－2
讀書堂全集四十六卷　（清）趙士麟撰　清光緒十九年(1893)刻本　十二册

320000－1605－0007894　427/598－3
趙吉士先生集五卷　（清）趙吉士撰　清刻本　四册

320000－1605－0007895　427/599－1
飴山文集十二卷附録一卷詩集二十卷禮俗權衡二卷聲調譜三卷談龍録一卷　(清)趙執信撰　清乾隆三十九年(1774)刻本　十册

320000－1605－0007896　427/599－2
青草堂集十二卷二集十六卷　(清)趙國華撰　清光緒刻本　十册

320000－1605－0007897　427/600－1
滬月軒詩集二卷詩續集二卷文集一卷文續集一卷詩餘一卷　(清)趙棻撰　清同治十二年(1873)刻本　五册

320000－1605－0007898　427/600－2
趙忠節公遺墨一卷　(清)趙景賢撰　清刻本　一册

320000－1605－0007899　427/600－3
趙忠節公遺墨一卷　(清)趙景賢撰　清刻本　一册

320000－1605－0007900　427/601
亦有生齋文鈔二十卷詩鈔三十二卷樂府二卷詞五卷　(清)趙懷玉撰　清嘉慶二十二年(1817)刻本　二十四册

320000－1605－0007901　427/61－1
慎盦詩鈔二卷文鈔二卷　(清)左宗植撰　清光緒元年(1875)刻本　四册

320000－1605－0007902　427/61－2
慎盦詩鈔二卷文鈔二卷　(清)左宗植撰　清光緒元年(1875)刻本　四册

320000－1605－0007903　427/613
韞山堂全集二十四卷　(清)管世銘撰　清光緒二十年(1894)刻本　五册

320000－1605－0007904　427/618－1
讀書延年堂集五十七卷　(清)熊少牧撰　清咸豐九年(1859)刻本　二十册

320000－1605－0007905　427/618－2
蘇林詩賸一卷附海琴樓遺文一卷　(清)熊其光撰　**含齋詩賸一卷**　(清)熊其英撰　清光緒十七年(1891)刻本　一册

320000－1605－0007906　427/622－1
遂初堂集四十卷　(清)潘耒撰　清雍正刻本　十六册

320000－1605－0007907　427/622－2
三松堂集十六卷　(清)潘奕雋撰　清嘉慶八年(1803)刻本　四册

320000－1605－0007908　427/622－3
三松堂集三十卷年譜一卷　(清)潘奕雋撰　清同治九年(1870)刻本　十册

320000－1605－0007909　427/622－4
三松堂集三十卷年譜一卷　(清)潘奕雋撰　清同治九年(1870)刻本　十册

320000－1605－0007910　427/622－5
養一齋集六十卷　(清)潘德輿撰　清道光二十九年(1849)刻本　二十册

320000－1605－0007911　427/622－6
潘少白集十五卷　(清)潘諮撰　清道光二十四年(1844)刻本　十一册

320000－1605－0007912　427/622－7
西圃集十卷續集四卷補遺一卷題畫詩一卷　(清)潘遵祁撰　清同治刻本　四册

320000－1605－0007913　427/622－8
西圃集四卷　(清)潘遵祁撰　清光緒刻本　二册

320000－1605－0007914　427/622－9
西圃集十卷續集四卷補遺一卷詞續一卷詞三續一卷題畫詩一卷續一卷文集四卷補遺一卷　(清)潘遵祁撰　清光緒刻本　六册

320000－1605－0007915　427/622－10
聽香室遺稿五卷　(清)潘誠貴撰　清光緒四年(1878)刻本　二册

320000－1605－0007916　427/641
樊山集八十一卷　樊增祥撰　清光緒十九年(1893)刻本　二十四册

320000－1605－0007917　427/644
樊榭山房全集四十七卷　(清)厲鶚撰　清光緒十年(1884)刻本　十二册

320000－1605－0007918　427/645
鄧林唱和詩詞合刻不分卷　(清)鄧廷楨 (清)林則徐撰　清宣統元年(1909)刻本　一册

320000－1605－0007919　427/650－1
忠雅堂詩集二十七卷補遺二卷詞集二卷文集十二卷清容外集九種　(清)蔣士銓撰　清道光二十三年(1843)刻本　四十八册

320000－1605－0007920　427/650－2
百合詞二卷　(清)蔣坦撰　清咸豐二年(1852)刻本　一册

320000－1605－0007921　427/654－1
西礦山房詩録二卷文録二卷　(清)蔡復午撰　清道光十二年(1832)刻本　二册

320000－1605－0007922　427/654－2
謙齋文集十二卷首一卷詩集八卷首一卷　(清)蔡仲光撰　清咸豐三年(1853)刻本　七册　缺六卷(文集九至十二、詩集七至八)

320000－1605－0007923　427/654－3
鷗跡集二十一卷　(清)蔡受撰　清光緒三年(1877)刻本　四册

320000－1605－0007924　427/661－1
吞松閣集四十卷　(清)鄭虎文撰　清嘉慶十六年(1811)刻本　八册

320000－1605－0007925　427/661－2
補學軒文集外編四卷　(清)鄭獻甫撰　清光緒八年(1882)刻本　二册　存二卷(一至二)

320000－1605－0007926　427/661－3
補學軒詩集十卷文集外編四卷　(清)鄭獻甫撰　(清)林肇元編輯　清光緒五年至八年(1879－1882)刻本　八册

320000－1605－0007927　427/661－4
遵義鄭徵君遺箸五種　(清)鄭珍撰　清刻本　八册

320000－1605－0007928　427/661－5
板橋集六編　(清)鄭燮撰　清刻本　四册

320000－1605－0007929　427/661－6
鄭板橋全集六編　(清)鄭燮撰　清宣統元年(1909)石印本　四册

320000－1605－0007930　427/661－7
板橋家書一卷題畫一卷　(清)鄭燮撰　清末影印本　一册

320000－1605－0007931　427/665
仲實二種詩存二卷類稿一卷　(清)魯仲實撰　清刻本　二册

320000－1605－0007932　427/671
託素齋詩集四卷文集六卷　(清)黎士弘撰　清雍正二年(1724)刻本　二十册

320000－1605－0007933　427/674－1
劉孟塗集四十四卷　(清)劉開撰　清道光六年(1826)刻本　八册

320000－1605－0007934　427/674－2
孟塗先生遺集二卷　(清)劉開撰　清刻本　二册

320000－1605－0007935　427/674－3
尚絅堂集五十六卷　(清)劉嗣綰撰　清道光六年(1826)刻本　十册

320000－1605－0007936　427/674－4
尚絅堂集五十六卷　(清)劉嗣綰撰　清道光六年(1826)刻本　十册

320000－1605－0007937　427/674－5
存悔齋集二十八卷外集四卷　(清)劉鳳誥撰　清道光十年(1830)刻本　八册

320000－1605－0007938　427/674－6
綠野齋前後合集六卷詩草一卷制藝一卷　(清)劉鴻翱撰　清道光二十四年(1844)刻本　八册

320000－1605－0007939　427/674－7
海峯先生集十六卷　(清)劉大櫆撰　清同治十三年(1874)刻本　六册

320000－1605－0007940　427/674－8
古紅梅閣遺集八卷　(清)劉履芬撰　清光緒六年(1880)刻本　二册

320000－1605－0007941　427/674－9
青谿舊屋集十一卷　(清)劉文淇撰　清光緒九年(1883)刻本　二册

320000－1605－0007942　427/674－10
慊齋詩文鈔三卷　(清)劉廷枚撰　清光緒十八年(1892)刻本　一册

320000－1605－0007943　427/674－11
峯泖去思集一卷　(清)劉有光撰　清光緒二十六年(1900)刻本　一册

320000－1605－0007944　427/674－12
釣魚蓬山館詩文集六卷　(清)劉佳撰　清刻本　一册

320000－1605－0007945　427/676
劉禮部集十二卷　(清)劉逢禄撰　清光緒十八年(1892)刻本　六册

320000－1605－0007946　427/677－1
劉孟塗集四十四卷　(清)劉開撰　清道光六年(1826)刻本　八册

320000－1605－0007947　427/677－2
古紅梅閣集八卷附録一卷　(清)劉履芬撰　清光緒六年(1880)刻本　二册

320000－1605－0007948　427/678
存悔齋集二十八卷外集四卷　(清)劉鳳誥撰　清道光刻本　六册

320000－1605－0007949　427/679
養晦堂集十二卷附思辨録疑義一卷奏議二十卷　(清)劉蓉撰　清光緒刻本　十七册

320000－1605－0007950　427/680
存吾春齋詩鈔十三卷文續鈔二卷　(清)劉繹撰　清同治刻本　四册

320000－1605－0007951　427/686
璞齋集詩六卷詞一卷　(清)諸可寶撰　清光緒二十二年(1896)刻本　三册

320000－1605－0007952　427/698
西澗草堂文集四卷詩集四卷　(清)閻循觀撰　清乾隆刻本　二册

320000－1605－0007953　427/705－1
香樹齋全集八十七卷　(清)錢陳羣撰　清乾隆二十九年(1764)刻本　二十四册

320000－1605－0007954　427/705－2
香樹齋全集八十七卷　(清)錢陳羣撰　清乾隆二十九年(1764)刻本　二十册　存四十一卷(文集一至二十、二十五至二十八,文續鈔五卷,詩集七至十八)

320000－1605－0007955　427/705－3
潛研堂文集五十卷詩集十卷詩集續十卷　(清)錢大昕撰　清嘉慶十一年(1806)刻本　十六册

320000－1605－0007956　427/705－4
甘泉鄉人稿二十四卷　(清)錢泰吉撰　清同治十一年(1872)刻本　六册

320000－1605－0007957　427/705－5
甘泉鄉人稿二十四卷　(清)錢泰吉撰　清同治十一年(1872)刻本　六册

320000－1605－0007958　427/705－6
攈石齋詩集五十卷文集二十六卷　(清)錢載撰　清光緒四年(1878)刻本　十册

320000－1605－0007959　427/705－7
攈石齋詩集五十卷文集二十六卷　(清)錢載撰　清光緒四年(1878)刻本　六册

320000－1605－0007960　427/705－8
存素堂詩文稿二十二卷年譜一卷　(清)錢寶琛撰　清光緒六年(1880)刻本　九册

320000－1605－0007961　427/705－9
錢南園遺集六卷　(清)錢灃撰　清光緒二十一年(1895)刻本　四册

320000－1605－0007962　427/705－10
錢南園遺集六卷　(清)錢灃撰　清光緒二十一年(1895)刻本　二册

320000－1605－0007963　427/717－1
樹經堂詩文集二十七卷　(清)謝啓昆撰　清嘉慶刻本　八册

320000－1605－0007964　427/717－2

賭棋山莊集六種　(清)謝章鋌撰　**東嵐謝氏明詩略四卷**　(清)謝世南撰　清光緒十年(1884)刻本　十八册

320000－1605－0007965　427/717－3
湘谷初稿八卷續稿六卷吟稿四卷　(清)謝庭蘭撰　清光緒刻本　六册

320000－1605－0007966　427/718－1
春草堂集十六卷　(清)謝佩禾撰　清道光二十年(1840)刻本　十二册

320000－1605－0007967　427/718－2
知恥齋文集二卷詩集六卷　(清)謝振定撰　清道光刻本　八册　缺一卷(文集下)

320000－1605－0007968　427/72－1
古歡堂集文二十二卷詩十四卷生志年譜一卷　(清)田雯撰　清康熙刻本　九册

320000－1605－0007969　427/72－2
古歡堂集文二十二卷詩十四卷生志年譜一卷　(清)田雯撰　清康熙刻本　六册

320000－1605－0007970　427/72－3
有懷堂集二卷　(清)田肇麗撰　清乾隆七年(1742)刻本　一册

320000－1605－0007971　427/722－1
有懷堂文藁十六卷　(清)韓菼撰　清康熙四十二年(1703)刻本　四册

320000－1605－0007972　427/722－2
有懷堂詩藁六卷文藁二十二卷　(清)韓菼撰　清康熙四十二年(1703)刻本　四册

320000－1605－0007973　427/73
樗壽山房輯槀六卷　(清)史致儼撰　清光緒十二年(1886)刻本　四册

320000－1605－0007974　427/731
香聞遺集四卷　(清)薛起鳳撰　清光緒十一年(1885)刻本　一册

320000－1605－0007975　427/735
澡雪堂文鈔十卷附詩鈔聯語三卷　(清)鍾體志撰　清光緒二十年(1894)刻本　六册

320000－1605－0007976　427/741
望眉草堂文集八卷　(清)顔嗣徽撰　清光緒十四年(1888)刻本　七册

320000－1605－0007977　427/749－1
習苦齋詩集八卷古文四卷　(清)戴熙撰　清同治五年(1866)刻本　五册

320000－1605－0007978　427/749－2
謫麐堂遺事四卷　(清)戴望撰　清光緒元年(1875)刻本　一册

320000－1605－0007979　427/749－3
謫麐堂遺事四卷　(清)戴望撰　清光緒元年(1875)刻本　二册

320000－1605－0007980　427/759－1
疏野堂集十卷　(清)歸令瑜撰　清同治八年(1869)刻本　二册

320000－1605－0007981　427/759－2
陶庵遺稿三卷劄記二卷續稿一卷　(明)歸子慕撰　清抄本　一册

320000－1605－0007982　427/760－1
遯庵文集十二卷　(清)儲方慶撰　清光緒二年(1876)刻本　六册

320000－1605－0007983　427/760－2
遯庵文集十二卷　(清)儲方慶撰　清光緒二年(1876)刻本　四册

320000－1605－0007984　427/761－1
寒松堂全集十二卷年譜一卷　(清)魏象樞撰　清刻本　十三册

320000－1605－0007985　427/761－2
也居山房詩文集十八卷　(清)魏承祝撰　清同治九年(1870)刻本　四册

320000－1605－0007986　427/761－3
也居山房詩文集十八卷　(清)魏承祝撰　清同治九年(1870)刻本　十册

320000－1605－0007987　427/765
樂志堂文集十八卷文續集二卷詩集九卷　(清)譚瑩撰　清咸豐九年(1859)刻本　十二册

320000－1605－0007988　427/774
道援堂詩集十三卷　(清)屈大均撰　清刻本　六冊

320000－1605－0007989　427/775
尊聞居士集八卷　(清)羅有高撰　清刻本　四冊

320000－1605－0007990　427/782－1
紅韻閣遺稿一卷　(清)闞壽坤撰　清光緒五年(1879)刻本　一冊

320000－1605－0007991　427/782－2
紅韻閣遺稿一卷　(清)闞壽坤撰　清光緒五年(1879)刻本　一冊

320000－1605－0007992　427/787－1
嚴太僕集十二卷　(清)嚴虞惇撰　清乾隆元年(1736)刻本　二冊

320000－1605－0007993　427/787－2
嚴太僕集十二卷　(清)嚴虞惇撰　清乾隆元年(1736)刻本　二冊

320000－1605－0007994　427/787－3
嚴思庵集十二卷　(清)嚴虞惇撰　清乾隆刻本　二冊

320000－1605－0007995　427/787－4
鐵橋漫稿八卷　(清)嚴可均撰　清光緒十一年(1885)刻本　四冊

320000－1605－0007996　427/787－5
鐵橋漫稿八卷　(清)嚴可均撰　清光緒十一年(1885)刻本　四冊

320000－1605－0007997　427/787－6
海雲堂詩鈔十四卷補遺一卷金粟香龕詞鈔二卷海雲堂文鈔二卷　(清)嚴學淦撰　清光緒十八年(1892)刻本　六冊

320000－1605－0007998　427/787－7
劍北草堂詩稿六卷藏海詞一卷劍北草堂書說一卷　(清)嚴廷之撰　稿本　四冊

320000－1605－0007999　427/791－1
白茅堂全集四十六卷附耳提録八卷　(清)顧景星撰　清乾隆二十年(1755)刻本　二十四冊

320000－1605－0008000　427/791－2
虞東文録八卷　(清)顧鎮撰　清道光十七年(1837)刻本　二冊

320000－1605－0008001　427/791－3
玉笥山房要集四卷　(清)顧廷綸撰　清光緒十二年(1886)刻本　一冊

320000－1605－0008002　427/791－4
盋山文録八卷詩録二卷　(清)顧雲撰　清光緒十五年(1889)刻本　四冊

320000－1605－0008003　427/791－5
青琅玕館遺稿三種三卷　(清)顧濟撰　清光緒二十一年(1895)刻本　一冊

320000－1605－0008004　427/791－6
龔定盦全集五種　(清)龔自珍撰　清宣統二年(1910)石印本　六冊

320000－1605－0008005　427/791－7
龔定盦別集一卷詩集定本二卷詞定本一卷集外未刻詩一卷　(清)龔自珍撰　清宣統二年(1910)鉛印本　二冊

320000－1605－0008006　427/795－1
定盦文集三卷　(清)龔自珍撰　清同治七年(1868)刻本　四冊

320000－1605－0008007　427/795－2
定山堂詩集四十三卷詩餘四卷奏議六卷附録希川政譜一卷　(清)龔鼎孳撰　清光緒九年(1883)刻本　二十冊

320000－1605－0008008　427/795－3
定山堂詩集四十三卷詩餘四卷奏議六卷附録希川政譜一卷　(清)龔鼎孳撰　清光緒九年(1883)刻本　十六冊

320000－1605－0008009　427/81
長春草廬集十一卷　(清)邱稖撰　清嘉慶十八年(1813)刻本　六冊

320000－1605－0008010　427/84
江南春雜體文四卷黃葉山樵詩草四卷子笙賦鈔一卷　(清)江璧撰　清刻本　四冊

320000－1605－0008011　427/961
西圃偶存草不分卷　(清)□□撰　清刻本　一册

320000－1605－0008012　427/965
白華山房吟草一卷附宣德爐鼎彝器摘一卷　(清)冒辟疆撰　清抄本　一册

320000－1605－0008013　427/967
于湖題襟集詩六卷文三卷　(清)袁昶輯　清光緒二十一年(1895)刻本　一册　存四卷(黄公度詩一卷、施均父詩一卷、王六潭詩一卷,文一)

320000－1605－0008014　427/972
詩賦雜録一卷　(□)□□撰　清抄本　一册

320000－1605－0008015　427/974
敬和堂集□□卷　(明)許孚遠撰　清抄本　四册　存七卷(三至六、八至十)

320000－1605－0008016　427/976
徧行堂集十六卷　(清)釋澹歸撰　清宣統三年(1911)鉛印本　八册

320000－1605－0008017　427/977
清人詩文雜録一卷　(清)□□撰　清抄本　一册

320000－1605－0008018　427/98
佩弦齋集九卷附録一卷　(清)朱一新撰　清光緒二十二年(1896)刻本　五册

320000－1605－0008019　427/99－1
知足齋集三十五卷　(清)朱珪撰　清嘉慶刻本　十五册

320000－1605－0008020　427/99－2
知足齋詩文集三十二卷　(清)朱珪撰　清嘉慶刻本　二十六册

320000－1605－0008021　427/99－3
鐵簫庵文集四卷詩鈔二卷　(清)朱春生撰　清刻本　四册

320000－1605－0008022　427.08/122
宋浣花詩詞合刻不分卷　(清)宋志沂撰　清同治十一年(1872)刻本　一册

320000－1605－0008023　427.08/128－1
鸞簫集一卷　(清)沈同芳撰　清刻本　一册

320000－1605－0008024　427.08/128－2
勤補書莊詩鈔一卷　(清)沈宗德撰　**西山公詩鈔一卷**　(清)沈欽復撰　**織簾居士詩鈔一卷**　(清)沈欽霖撰　清同治六年(1867)刻本　一册

320000－1605－0008025　427.08/128－3
紅梅山館存稿不分卷　(清)沈士綸撰　清光緒二十九年(1903)刻本　一册

320000－1605－0008026　427.08/135
清尊集十六卷　(清)汪遠孫輯　清道光十九年(1839)刻本　六册

320000－1605－0008027　427.08/166
北山樓集三卷　(清)吴保初撰　清光緒末鉛印本　一册　存一卷(一)

320000－1605－0008028　427.08/167
岑華居士外集二卷　(清)吴慈鶴撰　清嘉慶、道光刻本　一册

320000－1605－0008029　427.08/168
吴摯甫文集四卷附録深州風土記一卷　(清)吴汝綸撰　清宣統元年(1909)石印本　五册

320000－1605－0008030　427.08/21
白燕倡和集六卷　(清)王之佐輯　清嘉慶刻本　二册

320000－1605－0008031　427.08/335
隨園女弟子詩選六卷　(清)席佩蘭等撰　清光緒十八年(1892)鉛印本　一册

320000－1605－0008032　427.08/341
謝家山人集六卷　(清)唐瑩編　清光緒十年(1884)刻本　二册

320000－1605－0008033　427.08/376
寄盦詩詞存稿不分卷　(清)孫汝懌撰　清宣統三年(1911)刻本　一册

320000－1605－0008034　427.08/407
八家四六文註八卷　(清)許貞幹註　清光緒十八年(1892)鉛印本　八册

320000－1605－0008035　427.08/442
篋衍集四卷　(清)陳維崧編　清乾隆刻本　二册

320000－1605－0008036　427.08/449
仁節先生集十六卷　(清)陶琰撰　清抄本　二册

320000－1605－0008037　427.08/454－1
冬榮室詩詞一卷　(清)莊慶椿撰　**吟秋館詩草一卷**　(清)周元圭撰　清刻本　一册

320000－1605－0008038　427.08/454－2
珍埶宧詩鈔二卷　(清)莊述祖撰　清光緒十八年(1892)鉛印本　一册

320000－1605－0008039　427.08/486－1
小謨觴館詩集八卷文集四卷詩餘一卷　(清)彭兆蓀撰　清嘉慶十一年(1806)刻本　二册

320000－1605－0008040　427.08/486－2
無近名齋文鈔四卷　(清)彭翊撰　清道光二十七年(1847)刻本　一册　存二卷(一至二)

320000－1605－0008041　427.08/486－3
測海集六卷　(清)彭紹升撰　清同治四年(1865)刻本　二册

320000－1605－0008042　427.08/486－4
退一步篋餘稿不分卷　(清)彭來保撰　清同治十三年(1874)刻本　一册

320000－1605－0008043　427.08/486－5
師矩齋詩録三卷　(清)彭翰孫撰　**寫韻樓吟草二卷**　(清)吴清蕙撰　**意蘭吟賸一卷**　(清)吴毓蓀撰　清光緒十七年(1891)刻本　一册　缺二卷(師矩齋詩録一至二)

320000－1605－0008044　427.08/492
茸城近課二卷　(清)黄仁輯　清道光刻本　一册

320000－1605－0008045　427.08/550
乃有廬雜著不分卷說文辨疑一卷豫章語録一卷琴韻居詩存一卷　(清)雷浚等撰　清光緒二十一年(1895)刻本　一册

320000－1605－0008046　427.08/562
楙花盦詩一卷　(清)葉廷琯　**徐元歎先生殘稿一卷**　(清)徐波撰　**二苕詩集一卷**　(清)潘鍾瑞撰　清光緒九年(1883)刻滂喜齋叢書本　二册

320000－1605－0008047　427.08/563
醉月居詩詞鈔不分卷　(清)葉世熊撰　清光緒二十九年(1903)刻本　一册

320000－1605－0008048　427.08/671
拙尊園叢稿六卷　(清)黎庶昌撰　清光緒十九年(1893)刻本　二册

320000－1605－0008049　427.08/675
碧梧聽雨圖題詠不分卷　(清)劉孚京等題　清光緒十六年(1890)鉛印本　一册

320000－1605－0008050　427.08/677
師竹軒詩集四卷　(清)劉樹堂撰　**韻香閣詩草一卷**　(清)孔祥淑撰　清光緒十二年(1886)刻本　一册

320000－1605－0008051　427.08/705
菘壺先生集不分卷　(清)錢杜撰　清光緒八年(1882)刻本　一册

320000－1605－0008052　427.08/717
春及堂稿不分卷　(清)謝聘　(清)金諤撰　清光緒刻本　一册

320000－1605－0008053　427.08/749
戴氏三俊集三卷　(清)戴芬　(清)戴福謙　(清)戴莼撰　清道光刻本　一册

320000－1605－0008054　427.08/970
御製文初集十卷　(清)曹振鏞等編　清嘉慶十年(1805)刻本　八册

320000－1605－0008055　427.1/100－1
遊道堂集四卷　(清)朱彬撰　清同治七年(1868)刻本　二册

320000－1605－0008056　427.1/100－2
遊道堂集四卷　(清)朱彬撰　清同治七年(1868)刻本　二册

320000－1605－0008057　427.1/100－3
遊道堂集四卷　(清)朱彬撰　清同治七年

(1868)刻本　二册

320000－1605－0008058　427.1/101－1
怡志堂文初編六卷　(清)朱琦撰　清同治三年(1864)刻本　二册

320000－1605－0008059　427.1/101－2
怡志堂文初編六卷　(清)朱琦撰　清同治三年(1864)刻本　二册

320000－1605－0008060　427.1/101－3
朱文端公文集八卷年譜一卷　(清)朱軾撰　清同治十二年(1873)刻本　六册

320000－1605－0008061　427.1/102－1
知止堂文集九卷　(清)朱綬撰　清道光刻本　二册

320000－1605－0008062　427.1/102－2
治經堂文集四卷　(清)朱錦琮撰　清刻本　一册

320000－1605－0008063　427.1/103－1
結一廬遺文二卷　(清)朱學勤撰　清光緒三十四年(1908)刻本　一册

320000－1605－0008064　427.1/103－2
結一廬遺文二卷　(清)朱學勤撰　清光緒三十四年(1908)刻本　二册

320000－1605－0008065　427.1/115－1
清芬樓遺稿四卷　(清)任啓運撰　清光緒十四年(1888)刻本　二册

320000－1605－0008066　427.1/115－2
清芬樓遺稿四卷　(清)任啓運撰　清光緒十四年(1888)刻本　二册

320000－1605－0008067　427.1/122
梅花書屋文一卷　(清)宋其沅撰　清道光三十年(1850)刻本　一册

320000－1605－0008068　427.1/129－1
敬亭文稿九卷　(清)沈起元撰　清乾隆刻本　四册

320000－1605－0008069　427.1/129－2
沈端恪公遺書二卷年譜二卷　(清)沈近思撰　清光緒二十二年(1896)刻本　二册

320000－1605－0008070　427.1/129－3
沈端恪公遺書二卷年譜二卷　(清)沈近思撰　清光緒二十二年(1896)刻本　二册

320000－1605－0008071　427.1/129－4
樂志簃文録四卷　(清)沈祥龍撰　清光緒二十六年(1900)刻本　一册

320000－1605－0008072　427.1/133－1
芙村文抄二卷　(清)沈豫撰　清道光十七年(1837)刻本　一册

320000－1605－0008073　427.1/133－2
蓮溪文稿不分卷　(清)沈濂撰　清道光二十八年(1848)刻本　四册

320000－1605－0008074　427.1/135－1
汪梅村先生文集十二卷　(清)汪士鐸撰　清光緒七年(1881)刻本　四册

320000－1605－0008075　427.1/135－2
汪堯峯文集十六卷　(清)汪琬撰　清宣統二年(1910)石印本　八册

320000－1605－0008076　427.1/135－3
汪子文録十卷　(清)汪縉撰　清光緒刻本　四册

320000－1605－0008077　427.1/15－1
集虚齋學古文十二卷　(清)方棨如撰　清乾隆十九年(1754)刻本　十册

320000－1605－0008078　427.1/15－2
望溪先生文集十八卷集外文十卷集外文補遺二卷年譜二卷　(清)方苞撰　清咸豐元年(1851)刻本　十六册

320000－1605－0008079　427.1/15－3
望溪先生文集十八卷集外文十卷集外文補遺二卷年譜二卷　(清)方苞撰　清咸豐元年(1851)刻本　十六册

320000－1605－0008080　427.1/15－4
二知軒文存三十四卷　(清)方濬頤撰　清光緒四年(1878)刻本　十二册

320000－1605－0008081　427.1/15－5
柏堂集七十一卷　(清)方宗誠撰　清光緒六年(1880)刻本　十六册

320000－1605－0008082　427.1/15－6
萬善花室文稿六卷附録一卷　(清)方履籛撰　清光緒十二年(1886)刻本　三册

320000－1605－0008083　427.1/15－7
方望溪文鈔六卷　(清)方苞撰　清宣統二年(1910)鉛印本　二册　存二卷(二至三)

320000－1605－0008084　427.1/151
天岳山館文鈔四十卷　(清)李元度撰　清光緒六年(1880)刻本　十六册

320000－1605－0008085　427.1/152－1
養一齋文集二十卷　(清)李兆洛撰　清光緒四年(1878)刻本　八册

320000－1605－0008086　427.1/152－2
養一齋文集二十卷　(清)李兆洛撰　清光緒四年(1878)刻本　八册

320000－1605－0008087　427.1/152－3
養一齋文集二十卷　(清)李兆洛撰　清光緒四年(1878)刻本　八册

320000－1605－0008088　427.1/153－1
邁堂文略不分卷　(清)李祖陶撰　清道光十五年(1835)刻本　一册

320000－1605－0008089　427.1/153－2
邁堂文略四卷　(清)李祖陶撰　清同治七年(1868)刻本　二册

320000－1605－0008090　427.1/155－1
校經廎文稿十八卷　(清)李富孫撰　清道光刻本　六册

320000－1605－0008091　427.1/155－2
李文清公遺書八卷附志節編二卷　(清)李棠階撰　清光緒八年(1882)刻本　四册

320000－1605－0008092　427.1/155－3
李文清公遺書八卷附志節編二卷　(清)李棠階撰　清光緒八年(1882)刻本　四册

320000－1605－0008093　427.1/157－1
二曲集四十六卷　(清)李顒撰　清光緒三年(1877)刻本　十五册　存四十四卷(一至二十八、三十一至四十六)

320000－1605－0008094　427.1/157－2
海峯公文鈔一卷　(清)李濤撰　稿本　一册

320000－1605－0008095　427.1/165－1
榴實山莊文稿一卷　(清)吴存義撰　清抄本　一册

320000－1605－0008096　427.1/165－2
偶存編不分卷附非庵雜著一卷　(清)吴莊撰　清刻本　四册

320000－1605－0008097　427.1/165－3
小西腴山館集外文三卷　(清)吴大廷撰　清同治三年(1864)刻本　一册

320000－1605－0008098　427.1/165－4
拙修集十卷　(清)吴廷棟撰　清同治十年(1871)刻本　四册

320000－1605－0008099　427.1/165－5
榴實山莊文稿一卷　(清)吴存義撰　清同治刻本　一册

320000－1605－0008100　427.1/165－6
澤古齋文鈔四卷　(清)吴士模撰　清光緒刻本　一册

320000－1605－0008101　427.1/165－7
吴柳堂遺墨一卷　(清)吴可讀撰　清光緒刻本　一册

320000－1605－0008102　427.1/165－8
池上老人遺稿不分卷　(清)吴廷琛撰　清光緒二年(1876)刻本　一册

320000－1605－0008103　427.1/165－9
花宜館文略一卷　(清)吴振棫撰　清光緒刻本　一册

320000－1605－0008104　427.1/165－10
柈湖文集十二卷　(清)吴敏樹撰　清光緒十九年(1893)刻本　四册

320000－1605－0008105　427.1/165－11
柈湖文集十二卷　(清)吳敏樹撰　清光緒十九年(1893)刻本　四冊

320000－1605－0008106　427.1/165－12
柈湖文集十二卷　(清)吳敏樹撰　清光緒十九年(1893)刻本　四冊

320000－1605－0008107　427.1/165－13
柈湖文集十二卷　(清)吳敏樹撰　清光緒十九年(1893)刻本　四冊

320000－1605－0008108　427.1/165－14
吳摯甫文集四卷附録深州風土記一卷　(清)吳汝綸撰　清宣統元年(1909)石印本　五冊

320000－1605－0008109　427.1/166－1
敬齋集十二卷　(清)吳高增撰　清刻本　二冊

320000－1605－0008110　427.1/166－2
儀宋堂文二集十卷　(清)吳嘉淦撰　清光緒五年(1879)刻本　二冊

320000－1605－0008111　427.1/166－3
儀宋堂文二集十卷　(清)吳嘉淦撰　清光緒五年(1879)刻本　二冊

320000－1605－0008112　427.1/167
漪香山館文集一卷　吳曾祺撰　清宣統二年(1910)鉛印本　一冊

320000－1605－0008113　427.1/178－1
存誠齋文集十二卷　(清)何曰愈撰　清同治五年(1866)刻本　四冊

320000－1605－0008114　427.1/178－2
存誠齋文集十二卷　(清)何曰愈撰　清同治五年(1866)刻本　四冊

320000－1605－0008115　427.1/178－3
何子青遺文二卷　(清)何忠萬撰　清光緒八年(1882)刻本　一冊

320000－1605－0008116　427.1/194
存吾文稿四卷　(清)余廷燦撰　清刻本　四冊

320000－1605－0008117　427.1/20
市隱書屋文稿十一卷　(清)亢樹滋撰　清咸豐刻本　七冊

320000－1605－0008118　427.1/200
躬恥齋文鈔二十六卷　(清)宗稷辰撰　清咸豐元年(1851)刻本　十四冊

320000－1605－0008119　427.1/21－1
蠶尾集十卷續集二卷後集二卷　(清)王士禛撰　清康熙刻本　二冊　存四卷(九至十、續集二卷)

320000－1605－0008120　427.1/21－2
宦拾録十八卷　(清)王子音撰　清嘉慶十一年(1806)刻本　二十冊

320000－1605－0008121　427.1/21－3
談瀛録三卷　(清)王之春撰　清光緒六年(1880)刻本　二冊

320000－1605－0008122　427.1/211－1
硯耕堂文集七卷　(清)林昶雋撰　清宣統元年(1909)抄本　四冊

320000－1605－0008123　427.1/211－2
畏廬文集一卷　林紓撰　清宣統二年(1910)鉛印本　一冊

320000－1605－0008124　427.1/22－1
勤補拙齋文稿一卷　(清)王其淦撰　清光緒七年(1881)刻本　二冊

320000－1605－0008125　427.1/22－2
勤補拙齋文稿一卷　(清)王其淦撰　清光緒七年(1881)刻本　四冊

320000－1605－0008126　427.1/23－1
蕭遠堂文集九卷　(清)王修玉撰　清刻本　四冊

320000－1605－0008127　427.1/23－2
西亭文鈔十二卷附録一卷　(清)王原撰　清光緒刻本　四冊

320000－1605－0008128　427.1/23－3
西亭文鈔十二卷附録一卷　(清)王原撰　清光緒十七年(1891)刻本　四冊

320000－1605－0008129　427.1/237
函樓文鈔十一卷　(清)易佩紳編　清光緒刻本　四册

320000－1605－0008130　427.1/24－1
王文貞先生文集十卷別集四卷制義一卷　(清)王祖畲撰　清刻本　六册

320000－1605－0008131　427.1/24－2
定峰文選二卷　(清)沙張白撰　(清)王家枚輯　清光緒二十四年(1898)刻本　二册

320000－1605－0008132　427.1/242－1
豸華堂文鈔八卷　(清)金應麟撰　清道光二十六年(1846)刻本　二册

320000－1605－0008133　427.1/242－2
豸華堂文鈔八卷　(清)金應麟撰　清道光二十六年(1846)刻本　二册

320000－1605－0008134　427.1/242－3
花溪春暉堂文稿四卷　(清)金傳經撰　清咸豐三年(1853)刻本　二册

320000－1605－0008135　427.1/242－4
豸華堂文鈔十二卷　(清)金應麟撰　清光緒刻本　四册

320000－1605－0008136　427.1/248
内自訟齋文鈔四卷　(清)周凱撰　清道光刻本　八册

320000－1605－0008137　427.1/254－1
菘耘文鈔四卷　(清)季錫疇撰　清光緒五年(1879)刻本　二册

320000－1605－0008138　427.1/254－2
菘耘文鈔四卷　(清)季錫疇撰　清光緒五年(1879)刻本　二册

320000－1605－0008139　427.1/26－1
壑舟園初稿一卷　(清)王塗撰　清道光刻本　一册

320000－1605－0008140　427.1/26－2
也儂遺稿四卷　(清)王慶善撰　清刻本　四册

320000－1605－0008141　427.1/26－3
倚雲山房文集二卷　(清)王發越撰　清咸豐刻本　四册

320000－1605－0008142　427.1/265－1
一勺集一卷補遺一卷　(清)施朝幹撰　清道光二十六年(1846)刻本　一册

320000－1605－0008143　427.1/265－2
澤雅堂文集八卷　(清)施華撰補　清光緒刻本　四册

320000－1605－0008144　427.1/265－3
澤雅堂文集八卷　(清)施華撰補　清光緒刻本　二册

320000－1605－0008145　427.1/268－1
湛園未定稿六卷　(清)姜宸英撰　清康熙刻本　四册

320000－1605－0008146　427.1/268－2
湛園未定稿六卷　(清)姜宸英撰　清康熙刻本　四册

320000－1605－0008147　427.1/268－3
湛園未定稿六卷　(清)姜宸英撰　清康熙刻本　八册

320000－1605－0008148　427.1/27－1
煙霞萬古樓文集六卷　(清)王曇撰　清道光十八年(1838)刻本　四册

320000－1605－0008149　427.1/27－2
慎其餘齋文集二十卷　(清)王贈芳撰　清咸豐四年(1854)刻本　六册

320000－1605－0008150　427.1/27－3
慎其餘齋文集二十卷　(清)王贈芳撰　清咸豐四年(1854)刻本　八册

320000－1605－0008151　427.1/27－4
白洋山人文鈔一卷　(清)王鑾撰　清光緒八年(1882)刻本　一册

320000－1605－0008152　427.1/27－5
弢園文録外編十卷　(清)王韜撰　清光緒九年(1883)石印本　五册

320000－1605－0008153　427.1/27－6
王壯武公遺集二十四卷附練勇芻言五卷　(清)王鑫撰　清光緒十八年(1892)刻本　十六冊

320000－1605－0008154　427.1/271－1
胡文忠公遺集八十六卷首一卷　(清)胡林翼撰　清光緒元年(1875)刻本　三十二冊

320000－1605－0008155　427.1/271－2
研六室文鈔十一卷　(清)胡培翬撰　清光緒六年(1880)刻本　四冊

320000－1605－0008156　427.1/271－3
研六室文鈔十一卷附說文管見三卷　(清)胡培翬撰　清光緒六年(1880)刻本　五冊

320000－1605－0008157　427.1/271－4
研六室文鈔十一卷　(清)胡培翬撰　清光緒六年(1880)刻本　五冊

320000－1605－0008158　427.1/271－5
胡明經文録一卷　(清)胡啟心撰　清光緒二十三年(1897)刻本　一冊

320000－1605－0008159　427.1/271－6
璧沼集四卷　(清)胡元玉撰　清光緒刻本　二冊

320000－1605－0008160　427.2/242－20
碧螺山館詩鈔八卷　(清)金蘭撰　清咸豐六年(1856)刻本　一冊　存六卷(一至六)

320000－1605－0008161　427.1/281－1
蘧盦文鈔不分卷　(清)柳商賢撰　清光緒十五年(1889)刻本　二冊

320000－1605－0008162　427.1/281－2
食古齋文録一卷　(清)柳以蕃撰　清光緒十九年(1893)刻本　一冊

320000－1605－0008163　427.1/283
竚齋文存一卷　(清)查元偁撰　清道光刻本　一冊

320000－1605－0008164　427.1/300
燕川集十四卷　(清)范泰恒撰　清嘉慶十四年(1809)刻本　六冊

320000－1605－0008165　427.1/312－1
春在堂雜文五編八卷　(清)俞樾撰　清光緒刻本　四冊

320000－1605－0008166　427.1/312－2
春在堂雜文續編五卷　(清)俞樾撰　清光緒刻本　三冊

320000－1605－0008167　427.1/312－3
春在堂雜文三編四卷　(清)俞樾撰　清光緒刻本　二冊

320000－1605－0008168　427.1/312－4
春在堂雜文二卷　(清)俞樾撰　清光緒刻本　一冊

320000－1605－0008169　427.1/312－5
印雪軒文鈔三卷　(清)俞鴻漸撰　清光緒八年(1882)刻本　二冊

320000－1605－0008170　427.1/312－6
賓萌集五卷補篇一卷外集四卷　(清)俞樾撰　清光緒刻本　五冊

320000－1605－0008171　427.1/316－1
晚學齋文集十二卷　(清)姚椿撰　清道光刻本　三冊

320000－1605－0008172　427.1/316－2
晚學齋文集十二卷　(清)姚椿撰　清咸豐二年(1852)刻本　四冊

320000－1605－0008173　427.1/316－3
惜抱軒文集二十六卷　(清)姚鼐撰　清光緒九年(1883)刻本　四冊

320000－1605－0008174　427.1/316－4
慎宜軒文十二卷　姚永概撰　清刻本　二冊

320000－1605－0008175　427.1/316－5
姚正甫集十卷　(清)姚興撰　清刻本　四冊

320000－1605－0008176　427.1/326
莘齋文鈔四卷　(清)宦懋庸撰　清光緒二十年(1894)刻本　六冊

320000－1605－0008177　427.1/329
醸蜜集四卷　(清)浦起龍撰　清光緒二十七

年(1901)刻本　四冊

320000－1605－0008178　427.1/33－1
西堂褉俎一集八卷二集八卷　(清)尤侗撰　清康熙刻本　五冊

320000－1605－0008179　427.1/33－2
艮齋倦稿十二卷　(清)尤侗撰　清刻本　四冊

320000－1605－0008180　427.1/332
指所齋文集四卷駢體文一卷　(清)高錫基撰　清光緒元年(1875)刻本　十冊

320000－1605－0008181　427.1/34
半樹齋文十二卷　(清)戈宙襄撰　清道光刻本　四冊

320000－1605－0008182　427.1/343－2
凌忠介公文集二卷　(明)凌義渠撰　清咸豐刻本　二冊

320000－1605－0008183　427.1/343－1
校禮堂文集三十六卷　(清)凌廷堪撰　清嘉慶刻本　十六冊

320000－1605－0008184　427.1/347
虹橋老屋遺集四卷　(清)秦緗業撰　清光緒十五年(1889)刻本　二冊

320000－1605－0008185　427.1/352－1
止齋文鈔二卷　(清)馬福安撰　清同治刻本　一冊

320000－1605－0008186　427.1/352－2
抱潤軒文集十卷　馬其昶撰　清宣統元年(1909)石印本　一冊

320000－1605－0008187　427.1/358
建平存稿三卷　(清)貢震撰　清乾隆刻本　三冊

320000－1605－0008188　427.1/359－1
涵鑒齋文録一卷　(清)袁緒欽撰　清光緒二十五年(1899)刻本　一冊

320000－1605－0008189　427.1/359－2
邃懷堂文集箋注十六卷　(清)袁翼撰　(清)朱舲箋注　清刻本　八冊

320000－1605－0008190　427.1/359－3
小倉山房文集二十四卷　(清)袁枚撰　清刻本　四冊

320000－1605－0008191　427.1/359－4
袁太史稿不分卷　(清)袁枚撰　清刻本　二冊

320000－1605－0008192　427.1/370－1
半舫齋古文鈔八卷　(清)夏之蓉撰　清乾隆三十六年(1771)刻本　四冊

320000－1605－0008193　427.1/370－2
夏仲子集六卷　(清)夏炯撰　清咸豐五年(1855)刻本　六冊

320000－1605－0008194　427.1/375－1
誰與庵文鈔二卷　(清)孫世均撰　清光緒十五年(1889)刻本　一冊

320000－1605－0008195　427.1/375－2
誰與庵文鈔二卷　(清)孫世均撰　清光緒十五年(1889)刻本　一冊

320000－1605－0008196　427.1/375－3
師鄭堂集六卷　(清)孫雄撰　清光緒十七年(1891)木活字印本　四冊

320000－1605－0008197　427.1/375－4
師鄭堂集六卷　(清)孫雄撰　清光緒十七年(1891)木活字印本　三冊　存五卷(一至五)

320000－1605－0008198　427.1/375－5
孫淵如先生全集十二卷　(清)孫星衍撰　清光緒十一年(1885)刻本　八冊

320000－1605－0008199　427.1/375－6
孫淵如先生全集十二卷　(清)孫星衍撰　清光緒十一年(1885)刻本　十二冊

320000－1605－0008200　427.1/375－7
孫淵如先生全集二十二卷　(清)孫星衍撰　清光緒二十年(1894)刻本　十冊

320000－1605－0008201　427.1/376－1
問字堂集六卷　(清)孫星衍撰　清光緒十年

(1884)刻本　二冊

320000－1605－0008202　427.1/376－2
洨民遺文一卷　(清)孫傳鳳撰　清光緒二十一年(1895)刻本　一冊

320000－1605－0008203　427.1/376－3
師鄭堂駢體文存二卷　(清)孫雄撰　清光緒二十一年(1895)刻本　一冊

320000－1605－0008204　427.1/388
小蟛蜞軒駢文内篇一卷　(清)晏蜚聲撰　清光緒二十七年(1901)刻本　一冊

320000－1605－0008205　427.1/393－1
未灰齋集九卷　(清)徐鼒撰　清咸豐刻本　四冊

320000－1605－0008206　427.1/393－2
未灰齋集九卷　(清)徐鼒撰　清咸豐刻本　四冊

320000－1605－0008207　427.1/393－3
未灰齋集九卷　(清)徐鼒撰　清咸豐刻本　五冊

320000－1605－0008208　427.1/393－4
煙嶼樓文集四十卷詩集十八卷　(清)徐時棟撰　清光緒元年(1875)刻本　十二冊

320000－1605－0008209　427.1/393－5
煙嶼樓文集四十卷　(清)徐時棟撰　清光緒元年(1875)刻本　八冊

320000－1605－0008210　427.1/393－6
煙嶼樓文集四十卷　(清)徐時棟撰　清光緒元年(1875)刻本　八冊

320000－1605－0008211　427.1/393－7
不慊齋漫存七卷　(清)徐賡陛撰　清光緒八年(1882)刻本　六冊

320000－1605－0008212　427.1/393－8
息養廬文集十一卷　(清)徐錦華撰　清光緒二十五年(1899)刻本　四冊

320000－1605－0008213　427.1/396－1
復初齋文集三十五卷　(清)翁方綱撰　清光緒四年(1878)刻本　八冊

320000－1605－0008214　427.1/396－2
復初齋文集三十五卷　(清)翁方綱撰　清光緒四年(1878)刻本　八冊

320000－1605－0008215　427.1/396－3
復初齋文集三十五卷　(清)翁方綱撰　清光緒四年(1878)刻本　八冊

320000－1605－0008216　427.1/396－4
復初齋文集三十五卷　(清)翁方綱撰　清光緒四年(1878)刻本　十冊

320000－1605－0008217　427.1/407－1
井山館文略五卷文續二卷附西行日記一卷　(清)許宗衡撰　清同治四年(1865)刻本　三冊

320000－1605－0008218　427.1/407－2
許玉峯先生集三卷附録一卷　(清)許鼎撰　清同治五年(1866)刻本　一冊　存一卷(附録一卷)

320000－1605－0008219　427.1/407－3
春池文鈔十卷　(清)許鯉躍撰　清光緒三十二年(1906)刻本　八冊

320000－1605－0008220　427.1/412－1
金峨山館文集不分卷　(清)郭傳璞輯　清光緒刻本　四冊

320000－1605－0008221　427.1/412－2
養知書屋文集二十八卷　(清)郭嵩燾撰　清光緒十八年(1892)刻本　十二冊

320000－1605－0008222　427.1/417
綠雪堂文鈔二卷　(清)敖冊賢撰　清光緒十三年(1887)刻本　二冊

320000－1605－0008223　427.1/420－1
地山初稿一卷　(清)曹秀先撰　清乾隆刻本　二冊

320000－1605－0008224　427.1/420－2
璞山存稿十二卷　(清)曹藍田撰　清光緒二十二年(1896)刻本　四冊

320000－1605－0008225　427.1/420－3
華萼交輝閣集八卷　(清)曹福元撰　清光緒三十四年(1908)刻本　四册

320000－1605－0008226　427.1/420－4
四焉齋文集八卷　(清)曹一士撰　清刻本　四册

320000－1605－0008227　427.1/427
鶴泉文鈔十一卷　(清)戚學標撰　清嘉慶五年(1800)刻本　六册

320000－1605－0008228　427.1/428－1
張文貞公集十二卷　(清)張玉書撰　清乾隆五十七年(1792)刻本　四册

320000－1605－0008229　427.1/428－2
張文貞公集十二卷　(清)張玉書撰　清乾隆五十七年(1792)刻本　六册

320000－1605－0008230　427.2/167－10
寫韻樓詩集五卷題辭一卷首一卷　(清)吴瓊仙撰　清道光十二年(1832)刻本　一册　存四卷(一至三、首一卷)

320000－1605－0008231　427.1/428－4
筠心堂存稿八卷　(清)張孝時撰　清光緒五年(1879)刻本　四册

320000－1605－0008232　427.1/428－5
筠心堂存稿八卷　(清)張孝時撰　清光緒五年(1879)刻本　四册

320000－1605－0008233　427.1/428－6
篤素堂文集雜著三卷　(清)張英撰　清光緒十五年(1889)刻本　一册

320000－1605－0008234　427.1/428－7
澄懷園文存十五卷　(清)張廷玉撰　清光緒十七年(1891)刻本　八册

320000－1605－0008235　427.1/429－1
篤素堂文集十六卷　(清)張英撰　清康熙刻本　五册

320000－1605－0008236　427.1/429－2
聞榻先生集三十卷　(清)張望撰　清嘉慶十六年(1811)刻本　十册

320000－1605－0008237　427.1/429－3
無爲齋文集十二卷　(清)張昭潛撰　清光緒刻本　四册

320000－1605－0008238　427.1/429－4
仰蕭樓文集一卷附國朝經學名儒記一卷　(清)張星鑑撰　清光緒六年(1880)刻本　一册

320000－1605－0008239　427.1/429－5
讀有用書齋文不分卷　張炳翔撰　稿本　三册

320000－1605－0008240　427.1/430－1
蒿庵集三卷　(清)張爾岐撰　清乾隆刻本　三册

320000－1605－0008241　427.1/430－2
養素堂文集三十五卷　(清)張澍撰　清道光刻本　十二册

320000－1605－0008242　427.1/430－3
知退齋稿七卷　(清)張瑛撰　清光緒二十四年(1898)刻本　三册

320000－1605－0008243　427.1/430－4
知退齋古文補刊一卷　(清)張瑛撰　清光緒二十八年(1902)刻本　一册

320000－1605－0008244　427.1/430－5
茗柯文編五卷　(清)張惠言撰　清宣統三年(1911)石印本　二册

320000－1605－0008245　427.1/431
舫廬文存六卷　(清)張壽榮撰　清光緒刻本　四册

320000－1605－0008246　427.1/433
求益齋全集五種　(清)強汝詢撰　清光緒二十四年(1898)刻本　八册

320000－1605－0008247　427.1/437
鐵莊文集八卷　(清)陸楣撰　清光緒二十一年(1895)木活字印本　三册

320000－1605－0008248　427.1/439－1
雙白燕堂文集十卷　(清)陸耀遹撰　清光緒四年(1878)刻本　四册

320000－1605－0008249　427.1/439－2
讀秋水齋文六卷　(清)陸黻恩撰　清光緒十六年(1890)刻本　一册

320000－1605－0008250　427.1/439－3
陸稼書先生文集二卷問受録四卷松陽鈔存一卷　(清)陸隴其撰　清刻本　一册

320000－1605－0008251　427.1/439－4
三魚堂文集十二卷外集六卷行狀崇祀録一卷附録一卷　(清)陸隴其撰　清刻本　十六册

320000－1605－0008252　427.1/439－5
三魚堂文集十二卷　(清)陸隴其撰　清康熙四十年(1701)嘉會堂刻本　四册

320000－1605－0008253　427.1/441－1
太乙舟文集八卷　(清)陳用光撰　清道光二十三年(1843)刻本　六册

320000－1605－0008254　427.1/441－2
太乙舟文集八卷外二卷　(清)陳用光撰　清刻本　二十三册

320000－1605－0008255　427.1/442－1
惕園初稿十七卷　(清)陳庚煥撰　清嘉慶二十四年(1819)刻本　八册

320000－1605－0008256　427.1/442－2
計有餘齋文稿一卷　(清)陳方海撰　清道光刻本　一册

320000－1605－0008257　427.1/443
司業文集四卷　(清)陳祖範撰　清乾隆刻本　二册

320000－1605－0008258　427.1/445－1
墨莊文鈔一卷　(清)陳經撰　清嘉慶十八年(1813)刻本　二册

320000－1605－0008259　427.1/445－2
靜遠堂集二卷首一卷　(清)陳壽熊撰　清光緒刻本　一册　存二卷(一、首一卷)

320000－1605－0008260　427.1/446－1
左海文集十卷　(清)陳壽祺撰　清道光刻本　八册

320000－1605－0008261　427.1/446－2
陳其年文集六卷　(清)陳雅崧撰　清刻本　二册

320000－1605－0008262　427.1/447
南游草一卷　(清)陳寶箴撰　清末、民國鉛印本　一册

320000－1605－0008263　427.1/449
印心石屋文鈔三十五卷　(清)陶澍撰　清道光刻本　四册

320000－1605－0008264　427.1/451－1
郘亭遺文八卷附録一卷　(清)莫友芝撰　清刻本　四册

320000－1605－0008265　427.1/451－2
貞定先生遺集四卷　(清)莫與儔撰　清刻本　二册

320000－1605－0008266　427.1/451－3
貞定先生遺集四卷　(清)莫與儔撰　清刻本　一册

320000－1605－0008267　427.1/454
楓南山館遺集七卷附一卷　(清)莊受祺撰　清光緒刻本　二册

320000－1605－0008268　427.1/460－1
九水山房文存二卷　(清)畢亨撰　清咸豐二年(1852)刻本　二册

320000－1605－0008269　427.1/460－2
九水山房文存二卷　(清)畢亨撰　清咸豐二年(1852)刻本　二册

320000－1605－0008270　427.1/471－1
浮邱子十二卷　(清)湯鵬撰　清同治刻本　六册

320000－1605－0008271　427.1/471－2
槃薖集紀事文第一稿　(清)湯紀尚撰　清光緒十一年(1885)刻本　二册

320000－1605－0008272　427.1/471－3
槃薖文甲乙集五卷　(清)湯紀尚撰　清光緒刻本　二册

320000－1605－0008273　427.1/471－4
槃邁文甲乙集五卷　(清)湯紀尚撰　清光緒刻本　二册

320000－1605－0008274　427.1/476
大雲山房文稿八卷　(清)惲敬撰　清光緒十四年(1888)刻本　八册

320000－1605－0008275　427.1/477－1
解舂集文鈔十二卷補遺二卷　(清)馮景撰　清乾隆刻本　三册

320000－1605－0008276　427.1/477－2
孟亭居士文稿五卷　(清)馮浩撰　清嘉慶六年(1801)刻本　五册

320000－1605－0008277　427.1/486－1
樹廬文鈔十卷　(清)彭士望撰　清道光刻本　四册

320000－1605－0008278　427.1/486－2
無近名齋文鈔四卷二編二卷　(清)彭翊撰　清道光二十七年(1847)刻本　四册

320000－1605－0008279　427.1/486－3
無近名齋文鈔二編二卷雜著二編一卷外編一卷　(清)彭翊撰　清光緒十年(1884)刻本　一册　存三卷(文鈔二編下、雜著二編一卷、外編一卷)

320000－1605－0008280　427.1/486－4
測海集六卷　(清)彭紹升撰　清光緒二年(1876)刻本　二册

320000－1605－0008281　427.1/486－5
二林居集二十四卷　(清)彭紹升撰　清光緒七年(1881)刻本　六册

320000－1605－0008282　427.1/486－6
二林居集二十四卷　(清)彭紹升撰　清光緒七年(1881)刻本　六册

320000－1605－0008283　427.1/486－7
歸樸龕叢稿十二卷續編四卷　(清)彭藴章撰　清光緒刻本　五册

320000－1605－0008284　427.1/491－1
黄梨洲先生南雷文約四卷　(清)黄宗羲撰　清乾隆刻本　四册

320000－1605－0008285　427.1/491－2
南雷餘集一卷　(清)黄宗羲撰　清宣統鉛印本　一册

320000－1605－0008286　427.1/491－3
南莊類稿八卷　(清)黄永年撰　清乾隆十八年(1753)刻本　十册

320000－1605－0008287　427.1/491－4
木雞書屋文鈔四卷二集六卷三集八卷四集六卷　(清)黄金臺撰　清道光六年(1826)刻本　六册

320000－1605－0008288　427.1/491－5
木雞書屋文鈔一集四卷二集六卷三集八卷四集六卷五集六卷　(清)黄金臺撰　清同治十年(1871)刻本　八册

320000－1605－0008289　427.1/491－6
袖海樓雜箸四種十二卷　(清)黄汝成撰　清道光十八年(1838)刻本　六册　存三種八卷(袖海樓文録六卷、古今歲實考校補一卷、古今朔實考校補一卷)

320000－1605－0008290　427.1/491－7
儆居集經説五卷史説五卷讀通考二卷讀子集四卷雜著六卷　(清)黄式三撰　清光緒十四年(1888)刻本　七册　缺二卷(經説一至二)

320000－1605－0008291　427.1/491－8
黄以周文鈔六卷　(清)黄以周撰　清光緒刻本　二册

320000－1605－0008292　427.1/491－9
第六弦溪文鈔四卷　(清)黄廷鑑撰　清光緒刻本　八册

320000－1605－0008293　427.1/492
學山樓文稿前集一卷後集一卷　(清)黄泰撰　清道光刻本　四册

320000－1605－0008294　427.1/502
蘧庵文鈔不分卷　(清)費蘭墀撰　清道光七年(1827)刻本　一册

320000－1605－0008295　427.1/506

寒香館文鈔八卷 （清）賀熙齡撰　清道光刻本　五册

320000－1605－0008296　427.1/509－1
荔雨軒文集續集二卷 （清）華翼綸撰　清光緒刻本　一册

320000－1605－0008297　427.1/509－2
荔雨軒文集六卷 （清）華翼綸撰　清光緒九年(1883)刻本　二册

320000－1605－0008298　427.1/509－3
荔雨軒文集六卷 （清）華翼綸撰　清光緒九年(1883)刻本　二册

320000－1605－0008299　427.1/52－1
安序堂文鈔二十卷 （清）毛際可撰　清康熙刻本　四册

320000－1605－0008300　427.1/52－2
安序堂文鈔三十卷 （清）毛際可撰　清康熙二十七年(1688)刻本　八册

320000－1605－0008301　427.1/523
灌園未定稿二卷 （清）傅懷祖撰　清光緒十三年(1887)刻本　二册

320000－1605－0008302　427.1/527－1
求闕齋文鈔八卷 （清）曾國藩撰　清同治十二年(1873)刻本　二册

320000－1605－0008303　427.1/527－2
曾文正公褋箸四卷 （清）曾國藩撰　清同治十三年(1874)刻本　四册

320000－1605－0008304　427.1/527－3
曾文正公文集三卷 （清）曾國藩撰　清光緒二年(1876)刻本　三册

320000－1605－0008305　427.1/527－4
曾忠襄公全集四種附刻二種 （清）曾國荃撰　清光緒二十九年(1903)刻本　六十四册

320000－1605－0008306　427.1/527－5
曾忠襄公全集四種附刻二種 （清）曾國荃撰　清光緒二十九年(1903)刻本　六十四册

320000－1605－0008307　427.1/527－6
習是堂文集二卷附曾一川自序年譜一卷 （清）曾倬撰　清光緒二十年(1894)木活字印本　一册

320000－1605－0008308　427.1/530
蘊愫閣未刻文稿一卷 （清）盛蘭雪撰　清道光抄本　一册

320000－1605－0008309　427.1/535－1
密齋文集不分卷 （清）程同文撰　清咸豐刻本　四册

320000－1605－0008310　427.1/535－2
程穆衡文一卷 （清）程穆衡撰　清刻本　一册

320000－1605－0008311　427.1/535－3
金陵賦一卷 程先甲撰　清光緒二十三年(1897)刻本　一册

320000－1605－0008312　427.1/550
經笥堂文鈔二卷 （清）雷鋐撰　清道光十四年(1834)刻本　二册

320000－1605－0008313　427.1/556－1
尚志居集八卷補遺一卷讀書記四卷 （清）楊德亨撰　清光緒八年(1882)刻本　四册

320000－1605－0008314　427.1/556－2
藹園文鈔一卷 （清）楊金監撰　清光緒十六年(1890)木活字印本　一册

320000－1605－0008315　427.1/556－3
汲庵文存六卷 （清）楊象濟撰　清光緒十七年(1891)刻本　四册

320000－1605－0008316　427.1/556－4
汲庵文存六卷 （清）楊象濟撰　清光緒十七年(1891)刻本　四册

320000－1605－0008317　427.1/556－5
晦明軒稿一卷壬癸金石跋一卷 楊守敬撰　清光緒二十七年(1901)刻本　二册

320000－1605－0008318　427.1/556－6
意園文略二卷 楊鍾羲撰　清宣統二年(1910)刻本　一册

320000－1605－0008319　427.1/562－1
歸盦文稿八卷　(清)葉裕仁撰　清光緒八年(1882)刻本　四册

320000－1605－0008320　427.1/562－2
歸盦文稿八卷　(清)葉裕仁撰　清光緒八年(1882)刻本　四册

320000－1605－0008321　427.1/562－3
奇觚廎文集三卷外集一卷　葉昌熾撰　清刻本　四册

320000－1605－0008322　427.1/562－4
奇觚廎文集三卷外集一卷　葉昌熾撰　清刻本　四册

320000－1605－0008323　427.1/562－5
奇觚廎文集三卷外集一卷　葉昌熾撰　清刻本　二册

320000－1605－0008324　427.1/566
味經齋文集六卷　(清)葛其仁撰　清道光三十年(1850)刻本　六册

320000－1605－0008325　427.1/575－1
蘋香書屋文鈔三卷　(清)鄒文柏撰　清光緒三十四年(1908)刻本　一册

320000－1605－0008326　427.1/575－2
世忠堂文集八卷　(清)鄒鳴鶴撰　清同治二年(1863)刻本　八册

320000－1605－0008327　427.1/575－3
徹香堂經史論一卷　鄒福保撰　清宣統元年(1909)鉛印本　一册

320000－1605－0008328　427.1/575－4
徹香堂經史論一卷　鄒福保撰　清宣統元年(1909)鉛印本　一册

320000－1605－0008329　427.1/575－5
徹香堂經史論一卷　鄒福保撰　清宣統元年(1909)鉛印本　一册

320000－1605－0008330　427.1/590
南雲書屋文鈔一卷　(清)廖鴻章撰　清道光十九年(1839)刻本　一册

320000－1605－0008331　427.1/598
小松石齋文集五卷　(清)趙允懷撰　清光緒刻本　二册

320000－1605－0008332　427.1/599－1
飴山文集十二卷附録一卷　(清)趙執信撰　清乾隆三十九年(1774)刻本　三册　存九卷(一至九)

320000－1605－0008333　427.1/599－2
飴山文集十二卷附録一卷　(清)趙執信撰　清乾隆三十九年(1774)刻本　六册

320000－1605－0008334　427.1/600
豹隱堂集二卷　(清)趙蓮城撰　清同治九年(1870)刻本　二册

320000－1605－0008335　427.1/601
紉佩僊館文鈔一卷　(清)趙瀛撰　清光緒十三年(1887)木活字印本　一册

320000－1605－0008336　427.1/608－1
聊齋文集二卷　(清)蒲松齡撰　清宣統元年(1909)鉛印本　二册

320000－1605－0008337　427.1/608－2
聊齋文集二卷　(清)蒲松齡撰　清宣統元年(1909)鉛印本　二册

320000－1605－0008338　427.1/61－1
恪靖侯盾鼻餘瀋一卷附聯語一卷　(清)左宗棠撰　清光緒七年(1881)刻八年(1882)補刻本　一册

320000－1605－0008339　427.1/61－2
恪靖侯盾鼻餘瀋一卷附聯語一卷　(清)左宗棠撰　清光緒八年(1882)刻本　一册

320000－1605－0008340　427.1/613
因寄軒文初集十卷二集六卷補遺一卷附刻小異遺文一卷　(清)管同撰　清光緒五年(1879)刻本　四册

320000－1605－0008341　427.1/618
恥不逮齋集三卷附録一卷補遺一卷　(清)熊其英撰　清光緒十七年(1891)刻本　四册

320000－1605－0008342　427.1/622－1

小鷗波館文鈔二卷 (清)潘曾瑩撰 清道光刻本 一册

320000－1605－0008343 427.1/622－2
東津館文集三卷 (清)潘曾沂撰 清咸豐八年(1858)刻本 三册

320000－1605－0008344 427.1/622－3
東津館文集三卷 (清)潘曾沂撰 清咸豐八年(1858)刻本 二册

320000－1605－0008345 427.1/622－4
東津館文集三卷 (清)潘曾沂撰 清咸豐八年(1858)刻本 二册

320000－1605－0008346 427.1/622－5
自鏡齋文鈔一卷養閒雜録一卷 (清)潘曾瑋撰 清光緒十三年(1887)刻本 一册

320000－1605－0008347 427.1/622－6
自鏡齋文鈔一卷養閒雜録一卷 (清)潘曾瑋撰 清光緒十三年(1887)刻本 一册

320000－1605－0008348 427.1/622－7
自鏡齋文鈔一卷養閒雜録一卷 (清)潘曾瑋撰 清光緒十三年(1887)刻本 一册

320000－1605－0008349 427.1/622－8
有真意齋文集不分卷 (清)潘世恩撰 清光緒二十四年(1898)刻本 二册

320000－1605－0008350 427.1/622－9
有真意齋文集不分卷 (清)潘世恩撰 清光緒二十四年(1898)刻本 二册

320000－1605－0008351 427.1/622－10
有真意齋文集不分卷 (清)潘世恩撰 清光緒二十四年(1898)刻本 一册

320000－1605－0008352 427.1/645
扁善齋文存二卷 (清)鄧嘉緝撰 清光緒二十七年(1901)刻本 二册

320000－1605－0008353 427.1/650－1
拙存堂文集八卷 (清)蔣衡撰 清乾隆刻本 六册

320000－1605－0008354 427.1/650－2
七經樓文鈔六卷 (清)蔣湘南撰 清道光二十七年(1847)刻本 四册

320000－1605－0008355 427.1/650－3
嘯古堂文集八卷 (清)蔣敦復撰 清同治七年(1868)刻本 四册

320000－1605－0008356 427.1/650－4
嘯古堂文集八卷 (清)蔣敦復撰 清同治七年(1868)刻本 四册

320000－1605－0008357 427.1/650－5
嘯古堂文集八卷 (清)蔣敦復撰 清同治七年(1868)刻本 二册

320000－1605－0008358 427.1/650－6
清溪草堂文二卷 (清)蔣錫震撰 清光緒刻本 一册

320000－1605－0008359 427.1/650－7
忠雅堂文集十二卷 (清)蔣士銓撰 清同治刻本 四册

320000－1605－0008360 427.1/650－8
策軒文編六卷 (清)蔣寶誠撰 清宣統元年(1909)刻本 四册

320000－1605－0008361 427.1/654
二希堂文集十二卷 (清)蔡世遠撰 清乾隆刻本 六册

320000－1605－0008362 427.1/661
巢經巢遺稿四卷 (清)鄭珍撰 清光緒十九年(1893)刻本 四册

320000－1605－0008363 427.1/665
山木居士外集四卷 (清)魯仕驥撰 清乾隆四十七年(1782)刻本 二册

320000－1605－0008364 427.1/671－1
拙尊園叢稿六卷 (清)黎庶昌撰 清光緒十六年(1890)刻本 二册

320000－1605－0008365 427.1/671－2
拙尊園叢稿六卷 (清)黎庶昌撰 清光緒刻本 四册

320000－1605－0008366 427.1/674－1

玉磬山房文集四卷　(清)劉大觀撰　清嘉慶二十年(1815)刻本　四冊

320000－1605－0008367　427.1/674－2
綠野齋文集四卷　(清)劉鴻翶撰　清道光七年(1827)刻本　四冊

320000－1605－0008368　427.1/674－3
七頌堂文集二卷　(清)劉體仁撰　清同治七年(1868)刻本　二冊

320000－1605－0008369　427.1/674－4
屺雲樓文鈔十二卷　(清)劉存仁撰　清光緒四年(1878)刻本　四冊

320000－1605－0008370　427.1/674－5
食舊德齋雜著不分卷　(清)劉嶽雲撰　清光緒八年(1882)刻本　二冊

320000－1605－0008371　427.1/674－6
劉葆真太史遺藁二卷　(清)劉可毅撰　清宣統二年(1910)刻本　一冊

320000－1605－0008372　427.1/674－7
劉葆真太史遺藁二卷　(清)劉可毅撰　清宣統二年(1910)刻本　一冊

320000－1605－0008373　427.1/674－9
海峰文集八卷　(清)劉大櫆撰　清刻本　十冊

320000－1605－0008374　427.1/674－10
寄庵文鈔三卷　(清)劉大紳撰　清刻本　四冊

320000－1605－0008375　427.1/676
思補齋文集四卷　(清)劉星煒撰　清刻本　二冊

320000－1605－0008376　427.1/686
杏廬文鈔八卷　(清)諸福坤撰　清光緒刻本　三冊

320000－1605－0008377　427.1/698
西澗草堂集四卷　(清)閻循觀撰　清乾隆三十八年(1773)刻本　一冊

320000－1605－0008378　427.1/7
潛莊文鈔六卷　(清)卜起元撰　清光緒五年(1879)刻本　二冊

320000－1605－0008379　427.1/705－1
潛研堂文集五十卷　(清)錢大昕撰　清嘉慶十一年(1806)刻本　十二冊

320000－1605－0008380　427.1/705－2
述古堂集十二卷　(清)錢兆鵬撰　清光緒七年(1881)刻本　四冊

320000－1605－0008381　427.1/705－3
擇石齋文集二十六卷　(清)錢載撰　清刻本　二冊

320000－1605－0008382　427.1/717
醉白堂文集四卷續集一卷　(清)謝良琦撰　清光緒刻本　二冊

320000－1605－0008383　427.1/72
逸德軒文集三卷　(清)田蘭芳撰　(清)劉榛選　清康熙刻本　三冊

320000－1605－0008384　427.1/722－1
雙牗堂文集一卷附黃山紀游隨筆一卷雙牗堂外集一卷　(清)韓廷秀撰　清道光二十六年(1846)刻本　一冊

320000－1605－0008385　427.1/722－2
滑疑集八卷　(清)韓錫胙撰　清同治十三年(1874)刻本　四冊

320000－1605－0008386　427.1/722－3
滑疑集八卷　(清)韓錫胙撰　清同治十三年(1874)刻本　四冊

320000－1605－0008387　427.1/731
庸庵文編四卷　(清)薛福成撰　清光緒刻本　四冊

320000－1605－0008388　427.1/753－1
鹿洲全集八種　(清)藍鼎元撰　清光緒五年(1879)刻本　十冊　存二種二十二卷(初集二十卷、修史試筆二卷)

320000－1605－0008389　427.1/753－2
戴南山文鈔六卷　(清)戴名世撰　清宣統二年(1910)鉛印本　三冊

320000－1605－0008390　427.1/759－1

歸元恭文鈔七卷　(清)歸莊撰　清道光十七年(1837)刻本　二冊

320000－1605－0008391　427.1/759－2

歸元恭先生文續鈔七卷　(清)歸莊撰　清光緒三十四年(1908)鉛印本　二冊

320000－1605－0008392　427.1/759－3

歸元恭先生文續鈔七卷　(清)歸莊撰　清光緒三十四年(1908)鉛印本　二冊

320000－1605－0008393　427.1/760－1

存硯樓文集十六卷　(清)儲大文撰　清光緒元年(1875)刻本　八冊

320000－1605－0008394　427.1/760－2

存硯樓文集十六卷　(清)儲大文撰　清光緒元年(1875)刻本　八冊

320000－1605－0008395　427.1/760－3

在陸草堂文集六卷　(清)儲欣撰　清光緒十七年(1891)刻本　六冊

320000－1605－0008396　427.1/761

魏默深文集十卷　(清)魏源撰　清宣統元年(1909)鉛印本　六冊

320000－1605－0008397　427.1/765

希古堂文集二卷　(清)譚宗浚撰　清光緒刻本　八冊

320000－1605－0008398　427.1/77

藝舟雙楫二卷　(清)包世臣撰　清咸豐十一年(1861)刻本　二冊

320000－1605－0008399　427.1/775

面城精舍襍文甲編一卷乙編一卷　羅振玉撰　清光緒刻本　一冊

320000－1605－0008400　427.1/776

岣嶁刪餘文草一卷　(清)曠敏本撰　清乾隆刻本　二冊

320000－1605－0008401　427.1/781

藕香館文録不分卷　竇鎮山撰　清刻本　四冊

320000－1605－0008402　427.1/787

鐵橋漫稿八卷　(清)嚴可均撰　清光緒十一年(1885)刻本　四冊

320000－1605－0008403　427.1/791－1

思無邪室遺集六卷　(清)顧蒓撰　清道光十九年(1839)刻本　六冊

320000－1605－0008404　427.1/791－2

悔過齋文集七卷劄記一卷續集七卷補遺一卷　(清)顧廣譽撰　清光緒三年(1877)刻本　四冊

320000－1605－0008405　427.1/791－3

悔過齋文集七卷劄記一卷續集七卷補遺一卷　(清)顧廣譽撰　清光緒三年(1877)刻本　四冊

320000－1605－0008406　427.1/791－4

悔過齋文集七卷劄記一卷續集七卷補遺一卷　(清)顧廣譽撰　清光緒三年(1877)刻本　五冊

320000－1605－0008407　427.1/791－5

亭林餘集一卷　(清)顧炎武撰　清光緒二年(1876)刻本　一冊

320000－1605－0008408　427.1/791－6

亭林先生餘集一卷　(清)顧炎武撰　清抄本　一冊

320000－1605－0008409　427.1/791－7

亭林文集六卷　(清)顧炎武撰　清宣統元年(1909)石印本　一冊　存三卷(一至三)

320000－1605－0008410　427.1/791－8

盋山文録八卷詩録二卷　(清)顧雲撰　清光緒十五年(1889)刻本　四冊

320000－1605－0008411　427.1/795－1

定盦文集三卷續集四卷文集補四卷　(清)龔自珍撰　清同治七年(1868)刻本　五冊

320000－1605－0008412　427.1/795－2

定盦文集補編四卷　(清)龔自珍撰　清光緒十二年(1886)刻本　二冊

320000－1605－0008413　427.1/795－3

定盦文集補編四卷　(清)龔自珍撰　清光緒十二年(1886)刻本　二冊

320000－1605－0008414　427.1/84
江南春稿不分卷　(清)江璧輯　清同治刻本　一冊

320000－1605－0008415　427.1/969
御製文初集十卷　(清)曹振鏞等編　清道光十年(1830)刻本　六冊　存六卷(一至六)

320000－1605－0008416　427.1/970
文宗顯皇帝聖訓不分卷　(清)文宗奕詝撰　清抄本　八冊

320000－1605－0008417　427.1/98－1
梅崖居士文集三十卷外集八卷　(清)朱仕琇撰　清乾隆四十七年(1782)刻本　十冊

320000－1605－0008418　427.1/98－2
梅崖居士文集三十卷外集八卷　(清)朱仕琇撰　清乾隆四十七年(1782)刻本　十六冊

320000－1605－0008419　427.1/98－3
小雲廬晚學文稿八卷　(清)朱壬林撰　清光緒二十六年(1900)刻本　四冊

320000－1605－0008420　427.1/98－4
清芬閣集十二卷　(清)朱采撰　清光緒三十二年(1906)刻本　八冊

320000－1605－0008421　427.1/98－5
求聞過齋文集四卷　(清)朱方增撰　清光緒刻本　三冊

320000－1605－0008422　427.1/98－6
愧訥集十二卷附未刻稿一卷　(清)朱用純撰　清抄本　七冊

320000－1605－0008423　427.1/981
求己録三卷　(清)陶葆廉編　清光緒二十五年(1899)石印本　三冊

320000－1605－0008424　427.1/99
小萬卷齋文集二十四卷　(清)朱珔撰　清光緒十一年(1885)刻本　十二冊

320000－1605－0008425　427.2/100－1
畫石軒詩集四卷　(清)朱逢泰撰　清嘉慶刻本　一冊

320000－1605－0008426　427.2/100－2
臥秋草堂詩鈔一卷　(清)朱冕撰　清道光十四年(1834)刻本　一冊

320000－1605－0008427　427.2/100－3
桂之華軒詩集四卷　(清)朱銘撰　清光緒三十四年(1908)鉛印本　一冊

320000－1605－0008428　427.2/100－4
笛漁小稿十卷　(清)朱昆田撰　清刻本　四冊

320000－1605－0008429　427.2/101－1
章江集二卷　(清)朱琰撰　清乾隆刻本　一冊

320000－1605－0008430　427.2/101－2
桐花集一卷湖樓集一卷楓江集一卷瀛洲集一卷　(清)朱琰撰　清乾隆刻本　三冊

320000－1605－0008431　427.2/101－3
春山詩存四卷外編一卷　(清)朱瑞椿撰　清嘉慶二十五年(1820)刻本　二冊

320000－1605－0008432　427.2/101－4
怡志堂詩初編八卷　(清)朱琦撰　清咸豐七年(1857)刻本　二冊

320000－1605－0008433　427.2/101－5
金粟山房詩鈔十卷　(清)朱寯瀛撰　清光緒刻本　二冊

320000－1605－0008434　427.2/101－6
蘆浦竹枝詞二卷　(清)朱鼎鎬撰　清光緒刻本　一冊

320000－1605－0008435　427.2/102－1
雙清閣袖中詩本二卷　(清)朱福清撰　清光緒十九年(1893)刻本　一冊

320000－1605－0008436　427.2/102－2
雙清閣袖中詩本二卷　(清)朱福清撰　清光緒十九年(1893)刻本　一冊

320000－1605－0008437　427.2/102－3

虛白山房詩集四卷駢體文二卷附一簾花影樓試律詩一卷 (清)朱鳳毛撰 清光緒十九年(1893)刻本 三冊

320000－1605－0008438 427.2/103－1
二亭詩鈔六卷 (清)朱筫撰 清嘉慶十二年(1807)刻本 四冊

320000－1605－0008439 427.2/103－2
曝書亭集詩註二十二卷詞註七卷 (清)朱彝尊撰 (清)楊謙註 清嘉慶刻本 十冊

320000－1605－0008440 427.2/103－3
曝書亭集詩註二十四卷 (清)朱彝尊撰 (清)楊謙註 清嘉慶刻本 五冊

320000－1605－0008441 427.2/103－4
玉蘭山房詩鈔四卷 (清)朱臨撰 清道光二十八年(1848)刻本 一冊

320000－1605－0008442 427.2/103－5
玉蘭山房詩鈔四卷 (清)朱臨撰 清道光二十八年(1848)刻本 一冊

320000－1605－0008443 427.2/103－6
玉蘭山房詩鈔四卷 (清)朱臨撰 清光緒三年(1877)刻本 二冊

320000－1605－0008444 427.2/103－7
玉蘭山房詩鈔四卷 (清)朱臨撰 清光緒三年(1877)刻本 一冊

320000－1605－0008445 427.2/103－8
紅粟山莊詩六卷 (清)朱寶善撰 清同治九年(1870)刻本 二冊

320000－1605－0008446 427.2/103－9
味無味齋詩鈔二卷 (清)朱臕撰 清同治九年(1870)刻本 一冊

320000－1605－0008447 427.2/103－10
曠觀樓詩存四卷 (清)朱霖撰 清光緒十年(1884)刻本 二冊

320000－1605－0008448 427.2/103－11
佛岡宧轍詩不分卷 (清)朱寯瀛撰 清光緒三十年(1904)刻本 一冊

320000－1605－0008449 427.2/103－12
西行紀遊草一卷 (清)朱錕撰 稿本 一冊

320000－1605－0008450 427.2/106－1
餐鞠軒遺稿一卷 (清)任淡如撰 清光緒十四年(1888)刻本 一冊

320000－1605－0008451 427.2/106－2
補石草堂詩草一卷 (清)伍廖撰 清光緒鉛印本 一冊

320000－1605－0008452 427.2/110
留春草堂詩鈔七卷 (清)伊秉綬撰 清光緒刻本 二冊

320000－1605－0008453 427.2/115
寄鷗游草十一卷 (清)任道鎔撰 清光緒十三年(1887)刻本 一冊

320000－1605－0008454 427.2/117－1
句餘土音三卷 (清)全祖望撰 清乾隆刻本 二冊

320000－1605－0008455 427.2/117－2
句餘土音三卷 (清)全祖望撰 清乾隆刻本 三冊

320000－1605－0008456 427.2/117－3
句餘土音補注六卷 (清)全祖望撰 (清)陳銘海補注 清刻本 五冊

320000－1605－0008457 427.2/117－4
句餘土音補注六卷 (清)全祖望撰 (清)陳銘海補注 清刻本 五冊

320000－1605－0008458 427.2/118
鷗天閣遺著二卷 (清)印康祚撰 清道光刻本 一冊

320000－1605－0008459 427.2/122－1
海棠仙館詩鈔四卷 (清)宋伯魯撰 清光緒二十二年(1896)刻本 二冊

320000－1605－0008460 427.2/122－2
約園詩存二十四卷附紅杏遺音一卷 (清)宋壽甫撰 清道光三十年(1850)刻本 六冊

320000－1605－0008461 427.2/122－3

雞牕續稾四卷 (清)宋棟撰 清道光刻本 一册

320000－1605－0008462 427.2/122－4
宋浣花詩詞合刻不分卷 (清)宋志沂撰 清同治刻本 一册

320000－1605－0008463 427.2/122－5
宋浣花詩詞合刻不分卷 (清)宋志沂撰 清同治刻本 一册

320000－1605－0008464 427.2/122－6
宋氏綿津詩鈔八卷 (清)宋犖撰 (清)邵長蘅選 清刻本 二册

320000－1605－0008465 427.2/123
綿津山人詩集三十四卷 (清)宋犖撰 清康熙刻本 四册

320000－1605－0008466 427.2/124
可亭詩稾六卷詞稾一卷 (清)言南金撰 清咸豐刻本 一册

320000－1605－0008467 427.2/128－1
于東集一卷 (清)沈廷芳撰 清乾隆十年(1745)刻本 一册

320000－1605－0008468 427.2/128－2
學古堂詩集六卷 (清)沈季友撰 清乾隆二十九年(1764)刻本 二册

320000－1605－0008469 427.2/128－3
蘭韻堂詩集八卷附御覽集四卷 (清)沈初撰 清乾隆刻本 四册

320000－1605－0008470 427.2/128－4
孤石山房詩集六卷 (清)沈心撰 清道光二十二年(1842)刻本 六册

320000－1605－0008471 427.2/128－5
醉墨齋吟稿三卷 (清)沈光春撰 清芬閣吟藁一卷 (清)沈許英撰 清道光二十二年(1842)刻本 一册

320000－1605－0008472 427.2/128－6
秋坪賸藁一卷秋坪文稿一卷 (清)沈元龍撰 清刻本 二册

320000－1605－0008473 427.2/128－7
頤綵堂詩鈔十卷 (清)沈叔埏撰 清光緒九年(1883)刻本 二册

320000－1605－0008474 427.2/128－8
聖禾鄉農詩鈔四卷 (清)沈珏撰 清光緒九年(1883)刻本 一册

320000－1605－0008475 427.2/128－10
雪園詩鈔四卷 (清)沈方泰撰 清刻本 一册

320000－1605－0008476 427.2/129－1
賜硯齋詩存四卷首一卷 (清)沈涵撰 清乾隆二十二年(1757)沈柱臣刻本 三册

320000－1605－0008477 427.2/129－2
敬亭詩草八卷 (清)沈起元撰 清乾隆刻本 二册

320000－1605－0008478 427.2/129－3
祥止室詩鈔十三卷 (清)沈炳垣撰 清道光刻本 六册

320000－1605－0008479 427.2/129－4
一硯齋詩集十六卷 (清)沈荃撰 清咸豐五年(1855)刻本 四册

320000－1605－0008480 427.2/129－5
一硯齋詩集十六卷 (清)沈荃撰 清咸豐五年(1855)刻本 四册

320000－1605－0008481 427.2/129－6
兩園集古存草一卷 (清)沈守廉集 清光緒二十二年(1896)石印本 一册

320000－1605－0008482 427.2/130
岑樓詩鈔一卷 (清)沈棨撰 清抄本 一册

320000－1605－0008483 427.2/131－1
浮春閣詩集三卷 (清)沈景運撰 清刻本 一册

320000－1605－0008484 427.2/131－2
蒙廬詩存四卷附外集一卷 (清)沈景修撰 清刻本 一册

320000－1605－0008485 427.2/131－3

蒙廬詩存四卷附外集一卷 (清)沈景修撰 清光緒刻本 一冊

320000－1605－0008486 427.2/132－1
香草垞詩集一卷 (清)沈磐撰 清嘉慶十七年(1812)刻本 一冊

320000－1605－0008487 427.2/132－2
浙東紀游草一卷 (清)沈錫爵撰 清道光二年(1822)刻本 一冊

320000－1605－0008488 427.2/132－3
玉笙樓詩録十二卷 (清)沈壽榕撰 清光緒九年(1883)刻本 六冊

320000－1605－0008489 427.2/133－1
竹嘯軒詩鈔十八卷 (清)沈德潛撰 清乾隆刻本 四冊 存十卷(一至十)

320000－1605－0008490 427.2/133－2
雲巢詩鈔十一卷 (清)沈璟撰 清道光刻本 二冊

320000－1605－0008491 427.2/133－3
桂留山房詩集十二卷 (清)沈學淵撰 清道光刻本 三冊

320000－1605－0008492 427.2/133－4
蓮溪吟稿八卷試帖詩一卷續刻三卷 (清)沈濂撰 清咸豐刻本 二冊

320000－1605－0008493 427.2/133－5
蓮溪吟稿八卷試帖詩一卷續刻三卷 (清)沈濂撰 清咸豐刻本 四冊

320000－1605－0008494 427.2/133－6
因樹書屋詩稿十二卷 (清)沈寶森撰 清光緒二十三年(1897)刻本 四冊

320000－1605－0008495 427.2/133－7
因樹書屋詩稿十二卷 (清)沈寶森撰 清光緒二十三年(1897)刻本 四冊

320000－1605－0008496 427.2/135－1
容安齋詩集八卷 (清)汪應銓撰 清乾隆刻本 二冊

320000－1605－0008497 427.2/135－2
上湖紀歲詩編五卷 (清)汪師韓撰 清乾隆刻本 二冊

320000－1605－0008498 427.2/135－3
秋影樓詩集九卷 (清)汪繹撰 清嘉慶二十二年(1817)刻本 一冊

320000－1605－0008499 427.2/135－4
秋影樓詩集九卷 (清)汪繹撰 清光緒二十三年(1897)刻本 二冊

320000－1605－0008500 427.2/135－5
秋影樓詩集九卷 (清)汪繹撰 清光緒二十三年(1897)刻本 二冊

320000－1605－0008501 427.2/135－6
清尊集十六卷 (清)汪遠孫輯 清道光十九年(1839)刻本 四冊

320000－1605－0008502 427.2/135－7
清尊集十六卷 (清)汪遠孫輯 清道光十九年(1839)刻本 四冊

320000－1605－0008503 427.2/135－8
借閒生詩三卷詞一卷 (清)汪遠孫撰 清道光二十年(1840)刻本 一冊

320000－1605－0008504 427.2/135－9
小山泉閣詩存八卷 (清)汪為霖撰 清道光刻本 一冊 存二卷(四至五)

320000－1605－0008505 427.2/135－10
澹餘詩畧三卷 (清)汪暕撰 清咸豐八年(1858)刻本 一冊

320000－1605－0008506 427.2/135－11
蘋香館詩稿六卷附試帖二卷 (清)汪耀文撰 清咸豐刻本 一冊

320000－1605－0008507 427.2/135－12
葆沖書屋集四卷外集二卷詩餘一卷 (清)汪如洋撰 清刻本 一冊

320000－1605－0008508 427.2/135－13
葆沖書屋集四卷外集二卷詩餘一卷 (清)汪如洋撰 清刻本 一冊

320000－1605－0008509 427.2/135－14

自然好學齋詩鈔十卷 (清)汪端撰 清同治十三年(1874)刻本 一册 存三卷(一至三)

320000－1605－0008510 427.2/135－15
自然好學齋詩鈔十卷 (清)汪端撰 清同治十三年(1874)刻本 三册

320000－1605－0008511 427.2/135－16
自然好學齋詩鈔十卷 (清)汪端撰 清同治十三年(1874)刻本 三册

320000－1605－0008512 427.2/135－17
漱潤齋詩存二卷 (清)汪棨撰 清光緒二年(1876)刻本 一册

320000－1605－0008513 427.2/135－18
漱潤齋詩存二卷 (清)汪棨撰 清光緒二年(1876)刻本 一册

320000－1605－0008514 427.2/135－19
静怡軒詩鈔五卷附録一卷 (清)汪藻撰 清光緒四年(1878)刻本 一册

320000－1605－0008515 427.2/135－20
静怡軒詩鈔五卷附録一卷 (清)汪藻撰 清光緒四年(1878)刻本 一册

320000－1605－0008516 427.2/135－21
詠史集八卷 (清)汪元慎撰 清光緒五年(1879)刻本 四册

320000－1605－0008517 427.2/135－22
茶磨山人詩鈔八卷 (清)汪芑撰 清光緒十年(1884)刻本 二册

320000－1605－0008518 427.2/135－23
隨山館詩簡編四卷 (清)汪瑔撰 清光緒十七年(1891)刻本 一册

320000－1605－0008519 427.2/135－24
墨壽閣詩集四卷 (清)汪承慶撰 清光緒二十七年(1901)刻本 二册

320000－1605－0008520 427.2/135－25
縨簃詩詞草一卷 (清)汪熙撰 **寓歙殘草** (清)汪克昌撰 清光緒刻本 一册

320000－1605－0008521 427.2/135－26
味菜堂詩集四卷 (清)汪淵撰 清光緒刻本 一册

320000－1605－0008522 427.2/135－27
厚石齋詩集十二卷 (清)汪孟鋗撰 清刻本 二册

320000－1605－0008523 427.2/135－28
玉鑑堂詩集六卷 (清)汪曰楨撰 清刻本 二册

320000－1605－0008524 427.2/138－1
定峰樂府十卷 (清)沙張白撰 清光緒二十四年(1898)刻本 二册

320000－1605－0008525 427.2/138－2
定峰樂府十卷 (清)沙張白撰 清光緒二十四年(1898)刻本 一册

320000－1605－0008526 427.2/148－1
綰秀園詩選一卷 (清)杜首昌撰 清康熙刻本 四册

320000－1605－0008527 427.2/148－2
遂初草廬詩集十卷 (清)沙張白撰 清同治九年(1870)刻本 四册

320000－1605－0008528 427.2/148－3
秀野草堂遺詩一卷 (清)杜壽朋撰 清同治十年(1871)刻本 一册

320000－1605－0008529 427.2/15－1
述本堂詩集七種 (清)方登嶧撰 清乾隆刻本 六册

320000－1605－0008530 427.2/15－2
在樸堂吟稿一卷 (清)方芳佩撰 清乾隆刻本 一册

320000－1605－0008531 427.2/15－3
二知軒詩鈔十八卷 (清)方濬頤撰 清同治五年(1866)刻本 十册

320000－1605－0008532 427.2/15－4
二知軒詩鈔十八卷 (清)方濬頤撰 清同治五年(1866)刻本 六册

320000－1605－0008533 427.2/15－5

輓純齋夫君詩一卷 （清）方韻仙撰 **［沈清范］行述一卷** （清）趙之驥撰 清光緒四年(1878)刻本 一冊

320000－1605－0008534 427.2/15－6
退一步齋詩集十六卷 （清）方濬師撰 清光緒十八年(1892)鉛印本 六冊

320000－1605－0008535 427.2/15－7
武庭詩草一卷 （清）方乾武撰 清光緒二十八年(1902)刻三十二年(1906)重修本 一冊

320000－1605－0008536 427.2/15－8
夢亭遺集三卷 （清）方學周撰 清光緒刻本 一冊

320000－1605－0008537 427.2/15－9
枕經堂詩集一卷 （清）方朔撰 清刻本 一冊

320000－1605－0008538 427.2/151－1
侯鯖集十卷 （清）李友棠撰 清乾隆刻本 八冊

320000－1605－0008539 427.2/151－2
養一詩集四卷 （清）李兆洛撰 清光緒八年(1882)刻本 二冊

320000－1605－0008540 427.2/151－3
容齋千首詩不分卷 （清）李天馥撰 清光緒十二年(1886)鉛印本 六冊

320000－1605－0008541 427.2/151－4
容齋千首詩不分卷 （清）李天馥撰 清光緒十二年(1886)鉛印本 六冊

320000－1605－0008542 427.2/151－5
侯鯖集十卷 （清）李友棠撰 清刻本 四冊

320000－1605－0008543 427.2/152－1
貞一齋集十卷 （清）李重華撰 清乾隆刻本 二冊

320000－1605－0008544 427.2/152－2
韋廬詩内集四卷外集四卷 （清）李秉禮撰 清嘉慶二十四年(1819)刻本 四冊

320000－1605－0008545 427.2/152－3
杉湖酬唱詩略二卷 （清）李宗瀚撰 清道光刻本 一冊

320000－1605－0008546 427.2/152－4
南園集二卷 （清）李光榮撰 清咸豐刻本 一冊

320000－1605－0008547 427.2/152－5
棠芾書屋詩稾不分卷 （清）馬振文撰 清光緒刻本 二冊

320000－1605－0008548 427.2/153
蕉雨山房詩集十卷 （清）李家瑞撰 清道光三十年(1850)刻本 四冊

320000－1605－0008549 427.2/155－1
攬青閣詩集二卷 （清）李貽德撰 清同治五年(1866)刻本 二冊

320000－1605－0008550 427.2/155－2
舒嘯樓詩稿四卷 （清）李曾裕撰 清同治刻本 二冊

320000－1605－0008551 427.2/155－3
求有益齋詩鈔八卷 （清）李道悠撰 清光緒二十六年(1900)刻本 四冊

320000－1605－0008552 427.2/155－4
近人詩録一卷 （清）李慈銘等撰 清光緒二十九年(1903)鉛印本 一冊

320000－1605－0008553 427.2/155－5
愛日廬詩鈔一卷 （清）李景祥撰 清光緒末鉛印本 一冊

320000－1605－0008554 427.2/155－6
石船居古今體詩賸稿十六卷 （清）李超瓊撰 清刻本 四冊

320000－1605－0008555 427.2/155－7
石船居古今體詩賸稿十六卷 （清）李超瓊撰 清末刻本 四冊

320000－1605－0008556 427.2/155－8
菁江詩鈔一卷 （清）李聖就撰 清宣統二年(1910)鉛印本 一冊

320000－1605－0008557 427.2/156－1

粤東皇華録四卷　(清)李調元撰　清乾隆四十一年(1776)刻本　二册

320000－1605－0008558　427.2/156－2
白華絳柎閣詩集十卷　(清)李慈銘撰　清光緒十六年(1890)刻本　二册

320000－1605－0008559　427.2/157－1
耘圃詩鈔十卷附壤歌集一卷銜蒿集一卷　(清)李繩撰　清乾隆刻本　四册

320000－1605－0008560　427.2/157－2
吴門集八卷　(清)李黼平撰　清道光六年(1826)刻本　四册

320000－1605－0008561　427.2/157－3
棲雲山房詩鈔二卷　(清)李樹瀛撰　清咸豐五年(1855)刻本　二册

320000－1605－0008562　427.2/157－4
蘇鄰遺詩二卷　(清)李鴻裔撰　清光緒十四年(1888)刻本　二册

320000－1605－0008563　427.2/157－5
蘇鄰遺詩二卷　(清)李鴻裔撰　清光緒十四年(1888)刻本　一册

320000－1605－0008564　427.2/157－6
蘇鄰遺詩二卷　(清)李鴻裔撰　清光緒十四年(1888)刻本　一册

320000－1605－0008565　427.2/157－7
蘇鄰遺詩續集一卷　(清)李鴻裔撰　清光緒十七年(1891)石印本　一册

320000－1605－0008566　427.2/157－8
蘇鄰遺詩續集一卷　(清)李鴻裔撰　清光緒十七年(1891)石印本　一册

320000－1605－0008567　427.2/157－9
蘇鄰遺詩續集一卷　(清)李鴻裔撰　清光緒十七年(1891)石印本　一册

320000－1605－0008568　427.2/164－1
赤谷詩鈔十六卷附蠹書四卷　(清)吴之珽撰　清康熙六十年(1721)刻本　五册

320000－1605－0008569　427.2/164－2
聽雨樓詩草二卷　(清)吴廷珍撰　清道光刻本　二册

320000－1605－0008570　427.2/164－3
小匏庵詩存六卷末一卷　(清)吴仰賢撰　清光緒刻本　六册

320000－1605－0008571　427.2/164－4
蝸園詩鈔一卷附梅隱廬楹聯一卷　(清)吴光奇撰　清宣統二年(1910)石印本　一册

320000－1605－0008572　427.2/165－1
梅花百詠一卷　(清)吴立撰　清康熙刻本　一册

320000－1605－0008573　427.2/165－2
吴詩集覽二十卷　(清)吴偉業撰　清乾隆三十五年(1770)刻本　十二册

320000－1605－0008574　427.2/165－3
梅村詩箋註十八卷　(清)吴偉業撰　清嘉慶十九年(1814)刻本　八册

320000－1605－0008575　427.2/165－4
艾香吟草二卷學詩尺木一卷　(清)吴翀撰　清乾隆四十年(1775)刻本　三册

320000－1605－0008576　427.2/165－5
細雲吟草二卷續草一卷詩餘一卷　(清)吴芳堪撰　清道光二十八年(1848)刻本　一册

320000－1605－0008577　427.2/165－6
細雲吟草二卷續草一卷詩餘一卷　(清)吴芳堪撰　清道光二十八年(1848)刻本　一册

320000－1605－0008578　427.2/165－7
細雲吟草二卷續草一卷詩餘一卷　(清)吴芳堪撰　清道光二十八年(1848)刻本　一册

320000－1605－0008579　427.2/165－8
細雲吟草二卷續草一卷詩餘一卷　(清)吴芳堪撰　清道光二十八年(1848)刻本　一册

320000－1605－0008580　427.2/165－9
細雲吟草二卷續草一卷詩餘一卷　(清)吴芳堪撰　清道光二十八年(1848)刻本　一册

320000－1605－0008581　427.2/165－10

笏庵詩鈔十卷　(清)吴清鵬撰　清道光刻本　四册

320000－1605－0008582　427.2/165－11
倚石吟一卷　(清)吴元浩撰　清道光刻本　一册

320000－1605－0008583　427.2/165－12
可久長室詩存六卷　(清)吴宗麟撰　清咸豐十年(1860)刻本　二册

320000－1605－0008584　427.2/165－13
開門七事吟一卷　(清)吴文錫撰　清咸豐刻本　一册

320000－1605－0008585　427.2/165－14
三恥齋初稿十卷　(清)吴坤修撰　清同治四年(1865)刻本　三册

320000－1605－0008586　427.2/165－15
佩秋閣遺稿四卷　(清)吴茝撰　清光緒元年(1875)刻本　一册

320000－1605－0008587　427.2/165－16
佩秋閣遺稿四卷　(清)吴茝撰　清光緒元年(1875)刻本　一册

320000－1605－0008588　427.2/165－17
論畫絶句一卷　(清)吴修撰　清光緒二年(1876)刻本　一册

320000－1605－0008589　427.2/165－18
黄葉村莊詩集八卷續集一卷後集一卷　(清)吴之振撰　清光緒四年(1878)刻本　四册

320000－1605－0008590　427.2/165－19
黄葉村莊詩集八卷續集一卷後集一卷　(清)吴之振撰　清光緒四年(1878)刻本　四册

320000－1605－0008591　427.2/165－20
黄葉村莊詩集八卷續集一卷後集一卷　(清)吴之振撰　清光緒四年(1878)刻本　四册

320000－1605－0008592　427.2/165－21
黄葉村莊詩集八卷續集一卷後集一卷　(清)吴之振撰　清光緒四年(1878)刻本　四册

320000－1605－0008593　427.2/165－22
黄葉村莊詩集八卷續集一卷後集一卷　(清)吴之振撰　清光緒四年(1878)刻本　四册

320000－1605－0008594　427.2/165－23
圭庵詩録一卷　(清)吴觀禮撰　清光緒五年(1879)刻本　一册

320000－1605－0008595　427.2/165－24
缶廬詩四卷别存三卷　吴昌碩撰　清光緒十九年(1893)刻本　一册

320000－1605－0008596　427.2/165－25
隨安居詩鈔一卷　(清)吴金梁撰　**藕舫焚餘草三卷**　(清)吴重熙撰　清光緒二十六年(1900)刻本　一册

320000－1605－0008597　427.2/165－26
徐烈婦詩鈔二卷　(清)吴宗愛編　清光緒刻本　一册

320000－1605－0008598　427.2/165－27
北游草一卷　(清)吴紹曾撰　清刻本　一册

320000－1605－0008599　427.2/166－1
紅翠山房春鳥集三卷　(清)吴天仁撰　清乾隆刻本　一册

320000－1605－0008600　427.2/166－2
十國宫詞一百首一卷五代宫詞一百首一卷　(清)吴省蘭撰　(清)范重棨註　清刻本　一册

320000－1605－0008601　427.2/166－3
聽雨齋詩集二十六卷　(清)吴照撰　清嘉慶刻本　十册

320000－1605－0008602　427.2/166－4
榕園吟稿八卷　(清)吴應和撰　清嘉慶六年(1801)刻本　四册

320000－1605－0008603　427.2/166－5
鳴秋草三卷　(清)吴溥撰　清嘉慶十六年(1811)刻本　一册

320000－1605－0008604　427.2/166－6
印須集八卷續集十二卷　(清)吴翌鳳輯　清嘉慶十九年(1814)刻本　十二册

320000－1605－0008605　427.2/166－7
筠齋詩録十卷　(清)吳振勃撰　清道光二十八年(1848)刻本　四册

320000－1605－0008606　427.2/166－8
南湖百詠一卷　(清)吳萃恩撰　清同治刻本　一册

320000－1605－0008607　427.2/166－9
南湖百詠一卷　(清)吳萃恩撰　清同治刻本　一册

320000－1605－0008608　427.2/166－10
柈湖詩録六卷釣者風一卷　(清)吳敏樹撰　清同治刻本　四册

320000－1605－0008609　427.2/166－11
柈湖詩録六卷釣者風一卷　(清)吳敏樹撰　清同治刻本　四册

320000－1605－0008610　427.2/166－12
十國宫詞一卷　(清)吳省蘭撰　清同治十二年(1873)刻本　一册

320000－1605－0008611　427.2/166－13
十國宫詞一卷　(清)吳省蘭撰　清同治十二年(1873)刻本　一册

320000－1605－0008612　427.2/166－14
養壽廬詩集四卷　(清)吳恩熙撰　清光緒刻本　一册

320000－1605－0008613　427.2/166－15
香蘇山館詩鈔古體詩十七卷今體詩十九卷　(清)吳嵩梁撰　清光緒二十三年(1897)刻本　八册

320000－1605－0008614　427.2/166－16
梅村集二十卷　(清)吳偉業撰　清光緒刻本　六册

320000－1605－0008615　427.2/166－17
硯山堂詩集五卷　(清)吳泰來撰　清刻本　一册

320000－1605－0008616　427.2/167－1
芳蓀書屋存稿四卷　(清)吳瑛撰　清乾隆刻本　二册

320000－1605－0008617　427.2/167－2
一詠軒詩草二卷　(清)吳進撰　清乾隆五十年(1785)刻本　一册　存一卷(下)

320000－1605－0008618　427.2/167－3
寫韻樓詩集五卷題辭一卷首一卷　(清)吳瓊仙撰　清道光十二年(1832)刻本　二册

320000－1605－0008619　427.2/167－4
寫韻樓詩集五卷題辭一卷首一卷　(清)吳瓊仙撰　清道光十二年(1832)刻本　一册

320000－1605－0008620　427.2/167－5
寫韻樓詩集五卷題辭一卷首一卷　(清)吳瓊仙撰　清道光十二年(1832)刻光緒二十二年(1896)烏程龐氏印本　一册

320000－1605－0008621　427.2/167－6
榕園吟稿十二卷　(清)吳應和撰　清嘉慶二十四年(1819)刻本　四册

320000－1605－0008622　427.2/167－7
陋軒詩六卷　(清)吳嘉紀撰　清道光木活字印本　二册

320000－1605－0008623　427.2/167－8
静香樓詩草二卷　(清)吳蕙撰　清道光十二年(1832)刻本　一册

320000－1605－0008624　427.2/167－9
也是園詩鈔五卷　(清)吳毓芬撰　清光緒二十四年(1898)刻本　二册

320000－1605－0008625　427.2/168－1
重鐫吴太史詩一卷　(明)吳學詩撰　(清)黄光岳選　清雍正十二年(1734)刻本　一册

320000－1605－0008626　427.2/168－2
松花菴全集七種　(清)吳鎮撰　清乾隆五十七年(1792)刻本　六册

320000－1605－0008627　427.2/168－3
松花菴全集七種　(清)吳鎮撰　清乾隆五十七年(1792)刻本　三册

320000－1605－0008628　427.2/168－4
清容堂詩集十卷　(清)吳樹本撰　清嘉慶刻本　一册

320000－1605－0008629　427.2/168－5
尚絅廬詩存二卷　(清)吳嘉賓撰　清同治五年(1866)刻本　一冊

320000－1605－0008630　427.2/170－1
夢月巖詩集二十卷附詩餘一卷　(清)呂履恒撰　清雍正刻本　六冊

320000－1605－0008631　427.2/170－2
東莊詩存七種　(清)呂留良撰　清宣統三年(1911)鉛印本　一冊

320000－1605－0008632　427.2/175－1
半行庵詩存稿八卷附題辭一卷　(清)貝青喬撰　清同治五年(1866)刻本　二冊

320000－1605－0008633　427.2/175－2
半行庵詩存稿八卷附題辭一卷　(清)貝青喬撰　清同治五年(1866)刻本　二冊

320000－1605－0008634　427.2/175－3
簡園試帖一卷　(清)貝信三撰　清同治刻本　一冊

320000－1605－0008635　427.2/178－1
方雪齋詩集十二卷　(清)何道生撰　清嘉慶十二年(1807)刻本　四冊

320000－1605－0008636　427.2/178－2
雙藤書屋詩集十二卷試帖詩二卷附一卷　(清)何道生撰　清道光九年(1829)刻本　四冊

320000－1605－0008637　427.2/178－3
雙藤書屋詩集十二卷試帖詩二卷附一卷　(清)何道生撰　清道光九年(1829)刻本　四冊

320000－1605－0008638　427.2/178－4
雙藤書屋詩集十二卷試帖詩二卷附一卷　(清)何道生撰　清道光九年(1829)刻本　四冊

320000－1605－0008639　427.2/178－5
簳山草堂小稿四卷　(清)何其偉撰　清嘉慶二十一年(1816)刻本　二冊

320000－1605－0008640　427.2/178－6
寒灰集二卷　(清)何栻撰　清咸豐刻本　一冊

320000－1605－0008641　427.2/178－7
藏齋詩鈔六卷　(清)何其超撰　清同治七年(1868)刻本　二冊

320000－1605－0008642　427.2/178－8
劫火紀焚一卷　(清)何桂笙撰　清光緒刻本　一冊

320000－1605－0008643　427.2/178－9
平齋詩存三卷附續編三卷　(清)何剛德撰　清刻本　三冊

320000－1605－0008644　427.2/178－10
一鳴集四卷　(清)何豫撰　清刻本　四冊

320000－1605－0008645　427.2/18－1
嘯劍山房詩鈔十三卷　(清)文星瑞撰　清同治九年(1870)刻本　四冊

320000－1605－0008646　427.2/18－2
雲起軒詩録一卷　(清)文廷式撰　清光緒三十四年(1908)鉛印本　一冊

320000－1605－0008647　427.2/190－1
古照堂詩集二卷　(清)狄雲鼎撰　清同治九年(1870)刻本　二冊

320000－1605－0008648　427.2/190－2
古照堂詩集二卷　(清)狄雲鼎撰　清光緒二十二年(1896)鉛印本　二冊

320000－1605－0008649　427.2/194－1
十華小築詩鈔四卷　(清)余本愚撰　清光緒十一年(1885)刻本　二冊

320000－1605－0008650　427.2/194－2
群玉山房詩集不分卷　(清)余旻撰　清末抄本　一冊

320000－1605－0008651　427.2/195
庚子都門紀事詩六卷　(清)延清撰　清光緒鉛印本　二冊

320000－1605－0008652　427.2/2－1
硯林詩集四卷　(清)丁敬撰　清嘉慶十一年

(1806)刻本　一冊

320000－1605－0008653　427.2/2－2
十五弗齋詩存一卷　(清)丁寶楨撰　清光緒二十年(1894)刻本　一冊

320000－1605－0008654　427.2/2－3
百蘭山館詩五卷　(清)丁日昌撰　清末鉛印本　二冊

320000－1605－0008655　427.2/20
隨安廬題畫詩二卷　(清)亢樹滋撰　清光緒十二年(1886)刻本　一冊

320000－1605－0008656　427.2/200－1
九曲山房詩抄十六卷　(清)宗聖垣撰　清嘉慶五年(1800)刻本　四冊

320000－1605－0008657　427.2/200－2
頤情館詩鈔二卷續鈔一卷　(清)宗源瀚撰　清刻本　一冊

320000－1605－0008658　427.2/206
祲觚亭集三十二卷後集十二卷　(清)祁寯藻撰　清咸豐六年(1856)刻本　六冊

320000－1605－0008659　427.2/21－1
蠶尾後集二卷　(清)王士禛撰　清康熙刻本　一冊

320000－1605－0008660　427.2/21－2
漁洋續集十六卷　(清)王士禛撰　清康熙二十三年(1684)刻本　四冊

320000－1605－0008661　427.2/21－3
漁洋山人集外詩二卷　(清)王士禛撰　清乾隆刻本　一冊

320000－1605－0008662　427.2/21－4
王夢樓詩集二十四卷　(清)王文治撰　清乾隆刻本　十二冊

320000－1605－0008663　427.2/21－5
北谿詩文集二十二卷　(清)王元文撰　清嘉慶十七年(1812)刻本　六冊

320000－1605－0008664　427.2/21－6
藝餘草一卷　(清)王文治撰　清嘉慶十九年(1814)刻本　一冊

320000－1605－0008665　427.2/21－7
藝芸館詩鈔十三卷　(清)王世錦撰　清嘉慶刻本　四冊

320000－1605－0008666　427.2/21－8
紅蝠山房詩鈔八卷　(清)王乃斌撰　清道光刻本　二冊

320000－1605－0008667　427.2/21－9
漁洋山人秋柳詩箋一卷　(清)王祖源輯　清同治五年(1866)刻本　一冊

320000－1605－0008668　427.2/21－10
小初詩稿三十卷　(清)王之藩撰　清光緒十二年(1886)刻本　四冊

320000－1605－0008669　427.2/21－11
退一步草堂詩鈔一卷　(清)王玉驥撰　清光緒刻本　一冊

320000－1605－0008670　427.2/21－12
養拙齋詩集十四卷　(清)王必達撰　**樓隱詩存一卷**　(清)王必蕃撰　清光緒刻本　四冊

320000－1605－0008671　427.2/21－13
養拙齋詩集十四卷　(清)王必達撰　**樓隱詩存一卷**　(清)王必蕃撰　清光緒刻本　四冊

320000－1605－0008672　427.2/21－14
漁洋山人精華録訓纂九卷　(清)惠棟撰　清刻本　八冊

320000－1605－0008673　427.2/21－15
紅蝠山房二編　(清)王乃斌撰　清刻本　三冊

320000－1605－0008674　427.2/211－1
黄鶴山人詩初鈔十卷　(清)林壽圖撰　清光緒刻本　四冊

320000－1605－0008675　427.2/211－2
雲左山房詩鈔九卷　(清)林則徐撰　清光緒十二年(1886)刻本　二冊

320000－1605－0008676　427.2/211－3
壯懷堂詩初稿十卷　(清)林直撰　清咸豐六

年(1856)刻本　二册

320000－1605－0008677　427.2/22－1
樓邨詩集二十五卷　(清)王式丹撰　清雍正四年(1726)刻本　四册

320000－1605－0008678　427.2/22－2
裛爽亭詩鈔四卷　(清)王泌撰　清雍正刻本　一册

320000－1605－0008679　427.2/22－3
裛爽亭詩鈔四卷　(清)王泌撰　清雍正刻本　一册

320000－1605－0008680　427.2/22－4
澹粹軒詩草二卷　(清)王志瀜撰　清嘉慶二十五年(1820)刻本　二册

320000－1605－0008681　427.2/22－5
藝芸館詩鈔十三卷　(清)王世錦撰　清嘉慶刻本　一册

320000－1605－0008682　427.2/22－6
雲峯遺草一卷　(清)王在東撰　清嘉慶刻本　一册

320000－1605－0008683　427.2/22－7
天繪閣詩稿八卷　(清)王仲滙撰　清道光二年(1822)刻本　二册

320000－1605－0008684　427.2/22－8
南陵無雙譜一卷　(清)王言撰　清道光刻本　一册

320000－1605－0008685　427.2/22－9
紅棠閣詩鈔七卷　(清)王芝林撰　清道光二十一年(1841)刻本　二册

320000－1605－0008686　427.2/22－11
願學堂詩鈔二十八卷　(清)王宗耀撰　清咸豐刻本　六册

320000－1605－0008687　427.2/22－12
小蘭雪堂詩集十一卷　(清)王步蟾撰　清光緒石印本　四册

320000－1605－0008688　427.2/22－13
讀選樓詩稿十卷　(清)王采蘋撰　清光緒刻本　二册

320000－1605－0008689　427.2/22－14
讀選樓詩稿十卷　(清)王采蘋撰　清光緒刻本　二册

320000－1605－0008690　427.2/223－1
屈翁山詩集八卷詞一卷　(清)屈大均撰　(清)徐肇元選編　清刻本　四册

320000－1605－0008691　427.2/223－2
屈悔翁先生詩集二十二卷　(清)屈復撰　清抄本　二册　存四卷(十九至二十二)

320000－1605－0008692　427.2/223－3
翁山詩外二十卷文外十六卷　(清)屈大均撰　清宣統鉛印本　十七册

320000－1605－0008693　427.2/225－1
位西先生遺稿一卷　(清)邵懿辰撰　清同治八年(1869)刻本　一册

320000－1605－0008694　427.2/225－2
半巖廬遺集文一卷詩一卷　(清)邵懿辰撰　清光緒三十四年(1908)刻本　二册

320000－1605－0008695　427.2/229
大小雅堂詩集四卷詞一卷　(清)承齡撰　清光緒十八年(1892)刻本　二册

320000－1605－0008696　427.2/23－1
述庵詩鈔十二卷　(清)王昶撰　清乾隆五十五年(1790)刻本　四册

320000－1605－0008697　427.2/23－2
退省居詩四卷詩餘一卷　(清)王洲撰　清嘉慶二十年(1815)刻本　二册

320000－1605－0008698　427.2/23－3
百柱堂詩稿八卷漆室吟八卷　(清)王柏心撰　**彤雲閣遺詩二卷絳雲齋文稿一卷**　(清)王家仕撰　清同治十一年(1872)刻本　五册

320000－1605－0008699　427.2/23－4
蕭遠堂詩集六卷　(清)王修玉撰　清刻本　二册

320000－1605－0008700　427.2/233

寶研齋詩鈔四卷　(清)花杰撰　清咸豐刻本　一册

320000－1605－0008701　427.2/237－1
函樓詩鈔八卷　(清)易佩紳撰　清光緒刻本　二册

320000－1605－0008702　427.2/237－2
丁戊之間行卷不分卷湘絃詞一卷　易順鼎撰　清刻本　二册

320000－1605－0008703　427.2/24－1
竹韻樓詩鈔二卷　(清)王淑撰　清道光刻本　一册

320000－1605－0008704　427.2/24－2
竹韻樓詩詞三卷　(清)王淑撰　清道光刻本　一册

320000－1605－0008705　427.2/24－3
寄影廬賸稿一卷　(清)王惟和撰　清光緒二十七年(1901)木活字印本　二册

320000－1605－0008706　427.2/24－4
宛委山房詩詞賸稿一卷　(清)王堃撰　**青箱室詩鈔一卷**　(清)王泰階撰　清光緒二十七年(1901)江陰王氏刻重思齋叢書本　一册

320000－1605－0008707　427.2/22－15
紅棠閣詩鈔七卷　(清)王芝林撰　清光緒十三年(1887)木活字印本　二册

320000－1605－0008708　427.2/242－1
檜門詩存四卷附録二卷　(清)金德瑛撰　清乾隆三十二年(1767)刻本　五册

320000－1605－0008709　427.2/242－2
檜門詩存四卷附録二卷　(清)金德瑛撰　清光緒二十五年(1899)刻本　二册

320000－1605－0008710　427.2/242－3
播琴堂集八卷　(清)金學詩撰　清乾隆五十一年(1786)刻本　四册

320000－1605－0008711　427.2/242－4
務滋堂集四十四卷　(清)金文城撰　清嘉慶二十二年(1817)刻本　四册

320000－1605－0008712　427.2/242－5
碧螺山館詩鈔八卷　(清)金蘭撰　清咸豐六年(1856)刻本　一册

320000－1605－0008713　427.2/242－6
碧螺山館詩鈔八卷　(清)金蘭撰　清咸豐六年(1856)刻本　一册　存六卷(一至六)

320000－1605－0008714　427.2/242－7
碧螺山館詩鈔八卷　(清)金蘭撰　清咸豐六年(1856)刻本　一册　存四卷(一至四)

320000－1605－0008715　427.2/242－8
篤慎堂燼餘詩稿二卷文稿一卷　(清)金諤撰　清光緒十一年(1885)刻本　一册

320000－1605－0008716　427.2/242－9
澹盦自娱草二卷附録一卷　(清)金應澍撰　**仲安遺草一卷**　(清)金和撰　清光緒十九年(1893)刻本　一册

320000－1605－0008717　427.2/242－10
蝴蝶詩三百六十首　(清)金文樑撰　清光緒二十四年(1898)刻本　一册

320000－1605－0008718　427.2/242－11
蝴蝶詩三百六十首　(清)金文樑撰　清光緒二十四年(1898)刻本　一册

320000－1605－0008719　427.2/242－12
蝴蝶詩三百六十首　(清)金文樑撰　清光緒二十四年(1898)刻本　一册

320000－1605－0008720　427.2/242－13
蝴蝶詩三百六十首　(清)金文樑撰　清光緒二十四年(1898)刻本　一册

320000－1605－0008721　427.2/242－14
思貽堂詩集六卷　(清)金衍宗撰　清光緒鉛印本　二册

320000－1605－0008722　427.2/242－15
陶廬雜憶一卷續詠一卷　金武祥撰　清光緒刻本　一册

320000－1605－0008723　427.2/242－16
冬心先生集四卷　(清)金農撰　清宣統二年(1910)石印本　四册

320000－1605－0008724　427.2/242－17
今雨堂詩墨二卷續編三卷　(清)金甡撰　清乾隆刻本　三冊

320000－1605－0008725　427.2/242－18
蝴蝶詩三百六十首　(清)金文樑撰　清刻本　一冊

320000－1605－0008726　427.2/242－19
聽雨芭蕉館詩鈔一卷　(清)金黄鍾撰　清抄本　一冊

320000－1605－0008727　427.2/244
瘦吟樓詩集四卷　(清)金逸撰　清嘉慶刻本　一冊

320000－1605－0008728　427.2/248－1
晚香堂餘稿一卷半帆亭稿一卷　(清)周寶生撰　清嘉慶二十五年(1820)刻本　二冊

320000－1605－0008729　427.2/248－2
瓣香閣詩鈔一卷　(清)周珠生　**拈花小草一卷**　(清)周天生撰　清嘉慶二十二年(1817)刻本　一冊

320000－1605－0008730　427.2/248－3
獨言集一卷綵娛閣詞鈔一卷　(清)周敬爕撰　清嘉慶二十一年(1816)刻本　一冊

320000－1605－0008731　427.2/248－4
匏葉盦詩存十八卷　(清)周鶴立撰　清道光四年(1824)刻本　四冊

320000－1605－0008732　427.2/248－5
紅蕉館詩鈔六卷　(清)周光緯撰　清道光刻民國十三年(1924)印本　一冊

320000－1605－0008733　427.2/248－6
瓶城山館詩鈔初存八卷續存八卷　(清)周劼撰　清咸豐、同治刻本　八冊

320000－1605－0008734　427.2/248－7
賓雲僊館詩集六卷　(清)周兆魚撰　清同治五年(1866)刻本　二冊

320000－1605－0008735　427.2/248－8
雅存堂詩鈔四卷　(清)周槱撰　清同治十三年(1874)刻本　一冊

320000－1605－0008736　427.2/248－9
駕雲螭室詩鈔六卷　(清)周文禾撰　清光緒十三年(1887)刻本　一冊

320000－1605－0008737　427.2/248－10
飡芍華館詩集八卷蕉心詞一卷　(清)周騰虎撰　清光緒十九年(1893)鉛印本　二冊

320000－1605－0008738　427.2/248－11
飡芍華館詩集八卷蕉心詞一卷　(清)周騰虎撰　清光緒十九年(1893)鉛印本　二冊

320000－1605－0008739　427.2/248－12
方泉先生詩集三卷　(宋)周文璞撰　清宣統元年(1909)影印本　一冊

320000－1605－0008740　427.2/248－13
還讀廬詩鈔八卷　(清)周孝壎撰　清刻本　四冊

320000－1605－0008741　427.2/248－14
臥雲軒詩稿二卷　(清)周煊撰　清刻本　二冊

320000－1605－0008742　427.2/248－15
證山堂集八卷　(清)周斯盛撰　清刻本　二冊

320000－1605－0008743　427.2/249－1
賜書堂詩鈔八卷　(清)周長發撰　清乾隆刻本　四冊

320000－1605－0008744　427.2/249－2
拜梅書屋詩鈔十卷　(清)周焌圻撰　**梅仙詩存一卷**　(清)周清鑑撰　清光緒刻本　四冊

320000－1605－0008745　427.2/25－1
畫舫齋詩四集二卷　(清)王項齡撰　清康熙四十年(1701)刻本　二冊

320000－1605－0008746　427.2/25－2
小樓詩集八卷　(清)王嵩高撰　清道光十六年(1836)刻本　二冊

320000－1605－0008747　427.2/25－3
三山同聲集四卷續編一卷　(清)王凱泰輯　清同治刻本　二冊

320000－1605－0008748　427.2/25－4
滋蘭室遺稿一卷　(清)王嗣暉撰　清宣統二年(1910)刻本　一册

320000－1605－0008749　427.2/252
寶德堂詩鈔十二卷　(清)周衡撰　清光緒刻本　二册

320000－1605－0008750　427.2/254－2
丹魁堂詩集七卷茗韻軒遺詩一卷　(清)季芝昌撰　清同治六年(1867)刻本　三册

320000－1605－0008751　427.2/254－1
丹魁堂外集四卷　(清)季芝昌撰　清咸豐十一年(1861)刻本　二册

320000－1605－0008752　427.2/259
留讀齋賸稿六卷附書札一卷　(清)宣昌緒撰　清宣統元年(1909)木活字印本　二册

320000－1605－0008753　427.2/26－1
凝翠樓詩集四卷　(清)王慧撰　清康熙四十七年(1708)刻本　一册

320000－1605－0008754　427.2/26－2
嗣雅堂詩存五卷　(清)王嘉祿撰　清道光二十六年(1846)刻本　一册

320000－1605－0008755　427.2/26－3
嗣雅堂詩存五卷　(清)王嘉祿撰　清道光二十六年(1846)刻本　一册

320000－1605－0008756　427.2/26－4
詒安堂二集八卷附四卷　(清)王慶勳撰　清咸豐五年(1855)刻本　四册

320000－1605－0008757　427.2/26－5
蠙廬詩鈔十卷　(清)王蔭槐撰　清光緒七年(1881)刻本　二册

320000－1605－0008758　427.2/26－6
藍尾軒詩稿四卷　(清)王毓麟撰　清光緒二十四年(1898)刻本　二册

320000－1605－0008759　427.2/26－7
也儂詩草十卷　(清)王慶善撰　清光緒二十七年(1901)木活字印本　四册

320000－1605－0008760　427.2/26－8
堇廬遺稿二卷　(清)王賓基撰　清宣統二年(1910)鉛印本　二册

320000－1605－0008761　427.2/26－9
鷟翁集一卷蜩知集一卷　(清)王鵬運撰　清末、民國刻本　一册

320000－1605－0008762　427.2/27－1
羣雅集四十卷　(清)王豫撰　清嘉慶十二年(1807)刻本　八册

320000－1605－0008763　427.2/27－2
試畯堂詩集十二卷　(清)王蘇撰　清道光二年(1822)刻本　八册

320000－1605－0008764　427.2/27－3
晴岩詩草二十一卷　(清)王鑑撰　清道光十二年(1832)刻本　五册

320000－1605－0008765　427.2/27－4
舍是集十卷　(清)王翼鳳撰　清道光二十四年(1844)刻本　四册

320000－1605－0008766　427.2/27－5
桐月窗吟稿一卷　(清)王樾撰　清道光二十三年(1843)刻本　一册

320000－1605－0008767　427.2/27－6
南行吟草一卷　(清)王應垣撰　清道光刻本　一册

320000－1605－0008768　427.2/27－7
恩暉堂詩集六卷　(清)王藻撰　清咸豐三年(1853)刻本　二册

320000－1605－0008769　427.2/27－8
仲瞿詩録一卷　(清)王曇撰　清咸豐刻本　一册

320000－1605－0008770　427.2/27－9
王孝子聽桐廬遺詩一卷　(清)王繼穀撰　清光緒六年(1880)刻本　一册

320000－1605－0008771　427.2/27－10
夜雪集不分卷　王闓運撰　清光緒九年(1883)石印本　一册

320000－1605－0008772　427.2/27－11
煙霞萬古樓詩殘稿一卷　(清)王曇撰　清光緒二十六年(1900)刻本　一册

320000－1605－0008773　427.2/27－12
煙霞萬古樓詩殘稿一卷　(清)王曇撰　清光緒二十六年(1900)刻本　一册

320000－1605－0008774　427.2/27－13
對山樓詩稿十六卷　(清)王燾撰　清刻本　四册

320000－1605－0008775　427.2/29
湖山雜詠一卷　(清)王緯撰　清光緒刻本　一册

320000－1605－0008776　427.2/260－1
卷施閣詩十六卷　(清)洪亮吉撰　清乾隆刻本　二册

320000－1605－0008777　427.2/260－2
附鮚軒詩八卷　(清)洪亮吉撰　清光緒刻本　一册

320000－1605－0008778　427.2/260－3
陽湖洪北江先生詩文雜録一卷　(清)洪亮吉撰　清末抄本　一册

320000－1605－0008779　427.2/262
握蘭詩稿七種　(清)計楠撰　清刻本　二册

320000－1605－0008780　427.2/264－1
埣錦唫八卷　(清)奕訢撰　清光緒十一年(1885)刻本　五册

320000－1605－0008781　427.2/264－2
航海吟草一卷　(清)奕譞撰　清光緒十三年(1887)上海同文書局石印本　一册

320000－1605－0008782　427.2/265－1
舊雨齋集八卷　(清)施安撰　清乾隆十八年(1753)刻本　二册

320000－1605－0008783　427.2/265－2
正聲集四卷　(清)施朝幹撰　清刻本　一册

320000－1605－0008784　427.2/265－3
拙修堂詩一卷　(清)施澐撰　清刻本　一册

320000－1605－0008785　427.2/268－1
姜堯章先生集十卷　(宋)姜夔撰　清道光二十三年(1843)刻本　四册

320000－1605－0008786　427.2/268－2
姜堯章先生集十卷　(宋)姜夔撰　清道光二十三年(1843)刻本　二册

320000－1605－0008787　427.2/268－3
勁草堂詩集一卷　(清)姜繼襄撰　清宣統三年(1911)鉛印本　一册

320000－1605－0008788　427.2/271－1
本朝名媛詩鈔六卷　(清)胡孝思撰　清乾隆刻本　二册

320000－1605－0008789　427.2/271－2
本朝名媛詩鈔六卷　(清)胡孝思撰　清乾隆刻本　四册

320000－1605－0008790　427.2/271－3
琴韻樓詩二卷　(清)胡緣撰　清嘉慶十三年(1808)刻本　一册

320000－1605－0008791　427.2/271－4
小石山房詩存六卷　(清)胡光輔撰　清道光二十九年(1849)刻本　二册

320000－1605－0008792　427.2/271－5
海紅堂詩鈔一卷　(清)胡量撰　清道光刻本　一册

320000－1605－0008793　427.2/271－6
吟筠詩稿三卷　(清)胡廷植撰　清道光刻本　二册

320000－1605－0008794　427.2/271－7
緘石集一卷　(清)胡濱撰　清咸豐八年(1858)刻本　一册

320000－1605－0008795　427.2/271－9
碧腴齋詩存八卷　(清)胡德琳撰　**南園詩選二卷**　(清)何士顒撰　清光緒十八年(1892)鉛印本　一册

320000－1605－0008796　427.2/271－10
白下愚園前後七十景一卷　胡光國輯　清刻本　一册

320000－1605－0008797　427.2/281－1
得閑集四卷　(清)柳樹芳撰　清道光刻本　一冊

320000－1605－0008798　427.2/281－2
勝溪竹枝詞一卷荆韜集一卷　(清)柳樹芳撰　清道光刻本　一冊

320000－1605－0008799　427.2/281－3
勝溪竹枝詞一卷荆韜集一卷　(清)柳樹芳撰　清道光刻本　一冊

320000－1605－0008800　427.2/281－4
勝溪竹枝詞一卷荆韜集一卷　(清)柳樹芳撰　清道光刻本　一冊

320000－1605－0008801　427.2/281－5
食古齋詩録四卷詩餘一卷　(清)柳以蕃撰　清光緒十八年(1892)刻本　二冊

320000－1605－0008802　427.2/283－1
春園吟稿六卷　(清)查有新撰　清嘉慶刻本　六冊

320000－1605－0008803　427.2/283－2
詩禪室詩集三十卷　(清)查冬榮撰　清同治三年至四年(1864－1865)刻本　六冊

320000－1605－0008804　427.2/283－3
瞑琴館詩鈔一卷　(清)查彦鈞撰　稿本　一冊

320000－1605－0008805　427.2/287－1
在山草堂吟稿二卷　(清)韋光黻撰　清嘉慶刻本　一冊

320000－1605－0008806　427.2/287－2
漣懷賸稿一卷　(清)韋光黻撰　清抄本　一冊

320000－1605－0008807　427.2/289
桃溪詩録八卷　(清)胥嶠撰　清光緒十一年(1885)刻本　四冊

320000－1605－0008808　427.2/300－1
紅藥樓集十三卷　(清)范卜年撰　清乾隆三十六年(1771)刻本　十冊

320000－1605－0008809　427.2/300－2
廉泉詩鈔四卷　(清)范仕義撰　(清)陳榕編　清道光二十二年(1842)刻本　二冊

320000－1605－0008810　427.2/300－3
廉泉詩鈔四卷　(清)范仕義撰　(清)陳榕編　清道光二十二年(1842)刻本　二冊

320000－1605－0008811　427.2/300－4
澄清堂詩存四卷　(清)范祝崧撰　清咸豐十年(1860)刻本　二冊

320000－1605－0008812　427.2/300－5
湖東集四卷　(清)范淩雙撰　清咸豐十一年(1861)刻本　二冊

320000－1605－0008813　427.2/300－6
湖東集四卷　(清)范淩雙撰　清咸豐十一年(1861)刻本　二冊

320000－1605－0008814　427.2/300－7
問園遺集不分卷　(清)范元亨撰　清光緒刻本　一冊

320000－1605－0008815　427.2/300－8
范伯子詩集十九卷　(清)范世當撰　清光緒三十四年(1908)刻本　四冊

320000－1605－0008816　427.2/300－9
帳墨居詩鈔一卷　(清)范其駿撰　清末刻本　一冊

320000－1605－0008817　427.2/300－10
讀史百詠不分卷　(清)范澍撰　清刻本　一冊

320000－1605－0008818　427.2/300－11
范伯子詩十二卷　(清)范世當撰　清抄本　一冊

320000－1605－0008819　427.2/311－1
四憶堂詩集六卷　(清)侯方域撰　清康熙刻本　二冊

320000－1605－0008820　427.2/311－2
四憶堂詩集六卷　(清)侯方域撰　清康熙刻本　二冊

320000－1605－0008821　427.2/311－3
晝竹山房詩集二卷　(清)侯坤撰　清嘉慶刻本　一册

320000－1605－0008822　427.2/311－4
同懷詩草一卷　(清)侯紳撰　清同治元年(1862)刻本　一册

320000－1605－0008823　427.2/312－1
石函集十卷　(清)俞顯撰　清乾隆刻本　四册

320000－1605－0008824　427.2/312－2
晚香堂詩鈔二卷　(清)俞蘭臺撰　清嘉慶十六年(1811)刻本　一册

320000－1605－0008825　427.2/312－3
種梧吟館詩存一卷　(清)俞崧齡撰　清光緒十八年(1892)鉛印本　一册

320000－1605－0008826　427.2/312－4
繡墨軒詩稿一卷詞稿一卷　(清)俞慶曾撰　清光緒二十三年(1897)刻本　一册

320000－1605－0008827　427.2/312－5
繡墨軒詩稿一卷　(清)俞慶曾撰　清光緒二十三年(1897)刻本　一册

320000－1605－0008828　427.2/312－6
繡墨軒詩稿一卷　(清)俞慶曾撰　清光緒二十三年(1897)刻本　一册

320000－1605－0008829　427.2/312－7
碧城詩鈔十二卷　(清)俞功懋撰　清光緒刻本　四册

320000－1605－0008830　427.2/312－8
春在堂詩編二十三卷　(清)俞樾撰　清光緒刻本　十册　存十卷(九至十五、十九至二十一)

320000－1605－0008831　427.2/316－1
通藝閣和陶集二卷　(清)姚椿撰　清道光二十九年(1849)刻本　一册

320000－1605－0008832　427.2/316－2
惜抱軒詩集訓纂十一卷　姚永樸撰　清同治六年(1867)刻本　四册

320000－1605－0008833　427.2/316－3
紘詩塾詩六卷　(清)姚清華撰　清光緒七年(1881)刻本　八册

320000－1605－0008834　427.2/316－4
賜墨齋詩詞集三卷　(清)姚念曾撰　清光緒八年(1882)刻本　一册

320000－1605－0008835　427.2/316－5
綠杉野屋學吟草不分卷　(清)姚經第撰　稿本　一册

320000－1605－0008836　427.2/32
汴游冰玉稿四卷　(清)朱寯瀛撰　清光緒三十三年(1907)鉛印本　一册

320000－1605－0008837　427.2/320
夢筆山房繭甕集八卷　(清)紀達宜撰　清乾隆刻本　三册

320000－1605－0008838　427.2/329
梅花村稿二卷　(清)浦翔春撰　(清)施鴻勳輯　清乾隆三十五年(1770)刻本　一册

320000－1605－0008839　427.2/33
二娱小廬詩鈔五卷補編一卷詞鈔二卷　(清)尤維熊撰　清嘉慶十七年(1812)刻本　二册

320000－1605－0008840　427.2/332－1
歸田集十四卷　(清)高士奇撰　清康熙刻本　一册

320000－1605－0008841　427.2/332－2
南阜山人詩集七卷　(清)高鳳翰撰　清雍正刻本　四册

320000－1605－0008842　427.2/332－3
味和堂詩集六卷　(清)高其倬撰　清光緒十二年(1886)刻本　二册

320000－1605－0008843　427.2/332－4
陶堂志微録五卷　(清)高心夔撰　清光緒刻本　二册

320000－1605－0008844　427.2/332－5
友石齋詩集五卷　(清)高錫恩撰　清光緒刻本　二册

320000－1605－0008845　427.2/335
竹香詩集選四卷　(清)席鏊撰　清乾隆二十八年(1763)刻本　四冊

320000－1605－0008846　427.2/337
墨華齋稿五卷　(清)唐堃撰　清道光十二年(1832)刻本　二冊

320000－1605－0008847　427.2/342
無類生詩選一卷　(清)郎兆玉撰　清光緒刻本　一冊

320000－1605－0008848　427.2/343
東園詩鈔十二卷　(清)凌泰封撰　清光緒十四年(1888)刻本　二冊

320000－1605－0008849　427.2/346
悦親樓詩集三十卷外集二卷　(清)祝德麟撰　清嘉慶二年(1797)刻本　八冊

320000－1605－0008850　427.2/347－1
小峴山人詩集二十六卷　(清)秦瀛撰　清嘉慶二十二年(1817)刻本　二冊　存八卷(一至八)

320000－1605－0008851　427.2/347－2
小峴山人詩集二十六卷　(清)秦瀛撰　清嘉慶二十二年(1817)刻本　六冊

320000－1605－0008852　427.2/347－3
伏鸞堂詩賸四卷　(清)秦雲撰　清光緒四年(1878)刻本　一冊

320000－1605－0008853　427.2/347－4
伏鸞堂詩賸四卷　(清)秦雲撰　清光緒四年(1878)刻本　一冊

320000－1605－0008854　427.2/347－5
伏鸞堂詩賸四卷　(清)秦雲撰　清光緒四年(1878)刻本　四冊

320000－1605－0008855　427.2/347－6
冷紅館補鈔二卷　(清)秦臻撰　清木活字印本　一冊

320000－1605－0008856　427.2/352－1
蕉雨軒詩稿不分卷　(清)馬元勛撰　稿本一冊

320000－1605－0008857　427.2/352－2
詒穀堂遺稿一卷　(清)馬汝舟撰　清道光刻本　一冊

320000－1605－0008858　427.2/352－3
秋舲詩草五卷　(清)馬秋舲撰　清光緒二十五年(1899)刻本　五冊

320000－1605－0008859　427.2/355
長真閣集六卷附詩餘一卷　(清)席佩蘭撰　清嘉慶十七年(1812)刻本　二冊

320000－1605－0008860　427.2/359－1
紅豆村人詩稿十四卷　(清)袁樹撰　清乾隆刻本　二冊

320000－1605－0008861　427.2/359－2
紅豆村人詩稿十四卷　(清)袁樹撰　清光緒十八年(1892)鉛印本　二冊

320000－1605－0008862　427.2/359－3
適園叢稿十二卷　(清)袁學瀾撰　清同治十一年(1872)刻本　十二冊

320000－1605－0008863　427.2/359－4
秋蟲吟二卷　(清)袁祖志撰　清同治刻本一冊

320000－1605－0008864　427.2/359－5
硯亭詩抄五卷　(清)袁履方撰　清光緒二年(1876)刻本　一冊　存三卷(一至三)

320000－1605－0008865　427.2/359－6
安般簃詩續鈔十卷　(清)袁昶撰　清光緒十六年(1890)刻本　五冊

320000－1605－0008866　427.2/359－7
安般簃詩續鈔十卷　(清)袁昶撰　清光緒十六年(1890)刻本　三冊

320000－1605－0008867　427.2/359－8
春闈雜詠一卷　(清)袁昶撰　清光緒十八年(1892)刻本　一冊

320000－1605－0008868　427.2/359－9
春闈雜詠一卷　(清)袁昶撰　清光緒十八年(1892)鉛印本　一冊

320000－1605－0008869　427.2/359－10
漸西村人初集十三卷題詞敘一卷　(清)袁昶撰　清光緒二十年(1894)刻本　一册　存七卷(八至十三、題詞敘一卷)

320000－1605－0008870　427.2/359－11
于湖小集三卷　(清)袁昶撰　清光緒二十年(1894)刻本　二册

320000－1605－0008871　427.2/359－12
于湖小集三卷　(清)袁昶撰　清光緒二十年(1894)刻本　二册

320000－1605－0008872　427.2/359－13
樓居小草一卷　(清)袁杼　(清)袁機　(清)袁綬撰　清光緒十八年(1892)鉛印本　一册

320000－1605－0008873　427.2/359－14
小倉山房詩集三十七卷補遺二卷　(清)袁枚撰　清光緒十八年(1892)鉛印本　八册

320000－1605－0008874　427.2/36
引玉編四集四卷　(清)延清撰　清宣統二年(1910)石印本　一册

320000－1605－0008875　427.2/37－1
心嚮往齋詩集不分卷　(清)孔繼鑅撰　清道光二十九年(1849)刻本　一册

320000－1605－0008876　427.2/37－2
韻香閣詩草一卷　(清)孔祥淑撰　清光緒十三年(1887)石印本　一册

320000－1605－0008877　427.2/370
夏醴谷半舫齋詩鈔二十卷　(清)夏之蓉撰　清乾隆刻本　四册

320000－1605－0008878　427.2/375－1
孫司空詩鈔四卷　(清)孫在豐撰　清乾隆十二年(1747)刻本　二册

320000－1605－0008879　427.2/375－2
拙哉吟稿一卷　(清)孫炳文撰　清嘉慶刻本　一册

320000－1605－0008880　427.2/375－3
曼陀羅龕詩五卷　(清)孫晉灝撰　清道光六年(1826)刻本　二册

320000－1605－0008881　427.2/375－4
始有廬詩稿八卷詞一卷　(清)孫瀜撰　清道光二十三年(1843)刻本　四册

320000－1605－0008882　427.2/375－5
文靖先生詩鈔十三卷　(清)孫世儀撰　清道光刻本　一册　存一卷(十一)

320000－1605－0008883　427.2/375－6
好深湛思室詩存二十二卷　(清)孫義鈞撰　清同治六年(1867)刻本　四册

320000－1605－0008884　427.2/375－7
經雅堂遺稿二卷　(清)孫慧良撰　清光緒六年(1880)刻本　一册

320000－1605－0008885　427.2/375－8
天真閣集三十二卷　(清)孫原湘撰　清光緒二十一年(1895)刻本　八册

320000－1605－0008886　427.2/375－9
天真閣集三十二卷　(清)孫原湘撰　清光緒二十一年(1895)刻本　六册

320000－1605－0008887　427.2/377－1
澄清堂詩稿二卷　(清)孫瀾如撰　清光緒六年(1880)刻本　一册

320000－1605－0008888　427.2/377－2
念二史詠史詩註二卷　(清)蔡學海撰　清光緒六年(1880)刻本　四册

320000－1605－0008889　427.2/378－1
集歸去來辭詩鈔一卷　(清)孫濂撰　清道光刻本　一册

320000－1605－0008890　427.2/378－2
魏塘竹枝詞一卷　(清)孫燕昌撰　清刻本　一册

320000－1605－0008891　427.2/380－1
桑弢甫集三種　(清)桑調元撰　清乾隆十九年(1754)刻本　六册

320000－1605－0008892　427.2/380－2
閩嶠集二卷　(清)桑調元撰　**餘山遺書十卷**

(清)勞麟書撰　(清)桑調元編　清乾隆二十年(1755)刻本　二册　缺七卷(餘山遺書二、四至八、十)

320000－1605－0008893　427.2/386－1
百一草堂集唐詩二卷詩餘一卷　(清)柴才撰　清乾隆二十五年(1760)刻本　三册

320000－1605－0008894　427.2/386－2
悔初廬詩稿二卷　(清)柴文傑撰　清光緒三年(1877)刻本　一册

320000－1605－0008895　427.2/386－3
悔初廬詩稿二卷　(清)柴文傑撰　清光緒三年(1877)刻本　一册

320000－1605－0008896　427.2/386－4
悔初廬詩稿十四卷　(清)柴文傑撰　清光緒二十一年(1895)刻本　六册

320000－1605－0008897　427.2/390－1
雲林堂詩二卷　(清)倪稻孫撰　清嘉慶二年(1797)刻本　一册

320000－1605－0008898　427.2/390－2
輟耕吟稾五卷　(清)倪偉人撰　清光緒十六年(1890)刻本　一册　存二卷(四至五)

320000－1605－0008899　427.2/390－3
退遂齋詩鈔八卷　(清)倪鴻撰　清光緒刻本　四册

320000－1605－0008900　427.2/390－4
斜塘竹枝詞二種　(清)倪以埴編　清光緒刻本　二册

320000－1605－0008901　427.2/390－5
枯生松齋集詩存二卷　倪在田撰　**瑣尾集一卷**　倪寶琛撰　清宣統二年(1910)刻本　四册

320000－1605－0008902　427.2/393－1－1
儷鳳樓詩存一卷　(清)徐德嫄撰　張炳翔抄輯　清末張炳翔抄本　一册

320000－1605－0008903　427.2/393－1－2
儷鳳樓詩存一卷　(清)徐德嫄撰　張炳翔校録　**留月簃詩存一卷**　(清)陸錦蘭撰　張炳翔校録　清光緒張炳翔抄本　一册

320000－1605－0008904　427.2/393－1
南州草堂續集四卷附青門集一卷　(清)徐釚撰　清康熙四十四年(1705)刻本　三册

320000－1605－0008905　427.2/393－2
志寧堂稿一卷　(清)徐文靖撰　清雍正刻本　一册

320000－1605－0008906　427.2/393－3
凌雪軒詩六卷外集一卷　(清)徐夔撰　清乾隆九年(1744)刻嘉慶元年(1796)補刻本　二册

320000－1605－0008907　427.2/393－4
意園遺稿一卷　(清)徐臻撰　清乾隆五十八年(1793)刻本　一册

320000－1605－0008908　427.2/393－5
藉豁古堂集二卷　(清)徐堂撰　清乾隆刻本　二册

320000－1605－0008909　427.2/393－6
徐岳瞻遺稿一卷　(清)徐崧撰　清乾隆刻本　一册

320000－1605－0008910　427.2/393－7
望雲樓詩集十一卷西濠漁笛譜一卷　(清)徐喬林撰　清嘉慶二十二年(1817)刻本　八册

320000－1605－0008911　427.2/393－8
雪香龕詩六卷　(清)徐士睿撰　清道光五年(1825)刻本　一册

320000－1605－0008912　427.2/393－9
寄閒館詩稿一卷　(清)徐銓撰　清道光十四年(1834)刻本　一册

320000－1605－0008913　427.2/393－10
悟雪樓詩存三十四卷　(清)徐謙撰　清道光二十九年(1849)刻本　八册

320000－1605－0008914　427.2/393－11
晴軒詩鈔一卷　(清)徐兆奎撰　清道光二十九年(1849)刻本　一册

320000－1605－0008915　427.2/393－12

東崦草堂詩鈔四卷　(清)徐傅撰　清道光二十八年(1848)刻本　二冊

320000－1605－0008916　427.2/393－13

小園詩稿一卷　(清)徐小園撰　清道光刻本　一冊

320000－1605－0008917　427.2/393－14

春郊詩集四卷　(清)徐庭翼撰　清道光刻本　二冊

320000－1605－0008918　427.2/393－15

懷古田舍詩節鈔六卷　(清)徐榮撰　清同治三年(1864)刻本　三冊　存三卷(一至三)

320000－1605－0008919　427.2/393－16

懷古田舍詩節鈔六卷　(清)徐榮撰　清同治三年(1864)刻本　六冊

320000－1605－0008920　427.2/393－17

東山詩草二卷　(清)徐廑撰　清同治六年(1867)刻本　一冊

320000－1605－0008921　427.2/393－18

煙嶼樓詩集十八卷　(清)徐時棟撰　清同治刻本　四冊

320000－1605－0008922　427.2/393－19

煙嶼樓詩集十八卷　(清)徐時棟撰　清同治刻本　四冊

320000－1605－0008923　427.2/393－20

天韻堂詩存八卷　(清)徐維城撰　清光緒四年(1878)刻本　三冊

320000－1605－0008924　427.2/393－21

天韻堂詩存八卷　(清)徐維城撰　清光緒四年(1878)刻本　三冊

320000－1605－0008925　427.2/393－22

寄生山館詩賸一卷瘦玉詞鈔一卷　(清)徐士怡撰　清光緒十二年(1886)刻本　一冊

320000－1605－0008926　427.2/393－23

味靜齋詩存八卷　(清)徐嘉撰　清光緒十三年(1887)刻本　二冊

320000－1605－0008927　427.2/393－24

神明竟詩一卷　(清)徐康撰　清光緒十五年(1889)刻本　一冊

320000－1605－0008928　427.2/393－25

石室秘藏詩一卷　(清)徐康撰　清光緒十五年(1889)刻本　一冊

320000－1605－0008929　427.2/393－26

且樸齋詩稿不分卷　(清)徐懋曙撰　清光緒二十五年(1899)刻本　一冊

320000－1605－0008930　427.2/393－27

一經軒詩存一卷　(清)徐鳳鳴撰　清光緒二十四年(1898)木活字印本　一冊

320000－1605－0008931　427.2/393－28

顧亭林先生詩箋注十六卷校補一卷　(清)徐嘉輯　清光緒二十七年(1901)刻本　六冊

320000－1605－0008932　427.2/393－29

顧亭林先生詩箋注十六卷校補一卷　(清)徐嘉輯　清光緒二十七年(1901)刻本　六冊

320000－1605－0008933　427.2/393－30

顧亭林先生詩箋注十六卷校補一卷　(清)徐嘉輯　清光緒二十七年(1901)刻本　六冊

320000－1605－0008934　427.2/393－31

懺慧詞一卷度針樓遺稿一卷　(清)徐自華撰　清光緒鉛印本　一冊

320000－1605－0008935　427.2/393－32

拙政園詩集二卷附詩餘三卷　(清)徐燦撰　清光緒石印本　二冊

320000－1605－0008936　427.2/393－33

金粟齋詩賦一卷　(清)徐晉鎔撰　清刻本　一冊

320000－1605－0008937　427.2/393－34

冬日百詠一卷名山福壽編一卷蘇海餘波一卷　徐琪撰輯　清光緒刻本　一冊

320000－1605－0008938　427.2/393－35

楓江漁唱刪存五卷　(清)徐世勳撰　清光緒刻本　二冊

320000－1605－0008939　427.2/393－36

楓江漁唱刪存五卷 (清)徐世勳撰 清光緒刻本 二冊

320000－1605－0008940 427.2/393－37
善思齋詩鈔六卷詩餘一卷 (清)徐宗亮撰 清光緒刻本 一冊

320000－1605－0008941 427.2/393－38
鼎金齋集一卷 (清)徐相雨撰 清抄本 一冊

320000－1605－0008942 427.2/396－1
嵐漪小草一卷 (清)翁方綱撰 清乾隆刻本 一冊

320000－1605－0008943 427.2/396－2
蝸廬詩存不分卷 (清)翁志琦撰 清乾隆三年(1738)刻本 二冊

320000－1605－0008944 427.2/396－3
知止齋詩集十六卷 (清)翁心存撰 清光緒三年(1877)刻本 四冊

320000－1605－0008945 427.2/396－4
知止齋詩集十六卷 (清)翁心存撰 清光緒三年(1877)刻本 四冊

320000－1605－0008946 427.2/396－5
素蘭集二卷補遺一卷 (清)翁孺安撰 清光緒三十三年(1907)鉛印本 一冊

320000－1605－0008947 427.2/399－1
春雨樓集八卷附殷童子哀輓録二卷 (清)殷壽彭撰 清同治刻本 一冊

320000－1605－0008948 427.2/399－2
齊莊中正堂詩鈔十七卷 (清)殷兆鏞撰 清光緒刻本 四冊

320000－1605－0008949 427.2/400－1
靈巖山人詩集四十卷年譜一卷 (清)畢秋帆撰 清乾隆刻本 十二冊

320000－1605－0008950 427.2/400－2
靈巖山人詩集四十卷 (清)畢秋帆撰 清乾隆刻本 八冊

320000－1605－0008951 427.2/402－1
古春軒詩鈔二卷 (清)梁德繩撰 清道光二十六年(1846)刻本 一冊

320000－1605－0008952 427.2/402－2
藤花吟館詩鈔十卷 (清)梁章鉅撰 清道光刻本 二冊

320000－1605－0008953 427.2/402－3
古春軒詩鈔二卷 (清)梁德繩撰 清咸豐二年(1852)刻本 一冊

320000－1605－0008954 427.2/402－4
古春軒詩鈔二卷 (清)梁德繩撰 清咸豐二年(1852)刻本 一冊

320000－1605－0008955 427.2/402－5
古春軒詩鈔二卷 (清)梁德繩撰 清咸豐二年(1852)刻本 二冊

320000－1605－0008956 427.2/402－6
紅葉村詩稿六卷 (清)梁逸撰 清咸豐十一年(1861)刻本 一冊

320000－1605－0008957 427.2/403
質園詩集三十二卷 (清)商盤撰 清刻本 八冊

320000－1605－0008958 427.2/406－1
白坡詩選二卷 (清)章琦撰 清康熙刻本 一冊

320000－1605－0008959 427.2/406－2
澹如軒詩存四卷 (清)章銓撰 清道光元年(1821)刻本 一冊

320000－1605－0008960 427.2/406－3
靜觀書屋詩集七卷 (清)章鶴齡撰 清光緒元年(1875)刻本 二冊

320000－1605－0008961 427.2/406－4
南宋樂府不分卷 (清)章季英撰 清光緒二年(1876)刻本 一冊

320000－1605－0008962 427.2/406－5
瑟廬遺詩不分卷 (清)章永康撰 清光緒十四年(1888)刻本 一冊

320000－1605－0008963 427.2/406－6

思誤齋詩鈔二卷詩餘一卷 (清)章簡撰 清光緒二十六年(1900)刻本 一冊

320000－1605－0008964 427.2/407－1
稽古堂詩集不分卷 (清)許全治撰 清乾隆十一年(1746)刻本 三冊

320000－1605－0008965 427.2/407－2
畊間偶吟不分卷 (清)許徐狆撰 清乾隆刻本 一冊

320000－1605－0008966 427.2/407－3
雪莊西湖漁唱七卷 (清)許承祖撰 清乾隆刻本 二冊

320000－1605－0008967 427.2/407－4
鳧舟詩稿二卷 (清)許兆熊撰 清道光十一年(1831)刻本 一冊

320000－1605－0008968 427.2/407－5
弇榆山房詩畧十卷 (清)許喬林撰 清道光二十九年(1849)刻本 二冊

320000－1605－0008969 427.2/407－6
團扇詞一卷 (清)許辰珠撰 清咸豐刻本 一冊

320000－1605－0008970 427.2/407－7
雪門詩草十四卷 (清)許瑤光撰 清同治刻本 六冊

320000－1605－0008971 427.2/407－8
五塘詩草六卷附雜俎三卷 (清)許印芳撰 清光緒十三年(1887)刻本 三冊

320000－1605－0008972 427.2/407－9
詩契齋詩鈔五卷 (清)許玉瑑撰 清光緒刻本 二冊

320000－1605－0008973 427.2/407－10
詩契齋詩鈔五卷 (清)許玉瑑撰 清光緒刻本 二冊

320000－1605－0008974 427.2/407－11
詩契齋詩鈔五卷 (清)許玉瑑撰 清光緒刻本 一冊

320000－1605－0008975 427.2/407－12
詩契齋詩鈔五卷 (清)許玉瑑撰 清光緒刻本 一冊

320000－1605－0008976 427.2/407－13
偕園吟草五卷雜詠一卷 (清)許禧身撰 清宣統元年(1909)鉛印本 一冊

320000－1605－0008977 427.2/415
南海先生詩集四卷 康有為撰 清光緒三十四年(1908)影印本 一冊

320000－1605－0008978 427.2/420－1
道腴堂詩集四卷 (清)曹煜曾撰 清初刻本 一冊

320000－1605－0008979 427.2/420－2
香雪詩鈔二卷 (清)曹學詩撰 清乾隆刻本 五冊

320000－1605－0008980 427.2/420－3
長嘯軒詩集六卷 (清)曹煐曾撰 清乾隆刻本 一冊

320000－1605－0008981 427.2/420－4
飯顆山人詩五卷 (清)曹斯棟撰 清乾隆五十九年(1794)刻本 三冊

320000－1605－0008982 427.2/420－5
宜雅堂遺集四卷 (清)曹洪梁撰 清道光二十七年(1847)刻本 四冊

320000－1605－0008983 427.2/420－6
曇雲閣詩集五卷 (清)曹楙堅撰 清道光二十三年(1843)刻本 二冊

320000－1605－0008984 427.2/420－7
鐙味齋詩存五卷 (清)曹宗瀚撰 清咸豐九年(1859)刻本 二冊

320000－1605－0008985 427.2/420－8
曇雲閣詩集八卷附録二卷外集一卷補遺一卷 (清)曹楙堅撰 清光緒三年(1877)刻本 五冊

320000－1605－0008986 427.2/420－9
曇雲閣詩集八卷附録二卷外集一卷補遺一卷 (清)曹楙堅撰 清光緒三年(1877)刻本 五冊

320000－1605－0008987　427.2/420－10
梅生遺稿一卷　(清)曹政修撰　清光緒十三年(1887)刻本　一册

320000－1605－0008988　427.2/420－11
閩歸集二卷　(清)曹文漢撰　清光緒石印本　二册

320000－1605－0008989　427.2/420－12
靜惕堂集八卷　(清)曹溶撰　清木活字印本　五册

320000－1605－0008990　427.2/424
冬心先生集四卷　(清)金農撰　清宣統二年(1910)石印本　四册

320000－1605－0008991　427.2/427
集李三百篇二卷　(清)戚學標撰　清嘉慶六年(1801)刻本　二册

320000－1605－0008992　427.2/428－1
嬾真初集選八卷　(清)張用天撰　清乾隆九年(1744)刻本　一册　存一卷(一)

320000－1605－0008993　427.2/428－2
萱壽堂同懷集六卷附録一卷　(清)張秉鈞　(清)張秉銚撰　清道光七年(1827)刻本　二册

320000－1605－0008994　427.2/428－3
味真閣詩鈔十二卷　(清)張安保撰　清道光二十七年(1847)刻本　二册

320000－1605－0008995　427.2/428－4
順安詩草八卷　(清)張廷濟撰　清道光二十八年(1848)刻本　四册

320000－1605－0008996　427.2/428－5
通隱堂詩存四卷　(清)張京度撰　清咸豐八年(1858)刻本　二册

320000－1605－0008997　427.2/428－6
定川草堂詩集四卷　(清)張文淦撰　清咸豐元年(1851)刻本　一册

320000－1605－0008998　427.2/428－7
躬厚堂詩録十卷　(清)張金鏞撰　清同治三年(1864)刻本　二册

320000－1605－0008999　427.2/428－8
通隱堂詩存四卷　(清)張京度撰　清同治六年(1867)刻本　二册

320000－1605－0009000　427.2/428－9
歷代宮闈詠事詩四卷　(清)張芝田撰　清光緒刻本　四册

320000－1605－0009001　427.2/428－10
潛園詩存四卷春仙樓遺稿一卷刻翠集一卷　(清)張天翔撰　清光緒二十五年(1899)刻本　六册

320000－1605－0009002　427.2/428－11
張文襄詩集四卷　(清)張之洞撰　清宣統二年(1910)鉛印本　二册

320000－1605－0009003　427.2/428－12
定川草堂詩集五種　(清)張文淦撰　清刻本　六册

320000－1605－0009004　427.2/429－1
白蕻詩集十六卷附録一卷　(清)張開東撰　(清)杜光德選　清乾隆五十四年(1789)刻本　八册

320000－1605－0009005　427.2/429－2
自怡詩鈔不分卷　(清)張祖泰撰　清乾隆五十四年(1789)刻本　一册

320000－1605－0009006　427.2/429－3
船山詩草二十卷　(清)張問陶撰　清嘉慶二十年(1815)刻本　八册

320000－1605－0009007　427.2/429－4
逃禪閣集八卷　(清)張崟撰　清道光刻本　三册

320000－1605－0009008　427.2/429－5
紀程四集四種　(清)張祥河撰　清咸豐刻本　一册

320000－1605－0009009　427.2/429－6
鐵花仙館吟草二卷　(清)張家榯撰　清同治三年(1864)刻本　一册

320000－1605－0009010　427.2/429－7
忍龕詩存二十卷　張炳翔撰　稿本　九册

320000－1605－0009011　427.2/429－8
小琅環園詩録七卷附集顧亭林先生詩一卷小琅環園詞録一卷　(清)張修府撰　清光緒七年(1881)刻本　四册

320000－1605－0009012　427.2/429－9
犟雅堂詩八卷　(清)張景祁撰　清光緒二十三年(1897)刻本　二册

320000－1605－0009013　427.2/429－10
國朝詠物詩目録不分卷　張炳翔輯　稿本　一册

320000－1605－0009014　427.2/429－11
前後蜀雜事詩二卷　(清)張祥齡撰　清刻本　一册

320000－1605－0009015　427.2/430－1
賀蘭雪樵詩集四卷　(清)張榕端撰　清康熙刻本　一册

320000－1605－0009016　427.2/430－2
蕭亭詩選六卷　(清)張實居撰　(清)王士禛輯　清康熙刻本　三册

320000－1605－0009017　427.2/430－3
蘭玉堂詩集二十三卷　(清)張雲錦撰　清乾隆十八年(1753)刻本　六册

320000－1605－0009018　427.2/430－4
蘭玉堂詩集十二卷　(清)張雲錦撰　清乾隆十八年(1753)刻本　四册　存十卷(一至十)

320000－1605－0009019　427.2/430－5
聽松廬詩鈔十六卷　(清)張維屏撰　清嘉慶刻本　三册

320000－1605－0009020　427.2/430－6
南來詩録四卷　(清)張際亮撰　清道光十三年(1833)刻本　二册

320000－1605－0009021　427.2/430－7
得天居士集六卷　(清)張照撰　清道光二十八年(1848)刻本　一册

320000－1605－0009022　427.2/430－8
思伯子堂詩集三十二卷　(清)張際亮撰　清同治八年(1869)刻本　十册

320000－1605－0009023　427.2/430－9
思伯子堂詩集三十二卷　(清)張際亮撰　清同治八年(1869)刻本　十册

320000－1605－0009024　427.2/430－10
冷香閣詩草一卷　(清)張慧撰　清同治刻本　一册

320000－1605－0009025　427.2/430－11
燼餘詩草四卷　(清)張景渠撰　清光緒十七年(1891)刻本　二册

320000－1605－0009026　427.2/430－12
燼餘詩草四卷　(清)張景渠撰　清光緒十七年(1891)刻本　二册

320000－1605－0009027　427.2/430－13
延秋吟館詩鈔四卷　(清)張聯桂撰　清光緒十一年(1885)刻本　二册

320000－1605－0009028　427.2/430－14
華海堂詩八卷　(清)張熙純撰　清光緒刻本　一册

320000－1605－0009029　427.2/431－1
西江遊草一卷　(清)張璽樸撰　清康熙刻本　一册

320000－1605－0009030　427.2/431－2
南華山人詩鈔十六卷　(清)張鵬翀撰　清乾隆刻本　一册　存四卷(十二至十五)

320000－1605－0009031　427.2/431－3
南華山人詩鈔十六卷　(清)張鵬翀撰　清乾隆刻本　二册

320000－1605－0009032　427.2/431－4
讀史別情吟一卷　(清)張鵬撰　清乾隆刻本　一册

320000－1605－0009033　427.2/431－5
鋤茅集二卷　(清)張錫祚撰　清嘉慶十八年(1813)刻本　一册

320000－1605－0009034　427.2/431－6
楓巖遺草一卷鶴沙遺草三卷詩餘一卷　(清)張鏞　(清)張鉽撰　清嘉慶二十一年(1816)刻本　一册

320000－1605－0009035　427.2/431－7
綠雪館詩鈔五卷附百和詞一卷　（清）張鴻卓撰　清道光刻本　一册

320000－1605－0009036　427.2/431－8
彝壽軒詩鈔十卷寄庵雜著二卷煙波漁唱四卷青藜精舍詩鈔一卷詒雨齋詩鈔一卷　（清）張應昌撰　**聞妙香室詞一卷**　（清）陸珊撰　清同治二年（1863）刻本　六册

320000－1605－0009037　427.2/431－9
傳硯堂詩録八卷　（清）張鴻基撰　清同治七年（1868）刻本　二册

320000－1605－0009038　427.2/431－10
綠雪館詩鈔五卷　（清）張鴻卓撰　清同治八年（1869）刻本　一册

320000－1605－0009039　427.2/431－11
寫心偶存一卷續存一卷再存二卷　（清）張燮承撰　清光緒十一年（1885）刻本　二册

320000－1605－0009040　427.2/434－1
草心亭詩鈔六卷　（清）陸坊撰　清同治七年（1868）刻本　二册

320000－1605－0009041　427.2/434－2
陸密庵詩集十二卷　（清）陸求可撰　清刻本　四册

320000－1605－0009042　427.2/434－3
青芙蓉閣詩鈔六卷　（清）陸元鋐撰　清刻本　二册

320000－1605－0009043　427.2/437
真息齋詩鈔五卷　（清）陸費瑔撰　清同治九年（1870）刻本　二册

320000－1605－0009044　427.2/438－1
枕琴山館詩稾四卷　（清）陸模撰　清道光刻本　二册

320000－1605－0009045　427.2/438－2
倩影樓遺稿一卷　（清）陸蒨撰　清同治二年（1863）刻本　一册

320000－1605－0009046　427.2/439－1
雙白燕堂詩集十卷　（清）陸耀遹撰　清同治六年（1867）刻本　四册

320000－1605－0009047　427.2/439－2
雙白燕堂詩集十卷　（清）陸耀遹撰　清同治六年（1867）刻本　三册

320000－1605－0009048　427.2/439－3
讀秋水齋詩十六卷　（清）陸黻恩撰　清同治七年（1868）刻本　四册

320000－1605－0009049　427.2/439－4
筱雲詩集二卷附陸建湄君詩集二卷　（清）陸應宿撰　清光緒十八年（1892）鉛印本　一册

320000－1605－0009050　427.2/439－5
意苕山館詩稿十六卷　（清）陸嵩撰　清光緒十八年（1892）刻本　四册

320000－1605－0009051　427.2/439－6
藴真居詩集六卷附詩餘一卷　（清）陸學欽撰　清光緒刻本　一册

320000－1605－0009052　427.2/441－1
小信天巢詩鈔十八卷　（清）陳石麟撰　清嘉慶刻本　四册

320000－1605－0009053　427.2/441－2
簡齋公遺照詩冊一卷　（清）陳之問撰　清道光二十六年（1846）刻本　一册

320000－1605－0009054　427.2/441－3
西泠懷古集十卷　（清）陳文述撰　（清）朱綬　（清）王嘉祿輯　清光緒九年（1883）刻本　六册

320000－1605－0009055　427.2/441－4
西泠懷古集十卷　（清）陳文述撰　（清）朱綬　（清）王嘉祿輯　清光緒九年（1883）刻本　四册

320000－1605－0009056　427.2/441－5
西泠閨詠十六卷　（清）陳文述撰　清光緒十三年（1887）刻本　六册

320000－1605－0009057　427.2/441－6
碧城僊館女弟子詩二卷　（清）陳文述輯　清光緒二十二年（1896）刻本　二册

320000－1605－0009058　427.2/441－7
碧城僊館詩鈔八卷　（清）陳文述撰　清光緒二十二年（1896）刻本　二冊

320000－1605－0009059　427.2/441－8
岱游集一卷　（清）陳文述撰　清宣統元年（1909）刻本　一冊

320000－1605－0009060　427.2/441－9
琴海集二卷　（清）陳玉鄰撰　清光緒二十一年（1895）刻本　一冊

320000－1605－0009061　427.2/441－10
蘭墅詩存二卷　（清）陳允頤撰　清光緒三十二年（1906）刻本　一冊

320000－1605－0009062　427.2/441－11
蘭墅詩存二卷　（清）陳允頤撰　清光緒三十二年（1906）刻本　一冊

320000－1605－0009063　427.2/442－1
松籟閣詩鈔十一卷　（清）陳均撰　清嘉慶二十四年（1819）刻本　二冊

320000－1605－0009064　427.2/442－2
敝帚集四卷　（清）陳沂震撰　清咸豐元年（1851）抄本　一冊

320000－1605－0009065　427.2/442－3
草草書屋賸稿六卷　（清）陳樸撰　清光緒十一年（1885）刻本　二冊

320000－1605－0009066　427.2/442－4
愛日堂詩集二十四卷　（清）陳元龍撰　清康熙刻本　四冊

320000－1605－0009067　427.2/442－5
香屑集十八卷首一卷末一卷　（清）黄之雋撰　（清）陳邦直校注　清宣統二年（1910）石印本　四冊

320000－1605－0009068　427.2/442－6
陳元孝詩稿一卷　（清）陳恭尹撰　清乾隆二十四年（1759）抄本　一冊

320000－1605－0009069　427.2/443－1
陳司業詩集四卷　（清）陳祖範撰　清乾隆刻本　一冊

320000－1605－0009070　427.2/443－2
西湖雜詠一卷　（清）陳若蓮撰　清嘉慶刻本　一冊

320000－1605－0009071　427.2/443－3
蓮山詩集十九卷　陳衍虞撰　清道光十九年（1839）刻本　四冊

320000－1605－0009072　427.2/443－4
西湖櫂歌不分卷　（清）陳祖昭撰　清光緒刻本　一冊

320000－1605－0009073　427.2/443－5
天嬰室集不分卷　（清）陳訓正撰　清光緒二十一年（1895）石印本　一冊

320000－1605－0009074　427.2/443－6
心潛書屋詩存一卷詞賸一卷　（清）陳亮疇撰　清光緒三十二年（1906）刻本　一冊

320000－1605－0009075　427.2/443－7
心潛書屋詩存一卷詞賸一卷　（清）陳亮疇撰　清光緒三十二年（1906）刻本　一冊

320000－1605－0009076　427.2/443－8
西湖櫂歌不分卷　（清）陳祖昭撰　清末刻本　一冊

320000－1605－0009077　427.2/444－1
讀騷樓詩初集四卷　（清）陳逢衡撰　清道光九年（1829）刻本　四冊

320000－1605－0009078　427.2/444－2
翫春蕙閣詩錄一卷　（清）陳崇哲撰　清刻本　一冊

320000－1605－0009079　427.2/444－3
陳一齋先生詩集一卷　（清）陳梓撰　清宣統三年（1911）鉛印本　一冊

320000－1605－0009080　427.2/445－1
雪川詩稿十卷　（清）陳萇撰　清康熙刻本　四冊

320000－1605－0009081　427.2/445－2
煮淩霄榭詩集六卷　（清）陳烱撰　清道光刻本　一冊

320000－1605－0009082　427.2/445－3
煮淩霄榭詩集六卷　(清)陳烱撰　清道光刻本　一册

320000－1605－0009083　427.2/445－4
煮淩霄榭詩集六卷　(清)陳烱撰　清道光刻本　一册

320000－1605－0009084　427.2/445－5
纂喜堂詩稿一卷青芙館詞抄一卷二韭室詩餘別集一卷　(清)陳壽祺撰　清同治八年(1869)刻本　一册

320000－1605－0009085　427.2/445－6
藝菊齋八韻詩一卷　(清)陳楣賀撰　(清)張樹榮評點　清同治九年(1870)刻本　一册

320000－1605－0009086　427.2/445－7
綠蕉館詩鈔四卷　(清)陳景高撰　清同治十三年(1874)刻本　四册

320000－1605－0009087　427.2/445－8
大桴山人偶存集一卷　(清)陳詩撰　清光緒刻本　一册

320000－1605－0009088　427.2/445－9
致遠堂詩録二卷　(清)陳開驥撰　稿本　二册

320000－1605－0009089　427.2/446－1
花南詩集二卷　(清)陳韶撰　清乾隆四十七年(1782)刻本　一册

320000－1605－0009090　427.2/446－2
小瓊海詩初集三卷二集六卷三集八卷四集四卷　(清)陳赫撰　清道光二十二年(1842)刻本　八册

320000－1605－0009091　427.2/446－3
小瓊海詩初集三卷二集六卷三集八卷四集四卷　(清)陳赫撰　清道光二十二年(1842)刻本　七册　缺二卷(四集三至四)

320000－1605－0009092　427.2/446－4
蓬萊閣詩録四卷　(清)陳克家撰　清同治刻本　一册

320000－1605－0009093　427.2/446－5
蓬萊閣詩録四卷　(清)陳克家撰　清同治刻本　一册

320000－1605－0009094　427.2/446－6
蓬萊閣詩録四卷　(清)陳克家撰　清同治刻本　一册

320000－1605－0009095　427.2/446－7
澄懷堂詩存真録八卷　(清)陳裴之撰　張炳翔編校　稿本　四册

320000－1605－0009096　427.2/446－8
木蘭館詩鈔六卷　(清)陳徵文撰　清光緒二十五年(1899)刻本　二册

320000－1605－0009097　427.2/446－9
冬暄草堂遺詩二卷　(清)陳豪撰　清宣統刻本　二册

320000－1605－0009098　427.2/446－10
補愚詩存五卷　(清)陳慶甲撰　清宣統三年(1911)刻本　一册

320000－1605－0009099　427.2/446－11
袁蔣趙三家詩選三卷　(清)陳裴之　(清)汪瑞編　清抄本　一册

320000－1605－0009100　427.2/447－1
抱籥山道人遺稿二卷　(清)陳鴻墀撰　清同治十二年(1873)刻本　二册

320000－1605－0009101　427.2/447－2
補勤詩存二十四卷　(清)陳錦撰　清光緒三年(1877)刻本　八册

320000－1605－0009102　427.2/447－3
滄州詩集八卷　(清)陳鵬年撰　清刻本　四册

320000－1605－0009103　427.2/447－4
花近樓詩存二卷　(清)陳夔龍撰　清刻本　一册

320000－1605－0009104　427.2/447－5
潁川合集三種　(清)陳學瀚　(清)陳苞羽　(清)陳學霖撰　稿本　六册

320000－1605－0009105　427.2/449－1

瓊樓吟稿一卷 (清)陶善撰 清同治十年(1871)刻本 一冊

320000－1605－0009106 427.2/449－2
瓊樓吟稿一卷附璞完詩草一卷 (清)陶善撰 清同治十年(1871)刻本 一冊

320000－1605－0009107 427.2/449－3
印心石屋詩鈔四卷 (清)陶澍撰 清嘉慶刻本 一冊

320000－1605－0009108 427.2/449－4
萸江詩存三卷 (清)陶必銓撰 清嘉慶二十年(1815)刻本 一冊

320000－1605－0009109 427.2/449－5
撫吴草四卷 (清)陶澍撰 清道光刻本 一冊

320000－1605－0009110 427.2/449－6
紅豆樹館詩集十四卷 (清)陶樑撰 清咸豐七年(1857)刻本 四冊

320000－1605－0009111 427.2/449－7
瓊樓吟稿一卷附璞完詩草一卷 (清)陶善撰 清同治十年(1871)刻本 一冊

320000－1605－0009112 427.2/449－8
紅豆樹館詩詞稿二十二卷附逸稿一卷 (清)陶樑撰 清光緒六年(1880)刻本 五冊

320000－1605－0009113 427.2/449－9
紅豆樹館清芬集一卷 (清)陶懷誠撰 清刻本 一冊

320000－1605－0009114 427.2/451－1
郘亭詩鈔六卷 (清)莫友芝撰 清咸豐二年(1852)刻同治五年(1866)修補本 一冊

320000－1605－0009115 427.2/451－2
郘亭詩鈔六卷遺詩八卷 (清)莫友芝撰 清光緒元年(1875)刻本 六冊

320000－1605－0009116 427.2/451－3
郘亭遺詩八卷 (清)莫友芝撰 清光緒元年(1875)刻本 一冊

320000－1605－0009117 427.2/454－1
晚菘詩稿六卷附恖聞日記一卷 (清)莊槱撰 清乾隆三十二年(1767)刻本 二冊

320000－1605－0009118 427.2/454－2
十國宫詞一卷 (清)莊師洛等撰 (清)何其偉註 清嘉慶八年(1803)何其偉刻本 一冊

320000－1605－0009119 427.2/454－3
澂觀齋詩一卷 (清)莊元植撰 清光緒元年(1875)刻本 一冊

320000－1605－0009120 427.2/454－4
蒿庵遺集九卷 (清)莊棫撰 清光緒十二年(1886)刻本 二冊

320000－1605－0009121 427.2/454－5
珍埶宧詩鈔二卷 (清)莊述祖撰 清光緒十八年(1892)鉛印本 一冊

320000－1605－0009122 427.2/455
蓼原山房詩鈔八卷 (清)莊楷撰 清光緒十年(1884)刻本 一冊 存四卷(一至四)

320000－1605－0009123 427.2/460－1
寶雲山館詩稿一卷 (清)畢長豫撰 清刻本 一冊

320000－1605－0009124 427.2/460－2
廡下吟一卷 (清)畢楚珍撰 清抄本 一冊

320000－1605－0009125 427.2/460－3
小靈巖山館賦草□□卷 (清)畢搢卿撰 清末抄本 五冊 存五卷(二至六)

320000－1605－0009126 427.2/462
念堂詩草五卷 (清)崔旭撰 清道光刻本 一冊

320000－1605－0009127 427.2/471－1
棲飲草堂詩鈔六卷 (清)湯禮祥撰 清嘉慶二十年(1815)刻本 四冊

320000－1605－0009128 427.2/471－2
琴隱園詩集三十六卷 (清)湯貽汾撰 清同治十三年(1874)刻本 八冊

320000－1605－0009129 427.2/471－3
海秋詩集二十六卷後集一卷 (清)湯鵬撰

清刻同治十二年(1873)補刻本　十冊

320000－1605－0009130　427.2/473
今白華堂詩録十八卷　(清)童槐撰　清同治八年(1869)刻本　五冊

320000－1605－0009131　427.2/476－1
甌香館集十二卷首一卷末一卷　(清)惲格撰　清道光刻本　二冊

320000－1605－0009132　427.2/476－2
甌香館集十二卷首一卷末一卷　(清)惲格撰　清道光刻本　四冊

320000－1605－0009133　427.2/476－3
澹如軒詩鈔八卷　(清)惲炳孫撰　稿本　四冊

320000－1605－0009134　427.2/477－1
鶴半巢詩存十卷續鈔五卷　(清)馮培撰　清嘉慶八年(1803)刻本　四冊

320000－1605－0009135　427.2/477－2
尚志堂詩草四卷附小綠筠堂詩存一卷　(清)馮壯圖撰　清光緒十六年(1890)刻本　一冊

320000－1605－0009136　427.2/477－3
默庵遺集八卷　(清)馮舒撰　清光緒刻本　一冊

320000－1605－0009137　427.2/477－4
夢柰詩稿一卷　(清)馮桂芬撰　清光緒刻本　一冊

320000－1605－0009138　427.2/477－5
夢柰詩稿一卷　(清)馮桂芬撰　清光緒刻本　一冊

320000－1605－0009139　427.2/486－1
詩義堂集二卷　(清)彭輅撰　清道光三十年(1850)刻本　二冊

320000－1605－0009140　427.2/486－2
簡緣詩草一卷　(清)彭希洛撰　**瓊樓吟稿一卷**　(清)陶善撰　清道光刻本　一冊

320000－1605－0009141　427.2/486－3
汲雅山館詩鈔三卷　(清)彭希鄭撰　清道光刻本　一冊

320000－1605－0009142　427.2/486－4
詩義堂後集六卷首一卷　(清)彭泰來撰　清咸豐十一年(1861)刻本　四冊

320000－1605－0009143　427.2/486－5
恥躬堂詩鈔十六卷　(清)彭士望撰　清咸豐刻本　三冊

320000－1605－0009144　427.2/486－6
測海集六卷　(清)彭紹升撰　清同治四年(1865)刻本　二冊

320000－1605－0009145　427.2/486－7
觀河集四卷　(清)彭紹升撰　清光緒四年(1878)刻本　一冊

320000－1605－0009146　427.2/486－8
觀河集四卷　(清)彭紹升撰　清光緒四年(1878)刻本　一冊

320000－1605－0009147　427.2/486－9
南畇先生詩録二卷　(清)彭定求撰　清同治十二年(1873)刻本　一冊

320000－1605－0009148　427.2/486－10
退一步居篋餘稿不分卷　(清)彭來保撰　稿本　一冊

320000－1605－0009149　427.2/486－11
仙心閣詩鈔八卷　(清)彭慰高撰　清光緒三年(1877)刻本　二冊

320000－1605－0009150　427.2/486－12
仙心閣詩鈔四卷續鈔二卷　(清)彭慰高撰　清光緒三年(1877)刻本　二冊

320000－1605－0009151　427.2/486－13
師矩齋詩録三卷　(清)彭翰孫撰　**寫韻樓吟草二卷**　(清)吳清蕙撰　**意蘭吟賸一卷**　(清)吳毓蓀撰　清光緒十七年(1891)刻本　二冊

320000－1605－0009152　427.2/486－14
彭剛直公詩集八卷　(清)彭玉麟撰　(清)俞樾編訂　清光緒十七年(1891)刻本　二冊

320000－1605－0009153　427.2/486－15
玉屏山館詩草五卷　(清)彭祖潤撰　清光緒十八年(1892)刻本　二冊

320000－1605－0009154　427.2/486－16
玉屏山館詩草五卷　(清)彭祖潤撰　清光緒十八年(1892)刻本　二冊

320000－1605－0009155　427.2/486－17
蘭臺遺稿正續編一卷　(清)彭希涑撰　**芸暉小閣吟草一卷**　(清)顧韞玉撰　清光緒刻本　一冊

320000－1605－0009156　427.2/486－18
蘭臺遺稿正續編一卷　(清)彭希涑撰　**芸暉小閣吟草一卷**　(清)顧韞玉撰　清光緒刻本　一冊

320000－1605－0009157　427.2/486－19
蘭臺遺稿正續編一卷　(清)彭希涑撰　**芸暉小閣吟草一卷**　(清)顧韞玉撰　清光緒刻本　一冊

320000－1605－0009158　427.2/486－20
蘭臺遺稿正續編一卷　(清)彭希涑撰　**芸暉小閣吟草一卷**　(清)顧韞玉撰　清光緒刻本　一冊

320000－1605－0009159　427.2/486－21
蘭臺遺稿正續編一卷　(清)彭希涑撰　**芸暉小閣吟草一卷**　(清)顧韞玉撰　清光緒刻本　一冊

320000－1605－0009160　427.2/486－22
東甌游草一卷　(清)彭慰高撰　稿本　一冊

320000－1605－0009161　427.2/486－23
適龕詩集十四卷　(清)彭湘撰　清刻本　四冊

320000－1605－0009162　427.2/486－24
小謨觴館詩鈔一卷　(清)彭兆蓀撰　清末抄本　一冊

320000－1605－0009163　427.2/491－1
香草齋詩注六卷　(清)黄任撰　清嘉慶十九年(1814)刻本　六冊

320000－1605－0009164　427.2/491－2
夢陔堂詩集三十五卷　(清)黄承吉撰　清道光十二年(1832)刻本　八冊

320000－1605－0009165　427.2/491－3
息耕草堂詩集十六卷　(清)黄安濤撰　清道光二十四年(1844)刻本　四冊

320000－1605－0009166　427.2/491－4
香屑集十八卷首一卷末一卷　(清)黄之雋撰　清同治十年(1871)刻本　四冊

320000－1605－0009167　427.2/491－5
憶琴書屋存稿四卷　(清)黄文涵撰　清光緒二年(1876)刻本　二冊

320000－1605－0009168　427.2/491－6
知止盦詩録六卷　(清)黄宗起撰　清宣統二年(1910)刻本　二冊

320000－1605－0009169　427.2/491－7
知止盦詩録六卷　(清)黄宗起撰　清宣統二年(1910)刻本　二冊

320000－1605－0009170　427.2/491－8
三十六灣草廬稿十卷　(清)黄本騏撰　清刻本　四冊

320000－1605－0009171　427.2/491－9
三十六灣草廬稿十卷　(清)黄本騏撰　清刻本　四冊

320000－1605－0009172　427.2/492－1
秋江集六卷　(清)黄任撰　清乾隆三十五年(1770)刻本　四冊

320000－1605－0009173　427.2/492－2
百藥山房詩初集十卷　(清)黄若濟撰　清道光刻本　二冊

320000－1605－0009174　427.2/492－3
讀白華草堂詩集九卷　(清)黄釗撰　清道光刻本　八冊

320000－1605－0009175　427.2/492－4
誦芬詩略二卷　(清)黄炳垕撰　清同治八年(1869)刻本　一冊

320000－1605－0009176　427.2/493－1
兩當軒詩鈔十四卷悔存詞鈔二卷　(清)黄景仁撰　清嘉慶刻本　二册

320000－1605－0009177　427.2/493－2
蒲桔山房詩集四卷　(清)黄國培撰　清咸豐十年(1860)刻本　二册

320000－1605－0009178　427.2/493－3
黄莘田近體詩鈔一卷　(清)黄莘田撰　清抄本　一册

320000－1605－0009179　427.2/494－1
友漁齋詩集十卷續六卷　(清)黄凱鈞撰　清嘉慶刻本　六册

320000－1605－0009180　427.2/494－2
禮部遺集九卷　(清)黄富民撰　清同治九年(1870)刻本　四册

320000－1605－0009181　427.2/494－3
壹齋集四十卷　(清)黄鉞撰　清同治二年(1863)刻本　八册

320000－1605－0009182　427.2/494－4
壹齋集四十卷　(清)黄鉞撰　清刻本　九册

320000－1605－0009183　427.2/494－5
壹齋集四十卷　(清)黄鉞撰　清刻本　十二册

320000－1605－0009184　427.2/495－1
棗香詩屋詩鈔一卷　(清)黄樂之撰　清咸豐刻本　一册

320000－1605－0009185　427.2/495－2
竹瑞堂詩鈔十八卷　(清)黄德華撰　清同治三年(1864)刻本　四册

320000－1605－0009186　427.2/496－1
韻珊外集四種　(清)黄憲清撰　清道光十五年(1835)刻本　八册

320000－1605－0009187　427.2/496－2
仙屏書屋初集詩録十六卷後録二卷　(清)黄爵滋撰　清道光刻本　五册

320000－1605－0009188　427.2/496－3
倚晴樓詩集十二卷　(清)黄燮清撰　清咸豐七年(1857)刻本　二册

320000－1605－0009189　427.2/496－4
倚晴樓詩餘四卷　(清)黄燮清撰　清同治六年(1867)刻本　一册

320000－1605－0009190　427.2/496－5
倚晴樓詩續集四卷　(清)黄燮清撰　清同治九年(1870)刻本　一册

320000－1605－0009191　427.2/496－6
倚晴樓詩續集四卷　(清)黄燮清撰　清同治九年(1870)刻本　一册

320000－1605－0009192　427.2/496－7
倚晴樓詩續集四卷　(清)黄燮清撰　清同治九年(1870)刻本　一册

320000－1605－0009193　427.2/496－8
四百三十二峰草堂詩一卷　(清)黄璟撰　清光緒二十四年(1898)刻本　一册

320000－1605－0009194　427.2/496－9
逢吉堂焚餘稿二卷附題詞一卷　(清)黄錫深撰　清光緒三十年(1904)刻本　一册

320000－1605－0009195　427.2/496－10
求是齋吟草偶存一卷　(清)黄麗中撰　清光緒三十三年(1907)石印本　一册

320000－1605－0009196　427.2/500
且甌集九卷　(清)項霽撰　清咸豐刻本　二册

320000－1605－0009197　427.2/502－1
榆村詩集六卷　(清)費辰撰　清嘉慶刻本　六册

320000－1605－0009198　427.2/502－2
依舊草堂遺稿一卷　(清)費丹旭撰　清同治八年(1869)鉛印本　一册

320000－1605－0009199　427.2/502－3
依舊草堂遺稿一卷　(清)費丹旭撰　清同治十年(1871)刻本　一册

320000－1605－0009200　427.2/505－1

是程堂集十四卷 (清)屠倬撰 清嘉慶十九年(1814)刻本 五册

320000－1605－0009201 427.2/505－2
小草庵詩抄一卷 (清)屠蘇撰 **日本金石年表一卷** (日本)西田直養撰 清同治、光緒刻滂喜齋叢書本 一册

320000－1605－0009202 427.2/509－1
閑吟處詩鈔五卷 (清)華文桂撰 清道光刻本 二册

320000－1605－0009203 427.2/509－2
賞雨茆屋遺稿六卷 (清)華學燾撰 清咸豐二年(1852)刻本 二册

320000－1605－0009204 427.2/509－3
嘯霞漫稿三卷 (清)華嶽撰 清同治刻本 三册

320000－1605－0009205 427.2/509－4
津門徵獻詩八卷 (清)華鼎元撰 清光緒十二年(1886)刻本 四册

320000－1605－0009206 427.2/509－5
津門徵獻詩八卷 (清)華鼎元撰 清光緒十二年(1886)刻本 四册

320000－1605－0009207 427.2/509－6
津門徵獻詩八卷 (清)華鼎元撰 清光緒十二年(1886)刻本 四册

320000－1605－0009208 427.2/52
俟翕賸稿五卷 (清)毛琛撰 清道光十八年(1838)刻本 二册

320000－1605－0009209 427.2/520
吉堂詩稿八卷 (清)欽善撰 清嘉慶二十五年(1820)刻本 一册

320000－1605－0009210 427.2/522－1
瓶水齋詩集十七卷附刻三種三卷 (清)舒位撰 清光緒十二年(1886)刻本 八册

320000－1605－0009211 427.2/522－2
瓶水齋詩集十七卷附刻三種三卷 (清)舒位撰 清光緒十二年(1886)刻本 八册

320000－1605－0009212 427.2/523－1
夢蘐樓詩草一卷詩餘一卷 (清)傅霖撰 清同治四年(1865)刻本 一册

320000－1605－0009213 427.2/523－2
夢蘐樓詩草一卷詩餘一卷 (清)傅霖撰 清同治四年(1865)刻本 一册

320000－1605－0009214 427.2/523－3
澹勤室詩一卷 (清)傅壽彤撰 清同治刻本 一册

320000－1605－0009215 427.2/527－1
六松堂詩文集十四卷 (清)曾燦撰 清康熙刻本 八册

320000－1605－0009216 427.2/527－2
賞雨茅屋詩集二十二卷 (清)曾燠撰 清嘉慶二十四年(1819)刻本 六册

320000－1605－0009217 427.2/527－3
賞雨茅屋外集一卷 (清)曾燠撰 清嘉慶九年(1804)刻本 一册

320000－1605－0009218 427.2/527－4
邗上題襟續集一卷 (清)曾燠輯 清嘉慶刻本 二册 存八十七葉(四十九至一百三十五)

320000－1605－0009219 427.2/527－5
古歡室詩詞集二卷 (清)曾懿輯 清光緒二十九年(1903)刻本 一册

320000－1605－0009220 427.2/530－1
青嶁遺稿二卷附璞完詩草一卷 (清)盛錦 (清)盛鈺撰 清乾隆二十六年(1761)刻本 一册

320000－1605－0009221 427.2/530－2
青嶁遺稿二卷附璞完詩草一卷 (清)盛錦 (清)盛鈺撰 清乾隆二十六年(1761)刻本 一册

320000－1605－0009222 427.2/530－3
蘊素閣詩集十二卷 (清)盛大士撰 清道光元年(1821)刻本 四册

320000－1605－0009223 427.2/530－4

蘊素閣詩集十二卷 （清）盛大士撰　清道光元年（1821）刻本　十册

320000－1605－0009224　427.2/530－5

欝華閣遺集三卷 （清）盛昱撰　清光緒二十八年（1902）刻本　一册

320000－1605－0009225　427.2/530－6

誠齋詩集八卷 （清）盛符升撰　（清）黄與堅評　清刻本　二册

320000－1605－0009226　427.2/530－7

適盦詩稿四集 （清）盛孚泰撰　稿本　三册　存三集（二至四）

320000－1605－0009227　427.2/530－8

適齋詩存一卷 （清）盛孚泰撰　稿本　一册

320000－1605－0009228　427.2/530－9

拙娱軒吟鈔五卷 （清）盛朝彦撰　稿本　一册

320000－1605－0009229　427.2/530－10

欝華閣遺集四卷 （清）盛昱撰　清宣統石印本　一册

320000－1605－0009230　427.2/535－1

階亭詩集不分卷 （清）程泰象撰　清康熙刻本　二册

320000－1605－0009231　427.2/535－2

稻香樓詩集十卷 （清）程際盛撰　清乾隆刻本　二册

320000－1605－0009232　427.2/535－3

勉行堂詩集二十四卷首一卷 （清）程晋芳撰　清嘉慶二十二年（1817）刻本　十册

320000－1605－0009233　427.2/535－4

蓮勺草堂詩草二卷 （清）程寅錫撰　清咸豐二年（1852）刻本　一册

320000－1605－0009234　427.2/535－5

妙香軒集唐詩鈔四卷 （清）程祖潤撰　清咸豐刻本　一册

320000－1605－0009235　427.2/535－6

蓮勺草堂詩稿二卷 （清）程寅錫撰　清光緒十三年（1887）鉛印本　一册

320000－1605－0009236　427.2/535－7

昔園詩録四卷 （清）程霱撰　清宣統元年（1909）鉛印本　一册

320000－1605－0009237　427.2/535－8

雲輝堂詩集四卷 （清）程烈光撰　清抄本　一册

320000－1605－0009238　427.2/538－1

止巢詩五卷詞二卷 （清）喬載繇撰　清道光二十六年（1846）刻本　三册

320000－1605－0009239　427.2/538－2

蘿藦亭遺詩四卷 （清）喬松年撰　清光緒七年（1881）刻本　四册

320000－1605－0009240　427.2/538－3

蘿藦亭遺詩四卷 （清）喬松年撰　清光緒七年（1881）刻本　四册

320000－1605－0009241　427.2/540

緑雲僊館遺稿十二卷附玉鏡臺詞一卷 （清）溫啟封撰　清同治九年（1870）刻本　四册

320000－1605－0009242　427.2/550－1

拜鵑樓詩稿二卷 （清）雷鳳鼎撰　清刻本　一册

320000－1605－0009243　427.2/550－2

道福堂詩草四卷 （清）雷浚撰　稿本　一册

320000－1605－0009244　427.2/556－1

雲逗樓集四卷 （清）楊度汪撰　清乾隆三十二年（1767）刻本　四册

320000－1605－0009245　427.2/556－2

絳雪山房詩鈔二十卷 （清）楊慶琛撰　清道光二十八年（1848）刻本　六册

320000－1605－0009246　427.2/556－3

海門二十景詩册不分卷 （清）楊蓉初撰　清咸豐十一年（1861）刻本　一册

320000－1605－0009247　427.2/556－4

碧琅玕館詩鈔四卷 （清）楊光儀撰　清光緒刻本　二册

320000－1605－0009248　427.2/556－5
一樹梅花書屋詩鈔四卷文一卷　(清)楊學瑄撰　清同治刻本　四冊

320000－1605－0009249　427.2/556－6
夙好齋詩鈔十七卷　(清)楊知新撰　清光緒四年(1878)刻本　四冊

320000－1605－0009250　427.2/556－7
南湖草堂詩集八卷附二卷　(清)楊伯潤撰　清光緒八年(1882)刻本　二冊

320000－1605－0009251　427.2/556－8
汲庵詩存八卷　(清)楊象濟撰　清光緒八年(1882)刻本　四冊

320000－1605－0009252　427.2/556－9
汲庵詩存八卷　(清)楊象濟撰　清光緒八年(1882)刻本　四冊

320000－1605－0009253　427.2/556－10
汲庵詩存八卷　(清)楊象濟撰　清光緒八年(1882)刻本　四冊

320000－1605－0009254　427.2/556－11
芙蓉湖櫂歌一卷　(清)楊掄撰　**寄漚外集詩一卷**　(清)劉繼增撰　清光緒十年(1884)刻本　一冊

320000－1605－0009255　427.2/556－12
芙蓉湖櫂歌一卷　(清)楊掄撰　**寄漚外集詩一卷**　(清)劉繼增撰　清光緒十年(1884)刻本　一冊

320000－1605－0009256　427.2/556－13
錢塘百詠一卷　(清)楊象濟撰　清光緒二十一年(1895)刻本　一冊

320000－1605－0009257　427.2/556－14
惜味齋存稿七卷　(清)楊炳撰　清宣統三年(1911)刻本　四冊

320000－1605－0009258　427.2/562－1
已畦詩集十卷　(清)葉燮撰　清乾隆二十八年(1763)刻本　四冊

320000－1605－0009259　427.2/562－2
綠筠書屋詩抄十八卷　(清)葉觀國撰　清乾隆五十七年(1792)刻本　八冊

320000－1605－0009260　427.2/562－3
白鶴山房詩鈔十五卷　(清)葉紹本撰　清道光四年(1824)刻本　六冊

320000－1605－0009261　427.2/562－4
太湖竹枝詞二卷　(清)葉承桂撰　清咸豐刻本　一冊

320000－1605－0009262　427.2/562－5
永陽遊草不分卷　(清)葉儀昌撰　清同治刻本　一冊

320000－1605－0009263　427.2/562－6
大瓠山房詩集二卷　(清)葉道源撰　清光緒三年(1877)鉛印本　一冊

320000－1605－0009264　427.2/562－7
敦夙好齋詩二十三卷　(清)葉名灃撰　清光緒十六年(1890)刻本　八冊

320000－1605－0009265　427.2/562－8
醉月居詩鈔一卷詞鈔一卷　(清)葉世熊撰　清刻本　一冊

320000－1605－0009266　427.2/562－9
漱芳樓詩稿不分卷　(清)葉承鑅撰　稿本　二冊

320000－1605－0009267　427.2/562－10
醉月居詩鈔一卷詞鈔一卷　(清)葉世熊撰　清宣統二年(1910)刻本　一冊

320000－1605－0009268　427.2/565－1
萬季野先生明樂府一卷　(清)萬斯同撰　清同治刻本　一冊

320000－1605－0009269　427.2/565－2
璇璣碎錦二卷　(清)萬樹撰　清光緒十四年(1888)刻本　二冊

320000－1605－0009270　427.2/565－3
鶴澗詩龕集八卷　(清)萬釗撰　清光緒十九年(1893)刻本　二冊

320000－1605－0009271　427.2/565－4
璇璣碎錦二卷　(清)萬樹撰　清光緒刻本

一册　存一卷(上)

320000－1605－0009272　427.2/566－1
傳樸堂詩稿五卷弢華館詩稿一卷　(清)葛金烺撰　清光緒二十一年(1895)刻本　二册

320000－1605－0009273　427.2/566－2
寄庵詩鈔二卷　(清)葛其龍撰　清抄本　二册

320000－1605－0009274　427.2/567－1
舊雨草堂詩集四卷　(清)董元度撰　清乾隆刻本　一册

320000－1605－0009275　427.2/567－2
飲香閣詩抄一卷　(清)董寶鴻撰　清光緒十年(1884)刻本　一册

320000－1605－0009276　427.2/568－1
紅豆詩人集十九卷附録一卷　(清)董潮撰　清道光二十年(1840)刻本　六册

320000－1605－0009277　427.2/568－2
偶存集不分卷　(清)董貽清撰　清同治刻本　一册

320000－1605－0009278　427.2/568－3
紅豆詩人集十九卷附録一卷　(清)董潮撰　清刻本　四册

320000－1605－0009279　427.2/570
吴中詩存一卷　(清)虞庢撰　清光緒十九年(1893)刻本　一册

320000－1605－0009280　427.2/573
秋樹讀書樓遺集十六卷　(清)史善長撰　清道光刻本　四册

320000－1605－0009281　427.2/575－1
聲玉山齋詩集十卷　(清)鄒熊撰　清嘉慶刻本　二册

320000－1605－0009282　427.2/575－2
奇石山房詩一卷萬梅花館小草一卷　(清)鄒琛　(清)薛壽術撰　清末抄本　一册

320000－1605－0009283　427.2/586－1
太鶴山人詩集十三卷　(清)端木國瑚撰　清道光刻本　六册

320000－1605－0009284　427.2/586－2
太鶴山人詩集十三卷　(清)端木國瑚撰　清道光刻本　四册

320000－1605－0009285　427.2/588
梅麓詩鈔十八卷　(清)齊彦槐撰　清光緒元年(1875)刻本　六册

320000－1605－0009286　427.2/592
人境結廬詩稿十二卷　(清)褚維塏撰　清光緒二十年(1894)刻本　六册

320000－1605－0009287　427.2/598－1
萬青閣自訂詩九卷　(清)趙吉士撰　清乾隆刻本　一册

320000－1605－0009288　427.2/598－2
支溪詩録四卷　(清)趙允懷撰　清道光刻本　一册

320000－1605－0009289　427.2/598－3
菊潛庵賸藁二卷　(清)趙函撰　清道光刻本　一册

320000－1605－0009290　427.2/598－4
樂潛堂詩二卷　(清)趙函撰　清咸豐七年(1857)刻本　三册

320000－1605－0009291　427.2/598－5
郁鄢山房詩鈔二卷　(清)趙樹吉撰　清同治十二年(1873)刻本　一册

320000－1605－0009292　427.2/598－6
悲盦居士詩賸一卷　(清)趙之謙撰　清光緒刻本　一册

320000－1605－0009293　427.2/598－7
國朝鴻音三卷首一卷　(清)趙丕烈撰　清刻本　一册　存三卷(一至二、首一卷)

320000－1605－0009294　427.2/599－1
飴山詩集二十卷　(清)趙執信撰　清乾隆十七年(1752)刻本　四册

320000－1605－0009295　427.2/599－2
芷雲閣詩鈔一卷睡餘録一卷　(清)趙桂瀛撰

清光緒十四年(1888)刻本　一冊

320000－1605－0009296　427.2/599－3
居易軒詩遺鈔一卷文遺鈔一卷　(清)趙炳龍撰　清光緒十四年(1888)刻本　一冊

320000－1605－0009297　427.2/599－4
三硯齋詩賸一卷　(清)趙彦修撰　清光緒刻本　二冊

320000－1605－0009298　427.2/599－5
角山樓試帖詩鈔一卷　(清)趙克宜撰　清刻本　一冊

320000－1605－0009299　427.2/601－1
甌北詩鈔二十卷　(清)趙翼撰　清乾隆刻本　六冊

320000－1605－0009300　427.2/601－2
甌北集五十三卷　(清)趙翼撰　清嘉慶刻本　十六冊

320000－1605－0009301　427.2/601－3
西倉遺稿七卷　(清)趙蕙棻撰　清道光刻本　四冊

320000－1605－0009302　427.2/601－4
紉佩僊館唫鈔一卷　(清)趙瀛撰　清光緒十三年(1887)木活字印本　一冊

320000－1605－0009303　427.2/601－5
向湖村舍詩初集十二卷　趙藩撰　清光緒十四年(1888)刻本　三冊

320000－1605－0009304　427.2/601－6
怡雲閣詩鈔六卷　(清)趙齡撰　清光緒二十四年(1898)刻本　一冊

320000－1605－0009305　427.2/612
樹滋堂詩集四卷　(清)蒯家珍撰　清刻本　一冊　存一卷(四)

320000－1605－0009306　427.2/613－1
裁物象齋詩鈔一卷湘雨齋詞草一卷　(清)管貽葄撰　清同治五年(1866)刻本　二冊

320000－1605－0009307　427.2/613－2
止泊齋詩存三卷　(清)管蘭滋撰　清光緒十二年(1886)刻本　一冊

320000－1605－0009308　427.2/618
蘇林詩賸一卷　(清)熊其光撰　**含齋詩賸一卷**　(清)熊其英撰　清光緒十八年(1892)刻本　一冊

320000－1605－0009309　427.2/62－1
獨學廬初稿五種　(清)石韞玉撰　清乾隆六十年(1795)刻本　四冊

320000－1605－0009310　427.2/62－2
鶴舫詩詞二卷　(清)石芝撰　清道光刻本　二冊

320000－1605－0009311　427.2/62－3
葵青居詩録一卷夢蜨草一卷　(清)石渠撰　清同治、光緒刻本　一冊

320000－1605－0009312　427.2/62－4
葵青居詩録一卷夢蜨草一卷　(清)石渠撰　清同治、光緒刻本　一冊

320000－1605－0009313　427.2/62－5
紫荃山館詩餘偶存一卷　(清)石贊清撰　清光緒九年(1883)刻本　一冊

320000－1605－0009314　427.2/62－6
石氏喬梓詩集二卷　(清)潘鍾瑞輯　清光緒九年(1883)刻本　二冊

320000－1605－0009315　427.2/62－7
桃塢百絕一卷後桃塢百絕一卷　(清)石方洛撰　清光緒二十一年(1895)刻本　一冊

320000－1605－0009316　427.2/62－8
桃隖百絕一卷　(清)石方洛撰　清抄本　一冊

320000－1605－0009317　427.2/62－9
瘦竹幽花之館詩存十卷　(清)石同福撰　清抄本　六冊

320000－1605－0009318　427.2/622－1
三松堂集十六卷　(清)潘奕雋撰　清嘉慶刻本　四冊

320000－1605－0009319　427.2/622－2

聽雨樓詩稿八卷　(清)潘奕藻撰　清嘉慶刻本　二册

320000－1605－0009320　427.2/622－3
放猨集一卷　(清)潘曾沂撰　清咸豐刻本　一册

320000－1605－0009321　427.2/622－4
功甫小集十一卷　(清)潘曾沂撰　清咸豐四年(1854)刻本　二册

320000－1605－0009322　427.2/622－5
功甫小集十一卷　(清)潘曾沂撰　清咸豐四年(1854)刻本　二册

320000－1605－0009323　427.2/622－6
小浮山人詩集三種　(清)潘曾沂撰　清咸豐刻本　一册

320000－1605－0009324　427.2/622－7
小浮山人詩集三種　(清)潘曾沂撰　清咸豐刻本　一册

320000－1605－0009325　427.2/622－8
船庵集十二卷　(清)潘曾沂撰　清光緒五年(1879)刻本　二册

320000－1605－0009326　427.2/622－9
小鷗波館詩鈔十二卷補録二卷詞鈔一卷　(清)潘曾瑩撰　清道光二十五年(1845)刻本　二册

320000－1605－0009327　427.2/622－10
思補齋詩集六卷　(清)潘世恩撰　清道光三十年(1850)刻本　二册

320000－1605－0009328　427.2/622－11
思補齋詩集六卷　(清)潘世恩撰　清道光三十年(1850)刻本　二册

320000－1605－0009329　427.2/622－12
陔蘭書屋詩集六卷　(清)潘曾綬撰　清道光刻本　四册

320000－1605－0009330　427.2/622－13
陔蘭書屋詩集六卷　(清)潘曾綬撰　清刻本　二册

320000－1605－0009331　427.2/622－14
紅蕉館詩鈔四卷　(清)潘曾瑩撰　清道光刻本　一册

320000－1605－0009332　427.2/622－15
竹山堂詩稿二卷　(清)潘祖同撰　清咸豐八年(1858)刻本　一册

320000－1605－0009333　427.2/622－16
竹山堂詩稿二卷　(清)潘祖同撰　清咸豐八年(1858)刻本　一册

320000－1605－0009334　427.2/622－17
花隱盦遺稿一卷　(清)潘希甫撰　清光緒九年(1883)刻本　一册

320000－1605－0009335　427.2/622－19
梅花集古詩二卷　(清)潘恕撰　清光緒刻本　一册

320000－1605－0009336　427.2/622－20
潘小江先生詩鈔一卷　(清)潘小江撰　清抄本　一册

320000－1605－0009337　427.2/622－21
丙子元旦唱和詩一卷　(清)潘曾瑋輯　清光緒刻本　一册

320000－1605－0009338　427.2/625－1
金粟館存稿一卷　(清)談有耀撰　清嘉慶二十一年(1816)刻本　一册

320000－1605－0009339　427.2/625－2
為南齋遺稿二卷　(清)談復撰　清嘉慶二十二年(1817)刻本　一册

320000－1605－0009340　427.2/625－3
為南齋遺稿二卷　(清)談復撰　清嘉慶二十二年(1817)刻本　一册

320000－1605－0009341　427.2/636－1
硐東詩鈔十卷　(清)歐陽輅撰　清道光六年(1826)刻本　三册

320000－1605－0009342　427.2/636－2
浩山詩鈔一卷補録一卷　(清)歐陽述伯撰　清刻本　二册

320000－1605－0009343　427.2/645－1
清足居詩集一卷蕉窗詞一卷　(清)鄧瑜撰　稿本　一冊

320000－1605－0009344　427.2/645－2
白香亭詩集三卷　(清)鄧輔綸撰　清光緒十九年(1893)刻本　二冊

320000－1605－0009345　427.2/645－3
扁善齋詩存一卷　(清)鄧嘉緝撰　清光緒二十七年(1901)刻本　一冊

320000－1605－0009346　427.2/645－4
扁善齋詩存一卷　(清)鄧嘉緝撰　清光緒二十七年(1901)刻本　一冊

320000－1605－0009347　427.2/645－5
扁善齋詩存二卷　(清)鄧嘉緝撰　清光緒刻本　一冊

320000－1605－0009348　427.2/645－6
雙硯齋詩鈔十六卷　(清)鄧廷楨撰　清刻本　四冊

320000－1605－0009349　427.2/650－1
巢雲樓存詩不分卷　(清)蔣勵宣撰　清嘉慶刻本　一冊

320000－1605－0009350　427.2/650－2
春暉閣詩鈔選六卷　(清)蔣湘南撰　清道光十六年(1836)刻本　二冊

320000－1605－0009351　427.2/650－3
詅癡集四卷　(清)蔣廷皐撰　清光緒九年(1883)刻本　一冊

320000－1605－0009352　427.2/650－4
烏目山房詩存六卷　(清)蔣因培撰　清光緒十年(1884)刻本　二冊

320000－1605－0009353　427.2/650－5
嘯古堂詩集八卷　(清)蔣敦復撰　(清)王韜輯　清光緒十一年(1885)刻本　四冊

320000－1605－0009354　427.2/650－6
嘯古堂詩集八卷　(清)蔣敦復撰　(清)王韜輯　清光緒十一年(1885)刻本　二冊

320000－1605－0009355　427.2/650－7
嘯古堂詩集八卷　(清)蔣敦復撰　(清)王韜輯　清光緒十一年(1885)刻本　二冊

320000－1605－0009356　427.2/650－8
三徑草堂詩鈔四卷　(清)蔣師軾撰　清光緒十六年(1890)刻本　一冊

320000－1605－0009357　427.2/650－9
蔣石林先生遺詩三卷　(清)蔣之翹撰　清光緒二十二年(1896)刻本　一冊

320000－1605－0009358　427.2/650－10
金粟山房詩集十二卷　(清)蔣一桂撰　清光緒二十二年(1896)刻本　四冊

320000－1605－0009359　427.2/650－11
退結廬詩稿三卷　(清)蔣清瑞撰　清光緒三十四年(1908)刻本　一冊

320000－1605－0009360　427.2/650－12
居東集二卷　(清)蔣智由撰　清宣統二年(1910)鉛印本　一冊

320000－1605－0009361　427.2/650－13
忠雅堂詩集二十七卷補遺二卷詞集二卷　(清)蔣士銓撰　清嘉慶藻思堂刻本　八冊

320000－1605－0009362　427.2/650－14
忠雅堂詩集二十七卷補遺二卷詞集二卷　(清)蔣士銓撰　清敬書堂刻本　六冊

320000－1605－0009363　427.2/654－1
茜雲樓詩集十四卷附文存一卷　(清)蔡逸撰　清道光二十三年(1843)刻本　四冊

320000－1605－0009364　427.2/654－2
謙齋詩集八卷首一卷　(清)蔡仲光撰　清咸豐三年(1853)刻本　一冊　存二卷(七至八)

320000－1605－0009365　427.2/654－3
養靈根堂遺集不分卷　(清)蔡鴻夑撰　清咸豐十年(1860)刻本　一冊

320000－1605－0009366　427.2/654－4
養靈根堂遺集不分卷　(清)蔡鴻夑撰　清咸豐十年(1860)刻本　一冊

320000－1605－0009367　427.2/654－5

玉塵山房詩集四卷　(清)蔡夔昌撰　清同治刻本　一冊

320000－1605－0009368　427.2/654－6

晚香書屋詩存二卷　(清)蔡九齡撰　清刻本　二冊

320000－1605－0009369　427.2/657

證嚮齋詩集八卷　(清)蔡鑾揚撰　清光緒六年(1880)刻本　二冊

320000－1605－0009370　427.2/658

劍光樓詩鈔四卷　(清)儀克中撰　清咸豐刻本　一冊

320000－1605－0009371　427.2/661－1

板橋詩鈔一卷　(清)鄭燮撰　清乾隆刻本　一冊

320000－1605－0009372　427.2/661－2

巢經巢詩鈔九卷後集四卷　(清)鄭珍撰　清咸豐刻本　四冊

320000－1605－0009373　427.2/661－3

蓮因室遺集詩二卷詞一卷　(清)鄭蘭孫撰　清光緒元年(1875)刻本　二冊

320000－1605－0009374　427.2/661－4

鴛湖詩稿初鈔二卷　(清)鄭桂撰　清光緒十三年(1887)刻本　二冊

320000－1605－0009375　427.2/661－5

巢經巢詩鈔後集四卷　(清)鄭珍撰　清光緒二十年(1894)刻本　一冊

320000－1605－0009376　427.2/661－6

巢經巢詩鈔九卷後集四卷　(清)鄭珍撰　清光緒二十三年(1897)刻本　三冊

320000－1605－0009377　427.2/661－7

海藏樓詩一卷　鄭孝胥撰　清光緒二十八年(1902)刻本　一冊

320000－1605－0009378　427.2/661－8

屈廬詩稿四卷　(清)鄭知同撰　清光緒刻本　一冊

320000－1605－0009379　427.2/661－9

依仁居詩鈔二卷　(清)鄭蕃宗撰　稿本　一冊

320000－1605－0009380　427.2/671－1

五百四峰堂詩鈔二十五卷　(清)黎簡撰　清同治十三年(1874)刻本　八冊

320000－1605－0009381　427.2/671－2

五百四峰堂詩鈔二十五卷　(清)黎簡撰　清光緒六年(1880)刻本　四冊

320000－1605－0009382　427.2/674－1

葛莊分體詩鈔十卷　(清)劉廷璣撰　清康熙五十三年(1714)刻本　四冊

320000－1605－0009383　427.2/674－2

寄庵詩鈔三十卷　(清)劉大紳撰　清嘉慶二十年(1815)刻本　十六冊

320000－1605－0009384　427.2/674－3

玉磬山房詩十三卷　(清)劉大觀撰　清嘉慶刻本　五冊

320000－1605－0009385　427.2/674－4

玉磬山房詩集六卷文集二卷　(清)劉大觀撰　清嘉慶刻本　四冊

320000－1605－0009386　427.2/674－5

伴耕集初稿一卷　(清)劉太青撰　稿本　一冊

320000－1605－0009387　427.2/674－6

七頌堂詩集十卷　(清)劉體仁撰　清同治九年(1870)刻本　二冊

320000－1605－0009388　427.2/674－7

歸硯山房遺詩一卷　(清)劉瀓輯　**投贈集一卷**　(清)劉傳福輯　清光緒三年(1877)鉛印本　一冊

320000－1605－0009389　427.2/674－8

香雪詩存六卷　(清)劉侃撰　清光緒四年(1878)刻本　一冊

320000－1605－0009390　427.2/674－9

師竹軒詩集四卷　(清)劉樹堂撰　**韻香閣詩草一卷**　(清)孔祥淑撰　清光緒十二年

(1886)石印本　一冊

320000－1605－0009391　427.2/674－10
師竹軒詩集四卷　(清)劉樹堂撰　清光緒十五年(1889)石印本　四冊

320000－1605－0009392　427.2/674－11
海峯詩集十卷　(清)劉大櫆撰　清光緒二十五年(1899)刻本　二冊

320000－1605－0009393　427.2/674－12
海峰先生詩六卷　(清)劉大櫆撰　(清)徐宗亮編校　清刻本　二冊

320000－1605－0009394　427.2/674－13
紅樹山莊詩草四卷黔游草一卷附録二卷　(清)劉大容撰　清光緒二十四年(1898)刻本　三冊

320000－1605－0009395　427.2/674－14
紅樹山莊詩草四卷黔游草一卷附録二卷　(清)劉大容撰　清光緒二十四年(1898)刻本　三冊

320000－1605－0009396　427.2/674－15
大山詩集五卷　(清)劉巌撰　清光緒鉛印本　一冊

320000－1605－0009397　427.2/674－16
小鉛山館課餘吟草一卷　(清)劉淇撰　清光緒石印本　一冊

320000－1605－0009398　427.2/675
朔風吟略十一卷　(清)劉秉琳撰　清光緒二年(1876)刻本　二冊

320000－1605－0009399　427.2/676－1
無長物齋詩存四卷　(清)劉炳照撰　(清)沈焜輯　清光緒三十四年(1908)刻本　二冊

320000－1605－0009400　427.2/676－2
復丁老人詩記二卷　(清)劉炳照撰　清宣統二年(1910)刻本　一冊

320000－1605－0009401　427.2/677
晝膚吟一卷縹煙詞一卷　(清)劉詒恂撰　清光緒二十六年(1900)刻本　一冊

320000－1605－0009402　427.2/680
青藜閣吟草六卷　(清)劉禮淞撰　清同治刻本　二冊

320000－1605－0009403　427.2/683
槐廬詩學一卷　(清)龍繼棟撰　清刻本　一冊

320000－1605－0009404　427.2/686－1
坐花書屋詩録二卷附行狀一卷　(清)諸鎮撰　清光緒刻本　一冊

320000－1605－0009405　427.2/686－2
坐花書屋詩録二卷附行狀一卷　(清)諸鎮撰　清光緒刻本　一冊

320000－1605－0009406　427.2/687
柯家山館遺詩六卷　(清)嚴元照撰　清嘉慶刻本　二冊

320000－1605－0009407　427.2/7
綠曉齋詩選一卷　(明)卜舜年撰　清抄本　一冊

320000－1605－0009408　427.2/705－1
澄碧齋詩鈔八卷　(清)錢琦撰　清乾隆刻本　四冊

320000－1605－0009409　427.2/705－2
香樹齋詩集十八卷　(清)錢陳羣撰　清乾隆十六年(1751)刻本　十八冊

320000－1605－0009410　427.2/705－3
合訂端園詩草七種　(清)錢照撰　清道光刻本　四冊

320000－1605－0009411　427.2/705－4
閩游集二卷　(清)錢儀吉撰　清宣統刻本　一冊

320000－1605－0009412　427.2/705－5
峯青館詩鈔七卷　(清)錢國珍撰　清同治六年(1867)刻本　二冊

320000－1605－0009413　427.2/705－6
龠翁詩鈔四卷寄生吟草一卷　(清)錢辰撰　清光緒八年(1882)刻本　二冊

320000－1605－0009414　427.2/705－7
龠翁詩鈔四卷　（清）錢辰　（清）錢家吉撰　清光緒八年(1882)刻本　一册

320000－1605－0009415　427.2/705－8
龠翁詩鈔四卷　（清）錢辰　（清）錢家吉撰　清光緒八年(1882)刻本　二册

320000－1605－0009416　427.2/705－9
拜經閣詩録二卷　（清）錢鈞撰　清光緒三十四年(1908)刻本　一册

320000－1605－0009417　427.2/705－10
投筆集箋注二卷　（清）錢曾撰　清宣統二年(1910)鉛印本　一册

320000－1605－0009418　427.2/705－11
聞妙香堂詩稿五卷　（清）錢錫寀撰　清宣統二年(1910)石印本　一册

320000－1605－0009419　427.2/705－12
投筆集一卷　（清）錢謙益撰　清抄本　一册

320000－1605－0009420　427.2/71－2
綺窗吟草一卷　（清）申志廉撰　清光緒刻本　一册

320000－1605－0009421　427.2/71－1
聰山詩集八卷文集三卷荆園小語一卷進語一卷　（清）申涵光撰　清康熙二年(1663)刻本　八册

320000－1605－0009422　427.2/710－1
鮑太史詩集八卷　（清）鮑存曉撰　清光緒十二年(1886)刻本　四册

320000－1605－0009423　427.2/710－2
海門詩鈔八卷外集四卷補録一卷　（清）鮑臯撰　清光緒三十三年(1907)刻本　四册

320000－1605－0009424　427.2/710－3
觀古閣詩鈔八卷　（清）鮑康撰　清光緒刻本　二册

320000－1605－0009425　427.2/717－1
養默山房詩稿二十七卷　（清）謝元淮撰　清道光六年(1826)刻本　四册

320000－1605－0009426　427.2/717－2
詠梅軒稿六卷　（清）謝蘭生撰　清同治八年(1869)刻本　二册

320000－1605－0009427　427.2/717－3
轉蕙軒詩存八卷詞一卷　（清）謝質卿撰　清光緒元年(1875)刻本　三册

320000－1605－0009428　427.2/717－4
春草齋詩集四卷　（清）謝蕙撰　清光緒八年(1882)刻本　二册

320000－1605－0009429　427.2/717－5
篷吟集一卷　（清）謝光綺撰　清光緒十七年(1891)刻本　一册

320000－1605－0009430　427.2/72
附蓬小草一卷　（清）田玉撰　清乾隆刻本　一册

320000－1605－0009431　427.2/722－1
有懷堂詩稿六卷　（清）韓菼撰　清康熙四十年(1701)刻本　二册

320000－1605－0009432　427.2/722－2
還讀齋詩稿二十卷　（清）韓崶撰　清道光七年(1827)刻本　八册

320000－1605－0009433　427.2/722－3
還讀齋詩稿二十卷　（清）韓崶撰　清道光七年(1827)刻本　八册

320000－1605－0009434　427.2/722－4
水明樓詩六卷　（清）韓崧撰　清道光九年(1829)刻本　四册

320000－1605－0009435　427.2/722－5
寄庵詩存四卷　（清）韓洽撰　清道光二十年(1840)刻本　一册

320000－1605－0009436　427.2/722－6
寶鐵齋詩録不分卷續録一卷　（清）韓崇撰　清道光二十九年(1849)刻本　二册

320000－1605－0009437　427.2/722－7
寶鐵齋詩録不分卷續録一卷　（清）韓崇撰　清道光二十九年(1849)刻本　二册

320000－1605－0009438　427.2/722－8
翠巖室詩鈔五卷　(清)韓弼元撰　清光緒二十四年(1898)刻本　二册

320000－1605－0009439　427.2/722－9
翠巖室詩鈔五卷　(清)韓弼元撰　清光緒二十四年(1898)刻本　二册

320000－1605－0009440　427.2/722－10
錫香館詩鈔六卷詞一卷　(清)韓紱撰　清光緒二十九年(1903)刻本　二册

320000－1605－0009441　427.2/722－11
錫香館詩鈔六卷詞一卷　(清)韓紱撰　清光緒二十九年(1903)刻本　二册

320000－1605－0009442　427.2/722－12
閑味軒詩鈔十卷詞鈔二卷　(清)韓欽撰　清光緒二十二年(1896)刻本　二册

320000－1605－0009443　427.2/722－13
閑味軒詩鈔十卷　(清)韓欽撰　清光緒二十二年(1896)刻本　二册

320000－1605－0009444　427.2/722－14
選綠齋詩鈔三卷　(清)韓德玉撰　清光緒三十四年(1908)刻本　一册

320000－1605－0009445　427.2/727
蟲鳥吟十卷　(清)蕭德宣撰　清同治五年(1866)刻本　四册

320000－1605－0009446　427.2/73－1
問樵詩鈔四卷　(清)史有光撰　清嘉慶刻本　二册

320000－1605－0009447　427.2/73－2
秋樹讀書樓遺集十六卷　(清)史善長撰　清道光刻本　四册

320000－1605－0009448　427.2/731－1
聽雪齋詩鈔四卷　(清)薛廷文撰　清乾隆四十一年(1776)刻本　一册

320000－1605－0009449　427.2/731－2
聽雪齋詩鈔四卷　(清)薛廷文撰　清乾隆四十一年(1776)刻本　一册

320000－1605－0009450　427.2/731－3
藤香館詩鈔四卷續鈔二卷　(清)薛時雨撰　清同治七年(1868)刻本　五册　缺一卷(續鈔二)

320000－1605－0009451　427.2/731－4
藤香館詩鈔四卷　(清)薛時雨撰　清同治七年(1868)刻本　四册

320000－1605－0009452　427.2/731－5
藤香館詩刪存四卷　(清)薛時雨撰　清光緒五年(1879)刻本　四册

320000－1605－0009453　427.2/731－6
香聞遺集四卷　(清)薛起鳳撰　清光緒十一年(1885)刻本　一册

320000－1605－0009454　427.2/735
籥雲書屋詩鈔六卷　(清)鍾景撰　清咸豐四年(1854)刻本　二册

320000－1605－0009455　427.2/740－1
杏香廬詩稿二卷首一卷　(清)繆兆禧撰　清光緒六年(1880)刻本　一册

320000－1605－0009456　427.2/740－2
杏香廬詩稿二卷首一卷　(清)繆兆禧撰　清光緒六年(1880)刻本　一册

320000－1605－0009457　427.2/740－3
吟秋閣詩草一卷　(清)繆寶娟撰　清光緒十八年(1892)刻本　一册

320000－1605－0009458　427.2/749－1
戴簡恪公遺集詩六卷詞二卷　(清)戴敦元撰　清道光二十六年(1846)刻本　四册

320000－1605－0009459　427.2/749－2
戴簡恪公遺集詩六卷詞二卷　(清)戴敦元撰　清同治十二年(1873)刻本　四册

320000－1605－0009460　427.2/749－3
味雪齋詩鈔續二卷　(清)戴絅孫撰　清光緒二十七年(1901)刻本　一册

320000－1605－0009461　427.2/749－4
洗蕉吟館詩鈔一卷　(清)戴青撰　稿本　一册

320000－1605－0009462　427.2/749－5
習苦齋詩集八卷　(清)戴熙撰　清光緒鉛印本　四冊

320000－1605－0009463　427.2/761－1
倚晴閣詩鈔七卷　(清)魏坤撰　清康熙三十四年(1695)刻本　二冊

320000－1605－0009464　427.2/761－2
紅薇吟社詩鈔八卷　(清)魏堃撰　清同治四年(1865)刻本　二冊

320000－1605－0009465　427.2/765－1
四照堂詩集十五卷　(清)譚溥撰　清同治三年(1864)刻本　四冊

320000－1605－0009466　427.2/765－2
復堂詩十一卷　(清)譚獻撰　清同治四年(1865)刻本　二冊

320000－1605－0009467　427.2/765－3
寫趣軒吟稿四卷　(清)譚國恩撰　清光緒十九年(1893)鉛印本　二冊

320000－1605－0009468　427.2/765－4
莾蒼蒼齋詩二卷　(清)譚嗣同撰　清光緒二十三年(1897)石印本　一冊

320000－1605－0009469　427.2/765－5
寫趣軒續稿二卷　(清)譚國恩撰　清光緒二十六年(1900)刻本　一冊

320000－1605－0009470　427.2/775－1
億堂詩鈔十六卷　(清)羅志讓撰　清光緒四年(1878)刻本　六冊

320000－1605－0009471　427.2/775－2
億堂詩鈔十六卷　(清)羅志讓撰　清光緒四年(1878)刻本　四冊

320000－1605－0009472　427.2/779
健修堂詩集二十二卷　(清)邊浴禮撰　清咸豐七年(1857)刻本　六冊

320000－1605－0009473　427.2/782.1
紅韻閣遺稿一卷　(清)闞壽坤撰　清光緒五年(1879)刻本　一冊

320000－1605－0009474　427.2/784－1
蓼蟲吟稿十六卷　(清)蘇加玉撰　清乾隆三十一年(1766)刻本　二冊　存八卷(一至八)

320000－1605－0009475　427.2/784－2
小眷西堂近體詩鈔一卷　(清)蘇晉撰　清光緒鉛印本　一冊

320000－1605－0009476　427.2/787－1
西圃草堂詩四卷　(清)嚴禹沛撰　清乾隆十二年(1747)刻本　一冊

320000－1605－0009477　427.2/787－2
餐花室詩稿十二卷　(清)嚴錫康撰　清咸豐刻本　二冊

320000－1605－0009478　427.2/787－3
小琅玕山館詩鈔十卷詞一卷　(清)嚴廷珏撰　清同治十二年(1873)刻本　四冊

320000－1605－0009479　427.2/787－4
小琅玕山館詩鈔十卷詞一卷　(清)嚴廷珏撰　清同治十二年(1873)刻本　四冊

320000－1605－0009480　427.2/787－5
介翁詩集八卷　(清)嚴寅撰　清同治十三年(1874)刻本　二冊

320000－1605－0009481　427.2/787－6
墨花吟館詩鈔十六卷　(清)嚴辰撰　清光緒八年(1882)刻本　八冊

320000－1605－0009482　427.2/787－7
香雪齋詩鈔四卷　(清)嚴鈖撰　清光緒十九年(1893)刻本　二冊

320000－1605－0009483　427.2/787－8
紉蘭室詩鈔二卷　(清)嚴永華撰　清光緒二十二年(1896)刻本　一冊

320000－1605－0009484　427.2/787－9
秋水集十卷　(清)嚴繩孫撰　清抄本　二冊

320000－1605－0009485　427.2/787－10
松陵百詠二卷　(清)嚴興傑撰　張炳翔注　清末張炳翔抄本　二冊

320000－1605－0009486　427.2/791－1

嘯軒詩鈔一卷　(清)顧大文撰　清乾隆四十七年(1782)刻本　一册

320000－1605－0009487　427.2/791－2
拜石山房詩鈔十卷補遺一卷詞鈔四卷　(清)顧翰撰　清道光十四年(1834)刻本　四册

320000－1605－0009488　427.2/791－3
曙彩樓詩鈔二卷　(清)顧成順撰　清道光二十三年(1843)刻本　一册

320000－1605－0009489　427.2/791－4
詅癡閣詩鈔十卷續鈔三卷　(清)顧我樂撰　清道光刻本　四册　存七卷(二至三、六至十)

320000－1605－0009490　427.2/791－5
可自怡齋試帖詩註釋二卷　(清)顧文彬撰　清同治十三年(1874)刻本　二册

320000－1605－0009491　427.2/791－6
可自怡齋試帖詩註釋二卷　(清)顧文彬撰　清同治十三年(1874)刻本　二册

320000－1605－0009492　427.2/791－7
樂餘靜廉齋詩稿二卷續集一卷　(清)顧復初撰　清光緒五年(1879)刻本　一册

320000－1605－0009493　427.2/791－8
纑塘集一卷　(清)顧貞觀撰　清光緒七年(1881)刻本　一册

320000－1605－0009494　427.2/791－9
五是堂詩集八卷　(清)顧王霖撰　清光緒八年(1882)刻本　二册

320000－1605－0009495　427.2/791－10
五是堂詩集八卷　(清)顧王霖撰　清光緒八年(1882)刻本　四册

320000－1605－0009496　427.2/791－11
綠梅影樓詩存一卷詞存一卷　(清)顧翎撰　清光緒十四年(1888)刻本　一册

320000－1605－0009497　427.2/791－12
瀛游集一卷　(清)顧厚焜撰　清光緒十四年(1888)鉛印本　一册

320000－1605－0009498　427.2/791－13
養心堂詩鈔三卷　(清)顧濟乾撰　清光緒十五年(1889)刻本　一册

320000－1605－0009499　427.2/791－14
顧雙溪集九卷　(清)顧奎光撰　清光緒二十一年(1895)木活字印本　二册

320000－1605－0009500　427.2/791－15
篁韻龕詩稿六卷　(清)顧森書撰　清光緒三十二年(1906)刻本　二册

320000－1605－0009501　427.2/791－16
眉綠樓詞跨鶴吹笙續譜一卷　(清)顧文彬撰　清刻本　一册

320000－1605－0009502　427.2/791－17
笠舫詩稿六卷　(清)顧敏恒撰　清木活字印本　一册　存二卷(四至五)

320000－1605－0009503　427.2/791－18
菰蘆吟八卷　(清)顧錦春撰　清初刻本　一册

320000－1605－0009504　427.2/794
明宮雜詠二十卷　(清)饒智元撰　清光緒十九年(1893)刻本　六册

320000－1605－0009505　427.2/795－1
龔禮部己亥雜詩一卷　(清)龔自珍撰　清光緒二十年(1894)刻本　一册

320000－1605－0009506　427.2/795－2
烏石山房詩藁十卷續藁六卷　(清)龔易圖撰　清光緒刻本　四册

320000－1605－0009507　427.2/795－3
烏石山房詩藁十卷續藁六卷　(清)龔易圖撰　清光緒刻本　四册

320000－1605－0009508　427.2/795－4
龔定盦集外未刻詩一卷　(清)龔自珍撰　清宣統三年(1911)石印本　一册

320000－1605－0009509　427.2/81－1
德芬堂詩鈔六卷　(清)邱岡撰　清嘉慶刻本　四册

320000－1605－0009510　427.2/81－2
易安齋詩集六卷　(清)邱孫梧撰　清嘉慶十四年(1809)刻本　二册

320000－1605－0009511　427.2/81－3
易安齋詩集六卷　(清)邱孫梧撰　清嘉慶十四年(1809)刻本　二册

320000－1605－0009512　427.2/81－4
有餘地遺詩六卷　(清)邱孫錦撰　清咸豐元年(1851)刻本　二册

320000－1605－0009513　427.2/811
樂善堂全集四十卷目録四卷　(清)高宗弘曆編　清乾隆元年(1736)刻本　十二册

320000－1605－0009514　427.2/814－1
味餘書屋全集定本二十卷　(清)仁宗顒琰編　清嘉慶五年(1800)刻本　十四册

320000－1605－0009515　427.2/814－2
御製全史詩六十四卷首一卷　(清)仁宗顒琰撰　(清)張師誠注　清嘉慶十六年(1811)刻本　三十二册

320000－1605－0009516　427.2/84－1
北田詩臆不分卷　(清)江浩然撰　清乾隆二十三年(1758)刻本　一册

320000－1605－0009517　427.2/84－2
伏敔堂詩録十五卷續録四卷首一卷　(清)江湜撰　清同治元年(1862)刻本　四册

320000－1605－0009518　427.2/84－3
伏敔堂詩録十五卷續録四卷首一卷　(清)江湜撰　清同治元年(1862)刻本　四册

320000－1605－0009519　427.2/84－4
伏敔堂詩録十五卷續録四卷首一卷　(清)江湜撰　清同治元年(1862)刻本　四册

320000－1605－0009520　427.2/84－5
伏敔堂詩録十五卷續録四卷首一卷　(清)江湜撰　清同治元年(1862)刻本　四册

320000－1605－0009521　427.2/84－6
伏敔堂詩録十五卷續録四卷首一卷　(清)江湜撰　清同治元年(1862)刻本　四册

320000－1605－0009522　427.2/84－7
吟秋館詩存四卷　(清)江澄撰　清光緒七年(1881)刻本　二册

320000－1605－0009523　427.2/84－8
吟秋館詩存四卷　(清)江澄撰　清光緒七年(1881)刻本　二册

320000－1605－0009524　427.2/84－9
白圭堂詩鈔六卷續鈔六卷　(清)江之紀撰　清光緒十九年(1893)刻本　四册

320000－1605－0009525　427.2/84－10
西樓遺稿二卷　(清)江憙撰　清光緒二十八年(1902)刻本　一册

320000－1605－0009526　427.2/9－1
一粟廬詩二稿四卷　(清)于源撰　清咸豐二年(1852)刻本　二册

320000－1605－0009527　427.2/9－2
都梁草二卷附題詞四卷　(清)于養源撰　清光緒三十二年(1906)刻本　二册

320000－1605－0009528　427.2/9－3
金壇圍城紀事詩一卷　(清)于桓撰　清光緒刻本　一册

320000－1605－0009529　427.2/933
可園雜纂四卷　三多輯　清光緒十六年(1890)刻本　二册

320000－1605－0009530　427.2/938
可青軒詩集一卷　(清)長秀撰　清咸豐十一年(1861)刻本　一册

320000－1605－0009531　427.2/94
至堂詩鈔六卷　(清)艾暢撰　清道光刻本　四册

320000－1605－0009532　427.2/959
萃錦唫八卷　(清)奕訢撰　清光緒十一年(1885)刻本　五冊

320000－1605－0009533　427.2/961
且適吟一卷　(清)□理撰　稿本　一册

320000－1605－0009534　427.2/962

綠夢庵詩二卷　(清)釋海嶽撰　清初刻本　一册

320000－1605－0009535　427.2/965－1
神清室詩稿三卷　(清)永惠撰　清嘉慶十一年(1806)刻本　二册

320000－1605－0009536　427.2/965－2
且園賡唱集三卷　題(清)且園主人訂　清同治十三年(1874)刻本　一册　存一卷(三)

320000－1605－0009537　427.2/965－3
晚雲樓近稾一卷　(清)釋本晝撰　清刻本　一册

320000－1605－0009538　427.2/966
燕蘭小譜五卷附海漚小譜一卷　題(清)安樂山樵訂　清宣統三年(1911)刻本　一册

320000－1605－0009539　427.2/967－1
遜志齋刻楮集一卷　(清)桂月撰　清乾隆二十年(1755)刻本　一册

320000－1605－0009540　427.2/967－2
蘭聲館詩草一卷　(清)□□撰　稿本　一册

320000－1605－0009541　427.2/967－3
養心書屋詩草不分卷　(清)□□撰　稿本　一册

320000－1605－0009542　427.2/967－4
葵青居試帖不分卷　(□)□□撰　稿本　一册

320000－1605－0009543　427.2/968
百花詠一卷文房百詠一卷詠春百首一卷　題(□)求如中人撰　清抄本　二册

320000－1605－0009544　427.2/969
御製詩餘集□□卷　(清)宣宗旻寧撰　清刻本　二册　存四卷(九至十二)

320000－1605－0009545　427.2/970－1
御製詩四集　(清)高宗弘曆選　清乾隆刻本　九十四册　存三集一百八十一卷(初集四十四卷,目録四卷;二集一至十、七十八至八十,目録三至十;四集一百卷,目録十二卷)

320000－1605－0009546　427.2/970－2
梵隱堂詩存十卷　(清)釋祖觀　(清)釋覺阿撰　清同治五年(1866)刻本　二册

320000－1605－0009547　427.2/971－1
萃錦唫七卷　(清)奕訢撰　清光緒十六年(1890)刻本　四册

320000－1605－0009548　427.2/971－2
萃錦唫七卷　(清)奕訢撰　清光緒十六年(1890)刻本　四册

320000－1605－0009549　427.2/971－3
恕遣齋詩稿二卷　題(清)恕遣齋撰　稿本　二册

320000－1605－0009550　427.2/971－4
梵隱堂詩存五卷　(清)釋祖觀撰　稿本　一册

320000－1605－0009551　427.2/971－5
拳石山人餘稿一卷　題(清)拳石山人撰　稿本　一册

320000－1605－0009552　427.2/972－1
黄陵詩鈔一卷　題(清)黄陵散人撰　清刻本　一册

320000－1605－0009553　427.2/972－2
香嵒禪室詩集(未節集)一卷　(清)釋超源撰　**枯木禪七十唱和詩一卷**　(清)釋楚粵輯　清宣統元年(1909)木活字印本　一册

320000－1605－0009554　427.2/973－1
茶夢山房吟草四卷　(清)釋達宣撰　清道光十八年(1838)刻本　二册

320000－1605－0009555　427.2/973－2
八指頭陀詩集十卷附補遺雜文一卷　(清)釋敬安撰　清光緒二十四年(1898)刻本　二册

320000－1605－0009556　427.2/973－3
瑤華道人詩鈔十卷　題(清)瑤華道人撰　清刻本　二册

320000－1605－0009557　427.2/973－4
醯鷄館詩草不分卷　題(清)蛛隱子撰　稿本　二册

320000－1605－0009558　427.2/973－5
學吟草一卷　題(清)煙波客撰　稿本　一册

320000－1605－0009559　427.2/974－1
雪牀遺詩一卷　(清)釋德亮撰　清道光刻本　一册

320000－1605－0009560　427.2/974－2
雪牀遺詩一卷　(清)釋德亮撰　清道光刻本　一册

320000－1605－0009561　427.2/974－3
腰雪堂詩集六卷　(清)釋德溥撰　清光緒三十三年(1907)刻本　二册

320000－1605－0009562　427.2/974－4
楚游草四卷　(清)孫桐生撰　清刻本　一册

320000－1605－0009563　427.2/975
春蠶集二卷　(元)釋覺岸撰　清光緒八年(1882)刻本　一册

320000－1605－0009564　427.2/977－1
清人詩稿一卷　(清)□□撰　清末抄本　一册

320000－1605－0009565　427.2/977－2
潛庵蘇臺竹枝詞一卷　(清)□□撰　稿本　一册

320000－1605－0009566　427.2/978－1
口頭吟二卷　(清)釋嘯溪撰　清刻本　二册

320000－1605－0009567　427.2/978－2
口頭吟二卷　(清)釋嘯溪撰　清刻本　二册

320000－1605－0009568　427.2/978－3
口頭吟二卷　(清)釋嘯溪撰　清刻本　四册

320000－1605－0009569　427.2/978－4
八磚吟館詩存一卷　(清)李忠鯁撰　(清)張萱輯　清宣統二年(1910)鉛印本　一册

320000－1605－0009570　427.2/98－1
海愚詩鈔十二卷　(清)朱孝純撰　清乾隆刻本　四册

320000－1605－0009571　427.2/98－2
和陶二卷　(清)朱仕玠撰　清乾隆刻筠園全集本　一册

320000－1605－0009572　427.2/98－3
養雲亭吟稿不分卷　(清)朱昂撰　清乾隆刻本　一册

320000－1605－0009573　427.2/98－4
吳門雜詠一卷　(清)朱方藹撰　清抄本　一册

320000－1605－0009574　427.2/98－5
繞竹山房詩稿十卷　(清)朱文治撰　清嘉慶二十三年(1818)刻本　四册

320000－1605－0009575　427.2/98－6
小雲廬吟稿七卷　(清)朱壬林撰　清道光十九年(1839)刻本　一册

320000－1605－0009576　427.2/98－7
味莊遺稿四卷　(清)朱廷黻撰　清道光刻本　一册

320000－1605－0009577　427.2/981
詩稿不分卷　題(□)鐵峯道人撰　清抄本　三册

320000－1605－0009578　427.2/982
蠡湖異嚮一卷　(清)戈清琪撰　稿本　一册

320000－1605－0009579　427.2/99－1
壺山自吟稿五卷　(清)朱休度撰　清嘉慶元年(1796)刻本　四册

320000－1605－0009580　427.2/99－2
蕉聲館詩集二十四卷　(清)朱為弼撰　清咸豐七年(1857)刻本　六册

320000－1605－0009581　427.2/99－3
梓廬舊稾一卷　(清)朱休度撰　清嘉慶十七年(1812)刻本　一册

320000－1605－0009582　427.2/99－4
小萬卷齋詩稿三十二卷續稿十三卷經進稿四卷　(清)朱琦撰　清道光九年(1829)刻本　十三册

320000－1605－0009583　427.2/99－5
萬卷書屋詩存一卷　(清)朱楡撰　清光緒九

年(1883)刻本　一册

320000－1605－0009584　427.2/99－6
小萬卷齋詩稿三十二卷續稿十三卷經進稿四卷　(清)朱琦撰　清光緒十一年(1885)刻本　十二册

320000－1605－0009585　427.2/99－7
小萬卷齋詩稿三十二卷續稿十三卷經進稿四卷　(清)朱琦撰　清光緒十一年(1885)刻本　十二册

320000－1605－0009586　427.2/99－8
碧琅玕館詩鈔三卷　(清)朱炳清撰　清光緒刻本　二册

320000－1605－0009587　427.3/130
浣花吟館小草續選一卷　(清)沈葆珊撰　清末刻本　一册

320000－1605－0009588　427.3/133
紅樓夢賦一卷　(清)沈錫庚撰　清道光刻本　一册

320000－1605－0009589　427.3/152
海棠巢詞稿一卷　(清)李若虛撰　清刻本　一册

320000－1605－0009590　427.3/167－1
有正味齋駢體文箋二十四卷　(清)吳錫麒撰　清咸豐九年(1859)刻本　六册

320000－1605－0009591　427.3/167－2
有正味齋駢體文箋二十四卷　(清)吳錫麒撰　清咸豐九年(1859)刻本　八册

320000－1605－0009592　427.3/167－3
有正味齋駢體文箋二十四卷　(清)吳錫麒撰　清光緒十五年(1889)鉛印本　四册

320000－1605－0009593　427.3/199
遏密篇一卷　(清)宓昌墀撰　清宣統元年(1909)鉛印本　一册

320000－1605－0009594　427.3/25－1
試畯堂賦鈔四卷　(清)王蘇撰　清道光二年(1822)刻本　四册

320000－1605－0009595　427.3/25－2
縵雅堂駢體文八卷　(清)王詒壽撰　清光緒六年(1880)刻本　四册

320000－1605－0009596　427.3/25－3
縵雅堂駢體文八卷　(清)王詒壽撰　清光緒六年(1880)刻本　二册

320000－1605－0009597　427.3/25－4
縵雅堂駢體文八卷　(清)王詒壽撰　清光緒六年(1880)刻本　二册

320000－1605－0009598　427.3/260
湢則齋駢體文一卷　(清)洪惪方撰　清光緒五年(1879)刻本　一册

320000－1605－0009599　427.3/271－1
華萼堂四六文集二十四卷　(清)胡浚撰　清乾隆刻本　十二册

320000－1605－0009600　427.3/271－2
華萼堂四六文集二十四卷　(清)胡浚撰　清乾隆刻本　二十四册

320000－1605－0009601　427.3/312
賓萌外集四卷　(清)俞樾撰　清刻本　二册

320000－1605－0009602　427.3/332
蕙澤堂駢文學組一卷　(清)高枬撰　清刻本　一册

320000－1605－0009603　427.3/378
寄龕詞四卷　(清)孫德祖撰　清同治九年(1870)刻本　一册

320000－1605－0009604　427.3/393－1
白鵠山房駢體文鈔二卷　(清)徐熊飛撰　清嘉慶七年(1802)刻本　一册

320000－1605－0009605　427.3/393－2
寶笏樓詩集二卷　(清)徐敦穆撰　清宣統三年(1911)刻本　一册

320000－1605－0009606　427.3/399
齊莊中正堂律賦六卷　(清)殷兆鏞撰　清光緒刻本　二册

320000－1605－0009607　427.3/406

思綺堂四六文集十卷 (清)章藻功撰 清康熙刻本 十册

320000－1605－0009608 427.3/432
崇蘭堂駢體文二卷 (清)張預撰 清宣統元年(1909)鉛印本 一册

320000－1605－0009609 427.3/439
善卷堂四六十卷 (清)陸繁弨撰 (清)吳自高註 清乾隆三十五年(1770)刻本 八册

320000－1605－0009610 427.3/446－1
陳檢討四六二十卷 (清)陳維崧撰 清刻本 四册

320000－1605－0009611 427.3/446－2
陳其年儷文全集十卷詞三十卷 (清)陳維崧撰 清刻本 八册

320000－1605－0009612 427.3/447
蒙香室賦録二卷 (清)馮煦撰 清光緒十一年(1885)鉛印本 二册

320000－1605－0009613 427.3/491
木雞書屋文鈔五集六卷 (清)黃金臺撰 清同治十年(1871)刻本 八册

320000－1605－0009614 427.3/505
結一宧駢體文二卷詩略三卷 屠寄撰 清光緒十六年(1890)鉛印本 一册

320000－1605－0009615 427.3/568－1
味無味齋駢文二卷 (清)董兆熊撰 清同治十三年(1874)刻本 一册

320000－1605－0009616 427.3/568－2
栘華館駢體文四卷 (清)董基誠撰 清光緒十四年(1888)刻本 二册

320000－1605－0009617 427.3/568－3
栘華館駢體文四卷 (清)董基誠撰 清光緒十四年(1888)刻本 二册

320000－1605－0009618 427.3/674－1
駢文一稿一卷 (清)劉履芬撰 清同治五年(1866)刻本 一册

320000－1605－0009619 427.3/674－2
駢文一稿一卷 (清)劉履芬撰 清同治五年(1866)刻本 一册

320000－1605－0009620 427.3/676
駢文一稿一卷 (清)劉履芬撰 清同治五年(1866)刻本 一册

320000－1605－0009621 427.3/705
示樸齋駢體文六卷 (清)錢振倫撰 清同治六年(1867)刻本 二册

320000－1605－0009622 427.3/765
希古堂文乙集不分卷 (清)譚宗浚撰 清光緒六年(1880)刻本 一册

320000－1605－0009623 427.3/767
讀均軒館賦偶存一卷 (清)龐鍾璐撰 清光緒十一年(1885)刻本 一册

320000－1605－0009624 427.3/788－1
六友山房外集一卷 (清)闞鳳樓撰 清光緒五年(1879)刻本 一册

320000－1605－0009625 427.3/788－2
六友山房外集一卷 (清)闞鳳樓撰 清光緒五年(1879)刻本 一册

320000－1605－0009626 427.3/791－1
且飲樓詩選四卷 (清)顧睎元撰 清光緒六年(1880)刻本 一册

320000－1605－0009627 427.3/791－2
且飲樓詩選四卷 (清)顧睎元撰 清光緒六年(1880)刻本 一册

320000－1605－0009628 427.4/103
經文景慶不分卷 (清)朱樹滋撰 清同治刻本 一册

320000－1605－0009629 427.4/164
池上老人遺稿不分卷 (清)吳廷琛撰 清光緒二年(1876)刻本 一册

320000－1605－0009630 427.4/359
袁太史稿不分卷 (清)袁枚撰 清光緒十八年(1892)鉛印本 一册

320000－1605－0009631 427.4/429

正誼書院經解課卷一卷　張炳翔撰　稿本一冊

320000－1605－0009632　427.4/598
欽定狀元策不分卷　(清)趙以炯等撰　清光緒刻本　二冊

320000－1605－0009633　427.4/606
經文精選一卷　(清)聞曾等撰　清末刻本一冊

320000－1605－0009634　427.4/731
新政應試必要初編八卷　(清)薛福成輯　清光緒二十四年(1898)石印本　一冊　存一卷(三)

320000－1605－0009635　427.4/749－1
書經集句賦稿選本一卷　(清)戴槃撰　(清)楊欒評選　清咸豐十一年(1861)刻本　一冊

320000－1605－0009636　427.4/749－2
書經集句文稿續選一卷補遺一卷　(清)戴槃撰　清咸豐十一年(1861)刻本　一冊

320000－1605－0009637　427.4/749－3
書經集句文稿選本二卷　(清)戴槃撰　清咸豐十一年(1861)刻本　一冊

320000－1605－0009638　427.4/749－4
書經集句文稿續編選本二卷　(清)戴槃撰　清同治八年(1869)刻本　一冊

320000－1605－0009639　427.4/753
鹿洲藏稿不分卷　(清)藍鼎元撰　清刻本一冊

320000－1605－0009640　427.4/791
萍鄉課士新藝八卷附課士略說一卷　(清)顧家相撰　清光緒二十七年(1901)刻本　七冊

320000－1605－0009641　427.4/867
經文求是不分卷　(清)求是軒輯　清同治六年(1867)刻本　一冊

320000－1605－0009642　427.4/913
紫陽正誼課藝合選不分卷　(清)紫陽正誼書院輯　清道光刻本　一冊　存五十一葉(四十一至九十一)

320000－1605－0009643　427.4/977－1
五經鴻裁五種　(□)□□編　清同治十二年(1873)刻本　三冊　存二種三卷(春秋一、四,書經三)

320000－1605－0009644　427.4/977－2
時文手稿一卷　(□)□□撰　稿本　一冊

320000－1605－0009645　427.4/977－3
制藝三篇　(□)□□撰　稿本　一冊

320000－1605－0009646　428.08/21
碧樓詩詞不分卷　王又點撰　清光緒鉛印本一冊

320000－1605－0009647　428.1/128
隱拙齋文鈔二卷　(清)沈廷芳撰　清乾隆刻本　一冊　存一卷(一)

320000－1605－0009648　428.1/406
一山經說二卷一山雜文一卷　章梫撰　清宣統元年(1909)鉛印本　一冊

320000－1605－0009649　428.1/429
忍盦小題文二卷　張炳翔撰　稿本　二冊

320000－1605－0009650　428.1/442
散原精舍詩二卷續集三卷　陳三立撰　清宣統二年至民國十一年(1910－1922)鉛印本四冊

320000－1605－0009651　428.1/761
古微堂内集三卷外集七卷　(清)魏源撰　清光緒四年(1878)刻本　一冊　存三卷(内集三卷)

320000－1605－0009652　428.1/98
求聞過齋文集四卷　(清)朱方增撰　清光緒刻本　一冊　存一卷(三)

320000－1605－0009653　428.2/135
松聲池館詩存四卷　(清)汪璐撰　清光緒十五年(1889)刻本　一冊

320000－1605－0009654　428.2/165－1
缶廬詩四卷別存三卷　吳昌碩撰　清光緒十九年(1893)刻本　一冊

320000－1605－0009655　428.2/165－2
缶廬詩四卷别存三卷　吳昌碩撰　清光緒十九年(1893)刻本　一册

320000－1605－0009656　428.2/165－3
缶廬詩四卷别存三卷　吳昌碩撰　清光緒十九年(1893)刻本　一册

320000－1605－0009657　428.2/165－4
缶廬詩四卷别存三卷　吳昌碩撰　清光緒十九年(1893)刻本　一册

320000－1605－0009658　428.2/165－5
缶廬詩四卷别存三卷　吳昌碩撰　清光緒十九年(1893)刻本　一册

320000－1605－0009659　662.97/811－8
大清縉紳全書四集　(清)吏部編　清光緒三十三年(1907)榮寶齋刻本　四册

320000－1605－0009660　428.2/166－2
嶽雲盦詩存一卷文存一卷　吳蔭培撰　清宣統三年(1911)刻本　一册

320000－1605－0009661　428.2/166－3
嶽雲盦詩存一卷文存一卷　吳蔭培撰　清宣統三年(1911)刻本　一册

320000－1605－0009662　428.2/167
榦珠仙館詩存四卷　(清)吳慶燾撰　清宣統鉛印本　一册

320000－1605－0009663　428.2/332
遠香詩詞遺稿一卷　(清)高德馨撰　清末抄本　一册

320000－1605－0009664　428.2/337
聞川綴舊詩二卷　(清)唐佩金撰　清宣統鉛印本　一册

320000－1605－0009665　428.2/420－1
鬻字齋詩略四卷　曹允源撰　清光緒二十三年(1897)刻本　一册

320000－1605－0009666　428.2/420－2
鬻字齋詩略四卷　曹允源撰　清光緒二十三年(1897)刻本　一册

320000－1605－0009667　428.2/420－3
鬻字齋詩略四卷　曹允源撰　清光緒二十三年(1897)刻本　一册

320000－1605－0009668　428.2/429－1
忍盦詩存摘抄就正稿二卷　張炳翔輯　稿本　二册

320000－1605－0009669　428.2/429－2
管領春風樓試律一卷筆記一卷　張炳翔撰　稿本　二册

320000－1605－0009670　428.2/429－3
屑淚吟三卷　張炳翔撰　稿本　一册　存二卷(中、下)

320000－1605－0009671　428.2/441
散原精舍詩二卷　陳三立撰　清宣統二年(1910)鉛印本　二册

320000－1605－0009672　432.7/21－5
檗隖詞存一卷　(清)王以敏撰　清光緒刻本　一册

320000－1605－0009673　428.2/791
且飲樓詩選四卷　(清)顧晞元撰　清光緒六年(1880)刻本　二册

320000－1605－0009674　428.2/971
小綠天庵遺詩二卷附六舟山野紀事詩一卷　(清)釋達受撰　清同治四年(1865)刻本　一册

320000－1605－0009675　428.2/972
冰雪寮詩鈔二卷　(清)談雲撰　清宣統元年(1909)鉛印本　一册

320000－1605－0009676　428/24
靜庵文集一卷詩稿一卷　王國維著　清光緒三十一年(1905)鉛印本　一册

320000－1605－0009677　428/355
帝鑑圖説不分卷　(明)張居正撰　清乾隆刻本　二册

320000－1605－0009678　428/430
宛鄰詩二卷附蓬室偶吟一卷宛鄰文二卷　(清)張琦撰　清光緒十七年(1891)鉛印本

二册

320000－1605－0009679　428/443
石遺室詩集十卷補遺一卷朱絲詞二卷詩續集二卷　陳衍撰　清光緒三十一年(1905)刻本　五册

320000－1605－0009680　428/527
曾文正公全集文二卷詩三卷　(清)曾國藩撰　清光緒二十九年(1903)石印本　一册

320000－1605－0009681　428/575
三借廬贅譚十二卷　(清)鄒弢撰　清光緒十七年(1891)鉛印本　六册

320000－1605－0009682　430.1/84
詞學集成八卷　(清)江順詒纂輯　清光緒七年(1881)刻本　二册

320000－1605－0009683　430.7/650
水雲樓詞續一卷　(清)蔣春霖撰　清同治十二年(1873)刻本　一册

320000－1605－0009684　430.8/335
元草堂詩餘三卷　(元)鳳林書院輯　清刻本　三册

320000－1605－0009685　430.8/347
詞學叢書六種　(清)秦恩復輯　清光緒六年(1880)刻本　八册

320000－1605－0009686　430.8/535
以恬養智齋詞録一卷　(清)程庭鷺　(清)程升撰　清刻本　一册

320000－1605－0009687　430/248－1
詞辨二卷介存齋論詞雜著一卷　(清)周濟撰　清光緒四年(1878)刻本　一册

320000－1605－0009688　430/248－2
詞辨二卷介存齋論詞雜著一卷　(清)周濟撰　清光緒四年(1878)刻本　一册

320000－1605－0009689　431.3/104
唐五代詞選三卷　(清)成肇麐輯　清光緒十三年(1887)刻本　一册

320000－1605－0009690　431.4/2
西泠詞萃六種　(清)丁丙輯　清光緒十一年至十三年(1885－1887)錢塘丁氏刻本　一册

320000－1605－0009691　431.4/248
絶妙好詞箋七卷續鈔二卷　(宋)周密輯　(清)查為仁　(清)厲鶚箋　清同治十一年(1872)刻本　三册

320000－1605－0009692　431.4/527
樂府雅詞三卷拾遺二卷　(宋)曾慥編　清嘉慶二十一年(1816)刻本　八册

320000－1605－0009693　431.4/600
陽春白雪八卷外集一卷　(宋)趙聞禮輯　清道光九年(1829)刻本　八册

320000－1605－0009694　431.6/23
明詞綜十二卷　(清)王昶　(清)汪康古輯　清嘉慶七年(1802)刻本　二册

320000－1605－0009695　431.7/23－1
國朝詞綜五十六卷　(清)王昶編　清嘉慶七年(1802)刻本　十二册

320000－1605－0009696　431.7/23－2
國朝詞綜五十六卷　(清)王昶編　清嘉慶七年(1802)刻本　十二册

320000－1605－0009697　431.7/27
春蜇吟一卷　(清)王鵬運等撰　清光緒二十七年(1901)刻本　一册

320000－1605－0009698　431.7/378－1
同人詞選九種　(清)孫瀜輯　清咸豐三年(1853)刻本　四册

320000－1605－0009699　431.7/378－2
緑竹詞二種　(□)□□輯　清同治刻本　一册

320000－1605－0009700　431.7/379
國朝七家詞選一卷國朝續詞選一卷　(清)孫麟趾輯　清刻本　二册

320000－1605－0009701　431.7/393－1
小檀欒室彙刻閨秀詞八集　徐乃昌輯　清光緒二十四年(1898)刻本　十六册

320000－1605－0009702　431.7/393－2
小檀欒室彙刻閨秀詞八集　徐乃昌輯　清光緒二十四年(1898)刻本　十六冊

320000－1605－0009703　431.7/393－3
閨秀詞鈔十六卷　徐乃昌輯　清宣統元年(1909)刻本　八冊

320000－1605－0009704　431.7/398
七家詞鈔八種　(清)納蘭成德等撰　清光緒十八年(1892)石印本　二冊

320000－1605－0009705　431.7/442
國朝金陵詞鈔八卷　(清)秦際唐輯　清光緒二十八年(1902)刻本　四冊

320000－1605－0009706　431.7/496
國朝詞綜續編二十四卷　(清)黄燮清編　清同治十二年(1873)刻本　八冊

320000－1605－0009707　431.7/740
國朝常州詞録三十一卷　繆荃孫輯　清光緒二十二年(1896)刻本　十二冊

320000－1605－0009708　431.7/969
濱海酬唱詞一卷　題(清)昆池釣徒輯　清光緒二十四年(1898)刻本　一冊

320000－1605－0009709　431/100
樂府正義十五卷　(清)朱乾編　清乾隆五十四年(1789)刻本　八冊

320000－1605－0009710　431/103
詞綜三十八卷　(清)朱彝尊編　(清)王昶補編　清嘉慶刻本　十冊

320000－1605－0009711　432.7/166
侯鯖詞五種五卷　(清)鄧嘉純等撰　(清)吳唐林輯　清光緒十一年(1885)刻本　四冊

320000－1605－0009712　431/201－1
薇省詞鈔十卷附録一卷　況周儀撰　清光緒二十年(1894)石印本　四冊

320000－1605－0009713　431/201－2
粤西詞見二卷　況周儀輯　清光緒二十二年(1896)刻本　一冊

320000－1605－0009714　431/211
風雅遺音二卷　(宋)林正大輯　清光緒刻本　一冊

320000－1605－0009715　431/225
蟻術詞選四卷　(元)邵亨貞撰　清刻本　一冊

320000－1605－0009716　431/237
湘社集四卷　易順鼎　程頌萬編　清光緒十七年(1891)刻本　二冊

320000－1605－0009717　431/248－1
周氏詞辨二卷　(清)周濟輯　清光緒十五年(1889)刻本　一冊

320000－1605－0009718　431/248－2
周氏詞辨二卷　(清)周濟輯　清光緒十五年(1889)刻本　一冊

320000－1605－0009719　431/347
載雲閣詞鈔六卷　(清)秦雲撰　清同治七年(1868)刻本　一冊

320000－1605－0009720　431/370
歷朝詞選不分卷　(清)夏秉衡選抄　清抄本　一冊

320000－1605－0009721　431/393
皖詞紀勝一卷　徐乃昌纂集　清光緒三年(1877)刻本　一冊

320000－1605－0009722　431/407
自怡軒詞選八卷　(清)許寶善評選　清嘉慶元年(1796)刻本　四冊

320000－1605－0009723　431/428
詞選二卷續選二卷　(清)張惠言選　清同治十一年(1872)刻本　一冊

320000－1605－0009724　431/449
詞綜補遺二十卷　(清)陶樑輯　清道光十四年(1834)刻本　四冊

320000－1605－0009725　431/491－1
歷代詞腴二卷附眠鷗集遺一卷　(清)黄承勳輯　清光緒十一年(1885)刻本　二冊

320000－1605－0009726　431/491－2
梅苑十卷　(宋)黄大興編　清刻本　二册

320000－1605－0009727　431/556
三李詞三種三卷　(清)楊文斌輯　清光緒十六年(1890)刻本　一册

320000－1605－0009728　431/600－1
花間集十卷　(五代)趙崇祚編　清刻本　一册

320000－1605－0009729　431/600－2
花間集十卷　(五代)趙崇祚編　清刻本　二册

320000－1605－0009730　431/650
樂府補題後集二卷　(清)蔣兆蘭編　清同治七年(1868)刻本　二册

320000－1605－0009731　431/791
草堂詩餘正集六卷續集二卷新集五卷别集四卷　(明)顧從敬等編　明刻本　四册　存四卷(正集一至二、别集一至二)

320000－1605－0009732　432.4/101
樵歌三卷　(宋)朱敦儒撰　清光緒十九年(1893)刻本　一册

320000－1605－0009733　432.4/143
稼軒詞補遺一卷　(宋)辛棄疾撰　**石湖詞一卷補遺一卷**　(宋)范成大撰　清末刻本　一册

320000－1605－0009734　432.4/164
夢窗詞四卷補一卷附札記一卷　(宋)吳文英撰　清光緒三十四年(1908)刻本　一册

320000－1605－0009735　432.4/248
清真集二卷補遺一卷　(宋)周邦彦撰　清光緒刻本　一册

320000－1605－0009736　432.4/441
日湖漁唱一卷補遺一卷續補遺一卷　(宋)陳允平撰　清道光九年(1829)刻本　二册

320000－1605－0009737　432.4/506
東山寓聲樂府二卷　(宋)賀鑄撰　清刻本　一册

320000－1605－0009738　432.4/52
宋十六家詞十六種　(宋)周邦彦等撰　清刻本　十六册

320000－1605－0009739　432.4/556
和清真詞一卷　(宋)楊澤民撰　清光緒刻本　一册

320000－1605－0009740　432.6/128
江南春詞一卷附録一卷附考一卷　(明)朱之蕃輯　清光緒十七年(1891)刻本　一册

320000－1605－0009741　432.6/22
明詞綜十二卷　(清)王昶　(清)汪康古輯　清光緒二十八年(1902)刻本　二册

320000－1605－0009742　432.6/705
類編箋釋國朝詩餘五卷　(明)錢允治輯　(明)陳仁錫釋　明萬曆十二年(1584)刻本　一册　存三卷(一至三)

320000－1605－0009743　432.7/102
玉屑詞三卷　(清)朱寯瀛著　清光緒二十七年(1901)刻本　一册

320000－1605－0009744　432.7/103－1
曝書亭詞註七卷　(清)朱尊彝著　(清)李富功集註　清嘉慶十九年(1814)刻本　四册

320000－1605－0009745　432.7/103－2
曝書亭詞註七卷　(清)朱尊彝著　(清)李富功集註　清嘉慶十九年(1814)刻本　四册

320000－1605－0009746　432.7/122
二鄉亭詞三卷　(清)宋琬撰　清康熙八年(1669)刻本　一册

320000－1605－0009747　432.7/131－1
清夢盦二白詞五種五卷　(清)沈傳桂撰　清道光十二年(1832)刻本　一册

320000－1605－0009748　432.7/131－2
清夢盦二白詞五種五卷　(清)沈傳桂撰　清同治十一年(1872)刻本　一册

320000－1605－0009749　432.7/131－3
井華詞二卷　(清)沈景修撰　清光緒二十五年(1899)刻本　一册

320000－1605－0009750　432.7/133
留漚唫館詞存一卷　(清)沈鎣撰　清光緒八年(1882)刻本　一册

320000－1605－0009751　432.7/135－1
借閒生詩三卷詞一卷　(清)汪遠孫撰　清道光二十年(1840)刻本　一册

320000－1605－0009752　432.7/135－2
繡蛈龕詞鈔五卷附録一卷　(清)汪藻撰　清光緒四年(1878)刻本　一册

320000－1605－0009753　432.7/135－3
藕絲詞四卷　(清)汪淵撰　清光緒七年(1881)刻本　一册

320000－1605－0009754　432.7/135－4
滄江虹月詞三卷　(清)汪初撰　清光緒十五年(1889)刻本　一册

320000－1605－0009755　432.7/135－5
荔牆詞一卷　(清)汪曰楨撰　清刻本　一册

320000－1605－0009756　432.7/135－6
趣園味蒓詞六卷　(清)汪曾武撰　清宣統元年(1909)鉛印本　一册

320000－1605－0009757　432.7/15－1
古香凹詩餘一卷　(清)方濬頤撰　清光緒十年(1884)刻本　一册

320000－1605－0009758　432.7/15－2
稻香館粲香詞四卷外補遺一卷　(清)方受轂著　清光緒十二年(1886)刻本　二册

320000－1605－0009759　432.7/15－3
樽酒銷寒詞二卷續一卷　(清)邵廣銓等撰　清刻本　一册

320000－1605－0009760　432.7/155
夢春廬詞一卷附早花集一卷　(清)李貽德撰　清同治六年(1867)刻本　一册

320000－1605－0009761　432.7/162
玉壺山房詞選二卷　(清)改琦撰　清光緒三十四年(1908)刻本　一册

320000－1605－0009762　432.7/165
百萼紅詞二卷　(清)吴翯著　清光緒五年(1879)刻本　二册

320000－1605－0009763　432.7/166－1
小湖田樂府十卷　(清)吴蔚光撰　清嘉慶二年(1797)刻本　四册

320000－1605－0009764　432.7/166－2
井眉軒長短句一卷　(清)吴曾源撰　清同治二年(1863)刻本　一册

320000－1605－0009765　432.7/166－4
侯鯖詞五種五卷　(清)鄧嘉純等撰　(清)吴唐林輯　清光緒十一年(1885)刻本　四册

320000－1605－0009766　432.7/201
第一生修梅花館詞一卷　況周儀撰　清光緒十八年(1892)刻本　一册

320000－1605－0009767　432.7/21－1
縈隖詞存十二卷別集五卷　(清)王以敏撰　清光緒九年(1883)刻本　四册

320000－1605－0009768　432.7/21－2
縈隖詞存十二卷別集五卷　(清)王以敏撰　清光緒九年(1883)刻本　四册

320000－1605－0009769　432.7/21－3
惆悵詞一卷　(清)王士禛撰　清抄本　一册

320000－1605－0009770　432.7/21－4
衍波詞一卷　(清)王士禛著　清抄本　一册

320000－1605－0009771　432.7/22
詩餘偶鈔六卷　王先謙輯　清光緒十六年(1890)刻本　一册

320000－1605－0009772　432.7/225
情田詞三卷　(清)邵瓌撰　清道光二十二年(1842)刻本　二册

320000－1605－0009773　432.7/229
冰蠶詞一卷　(清)承齡撰　清光緒刻本　一册

320000－1605－0009774　432.7/237
栞臺夢語一卷　易順鼎撰　清光緒十三年(1887)刻本　一册

320000－1605－0009775　432.7/248－1
東鷗草堂詞二卷　(清)周星譽撰　清光緒十二年(1886)刻本　一册

320000－1605－0009776　432.7/248－2
水流雲在館詞鈔八卷　(清)周天麟撰　清光緒二十一年(1895)刻本　二册

320000－1605－0009777　432.7/25
笙月詞五卷　(清)王詒壽撰　清同治十一年(1872)刻本　一册

320000－1605－0009778　432.7/27
茂陵秋雨詞四卷　(清)王錫振著　清咸豐九年(1859)刻本　一册

320000－1605－0009779　432.7/271
苾芻詞二卷　(清)胡廷長撰　清光緒十三年(1887)刻本　一册　存一卷(一)

320000－1605－0009780　432.7/29－1
半塘定稿二卷　(清)王鵬運撰　清光緒三十一年(1905)刻本　一册

320000－1605－0009781　432.7/29－2
半塘定稿二卷賸稿一卷　(清)王鵬運撰　清光緒三十二年(1906)刻本　三册

320000－1605－0009782　432.7/302
小三吾亭詞二卷　(清)冒廣生撰　清光緒二十年(1894)刻本　一册

320000－1605－0009783　432.7/316
疏景樓詞五卷　(清)姚燮撰　清道光十三年(1833)刻本　二册

320000－1605－0009784　432.7/33－1
擬明史樂府一卷外國竹枝詞一卷　(清)尤侗撰　清康熙刻本　一册

320000－1605－0009785　432.7/33－2
百末詞五卷　(清)尤侗撰　清刻本　一册　存四卷(一至四)

320000－1605－0009786　432.7/337
露蟬吟詞鈔一卷續鈔一卷　(清)唐仲冕撰　清嘉慶十六年(1811)刻本　一册

320000－1605－0009787　432.7/347－1
裁雲閣詞鈔六卷附曲一卷　(清)秦雲撰　清同治九年(1870)刻本　一册

320000－1605－0009788　432.7/347－2
裁雲閣詞鈔五卷　(清)秦雲撰　清同治七年(1868)刻本　一册

320000－1605－0009789　432.7/359－1
捧月樓詞四卷　(清)袁通撰　清嘉慶九年(1804)刻本　一册

320000－1605－0009790　432.7/359－2
捧月樓綺語八卷　(清)袁通撰　清嘉慶二十年(1815)刻本　一册

320000－1605－0009791　432.7/359－3
洮瓊館詞不分卷　(清)袁棠撰　清嘉慶二十年(1815)刻本　一册

320000－1605－0009792　432.7/359－4
零錦詞二卷　(清)袁學瀾撰　清刻本　一册

320000－1605－0009793　432.7/359－5
零錦詞二卷　(清)袁學瀾撰　清刻本　一册

320000－1605－0009794　432.7/370
呹盦詞一卷　(清)夏敬觀撰　清光緒三十三年(1907)刻本　一册

320000－1605－0009795　432.7/376
杖左堂集四卷　(清)孫致彌撰　清刻本　一册

320000－1605－0009796　432.7/389.1－1
蘊蘭吟館詩餘三種　(清)恩錫撰　清光緒元年(1875)刻本　一册

320000－1605－0009797　432.7/389.1－2
蘊蘭吟館詩餘三種　(清)恩錫撰　清光緒元年(1875)刻本　一册

320000－1605－0009798　432.7/390
花陰寫夢詞一卷　(清)倪鴻撰　清光緒九年(1883)刻本　一册

320000－1605－0009799　432.7/393－1
飲緑樓詩餘一卷　(清)徐燕謀著　清同治十

二年(1873)刻本　一册

320000－1605－0009800　432.7/393－2
玉可盦詞存一卷　徐琪撰　清光緒十三年(1887)刻本　一册

320000－1605－0009801　432.7/393－3
百尺樓叢書二種　(清)徐自華撰　清光緒三十四年(1908)鉛印本　一册

320000－1605－0009802　432.7/393－4
長生籙詞一卷　(清)徐琪撰　清光緒三十一年(1905)刻本　一册

320000－1605－0009803　432.7/393－5
菊莊詞不分卷　(清)徐釚撰　清抄本　一册

320000－1605－0009804　432.7/396－1
曝書亭詞拾遺三卷　(清)翁之潤輯　清光緒二十二年(1896)刻本　一册

320000－1605－0009805　432.7/396－2
曝書亭詞拾遺三卷　(清)翁之潤輯　清光緒二十二年(1896)刻本　一册

320000－1605－0009806　432.7/406
竹隖詞續稿一卷　(清)章樹福撰　清光緒八年(1882)刻本　一册

320000－1605－0009807　432.7/407
詩契齋詞鈔六卷　(清)許玉瑑撰　清末刻本　一册

320000－1605－0009808　432.7/412－1
懺餘綺語二卷爨餘詞一卷　(清)郭麐撰　清光緒五年(1879)刻本　一册

320000－1605－0009809　432.7/412－2
靈芬館詞四種　(清)郭麐撰　清光緒五年(1879)刻本　二册

320000－1605－0009810　432.7/420
珂雪詞二卷　(清)曹貞吉撰　清刻本　二册

320000－1605－0009811　432.7/428－1
抱山樓詞録四卷　(清)張炳堃撰　清光緒十五年(1889)刻本　一册

320000－1605－0009812　432.7/428－2
絳蛈山館詞録三卷　(清)張金鏞撰　清刻本　一册

320000－1605－0009813　432.7/429－1
花影吹笙譜二卷　(清)張泰初撰　清光緒二年(1876)刻本　一册

320000－1605－0009814　432.7/429－2
張松谿詞鈔二卷　(清)張泰初撰　清光緒二年(1876)刻本　一册

320000－1605－0009815　432.7/429－3
寒松閣詞三卷駢體文一卷　(清)張鳴珂撰　清光緒十年(1884)刻本　一册

320000－1605－0009816　432.7/429－4
雙鳳磚研室詞一卷　張炳翔輯　稿本　一册

320000－1605－0009817　432.7/431－1
煙波漁唱四卷　(清)張應昌撰　清道光二十四年(1844)刻本　二册

320000－1605－0009818　432.7/431－2
綠雪館詞二集二卷　(清)張鴻卓撰　清咸豐三年(1853)刻本　一册

320000－1605－0009819　432.7/434－1
登瀛瑣蹟擬樂府百首二卷　(清)陸和鈞撰　(清)丁文藻輯　清光緒九年(1883)刻本　一册

320000－1605－0009820　432.7/434－2
玉山詞一卷　(清)陸次雲撰　清刻本　一册　存上册(長調、中調、小令)

320000－1605－0009821　432.7/441
鴛鴦宜福館吹月詞二卷　(清)陳元鼎撰　清同治元年(1862)刻本　一册

320000－1605－0009822　432.7/443
洞僊詞六卷　(清)陳星涵撰　清光緒二十五年(1899)刻本　二册

320000－1605　0009823　432.7/471
清淮詞二卷　(清)湯成烈撰　清刻本　一册

320000－1605－0009824　432.7/486－1
洮湖漁隱詞鈔二卷　(清)彭君穀撰　清光緒

元年(1875)鉛印本　一冊

320000－1605－0009825　432.7/486－2
延露詞三卷　(清)彭孫遹撰　清刻本　一冊

320000－1605－0009826　432.7/486－3
濯絳宧存稿不分卷　(清)劉毓盤撰　清宣統元年(1909)刻本　一冊

320000－1605－0009827　432.7/493
兩當軒竹眠詞四卷　(清)黃景仁撰　清道光八年(1828)刻本　二冊

320000－1605－0009828　432.7/496－1
棲雲山館詞存一卷　(清)黃錫禧撰　清同治六年(1867)刻本　一冊

320000－1605－0009829　432.7/496－2
國朝詞綜續編二十四卷　(清)黃燮清編　清同治十二年(1873)刻本　三冊　存十二卷(一至八、十七至二十)

320000－1605－0009830　432.7/500－1
水仙亭詞集二卷　(清)項璜撰　清光緒十二年(1886)刻本　一冊

320000－1605－0009831　432.7/500－2
憶雲詞稿四卷附刪存一卷　(清)項鴻祚撰　清光緒鉛印本　一冊

320000－1605－0009832　432.7/522
香詞百選一卷附題詞一卷　(清)舒夢蘭撰　(清)龔鉽選録　清刻本　一冊

320000－1605－0009833　432.7/556－1
真松閣詞六卷　(清)楊夔生撰　清光緒元年(1875)刻本　二冊

320000－1605－0009834　432.7/556－2
西湖秋柳詞一卷　(清)楊鳳苞撰　清光緒刻本　一冊

320000－1605－0009835　432.7/562－1
花影吹笙詞二卷小游僊詞一卷　(清)葉英華撰　清光緒三年(1877)刻本　一冊

320000－1605－0009836　432.7/562－2
秋夢盦詞鈔二卷續一卷再續一卷　(清)葉衍蘭撰　清光緒刻本　一冊

320000－1605－0009837　432.7/562－3
秋夢盦詞鈔二卷續一卷再續一卷　(清)葉衍蘭撰　清光緒刻本　一冊

320000－1605－0009838　432.7/570
道園樂府一卷歐陽舍人詞一卷尹參卿詞一卷蒲江詞稿一卷閻處士詞一卷　(元)虞集撰　清光緒鉛印本　一冊

320000－1605－0009839　432.7/598
飛鴻閣琴意二卷　(清)趙函撰　清道光十六年(1836)刻本　一冊

320000－1605－0009840　432.7/600－1
香銷酒醒詞一卷　(清)趙慶熺撰　清道光二十九年(1849)刻本　一冊

320000－1605－0009841　432.7/600－2
香宋詞三卷　趙熙撰　清刻本　一冊

320000－1605－0009842　432.7/607
聊齋詞一卷　(清)蒲松齡撰　清宣統二年(1910)鉛印本　一冊

320000－1605－0009843　432.7/61
蘭桂僊傳奇二卷　(清)沈起鳳正譜　(清)左潢填詞　(清)程秉銓評點　清刻本　一冊　存一卷(下)

320000－1605－0009844　432.7/62
蓼辛詞一卷外集一卷　石凌漢等撰　清同治十年(1871)刻本　一冊

320000－1605－0009845　432.7/622－1
玉泠詞一卷　(清)潘曾瑋撰　清咸豐四年(1854)刻本　一冊

320000－1605－0009846　432.7/622－2
玉泠詞一卷　(清)潘曾瑋撰　清咸豐四年(1854)刻本　一冊

320000－1605－0009847　432.7/622－3
玉泠詞一卷　(清)潘曾瑋撰　清咸豐四年(1854)刻本　一冊

320000－1605－0009848　432.7/622－4

詠花詞一卷附牧閑雜録一卷　(清)潘曾瑋撰　清光緒十三年(1887)刻本　一册

320000－1605－0009849　432.7/622－5
詠花詞一卷附牧閑雜録一卷　(清)潘曾瑋撰　清光緒十三年(1887)刻本　一册

320000－1605－0009850　432.7/622－6
芬陀利室詞一卷　(清)潘祖蔭撰　清光緒二十四年(1898)刻本　一册

320000－1605－0009851　432.7/622－7
芬陀利室詞一卷　(清)潘祖蔭撰　清光緒二十四年(1898)刻本　一册

320000－1605－0009852　432.7/622－8
替竹庵詞四卷　(清)蔣彬若撰　清光緒三十一年(1905)鉛印本　一册

320000－1605－0009853　432.7/650－1
水雲樓詞二卷續一卷　(清)蔣春霖撰　清同治十二年(1873)刻本　一册

320000－1605－0009854　432.7/650－2
芬陀利室詞集五卷　(清)蔣敦復撰　清光緒十一年(1885)刻本　二册

320000－1605－0009855　432.7/650－3
芬陀利室詞集五卷　(清)蔣敦復撰　清光緒十一年(1885)刻本　二册

320000－1605－0009856　432.7/650－4
盥廬詞一卷看鏡詞一卷　(清)蔣廷黻撰　清刻本　一册

320000－1605－0009857　432.7/661－1
冷紅詞四卷　鄭文焯撰　清光緒十二年(1886)刻本　一册

320000－1605－0009858　432.7/661－2
比竹餘音四卷　鄭文焯撰　清光緒二十八年(1902)刻本　一册

320000－1605－0009859　432.7/674
濯絳宧存稿一卷　(清)劉毓盤撰　清宣統元年(1909)刻本　一册

320000－1605－0009860　432.7/676
鷗夢詞一卷　(清)劉履芬撰　清刻本　一册

320000－1605－0009861　432.7/705－1
紫芳心館詞一卷　(清)錢恩棨撰　清咸豐七年(1857)刻本　一册

320000－1605－0009862　432.7/705－2
聞妙香堂詞鈔四卷　(清)錢錫寀撰　清宣統二年(1910)石印本　一册

320000－1605－0009863　432.7/717
聚紅榭黄劉合刻詞二種　(清)黄宗彝　(清)劉勷撰　清咸豐八年(1858)刻本　二册

320000－1605－0009864　432.7/72
晚香詞一卷　(清)田同之撰　清刻本　一册

320000－1605－0009865　432.7/73
弢園詞一卷　(清)史念祖撰　清同治八年(1869)刻本　一册

320000－1605－0009866　432.7/731－1
藤香館詞鈔一卷　(清)薛時雨撰　清同治五年(1866)刻本　二册

320000－1605－0009867　432.7/731－2
藤香館詞删存二卷　(清)薛時雨撰　清光緒五年(1879)刻本　一册

320000－1605－0009868　432.7/735
紅蕪詞鈔二卷　(清)鍾景著　清刻本　一册

320000－1605－0009869　432.7/779
空青館詞三卷　(清)邊浴禮撰　清光緒二十四年(1898)刻本　一册

320000－1605－0009870　432.7/787
柯家山館詞三卷　(清)嚴元照撰　清嘉慶十八年(1813)刻本　一册

320000－1605－0009871　432.7/791－1
拜石山房詞鈔四卷　(清)顧翰撰　清道光十四年(1834)刻本　一册

320000－1605－0009872　432.7/791－2
蜀桐絃詞一卷　(清)顧復初撰　清咸豐元年(1851)刻本　一册

320000－1605－0009873　432.7/791－3

海風簫詞一卷 (清)顧復初撰 清同治四年(1865)刻本 一册

320000－1605－0009874 432.7/791－4
絳河笙詞稿一卷 (清)顧復初撰 清光緒元年(1875)刻本 一册

320000－1605－0009875 432.7/791－5
拜石山房詞鈔四卷 (清)顧翰撰 清光緒二年(1876)刻本 二册

320000－1605－0009876 432.7/791－6
彈指詞三卷 (清)顧貞觀撰 清光緒四年(1878)刻本 二册

320000－1605－0009877 432.7/791－7
眉綠樓詞二種 (清)顧文彬撰 清光緒五年(1879)刻本 二册

320000－1605－0009878 432.7/791－8
眉綠樓詞八種 (清)顧文彬撰 清光緒十年(1884)刻本 六册

320000－1605－0009879 432.7/791－9
眉綠樓詞八種 (清)顧文彬撰 清光緒十年(1884)刻本 五册

320000－1605－0009880 432.7/791－10
眉綠樓詞八種 (清)顧文彬撰 清光緒十年(1884)刻本 二册 存三種三卷(蟭巢碎語一卷、百納琴言一卷、跨鶴吹笙譜一卷)

320000－1605－0009881 432.7/791－11
城北草堂存稿詩餘二卷詞餘一卷附小瑯環室詩餘 (清)顧夔撰 清刻本 一册

320000－1605－0009882 432.7/791－12
蜨板新聲一卷 (清)顧文彬撰 清抄本 一册

320000－1605－0009883 432.7/795
浙西六家詞六種 (清)□□編 清刻本 四册

320000－1605－0009884 432.7/84－1
願為明鏡室詞二卷 (清)江順詒著 清同治八年(1869)刻本 一册

320000－1605－0009885 432.7/84－2
紅蕉詞一卷 (清)江標撰 **鶴緣詞一卷** (清)呂耀斗撰 清光緒十四年(1888)刻本 一册

320000－1605－0009886 432.7/84－3
雙橋小築詞存五卷 (清)江人鏡撰 清光緒二十四年(1898)刻本 二册

320000－1605－0009887 432.7/964
蘭當詞二卷 (清)陶方琦撰 清刻本 一册

320000－1605－0009888 432.7/967
谷遺詩餘一卷 (清)谷遺撰 稿本 一册

320000－1605－0009889 432.8/393
濟游詞鈔一卷 (清)徐壽茲撰 清光緒二十三年(1897)鉛印本 一册

320000－1605－0009890 432.8/471
清淮詞二卷 (清)湯成烈撰 清末、民國刻本 一册

320000－1605－0009891 432.8/622
説劍堂集四卷 (清)潘飛聲撰 清光緒十四年(1888)刻本 一册

320000－1605－0009892 432.8/661
冷紅詞四卷 鄭文焯撰 清光緒刻本 一册

320000－1605－0009893 432.8/99
彊村詞三卷 朱祖謀撰 清光緒三十一年(1905)刻本 一册

320000－1605－0009894 432/27
四印齋所刻詞二十二種附三種彙刻宋元三十一家詞三十一種 (清)王鵬運編 清光緒十四年(1888)刻本 十四册 存四十四種六十九卷(東坡樂府二卷、稼軒長短句十二卷、白石道人詩集三卷別集一卷、山中白雲詞二卷補録二卷續補一卷、花外集一卷、漱玉詞一卷補遺一卷附録一卷、陽春集一卷補遺一卷、東山寓聲樂府一卷、梅溪詞一卷、天籟集二卷,附詞旨一卷、詞林正韻三卷、樂府指迷一卷,宋元三十一家詞三十一種三十一卷)

320000－1605－0009895 433/166－1

榕園詞韻一卷 (清)吳應和撰 清乾隆四十九年(1784)刻本 二册

320000－1605－0009896 433/166－2
養默山房詩餘一卷 (清)謝元淮撰 清道光二十四年(1844)刻本 一册 存一篇(填詞淺說)

320000－1605－0009897 433/211
詞鏡平仄圖譜三卷 (清)林棲梧撰 清乾隆刻本 四册

320000－1605－0009898 433/283
詞學全書四種十三卷附詞韻二卷 (清)查培繼輯 清乾隆十一年(1746)刻本 十六册

320000－1605－0009899 433/393
詞律拾遺八卷 (清)徐本立輯 清同治十二年(1873)刻本 四册

320000－1605－0009900 433/522
白香詞譜一百篇 (清)舒夢蘭撰 清末石印本 一册 存二十二葉(十二至三十三)

320000－1605－0009901 433/565
詞律二十卷 (清)萬樹撰 清康熙二十六年(1687)刻本 八册

320000－1605－0009902 433/622－1
水雲笛譜一卷 (清)潘奕雋編 清光緒刻本 一册

320000－1605－0009903 433/622－2
水雲笛譜一卷 (清)潘奕雋編 清光緒刻本 一册

320000－1605－0009904 433/622－3
水雲笛譜一卷 (清)潘奕雋編 清光緒刻本 一册

320000－1605－0009905 434/168
蓮子居詞話四卷 (清)吳衡照輯 清同治六年(1867)刻本 一册

320000－1605－0009906 434/2
聽秋聲館詞話二十卷 (清)丁紹儀撰 清同治六年(1867)刻本 四册

320000－1605－0009907 434/248－1
詞辨二卷 (清)周介存撰 清道光二十七年(1847)刻本 一册

320000－1605－0009908 434/248－2
詞辨二卷 (清)周介存撰 (清)譚獻評 清刻本 一册

320000－1605－0009909 434/248－3
詞辨二卷 (清)周介存撰 (清)譚獻評 清刻本 一册

320000－1605－0009910 434/393
詞苑叢談十二卷 (清)徐釚撰 清道光十五年(1835)刻海山仙館叢書本 四册

320000－1605－0009911 434/428
詞源二卷 (宋)張炎撰 清刻本 一册

320000－1605－0009912 434/438
詞旨暢二卷 (元)陸韶撰 (清)胡元儀暢 清光緒三十年(1904)刻本 一册

320000－1605－0009913 434/650
芬陀利室詞話三卷 (清)蔣敦復撰 清光緒十一年(1885)刻本 一册

320000－1605－0009914 434/765
譚評詞辨二卷附介存齋論詞雜著一卷 (清)譚獻撰 清刻本 一册

320000－1605－0009915 434/967
玉鴛鴦二卷 (□)□□撰 清宣統三年(1911)抄本 二册

320000－1605－0009916 435.6/430
白雪齋選訂樂府吳騷合編四卷 (明)張楚叔 (明)張旭初輯 明崇禎刻本 二册 存一卷(一)

320000－1605－0009917 435/471
此宜閣增訂金批西廂六卷 (明)湯顯祖撰 清刻朱墨套印本 二册 存四卷(一至四)

320000－1605－0009918 435/556
樂府新編陽春白雪十卷 (元)楊朝英選 清影元刻本 二册

320000－1605－0009919　435/562－1
納書楹曲譜全集全譜八卷正集四卷續集四卷外集二卷補遺四卷　(清)葉堂訂譜　清乾隆五十七年(1792)刻本　二十二冊

320000－1605－0009920　435/562－2
納書楹曲譜全集全譜八卷正集四卷續集四卷外集二卷補遺四卷　(清)葉堂訂譜　清道光二十八年(1848)刻本　二十冊

320000－1605－0009921　435/562－3
納書楹曲譜全集全譜八卷正集四卷續集四卷外集二卷補遺四卷　(清)葉堂訂譜　清道光二十八年(1848)刻本　二十冊

320000－1605－0009922　435/705－1
繪圖綴白裘合集十二集　題(清)玩花主人輯　清光緒二十一年(1895)上海書局石印本　十二冊

320000－1605－0009923　435/705－3
繪圖綴白裘合集十二集　題(清)玩花主人輯　清光緒二十一年(1895)文海書局石印本　二冊

320000－1605－0009924　435/705－4
繪圖綴白裘合集十二集　題(清)玩花主人輯　清末石印本　六冊　存六集(四、六至七、九至十一)

320000－1605－0009925　435/965
審音鑑古録十四種　題(清)琴隱翁編　清刻本　十二冊

320000－1605－0009926　436.5/242
懷永堂繪像第六才子書西廂記八卷　(元)王實甫撰　(清)金人瑞評　清光緒九年(1883)刻本　四冊

320000－1605－0009927　436.5/26－1
西廂記二卷　(元)王實甫撰　清刻本　二冊

320000－1605－0009928　436.5/26－2
貫華堂註釋第六才子書六卷　(元)王實甫撰　清刻本　六冊

320000－1605－0009929　436.5/26－3
懷永堂繪像第六才子書西廂記八卷　(元)王實甫撰　清刻本　六冊

320000－1605－0009930　436.5/26－4
鼎鐫陳眉公先生批評西廂記二卷　(元)王實甫撰　(明)陳繼儒批　清宣統三年(1911)石印本　二冊

320000－1605－0009931　436.5/27
懷永堂繪像第六才子書西廂記八卷　(元)王實甫撰　(清)金人瑞評　清嘉慶刻本　一冊　存一卷(八)

320000－1605－0009932　436.5/332
黑旋風雙獻功雜劇一卷　(元)高文秀撰　清刻本　一冊

320000－1605－0009933　436.5/430
步雪初聲一卷　(明)張瘦郎撰　清刻本　一冊

320000－1605－0009934　436.6/332
繪像第七才子琵琶記六卷　(元)高明撰　(清)毛德音評　清光緒石印本　四冊

320000－1605－0009935　436.6/428
灌園記二卷　(明)張伯起撰　明刻本　二冊

320000－1605－0009936　436.6/471－1
牡丹亭還魂記二卷　(明)湯顯祖撰　清光緒十二年(1886)石印本　四冊

320000－1605－0009937　436.6/471－2
玉茗堂還魂記二卷　(明)湯顯祖撰　清米絲館刻本　二冊

320000－1605－0009938　436.6/471－3
牡丹亭還魂記二卷　(明)湯顯祖撰　清光緒十二年(1886)石印本　四冊

320000－1605－0009939　436.6/48
雜劇十段錦十集　(□)□□撰　清刻本　二冊　存五集(甲至戊)

320000－1605－0009940　436.6/62
酒家傭三卷　(清)石琰撰　清刻本　三冊

320000－1605－0009941　436.6/661

新刻出相音註勸善目連救母行孝戲文三卷 (明)鄭之珍撰　清咸豐九年(1859)刻本　六冊

320000－1605－0009942　436.7/102－1
十二釵傳奇二卷　(清)□□撰　清刻本　一冊

320000－1605－0009943　436.7/102－2
繡像十五貫十六卷　題(清)鴛湖逸史編撰　清刻本　一冊　存十卷(七至十六)

320000－1605－0009944　436.7/122
介山記二卷　(清)宋廷魁撰　清刻本　二冊

320000－1605－0009945　436.7/131
沈薲漁四種曲八卷　(清)沈起鳳撰　清刻本　八冊

320000－1605－0009946　436.7/135－1
後緹縈南曲十出　(清)汪宗沂撰　清光緒十一年(1885)刻本　一冊

320000－1605－0009947　436.7/135－2
後緹縈南曲十出　(清)汪宗沂撰　清光緒十一年(1885)刻本　一冊

320000－1605－0009948　436.7/135－3
儒酸福傳奇二卷十四齣　(清)魏熙元撰　清光緒十年(1884)刻本　二冊

320000－1605－0009949　436.7/15－1
雷峰塔傳奇四卷　題(清)岫雲詞逸改編　清乾隆三十七年(1772)刻本　四冊

320000－1605－0009950　436.7/15－2
雷峰塔傳奇二卷　題(清)岫雲詞逸改編　清末抄本　二冊

320000－1605－0009951　436.7/155
胭肢舄傳奇二卷　(清)李文瀚撰　清光緒二十八年(1902)刻本　二冊

320000－1605－0009952　436.7/156－1
笠翁傳奇十種　(清)李漁撰　清康熙刻本　二十冊

320000－1605－0009953　436.7/156－2
風箏誤傳奇三十二回　(清)李漁編　(清)吴友如繪圖　清光緒石印本　一冊

320000－1605－0009954　436.7/156－3
蜃中樓傳奇四集　(清)李漁撰　清末刻本　一冊　存二集(元、亨)

320000－1605－0009955　436.7/156－4
慎鸞交傳奇二卷　(清)李漁撰　清刻本　四冊

320000－1605－0009956　436.7/156－5
玉搔頭傳奇四卷　(清)李漁撰　清刻本　四冊

320000－1605－0009957　436.7/156－6
玉搔頭傳奇四卷　(清)李漁撰　清刻本　二冊

320000－1605－0009958　436.7/166－1
煖香樓雜劇一卷　吴梅撰　清光緒刻本　一冊

320000－1605－0009959　436.7/166－2
煖香樓雜劇一卷　吴梅撰　清光緒刻本　一冊

320000－1605－0009960　436.7/167
鈞天樂二卷　(清)吴儂撰　清光緒十九年(1893)石印本　二冊

320000－1605－0009961　436.7/178－1
仙合曲譜一卷　(清)何兆瀛撰　清同治七年(1868)刻本　一冊

320000－1605－0009962　436.7/178－2
乘龍佳話一卷　(清)何鏞撰　清光緒十七年(1891)石印本　一冊

320000－1605－0009963　436.7/194－1
庶幾堂今樂四十種　(清)余治撰　清同治刻本　十冊

320000－1605－0009964　436.7/194－2
庶幾堂今樂四十種　(清)余治撰　清同治刻本　十冊

320000－1605－0009965　436.7/2－1

表忠記二卷　(清)丁耀亢撰　清同治十一年(1872)刻本　二册

320000－1605－0009966　436.7/2－2
滄桑艷二卷　丁傳靖撰　清光緒三十四年(1908)刻本　一册

320000－1605－0009967　436.7/2－3
滄桑艷傳奇二卷　丁傳靖撰　清抄本　一册

320000－1605－0009968　436.7/26
拜針樓一卷　(清)王墅撰　清刻本　二册

320000－1605－0009969　436.7/300－1
空山夢二卷　(□)□□撰　清光緒十七年(1891)刻本　一册

320000－1605－0009970　436.7/300－2
十醋記二卷　(□)□□撰　清刻本　四册

320000－1605－0009971　436.7/312
春在堂傳奇二種　(清)俞樾撰　清光緒刻本　一册

320000－1605－0009972　436.7/33
桃花源一卷黑白衛一卷李白登科記一卷　(清)尤侗撰　清刻本　一册

320000－1605－0009973　436.7/370
惺齋五種續編一種　(清)夏綸撰　清乾隆十六年(1751)刻本　二十四册

320000－1605－0009974　436.7/376－1
錫六環二卷　(清)孫埏撰　清刻本　一册

320000－1605－0009975　436.7/376－2
錫六環二卷　(清)孫埏撰　清刻本　一册

320000－1605－0009976　436.7/393－1
鏡光緣二卷　(清)徐爔撰　清乾隆四十三年(1778)刻本　一册

320000－1605－0009977　436.7/393－2
瑞雲詞一卷　(清)徐其志撰　清咸豐四年(1854)刻本　一册

320000－1605－0009978　436.7/393－3
六如亭二卷　(清)張九鉞撰　清光緒刻本　四册

320000－1605－0009979　436.7/429－1
芙蓉碣傳奇二卷　(清)張雲驤撰　清光緒九年(1883)刻本　一册

320000－1605－0009980　436.7/429－2
紅樓夢傳奇八卷　(清)陳鍾麟撰　清刻本　八册

320000－1605－0009981　436.7/430－1
梅花夢二卷　(清)張道著　清光緒二十年(1894)刻本　二册

320000－1605－0009982　436.7/430－2
風流棒二卷空青石二卷　(清)萬樹編　清刻本　四册

320000－1605－0009983　436.7/430－3
懷沙記二卷　(清)張堅撰　清刻本　二册

320000－1605－0009984　436.7/430－4
懷沙記二卷　(清)張堅撰　清刻本　二册

320000－1605－0009985　436.7/430－5
夢中緣二卷　(清)張堅撰　清刻本　四册

320000－1605－0009986　436.7/430－6
玉燕堂四種曲八卷　(清)張堅撰　清刻本　十册

320000－1605－0009987　436.7/439
洞庭緣傳奇不分卷　(清)陸繼輅撰　清光緒六年(1880)刻本　一册

320000－1605－0009988　436.7/444－1
玉獅堂傳奇十種十五卷　(清)陳烺撰　清光緒十一年(1885)刻本　十册

320000－1605－0009989　436.7/444－2
玉獅堂傳奇十種十五卷　(清)陳烺撰　清光緒十一年(1885)刻本　十册

320000－1605－0009990　436.7/444－3
九九樂府不分卷　(清)陳菰緡撰　清宣統二年(1910)石印本　一册

320000－1605－0009991　436.7/447
雙旌忠節記二卷　(清)陳學震撰　清同治刻本　四册

320000－1605－0009992　436.7/475
味蘭簃傳奇二種　題(清)醉筠外史撰　清刻本　二册

320000－1605－0009993　436.7/491
忠孝福傳奇二卷　(清)黄兆森撰　清末抄本　一册

320000－1605－0009994　436.7/492
石榴記四卷　(清)黄振撰　清乾隆三十七年(1772)刻本　二册

320000－1605－0009995　436.7/496－1
茂陵絃二卷脊令原二卷鴛鴦鏡一卷凌波影一卷　(清)黄燮清撰　清咸豐、同治刻本　四册

320000－1605－0009996　436.7/496－2
倚晴樓七種曲　(清)黄燮清撰　清光緒三十三年(1907)刻本　十册

320000－1605－0009997　436.7/496－3
帝女花二卷　(清)查仲諿正譜　(清)黄燮清填詞　清刻本　二册

320000－1605－0009998　436.7/496－4
鴛鴦鏡一卷凌波影一卷　(清)查仲諿譜　(清)黄燮清填詞　清刻本　一册

320000－1605－0009999　436.7/519
念八翻傳奇二卷　(清)萬樹撰　清康熙二十五年(1686)刻本　一册

320000－1605－0010000　436.7/522－1
瓶笙館修簫譜四卷　(清)舒位撰　清道光十三年(1833)刻本　二册

320000－1605－0010001　436.7/522－2
瓶笙館修簫譜四卷　(清)舒位撰　清道光十三年(1833)刻本　一册

320000－1605－0010002　436.7/522－3
瓶笙館修簫譜四卷　(清)舒位撰　清道光十三年(1833)刻本　一册

320000－1605－0010003　436.7/523－1
鴛鴦鏡傳奇二十出　(清)傅玉書撰　清光緒二十二年(1896)刻本　一册

320000－1605－0010004　436.7/523－2
鴛鴦鏡傳奇二十出　(清)傅玉書撰　清光緒二十二年(1896)刻本　二册

320000－1605－0010005　436.7/533
揚州夢二卷　(清)嵇永仁撰　清同治十一年(1872)刻本　二册

320000－1605－0010006　436.7/550
麻灘驛十八齣　(清)楊恩壽撰　清光緒元年(1875)刻本　一册

320000－1605－0010007　436.7/556－1
吟風閣四卷　(清)楊潮觀撰　清嘉慶二十五年(1820)屋外山房刻本　二册　存二卷(三至四)

320000－1605－0010008　436.7/556－2
坦園傳奇六種　(清)楊恩壽撰　清光緒元年(1875)刻本　四册

320000－1605－0010009　436.7/562
納書楹邯鄲記全譜二卷　(清)葉堂撰　清乾隆五十七年(1792)刻本　二册

320000－1605－0010010　436.7/565
吟風閣四卷　(清)楊潮觀撰　清乾隆二十九年(1764)恰好處刻本　四册

320000－1605－0010011　436.7/568－1
芝龕記六卷　題(清)繁露樓居士撰　清乾隆十六年(1751)刻本　八册

320000－1605－0010012　436.7/568－2
芝龕記六卷　題(清)繁露樓居士撰　清乾隆十六年(1751)刻本　八册

320000－1605－0010013　436.7/630
青燈淚二卷　(清)蔣恩瀛撰　清同治九年(1870)刻本　二册

320000－1605－0010014　436.7/650－1
紅雪樓九種曲十三卷　(清)蔣士銓撰　清刻本　十二册

320000－1605－0010015　436.7/650－2
紅雪樓九種曲十三卷　(清)蔣士銓撰　清刻本　十册

320000－1605－0010016　436.7/717
黄河遠傳奇二卷　(清)謝堃編著　清道光十年(1830)刻本　二册

320000－1605－0010017　436.7/756
鶴歸來傳奇二卷　(明)瞿式耜撰　清刻本　二册

320000－1605－0010018　436.7/760
新編長生殿□□卷　(清)洪昇撰　清抄本　二册　存十一卷(九至十七、二十、二十八)

320000－1605－0010019　436.7/761
儒酸福傳奇二卷十四齣　(清)魏熙元撰　清光緒十年(1884)刻本　二册

320000－1605－0010020　436.7/775
研花館詞三卷首一卷　(清)羅汝懷撰　清光緒九年(1883)刻本　一册

320000－1605－0010021　436.7/791
回春夢二卷　(清)顧森撰　清道光三十年(1850)刻本　二册

320000－1605－0010022　436.7/9
雙緣帊傳奇二卷　(清)于有聲撰　清道光五年(1825)刻本　一册　存一卷(上)

320000－1605－0010023　436.7/967－1
三家曲三種　(清)朱靜輯　清光緒二十六年(1900)刻本　一册　存二種二卷(春剪曲一卷、花胎曲一卷)

320000－1605－0010024　436.7/967－2
當頭棒二卷　(□)□□撰　清抄本　一册

320000－1605－0010025　436.7/967－3
紅拂雜劇一卷　(□)□□著　清刻本　一册

320000－1605－0010026　436.7/968－1
漁村記二卷附韓錫祚南山法曲三卷　題(清)妙有山人撰　清咸豐五年(1855)刻本　四册

320000－1605－0010027　436.7/968－2
漁村記二卷附韓錫祚南山法曲三卷　題(清)妙有山人撰　清咸豐五年(1855)刻本　二册

320000－1605－0010028　436.7/968－3
義貞記傳奇二卷　題(清)郁州山人撰　清光緒五年(1879)刻本　二册

320000－1605－0010029　436.7/968－4
夢中緣四卷　題(清)邯鄲夢醒人撰　清光緒十一年(1885)刻本　四册

320000－1605－0010030　436.7/969－1
紅樓夢傳奇二卷　(清)仲振奎撰　清同治刻本　四册

320000－1605－0010031　436.7/970
桂香雲影樂府一卷　題(清)秋綠詞人撰　清刻本　一册

320000－1605－0010032　436.7/971－1
百寶箱二卷　題(清)梅窗主人撰　清乾隆刻本　二册

320000－1605－0010033　436.7/971－2
酬紅記一卷　題(清)野航撰　清嘉慶刻本　一册

320000－1605－0010034　436.7/971－3
百寶箱二卷　題(清)梅窗主人撰　清光緒二十年(1894)石印本　四册

320000－1605－0010035　436.7/972
耆英會記二卷　(清)喬萊撰　清刻本　二册

320000－1605－0010036　436.7/973－1
尋親記二卷　(□)□□撰　清刻本　二册

320000－1605－0010037　436.7/973－2
尋親記二卷　(□)□□撰　清刻本　二册

320000－1605－0010038　436.7/976
霜天碧一卷　丁傳靖撰　清刻本　一册

320000－1605－0010039　436.7/977－1
補天石傳奇八卷　題(清)鍊情子撰　清咸豐五年(1855)刻本　四册

320000－1605－0010040　436.7/977－2
魚水緣傳奇二卷　題(清)滄廬居士撰　清刻本　二册

320000－1605－0010041　436.7/978
圓香夢雜劇一卷　題(清)藤花主人撰　清刻

本　一册

320000－1605－0010042　436.7/98

新編元寶媒傳奇二卷　題(清)可笑人撰　清刻本　二册

320000－1605－0010043　436.8/166－1

煖香樓雜劇一卷　吳梅撰　清光緒三十二年(1906)刻本　一册

320000－1605－0010044　436.8/166－2

煖香樓雜劇一卷　吳梅撰　清光緒三十二年(1906)刻本　一册

320000－1605－0010045　436.8/332

函髻記傳奇一卷　題(□)盟鷗榭撰　清光緒鉛印本　一册

320000－1605－0010046　436.8/970

新刊繡像借茶全本一卷　(□)□□撰　清光緒刻本　一册

320000－1605－0010047　436.8/972

異方便淨土傳燈歸元鏡三祖實録二卷　(清)釋智達拈頌　清刻本　一册

320000－1605－0010048　436/242－1

懷永堂繪像第六才子書西廂記八卷　(元)王實甫撰　(清)金人瑞批　清乾隆十年(1745)書業堂朱墨套印本　六册

320000－1605－0010049　436/242－2

舟山堂繪像第六才子書八卷　(元)王實甫撰　(清)金人瑞評　清博古堂刻本　六册

320000－1605－0010050　436/242－3

評點西廂記傳奇八卷附才子醉心篇一卷　(元)王實甫撰　清光緒刻本　六册

320000－1605－0010051　436/242－4

增像第六才子書五卷首一卷　(清)金人瑞批　清光緒十六年(1890)石印本　六册

320000－1605－0010052　437/129－1

韻學驪珠二卷　(清)沈乘麐輯　清光緒十八年(1892)刻本　二册

320000－1605－0010053　437/129－2

韻學驪珠二卷　(清)沈乘麐輯　清光緒十八年(1892)刻本　二册

320000－1605－0010054　437/131－1

南曲譜二十二卷　(明)沈璟輯　清光緒鉛印本　二册

320000－1605－0010055　437/131－2

增定查補南九宫十三調曲譜二十一卷附一卷　(明)沈璟輯　清刻本　七册　存十九卷(一至三、六至二十,附一卷)

320000－1605－0010056　437/201

第一生修梅花館詞一卷　況周儀撰　清光緒十八年(1892)刻本　一册

320000－1605－0010057　437/22

琵琶譜三卷　(清)王君錫　(清)陳牧夫傳譜　清光緒二年(1876)刻本　三册

320000－1605－0010058　437/393

樂府傳聲一卷洄溪道情一卷　(清)徐大椿撰　清道光四年(1824)刻本　一册

320000－1605－0010059　437/428

六也曲譜初集不分卷　(清)張芬輯　清光緒二十四年(1898)石印本　四册

320000－1605－0010060　437/654

長生殿宫商全譜二卷　(清)洪昇撰　清乾隆四十二年(1777)抄本　二册

320000－1605－0010061　437/717

碎金詞譜六卷　(清)謝元淮撰　清道光二十四年(1844)刻本　八册

320000－1605－0010062　437/971

荆釵記不分卷　(□)□□曲譜　清光緒二十年(1894)抄本　五册

320000－1605－0010063　438/393

樂府傳聲二卷　(清)徐大椿撰　清光緒七年(1881)刻本　一册　存一卷(一)

320000－1605－0010064　440.7/131

沈文肅公政書七卷　(清)沈葆楨撰　清光緒六年(1880)木活字印本　十二册

320000－1605－0010065　440.7/271－1
胡文忠公遺集十卷首一卷　(清)胡林翼撰　清同治三年(1864)刻本　八册

320000－1605－0010066　440.7/271－2
胡文忠公遺集十卷首一卷　(清)胡林翼撰　清同治三年(1864)刻本　八册

320000－1605－0010067　440.7/486
古愚心言八卷　(清)彭鵬撰　清康熙刻本　八册

320000－1605－0010068　440.7/598－1
趙恭毅公賸稿八卷　(清)趙申喬撰　清乾隆刻本　八册

320000－1605－0010069　440.7/598－2
趙恭毅公自治官書二十四卷　(清)趙申喬撰　清雍正三年(1725)刻本　二十四册

320000－1605－0010070　440.7/615
裴光禄遺集十二卷　(清)裴蔭森撰　清宣統三年(1911)刻本　六册

320000－1605－0010071　440.7/72
撫豫宣化録四卷　(清)田文鏡撰　清道光十一年(1831)刻本　十册

320000－1605－0010072　440.7/9－1
于清端公政書八卷　(清)于成龍撰　(清)蔡方炳等編　清康熙刻本　一册　存一卷(八)

320000－1605－0010073　440.7/9－2
于清端公政書八卷首一卷外集一卷　(清)于成龍撰　清康熙四十六年(1707)刻本　八册

320000－1605－0010074　440/527
曾文正公批牘六卷　(清)曾國藩撰　清光緒二年(1876)刻本　六册

320000－1605－0010075　441.3/439－1
陸宣公集二十二卷　(唐)陸贄撰　清雍正刻本　八册

320000－1605－0010076　441.3/439－2
陸宣公集二十二卷　(唐)陸贄撰　清光緒二年(1876)刻本　六册

320000－1605－0010077　441.3/439－3
陸宣公集二十二卷　(唐)陸贄撰　清刻本　六册

320000－1605－0010078　441.3/439－4
陸宣公奏議十五卷　(唐)陸贄撰　(唐)權德輿註　清光緒四年(1878)刻本　二册

320000－1605－0010079　441.3/439－5
陸宣公奏議十五卷製誥十卷　(唐)陸贄撰　清光緒十一年(1885)刻本　四册

320000－1605－0010080　441.4/77
包孝肅公奏議十卷　(宋)包拯撰　清同治刻本　四册

320000－1605－0010081　441.6/132
水西諫疏二卷　(明)沈宗海撰　清康熙刻本　一册

320000－1605－0010082　441.6/343
凌忠介公奏疏六卷　(明)凌義渠撰　清同治七年(1868)刻本　六册

320000－1605－0010083　441.6/370
夏桂州奏議二十一卷　(明)夏言撰　清道光四年(1824)刻本　十册

320000－1605－0010084　441.6/420
忠諫録八卷　(明)曹學程撰　清刻本　四册

320000－1605－0010085　441.6/428
諭對録十卷　(明)張孚敬撰　清道光刻本　四册

320000－1605－0010086　441.6/441
兵垣奏議一卷　(明)陳子龍撰　清光緒二十三年(1897)刻本　二册

320000－1605－0010087　441.6/556
關中奏議十八卷　(明)楊一清撰　清宣統二年(1910)刻本　十八册

320000－1605－0010088　441.6/562
西垣奏草九卷　(明)葉盛撰　清刻本　四册

320000－1605－0010089　441.6/61
左忠毅公集二卷　(明)左光斗撰　清道光刻

本　二册

320000－1605－0010090　441.6/765
譚襄敏公奏議十卷　（明）譚綸撰　清康熙刻本　八册

320000－1605－0010091　441.6/9
少保于公奏議十卷　（明）于謙撰　清光緒刻本　六册

320000－1605－0010092　441.7/102
寶善堂遺稿二卷　（清）朱潮撰　清光緒八年（1882）刻本　二册

320000－1605－0010093　441.7/13
卞制軍奏議十六卷　（清）卞寶第撰　清光緒二十年（1894）刻本　十六册

320000－1605－0010094　441.7/153
李文恭公奏議二十二卷　（清）李星沅撰　清同治五年（1866）刻本　二十二册

320000－1605－0010095　441.7/157
李文忠公全集一百六十六卷　（清）李鴻章撰　清光緒三十一年（1905）刻本　一百册

320000－1605－0010096　441.7/167
澹靜齋奏疏一卷　（清）吳傑撰　清刻本　一册

320000－1605－0010097　441.7/174－1
岑襄勤公奏稿三十卷首一卷總目一卷　（清）岑毓英撰　清光緒二十三年（1897）刻本　三十二册

320000－1605－0010098　441.7/174－2
岑襄勤公奏稿三十卷首一卷總目一卷　（清）岑毓英撰　清光緒二十三年（1897）刻本　三十二册

320000－1605－0010099　441.7/2
丁文誠公奏稿二十六卷　（清）丁寶楨撰　清光緒十九年（1893）刻本　二十七册

320000－1605－0010100　441.7/211－1
林文忠公政書三十七卷　（清）林則徐撰　清刻本　十册

320000－1605－0010101　441.7/211－2
林文忠公政書三十七卷　（清）林則徐撰　清刻本　十六册

320000－1605－0010102　441.7/260
洪經略奏對筆記二卷　（清）洪承疇撰　清光緒十六年（1890）鉛印本　一册

320000－1605－0010103　441.7/377
孫文節公遺稿四卷　（清）孫銘恩撰　清咸豐七年（1857）刻本　二册

320000－1605－0010104　441.7/415
南海先生五上書記一卷七上書記一卷附彼得政變記一卷　康有為著　清光緒二十四年（1898）石印本　二册

320000－1605－0010105　441.7/428
南皮張宫保奏議十二卷　（清）張之洞撰　清光緒二十七年（1901）石印本　六册

320000－1605－0010106　441.7/429
張大司馬奏稿四卷　（清）張亮基撰　清光緒十七年（1891）刻本　四册

320000－1605－0010107　441.7/430
撫滇奏疏四卷　（清）張凱嵩撰　清光緒十九年（1893）刻本　四册

320000－1605－0010108　441.7/442
同治中興京外奏議約編八卷　（清）陳弢編　清光緒元年（1875）刻本　八册

320000－1605－0010109　441.7/449－1
陶文毅公奏疏五十二卷　（清）陶澍撰　清道光八年（1828）刻本　二十六册

320000－1605－0010110　441.7/449－2
陶雲汀先生奏疏八十四卷　（清）陶澍撰　清刻本　四十六册

320000－1605－0010111　441.7/486
彭剛直公奏稿八卷　（清）彭玉麟撰　清光緒十七年（1891）刻本　六册

320000－1605－0010112　441.7/527
曾文正公奏議補編四卷　（清）曾國藩撰　清同治十三年（1874）刻本　四册

320000－1605－0010113　441.7/553
靳文襄公奏議八卷　（清）靳輔撰　清刻本　八冊

320000－1605－0010114　441.7/556
楊黄門奏疏二卷附西臺奏議一卷　（清）楊建雍撰　清道光二十五年（1845）刻本　六冊

320000－1605－0010115　441.7/674－1
劉文莊公奏議八卷　（清）劉秉璋撰　朱孔彰編　清光緒鉛印本　八冊

320000－1605－0010116　441.7/674－2
劉襄勤公奏稿十六卷　（清）劉錦棠撰　清光緒二十四年（1898）刻本　十六冊

320000－1605－0010117　441.7/690－1
駱文忠公奏稿十卷　（清）駱秉章撰　清光緒十七年（1891）刻本　十冊

320000－1605－0010118　441.7/690－2
駱文忠公奏議二十七卷附一卷　（清）駱秉章撰　清光緒刻本　三十二冊

320000－1605－0010119　441.7/761
寒松堂全集四卷　（清）魏象樞撰　清光緒二十五年（1899）刻本　四冊

320000－1605－0010120　441.7/795
龔端毅公奏疏八卷浠川政譜二卷　（清）龔鼎孶撰　清光緒九年（1883）刻本　五冊

320000－1605－0010121　441.7/9
十山奏牘八卷　（清）于成龍撰　清康熙刻本　四冊

320000－1605－0010122　441.7/965
皇清名臣奏議六十八卷　題（清）琴川居士編輯　清鉛印本　四十八冊

320000－1605－0010123　441.7/977
稟稿一卷　（清）□□撰　稿本　一冊

320000－1605－0010124　441/176
那文毅公奏議八十卷　（清）那彦成撰　清道光十四年（1834）刻本　四十八冊

320000－1605－0010125　441/784
蘇文忠公奏議二卷　（宋）蘇軾撰　清嘉慶十八年（1813）刻本　六冊

320000－1605－0010126　442.7/128
唐州宦牘一卷　（清）沈同芳撰　清光緒二十五年（1899）刻本　一冊

320000－1605－0010127　442.7/2
撫吴公牘五十卷　（清）丁日昌撰　清光緒三年（1877）鉛印本　六冊

320000－1605－0010128　442.7/200－1
頤情館聞過集十二集　（清）宗源瀚撰　清光緒三年（1877）刻本　六冊

320000－1605－0010129　442.7/200－2
頤情館聞過集十二集　（清）宗源瀚撰　清光緒三年（1877）刻本　六冊

320000－1605－0010130　442.7/316
塵牘叢鈔二卷　（清）姚錫光撰　清光緒三十四年（1908）刻本　二冊

320000－1605－0010131　442.7/393－1
徐雨峰中丞勘語四卷　（清）徐士林撰　清光緒二十二年（1896）刻本　四冊

320000－1605－0010132　442.7/393－2
徐雨峰中丞勘語四卷　（清）徐士林撰　清光緒二十二年（1896）刻本　四冊

320000－1605－0010133　442.7/535
秦安公牘一卷靜涇公牘一卷示諭稿一卷隴上書札一卷　（清）程履豐撰　稿本　四冊

320000－1605－0010134　442.7/541
勉益齋偶存稿八卷續存稿十六卷　（清）裕謙撰　清光緒刻本　二十四冊

320000－1605－0010135　442.7/56
北洋公牘類纂二十五卷　甘厚慈輯　清光緒三十三年（1907）鉛印本　二十冊

320000－1605－0010136　442.7/622
畿輔水利初案一卷二案一卷三案一卷四案一卷四案補一卷畿輔水利附録一卷　（清）潘錫恩撰　清刻本　四冊

320000－1605－0010137　442.7/641－1

樊山政書二十卷　樊增祥撰　清宣統二年(1910)鉛印本　十冊

320000－1605－0010138　442.7/641－2
樊山政書二十卷　樊增祥撰　清宣統二年(1910)鉛印本　十冊

320000－1605－0010139　442.7/705
委查徐忠節公墓札一卷　(清)錢德承等撰　清道光刻本　一冊

320000－1605－0010140　442.8/420
復盦公牘四卷　曹允源撰　清宣統二年(1910)刻本　一冊

320000－1605－0010141　442/128
公言集三卷　(清)沈同芳撰　清光緒三十四年(1908)石印本　一冊

320000－1605－0010142　442/435
新文牘十卷　(清)陸春霖編　清宣統元年(1909)石印本　二十冊

320000－1605－0010143　442/535
交河爪印一卷甯津爪印一卷遼東小印一卷　程龢撰　清宣統二年(1910)鉛印本　一冊

320000－1605－0010144　442/781
宦吳稟牘不分卷　竇鎮山撰　清刻本　二冊

320000－1605－0010145　443.7/641－1
樊山判牘四卷　樊增祥編著　清光緒刻本　四冊

320000－1605－0010146　443.7/641－2
樊山判牘四卷　樊增祥編著　清光緒刻本　四冊

320000－1605－0010147　443/675
酌中志餘二卷　(明)劉若愚撰　清光緒七年(1881)刻本　一冊　存一卷(下)

320000－1605－0010148　444.27/359－1
音注小倉山房尺牘八卷　(清)袁枚撰　清光緒十一年(1885)鉛印本　四冊

320000－1605－0010149　444.27/359－2
小倉山房尺牘十卷附牘外餘言一卷　(清)袁枚撰　清光緒十八年(1892)鉛印本　二冊

320000－1605－0010150　444.6/21
明賢尺牘四卷　(清)王元勳輯　清光緒二十六年(1900)刻本　二冊

320000－1605－0010151　444.6/759
震川尺牘二卷　(明)歸有光撰　清康熙三十八年(1699)刻本　二冊

320000－1605－0010152　444.7/157
李文忠公朋僚函稿二十四卷　(清)李鴻章撰　(清)吳汝綸編　清光緒二十八年(1902)石印本　十二冊

320000－1605－0010153　444.7/167
兩罍軒尺牘十二卷　(清)吳雲撰　清宣統二年(1910)石印本　四冊

320000－1605－0010154　444.7/21
王子若摹刻硯史手牘一卷　(清)王曰申撰　**硯史年譜一卷**　(清)錢侍辰撰　清咸豐二年(1852)刻本　一冊

320000－1605－0010155　444.7/242－1
蘭言偶録二卷　金武祥輯　清宣統三年(1911)石印本　二冊

320000－1605－0010156　444.7/242－2
蘭言偶録二卷　金武祥輯　清宣統三年(1911)石印本　二冊

320000－1605－0010157　444.7/248－1
賴古堂尺牘二選藏弆集十六卷　(清)周在浚等選　清道光十九年(1839)刻本　四冊

320000－1605－0010158　444.7/248－2
感深知己録一卷家言一卷渭川劄一卷　(清)周際華撰　清咸豐八年(1858)刻本　一冊

320000－1605－0010159　444.7/248－3
周文忠公尺牘二卷附録雜文一卷　(清)周天爵撰　清同治七年(1868)刻本　一冊

320000－1605－0010160　444.7/248－4
周文忠公尺牘二卷附録雜文一卷　(清)周天爵撰　清同治七年(1868)刻本　一冊

320000－1605－0010161　444.7/27
湘綺樓箋啟八卷　王闓運撰　清光緒三十年(1904)刻本　四冊　存六卷(一至六)

320000－1605－0010162　444.7/312－1
春在堂尺牘四卷　(清)俞樾撰　清光緒刻本　一冊　存三卷(一至三)

320000－1605－0010163　444.7/312－2
曲園先生書札手稿一卷　(清)俞樾撰　清光緒影印本　一冊

320000－1605－0010164　444.7/316－1
惜抱軒尺牘八卷　(清)姚鼐撰　清宣統元年(1909)刻本　二冊

320000－1605－0010165　444.7/316－2
惜抱軒尺牘八卷　(清)姚鼐撰　清宣統三年(1911)鉛印本　二冊

320000－1605－0010166　444.7/420
倦圃尺牘二卷　(清)曹溶撰　清刻本　四冊

320000－1605－0010167　444.7/434
潛園友朋書問十二卷　(清)陸心源輯　清光緒石印本　四冊

320000－1605－0010168　444.7/441
簠齋尺牘不分卷　(清)陳介祺撰　清光緒石印本　五冊

320000－1605－0010169　444.7/442－1
培遠堂手札節存三卷　(清)陳宏謀撰　清同治十一年(1872)刻本　一冊

320000－1605－0010170　444.7/442－2
培遠堂手札節存三卷　(清)陳宏謀撰　清同治十一年(1872)刻本　一冊

320000－1605－0010171　444.7/442－3
陳文恭公手札節要三卷　(清)陳宏謀撰　清光緒三十二年(1906)刻本　一冊

320000－1605－0010172　444.7/527－1
曾文正公家書十卷　(清)曾國藩撰　清光緒三十一年(1905)鉛印本　八冊

320000－1605－0010173　444.7/527－2
曾文正公家書十卷　(清)曾國藩撰　清光緒三十一年(1905)申報館鉛印本　二冊　存四卷(一至四)

320000－1605－0010174　444.7/562
郋園論學書札一卷　葉德輝著　清光緒刻本　一冊

320000－1605－0010175　444.7/613－1
知愧軒尺牘十六卷　(清)管士駿撰　清光緒五年(1879)刻本　一冊　存四卷(十三至十六)

320000－1605－0010176　444.7/613－2
管可壽齋尺牘二卷　(清)管斯駿輯　清光緒十二年(1886)刻本　二冊

320000－1605－0010177　444.7/613－3
管可壽齋尺牘二卷　(清)管斯駿輯　清光緒十二年(1886)刻本　二冊

320000－1605－0010178　444.7/622
晚香書札二卷　(清)潘道根撰　清刻本　一冊

320000－1605－0010179　444.7/705
錢牧齋先生尺牘四卷　(清)錢謙益撰　清宣統三年(1911)刻本　四冊

320000－1605－0010180　444.7/756
名賢手札不分卷　(清)瞿鴻撰　清光緒十年(1884)刻本　二冊　存三種(駱文忠公手札、曾文正公手札、曾威毅伯手札)

320000－1605－0010181　444.7/968
武陽同鄉為滬寧鐵路致盛杏蓀宮保書一卷　(清)□□撰　清抄本　一冊

320000－1605－0010182　444.7/999
清人信札不分卷　(清)□□等撰　稿本　一冊

320000－1605－0010183　444/135－1
汪朝棻致其父誦芬信札不分卷　(清)汪朝棻撰　稿本　一冊

320000－1605－0010184　444/135－2
函稿不分卷　(清)汪運森撰　稿本　四冊

320000－1605－0010185　444/155
[李經義鄧邦述等給紹白]信札十四通　李經義等撰　稿本　一冊

320000－1605－0010186　444/168
有正味齋尺牘一卷　(清)吳錫麒撰　清宣統三年(1911)鉛印本　一冊

320000－1605－0010187　444/359
袁寶璜信稿不分卷　(清)袁寶璜撰　稿本　一冊

320000－1605－0010188　444/375
宋孫仲益内簡尺牘十卷首一卷　(宋)孫覿撰　(宋)李祖堯編注　(清)蔡焯　(清)蔡龍孫增訂　清乾隆蔡焯等刻本　四冊

320000－1605－0010189　444/412
名賢手札不分卷　(清)郭慶藩編　清光緒十六年(1890)石印本　二冊

320000－1605－0010190　444/494
黄忠端公明誠堂十四札疏證一卷題詞一卷　(明)黄道周原著　(清)黄彭年編録　清光緒十五年(1889)刻本　一冊

320000－1605－0010191　444/575
五十名家書札不分卷　(清)陸心源輯　清光緒上海復古齋石印本　二冊　存二冊(李鴻章至趙之謙)

320000－1605－0010192　444/607
蓬萊仙館尺牘六卷　(清)翟國棟編輯　清光緒十二年(1886)涇川半舫草堂刻本　二冊　存二卷(四至五)

320000－1605－0010193　444/717
明賢遺翰二卷　(清)謝苦農輯　清光緒十三年(1887)刻本　四冊

320000－1605－0010194　444/73
明臣史可法復書睿親王事一卷　(明)史可法撰　清抄本　一冊

320000－1605－0010195　444/740
嚶求集二卷　(清)繆艮撰　(清)倪照注　清光緒十六年(1890)石印本　四冊

320000－1605－0010196　444/966
朱氏遺札一卷　(清)朱氏撰　清刻本　一冊

320000－1605－0010197　450/978
繡像風箏誤傳三十二回　題(清)竹齋主人輯　清嘉慶十五年(1810)刻本　六冊

320000－1605－0010198　456/166
三笑新編十二集　(清)吳信天撰　清嘉慶十八年(1813)刻本　九冊　存九集(子至寅、巳至戌)

320000－1605－0010199　460.8/437
古今説海一百三十五種　(明)陸楫等輯　清道光元年(1821)刻本　二十冊

320000－1605－0010200　460/578
醒世新編四卷　(清)肖魯甫撰　清光緒二十三年(1897)石印本　四冊

320000－1605－0010201　460/999
劉碧鬟記一卷　(□)□□撰　清刻本　一冊

320000－1605－0010202　461/12.2
友會談叢三卷　(宋)上官融撰　清刻本　一冊

320000－1605－0010203　461/135
山海經存九卷首一卷　(清)汪紱釋　清光緒二十一年(1895)石印本　四冊

320000－1605－0010204　461/15
夢園叢説外篇八卷　(清)方濬頤著　清刻本　四冊

320000－1605－0010205　461/260
夷堅志八十卷　(宋)洪邁撰　清光緒五年(1879)刻本　十二冊

320000－1605－0010206　461/27－1
遯窟讕言十二卷　(清)王韜撰　清光緒六年(1880)鉛印本　四冊

320000－1605－0010207　461/27－2
淞隱漫録十二卷　(清)王韜撰　清光緒十三年(1887)石印本　四冊

320000－1605－0010208　461/27－3
淞隱漫録十二卷　(清)王韜撰　清光緒十三

年(1887)石印本　六册

320000－1605－0010209　461/27－4
淞隱漫録十二卷　(清)王韜撰　清光緒十三年(1887)石印本　五册

320000－1605－0010210　461/27－5
淞濱瑣話十二卷　(清)王韜撰　清宣統三年(1911)石印本　六册　缺二卷(十一至十二)

320000－1605－0010211　461/316
譚史志奇八卷　(清)姚彦臣輯　清光緒十四年(1888)刻本　四册

320000－1605－0010212　461/320－1
閲微草堂筆記二十四卷　(清)紀昀撰　清嘉慶五年(1800)刻本　十二册

320000－1605－0010213　461/320－2
閲微草堂筆記二十四卷　(清)紀昀撰　清嘉慶五年(1800)刻本　十二册

320000－1605－0010214　461/320－3
閲微草堂筆記二十四卷　(清)紀昀撰　清嘉慶五年(1800)刻本　十二册

320000－1605－0010215　461/320－4
閲微草堂筆記二十四卷　(清)紀昀撰　清光緒十三年(1887)鉛印本　四册

320000－1605－0010216　461/332
蝶階外史四卷　(清)高繼珩撰　清宣統三年(1911)石印本　二册

320000－1605－0010217　461/346
猥談一卷　(明)祝允明撰　**艾子後語一卷**　(明)陸灼撰　明萬曆十八年(1590)刻本　一册

320000－1605－0010218　461/359
新齊諧二十四卷續新齊諧十卷　(清)袁枚輯　清光緒十八年(1892)鉛印本　六册

320000－1605－0010219　461/393－1
閨閣才子奇書十二卷　題(清)鴛湖煙水散人著　清光緒十八年(1892)鉛印本　四册

320000－1605－0010220　461/393－2
閨閣才子奇書十二卷　題(清)鴛湖煙水散人著　清光緒十八年(1892)鉛印本　四册

320000－1605－0010221　461/393－3
玉芝堂談薈三十六卷　(明)徐應秋撰　清刻本　三十七册

320000－1605－0010222　461/402
兩般秋雨庵隨筆八卷　(清)梁紹壬撰　清光緒石印本　一册　存二卷(七至八)

320000－1605－0010223　461/403
稗海四十八種　(明)商濬輯　明刻本　四十四册　缺二十種八十九卷(續博物志七至十、摭言一卷、小名録二卷、云溪友議一至六、杜陽雜編三卷、東觀奏記三卷、大唐新語一至四、游宦紀聞七至十、夢溪筆談二十六卷補筆談一卷、學齋佔畢纂一卷、袪疑說纂一卷、墨莊漫録十卷、侍兒小名録拾遺一卷、補侍兒小名録一卷、續補侍兒小名録一卷、避暑録話二卷、清波雜誌三卷、墨客揮犀十卷、異聞總録四卷、遂昌雜録一卷)

320000－1605－0010224　461/407
里乘十卷　(清)許奉恩撰　清光緒五年(1879)刻本　五册　存五卷(二、五、七、九至十)

320000－1605－0010225　461/430－1
虞初新志二十卷　(清)張潮輯　清康熙三十九年(1700)刻本　八册

320000－1605－0010226　461/430－2
虞初新志二十卷　(清)張潮撰　**續志十二卷**　(清)鄭澍編　清咸豐元年(1851)刻本　十六册

320000－1605－0010227　461/446－1
唐代叢書六集一百六十四種　(清)陳世熙輯　清同治八年(1869)刻本　二十册

320000－1605－0010228　461/446－2
唐代叢書六集一百六十四種　(清)陳世熙輯　清刻本　三十二册

320000－1605－0010229　461/471

續虞初志四卷　(明)湯顯祖選　明刻本　四冊

320000－1605－0010230　461/477
昔柳摭談四卷　(清)馮躍龍撰　(清)汪人驥重輯　清光緒四年(1878)鉛印本　一冊

320000－1605－0010231　461/535
飛燕外傳一卷古今刀劍録一卷　(明)程榮輯　明刻本　一冊

320000－1605－0010232　461/562
石林燕語十卷　(宋)葉夢得撰　明萬曆刻本　二冊

320000－1605－0010233　461/588－1
見聞隨筆二十六卷　(清)齊學裘撰　清同治十年(1871)刻本　十二冊

320000－1605－0010234　461/588－2
見聞續筆二十四卷　(清)齊學裘撰　清光緒二年(1876)刻本　十二冊

320000－1605－0010235　461/598
寄園寄所寄十二卷　(清)趙吉士輯　清乾隆刻本　十三冊　缺一卷(十)

320000－1605－0010236　461/608－1
聊齋志異十六卷　(清)蒲松齡撰　清乾隆三十年(1765)青柯亭刻道光二年(1822)重修本　十六冊

320000－1605－0010237　461/608－2
聊齋志異十六卷　(清)蒲松齡撰　(清)王士禛評點　清刻本　四冊　存四卷(九、十二、十四至十五)

320000－1605－0010238　461/608－3
聊齋志異註十六卷　(清)呂湛恩輯　清道光五年(1825)觀古堂刻本　四冊

320000－1605－0010239　461/608－4
聊齋志異精選六卷　(清)蒲松齡撰　題(清)小芝山樵選　清道光七年(1827)刻本　四冊

320000－1605－0010240　461/608－5
聊齋志異新評十六卷　(清)蒲松齡撰　(清)王士禛評點　清同治十三年(1874)三元堂刻朱墨套印本　六冊　存六卷(一至六)

320000－1605－0010241　461/608－6
聊齋志異新評十六卷　(清)蒲松齡撰　清光緒三年(1877)但氏刻朱墨套印本　十六冊

320000－1605－0010242　461/608－7
聊齋志異新評十六卷　(清)蒲松齡撰　(清)王士禛評　(清)但明倫新評　清光緒九年(1883)掃葉山房刻朱墨套印本　十五冊　存十五卷(一至九、十一至十六)

320000－1605－0010243　461/608－8
聊齋志異新評十六卷　(清)蒲松齡撰　清光緒十年(1884)上海著易堂鉛印本　八冊

320000－1605－0010244　461/608－9
詳註聊齋志異圖詠十六卷　(清)蒲松齡著　清光緒十二年(1886)上海同文書局石印本　八冊

320000－1605－0010245　461/608－10
詳註聊齋志異圖詠十六卷　(清)蒲松齡著　清光緒十二年(1886)上海同文書局石印本　八冊

320000－1605－0010246　461/608－11
詳註聊齋志異圖詠十六卷　(清)蒲松齡撰　(清)呂湛恩注　清光緒三十三年(1907)上海久敬齋石印本　八冊

320000－1605－0010247　461/608－12
詳註聊齋志異圖詠十六卷　(清)蒲松齡撰　(清)呂湛恩注　清光緒十四年(1888)鴻寶齋石印本　六冊　存十二卷(一至十二)

320000－1605－0010248　461/608－13
詳註聊齋志異圖詠十六卷　(清)蒲松齡撰　(清)呂湛恩注　清光緒十四年(1888)知不足齋石印本　八冊

320000－1605－0010249　461/629
螢窗異草三編十二卷　題(清)長白浩歌子撰　清光緒三年(1877)鉛印本　十二冊

320000－1605－0010250　461/650
墨餘書異八卷　(清)蔣知白撰　清嘉慶二十

五年(1820)刻本　八册

320000－1605－0010251　461/967－1
豆棚消夏録一卷　(□)□□撰　清光緒石印本　一册

320000－1605－0010252　461/967－2
劍俠傳一卷續劍俠傳一卷　(□)□□撰　清光緒十二年(1886)石印本　一册

320000－1605－0010253　461/969
車鑑初編四卷　題(□)松風道人著　清光緒二十年(1894)刻本　三册　存三卷(一至二、四)

320000－1605－0010254　461/972
冷齋夜話十卷　(宋)釋惠洪撰　明刻本　二册

320000－1605－0010255　461/978
香艷叢書二十集八十卷　題(清)蟲天子輯　清宣統元年(1909)石印本　八十册

320000－1605－0010256　462/135
希夷夢四十卷　(清)汪寄撰　清嘉慶十四年(1809)刻本　三册　存三卷(三十七至三十九)

320000－1605－0010257　462/15－1
禪真逸史八卷四十回　題(清)清心道人編　清刻本　十二册

320000－1605－0010258　462/15－2
禪真後史五十三回　題(清)清心道人編　清刻本　八册

320000－1605－0010259　462/151
緑野仙蹤八十回　(□)□□撰　清刻本　二十四册

320000－1605－0010260　462/152－1
鏡花緣二十卷一百回　(清)李汝珍撰　清道光元年(1821)刻本　二十册

320000－1605－0010261　462/152－2
繪圖鏡花緣六卷一百回　(清)李汝珍撰　清光緒十五年(1889)上海校經山房石印本　八册

320000－1605－0010262　462/152－3
繡像西漢演義八卷東漢演義十卷　(明)李贄評點　清光緒十八年(1892)石印本　六册

320000－1605－0010263　462/152－4
繪圖萬花樓十四卷六十八回　(清)李雨堂撰　清光緒十九年(1893)石印本　四册

320000－1605－0010264　462/152－5
圖像鏡花緣全傳八卷一百回　(清)李汝珍撰　清光緒二十九年(1903)上海捷記石印本　六册

320000－1605－0010265　462/152－6
繡像萬華樓全傳十四卷六十八回　(清)李雨堂撰　清末刻本　一册　存二卷(十二至十三)

320000－1605－0010266　462/152－7
鏡花緣二十卷　(清)李汝珍撰　清刻本　二十册

320000－1605－0010267　462/152－8
增補官場現形記三十六卷　(清)李伯元撰　清石印本　八册

320000－1605－0010268　462/153－1
原本海公大紅袍傳六十卷六十回　(清)李春芳編　清道光十年(1830)刻本　十二册

320000－1605－0010269　462/153－2
水石緣六卷　(清)李春榮撰　清同治九年(1870)刻本　六册

320000－1605－0010270　462/153－3
新刻夢中緣四卷十五回　(清)李修行撰　清光緒十一年(1885)刻本　四册

320000－1605－0010271　462/165－1
聽月樓二十回　(□)□□撰　清光緒三年(1877)刻本　六册

320000－1605－0010272　462/165－2
吴友如繪圖第一情書聽月樓全傳二十回　(清)吴嘉猷繪　清光緒二十年(1894)石印本　四册

320000－1605－0010273　462/165－3

繪圖加批西遊記十二卷　（明）吳承恩撰　清光緒石印本　五冊　存五卷（八至十二）

320000－1605－0010274　462/165－4
新刊八仙出處東遊記二卷　（明）吳元泰撰　**南遊志傳四卷**　（清）余象斗撰　**西遊記傳**　（明）楊致和撰　**新用北方真武祖師玄天上帝出身全傳**　（清）余象斗撰　清近文堂刻本　四冊

320000－1605－0010275　462/165－5
聽月樓二十回　（□）□□撰　清刻本　四冊

320000－1605－0010276　462/165－6
吳三桂演義四卷　（□）□□編　清末石印本　四冊

320000－1605－0010277　462/166－1
繡像西遊記真詮二十卷一百回　（明）吳承恩撰　清咸豐二年（1852）刻本　二十冊

320000－1605－0010278　462/166－2
繪圖增像西遊記一百回　（明）吳承恩撰　清光緒十五年（1889）石印本　十二冊

320000－1605－0010279　462/166－3
繪圖增像西遊記一百回　（明）吳承恩撰　（清）陳士斌詮解　清光緒十九年（1893）石印本　八冊

320000－1605－0010280　462/166－4
繡像繪圖加批評點西遊記十二卷一百回　（明）吳承恩撰　清光緒石印本　七冊　存七卷（一至七）

320000－1605－0010281　462/166－5
新說西遊記圖像一百回　（明）吳承恩撰　清石印本　七冊　存八十八回（一至八十八）

320000－1605－0010282　462/168－1
飛龍傳十二卷　（清）吳璿整理　清咸豐元年（1851）刻本　十二冊

320000－1605－0010283　462/168－2
飛龍全傳十二卷六十四回　（清）吳璿整理　清末刻本　九冊　存九卷（四至十二）

320000－1605－0010284　462/170－1
廿四史通俗演義二十六卷四十四回　（清）呂撫撰　清光緒十五年（1889）鉛印本　六冊

320000－1605－0010285　462/170－2
廿四史通俗演義二十六卷四十四回　（清）呂撫撰　清光緒十五年（1889）鉛印本　五冊　缺四卷（五至八）

320000－1605－0010286　462/18
兒女英雄傳評話八卷四十回　（清）文康撰　題（清）還讀我書室主人評　清光緒二十二年（1896）石印本　八冊

320000－1605－0010287　462/248
意外緣十八卷　（清）周竹安著　清光緒二十一年（1895）石印本　四冊

320000－1605－0010288　462/265－1
評註圖像第五才子書七十五卷　（元）施耐庵著　清光緒十二年（1886）石印本　十二冊

320000－1605－0010289　462/265－2
評註圖像第五才子書七十五卷　（元）施耐庵著　清光緒十二年（1886）石印本　八冊

320000－1605－0010290　462/265－3
重訂水滸全傳十二卷　（元）施耐庵撰　清刻本　六冊

320000－1605－0010291　462/268
永慶昇平二十四卷　（清）郭廣瑞撰　清光緒十八年（1892）石印本　六冊

320000－1605－0010292　462/27
繪圖後聊齋志異十二卷　（清）王韜撰　清光緒十九年（1893）石印本　四冊

320000－1605－0010293　462/312－1
蕩寇志八卷　（清）俞萬春撰　清光緒三十二年（1906）石印本　三冊

320000－1605－0010294　462/312－2
蕩寇志七十卷　（清）俞萬春著　清光緒鉛印本　十八冊

320000－1605－0010295　462/312－3
蕩寇志七十一卷　（清）俞萬春撰　清光緒二十二年（1896）石印本　七冊　存六十一卷

（一至三十、四十一至七十一）

320000－1605－0010296　462/312－4
繪圖青樓夢六卷　（清）俞吟香撰　清光緒三十一年（1905）石印本　一册

320000－1605－0010297　462/329
新刻清風閘四卷　（□）□□撰　清刻本　四册

320000－1605－0010298　462/353
繪圖珠塔後傳麒麟豹四卷五十八回　（清）馬如飛撰　清光緒二十年（1894）石印本　四册

320000－1605－0010299　462/370
第一奇書野叟曝言二十卷一百五十四回　（清）夏敬渠撰　清光緒八年（1882）鉛印本　十册

320000－1605－0010300　462/374
改良全圖紅樓夢續篇三十卷　（清）秦雪塢撰　清光緒石印本　六册

320000－1605－0010301　462/375
萃忠全傳十卷　（清）孫高亮撰　清刻本　四册

320000－1605－0010302　462/376－1
繡像海上繁華夢新書二集六卷　題（清）警夢癡仙撰　清光緒二十九年（1903）石印本　六册

320000－1605－0010303　462/376－2
繡像海上繁華夢新書初集六卷　題（清）警夢癡仙撰　清光緒三十年（1904）石印本　六册

320000－1605－0010304　462/393－1
前七國孫龐演義四卷　（□）□□撰　**後七國樂田演義四卷**　（清）徐震撰　清光緒二十四年（1898）十萬卷樓石印本　四册

320000－1605－0010305　462/393－2
前七國孫龐演義四卷　（□）□□撰　**後七國樂田演義四卷**　（清）徐震撰　清光緒二十年（1894）上海積山書局石印本　四册

320000－1605－0010306　462/393－3
繡像英烈全傳四卷　（明）徐渭編　清刻本　十册

320000－1605－0010307　462/393－4
繡像英烈全傳四卷　（明）徐渭編　清光緒石印本　八册

320000－1605－0010308　462/407－1
新刻鍾伯敬先生評封神演義二十卷一百回　（明）許仲琳撰　（明）鍾惺批　清康熙三十四年（1695）刻本　二十册

320000－1605－0010309　462/407－2
繪圖封神演義八卷　（明）許仲琳撰　清刻本　八册

320000－1605－0010310　462/407－3
繡像封神演義一百回　（明）許仲琳撰　清光緒十六年（1890）珍藝書局鉛印本　五册　存五十回（五十一至一百）

320000－1605－0010311　462/407－4
繡像封神演義十卷一百回　（明）許仲琳撰　（明）鍾惺評　清宣統二年（1910）上海章福記書局石印本　十册

320000－1605－0010312　462/420－1
石頭記評贊不分卷　（清）王雪香撰　清同治十三年（1874）刻本　二册

320000－1605－0010313　462/420－2
新評繡像紅樓夢全傳一百二十回　（清）曹雪芹撰　清道光刻本　二十四册

320000－1605－0010314　462/420－3
增評補像全圖金玉緣一百二十回　（清）曹雪芹撰　清光緒三十四年（1908）石印本　十六册

320000－1605－0010315　462/420－4
圖注金石緣一百二十回　（清）曹雪芹撰　清光緒石印本　十六册

320000－1605－0010316　462/420－5
增評補圖石頭記一百二十回　（清）曹雪芹撰　清光緒石印本　十六册

320000－1605－0010317　462/420－6
紅樓夢一百二十回　（清）曹雪芹撰　清刻本

十四册　存八十九回(一至二十七、三十五至五十九、六十六至七十二、八十五至九十、九十七至一百二十)

320000－1605－0010318　462/420－7
繡像批點紅樓夢一百二十回　(清)曹雪芹撰　清刻本　二十四册

320000－1605－0010319　462/442－1
封神縯義十九卷一百回　(明)陳仲琳撰　清光緒刻本　二十册

320000－1605－0010320　462/442－2
品花寶鑑六十回　(清)陳森撰　清刻本　二十册

320000－1605－0010321　462/443
雪月梅傳十卷　題(清)鏡湖逸叟撰　清刻本　十册

320000－1605－0010322　462/444－1
燕山外史註釋八卷　(清)陳球著　(清)傅聲谷注　清光緒五年(1879)石印本　二册

320000－1605－0010323　462/444－2
燕山外史註釋八卷　(清)陳球著　(清)傅聲谷注　清光緒五年(1879)刻本　一册

320000－1605－0010324　462/444－3
註釋鷰山外史八卷　(清)陳球撰　(清)傅聲谷輯注　清光緒石印本　一册　存四卷(一至四)

320000－1605－0010325　462/462
繪圖第八才子書白圭志四卷　(清)崔象川撰　清光緒二十一年(1895)石印本　四册

320000－1605－0010326　462/492
嶺南逸史十卷　題(清)花溪逸士編　清同治元年(1862)刻本　五册

320000－1605－0010327　462/556
繡像韓湘子全傳三十回　題(明)雉衡山人編　清嘉慶二十五年(1820)刻本　六册

320000－1605－0010328　462/571
混元盒五毒全傳二十回　(□)□□撰　清刻本　二册

320000－1605－0010329　462/575－1
飛蛇全傳四卷　(□)□□撰　清同治十一年(1872)刻本　四册

320000－1605－0010330　462/575－2
岳武穆精忠全傳六卷　(清)鄒元標編訂　清刻本　六册

320000－1605－0010331　462/592
四雪草堂重訂通俗隋唐演義二十卷一百回　(清)褚人穫撰　清道光三十年(1850)刻本　二十册

320000－1605－0010332　462/608－1
詳註聊齋志異圖詠十六卷　(清)蒲松齡撰　(清)吕湛恩注　清光緒十二年(1886)同文書局石印本　八册

320000－1605－0010333　462/608－2
詳註聊齋志異圖詠十六卷　(清)蒲松齡撰　(清)吕湛恩注　清光緒十二年(1886)同文書局石印本　八册

320000－1605－0010334　462/608－3
詳註聊齋志異圖詠十六卷　(清)蒲松齡撰　(清)吕湛恩注　清光緒十二年(1886)石印本　八册

320000－1605－0010335　462/608－4
詳註聊齋志異圖詠十六卷　(清)蒲松齡撰　(清)吕湛恩注　清光緒十九年(1893)鴻文書局石印本　八册

320000－1605－0010336　462/62－1
七俠五義傳二十四卷一百二十回　(清)石玉昆撰　(清)俞樾重訂　清光緒十六年(1890)鉛印本　六册

320000－1605－0010337　462/62－2
七俠五義傳二十四卷一百二十回　(清)石玉昆撰　(清)俞樾重訂　清光緒十六年(1890)鉛印本　五册　缺四卷(十二至十五)

320000－1605－0010338　462/622
金蓮仙史四卷　(□)□□撰　清光緒三十四年(1908)刻本　四册

320000－1605－0010339　462/645
許真君擒蛟鐵樹記四卷　鄧志謨著　清咸豐七年(1857)刻本　二冊

320000－1605－0010340　462/654－1
東周列國全志二十三卷　(清)蔡昇評點　清乾隆刻本　二十四冊

320000－1605－0010341　462/654－2
東周列國全志二十三卷　(清)蔡昇評點　清同治、光緒刻本　五冊　存五卷(六、八至十一)

320000－1605－0010342　462/654－3
繡像東周列國志二十七卷　(清)蔡昇評點　清光緒三十年(1904)鉛印本　十二冊

320000－1605－0010343　462/654－4
繡像東周列國志二十七卷　(清)蔡昇評點　清光緒三十四年(1908)鉛印本　八冊

320000－1605－0010344　462/705－1
說岳全傳二十卷　(清)錢彩編　清道光二十三年(1843)刻本　十冊

320000－1605－0010345　462/705－2
說岳全傳二十卷　(清)錢彩編　清光緒十七年(1891)石印本　八冊

320000－1605－0010346　462/705－3
校正繡像說岳全傳二十卷　(清)錢彩撰　清光緒十七年(1891)石印本　六冊

320000－1605－0010347　462/705－4
增訂繪圖精忠說岳全傳八卷八十回　(□)□□撰　清光緒二十五年(1899)石印本　八冊

320000－1605－0010348　462/705－5
增訂繪圖精忠說岳全傳八卷八十回　(□)□□撰　清光緒三十二年(1906)石印本　八冊

320000－1605－0010349　462/72
黑海鍾十八回　田鑄撰　清光緒三十二年(1906)石印本　一冊

320000－1605－0010350　462/775－1
第一才子書繡像三國志演義六十卷首一卷一百二十回　(明)羅貫中編　清光緒七年(1881)刻本　二十冊

320000－1605－0010351　462/775－2
重校第一才子書六十卷首一卷一百二十回　(明)羅貫中編　清光緒七年(1881)羣玉山房刻朱墨套印本　十四冊　存四十二卷(一至四十一、首一卷)

320000－1605－0010352　462/775－3
新刻三寶太監西洋記通俗演義二十卷一百回　(明)羅懋登撰　清光緒七年(1881)鉛印本　十冊

320000－1605－0010353　462/775－4
三國誌全圖演義六十卷首一卷一百二十回　(明)羅貫中撰　(清)毛宗崗評　清光緒九年(1883)築野書屋刻本　十四冊　存四十三卷(五至十一、十七至二十八、三十五至四十七、五十一至六十，首一卷)

320000－1605－0010354　462/775－5
圖像三國演義六十卷首一卷一百二十回　(明)羅貫中撰　清光緒十六年(1890)廣百宋齋鉛印本　十二冊

320000－1605－0010355　462/775－6
殘唐五代史演義六卷　(明)羅貫中編輯　(明)湯顯祖批評　清光緒十七年(1891)上海書局鉛印本　二冊

320000－1605－0010356　462/775－7
殘唐五代史演義六卷　(明)羅貫中編輯　(明)湯顯祖批評　清光緒十七年(1891)上海書局鉛印本　二冊

320000－1605－0010357　462/775－8
圖像三寶太監下西洋通俗演義十六卷一百回　(明)羅懋登編　清光緒二十七年(1901)文宜書局石印本　十五冊　存十五卷(一至十五)

320000－1605－0010358　462/775－9
繪圖五代殘唐史演義六卷　(明)羅貫中編　(明)湯顯祖評　清光緒三十年(1904)上海書

局石印本　四册

320000－1605－0010359　462/775－10
增像三國全圖演義六十卷首一卷　(明)羅貫中編　清光緒三十一年(1905)上海點石齋石印本　十册　缺十一卷(二至十二)

320000－1605－0010360　462/775－11
第一才子書六十卷一百二十回　(明)羅貫中撰　清光緒刻本　十八册　缺四卷(一至四)

320000－1605－0010361　462/775－12
第一才子書繡像三國志演義六十卷一百二十回　(明)羅貫中撰　(清)毛宗崗評　清光緒刻本　十册　存二十五卷(九至二十八、四十三至四十四、五十八至六十)

320000－1605－0010362　462/775－13
古本三國志二十卷忠義水滸傳二十卷　(元)施耐庵　(明)羅貫中撰　清刻本　二十四册

320000－1605－0010363　462/775－14
鐫玉茗堂批點殘唐五代史演義傳六卷　題(明)羅貫中撰　清有德堂刻本　二册

320000－1605－0010364　462/793
繡像合錦迴文傳十六卷　題(清)鐵華山人重輯　清道光六年(1826)大文堂刻本　八册

320000－1605－0010365　462/794－1
繡像雙鳳奇緣二十卷八十回　(□)□□撰　清道光二十三年(1843)刻本　四册　存十三卷(一至十三)

320000－1605－0010366　462/794－2
雙鳳奇緣八卷　(□)□□撰　清光緒三十年(1904)石印本　四册

320000－1605－0010367　462/84
繡像草木春秋五卷三十二回　題(清)雲間子撰　清經綸堂刻本　五册

320000－1605－0010368　462/916
金石富貴録四卷　(□)□□撰　清光緒十九年(1893)鉛印本　二册

320000－1605－0010369　462/961－1
繪圖癡婆遇仙奇緣六卷　(□)□□編撰　清光緒二十六年(1900)石印本　四册

320000－1605－0010370　462/961－2
畫圖緣平夷全傳四卷十六回　題(□)天花藏主人撰　清刻本　四册

320000－1605－0010371　462/961－3
前後七國志八卷　題(清)遯世老人撰　清刻本　四册

320000－1605－0010372　462/961－4
繡像奇書大觀□□卷　(清)□□撰　清末石印本　一册　存四卷(五至八)

320000－1605－0010373　462/962－1
三合劍六卷　(□)□□撰　清道光二十八年(1848)刻本　六册

320000－1605－0010374　462/962－2
英雲夢傳八卷　題(清)松雪氏撰　清刻本　八册

320000－1605－0010375　462/963
新鐫濟顛大師醉菩提全傳二十回　題(□)天花藏主人編　清同治十年(1871)刻本　四册

320000－1605－0010376　462/964－1
五美緣全傳八十回　(□)□□撰　清光緒六年(1880)刻本　十册

320000－1605－0010377　462/964－2
野草閑花臭姻緣四卷四十回　題(清)月湖漁隱撰　清光緒二十七年(1901)石印本　四册

320000－1605－0010378　462/964－3
異説五虎平西珍珠旗演義狄青前傳六卷一百十二回　(□)□□撰　清光緒三十年(1904)石印本　八册

320000－1605－0010379　462/964－4
新編雷峰塔傳奇四卷　(□)□□撰　清刻本　四册

320000－1605－0010380　462/964－5
狄青演義五虎平西前傳十四卷平南後傳六卷　(□)□□撰　清刻本　二十册

320000－1605－0010381　462/964－6

快心編三集　題（清）天花才子輯　清末鉛印本　十冊

320000－1605－0010382　462/964－7
快心編三集　題（清）天花才子輯　清末鉛印本　十冊

320000－1605－0010383　462/965－1
風月夢二十三回　（□）□□撰　清刻本　六冊

320000－1605－0010384　462/965－2
繡像八劍七俠十六義平蠻後傳六卷　（清）□□撰　清光緒二十七年（1901）石印本　四冊

320000－1605－0010385　462/966－1
南唐演義十卷　題（清）如蓮居士編　清乾隆三十二年（1767）東溪堂刻本　十冊

320000－1605－0010386　462/966－2
再生緣全傳二十卷　（清）陳端生撰　（清）梁德繩續　清光緒十七年（1891）刻本　四十冊

320000－1605－0010387　462/966－3
繪圖征東全傳六卷四十二回　題（清）如蓮居士編次　清光緒十九年（1893）上海寶文書局石印本　四冊

320000－1605－0010388　462/966－4
牡丹奇緣二卷　題（清）散鶴山人編　清光緒二十三年（1897）石印本　二冊

320000－1605－0010389　462/966－5
再生緣二十卷　（清）陳端生撰　（清）梁德繩續　清光緒三十三年（1907）石印本　二十冊

320000－1605－0010390　462/966－6
野叟曝言二十卷　（清）夏敬渠撰　清光緒石印本　十冊

320000－1605－0010391　462/966－7
鳳凰池四卷　（□）□□撰　清刻本　四冊

320000－1605－0010392　462/966－8
南唐演義十卷　題（清）如蓮居士編　清刻本　十冊

320000－1605－0010393　462/966－9
新刻粉粧樓傳記八十回　題（清）竹溪山人撰　清刻本　二冊　存十三回（四十四至五十六）

320000－1605－0010394　462/967－1
鐵冠圖全傳八卷　（□）□□撰　清刻本　六冊

320000－1605－0010395　462/967－2
新鐫古本批評三世報隔簾花影四十八卷　（□）□□撰　清刻本　一冊　存八卷（四十一至四十八）

320000－1605－0010396　462/967－3
續英烈傳五卷　題（清）空谷老人編　清刻本　五冊

320000－1605－0010397　462/967－4
繪圖繡像重訂通俗隋唐演義十卷一百回　題（清）沒世農夫滙編　清末、民國石印本　四冊　存五卷（五至八、十）

320000－1605－0010398　462/967－5
新刻說唐全傳□□卷　（清）□□撰　清刻本　二冊　存二卷（三、六）

320000－1605－0010399　462/968－1
繡像金臺全傳十二卷　（□）□□撰　清光緒三年（1877）刻本　十二冊

320000－1605－0010400　462/968－2
增像全圖東周列國志二十七卷　（□）□□撰　清光緒十六年（1890）石印本　八冊

320000－1605－0010401　462/968－3
繪圖兩交婚惡姻緣四卷　（□）□□撰　清光緒二十年（1894）石印本　四冊

320000－1605－0010402　462/968－4
繪圖薛仁貴跨海征東全傳六卷四十二回　（□）□□撰　清光緒二十年（1894）石印本　四冊

320000－1605－0010403　462/968－5
全像紅樓圓夢四卷　題（清）臨鶴山人撰　清光緒二十三年（1897）石印本　四冊

320000－1605－0010404　462/968－6
繡像金臺全傳六卷　(□)□□撰　清光緒三十二年(1906)石印本　二册

320000－1605－0010405　462/968－7
繡像後宋慈雲太子走國全傳八卷　(□)□□撰　清刻本　八册

320000－1605－0010406　462/968－8
蝴蝶媒四卷　題(清)南岳道人編　清刻本　四册

320000－1605－0010407　462/968－9
繪圖新出情天劫小説一卷　題(清)東亞寄生撰　清宣統二年(1910)石印本　一册

320000－1605－0010408　462/969－1
繪圖施公案十集　(□)□□撰　清光緒石印本　五册

320000－1605－0010409　462/969－2
施案奇聞八卷　(□)□□撰　清刻本　四册

320000－1605－0010410　462/969－3
新鐫玉茗堂批點按鑑參補楊家將傳十卷　題(清)秦淮墨客編輯　清刻本　六册

320000－1605－0010411　462/970－1
金石緣全傳八卷　題(清)省齋主人編　清道光六年(1826)刻本　四册

320000－1605－0010412　462/970－2
金石緣全傳八卷　題(清)省齋主人編　清咸豐三年(1853)刻本　四册

320000－1605－0010413　462/970－3
繪圖後紅樓夢六卷三十二回　(□)□□撰　清宣統二年(1910)石印本　六册

320000－1605－0010414　462/970－4
花月痕全書十六卷五十二回　(清)魏秀仁撰　清末鉛印本　一册　存四卷(十三至十六)

320000－1605－0010415　462/971－1
蜃樓志全傳二十四卷　題(清)庾嶺勞人説　題(清)愚山老人編　清咸豐八年(1858)刻本　六册

320000－1605－0010416　462/971－2
繡像永慶昇平二十四卷九十七回　題(清)貪夢道人撰　清光緒十八年(1892)鉛印本　六册

320000－1605－0010417　462/971－3
繪圖第二奇書林蘭香八卷六十四回　題(清)寄旅散人批點　清光緒二十二年(1896)石印本　八册

320000－1605－0010418　462/971－4
繪圖第二奇書林蘭香八卷六十四回　題(清)寄旅散人批點　清光緒二十二年(1896)石印本　八册

320000－1605－0010419　462/971－5
新刊繡像全圖永慶昇平二十五卷一百回　題(清)貪夢道人撰　清光緒二十年(1894)上海鴻文書局石印本　六册

320000－1605－0010420　462/971－6
繡像永慶昇平二十四卷九十七回　題(清)貪夢道人撰　清光緒二十一年(1895)上海書局石印本　六册

320000－1605－0010421　462/971－7
繪圖永慶昇平前傳二十四卷九十七回後傳二十五卷一百回　題(清)貪夢道人撰　清光緒二十九年(1903)上海簡青齋石印本　十二册

320000－1605－0010422　462/971－8
新鎸批評繡像平山冷燕二十回　(□)□□撰　清刻本　六册

320000－1605－0010423　462/971－9
繡像雙鳳奇緣二十卷　(□)□□撰　清刻本　六册

320000－1605－0010424　462/971－10
繡像彭公案十續四卷十三續四卷全傳□□卷　題(清)貪夢道人撰　清末、民國石印本　三册　存八卷(十續三至四、十二續四卷、全傳九至十)

320000－1605－0010425　462/972－1
繡像二度梅傳六卷　題(清)惜陰堂主人編

清光緒六年(1880)刻本　六册

320000－1605－0010426　462/972－2
繡像素梅姐四卷　題(清)嗤嗤道人撰　清光緒三十四年(1908)石印本　四册

320000－1605－0010427　462/972－3
禪真後史五十三回　題(清)清心道人編　清刻本　一册　存十一回(三十四至四十四)

320000－1605－0010428　462/972－4
新鐫批評出像通俗奇俠禪真逸史八集四十回　(明)方汝浩撰　清刻本　十册

320000－1605－0010429　462/972－5
新鐫批評出像通俗演義禪真後史六卷五十三回　(明)方汝浩撰　清刻本　十六册

320000－1605－0010430　462/973－1
常言道四卷　題(清)落魄道人編　清光緒元年(1875)刻本　四册

320000－1605－0010431　462/973－2
繪像鐵花仙史二十六回　題(清)雲封山人編次　題(清)一嘯居士評點　清光緒十八年(1892)石印本　一册

320000－1605－0010432　462/974－1
繪圖聖朝鼎盛萬年清初集十三回　(□)□□撰　清光緒石印本　二册

320000－1605－0010433　462/974－2
新史奇觀演義全傳二十二回　題(清)蓬蒿子編　清刻本　四册

320000－1605－0010434　462/975－1
繡像狐狸緣全傳六卷　題(清)醉月山人撰　清光緒十四年(1888)刻本　六册

320000－1605－0010435　462/975－2
繡像狐貍緣全傳六卷　題(清)醉月山人撰　清光緒十五年(1889)刻本　一册　存三卷(一至三)

320000－1605－0010436　462/975－3
新鐫全像通俗演義隋煬帝艷史二十二卷四十回　題(明)齊東野人撰　清刻本　一册　存三卷(二十至二十二)

320000－1605－0010437　462/977
後紅樓夢三十二回附刻詩二種　(□)□□撰　清嘉慶道遙子刻本　十二册

320000－1605－0010438　462/979
海上繁華夢新書後集八卷四十四回　題(清)警夢癡仙撰　清光緒三十二年(1906)上海笑林報館鉛印本　八册

320000－1605－0010439　462/980
金瓶梅一百回　題(明)蘭陵笑笑生撰　清刻本　一册　存五回(四十三至四十七)

320000－1605－0010440　462/999－1
繪圖三公奇案包公十卷施公八卷藍公二卷　(□)□□撰　清光緒十七年(1891)上洋正誼書局鉛印本　六册

320000－1605－0010441　462/999－2
繪圖三公奇案包公十卷施公八卷藍公二卷　(□)□□撰　清光緒十七年(1891)上洋正誼書局鉛印本　六册

320000－1605－0010442　462/999－3
繪像鐵花仙史二十六回　(□)□□撰　清光緒十八年(1892)鉛印本　四册

320000－1605－0010443　462/999－4
繪圖續今古奇觀六卷三十回　(清)□□撰　清光緒十九年(1893)上洋書局鉛印本　六册

320000－1605－0010444　462/999－5
增像全圖東漢演義四卷六十四回　(清)□□撰　清光緒十九年(1893)上海會文山房石印本　二册

320000－1605－0010445　462/999－6
異説五虎平西珍珠旗演義狄青前傳六卷一百十二回　(□)□□撰　清光緒三十年(1904)上海書局石印本　六册

320000－1605－0010446　462/999－7
繡像八美圖五卷　(□)□□撰　清光緒刻本　一册　存一卷(二)

320000－1605－0010447　462/999－8
新鐫繪圖描金鳳八卷　(□)□□撰　清光緒

三十四年(1908)上海書局石印本　一冊　存四卷(一至四)

320000－1605－0010448　462/999－9

繪圖歷代神仙傳二十四卷　(□)□□輯　清宣統元年(1909)掃葉山房石印本　八冊

320000－1605－0010449　463/156

十二樓十二卷　題(清)覺世稗官編　清刻本　六冊

320000－1605－0010450　463/24

新選今古奇聞二十二卷　(清)王寅選　清光緒十三年(1887)刻本　六冊

320000－1605－0010451　463/242

繪圖第六才子書六卷　(清)金聖歎評　清光緒二十七年(1901)上海書局石印本　一冊　存一卷(一)

320000－1605－0010452　463/477－1

繡像今古奇觀四十卷　(明)馮夢龍編　清乾隆五十年(1785)刻本　十四冊　缺六卷(三至五、三十八至四十)

320000－1605－0010453　463/477－2

袖珍今古奇觀四十卷　(明)馮夢龍編　清刻本　十二冊

320000－1605－0010454　463/477－3

石點頭十四卷　題(明)天然癡叟撰　(明)馮夢龍評　清刻本　六冊

320000－1605－0010455　463/756

三燈叢話合刻九卷　(明)瞿佑等撰　清道光刻本　六冊

320000－1605－0010456　463/965

石點頭六卷　題(明)天然癡叟撰　清道光四年(1824)刻本　六冊

320000－1605－0010457　463/967

南海觀音全傳一卷　(□)□□撰　清刻本　一冊　存四十四葉(四十九至九十二)

320000－1605－0010458　463/972

寶講最好聽三種十二卷　(□)□□撰　清刻本　十二冊

320000－1605－0010459　465/100

新刻時調說唱八仙緣四卷　題(清)梅庭氏編　清嘉慶十七年(1812)刻本　四冊

320000－1605－0010460　465/103

繡像四香緣三十二卷　(清)朱鏡江撰　清同治五年(1866)刻本　四冊

320000－1605－0010461　465/15

珍珠塔傳二十四回　(清)□□撰　(清)周殊士增補　清刻本　八冊

320000－1605－0010462　465/166

繡像三笑新編十二卷　(□)□□撰　清光緒四年(1878)刻本　十二冊

320000－1605－0010463　465/26－1

繡像玉連環八卷　(清)朱素仙著　清刻本　二冊　存二卷(七至八)

320000－1605－0010464　465/26－2

玉連環盤龍鐲全傳二十四卷　(□)□□撰　清刻本　四冊

320000－1605－0010465　465/27

繡像四香緣全傳六卷　(清)王慵子序　清光緒三十三年(1907)石印本　六冊

320000－1605－0010466　465/311

再造天十六卷　(清)侯芝撰　清同治八年(1869)刻本　十冊

320000－1605－0010467　465/330－1

果報録十二卷一百回　(清)海芝濤撰　清木活字印本　十二冊

320000－1605－0010468　465/330－2

果報録十二卷一百回　(清)海芝濤撰　清木活字印本　十二冊

320000－1605－0010469　465/330－3

荆襄快談録十六卷　(清)海芝濤撰　清光緒二十年(1894)石印本　四冊

320000－1605－0010470　465/352－1

繡像孝義真蹟珍珠塔全傳六卷　(□)□□撰　清同治八年(1869)刻本　六冊

320000－1605－0010471　465/352－2
繡像孝義真蹟珍珠塔全傳六卷　(□)□□撰　清同治八年(1869)刻本　六冊

320000－1605－0010472　465/352－3
繡像十五貫十六卷　題(清)鴛湖逸史編撰　清同治十一年(1872)刻本　四冊

320000－1605－0010473　465/352－4
繪圖白蛇傳後集四卷　題錦囊氏編　清光緒二十二年(1896)石印本　四冊

320000－1605－0010474　465/352－5
馬如飛先生南詞小引初集二卷　(清)馬如飛撰　清光緒刻本　二冊

320000－1605－0010475　482/434－5
嗇菴隨筆六卷鄉賢公感憶生平篇一卷　(清)陸文衡撰　清木活字印本　一冊　存二卷(嗇菴隨筆一至二)

320000－1605－0010476　465/370
繡像還金鐲八卷　題(清)吹竽先生重編　清道光元年(1821)刻本　八冊

320000－1605－0010477　465/393－1
夢白新翻錦香亭全傳三十二卷　(清)徐品南編　清嘉慶七年(1802)刻本　六冊

320000－1605－0010478　465/393－2
夢白新翻錦香亭全傳三十二卷　(清)徐品南編　清嘉慶七年(1802)刻本　四冊

320000－1605－0010479　465/420－1
繡像九美圖全傳十二卷　(清)曹春江撰　清道光二十三年(1843)刻本　十二冊

320000－1605－0010480　465/420－2
繡像九美圖全傳十二卷　(清)曹春江撰　清道光二十三年(1843)刻本　七冊　存七卷(二至四、六至八、十)

320000－1605－0010481　465/420－3
新刻繡像換空箱全傳二十一卷　(清)□□撰　清光緒十三年(1887)刻本　六冊

320000－1605－0010482　465/444－1
繡像芙蓉洞全傳十卷　(清)陳遇乾撰　清道光十六年(1836)刻本　二冊　存二卷(四、九)

320000－1605－0010483　465/444－2
繡像芙蓉洞全傳十卷　(清)陳遇乾撰　清道光十六年(1836)刻本　十冊

320000－1605－0010484　465/444－3
繡像繪圖蜻蜓奇緣四卷四十回　(□)□□撰　清光緒二十五年(1899)石印本　四冊

320000－1605－0010485　465/445－1
繡像義妖傳二十八卷　(清)陳遇乾撰　清光緒二年(1876)刻本　十二冊

320000－1605－0010486　465/445－2
再生緣全傳二十卷　(清)陳端生撰　(清)梁德繩續　清光緒十七年(1891)刻本　二冊　存二卷(十五至十六)

320000－1605－0010487　465/445－3
繡像義妖全傳二十七卷　(□)□□撰　清抄本　四冊

320000－1605－0010488　465/446－1
桃花影彈詞十六回　(清)陳栩輯　清光緒二十六年(1900)鉛印本　二冊

320000－1605－0010489　465/446－2
再生緣全傳二十卷　(清)陳端生撰　(清)梁德繩續　清光緒十七年(1891)刻本　四冊　存四卷(十六至十七、十九至二十)

320000－1605－0010490　465/449－1
天雨花三十回　(清)陶貞懷撰　清嘉慶九年(1804)刻本　三十冊

320000－1605－0010491　465/449－2
天雨花三十回　(清)陶貞懷撰　清嘉慶九年(1804)刻本　二十八冊　缺二回(二十八、三十)

320000－1605－0010492　465/449－3
天雨花三十回　(清)陶貞懷撰　清道光二十一年(1841)刻本　三十二冊

320000－1605－0010493　465/473
繡像鬧盧莊十六卷十六回　(□)□□撰　清刻本　五冊

320000－1605－0010494　465/486
繪圖繡像四雲亭新書全傳二十四回　（清）彭靚娟撰　清光緒元年（1875）鉛印本　八册

320000－1605－0010495　465/491－1
新刻真本唱口雙珠球全傳四十九卷　（□）□□撰　清光緒三年（1877）刻本　十册

320000－1605－0010496　465/491－2
新刻真本唱口雙珠球全傳四十九卷　（□）□□撰　清光緒三年（1877）刻本　十二册

320000－1605－0010497　465/492
繡像荆釵全傳六卷　（清）黄彦撰　清同治刻本　八册

320000－1605－0010498　465/509
宋誌二十卷　（清）華慎旃輯　清抄本　二十册

320000－1605－0010499　465/535－1
鳳雙飛全傳五十二回　（清）程蕙英撰　清光緒二十五年（1899）石印本　二十六册

320000－1605－0010500　465/535－2
鳳雙飛全傳五十二回　（清）程蕙英撰　清抄本　四十三册

320000－1605－0010501　465/556
廿一史彈詞註十一卷　（明）楊慎撰　（清）張三異增定　清康熙刻本　七册

320000－1605－0010502　465/705
繡像來生福八卷三十六回　題（清）個中逸叟撰　（清）錢黎民補　清末、民國石印本　七册　缺一卷（七）

320000－1605－0010503　465/821
説唱張四姐大鬧東京傳一卷　（□）□□樹撰　清咸豐三年（1853）刻本　一册

320000－1605－0010504　465/932
草板真八美圖二卷六十回　（□）□□撰　清抄本　二册

320000－1605－0010505　465/961－1
雙金錠傳六卷　（清）□□撰　清道光刻本　一册　存二卷（四至五）

320000－1605－0010506　465/961－2
繡像雙珠鳳十二卷　（□）□□撰　清同治二年（1863）刻本　十二册

320000－1605－0010507　465/961－3
新增笑中緣圖詠四卷七十五回　（□）□□撰　清光緒十四年（1888）石印本　四册

320000－1605－0010508　465/961－4
烏金記四卷　（清）□□撰　清光緒十五年（1889）刻本　一册

320000－1605－0010509　465/961－5
繪圖巧夸冤全傳十卷　（清）□□撰　清光緒三十四年（1908）石印本　二册　存三卷（五、七至八）

320000－1605－0010510　465/961－6
新刻繡像韓湘子藍關道情正本一卷　（□）□□撰　清刻本　一册

320000－1605－0010511　465/961－7
繡像九龍陣十六卷十六回　（清）□□撰　清刻本　一册　存二卷（十五至十六）

320000－1605－0010512　465/961－8
新編時調唱口文明秋鳳三十八集一百八卷　（□）□□編　清末刻本　二册　存十四卷（一至九、八十四至八十八）

320000－1605－0010513　465/962－1
繡像八美圖初集二十卷二集二十九卷　（□）□□撰　清光緒刻本　六册

320000－1605－0010514　465/962－2
繡像八美圖五卷　（□）□□撰　清刻本　四册

320000－1605－0010515　465/962－3
繡像一捧雪八卷　（□）□□撰　清刻本　四册

320000－1605－0010516　465/963－1
新刻繡像説唱九美圖二十六回　（□）□□撰　清同治十一年（1872）刻本　六册

320000－1605－0010517　465/963－2
新刻繡像説唱九美圖二十六回　（□）□□撰

清同治十一年(1872)刻本　六册

320000－1605－0010518　465/963－3
湘子全傳二卷　(□)□□撰　清光緒十九年(1893)刻本　一册

320000－1605－0010519　465/963－4
繪圖小金錢二十二卷　(□)□□撰　清光緒二十六年(1900)石印本　四册

320000－1605－0010520　465/963－5
三元傳四卷　(□)□□撰　清光緒三十二年(1906)石印本　四册

320000－1605－0010521　465/963－6
韓湘子九度文公四卷　(□)□□撰　清光緒石印本　四册

320000－1605－0010522　465/964－1
繡像六美圖三十卷三十回　(清)朱鏡江(清)章惟善撰　清同治九年(1870)刻本　十六册

320000－1605－0010523　465/964－2
繡像六美圖三十卷三十回　(清)朱鏡江(清)章惟善撰　清同治九年(1870)刻本　十二册

320000－1605－0010524　465/964－3
新編時調唱口文明秋鳳三十八集　(□)□□編　清刻本　八册

320000－1605－0010525　465/964－4
新刻古本大金錢全傳二十五卷　(□)□□撰　清刻本　四册

320000－1605－0010526　465/964－5
繡像蘊香丸四卷　(□)□□撰　清刻本　四册

320000－1605－0010527　465/965－1
繡像水晶球三十八卷　(□)□□撰　清嘉慶二十五年(1820)刻本　八册

320000－1605－0010528　465/965－2
葛仙翁全傳(繡像麟兒報傳)十六回　題(清)諸粵山人編　清道光元年(1821)刻本　四册

320000－1605－0010529　465/965－3
玉蜻蜓八卷　(□)□□撰　清同治十二年(1873)刻本　四册

320000－1605－0010530　465/965－4
明末彈詞第一集十二卷　題(清)古木山人撰　清光緒十年(1884)刻本　四册

320000－1605－0010531　465/965－5
繪圖水妖貪歡緣八卷　(□)□□撰　清光緒石印本　二册

320000－1605－0010532　465/965－6
新刻秘本彈詞五虎平西全傳四十五卷　(□)□□撰　清刻本　六册

320000－1605－0010533　465/965－7
繡像文武香球十二卷　(□)□□撰　清刻本　十二册

320000－1605－0010534　465/966
繡像全圖玉釧緣三十二卷　題(清)西湖居士序　清道光二十二年(1842)刻本　二十三册　存二十卷(一至三、五至六、八至十、十六至十七、十九、二十二至二十三、二十五至二十六、二十八至三十二)

320000－1605－0010535　465/967－1
安邦志二十卷　(□)□□撰　清道光二十九年(1849)刻本　二十册

320000－1605－0010536　465/967－2
定國誌二十卷　(□)□□撰　清道光刻本　二十册

320000－1605－0010537　465/967－3
繡像八美圖五卷　(□)□□撰　清同治六年(1867)刻本　四册

320000－1605－0010538　465/967－4
新鐫繡像描金鳳十二卷四十六回　(□)□□撰　清光緒二年(1876)刻本　十二册

320000－1605－0010539　465/967－5
繡像雅調八美圖初集二十卷二集二十九卷　題(□)抱真子序刻　清光緒四年(1878)刻本　四册

320000－1605－0010540　465/967－6
安邦定國全志四十卷　(□)□□撰　清刻本　三十五册

320000－1605－0010541　465/967－7
新刻芒碭山義俠記三卷　(□)□□撰　清刻本　一册

320000－1605－0010542　465/967－8
繡像金釧記四卷　(□)□□撰　清刻本　一册

320000－1605－0010543　465/967－9
新刊王清明投親合同記全傳四卷　(□)□□撰　清刻本　四册

320000－1605－0010544　465/967－10
繪圖鳳凰山十卷七十二回　(清)□□撰　清末、民國石印本　二册　存二卷(三至四)

320000－1605－0010545　465/968－1
增補繡像玉夔龍六卷　題(清)泖濱釣隱序　清光緒十九年(1893)石印本　六册

320000－1605－0010546　465/968－2
增補繡像玉夔龍六卷　題(清)泖濱釣隱序　清光緒十九年(1893)石印本　二册

320000－1605－0010547　465/968－3
東調薛仁貴征東前集二卷後集二卷　(□)□□撰　清刻本　四册

320000－1605－0010548　465/968－4
玉針記六卷　(□)□□編　清刻本　三册

320000－1605－0010549　465/969－1
新刻時調真本唱口九絲絳全傳一百四十四卷　(清)□□撰　清道光二年(1822)刻本　十二册

320000－1605－0010550　465/969－2
再造天十六卷　(清)侯芝撰　清同治八年(1869)刻本　八册

320000－1605－0010551　465/969－3
新刻珠玉圓四卷四十八回　題(清)柳浦散人編　題(清)西麓山人評點　清同治十一年(1872)刻本　四册

320000－1605－0010552　465/969－4
繡像風箏誤傳三十二回　題(清)竹齋主人輯　清嘉慶十五年(1810)刻本　六册

320000－1605－0010553　465/970－1
錦上花四十八回　題(清)修目閣主人編　清嘉慶刻本　八册

320000－1605－0010554　465/970－2
新刻仁宗皇帝紅燈大會四卷　(□)□□撰　清刻本　一册

320000－1605－0010555　465/971－1
繡像梅花韻十卷　(□)□□撰　清道光元年(1821)刻本　十册

320000－1605－0010556　465/971－2
繡像錦上花四十八回　題(清)修目閣主人撰修　清同治十三年(1874)刻本　十册

320000－1605－0010557　465/971－3
繪圖前笑中緣金如意全傳四卷二十二回　(□)□□撰　清光緒石印本　一册

320000－1605－0010558　465/971－4
繡像説唱海公奇案八種　(□)□□撰　清光緒十九年(1893)刻本　十册

320000－1605－0010559　465/971－5
繪圖笑中緣六卷　(□)□□撰　清光緒三十二年(1906)石印本　六册

320000－1605－0010560　465/971－6
新刻秦雪梅三元記十二卷　(□)□□撰　清刻本　一册

320000－1605－0010561　465/971－7
繪圖笑中緣四卷　(□)□□撰　清宣統二年(1910)石印本　一册

320000－1605－0010562　465/972－1
新編玉鴛鴦全傳八卷三十六回　題(清)裕德里居士重編　清道光二十一年(1841)刻本　八册

320000－1605－0010563　465/972－2
繡像鳳凰圖六卷　題(清)琴香山人序　清同治三年(1864)刻本　六册

320000－1605－0010564　465/972－3
繪圖庵堂相會四集　(□)□□撰　清刻本　四冊

320000－1605－0010565　465/972－4
新刻遊蘇州絲羅帶周天保全傳二卷繡鞋記二卷新刻曹正榜三報記二卷張小姐賣花記二卷鳳凰記二卷白蛇記四卷珍珠塔四卷　(□)□□撰　清刻本　一冊

320000－1605－0010566　465/972－5
新刻張小姐賣花記全本六卷　(□)□□撰　清刻本　一冊

320000－1605－0010567　465/973－1
繡像萬花樓六卷　(□)□□撰　清光緒二年(1876)刻本　六冊

320000－1605－0010568　465/973－2
江南鈸鑼當一卷　(□)□□撰　清刻本　一冊

320000－1605－0010569　465/973－3
繡像雲外飄香四卷十二回　(□)□□撰　清石印本　四冊

320000－1605－0010570　465/973－4
繡像雲外飄香四卷十二回　(□)□□撰　清石印本　三冊　存三卷(二至四)

320000－1605－0010571　465/974－1
繡像一捧雪八卷　(□)□□撰　清嘉慶二十四年(1819)刻本　八冊

320000－1605－0010572　465/974－2
繪像繡香囊全傳七集四十八卷　(□)□□撰　清光緒三十一年(1905)石印本　十四冊

320000－1605－0010573　465/974－3
新造二歲夫全歌□□卷　(□)□□撰　清刻本　一冊　存五卷(一至五)

320000－1605－0010574　465/975－1
新刻天寶圖十卷五十七回　(□)□□撰　清道光十年(1830)刻本　五冊

320000－1605－0010575　465/975－2
新刻天寶圖十卷五十七回　(□)□□撰　清道光十年(1830)刻本　五冊

320000－1605－0010576　465/975－3
新刻古本劉成美忠節全傳二十五卷　(□)□□撰　清道光二十二年(1842)刻本　十冊

320000－1605－0010577　465/975－4
古本新刻劉成美全傳二十五卷　(□)□□撰　清光緒四年(1878)刻本　八冊

320000－1605－0010578　465/975－5
古本新刻劉成美全傳二十五卷　(□)□□撰　清光緒四年(1878)刻本　八冊

320000－1605－0010579　465/976－1
來生福彈詞三十六回　題(清)橘中逸叟撰　清同治九年(1870)刻本　二十五冊

320000－1605－0010580　465/976－2
來生福彈詞三十六回　題(清)橘中逸叟撰　清同治九年(1870)刻本　五冊　存十回(五至六、十九至二十四、二十六至二十七)

320000－1605－0010581　465/976－3
新編繡像福壽大紅袍十四卷一百回　題(清)廢閑主人編　清光緒八年(1882)刻本　十四冊

320000－1605－0010582　465/976－4
新增全圖珍珠塔後傳麒麟豹三十卷　題(清)鴛湖逸史編　清光緒十七年(1891)石印本　四冊

320000－1605－0010583　465/976－5
新增全圖珍珠塔後傳麒麟豹六卷　題(清)鴛湖逸史編　清光緒二十一年(1895)石印本　二冊

320000－1605－0010584　465/976－6
繪圖時調水晶球全傳四卷　題(清)鴛湖主人釐序刻訂　清光緒二十五年(1899)石印本　四冊

320000－1605－0010585　465/976－7
繡像安邦定國全誌四十卷　題(清)學海主人序　清光緒三十四年(1908)刻本　四十冊

320000－1605－0010586　465/976－8

新編雙玉盃全傳三十六卷 題(清)醉墨齋主人撰 清恒德堂刻本 八冊

320000－1605－0010587 465/976－9
繪真記四十卷 題(清)邀月樓主人撰 清刻本 八冊

320000－1605－0010588 465/976－10
繡像鳳凰山傳七十二卷 (清)□□撰 清刻本 三十二冊

320000－1605－0010589 465/976－11
繪圖鳳凰山十卷七十二回 (清)□□撰 清宣統石印本 十冊

320000－1605－0010590 465/977－1
新刻雅調唱口平陽傳金臺全集十二卷六十回 (□)□□撰 清光緒三年(1877)刻本 十二冊

320000－1605－0010591 465/977－2
繡像九美奪夫全傳二十六回 (□)□□撰 清光緒三十一年(1905)石印本 四冊

320000－1605－0010592 465/977－3
繡像百花臺全集四卷 題(清)鴛水主人撰 清光緒刻本 四冊

320000－1605－0010593 465/978－1
繡像一箭緣全傳四卷後傳八卷 題(清)環秀主人序 清嘉慶二十三年(1818)刻本 八冊

320000－1605－0010594 465/978－2
繡像雙珠鳳十五卷 (□)□□撰 清光緒元年(1875)刻本 四冊

320000－1605－0010595 465/978－3
繪圖雙珠鳳全傳十二卷 (□)□□撰 清光緒二十一年(1895)石印本 六冊

320000－1605－0010596 465/978－4
繡像雙玉鐲全傳十五卷後集十卷 (□)□□撰 清刻本 十冊

320000－1605－0010597 465/978－5
繡像雙玉鐲全傳十五卷後集十卷 (□)□□撰 清刻本 十冊

320000－1605－0010598 465/979－1
雙珠鳳全傳十二卷 (□)□□撰 清光緒抄本 八冊

320000－1605－0010599 465/979－2
繡像雙金錠二卷六回 (□)□□撰 清光緒二十一年(1895)石印本 一冊

320000－1605－0010600 465/980－1
新增全圖珍珠塔全傳十二卷 (清)周珠士整理 清光緒十八年(1892)石印本 四冊

320000－1605－0010601 465/980－2
繪圖玉如意十六卷 題(清)嚴太史新編 清宣統二年(1910)刻本 十二冊

320000－1605－0010602 465/982
楊乃武奇案二卷 題(清)聽雨樓主人編 清光緒二十六年(1900)石印本 一冊

320000－1605－0010603 465/99－1
繡像玉連環八卷 (清)朱素仙著 清道光三年(1823)刻本 八冊

320000－1605－0010604 465/99－2
繡像玉連環八卷 (清)朱素仙著 清道光三年(1823)刻本 十六冊

320000－1605－0010605 465/999－1
鳳凰山七十二卷 (清)□□撰 清刻本 五冊 存十五卷(三十九至四十一、四十八至五十九)

320000－1605－0010606 465/999－2
繡像繪圖雙珠球全傳十二卷四十九回 (清)□□撰 清光緒三十年(1904)石印本 一冊 存一卷(一)

320000－1605－0010607 466/100
新刻時調說唱八仙緣四卷十二回 (清)朱梅庭撰 清同治十一年(1872)刻本 四冊

320000－1605－0010608 466/551
木皮散人鼓詞一卷附萬古愁曲乾嘉詩壇點將録東林點將録一卷 (清)賈鳧西撰 清光緒三十三年(1907)刻本 一冊

320000－1605－0010609 466/824

東鄉俚曲六集　(□)□□六集　清刻本　六册

320000－1605－0010610　466/966－1
繡像新刊玉盃記二卷繡像新刊回盃記二卷　(□)□□撰　清光緒三十二年(1906)石印本　四册

320000－1605－0010611　466/972
重刻觀世音菩薩本行經簡集二卷　(宋)釋普明編　清光緒十二年(1886)刻本　二册

320000－1605－0010612　466/979
繡像雙帥印十四卷十四回　(□)□□撰　清刻本　三册

320000－1605－0010613　467/100
埋憂集十卷續集二卷　(清)朱翊清撰　清光緒元年(1875)刻本　六册

320000－1605－0010614　467/26
拾遺記十卷　題(後秦)王嘉撰　清光緒元年(1875)刻本　一册

320000－1605－0010615　467/961
劉香寶卷二卷　(□)□□撰　清刻本　二册

320000－1605－0010616　467/971
壺中志初集二卷　題(□)壺廬主人著　清光緒三十二年(1906)石印本　一册　存一卷(下)

320000－1605－0010617　467/977－1
浙江溫州府平陽縣白梅村七世修行玉英寶卷一卷　(□)□□撰　清光緒三年(1877)刻本　一册

320000－1605－0010618　467/977－2
新抄經卷合刻十一種　(□)□□編　清宣統三年(1911)石印本　一册

320000－1605－0010619　467/999－1
烈女記九卷　(清)□□撰　清末刻本　一册　存四卷(六至九)

320000－1605－0010620　467/999－2
新編倭袍寶卷二卷　(清)□□撰　清末石印本　一册　存一卷(下)

320000－1605－0010621　468/148－1
古謠諺一百卷　(清)杜文瀾編　清咸豐刻本　二十册

320000－1605－0010622　468/148－2
古謠諺選一卷　(清)杜文瀾輯　清光緒刻本　一册

320000－1605－0010623　468/226
粤謳四卷　題(清)明珊居士輯　清抄本　二册

320000－1605－0010624　469.4/933
巴黎茶花女遺事一卷　(法國)小仲馬著　林紓譯　清光緒二十七年(1901)石印本　一册

320000－1605－0010625　469/501
白頭鴛鴦一卷　題(清)煮夢譯述　清光緒三十四年(1908)鉛印本　一册

320000－1605－0010626　469/937
日本維新英雄兒女奇遇記不分卷　(日本)長田偶得撰　題(清)逸人後裔譯　清光緒二十八年(1902)鉛印本　一册

320000－1605－0010627　469/968
膜外風光不分卷　(法國)克里孟梭著　林紓譯　清光緒鉛印本　一册

320000－1605－0010628　470/650
蒙求釋註一卷　(清)蔣允焄輯　清乾隆二十七年(1762)刻本　一册

320000－1605－0010629　480.7/260
洪北江先生雜著四種　(清)洪亮吉著　(清)徐灝校刊　清咸豐五年(1855)刻本　一册

320000－1605－0010630　480/115
試策吉光五卷　(清)任以洽　(清)陳元圻編　清同治四年(1865)刻本　三册　存三卷(一至三)

320000－1605－0010631　480/151
潛齋尚書六十賜壽圖一卷附序一卷詩一卷楹牓一卷　(清)李伯至編　清光緒三十三年(1907)刻本　一册

320000－1605－0010632　480/152

崇實堂雜箸一卷　(清)李廷輝撰　清乾隆刻本　一冊

320000－1605－0010633　480/156
竹懶花鳥檄一卷　(明)李日華撰　清抄本　一冊

320000－1605－0010634　480/178
古三疾齋雜著六卷　(清)何綸錦撰　清刻本　六冊

320000－1605－0010635　480/211
瓣香亭文稿不分卷　(清)林之芬撰　稿本　二冊

320000－1605－0010636　480/242
甌隱芻言二卷　(清)金衍忠輯　清咸豐刻本　二冊

320000－1605－0010637　480/269.1
封氏聞見記十卷　(唐)封演撰　清光緒五年(1879)刻本　一冊

320000－1605－0010638　480/283
人海記二卷　(清)查慎行撰　清宣統二年(1910)石印本　二冊

320000－1605－0010639　480/312
曲園雜纂五十卷　(清)俞樾撰　清光緒刻本　九冊

320000－1605－0010640　480/322
酉陽雜俎二十卷　(唐)段成式撰　清光緒三年(1877)刻本　四冊

320000－1605－0010641　480/420
淮南雜著二卷　曹允源撰　清光緒十七年(1891)刻本　一冊

320000－1605－0010642　480/429
篤素堂集鈔三卷　(清)張英撰　清光緒十七年(1891)刻本　一冊

320000－1605－0010643　480/430
約園雜著八卷　(清)張壽鏞撰　清光緒二年(1876)鉛印本　二冊

320000－1605－0010644　480/431
寄庵雜著二卷　(清)張應昌撰　清同治二年(1863)刻本　一冊

320000－1605－0010645　480/476
大雲山房文稿初集四卷二集四卷言事二卷　(清)惲敬撰　清同治二年(1863)刻本　十冊

320000－1605－0010646　480/477
火林負母圖一卷　(清)馮桂芬等撰　清道光刻本　一冊

320000－1605－0010647　480/535
小松圓閣雜著三卷　(清)程庭鷺撰　清同治刻本　三冊

320000－1605－0010648　480/599－1
三願堂遺墨一卷　(清)趙彥偁撰　清光緒刻本　二冊

320000－1605－0010649　480/599－2
寶穡堂閒居偶録解人頤十二卷　(清)趙恬養輯　清抄本　一冊　存二卷(一至二)

320000－1605－0010650　480/740
蕉白竹白齋雜著一卷　(清)繆希賢撰　稿本　一冊

320000－1605－0010651　480/759－1
尋花日記一卷看花雜詠一卷　(清)歸莊撰
冬心先生畫竹題記一卷　(清)金農撰　清道光刻本　一冊

320000－1605－0010652　480/759－2
尋花日記一卷看花雜詠一卷　(清)歸莊撰
冬心先生畫竹題記一卷　(清)金農撰　清道光刻本　一冊

320000－1605－0010653　480/767
文昌雜録六卷　(宋)龐元英撰　清乾隆二十一年(1756)刻本　一冊

320000－1605－0010654　480/791
存春簃漫録一卷　(清)顧福仁撰　稿本　一冊

320000－1605－0010655　480/961
雜著不分卷　(□)□□著　清抄本　一冊

320000－1605－0010656　480/963
損齋備忘録二卷　(□)□□撰　清抄本　一册

320000－1605－0010657　480/966
繪影香艷集一卷　題(□)司香小尉録　清抄本　一册

320000－1605－0010658　480/979
點石齋叢鈔一卷奏疏一卷豆棚消夏録一卷　題(清)點石齋主人輯　清光緒石印本　一册

320000－1605－0010659　480/98
隨時雜作不分卷　(清)□□撰　清抄本　四册

320000－1605－0010660　480/986
觀海山房追隨録一卷　(□)□□撰　清抄本　一册

320000－1605－0010661　480/999
書序舊鈔不分卷　(□)□□撰　清末抄本　一册

320000－1605－0010662　481/122
聞川泛櫂集四卷　(清)宋景和等撰　清乾隆三十五年(1770)刻本　二册

320000－1605－0010663　481/135
詠史集八卷附别集一卷　(清)汪元慎輯　清道光三十年(1850)刻本　四册

320000－1605－0010664　481/15
集事詩鑒一卷　(清)方昕撰　清光緒十一年(1885)刻本　一册

320000－1605－0010665　481/165
吾與彙編十卷　(清)吴翌鳳編　清嘉慶二十一年(1816)刻本　二册

320000－1605－0010666　481/178
臺灣雜詠合刻一卷　(清)王凱泰等撰　(清)楊希閔輯　清光緒七年(1881)刻本　一册

320000－1605－0010667　481/21
白燕唱和集四卷　(清)王之佐等撰　清嘉慶二十年(1815)刻本　二册

320000－1605－0010668　481/22
鶯脰湖櫂歌一卷　王光熊撰　清同治十一年(1872)刻本　一册

320000－1605－0010669　481/237
藹園詩事二卷　易順鼎輯　清光緒三十一年(1905)刻本　一册

320000－1605－0010670　481/242－1
冰泉唱和集二卷　金武祥等撰　清光緒十五年(1889)刻本　一册

320000－1605－0010671　481/242－2
觀劇絶句(檜門觀劇詩)三卷　(清)金德瑛撰　清光緒三十四年(1908)刻本　一册

320000－1605－0010672　481/242－3
彙芬集四卷　(清)浦道宗　(清)金其相輯
蘭花百詠一卷　(清)顧壽基　(清)釋實珍輯　清刻本　一册

320000－1605－0010673　481/25－1
武林新年雜詠一卷　(清)王鳴盛編　清光緒七年(1881)刻本　一册

320000－1605－0010674　481/25－2
唱和三集十卷　(清)王詠霓輯　清光緒二十九年(1903)刻本　四册

320000－1605－0010675　481/25－3
漸源唱和集四卷　(清)王詠霓輯　清光緒二十六年(1900)刻本　二册

320000－1605－0010676　481/253
宫詞四卷　(□)□□編　清刻本　一册

320000－1605－0010677　481/255
鴛水聯吟集十六卷　(清)岳鴻慶輯　清道光十八年(1838)刻本　八册

320000－1605－0010678　481/271－1
聽經閣同聲集六卷　(清)胡鳳丹等撰　清同治八年(1869)刻本　一册

320000－1605－0010679　481/271－2
白下愚園集八卷首一卷　胡光國輯　清光緒二十年(1894)刻本　六册

320000－1605－0010680　481/281
勝溪竹枝詞一卷荆𩑈集一卷　(清)柳樹芳撰　清道光刻本　一册

320000－1605－0010681　481/312
拱極臺詩編一卷　(清)俞麟年撰　清同治七年(1868)刻本　一册

320000－1605－0010682　481/316
尺五莊餞春詩薈一卷尺五莊餞春圖題詞一卷　(清)姚爕等撰　清道光二十七年(1847)刻本　一册

320000－1605－0010683　481/329－1
冷香集六卷　(清)浦翔春著　(清)施鴻勳輯　清乾隆三十四年(1769)刻本　一册

320000－1605－0010684　481/329－2
續冷香集五卷　(清)□□輯　清乾隆刻本　一册

320000－1605－0010685　481/343－1
桃隖百詠一卷　(清)凌泗撰　(清)謝家福注　**五畝園題詠一卷**　(清)謝家福輯　清光緒刻本　一册

320000－1605－0010686　481/343－2
桃隖百詠一卷　(清)凌泗撰　(清)謝家福注　**五畝園題詠一卷**　(清)謝家福輯　清光緒刻本　一册

320000－1605－0010687　481/377
香奩百詠不分卷　(清)孫鋐等撰　清抄本　二册

320000－1605－0010688　481/389.1
秋蘭詩鈔一卷　(清)恩錫等撰　清同治十三年(1874)刻本　一册

320000－1605－0010689　481/393－1
湖天嘯詠集一卷　(清)徐琪撰　清光緒刻本　一册

320000－1605－0010690　481/393－2
群芝紀瑞詩一卷　(清)徐琪輯　清光緒十七年(1891)刻本　一册

320000－1605－0010691　481/428
清儀閣雜詠一卷竹田樂府一卷竹里畫者詩一卷竹里耆舊詩一卷感逝詩一卷　(清)張廷濟撰　清道光九年(1829)刻本　一册

320000－1605－0010692　481/430－1
花甲閑談三十二圖十六卷　(清)張維屏撰　清光緒十年(1884)石印本　四册

320000－1605－0010693　481/430－2
嘉禾百詠一卷　(宋)張堯同撰　清光緒七年(1881)刻本　一册

320000－1605－0010694　481/431
鑑綱詠略八卷　(清)張應鼎撰　清同治十二年(1873)刻本　八册

320000－1605－0010695　481/443
西湖櫂歌不分卷　(清)陳祖昭撰　清光緒六年(1880)刻本　一册

320000－1605－0010696　481/445
罷讀樓彙刻贈言十卷　(清)陳雲乃撰　清道光十八年(1838)刻本　十册

320000－1605－0010697　481/447
虞山陳覲君王韻蘭聯吟集一卷　陳覲君　王韻蘭撰　稿本　一册

320000－1605－0010698　481/449－1
漕河禱水圖詞録五卷　(清)陶淑輯　清道光三年(1823)刻本　一册

320000－1605－0010699　481/449－2
陶氏五宴詩集二卷　(清)陶煦等撰　清光緒二十一年(1895)木活字印本　一册

320000－1605－0010700　481/486
志矩齋讀書圖題詠一卷附南畇續稿一卷　(清)彭定求輯　清光緒三年(1877)刻本　一册

320000－1605－0010701　481/494
泰山圖題詞一卷　(清)黄經藻輯　清光緒鉛印本　一册

320000－1605－0010702　481/495
黄花晚節圖題詞二卷　(清)黄榮康編　清光緒二十八年(1902)刻本　一册

320000－1605－0010703　481/52
三家宮詞三卷二家宮詞二卷　(明)毛晉輯　清同治十二年(1873)刻本　一冊

320000－1605－0010704　481/535
前川詠物詩四集　(清)程思樂撰　清刻本　十二冊

320000－1605－0010705　481/556
錢塘百詠一卷　(清)楊象濟撰　清光緒二十一年(1895)刻本　一冊

320000－1605－0010706　481/56
陳秋坪遺墨題詠十卷　(清)甘澍編　清道光二十六年(1846)刻本　一冊

320000－1605－0010707　481/599
錫麓歸耕圖唱和詩一卷續唱和詩一卷附録一卷　(清)趙起鵬等撰　清光緒十六年(1890)刻本　一冊

320000－1605－0010708　481/62－1
待軿集一卷　(清)石方洛撰　清光緒刻本　一冊

320000－1605－0010709　481/62－2
句甬海鄉竹枝詞一卷　(清)石仲蘭輯　稿本　一冊

320000－1605－0010710　481/62－3
且甌歌一卷楠溪竹枝詞一卷問壺述懷詩一卷　(清)石方洛撰　清光緒十七年(1891)刻本　一冊

320000－1605－0010711　481/622
歸省贈言録一卷　(清)潘飛聲輯　清光緒十四年(1888)刻本　一冊

320000－1605－0010712　481/654－1
吴歈百絶一卷　(清)蔡雲撰　清同治十一年(1872)刻本　一冊

320000－1605－0010713　481/654－2
吴歈百絶一卷　(清)蔡雲撰　清同治十一年(1872)刻本　一冊

320000－1605－0010714　481/654－3
吴歈百絶一卷　(清)蔡雲撰　清光緒十九年(1893)抄本　一冊

320000－1605－0010715　481/705
百老吟一卷　(清)錢溯耆輯　清宣統二年(1910)刻本　二冊

320000－1605－0010716　481/717－1
鄧尉探梅詩四卷　(清)謝家福編　清光緒二十年(1894)刻本　一冊

320000－1605－0010717　481/717－2
鄧尉探梅詩四卷　(清)謝家福編　清光緒二十年(1894)刻本　一冊

320000－1605－0010718　481/717－3
鄧尉探梅詩四卷　(清)謝家福編　清光緒二十年(1894)刻本　一冊

320000－1605－0010719　481/722
寒松集二卷　(清)韓鏈輯　清道光十一年(1831)刻本　一冊

320000－1605－0010720　481/73
全史宫辭二十卷　(清)史夢蘭撰　清咸豐六年(1856)刻本　十冊

320000－1605－0010721　481/741
百美新詠一卷圖傳一卷集詠一卷　(清)顔希源輯　清嘉慶刻本　四冊

320000－1605－0010722　481/756－1
啟禎宫詞合刻二卷　(清)秦蘭徵撰　清嘉慶十六年(1811)刻本　二冊

320000－1605－0010723　481/756－2
啟禎宫詞合刻二卷　(清)秦蘭徵撰　清嘉慶十六年(1811)刻本　二冊

320000－1605－0010724　481/775
集義軒詠史詩鈔六十卷　(清)羅惇衍撰　清同治十三年(1874)刻本　二十冊

320000－1605－0010725　481/787
感舊懷人集二卷　(清)嚴宸撰　清光緒十五年(1889)刻本　一冊

320000－1605－0010726　481/81－1
張憶娘簪花圖卷題詠一卷　(清)江標輯　清

光緒二十三年(1897)刻本　一冊

320000－1605－0010727　481/81－2
張憶娘簪花圖卷題詠一卷　(清)江標輯　清光緒二十三年(1897)刻本　一冊

320000－1605－0010728　481/811－1
圓明園圖詠二卷　(清)高宗弘曆題詩　(清)唐岱等繪　清光緒十三年(1887)石印本　二冊

320000－1605－0010729　481/811－2
圓明園圖詠二卷　(清)高宗弘曆題詩　(清)唐岱等繪　清光緒十三年(1887)石印本　二冊

320000－1605－0010730　481/811－3
圓明園圖詠二卷　(清)高宗弘曆題詩　(清)唐岱等繪　清光緒十三年(1887)石印本　二冊

320000－1605－0010731　481/966
燕蘭小譜五卷附海漚小譜一卷　題(清)安樂山樵訂　清宣統三年(1911)刻本　一冊

320000－1605－0010732　481/968
吳門百艷圖五卷　題(清)花下解人撰　清光緒六年(1880)刻本　一冊

320000－1605－0010733　481/971
鹽官隱庵即景八詠三卷　(清)釋超默等著　清刻本　二冊

320000－1605－0010734　481/98
題江南曾文正公祠百詠一卷　朱孔彰撰　清光緒十三年(1887)刻本　二冊

320000－1605－0010735　481/99
詠史百律一卷　(清)朱宮桂撰　清嘉慶刻本　一冊

320000－1605－0010736　482.7/26
在野邇言八卷　(清)王嘉楨著　清光緒二十年(1894)刻本　四冊

320000－1605－0010737　482/115
述異記二卷　(南朝梁)任昉撰　清光緒刻本　一冊

320000－1605－0010738　482/122
筠廊偶筆二卷二筆二卷附怪石贊一卷雪堂墨品一卷漫堂墨品一卷　(清)宋犖撰　清康熙刻本　二冊　缺二卷(二筆二卷)

320000－1605－0010739　482/128
寒夜叢談三卷　(清)沈赤然撰　清嘉慶十四年(1809)刻本　一冊

320000－1605－0010740　482/133
懷小編二十卷　(清)沈濂撰　清咸豐四年(1854)刻本　六冊

320000－1605－0010741　482/135－1
古今記林二十九卷　(清)汪士漢輯　清乾隆五年(1740)刻本　二冊　存六卷(十六至十七、二十三至二十六)

320000－1605－0010742　482/135－2
越女表微録五卷　(清)汪輝祖撰　清乾隆四十五年(1780)刻本　二冊

320000－1605－0010743　482/135－3
汪氏說鈴一卷　(清)汪琬撰　清乾隆刻本　一冊

320000－1605－0010744　482/135－4
寄蝸殘贅十六卷　(清)汪堃撰　清刻本　八冊

320000－1605－0010745　482/145
玉峰先生腳氣集一卷　(清)車若水撰　清同治十年(1871)刻本　一冊

320000－1605－0010746　482/15
夢園叢說内篇八卷外篇八卷　(清)方濬頤著　清光緒元年(1875)刻本　六冊

320000－1605－0010747　482/152－1
行素齋雜記二卷　(清)李佳撰　清光緒二十七年(1901)刻本　二冊

320000－1605－0010748　482/152－2
行素齋雜記二卷　(清)李佳撰　清光緒二十七年(1901)刻本　二冊

320000－1605－0010749　482/156
讀書記不分卷　(清)李總沆輯　稿本　一冊

320000－1605－0010750　482/163－1
定香亭筆談四卷　(清)阮元撰　清嘉慶五年(1800)刻本　四册

320000－1605－0010751　482/163－2
小滄浪筆談四卷　(清)阮元撰　清光緒二十六年(1900)刻本　二册

320000－1605－0010752　482/163－3
小滄浪筆談四卷　(清)阮元撰　清光緒二十六年(1900)刻本　二册

320000－1605－0010753　482/165
吴友如繪圖平長毛書二卷　(清)吴嘉猷繪　清光緒十九年(1893)石印本　二册

320000－1605－0010754　482/168－1
客窗閒話八卷　(清)吴熾昌撰　清光緒二年(1876)刻本　八册

320000－1605－0010755　482/168－2
續客窗閒話八卷　(清)吴熾昌撰　清光緒二年(1876)鉛印本　二册　存四卷(一至二、五至六)

320000－1605－0010756　482/168－3
惺庵雜著偶存一卷　(清)吴桂森撰　清光緒三十二年(1906)鉛印本　一册

320000－1605－0010757　482/170－1
春渚化聞四卷　(宋)何薳撰　清嘉慶刻本　二册

320000－1605－0010758　482/170－2
春渚化聞四卷　(宋)何薳撰　清嘉慶刻本　二册

320000－1605－0010759　482/193
熙朝新語十六卷　(清)余金輯　清道光二年(1822)刻本　八册

320000－1605－0010760　482/2
北隅綴録續録四卷　(清)丁丙撰　清光緒二十五年(1899)刻本　四册

320000－1605－0010761　482/201
阮龕筆記五種　況周儀撰　清光緒三十三年(1907)刻本　三册

320000－1605－0010762　482/21－1
分甘餘話四卷　(清)王士禛撰　清康熙四十八年(1709)刻本　二册

320000－1605－0010763　482/21－2
皇華紀聞四卷　(清)王士禛撰　清康熙刻本　二册

320000－1605－0010764　482/21－3
皇華紀聞四卷　(清)王士禛撰　清康熙刻本　二册

320000－1605－0010765　482/21－4
池北偶談二十六卷　(清)王士禛撰　清光緒二十二年(1896)石印本　八册

320000－1605－0010766　482/21－5
椒生隨筆六卷　(清)王之春撰　清光緒刻本　三册

320000－1605－0010767　482/21－6
分甘餘話四卷　(清)王士禛撰　清刻本　一册

320000－1605－0010768　482/21－7
隴蜀餘聞一卷　(清)王士禛撰　清康熙刻本　一册

320000－1605－0010769　482/21－8
香祖筆記十二卷　(清)王士禛撰　清宣統二年(1910)石印本　四册

320000－1605－0010770　482/22－1
摭言十五卷　(五代)王定保撰　清乾隆二十一年(1756)刻本　三册

320000－1605－0010771　482/22－2
名句文身表異録二十卷　(明)王志堅輯　清康熙四十七年(1708)漱六閣刻本　一册

320000－1605－0010772　482/24
麈史二卷　(宋)王得臣撰　清抄本　一册

320000－1605－0010773　482/242－1
粟香五筆八卷　金武祥撰　清光緒二十四年(1898)石印本　一册

320000－1605－0010774　482/242－2

醉翁談録八卷　(清)金盈之撰　清抄本　一册

320000－1605－0010775　482/248
姬侍類偶二卷　(宋)周守忠撰　清抄本　一册

320000－1605－0010776　482/249
因樹屋書影五卷　(清)周亮工撰　清雍正刻本　四册

320000－1605－0010777　482/250
清波别志三卷　(宋)周輝撰　清刻本　一册

320000－1605－0010778　482/26
侍兒小名録三卷　(宋)王銍等撰　明刻本　一册

320000－1605－0010779　482/260
玉塵集二卷附冰蠶詞一卷　(清)洪亮吉撰　清光緒十七年(1891)刻本　一册

320000－1605－0010780　482/262
愓龕雜録一卷十硯樓雜録一卷墨餘贅稿一卷　(清)計楠輯　清刻本　一册

320000－1605－0010781　482/27－1
澠水燕談録十卷　(宋)王闢之撰　明刻本　二册

320000－1605－0010782　482/27－2
甕牖餘談二卷　(清)王韜撰　清光緒元年(1875)鉛印本　一册

320000－1605－0010783　482/27－3
瀛壖雜誌六卷　(清)王韜著　清光緒元年(1875)刻本　二册

320000－1605－0010784　482/27－4
瀛壖雜誌六卷　(清)王韜著　清光緒元年(1875)刻本　二册

320000－1605－0010785　482/27－5
艷史叢鈔十二種　題(清)玉魫生輯撰　清光緒四年(1878)鉛印本　八册

320000－1605－0010786　482/27－6
柳南續筆四卷　(清)王應奎撰　清抄本　一册

320000－1605－0010787　482/27－7
震澤長語二卷　(明)王鏊撰　明萬曆刻本　二册

320000－1605－0010788　482/27－8
震澤長語二卷　(明)王鏊撰　清光緒刻本　二册

320000－1605－0010789　482/271－1
谷水談林六卷　(清)胡夏客撰　清康熙十八年(1679)刻本　六册

320000－1605－0010790　482/271－2
胡子知言六卷　(宋)胡宏撰　清刻本　一册

320000－1605－0010791　482/283－1
人海記二卷　(清)查慎行撰　清光緒七年(1881)刻本　一册　存一卷(上)

320000－1605－0010792　482/283－2
人海記二卷　(清)查慎行撰　清宣統二年(1910)石印本　二册

320000－1605－0010793　482/287
聞見闡幽録一卷　(清)韋光黻撰　清抄本　一册

320000－1605－0010794　482/312－1
茶香室續鈔二十五卷　(清)俞樾撰　清光緒十一年(1885)刻本　六册

320000－1605－0010795　482/312－2
九九銷夏録十四卷　(清)俞樾撰　清光緒十八年(1892)刻本　四册

320000－1605－0010796　482/312－3
九九銷夏録十四卷　(清)俞樾撰　清光緒十八年(1892)刻本　四册

320000－1605－0010797　482/312－4
春在堂隨筆十卷　(清)俞樾撰　清光緒刻本　三册　存八卷(一至八)

320000－1605－0010798　482/312－5
俞樓雜纂五十卷　(清)俞樾撰　清光緒刻本　九册

320000－1605－0010799　482/312－6
茶香室叢鈔二十三卷　(清)俞樾撰　清光緒刻本　二册

320000－1605－0010800　482/316
太白劍二卷　(明)姚康撰　清光緒二十一年(1895)刻本　二册

320000－1605－0010801　482/322－1
酉陽雜俎二十卷續集十卷　(唐)段成式撰　明刻本　四册

320000－1605－0010802　482/322－2
酉陽雜俎續集十卷　(唐)段成式撰　清抄本　一册

320000－1605－0010803　482/322－3
酉陽雜俎二十卷續集十卷　(唐)段成式撰　明末刻本　八册

320000－1605－0010804　482/332
四時逸事一卷　(明)高濂撰　清抄本　一册

320000－1605－0010805　482/346－1
野記四卷　(明)祝允明撰　清同治十三年(1874)刻本　二册

320000－1605－0010806　482/346－2
野記四卷　(明)祝允明撰　清同治十三年(1874)刻本　二册

320000－1605－0010807　482/359
隨園隨筆二十八卷　(清)袁枚撰　清光緒十八年(1892)石印本　四册

320000－1605－0010808　482/364
宦游紀略六卷續略一卷　(清)桂超萬撰　清同治三年(1864)刻本　四册

320000－1605－0010809　482/370
青樓集一卷　(元)夏庭芝撰　**板橋雜記三卷**　(清)余懷撰　**吴門畫舫録一卷**　題(清)西溪山人編　清光緒三十四年(1908)刻本　一册

320000－1605－0010810　482/375－1
北夢瑣言二十卷　(宋)孫光憲撰　清刻本　四册

320000－1605－0010811　482/375－2
花箋録二十卷　(清)孫兆溎撰　清同治四年(1865)刻本　十二册

320000－1605－0010812　482/377－1
洨民叢稿一卷　(清)孫傳鳳撰　清光緒二十二年(1896)刻本　一册

320000－1605－0010813　482/377－2
洨民叢稿一卷　(清)孫傳鳳撰　清光緒二十二年(1896)刻本　一册

320000－1605－0010814　482/378
餘墨偶談續集八卷　(清)孫橒撰　清光緒二年(1876)刻本　六册

320000－1605－0010815　482/390
桐陰清話八卷　(清)倪鴻撰　清咸豐刻本　二册

320000－1605－0010816　482/393
拒約記一卷　徐氏録　清末抄本　一册

320000－1605－0010817　482/402－1
退庵隨筆二十二卷　(清)梁章鉅撰　清光緒元年(1875)刻本　八册

320000－1605－0010818　482/402－2
兩般秋雨庵隨筆八卷　(清)梁紹壬撰　清光緒十年(1884)鉛印本　四册

320000－1605－0010819　482/402－3
歸田瑣記八卷附浪蹟叢談十一卷續談八卷　(清)梁章鉅撰　清宣統三年(1911)石印本　八册

320000－1605－0010820　482/406
丙辰劄記不分卷　(清)章學誠撰　清末鉛印本　一册

320000－1605－0010821　482/407－1
里乘十卷　(清)許奉恩撰　清光緒五年(1879)刻本　一册　存一卷(一)

320000－1605－0010822　482/407－2
珊瑚舌雕談初筆八卷　(清)許起撰　清光緒十一年(1885)刻本　八册

320000－1605－0010823　482/407－3

珊瑚舌雕談初筆八卷　(清)許起撰　清光緒十一年(1885)刻本　三冊　存六卷(一至四、七至八)

320000－1605－0010824　482/41

雨窗消意録四卷　(清)牛應之編　清光緒刻本　二冊

320000－1605－0010825　482/420

老老恆言五卷　(清)曹慈山撰　清同治九年(1870)刻本　二冊

320000－1605－0010826　482/428

儀許廬筆記不分卷　張炳翔撰　稿本　二十八冊

320000－1605－0010827　482/429

遺珠貫索八卷　(清)張純照著　清乾隆五十一年(1786)刻本　四冊

320000－1605－0010828　482/430

幽夢影二卷　(清)張潮撰　清刻本　一冊

320000－1605－0010829　482/431

宣室志十卷　(唐)張讀撰　明刻本　一冊

320000－1605－0010830　482/434－1

冷廬雜識八卷　(清)陸以湉撰　清咸豐刻本　八冊

320000－1605－0010831　482/434－2

冷廬雜識八卷　(清)陸以湉撰　清咸豐刻本　四冊

320000－1605－0010832　482/434－3

嗇菴隨筆六卷鄉賢公感憶生平篇一卷　(清)陸文衡撰　清石印本　二冊

320000－1605－0010833　482/434－4

嗇菴隨筆六卷鄉賢公感憶生平篇一卷　(清)陸文衡撰　清石印本　二冊

320000－1605－0010834　482/434－5

吳中舊事一卷　(元)陸友仁撰　**平江記事一卷**　(元)高德基撰　**燼餘録一卷**　(元)徐大焯撰　清刻本　二冊

320000－1605－0010835　482/437－1

老學庵筆記十卷　(宋)陸游著　明刻本　二冊

320000－1605－0010836　482/437－2

老學庵筆記十卷　(宋)陸游著　明刻本　三冊

320000－1605－0010837　482/437－3

芝庵雜記四卷　(清)陸雲錦撰　清刻本　四冊　存二卷(三至四)

320000－1605－0010838　482/437－4

老學庵筆記十卷　(宋)陸游撰　清宣統三年(1911)石印本　二冊

320000－1605－0010839　482/438

覺世經果報圖證二卷　陸潤庠編　清光緒二十一年(1895)石印本　一冊　存一卷(上)

320000－1605－0010840　482/442－1

庸閒齋筆記十二卷　(清)陳其元撰　清同治十三年(1874)刻本　六冊

320000－1605－0010841　482/442－2

庸閒齋筆記十二卷　(清)陳其元撰　清同治十三年(1874)刻本　六冊

320000－1605－0010842　482/442－3

炳燭里談二卷　陳作霖撰　清宣統三年(1911)刻本　一冊

320000－1605－0010843　482/445

藝苑叢話十六卷　(清)陳琰撰　清宣統三年(1911)石印本　四冊

320000－1605－0010844　482/446－1

冷齋夜話十卷　(宋)釋惠洪撰　明刻本　二冊

320000－1605－0010845　482/446－2

捫蝨新話十五卷　(宋)陳善著　明刻本　四冊

320000－1605－0010846　482/449－1

輟耕録三十卷　(明)陶宗儀撰　明刻本　五冊

320000－1605－0010847　482/449－2
清異録二卷　(宋)陶穀撰　明刻本　一册

320000－1605－0010848　482/449－3
輟耕録三十卷　(明)陶宗儀撰　清光緒十一年(1885)刻本　十册

320000－1605－0010849　482/471
盾墨四卷　(清)湯彝撰　清刻本　二册

320000－1605－0010850　482/477－1
智囊補二十八卷　(明)馮夢龍輯　清乾隆四十九年(1784)刻本　三册

320000－1605－0010851　482/477－2
增廣智囊補二十八卷　(明)馮夢龍撰　清光緒二十一年(1895)石印本　六册

320000－1605－0010852　482/489
冷齋夜話十卷　(宋)釋惠洪撰　明刻本　二册

320000－1605－0010853　482/491－1
茅亭客話十卷　(宋)黄休復撰　明刻本　四册

320000－1605－0010854　482/491－2
靜子日記一卷　(清)黄永年撰　清乾隆刻本　一册

320000－1605－0010855　482/491－3
鋤經書舍零墨二卷　(清)黄協塤撰　清光緒四年(1878)鉛印本　一册

320000－1605－0010856　482/518－1
觚賸八卷續編四卷　(清)鈕琇輯　清康熙臨野堂刻本　四册　存八卷(一至四、續編四卷)

320000－1605－0010857　482/518－2
觚賸八卷續編四卷　(清)鈕琇輯　清宣統三年(1911)鉛印本　六册

320000－1605－0010858　482/52－1
五色線二卷　(明)毛晉訂　明刻本　二册

320000－1605－0010859　482/52－2
訟過齋日記六卷　(清)毛輝鳳撰　清光緒九年(1883)刻本　二册

320000－1605－0010860　482/523
傭游浪語三卷　(清)傅向榮撰　清同治五年(1866)刻本　三册

320000－1605－0010861　482/527－1
獨醒雜誌十卷　(宋)曾敏行撰　清乾隆四十年(1775)刻本　二册

320000－1605－0010862　482/527－2
香墅漫鈔四卷　(清)曾廷枚撰　清乾隆五十二年(1787)刻本　四册

320000－1605－0010863　482/535
蓉槎蠡説十二卷　(清)程哲撰　清康熙刻本　二册　存六卷(一至六)

320000－1605－0010864　482/550
獨翁隨筆一卷　(清)雷浚撰　稿本　一册

320000－1605－0010865　482/556
京塵雜録四卷　(清)楊掌生撰　清光緒十二年(1886)石印本　二册

320000－1605－0010866　482/562－1
石林燕語十卷避暑録話二卷　(宋)葉夢得撰　明刻本　七册

320000－1605－0010867　482/562－2
避暑録話二卷　(宋)葉夢得撰　清道光二十五年(1845)刻本　二册

320000－1605－0010868　482/562－3
吹網録六卷　(清)葉廷琯撰　清同治八年(1869)刻本　二册

320000－1605－0010869　482/562－4
吹網録六卷　(清)葉廷琯撰　清同治八年(1869)刻本　一册　存三卷(一至三)

320000－1605－0010870　482/562－5
鷗陂漁話六卷吹網録六卷　(清)葉廷琯撰　清同治八年(1869)刻本　四册

320000－1605－0010871　482/562－6
鷗陂漁話六卷　(清)葉廷琯撰　清同治八年(1869)刻本　二册

320000－1605－0010872　482/562－7
見聞果報録續集□□卷　(清)葉鈺　(清)葉堅甫撰　清光緒四年(1878)刻本　一册　存一卷(一)

320000－1605－0010873　482/562－8
四朝聞見録五集附王大令保母帖題跋一卷　(宋)葉紹翁撰　清刻本　四册

320000－1605－0010874　482/562－9
玉溪金鑰初集不分卷　(清)葉芳掞輯　清抄本　一册　存一册(天、地、人、物)

320000－1605－0010875　482/568
三岡識略十卷　(清)董含撰　清抄本　五册

320000－1605－0010876　482/588－1
見聞隨筆二十六卷　(清)齊學裘撰　清同治刻本　二册

320000－1605－0010877　482/588－2
見聞續筆二十四卷　(清)齊學裘撰　清同治十二年(1873)刻本　八册

320000－1605－0010878　482/590
求可堂自記不分卷　(清)廖冀亨撰　清光緒九年(1883)刻本　一册

320000－1605－0010879　482/600－1
寤言二卷　(清)趙曾望撰　清光緒十八年(1892)石印本　一册

320000－1605－0010880　482/600－2
寤言二卷　(清)趙曾望撰　清光緒十八年(1892)石印本　一册

320000－1605－0010881　482/606
淮南雜識四卷　(清)聞益編　清同治七年(1868)刻本　二册

320000－1605－0010882　482/622－1
晐蘭書屋筆記二卷　(清)潘曾綬著　清刻本　一册

320000－1605－0010883　482/622－2
花影吹笙室筆記三卷　(清)潘曾綬撰　清刻本　一册

320000－1605－0010884　482/622－3
思補齋筆記八卷　(清)潘世恩撰　清刻本　一册

320000－1605－0010885　482/638
巡城瑣記一卷　(清)陸毅撰　清光緒十三年(1887)刻本　一册

320000－1605－0010886　482/650－1
堯山堂外紀一百卷　(明)蔣一葵撰　明刻本　一册　存六卷(六十二至六十七)

320000－1605－0010887　482/650－2
麓澞薈録十四卷　(清)蔣超伯撰　清同治五年(1866)刻本　七册

320000－1605－0010888　482/654－1
雞窗叢話一卷　(清)蔡澄撰　清光緒十二年(1886)刻本　一册

320000－1605－0010889　482/654－2
雞窗叢話一卷　(清)蔡澄撰　清光緒十二年(1886)刻本　一册

320000－1605－0010890　482/661－1
遂昌山人雜録二卷　(元)鄭元祐撰　清光緒刻本　一册

320000－1605－0010891　482/661－2
瑞應圖編年考一卷　(宋)鄭奂著　清抄本　一册

320000－1605－0010892　482/674－1
世説新語補四卷　(明)何良俊撰　清康熙刻本　四册

320000－1605－0010893　482/674－2
重訂世説新語補二十卷　(清)黄汝琳撰　清乾隆二十七年(1762)刻本　十册

320000－1605－0010894　482/674－3
歸潛志十四卷　(元)劉祁撰　清刻本　二册

320000－1605－0010895　482/674－4
世説新語六卷　(南朝宋)劉義慶撰　清光緒刻本　二册

320000－1605－0010896　482/674－5

新序十卷　(漢)劉向撰　清刻本　一冊

320000－1605－0010897　482/674－6

雙忽雷本事一卷　劉世珩輯　清宣統三年(1911)石印本　一冊

320000－1605－0010898　482/675

娱樓雜俎一卷　劉咸榮撰　清末刻本　一冊

320000－1605－0010899　482/686

明齋小識十二卷　(清)諸聯輯　清刻本　六冊

320000－1605－0010900　482/688

霍渭厓家訓一卷　(明)霍韜撰　清刻本　一冊

320000－1605－0010901　482/700

龍城札記三卷　(清)盧文弨著　清嘉慶刻本　一冊

320000－1605－0010902　482/705

履園叢話二十四卷　(清)錢泳撰　清道光五年(1825)刻本　八冊

320000－1605－0010903　482/717

鶼湖客話四卷　(清)謝蘭生撰　清道光十六年(1836)刻本　一冊

320000－1605－0010904　482/722－1

歲華紀麗四卷　(唐)韓鄂撰　明刻本　一冊

320000－1605－0010905　482/722－2

澗泉日記三卷　(宋)韓淲撰　清乾隆刻本　一冊

320000－1605－0010906　482/73

西青散記四卷　(清)史震林撰　清乾隆抄本　二冊

320000－1605－0010907　482/731

讀書録八卷　(明)薛敬軒原著　清同治五年(1866)福州刻本　三冊

320000－1605－0010908　482/756

媿林漫録二卷　(明)瞿式耜撰　清光緒十六年(1890)刻本　二冊

320000－1605－0010909　482/765

譚子掘得書二卷　(清)譚文昭撰　清抄本　一冊

320000－1605－0010910　482/767

文昌雜録六卷　(宋)龐元英撰　清刻本　二冊

320000－1605－0010911　482/775－1

鶴林玉露十六卷　(宋)羅大經撰　明刻本　一冊　存四卷(五至八)

320000－1605－0010912　482/775－2

羅氏拾遺十卷　(宋)羅璧撰　清道光刻本　一冊　存四卷(一至四)

320000－1605－0010913　482/782

庭聞憶畧二卷　(清)寶廷撰　清光緒二十二年(1896)刻本　二冊

320000－1605－0010914　482/787

蕙櫋雜記一卷　(清)嚴元照撰　清咸豐六年(1856)刻本　一冊

320000－1605－0010915　482/791

桐橋倚櫂録十二卷　(清)顧祿撰　清抄本　二冊

320000－1605－0010916　482/795－1

芥隱筆記一卷　(宋)龔頤正原著　清同治九年(1870)刻本　一冊

320000－1605－0010917　482/795－2

中吴紀聞六卷　(宋)龔明之撰　(明)毛晉訂　清刻本　二冊

320000－1605－0010918　482/795－3

中吴紀聞六卷　(宋)龔明之撰　清刻本　一冊　存三卷(四至六)

320000－1605－0010919　482/81

菽園贅談七卷　(清)邱宿垣撰　清光緒鉛印本　二冊

320000－1605－0010920　482/84

吴門銷夏記三卷　(清)江瀚撰　清光緒刻本　一冊

320000－1605－0010921　482/86

廡下長語三卷 (清)汝堦玉撰 清抄本 一冊

320000－1605－0010922 482/939
嘯亭雜録十卷 (清)昭槤撰 清光緒鉛印本 一冊 存一卷(五)

320000－1605－0010923 482/966
吴門畫舫録二卷 題(清)西溪山人輯 **續録三卷箇中生投贈詩詞三卷** 題(清)箇中生輯 清嘉慶刻本 三冊

320000－1605－0010924 482/967
讀書記不分卷 (清)□□輯 稿本 二冊 存二冊

320000－1605－0010925 482/968－1
一夕話六卷 題(清)咄咄夫撰 清嘉慶刻本 一冊 存二卷(五至六)

320000－1605－0010926 482/968－2
曼陀羅華閣瑣記二卷 (清)杜文瀾撰 清咸豐十一年(1861)刻本 四冊

320000－1605－0010927 482/970－1
恭肅公讀書記遺稿十二卷 (□)□□撰 清初抄本 二冊

320000－1605－0010928 482/970－2
雲間筆記一卷 (清)耕濳編 稿本 一冊

320000－1605－0010929 482/971
竹窗隨筆一卷二筆一卷三筆一卷 (明)釋袾宏撰 清光緒二十四年(1898)鉛印本 一冊

320000－1605－0010930 482/972
乘槎筆記一卷 (清)斌椿纂 清末抄本 二冊

320000－1605－0010931 482/974－1
吴門畫舫續録三卷畫舫續録投贈三卷 題(清)箇中生輯 清同治十三年(1874)鉛印本 一冊

320000－1605－0010932 482/974－2
張文襄幕府紀聞二卷 題辜鴻銘撰 清宣統二年(1910)石印本 二冊

320000－1605－0010933 482/976－1
盾鼻隨聞録八卷 題(清)樗園退叟撰 清光緒元年(1875)刻本 二冊

320000－1605－0010934 482/976－2
盾鼻隨聞録八卷 題(清)樗園退叟撰 清末抄本 一冊

320000－1605－0010935 482/98
曲洧舊聞八卷 (宋)朱弁撰 清刻本 一冊

320000－1605－0010936 483/129
星軺日記一卷(清咸豐二年五月二十八日至十一月十一日) (清)沈炳垣撰 清光緒十一年(1885)刻本 一冊

320000－1605－0010937 483/131
東游日記一卷 (清)沈翊清撰 清光緒二十六年(1900)刻本 一冊

320000－1605－0010938 483/135－1
西征日記一卷 汪振聲輯 清光緒二十六年(1900)刻本 一冊

320000－1605－0010939 483/135－2
德門公手書日記一卷 (清)汪德門撰 清末、民國鉛印本 一冊

320000－1605－0010940 483/154
金壇守城日記一卷 (清)李淮撰 清光緒十二年(1886)刻本 一冊

320000－1605－0010941 483/21
清人日記一卷 (清)王□撰 稿本 一冊

320000－1605－0010942 483/22
紫薇花館日記一卷 (清)王廷鼎撰 清光緒六年(1880)刻本 一冊

320000－1605－0010943 483/248
鷗堂日記三卷 (清)周星譽撰 清光緒十二年(1886)刻本 一冊

320000－1605－0010944 483/25
道西齋日記一卷 (清)王詠霓撰 清光緒十八年(1892)刻本 一冊

320000－1605－0010945 483/412

使西紀程二卷　(清)郭嵩燾撰　清光緒刻本　二册

320000－1605－0010946　483/430
三洲日記八卷　(清)張蔭桓撰　清光緒三十二年(1906)石印本　六册

320000－1605－0010947　483/442
餘生紀畧一卷　(清)陳孚益撰　稿本　一册

320000－1605－0010948　483/527－1
求闕齋日記類鈔二卷　(清)曾國藩撰　清光緒二年(1876)刻本　二册

320000－1605－0010949　483/527－2
曾文正公手書日記四十卷　(清)曾國藩撰　清宣統元年(1909)石印本　四十册

320000－1605－0010950　483/535
隴上鴻泥一卷　(清)程履豐撰　稿本　一册

320000－1605－0010951　483/568－1
鳳臺祗謁筆記一卷　(清)董恂撰　清同治九年(1870)刻本　一册

320000－1605－0010952　483/568－2
永寧祗謁筆記一卷　(清)董恂撰　清同治十一年(1872)刻本　一册

320000－1605－0010953　483/613
閑存小舍日記一卷　(清)管禮耕撰輯　稿本　二册

320000－1605－0010954　483/650
甦餘日記一卷　(清)蔣階撰　清刻本　一册

320000－1605－0010955　483/675
寓杭日記一卷瞻雲録一卷　(清)劉佳撰　清刻本　一册

320000－1605－0010956　483/705
竹汀先生日記鈔二卷　(清)錢大昕撰　清嘉慶十年(1805)刻本　一册

320000－1605－0010957　483/771
東遊考察學校記六卷　(清)關賡麟撰　清光緒二十九年(1903)鉛印本　二册

320000－1605－0010958　483/967
戊寅己卯日記二卷　(清)□□撰　稿本　一册

320000－1605－0010959　483/968
松間柳下齋隨筆不分卷　(清)彭慰高撰　稿本　一册

320000－1605－0010960　483/974
壽菱室主日記一卷(清光緒十四年六月至十五年八月)　題(清)壽菱室主撰　清光緒抄本　二册

320000－1605－0010961　483/976
癸亥甲子日記二卷　題(清)凝盧主人撰　稿本　一册

320000－1605－0010962　483/999
清人日記不分卷(宣統元年至二年)　(□)□□撰　稿本　三册

320000－1605－0010963　484/178
義門讀書記五十八卷　(清)何焯撰　清乾隆三十四年(1769)刻本　三十册

320000－1605－0010964　484/18
文山題跋一卷　(宋)文天祥撰　**遺山題跋一卷**　(元)元好問撰　清刻本　一册

320000－1605－0010965　484/242
冬心先生雜著六種　(清)金農撰　清乾隆刻本　一册

320000－1605－0010966　484/393
重編紅雨樓題跋二卷　(明)徐𤊹撰　清宣統三年(1911)刻本　一册

320000－1605－0010967　484/430
寒松閣題跋未刊稿一卷　(清)張鳴珂撰　清光緒抄本　一册

320000－1605－0010968　484/492
山谷題跋三卷　(宋)黄庭堅撰　清乾隆五十年(1785)刻本　三册

320000－1605－0010969　484/527
虞山曾氏歸耕課讀兩圖題跋一卷　(清)曾之撰題　(清)曾實章編　清光緒十一年(1885)刻本　一册

320000－1605－0010970　484/562
五湖漁莊圖題詞四卷　（清）葉承桂輯　清咸豐三年（1853）刻本　一册　存二卷（一至二）

320000－1605－0010971　484/784－1
東坡題跋二卷　（宋）蘇軾撰　清乾隆五十年（1785）刻本　二册

320000－1605－0010972　484/784－2
東坡題跋二卷　（宋）蘇軾撰　明刻本　二册

320000－1605－0010973　484/971
唐宋題跋不分卷　（□）□□撰　清光緒抄本　六册

320000－1605－0010974　484/975
碧城題跋二卷　題（清）碧城外史撰　清刻本　一册

320000－1605－0010975　484/99
蘭坡先生三圖題詠三卷　（清）朱琦撰　清光緒石印本　一册

320000－1605－0010976　485/312－1
楹聯録存二卷附四書文一卷　（清）俞樾編　清刻本　一册

320000－1605－0010977　485/312－2
楹聯録存五卷附録一卷　（清）俞樾編　清刻本　四册

320000－1605－0010978　485/312－3
楹聯新集一卷　（清）俞樾著　清光緒九年（1883）刻本　一册

320000－1605－0010979　485/332
形景庵三漢碑披一卷　（清）高心夔撰　清光緒刻本　一册

320000－1605－0010980　485/393
集唐分韻采珠編十卷　（清）徐賡雲輯　清道光二十六年（1846）刻本　四册

320000－1605－0010981　485/402－1
楹聯叢話十二卷續話四卷　（清）梁章鉅撰　清道光二十六年（1846）刻本　五册　缺三卷（七至九）

320000－1605－0010982　485/402－2
楹聯叢話十二卷續話四卷　（清）梁章鉅撰　清道光二十年至二十三年（1840－1843）刻本　六册

320000－1605－0010983　485/402－3
楹聯叢話十二卷續話四卷　（清）梁章鉅撰　清道光二十年至二十三年（1840－1843）刻本　六册

320000－1605－0010984　485/402－4
楹聯叢話十二卷　（清）梁章鉅撰　清道光二十年（1840）梁氏桂林撫署刻本　四册

320000－1605－0010985　485/402－5
楹聯叢話十二卷續話四卷巧對録八卷　（清）梁章鉅撰　清光緒十四年（1888）刻本　六册　缺八卷（巧對録八卷）

320000－1605－0010986　485/565
璿璣碎錦二卷　（清）萬樹撰　清光緒九年（1883）刻本　二册

320000－1605－0010987　485/622
花隱盦學對一卷　（清）潘希甫撰　稿本　一册

320000－1605－0010988　485/676
鞠傲軒集聯新語一卷　（清）劉傳福撰　清宣統元年（1909）刻本　一册

320000－1605－0010989　485/731
藤香館小品二卷　（清）薛時雨撰　清光緒刻本　二册

320000－1605－0010990　485/781
師竹廬聯話十二卷　竇鎮輯　清同治十二年（1873）刻本　二册

320000－1605－0010991　485/974
莫愁湖楹聯便覽一卷　（清）釋壽安輯　清光緒五年（1879）刻本　一册

320000－1605－0010992　486/312－1
詩夢鐘聲録一卷　（清）李嘉樂等撰　清光緒刻本　一册

320000－1605－0010993　486/312－2

詩夢鐘聲録一卷　(清)李嘉樂等撰　清光緒十三年(1887)刻本　一册

320000－1605－0010994　486/442
簡學齋試帖輯注一卷　(清)陳沆撰　清末刻本　一册

320000－1605－0010995　486/965
分類對錦不分卷　(□)□□撰　清抄本　一册

320000－1605－0010996　487/784
蘇長公小品四卷　(宋)蘇軾撰　清刻本　二册

320000－1605－0010997　487/971
續刻文料觸機二卷　題(清)梅園主人輯　清光緒二年(1876)刻本　一册　存一卷(上)

320000－1605－0010998　488.2/428
通俗編目録一卷　(清)翟灝撰　清末張炳翔抄本　一册

320000－1605－0010999　488/22－1
澹香齋試帖一卷　(清)王廷紹撰　(清)張熙宇輯評　清同治五年(1866)刻本　一册

320000－1605－0011000　488/22－2
澹香齋試帖一卷　(清)王廷紹撰　(清)張熙宇輯評　清同治五年(1866)刻本　一册

320000－1605－0011001　488/225
集杭諺詩一卷　(清)邵懿辰撰　清光緒二年(1876)刻本　一册

320000－1605－0011002　488/312
游藝録五卷　(清)俞樾輯　清光緒刻本　一册

320000－1605－0011003　488/428－1
遊戲文選一編八卷　張炳翔輯　稿本　八册

320000－1605－0011004　488/428－2
遊戲文選二編八卷　張炳翔輯　稿本　八册

320000－1605－0011005　488/428－3
遊戲文選三編八卷　張炳翔輯　稿本　八册

320000－1605－0011006　488/428－4
遊戲文選四編八卷　張炳翔輯　稿本　八册

320000－1605－0011007　488/428－5
遊戲文選五編八卷　張炳翔輯　稿本　八册

320000－1605－0011008　488/491
吴諺集一卷　(清)黄安濤撰　清宣統鉛印本　一册

320000－1605－0011009　488/565
璇璣碎錦不分卷　(清)萬樹填譜　(清)宏倫編正　清康熙三十四年(1695)刻本　三册　存圖四十七幅(一至四十七)

320000－1605－0011010　488/654
周婆制禮三卷　蔡爾康編　清光緒二十二年(1896)石印本　三册

320000－1605－0011011　488/740
夢筆生花四編三十二卷　(清)繆艮輯　清光緒三十三年(1907)石印本　八册

320000－1605－0011012　488/961
藹園謎賸不分卷　題(清)靄園主人撰　清光緒十七年(1891)石印本　二册

320000－1605－0011013　488/967
春申江之新笑譚四卷　題(清)坐花散人輯　清光緒三十二年(1906)石印本　二册

320000－1605－0011014　488/968
增訂一夕話六卷　題(清)咄咄夫撰　清道光十二年(1832)刻本　三册　存五卷(一至五)

320000－1605－0011015　488/974
毘耶室驅暑閑鈔十卷　題(清)硯雲主人輯　清乾隆刻本　二册

320000－1605－0011016　488/977
錦詞閑摘一卷　(清)□□摘編　清末抄本　一册

320000－1605－0011017　488/980
讖諷譚序初太守吴歙卅絶一卷　(清)□□撰　清抄本　一册

320000－1605－0011018　489/131
峯泖去思集一卷　(清)劉有光撰　清光緒二

十六年(1900)刻本　一冊

320000－1605－0011019　489/156
梅州輿頌四卷　(清)李壽祺編　清光緒四年(1878)刻本　二冊

320000－1605－0011020　489/167
徐士修輓詩四卷　(清)吴煒等撰　清刻本　二冊

320000－1605－0011021　489/174
岑襄勤公勳德介福圖一卷　(清)陳鵑繪　(清)岑春榮等編　清光緒十七年(1891)石印本　一冊

320000－1605－0011022　489/27
悼紅吟一卷　(清)管斯駿編　清光緒十年(1884)刻本　一冊

320000－1605－0011023　489/312
絢華室詩憶一卷　(清)俞陛雲撰　清光緒二十年(1894)刻本　一冊

320000－1605－0011024　489/393－1
暨陽輿頌不分卷　(清)江陰禮延書院輯　清光緒二十四年(1898)刻本　一冊

320000－1605－0011025　489/393－2
暨陽輿頌不分卷　(清)江陰禮延書院輯　清光緒二十四年(1898)刻本　一冊

320000－1605－0011026　489/393－3
韜厂蹈海録四卷　陸光熙輯　清宣統二年(1910)鉛印本　二冊

320000－1605－0011027　489/393－4
韜厂蹈海録四卷　陸光熙輯　清宣統二年(1910)鉛印本　一冊

320000－1605－0011028　489/444
蘭因集二卷　(清)陳文述輯　清光緒七年(1881)刻本　一冊

320000－1605－0011029　489/471
懷忠録六卷首一卷末一卷　(清)湯成烈撰　清咸豐五年(1855)刻本　二冊

320000－1605－0011030　489/52
協五所譯西報時論稿一卷　(清)毛承基輯　**印譜一卷**　(清)毛承基篆　稿本　二冊

320000－1605－0011031　489/556
表孝贈言不分卷　(清)楊焯等輯　清乾隆刻本　一冊

320000－1605－0011032　489/598
仙山悼雨一卷　(清)趙丕烈撰　清乾隆二十一年(1756)刻本　一冊

320000－1605－0011033　489/613
悼紅吟一卷　(清)管斯駿編　清光緒十年(1884)刻本　一冊

320000－1605－0011034　489/791
吴門表隱不分卷　(清)顧震濤輯　清道光十四年(1834)刻本　四冊

320000－1605－0011035　489/866
暨陽輿頌不分卷　(清)江陰禮延書院輯　清光緒二十四年(1898)刻本　一冊

320000－1605－0011036　492.2/21
文字源流考五章　王大諧撰　清抄本　一冊

320000－1605－0011037　492.3/242
五車韻府不分卷　(清)金約瑟編撰　清光緒二十五年(1899)石印本　二冊

320000－1605－0011038　492.3/428
康熙字典十二集　(清)張玉書等編　清刻本　一冊　存一卷(未集上)

320000－1605－0011039　492.4/650
千金裘二十七卷　(清)蔣義彬纂　清道光二十六年(1846)刻本　四冊

320000－1605－0011040　492.5/447
文則二卷　(宋)陳騤著　清嘉慶二十二年(1817)刻本　一冊

320000－1605－0011041　492.5/471
修辭學教科書不分卷　(清)湯振堂編　清光緒三十一年(1905)鉛印本　一冊

320000－1605－0011042　492.5/622
虚字韻藪五卷　(清)潘維城編　清道光二十

八年(1848)刻本　一冊

320000－1605－0011043　492.5/683
中學文法教科書四卷　(清)龍伯純編　清光緒三十三年(1907)鉛印本　二冊

320000－1605－0011044　492.6/97
新纂五方元音全書二卷　(清)樊騰鳳撰　(清)年希堯增補　清光緒十年(1884)刻本　四冊

320000－1605－0011045　492.7/915
澄衷蒙學堂字課圖說四卷　澄衷蒙學堂編　清光緒二十七年(1901)石印本　七冊

320000－1605－0011046　492.8/975
滿文辭匯不分卷　(□)□□編　清抄本　四冊

320000－1605－0011047　496.7/938
和文漢譯讀本八卷　(日本)坪内雄藏編　清光緒三十二年(1906)鉛印本　八冊

320000－1605－0011048　501/135
養蒙正軌一卷　(英國)秀耀春　汪振聲譯　清刻本　一冊

320000－1605－0011049　504/940
國民教育論一卷　(日本)浮田和民撰　(清)沅麇生譯　清光緒三十二年(1906)鉛印本　一冊

320000－1605－0011050　508/999
詞科試卷不分卷　(□)□□撰　清乾隆刻本　一冊

320000－1605－0011051　509/500
游日本學校筆記不分卷　(清)項文瑞著　清光緒二十九年(1903)鉛印本　一冊

320000－1605－0011052　510/473
學政全書八十六卷首一卷　(清)童璜編　清刻本　二十三冊　存八十卷(一至二十一、二十九至八十六,首一卷)

320000－1605－0011053　512/428
奏定學堂章程不分卷　(清)張百熙等編　清光緒二十九年(1903)鉛印本　五冊

320000－1605－0011054　530/578
四語彙編四種　(清)詹坦輯　清光緒二十四年(1898)刻本　一冊　存一種一卷(教諭語一卷)

320000－1605－0011055　530/912
竢實學堂課文一卷外課文一卷　無錫竢實學堂編　清光緒二十七年(1901)鉛印本　二冊

320000－1605－0011056　537/135－1
千字文釋義一卷　(清)汪嘯尹輯　(清)孫謙益參註　清咸豐元年(1851)刻本　一冊

320000－1605－0011057　537/135－2
蒙學叢書八類　(清)汪鍾霖輯　清光緒二十九年(1903)石印本　三十二冊

320000－1605－0011058　537/22
三字經訓詁一卷　(宋)王應麟撰　(清)王相訓詁　清咸豐元年(1851)刻本　一冊

320000－1605－0011059　537/428
普通學歌訣一卷　張一鵬編　清光緒二十六年(1900)刻本　一冊

320000－1605－0011060　537/535－1
幼學句解四卷　(清)程允升原著　(清)錢元龍校訂　清光緒刻本　四冊

320000－1605－0011061　537/535－2
幼學須知句解四卷　(清)錢元龍撰　清光緒十二年(1886)刻本　四冊

320000－1605－0011062　537/535－3
重訂幼學須知句解四卷　(清)錢元龍編　清刻本　二冊　存二卷(三至四)

320000－1605－0011063　543/791
簡明單級教授法一卷　顧倬著　清宣統三年(1911)鉛印本　一冊

320000－1605－0011064　568.8/431
京師大學堂講義七種　張鶴齡等編　清末鉛印本　三冊　存五種十一卷(中國地理二卷、經濟學五卷、心理學一卷、中國史二卷、萬國史一卷)

320000－1605－0011065　595/935

德國學校制度一卷　（日本）加藤駒二著　清光緒二十九年(1903)鉛印本　一冊

320000－1605－0011066　595/938
德國學校論略七卷　（德國）花之安著　清同治十二年(1873)刻本　一冊

320000－1605－0011067　596/170
東瀛参觀學校筆記不分卷　吕珮芬撰　清光緒三十四年(1908)鉛印本　一冊

320000－1605－0011068　596/300
日本學校源流不分卷　（美國）路義思撰　（美國）衛理口譯　（清）范熙庸譯　清光緒二十五年(1899)刻本　一冊

320000－1605－0011069　596/964
日本東京大學規制考略二卷　（□）□□撰　清鉛印本　一冊

320000－1605－0011070　620.1/787－1
群學肄言十六卷　（英國）斯賓塞爾著　嚴復譯　清光緒二十九年(1903)鉛印本　四冊

320000－1605－0011071　620.1/787－2
群學肄言十六卷　（英國）斯賓塞爾著　嚴復譯　清光緒二十九年(1903)鉛印本　四冊

320000－1605－0011072　622/943
社會通詮不分卷　（英國）甄克思撰　嚴復譯　清末、民國鉛印本　一冊

320000－1605－0011073　623.4/867
吴氏義莊規條一卷　吴氏義莊訂　清宣統三年(1911)刻本　一冊

320000－1605－0011074　624/932
社會主義一卷　（日本）村井知至著　（清）羅大維譯　清光緒二十九年(1903)鉛印本　一冊

320000－1605－0011075　625.6/522
東瀛警察筆記四卷　（清）舒鴻儀撰　清光緒三十二年(1906)石印本　一冊

320000－1605－0011076　625.6/823
警察第一次傳單一卷　（清）衢郡警察總局編　清光緒刻本　一冊

320000－1605－0011077　625.8/809
政務處議奏禁煙章程一卷　（清）政務處編　清光緒鉛印本　一冊

320000－1605－0011078　626.2/359
吴門歲華紀麗十二卷　（清）袁景瀾編　清抄本　六冊

320000－1605－0011079　626/115
全地五大洲女俗通考十集二十一卷首一卷　（美國）林樂知原著　任保羅譯述　清光緒二十九年(1903)鉛印本　二十一冊

320000－1605－0011080　628.2/167
吾學録二十四卷　（清）吳榮光編　清道光二十九年(1849)刻本　八冊　存二十卷(五至二十四)

320000－1605－0011081　628.2/720
直省釋奠禮樂記六卷　（清）應寶時撰　清同治十二年(1873)刻本　四冊

320000－1605－0011082　628.2/813－1
大清通禮五十四卷　（清）來保等修　清光緒九年(1883)刻本　十二冊

320000－1605－0011083　628.2/813－2
大清通禮五十四卷　（清）來保等修　清光緒九年(1883)刻本　十二冊

320000－1605－0011084　628.2/813－3
大清通禮五十四卷　（清）來保等修　清光緒九年(1883)刻本　十二冊

320000－1605－0011085　628.2/813－4
大清通禮五十四卷　（清）來保等修　清光緒九年(1883)刻本　十二冊

320000－1605－0011086　628.2/813－5
大清通禮五十四卷　（清）來保等修　清光緒九年(1883)刻本　十二冊

320000－1605－0011087　628.2/963
皇上大婚禮節開單奏一卷　（□）□□撰　清光緒刻本　一冊

320000－1605－0011088　628.2/964－1
文廟丁祭譜一卷　（清）□□撰　清同治七年

(1868)刻本　一册

320000－1605－0011089　628.2/964－2
文昌廟樂舞一卷　(□)□□撰　清光緒刻本　一册

320000－1605－0011090　628/767
文廟祀典考五十卷　(清)龐鍾璐撰　清光緒十五年(1889)刻本　十一册

320000－1605－0011091　628/964
文廟丁祭譜一卷　(清)□□撰　清同治七年(1868)刻本　一册

320000－1605－0011092　630.1/135－1
佐治藥言四種　(清)汪輝祖撰　清同治五年(1866)刻本　二册

320000－1605－0011093　630.1/135－2
龍莊遺書四種　(清)汪輝祖撰　清同治刻本　六册

320000－1605－0011094　630.1/135－3
學治臆説二卷學治續説一卷學治説贅一卷善俗書一卷　(清)王輝祖撰　清刻本　三册

320000－1605－0011095　630.1/166－1
吾學録初編二十四卷　(清)吳榮光編　清同治九年(1870)刻本　六册

320000－1605－0011096　630.1/166－2
吾學録初編二十四卷　(清)吳榮光編　清同治九年(1870)刻本　六册

320000－1605－0011097　630.1/170
實政録七卷　(明)吕坤撰　清同治十一年(1872)刻本　六册

320000－1605－0011098　630.1/178
新政真詮六編六卷　何啟　胡禮垣撰　清光緒十七年(1891)鉛印本　六册

320000－1605－0011099　630.1/2－1
牧令書輯要十卷　(清)丁日昌編　清同治七年(1868)刻本　十册

320000－1605－0011100　630.1/2－2
牧令書輯要十卷　(清)丁日昌編　清同治七年(1868)刻本　九册

320000－1605－0011101　630.1/359－1
圖民録四卷　(清)袁守定撰　清同治十年(1871)刻本　二册

320000－1605－0011102　630.1/359－2
圖民録四卷　(清)袁守定撰　清光緒五年(1879)刻本　二册

320000－1605－0011103　630.1/428
入幕須知五種　(清)張廷驤輯　清光緒刻本　六册

320000－1605－0011104　630.1/495
勸諭牧令文一卷　(清)黄輔辰編　清光緒十三年(1887)刻本　一册

320000－1605－0011105　630.1/661－1
增訂盛世危言正續編九卷　鄭觀應撰　清光緒十九年(1893)鉛印本　八册

320000－1605－0011106　630.1/661－2
盛世危言五卷　鄭觀應撰　清光緒二十年(1894)石印本　五册

320000－1605－0011107　630.1/674
庸吏庸言二卷　(清)劉衡撰　清同治七年(1868)刻本　一册

320000－1605－0011108　630.1/720
佐治芻言三卷　應祖錫撰　清光緒刻本　三册

320000－1605－0011109　630.1/749
學仕録十六卷　(清)戴肇辰撰　清同治刻本　八册

320000－1605－0011110　630.1/784
翼教叢編六卷　(清)蘇輿輯　清光緒二十四年(1898)刻本　三册

320000－1605－0011111　630.1/970
居官鏡一卷　(清)剛毅撰　清光緒十六年(1890)刻本　一册

320000－1605－0011112　630.2/749
歐美政治要義十八章　(清)戴鴻慈等撰　清

光緒三十三年(1907)石印本　四册

320000－1605－0011113　630.4/447
時事新編六卷　(清)陳耀卿編　清光緒二十一年(1895)鉛印本　六册

320000－1605－0011114　630.4/477－1
校邠廬抗議二卷　(清)馮桂芬撰　清光緒十年(1884)刻本　二册

320000－1605－0011115　630.4/477－2
校邠廬抗議二卷　(清)馮桂芬撰　清光緒十年(1884)刻本　二册

320000－1605－0011116　630.4/477－3
校邠廬抗議二卷　(清)馮桂芬撰　清光緒十年(1884)刻本　二册

320000－1605－0011117　630.8/2
保甲書輯要四卷　(清)徐棟輯　清同治七年(1868)刻本　一册

320000－1605－0011118　630.8/343
萬國政治叢考一百八十卷附政治最新文編四十卷　(清)凌賡颺等編　清光緒二十八年(1902)石印本　二十八册

320000－1605－0011119　630.8/430
牧民忠告二卷　(元)張養浩撰　清同治七年(1868)刻本　一册

320000－1605－0011120　630.8/674
劉簾舫先生吏治三書六卷　(清)劉衡撰　清同治七年(1868)刻本　一册

320000－1605－0011121　630.9/115
英國治理印度新政考六卷　(英國)亨得偉良著　(清)任保羅譯　清光緒三十年(1904)刻本　六册

320000－1605－0011122　630.9/495
陸清獻公莅嘉遺蹟三卷　(清)黄維玉編　清同治六年(1867)刻本　一册

320000－1605－0011123　630.9/557
考察政治日記不分卷　載澤撰　清光緒三十四年(1908)鉛印本　一册

320000－1605－0011124　630.9/841
歐洲最近政治史十六章　(日本)森山守次撰　清光緒二十三年(1897)鉛印本　一册

320000－1605－0011125　630/129
西事類編十六卷　(清)沈純輯　清光緒二十一年(1895)鉛印本　四册

320000－1605－0011126　630/332
宦游紀略二卷　(清)高廷瑤撰　清同治十二年(1873)刻本　一册

320000－1605－0011127　630/442
從政遺規二卷　(清)陳宏謀撰　清嘉慶十四年(1809)刻本　二册

320000－1605－0011128　630/506
經世文編一百二十卷　(清)賀長齡　(清)魏源編　清道光七年(1827)刻本　八十册

320000－1605－0011129　633/2
察吏六條一卷　(清)丁日昌撰　清同治八年(1869)刻本　一册

320000－1605－0011130　633/556－1
籌濟編三十二卷首一卷　(清)楊景仁編　清光緒五年(1879)刻本　八册

320000－1605－0011131　633/556－2
籌濟編三十二卷首一卷　(清)楊景仁編　清光緒五年(1879)刻本　八册

320000－1605－0011132　633/72
欽頒州縣事宜一卷　(清)田文鏡編　清同治七年(1868)刻本　一册

320000－1605－0011133　637.1/556－1
光緒丙午年交涉要覽上篇一卷中篇二卷下篇四卷　(清)楊毓輝等輯　清光緒三十四年(1908)鉛印本　六册

320000－1605－0011134　637.1/556－2
光緒乙巳年交涉要覽上篇二卷下篇三卷　(清)楊毓輝等輯　清光緒三十三年(1907)鉛印本　五册

320000－1605－0011135　637.1/556－3
光緒乙巳年交涉要覽上篇二卷下篇三卷

（清）楊毓輝等輯　清光緒三十三年（1907）鉛印本　五冊

320000－1605－0011136　662.97/811－7
大清縉紳全書四集　（清）吏部編　清光緒二十八年（1902）刻本　四冊

320000－1605－0011137　637.2/443
吳門從政録一卷　（清）陳光淞撰　清宣統三年（1911）鉛印本　一冊

320000－1605－0011138　637.2/481
各國約章纂要七卷附録一卷　勞乃宣輯　清光緒二十四年（1898）石印本　五冊

320000－1605－0011139　637.2/654
約章分類輯要三十八卷首一卷　蔡乃煌等輯　清光緒刻本　二冊　存五卷（十三至十六、十八）

320000－1605－0011140　637.2/676
東三省交涉輯要十一卷　（清）劉瑞霖輯　清宣統二年（1910）鉛印本　七冊

320000－1605－0011141　637.2/705－1
金軺籌筆四卷　（清）□□撰　清光緒十三年（1887）刻本　四冊

320000－1605－0011142　637.2/705－2
中俄界約斠注七卷　（清）錢恂撰　清光緒二十年（1894）刻本　二冊

320000－1605－0011143　637.2/756－1
東方交涉記十二卷　（清）瞿昂來等譯　清光緒六年（1880）刻本　二冊

320000－1605－0011144　637.2/756－2
英俄印度交涉書二卷　（清）瞿昂來等譯　清光緒十三年（1887）刻本　一冊

320000－1605－0011145　642.4/495
營田輯要内篇二卷外篇一卷首一卷　（清）黄輔辰撰　清同治三年（1864）刻本　一冊

320000－1605－0011146　642.4/999
浙江興利開墾救荒章程不分卷　（清）□□編　清末刻本　一冊

320000－1605－0011147　642.5/22
工業與國政相關論二卷　（清）王汝駟譯　清光緒二十六年（1900）鉛印本　二冊

320000－1605－0011148　642.5/305
工務營策一卷　（清）茅謙撰　清光緒二十四年（1898）鉛印本　一冊

320000－1605－0011149　642/807
試辦全國預算暫行章程不分卷　（清）財政局編　清宣統三年（1911）石印本　一冊

320000－1605－0011150　647/393
國政貿易相關書二卷　（清）徐家寶譯　清光緒二十三年（1897）刻本　二冊

320000－1605－0011151　647/431
光緒朝海關大宗進出貨價表一卷　（清）張謇編　清宣統三年（1911）鉛印本　一冊

320000－1605－0011152　647/967
寧屬淮河各局統捐捐例二十一卷　（□）□□編　清末、民國鉛印本　一冊

320000－1605－0011153　650.1/430
法學通論不分卷　（清）張慰祖編　清宣統元年（1909）鉛印本　一冊

320000－1605－0011154　650.4/967
處分則例圖要六卷　（清）蔡嵩年　（清）蔡逢年編　清同治九年（1870）刻本　一冊　存四卷（一至四）

320000－1605－0011155　651/135－1
公法總論一卷　（英國）羅柏村撰　（英國）傅蘭雅口譯　汪振聲筆述　清光緒刻本　一冊

320000－1605－0011156　651/135－2
萬國公法四卷　（美國）惠頓撰　（美國）丁韙良譯　**萬國公法總論一卷**　（英國）羅柏村撰　（英國）傅立雅　汪振聲譯　清光緒二十四年（1898）石印本　四冊

320000－1605－0011157　651/2－1
萬國公法四卷　（美國）惠頓撰　（美國）丁韙良譯　清同治三年（1864）刻本　四冊

320000－1605－0011158　651/2－2

公法會通十卷 (美國)丁韙良撰 清光緒二十四年(1898)鉛印本 五册

320000－1605－0011159 651/211
各國憲法源泉三種合編不分卷 (清)林萬等譯 清光緒三十四年(1908)鉛印本 一册

320000－1605－0011160 651/312
各國交涉公法論十六卷 (英國)費利摩羅巴德撰 (英國)傅蘭雅口譯 俞世爵筆述 清光緒二十年(1894)鉛印本 十六册

320000－1605－0011161 651/492
歐洲和約輯要四卷 (俄國)伍羅東甫述 (清)黄致堯譯 清光緒二十三年(1897)石印本 四册

320000－1605－0011162 651/654
國際公法志一卷 蔡鍔編 清光緒二十八年(1902)鉛印本 一册

320000－1605－0011163 651/705
各國交涉便法論六卷 (清)錢國祥等譯校 清光緒鉛印本 六册

320000－1605－0011164 652.1/447
憲法治原四卷首一卷附平國議一卷 陳澹然撰 清光緒三十二年(1906)鉛印本 二册

320000－1605－0011165 652.1/967
禮部慶典成案一卷 (清)禮部撰 **内務府慶典成案三卷** (清)内務府撰 **工部慶典成案一卷** (清)工部撰 清光緒刻本 三册

320000－1605－0011166 652.2/193
得一録八卷 (清)余蓮村撰 清宣統元年(1909)刻本 四册 存四卷(一至四)

320000－1605－0011167 652.2/813
重訂蘇滬釐卡委員比較新章一卷 (清)蘇省牙釐總局編 清光緒二十三年(1897)刻本 一册

320000－1605－0011168 652.2/969
法令雜抄一卷 (□)□□編 清末抄本 一册

320000－1605－0011169 652.4/117
駁案彙編三十二卷續編四卷 (清)全士潮等編 清光緒九年(1883)鉛印本 十一册

320000－1605－0011170 652.4/129
歷代刑官考二卷 沈家本撰 清宣統元年(1909)鉛印本 一册

320000－1605－0011171 652.4/352
補宋書刑法志一卷補宋書食貨志一卷 (清)郝懿行撰 清光緒十七年(1891)刻本 一册

320000－1605－0011172 652.4/383.1－1
秋讞輯要六卷 (清)剛毅輯 清光緒十五年(1889)刻本 七册

320000－1605－0011173 652.4/383.1－2
秋讞輯要六卷 (清)剛毅輯 清光緒十五年(1889)刻本 八册

320000－1605－0011174 652.4/808
修正刑律案語二編 (清)法律館編 清宣統元年(1909)鉛印本 六册

320000－1605－0011175 652.4/999
大清刑律分則草案不分卷 (清)□□撰 清光緒三十四年(1908)影印本 一册

320000－1605－0011176 652.6/819
大清礦物章程正章不分卷附章七十三條 (清)礦物委員會編 清末鉛印本 一册

320000－1605－0011177 652.7/434－1
各國立約始末記三十卷 (清)陸元鼎撰 清光緒三十二年(1906)石印本 二十二册

320000－1605－0011178 652.7/434－2
各國立約始末記三十卷 (清)陸元鼎撰 清光緒三十二年(1906)石印本 二十二册

320000－1605－0011179 652.7/438－1
約章大全七十三卷 陸鳳石輯 清宣統元年(1909)石印本 四十八册

320000－1605－0011180 652.7/438－2
約章大全七十三卷 陸鳳石輯 清宣統元年(1909)石印本 四十六册

320000－1605－0011181 652.7/654－1

約章分類輯要三十八卷首一卷　蔡乃煌等輯　清光緒二十六年(1900)刻本　三十冊

320000－1605－0011182　652.7/654－2
約章分類輯要三十八卷首一卷　蔡乃煌等輯　清光緒二十六年(1900)刻本　三十冊

320000－1605－0011183　652.7/705
中俄界約斠注七卷　(清)錢恂撰　清光緒二十年(1894)刻本　二冊

320000－1605－0011184　652.7/741－1
約章成案匯覽甲乙編五十二卷　(清)北洋洋務局輯　清光緒三十一年(1905)石印本　四十六冊

320000－1605－0011185　652.7/741－2
約章成案匯覽甲乙編五十二卷　(清)北洋洋務局輯　清光緒三十一年(1905)石印本　三十六冊

320000－1605－0011186　652.7/804
大清國大英國續議滇緬商界務條款一卷　(清)内閣撰　清光緒二十三年(1897)刻本　一冊

320000－1605－0011187　652.7/815
通商各國條約類編二十二卷　(清)畿輔通志局編　清光緒三年(1877)刻本　七冊

320000－1605－0011188　652.7/839
新纂約章大全樣本七十三卷　陸鳳石編　清宣統元年(1909)石印本　一冊　缺四十五卷(八至五十二)

320000－1605－0011189　652.7/940
華英讞案定章考一卷　(英國)哲美森著　(英國)李提摩太　題鑄鐵生譯　清光緒二十九年(1903)鉛印本　一冊

320000－1605－0011190　652.7/964－1
中緬條約一卷　(□)□□編　清刻本　一冊

320000－1605－0011191　652.7/964－2
中日馬關新約一卷　(□)□□編　清光緒刻本　一冊

320000－1605－0011192　652.7/964－3
中日通商蘇州租界章程一卷　(□)□□編　清光緒刻本　一冊

320000－1605－0011193　652.7/966
交還奉天南邊地方條約一卷　(□)□□編　清光緒刻本　一冊

320000－1605－0011194　652.7/971
通商行船條約一卷　清光緒二十二年(1896)刻本　一冊

320000－1605－0011195　652.8/165
清道咸間蘇州府禁淫書畫告示一卷　(清)吳仁榮輯　清咸豐八年(1858)刻本　一冊

320000－1605－0011196　652.8/4303
蘇州府案稿不分卷　(□)□□輯　清抄本　一冊

320000－1605－0011197　652.8/967
蘇州鳳池庵冤案始末記不分卷　(□)□□撰　清抄本　一冊

320000－1605－0011198　652.93/208－1
唐律疏議三十卷　(唐)長孫無忌等撰　**音義一卷**　(宋)孫奭撰　清光緒十七年(1891)刻本　八冊

320000－1605－0011199　652.93/208－2
唐律疏議三十卷　(唐)長孫無忌等撰　**音義一卷**　(宋)孫奭撰　清光緒十七年(1891)刻本　八冊

320000－1605－0011200　652.97/129－1
刺字集四卷　沈家本撰　清光緒二十四年(1898)刻本　一冊

320000－1605－0011201　652.97/129－2
寄簃文存八卷　沈家本撰　清光緒三十三年(1907)鉛印本　二冊

320000－1605－0011202　652.97/129－3
大清現行刑律三十六卷　沈家本等編　清宣統二年(1910)鉛印本　十二冊

320000－1605－0011203　652.97/157－1
大清律例彙輯便覽四十卷　(清)李瀚章等編　清同治十一年(1872)刻本　二十八冊

320000－1605－0011204　652.97/157－2
大清律例彙輯便覽四十卷　(清)李瀚章等編　清同治十一年(1872)刻本　二十七册　缺二卷(三十三至三十四)

320000－1605－0011205　652.97/200
讀律一得歌四卷　(清)宗繼增撰　清光緒十六年(1890)刻本　二册

320000－1605－0011206　652.97/219
欽定戶部則例一百卷　(清)聯英等修　清咸豐五年(1855)刻本　四十册

320000－1605－0011207　652.97/22
不礙軒讀律六種　(清)王有孚撰　清嘉慶十二年(1807)刻本　五册

320000－1605－0011208　652.97/337－1
三流道里表二卷　(清)唐紹祖等纂修　清同治十一年(1872)刻本　二册

320000－1605－0011209　652.97/337－2
三流道里表二卷　(清)唐紹祖等纂修　清同治十一年(1872)刻本　二册

320000－1605－0011210　652.97/337－3
三流道里表二卷　(清)唐紹祖等纂修　清同治十一年(1872)刻本　二册

320000－1605－0011211　652.97/337－4
三流道里表二卷　(清)唐紹祖等纂修　清同治十一年(1872)刻本　二册

320000－1605－0011212　652.97/364－1
棠陰比事一卷　(宋)桂萬榮撰　清刻本　一册

320000－1605－0011213　652.97/364－2
棠陰比事一卷　(宋)桂萬榮撰　清刻本　二册

320000－1605－0011214　652.97/401
六部處分則例五十二卷　(清)清平等纂修　清光緒三十四年(1908)鉛印本　八册

320000－1605－0011215　652.97/404－1
欽定五軍道里表十八卷　(清)常泰等撰　清刻本　十九册

320000－1605－0011216　652.97/404－2
五軍道里表二卷　(清)常泰等撰　清同治十一年(1872)刻本　二册

320000－1605－0011217　652.97/404－3
五軍道里表二卷　(清)常泰等撰　清同治十一年(1872)刻本　二册

320000－1605－0011218　652.97/404－4
五軍道里表十八卷　(清)常泰等撰　清同治十二年(1873)刻本　十八册

320000－1605－0011219　652.97/404－5
五軍道里表十八卷　(清)常泰等撰　清同治十二年(1873)刻本　十八册

320000－1605－0011220　652.97/449
大清律例增修統纂集成四十卷督捕則例二卷　(清)陶東臯等增修　清宣統二年(1910)石印本　二十三册

320000－1605－0011221　652.97/494
簡明律條示一卷　(清)黄彭年編　清光緒十五年(1889)刻本　一册

320000－1605－0011222　652.97/600
提牢備考四卷　(清)趙舒翹撰　清光緒十九年(1893)刻本　二册

320000－1605－0011223　652.97/650
爽鳩要録二卷　(清)蔣超伯撰　清同治五年(1866)刻本　一册

320000－1605－0011224　652.97/654－1
律例便覽八卷附處分則例圖要六卷　(清)蔡嵩年　(清)蔡逢年輯　清同治九年(1870)刻本　六册

320000－1605－0011225　652.97/654－2
律例便覽八卷　(清)蔡嵩年　(清)蔡逢年輯　清光緒十四年(1888)刻本　六册

320000－1605－0011226　652.97/661
折獄龜鑑八卷　(清)鄭克撰　清道光十五年(1835)刻本　四册

320000－1605－0011227　652.97/674－1
讀律心得三卷附蜀僚問答一卷　(清)劉衡纂

輯　清道光刻本　一册

320000－1605－0011228　652.97/674－2
讀律心得三卷附蜀僚問答一卷　（清）劉衡纂輯　清道光刻本　一册

320000－1605－0011229　652.97/713
明刑管見録一卷　（清）穆翰著　清光緒十三年（1887）刻本　一册

320000－1605－0011230　652.97/717
秋審實緩比較條款一卷　（清）謝誠鈞撰　清光緒四年（1878）刻本　二册

320000－1605－0011231　652.97/804－1
城鎮鄉地方自治章程九章選舉章程六章　（清）内閣編　清光緒鉛印本　一册

320000－1605－0011232　652.97/804－2
鄭工新例一卷　（清）戶部撰　清光緒刻本　一册

320000－1605－0011233　652.97/806－1
刪除律例一卷　沈家本等編　清光緒鉛印本　一册

320000－1605－0011234　652.97/806－2
欽定大清刑律一卷　沈家本等修訂　清宣統三年（1911）刻本　二册

320000－1605－0011235　652.97/810－1
大清民事訴訟律草案四卷　沈家本編　清宣統二年（1910）鉛印本　四册

320000－1605－0011236　652.97/810－2
大清民律草案三編　（清）俞廉三等編　清宣統三年（1911）鉛印本　四册

320000－1605－0011237　652.97/810－3
大清現行刑律案語三十二卷　沈家本　（清）俞廉三編　清宣統三年（1911）鉛印本　十八册　缺五卷（罵詈一卷、訴訟一卷、受贓一卷、詐偽一卷、犯姦一卷）

320000－1605－0011238　652.97/811
大清律例四十七卷　（清）徐本等修　清乾隆刻本　二十册

320000－1605－0011239　652.97/816
法院編製法不分卷　（清）憲政編查館編　清光緒三十三年（1907）石印本　一册

320000－1605－0011240　652.97/901
大清律講義十七卷首一卷　吉同鈞著　清宣統元年（1909）石印本　八册

320000－1605－0011241　652.97/963－1
大清律例總類不分卷　（□）□□編　清光緒十五年（1889）刻本　四册

320000－1605－0011242　652.97/963－2
大清新刑律一卷　（□）□□編　清末石印本　一册

320000－1605－0011243　652.97/967
欽定吏部處分則例四十七卷首一卷　（清）内閣撰　清嘉慶刻本　八册　存三十一卷（一至二十六、三十二至三十六）

320000－1605－0011244　652.97/970－1
牧令須知六卷　（清）剛毅撰　清光緒十五年（1889）刻本　二册

320000－1605－0011245　652.97/970－2
牧令須知六卷　（清）剛毅撰　清光緒十五年（1889）刻本　二册

320000－1605－0011246　652.97/970－3
審看擬式四卷首一卷末一卷　（清）剛毅撰　清光緒十五年（1889）刻本　二册

320000－1605－0011247　652.97/970－4
審看擬式四卷首一卷末一卷　（清）剛毅撰　清光緒十五年（1889）刻本　二册

320000－1605－0011248　652.97/971－1
處分則例圖要六卷　（清）蔡嵩年　（清）蔡逢年編　清同治九年（1870）刻本　二册

320000－1605－0011249　652.97/971－2
通行條例四卷　（□）□□編　清光緒十四年（1888）刻本　六册

320000－1605－0011250　652.97/971－3
通行條例四卷　（□）□□編　清光緒十四年（1888）刻本　六册

320000－1605－0011251　652/390
欽定康濟録四卷　(清)倪國璉撰　清同治三年(1864)刻本　三册

320000－1605－0011252　652/841
大清光緒新法令十三卷附録一卷　商務印書館編輯　清宣統元年(1909)鉛印本　二十册

320000－1605－0011253　652/941－1
大清宣統新法令三十五册　商務印書館編譯所編　清宣統元年(1909)鉛印本　三十四册　存三十四册(一至三十四)

320000－1605－0011254　652/941－2
大清宣統新法令三十五册　商務印書館編譯所編　清宣統元年(1909)鉛印本　二十册　存二十册(一至二十)

320000－1605－0011255　652/97
律例便覽八卷　(清)蔡嵩年　(清)蔡逢年輯　清同治九年(1870)刻本　三册

320000－1605－0011256　654/383
法國律例四十四卷　(清)時雨化筆述　清光緒六年(1880)鉛印本　四十六册

320000－1605－0011257　655.4/868
德意志刑法一卷　(清)法律館編　清光緒石印本　一册

320000－1605－0011258　656.1/936
日本帝國憲法義解一卷　(日本)伊藤博文纂　清光緒鉛印本　一册

320000－1605－0011259　656.9/841
日本明治法制史不分卷　(日本)清浦奎吾撰　清光緒二十九年(1903)上海商務印書館鉛印本　一册

320000－1605－0011260　656/428
新譯日本法規大全不分卷　(清)劉崇傑等譯　清光緒三十三年(1907)石印本　八十一册

320000－1605－0011261　658/522
美國憲法纂釋二十一卷附續增憲法一卷　(美國)海麗生撰　舒高第口譯　(清)鄭昌棪筆述　清光緒三十三年(1907)刻本　二册

320000－1605－0011262　659.4/81
印度刑律四卷　(英國)嘉托瑪著　(英國)山雅各口譯　邱起霖筆述　清光緒二十九年(1903)鉛印本　三册

320000－1605－0011263　660.2/661
列國歲計政要十二卷　(英國)麥丁富得力編纂　(美國)林樂知口譯　(清)鄭昌棪筆述　清光緒元年(1875)刻本　六册

320000－1605－0011264　660.2/749－1
列國政要一百三十二卷　(清)戴鴻慈　(清)端方輯　清光緒三十三年(1907)石印本　三十二册

320000－1605－0011265　660.2/749－2
列國政要一百三十二卷　(清)戴鴻慈　(清)端方輯　清光緒三十三年(1907)石印本　三十二册

320000－1605－0011266　660.2/749－3
列國政要一百三十二卷　(清)戴鴻慈　(清)端方輯　清光緒三十三年(1907)石印本　三十二册

320000－1605－0011267　660.2/749－4
列國政要一百三十二卷　(清)戴鴻慈　(清)端方輯　清光緒三十三年(1907)石印本　三十二册

320000－1605－0011268　660.2/749－5
列國政要續編九十四卷　(清)戴鴻慈　(清)端方輯　清光緒三十三年(1907)石印本　三十二册

320000－1605－0011269　660/999
名臣奏議不分卷　(□)□□輯　清末抄本　一册

320000－1605－0011270　662.1/359
圖民録四卷　(清)袁守定撰　清光緒五年(1879)刻本　一册　存二卷(一至二)

320000－1605－0011271　662.1/407
宰湯雜識一卷　(清)許鍾璐編　清宣統三年(1911)石印本　一册

320000－1605－0011272　662.1/677
劉簾舫先生吏治三書六卷　(清)劉衡撰　清同治七年(1868)刻本　一册

320000－1605－0011273　662.2/21
國朝謚法考不分卷　(清)王士禛撰　清康熙刻本　一册

320000－1605－0011274　662.2/435
清理財政章程解釋一卷　陸定撰　清宣統元年(1909)鉛印本　一册

320000－1605－0011275　662.2/804
籌餉現行新例不分卷　(清)户部奏撰　清同治刻本　一册

320000－1605－0011276　662.3/967
處分則例圖要六卷　(清)蔡嵩年　(清)蔡逢年編　清光緒十四年(1888)刻本　二册

320000－1605－0011277　662.4/807－1
江蘇各級檢察廳辦事規則一卷　(清)江蘇高等檢察廳訂　清宣統鉛印本　一册

320000－1605－0011278　662.4/807－2
江蘇各級檢察廳職務綱要一卷　(清)江蘇高等檢察廳訂　清宣統鉛印本　一册

320000－1605－0011279　662.4/807－3
江蘇各級檢察廳職務綱要一卷　(清)江蘇高等檢察廳訂　清宣統鉛印本　一册

320000－1605－0011280　662.4/807－4
江蘇各級審判廳試辦章程一卷　(清)江蘇審判廳訂　清宣統二年(1910)鉛印本　一册

320000－1605－0011281　662.4/809
江蘇各級檢察廳調度司法警察職務章程一卷　(清)法部訂　清宣統二年(1910)鉛印本　一册

320000－1605－0011282　662.4/966－1
江蘇省例不分卷　(清)□□編　清同治八年(1869)刻本　四册

320000－1605－0011283　662.4/966－2
江蘇省例不分卷　(清)□□編　清同治八年(1869)刻本　四册

320000－1605－0011284　662.4/966－3
江蘇省例不分卷　(清)□□編　清同治八年(1869)刻本　四册

320000－1605－0011285　662.4/966－4
江蘇省例續編不分卷(清同治八年至光緒元年)　(清)□□編　清光緒元年(1875)刻本　二册

320000－1605－0011286　662.4/966－5
江蘇省例續編不分卷(清同治八年至光緒元年)　(清)□□編　清光緒元年(1875)刻本　二册

320000－1605－0011287　662.4/966－6
江蘇省例三編不分卷(清光緒元年至八年)　(清)□□編　清光緒九年(1883)刻本　二册

320000－1605－0011288　662.4/966－7
江蘇省例四編不分卷(清光緒九年至三十三年)　(清)□□編　清光緒刻本　三册

320000－1605－0011289　662.4/976
歷年治浙成規不分卷　(□)□□編　清道光刻本　五册

320000－1605－0011290　662.7/228
城鎮鄉地方自治宣講書一卷　孟昭常撰　清宣統元年(1909)鉛印本　一册

320000－1605－0011291　662.7/393
保甲書輯要四卷　(清)徐棟輯　清同治七年(1868)刻本　二册

320000－1605－0011292　662.7/968
金山縣保甲章程一卷　(□)□□編　清刻本　一册

320000－1605－0011293　662.9/148
通典二百卷　(唐)杜佑撰　清咸豐九年(1859)刻本　四十册

320000－1605－0011294　662.9/352
文獻通考經籍考一卷　(元)馬端臨撰　清抄本　一册

320000－1605－0011295　662.9/533－1
欽定續通志六百四十卷　(清)嵇璜等編　清

光緒十二年(1886)刻本　二百冊　缺二卷(一百二十五至一百二十六)

320000－1605－0011296　662.9/533－2
續通典一百五十卷　(清)嵇璜等編　清光緒十二年(1886)刻本　三十六冊　缺十五卷(九十二至一百六)

320000－1605－0011297　662.9/533－3
續文獻通考二百五十卷　(清)嵇璜等編　清光緒十三年(1887)刻本　一百二十冊

320000－1605－0011298　662.9/661－1
通志二百卷　(宋)鄭樵撰　清咸豐九年(1859)刻本　一百六十冊

320000－1605－0011299　662.9/661－2
通志二百卷　(宋)鄭樵撰　清咸豐九年(1859)刻本　一百五十五冊　缺四卷(一百三、一百四十八、一百八十八至一百八十九)

320000－1605－0011300　662.93/25
唐會要一百卷　(宋)王溥撰　清刻本　五冊　存二十一卷(八十至一百)

320000－1605－0011301　662.93/810
唐六典三十卷　(唐)玄宗李隆基撰　(唐)李林甫等注　清嘉慶五年(1800)刻本　六冊

320000－1605－0011302　662.97/129
光緒政要三十四卷　(清)沈桐生等輯　清宣統元年(1909)鉛印本　二十九冊　缺一卷(五)

320000－1605－0011303　662.97/26
石渠餘紀六卷　(清)王慶雲撰　清光緒刻本　六冊

320000－1605－0011304　662.97/447
州縣提綱四卷　(宋)陳襄撰　清道光刻本　一冊

320000－1605－0011305　662.97/533－1
皇朝通典一百卷　(清)嵇璜等編　清光緒八年(1882)刻本　四十冊

320000－1605－0011306　662.97/533－2
皇朝通志一百二十六卷　(清)嵇璜等編　清光緒八年(1882)刻本　四十冊

320000－1605－0011307　662.97/533－3
皇朝文獻通考三百卷　(清)嵇璜等編　清光緒八年(1882)刻本　一百六十冊

320000－1605－0011308　662.97/807
邸抄全録不分卷　(英國)字林西報編　清末鉛印本　六冊　存六冊(光緒十三年二月二十三至八月十四、光緒十四年正月初一至三月三十)

320000－1605－0011309　662.97/811－1
大清中樞備覽二卷　(清)吏部編　清光緒二十八年(1902)刻本　二冊

320000－1605－0011310　662.97/811－2
大清中樞備覽二卷　(清)吏部編　清光緒二十八年(1902)刻本　二冊

320000－1605－0011311　662.97/811－3
大清縉紳全書四集　(清)吏部編　清光緒二十八年(1902)刻本　四冊

320000－1605－0011312　662.97/811－4
大清縉紳全書四集　(清)吏部編　清光緒三十四年(1908)刻本　四冊

320000－1605－0011313　662.97/811－5
大清縉紳全書四集　(清)吏部編　清光緒三十三年(1907)刻本　四冊

320000－1605－0011314　662.97/811－6
大清縉紳全書四集　(清)吏部編　清宣統三年(1911)刻本　五冊

320000－1605－0011315　662.97/814－1
欽定大清會典八十卷事例九百二十卷圖一百三十二卷　(清)托津等撰　(清)曹振鏞總裁　清嘉慶二十三年(1818)刻本　三百十冊　存八百一卷(會典一、三至六、八至二十六、三十、三十五至三十六、三十八至三十九、四十一至七十六,事例三十二至四十、四十三至四十九、五十五至八十五、九十七至一百三、一百十二至一百四十一、一百五十五至一百六十一、一百六十六至一百六十七、一百七十五至一百七十九、一百八十三至一百八十九、一百九十二至二百、二百四至二百十五、二百十八、二百二十三至二百三十八、二百四十一至二百五十七、二百八十八至二百九十三、三百一至三百二、三百五至三百六、三百十至三百十四、三百七十五至三百八十五、三百八十八至四百三、四百七至四百三十七、四百四十一至四百七十四、四百七十八至五百七十三、五百七十六至五百九十一、五百九十四至六百四十六、六百五十一至八百十二、八百二十至八百五十八、八百七十一至八百八十七、八百九十四至八百九十九、九百四至九百十三、九百十七至九百二十,圖六十七至一百三十二)

320000－1605－0011316　662.97/814－2
大清會典一百卷　(清)崑岡等編　清刻本　二十四册

320000－1605－0011317　662.97/814－3
大清會典一百卷　(清)崑岡等編　清光緒二十五年(1899)石印本　十册

320000－1605－0011318　662.97/814－4
大清會典一百卷　(清)崑岡等編　清光緒二十五年(1899)石印本　十册

320000－1605－0011319　662.97/814－5
大清會典事例一千二百二十卷　(清)李鴻章等輯　清光緒三十四年(1908)石印本　一百五十册

320000－1605－0011320　662.97/814－6
大清會典事例一千二百二十卷　(清)李鴻章等輯　清宣統元年(1909)石印本　一百五十册

320000－1605－0011321　662.97/965
公事録存二卷　(□)□□撰　清抄本　二册

320000－1605－0011322　674/128
英國鐵路規定律不分卷　沈成鵠譯　清宣統三年(1911)鉛印本　一册

320000－1605－0011323　674/622－1
美國鐵路彙考十三卷　(清)潘松譯　清光緒二十五年(1899)刻本　二册

320000－1605－0011324　674/622－2
鐵路紀要三卷　(美國)柯理撰　(清)潘松譯　清光緒二十年(1894)刻本　一册

320000－1605－0011325　674/805
滬寧鐵路奏稿借款條約外務部復奏稿一卷　(清)□□撰　清光緒二十九年(1903)鉛印本　一册

320000－1605－0011326　676/77－1
中衢一勺三卷　(清)包世臣撰　清道光十五年(1835)抄本　一册

320000－1605－0011327　676/77－2
中衢一勺三卷　(清)包世臣撰　清刻本　三册

320000－1605－0011328　677/156
行海要術四卷　(清)李鳳苞譯　清光緒十六年(1890)刻本　三册

320000－1605－0011329　677/393
航海章程附紀録二卷　(清)徐家寶譯　清光緒二十一年(1895)刻本　一册

320000－1605－0011330　677/509
御風要術三卷　(清)華蘅芳譯　清同治十二年(1873)刻本　二册

320000－1605－0011331　677/735
行船免撞章程一卷附一卷　(清)鍾天緯譯　清鉛印本　一册

320000－1605－0011332　679/806
奏定度量衡畫一制度圖説總表推行章程一卷　(清)會議政務處製　清光緒鉛印本　一册

320000－1605－0011333　680.1/787
斯密亞丹原富五卷　(英國)斯密亞丹著　嚴復譯　清光緒二十七年(1901)石印本　八册

320000－1605－0011334　680.2/393
保富述要不分卷　(英國)布萊德撰　(清)徐家寶譯　清光緒二十二年(1896)刻本　二册

320000－1605－0011335　680/967
調查財政條款一卷　(□)□□撰　清光緒石印本　一册

320000－1605－0011336　681/407
鈔幣論一卷　(清)許楣撰　清道光二十六年(1846)刻本　一册

320000－1605－0011337　681/735
鑄錢工藝三卷　(英國)傅蘭雅口譯　(清)趙元益譯　清光緒十六年(1890)鉛印本　二册

320000－1605－0011338　681/975
銀洋定論備要不分卷　(□)□□撰　清光緒十六年(1890)鉛印本　一册

320000－1605－0011339　686.2/811－1
浙海鈔關現行收稅則例不分卷　(清)浙江海關編　清雍正刻本　一册

320000－1605－0011340　686.2/811－2
浙海鈔關現行收稅則例不分卷　(清)浙江海關編　清雍正刻本　一册

320000－1605－0011341　686.4/148
淮鹽紀略一卷　(清)杜文瀾撰　清光緒二十九年(1903)石印本　一册

320000－1605－0011342　686.4/22
鹽法議畧二卷　(清)王守基撰　清光緒十二年(1886)刻本　二册

320000－1605－0011343　686.4/473
淮北票鹽志略十五卷　(清)童濂編　清同治七年(1868)刻本　六册

320000－1605－0011344　686.4/477
兩浙鹽法志三十卷續纂備考十二卷　(清)馮培等纂　清同治刻本　四十二册

320000－1605－0011345　686/509
金匱縣斗則簡明册二卷　(清)華湛恩撰　清光緒末石印本　二册

320000－1605－0011346　686/622
鄂省丁漕指掌十卷　(清)潘霨編　清光緒元年(1875)刻本　十册

320000－1605－0011347　686/650
浙江海運漕糧全案重編八卷　(清)蔣益澧編　清同治六年(1867)刻本　十二册

320000－1605－0011348　686/676
江蘇省減稅賦全案八卷　(清)劉郇膏等編　清同治刻本　八册

320000－1605－0011349　686/749－1
浙西減漕記略一卷　(清)戴槃撰　清同治刻本　一册

320000－1605－0011350　686/749－2
浙西減漕記略一卷　(清)戴槃撰　清同治刻本　一册

320000－1605－0011351　686/801
現定直隸等十六省軍費政費按照辛亥預算歲入應餘銀數概算書一卷　(清)度支部編　清宣統三年(1911)鉛印本　一册

320000－1605－0011352　686/808－1
江蘇海運全案續編八卷　(清)兩江總督衙門編　清刻本　八册

320000－1605－0011353　686/808－2
江蘇海運全案續編八卷　(清)兩江總督衙門編　清刻本　七册　缺一卷(一)

320000－1605－0011354　686/820
重訂蘇滬釐卡委員比較新章一卷　(清)蘇省牙釐總局編　清光緒二十六年(1900)刻本　一册

320000－1605－0011355　686/966－1
江蘇地漕民欠徵信册一卷　(□)□□撰　清光緒刻本　一册

320000－1605－0011356　686/966－2
光緒元年蘇省賦役全書四十種　(□)□□編　清鉛印本　四十一册

320000－1605－0011357　686/976
浙江省減賦全案十卷　(清)興奎等編　清同治十二年(1873)刻本　四册　存三卷(二至三、十)

320000－1605－0011358　686/999
[道光]漕務公文不分卷　(□)□□編　清抄本　一册

320000－1605－0011359　689/170

會議銀價問答七卷　吕海寰　盛宣懷等撰　清光緒石印本　一冊

320000－1605－0011360　689/506
會議銀價説帖四篇　（清）山東農工商務局輯　清光緒石印本　一冊

320000－1605－0011361　689/622
中國之金融二卷　（清）潘承鍔譯　清光緒三十四年（1908）鉛印本　二冊

320000－1605－0011362　689/803－1
大美國欽命會議銀價大臣條議中國新圜法覺書一卷　（美國）精琪撰　清光緒山東農工商務局石印本　一冊

320000－1605－0011363　689/803－2
續送銀價條議一卷　（清）山東農工商務局輯　清光緒石印本　一冊

320000－1605－0011364　690.08/967
江蘇按察使司奏裁減製兵奏摺不分卷　（□）□□撰　清末刻本　一冊

320000－1605－0011365　690.1/135－1
太公兵法逸文一卷　（清）汪宗沂輯　清光緒五年（1879）刻本　一冊

320000－1605－0011366　690.1/135－2
武侯八陣兵法輯畧一卷　（清）汪宗沂輯　清光緒五年（1879）刻本　一冊

320000－1605－0011367　690.1/135－3
武經七書七卷　（宋）□□輯　（明）張居正輯著　清刻本　一冊　存二卷（六至七）

320000－1605－0011368　690.1/359－1
洴澼百金方十四卷　（清）袁宫桂撰　清道光二十年（1840）刻本　五冊

320000－1605－0011369　690.1/359－2
洴澼百金方十四卷　（清）袁宫桂撰　清道光二十年（1840）刻本　五冊

320000－1605－0011370　690.1/375－1
孫子十家注八卷　（宋）吉天保輯　清末刻本　四冊

320000－1605－0011371　690.1/375－2
孫子趙氏注五卷　（明）趙本學注　清同治二年（1863）刻本　四冊

320000－1605－0011372　690.1/375－3
魏武帝註孫子三卷　（三國魏）武帝曹操註　清刻本　一冊

320000－1605－0011373　690.1/375－4
孫子十家注十三卷　（宋）吉天保輯　（清）孫星衍　（清）吳人驥校　清石印本　六冊

320000－1605－0011374　690.1/375－5
孫子十家注遺説一卷　（宋）鄭友賢撰　清抄本　一冊

320000－1605－0011375　690.1/65
司馬法古注三卷附音義一卷　（清）曹元忠集注　清光緒二十年（1894）刻本　一冊

320000－1605－0011376　690.1/971
尉繚子二卷　題（戰國）尉繚撰　**素書一卷**　（宋）張商英注　**心書一卷**　題（三國蜀）諸葛亮撰　清光緒元年（1875）刻本　一冊

320000－1605－0011377　690.3/427
紀效新書十八卷　（明）戚繼光撰　清嘉慶九年（1804）刻本　四冊

320000－1605－0011378　690.3/645－1
兵鏡備考十三卷　（清）鄧廷羅撰　清刻本　十六冊

320000－1605－0011379　690.3/645－2
兵鏡備考十三卷孫子集注一卷兵鏡或問二卷　（清）鄧廷羅撰　清刻本　十冊　缺六卷（兵鏡備考九至十三、兵鏡或問下）

320000－1605－0011380　690.7/427
練兵實紀九卷雜集六卷　（明）戚繼光撰　清刻本　六冊

320000－1605－0011381　690.8/271－1
讀史兵略四十六卷　（清）胡林翼纂　清咸豐十一年（1861）刻本　十六冊

320000－1605－0011382　690.8/271－2
讀史兵略四十六卷　（清）胡林翼纂　清咸豐

十一年(1861)刻本　十六册

320000－1605－0011383　690.8/73
兵法集鑑六卷　(清)史策先編輯　清咸豐六年(1856)刻本　六册

320000－1605－0011384　690.8/908
湖北武學叢編四十九卷　(清)武備學堂編　清光緒二十六年(1900)刻本　二十八册

320000－1605－0011385　690.9/305－1
武備志二百四十卷　(明)茅元儀輯　清刻本　八十册

320000－1605－0011386　690.9/305－2
武備志二百四十卷　(明)茅元儀輯　清刻本　六十五册　缺十九卷(一百十九至一百三十七)

320000－1605－0011387　690.9/396
兵制考略六卷　(清)翁同爵撰　清光緒元年(1875)刻本　一册

320000－1605－0011388　690.9/446
兵法史略學二卷　(清)陳慶年撰　清光緒二十五年(1899)刻本　二册

320000－1605－0011389　690.9/941
日本軍政要略三卷　(日本)細田謙藏譯述　清光緒二十四年(1898)鉛印本　二册

320000－1605－0011390　690/316
雲南勘界籌邊記二卷　姚文棟撰　清末刻本　一册

320000－1605－0011391　691.8/807
武場條例十六卷　(清)兵部輯　清光緒二十一年(1895)刻本　十五册　缺一卷(十六)

320000－1605－0011392　693/135－1
行軍鐵路工程二卷　汪振聲譯　清光緒十二年(1886)刻本　一册

320000－1605－0011393　693/135－2
營工要覽四卷　汪振聲譯　清光緒鉛印本　二册

320000－1605－0011394　693/156
營壘圖說一卷　(清)李鳳苞譯　清光緒刻本　一册

320000－1605－0011395　693/2
子藥準則一卷　(清)丁友雲撰　清光緒十四年(1888)鉛印本　一册

320000－1605－0011396　693/393
營城揭要二卷　(清)徐燾譯　清光緒刻本　二册

320000－1605－0011397　693/428
武備編四卷　(清)張江輯　清抄本　一册

320000－1605－0011398　693/522
英國定準軍藥書四卷附編二卷　(英國)陸軍水師部編纂　舒高第譯　清光緒刻本　二册

320000－1605－0011399　693/598
行軍測繪十卷首一卷圖一卷　(清)趙元益譯　清光緒刻本　二册

320000－1605－0011400　693/730
上張勤果公南北洋各砲臺情形書一卷　(清)薩承鈺撰　清宣統元年(1909)鉛印本　一册

320000－1605－0011401　694/131
管礮法程四卷　沈敦和編　清光緒二十二年(1896)刻本　一册

320000－1605－0011402　694/156－1
攻守礮法四種　(清)李鳳苞譯　清光緒刻本　一册

320000－1605－0011403　694/156－2
克虜伯炮藥彈造法二卷圖一卷餅藥造法一卷　(德國)軍政局原著　(美國)金楷理　(清)李鳳苞譯　清光緒刻本　三册

320000－1605－0011404　694/156－3
克虜伯炮說三種十六卷　(清)李鳳苞譯　清光緒刻本　二册

320000－1605－0011405　694/156－4
克虜伯炮準心法一卷圖一卷　(清)李鳳苞譯　清光緒刻本　二册

320000－1605－0011406　694/156－5

陸操新義四卷 （德國）康貝撰 （清）李鳳苞譯 清光緒石印本 二册

320000－1605－0011407 694/2
礮法畫譜一卷 （清）丁乃文撰 清光緒十四年(1888)鉛印本 一册

320000－1605－0011408 694/228
步兵教練書五種五卷 李森述 （日本）軍事教育會等譯 清光緒鉛印本 七册

320000－1605－0011409 694/26
兵法百戰經二卷 （明）王鳴鶴輯 清刻本 一册

320000－1605－0011410 694/393
格林礮操法一卷 （清）徐建寅譯 清光緒元年(1875)鉛印本 一册

320000－1605－0011411 694/522－1
開地道轟藥法三卷圖一卷 （英國）武備工程學堂編 （英國）傅蘭雅口譯 汪振聲譯 清鉛印本 二册

320000－1605－0011412 694/522－2
礮乘新法三卷圖一卷 （英國）製造官局撰 舒高第 （清）鄭昌棪譯 清光緒十六年(1890)鉛印本 六册

320000－1605－0011413 694/522－3
前敵須知四卷圖一卷 （英國）克利賴撰 舒高第 （清）鄭昌棪譯 清光緒十六年(1890)鉛印本 五册

320000－1605－0011414 694/598－1
臨陣管見九卷 （德國）斯拉弗司撰 （清）趙元益譯 清光緒刻本 四册

320000－1605－0011415 694/598－2
行軍指要六卷圖一卷 （清）趙元益譯 清光緒二十七年(1901)刻本 六册

320000－1605－0011416 694/688－1
火攻備要三卷 題(三國蜀)諸葛亮編 清光緒十年(1884)刻本 三册

320000－1605－0011417 694/688－2
火龍經一集三卷 題(三國蜀)諸葛亮撰 二集三卷 題(明)劉基著 清刻本 四册

320000－1605－0011418 694/688－3
心書不分卷 題(三國蜀)諸葛亮撰 清抄本 一册

320000－1605－0011419 694/741
洋槍淺言一卷 （清）顔邦固等撰 清光緒鉛印本 一册

320000－1605－0011420 694/941
戰術學三卷 （日本）士官學校原編 （日本）細田謙藏譯述 清末鉛印本 四册

320000－1605－0011421 694/971－1
淮軍武毅各軍課程十卷附行軍陣圖一卷 (清)武毅全軍武備學堂編 清末石印本 六册

320000－1605－0011422 694/971－2
行軍陣圖一卷 （□）□□編繪 清石印本 一册

320000－1605－0011423 694/99
兵船礮法六卷 （美國）金楷理口譯 朱恩錫筆述 清光緒刻本 三册

320000－1605－0011424 695/164
德國陸軍考四卷 吳宗濂譯 清光緒鉛印本 四册

320000－1605－0011425 695/449
近世陸軍不分卷 （清）陶森甲編 清光緒二十八年(1902)鉛印本 一册

320000－1605－0011426 695/756
列國陸軍制不分卷 （清）瞿昂來等譯 清光緒十五年(1889)鉛印本 三册

320000－1605－0011427 695/815－1
陸軍行營禮節摺一卷 （清）練兵處奏定 清光緒石印本 一册

320000－1605－0011428 695/815－2
陸軍營制餉章一卷 （清）練兵處奏定 清光緒石印本 一册

320000－1605－0011429 696/157

俄國水師考一卷 （英國）百拉西撰 （英國）傅少蘭 李嶽蘅譯 清光緒鉛印本 一冊

320000－1605－0011430 696/265
防海節要一卷圖説一卷 （清）施在鈺補輯 清光緒十年(1884)刻本 一冊

320000－1605－0011431 696/393－1
輪船布陣十二卷首一卷圖一卷 （清）徐建寅譯 清同治十三年(1874)刻本 二冊

320000－1605－0011432 696/393－2
水師操練二十卷 （清）徐建寅譯 清同治十三年(1874)刻本 三冊

320000－1605－0011433 696/509
防海新論十八卷 （清）華蘅芳譯 清同治十二年(1873)刻本 六冊

320000－1605－0011434 696/522－1
海軍調度要言三卷圖一卷 （英國）拏核甫撰 舒高第口譯 （清）鄭昌棪筆述 清光緒十六年(1890)鉛印本 二冊

320000－1605－0011435 696/522－2
鐵甲叢譚六卷 （英國）黎特撰 舒高第口譯 （清）鄭昌棪筆述 清光緒鉛印本 二冊

320000－1605－0011436 696/522－3
英國水師律例四卷 （英國）德麟撰 舒高第口譯 （清）鄭昌棪筆述 清光緒鉛印本 二冊

320000－1605－0011437 696/535
水師保身法一卷 （清）程鑾 （清）趙元益譯 清光緒鉛印本 一冊

320000－1605－0011438 696/661
水師章程十四卷續六卷 （清）鄭昌棪譯 清光緒五年(1879)刻本 十六冊

320000－1605－0011439 696/735－1
美國水師考一卷 （英國）巴那比撰 （英國）傅蘭雅 （清）鍾天緯譯 清光緒鉛印本 一冊

320000－1605－0011440 696/735－2
英國水師考不分卷 （清）鍾天緯譯 清光緒鉛印本 二冊

320000－1605－0011441 696/756
法國水師考一卷 （清）瞿昂來譯 清光緒鉛印本 一冊

320000－1605－0011442 696/935
水雷秘要圖一卷 （英國）史理孟纂 清末石印本 一冊

320000－1605－0011443 696/966
防海紀略二卷 題（清）芍唐居士編 清光緒六年(1880)刻本 二冊

320000－1605－0011444 697/661
水雷秘要五卷 （英國）史理孟纂 舒高第口譯 （清）鄭昌棪筆述 清光緒刻本 五冊

320000－1605－0011445 699/265
光緒三十年全球兵力攷一卷 施恩孚編譯 清光緒三十二年(1906)鉛印本 一冊

320000－1605－0011446 699/396
醫時六言六卷 （清）翁照撰傳 清刻本 二冊

320000－1605－0011447 699/413
湘軍志平議不分卷 （清）郭振鏞輯 清咸豐六年(1856)刻本 一冊

320000－1605－0011448 699/654
喇叭吹法一卷 （清）蔡錫齡譯 清光緒三年(1877)鉛印本 一冊

320000－1605－0011449 699/761－1
江南製造局記十卷附一卷 （清）魏允恭編 清光緒三十一年(1905)石印本 十冊

320000－1605－0011450 699/761－2
江南製造局記十卷附一卷 （清）魏允恭編 清光緒三十一年(1905)石印本 十冊

320000－1605－0011451 701/21－1
格致古微六卷 王仁俊編 清光緒二十二年(1896)刻本 二冊

320000－1605－0011452 701/21－2
格致古微六卷 王仁俊編 清光緒二十二年

(1896)刻本　五冊

320000－1605－0011453　701/505
格致譜十五卷　(清)屠仁守撰　清光緒二十八年(1902)刻本　六冊

320000－1605－0011454　701/661
格致啓蒙四卷　(英國)羅斯古等撰　(清)鄭昌棪等譯　清光緒刻本　四冊

320000－1605－0011455　701/674
格物中法十二卷　(清)劉嶽雲撰　清光緒二十五年(1899)刻本　一冊　存一卷(一)

320000－1605－0011456　701/756
格致小引一卷　(清)瞿昂來譯　清光緒刻本　一冊

320000－1605－0011457　701/906
格物入門七卷　(清)同文館編　清同治七年(1868)刻本　七冊

320000－1605－0011458　701/939
格物探原六卷　(清)韋廉臣著　清光緒六年(1880)木活字印本　四冊

320000－1605－0011459　701/970
格致啓蒙四卷　(英國)羅斯古等撰　(清)鄭昌棪等譯　清光緒石印本　一冊

320000－1605－0011460　703/15－1
物理小識十二卷首一卷　(清)方以智撰　清光緒十年(1884)刻本　六冊

320000－1605－0011461　703/15－2
物理小識十二卷首一卷　(清)方以智撰　清光緒十年(1884)刻本　六冊

320000－1605－0011462　703/15－3
物理小識十二卷首一卷　(清)方以智撰　清光緒十年(1884)刻本　六冊

320000－1605－0011463　703/518
廣博物志五十卷　(清)董斯張編　清乾隆二十六年(1761)刻本　四十八冊

320000－1605－0011464　708/393
格致叢書一百十種　(清)徐建寅編　清光緒二十七年(1901)石印本　三十二冊

320000－1605－0011465　708/509－1
格致彙編十二種　(英國)傅蘭雅等撰輯　清光緒刻本　十二冊

320000－1605－0011466　708/509－2
格致須知十九卷　(清)華蘅芳輯　清刻本　八冊

320000－1605－0011467　708/509－3
格致須知十九卷　(清)華蘅芳輯　清刻本　八冊

320000－1605－0011468　710.2/462
算表合璧一卷　崔朝慶　楊冰編　清光緒刻本　一冊

320000－1605－0011469　710.2/551－1
八線對數簡表一卷　(清)賈步緯述　清光緒鉛印本　一冊

320000－1605－0011470　710.2/551－2
八線對數簡表一卷　(清)賈步緯述　清光緒鉛印本　一冊

320000－1605－0011471　710.2/551－3
對數表四卷　(清)賈步緯述　清光緒鉛印本　四冊

320000－1605－0011472　710.2/551－4
開方表一卷　(清)賈步緯述　清光緒鉛印本　一冊

320000－1605－0011473　710.2/551－5
弦切對數表一卷　(清)賈步緯述　清光緒鉛印本　一冊

320000－1605－0011474　710.8/155
則古昔齋算學十三種　(清)李善蘭撰　清同治六年(1867)刻本　六冊

320000－1605－0011475　710.8/156
李氏遺書十一種　(清)李銳撰　清道光三年(1823)刻本　六冊

320000－1605－0011476　710.8/166－1
算書二十一種　(清)丁取忠輯　清同治、光

緒刻本　三十二冊

320000－1605－0011477　710.8/166－2
算書二十一種　（清）丁取忠輯　清同治、光緒刻本　三十二冊

320000－1605－0011478　710.8/168－1
割圜通解一卷代數術詳解一卷　（清）吳誠撰　清光緒二十四年（1898）刻本　一冊

320000－1605－0011479　710.8/168－2
割圜通解一卷代數術詳解一卷　（清）吳誠撰　清光緒二十四年（1898）刻本　一冊

320000－1605－0011480　710.8/168－3
算學一隅二種　（清）吳誠撰　清光緒二十四年（1898）刻本　一冊

320000－1605－0011481　710.8/37－1
算經十書十種　（清）孔繼涵編　清刻本　十冊

320000－1605－0011482　710.8/37－2
算經十書十種　（清）孔繼涵編　清刻本　九冊　缺三卷（勾股割圜記一至三）

320000－1605－0011483　710.8/428
翠薇山房數學十五種　（清）張作楠輯　清刻本　二十四冊

320000－1605－0011484　710.8/509
行素軒算稿五種　（清）華蘅芳撰　清光緒八年（1882）刻本　六冊

320000－1605－0011485　710.8/575－1
鄒徵君遺書八種附刻二種　（清）鄒伯奇撰　清同治十三年（1874）刻本　四冊

320000－1605－0011486　710.8/575－2
鄒徵君遺書八種附刻二種　（清）鄒伯奇撰　清同治十三年（1874）刻本　五冊

320000－1605－0011487　710.8/717
謝穀堂算學三種　（清）謝家禾撰　清光緒刻本　一冊

320000－1605－0011488　710.8/83－1
矩線原本四卷　（清）安清翹撰　清嘉慶刻安寬夫數學五書本　一冊

320000－1605－0011489　710.8/83－2
推步惟是四卷　（清）安清翹撰　清嘉慶刻安寬夫數學五書本　二冊　存二卷（一、四）

320000－1605－0011490　710.8/83－3
一線表用六卷　（清）安清翹撰　清嘉慶刻安寬夫數學五書本　一冊

320000－1605－0011491　710.8/83－4
樂律心得二卷　（清）安清翹撰　清嘉慶刻安寬夫數學五書本　一冊

320000－1605－0011492　710.8/83－5
學算存略三卷　（清）安清翹撰　清嘉慶刻安寬夫數學五書本　一冊

320000－1605－0011493　710.9/481－1
古籌算考釋六卷　勞乃宣撰　清光緒十二年（1886）刻本　六冊

320000－1605－0011494　710.9/481－2
籌算蒙課一卷籌算分法淺釋一卷　勞乃宣撰　清光緒二十四年（1898）刻本　二冊

320000－1605－0011495　710.9/481－3
籌算淺釋二卷　勞乃宣撰　清光緒二十三年（1897）刻本　二冊

320000－1605－0011496　710.9/481－4
古籌算考釋續編八卷垛積籌法二卷　勞乃宣撰　清光緒二十六年（1900）刻本　十冊

320000－1605－0011497　710.9/481－5
衍元小草二卷　（清）孔慶霽　（清）孔慶霱　（清）勞絅章撰　清光緒二十四年（1898）刻本　二冊

320000－1605－0011498　710/155
西算新法直解八卷　（清）馮桂芬　（清）陳暘撰　清光緒二年（1876）刻本　一冊

320000－1605－0011499　710/223－1
數學精詳十二卷　（清）屈曾發輯　清乾隆三十七年（1772）刻本　四冊

320000－1605－0011500　710/223－2

九數通考十二卷　(清)屈曾發輯　清同治十一年(1872)刻本　六冊

320000－1605－0011501　710/509
算式解法十四卷　(美國)好敦司　(美國)開奈利撰　(英國)傅蘭雅口譯　(清)華蘅芳筆述　清光緒二十五年(1899)刻本　二冊

320000－1605－0011502　710/525
里堂學算記十六卷　(清)焦循撰　清嘉慶四年(1799)刻本　六冊

320000－1605－0011503　710/598
數學理九卷　(英國)棣麼甘撰　(英國)傅蘭雅口譯　清光緒刻本　四冊

320000－1605－0011504　710/791－1
九數存古九卷　(清)顧觀光輯　清光緒十八年(1892)刻本　四冊

320000－1605－0011505　710/791－2
九數存古九卷　(清)顧觀光輯　清光緒十八年(1892)刻本　四冊

320000－1605－0011506　710/791－3
九數存古九卷　(清)顧觀光輯　清光緒十八年(1892)刻本　四冊

320000－1605－0011507　710/791－4
九數存古九卷　(清)顧觀光輯　清光緒十八年(1892)刻本　四冊

320000－1605－0011508　710/791－5
九數外録一卷　(清)顧觀光著　清光緒刻本　一冊

320000－1605－0011509　710/811
數理精藴四十五卷　(清)梅瑴成等編　清光緒八年(1882)刻本　四十冊

320000－1605－0011510　711.07/562
數學教科書十六篇　葉懋宣編　清光緒三十三年(1907)鉛印本　二冊

320000－1605－0011511　711/135－1
衍元筆算今式二卷　(清)汪香祖撰　清光緒二十三年(1897)刻本　二冊

320000－1605－0011512　711/135－2
衍元筆算今式二卷　(清)汪香祖撰　清光緒二十三年(1897)刻本　二冊

320000－1605－0011513　711/185
算廸八卷　(清)何夢瑤撰　清道光刻本　九冊

320000－1605－0011514　711/22
緝古算經考注圖草二卷　(清)王孝通撰　(清)李璜考注　清道光十一年(1831)刻本　四冊

320000－1605－0011515　711/347
數書九章十八卷　(清)秦九韶撰　清道光二十二年(1842)刻本　十冊

320000－1605－0011516　711/407
算牖四卷　(清)許桂林撰　清光緒十三年(1887)刻本　二冊

320000－1605－0011517　711/420
直方大齋數學上編十四卷　(清)曹汝英編　清光緒二十九年(1903)刻本　四冊

320000－1605－0011518　711/423－1
增删算法統宗十一卷　(清)梅瑴成撰　清光緒三年(1877)刻本　四冊

320000－1605－0011519　711/423－2
增删算法統宗十一卷　(清)梅瑴成撰　清光緒二十四年(1898)刻本　四冊

320000－1605－0011520　711/462－1
盈朒一得二卷　(清)崔朝慶撰　清光緒二十四年(1898)刻本　一冊

320000－1605－0011521　711/462－2
盈朒一得二卷　(清)崔朝慶撰　清光緒二十四年(1898)刻本　一冊

320000－1605－0011522　711/500
象數一原七卷　(清)項名達撰　清光緒十四年(1888)刻本　四冊

320000－1605－0011523　711/509－1
學算筆談十二卷　(清)華蘅芳撰　清光緒十一年(1885)刻本　四冊

320000－1605－0011524　711/509－2
學算筆談十二卷　(清)華蘅芳撰　清光緒二十二年(1896)刻本　四册

320000－1605－0011525　711/568
董方立遺書算學五種　(清)董祐誠撰　清道光刻本　一册

320000－1605－0011526　711/575
筆算數學三卷　(美國)狄考文輯　(清)鄒立文譯　清光緒二十四年(1898)鉛印本　三册

320000－1605－0011527　711/690－1
開方釋例四卷　(清)駱騰鳳撰　清道光二十二年(1842)刻本　二册

320000－1605－0011528　711/690－2
藝游録二卷　(清)駱騰鳳撰　清道光二十三年(1843)刻本　二册

320000－1605－0011529　711/717
詠梅軒仰觀録五卷　(清)謝蘭生輯　清同治四年(1865)刻本　四册

320000－1605－0011530　711/775－1
比例匯通四卷　(清)羅士琳演　清嘉慶二十三年(1818)刻本　四册

320000－1605－0011531　711/775－2
四元釋例一卷　(清)羅士琳撰　清光緒二十二年(1896)石印本　一册

320000－1605－0011532　711/775－3
四元玉鑑細草二十四卷　(清)羅士琳撰　清光緒二十三年(1897)石印本　一册

320000－1605－0011533　711/791
算理紬奇初編一卷　顧儒基　崔朝慶輯　清光緒二十四年(1898)刻本　一册

320000－1605－0011534　711/84
算式集要四卷　(英國)哈斯韋輯　(英國)傅蘭雅口譯　(清)江衡筆述　清光緒刻本　二册

320000－1605－0011535　711/941
數學啓蒙二卷　(英國)偉烈亞力撰　清光緒十二年(1886)鉛印本　二册

320000－1605－0011536　711/977
算法指掌大全一卷　(□)□□編　清同治五年(1866)刻本　一册

320000－1605－0011537　711/98－1
四元玉鑑細草二十四卷　(清)羅士琳撰　清光緒十六年(1890)刻本　六册

320000－1605－0011538　711/98－2
算學啓蒙三卷　(清)朱世傑撰　清光緒刻本　二册

320000－1605－0011539　712/27
勾股演代五卷　王錫恩編　清光緒二十九年(1903)鉛印本　一册

320000－1605－0011540　712/393
通通新代數六卷　徐虎臣譯　清光緒二十九年(1903)刻本　六册

320000－1605－0011541　712/477－1
代數啓蒙四卷　(清)馮澂演　清光緒二十三年(1897)刻本　四册

320000－1605－0011542　712/477－2
代數啓蒙四卷　(清)馮澂演　清光緒二十三年(1897)刻本　四册

320000－1605－0011543　712/477－3
如積蒙求二卷附和較開方式一卷　(清)馮世澂撰　清光緒二十五年(1899)刻本　一册

320000－1605－0011544　712/509－1
代數難題解法十六卷　(清)華蘅芳譯　清光緒刻本　六册

320000－1605－0011545　712/509－2
代數術二十五卷　(清)華蘅芳譯　清光緒刻本　六册

320000－1605－0011546　712/509－3
代數術二十五卷　(清)華蘅芳譯　清光緒刻本　六册

320000－1605－0011547　712/937－1
代數備旨不分卷　(美國)狄考文選譯　(清)鄒立文筆述　清光緒三十年(1904)鉛印本　一册

320000－1605－0011548　712/937－2

代數備旨不分卷　(美國)狄考文選譯　(清)鄒立文筆述　清光緒三十年(1904)鉛印本　一册

320000－1605－0011549　713.2/650

曲綫新説二卷　蔣維鍾撰　清光緒二十五年(1899)刻本　一册

320000－1605－0011550　713/155

幾何原本十五卷　(意大利)利瑪竇口譯　(明)徐光啓筆記　清同治四年(1865)刻本　八册

320000－1605－0011551　713/393

幾何原本四卷　(明)徐光啓譯　清光緒十九年(1893)鉛印本　三册

320000－1605－0011552　713/596

形學備旨全草十卷　(美國)狄考文選譯　(清)鄒立文筆述　(清)壽考天補　清光緒三十一年(1905)石印本　六册

320000－1605－0011553　713/73

絜矩集一卷　(清)史晟著　清末抄本　一册

320000－1605－0011554　714.5/423

平三角舉要五卷　(清)梅文鼎撰　清光緒十四年(1888)刻本　二册

320000－1605－0011555　714/447

弧三角平視法一卷水經注西南諸水考三卷摹印述一卷　(清)陳澧撰　清刻本　一册

320000－1605－0011556　714/492

海鏡贅解二卷　(清)黄泰生解　清光緒二十七年(1901)刻本　一册

320000－1605－0011557　714/500

勾股六術一卷　(清)項名達編　清光緒刻本　一册

320000－1605－0011558　714/509

三角數理十二卷　(英國)海麻士輯　(清)華蘅芳譯　清光緒刻本　六册

320000－1605－0011559　714/551

緐譯弦切對數表八卷　(清)賈步緯譯　清光緒二十六年(1900)鉛印本　二册

320000－1605－0011560　714/622

八線備旨四卷　(清)潘慎文譯　清光緒二十四年(1898)鉛印本　一册

320000－1605－0011561　714/674

簡易庵算稿四卷　(清)劉彝程撰　清光緒二十六年(1900)刻本　四册

320000－1605－0011562　717/155

代數積拾級十八卷　(清)李善蘭譯　清咸豐九年(1859)刻本　四册

320000－1605－0011563　717/370

萬象一原九卷　(清)夏鸞翔撰　清光緒二十四年(1898)刻本　二册

320000－1605－0011564　717/509

微積溯源八卷　(英國)華里司輯　(英國)傅蘭雅口譯　(清)華蘅芳口述　清光緒刻本　六册

320000－1605－0011565　720.1/155

談天十八卷首一卷附表一卷　(英國)侯失勒撰　(英國)偉烈亞力口譯　(清)李善蘭删述　(清)徐建寅續述　清光緒刻本　四册

320000－1605－0011566　720.2/551

恒星圖表二卷　(清)賈步緯述　清光緒鉛印本　一册

320000－1605－0011567　720/446

三統術詳説四卷　(清)陳澧撰　清光緒刻本　一册

320000－1605－0011568　720/965

天文秘法一卷　(□)□□撰　清抄本　一册

320000－1605－0011569　721/393－1

天下山河兩戒考十四卷　(清)徐文靖撰　清雍正元年(1723)刻本　六册

320000－1605－0011570　721/393－2

天下山河兩戒考十四卷　(清)徐文靖撰　清光緒二年(1876)刻本　四册

320000－1605－0011571　722/775

七十二候表一卷　(清)羅以智撰　清光緒八年(1882)刻本　一冊

320000－1605－0011572　723/152
圜天圖說五卷　(清)李明澈述　清嘉慶二十四年(1819)刻本　五冊

320000－1605－0011573　723/937
八星之一總論不分卷　(英國)李提摩太著題(清)鑄鐵庵譯　清光緒二十三年(1897)鉛印本　一冊

320000－1605－0011574　725.5/677
白猿經三卷　(漢)劉誠意釋　清抄本　一冊

320000－1605－0011575　725/966
地志啓蒙四卷　(□)□□撰　清光緒二十四年(1898)石印本　一冊

320000－1605－0011576　726/25
繪地法原一卷　(英國)□□撰　(美國)金楷理譯　王德均筆述　清光緒刻本　一冊

320000－1605－0011577　726/393－1
測地繪圖十一卷附一卷表一卷　(清)徐壽筆述　清光緒刻本　四冊

320000－1605－0011578　726/393－2
運規約指三卷　(清)徐建寅譯　清光緒刻本　一冊

320000－1605－0011579　726/509
地學淺釋三十八卷　(清)華蘅芳譯　清光緒刻本　八冊

320000－1605－0011580　726/598
測繪海圖全法九卷　(清)趙元益譯　清光緒二十五年(1899)刻本　六冊

320000－1605－0011581　727/26
航海簡法四卷　(英國)那麗撰　(美國)金楷理譯　王德均筆述　清光緒刻本　二冊

320000－1605－0011582　728/551
航海通書□□卷　(清)江南製造局譯改(清)賈步緯等算校　清同治、民國鉛印本　二十七冊　存二十七冊(同治十至十三年,光緒二至三年、五至九年、十四年、二十五至三十四年,宣統元年至三年,民國元年至二年)

320000－1605－0011583　728/242
航海通書算例不分卷　(美國)金楷理譯　嚴良勳筆述　清光緒十八年(1892)抄本　一冊

320000－1605－0011584　729/156
漢四分術二卷　(清)李銳述並注　清道光刻本　一冊

320000－1605－0011585　729/423
梅氏曆算全書三十一種七十六卷　(清)梅文鼎撰　清光緒十一年(1885)刻本　二十四冊

320000－1605－0011586　729/442
天文算學纂要二十卷首一卷　(清)陳松撰　清光緒十三年(1887)刻本　二十四冊

320000－1605－0011587　729/509
測候叢談四卷　(清)華蘅芳譯　清光緒刻本　二冊

320000－1605－0011588　729/551－1
躔離引蒙二卷　(清)賈步緯撰　清光緒十八年(1892)鉛印本　二冊

320000－1605－0011589　729/551－2
交食引蒙一卷　(清)賈步緯撰　清光緒鉛印本　一冊

320000－1605－0011590　729/705
三統術衍三卷　(清)錢大昕撰　清嘉慶刻本　三冊

320000－1605－0011591　729/812－1
大清光緒二十三年歲次丁酉時憲書一卷　(清)欽天監編　清光緒刻本　一冊

320000－1605－0011592　729/812－2
大清宣統三年歲次辛亥時憲書一卷　(清)欽天監編　清宣統刻本　一冊

320000－1605－0011593　729/824
御定萬年書不分卷　(清)欽天監訂　清光緒刻本　一冊

320000－1605－0011594　729/961
宣統二年新通曆不分卷　(□)□□編　清宣

統二年(1910)刻本　一冊

320000－1605－0011595　730/22
物理學三編十二卷　(日本)飯盛挺造輯　(日本)藤田豐八譯　(清)王季烈重輯　清光緒二十六年(1900)刻本　十二冊

320000－1605－0011596　730/976
辨學啓蒙不分卷　(英國)赫德輯　清光緒二十四年(1898)石印本　一冊

320000－1605－0011597　731/155
重學二十卷附曲綫說三卷　(清)李善蘭譯　清同治五年(1866)刻本　六冊

320000－1605－0011598　731/942
重學圖說一卷體性圖說一卷　(英國)傅蘭雅撰　清光緒十一年(1885)刻本　一冊

320000－1605－0011599　735/598
光學二卷　(清)趙元益譯　清光緒刻本　二冊

320000－1605－0011600　736/393－1
聲學八卷　(英國)田大里著　(英國)傅蘭雅口譯　(清)徐建寅筆述　清光緒刻本　二冊

320000－1605－0011601　736/393－2
物體遇熱改易記四卷　(英國)瓦特斯撰　(英國)傅蘭雅口譯　(清)徐壽筆述　(清)趙元益校錄　清光緒二十五年(1899)刻本　二冊

320000－1605－0011602　737/22
通物電光四卷　(英國)莫爾登撰　(英國)傅蘭雅口譯　王季烈筆述　清光緒二十五年(1899)刻本　一冊

320000－1605－0011603　737/248－1
電氣鍍金略法一卷　(英國)華特纂　(英國)傅蘭雅口譯　周郇筆述　清光緒刻本　一冊

320000－1605－0011604　737/248－2
電學綱目一卷　(英國)田大里纂　(英國)傅蘭雅口譯　周郇筆述　清光緒刻本　一冊

320000－1605－0011605　737/393－1
電氣鍍鎳一卷　(英國)傅蘭雅口譯　徐華封筆述　清刻本　一冊

320000－1605－0011606　737/393－2
電學測算附表二卷　徐兆熊譯　清鉛印本　一冊

320000－1605－0011607　737/393－3
電學十一卷　(清)徐建寅譯　清光緒刻本　六冊

320000－1605－0011608　740.1/393－1
化學分原八卷　(清)徐建寅譯　清光緒刻本　二冊

320000－1605－0011609　740.1/393－2
化學鑑原補編六卷　(清)徐壽譯　清光緒刻本　六冊

320000－1605－0011610　740.1/393－3
化學鑑原六卷　(清)徐壽譯　清光緒刻本　四冊

320000－1605－0011611　740.1/393－4
化學鑑原續編二十三卷　(清)徐壽譯　清光緒刻本　六冊

320000－1605－0011612　740.1/393－5
化學求數十六卷　(清)徐壽譯　清刻本　十四冊

320000－1605－0011613　740.2/964
化學中西名目表一卷　(□)□□撰　清光緒十年(1884)刻本　一冊

320000－1605－0011614　741/22
化學源流論四卷　(英國)方尼師原著　王汝駉譯　清鉛印本　二冊

320000－1605－0011615　743/393
化學考質八卷　(清)徐壽譯　清光緒刻本　六冊

320000－1605－0011616　746/393
無機化學教科書三卷　(英國)瓊司撰　(清)徐兆熊譯　清光緒三十四年(1908)刻本　三冊

320000－1605－0011617　751.5/135

雲氣占候篇二卷　(清)汪宗沂撰　清光緒刻本　一冊

320000－1605－0011618　751.5/491
黄子發相雨書一卷　(唐)黄子發撰　清光緒刻本　一冊

320000－1605－0011619　751/225
地文學問答十一章　邵羲譯　清光緒二十九年(1903)鉛印本　一冊

320000－1605－0011620　751/935－1
金石識别十二卷　(美國)代那著　(清)華蘅芳譯　清刻本　六冊

320000－1605－0011621　751/935－2
金石識别十二卷　(美國)代那著　(清)華蘅芳譯　清刻本　七冊

320000－1605－0011622　753/720
銀礦指南一卷　應祖錫譯　清光緒十七年(1891)鉛印本　一冊

320000－1605－0011623　770.7/841
普通博物問答八章　商務印書館譯　清光緒三十二年(1906)鉛印本　一冊

320000－1605－0011624　775/787－1
天演論二卷　嚴復譯　清光緒二十九年(1903)石印本　一冊

320000－1605－0011625　775/787－2
天演論二卷　嚴復譯　清光緒二十七年(1901)石印本　一冊

320000－1605－0011626　780.1/972
植物學啓蒙一卷　(□)□□編　清光緒二十四年(1898)石印本　一冊

320000－1605－0011627　798/429
禽經一卷　(晉)張華撰　清抄本　一冊

320000－1605－0011628　798/841
百鳥圖説一卷　(清)益智書會校訂　清光緒八年(1882)刻本　一冊

320000－1605－0011629　799/492
獸經一卷　(明)黄省曾撰　清抄本　一冊

320000－1605－0011630　810.4/967
中醫論治不分卷　(清)□□輯　清抄本　二冊

320000－1605－0011631　810.8/152
東垣十書十種附二種二十二卷　(清)陳璞編　清光緒七年(1881)刻本　十六冊

320000－1605－0011632　810.8/2－1
當歸草堂醫學叢書初編十種四十卷　(清)丁丙輯　清光緒四年(1878)刻本　八冊

320000－1605－0011633　810.8/2－2
當歸草堂醫學叢書初編十種四十卷　(清)丁丙輯　清光緒四年(1878)刻本　八冊

320000－1605－0011634　810.8/393－1
徐氏醫書六種　(清)徐大椿撰　清同治十二年(1873)刻本　十冊

320000－1605－0011635　810.8/393－2
徐氏醫書六種　(清)徐大椿撰　清光緒刻本　八冊　存四種十三卷(傷寒論類方一卷、醫學源流論二卷、醫貫砭二卷、蘭臺軌範八卷)

320000－1605－0011636　810.8/393－3
徐氏醫書八種　(清)徐大椿撰　清光緒十九年(1893)鉛印本　八冊

320000－1605－0011637　810.8/393－4
徐氏醫書八種　(清)徐大椿撰　清光緒十九年(1893)鉛印本　七冊　存七種十七卷(神農本草經百種録二卷、傷寒論類方一卷、醫學源流論二卷、醫貫砭二卷、蘭臺軌範八卷、慎疾芻言一卷、洄溪醫案一卷)

320000－1605－0011638　810.8/393－5
徐氏醫書十三種　(清)徐大椿撰　清光緒十五年(1889)刻本　十二冊　存十二種二十二卷(難經經釋一卷、神農本草百種録一卷、傷寒類方一卷、醫學源流論二卷、醫貫砭二卷、蘭臺軌範八卷、慎疾芻言一卷、洄溪醫案一卷、陰符經注一卷、道德經注二卷、樂府傳聲一卷、洄溪道情一卷)

320000－1605－0011639　810.8/393－6

洄溪醫案不分卷 (清)徐大椿撰 清光緒刻本 一冊

320000－1605－0011640 810.8/431
張氏醫書七種二十七卷 (清)張璐 (清)張澄撰 清康熙四十八年(1709)刻本 四十冊

320000－1605－0011641 810.8/443
陳修園醫書十三種 (清)陳念祖撰 清光緒刻本 三十四冊

320000－1605－0011642 810.8/449
醫學三書合刊不分卷 (清)陶慰農輯 清光緒元年(1875)刻本 二冊

320000－1605－0011643 810.8/477－1
馮氏錦囊秘録八種 (清)馮兆張撰 清康熙刻本 十六冊 存六種二十一卷(內經纂要一卷、雜癥大小合參十四卷、脈訣纂要一卷、女科精要三卷、外科精要一卷、藥案一卷)

320000－1605－0011644 810.8/477－2
馮氏錦囊秘録八種 (清)馮兆張撰 清道光二十二年(1842)刻本 三十二冊

320000－1605－0011645 810.8/491
黄氏醫書八種 (清)黄元御撰 清光緒二十年(1894)鉛印本 十二冊

320000－1605－0011646 810.8/492
霄鵬先生遺著五種 (清)黄保康撰 清宣統三年(1911)刻本 三冊

320000－1605－0011647 810.8/514
喻氏醫書三種 (清)喻昌撰 清同治刻本 十二冊

320000－1605－0011648 810.8/535
六醴齋醫書十種五十五卷 (清)陳永培輯 清光緒十七年(1891)刻本 二十四冊

320000－1605－0011649 810.8/622
韓園醫學六種 (清)潘霨輯 清光緒刻本 十二冊

320000－1605－0011650 810.8/731
薛氏醫按二十種 (明)吴琯輯 明萬曆刻本 十二冊 存八種四十一卷(婦人良方一至三、十三至十九,女科撮要二卷,内科摘要二卷,傷寒鈐法一卷,外傷金鏡録一卷,原機啓微二卷,保嬰撮要二十卷,明醫雜著一至三)

320000－1605－0011651 810.8/967－1
中西醫學叢書十種 (英國)合信等口譯 劉普夫筆述 清光緒二十三年(1897)石印本 八冊 存八種八卷(中西内癥玄機一卷、中西醫學要論一卷、花柳鮮毒神效方一卷、中西割癥大全一卷、中西眼科指南一卷、中西救急奇方一卷、中西裹紥新法一卷、泰西用藥新法一卷)

320000－1605－0011652 810.8/967－2
中西醫學叢書十種 (英國)合信等口譯 劉普夫筆述 清光緒二十三年(1897)石印本 五冊 存五種五卷(中西内癥玄機一卷、中西醫學要論一卷、花柳鮮毒神效方一卷、中西救急奇方一卷、中西裹紥新法一卷)

320000－1605－0011653 810.9/661
醫故二卷古逸方補一卷 鄭文焯撰 清光緒十七年(1891)刻本 二冊

320000－1605－0011654 811/122
南病别鑑三種三卷 (清)宋兆琪輯註 清光緒五年(1879)刻本 一冊 存二種二卷(葉香巖先生溫證論治一卷、薛一瓢先生濕熱論一卷)

320000－1605－0011655 811/135－1
素問靈樞類纂約注三卷 (清)汪昂輯 清同治十年(1871)刻本 三冊

320000－1605－0011656 811/135－2
素問靈樞類纂約注三卷 (清)汪昂輯 清光緒十三年(1887)刻本 二冊 存二卷(上、下)

320000－1605－0011657 811/151
内經知要二卷 (明)李中梓輯註 清光緒十一年(1885)刻本 二冊

320000－1605－0011658 811/152
内經知要二卷 (明)李中梓輯註 清刻本 二冊

320000－1605－0011659　811/166

理瀹駢文不分卷　(清)吴師機撰　清同治三年(1864)刻本　三册

320000－1605－0011660　811/168－1

醫學輯要四卷附尺牘摘要一卷　(清)吴燡編　清同治七年(1868)刻本　一册

320000－1605－0011661　811/168－2

醫學六經真傳一卷附經絡圖一卷　(清)吴霖生校録　清光緒十二年(1886)刻本　一册

320000－1605－0011662　811/22－1

重廣補注黄帝内經素問二十四卷　(唐)王冰注　清光緒十五年(1889)刻本　十册

320000－1605－0011663　811/22－2

補注黄帝内經素問二十四卷　(唐)王冰注　清光緒二十二年(1896)鉛印本　六册

320000－1605－0011664　811/22－3

黄帝内經靈樞十二卷　(唐)王冰注　清末刻本　二册

320000－1605－0011665　811/22－4

重廣補注黄帝内經素問二十四卷　(唐)王冰注　清刻本　九册

320000－1605－0011666　811/22－5

重廣補注黄帝内經素問二十四卷　(唐)王冰注　清刻本　八册

320000－1605－0011667　811/352

靈樞經合纂十卷　(明)馬蒔　(明)張志聰註　清光緒石印本　八册

320000－1605－0011668　811/428

黄帝内經靈樞集注九卷　(清)張志聰注　清光緒十六年(1890)刻本　八册

320000－1605－0011669　811/429－1

金匱心典三卷　(漢)張仲景撰　(清)尤怡集注　清雍正十年(1732)刻本　三册

320000－1605－0011670　811/429－2

金匱心典三卷　(漢)張仲景撰　(清)尤怡集注　清光緒二十七年(1901)石印本　三册

320000－1605－0011671　243/748

[江西南豐]聶氏重修族譜不分卷　(清)聶克河編　清道光五年(1825)刻本　十八册　存十八册(古今詩、傳、世系圖)

320000－1605－0011672　811/441

醫學金鍼八卷　(清)陳念祖撰　清光緒九年(1883)刻本　一册　存二卷(一至二)

320000－1605－0011673　811/491－1

四聖懸樞五卷　(清)黄元御撰　清同治十一年(1872)刻本　一册

320000－1605－0011674　811/491－2

四聖心源十卷　(清)黄元御撰　清同治十二年(1873)刻本　二册

320000－1605－0011675　811/731－1

内經知要二卷　(明)李中梓撰　(清)薛雪校正　清光緒九年(1883)刻本　二册

320000－1605－0011676　811/731－2

醫經原旨六卷　(清)薛雪集注　清光緒刻本　六册

320000－1605－0011677　811/731－3

醫經原旨六卷　(清)薛雪集注　清光緒刻本　四册　存四卷(三至六)

320000－1605－0011678　811/934

難經疏證二卷　(日本)丹波元胤撰　清刻本　一册

320000－1605－0011679　811/967

内經摘本一卷　(□)□□輯　清抄本　一册

320000－1605－0011680　812/153－1

瀕湖脈學一卷脈訣考證一卷奇經八脈考一卷　(明)李時珍著　清刻本　一册

320000－1605－0011681　812/153－2

奇經八脉攷一卷瀕湖脉學一卷脉訣攷證一卷　(明)李時珍撰　清光緒刻本　一册

320000－1605－0011682　812/21

王氏脈經十卷附脈訣刊誤二卷　(晉)王叔和撰　清光緒二十年(1894)鉛印本　四册

320000－1605－0011683　812/24
脈訣不分卷　(晉)王叔和撰　清抄本　一冊

320000－1605－0011684　812/249
三指禪三卷　(清)周學霆著　清道光十三年(1833)刻本　二冊

320000－1605－0011685　812/347
圖注八十一難經辨真四卷附圖注王叔和脈訣辨真一卷　(明)張世賢注　清刻本　二冊

320000－1605－0011686　812/428
類經圖翼十一卷　(明)張介賓撰　明刻本　二冊　存二卷(六至七)

320000－1605－0011687　812/543.1
脈理存真三卷　(元)滑壽著　清光緒二年(1876)刻本　一冊

320000－1605－0011688　812/613
診脈三十二辨三卷　(清)管玉衡輯　清抄本　一冊

320000－1605－0011689　812/622
醫燈續焰二十一卷　(明)潘楫注　(清)王佑賢評　清抄本　八冊

320000－1605－0011690　812/967
内經靈樞九卷　(□)□□編　清抄本　一冊

320000－1605－0011691　812/976
重訂瀕湖脉學一卷　(明)李時珍撰　題(清)邁盦居上參訂補注　清光緒抄本　一冊

320000－1605－0011692　812/98
朱氏脈訣不分卷　(□)□□撰　清抄本　一冊

320000－1605－0011693　813/178
壽世編不分卷　(清)□□編　清光緒十七年(1891)刻本　一冊

320000－1605－0011694　813/622－1
衛生要術不分卷　(清)潘霨編　清光緒二年(1876)刻本　一冊

320000－1605－0011695　813/622－2
衛生要術不分卷　(清)潘霨編　清光緒二年(1876)刻本　一冊

320000－1605－0011696　813/622－3
衛生要術不分卷　(清)潘霨編　清刻本　一冊

320000－1605－0011697　813/622－4
衛生要術不分卷　(清)潘霨編　清末抄本　一冊

320000－1605－0011698　813/97
易筋經一卷　(□)□□撰　清抄本　一冊

320000－1605－0011699　814/102
丹溪先生治法心要八卷　(元)朱震亨述　(明)高叔宗校　清宣統元年(1909)鉛印本　二冊

320000－1605－0011700　814/135－1
醫林纂要探源十卷附録一卷　(清)汪紱輯　清光緒二十三年(1897)刻本　十冊

320000－1605－0011701　814/135－2
醫林纂要探源十卷附録一卷　(清)汪紱輯　清光緒二十三年(1897)刻本　十冊

320000－1605－0011702　814/151－1
醫宗必讀十卷　(明)李中梓撰　清刻本　十冊

320000－1605－0011703　814/151－2
知醫必辨不分卷　(清)李文榮撰　清光緒抄本　一冊

320000－1605－0011704　814/157
醫聖全集保身壽世真經三卷　(清)李纘文輯　清光緒刻本　三冊

320000－1605－0011705　814/167－1
御纂醫宗金鑑九十卷　(清)吳謙等編纂　清乾隆七年(1742)刻本　六十四冊

320000－1605－0011706　814/167－2
醫學輯要四卷　(清)吳燡編　清同治七年(1868)刻本　一冊

320000－1605－0011707　814/167－3
醫學輯要四卷　(清)吳燡編　清同治七年(1868)刻本　一冊

320000－1605－0011708　814/178
新醫宗必讀不分卷　(清)何炳元著　清光緒三十三年(1907)抄本　一冊

320000－1605－0011709　814/21
醫鏡四卷　(明)王肯堂撰　清抄本　一冊

320000－1605－0011710　814/211
類證治裁八卷　(清)林珮琴撰　清光緒十年(1884)刻本　九冊　缺一卷(一下)

320000－1605－0011711　814/22
評選環溪草堂醫案三卷　(清)王泰林撰　(清)柳寶詒評　清光緒鉛印本　三冊

320000－1605－0011712　814/25－1
痧症全書三卷　(清)王凱編　清同治七年(1868)刻本　一冊

320000－1605－0011713　814/25－2
痧症全書三卷　(清)王凱編　清同治七年(1868)刻本　一冊

320000－1605－0011714　814/25－3
醫林改錯二卷　(清)王清任撰　清光緒十七年(1891)刻本　一冊

320000－1605－0011715　814/25－4
醫林改錯二卷　(清)王清任撰　清光緒十七年(1891)刻本　一冊

320000－1605－0011716　814/25－5
傷寒舌鑑一卷　(清)張登撰　清抄本　一冊

320000－1605－0011717　814/277
余注傷寒論翼四卷　(清)柯琴撰　清光緒十九年(1893)刻本　四冊

320000－1605－0011718　814/314
訂補明醫指掌十卷診家樞要一卷　(明)皇甫中撰　清嘉慶十六年(1811)刻本　六冊

320000－1605－0011719　814/33
醫學讀書記三卷附續記一卷静香樓醫案一卷　(清)尤怡撰　清嘉慶十九年(1814)刻本　四冊

320000－1605－0011720　814/337
吳醫彙講十一卷　(清)唐大烈輯　清嘉慶十九年(1814)刻本　四冊

320000－1605－0011721　814/352
醫署存眞一卷　(清)馬文植撰　清光緒二十四年(1898)刻本　一冊

320000－1605－0011722　814/393－1
金匱要略論注二十四卷　(清)徐彬撰　(清)沈明宗編注　清道光二十二年(1842)刻本　六冊

320000－1605－0011723　814/393－2
洄溪醫案不分卷　(清)徐大椿撰　清咸豐十年(1860)刻本　一冊

320000－1605－0011724　814/393－3
慎疾芻言不分卷　(清)徐大椿撰　清同治十一年(1872)刻本　一冊

320000－1605－0011725　814/393－4
金匱要略論注二十四卷　(清)徐彬撰　清光緒五年(1879)刻本　六冊

320000－1605－0011726　814/393－5
傷寒論類方不分卷附六經脈證一卷別症變症一卷　(清)徐大椿撰　清光緒十五年(1889)刻本　一冊

320000－1605－0011727　814/393－6
痧症仙方不分卷　(清)徐元芳撰　清光緒二十七年(1901)石印本　一冊

320000－1605－0011728　814/407
東醫寶鑑二十三卷　(朝鮮)許浚等撰　清嘉慶二年(1797)刻本　二十五冊

320000－1605－0011729　814/412
仲景傷寒補亡論二十卷　(宋)郭雍撰　清道光元年(1821)刻本　六冊

320000－1605－0011730　814/428－1
景岳全書六十四卷　(明)張介賓撰　清嘉慶八年(1803)刻本　四十冊

320000－1605－0011731　814/428－2
景岳全書六十四卷　(明)張介賓撰　清同治十一年(1872)刻本　二十四冊

320000－1605－0011732　814/431
張氏醫通十六卷　(清)張璐纂述　清刻本　十六冊

320000－1605－0011733　814/434
冷廬醫話五卷　(清)陸以湉撰　清末刻本　四冊

320000－1605－0011734　814/439－1
世補齋醫書六種三十三卷　(清)陸懋修撰　清光緒十年(1884)刻本　八冊

320000－1605－0011735　814/439－2
世補齋醫書後集四種二十五卷　(清)傅山等撰　(清)陸懋修校訂　清刻本　十冊

320000－1605－0011736　814/441－1
辯證奇聞十五卷　(清)陳士鐸原本　清同治六年(1867)刻本　六冊

320000－1605－0011737　814/441－2
辯證録十四卷附脈訣闡微一卷　(清)陳士鐸述　清刻本　八冊　缺五卷(六至七、九、十三至十四)

320000－1605－0011738　814/443
醫學三字經合編一卷　(清)陳念祖著　清末刻本　一冊

320000－1605－0011739　814/445
證治要義十卷　(清)陳當務編　清刻本　六冊

320000－1605－0011740　814/502－1
醫醇賸義四卷　(清)費伯雄撰　清同治二年(1863)刻本　四冊

320000－1605－0011741　814/502－2
醫醇賸義四卷　(清)費伯雄撰　清光緒三年(1877)刻本　四冊

320000－1605－0011742　814/502－3
急救痧症全集二卷　(清)費友棠撰　清光緒九年(1883)刻本　一冊

320000－1605－0011743　814/502－4
醫醇賸義四卷　(清)費伯雄撰　清抄本　一冊

320000－1605－0011744　814/509
華氏中藏經三卷附素女方一卷　(漢)華陀撰　(宋)鄧處中傳　(清)孫星衍校　清嘉慶十三年(1808)刻本　一冊

320000－1605－0011745　814/511
嵩崖尊生全書十五卷　(清)景日昣撰　清康熙三十五年(1696)刻本　六冊

320000－1605－0011746　814/514－1
尚論篇二卷後篇四卷　(清)喻昌撰　清同治刻本　四冊

320000－1605－0011747　814/514－2
醫門法律六卷　(清)喻昌撰　清同治刻本　五冊

320000－1605－0011748　814/514－3
醫門法律六卷　(清)喻昌撰　清光緒二十六年(1900)石印本　三冊

320000－1605－0011749　814/527
醫宗備要三卷　(清)曾鼎撰　清同治八年(1869)刻本　一冊

320000－1605－0011750　814/535－1
醫學心悟五卷附外科十法一卷　(清)陳國彭撰　清乾隆五十九年(1794)刻本　五冊

320000－1605－0011751　814/535－2
醫學心悟五卷　(清)陳國彭撰　清光緒六年(1880)刻本　三冊　存三卷(一至三)

320000－1605－0011752　814/562－1
種福堂公選醫案四卷　(清)葉桂撰　清刻本　二冊

320000－1605－0011753　814/562－2
葉案括要八卷　(清)葉桂原著　(清)潘名熊纂　清末抄本　四冊

320000－1605－0011754　814/567
醫案須知不分卷　(清)董韓卿訂　清抄本　一冊

320000－1605－0011755　814/598
金匱玉函經二注二十二卷補方一卷十藥神書一卷　(清)趙以德衍義　(清)周揚俊補註

清道光十二年(1832)刻本　六册

320000－1605－0011756　814/795－1
壽世保元十集十卷　(明)龔廷賢撰　清同治二年(1863)刻本　十册

320000－1605－0011757　814/795－2
壽世保元十集十卷　(明)龔廷賢撰　清光緒刻本　十册

320000－1605－0011758　814/795－3
增補萬病回春原本八卷　(明)龔廷賢編　清光緒三十三年(1907)石印本　六册

320000－1605－0011759　814/961－1
玉機辯證不分卷　(□)□□撰　清抄本　一册

320000－1605－0011760　814/961－2
諸病論一卷　(□)□□撰　清抄本　一册

320000－1605－0011761　814/967－1
石室秘籙六卷　(清)陳士鐸撰　清同治、光緒刻本　六册

320000－1605－0011762　814/967－2
痧症發微二卷附經驗良方一卷　(□)□□撰　清宣統元年(1909)石印本　一册

320000－1605－0011763　814/968
松心筆記一卷　(清)繆遵義撰　清抄本　一册

320000－1605－0011764　814/98－1
朱氏實法五卷　(清)朱廷嘉撰　清光緒九年(1883)抄本　五册

320000－1605－0011765　814/98－2
增注類證活人書二十二卷釋音一卷藥性一卷　(宋)朱肱撰　清光緒刻本　四册

320000－1605－0011766　815.1/151
本草通玄一卷　(明)李中梓撰　清抄本　一册

320000－1605－0011767　815.1/166
醫案不分卷　(清)吳達文著　清光緒十一年(1885)刻本　一册

320000－1605－0011768　815.1/194
外證醫案彙編四卷　(清)余景和輯　清光緒二十年(1894)刻本　四册

320000－1605－0011769　815.1/21
乘桴醫影不分卷　(清)王士雄撰　清同治抄本　一册

320000－1605－0011770　815.1/22－1
王氏醫案不分卷附治肝十三法　(清)王旭高撰　清抄本　一册

320000－1605－0011771　815.1/22－2
醫宗選要不分卷　(□)□□撰　清抄本　一册

320000－1605－0011772　815.1/281
江陰柳氏醫學叢書四種八卷　(清)柳寶詒選評　清光緒三十年(1904)江陰柳寶詒刻本　二册　存二種四卷(評選繼志堂醫案二卷,評選環溪草堂醫案上、中)

320000－1605－0011773　815.1/393－1
洄溪醫案不分卷　(清)徐大椿撰　清咸豐七年(1857)刻本　一册

320000－1605－0011774　815.1/393－2
洄溪醫案不分卷　(清)徐大椿撰　清咸豐七年(1857)刻本　一册

320000－1605－0011775　815.1/393－3
洄溪醫案不分卷　(清)徐大椿撰　(清)王士雄編　清光緒抄本　一册

320000－1605－0011776　815.1/393－4
名醫方案不分卷　(清)徐渡漁等撰　清末抄本　五册

320000－1605－0011777　815.1/393－5
神農本草經百種録一卷　(清)徐大椿著　清末刻本　一册

320000－1605－0011778　815.1/393－6
心太平軒醫案不分卷　(清)徐錦撰　清末刻本　一册

320000－1605－0011779　815.1/393－7
心太平軒醫案不分卷　(清)徐錦撰　清末刻

本　一册

320000－1605－0011780　815.1/436
三家醫案三卷　(明)易大艮　(明)盧復　(明)孫一奎撰　清抄本　一册

320000－1605－0011781　815.1/444
陳蓮舫先生醫案不分卷　(清)陳秉鈞撰　清抄本　一册

320000－1605－0011782　815.1/492
折肱漫録六卷　(明)黄承昊撰　清初抄本　一册

320000－1605－0011783　815.1/556－2
潛邨醫案二卷　(清)楊雲峰撰　清乾隆十年(1745)刻本　四册

320000－1605－0011784　815.1/562－1
臨證指南醫案十卷　(清)葉桂撰　清乾隆三十一年(1766)刻本　十册

320000－1605－0011785　815.1/562－2
臨證指南醫案十卷　(清)葉桂撰　清乾隆三十一年(1766)刻本　十册

320000－1605－0011786　815.1/562－3
臨證指南醫案十卷　(清)葉桂撰　清乾隆刻本　十册

320000－1605－0011787　815.1/562－4
臨證指南醫案十卷附種福堂精選良方四卷　(清)葉桂撰　清乾隆四十年(1775)刻本　十二册

320000－1605－0011788　815.1/562－5
醫案存真四卷　(清)葉桂等著　清道光十六年(1836)刻本　四册

320000－1605－0011789　815.1/562－6
臨證指南醫案十卷附種福堂續選臨證指南四卷　(清)葉桂撰　清道光二十四年(1844)刻本　十二册

320000－1605－0011790　815.1/562－7
葉氏醫案二卷　(清)葉桂撰　清道光抄本　一册

320000－1605－0011791　815.1/562－8
臨證指南醫案十卷附種福堂續選臨證指南四卷　(清)葉桂撰　(清)徐大椿評　清光緒十年(1884)刻本　十二册

320000－1605－0011792　815.1/562－9
四家醫案不分卷　(清)繆從義等撰　清抄本　二册

320000－1605－0011793　815.1/562－10
香巖先生醫案存真一卷　(清)顧庭綱批　清道光抄本　一册

320000－1605－0011794　815.1/731
薛一瓢先生論不分卷　(清)薛雪輯　清末抄本　一册

320000－1605－0011795　815.1/791
蔡竹圃夫人温邪病案一卷　(清)顧鬘雲輯　清抄本　一册

320000－1605－0011796　815.1/84－1
名醫類案十二卷　(明)江瓘編　清乾隆三十五年(1770)刻本　十二册　存六卷(一至六)

320000－1605－0011797　815.1/84－2
名醫類案十二卷　(明)江瓘編　清光緒二十二年(1896)刻本　六册

320000－1605－0011798　815.1/84－3
名醫類案十二卷續名醫類案三十二卷　(明)江瓘編　(清)魏之琇續編　清宣統元年(1909)石印本　十六册　缺五卷(七至九、續二十四至二十五)

320000－1605－0011799　815.1/961－1
拾翠堂醫案不分卷　(□)□□撰　清抄本　一册

320000－1605－0011800　815.1/961－2
醫案摘要不分卷　(□)□□撰　清末抄本　一册

320000－1605－0011801　815.1/961－3
南陽類案不分卷　(□)□□撰　清抄本　一册

320000－1605－0011802　815.1/961－4

雪蕉軒醫案六卷　(□)□□撰　清抄本　六册

320000－1605－0011803　815.1/961－5
醫學玉屑不分卷　題(□)野農主人輯　清抄本　一册

320000－1605－0011804　815.1/967
南陽醫案不分卷　(□)□□輯　清抄本　一册

320000－1605－0011805　815.2/491
集驗良方拔萃二卷　題(清)恬素氏輯　清光緒六年(1880)刻本　二册

320000－1605－0011806　815.2/967
軒轅皇帝祝由科二卷增補一卷　(□)□□撰　清刻本　二册

320000－1605－0011807　815/130
經驗方二卷　(清)沈善兼輯　清光緒二十二年(1896)刻本　一册

320000－1605－0011808　815/135－1
汪氏秘傳神效方二卷　(□)□□撰　清初抄本　二册

320000－1605－0011809　815/135－2
增訂本草備要四卷醫方集解六卷醫方湯頭歌括一卷經絡歌訣一卷續增日食菜物一卷　(清)汪昂輯　清乾隆刻本　三册　存八卷(本草備要二至三,醫方集解二至三、六,醫方湯頭歌括一卷,經絡歌訣一卷,續增日食菜物一卷)

320000－1605－0011810　815/135－3
醫方集解不分卷　(清)汪昂撰　清道光二十五年(1845)刻本　四册

320000－1605－0011811　815/135－4
醫方集解不分卷附本草備要一卷　(清)汪昂撰　清光緒十三年(1887)石印本　六册

320000－1605－0011812　815/135－5
醫方集解不分卷附本草備要一卷　(清)汪昂撰　清光緒十三年(1887)石印本　六册

320000－1605－0011813　815/135－6
醫方集解二十三卷本草圖説一卷　(清)汪昂撰　(清)費伯雄加評　清光緒三十年(1904)石印本　六册

320000－1605－0011814　815/135－7
湯頭歌訣一卷附經絡歌訣一卷　(清)汪昂輯　清光緒刻本　一册

320000－1605－0011815　815/135－8
醫方集解三卷　(清)汪昂撰　清光緒刻本　四册

320000－1605－0011816　815/135－9
本草備要八卷　(清)汪昂輯　清刻本　一册　存一册(木部、果部、谷菜部)

320000－1605－0011817　815/135－10
汪石山先生醫讀不分卷　(明)汪機撰　清抄本　一册

320000－1605－0011818　815/135－11
增訂本草備要十一卷醫方集解三卷　(清)汪昂撰　清末刻本　六册

320000－1605－0011819　815/135－12
醫方湯頭歌訣一卷　(□)□□撰　清末抄本　一册

320000－1605－0011820　815/15
新編醫方湯頭歌訣不分卷附舌胎歌不分卷　(清)方仁淵輯　清光緒三十四年(1908)刻本　一册

320000－1605－0011821　815/151－1
珍珠囊指掌補遺藥性賦四卷　(金)李杲　(明)李中梓編輯　清光緒二十三年(1897)刻本　四册

320000－1605－0011822　815/151－2
雷公炮製藥性解六卷　(明)李中梓撰　清刻本　二册

320000－1605－0011823　815/152
本草綱目彙言二十卷圖一卷　(明)李時珍增訂　清順治二年(1645)刻本　一册　存一卷(圖一卷)

320000－1605－0011824　815/153－1

本草綱目五十二卷 (明)李時珍撰 清乾隆四十九年(1784)刻本 五十二册

320000－1605－0011825 815/153－2
本草綱目五十二卷 (明)李時珍撰 清乾隆四十九年(1784)刻本 四十三册

320000－1605－0011826 815/153－3
本草綱目五十二卷 (明)李時珍撰 清光緒十九年(1893)石印本 十六册

320000－1605－0011827 815/153－4
本草綱目五十二卷 (明)李時珍撰 (清)張紹棠重校 清光緒三十年(1904)石印本 二十册

320000－1605－0011828 815/153－5
本草綱目五十二卷 (明)李時珍撰 清宣統元年(1909)石印本 二十一册

320000－1605－0011829 815/153－6
芥子園本草綱目五十二卷附十卷 (明)李時珍撰 清光緒十一年(1885)刻本 三十四册 存三十七卷(一至二、四至七、十至十二、十四至二十、二十三至二十五、二十七至二十八、三十二至三十四、三十六、四十至五十、五十二下)

320000－1605－0011830 815/164－1
理瀹駢文摘要不分卷 (清)吳師機撰 清光緒元年(1875)刻本 二册

320000－1605－0011831 815/164－2
理瀹駢文摘要不分卷 (清)吳師機撰 清光緒元年(1875)刻本 二册

320000－1605－0011832 815/165
景岳新方湯頭不分卷 (清)吳宏定編集 清嘉慶二年(1797)刻本 一册

320000－1605－0011833 815/166－1
景岳新方歌不分卷 (清)吳辰燦纂 清嘉慶十四年(1809)刻本 一册

320000－1605－0011834 815/166－2
本草從新十八卷 (清)吳儀洛編 清同治九年(1870)刻本 二册

320000－1605－0011835 815/166－3
理瀹駢文□□卷 (清)吳師機撰 清光緒元年(1875)刻本 一册 存三卷(膏藥方一卷、書後一卷、治心病方一卷)

320000－1605－0011836 815/168
成方切用十二卷首一卷末一卷 (清)吳洛儀編 清刻本 四册

320000－1605－0011837 815/178
一枝軒經驗方不分卷 (清)何其偉輯 清光緒刻本 一册

320000－1605－0011838 815/21
絳雪園古方選注不分卷 (清)王子接注 (清)葉桂校 清雍正九年(1731)刻本 四册

320000－1605－0011839 815/242
摘録經驗良方□□卷 (清)金傑輯 清抄本 七册 存九卷(丹類一卷、傷科一卷、眼科一卷、丸類一卷、散類一卷、咽喉部一卷、内科一卷、毒瘡一卷、方類一卷)

320000－1605－0011840 815/248
醫方選要十卷 (明)周文采撰 明刻本 一册 存一卷(八)

320000－1605－0011841 815/255
四時病機十四卷 (清)邵登瀛輯 清抄本 一册

320000－1605－0011842 815/26
本草集要八卷 (明)王綸撰 明刻本 二册 存二卷(二至三)

320000－1605－0011843 815/260
洪氏集驗方五卷 (宋)洪遵撰 清光緒元年(1875)刻本 四册

320000－1605－0011844 815/271－1
經驗選祕六卷 (清)胡謙伯輯 清同治十年(1871)刻本 一册

320000－1605－0011845 815/271－2
胡慶餘堂丸散膏丹全集不分卷 (清)胡慶餘堂輯 清光緒三年(1877)刻本 一册

320000－1605－0011846 815/332

增補遵生八箋二十卷　(明)鍾惺校閲　清光緒十年(1884)刻本　十六册

320000－1605－0011847　815/337

經史證類大觀本草三十一卷　(宋)唐慎微纂　清光緒三十年(1904)影宋刻本　十六册

320000－1605－0011848　815/346－1

衛生鴻寶六卷　(清)祝補齋編輯　清道光二十六年(1846)刻本　四册

320000－1605－0011849　815/346－2

衛生鴻寶六卷　(清)祝補齋編輯　清道光二十六年(1846)刻本　四册

320000－1605－0011850　815/375

海上仙方不分卷　(唐)孫思邈撰　清道光十八年(1838)刻本　一册

320000－1605－0011851　815/399

良方彙録不分卷　(清)殷兆鏞撰　清同治十一年(1872)刻本　二册

320000－1605－0011852　815/407

類證普濟本事方十卷附備録一卷治藥總例一卷　(宋)許叔微撰　(清)葉桂釋義　清嘉慶十九年(1814)掃葉山房刻本　六册

320000－1605－0011853　815/420

同壽録四卷　(清)曹□撰　清同治抄本　四册

320000－1605－0011854　815/428－1

治法彙八卷　(明)張三錫撰　明刻本　三册　存二卷(二、六)

320000－1605－0011855　815/428－2

本草崇原三卷　(清)張志聰撰　清乾隆三十二年(1767)刻本　四册

320000－1605－0011856　815/428－3

臨證經驗方一卷　(清)張仲華輯　清光緒八年(1882)刻本　一册

320000－1605－0011857　815/428－4

金匱心典二卷　(漢)張仲景撰　(清)尤怡集註　清刻本　二册

320000－1605－0011858　815/428－5

臨證經驗方一卷　(清)張仲華輯　稿本　一册

320000－1605－0011859　815/428－6

臨證經驗方一卷　(清)張仲華輯　清末抄本　一册

320000－1605－0011860　815/428－7

本草便讀二卷　(清)張秉成輯　清宣統二年(1910)石印本　二册

320000－1605－0011861　815/429－1

攝生衆妙方十一卷　(明)張時徹撰　明刻本　二册　存二卷(七至八)

320000－1605－0011862　815/429－2

幾希録良方合璧不分卷　(清)張惟善編　清同治八年(1869)刻本　二册

320000－1605－0011863　815/429－3

幾希録良方合璧不分卷　(清)張惟善編　清同治八年(1869)刻本　二册

320000－1605－0011864　815/431

產孕集二卷　(漢)張曜孫撰　清道光二十五年(1845)刻本　一册

320000－1605－0011865　815/442

疫痧草三卷　(清)陳耕道撰　清光緒十四年(1888)刻本　一册

320000－1605－0011866　815/493

應驗簡便良方二卷附摘要經驗良方一卷　(清)黄翼升撰　清同治十年(1871)刻本　一册

320000－1605－0011867　815/502－1

醫方論四卷　(清)費伯雄著　清同治五年(1866)刻本　二册

320000－1605－0011868　815/502－2

醫方論四卷　(清)費伯雄著　清同治五年(1866)刻本　二册

320000－1605－0011869　815/502－3

急救應驗良方不分卷　(清)費友棠輯　清末刻本　一册

320000－1605－0011870　815/505
本草彙纂十卷　（清）屠道和輯　清光緒二十九年（1903）刻本　四册

320000－1605－0011871　815/52
經驗良方彙編六種　（清）毛世洪輯　（清）江瑜增訂　清光緒三十三年（1907）刻本　一册

320000－1605－0011872　815/535－1
易簡方論六卷　（清）程履新撰　清嘉慶二十二年（1817）刻本　一册　存二卷（一至二）

320000－1605－0011873　815/535－2
易簡方論六卷　（清）程履新撰　清刻本　九册　存六卷（一下、二至三、四下、五至六上）

320000－1605－0011874　815/556－1
本草述鉤元三十二卷　（清）楊時泰輯　清道光二十二年（1842）刻本　十二册

320000－1605－0011875　815/556－2
楊氏歌訣不分卷　（□）□□編　清抄本　一册

320000－1605－0011876　815/562－2
類證普濟本事方十卷附備録一卷治藥總例一卷　（宋）許叔微著　（清）葉桂釋義　清嘉慶十九年（1814）掃葉山房刻本　十册

320000－1605－0011877　815/562－3
類證普濟本事方十卷附備録一卷治藥總例一卷　（宋）許叔微著　（清）葉桂釋義　清嘉慶十九年（1814）掃葉山房刻本　六册

320000－1605－0011878　815/565
萬承志堂丸散膏丹全集不分卷　萬承志堂編　清光緒十一年（1885）刻本　一册

320000－1605－0011879　815/566－1
十藥神書一卷　（元）葛可久撰　（清）潘霨校註　清光緒五年（1879）刻本　一册

320000－1605－0011880　815/566－2
十藥神書一卷　（元）葛可久撰　（清）潘霨校註　清光緒十一年（1885）刻本　一册

320000－1605－0011881　815/575
本經疏證十二卷續疏六卷本經序疏要八卷　（清）鄒澍撰　清刻本　六册　存十九卷（本經疏證四至十二、續疏六卷、本經序疏要一至四）

320000－1605－0011882　815/601－1
本草綱目拾遺十卷　（清）趙學敏輯　清同治十年（1871）刻本　十册

320000－1605－0011883　815/601－2
串雅内編四卷　（清）趙學敏編　（清）吳庚生補注　清光緒十四年（1888）刻本　四册

320000－1605－0011884　815/654
本草萬方鍼線八卷　（清）蔡烈先輯　清刻本　四册

320000－1605－0011885　815/661－1
備急驗方二卷　鄭官應編輯　清光緒十六年（1890）刻本　一册

320000－1605－0011886　815/661－2
玉峰鄭氏家藏八十二秘方選抄一卷　（清）□□撰　清苾菴老人抄本　二册

320000－1605－0011887　815/690
增補内經拾遺方論四卷　（宋）駱龍吉　（明）劉浴德著　（明）朱練重訂　清抄本　三册

320000－1605－0011888　815/710－1
驗方新編十六卷　（清）鮑相璈編　清同治三年（1864）刻本　十册

320000－1605－0011889　815/710－2
驗方新編八卷首一卷　（清）鮑相璈編輯　清同治六年（1867）刻本　八册

320000－1605－0011890　815/710－3
增廣驗方新編十六卷續集三卷　（清）鮑相璈編　清光緒十二年（1886）刻本　十二册

320000－1605－0011891　815/710－4
驗方新編十八卷　（清）鮑相璈著　清光緒二十年（1894）石印本　一册

320000－1605－0011892　815/710－5
增廣驗方新編十六卷續集三卷　（清）鮑相璈編　（清）張紹棠增輯　清光緒三十年（1904）石印本　六册

320000－1605－0011893　815/710－6
選録驗方新編十八卷　(清)鮑相璈編　清光緒鉛印本　一册

320000－1605－0011894　815/717－1
良方集腋二卷附續一卷　(清)謝元慶編　清道光二十八年(1848)刻本　二册

320000－1605－0011895　815/717－2
良方集腋合璧不分卷　(清)謝元慶編　清咸豐五年(1855)刻本　一册

320000－1605－0011896　815/717－3
良方集腋二卷　(清)謝元慶編　清同治二年(1863)刻本　二册

320000－1605－0011897　815/717－4
良方集腋合璧四卷附婦嬰至寶一卷靈芝益壽草一卷　(清)謝元慶等編　清光緒八年(1882)刻本　六册

320000－1605－0011898　815/717－5
良方集腋合璧四卷附婦嬰至寶一卷靈芝益壽草一卷　(清)謝元慶等編　清光緒八年(1882)刻本　五册　缺一卷(靈芝益壽草一卷)

320000－1605－0011899　815/775
行軍方便便方三卷　(清)羅世瑤輯　清咸豐二年(1852)刻本　一册

320000－1605－0011900　815/784
蘇沈内翰良方十卷　(宋)蘇軾　(宋)沈括撰　清刻本　一册　存一卷(一)

320000－1605－0011901　815/795
醫方易簡編六卷　(清)龔自璋　(清)黄統編　清咸豐四年(1854)刻本　四册

320000－1605－0011902　815/811
葉種德堂丸散膏丹全録不分卷　(清)葉種德堂編　清光緒十三年(1887)刻本　一册

320000－1605－0011903　815/864
王鴻翥堂丸散膏丹集一卷王鴻翥堂丸散集補遺一卷　(清)王鴻翥堂編　清光緒八年(1882)刻本　一册

320000－1605－0011904　815/961－1
集驗良方拔萃二卷續補一卷　題(清)恬素氏輯　清同治五年(1866)刻本　二册

320000－1605－0011905　815/961－2
集驗良方拔萃二卷續補一卷　題(清)恬素氏輯　清同治五年(1866)刻本　一册

320000－1605－0011906　815/961－3
絳囊撮要不分卷　題(清)雲川道人撰　清同治七年(1868)刻本　一册

320000－1605－0011907　815/961－4
集驗良方拔萃二卷　題(清)恬素氏輯　清咸豐九年(1859)刻本　一册

320000－1605－0011908　815/961－5
本草摘新二卷　(□)□□撰　清末抄本　三册

320000－1605－0011909　815/961－6
本草歌括各種成方歌括合鈔不分卷　(□)□□撰　清抄本　一册

320000－1605－0011910　815/961－7
各種藥名出產不分卷　(□)□□撰　清抄本　一册

320000－1605－0011911　815/961－8
舊鈔藥方不分卷　(□)□□撰　清抄本　一册

320000－1605－0011912　815/961－9
青囊秘方不分卷　(□)□□撰　清抄本　一册

320000－1605－0011913　815/961－10
攢花經驗方不分卷　(□)□□撰　清抄本　一册

320000－1605－0011914　815/961－11
卒患心痛秘方不分卷　(□)□□撰　清抄本　一册

320000－1605－0011915　815/965－1
普濟應驗良方十卷　(清)德軒氏輯　清同治元年(1862)刻本　一册

320000－1605－0011916　815/965－2
雜鈔方書不分卷　(□)□□撰　清抄本　一册

320000－1605－0011917　815/968
普救回生草前集一卷後集一卷　題(清)憐人居士纂輯　清光緒九年(1883)刻本　一册

320000－1605－0011918　815/969
丸散膏丹釋義一卷　柳致和堂編　清光緒二十五年(1899)刻本　一册

320000－1605－0011919　815/97
本草類方十卷　(清)年希堯輯　清雍正十三年(1735)刻本　十册

320000－1605－0011920　815/972
集驗良方六卷附刻良方一卷陸地仙經一卷　(□)□□撰　清道光二十七年(1847)刻本　六册

320000－1605－0011921　815/977
急救方普濟方一卷　(□)□□抄輯　清抄本　一册

320000－1605－0011922　815/98
救五絕諸毒良方不分卷　(清)朱培源編　清光緒二十三年(1897)刻本　一册

320000－1605－0011923　815/983
諸藥出處不分卷　(□)□□撰　清抄本　一册

320000－1605－0011924　815/999
古方隨見録一卷　(□)□□編　清抄本　一册

320000－1605－0011925　816/106
痘疹祕訣不分卷　伍大華撰　清末、民國抄本　一册

320000－1605－0011926　816/165－1
溫疫論二卷　(清)吳有性撰　(清)鄭重光補注　清光緒六年(1880)刻本　一册　存一卷(上)

320000－1605－0011927　816/165－2
溫疫論二卷　(清)吳有性撰　清末、民國抄本　一册

320000－1605－0011928　816/166－1
溫病條辨七卷　(清)吳瑭撰　清同治四年(1865)刻本　六册

320000－1605－0011929　816/166－2
溫病條辨六卷首一卷　(清)吳瑭撰　清光緒二十一年(1895)刻本　八册

320000－1605－0011930　816/178－1
瘟疫編要不分卷　(清)何其偉集　清抄本　一册

320000－1605－0011931　816/178－2
虛勞心傳不分卷　(清)何炫著　清光緒二年(1876)抄本　一册

320000－1605－0011932　816/194－1
鼠疫抉微不分卷　(清)余德壎撰　清宣統二年(1910)鉛印本　一册

320000－1605－0011933　816/194－2
鼠疫抉微不分卷　(清)余德壎撰　清宣統二年(1910)鉛印本　一册

320000－1605－0011934　816/21
溫熱經緯五卷　(清)王士雄纂　清光緒三十年(1904)石印本　四册

320000－1605－0011935　816/211
痧症全書三卷　(清)王凱編　清同治九年(1870)刻本　二册

320000－1605－0011936　816/225－1
四時病機十四卷附女科歌訣六卷溫毒病論一卷經驗方一卷　(清)邵登瀛輯　清光緒六年(1880)刻本　四册

320000－1605－0011937　816/225－2
四時病機十四卷附女科歌訣六卷溫毒病論一卷經驗方一卷　(清)邵登瀛輯　清光緒六年(1880)刻本　四册

320000－1605－0011938　816/225－3
四時病機十四卷附女科歌訣六卷溫毒病論一卷經驗方一卷　(清)邵登瀛輯　清光緒六年(1880)刻本　四册

320000－1605－0011939　816/225－4
溫毒病論不分卷　(清)邵登瀛輯　清刻本　一册

320000－1605－0011940　816/225－5
四時病機九卷　(清)邵登瀛輯　清宣統元年(1909)石印本　二册

320000－1605－0011941　816/248－1
傷寒論三註十六卷　(清)周揚俊輯註　清乾隆四十五年(1780)刻本　四册　存八卷(一至八)

320000－1605－0011942　816/248－2
傷寒論三註十六卷　(清)周揚俊輯註　清光緒十三年(1887)刻本　八册

320000－1605－0011943　816/250
溫熱暑疫全書四卷　(清)周揚俊輯　清乾隆十九年(1754)刻本　一册　存二卷(一至二)

320000－1605－0011944　816/312
寓意草一卷　(清)喻昌撰　清宣統元年(1909)石印本　一册

320000－1605－0011945　816/314
寓意草注釋四卷　(清)喻昌著　(清)謝甘澍註釋　清光緒三年(1877)刻本　四册

320000－1605－0011946　816/33
金匱翼八卷　(清)尤怡輯　清抄本　四册

320000－1605－0011947　816/34
傷寒補天石二卷　(明)戈維城撰　清末抄本　一册

320000－1605－0011948　816/37
痢疾論四卷　(清)孔毓禮著　清末刻本　三册

320000－1605－0011949　816/375
痧證彙要四卷　(清)孫玘編輯　**痧證指微一卷**　(清)釋普淨撰　清光緒五年(1879)刻本　五册

320000－1605－0011950　816/390－1
瘧痢三方不分卷　(清)倪涵初撰　清同治十三年(1874)刻本　一册

320000－1605－0011951　816/390－2
瘧痢三方不分卷　(清)倪涵初撰　清光緒十六年(1890)刻本　一册

320000－1605－0011952　816/393－1
吊脚痧方論不分卷　(清)徐子默著　清光緒十五年(1889)刻本　一册

320000－1605－0011953　816/393－2
傷寒論類方不分卷附六經脈證一卷　(清)徐大椿撰　清末刻本　一册

320000－1605－0011954　816/412
痧症全書不分卷　(清)郭鐏選　清光緒元年(1875)刻本　一册

320000－1605－0011955　816/449
陶節庵先生傷寒殺車槌法一卷傷寒明理續論一卷　(明)陶華撰　清抄本　一册

320000－1605－0011956　816/523
傅青主男科二卷女科二卷附産後編補集一卷　(清)傅山著　清光緒九年(1883)刻本　二册

320000－1605－0011957　816/550
時病論八卷　(清)雷豐撰　清抄本　一册

320000－1605－0011958　816/556
溫病條辨醫方撮要二卷　(清)楊璿撰　清道光二十七年(1847)刻本　二册

320000－1605－0011959　816/562－1
葉選醫衡二卷　(清)葉桂選定　清光緒二十四年(1898)鉛印本　二册

320000－1605－0011960　816/562－2
醫效秘傳三卷附溫熱贅言一卷　(清)葉桂述　清抄本　一册

320000－1605－0011961　816/599
闢陰集說不分卷　(清)趙鈞輯　清光緒十六年(1890)刻本　一册

320000－1605－0011962　816/705
溫病條辨症方歌括不分卷　(清)錢文驥編輯　清光緒三十年(1904)刻本　一册

320000－1605－0011963　816/72
醫寄伏陰論二卷　(清)田宗漢撰　清光緒三十二年(1906)鉛印本　一册

320000－1605－0011964　816/961－1
傷寒熱症看舌心法不分卷　(□)□□撰　清末抄本　一册

320000－1605－0011965　816/961－2
傷寒提綱主意一卷　(清)薛雪撰　清抄本　一册

320000－1605－0011966　816/967
藥書要道一卷附雜方一卷　(清)□□輯　清光緒二十一年(1895)抄本　一册

320000－1605－0011967　816/971
溫熱贅言一卷　題(清)寄瓢子撰　清道光十一年(1831)刻本　一册

320000－1605－0011968　816/978－1
神授急救異痧奇方一卷　(□)□□撰　清咸豐二年(1852)刻本　一册

320000－1605－0011969　816/978－2
救急便覽一卷　(□)□□編　清末鉛印本　一册

320000－1605－0011970　817/135
太乙神鍼不分卷　題(清)松亭居士撰　清同治十二年(1873)刻本　一册

320000－1605－0011971　817/194
外證醫案彙編四卷　(清)余景和輯　清光緒石印本　一册

320000－1605－0011972　817/24－1
外科證治全生集四卷　(清)王維德撰　清同治十一年(1872)鉛印本　二册

320000－1605－0011973　817/24－2
外科證治全生集四卷　(清)王維德撰　清抄本　一册

320000－1605－0011974　817/24－3
新刊補注銅人腧穴鍼灸圖經五卷　(宋)王惟一撰　清宣統元年(1909)刻貴池劉氏玉海堂景宋叢書本　一册　存三卷(一至三)

320000－1605－0011975　817/24－4
銅人腧穴鍼灸圖經五卷　(宋)王惟一編　清宣統元年(1909)刻貴池劉氏玉海堂景宋叢書本　二册

320000－1605－0011976　817/242－1
爛喉痧痧輯要不分卷　(清)邵琴夫撰　清光緒二十七年(1901)刻本　一册

320000－1605－0011977　817/242－2
爛喉痧痧輯要不分卷　(清)金德鑑著　清末、民國鉛印本　一册

320000－1605－0011978　817/314
鍼灸甲乙經十二卷　(晉)皇甫謐撰　清刻本　一册　存五卷(八至十二)

320000－1605－0011979　817/332
瘍科心得集三卷附景岳新方歌一卷方匯三卷　(清)高秉鈞纂輯　清光緒二十七年(1901)刻本　三册

320000－1605－0011980　817/375
銀海精微四卷　(唐)孫思邈輯　清光緒刻本　四册

320000－1605－0011981　817/429－1
時疫白喉捷要不分卷　(清)張紹修撰　清光緒二十七年(1901)鉛印本　一册

320000－1605－0011982　817/429－2
治喉捷要不分卷　(清)張紹著修　清光緒三十年(1904)刻本　一册

320000－1605－0011983　817/431－1
刺疔捷法不分卷　(清)張鏡撰　清光緒二年(1876)刻本　一册

320000－1605－0011984　817/431－2
刺疔捷法不分卷　(清)張鏡撰　清光緒五年(1879)刻本　一册

320000－1605－0011985　817/446－1
新刊外科正宗四卷　(明)陳實功輯　清嘉慶十五年(1810)刻本　四册

320000－1605－0011986　817/446－2
外科正宗十二卷　(明)陳實功輯　清咸豐十

年(1860)刻本　六冊

320000－1605－0011987　817/446－3
外科正宗十二卷　(明)陳實功輯　清咸豐十年(1860)刻本　六冊

320000－1605－0011988　817/446－4
外科正宗十二卷　(明)陳實功輯　清末抄本　二冊　存四卷(一至四)

320000－1605－0011989　817/513
編輯外科心法要訣十六卷　(清)吴謙等纂　清光緒刻本　十二冊

320000－1605－0011990　817/574－1
增訂治疔彙要三卷　(清)過鑄著　清光緒二十四年(1898)刻本　二冊

320000－1605－0011991　817/574－2
增訂治疔彙要三卷　(清)過鑄著　清光緒二十四年(1898)鉛印本　一冊

320000－1605－0011992　817/574－3
治疔彙要二卷　(清)過鑄著　清光緒二十二年(1896)木活字印本　二冊

320000－1605－0011993　817/654
喉證雜治聯璧不分卷　(清)蔡鈞輯　清光緒二十四年(1898)石印本　一冊

320000－1605－0011994　817/661
重樓玉鑰二卷　(清)鄭梅澗撰　清光緒五年(1879)刻本　一冊

320000－1605－0011995　817/720
外科鍼法不分卷　(清)應遵誨撰　清同治十三年(1874)刻本　一冊

320000－1605－0011996　817/961－1
傷科良方不分卷　(□)□□撰　清抄本　一冊

320000－1605－0011997　817/961－2
外科秘略不分卷　(□)□□撰　清抄本　一冊

320000－1605－0011998　817/961－3
跌打火燙刀傷蛇蟲狗咬各種良方不分卷　(□)□□撰　清末抄本　一冊

320000－1605－0011999　817/966
外科神書不分卷　(□)□□撰　清抄本　一冊

320000－1605－0012000　817/969－1
洞主仙師白喉治法忌表抉微一卷　(□)□□撰　清光緒十七年(1891)刻本　一冊

320000－1605－0012001　817/969－2
洞主仙師白喉治法忌表抉微一卷　(□)□□撰　清光緒十七年(1891)刻本　一冊

320000－1605－0012002　817/969－3
仙傳白喉治法忌表抉微不分卷　題(清)耐修子撰　清光緒二十三年(1897)刻本　一冊

320000－1605－0012003　817/977
治疔瘡書一卷　(□)□□撰　清咸豐抄本　一冊

320000－1605－0012004　818.1/170
疹科一卷　(□)□□撰　清刻本　一冊

320000－1605－0012005　818.1/224
引痘方書一卷　(清)章沅述　清抄本　一冊

320000－1605－0012006　818.1/248
小兒推拿秘訣不分卷　(明)周于藩纂　清抄本　一冊

320000－1605－0012007　818.1/249
周景濂先生小兒推拿摠賦不分卷　(□)□□撰　清抄本　一冊

320000－1605－0012008　818.1/26－1
保嬰合璧不分卷　(清)蘇州保嬰會編　清同治七年(1868)刻本　一冊

320000－1605－0012009　818.1/26－2
保赤要言五卷　王德森編輯　清宣統二年(1910)刻本　一冊

320000－1605－0012010　818.1/370
幼科鐵鏡六卷　(清)夏鼎撰　清抄本　一冊

320000－1605－0012011　818.1/396－1
詳註足本金鏡録三卷附增補保赤心法二卷西

法治小兒考略一卷　(明)翁仲仁著　(清)喬來初註釋　清光緒十四年(1888)刻本　四册

320000－1605－0012012　818.1/396－2
增補秘傳痘疹玉髓金鏡真本四卷　(明)翁仲仁撰　清末刻本　二册

320000－1605－0012013　818.1/429
述古齋幼科新書三種六卷　(清)張振鋆撰　清光緒十八年(1892)刻本　六册

320000－1605－0012014　818.1/441
推拿廣意三卷　(清)熊應雄輯　(清)陳世凱重訂　清光緒十四年(1888)刻本　二册

320000－1605－0012015　818.1/443－1
幼幼集成六卷　(清)陳復正輯　清三讓信記刻本　六册

320000－1605－0012016　818.1/443－2
增補幼幼集成六卷　(清)陳復正輯　清光緒二十九年(1903)石印本　六册

320000－1605－0012017　818.1/443－3
幼幼集成六卷　(清)陳復正輯　清光緒三十三年(1907)石印本　一册

320000－1605－0012018　818.1/443－4
幼幼集成六卷　(清)陳復正輯　清冬至會刻本　六册

320000－1605－0012019　818.1/454
驚風辨證必讀書二種　(清)莊一夔　(清)秦霖熙著　清光緒二十七年(1901)刻本　一册

320000－1605－0012020　818.1/527
痘疹會通三卷　(清)曾鼎著　清光緒三十一年(1905)鉛印本　一册

320000－1605－0012021　818.1/698
錢氏小兒藥證直訣三卷附錢仲陽傳董氏小兒斑疹方一卷　(宋)錢乙撰　(宋)閻孝忠輯　清光緒十八年(1892)刻本　二册

320000－1605－0012022　818.1/961－1
保赤推拿法不分卷　(□)□□撰　清抄本　一册

320000－1605－0012023　818.1/961－2
傳心録二十八種痘證論一卷　(□)□□撰　清抄本　一册

320000－1605－0012024　818.1/961－3
推拿秘法不分卷　(□)□□撰　清抄本　一册

320000－1605－0012025　818.1/961－4
幼科雜症不分卷　(□)□□撰　清抄本　一册

320000－1605－0012026　818.1/98
摘星樓治痘全書十八卷　(明)朱一麟撰　(明)朱法遵訂補　清道光六年(1826)刻本　三册　存八卷(一至八)

320000－1605－0012027　818/135－1
胎產合璧三卷　(清)汪喆撰　**種子心法三卷**　(清)倪枝維撰　清同治元年(1862)刻本　一册

320000－1605－0012028　818/135－2
產科心法二卷　(清)汪喆撰　**福幼編一卷**　(清)莊一夔著　清光緒十六年(1890)刻本　二册

320000－1605－0012029　818/135－3
重刻產科心法二卷　(清)汪喆　(清)莊一夔撰　清光緒十七年(1891)刻本　一册

320000－1605－0012030　818/156
胎產護生篇不分卷　(清)李長科輯　清刻本　一册

320000－1605－0012031　818/168
女科切要八卷　(清)吳道源纂輯　清抄本　一册　存四卷(一至四)

320000－1605－0012032　818/178
胎產金針三卷附胎產續要一卷　(清)何榮撰　(清)浦齡編校　清光緒七年(1881)刻本　二册

320000－1605－0012033　818/225
女科歌訣六卷　(清)邵登瀛　(清)邵炳揚輯　清刻本　一册

320000－1605－0012034　818/228
保赤集□□卷　（清）孟葑輯　清光緒二十一年（1895）刻本　一册　存一卷（四）

320000－1605－0012035　818/242
保赤彙編七種十六卷附方一卷　（清）金玉相等輯　清光緒五年（1879）刻本　四册

320000－1605－0012036　818/248
女科輯要八卷　（清）周紀常纂輯　清抄本　一册　缺一卷（八）

320000－1605－0012037　818/317
經效產寶三卷續集一卷　（唐）昝殷撰　清光緒七年（1881）影印本　一册

320000－1605－0012038　818/337
大生要旨五卷　（清）唐千頃撰　清同治九年（1870）刻本　一册

320000－1605－0012039　818/390－1
產寶不分卷　（清）倪枝維撰　（清）潘霨增輯　清光緒三年（1877）刻本　一册

320000－1605－0012040　818/390－2
產寶不分卷　（清）倪枝維撰　（清）許槤訂正　清光緒刻本　一册

320000－1605－0012041　818/393－1
婦嬰至寶五卷　（清）徐忯忓彙輯　清光緒二十年（1894）刻本　一册

320000－1605－0012042　818/393－2
婦嬰至寶五卷　（清）徐忯忓彙輯　清光緒二十年（1894）刻本　一册

320000－1605－0012043　818/429
臨產須知一卷　（清）張彥昭撰　清光緒三十二年（1906）鉛印本　一册

320000－1605－0012044　818/454－1
遂生福幼合編不分卷　（清）莊一夔撰　清光緒六年（1880）刻本　一册

320000－1605－0012045　818/454－2
福幼編不分卷　（清）莊一夔撰　清光緒二十三年（1897）刻本　一册

320000－1605－0012046　818/502
救偏瑣言十卷　（明）費啟泰撰　清順治十六年（1659）刻本　四册

320000－1605－0012047　818/523－1
女科二卷產後編三卷　（清）傅山撰　清道光刻本　三册　存三卷（女科上，產後編上、下）

320000－1605－0012048　818/523－2
傅青主先生女科書二卷　（清）傅山撰　清光緒五年（1879）刻本　二册

320000－1605－0012049　818/562－1
增廣大生要旨五卷　（清）葉灝撰　清咸豐九年（1859）刻本　二册

320000－1605－0012050　818/562－2
女科指掌五卷　（清）葉其蓁輯　清光緒十五年（1889）刻本　四册

320000－1605－0012051　818/698－1
胎產心法三卷　（清）閻純璽撰　清道光二十七年（1847）刻本　五册

320000－1605－0012052　818/698－2
胎產心法三卷　（清）閻純璽撰　清光緒九年（1883）刻本　六册

320000－1605－0012053　818/912
婦科秘方一卷　（□）□□撰　清同治五年（1866）刻本　一册

320000－1605－0012054　818/961
婦科全書不分卷　（□）□□撰　清抄本　二册

320000－1605－0012055　818/966－1
竹林寺女科秘方不分卷　題（清）竹林寺僧撰　清抄本　一册

320000－1605－0012056　818/966－2
竹林女科證治四卷　（□）□□撰　清光緒二十一年（1895）刻民國四年（1915）印本　四册

320000－1605－0012057　818/967
婦科論治一卷　（□）□□撰　清抄本　一册

320000－1605－0012058　818/971

產寶諸方不分卷　(清)吳裕德編修　清光緒四年(1878)刻本　一册

320000－1605－0012059　818/973－1
清白堂重刻達生全編三卷　(□)□□撰　清同治刻本　一册

320000－1605－0012060　818/973－2
達生編二卷　(□)□□撰　清同治七年(1868)刻本　一册

320000－1605－0012061　819/122－1
重刊補注洗冤録集證四卷　(清)王又槐　(清)李觀瀾　(清)阮其新補注　清道光二十四年(1844)刻本　五册

320000－1605－0012062　819/122－2
洗冤録詳義四卷　(清)許梿撰　**洗冤録摭遺二卷**　(清)葛元煦輯　**摭遺補一卷**　(清)張開運輯　清光緒三年(1877)刻本　三册

320000－1605－0012063　819/122－3
洗冤録義證四卷附經驗方歌訣一卷　(清)剛毅編輯　清光緒十七年(1891)刻本　二册

320000－1605－0012064　819/514
牛經大全二卷　(明)喻本元　(明)喻本亨撰　清刻本　二册

320000－1605－0012065　819/705
傷科補要四卷　(清)錢秀昌撰　清嘉慶刻本　二册　存二卷(一至二)

320000－1605－0012066　819/791
顧氏秘傳喉科一卷　(清)顧□撰　稿本　一册

320000－1605－0012067　819/961－1
牛恙便覽不分卷　(□)□□撰　清光緒二十五年(1899)抄本　一册

320000－1605－0012068　819/961－2
刑部題定驗屍圖格不分卷　(□)□□撰　清末刻本　一册

320000－1605－0012069　819/964
牛經記不分卷　(□)□□撰　清咸豐四年(1854)抄本　一册

320000－1605－0012070　820.1/598
儒門醫學三卷附一卷　(英國)海得蘭　(英國)傅蘭雅撰　(清)趙元益譯　清光緒十年(1884)刻本　四册

320000－1605－0012071　822/961
身理啓蒙十章附十八圖　(□)□□撰　清光緒二十四年(1898)石印本　一册

320000－1605－0012072　823/598
保全生命論一卷附一卷　(英國)古蘭肥勒撰　(英國)季耀春口譯　(清)趙元益筆述　清光緒二十七年(1901)刻本　一册

320000－1605－0012073　823/808
俟醫淺說一卷　杭州廣濟醫院編　清光緒二十九年(1903)鉛印本　一册

320000－1605－0012074　823/976
衛生要略不分卷　(□)□□撰　清光緒二十九年(1903)鉛印本　一册

320000－1605－0012075　825.1/964
中西藥名表不分卷　(清)上海製造局繙譯館編譯　清鉛印本　一册

320000－1605－0012076　825.4/428
製藥閒談不分卷　張炳翔輯　稿本　一册

320000－1605－0012077　825.4/740
炮炙大法一卷　(明)繆希雍撰　明末刻本　一册

320000－1605－0012078　825.5/674
醫方滙編□□卷　(清)劉廷楨筆述　清光緒鉛印本　一册　存一卷(二)

320000－1605－0012079　825/598－1
西藥大成十卷　(英國)來拉　(英國)海得蘭撰　(英國)傅蘭雅口譯　(清)趙元益筆述　清光緒十年(1884)刻本　十六册

320000－1605－0012080　825/598－2
西藥大成補編十卷首一卷　(英國)哈來撰　(英國)傅蘭雅口譯　(清)趙元益筆述　清光緒三十年(1904)刻本　六册

320000－1605－0012081　825/966

西藥大成藥品中西名目表不分卷 （英國）來拉撰　清光緒十三年(1887)鉛印本　一冊

320000－1605－0012082　826/598
内科理法前編六卷後編十卷附一卷 （英國）虎伯等訂　（清）趙元益筆述　清光緒十年(1884)鉛印本　十二冊

320000－1605－0012083　827/598－1
濟急法不分卷 （英國）舍白辣撰　（英國）秀耀春口譯　（清）趙元益筆述　清光緒二十九年(1903)刻本　一冊

320000－1605－0012084　827/598－2
濟急法不分卷 （英國）舍白辣撰　（英國）秀耀春口譯　（清）趙元益筆述　清光緒二十九年(1903)刻本　一冊

320000－1605－0012085　828.1/522
婦科不分卷 （美國）湯麥斯著　舒高第　（清）鄭昌棪譯　清光緒二十六年(1900)鉛印本　六冊

320000－1605－0012086　828.2/661
產科不分卷 （英國）密爾著　（清）鄭昌棪譯　清鉛印本　四冊

320000－1605－0012087　829/522－1
臨陣傷科捷要四卷 （英國）帕脱編　舒高第　（清）鄭昌棪譯　清鉛印本　四冊

320000－1605－0012088　829/522－2
臨陣傷科捷要四卷 （英國）帕脱編　舒高第　（清）鄭昌棪譯　清鉛印本　四冊

320000－1605－0012089　829/599－1
法律醫學二十四卷首一卷附一卷 （英國）該惠連　（英國）弗里愛撰　（英國）傅蘭雅口譯　（清）趙元益筆述　清光緒二十五年(1899)刻本　十冊

320000－1605－0012090　829/599－2
法律醫學二十四卷首一卷附一卷 （英國）該惠連　（英國）弗里愛撰　（英國）傅蘭雅口譯　（清）趙元益筆述　清光緒二十五年(1899)刻本　九冊

320000－1605－0012091　830.1/735
考工記要十七卷 （英國）瑪體生著　（英國）傅蘭雅口譯　（清）鍾天緯譯　清光緒刻本　八冊

320000－1605－0012092　830.2/393
西藝知新二十二卷 （英國）諾格德撰　（英國）傅蘭雅口譯　（清）徐壽筆述　清光緒刻本　十四冊

320000－1605－0012093　830.4/735
工程致富論略十三卷 （英國）瑪體生著　（英國）傅蘭雅口譯　（清）鍾天緯譯　清光緒鉛印本　八冊

320000－1605－0012094　831/393－1
汽機必以十二卷 （英國）蒲而捺撰　（英國）傅蘭雅口譯　（清）徐建寅筆述　清光緒刻本　六冊

320000－1605－0012095　831/393－2
汽機發軔十卷 （英國）美以納　（英國）白勞那撰　（英國）偉烈口譯　（清）徐壽筆述　清光緒刻本　四冊

320000－1605－0012096　831/393－3
汽機新制八卷 （英國）白爾格　（英國）傅蘭雅撰　（清）徐建寅譯　清光緒刻本　二冊

320000－1605－0012097　831/393－4
藝器記珠一卷 （清）徐建寅譯　清光緒十年(1884)刻本　一冊

320000－1605－0012098　831/509－1
兵船汽機七卷 （英國）息尼德撰　（清）華備鈺譯　清刻本　八冊

320000－1605－0012099　831/509－2
製機理法八卷 （英國）覺顯祿斯　（英國）傅蘭雅撰　（清）華備鈺譯　清光緒二十五年(1899)刻本　四冊

320000－1605－0012100　831/523
汽機圖説一卷 （英國）傅蘭雅譯　清光緒二十年(1894)刻本　一冊

320000－1605－0012101　832/135

探礦取金六卷續一卷補一卷 (英國)密拉撰 舒高第譯 汪振聲述 清光緒三十年(1904)刻本 二册

320000－1605－0012102 832/22
相地探金石法四卷 (英國)喝爾勃特喀格司撰 王汝駵譯 清光緒二十九年(1903)刻本 四册

320000－1605－0012103 832/26
開煤要法十二卷 (英國)士密德 (英國)傅蘭雅輯 (清)王德均譯 清光緒刻本 二册

320000－1605－0012104 832/27
開礦器法圖說十卷圖一卷 (美國)俺特累 (英國)傅蘭雅著 (清)王樹善譯 清光緒二十五年(1899)石印本 六册

320000－1605－0012105 832/393
寶藏興焉三十二卷 (英國)費而奔 (英國)傅蘭雅著 (清)徐壽譯 清光緒刻本 十六册

320000－1605－0012106 832/598
井礦工程三卷 (英國)傅蘭雅口譯 (清)趙元益譯 清光緒刻本 二册

320000－1605－0012107 833/935
克虜伯炮藥彈造法二卷圖一卷餅藥造法一卷 (德國)軍政局原著 (美國)金楷理 (清)李鳳苞譯 清光緒刻本 三册

320000－1605－0012108 836.6/300
無綫電報二卷 (清)范熙庸譯 清光緒二十六年(1900)刻本 一册

320000－1605－0012109 837.4/248
平灘紀略六卷 (清)李本忠撰 清道光二十年(1840)刻本 五册

320000－1605－0012110 837.4/964
五道成規五卷 (□)□□撰 清乾隆刻本 五册

320000－1605－0012111 837.5/211
畿輔水利議一卷 (清)林則徐撰 清光緒二年(1876)刻本 一册

320000－1605－0012112 837.5/588
水道提綱二十八卷 (清)齊召南撰 清光緒十四年(1888)刻本 八册

320000－1605－0012113 837.5/650
重濬江寧城河全案一卷重濬蘇州府城河案一卷附重濬蘇州府城河圖一卷 (清)蔣攸銛 (清)陶澍等撰 清刻本 一册

320000－1605－0012114 837.9/375
築圩圖說一卷 (清)孫峻撰 清光緒刻本 一册

320000－1605－0012115 837.9/598－1
海塘輯要十卷 (英國)傅蘭雅口譯 (清)趙元益譯 清刻本 二册

320000－1605－0012116 837.9/598－2
海塘輯要十卷 (英國)傅蘭雅口譯 (清)趙元益譯 清刻本 二册

320000－1605－0012117 837/156
江蘇水利全書圖說十五種 (□)□□撰 清宣統刻本 一册 存十二種二十一卷(江蘇水利全圖一卷、太湖全圖一卷、吳淞江全圖一卷、重濬吳淞江工段圖一卷全案四卷歷治吳淞江敘錄一卷、重濬劉河圖一卷歷治劉河敘錄一卷、汾湖圖一卷、重濬七浦圖一卷全案一卷歷治七浦敘錄一卷、重濬白茆河圖一卷歷治白茆河敘錄一卷、重濬徐六涇圖一卷、重濬孟瀆德勝澡港三河圖一卷、重濬徒陽運河圖一卷、重濬蘇州府城河圖一卷)

320000－1605－0012118 837/618
泰西水法六卷 (意大利)熊三拔撰 (明)徐光啓筆錄 清刻本 一册

320000－1605－0012119 839/735
船塢論畧一卷附圖二卷 (英國)弗蘭雅輯譯 鍾天緯譯 清鉛印本 一册

320000－1605－0012120 839/967
輪船奏稿一卷 (□)□□撰 清同治刻本 一册

320000－1605－0012121 840.1/300

農學初級一卷 (英國)旦爾恒埋撰 (英國)秀耀春口譯 (清)范熙庸譯 清光緒二十四年(1898)刻本 一册

320000－1605－0012122 840.1/390
農雅六卷 (清)倪倬撰 清嘉慶十八年(1813)刻本 二册

320000－1605－0012123 840.1/443
農學纂要四卷 (清)陳恢吾撰 清光緒二十八年(1902)刻本 四册

320000－1605－0012124 840.1/805
農桑輯要七卷 (元)司農司撰 清乾隆刻本 三册

320000－1605－0012125 840.2/27
農務要書簡明目録一卷 (英國)傅蘭雅撰 王樹善譯 清光緒二十七年(1901)鉛印本 一册

320000－1605－0012126 840.2/402
農候雜占四卷 (清)梁章鉅撰 清同治十二年(1873)刻本 二册

320000－1605－0012127 840.4/622
豐豫莊本書一卷 (清)潘曾沂撰 清道光刻本 一册

320000－1605－0012128 840.8/135
農學津梁一卷 (英國)恒里湯納耳著 (美國)衛理 汪振聲譯 清光緒二十八年(1902)刻本 一册

320000－1605－0012129 840.8/393
農政全書六十卷 (明)徐光啓撰 清道光二十三年(1843)刻本 十六册

320000－1605－0012130 840.8/600－1
區種五種五卷 (清)趙夢齡輯 清光緒四年(1878)刻本 一册

320000－1605－0012131 840.8/600－2
農務全書四十八卷 趙詒琛譯 清光緒三十三年(1907)刻本 二十四册

320000－1605－0012132 840.8/863－1
農學叢書九十種 (清)上海農學會譯 清光緒石印本 二十册

320000－1605－0012133 840.8/863－2
農學叢書第二集四十八種 (清)江南總農會譯 清光緒二十六年(1900)石印本 十册

320000－1605－0012134 840.8/863－3
農學叢書第三集十一種 (清)江南總農會譯 清光緒二十七年(1901)石印本 十册

320000－1605－0012135 840.9/178
撫郡農産考畧二卷 (清)何剛德等撰 **種田雜説一卷** (清)江召棠撰 清光緒三十二年(1906)鉛印本 二册

320000－1605－0012136 840/645
海虞農家占驗一卷 (清)鄧琳輯 清光緒三十一年(1905)鉛印本 一册

320000－1605－0012137 840/842
齊民要術十卷 (北魏)賈思勰撰 清光緒元年(1875)刻本 四册

320000－1605－0012138 840/846
新刻田家五行一卷 (□)□□撰 清刻本 一册

320000－1605－0012139 840/967
御製耕織圖二卷 清光緒十二年(1886)石印本 二册

320000－1605－0012140 841/300
農務土質論三卷圖一卷 (美國)金福蘭格令希蘭撰 (清)范熙庸譯 清光緒二十六年(1900)刻本 三册

320000－1605－0012141 842/443
治蝗書一卷 (清)陳重祗撰 清同治十三年(1874)刻本 一册

320000－1605－0012142 842/705－1
捕蝗要訣附除蝻八要一卷 (清)錢炘和撰 清光緒十七年(1891)刻本 一册

320000－1605－0012143 842/705－2
捕蝗要訣附除蝻八要一卷 (清)錢炘和撰 清光緒十七年(1891)刻本 一册

320000－1605－0012144　842/705－3
捕蝗要訣附除蝻八要一卷　(清)錢炘和撰　清光緒十七年(1891)刻本　一册

320000－1605－0012145　842/791
治蝗全法四卷　(清)顧彦撰　清光緒十四年(1888)刻本　一册

320000－1605－0012146　843.1/153
江南催耕課稻編一卷　(清)季彦章輯　清道光刻本　一册

320000－1605－0012147　843/977
桑緣一卷　(□)□□輯　清抄本　一册

320000－1605－0012148　845.2/444
花鏡六卷　(清)陳淏子著　清同治八年(1869)刻本　六册

320000－1605－0012149　845/135
廣群芳譜一百二卷　(清)汪灝等撰　清同治七年(1868)刻本　四十八册

320000－1605－0012150　845/359－1
蘭言述略四卷附芝蘭總論一卷　(清)袁世俊輯　清光緒二年(1876)刻本　一册

320000－1605－0012151　845/359－2
蘭言述略四卷附芝蘭總論一卷　(清)袁世俊輯　清光緒二年(1876)刻本　二册

320000－1605－0012152　845/359－3
蘭言述略四卷　(清)袁世俊輯　清抄本　一册

320000－1605－0012153　845/407－1
東籬中正一卷　(清)許兆熊撰　清光緒七年(1881)刻本　一册

320000－1605－0012154　845/407－2
楚騷遺韻一卷　(清)許美棋撰　清光緒石印本　一册

320000－1605－0012155　845/407－3
蘭蕙同心録二卷　(清)許鼐龢撰　清光緒十七年(1891)抄本　二册

320000－1605－0012156　845/445
後彫齋蘭册一卷　(清)陳焯撰　稿本　一册

320000－1605－0012157　848/128－1
蠶桑輯要一卷　(清)沈秉成編　清同治十年(1871)刻本　一册

320000－1605－0012158　848/128－2
蠶桑輯要二卷　(清)沈秉成輯　清光緒九年(1883)刻本　一册

320000－1605－0012159　848/129
蠶桑輯要一卷　(清)沈秉成編　清同治十年(1871)刻本　一册

320000－1605－0012160　848/132－1
廣蠶桑説不分卷　(清)沈練撰　清同治十年(1871)刻本　一册

320000－1605－0012161　848/132－2
廣蠶桑説不分卷　(清)沈練撰　清同治十年(1871)刻本　一册

320000－1605－0012162　848/132－3
廣蠶桑説輯補二卷　(清)沈練　(清)仲昂庭撰　清光緒三年(1877)刻本　一册

320000－1605－0012163　848/135
意大里蠶書一卷　(意大利)丹吐魯著　(英國)傅蘭雅　汪振聲譯　清光緒二十四年(1898)鉛印本　一册

320000－1605－0012164　848/15
桑蠶提要二卷　(清)方大湜撰　清光緒八年(1882)刻本　二册

320000－1605－0012165　848/166
蠶桑捷效書一卷　(清)吴烜著　清同治九年(1870)刻本　一册

320000－1605－0012166　848/35
蠶桑輯要合編一卷　(清)尹紹烈輯　清同治三年(1864)刻本　一册

320000－1605－0012167　848/420
蠶桑速效編一卷　(清)曹倜編　清光緒二十七年(1901)刻本　一册

320000－1605－0012168　848/428

泰西養蠶新法一卷 張坤德譯 清光緒二十四年(1898)石印本 一册

320000－1605－0012169 848/491
蠶桑簡明輯說一卷補遺一卷 (清)黄世本輯 清光緒十四年(1888)刻本 一册

320000－1605－0012170 848/575
蠶桑事宜一卷 (清)鄒祖堂撰 清道光二十六年(1846)刻本 一册

320000－1605－0012171 849.1/128
中國漁業歷史一卷 (清)沈同芳撰 清宣統三年(1911)鉛印本 一册

320000－1605－0012172 851/359
隨園食單四卷 (清)袁枚撰 清嘉慶元年(1796)刻本 二册

320000－1605－0012173 860.6/407
甲辰考察日本商務日記不分卷 (清)許炳榛著 清光緒三十年(1904)鉛印本 一册

320000－1605－0012174 860.9/21
各國通商始末記二十卷 (清)王之春編 (清)彭玉麟參定 清光緒石印本 四册 存十二卷(四至十五)

320000－1605－0012175 860.9/441
萬國商業志二卷 (清)陳子祥編譯 清光緒二十九年(1903)鉛印本 一册

320000－1605－0012176 861/880
稟請設立蘇州生生電燈有限公司之詳案及公司章程二十一條 (清)蘇州生生電燈有限公司編 清光緒三十二年(1906)石印本 一册

320000－1605－0012177 868.2/964
中西度量權衡表一卷 (清)□□編 清光緒二十一年(1895)石印本 一册

320000－1605－0012178 870/135
化學工藝三集十卷圖三卷 (英國)傅蘭雅 汪振聲譯 清光緒二十四年(1898)鉛印本 十三册

320000－1605－0012179 872/2
製火藥法三卷 (清)丁樹棠譯 清光緒刻本 一册

320000－1605－0012180 872/522
爆藥記要六卷 (美國)水雷局撰 舒高第口譯 (清)趙元益筆述 清光緒刻本 一册

320000－1605－0012181 874.3/431
士那補釋一卷 (清)張義澍撰 清光緒二十三年(1897)刻本 一册

320000－1605－0012182 875/135
取濾大油法二卷 汪振聲譯義 清光緒二十六年(1900)刻本 一册

320000－1605－0012183 875/375
美國提鍊煤油法二卷 孫士頤等譯 清光緒三十一年(1905)鉛印本 一册

320000－1605－0012184 876.8/522
鍊石編三卷 (英國)亨利黎特著 舒高第 (清)鄭昌棪譯 清光緒石印本 二册

320000－1605－0012185 877.2/135
顔料篇三卷 (日本)江守襄吉郎編 (日本)藤田豐八譯 清刻本 二册

320000－1605－0012186 877.6/135
造洋漆法二卷 (日本)田原良純著 (日本)藤田豐八譯 清光緒二十九年(1903)刻本 一册

320000－1605－0012187 878.6/27
農務化學簡法三卷 (清)王樹善譯 清光緒二十九年(1903)刻本 一册

320000－1605－0012188 878.6/300
農務化學問答二卷 (英國)仲斯敦著 (英國)秀耀春口譯 (清)范熙庸譯 清光緒二十五年(1899)刻本 二册

320000－1605－0012189 879/135
鑄金論略六卷圖一卷 汪振聲譯 清光緒二十八年(1902)刻本 六册

320000－1605－0012190 879/22
製羼金法二卷 (清)王季點譯 清光緒二十七年(1901)刻本 二册

320000－1605－0012191　879/393
鍊鋼要言一卷　（清）徐家寶譯述　清刻本　一冊

320000－1605－0012192　879/522
鍊金新語不分卷　（英國）奧師吞著　舒高第（清）鄭昌棪譯　清鉛印本　三冊

320000－1605－0012193　879/598
冶金録三卷　（美國）阿發滿撰　（清）趙元益譯　清光緒刻本　二冊

320000－1605－0012194　880.1/446
工學精義一卷　（英國）雷德鄧尼撰　陳壽彭譯　清光緒三十二年（1906）鉛印本　一冊

320000－1605－0012195　883/22
金工教範一卷　（美國）康潑吞撰　（清）王汝駢等譯　清光緒三十年（1904）刻本　一冊

320000－1605－0012196　887/999
紺絲漫談一卷附續傳徵録一卷　（□）□□輯　清末抄本　一冊

320000－1605－0012197　890/964
中西汽機名目表一卷　（□）□□撰　清鉛印本　一冊

320000－1605－0012198　898/781
文房四譜五卷　（宋）蘇易簡撰　清光緒七年（1881）刻本　二冊

320000－1605－0012199　900.9/152
中國藝術家徵畧六卷　李放朗輯　清宣統三年（1911）刻本　四冊

320000－1605－0012200　910.02/967
補拙軒藏書碑搨字書目録一卷　（□）□□撰　清末抄本　一冊

320000－1605－0012201　910.3/449
草韻彙編二十六卷　（清）陶南望編　清乾隆十五年（1750）刻本　八冊

320000－1605－0012202　910.3/62
草字彙十二卷　（清）石梁編　清道光刻本　六冊

320000－1605－0012203　910.4/492
山谷題跋三卷　（宋）黄庭堅撰　清光緒二十年（1894）石印本　一冊　存一卷（下）

320000－1605－0012204　910.4/568－1
畫禪室隨筆四卷　（明）董其昌撰　清刻本　四冊

320000－1605－0012205　910.4/568－2
畫禪室隨筆四卷　（明）董其昌撰　清刻本　二冊

320000－1605－0012206　910.4/568－3
畫禪室隨筆四卷　（明）董其昌撰　清宣統三年（1911）石印本　三冊

320000－1605－0012207　910.8/21
畫苑補益十六種　（明）王世貞輯　清刻本　四冊

320000－1605－0012208　910.8/791－1
篆學瑣著三十種　（清）顧湘輯　清道光二十年（1840）刻本　六冊

320000－1605－0012209　910.8/791－2
篆學瑣著三十種　（清）顧湘輯　清道光二十年（1840）刻本　八冊

320000－1605－0012210　911.1/103
書學捷要二卷　（清）朱履貞撰　清刻本　一冊

320000－1605－0012211　911.1/147
學古編不分卷附竹素山房詩一卷黄子久詩一卷　（元）吾衍撰　清初抄本　一冊

320000－1605－0012212　911.1/34
漢西谿書法通解八卷　（清）戈守智撰　清乾隆刻本　六冊

320000－1605－0012213　911.1/396
論書近言一卷　（清）翁振翼撰　清抄本　一冊

320000－1605－0012214　911.1/454
釋書名一卷　（清）莊綬甲撰　清光緒十五年（1889）刻本　一冊

320000－1605－0012215　911.1/456
漢隸字源六卷　(宋)婁機撰　清光緒三年(1877)刻本　六冊

320000－1605－0012216　911.1/475
書品一卷　(南朝梁)庾肩吾撰　清抄本　一冊

320000－1605－0012217　911.1/567
廣川書跋十卷　(宋)董逌撰　清光緒十三年(1887)刻本　二冊

320000－1605－0012218　911.1/661
衍極五卷　(元)鄭杓撰　(元)劉有定釋　清光緒刻本　三冊

320000－1605－0012219　911.1/977
翰林要訣一卷　(□)□□撰　清抄本　一冊

320000－1605－0012220　911.1/98－1
墨池編二十卷附印典八卷　(宋)朱長文編　清雍正十一年(1733)刻本　八冊

320000－1605－0012221　911.1/98－2
墨池編二十卷附印典八卷　(宋)朱長文編　清乾隆刻本　六冊

320000－1605－0012222　911.1/98－3
臨池心解一卷　(清)朱和羹撰　清咸豐二年(1852)刻本　一冊

320000－1605－0012223　911.2/15
山靜居畫論二卷　(清)方薰撰　清鉛印本　一冊

320000－1605－0012224　911.2/25－1
芥子園畫傳初集五卷　(清)王概等摹　清嘉慶四年(1799)刻五色套印本　五冊

320000－1605－0012225　911.2/25－2
芥子園畫傳初集五卷　(清)王概等摹　清嘉慶四年(1799)刻五色套印本　五冊

320000－1605－0012226　911.2/25－3
青在堂翎毛花果譜一卷　(清)王概　(清)王菁　(清)王臬編繪　清嘉慶刻本　四冊

320000－1605－0012227　911.2/25－4
芥子園畫傳初集六卷二集九卷三集六卷　(清)王概等摹　清光緒十三年(1887)鴻文書局石印本　十二冊

320000－1605－0012228　911.2/25－5
芥子園畫傳初集六卷二集九卷三集六卷　(清)王概等摹　清光緒十六年(1890)鴻寶齋石印本　十冊

320000－1605－0012229　911.2/25－6
芥子園畫傳三集六卷　(清)王概等摹　清光緒石印本　四冊

320000－1605－0012230　911.2/25－7
芥子園畫傳二集八卷　(清)王概等摹　清芥子園刻本　四冊

320000－1605－0012231　911.2/25－8
芥子園畫傳二集八卷　(清)王概等摹　清文光堂刻本　二冊　存三卷(二至四)

320000－1605－0012232　911.2/25－9
芥子園畫傳四集四卷附圖章會纂一卷　(清)王概等摹　清嘉慶刻本　四冊

320000－1605－0012233　911.2/343
畫學心印八卷　(清)秦祖永評輯　清光緒四年(1878)刻本　八冊

320000－1605－0012234　911.2/347
桐陰論畫十卷　(清)秦祖永撰　清同治三年(1864)刻本　四冊

320000－1605－0012235　911.2/535
繪樹法彙一卷　(清)程祁繪　稿本　一冊

320000－1605－0012236　911.2/791
師二雲居畫贅四卷　(清)顧綸卿撰　清光緒三十二年(1906)石印本　一冊

320000－1605－0012237　911.2/963
論畫淺說一卷　題(清)山英居士譯　清光緒二十三年(1897)鉛印本　一冊

320000－1605－0012238　912.1/530
法書考八卷　(元)盛熙明撰　清康熙刻本　二冊

320000－1605－0012239　912.2/370－1
圖繪寶鑑八卷　(元)夏文彦撰　(清)吴麒録　清初刻本　四册

320000－1605－0012240　912.2/370－2
圖繪寶鑑六卷　(元)夏文彦撰　清抄本　六册

320000－1605－0012241　912.2/717
瞶瞶齋書畫記一卷　(清)謝誠鈞著　清咸豐三年(1853)刻本　一册

320000－1605－0012242　912.2/88
畫史不分卷　(宋)米芾撰　明刻本　一册

320000－1605－0012243　913.1/268－1
無聲詩史七卷　(清)姜紹書輯　清宣統二年(1910)石印本　六册

320000－1605－0012244　913.1/268－2
無聲詩史六卷　(清)姜紹書輯　清抄本　六册

320000－1605－0012245　913.1/565
分隸偶存二卷　(清)萬經編輯　清光緒八年(1882)刻本　一册

320000－1605－0012246　913.2/27
國朝吴郡丹青志一卷　(明)王穉登編　清抄本　一册

320000－1605－0012247　913.2/428
國朝畫徵録三卷首一卷附録一卷　(清)張庚撰　清乾隆二十四年(1759)刻本　一册

320000－1605－0012248　913.2/471
玉臺畫史五卷别録一卷　(清)湯漱玉編　清道光二十三年(1843)刻本　一册

320000－1605－0012249　913.2/477
國朝畫識十七卷墨香居畫識十卷　(清)馮金伯輯撰　清道光十一年(1831)刻本　八册

320000－1605－0012250　913.2/486
歷代畫史匯傳七十二卷附録二卷　(清)彭蘊璨輯　清光緒五年(1879)木活字印本　三十二册

320000－1605－0012251　913.2/650－1
墨林今話十八卷續編一卷　(清)蔣寶齡撰　清咸豐二年(1852)刻本　四册

320000－1605－0012252　913.2/650－2
墨林今話十八卷續編一卷　(清)蔣寶齡撰　清咸豐二年(1852)刻本　六册

320000－1605－0012253　913.2/650－3
墨林今話十八卷續編一卷　(清)蔣寶齡撰　清宣統三年(1911)石印本　六册

320000－1605－0012254　913.2/665
宋元以來畫人姓氏録三十六卷　(清)魯駿編　清道光十年(1830)刻本　二十四册

320000－1605－0012255　913.2/781－1
國朝書畫家筆録四卷　竇鎮輯　清宣統三年(1911)木活字印本　二册

320000－1605－0012256　913.2/781－2
國朝書畫家筆録四卷　竇鎮輯　清宣統三年(1911)木活字印本　二册

320000－1605－0012257　915/375－2
庚子銷夏記八卷　(清)孫承澤著　清光緒四年(1878)山隱居刻本　四册

320000－1605－0012258　913/622
墨緣小録一卷　(清)潘曾瑩著　清刻本　一册

320000－1605－0012259　914.1/26
竹雲題跋四卷　(清)王澍撰　清乾隆刻本　四册

320000－1605－0012260　914.2/165
論畫絶句一卷　(清)吴修著　清光緒二年(1876)刻本　一册

320000－1605－0012261　914.2/242－1
竹波軒題楳册一卷　(清)金心如　(清)張廷濟　(清)陳文述題　清道光刻本　一册

320000－1605－0012262　914.2/242－2
冬心先生題畫記三卷　(清)金農撰　清同治十一年(1872)刻本　一册

320000－1605－0012263　914.2/242－3
冬心先生題畫記三卷　(清)金農撰　清同治十一年(1872)刻本　一册

320000－1605－0012264　914.2/242－4
瞎牛菴題畫詩不分卷　(清)金彬著　清光緒二十五年(1899)刻本　一册

320000－1605－0012265　914.2/242－5
瞎牛菴題畫詩不分卷　(清)金彬著　清光緒二十五年(1899)刻本　一册

320000－1605－0012266　914.2/27－1
灤水聯吟圖一卷　(清)王學浩繪　(清)阮元等題　清石印本　一册

320000－1605－0012267　914.2/27－2
王笈甫先生畫鍾進士像題記一卷　(清)王鴻朗撰　清光緒刻本　一册

320000－1605－0012268　914.2/375－1
聲畫集八卷　(宋)孫紹遠輯　清乾隆三十年(1765)刻本　四册

320000－1605－0012269　914.2/375－2
滄浪亭圖題詠二卷　(清)孫義鈞繪編　清道光刻本　一册

320000－1605－0012270　914.2/442
歷代題畫詩類一百二十卷　(清)陳邦彥編纂　清康熙四十六年(1707)刻本　二十四册

320000－1605－0012271　914.2/491
一峰道人詩鈔一卷　(元)黄公望撰　清光緒刻本　一册

320000－1605－0012272　914.2/568
廣川畫跋六卷　(宋)董逌撰　清刻本　二册

320000－1605－0012273　914.2/622－1
歸帆圖一卷探梅圖一卷　(清)潘奕雋等題　(清)蕭九成　(清)翟大坤繪　清刻本　一册

320000－1605－0012274　914.2/622－2
歸帆圖一卷探梅圖一卷　(清)潘奕雋輯　(清)蕭九成　(清)翟大坤繪　清刻本　一册

320000－1605－0012275　914.2/622－3
西圃題畫詩一卷　(清)潘遵祁撰　清刻本　一册

320000－1605－0012276　914.2/622－4
小鷗波館畫識三卷畫寄一卷　(清)潘曾瑩撰　清光緒十四年(1888)木活字印本　一册

320000－1605－0012277　914.2/705－1
松壺畫贅二卷　(清)錢杜撰　清嘉慶十七年(1812)刻本　一册

320000－1605－0012278　914.2/705－2
松壺先生集四卷　(清)錢杜撰　清光緒六年(1880)刻本　一册

320000－1605－0012279　914.2/705－3
松壺先生集四卷　(清)錢杜撰　清光緒六年(1880)刻本　二册

320000－1605－0012280　914.2/705－4
松壺先生集四卷　(清)錢杜撰　清光緒六年(1880)刻本　三册

320000－1605－0012281　914.2/705－5
松壺畫贅二卷松壺畫憶二卷　(清)錢杜撰　清光緒十四年(1888)刻本　一册

320000－1605－0012282　914.2/749－1
習苦齋畫絮類編十卷　(清)戴熙撰　清光緒十九年(1893)刻本　四册

320000－1605－0012283　914.2/749－2
習苦齋畫絮類編十卷　(清)戴熙撰　清光緒十九年(1893)刻本　四册

320000－1605－0012284　914.2/756
月壺題畫詩一卷　(清)瞿應紹撰　清宣統二年(1910)刻本　一册

320000－1605－0012285　914.2/961
書畫題跋抄一卷　(□)□□編　清末抄本　一册

320000－1605－0012286　914.27/755
無益有益齋論畫詩二卷　(清)李葆恂撰　清宣統元年(1909)刻本　二册

320000－1605－0012287　914/661

題畫詩一卷 （清）鄭績輯 清同治、光緒石印本 一册

320000－1605－0012288 915.1/445
三希堂法帖釋文十六卷 （清）陳焯等撰 清光緒二十三年(1897)石印本 八册

320000－1605－0012289 915.1/599
石墨鐫華八卷 （明）趙崡撰 清乾隆三十九年(1774)刻本 二册

320000－1605－0012290 915.1/81
顔楊合璧法帖藁不分卷 （清）邱翰書 清道光刻本 四册

320000－1605－0012291 915.2/122
梅花喜神譜二卷 （宋）宋伯仁繪並輯 清刻本 一册 存一卷(下)

320000－1605－0012292 915.2/242
桐園臥游録不分卷 （清）金鳳清撰 清同治十一年(1872)刻本 一册

320000－1605－0012293 915.2/271
國朝院畫録二卷 （清）胡敬輯 清道光二十三年(1843)刻本 一册

320000－1605－0012294 915.2/429
寶繪録二十卷 （明）張泰階纂 清刻本 六册

320000－1605－0012295 915.2/530
谿山卧游録四卷 （清）盛大士撰 清光緒十八年(1892)刻本 二册

320000－1605－0012296 915.2/622
小鷗波館畫識三卷畫寄一卷 （清）潘曾瑩撰 清光緒十四年(1888)木活字印本 一册

320000－1605－0012297 915.2/644
南宋院畫録八卷 （清）厲鶚撰 清光緒刻本 五册 缺一卷(四)

320000－1605－0012298 915.2/717
古畫品録一卷 （南朝齊）謝赫等撰 明刻本 一册

320000－1605－0012299 915.2/767－1
虚齋名畫録十六卷續録四卷 龐元濟撰 清宣統元年(1909)刻本 十六册

320000－1605－0012300 915.2/767－2
虚齋名畫録十六卷 龐元濟輯 清宣統元年(1909)刻本 六册 存六卷(一至六)

320000－1605－0012301 915.2/967－1
竹譜不分卷 （□）□□撰 清刻本 一册

320000－1605－0012302 915.2/967－2
竹譜不分卷 （□）□□撰 清刻本 一册

320000－1605－0012303 915.26/98
鐵網珊瑚一卷 （明）朱存理輯 清光緒抄本 一册

320000－1605－0012304 915/151
甌鉢羅室書畫過目考四卷附録一卷 （清）李玉棻編 清光緒二十年(1894)刻本 四册

320000－1605－0012305 915/166－1
辛丑銷夏記五卷 （清）吳榮光撰 清道光刻本 五册

320000－1605－0012306 915/166－2
辛丑銷夏記五卷 （清）吳榮光撰 清道光刻本 五册

320000－1605－0012307 915/168
端溪硯史三卷 （清）吳蘭修編 清抄本 二册

320000－1605－0012308 915/225
古緣萃録十八卷 邵松年輯 清光緒二十九年(1903)石印本 六册

320000－1605－0012309 915/249
雲煙過眼録二卷 （宋）周密撰 清抄本 二册

320000－1605－0012310 915/285
郁氏書畫題跋記十二卷 （明）郁逢慶撰 清宣統元年(1909)鉛印本 四册

320000－1605－0012311 915/332
江村消夏録三卷 （清）高士奇輯 清刻本 二册

320000－1605－0012312　915/37－1
嶽雪樓書畫録五卷　(清)孔廣陶輯　清光緒十五年(1889)刻本　五冊

320000－1605－0012313　915/37－2
嶽雪樓書畫録五卷　(清)孔廣陶輯　清光緒十五年(1889)刻本　五冊

320000－1605－0012314　915/375－1
庚子銷夏記八卷閒者軒帖考一卷　(清)孫承澤著　清乾隆二十六年(1761)刻本　四冊

320000－1605－0012315　915/376
庚子銷夏記八卷　(清)孫承澤著　清刻本　四冊

320000－1605－0012316　915/428－1
清河書畫舫十二卷　(明)張丑輯　清乾隆二十八年(1763)刻本　十二冊

320000－1605－0012317　915/428－2
清河書畫舫十二卷　(明)張丑輯　清乾隆二十八年(1763)刻本　十二冊

320000－1605－0012318　915/435
吳越所見書畫録六卷　(清)陸時化輯　**書畫説鈴一卷**　(清)陸時化撰　清乾隆刻本　十二冊

320000－1605－0012319　915/436－1
飛白録二卷　(清)陸紹曾　(清)張燕昌輯　清嘉慶九年(1804)刻本　二冊

320000－1605－0012320　915/436－2
穰梨館過眼録四十卷續録十六卷　(清)陸心源編　清光緒十七年(1891)刻本　十四冊

320000－1605－0012321　915/449
紅豆樹館書畫記八卷　(清)陶樑撰　清光緒八年(1882)刻本　六冊

320000－1605－0012322　915/566
愛日吟廬書畫録四卷補録四卷續録八卷別録四卷　(清)葛金烺　(清)葛嗣浵輯　清宣統二年(1910)刻本　六冊

320000－1605－0012323　915/622
須靜齋雲煙過眼録一卷　(清)潘世璜著　(清)潘遵祁抄輯　清宣統三年(1911)刻本　一冊

320000－1605－0012324　915/717
書畫所見録三卷　(清)謝堃撰　清宣統二年(1910)鉛印本　二冊

320000－1605－0012325　915/791
過雲樓書畫記十卷　(清)顧艮庵撰　稿本　一冊

320000－1605－0012326　916.1/999
衛尉卿衡方碑一卷　(□)□□拓　清嘉慶、道光拓本　一冊

320000－1605－0012327　916.11/178
國學石鼓舊本模存一卷　(清)何紹業摹勒　清道光五年(1825)拓本　一冊

320000－1605－0012328　916.11/393
宋徐鼎臣臨秦碣石頌一卷　(宋)徐鉉書　清同治六年(1867)刻本　一冊

320000－1605－0012329　916.11/644
漢三公之碑一卷　(□)□□書　清影印本　一冊

320000－1605－0012330　916.11/971
曹全碑一卷　(□)□□書　清宣統三年(1911)影印本　一冊

320000－1605－0012331　916.13/741－1
顔魯公書家廟一卷　(唐)顔真卿書　清道光拓本　一冊

320000－1605－0012332　916.13/741－2
廣陵李君碑銘一卷　(唐)顔真卿書　清同治十一年(1872)拓本　一冊

320000－1605－0012333　916.17/26
蘇松糧儲道修建行署碑記一卷　(清)王毓藻撰　(清)楊峴書　(清)唐仁齊鎸字　清光緒十一年(1885)拓本　一冊

320000－1605－0012334　916.17/491
李朝斌傳一卷　(清)黄自元書　(清)佘澤生刻石　清末拓本　一冊

320000－1605－0012335　916.17/598
鄭母陳夫人家傳不分卷　(清)施部華撰　(清)趙之謙書　清拓本　一册

320000－1605－0012336　916.17/645
完白山人篆弟子職一卷　(清)鄧石如書　清嘉慶九年(1804)拓本　二册

320000－1605－0012337　916.27/392
集字楹聯六卷　(清)馬慧裕集　清嘉慶元年(1796)刻本　二册

320000－1605－0012338　916.27/705
夜紡授經圖題詠一卷　(清)鄭璵　(清)錢陳群等繪　清拓本　一册

320000－1605－0012339　916.3/741－1
西京千佛寺多寶塔感應碑拓一卷　(唐)顏真卿書　清拓本　一册

320000－1605－0012340　916.3/741－2
有漢東方先生畫贊碑陰之記一卷　(唐)顏真卿書　清末拓本　一册

320000－1605－0012341　916.3/98
古今碑帖考一卷　(清)朱晨編　清刻本　一册

320000－1605－0012342　916.5/598－1
有元故奉議大夫福建閩海道肅政廉訪副使仇府君墓碑銘一卷　(元)趙孟頫書　清嘉慶十九年(1814)拓本　一册

320000－1605－0012343　916.5/598－2
玄妙觀重修三門記一卷　(元)趙孟頫書　清末影印本　一册

320000－1605－0012344　916.7/705
網師園記一卷　(清)錢大昕等撰　清拓本　一册

320000－1605－0012345　916/151
敦煌石室發現唐搨溫泉銘一卷　(唐)李世民撰並書　清宣統二年(1910)影印本　一册

320000－1605－0012346　916/570
名家法帖一卷　(唐)虞世南　(明)文徵明　(明)唐寅等書　清拓本　一册

320000－1605－0012347　917.1/393
宋徐鼎臣臨秦碣石頌一卷　(宋)徐鉉書　清同治六年(1867)刻本　一册

320000－1605－0012348　917.1/428
公孍橅董思翁書一卷　(清)張公孍書　清光緒二十七年(1901)寫本　一册

320000－1605－0012349　917.1/436
延綠樓清課不分卷　(清)陸錦蘭寫　清抄本　一册　存一册(二)

320000－1605－0012350　917.1/491
黄丕承草書書譜一卷　(唐)孫過庭撰　(清)黄丕承書　清道光二十四年(1844)抄本　一册

320000－1605－0012351　917.1/527
湘鄉師相言兵事手函一卷　(清)曾國藩書　清光緒二十六年(1900)石印本　一册

320000－1605－0012352　917.13/622
潘碩庭書譜釋文一卷　(清)潘碩庭書　清光緒抄本　一册

320000－1605－0012353　917.17/164－1
篆文孝經一卷附詛楚文一卷　(清)吳大澂書　清光緒十一年(1885)影印本　一册

320000－1605－0012354　917.17/164－2
篆文論語二卷　(清)吳大澂書　清光緒十一年(1885)石印本　二册

320000－1605－0012355　917.17/164－3
吳大澂篆文論語不分卷　(清)吳大澂書　清光緒十二年(1886)石印本　四册

320000－1605－0012356　917.17/22－1
王芝林龔文藻等手書墨蹟一卷　(清)王芝林　(清)龔文藻書　稿本　一册

320000－1605－0012357　917.17/22－2
王竹舫自書詩册一卷　(清)王晉之書　稿本　一册

320000－1605－0012358　917.17/250
周夢臺書蘇長公尺牘一卷　(清)周夢臺書　清道光七年(1827)刻本　一册

320000－1605－0012359　917.17/271
四體書集冊一卷　(清)胡錦曦等書　清末抄本　一册

320000－1605－0012360　917.17/312－1
俞曲園手札書稿一卷　(清)俞樾書　清光緒三十三年(1907)影印本　一册

320000－1605－0012361　917.17/312－2
俞曲園篆書五種　(清)俞樾書　清光緒三十三年(1907)影印本　二册

320000－1605－0012362　917.17/316－1
泛月理琴圖題詠一卷　(清)姚鳳生書　稿本　一册

320000－1605－0012363　917.17/316－2
鳳生師書泛月理琴圖一卷　(清)姚鳳生書　稿本　一册

320000－1605－0012364　917.17/316－3
[姚鳳生師臨各種漢隸]一卷　(清)姚鳳生書　清光緒六年(1880)抄本　一册

320000－1605－0012365　917.17/332
陶堂詩稿一卷　(清)高心夔書　稿本　一册

320000－1605－0012366　917.17/393
徐農伯篆書墨蹟一卷　(清)徐炳倬書　清抄本　一册

320000－1605－0012367　917.17/412
蘭亭序一卷　(清)郭轍書　清抄本　一册

320000－1605－0012368　917.17/428
滄海歸來一卷　(清)張世準書　稿本　一册

320000－1605－0012369　917.17/429－1
忍龕臨秦會稽石刻一卷　張炳翔臨　清末、民國張炳翔抄本　一册

320000－1605－0012370　917.17/429－2
張船山自寫詩册一卷　(清)張問陶書　清宣統元年(1909)影印本　一册

320000－1605－0012371　917.17/429－3
張船山自寫詩册一卷　(清)張問陶書　清宣統元年(1909)影印本　一册

320000－1605－0012372　917.17/436－1
陸硯北臨聖教序一卷　(清)陸紹景臨　清摹本　一册

320000－1605－0012373　917.17/436－2
硯北陸師真蹟三種　(清)陸紹景書　清末、民國抄本　一册

320000－1605－0012374　917.17/442
陳其進字册不分卷　(清)陳其進書　清手書墨蹟　一册

320000－1605－0012375　917.17/476
南田挽煙客詩墨蹟一卷　(清)惲壽平撰並書　清光緒十年(1884)影印本　一册

320000－1605－0012376　917.17/491
李氏王氏蒙求一卷　(唐)李瀚　(宋)王令撰　清末、民國抄本　一册

320000－1605－0012377　917.17/509
華廷琛手書詩冊一卷　(清)華廷琛書　稿本　一册

320000－1605－0012378　917.17/535
程通奉公遺墨一卷　(清)程福五書　清末、民國抄本　一册

320000－1605－0012379　917.17/556
[楊文瑩書王弇州鈐山行舒鐵雲欠山曲劉靜之詩劉仲修樂府]一卷　(清)楊文瑩書　清末、民國抄本　一册

320000－1605－0012380　917.17/61
史氏家藏左文襄公手札一卷　(清)左宗棠撰　清光緒三十三年(1907)石印本　二册

320000－1605－0012381　917.17/622－1
驊園千字文一卷　(清)潘蔚書　清末、民國抄本　一册

320000－1605－0012382　917.17/622－2
潘碩庭臨趙天冠山詩一卷　(清)潘碩庭書　清抄本　一册

320000－1605－0012383　917.17/622－3
潘碩庭真行草書不分卷　(清)潘碩庭書　清抄本　三册

320000－1605－0012384　917.17/622－4
三松公臨范忠宣告一卷　(清)潘奕雋書　清抄本　一册

320000－1605－0012385　917.17/622－5
書譜釋文一卷　(清)潘霨撰　清刻本　一册

320000－1605－0012386　917.17/661－1
板橋詞鈔一卷題畫一卷　(清)鄭燮撰　清刻本　二册

320000－1605－0012387　917.17/661－2
鄭板橋易經墨蹟二卷　(清)鄭燮書　清光緒三十四年(1908)石印本　二册

320000－1605－0012388　917.17/720
書社集册不分卷　(清)應國治等書　清抄本　一册

320000－1605－0012389　917.17/791
顧耕石小楷一卷　(清)顧元熙書　稿本　一册

320000－1605－0012390　917.17/971－1
程子四箴范氏心箴合刻一卷　題(清)晚漁舫主人書　清刻本　一册

320000－1605－0012391　917.17/971－2
純廟御筆心經一卷王夢樓書金剛經一卷　(清)高宗弘曆書　清同治六年(1867)刻本　一册

320000－1605－0012392　917.2/165
吴友如畫寶十二集不分卷　(清)吴嘉猷繪　清宣統元年(1909)石印本　十三册　存八集(一、三上至四上、五下至六下、七下、十、十二下)

320000－1605－0012393　917.2/242
金保三先生山水册一卷　(清)金保三繪　清光緒十四年(1888)石印本　一册

320000－1605－0012394　917.2/25－1
王石谷山水册一卷　(清)王翬繪　清光緒三十四年(1908)影印本　一册

320000－1605－0012395　917.2/25－2
王石谷山水册一卷　(清)王翬繪　清光緒三十四年(1908)影印本　一册

320000－1605－0012396　917.2/25－3
王石谷山水册一卷　(清)王翬繪　清光緒三十四年(1908)影印本　一册

320000－1605－0012397　917.2/25－4
王石谷仿古山水册一卷　(清)王翬繪　清宣統二年(1910)影印本　一册

320000－1605－0012398　917.2/428
樂山堂詩箋一卷　(清)張熊　(清)胡遠　(清)朱偁等繪　清刻本　一册

320000－1605－0012399　917.2/430
海上名人畫稿不分卷　(清)張熊等繪　清光緒十一年(1885)石印本　二册

320000－1605－0012400　917.2/645
風雨樓扇粹第五集　鄧秋枚編　清宣統三年(1911)影印本　一册

320000－1605－0012401　917.2/650
蔣南沙花鳥草蟲册一卷　(清)蔣廷錫繪　清宣統三年(1911)影印本　一册

320000－1605－0012402　917.2/705
錢吉生先生人物畫譜一卷　(清)錢吉生繪　清宣統三年(1911)石印本　一册

320000－1605－0012403　917.2/961
兩楓居士藏畫第一集不分卷　題兩楓居士藏　清宣統三年(1911)影印本　一册

320000－1605－0012404　917.26/753
藍田叔倣古山水册不分卷　(明)藍瑛繪　清宣統元年(1909)影印本　一册

320000－1605－0012405　917.27/15
方環山畫册不分卷　(清)方士庶繪　清光緒三十四年(1908)影印本　一册

320000－1605－0012406　917.27/21
芥子園畫傳三集四卷　(清)王概等輯　清乾隆四十七年(1782)刻本　三册

320000－1605－0012407　917.27/22
芥子園蘭譜二卷竹譜二卷　(清)王概輯　清

乾隆四十七年(1782)刻本　二册

320000－1605－0012408　917.27/24
王小梅人物册一卷　(清)王素繪　清宣統元年(1909)影印本　一册

320000－1605－0012409　917.27/26
王石谷畫王夢樓題合册一卷　(清)王翬繪　(清)王文治題　清宣統二年(1910)石印本　一册

320000－1605－0012410　917.27/42
仇十洲繡像列女傳二卷　(明)仇英繪圖　清光緒十二年(1886)石印本　二册

320000－1605－0012411　917.27/100
畫譜采新不分卷　(清)朱景英選　清光緒十九年(1893)影印本　二册

320000－1605－0012412　917.27/115－1
於越先賢像傳贊二卷　(清)任熊繪　(清)王齡贊　清咸豐六年(1856)刻本　一册　存一卷(上之圖)

320000－1605－0012413　917.27/115－2
於越先賢像傳贊二卷　(清)任熊繪　(清)王齡贊　清咸豐六年(1856)刻光緒三年(1877)印本　一册　存一卷(上)

320000－1605－0012414　917.27/115－3
列仙酒牌一卷　(清)任熊繪　清光緒十二年(1886)石印本　一册

320000－1605－0012415　917.27/115－4
任伯年畫集一卷　(清)任頤繪　清光緒十三年(1887)石印本　二册

320000－1605－0012416　917.27/122
明太祖功臣圖一卷　(清)上官周撰並繪　清同治二年(1863)刻本　二册

320000－1605－0012417　917.27/162－1
淞濱花影二卷　題(清)花影樓主人輯　清光緒十三年(1887)石印本　二册

320000－1605－0012418　917.27/162－3
紅樓夢圖詠四卷　(清)改琦繪　清光緒刻本　四册　存二卷(三至四)

320000－1605－0012419　917.27/165－2
古今名人畫稿不分卷　(清)吳克榮集　清光緒十六年(1890)石印本　二册

320000－1605－0012420　917.27/165－3
翰墨園畫譜大觀初集一卷二集一卷　(清)吳克榮集　清光緒十八年(1892)石印本　二册

320000－1605－0012421　917.27/166
吳友如畫寶十二集不分卷　(清)吳嘉猷繪　清宣統元年(1909)石印本　二十五册

320000－1605－0012422　917.27/283
查畫王題合璧一卷　(清)查士標繪　(清)王文治題　清宣統元年(1909)影印本　一册

320000－1605－0012423　917.27/329
浦梅癡花卉册一卷　(清)浦炳繪　清光緒十七年(1891)影印本　一册

320000－1605－0012424　917.27/428－1
雲臺二十八將圖不分卷　(清)張士保繪　清道光二十六年(1846)刻本　一册

320000－1605－0012425　917.27/428－2
張子青山水册一卷　(清)張子青繪　清宣統元年(1909)影印本　一册

320000－1605－0012426　917.27/500
項東井梅花逸品一卷　(清)項奎繪　清宣統元年(1909)影印本　一册

320000－1605－0012427　917.27/525－1
耕織圖二卷　(清)焦秉貞繪　清光緒五年(1879)影印本　一册

320000－1605－0012428　917.27/525－2
御製耕織圖二卷　清光緒十二年(1886)刻本　一册　存一册(下)

320000－1605－0012429　917.27/556
岑襄勤公勳德介福圖一卷　(清)陳鵑繪　(清)岑春榮等編　清光緒十七年(1891)石印本　一册

320000－1605－0012430　917.27/562
秦淮八艷圖詠一卷　(清)張景祁撰　(清)葉衍蘭摹　清光緒十八年(1892)刻本　一册

320000 - 1605 - 0012431　917.27/622
三國畫像二卷　(清)潘錦摹寫　清光緒七年(1881)刻本　二册

320000 - 1605 - 0012432　917.27/661
後梅花喜神譜不分卷　(清)鄭淳繪　清道光十八年(1838)刻本　二册

320000 - 1605 - 0012433　917.27/741
歷代百美圖詠不分卷附名媛尺牘二卷　(清)顏希源繪　清光緒二十年(1894)石印本　四册

320000 - 1605 - 0012434　917.27/749
戴醇士山水花卉合册不分卷　(清)戴熙繪　清光緒三十四年(1908)影印本　一册

320000 - 1605 - 0012435　917.27/834
清代名人畫册不分卷　(清)文明書局編　清光緒三十四年(1908)影印本　一册

320000 - 1605 - 0012436　917.27/848 - 1
點石齋叢畫十卷　(清)點石齋編集　清光緒十一年(1885)石印本　八册

320000 - 1605 - 0012437　917.27/848 - 2
點石齋叢畫十卷　(清)點石齋編集　清光緒十一年(1885)石印本　八册

320000 - 1605 - 0012438　917.27/848 - 5
申江勝景圖二卷　(清)吴友如繪　清光緒十年(1884)上海點石齋石印本　一册

320000 - 1605 - 0012439　917.27/848 - 6
淞隱漫録十二卷續録四卷　(清)王韜撰　清光緒十年(1884)影印本　五册　存十一卷(漫録一、四至六、十至十二,續録四卷)

320000 - 1605 - 0012440　917.27/848 - 7
點石齋叢鈔不分卷　(清)點石齋編繪　清末石印本　一册

320000 - 1605 - 0012441　917.27/848 - 8
漫遊隨録一卷　(清)王韜撰　(清)田英(清)張淇繪　清末石印本　一册

320000 - 1605 - 0012442　917.27/964
文美齋詩箋譜不分卷　(清)張兆祥繪　清宣統三年(1911)文美齋刻套印本　二册

320000 - 1605 - 0012443　917.28/872
點石齋畫册二卷　清宣統二年(1910)石印本　二册

320000 - 1605 - 0012444　917/165 - 1
吴友如畫寶十二集　(清)吴嘉猷繪　清光緒元年(1875)石印本　十二册　存六集(三下、七至十一)

320000 - 1605 - 0012445　917/165 - 2
小萬柳堂書蘇詩一卷　(清)吴芝瑛書　清光緒石印本　一册

320000 - 1605 - 0012446　917/178
稺蕉老人畫册不分卷　(清)何環繪　稿本　二册

320000 - 1605 - 0012447　917/431
續泛槎圖不分卷　(清)張寶繪　清嘉慶二十五年(1820)刻本　二册

320000 - 1605 - 0012448　917/811
名畫集錦二卷　(清)順成書局編　清末石印本　一册

320000 - 1605 - 0012449　919/967
光心室藏帖一卷　(□)□□編　清末、民國雙鉤摹本　一册

320000 - 1605 - 0012450　927.27/115 - 1
高士傳三卷　(清)任熊繪　清光緒十二年(1886)石印本　一册

320000 - 1605 - 0012451　927.27/115 - 2
高士傳三卷　(清)任熊繪　清光緒刻本　二册

320000 - 1605 - 0012452　928.6/407
蘭蕙同心録二卷　(清)許鼐龢撰　清末抄本　二册

320000 - 1605 - 0012453　928.6/968
種梅心法二卷　題(清)臥雲先生撰　清光緒二年(1876)鉛印本　一册

320000 - 1605 - 0012454　935/167 - 1

端溪硯史三卷　(清)吳蘭修編　清道光十七年(1837)刻本　一册

320000－1605－0012455　935/167－2
端溪硯史三卷　(清)吳蘭修編　清道光三十年(1850)刻本　一册

320000－1605－0012456　935/167－3
端溪硯史三卷筆史一卷　(清)吳蘭修編　清光緒十五年(1889)刻娛園叢刻本　一册

320000－1605－0012457　935/332
硯箋四卷　(宋)高似孫編　清刻本　一册

320000－1605－0012458　935/441
貢硯石拓本一卷　題(清)聞達上人拓　清拓本　一册

320000－1605－0012459　935/447
端石擬三卷附藜閣十硯銘一卷　(清)陳齡撰　清同治十二年(1873)刻本　一册

320000－1605－0012460　937/101
陶説六卷　(清)朱琰撰　清乾隆四十七年(1782)刻本　二册

320000－1605－0012461　957.7/393
器象顯真四卷　(英國)白力蓋輯　(英國)傅蘭雅口譯　(清)徐建寅删述　清刻本　二册

320000－1605－0012462　960/22
照相鏤板印圖法一卷　(美國)貝列尼原本　(美國)衛理　王汝駢譯　清光緒二十六年(1900)刻本　一册

320000－1605－0012463　965/332
江村消夏録三卷　(清)高士奇輯　清刻本　三册

320000－1605－0012464　966/26
銅刻小記一卷　(清)王肇鋐輯　清光緒十七年(1891)石印本　一册

320000－1605－0012465　966/961
武英殿聚珍版程式一卷　(清)金簡撰　清乾隆刻本　一册

320000－1605－0012466　968/838
列朝圖典不分卷　(清)邱壽年繪圖　(清)童勳編録　清光緒十六年(1890)石印本　六册

320000－1605－0012467　980/393
樂律考二卷　(清)徐灝撰　清光緒十三年(1887)刻本　一册

320000－1605－0012468　981.1/251
琴譜諧聲六卷　(清)周顯祖撰　清嘉慶刻本　六册

320000－1605－0012469　981/165
自遠堂琴譜十二卷　(清)吳灴輯　(清)張敦仁　(清)李廷敬　(清)喬鐘吳鑒定　清嘉慶六年(1801)刻本　十二册

320000－1605－0012470　981/251
五知齋琴譜八卷　(清)周魯封輯　清雍正刻本　六册

320000－1605－0012471　981/322
重訂擬瑟譜一卷　(清)段仔文　(清)張懋賞編　清光緒七年(1881)刻本　一册

320000－1605－0012472　981/447
聲律通考十卷　(清)陳澧撰　清咸豐十年(1860)刻本　二册

320000－1605－0012473　981/650
二香琴譜十卷　(清)蔣文勳著　清道光十三年(1833)刻本　二册

320000－1605－0012474　981/740
庚癸原音四種　(清)繆闐撰　清同治五年(1866)刻本　二册

320000－1605－0012475　982/157
皇朝祭器樂舞録二卷附中祀合編一卷　(清)徐暢達輯録　清同治十年(1871)刻本　三册

320000－1605－0012476　982/967
小詩譜一卷　(英國)李提摩太撰　清光緒二十七年(1901)石印本　一册

320000－1605－0012477　987/153
南北派大曲琵琶新譜二卷　(清)李祖棻編　清光緒二十一年(1895)鉛印本　二册

320000－1605－0012478　987/225
擬瑟譜一卷　(清)邵嗣堯撰　清光緒七年(1881)刻本　一册

320000－1605－0012479　987/23－1
琵琶譜三卷　(清)王君錫　(清)陳牧夫傳譜　清光緒元年(1875)石印本　三册

320000－1605－0012480　987/23－2
琵琶譜三卷　(清)王君錫　(清)陳牧夫傳譜　清光緒二年(1876)刻本　三册

320000－1605－0012481　987/322
重訂擬瑟譜一卷　(清)段仔文　(清)張懋賞編　清光緒七年(1881)刻本　一册

320000－1605－0012482　987/431－1
琴學入門二卷　(清)張鶴輯　清同治十二年(1873)刻本　三册

320000－1605－0012483　987/431－2
琴學入門二卷　(清)張鶴輯　清光緒七年(1881)刻本　三册

320000－1605－0012484　987/449
說郛一百二十卷　(明)陶宗儀輯　清順治三年(1646)刻本　一册　存一卷(一百)

320000－1605－0012485　987/562
太古遺音不分卷　(明)楊掄輯　明刻本　二册

320000－1605－0012486　987/787
松絃館琴譜二卷　(明)嚴澂編　明刻本　一册　存一卷(二)

320000－1605－0012487　987/968
枯木禪琴譜八卷　(清)釋空塵撰　清光緒十九年(1893)刻本　一册　存一卷(一)

320000－1605－0012488　988/522
瓶笙館修簫譜四卷　(清)舒位撰　清道光刻本　一册

320000－1605－0012489　988/622
花間笛譜一卷　(清)潘曾瑩著　清光緒六年(1880)影印本　一册

320000－1605－0012490　988/965
水雲笛譜一卷　(清)潘奕雋編　清光緒刻本　一册

320000－1605－0012491　994.1/14
奕萃不分卷　(清)卞文恒輯　清嘉慶二十一年(1816)刻本　三册

320000－1605－0012492　994.1/248－1
周嬾予棋譜一卷　(清)周嘉錫編　清同治刻本　一册

320000－1605－0012493　994.1/248－2
餐菊齋棋評一卷　(清)周鼎撰　清光緒十八年(1892)刻本　一册

320000－1605－0012494　994.1/300－1
桃花泉奕譜二卷　(清)范世勳撰　清嘉慶二十一年(1816)刻本　一册　存一卷(下)

320000－1605－0012495　994.1/300－2
桃花泉奕譜二卷　(清)范世勳撰　清嘉慶末刻本　二册

320000－1605－0012496　994.1/300－3
桃花泉奕譜二卷　(清)范世勳撰　清光緒十三年(1887)石印本　一册　存一卷(上)

320000－1605－0012497　994.1/393
兼山堂奕譜不分卷　(清)徐星友撰　清康熙刻本　二册

320000－1605－0012498　994.1/431
棊經十三篇　(宋)張擬撰　清刻本　一册

320000－1605－0012499　994.1/441
子仙百局一卷　(清)陳子仙撰　清光緒十六年(1890)刻本　一册

320000－1605－0012500　994.1/645
范施梁程四先生授子譜不分卷　(清)鄧元鏸撰　清光緒十一年(1885)刻本　六册

320000－1605－0012501　994.1/978
兼山堂棋譜一卷　題(清)知守子編　(清)常華校　清宣統二年(1910)石印本　一册

320000－1605－0012502　994.1/99

橘中秘四卷　(明)朱晉禎撰　清刻本　二冊

320000－1605－0012503　994.2/972
酒人觴政雅編一卷　題(清)訥齋道人編　清乾隆刻本　一冊

320000－1605－0012504　994.4/473－1
益智圖二卷　(清)童葉庚撰　清光緒四年(1878)刻本　二冊

320000－1605－0012505　994.4/473－2
益智圖二卷　(清)童葉庚著　清光緒四年(1878)石印本　二冊

320000－1605－0012506　994.4/473－3
益智圖二卷　(清)童葉庚著　清光緒七年(1881)刻本　二冊

320000－1605－0012507　994.4/473－4
益智圖二卷　(清)童葉庚著　清光緒十六年(1890)石印本　一冊

320000－1605－0012508　994.4/787
七巧書譜二卷　(清)嚴恒編　清光緒十八年(1892)刻本　二冊

320000－1605－0012509　994.4/968
益智圖二卷百器圖二卷　(清)童葉庚著　稿本　四冊

320000－1605－0012510　994.9/674－1
漢官儀三卷　(唐)劉攽撰　清道光四年(1824)刻本　一冊

320000－1605－0012511　994.9/674－2
漢官儀三卷　(唐)劉攽撰　清道光四年(1824)刻本　一冊

320000－1605－0012512　994.9/674－3
漢官儀三卷　(唐)劉攽撰　清光緒四年(1878)刻本　一冊

320000－1605－0012513　994.9/674－4
漢官儀三卷　(唐)劉攽撰　清光緒四年(1878)刻本　一冊

320000－1605－0012514　994/473
睫巢鏡影不分卷　(清)童葉庚撰　清光緒十六年(1890)刻本　二冊

320000－1605－0012515　994/519
璿璣碎錦二卷　(清)萬樹撰　清光緒十三年(1887)刻本　二冊

320000－1605－0012516　994/565
璿璣碎錦二卷　(清)萬樹撰　清光緒九年(1883)刻本　二冊

320000－1605－0012517　996.1/155
易筋經一卷　(□)□□撰　清道光二十六年(1846)抄本　一冊

書名筆畫字頭索引

一畫

二畫

三畫

四畫

五畫

六畫

七畫

八畫

九畫

十畫

十一畫

十二畫

十三畫

十四畫

十五畫

十六畫

十七畫

十八畫

十九畫

二十畫

二十一畫

二十二畫

二十三畫

二十四畫

二十五畫

二十六畫

二十七畫

二十九畫

其他

書名筆畫索引

一畫

二畫

三畫

四畫

五畫

六畫

七畫

八畫

九畫

十畫

十一畫

十二畫

十三畫

十四畫

十五畫

十六畫

十七畫

十八畫

十九畫

二十畫

二十一畫

二十二畫

二十三畫

二十四畫

二十五畫

二十六畫

二十七畫

二十九畫

其他